2025

공인 노무사

1차시험 | 전과목

5개년 기출문제해설

시대에듀

공인노무사

5개년 기출문제해설

머리말

사회가 고도화됨에 따라 노사관계 및 노동이슈가 증가하고 있고, 개별적 노사관계는 물론 집단적 노사관계에 이르기까지 분쟁의 해결이라는 측면에서 공인노무사의 역할은 더욱 증대되고 있다. 이에 따라 최근 고용노동부는 공인노무사의 인력수급을 적정화하기 위하여 2018년부터 공인노무사시험 합격인원을 기존보다 50명 더 늘리기로 하였다.

공인노무사시험은 격년제로 시행되었으나, 1998년부터는 매년 1회 치러지고 있으며, 2024년부터는 1차시험이 과목당 40문항으로 문제 수가 증가되었다. 1차시험은 5지 택일형 객관식, 2차시험은 논문형 주관식으로 진행되고, 1·2차시험 합격자에 한하여 전문지식과 응용능력 등을 확인하기 위한 3차시험(면접)이 실시된다.

전 과목의 평균이 60점 이상이면 합격하는 1차시험 준비의 키워드는 '효율성'으로, 보다 어려운 2차시험 준비를 철저히 하기 위하여 단시간에 효율적으로 학습할 필요가 있는데, 본 교재는 이를 위한 기출문제집으로서 꼭 필요한 내용만을 담은 해설을 수록하였다.

「2025 시대에듀 EBS 공인노무사 1차 5개년 기출문제해설」의 특징은 다음과 같다.

첫 번째 문제편과 해설편으로 분리하여 문제편에서는 실전연습을, 해설편에서는 각 보기별 첨삭해설을 통한 비교·심화학습을 할 수 있도록 구성하였다.

두 번째 반드시 짚고 넘어가야 할 법조문과 보충설명을 해설 하단에 '법령' 및 '핵심Tip'으로 수록하여 놓치는 부분 없이 시험에 대비할 수 있도록 하였다.

세 번째 본문해설과 관련된 내용을 그림과 표를 활용하여 이해와 숙지에 도움이 되도록 하였다.

본 교재가 공인노무사시험을 준비하는 수험생 여러분에게 합격을 위한 좋은 안내서가 되기를 바라며, 여러분의 합격을 기원한다.

편저자 올림

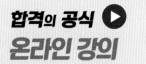

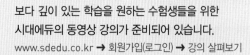

보다 깊이 있는 학습을 원하는 수험생들을 위한
시대에듀의 동영상 강의가 준비되어 있습니다.
www.sdedu.co.kr ➜ 회원가입(로그인) ➜ 강의 살펴보기

이 책의 구성과 특징

문제편

▶ **최근 5개년 기출문제 수록**

2020년부터 2024년까지의 기출문제를 수록하였고, 학습의 효율성을 높이기 위하여 문제편과 해설편으로 분리하였다.

▶ **회독수 체크박스**

기출문제의 각 문항별로 3회독할 수 있도록 회독수 체크박스를 삽입하였다.

▶ **법령개정에 따른 기출문제 수정**

수정이 요구되는 문제는 최신 개정법령을 반영하여 수록하였고, 문제 자체가 성립하지 않는 경우에는 그 해설을 생략하였다.

해설편

▶ **정답 CHECK박스**

정답 CHECK박스를 상단에 배치하여 회차별 정답을 간편하게 확인할 수 있도록 하였다.

▶ **각 보기별 상세한 첨삭해설**

각 지문마다 첨삭해설을 수록하여 비교·심화학습이 가능하도록 구성하였고, 반드시 짚고 넘어가야할 중요한 내용은 강조표시를 하였다.

관계법령	평균임금의 계산에서 제외되는 기간과 임금(근기법 시행령 제2조)

① 근로기준법(이하 "법") 제2조 제1항 제6호에 따른 평균임금 산정기간 중에 다음 각 호의 어느 하나에 해당하는
기간이 있는 경우에는 그 기간과 그 기간 중에 지급된 임금은 평균임금 산정기준이 되는 기간과 임금의
총액에서 각각 뺀다.
1. 근로계약을 체결하고 수습 중에 있는 근로자가 수습을 시작한 날부터 3개월 이내의 기간
2. 법 제46조에 따른 사용자의 귀책사유로 휴업한 기간
3. 법 제74조 제1항부터 제3항까지의 규정에 따른 출산전후휴가 및 유산·사산 휴가 기간
4. 법 제78조에 따라 업무상 부상 또는 질병으로 요양하기 위하여 휴업한 기간
5. 남녀고용평등과 일·가정 양립 지원에 관한 법률 제19조에 따른 육아휴직 기간
6. 노동조합 및 노동관계조정법 제2조 제6호에 따른 쟁의행위기간
7. 병역법, 예비군법 또는 민방위기본법에 따른 의무를 이행하기 위하여 휴직하거나 근로하지 못한 기간.
다만, 그 기간 중 임금을 지급받은 경우에는 그러하지 아니하다.

▶ **법령박스**
주요법령은 법령박스를 통하여 해당 조문을 전부
수록하였다.

핵심체크	커뮤니케이션 장애요인

송신자(발신자)에 의한 장애요인	수신자에 의한 장애요인	상황에 의한 장애요인
• 목적의식 부족 • 커뮤니케이션 스킬 부족 • 타인에 대한 민감성 부족 • 준거체계의 차이 • 발신자의 신뢰성 부족	• 불신과 선입견 • 선택적 경청 • 반응피드백의 부족 • 평가적 경향	• 어의상의 문제 • 정보의 과부하 • 시간적 압박 • 지위의 차이 • 조직의 분위기

▶ **핵심체크**
보다 자세한 설명이 필요한 내용은 핵심체크를
통하여 심화학습할 수 있도록 하였다.

연 도		과 목	
시 간		회 독	
문 번	CHECK	문 번	CHECK
1	① ② ③ ④ ⑤	21	① ② ③ ④ ⑤
2	① ② ③ ④ ⑤	22	① ② ③ ④ ⑤

▶ **톡! 뜯어지는 연습용 마킹표**
각 과목별로 실전처럼 연습할 수 있도록 연습용
마킹표를 수록하였다.
❖ 실제 시험장에서 사용되는 답안지와는 규격, 형식 및 재질 등이
상이한 연습용 답안지이다.

일러두기	인용약어ㅣ본문에 언급되는 법률명 중 약어로 더 많이 사용하거나 긴 것들은 다음과 같이 표시하였다.

노동법 I
『근로기준법』 … 근기법
『파견근로자 보호 등에 관한 법률』 … 파견법
『기간제 및 단시간근로자 보호 등에 관한 법률』 … 기단법
『산업안전보건법』 … 산안법
『직업안정법』 … 직안법
『남녀고용평등과 일·가정 양립 지원에 관한 법률』 … 고평법
『최저임금법』 … 최임법
『근로자퇴직급여 보장법』 … 근퇴법
『임금채권보장법』 … 임채법
『근로복지기본법』 … 근복법
『외국인근로자의 고용 등에 관한 법률』 … 외고법

노동법 II
『노동조합 및 노동관계조정법』 … 노조법
『근로자참여 및 협력증진에 관한 법률』 … 근참법
『노동위원회법』 … 노위법
『공무원의 노동조합 설립 및 운영 등에 관한 법률』 … 공노법
『교원의 노동조합 설립 및 운영 등에 관한 법률』 … 교노법

사회보험법
『사회보장기본법』 … 사보법
『고용보험법』 … 고보법
『산업재해보상보험법』 … 산재법
『국민연금법』 … 연금법
『국민건강보험법』 … 건강법
『고용보험 및 산업재해보상보험의 보험료징수 등에 관한 법률』 … 징수법

자격시험 소개

◉ 공인노무사란?

⋯ 노동관계법령 및 인사노무관리 분야에 대한 전문적인 지식과 경험을 제공함으로써 사업 또는 사업장의 노동관계업무의 원활한 운영을 도모하며, 노사관계를 자율적이고 합리적으로 개선시키는 전문인력을 말한다.

◉ 주요업무

❶ 공인노무사는 다음의 직무를 수행한다.
  (1) 노동관계법령에 따라 관계기관에 대하여 행하는 신고 · 신청 · 보고 · 진술 · 청구(이의신청 · 심사청구 및 심판청구를 포함한다) 및 권리구제 등의 대행 또는 대리
  (2) 노동관계법령에 따른 서류의 작성과 확인
  (3) 노동관계법령과 노무관리에 관한 상담 · 지도
  (4) 「근로기준법」을 적용받는 사업이나 사업장에 대한 노무관리진단
  (5) 「노동조합 및 노동관계조정법」에서 정한 사적(私的) 조정이나 중재
  (6) 사회보험관계법령에 따라 관계기관에 대하여 행하는 신고 · 신청 · 보고 · 진술 · 청구(이의신청 · 심사청구 및 심판청구를 포함한다) 및 권리구제 등의 대행 또는 대리

❷ "노무관리진단"이란 사업 또는 사업장의 노사당사자 한쪽 또는 양쪽의 의뢰를 받아 그 사업 또는 사업장의 인사 · 노무관리 · 노사관계 등에 관한 사항을 분석 · 진단하고, 그 결과에 대하여 합리적인 개선방안을 제시하는 일련의 행위를 말한다.

◉ 응시자격

❶ 공인노무사법 제4조 각 호의 결격사유에 해당하지 아니하는 사람

> **다음의 어느 하나에 해당하는 사람은 공인노무사가 될 수 없다.**
> ① 미성년자
> ② 피성년후견인 또는 피한정후견인
> ③ 파산선고를 받은 사람으로서 복권(復權)되지 아니한 사람
> ④ 공무원으로서 징계처분에 따라 파면된 사람으로서 3년이 지나지 아니한 사람
> ⑤ 금고(禁錮) 이상의 실형을 선고받고 그 집행이 끝나거나(집행이 끝난 것으로 보는 경우를 포함한다) 집행이 면제된 날부터 3년이 지나지 아니한 사람
> ⑥ 금고 이상의 형의 집행유예를 선고받고 그 유예기간이 끝난 날부터 1년이 지나지 아니한 사람
> ⑦ 금고 이상의 형의 선고유예기간 중에 있는 사람
> ⑧ 징계에 따라 영구등록취소된 사람

❷ 2차시험은 당해 연도 1차시험 합격자 또는 전년도 1차시험 합격자
❸ 3차시험은 당해 연도 2차시험 합격자 또는 전년도 2차시험 합격자

◉ 시험일정

구 분	인터넷 원서접수	시험일자	시행지역	합격자 발표
2025년 제34회 1차	2025년 4월 중	2025년 5월 중	서울, 부산, 대구, 인천, 광주, 대전	2025년 6월 중
2025년 제34회 2차	2025년 7월 중	2025년 8월 중		2025년 11월 중
2025년 제34회 3차		2025년 11월 중	서 울	2025년 12월 중

※ 시험에 응시하려는 사람은 응시원서와 함께 영어능력검정시험 성적표를 제출하여야 한다.

◉ 시험시간

구 분	교 시	시험과목	문항수	시험시간	시험방법
1차시험	1	1. 노동법 I 2. 노동법 II	과목당 40문항 (총 200문항)	80분 (09:30~10:30)	객관식 (5지 택일형)
	2	3. 민 법 4. 사회보험법 5. 영어(영어능력검정시험 성적으로 대체) 6. 경제학원론 · 경영학개론 중 1과목		120분 (11:20~13:20)	
2차시험	1 2	1. 노동법	4문항	교시당 75분 (09:30~10:45) (11:15~12:30)	주관식 (논문형)
	3	2. 인사노무관리론	과목당 3문항	과목당 100분 (13:50~15:30) (09:30~11:10) (11:40~13:20)	
	4 5	3. 행정쟁송법 4. 경영조직론 · 노동경제학 · 민사소송법 중 1과목			
3차시험		1. 국가관 · 사명감 등 정신자세 2. 전문지식과 응용능력 3. 예의 · 품행 및 성실성 4. 의사발표의 정확성과 논리성		1인당 10분 내외	면 접

◉ 합격기준

구 분	합격자 결정
1차시험	영어과목을 제외한 나머지 과목에서 과목당 100점을 만점으로 하여 각 과목의 점수가 40점 이상이고, 전 과목 평균점수가 60점 이상인 사람
2차시험	• 과목당 만점의 40% 이상, 전 과목 총점의 60% 이상을 득점한 사람을 합격자로 결정 • 각 과목의 점수가 40% 이상이고, 전 과목 평균점수가 60% 이상을 득점한 사람의 수가 최소합격인원보다 적은 경우에는 최소합격인원의 범위에서 모든 과목의 점수가 40% 이상을 득점한 사람 중에서 전 과목 평균 점수가 높은 순서로 합격자를 결정
3차시험	• 평정요소마다 "상"(3점), "중"(2점), "하"(1점)로 구분하고, 총 12점 만점으로 채점하여 각 시험위원이 채점한 평점의 평균이 "중"(8점) 이상인 사람 • 위원의 과반수가 어느 하나의 같은 평정요소를 "하"로 평정하였을 때에는 불합격

◉ 영어능력검정시험

시험명	토플(TOEFL)		토익 (TOEIC)	텝스 (TEPS)	지텔프 (G-TELP)	플렉스 (FLEX)	아이엘츠 (IELTS)
	PBT	IBT					
일반응시자	530	71	700	340	65(Level 2)	625	4.5
청각장애인	352	–	350	204	43(Level 2)	375	–

자격시험 검정현황

◉ 공인노무사 수험인원 및 합격자현황

구 분	1차시험				2차시험				3차시험			
	대상	응시	합격	합격률	대상	응시	합격	합격률	대상	응시	합격	합격률
제26회('17)	4,728	4,055	2,165	53.3%	3,577	3,131	253	8.0%	254	254	254	100%
제27회('18)	4,744	4,044	2,420	59.8%	3,513	3,018	300	9.9%	300	300	300	100%
제28회('19)	6,211	5,269	2,494	47.3%	3,750	3,231	303	9.4%	303	303	303	100%
제29회('20)	7,549	6,203	3,439	55.4%	4,386	3,871	343	8.9%	343	343	343	100%
제30회('21)	7,654	6,692	3,413	51.0%	5,042	4,514	322	7.1%	322	322	320	99.4%
제31회('22)	8,261	7,002	4,221	60.3%	5,745	5,128	549	10.7%	551	551	551	100%
제32회('23)	10,225	8,611	3,019	35.1%	5,327	4,724	395	8.4%	395	395	395	100%

◉ 검정현황(그래프)

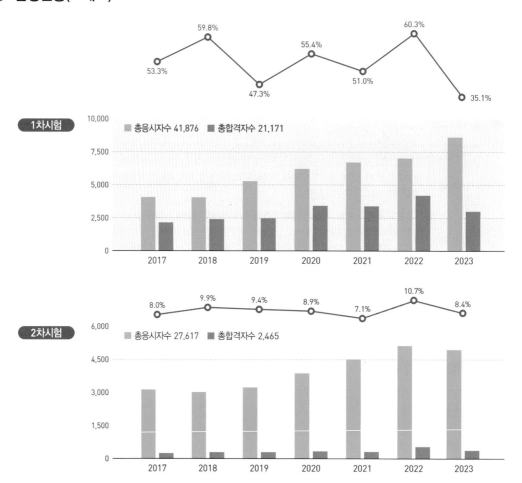

최신 개정법령 소개

❖ 본 교재에 반영한 최신 개정법령은 아래와 같다.

노동법 I			노동법 II · 사회보험법		
구 분	법 령	시행일자	구 분	법 령	시행일자
근로기준법	근기법	2021.11.19.	노동조합 및 노동관계조정법	노조법	2021.07.06.
	근기법 시행령	2021.11.19.		노조법 시행령	2024.01.01.
	근기법 시행규칙	2023.12.14.		노조법 시행규칙	2024.01.01.
파견근로자 보호 등에 관한 법률	파견법	2020.12.08.	근로자참여 및 협력증진에 관한 법률	근참법	2022.12.11.
	파견법 시행령	2020.01.16.		근참법 시행령	2022.12.11.
	파견법 시행규칙	2024.06.12.		근참법 시행규칙	2023.06.08.
기간제 및 단시간근로자 보호 등에 관한 법률	기단법	2021.05.18.	노동위원회법	노위법	2022.05.19.
	기단법 시행령	2021.04.08.		노위법 시행령	2024.06.08.
	기단법 시행규칙	2007.07.01.		노위법 시행규칙	2015.07.21.
산업안전보건법	산안법	2024.05.17.	공무원의 노동조합 설립 및 운영 등에 관한 법률	공노법	2023.12.11.
	산안법 시행령	2025.01.01.		공노법 시행령	2023.12.11.
	산안법 시행규칙	2023.09.28.		공노법 시행규칙	2024.01.01.
직업안정법	직안법	2024.07.24.	교원의 노동조합 설립 및 운영 등에 관한 법률	교노법	2023.12.11.
	직안법 시행령	2023.03.28.		교노법 시행령	2023.12.11.
	직안법 시행규칙	2024.06.12.		교노법 시행규칙	2021.07.06.
남녀고용평등과 일 · 가정 양립 지원에 관한 법률	고평법	2022.05.19.	사회보장기본법	사보법	2021.12.09.
	고평법 시행령	2023.12.12.		사보법 시행령	2023.07.11.
	고평법 시행규칙	2024.04.01.		사보법 시행규칙	2021.12.09.
최저임금법	최임법	2020.05.26.	고용보험법	고보법	2024.05.17.
	최임법 시행령	2019.01.01.		고보법 시행령	2024.07.01.
	최임법 시행규칙	2019.01.01.		고보법 시행규칙	2024.01.01.
근로자퇴직급여 보장법	근퇴법	2022.07.12.	산업재해보상보험법	산재법	2024.02.09.
	근퇴법 시행령	2024.05.28.		산재법 시행령	2024.01.01.
	근퇴법 시행규칙	2022.07.12.		산재법 시행규칙	2023.07.01.
임금채권보장법	임채법	2024.08.07.	국민연금법	연금법	2024.01.18.
	임채법 시행령	2021.10.14.		연금법 시행령	2024.03.01.
	임채법 시행규칙	2023.07.01.		연금법 시행규칙	2024.03.01.
근로복지기본법	근복법	2023.06.11.	국민건강보험법	건강법	2024.08.21.
	근복법 시행령	2024.01.01.		건강법 시행령	2024.07.10.
	근복법 시행규칙	2024.01.01.		건강법 시행규칙	2024.07.29.
외국인근로자의 고용 등에 관한 법률	외고법	2022.12.11.	고용보험 및 산업재해 보상보험의 보험료 징수 등에 관한 법률	징수법	2024.01.01.
	외고법 시행령	2023.02.03.		징수법 시행령	2024.07.01.
	외고법 시행규칙	2024.01.10.		징수법 시행규칙	2023.07.01.

최근 7개년 출제경향

◉ 노동법 Ⅰ
▶ 회별 최다 출제항목 : 기타 법령(11.9문), 근로기준법 개설(3.6문), 휴게·휴일·휴가 및 여성과 연소근로자의 보호(2.7문) 순이다.

	구 분	2018	2019	2020	2021	2022	2023	2024	누 계	출제비율	회별출제
Ch01	총 설	1	1	1	1	1	1	1	7	3.7%	1.0
Ch02	근로기준법 개설	4	2	5	3	3	4	4	25	13.2%	3.6
Ch03	근로관계의 성립	2	3	-	1	1	1	1	9	4.7%	1.3
Ch04	임 금	-	1	2	2	2	1	2	10	5.3%	1.4
Ch05	근로시간	1	1	1	1	3	1	2	10	5.3%	1.4
Ch06	휴게·휴일·휴가 및 여성과 연소근로자의 보호	2	2	3	3	2	4	3	19	10.0%	2.7
Ch07	취업규칙 및 기숙사	1	1	1	1	1	1	2	8	4.2%	1.1
Ch08	근로관계의 변경	1	-	1	-	1	-	2	5	2.6%	0.7
Ch09	근로관계의 종료	3	4	1	3	1	-	2	14	7.4%	2.0
Ch10	기타 법령	10	10	10	10	10	12	21	83	43.7%	11.9

◉ 노동법 Ⅱ
▶ 회별 최다 출제항목 : 단체교섭권(5.4문), 단결권(5문), 단체행동권(4문) 순이다.

	구 분	2018	2019	2020	2021	2022	2023	2024	누 계	출제비율	회별출제
Ch01	총 설	2	3	2	1	1	1	2	12	6.3%	1.7
Ch02	단결권	4	5	5	5	4	6	6	35	18.4%	5.0
Ch03	단체교섭권	6	6	4	5	6	6	5	38	20.0%	5.4
Ch04	단체행동권	4	4	4	5	4	3	4	28	14.7%	4.0
Ch05	노동쟁의조정제도	2	2	4	3	3	2	5	21	11.1%	3.0
Ch06	부당노동행위구제제도	3	1	2	2	3	1	2	14	7.4%	2.0
Ch07	노사협의회	1	1	1	1	1	2	4	11	5.8%	1.6
Ch08	노동위원회	1	1	1	1	1	2	4	11	5.8%	1.6
Ch09	기타 법령	2	2	2	2	2	2	8	20	10.5%	2.9

◉ 민법
▶ 회별 최다 출제항목 : 권리의 변동(6.9문), 채권의 효력(3.9문), 계약각론(3.1문) 순이다.

		구 분	2018	2019	2020	2021	2022	2023	2024	누 계	출제비율	회별출제
제1편 민법총칙	Ch01	민법 서론	-	-	-	-	-	-	-	-	-	-
	Ch02	권리 일반	1	1	-	-	1	-	-	3	1.6%	0.4
	Ch03	권리의 주체	3	2	3	2	2	2	3	17	8.9%	2.4
	Ch04	권리의 객체	1	1	1	1	1	1	1	7	3.7%	1.0
	Ch05	권리의 변동	6	7	6	7	6	7	9	48	25.3%	6.9
	Ch06	기 간	-	-	-	1	1	-	1	3	1.6%	0.4
	Ch07	소멸시효	1	1	1	1	1	1	2	8	4.2%	1.1
제2편 채권총론	Ch01	채권법 서론	-	-	-	-	-	-	-	-	-	-
	Ch02	채권의 목적	-	-	1	-	-	-	-	2	1.1%	0.3
	Ch03	채권의 효력	5	4	4	4	1	4	5	27	14.2%	3.9
	Ch04	다수당사자의 채권관계	1	-	1	1	1	1	1	6	3.2%	0.9
	Ch05	채권양도와 채무인수	-	2	1	1	1	-	2	7	3.7%	1.0
	Ch06	채권의 소멸	1	-	1	-	2	-	2	6	3.2%	0.9
제3편 채권각론	Ch01	계약총론	1	2	1	3	3	3	5	18	9.5%	2.6
	Ch02	계약각론	2	3	3	2	2	3	7	22	11.6%	3.1
	Ch03	법정채권관계	3	2	2	2	2	2	3	16	8.4%	2.3

◉ 사회보험법

▶ 회별 최다 출제항목 : 고용보험법(6.7문), 산업재해보상보험법(6.6문), 징수법(5.0문) 순이다.

구 분		2018	2019	2020	2021	2022	2023	2024	누 계	출제비율	회별출제
Ch01	사회보장기본법	4	4	3	3	4	3	3	24	12.6%	3.4
Ch02	고용보험법	6	5	7	6	6	7	10	47	24.7%	6.7
Ch03	산업재해보상보험법	6	6	6	6	6	6	10	46	24.2%	6.6
Ch04	국민연금법	2	2	2	2	2	2	5	17	8.9%	2.4
Ch05	국민건강보험법	2	3	2	2	2	4	6	21	11.1%	3.0
Ch06	징수법	5	5	5	6	5	3	6	35	18.4%	5.0

◉ 경제학원론

▶ 회별 최다 출제항목 : 인플레이션과 실업(4.3문), 생산요소시장과 소득분배(3.7문), 시장이론(3.4문) 순이다.

구 분		2018	2019	2020	2021	2022	2023	2024	누 계	출제비율	회별출제
Ch01	수요와 공급	5	3	2	1	2	2	4	19	10.0%	2.7
Ch02	소비자이론	1	2	2	1	1	1	1	9	4.7%	1.3
Ch03	생산자이론	1	3	1	1	1	3	4	14	7.4%	2.0
Ch04	시장이론	2	2	3	6	2	3	6	24	12.6%	3.4
Ch05	생산요소시장과 소득분배	6	3	3	3	5	3	3	26	13.7%	3.7
Ch06	시장과 효율성	-	2	2	3	2	-	-	9	4.7%	1.3
Ch07	국민소득결정이론	1	1	3	3	3	1	3	15	7.9%	2.1
Ch08	거시경제의 균형	-	3	2	2	1	2	3	13	6.8%	1.9
Ch09	거시경제안정화정책	-	1	1	1	-	1	-	4	2.1%	0.6
Ch10	미시적 기초	2	-	2	1	1	2	1	9	4.7%	1.3
Ch11	인플레이션과 실업	4	3	3	2	5	6	7	30	15.8%	4.3
Ch12	경기변동과 경제성장	-	-	-	1	-	1	5	7	3.7%	1.0
Ch13	국제경제학	3	2	1	-	1	1	1	11	5.8%	1.6

◉ 경영학개론

▶ 회별 최다 출제항목 : 조직구조와 조직행위(4.7문), 마케팅(3.7문), 재무관리(3.4문) 순이다.

구 분		2018	2019	2020	2021	2022	2023	2024	누 계	출제비율	회별출제
Ch01	경영의 기초	-	-	1	-	-	-	-	1	0.5%	0.1
Ch02	경영의 역사	-	1	-	2	1	-	3	7	3.7%	1.0
Ch03	경영환경	-	-	-	-	-	1	1	2	1.1%	0.3
Ch04	기업형태 및 기업집중	1	1	1	1	-	1	-	5	2.6%	0.7
Ch05	경영목표와 의사결정	-	1	-	1	-	1	-	3	1.6%	0.4
Ch06	경영관리론	-	-	-	-	1	1	1	3	1.6%	0.4
Ch07	전략수립과 전략실행	1	1	2	1	2	1	1	9	4.7%	1.3
Ch08	조직구조와 조직행위	3	4	6	4	3	6	7	33	17.4%	4.7
Ch09	인사관리와 노사관계관리	5	4	1	3	3	-	5	21	11.1%	3.0
Ch10	생산관리	3	-	2	2	3	4	6	20	10.5%	2.9
Ch11	마케팅	4	4	3	3	4	3	5	26	13.7%	3.7
Ch12	재무관리	3	3	3	4	4	1	6	24	12.6%	3.4
Ch13	경영정보시스템	2	2	3	1	2	2	2	14	7.4%	2.0
Ch14	회계학	3	4	3	3	2	4	3	22	11.6%	3.1

이 책의 목차

PART 01 노동법 Ⅰ

	문제편	해설편
2024년 기출문제	003	002
2023년 기출문제	019	035
2022년 기출문제	030	056
2021년 기출문제	040	074
2020년 기출문제	051	094

PART 04 사회보험법

	문제편	해설편
2024년 기출문제	183	342
2023년 기출문제	200	377
2022년 기출문제	210	396
2021년 기출문제	219	415
2020년 기출문제	228	433

PART 02 노동법 Ⅱ

	문제편	해설편
2024년 기출문제	063	112
2023년 기출문제	082	145
2022년 기출문제	093	165
2021년 기출문제	103	183
2020년 기출문제	113	201

PART 05 경제학원론

	문제편	해설편
2024년 기출문제	239	450
2023년 기출문제	254	479
2022년 기출문제	263	492
2021년 기출문제	272	509
2020년 기출문제	281	524

PART 03 민 법

	문제편	해설편
2024년 기출문제	125	218
2023년 기출문제	143	257
2022년 기출문제	154	279
2021년 기출문제	163	299
2020년 기출문제	172	321

PART 06 경영학개론

	문제편	해설편
2024년 기출문제	291	538
2023년 기출문제	304	563
2022년 기출문제	313	576
2021년 기출문제	322	590
2020년 기출문제	330	603

PART 01

노동법 Ⅰ

01 2024년 제33회 기출문제

02 2023년 제32회 기출문제

03 2022년 제31회 기출문제

04 2021년 제30회 기출문제

05 2020년 제29회 기출문제

2025 시대에듀 EBS 공인노무사 1차 5개년 기출문제해설

2024년 제33회 기출문제

✅ **2024.05.25. 시행**

✅ Time 　　분 ｜ 정답 및 해설 002p

✅ 중요문제 / 틀린 문제 CHECK

✅ 각 문항별로 회독수 CHECK ☑□□

01	02	03	04	05	06	07	08	09	10	11	12	13	14	15	16	17	18	19	20
21	22	23	24	25	26	27	28	29	30	31	32	33	34	35	36	37	38	39	40

2024년

2023년

2022년

2021년

2020년

01 근로기준법령상 평균임금에 관한 설명으로 옳은 것은?(다툼이 있으면 판례에 따름)

□□□
① 계속적·정기적으로 지급되고 지급대상, 지급조건 등이 확정되어 있어 사용자에게 지급의무가 있는 경영평가성과급은 평균임금 산정의 기초가 되는 임금에 포함된다.
② 사용자는 연장근로에 대하여는 평균임금의 100분의 50 이상을 가산하여 근로자에게 지급하여야 한다.
③ 평균임금의 산정기간 중에 출산전후휴가 기간이 있는 경우 그 기간은 산정기간에 포함된다.
④ 일용근로자의 평균임금은 최저임금위원회가 정하는 금액으로 한다.
⑤ 평균임금이란 이를 산정하여야 할 사유가 발생한 날 이전 3개월 동안에 그 근로자에게 지급된 임금의 총액을 그 기간의 총 근로시간 수로 나눈 금액을 말한다.

02 근로기준법상 기본원칙에 관한 설명으로 옳지 않은 것은?(다툼이 있으면 판례에 따름)

□□□
① 근로기준법상 균등대우원칙은 헌법상 평등원칙을 근로관계에서 실질적으로 실현하기 위한 것이다.
② 근로기준법 제6조에서 말하는 사회적 신분은 그 지위에 변동가능성이 없어야 한다.
③ 사용자는 근로자가 근로시간 중에 공(公)의 직무를 집행하고자 필요한 시간을 청구하는 경우 그 공(公)의 직무를 수행하는 데에 지장이 없으면 청구한 시간을 변경할 수 있다.
④ 근로자와 사용자는 각자가 단체협약, 취업규칙과 근로계약을 지키고 성실하게 이행할 의무가 있다.
⑤ 누구든지 법률에 따르지 아니하고는 영리로 다른 사람의 취업에 개입하거나 중간인으로서 이익을 취득하지 못한다.

03 근로기준법령상 적용범위에 관한 설명으로 옳지 않은 것은?(다툼이 있으면 판례에 따름)

① 가사(家事) 사용인에 대하여는 적용하지 아니한다.
② 상시 5명인 이상의 근로자를 사용하는 사업이라면 그 사업이 1회적이라도 근로기준법의 적용 대상이다.
③ 근로조건의 명시(제17조)는 상시 4명 이하의 근로자를 사용하는 사업에 적용한다.
④ 근로기준법상 사업은 그 사업의 종류를 한정하지 아니하고 영리사업이어야 한다.
⑤ 연차 유급휴가(제60조)는 상시 4명 이하의 근로자를 사용하는 사업에 적용하지 않는다.

04 근로기준법상 근로계약에 관한 설명으로 옳지 않은 것은?(다툼이 있으면 판례에 따름)

① 근로계약 체결에 관한 의사표시에 무효 또는 취소의 사유가 있으면 상대방은 이를 이유로 근로계약의 무효 또는 취소를 주장할 수 있다.
② 시용기간 중에는 사용자의 해약권이 유보되어 있으므로 그 기간 중에 확정적 근로관계는 존재한다고 볼 수 없다.
③ 사용자는 근로계약 체결 후 소정근로시간을 변경하는 경우에 근로자에게 이를 명시하여야 한다.
④ 시용기간 중에 있는 근로자를 해고하는 것은 보통의 해고보다는 넓게 인정된다.
⑤ 피용자가 노무를 제공하는 과정에서 생명을 해치는 일이 없도록 필요한 조치를 강구하여야 할 사용자의 보호의무는 근로계약에 수반되는 신의칙상의 부수적 의무이다.

05 근로기준법상 인사와 징계에 관한 설명으로 옳지 않은 것은?(다툼이 있으면 판례에 따름)

① 인사명령은 원칙적으로 인사권자인 사용자의 고유권한에 속한다.
② 사용자가 근로자 측과 성실한 협의절차를 거쳤는지는 전직처분이 정당한 이유가 있는지를 판단하는 요소의 하나이다.
③ 사용자가 인사처분을 함에 있어 노동조합의 사전 동의를 얻도록 단체협약에 규정하는 것은 사용자의 인사권의 본질적 내용을 침해하는 것으로 무효이다.
④ 근로자의 사생활에서의 비행이 기업의 사회적 평가를 훼손할 염려가 있는 것이라면 정당한 징계사유가 될 수 있다.
⑤ 여러 개의 징계사유 중 인정되는 일부 징계사유만으로 해당 징계처분의 타당성을 인정하기에 충분한지에 대한 증명책임은 사용자가 부담한다.

06 근로기준법상 경영상 이유에 의한 해고에 관한 설명으로 옳지 않은 것은?(다툼이 있으면 판례에 따름)

□□□

① 경영 악화를 방지하기 위한 사업의 양도·인수·합병은 긴박한 경영상의 필요가 있는 것으로 본다.

② 해고가 요건을 모두 갖추어 정당한지 여부는 각 요건을 구성하는 개별 사정들을 종합적으로 고려하여 판단한다.

③ 사용자가 근로자의 과반수로 조직된 노동조합과의 협의 외에 해고의 대상인 일정 급수 이상 직원들만의 대표를 새로이 선출케 하여 그 대표와 별도로 협의를 하지 않았다고 하여 해고를 협의절차의 흠결로 무효라 할 수는 없다.

④ 사용자는 해고된 근로자에 대하여 생계안정, 재취업, 직업훈련 등 필요한 조치를 우선적으로 취하여야 한다.

⑤ 해고 근로자는 사용자의 우선 재고용의무 불이행에 대하여 우선 재고용의무가 발생한 때부터 고용관계가 성립할 때까지의 임금 상당 손해배상금을 청구할 수 있다.

2024년

2023년

2022년

2021년

2020년

07 근로기준법상 근로관계와 영업양도에 관한 설명으로 옳지 않은 것은?(다툼이 있으면 판례에 따름)

□□□

① 영업양도란 일정한 영업목적에 의하여 조직화된 업체를 그 동일성은 유지하면서 일체로서 이전하는 것이다.

② 영업양도에 의하여 근로계약관계가 포괄적으로 승계된 경우에는 승계 후의 퇴직금 규정이 승계 전의 퇴직금 규정보다 근로자에게 불리하더라도 승계 후의 퇴직금 규정을 적용한다.

③ 영업 전부의 양도가 이루어진 경우 영업양도 당사자 사이에 정당한 이유 없이 해고된 근로자를 승계의 대상에서 제외하기로 하는 특약은 근로기준법 제23조 제1항에서 정한 정당한 이유가 있어야 유효하다.

④ 영업재산의 일부를 유보한 채 영업시설을 양도했어도 그 양도한 부분만으로도 종래의 조직이 유지되어 있다고 사회관념상 인정되면 영업의 양도이다.

⑤ 근로관계의 승계를 거부하는 근로자에 대하여는 그 근로관계가 양수하는 기업에 승계되지 아니하고 여전히 양도하는 기업과 사이에 존속된다.

08 근로기준법령상 구제신청과 구제명령에 관한 설명으로 옳은 것을 모두 고른 것은?

> ㄱ. 노동위원회는 구제신청에 따라 당사자를 심문할 때 직권으로 증인을 출석하게 하여 필요한 사항을 질문할 수 있다.
> ㄴ. 노동위원회는 근로계약기간의 만료로 원직복직이 불가능한 경우에도 부당해고가 성립한다고 판정하면 근로자가 해고기간 동안 근로를 제공하였더라면 받을 수 있었던 임금 상당액에 해당하는 금품을 사업주가 근로자에게 지급하도록 명할 수 있다.
> ㄷ. 노동위원회가 사용자에게 구제명령을 하는 때에 정하는 이행기간은 사용자가 구제명령을 서면으로 통지받은 날부터 30일 이내로 한다.
> ㄹ. 지방노동위원회의 구제명령에 불복하는 사용자는 중앙노동위원회에 재심을 신청하거나 행정소송법의 규정에 따라 소(訴)를 제기할 수 있다.

① ㄱ, ㄴ ② ㄷ, ㄹ
③ ㄱ, ㄴ, ㄷ ④ ㄴ, ㄷ, ㄹ
⑤ ㄱ, ㄴ, ㄷ, ㄹ

09 근로기준법령상 체불사업주 명단 공개에 관한 설명으로 옳지 않은 것은?

① 고용노동부장관은 명단 공개를 할 경우에 체불사업주에게 3개월 이상의 기간을 정하여 소명 기회를 주어야 한다.
② 명단 공개는 공공장소에 1년간 게시한다.
③ 체불사업주가 법인인 경우에는 그 대표자의 성명·나이·주소 및 법인의 명칭·주소를 공개한다.
④ 관련 법령에 따라 임금등 체불자료를 받은 종합신용정보집중기관은 이를 체불사업주의 신용도·신용거래능력 판단과 관련한 업무에 이용할 수 있다.
⑤ 고용노동부장관은 체불사업주의 사망·폐업으로 임금등 체불자료 제공의 실효성이 없는 경우에는 종합신용정보집중기관에 임금등 체불자료를 제공하지 아니할 수 있다.

10 근로기준법상 휴식에 관한 설명으로 옳지 않은 것은?

① 사용자는 8시간을 초과한 휴일근로에 대하여는 통상임금의 100분의 50 이상을 가산하여 근로자에게 지급하여야 한다.

② 사용자는 근로자에게 1주에 평균 1회 이상의 유급휴일을 보장하여야 한다.

③ 사용자는 근로시간이 4시간인 경우에는 30분 이상의 휴게시간을 근로시간 도중에 주어야 한다.

④ 사용자는 계속하여 근로한 기간이 1년 미만인 근로자에게 1개월 개근 시 1일의 유급휴가를 주어야 한다.

⑤ 휴게(제54조)에 관한 규정은 감시(監視) 근로에 종사하는 사람으로서 사용자가 고용노동부장관의 승인을 받은 사람에 대하여는 적용하지 아니한다.

11 근로기준법상 탄력적 근로시간제에서 임금 정산에 관한 규정이다. (   )에 들어갈 내용으로 옳은 것은?

> 사용자는 제51조 및 제51조의2에 따른 단위기간 중 근로자가 근로한 기간이 그 단위기간보다 짧은 경우에는 그 단위기간 중 해당 근로자가 근로한 (   ) 전부에 대하여 제56조 제1항에 따른 가산임금을 지급하여야 한다.

① 기간에서 1일 8시간을 초과하여 근로한 시간

② 기간에서 1주 40시간을 초과하여 근로한 시간

③ 기간에서 1일 8시간을 초과하거나 1주 40시간을 초과하여 근로한 시간

④ 기간을 평균하여 1일 8시간을 초과하여 근로한 시간

⑤ 기간을 평균하여 1주간에 40시간을 초과하여 근로한 시간

12 근로기준법상 야간근로에 관한 설명으로 옳지 않은 것은?

① 사용자는 야간근로에 대하여 통상임금의 100분의 50 이상을 가산하여 근로자에게 지급하여야 한다.

② 사용자는 근로자대표와의 서면 합의에 따라 야간근로에 대하여 임금을 지급하는 것을 갈음하여 휴가를 줄 수 있다.

③ 사용자는 18세 미만자의 경우 그의 동의가 있고 고용노동부장관의 인가를 받으면 야간근로를 시킬 수 있다.

④ 사용자는 18세 이상의 여성에 대하여는 그 근로자의 동의가 있는 경우에도 1일에 2시간, 1주에 6시간, 1년에 150시간을 초과하는 야간근로를 시키지 못한다.

⑤ 사용자는 임신 중의 여성이 명시적으로 청구하고 고용노동부장관의 인가를 받으면 야간근로를 시킬 수 있다.

13 근로기준법상 근로시간 및 휴게시간의 특례가 적용되는 사업을 모두 고른 것은?

```
ㄱ. 노선여객자동차운송사업
ㄴ. 수상운송업
ㄷ. 보건업
ㄹ. 영화업
```

① ㄱ, ㄴ　　　　　　　　　　② ㄱ, ㄷ
③ ㄴ, ㄷ　　　　　　　　　　④ ㄴ, ㄷ, ㄹ
⑤ ㄱ, ㄴ, ㄷ, ㄹ

14 근로기준법상 임산부의 보호에 관한 설명으로 옳지 않은 것은?

① 사용자는 산후 1년이 지나지 아니한 여성 근로자가 1일 소정근로시간을 유지하면서 업무의 시작 및 종료 시각의 변경을 신청하는 경우 이를 허용하여야 한다.

② 사용자는 한 명의 자녀를 임신한 여성에게 출산 전과 출산 후를 통하여 90일의 출산전후휴가를 주어야 한다.

③ 사용자는 만 42세의 임신 중인 여성 근로자가 출산전후휴가를 청구하는 경우 출산 전 어느 때라도 휴가를 나누어 사용할 수 있도록 하여야 한다.

④ 사용자는 임신한 여성 근로자가 모자보건법상 임산부 정기건강진단을 받는데 필요한 시간을 청구하는 경우 이를 허용하여야 한다.

⑤ 사용자는 임산부를 도덕상 또는 보건상 유해·위험한 사업에 사용하지 못한다.

15 근로기준법상 취업규칙의 불이익변경에서 근로자 측의 집단적 동의권에 관한 설명으로 옳지 않은 것은?(다툼이 있으면 판례에 따름)

① 노동조합이나 근로자들이 집단적 동의권을 남용하였다고 볼만한 특별한 사정이 없는 한 해당 취업규칙의 변경에 사회통념상 합리성이 있다는 이유만으로 그 유효성을 인정할 수는 없다.

② 취업규칙의 불리한 변경에 대하여 근로자가 가지는 집단적 동의권은 변경되는 취업규칙의 내용이 갖는 타당성이나 합리성으로 대체될 수 없다.

③ 권리남용금지 원칙의 적용은 당사자의 주장이 있어야 가능하므로, 집단적 동의권의 남용에 해당하는지에 대하여는 법원이 직권으로 판단할 수 없다.

④ 근로자의 집단적 동의가 없다고 하여 취업규칙의 불리한 변경이 항상 불가능한 것은 아니다.

⑤ 근로자가 가지는 집단적 동의권은 사용자의 일방적 취업규칙의 변경 권한에 한계를 설정하고 헌법 제32조 제3항의 취지와 근로기준법 제4조가 정한 근로조건의 노사대등결정 원칙을 실현하는 데에 중요한 의미를 갖는 절차적 권리이다.

16 근로기준법상 취업규칙의 작성과 변경에 관한 설명으로 옳지 않은 것은?(다툼이 있으면 판례에 따름)

① 취업규칙에서 정한 기준에 미달하는 근로조건을 정한 근로계약은 그 부분에 관하여는 무효로 한다.

② 근로관계 종료 후의 권리·의무에 관한 사항은 사용자와 근로자 사이에 존속하는 근로관계와 직접 관련되는 것으로서 근로자의 대우에 관하여 정한 사항이라도 취업규칙에서 정한 근로조건에 해당한다고 할 수 없다.

③ 취업규칙의 작성·변경에 관한 권한은 원칙적으로 사용자에게 있다.

④ 취업규칙은 원칙적으로 객관적인 의미에 따라 해석하여야 하고, 문언의 객관적 의미를 벗어나는 해석은 신중하고 엄격하여야 한다.

⑤ 사용자가 근로자들에게 불리하게 취업규칙을 변경함에 있어서 근로자들의 집단적 의사결정 방법에 의한 동의를 얻지 아니하였다고 하더라도, 현행의 법규적 효력을 가진 취업규칙은 변경된 취업규칙이다.

17 근로기준법상 직장 내 괴롭힘의 금지 등에 관한 설명으로 옳은 것을 모두 고른 것은?

> ㄱ. 사용자는 직장 내 괴롭힘 예방 교육을 매년 실시하여야 한다.
> ㄴ. 사용자는 조사 기간 동안 직장 내 괴롭힘과 관련하여 피해를 입은 근로자를 보호하기 위하여 필요한 경우 해당 피해근로자에 대하여 근무장소의 변경 등 적절한 조치를 하여야 한다. 이 경우 사용자는 피해근로자의 의사에 반하는 조치를 하여서는 아니 된다.
> ㄷ. 사용자는 조사 결과 직장 내 괴롭힘 발생 사실이 확인된 때에는 피해근로자가 요청하면 배치전환, 유급휴가 명령 등 적절한 조치를 하여야 한다.

① ㄱ
② ㄴ
③ ㄱ, ㄷ
④ ㄴ, ㄷ
⑤ ㄱ, ㄴ, ㄷ

18 파견근로자 보호 등에 관한 법률상 근로자파견 대상 업무에 해당하지 않는 것을 모두 고른 것은?

> ㄱ. 건설공사현장에서 이루어지는 업무
> ㄴ. 선원법상 선원의 업무
> ㄷ. 물류정책기본법상 하역업무로서 직업안정법에 따라 근로자공급사업 허가를 받은 지역의 업무

① ㄱ
② ㄴ
③ ㄱ, ㄷ
④ ㄴ, ㄷ
⑤ ㄱ, ㄴ, ㄷ

19 파견근로자 보호 등에 관한 법률에 관한 설명으로 옳지 않은 것은?

① 파견사업주는 쟁의행위 중인 사업장에 그 쟁의행위로 중단된 업무의 수행을 위하여 근로자를 파견하여서는 아니 된다.
② 파견사업주는 자기의 명의로 타인에게 근로자파견사업을 하게 하여서는 아니 된다.
③ 결혼중개업의 관리에 관한 법률상 결혼중개업에 해당하는 사업을 하는 자는 근로자파견사업을 할 수 없다.
④ 근로자파견사업을 하려는 자는 고용노동부장관의 허가를 받아야 한다.
⑤ 근로자파견사업 갱신허가의 유효기간은 그 갱신 전의 허가의 유효기간이 끝나는 날부터 기산하여 2년으로 한다.

20 기간제 및 단시간근로자 보호 등에 관한 법률에 관한 설명으로 옳은 것을 모두 고른 것은?

> ㄱ. 근로자가 학업, 직업훈련 등을 이수함에 따라 그 이수에 필요한 기간을 정한 경우 2년을 초과하여 기간제근로자로 사용할 수 있다.
> ㄴ. 고령자고용촉진법상 고령자와 근로계약을 체결하는 경우 2년을 초과하여 기간제근로자로 사용할 수 있다.
> ㄷ. 국가 및 지방자치단체의 기관에 대하여는 상시 사용하는 근로자의 수와 관계없이 이 법을 적용한다.
> ㄹ. 휴직·파견 등으로 결원이 발생하여 해당 근로자가 복귀할 때까지 그 업무를 대신할 필요가 있는 경우 2년을 초과하여 기간제근로자로 사용할 수 있다.

① ㄱ, ㄴ, ㄷ   ② ㄱ, ㄴ, ㄹ
③ ㄱ, ㄷ, ㄹ   ④ ㄴ, ㄷ, ㄹ
⑤ ㄱ, ㄴ, ㄷ, ㄹ

2024년

2023년

2022년

2021년

2020년

21 기간제 및 단시간근로자 보호 등에 관한 법률상 기간제근로자 차별적 처우의 시정에 관한 설명으로 옳지 않은 것은?(다툼이 있으면 판례에 따름)

① 노동위원회는 신청인이 주장한 비교대상 근로자와 동일성이 인정되는 범위 내에서 조사, 심리를 거쳐 적합한 근로자를 비교대상 근로자로 선정할 수 있다.
② 기간제근로자가 차별 시정신청을 하는 때에는 차별적 처우의 내용을 구체적으로 명시하여야 한다.
③ 기간제근로자는 계속되는 차별적 처우를 받은 경우 차별적 처우의 종료일부터 3개월이 지난 때에는 노동위원회에 그 시정을 신청할 수 없다.
④ 고용노동부장관은 사용자가 기간제근로자에 대해 차별적 처우를 한 경우에는 그 시정을 요구할 수 있다.
⑤ 노동위원회는 사용자의 차별적 처우에 명백한 고의가 인정되거나 차별적 처우가 반복되는 경우에는 손해액을 기준으로 3배를 넘지 아니하는 범위에서 배상을 명령할 수 있다.

22 기간제 및 단시간근로자 보호 등에 관한 법률상 사용자가 기간제근로자와 근로계약을 체결하는
때 서면으로 명시하여야 하는 것을 모두 고른 것은?

> ㄱ. 휴일·휴가에 관한 사항
> ㄴ. 근로시간·휴게에 관한 사항
> ㄷ. 취업의 장소와 종사하여야 할 업무에 관한 사항
> ㄹ. 근로일 및 근로일별 근로시간

① ㄱ, ㄴ   ② ㄴ, ㄹ

③ ㄷ, ㄹ   ④ ㄱ, ㄴ, ㄷ

⑤ ㄱ, ㄴ, ㄷ, ㄹ

23 남녀고용평등과 일·가정 양립 지원에 관한 법률에 관한 설명으로 옳지 않은 것은?

① 사업주는 사업장의 남녀고용평등 이행을 촉진하기 위하여 그 사업장 소속 근로자 중 노사협의
회가 추천하는 사람을 명예고용평등감독관으로 위촉하여야 한다.

② 사업주가 동일 가치 노동의 기준을 정할 때에는 노사협의회의 근로자를 대표하는 위원의 의견
을 들어야 한다.

③ 사업주가 가족돌봄을 위한 근로시간 단축을 허용하는 경우 단축 후 근로시간은 주당 15시간
이상이어야 하고 30시간을 넘어서는 아니 된다.

④ 사업주는 근로자가 인공수정 등 난임치료를 받기 위하여 휴가를 청구하는 경우에 연간 3일
이내의 휴가를 주어야 하며, 이 경우 최초 1일은 유급으로 한다.

⑤ 사업주는 55세 이상의 근로자에게 은퇴를 준비하기 위한 근로시간 단축을 허용한 경우에 그
근로자가 단축된 근로시간 외에 연장근로를 명시적으로 청구하면 주 12시간 이내에서 연장근
로를 시킬 수 있다.

24 남녀고용평등과 일·가정 양립 지원에 관한 법률상 (   )에 들어갈 내용을 옳게 나열한 것은?

- 사업주는 근로자가 배우자의 출산을 이유로 휴가를 청구하는 경우에 (ㄱ)일의 휴가를 주어야 한다.
- 배우자 출산휴가는 근로자의 배우자가 출산한 날부터 (ㄴ)일이 지나면 청구할 수 없다.
- 가족돌봄휴직 기간은 연간 최장 (ㄷ)일로 한다.

① ㄱ : 5, ㄴ : 30, ㄷ : 90
② ㄱ : 5, ㄴ : 60, ㄷ : 90
③ ㄱ : 5, ㄴ : 90, ㄷ : 180
④ ㄱ : 10, ㄴ : 90, ㄷ : 90
⑤ ㄱ : 10, ㄴ : 90, ㄷ : 180

25 남녀고용평등과 일·가정 양립 지원에 관한 법률상 육아기 근로시간 단축에 관한 설명으로 옳지 않은 것은?

① 육아기 근로시간 단축을 한 근로자의 평균임금을 산정하는 경우에는 그 근로자의 육아기 근로시간 단축 기간을 평균임금 산정기간에서 제외한다.
② 사업주가 육아기 근로시간 단축을 허용하지 아니하는 경우에는 해당 근로자에게 그 사유를 서면으로 통보하여야 한다.
③ 육아기 근로시간 단축을 허용하는 경우 단축 후 근로시간은 주당 10시간 이상이어야 하고 30시간을 넘어서는 아니 된다.
④ 근로자는 육아기 근로시간 단축을 나누어 사용할 수 있다.
⑤ 사업주는 근로자의 육아기 근로시간 단축기간이 끝난 후에 그 근로자를 육아기 근로시간 단축 전과 같은 업무 또는 같은 수준의 임금을 지급하는 직무에 복귀시켜야 한다.

26 산업안전보건법령상 안전보건관리규정에 관한 설명으로 옳지 않은 것은?

① 취업규칙은 안전보건관리규정에 반할 수 없다. 이 경우 취업규칙 중 안전보건관리규정에 반하는 부분에 관하여는 안전보건관리규정으로 정한 기준에 따른다.
② 상시근로자 수가 300명인 보험업 사업주는 안전보건관리규정을 작성하여야 한다.
③ 사업주는 안전보건관리규정을 작성할 때 산업안전보건위원회가 설치되어 있지 아니한 사업장의 경우에는 근로자대표의 동의를 받아야 한다.
④ 근로자는 안전보건관리규정을 지켜야 한다.
⑤ 사고조사 및 대책수립에 관한 사항은 안전보건관리규정에 포함되어야 한다.

27 산업안전보건법상 용어의 정의로 옳지 않은 것은?

① "산업재해"란 노무를 제공하는 사람이 업무에 관계되는 건설물·설비·원재료·가스·증기·분진 등에 의하거나 작업 또는 그 밖의 업무로 인하여 사망 또는 부상하거나 질병에 걸리는 것을 말한다.

② "작업환경측정"이란 산업재해를 예방하기 위하여 잠재적 위험성을 발견하고 그 개선대책을 수립할 목적으로 조사·평가하는 것을 말한다.

③ "관계수급인"이란 도급이 여러 단계에 걸쳐 체결된 경우에 각 단계별로 도급받은 사업주 전부를 말한다.

④ "건설공사발주자"란 건설공사를 도급하는 자로서 건설공사의 시공을 주도하여 총괄·관리하지 아니하는 자를 말한다. 다만, 도급받은 건설공사를 다시 도급하는 자는 제외한다.

⑤ "도급인"이란 물건의 제조·건설·수리 또는 서비스의 제공, 그 밖의 업무를 도급하는 사업주를 말한다. 다만, 건설공사발주자는 제외한다.

28 산업안전보건법령상 근로자의 보건관리에 관한 설명으로 옳지 않은 것은?

① 사업주는 잠수 작업에 종사하는 근로자에게는 1일 5시간을 초과하여 근로하게 해서는 아니 된다.

② 도급인의 사업장에서 관계수급인의 근로자가 작업을 하는 경우에는 도급인이 법정 자격을 가진 자로 하여금 작업환경측정을 하도록 하여야 한다.

③ 사업주는 근로자대표(관계수급인의 근로자대표를 포함한다)가 요구하면 작업환경측정 시 근로자대표를 참석시켜야 한다.

④ 사업주는 건강진단을 실시하는 경우 근로자대표가 요구하면 근로자대표를 참석시켜야 한다.

⑤ 사업주는 근로자(관계수급인의 근로자를 포함한다)가 신체적 피로와 정신적 스트레스를 해소할 수 있도록 휴식시간에 이용할 수 있는 휴게시설을 갖추어야 한다.

29 직업안정법상 직업소개에 관한 설명으로 옳지 않은 것은?

① 국외 무료직업소개사업을 하려는 자는 고용노동부장관에게 신고하여야 한다.

② 근로복지공단이 업무상 재해를 입은 근로자를 대상으로 하는 직업소개의 경우 신고를 하지 아니하고 무료직업소개사업을 할 수 있다.

③ 국내 유료직업소개사업을 하려는 자는 고용노동부장관에게 등록하여야 한다.

④ 유료직업소개사업을 등록한 자는 그 등록증을 대여하여서는 아니 된다.

⑤ 유료직업소개사업을 하는 자는 구직자에게 제공하기 위하여 구인자로부터 선급금을 받아서는 아니 된다.

30 최저임금법령상 최저임금의 결정 등에 관한 설명으로 옳지 않은 것은?

① 고용노동부장관은 매년 3월 31일까지 최저임금위원회에 최저임금에 관한 심의를 요청하여야 한다.

② 최저임금위원회는 고용노동부장관으로부터 최저임금에 관한 심의 요청을 받은 경우 이를 심의하여 최저임금안을 의결하고 심의 요청을 받은 날부터 90일 이내에 고용노동부장관에게 제출하여야 한다.

③ 고용노동부장관은 최저임금위원회가 심의하여 제출한 최저임금안에 따라 최저임금을 결정하기가 어렵다고 인정되면 20일 이내에 그 이유를 밝혀 위원회에 10일 이상의 기간을 정하여 재심의를 요청할 수 있다.

④ 고용노동부장관은 매년 8월 5일까지 최저임금을 결정하여야 한다.

⑤ 사용자를 대표하는 자는 고시된 최저임금안에 대하여 이의가 있으면 고시된 날부터 30일 이내에 고용노동부장관에게 이의를 제기할 수 있다.

31 최저임금법령상 최저임금위원회에 관한 설명으로 옳지 않은 것은?

① 위원장과 부위원장은 공익위원 중에서 위원회가 선출한다.

② 위원회에 2명의 상임위원을 두며, 상임위원은 근로자위원과 사용자위원 각 1명으로 한다.

③ 위원의 임기는 3년으로 하되, 연임할 수 있다.

④ 위원회의 회의는 이 법으로 따로 정하는 경우 외에는 재적위원 과반수의 출석과 출석위원 과반수의 찬성으로 의결한다.

⑤ 위원은 임기가 끝났더라도 후임자가 임명되거나 위촉될 때까지 계속하여 직무를 수행한다.

32 근로자퇴직급여 보장법상 퇴직급여제도에 관한 설명으로 옳지 않은 것은?

① 사용자는 계속근로기간이 1년 미만인 근로자에 대하여는 퇴직급여제도를 설정하지 않아도 된다.

② 퇴직급여제도를 설정하는 경우에 하나의 사업에서 급여 및 부담금 산정방법의 적용 등에 관하여 차등을 두어서는 아니 된다.

③ 사용자가 퇴직급여제도를 다른 종류의 퇴직급여제도로 변경하려는 경우에는 근로자의 과반수를 대표하는 자와 사전협의를 하여야 한다.

④ 사용자는 근로자가 퇴직한 경우에는 그 지급사유가 발생한 날부터 14일 이내에 퇴직금을 지급하여야 하나, 특별한 사정이 있는 경우에는 당사자 간의 합의에 따라 지급기일을 연장할 수 있다.

⑤ 퇴직금을 받을 권리는 3년간 행사하지 아니하면 시효로 인하여 소멸한다.

33 근로자퇴직급여 보장법령상 확정기여형퇴직연금제도에 가입한 근로자가 적립금을 중도인출할 수 □□□ 있는 경우를 모두 고른 것은?

> ㄱ. 무주택자인 가입자가 주거를 목적으로 주택임대차보호법 제3조의2에 따른 보증금을 부담하는
>   경우(가입자가 하나의 사업 또는 사업장에 근로하는 동안 1회로 한정한다)
> ㄴ. 무주택자인 가입자가 본인 명의로 주택을 구입하는 경우
> ㄷ. 가입자 배우자의 부양가족의 장례비를 가입자가 부담하는 경우

① ㄱ   ② ㄷ
③ ㄱ, ㄴ   ④ ㄴ, ㄷ
⑤ ㄱ, ㄴ, ㄷ

34 임금채권보장법령에 관한 설명으로 옳지 않은 것은?
□□□
① 도산대지급금을 지급받으려는 사람은 도산등사실인정이 있는 날부터 3년 이내에 근로복지공
   단에 직접 대지급금의 지급을 청구해야 한다.
② 이 법은 국가와 지방자치단체가 직접 수행하는 사업에 적용하지 아니한다.
③ 재직 근로자에 대한 대지급금은 해당 근로자가 하나의 사업에 근로하는 동안 1회만 지급한다.
④ 임금채권보장기금은 고용노동부장관이 관리·운용한다.
⑤ 고용노동부장관은 사업주로부터 임금등을 지급받지 못한 근로자의 생활안정을 위하여 근로자
   의 신청에 따라 생계비에 필요한 비용을 융자할 수 있다.

35 임금채권보장법상 사업주로부터 징수하는 부담금에 관한 설명으로 옳지 않은 것은?
□□□
① 사업주가 부담하여야 하는 부담금은 그 사업에 종사하는 근로자의 보수총액에 1천분의 2의
   범위에서 임금채권보장기금심의위원회의 심의를 거쳐 고용노동부장관이 정하는 부담금비율
   을 곱하여 산정한 금액으로 한다.
② 이 법은 사업주의 부담금에 관하여 다른 법률에 우선하여 적용한다.
③ 외국인근로자의 고용 등에 관한 법률에 따라 외국인근로자 출국만기보험·신탁에 가입한 사
   업주에 대하여는 부담금을 경감할 수 있다.
④ 근로기준법 또는 근로자퇴직급여 보장법에 따라 퇴직금을 미리 정산하여 지급한 사업주에 대
   하여는 부담금을 경감할 수 있다.
⑤ 사업주의 부담금을 산정할 때 해당 연도의 보수총액을 결정하기 곤란한 경우에는 전 년도의
   보수총액을 기준으로 부담금을 결정한다.

36 근로복지기본법에 관한 설명으로 옳지 않은 것은?

① 누구든지 국가 또는 지방자치단체가 근로자의 주거안정, 생활안정 및 재산형성 등 근로복지를 위하여 이 법에 따라 융자한 자금을 그 목적사업에만 사용하여야 한다.

② 국가 또는 지방자치단체는 근로자가 아니면서 자신이 아닌 다른 사람의 사업을 위하여 다른 사람을 사용하지 아니하고 자신이 직접 노무를 제공하여 노무수령자로부터 대가를 얻는 사람을 대상으로 근로복지사업을 실시할 수 있다.

③ 사업주는 선택적 복지제도를 실시할 때에는 근로자의 직급, 근속연수, 부양가족 등을 고려하여 합리적인 기준에 따라 수혜 수준을 달리할 수 있다.

④ 근로복지시설을 설치·운영하는 자는 근로자의 소득수준, 가족관계 등을 고려하여 근로복지시설의 이용자를 제한하거나 이용료를 차등하여 받을 수 없다.

⑤ 우리사주조합의 규약 제정과 변경에 관한 사항은 반드시 우리사주조합원총회의 의결을 거쳐야 한다.

2024년
2023년
2022년
2021년
2020년

37 외국인근로자의 고용 등에 관한 법률상 취업활동 기간 제한의 특례에 관한 내용이다. (   )에 들어갈 내용을 옳게 나열한 것은?

> 고용허가를 받은 사용자에게 고용된 외국인근로자로서 취업활동 기간 (ㄱ)이 만료되어 출국하기 전에 사용자가 고용노동부장관에게 재고용 허가를 요청한 근로자는 한 차례만 (ㄴ) 미만의 범위에서 취업활동 기간을 연장받을 수 있다.

① ㄱ : 2년, ㄴ : 1년
② ㄱ : 2년, ㄴ : 2년
③ ㄱ : 3년, ㄴ : 1년
④ ㄱ : 3년, ㄴ : 2년
⑤ ㄱ : 3년, ㄴ : 3년

38 외국인근로자의 고용 등에 관한 법령에 관한 설명으로 옳지 않은 것은?

① 직업안정법에 따른 직업안정기관이 아닌 자는 외국인근로자의 선발, 알선, 그 밖의 채용에 개입하여서는 아니 된다.

② 법무부장관은 송출국가가 송부한 송출대상 인력을 기초로 외국인구직자 명부를 작성하고, 관리하여야 한다.

③ 외국인근로자 고용허가를 최초로 받은 사용자는 노동관계법령·인권 등에 관한 교육을 받아야 한다.

④ 외국인근로자는 입국한 후 15일 이내에 외국인 취업교육을 받아야 한다.

⑤ 고용허가에 따라 체결된 근로계약의 효력발생 시기는 외국인근로자가 입국한 날로 한다.

39 헌법 제32조에 명시된 내용으로 옳은 것은?

① 국가는 근로의 의무의 내용과 조건을 민주주의원칙에 따라 법률로 정한다.

② 사용자는 적정임금의 보장에 노력하여야 한다.

③ 전몰군경은 법률이 정하는 바에 의하여 우선적으로 근로의 기회를 부여받는다.

④ 근로의 권리는 인간의 존엄성을 보장하도록 법률로 정한다.

⑤ 미성년자의 근로는 고용·임금 및 근로조건에 있어서 부당한 차별을 받지 아니한다.

40 우리나라가 비준한 국제노동기구(ILO)의 협약을 모두 고른 것은?

ㄱ. 취업최저연령에 관한 협약(제138호)
ㄴ. 산업안전보건과 작업환경에 관한 협약(제155호)
ㄷ. 결사의 자유 및 단결권 보호에 관한 협약(제87호)
ㄹ. 단결권 및 단체교섭권 원칙의 적용에 관한 협약(제98호)

① ㄱ, ㄴ

② ㄱ, ㄴ, ㄷ

③ ㄱ, ㄷ, ㄹ

④ ㄴ, ㄷ, ㄹ

⑤ ㄱ, ㄴ, ㄷ, ㄹ

2023년 제32회 기출문제

2023.05.27. 시행

Time   분 | 정답 및 해설 035p

중요문제 / 틀린 문제 CHECK

각 문항별로 회독수 CHECK ☑☐☐

01	02	03	04	05	06	07	08	09	10	11	12	13	14	15	16	17	18	19	20	21	22	23	24	25

01 헌법 제32조에 명시적으로 규정된 내용은?

① 국가는 법률이 정하는 바에 의하여 적정임금제를 시행하여야 한다.

② 국가는 사회적·경제적 방법으로 근로자의 고용을 보장하여야 한다.

③ 장애인의 근로는 특별한 보호를 받으며, 고용·임금 및 근로조건에 있어서 부당한 차별을 받지 아니한다.

④ 국가는 근로의 의무의 내용과 조건을 민주주의 원칙에 따라 법률로 정한다.

⑤ 국가는 전몰군경의 유가족이 우선적으로 근로의 기회를 부여받도록 노력하여야 한다.

02 노동법의 법원(法源)에 관한 설명으로 옳지 않은 것은?(다툼이 있으면 판례에 따름)

① 헌법에 따라 체결·공포된 조약은 국내법과 같은 효력을 가지므로 노동법의 법원이 된다.

② 노동조합규약은 일종의 자치적 법규범으로서 소속조합원에 대하여 법적 효력을 가진다.

③ 고용노동부의 행정해석은 고용노동부의 그 소속기관의 내부적 업무처리 지침에 불과하여 노동법의 법원이 아니다.

④ 노동관행은 그 자체로서는 법적 구속력을 가지지 않지만, 일정한 요건을 갖춘 경우에는 법원으로 인정된다.

⑤ 근로자와 사용자가 개별적으로 체결한 근로계약은 노동법의 법원이 아니다.

03 근로기준법상 근로계약에 관한 설명으로 옳지 않은 것은?

① 근로기준법에 정하는 기준에 미치지 못하는 근로조건을 정한 근로계약은 그 부분에 한정하여 무효로 한다.

② 사용자는 근로계약에 덧붙여 저축금의 관리를 규정하는 계약을 체결할 수 있다.

③ 근로자는 근로계약 체결 시 명시된 근로조건이 사실과 다를 경우에 근로조건 위반을 이유로 손해의 배상을 청구할 수 있다.

④ 사용자는 근로계약 체결 후 소정근로시간을 변경하는 경우에 근로자에게 명시하여야 한다.

⑤ 단시간근로자의 근로조건은 그 사업장의 같은 종류의 업무에 종사하는 통상 근로자의 근로시간을 기준으로 산정한 비율에 따라 결정되어야 한다.

04 근로기준법상 기본원리에 관한 설명으로 옳지 않은 것은?

① 사용자뿐만 아니라 근로자도 취업규칙과 근로계약을 지키고 성실하게 이행할 의무가 있다.

② 사용자는 근로자에 대하여 국적·신앙 또는 사회적 신분을 이유로 근로조건에 대한 차별적 처우를 하지 못한다.

③ 누구든지 법률에 따르지 아니하고는 영리로 다른 사람의 취업에 개입하지 못한다.

④ 근로기준법에서 정하는 근로조건은 최저기준이므로 근로관계 당사자는 이 기준을 이유로 근로조건을 낮출 수 없다.

⑤ 사용자는 근로자가 근로시간 중에 공(公)의 직무를 집행하기 위하여 필요한 시간을 청구하면 유급으로 보장하여야 한다.

05 근로기준법 제23조(해고 등의 제한) 제1항이 적용되는 사업장을 모두 고른 것은?(다툼이 있으면 판례에 따름)

> ㄱ. 상시 5명의 동거하는 친족만을 사용하는 사업장
> ㄴ. 상시 1명의 공무원이 아닌 근로자를 사용하는 지방자치단체
> ㄷ. 상시 3명의 근로자를 사용하는 건설업체
> ㄹ. 상시 5명의 유치원 교사를 채용하여 사용하는 종교단체

① ㄱ, ㄴ
② ㄱ, ㄷ
③ ㄴ, ㄷ
④ ㄴ, ㄹ
⑤ ㄴ, ㄷ, ㄹ

06 근로기준법령상 여성과 소년의 보호에 관한 설명으로 옳지 않은 것은?

① 15세 미만인 자를 사용하는 사용자가 취직인허증을 갖추어 둔 경우에는 가족관계기록사항에 관한 증명서와 친권자나 후견인의 동의서를 갖추어 두지 않아도 된다.

② 사용자는 취직인허증이 못쓰게 된 경우에는 고용노동부령으로 정하는 바에 따라 지체 없이 재교부 신청을 하여야 한다.

③ 사용자는 임신 중의 여성이 명시적으로 청구하는 경우로서 고용노동부장관의 인가를 받은 경우 휴일에 근로하게 할 수 있다.

④ 생후 1년 미만의 유아를 가진 여성 근로자가 청구하면 1일 2회 각각 60분 이상의 유급 수유 시간을 주어야 한다.

⑤ 사용자는 관리·감독 업무를 수행하기 위하여 일시적으로 필요한 경우 여성을 갱내(坑內)에서 근로시킬 수 있다.

2024년
2023년
2022년
2021년
2020년

07 근로기준법상 임산부의 보호에 관한 설명으로 옳지 않은 것은?

① 사용자는 임신 중의 여성 근로자에게 시간외근로를 하게 하여서는 아니 되며, 그 근로자의 요구와 관계없이 쉬운 종류의 근로로 전환하여야 한다.

② 사용자는 임신 중인 여성이 사산한 경우로서 그 근로자가 청구하면 대통령령으로 정하는 바에 따라 사산 휴가를 주어야 한다.

③ 사용자는 한 번에 둘 이상 자녀를 임신 중의 여성에게 출산 전과 출산 후를 통하여 120일의 출산전후휴가를 주어야 한다.

④ 사업주는 출산전후휴가 종료 후에는 휴가 전과 동일한 업무 또는 동등한 수준의 임금을 지급하는 직무에 복귀시켜야 한다.

⑤ 사용자는 1일 근로시간이 8시간인 임신 후 36주 이후에 있는 여성 근로자가 1일 2시간의 근로시간 단축을 신청하는 경우 이를 허용하여야 한다.

08 근로기준법상 직장 내 괴롭힘에 관한 설명으로 옳지 않은 것은?

☐☐☐

① 사용자는 직장 내 괴롭힘 발생 사실을 인지한 경우에는 지체 없이 당사자 등을 대상으로 그 사실 확인을 위하여 객관적으로 조사를 실시하여야 한다.

② 사용자는 조사 기간 동안 직장 내 괴롭힘과 관련하여 피해를 입은 근로자를 보호하기 위하여 행위자에 대하여 근무장소의 변경 조치를 하여야 한다.

③ 직장 내 괴롭힘 발생 사실을 조사한 사람은 해당 조사 과정에서 알게 된 비밀을 피해 근로자등의 의사에 반하는 경우에도 관계 기관의 요청에 따라 필요한 정보를 제공할 수 있다.

④ 근로자는 직장에서의 지위 또는 관계 등의 우위를 이용하여 업무상 적정범위를 넘어 다른 근로자에게 신체적·정신적 고통을 주거나 근무환경을 악화시키는 행위를 하여서는 아니 된다.

⑤ 사용자가 직장 내 괴롭힘의 금지를 위반하여 직장 내 괴롭힘을 한 경우에는 1천만원 이하의 과태료를 부과한다.

09 근로기준법상 근로시간에 관한 설명으로 옳은 것은?

☐☐☐

① 3개월 이내의 탄력적 근로시간제에 따라 근로자를 근로시킬 경우에는 근로일 종료 후 다음 근로일 개시 전까지 근로자에게 연속하여 11시간 이상의 휴식 시간을 주어야 한다.

② 3개월 이내의 탄력적 근로시간제에 따라 근로자를 근로시킬 경우에는 기존의 임금수준이 낮아지지 않도록 임금보전방안을 강구하여 고용노동부장관에게 신고하여야 한다.

③ 3개월 이내의 탄력적 근로시간제는 15세 이상 18세 미만의 근로자에 대하여는 적용하지 아니 한다.

④ 3개월을 초과하는 탄력적 근로시간제에 있어 업무량 급증의 불가피한 사유가 발생한 때에는 근로자대표와의 합의를 거쳐 단위기간의 주별 근로시간을 변경해야 한다.

⑤ 15세 이상 18세 미만인 사람의 근로시간은 1일에 6시간, 1주에 30시간을 초과하지 못한다.

10 근로기준법령상 임금에 관한 설명으로 옳지 않은 것은?(다툼이 있으면 판례에 따름)

① 근로자가 임금채권을 양도한 경우 양수인이 스스로 사용자에 대하여 임금의 지급을 청구할 수 있다.

② 사용자가 근로자의 임금지급에 갈음하여 사용자가 제3자에 대하여 가지는 채권을 근로자에게 양도하기로 하는 약정은 전부 무효임이 원칙이다.

③ 사용자가 근로자에게 퇴직금 명목으로 지급한 금원 상당의 부당이득반환채권을 자동채권으로 하여 근로자의 퇴직금채권을 상계하는 것은 퇴직금채권의 2분의 1을 초과하는 부분에 해당하는 금액에 관하여만 허용된다.

④ 근로기준법에서 정한 통상임금에 산입될 수당을 통상임금에서 제외하기로 하는 노사 간의 합의는 근로기준법에서 정한 기준과 전체적으로 비교하여 그에 미치지 못하는 근로조건이 포함된 부분에 한하여 무효로 된다.

⑤ 근로자가 퇴직하여 더 이상 근로계약 관계에 있지 않은 상황에서 퇴직 시 발생한 퇴직금청구권을 나중에 포기하는 것은 허용된다.

11 근로기준법령상 연차 유급휴가에 관한 설명으로 옳지 않은 것은?(다툼이 있으면 판례에 따름)

① 사용자는 1년간 80퍼센트 미만 출근한 근로자에게 1개월 개근 시 1일의 유급휴가를 주어야 한다.

② 연차 휴가기간에 지급하여야 하는 임금은 유급휴가를 주기 전이나 준 직후의 임금지급일에 지급하여야 한다.

③ 근로자가 업무상 재해 등의 사정으로 말미암아 연차휴가를 사용할 해당 연도에 전혀 출근하지 못한 경우라 하더라도 이미 부여받은 연차휴가를 사용하지 않은 데 따른 연차휴가수당은 청구할 수 있다.

④ 사용자는 근로자대표와의 서면 합의에 따라 연차 유급휴가일을 갈음하여 특정한 근로일에 근로자를 휴무시킬 수 있다.

⑤ 근로자가 업무상 재해로 휴업한 기간은 소정근로일수와 출근일수에 모두 제외시켜 출근율을 계산하여야 한다.

12 근로기준법 위반사항 중 피해자의 명시적인 의사와 다르게 공소를 제기할 수 없는 경우는 몇 개인 가?
□□□

> - 근로자에게 1주에 평균 1회 이상의 유급휴일을 보장하지 않는 경우
> - 사용자의 귀책사유로 휴업하면서 휴업수당을 지급하지 않는 경우
> - 연장·야간·휴일근로에 대한 가산수당을 지급하지 않는 경우
> - 친권자나 후견인이 미성년자의 근로계약을 대리하는 경우
> - 근로자를 즉시 해고하면서 해고예고수당을 지급하지 않는 경우

① 1개
② 2개
③ 3개
④ 4개
⑤ 5개

13 근로기준법상 취업규칙 불이익 변경에 관한 설명으로 옳지 않은 것은?(다툼이 있으면 판례에 따
□□□ 름)

① 취업규칙의 개정이 근로자들에게 불이익하게 변경된 것인지는 취업규칙의 개정이 이루어진 시점을 기준으로 판단하여야 한다.

② 근로조건이 이원화되어 있어 변경된 취업규칙이 적용되어 직접적으로 불이익을 받게 되는 근로자 집단 이외에 변경된 취업규칙의 적용이 예상되는 근로자 집단이 없는 경우에는 변경된 취업규칙이 적용되어 불이익을 받는 근로자 집단만이 동의주체가 된다.

③ 취업규칙이 근로자의 동의 없이 불이익하게 변경된 후에 이루어진 자의에 따른 사직 및 재입사로 근로관계가 단절된 근로자에 대하여 재입사 후 적용되는 취업규칙은 변경 전 취업규칙이다.

④ 근로자의 동의를 얻지 않은 취업규칙 불이익변경의 경우 그 변경으로 기득이익이 침해되는 기존의 근로자에게는 종전 취업규칙의 효력이 그대로 유지되지만, 변경 후에 근로관계를 갖게 된 근로자에게는 변경된 취업규칙이 적용된다.

⑤ 취업규칙 불이익 변경 시 근로자 과반수로 구성된 노동조합이 없는 때에는 근로자들의 회의 방식에 의한 과반수 동의가 필요하다.

14 기간제 및 단시간근로자 보호 등에 관한 법령상 사용기간의 제한과 관련된 설명으로 옳지 않은
□□□ 것은?(다툼이 있으면 판례에 따름)

① 사용자의 부당한 갱신거절로 인해 근로자가 실제로 근로를 제공하지 못한 기간도 계약갱신에
   대한 정당한 기대권이 존속하는 범위에서는 기간제 및 단시간근로자 보호 등에 관한 법률에서
   정한 2년의 사용제한기간에 포함된다.

② 사용자는 4주 동안을 평균하여 1주 동안의 소정근로시간이 15시간 미만인 근로자를 2년을
   초과하여 기간제근로자로 사용할 수 없다.

③ 사용자는 외국에서 수여받은 박사 학위를 소지하고 해당 분야에 종사하는 근로자를 2년을 초
   과하여 기간제근로자로 사용할 수 있다.

④ 사용자는 기간의 정함이 없는 근로계약을 체결하고자 하는 경우에는 해당 사업 또는 사업장의
   동종 또는 유사한 업무에 종사하는 기간제근로자를 우선적으로 고용하도록 노력하여야 한다.

⑤ 기간제 및 단시간근로자 보호 등에 관한 법률은 총 사용기간을 2년으로 제한할 뿐 그 기간
   중에 반복갱신의 횟수는 제한하고 있지 않다.

15 기간제 및 단시간근로자 보호 등에 관한 법률에 관한 내용으로 옳지 않은 것은?
□□□

① 사용자는 가사를 이유로 근로자가 단시간근로를 신청하는 때에는 해당 근로자를 단시간근로
   자로 전환하도록 노력하여야 한다.

② 단시간근로자의 동의를 받으면 소정근로시간을 초과하여 근로를 하게 할 수 있으나, 1주 12시
   간을 초과할 수는 없다.

③ 사업장에서 기간제 및 단시간근로자 보호 등에 관한 법률을 위반한 사실이 있는 경우 근로자는
   그 사실을 고용노동부장관 또는 근로감독관에게 통지할 수 있다.

④ 기간제근로자와 근로계약을 체결할 때 근로계약기간 등 근로조건의 서면명시를 하지 않으면
   500만원 이하의 벌금에 처한다.

⑤ 사용자는 단시간근로자와 근로계약을 체결하는 때에는 근로일 및 근로일별 근로시간을 서면
   으로 명시하여야 한다.

16 남녀고용평등과 일·가정 양립 지원에 관한 법률상 분쟁의 예방과 해결에 관한 설명으로 옳지
□□□ 않은 것은?

① 근로자가 노동위원회에 차별적 처우등의 시정신청을 하는 경우에는 차별적 처우등의 내용을 구체적으로 명시하여야 한다.

② 노동위원회는 확정된 시정명령에 대하여 사업주에게 이행상황을 제출할 것을 요구할 수 있다.

③ 노동위원회는 사업주의 차별적 처우등이 반복되는 경우에는 손해액을 기준으로 3배를 넘지 아니하는 범위에서 배상을 명령할 수 있다.

④ 고용노동부장관은 사업주가 차별적 처우를 한 경우에는 그 시정을 요구할 수 있다.

⑤ 근로자는 사업주로부터 차별적 처우등을 받은 경우 노동위원회에 차별적 처우등을 받은 날(차별적 처우등이 계속되는 경우에는 그 종료일)부터 6개월 이내에 그 시정을 신청할 수 있다.

17 남녀고용평등과 일·가정 양립 지원에 관한 법률상 가족돌봄 등을 위한 근로시간 단축에 관한
□□□ 설명으로 옳지 않은 것은?

① 사업주는 근로시간 단축을 하고 있는 근로자가 명시적으로 청구하는 경우에는 단축된 근로시간 외에 주 12시간 이내에서 연장근로를 시킬 수 있다.

② 사업주가 해당 근로자에게 근로시간단축을 허용하는 경우 단축 후 근로시간은 주당 15시간 이상이어야 하고 30시간을 넘어서는 아니 된다.

③ 근로자는 근로자의 학업을 위한 경우에는 근로시간 단축의 기간을 연장할 수 없다.

④ 사업주가 근로시간 단축을 허용하지 아니하는 경우에는 해당 근로자에게 그 사유를 서면으로 통보하고 그 밖의 조치를 통하여 지원할 수 있는지를 해당 사업장의 근로자대표와 서면으로 협의하여야 한다.

⑤ 근로시간 단축을 한 근로자의 근로조건은 사업주와 그 근로자 간에 서면으로 정한다.

18 파견근로자 보호 등에 관한 법률상 근로기준법의 적용 특례에 관한 설명으로 옳지 않은 것은?

① 휴업수당의 지급에 대해서는 사용사업주를 사용자로 본다.
② 근로자 퇴직 시 금품청산에 대해서는 파견사업주를 사용자로 본다.
③ 휴게시간의 부여에 대해서는 사용사업주를 사용자로 본다.
④ 연차유급휴가의 부여에 대해서는 파견사업주를 사용자로 본다.
⑤ 야간근로수당의 지급에 대해서는 파견사업주를 사용자로 본다.

19 산업안전보건법상 유해·위험 방지 조치 중 사업주의 의무로 명시되어 있지 않은 것은?

① 위험성평가의 실시(산업안전보건법 제36조)
② 공정안전보고서의 작성·제출(산업안전보건법 제44조)
③ 중대재해 원인조사(산업안전보건법 제56조)
④ 유해위험방지계획서의 작성·제출(산업안전보건법 제42조)
⑤ 안전보건표지의 설치·부착(산업안전보건법 제37조)

20 최저임금법령상 최저임금의 적용을 받는 사용자가 근로자에게 주지시켜야 할 최저임금의 내용을 모두 고른 것은?

ㄱ. 적용을 받는 근로자의 최저임금액
ㄴ. 최저임금에 산입하지 아니하는 임금
ㄷ. 해당 사업에서 최저임금의 적용을 제외할 근로자의 범위
ㄹ. 최저임금의 효력발생 연월일

① ㄱ, ㄷ
② ㄴ, ㄹ
③ ㄱ, ㄴ, ㄷ
④ ㄱ, ㄴ, ㄹ
⑤ ㄱ, ㄴ, ㄷ, ㄹ

21 외국인근로자의 고용 등에 관한 법률에 관한 설명으로 옳지 않은 것은?

□□□
① 사용자는 외국인근로자의 귀국 시 필요한 비용에 충당하기 위해 보험 또는 신탁에 가입해야
한다.
② 외국인근로자를 고용하려는 자는 직업안정법에 따른 직업안정기관에 우선 내국인 구인 신청
을 하여야 한다.
③ 외국인근로자는 입국한 후에 국내 취업활동에 필요한 사항을 주지시키기 위하여 실시하는 교
육을 받아야 한다.
④ 취업활동 기간이 연장되는 외국인근로자와 사용자는 연장된 취업활동 기간의 범위에서 근로
계약을 체결할 수 있다.
⑤ 선원법의 적용을 받는 선박에 승무하는 선원 중 대한민국 국적을 가지지 아니한 선원에 대하여
는 외국인근로자의 고용 등에 관한 법률을 적용하지 않는다.

22 근로복지기본법에 따라 근로자의 복지향상을 위한 지원을 할 때 우대될 수 있도록 하여야 하는
□□□ 근로자를 모두 고른 것은?

> ㄱ. 중소·영세기업 근로자
> ㄴ. 저소득근로자
> ㄷ. 장기근속근로자
> ㄹ. 파견근로자 보호 등에 관한 법률에 따른 파견근로자

① ㄱ, ㄴ   ② ㄱ, ㄷ
③ ㄱ, ㄴ, ㄹ   ④ ㄴ, ㄷ, ㄹ
⑤ ㄱ, ㄴ, ㄷ, ㄹ

23 직업안정법에 관한 설명으로 옳은 것은?

① 고용노동부장관은 직업안정기관에 직업소개, 직업지도 및 고용정보 제공 등의 업무를 담당하는 민간직업상담원을 배치하여야 한다.

② 고용노동부장관은 새로 취업하려는 사람에게 직업지도를 하여야 한다.

③ 누구든지 국외에 취업할 근로자를 모집한 경우에는 고용노동부장관에게 신고하여야 한다.

④ 고용노동부장관은 무료직업소개사업 경비의 전부 또는 일부를 보조하여야 한다.

⑤ 직업안정기관의 장은 구직신청 내용이 법령을 위반한 경우에도 구직신청의 수리를 거부하여서는 아니 된다.

24 근로자퇴직급여 보장법령상 퇴직급여제도에 관한 설명으로 옳지 않은 것은?

① 가입자의 부양가족의 혼례비를 가입자가 부담하는 경우에는 퇴직연금제도의 급여를 받을 권리는 담보로 제공할 수 없다.

② 무주택자인 가입자가 본인 명의로 주택을 구입하는 경우 가입자별 적립금의 100분의 50 한도에서 퇴직연금제도의 급여를 받을 권리를 담보로 제공할 수 있다.

③ 6개월 이상 요양을 필요로 하는 근로자의 부상의료비를 근로자 본인 연간 임금총액의 1천분의 125를 초과하여 부담하는 경우 퇴직금을 미리 정산하여 지급할 수 있다.

④ 퇴직금을 중간정산하여 지급한 후의 퇴직금 산정을 위한 계속근로기간은 정산시점부터 새로 계산한다.

⑤ 사용자는 퇴직금을 미리 정산하여 지급한 경우 근로자가 퇴직한 후 5년이 되는 날까지 관련 증명 서류를 보존하여야 한다.

25 임금채권보장법령상 대지급금에 관한 설명으로 옳지 않은 것은?

① 퇴직한 근로자의 대지급금을 지급받을 권리는 양도 또는 압류하거나 담보로 제공할 수 없다.

② 대지급금을 받을 권리가 있는 사람이 부상으로 대지급금을 수령할 수 없는 경우에는 그 가족에게 수령을 위임할 수 있다.

③ 도산대지급금의 경우 도산등 사실인정이 있은 날부터 1년 이내 고용노동부장관에게 대지급금 지급을 청구해야 한다.

④ 대지급금수급계좌의 예금에 관한 채권은 압류할 수 없다.

⑤ 재직 근로자에 대한 대지급금은 해당 근로자가 하나의 사업에 근로하는 동안 1회만 지급한다.

2022년 제31회 기출문제

✅ **2022.05.14. 시행**　　　　　　　　　　✅ Time　　　　분 | 정답 및 해설 056p

✅ **중요문제 / 틀린 문제 CHECK**　　　　　　✅ **각 문항별로 회독수 CHECK ☑☐☐**

01	02	03	04	05	06	07	08	09	10	11	12	13	14	15	16	17	18	19	20	21	22	23	24	25

01 근로기준법령상 3개월을 초과하는 탄력적 근로시간제에 관한 규정에 따라 사용자와 근로자대표가
☐☐☐　서면 합의로 정하는 사항에 해당하지 않는 것은?

① 대상 근로자의 범위

② 단위기간(3개월을 초과하고 6개월 이내의 일정한 기간으로 정하여야 한다)

③ 단위기간의 주별 근로시간

④ 단위기간의 일별 근로시간

⑤ 서면 합의의 유효기간

02 근로기준법상 직장 내 괴롭힘의 금지 및 발생 시 조치에 관한 설명으로 옳은 것은?
☐☐☐
① 근로자에게 신체적·정신적 고통을 주는 행위 외에 근무환경을 악화시키는 행위는 직장 내
괴롭힘에 관한 규정으로 규율되지 아니한다.

② 직장 내 괴롭힘의 발생 사실을 알게 된 경우 그 피해근로자의 동의가 없으면 누구든지 그 사실
을 사용자에게 신고할 수 없다.

③ 사용자는 직장 내 괴롭힘 사실을 인지하더라도 그 신고의 접수가 없으면 사실 확인을 위한
조사를 실시할 수 없다.

④ 사용자는 조사 결과 직장 내 괴롭힘 발생 사실이 확인된 때에는 피해근로자의 요청과 무관하게
피해근로자의 근무장소 변경, 배치전환 등 적절한 조치를 하여야 한다.

⑤ 사용자는 직장 내 괴롭힘의 피해근로자는 물론 그 발생 사실을 신고한 근로자에게도 해고나
그 밖의 불리한 처우를 하여서는 아니 된다.

03 근로기준법상 근로감독관 등에 관한 설명으로 옳지 않은 것은?

① 근로조건의 기준을 확보하기 위하여 고용노동부와 그 소속 기관에 근로감독관을 둔다.

② 근로감독관은 사업장을 현장조사하고 장부와 서류의 제출을 요구할 수 있으며 사용자와 근로자에 대하여 심문(尋問)할 수 있다.

③ 의사인 근로감독관은 취업을 금지하여야 할 질병에 걸릴 의심이 있는 근로자에 대하여 검진할 수 있다.

④ 근로감독관은 근로감독관을 그만 둔 경우에도 직무상 알게 된 비밀을 엄수하여야 한다.

⑤ 근로기준법에 따른 현장조사, 서류의 제출, 근로감독관의 직무에 관한 범죄 등의 수사는 검사와 근로감독관이 전담하여 수행한다.

04 근로기준법령상 임금명세서의 기재사항으로 명시된 것을 모두 고른 것은?

ㄱ. 임금 총액
ㄴ. 임금지급일
ㄷ. 고용 연월일
ㄹ. 종사하는 업무

① ㄱ, ㄴ   ② ㄷ, ㄹ
③ ㄱ, ㄴ, ㄹ   ④ ㄴ, ㄷ, ㄹ
⑤ ㄱ, ㄴ, ㄷ, ㄹ

05 근로기준법령상 재량근로의 대상업무로 명시되지 않은 것은?

① 인문사회과학분야의 연구 업무
② 정보처리시스템의 교육 업무
③ 신문 사업에서의 기사의 취재 업무
④ 의복의 디자인 업무
⑤ 영화 제작 사업에서의 프로듀서 업무

06 근로기준법상 18세 미만인 사람에 관한 설명으로 옳지 않은 것은?

① 사용자는 18세 미만인 사람을 보건상 유해·위험한 사업에 사용하지 못한다.

② 사용자는 18세 미만인 사람에 대하여는 그 연령을 증명하는 가족관계기록사항에 관한 증명서 또는 친권자나 후견인의 동의서를 사업장에 갖추어 두어야 한다.

③ 사용자는 18세 미만인 사람과 근로계약을 체결하는 경우에는 법령에 따른 근로조건을 서면으로 명시하여 교부하여야 한다.

④ 18세 미만인 사람의 근로시간은 당사자 사이의 합의에 따라 1일에 1시간, 1주에 5시간을 한도로 연장할 수 있다.

⑤ 18세 미만인 사람의 동의가 있는 경우로서 고용노동부장관의 인가를 받으면 사용자는 18세 미만인 사람을 휴일에 근로시킬 수 있다.

07 근로기준법상 근로시간과 휴식에 관한 설명으로 옳은 것은?

① 사용자는 모든 근로자에게 근로시간이 8시간인 경우에는 30분의 휴게시간을 근로시간 도중에 주어야 한다.

② 사용자는 근로자에게 매월 평균 1회 이상의 유급휴일을 보장해야 한다.

③ 사용자는 근로자에게 대통령령으로 정하는 휴일을 유급으로 보장하여야 하므로 근로자대표와 서면 합의를 하였더라도 특정한 근로일로 대체할 수 없다.

④ 사용자는 8시간을 초과한 연장근로에 대하여는 통상임금의 100분의 100 이상을 가산하여 지급하여야 한다.

⑤ 사용자는 근로자대표와의 서면 합의에 따라 야간근로에 대하여 임금을 지급하는 것을 갈음하여 휴가를 줄 수 있다.

08 근로기준법상 취업규칙에 관한 설명으로 옳지 않은 것은?(다툼이 있으면 판례에 따름)

① 근로자에게 불이익하게 변경된 취업규칙은 집단적 동의를 받았다고 하더라도 근로자의 개별적 동의가 없는 한 그 취업규칙보다 유리한 근로계약의 내용이 우선하여 적용된다.

② 사용자는 취업규칙의 작성 시 해당 사업 또는 사업장에 근로자의 과반수로 조직된 노동조합이 없는 경우에는 근로자의 과반수의 의견을 들어야 한다.

③ 취업규칙에서 근로자에 대하여 감급(減給)의 제재를 정할 경우에 그 감액은 1회의 금액이 통상임금의 1일분의 2분의 1을, 총액이 1임금지급기의 임금 총액의 5분의 1을 초과하지 못한다.

④ 표창과 제재에 관한 사항이 없는 취업규칙의 경우 고용노동부장관은 그 변경을 명할 수 있다.

⑤ 취업규칙이 기존의 근로자에게 불이익하게 변경되었는지 여부를 불문하고 사용자가 취업규칙을 변경한 후 신규 취업한 근로자에게는 변경된 취업규칙이 적용된다.

09 근로기준법령상 임금에 관한 설명으로 옳지 않은 것은?(다툼이 있으면 판례에 따름)

① 통상임금에는 1개월 이내의 주기마다 정기적으로 지급되는 임금과 수당만이 포함된다.

② 산출된 평균임금액이 그 근로자의 통상임금보다 적으면 그 통상임금액을 평균임금으로 한다.

③ 임금은 매월 1회 이상 일정한 날짜를 정하여 지급하여야 하며, 다만 임시로 지급하는 임금에 대하여는 그러하지 아니하다.

④ 평균임금의 산정기간 중에 출산전후휴가 기간이 있는 경우에는 그 기간과 그 기간 중에 지급된 임금은 평균임금 산정기준이 되는 기간과 임금의 총액에서 각각 뺀다.

⑤ 평균임금이란 이를 산정하여야 할 사유가 발생한 날 이전 3개월 동안에 그 근로자에게 지급된 임금의 총액을 그 기간의 총일수로 나눈 금액을 말한다.

10 근로기준법상 구제명령 등에 관한 설명으로 옳은 것은?

① 중앙노동위원회의 재심판정에 대하여 사용자나 근로자는 재심판정서를 송달받은 날부터 20일 이내에 행정소송법의 규정에 따라 소(訴)를 제기할 수 있다.

② 노동위원회의 구제명령, 기각결정 또는 재심판정은 중앙노동위원회에 대한 재심 신청이나 행정소송 제기에 의하여 그 효력이 정지된다.

③ 노동위원회는 부당해고에 대한 구제명령을 할 때에 근로자의 의사와 무관하게 사용자가 원하지 아니하면 원직복직을 명하는 대신 해고기간 동안 임금 상당액 이상의 금품을 근로자에게 지급하도록 명하여야 한다.

④ 노동위원회가 이행강제금을 부과할 때에는 이행강제금의 액수, 부과 사유 등을 구두로 통보하여야 한다.

⑤ 노동위원회는 이행강제금 납부의무자가 납부기한까지 이행강제금을 내지 아니하면 기간을 정하여 독촉을 하고 지정된 기간에 이행강제금을 내지 아니하면 국세 체납처분의 예에 따라 징수할 수 있다.

2024년 2023년 2022년 2021년 2020년

11 근로자의 징계 등에 관한 설명으로 옳지 않은 것은?(다툼이 있으면 판례에 따름)

① 징계처분에서 징계사유로 삼지 아니한 비위행위라도 피징계자의 평소의 소행과 근무성적, 그 징계처분 사유 전후에 저지른 비위행위사실 등은 징계양정의 참작자료로 삼을 수 있다.

② 취업규칙에 따라 소명기회를 부여하였더라도 징계위원회가 그 개개의 혐의 사항에 대하여 구체적으로 질문하고 징계대상자가 이에 대하여 빠짐없이 진술하도록 조치하지 않았다면 부당한 징계가 된다.

③ 대기발령은 그 사유가 정당한 경우에도 그 기간은 합리적인 범위 내에서 이루어져야 한다.

④ 여러 개의 징계사유 중 일부가 인정되지 않더라도 인정되는 다른 일부 징계사유만으로도 해당 징계처분의 타당성을 인정하기에 충분한 경우에는 그 징계처분이 위법하지 않다.

⑤ 노동조합 간부에 대한 징계처분을 함에 있어 노동조합과 합의하도록 단체협약에 규정된 경우 그 합의를 거치지 않은 징계처분은 원칙적으로 무효이다.

12 근로기준법상 연차 유급휴가에 관한 설명으로 옳지 않은 것은?

① 사용자는 계속하여 근로한 기간이 1년 미만인 근로자에게 1개월 개근 시 1일의 연차유급휴가를 주어야 한다.

② 사용자는 1년간 80퍼센트 미만 출근한 근로자에게 1개월 개근 시 1일의 연차 유급휴가를 주어야 한다.

③ 연차 유급휴가 일수의 산정 시 근로자가 업무상의 질병으로 휴업한 기간은 출근한 것으로 보지 않는다.

④ 사용자가 근로자에게 주어야 하는 연차 유급휴가의 총 휴가 일수는 가산휴가를 포함하여 25일을 한도로 한다.

⑤ 사용자는 근로자대표와의 서면 합의에 따라 연차 유급휴가일을 갈음하여 특정한 근로일에 근로자를 휴무시킬 수 있다.

13 근로기준법상 근로계약에 관한 설명으로 옳은 것을 모두 고른 것은?(다툼이 있으면 판례에 따름)

☐☐☐

> ㄱ. 사용자는 근로계약에 덧붙여 강제 저축 또는 저축금의 관리를 규정하는 계약을 체결하지 못한다.
> ㄴ. 단시간근로자의 근로조건은 그 사업장의 같은 종류의 업무에 종사하는 통상 근로자의 근로시간을 기준으로 산정한 비율에 따라 결정되어야 한다.
> ㄷ. 소정근로시간은 사용자가 근로계약을 체결할 때에 근로자에게 명시하여야 할 사항에 해당한다.
> ㄹ. 시용근로관계는 사용자가 본 근로계약 체결의 거절을 구두로 통보하면 그 근로관계 종료의 정당성이 인정된다.

① ㄱ, ㄴ   ② ㄷ, ㄹ
③ ㄱ, ㄴ, ㄷ   ④ ㄴ, ㄷ, ㄹ
⑤ ㄱ, ㄴ, ㄷ, ㄹ

14 파견근로자 보호 등에 관한 법률에 대한 설명으로 옳지 않은 것은?

☐☐☐

① 파견사업주는 쟁의행위 중인 사업장에 그 쟁의행위로 중단된 업무의 수행을 위하여 근로자를 파견하여서는 아니 된다.
② 파견사업주는 파견근로자의 고용관계가 끝난 후 사용사업주가 그 파견근로자를 고용하는 것을 정당한 이유 없이 금지하는 내용의 근로자파견계약을 체결하여서는 아니 된다.
③ 파견사업주는 파견근로자의 적절한 파견근로를 위하여 사용사업관리책임자를 선임하여야 한다.
④ 파견사업주의 근로자파견사업을 폐지하는 신고가 있을 때에는 근로자파견사업의 허가는 신고일부터 그 효력을 잃는다.
⑤ 근로자파견사업 허가의 유효기간은 3년으로 한다.

15 기간제 및 단시간근로자 보호 등에 관한 법률에 대한 설명으로 옳은 것은?

☐☐☐

① 상시 5인 이상의 동거의 친족만을 사용하는 사업 또는 사업장에 적용된다.
② 휴직·파견 등으로 결원이 발생하여 해당 근로자가 복귀할 때까지 그 업무를 대신할 필요가 있는 경우에는 2년을 초과하여 기간제근로자로 사용할 수 있다.
③ 단시간근로자의 초과근로에 대하여 사용자는 평균임금의 100분의 100 이상을 가산하여 지급하여야 한다.
④ 사용자는 단시간근로자와 근로계약을 체결할 때 근로일별 근로시간을 서면으로 명시하지 않아도 된다.
⑤ 사용자는 통상근로자를 채용하고자 하는 경우에는 해당 사업 또는 사업장의 동종 또는 유사한 업무에 종사하는 단시간근로자를 우선적으로 고용하여야 한다.

16 산업안전보건법령에 관한 설명으로 옳지 않은 것은?

① 직업성 질병자가 동시에 2명 발생한 재해는 중대재해에 해당한다.

② 사업주는 전기, 열, 그 밖의 에너지에 의한 위험으로 인한 산업재해를 예방하기 위하여 필요한 조치를 하여야 한다.

③ 사업주는 산업재해가 발생할 급박한 위험이 있을 때에는 즉시 작업을 중지시키고 근로자를 작업장소에서 대피시키는 등 안전 및 보건에 관하여 필요한 조치를 하여야 한다.

④ 사업주는 산업재해 예방을 위한 조치를 할 수 있는 능력을 갖춘 사업주에게 도급하여야 한다.

⑤ 사업주는 산업안전보건법과 이 법에 따른 명령의 요지 및 안전보건관리규정을 각 사업장의 근로자가 쉽게 볼 수 있는 장소에 게시하거나 갖추어 두어 근로자에게 널리 알려야 한다.

17 직업안정법에 관한 설명으로 옳지 않은 것은?

① 직업안정기관의 장은 구인자가 구인조건을 밝히기를 거부하는 경우 구인신청의 수리(受理)를 거부할 수 있다.

② 직업안정기관의 장은 통근할 수 있는 지역에서 구직자에게 그 희망과 능력에 알맞은 직업을 소개할 수 없을 경우에는 광범위한 지역에 걸쳐 직업소개를 할 수 있다.

③ 한국장애인고용공단이 장애인을 대상으로 하는 직업소개의 경우에는 신고를 하지 아니하고 무료직업소개사업을 할 수 있다.

④ 유료직업소개사업의 등록을 하고 유료직업소개사업을 하는 자는 구직자에게 제공하기 위하여 구인자로부터 선급금을 받을 수 있다.

⑤ 근로자를 고용하려는 자는 광고, 문서 또는 정보통신망 등 다양한 매체를 활용하여 자유롭게 근로자를 모집할 수 있다.

18 남녀고용평등과 일·가정 양립 지원에 관한 법률에 대한 설명으로 옳지 않은 것은?

① 이 법과 관련한 분쟁에서 입증책임은 사업주와 근로자가 각각 부담한다.

② 사업주는 근로자를 모집·채용할 때 그 직무의 수행에 필요하지 아니한 용모·키·체중 등의 신체적 조건, 미혼 조건을 제시하거나 요구하여서는 아니 된다.

③ 사업주가 임금차별을 목적으로 설립한 별개의 사업은 동일한 사업으로 본다.

④ 누구든지 직장 내 성희롱 발생 사실을 알게 된 경우 그 사실을 해당 사업주에게 신고할 수 있다.

⑤ 적극적 고용개선조치란 현존하는 남녀 간의 고용차별을 없애거나 고용평등을 촉진하기 위하여 잠정적으로 특정 성을 우대하는 조치를 말한다.

19 최저임금법에 관한 설명으로 옳지 않은 것은?

① 선원법의 적용을 받는 선원과 선원을 사용하는 선박의 소유자에게는 적용하지 아니한다.

② 고용노동부장관은 최저임금을 결정한 때에는 지체 없이 그 내용을 고시하여야 한다.

③ 최저임금은 근로자의 생계비, 유사 근로자의 임금, 노동생산성 및 소득분배율 등을 고려하여 정한다.

④ 최저임금액은 시간·일(日)·주(週)·월(月) 또는 연(年)을 단위로 하여 정한다.

⑤ 고용노동부장관은 최저임금위원회가 심의하여 의결한 최저임금안에 따라 최저임금을 결정하여야 한다.

20 근로자퇴직급여 보장법령에 관한 설명으로 옳지 않은 것은?

① 사용자가 퇴직급여제도를 설정하려는 경우에 근로자 과반수가 가입한 노동조합이 있는 경우에는 그 노동조합의 동의를 받아야 한다.

② 무주택인 근로자는 본인 명의로 주택을 구입하는 경우에 퇴직금 중간정산을 요구할 수 있다.

③ 퇴직금을 받을 권리는 3년간 행사하지 아니하면 시효로 인하여 소멸한다.

④ 중소기업퇴직연금기금제도의 급여를 받을 권리는 양도 또는 압류할 수 없다.

⑤ 퇴직연금사업자는 매분기당 1회 이상 적립금액 및 운용수익률 등을 고용노동부령으로 정하는 바에 따라 가입자에게 알려야 한다.

21 임금채권보장법상 대지급금에 관한 설명으로 옳지 않은 것은?

① 고용노동부장관은 근로자에게 대지급금을 지급하였을 때에는 그 지급한 금액의 한도에서 그 근로자가 해당 사업주에 대하여 미지급 임금 등을 청구할 수 있는 권리를 대위(代位)한다.

② 근로기준법에 따른 휴업수당 중 최종 3개월분은 퇴직한 근로자에 대한 대지급금 범위에 든다.

③ 대지급금에 관한 규정은 국가와 지방자치단체가 직접 수행하는 사업에 적용된다.

④ 미성년자인 근로자는 독자적으로 대지급금의 지급을 청구할 수 있다.

⑤ 대지급금수급계좌의 예금에 관한 채권은 압류할 수 없다.

22 근로복지기본법에 관한 설명으로 옳은 것은?

① 사용자는 사내근로복지기금의 설립 및 출연을 이유로 근로관계 당사자 간에 정하여진 근로조건을 낮출 수 있다.

② 국가가 근로자의 근로복지를 위하여 근로복지기본법에 따라 보조 또는 융자한 자금은 그 목적 외 사업에 사용될 수 있다.

③ 사내근로복지기금은 법인으로 한다.

④ 노동조합 및 근로자가 생산성 향상과 근로복지정책에 협력하도록 사용자는 임금 수준 상향의 조치를 취하여야 한다.

⑤ 사용자는 우리사주조합원의 의사와 무관하게 우리사주조합원을 소속, 계급 등 일정한 기준으로 분류하여 우리사주를 할당할 수 있다.

23 외국인근로자의 고용 등에 관한 법령에 대한 설명으로 옳지 않은 것은?

① 직업안정기관의 장은 출입국관리법을 위반하여 처벌을 받은 사용자에 대하여 그 사실이 발생한 날부터 6년간 외국인근로자의 고용을 제한할 수 있다.

② 고용허가서를 발급받은 날부터 6개월 이내에 내국인근로자를 고용조정으로 이직시킨 사용자는 외국인근로자의 고용이 제한될 수 있다.

③ 고용허가서를 발급받은 사용자는 고용허가서 발급일로부터 3개월 이내에 외국인근로자와 근로계약을 체결하여야 한다.

④ 외국인근로자는 입국한 날부터 3년의 범위에서 취업활동을 할 수 있다.

⑤ 외국인근로자를 고용하려는 자는 직업안정법에 따른 직업안정기관에 우선 내국인 구인 신청을 하여야 한다.

24 노동법 법원(法源)의 상충 등에 관한 설명으로 옳은 것을 모두 고른 것은?

□□□

> ㄱ. 근로계약에서 정한 근로조건이 근로기준법에서 정하는 기준에 미치지 못하는 경우에는 그 근로계약을 무효로 한다.
> ㄴ. 취업규칙에서 정한 기준에 미달하는 근로조건을 정한 근로계약은 그 부분에 관하여는 무효로 하며 무효로 된 부분은 취업규칙에 정한 기준에 따른다.
> ㄷ. 취업규칙은 근로기준법과 어긋나서는 아니 된다.
> ㄹ. 취업규칙은 해당 사업 또는 사업장에 대하여 적용되는 단체협약과 어긋나서는 아니 된다.

① ㄱ, ㄴ

② ㄷ, ㄹ

③ ㄱ, ㄴ, ㄹ

④ ㄴ, ㄷ, ㄹ

⑤ ㄱ, ㄴ, ㄷ, ㄹ

25 헌법상 근로의 권리와 의무에 관한 설명으로 옳지 않은 것은?

□□□

① 법인은 헌법상 근로의 권리의 주체가 될 수 없다.

② 근로조건의 기준은 인간의 존엄성을 보장하도록 법률로 정한다.

③ 근로의 권리는 공공복리를 위하여 필요한 경우에 한하여 법률로써 제한할 수 있다.

④ 국가유공자·상이군경 및 전몰군경의 유가족은 법률이 정하는 바에 의하여 우선적으로 근로의 의무를 이행하여야 한다.

⑤ 여자의 근로는 특별한 보호를 받으며, 고용·임금 및 근로조건에 있어서 부당한 차별을 받지 아니한다.

2021년 제30회 기출문제

✅ **2021.05.08. 시행**　　　　　　　　　　　　✅ Time　　　분 | 정답 및 해설 074p

✅ **중요문제 / 틀린 문제 CHECK**　　　　　　　✅ **각 문항별로 회독수 CHECK** ☑☐☐

01	02	03	04	05	06	07	08	09	10	11	12	13	14	15	16	17	18	19	20	21	22	23	24	25

01 노동법의 법원(法源) 등에 관한 설명으로 옳은 것은?(다툼이 있으면 판례에 따름)

☐☐☐
① 취업규칙은 노동법의 법원(法源)으로 인정되지 않는다.

② 단체협약은 노동법의 법원(法源)으로 인정되지 않는다.

③ 고용노동부 예규가 그 성질과 내용이 행정기관 내부의 사무처리지침에 불과한 경우에는 법원을 구속하지 않는다.

④ ILO 제100호 협약(동등보수에 관한 협약)은 국내법과 동일한 효력을 갖지 않는다.

⑤ 노동관행이 기업사회에서 일반적으로 근로관계를 규율하는 규범적인 사실로서 명확히 승인되더라도 근로계약의 내용으로 인정되지 않는다.

02 근로기준법상 근로계약에 관한 설명으로 옳지 않은 것은?

☐☐☐
① 사용자는 전차금(前借金)이나 그 밖에 근로할 것을 조건으로 하는 전대(前貸)채권과 임금을 상계하지 못한다.

② 취업규칙에서 정한 기준에 미달하는 근로조건을 정한 근로계약은 그 부분에 관하여는 무효로 한다. 이 경우 무효로 된 부분은 취업규칙에 정한 기준에 따른다.

③ 근로계약서에 명시된 근로조건이 사실과 다를 경우에 근로자는 근로조건 위반을 이유로 손해의 배상을 청구할 수 있으나 즉시 근로계약을 해제할 수는 없다.

④ 사용자는 근로계약 불이행에 대한 손해배상액을 예정하는 계약을 체결하지 못한다.

⑤ 사용자는 근로계약에 덧붙여 강제저축을 규정하는 계약을 체결하지 못한다.

03 헌법 제32조에 명시된 내용으로 옳은 것을 모두 고른 것은?

> ㄱ. 근로조건의 기준은 인간의 존엄성을 보장하도록 법률로 정한다.
> ㄴ. 국가는 사회적·경제적 방법으로 근로자의 고용의 증진과 최저임금의 보장에 노력하여야 한다.
> ㄷ. 국가는 여자의 복지와 권익의 향상을 위하여 노력하여야 한다.
> ㄹ. 국가는 근로의 의무의 내용과 조건을 민주주의원칙에 따라 법률로 정한다.

① ㄱ
② ㄱ, ㄹ
③ ㄴ, ㄷ
④ ㄴ, ㄷ, ㄹ
⑤ ㄱ, ㄴ, ㄷ, ㄹ

04 근로기준법령상 상시 4명 이하의 근로자를 사용하는 사업 또는 사업장에 적용되지 않는 것은?

① 근로조건의 명시(근로기준법 제17조)
② 해고의 예고(근로기준법 제26조)
③ 미지급임금에 대한 지연이자(근로기준법 제37조)
④ 근로자의 명부 작성(근로기준법 제41조)
⑤ 근로시간(근로기준법 제50조)

05 근로기준법령상 체불사업주 명단공개 등에 관한 설명으로 옳은 것은?

① 고용노동부장관은 체불사업주가 명단공개 기준일 이전 1년 이내 임금등의 체불총액이 2천만 원 이상인 경우에는 그 인적사항을 공개하여야 한다.
② 체불사업주의 인적사항 등에 대한 공개 여부를 심의하기 위하여 고용노동부에 임금체불정보 심의위원회를 둔다.
③ 고용노동부장관이 체불사업주 명단을 공개할 경우, 체불사업주가 법인이라면 그 대표자의 성명·나이는 명단공개의 내용에 포함되지 않는다.
④ 고용노동부장관은 체불사업주 명단을 공개할 경우에 체불사업주에게 1개월간 소명기회를 주어야 한다.
⑤ 임금등 체불자료를 받은 종합신용정보집중기관은 이를 체불사업주의 신용도·신용거래능력 판단과 관련한 업무 외의 목적으로 이용할 수 있다.

06 근로기준법령상 임금에 관한 설명으로 옳지 않은 것은?(다툼이 있으면 판례에 따름)

① 근로자가 소정근로시간을 초과하여 근로를 제공함으로써 사용자로부터 추가로 지급받는 임금은 통상임금에 속한다.

② 평균임금산정기간 중에 업무 외 질병을 사유로 사용자의 승인을 받아 휴업한 기간이 있는 경우에는 그 기간과 그 기간 중에 지급된 임금은 평균임금산정기준이 되는 기간과 임금의 총액에서 각각 뺀다.

③ 법령 또는 단체협약에 특별한 규정이 있는 경우에는 임금의 일부를 공제하거나 통화 이외의 것으로 지급할 수 있다.

④ 상여금이 계속적·정기적으로 지급되고 그 지급액이 확정되어 있다면 이는 근로의 대가로 지급되는 임금의 성질을 가진다.

⑤ 사용자는 근로자가 혼인한 경우의 비용에 충당하기 위하여 임금지급을 청구하면 지급기일 전이라도 이미 제공한 근로에 대한 임금을 지급하여야 한다.

07 근로기준법상 직장 내 괴롭힘에 관한 설명으로 옳지 않은 것은?

① 누구든지 직장 내 괴롭힘 발생사실을 알게 된 경우 그 사실을 사용자에게 신고하여야 한다.

② 사용자는 직장 내 괴롭힘 발생사실을 인지한 경우에는 지체 없이 그 사실확인을 위한 조사를 실시하여야 한다.

③ 사용자는 직장 내 괴롭힘에 대한 조사기간 동안 피해근로자등을 보호하기 위하여 필요한 경우 해당 피해근로자등에 대하여 근무장소의 변경, 유급휴가명령 등 적절한 조치를 하여야 한다. 이 경우 사용자는 피해근로자등의 의사에 반하는 조치를 하여서는 아니 된다.

④ 사용자는 직장 내 괴롭힘과 관련한 조사결과 직장 내 괴롭힘 발생사실이 확인된 때에는 지체 없이 행위자에 대하여 징계, 근무장소의 변경 등 필요한 조치를 하여야 한다. 이 경우 사용자는 징계 등의 조치를 하기 전에 그 조치에 대하여 피해근로자의 의견을 들어야 한다.

⑤ 사용자는 직장 내 괴롭힘에 대한 조사결과 직장 내 괴롭힘 발생사실이 확인된 때에는 피해근로자가 요청하면 근무장소의 변경, 배치전환, 유급휴가명령 등 적절한 조치를 하여야 한다.

08 근로기준법령상 경영상 이유에 의한 해고에 관한 설명으로 옳지 않은 것은?(다툼이 있으면 판례에
□□□ 따름)

① 경영악화를 방지하기 위한 사업의 양도·인수·합병은 긴박한 경영상의 필요가 있는 것으로
본다.

② 상시근로자수 99명 이하인 사업 또는 사업장의 사용자는 1개월 동안에 10명 이상의 인원을
경영상의 이유에 의하여 해고하려면 최초로 해고하려는 날의 30일 전까지 고용노동부장관에
게 신고하여야 한다.

③ 사용자가 해고를 피하기 위한 방법과 해고의 기준 등에 관하여 근로자대표에게 해고를 하려는
날의 50일 전까지 통보하지 않은 경우 그 이유만으로 경영상 이유에 의한 해고는 부당하다.

④ 경영상의 이유에 의하여 근로자를 해고한 사용자는 근로자를 해고한 날로부터 3년 이내에 해
고된 근로자가 해고 당시 담당하였던 업무와 같은 업무를 할 근로자를 채용하려고 할 경우
경영상의 이유에 의하여 해고된 근로자가 원하면 그 근로자를 우선적으로 고용하여야 한다.

⑤ 긴박한 경영상의 필요란 장래에 올 수도 있는 위기에 미리 대처하기 위하여 인원삭감이 필요한
경우도 포함하지만, 그러한 인원삭감은 객관적으로 보아 합리성이 있다고 인정되어야 한다.

09 근로기준법 제51조 제2항의 규정이다. (   )에 들어갈 내용을 옳게 나열한 것은?
□□□

> 사용자는 근로자대표와의 서면합의에 따라 다음 각 호의 사항을 정하면 3개월 이내의 단위기간을
> 평균하여 1주간의 근로시간이 제50조 제1항의 근로시간을 초과하지 아니하는 범위에서 특정한
> 주에 제50조 제1항의 근로시간을, 특정한 날에 제50조 제2항의 근로시간을 초과하여 근로하게
> 할 수 있다. 다만, 특정한 주의 근로시간은 (ㄱ)시간을, 특정한 날의 근로시간은 (ㄴ)시간을
> 초과할 수 없다.

① ㄱ : 48, ㄴ : 10   ② ㄱ : 48, ㄴ : 12
③ ㄱ : 52, ㄴ : 10   ④ ㄱ : 52, ㄴ : 12
⑤ ㄱ : 68, ㄴ : 12

10 근로기준법령상 이행강제금에 관한 설명으로 옳지 않은 것은?

① 노동위원회는 이행강제금을 부과하기 30일 전까지 이행강제금을 부과·징수한다는 뜻을 사용자에게 미리 문서로써 알려 주어야 한다.

② 노동위원회는 구제명령을 받은 자가 구제명령을 이행하면 구제명령을 이행하기 전에 이미 부과된 이행강제금은 징수하지 아니한다.

③ 노동위원회는 이행강제금을 부과하는 때에는 이행강제금의 부과통지를 받은 날부터 15일 이내의 납부기한을 정하여야 한다.

④ 노동위원회는 천재·사변, 그 밖의 부득이한 사유로 구제명령을 이행하기 어려운 경우에는 직권 또는 사용자의 신청에 따라 그 사유가 없어진 뒤에 이행강제금을 부과할 수 있다.

⑤ 노동위원회는 중앙노동위원회의 재심판정이나 법원의 확정판결에 따라 노동위원회의 구제명령이 취소되면 직권 또는 사용자의 신청에 따라 이행강제금의 부과·징수를 즉시 중지하고 이미 징수한 이행강제금을 반환하여야 한다.

11 근로기준법령상 구제명령 등에 관한 설명이다. (   )에 들어갈 내용을 옳게 나열한 것은?

• 중앙노동위원회의 재심판정에 대하여 사용자나 근로자는 재심판정서를 송달받은 날부터 (ㄱ)일 이내에 행정소송법의 규정에 따라 소(訴)를 제기할 수 있다.
• 노동위원회의 구제명령이행기간은 사용자가 구제명령을 서면으로 통지받은 날부터 (ㄴ)일 이내로 한다.

---

① ㄱ : 10, ㄴ : 15   ② ㄱ : 10, ㄴ : 30

③ ㄱ : 15, ㄴ : 15   ④ ㄱ : 15, ㄴ : 30

⑤ ㄱ : 30, ㄴ : 30

12 근로기준법령상 연차유급휴가에 관한 설명으로 옳지 않은 것은?(다툼이 있으면 판례에 따름)

① 근로자가 연차휴가에 관한 권리를 취득한 후 1년이 지나기 전에 퇴직하는 등의 사유로 인하여 더 이상 연차휴가를 사용하지 못하게 될 경우 사용자에게 그 연차휴가일수에 상응하는 연차휴가수당을 청구할 수 없다.

② 연간 소정근로일수에 정당한 쟁의행위기간이 차지하는 일수가 포함되어 있는 경우 연차유급휴가 취득요건과 관련한 출근율은 소정근로일수에서 그 쟁의행위기간이 차지하는 일수를 제외한 나머지 일수를 기준으로 산정한다.

③ 사용자는 근로자대표와의 서면합의에 따라 연차유급휴가일을 갈음하여 특정한 근로일에 근로자를 휴무시킬 수 있다.

④ 사용자는 계속하여 근로한 기간이 1년 미만인 근로자에게 1개월 개근 시 1일의 유급휴가를 주어야 한다.

⑤ 연간 소정근로일수와 출근일수를 계산함에 있어서 사용자의 부당해고로 인하여 근로자가 출근하지 못한 기간은 연간 소정근로일수 및 출근일수에 모두 산입된다.

13 근로기준법령상 취직인허증에 관한 설명으로 옳지 않은 것은?

① 예술공연 참가를 위한 경우에는 13세 미만인 자도 취직인허증을 받을 수 있다.

② 의무교육대상자가 취직인허증을 신청하는 경우 신청인은 사용자가 될 자의 취업확인서를 받아 친권자 또는 후견인과 연명으로 고용노동부장관에게 신청하여야 한다.

③ 고용노동부장관은 취직인허증신청에 대하여 취직을 인허할 경우에는 고용노동부령으로 정하는 취직인허증에 직종을 지정하여 신청한 근로자와 사용자가 될 자에게 내주어야 한다.

④ 고용노동부장관은 거짓으로 취직인허증을 발급받은 사람에게는 그 인허를 취소하여야 한다.

⑤ 사용자 또는 15세 미만인 자는 취직인허증이 못 쓰게 되거나 이를 잃어버린 경우에는 고용노동부령으로 정하는 바에 따라 지체 없이 재교부신청을 하여야 한다.

14 근로기준법상 여성과 소년에 관한 설명으로 옳지 않은 것은?

① 사용자는 임신 중인 여성을 도덕상 또는 보건상 유해·위험한 사업에 사용하지 못한다.

② 고용노동부장관은 근로계약이 미성년자에게 불리하다고 인정하는 경우에는 이를 해지할 수 있다.

③ 15세 이상 18세 미만인 사람의 근로시간은 1일에 7시간, 1주에 35시간을 초과하지 못한다. 다만, 당사자 사이의 합의에 따라 1일에 1시간, 1주에 5시간을 한도로 연장할 수 있다.

④ 사용자는 18세 이상의 여성근로자에 대하여는 그 근로자의 동의 없이 휴일근로를 시킬 수 있다.

⑤ 사용자는 산후 1년이 지나지 아니한 여성에 대하여는 단체협약이 있는 경우라도 1일에 2시간, 1주에 6시간, 1년에 150시간을 초과하는 시간외근로를 시키지 못한다.

15 근로기준법상 취업규칙에 관한 설명으로 옳지 않은 것은?

① 취업규칙을 작성하여 고용노동부장관에게 신고하여야 하는 사용자는 상시 10명 이상의 근로자를 사용하는 사용자이다.

② 사용자가 취업규칙을 작성하여 고용노동부장관에게 신고하여야 하는 경우, 해당 취업규칙에는 업무상과 업무 외의 재해부조(災害扶助)에 관한 사항이 포함되어야 한다.

③ 사용자는 취업규칙의 작성에 관하여 해당 사업 또는 사업장에 근로자의 과반수로 조직된 노동조합이 있는 경우에는 그 노동조합, 근로자의 과반수로 조직된 노동조합이 없는 경우에는 근로자의 과반수의 의견을 들어야 한다.

④ 취업규칙에서 근로자에 대하여 감급(減給)의 제재를 정할 경우에 그 감액은 1회의 금액이 평균임금의 1일분의 2분의 1을, 총액이 1임금지급기의 임금총액의 10분의 1을 초과하지 못한다.

⑤ 고용노동부장관은 법령이나 단체협약에 어긋나는 취업규칙에 대하여 노동위원회의 의결을 받아 그 변경을 명하여야 한다.

16 직업안정법상 근로자공급사업에 관한 설명으로 옳지 않은 것은?

① 누구든지 고용노동부장관의 허가를 받지 아니하고는 근로자공급사업을 하지 못한다.

② 근로자공급사업은 공급대상이 되는 근로자가 취업하려는 장소를 기준으로 국내 근로자공급사업과 국외 근로자공급사업으로 구분한다.

③ 파견근로자 보호 등에 관한 법률에 따른 파견사업주는 국내 근로자공급사업의 허가를 받을 수 있다.

④ 국내에서 제조업을 하고 있는 자는 국외 근로자공급사업의 허가를 받을 수 있다.

⑤ 민법에 따른 비영리법인은 연예인을 대상으로 하는 국외 근로자공급사업의 허가를 받을 수 있다.

17 산업안전보건법상 작업중지에 관한 설명으로 옳지 않은 것은?

① 사업주는 산업재해가 발생할 급박한 위험이 있을 때에는 즉시 작업을 중지시키고 근로자를 작업장소에서 대피시키는 등 안전 및 보건에 관하여 필요한 조치를 하여야 한다.

② 근로자는 산업재해가 발생할 급박한 위험이 있는 경우에는 작업을 중지하고 대피할 수 있다.

③ 사업주는 중대재해가 발생하였을 때에는 즉시 해당 작업을 중지시키고 근로자를 작업장소에서 대피시키는 등 안전 및 보건에 관하여 필요한 조치를 하여야 한다.

④ 중대재해 발생으로 작업이 중지된 경우, 사업주는 작업중지 해제에 관한 전문가 등으로 구성된 심의위원회의 심의를 거쳐 작업중지를 해제하여야 한다.

⑤ 사업주는 산업재해가 발생할 급박한 위험이 있다고 근로자가 믿을 만한 합리적인 이유가 있을 때에는 작업을 중지하고 대피한 근로자에 대하여 해고나 그 밖의 불리한 처우를 해서는 아니 된다.

2024년

2023년

2022년

2021년

2020년

18 남녀고용평등과 일·가정 양립 지원에 관한 법률상 육아기 근로시간 단축에 관한 설명으로 옳지
□□□ 않은 것은?

① 사업주가 해당 근로자에게 육아기 근로시간 단축을 허용하는 경우 단축 후 근로시간은 주당
15시간 이상이어야 하고 35시간을 넘어서는 아니 된다.

② 사업주는 정상적인 사업운영에 중대한 지장을 초래하는 경우에는 육아기 근로시간 단축을 허
용하지 아니할 수 있다.

③ 사업주는 육아기 근로시간 단축을 하고 있는 근로자에게 단축된 근로시간 외에 연장근로를
요구할 수 없다. 다만, 그 근로자가 명시적으로 청구하는 경우에는 사업주는 주 12시간 이내에
서 연장근로를 시킬 수 있다.

④ 사업주는 근로자의 육아기 근로시간 단축기간이 끝난 후에 그 근로자를 육아기 근로시간 단축
전과 같은 업무 또는 같은 수준의 임금을 지급하는 직무에 복귀시켜야 한다.

⑤ 육아기 근로시간 단축을 한 근로자에 대하여 근로기준법에 따른 평균임금을 산정하는 경우에
는 그 근로자의 육아기 근로시간 단축기간은 평균임금 산정기간에 포함한다.

19 기간제 및 단시간근로자 보호 등에 관한 법령에 관한 설명으로 옳지 않은 것은?
□□□
① 박사 학위를 소지하고 해당 분야에 종사하는 경우에는 2년을 초과하여 기간제근로자로 사용할
수 있다.

② 특정한 업무의 완성에 필요한 기간을 정한 경우에는 2년을 초과하여 기간제근로자로 사용할
수 있다.

③ 사용자는 기간의 정함이 없는 근로계약을 체결하려는 경우에 당해 사업 또는 사업장의 동종
또는 유사한 업무에 종사하는 기간제근로자를 우선적으로 고용하여야 한다.

④ 고용노동부장관은 확정된 시정명령에 대하여 사용자에게 이행상황을 제출할 것을 요구할 수
있다.

⑤ 사용자는 기간제근로자임을 이유로 해당 사업 또는 사업장에서 동종 또는 유사한 업무에 종사
하는 기간의 정함이 없는 근로계약을 체결한 근로자에 비하여 차별적 처우를 하여서는 아니
된다.

20 파견근로자 보호 등에 관한 법령상 파견이 허용되는 업무는?

① 출산으로 결원이 생긴 제조업의 직접생산공정업무
② 건설공사현장에서 이루어지는 업무
③ 선원법 제2조 제1호의 선원의 업무
④ 산업안전보건법 제58조에 따른 유해하거나 위험한 업무
⑤ 여객자동차 운수사업법 제2조 제3호에 따른 여객자동차운송사업에서의 운전업무

21 근로자퇴직급여 보장법에 관한 설명으로 옳은 것은?

① 확정급여형퇴직연금제도란 급여의 지급을 위하여 사용자가 부담하여야 할 부담금의 수준이 사전에 결정되어 있는 퇴직연금제도를 말한다.
② 확정기여형퇴직연금제도란 근로자가 받을 급여의 수준이 사전에 결정되어 있는 퇴직연금제도를 말한다.
③ 사용자는 계속근로기간이 1년 미만인 근로자에 대하여도 퇴직급여제도를 설정하여야 한다.
④ 사용자는 근로자가 퇴직한 경우에는 그 지급사유가 발생한 날부터 14일 이내에 퇴직금을 지급하여야 하지만, 특별한 사정이 있는 경우에는 당사자 간의 합의에 따라 퇴직금의 지급기일을 연장할 수 있다.
⑤ 퇴직급여제도의 일시금을 수령한 사람은 개인형퇴직연금제도를 설정할 수 없다.

22 최저임금법령에 관한 설명으로 옳지 않은 것은?

① 1년 미만의 기간을 정하여 근로계약을 체결하고 수습 중에 있는 근로자로서 수습을 시작한 날부터 6개월 이내인 사람에 대하여는 고용노동부장관에 의해 고시된 최저임금액보다 적은 최저임금액을 정할 수 있다.
② 사용자가 고용노동부장관의 인가를 받아 최저임금의 적용을 제외할 수 있는 자는 정신 또는 신체의 장애가 업무수행에 직접적으로 현저한 지장을 주는 것이 명백하다고 인정되는 사람으로 한다.
③ 최저임금위원회는 필요하다고 인정하면 사업의 종류별 또는 특정 사항별로 전문위원회를 둘 수 있다.
④ 고용노동부장관은 매년 8월 5일까지 최저임금을 결정하여야 한다.
⑤ 최저임금위원회에는 관계 행정기관의 공무원 중에서 3명 이내의 특별위원을 둘 수 있다.

23 임금채권보장법에 관한 설명으로 옳지 않은 것은?

① 임금채권보장기금의 관리·운용에 관한 중요사항을 심의하기 위하여 고용노동부에 임금채권보장기금심의위원회를 둔다.

② 거짓으로 대지급금이 지급된 사실을 지방고용노동관서 또는 수사기관에 신고하거나 고발한 자에게는 대통령령으로 정하는 기준에 따라 포상금을 지급할 수 있다.

③ 미성년자인 근로자는 독자적으로 대지급금의 지급을 청구할 수 있다.

④ 대지급금을 지급받을 권리는 담보로 제공할 수 있다.

⑤ 고용노동부장관이 사업주로부터 부담금을 징수할 권리는 3년간 행사하지 아니하면 시효로 소멸한다.

24 외국인근로자의 고용 등에 관한 법률에 관한 설명으로 옳지 않은 것은?

① 외국인력정책위원회는 외국인근로자 도입업종 및 규모 등에 관한 사항을 심의·의결한다.

② 외국인근로자를 고용하려는 자는 직업안정법에 따른 직업안정기관에 우선 내국인구인신청을 하여야 한다.

③ 사용자는 외국인근로자가 외국인취업교육을 받을 수 있도록 하여야 한다.

④ 외국인근로자를 고용한 사업 또는 사업장의 사용자는 외국인근로자의 출국 등에 따른 퇴직금 지급을 위하여 외국인근로자를 피보험자 또는 수익자로 하는 보험 또는 신탁에 가입하여야 한다.

⑤ 외국인근로자는 고용허가를 받은 날부터 5년의 범위에서 취업활동을 할 수 있다.

25 근로복지기본법에 관한 설명으로 옳은 것은?

① 누구든지 국가 또는 지방자치단체가 근로자의 주거안정, 생활안정 및 재산형성 등 근로복지를 위하여 이 법에 따라 보조 또는 융자한 자금을 그 목적사업 외에도 사용할 수 있다.

② 고용노동부장관은 관계 중앙행정기관의 장과 협의하여 근로복지 증진에 관한 기본계획을 3년마다 수립하여야 한다.

③ 국가의 보조를 받는 비영리법인이 근로복지사업을 추진하는 경우에는 고용노동부장관의 허가를 받아야 한다.

④ 근로자주택의 종류, 규모, 공급대상근로자, 공급방법과 그 밖에 필요한 사항은 고용노동부장관이 정한다.

⑤ 국가는 근로자의 생활안정을 지원하기 위하여 근로자 및 그 가족의 의료비·혼례비·장례비 등의 융자 등 필요한 지원을 하여야 한다.

2020년 제29회 기출문제

✅ **2020.05.23. 시행**　　　　　　　　✅ Time　　분 | 정답 및 해설 094p

✅ **중요문제 / 틀린 문제 CHECK**　　　　　　✅ **각 문항별로 회독수 CHECK** ☑☐☐

01	02	03	04	05	06	07	08	09	10	11	12	13	14	15	16	17	18	19	20	21	22	23	24	25

01 근로기준법상 해고에 관한 설명으로 옳지 않은 것은?(다툼이 있으면 판례에 따름)

☐☐☐
① 부당해고등의 구제신청은 부당해고등이 있었던 날부터 3개월 이내에 하여야 한다.
② 사용자의 근로자에 대한 해고가 무효로 판단되는 경우에는 그 해고가 곧바로 불법행위를 구성한다.
③ 사용자가 해고사유 등을 서면으로 통지할 때는 근로자의 처지에서 해고사유가 무엇인지를 구체적으로 알 수 있어야 한다.
④ 노동위원회는 최초의 구제명령을 한 날을 기준으로 매년 2회의 범위에서 구제명령이 이행될 때까지 반복하여 최대 2년간 이행강제금을 부과할 수 있다.
⑤ 노동위원회는 해고에 대한 구제명령을 할 때에 근로자가 원직복직을 원하지 아니하면 원직복직 대신 근로자가 해고기간 동안 근로를 제공하였더라면 받을 수 있었던 임금 상당액 이상의 금품을 근로자에게 지급하도록 명할 수 있다.

02 근로기준법상 연차유급휴가에 관한 설명으로 옳지 않은 것은?(다툼이 있으면 판례에 따름)

☐☐☐
① 사용자는 계속하여 근로한 기간이 1년 미만인 근로자에게 1개월 개근 시 1일의 유급휴가를 주어야 한다.
② 연차유급휴가의 산정을 위한 출근율의 계산에서 출산전후휴가로 휴업한 기간은 출근한 것으로 본다.
③ 사용자는 근로자대표와의 서면합의에 따라 연차유급휴가일을 갈음하여 특정한 근로일에 근로자를 휴무시킬 수 있다.
④ 근로자가 업무상 재해로 연차유급휴가를 사용할 해당 연도에 전혀 출근하지 못한 경우라면 미사용 연차유급휴가에 대한 연차휴가수당은 청구할 수 없다.
⑤ 미사용 연차유급휴가에 대하여는 통상임금의 100분의 50을 가산하여 지급하지 않아도 된다.

03 상시 5명 이상의 근로자를 사용하는 사업장의 휴업수당 지급과 관련하여 근로기준법령에 위반하지
□□□ 않은 것을 모두 고른 것은?

> ㄱ. 사용자 A의 휴업에 귀책사유가 있어 평균임금의 100분의 80에 해당하는 금액을 휴업수당으로
>   지급하였다.
> ㄴ. 사용자 B의 휴업에 귀책사유가 없어 휴업수당을 지급하지 아니하였다.
> ㄷ. 사용자 C의 휴업에 귀책사유가 있는데 평균임금의 100분의 70에 해당하는 금액이 통상임금을
>   초과하므로 통상임금을 휴업수당으로 지급하였다.

① ㄱ   ② ㄴ
③ ㄱ, ㄷ   ④ ㄴ, ㄷ
⑤ ㄱ, ㄴ, ㄷ

04 근로기준법상 임금에 관한 설명으로 옳지 않은 것은?(다툼이 있으면 판례에 따름)
□□□ ① 실비변상적 금원은 평균임금 산정의 기초가 되는 임금총액에 포함되지 않는다.
② 산출된 평균임금액이 그 근로자의 통상임금보다 적으면 그 통상임금액을 평균임금으로 한다.
③ 사용자와 근로자는 통상임금의 의미나 범위에 관하여 단체협약 등에 의해 따로 합의할 수 있다.
④ "평균임금"이란 이를 산정하여야 할 사유가 발생한 날 이전 3개월 동안에 그 근로자에게 지급
   된 임금의 총액을 그 기간의 총일수로 나눈 금액을 말한다.
⑤ 정기상여금의 지급주기가 1개월을 넘는다는 사정만으로 그 임금이 통상임금에서 제외된다고
   할 수는 없다.

05 사용자의 징계권 행사에 관한 설명으로 옳지 않은 것은?(다툼이 있으면 판례에 따름)

① 징계처분에서 징계사유로 삼은 비위행위가 아닌 평소의 소행과 근무성적, 당해 징계처분사유 전후에 저지른 비위행위사실 등은 징계양정의 참작자료로 삼을 수 없다.

② 학력 등을 허위로 기재한 행위를 이유로 징계해고를 하는 경우에 그 정당성은 고용 당시의 사정뿐 아니라, 고용 이후 해고에 이르기까지 그 근로자가 종사한 근로의 내용과 기간, 허위기재를 한 학력 등이 종사한 근로의 정상적인 제공에 지장을 초래하는지 여부 등을 종합적으로 고려하여 판단하여야 한다.

③ 사생활에서의 비행은 사업활동에 직접 관련이 있거나 기업의 사회적 평가를 훼손할 염려가 있는 것에 한하여 정당한 징계사유가 될 수 있다.

④ 근로기준법 제23조 제1항의 '정당한 이유'란 징계해고의 경우에는 사회통념상 근로계약을 계속시킬 수 없을 정도로 근로자에게 책임 있는 사유가 있는 것을 말한다.

⑤ 여러 개의 징계사유 중 일부가 인정되지 않더라도 인정되는 다른 일부 징계사유만으로도 해당 징계처분의 타당성을 인정하기에 충분한 경우에는 그 징계처분이 위법하지 않다.

06 근로기준법령상 근로시간제도에 관한 설명으로 옳지 않은 것은?

① 임신 중인 여성근로자에 대하여는 탄력적 근로시간제를 적용하지 아니한다.

② 선택적 근로시간제의 정산기간은 1개월 이내의 일정한 기간으로 정하여야 한다.

③ 당사자 간에 합의하면 1주간에 12시간을 한도로 제50조의 근로시간을 연장할 수 있다.

④ 재량근로의 대상업무는 사용자가 근로자대표와 서면합의로 정한 시간을 근로한 것으로 본다.

⑤ 사용자는 야간근로에 대하여는 통상임금의 100분의 50 이상을 가산하여 근로자에게 지급하여야 한다.

07 근로기준법령상 상시 4명 이하의 근로자를 사용하는 사업 또는 사업장에 적용되지 않는 것은?

① 공민권 행사의 보장(제10조)

② 근로조건의 명시(제17조)

③ 전차금 상계의 금지(제21조)

④ 휴게(제54조)

⑤ 연차유급휴가(제60조)

08 근로기준법령상 미성년자 또는 연소자의 보호에 관한 설명으로 옳지 않은 것은?

① 미성년자는 독자적으로 임금을 청구할 수 있다.
② 친권자나 후견인은 미성년자의 근로계약을 대리할 수 없다.
③ 예술공연 참가를 위한 경우에는 13세 미만인 자도 취직인허증을 받을 수 있다.
④ 15세 이상 18세 미만인 사람의 근로시간은 1일에 6시간, 1주에 34시간을 초과하지 못한다.
⑤ 고용노동부장관은 근로계약이 미성년자에게 불리하다고 인정하는 경우에는 이를 해지할 수 있다.

09 근로기준법령상 임산부의 보호에 관한 설명으로 옳지 않은 것은?

① 한 번에 둘 이상 자녀를 임신한 경우 출산전후휴가기간의 배정은 출산 후에 60일 이상이 되어야 한다.
② 사업주는 출산전후휴가 종료 후에는 휴가 전과 동일한 업무 또는 동등한 수준의 임금을 지급하는 직무에 복귀시켜야 한다.
③ 사용자는 임신 후 36주 이후에 있으며 1일 근로시간이 8시간인 여성근로자가 1일 2시간의 근로시간 단축을 신청하는 경우 이를 허용하여야 한다.
④ 사용자는 임신 중의 여성근로자에게 시간외근로를 하게 하여서는 아니 된다.
⑤ 사업주는 유산휴가를 청구한 근로자에게 임신기간이 28주 이상인 경우 유산한 날부터 30일까지 유산휴가를 주어야 한다.

10 근로기준법상 취업규칙에 관한 설명으로 옳은 것은?(다툼이 있으면 판례에 따름)

① 사용자는 취업규칙을 근로자에게 불리하게 변경하는 경우에는 근로자 과반수의 의견을 들어야 한다.
② 상시 5명 이상의 근로자를 사용하는 사용자는 근로기준법에서 정한 사항에 관한 취업규칙을 작성하여 고용노동부장관에게 신고하여야 한다.
③ 사용자가 애초에 취업규칙을 작성함에 있어 근로자 과반수의 의견을 듣지 아니하거나 그 동의를 얻지 아니한 경우 그 취업규칙의 내용이 근로기준법에 위반되는지와 관계없이 그 취업규칙은 전부 무효가 된다.
④ 취업규칙의 일부를 이루는 급여규정의 변경이 일부의 근로자에게는 유리하고 일부의 근로자에게는 불리한 경우 그러한 변경에 근로자집단의 동의를 요하는지를 판단하는 것은 근로자 전체에 대하여 획일적으로 결정되어야 한다.
⑤ 근로자의 집단적 의사결정방법에 의한 동의 없이 이루어진 취업규칙의 불리한 변경은 그 변경 후에 취업한 근로자에 대하여 효력이 없다.

11 근로기준법상 직장 내 괴롭힘의 금지에 관한 설명으로 옳지 않은 것은?

① 누구든지 직장 내 괴롭힘 발생사실을 알게 된 경우 그 사실을 사용자에게 신고할 수 있다.

② 사용자는 직장 내 괴롭힘 발생사실을 인지한 경우에는 지체 없이 당사자 등을 대상으로 그 사실확인을 위하여 객관적으로 조사를 실시하여야 한다.

③ 사용자는 직장 내 괴롭힘 발생사실의 확인조사결과 그 사실이 확인된 때에는 피해근로자가 요청하면 근무장소의 변경 등 적절한 조치를 하여야 한다.

④ 사용자는 직장 내 괴롭힘 발생사실을 신고한 근로자 및 피해근로자등에게 해고나 그 밖의 불리한 처우를 하여서는 아니 된다.

⑤ 사용자가 직장 내 괴롭힘 발생사실의 확인조사결과 그 사실이 확인되었음에도 지체 없이 행위자에 대하여 필요한 조치를 하지 아니한 경우 1천만원 이하의 과태료를 부과한다.

2024년
2023년
2022년
2021년
2020년

12 근로기준법상 근로감독관에 관한 설명으로 옳지 않은 것은?

① 근로감독관은 사용자와 근로자에 대하여 심문할 수 있다.

② 근로조건의 기준을 확보하기 위하여 고용노동부와 그 소속 기관에 근로감독관을 둔다.

③ 근로감독관은 사업장, 기숙사, 그 밖의 부속건물을 현장조사하고 장부와 서류의 제출을 요구할 수 있다.

④ 근로감독관의 위촉을 받은 의사는 취업을 금지하여야 할 질병에 걸릴 의심이 있는 근로자에 대하여 검진할 수 있다.

⑤ 근로감독관은 근로기준법 위반의 죄에 관하여 경찰관 직무집행법에서 정하는 바에 따라 사법경찰관의 직무를 수행한다.

13 근로기준법에 규정된 내용으로 옳은 것을 모두 고른 것은?

> ㄱ. 이 법에서 정하는 근로조건은 최저기준이므로 근로관계당사자는 이 기준을 이유로 근로조건을 낮출 수 없다.
> ㄴ. 사용자는 근로자에 대하여 국적·신앙 또는 사회적 신분을 이유로 근로조건에 대한 차별적 처우를 하지 못한다.
> ㄷ. 사용자가 근로자를 폭행한 경우 피해자의 명시적인 의사와 다르게 공소를 제기할 수 없다.
> ㄹ. 누구든지 법률에 따르지 아니하고는 영리로 다른 사람의 취업에 개입하거나 중간인으로서 이익을 취득하지 못한다.

① ㄱ, ㄴ   ② ㄷ, ㄹ
③ ㄱ, ㄴ, ㄹ   ④ ㄴ, ㄷ, ㄹ
⑤ ㄱ, ㄴ, ㄷ, ㄹ

14 헌법 제32조(근로의 권리)에 명시된 내용으로 옳지 않은 것은?

① 모든 국민은 근로의 권리를 가지며 근로의 의무를 진다.
② 여자 및 연소자의 근로는 특별한 보호를 받는다.
③ 신체장애자는 우선적으로 근로의 기회를 부여받는다.
④ 근로조건의 기준은 인간의 존엄성을 보장하도록 법률로 정한다.
⑤ 국가는 법률이 정하는 바에 의하여 최저임금제를 시행하여야 한다.

15 노동법의 법원(法源)에 관한 설명으로 옳은 것은?(다툼이 있으면 판례에 따름)

① 근로관계당사자의 권리와 의무를 규율하는 취업규칙은 노동법의 법원에 해당한다.
② 국제노동기구(ILO)의 강제근로의 폐지에 관한 협약(제105호)은 노동법의 법원에 해당한다.
③ 노동사건에 관련한 대법원 전원합의체 판결은 노동법의 법원에 해당한다.
④ 노동관계법령에 대한 법제처의 유권해석은 노동법의 법원에 해당한다.
⑤ 사용자와 개별근로자가 체결한 근로계약은 노동법의 법원에 해당하지 않는다.

16 산업안전보건법에 관한 설명으로 옳지 않은 것은?

① 근로자는 산업재해가 발생할 급박한 위험이 있는 경우에는 작업을 중지하고 대피할 수 있다.
② 사업주는 사업장에 근로자위원, 사용자위원 및 공익위원이 같은 수로 구성되는 산업안전보건위원회를 운영하여야 한다.
③ 산업재해 예방에 관한 기본계획은 고용노동부장관이 수립하며 산업재해보상보험 및 예방심의위원회의 심의를 거쳐 공표하여야 한다.
④ 고용노동부장관은 산업재해를 예방하기 위하여 대통령령으로 정하는 사업장의 근로자 산업재해 발생건수, 재해율 또는 그 순위 등을 공표하여야 한다.
⑤ 고용노동부장관은 역학조사를 하는 경우 근로자대표가 요구할 때 그를 역학조사에 참석하게 할 수 있다.

2024년 2023년 2022년 2021년 2020년

17 직업안정법상 용어의 정의로 옳지 않은 것은?

① "직업안정기관"이란 직업소개, 직업지도 등 직업안정업무를 수행하는 지방고용노동행정기관을 말한다.
② "직업소개"란 구인 또는 구직의 신청을 받아 구직자 또는 구인자(求人者)를 탐색하거나 구직자를 모집하여 구인자와 구직자 간에 고용계약이 성립되도록 알선하는 것을 말한다.
③ "무료직업소개사업"이란 수수료, 회비 또는 그 밖의 어떠한 금품도 받지 아니하고 하는 직업소개사업을 말한다.
④ "근로자공급사업"이란 근로자파견사업을 포함하여 공급계약에 따라 근로자를 타인에게 사용하게 하는 사업을 말한다.
⑤ "고용서비스"란 구인자 또는 구직자에 대한 고용정보의 제공, 직업소개, 직업지도 또는 직업능력개발 등 고용을 지원하는 서비스를 말한다.

18 남녀고용평등과 일·가정 양립 지원에 관한 법률상 배우자 출산휴가에 대한 설명으로 옳은 것은?

① 사업주는 근로자가 배우자 출산휴가를 청구하는 경우에 5일의 휴가를 주어야 한다.

② 배우자 출산휴가를 사용한 휴가기간 중 3일은 유급으로 한다.

③ 배우자 출산휴가는 2회에 한정하여 나누어 사용할 수 있다.

④ 배우자 출산휴가는 근로자의 배우자가 출산한 날부터 90일이 지나면 청구할 수 없다.

⑤ 출산전후휴가급여가 지급되었더라도 배우자 출산휴가에 대한 급여는 전액 지급되어야 한다.

19 파견근로자 보호 등에 관한 법률에 대한 설명으로 옳지 않은 것은?

① 사용사업주는 파견근로자를 사용하고 있는 업무에 근로자를 직접 고용하려는 경우에는 해당 파견근로자를 우선적으로 고용하여야 한다.

② 파견근로자는 차별적 처우를 받은 경우 차별적 처우가 있은 날부터 6개월 이내에 노동위원회에 그 시정을 신청할 수 있다.

③ 차별적 처우의 금지 및 시정에 관한 규정은 사용사업주가 상시 4명 이하의 근로자를 사용하는 경우에는 적용하지 아니한다.

④ 고용노동부장관은 확정된 차별시정명령을 이행할 의무가 있는 파견사업주의 사업장에서 해당 시정명령의 효력이 미치는 근로자 이외의 파견근로자에 대하여 차별적 처우가 있는 경우에는 그 시정을 요구할 수 있다.

⑤ 사용사업주는 파견근로자의 적절한 파견근로를 위하여 사용사업관리책임자를 선임하여야 한다.

20 기간제 및 단시간근로자 보호 등에 관한 법률에 대한 설명으로 옳지 않은 것은?

① 동거의 친족만을 사용하는 사업에 대하여는 적용하지 아니한다.

② 사용자는 가사, 학업 그 밖의 이유로 근로자가 단시간근로를 신청하는 때에는 해당 근로자를 단시간근로자로 전환하도록 노력하여야 한다.

③ 차별적 처우와 관련한 분쟁에 있어서 입증책임은 사용자가 부담한다.

④ 노동위원회는 사용자의 차별적 처우에 명백한 고의가 인정되는 경우에는 손해액을 기준으로 3배를 넘지 아니하는 범위에서 배상을 명령할 수 있다.

⑤ 노동위원회는 차별시정명령을 받은 후 이행기한까지 시정명령을 이행하지 아니한 사용자에게 이행강제금을 부과한다.

21 최저임금법에 관한 설명으로 옳은 것을 모두 고른 것은?

> ㄱ. 선원법의 적용을 받는 선원과 선원을 사용하는 선박의 소유자에게는 적용하지 아니한다.
> ㄴ. 최저임금은 매년 12월 31일까지 결정하여 고시한다.
> ㄷ. 최저임금위원회는 대통령 소속으로 둔다.
> ㄹ. 고용노동부장관은 근로자의 생계비와 임금실태 등을 매년 조사하여야 한다.

① ㄱ, ㄴ   ② ㄱ, ㄷ

③ ㄱ, ㄹ   ④ ㄴ, ㄷ

⑤ ㄷ, ㄹ

2024년

2023년

2022년

2021년

2020년

22 근로자퇴직급여 보장법에 관한 설명으로 옳지 않은 것은?

① 퇴직연금제도의 급여를 받을 권리는 양도할 수 없다.

② 퇴직연금사업자는 자산관리업무에 관한 계약 체결과 관련된 약관을 변경하려는 경우 미리 고용노동부장관에게 보고하여야 한다.

③ 퇴직금제도를 설정하려는 사용자는 계속근로기간 1년에 대하여 30일분 이상의 평균임금을 퇴직금으로 퇴직근로자에게 지급할 수 있는 제도를 설정하여야 한다.

④ 퇴직금을 받을 권리는 3년간 행사하지 아니하면 시효로 인하여 소멸한다.

⑤ 확정기여형퇴직연금제도에 가입한 근로자는 주택 구입 등 대통령령으로 정하는 사유가 발생하면 적립금을 중도인출할 수 있다.

23 임금채권보장법령상 대지급금에 관한 설명으로 옳지 않은 것은?

① 고용노동부장관은 대지급금의 지급에 충당하기 위하여 임금채권보장기금을 설치한다.
② 대지급금은 근로기준법에 따른 휴업수당을 포함하지 않는다.
③ 도산대지급금은 파산선고등 또는 도산등 사실인정이 있는 날로부터 2년 이내에 청구하여야 한다.
④ 대지급금을 받을 권리가 있는 사람이 부상으로 대지급금을 수령할 수 없는 경우에는 그 가족에게 수령을 위임할 수 있다.
⑤ 대지급금을 지급받을 권리는 양도 또는 압류할 수 없다.

24 근로복지기본법상 근로복지 증진에 관한 기본계획에 포함되어야 하는 사항이 아닌 것은?

① 고용동향과 인력수급전망에 관한 사항
② 사내근로복지기금제도에 관한 사항
③ 근로자의 생활안정에 관한 사항
④ 근로자의 주거안정에 관한 사항
⑤ 우리사주제도에 관한 사항

25 외국인근로자의 고용 등에 관한 법률에 대한 설명으로 옳지 않은 것은?

① 사용자가 법률에 따라 선정한 외국인근로자를 고용하려면 고용노동부령으로 정하는 표준근로계약서를 사용하여 근로계약을 체결하여야 한다.
② 고용허가를 받은 사용자와 외국인근로자는 입국한 날부터 3년의 범위 내에서 당사자 간의 합의에 따라 근로계약을 체결하거나 갱신할 수 있다.
③ 사용자는 외국인근로자의 귀국 시 필요한 비용에 충당하기 위하여 보험에 가입하여야 한다.
④ 직업안정기관의 장은 사용자의 임금체불로 근로계약을 유지하기 어렵다고 인정되는 경우 외국인근로자 고용허가를 취소할 수 있다.
⑤ 직업안정기관의 장은 외국인근로자 고용허가 또는 특례고용가능확인을 받지 아니하고 외국인근로자를 고용한 자에 대하여 그 사실이 발생한 날부터 3년간 외국인근로자의 고용을 제한할 수 있다.

PART 02

노동법 Ⅱ

01 2024년 제33회 기출문제

02 2023년 제32회 기출문제

03 2022년 제31회 기출문제

04 2021년 제30회 기출문제

05 2020년 제29회 기출문제

2024년 제33회 기출문제

✅ **2024.05.25. 시행**　　　　　　　　✅ Time　　　분　|　정답 및 해설 112p

✅ **중요문제 / 틀린 문제 CHECK**　　　　　　✅ **각 문항별로 회독수 CHECK** ☑☐☐

01	02	03	04	05	06	07	08	09	10	11	12	13	14	15	16	17	18	19	20
21	22	23	24	25	26	27	28	29	30	31	32	33	34	35	36	37	38	39	40

2024년 2023년 2022년 2021년 2020년

01 노동조합 및 노동관계조정법의 연혁에 관한 설명으로 옳지 않은 것은?

☐☐☐

① 1953년 제정된 노동조합법에는 복수노조 금지조항이 있었다.

② 1953년 제정된 노동쟁의조정법에는 쟁의행위 민사면책조항이 있었다.

③ 1963년 개정된 노동조합법에는 노동조합의 정치활동 금지 규정이 신설되었다.

④ 1997년에는 노동조합 및 노동관계조정법이 제정되었다.

⑤ 2010년 개정된 노동조합 및 노동관계조정법에는 교섭창구단일화의 절차와 방법에 관한 규정이 신설되었다.

02 헌법상 노동3권에 관한 설명으로 옳지 않은 것은?(다툼이 있으면 판례에 따름)

☐☐☐

① 노동3권은 근로조건의 향상을 위한다는 생존권의 존재목적에 비추어 볼 때 노동3권 가운데에서도 단체교섭권이 가장 중핵적 권리이다.

② 노동3권의 사회권적 성격은 입법조치를 통하여 근로자의 헌법적 권리를 보장할 국가의 의무에 있다.

③ 근로자의 단결하지 않을 자유, 즉 소극적 단결권은 개인의 자기결정의 이념에 따라 적극적 단결권과 동등하게 보장되어야 한다는 것이 헌법재판소의 입장이다.

④ 법률이 정하는 주요방위산업체에 종사하는 근로자의 단체행동권은 법률이 정하는 바에 의하여 이를 제한하거나 인정하지 아니할 수 있다.

⑤ 단체협약에서 다른 노동조합의 단체교섭권을 사전에 배제하는 이른바 유일교섭단체조항은 단체교섭권의 본질적 내용을 침해할 우려가 있다.

03 노동조합 및 노동관계조정법령상 노동조합에 관한 설명으로 옳지 않은 것은?

① 사업 또는 사업장에 종사하는 근로자(이하 "종사근로자"라 한다)인 조합원이 해고되어 노동위원회에 부당노동행위의 구제신청을 한 경우에는 중앙노동위원회의 재심판정이 있을 때까지 종사근로자로 본다.

② 동일한 등기소의 관할구역 안에서 주된 사무소를 이전한 경우에는 그 이전한 날부터 3주 이내에 변경등기를 해야 한다.

③ 노동조합에 대하여는 그 사업체를 제외하고는 세법이 정하는 바에 따라 조세를 부과하지 아니한다.

④ 노동조합의 대표자는 명칭이 변경된 경우에는 그 변경이 있는 날부터 3주 이내에 변경등기를 해야 한다.

⑤ 노동조합 및 노동관계조정법에 의하여 설립된 노동조합이 아니면 노동조합이라는 명칭을 사용할 수 없다.

04 노동조합 및 노동관계조정법상 노동조합의 설립에 관한 설명으로 옳지 않은 것은?

① 노동조합의 설립신고서에는 목적과 사업을 기재해야 한다.

② 노동조합은 매년 1월 31일까지 전년도 12월 31일 현재의 조합원수를 행정관청에 통보하여야 한다.

③ 노동조합이 신고증을 교부받은 경우에는 설립신고서가 접수된 때에 설립된 것으로 본다.

④ 행정관청은 설립신고서 또는 규약이 기재사항의 누락등으로 보완이 필요한 경우에는 대통령령이 정하는 바에 따라 20일 이내의 기간을 정하여 보완을 요구하여야 한다.

⑤ 행정관청은 설립하고자 하는 노동조합이 근로자가 아닌 자의 가입을 허용하는 경우 설립신고서를 반려하여야 한다.

05 노동조합 및 노동관계조정법상 노동조합의 관리에 관한 설명으로 옳은 것은?

① 노동조합은 조합원 명부를 3년간 보존하여야 한다.

② 예산·결산에 관한 사항은 총회에서 재적조합원 과반수의 출석과 출석조합원 3분의 2 이상의 찬성으로 의결한다.

③ 하나의 사업 또는 사업장을 대상으로 조직된 노동조합의 대의원은 그 사업 또는 사업장에 종사하는 조합원 중에서 선출하여야 한다.

④ 노동조합의 대표자는 대의원의 3분의 1 이상이 회의에 부의할 사항을 제시하고 회의의 소집을 요구한 때에는 15일 이내에 임시대의원회를 소집하여야 한다.

⑤ 행정관청은 노동조합에 총회의 소집권자가 없는 경우에 조합원의 3분의 1 이상이 회의에 부의할 사항을 제시하고 소집권자의 지명을 요구한 때에는 지체없이 회의의 소집권자를 지명하여야 한다.

06 노동조합 및 노동관계조정법령상 근로시간면제심의위원회에 관한 설명으로 옳은 것은?

① 근로시간면제심의위원회는 근로시간 면제 한도를 심의·의결하고, 3년마다 그 적정성 여부를 재심의하여 의결해야 한다.

② 근로시간면제심의위원회 위원장은 근로시간면제심의위원회가 의결한 사항을 고용노동부장관에게 즉시 통보하여야 한다.

③ 근로시간면제심의위원회 위원의 임기는 3년으로 한다.

④ 근로시간면제심의위원회의 위원은 임기가 끝났더라도 후임자가 위촉될 때까지 계속하여 그 직무를 수행한다.

⑤ 근로시간면제심의위원회는 경제사회노동위원회 위원장으로부터 근로시간 면제 한도를 정하기 위한 심의 요청을 받은 때에는 그 심의 요청을 받은 날부터 90일 이내에 심의·의결해야 한다.

07 노동조합 및 노동관계조정법령상 노동조합의 관리에 관한 설명으로 옳지 않은 것은?

□□□
① 근로자는 사용자의 동의가 있는 경우에는 사용자로부터 급여를 지급받으면서 근로계약 소정의 근로를 제공하지 아니하고 노동조합의 업무에 종사할 수 있다.
② 노동조합이 특정 조합원에 관한 사항을 의결할 경우에는 그 조합원은 표결권이 없다.
③ 노동조합의 대표자는 그 회계감사원으로 하여금 회계연도마다 당해 노동조합의 모든 재원 및 용도, 주요한 기부자의 성명, 현재의 경리 상황등에 대한 회계감사를 실시하게 하고 그 내용과 감사결과를 전체 조합원에게 공개하여야 한다.
④ 노동조합의 대표자는 회계연도마다 결산결과와 운영상황을 공표하여야 하며 조합원의 요구가 있을 때에는 이를 열람하게 하여야 한다.
⑤ 행정관청은 노동조합으로부터 결산결과 또는 운영상황의 보고를 받으려는 경우에는 그 사유와 그 밖에 필요한 사항을 적은 서면으로 10일 이전에 요구해야 한다.

08 노동조합 및 노동관계조정법령상 노동조합의 해산에 관한 설명으로 옳지 않은 것은?

□□□
① 노동조합의 임원이 없고 계속하여 1년 이상 조합원으로부터 조합비를 징수한 사실이 없어서 행정관청이 노동위원회의 의결을 얻은 경우 노동조합은 해산한다.
② 합병 또는 분할로 소멸한 경우 노동조합은 해산한다.
③ 총회 또는 대의원회의 해산결의가 있는 경우 노동조합은 해산한다.
④ 규약에서 정한 해산사유가 발생하여 노동조합이 해산한 때에는 그 대표자는 해산한 날부터 15일 이내에 행정관청에게 이를 신고하여야 한다.
⑤ 노동조합의 해산사유가 있는 경우, 노동위원회가 의결을 할 때에는 해산사유 발생일 이후의 해당 노동조합의 활동을 고려하여야 한다.

09 노동조합 및 노동관계조정법령상 교섭단위 결정 등에 관한 설명으로 옳지 않은 것은?

① 노동조합 또는 사용자는 사용자가 교섭요구 사실을 공고하기 전에는 노동위원회에 교섭단위를 분리하는 결정을 신청할 수 없다.

② 노동위원회는 법령에 따라 교섭단위 분리의 결정 신청을 받은 때에는 해당 사업 또는 사업장의 모든 노동조합과 사용자에게 그 내용을 통지하여야 한다.

③ 하나의 사업 또는 사업장에서 현격한 근로조건의 차이, 고용형태, 교섭 관행 등을 고려하여 교섭단위를 분리할 필요가 있다고 인정되는 경우에 노동위원회는 노동관계 당사자의 양쪽 또는 어느 한쪽의 신청을 받아 교섭단위를 분리하는 결정을 할 수 있다.

④ 교섭단위의 분리결정 신청은 사용자가 교섭요구 사실을 공고한 경우에는 교섭대표노동조합이 결정된 날 이후에 할 수 있다.

⑤ 교섭단위의 분리결정을 통지 받은 노동조합이 사용자와 교섭하려는 경우 자신이 속한 교섭단위에 단체협약이 있는 때에는 그 단체협약의 유효기간 만료일 이전 3개월이 되는 날부터 법령에 따라 필요한 사항을 적은 서면으로 교섭을 요구할 수 있다.

10 노동조합 및 노동관계조정법상 단체교섭 및 단체협약에 관한 설명으로 옳지 않은 것은?(다툼이 있으면 판례에 따름)

① 노동조합과 사용자 또는 사용자단체는 정당한 이유없이 교섭 또는 단체협약의 체결을 거부하거나 해태하여서는 아니 된다.

② 단체협약의 유효기간이 만료되는 때를 전후하여 당사자 쌍방이 새로운 단체협약을 체결하고자 단체교섭을 계속하였음에도 불구하고 새로운 단체협약이 체결되지 아니한 경우에는 별도의 약정이 있더라도 종전의 단체협약은 그 효력만료일부터 3월까지 계속 효력을 갖는다.

③ 단체협약의 일반적 구속력으로서 그 적용을 받게 되는 '동종의 근로자'라 함은 당해 단체협약의 규정에 의하여 그 협약의 적용이 예상되는 자를 가리키며, 단체협약의 규정에 의하여 조합원의 자격이 없는 자는 단체협약의 적용이 예상된다고 할 수 없어 단체협약의 적용을 받지 아니한다.

④ 단체협약에 그 유효기간을 정하지 아니한 경우에 그 유효기간은 3년으로 한다.

⑤ 노동조합과 사용자 또는 사용자단체는 교섭 또는 단체협약의 체결에 관한 권한을 위임한 때에는 그 사실을 상대방에게 통보하여야 한다.

11 노동조합 및 노동관계조정법상 부당노동행위에 관한 설명으로 옳은 것은 모두 몇 개인가?

□□□

> • 사용자의 부당노동행위로 인하여 그 권리를 침해당한 근로자 또는 노동조합은 노동위원회에 그 구제를 신청할 수 있다.
> • 노동위원회는 부당노동행위 구제신청을 받은 때에는 지체없이 필요한 조사와 관계 당사자의 심문을 하여야 한다.
> • 근로자가 노동조합의 업무를 위한 정당한 행위를 한 것을 이유로 그 근로자에게 불이익을 주는 사용자의 행위는 부당노동행위에 해당한다.
> • 부당노동행위 구제의 신청은 부당노동행위가 있은 날(계속하는 행위는 그 종료일)부터 3월 이내에 이를 행하여야 한다.

① 0개   ② 1개
③ 2개   ④ 3개
⑤ 4개

12 노동조합 및 노동관계조정법상 부당노동행위에 관한 설명으로 옳지 않은 것은?(다툼이 있으면

□□□ 판례에 따름)

① 사용자는 노동조합의 운영비를 원조하는 행위를 할 수 없으나, 노동조합의 자주적인 운영 또는 활동을 침해할 위험이 없는 범위에서의 운영비 원조행위는 할 수 있다.

② 노동조합 및 노동관계조정법 제81조(부당노동행위) 제1항 제4호 단서에 따른 "노동조합의 자주적인 운영 또는 활동을 침해할 위험" 여부를 판단할 때 원조된 운영비 금액과 원조방법을 고려할 필요가 없다.

③ 노동위원회는 부당노동행위가 성립한다고 판정한 때에는 사용자에게 구제명령을 발하여야 하며, 부당노동행위가 성립되지 아니한다고 판정한 때에는 그 구제신청을 기각하는 결정을 하여야 한다.

④ 지배·개입으로서의 부당노동행위의 성립에 반드시 근로자의 단결권의 침해라는 결과의 발생까지 요하는 것은 아니다.

⑤ 지방노동위원회의 구제명령은 중앙노동위원회에의 재심신청에 의하여 그 효력이 정지되지 아니한다.

13 노동조합 및 노동관계조정법상 단체협약 등에 관한 설명으로 옳지 않은 것은?

① 노동위원회는 단체협약 중 위법한 내용이 있는 경우에는 그 시정을 명할 수 있다.

② 노동조합의 대표자는 그 노동조합 또는 조합원을 위하여 사용자나 사용자단체와 교섭하고 단체협약을 체결할 권한을 가진다.

③ 단체협약의 당사자는 단체협약의 체결일부터 15일 이내에 단체협약을 행정관청에게 신고하여야 한다.

④ 단체협약의 이행방법에 관하여 관계 당사자 간에 의견의 불일치가 있는 때에는 단체협약에 정하는 바에 의하여 사용자가 노동위원회에 그 이행방법에 관한 견해의 제시를 요청할 수 있다.

⑤ 노동위원회는 단체협약의 이행방법에 관한 견해 제시를 요청받은 때에는 그날부터 30일 이내에 명확한 견해를 제시하여야 한다.

14 노동조합 및 노동관계조정법상 단체교섭 및 단체협약에 관한 설명으로 옳지 않은 것은?(다툼이 있으면 판례에 따름)

① 교섭대표노동조합과 사용자는 교섭창구 단일화 절차에 참여한 노동조합 또는 그 조합원 간에 합리적 이유 없이 차별을 하여서는 아니 된다.

② 사용자가 단체협약 등에 따라 교섭대표노동조합에게 상시적으로 사용할 수 있는 노동조합 사무실을 제공한 이상, 특별한 사정이 없는 한 교섭창구 단일화 절차에 참여한 다른 노동조합에게도 반드시 일률적이거나 비례적이지는 않더라도 상시적으로 사용할 수 있는 일정한 공간을 노동조합 사무실로 제공하여야 한다.

③ 노동조합과 사용자 또는 사용자단체는 신의에 따라 성실히 교섭하고 단체협약을 체결하여야 하며 그 권한을 남용하여서는 아니 된다.

④ 국가 및 지방자치단체는 기업·산업·지역별 교섭 등 다양한 교섭방식을 노동관계 당사자가 자율적으로 선택할 수 있도록 지원하고 이에 따른 단체교섭이 활성화될 수 있도록 노력하여야 한다.

⑤ 교섭대표노동조합이나 사용자가 교섭창구 단일화 절차에 참여한 다른 노동조합을 차별한 것으로 인정되는 경우, 그와 같은 차별에 합리적인 이유가 있다는 점에 대하여 교섭대표노동조합이나 사용자에게는 주장·증명책임이 없다.

15 노동조합 및 노동관계조정법령상 교섭창구 단일화 절차에 관한 설명으로 옳지 않은 것은?(다툼이
□□□ 있으면 판례에 따름)

① 노동조합은 해당 사업 또는 사업장에 단체협약이 2개 이상 있는 경우에는 먼저 이르는 단체협
  약의 유효기간 만료일 이전 3개월이 되는 날부터 사용자에게 교섭을 요구할 수 있다.

② 하나의 사업 또는 사업장 단위에서 유일하게 존재하는 노동조합은, 설령 노동조합 및 노동관계
  조정법 및 그 시행령이 정한 절차를 형식적으로 거쳤다고 하더라도, 교섭대표노동조합의 지위
  를 취득할 수 없다.

③ 사용자는 노동조합으로부터 교섭 요구를 받은 때에는 그 요구를 받은 날부터 7일간 그 교섭을
  요구한 노동조합의 명칭 등 고용노동부령으로 정하는 사항을 해당 사업 또는 사업장의 게시판
  등에 공고하여 다른 노동조합과 근로자가 알 수 있도록 하여야 한다.

④ 교섭대표노동조합의 지위 유지기간이 만료되었음에도 불구하고 새로운 교섭대표노동조합이
  결정되지 못할 경우 기존 교섭대표노동조합은 새로운 교섭대표노동조합이 결정될 때까지 기
  존 단체협약의 갱신을 위한 교섭대표노동조합의 지위를 유지한다.

⑤ 교섭대표노동조합으로 결정된 노동조합이 그 결정된 날부터 1년 동안 단체협약을 체결하지
  못한 경우에는 어느 노동조합이든지 사용자에게 교섭을 요구할 수 있다.

16 노동조합 및 노동관계조정법상 위반 행위에 대하여 벌칙이 적용되지 않는 것은?
□□□
① 조합원이 노동조합에 의하여 주도되지 아니한 쟁의행위를 한 경우

② 노동조합 및 노동관계조정법에 의하여 설립된 노동조합이 아니면서 노동조합이라는 명칭을
  사용한 경우

③ 노동조합이 사용자의 점유를 배제하여 조업을 방해하는 형태로 쟁의행위를 한 경우

④ 확정된 부당노동행위 구제명령에 위반한 경우

⑤ 조합원의 직접·비밀·무기명투표에 의한 조합원 과반수의 찬성으로 결정하지 아니한 쟁의행
  위를 행한 경우

17 노동조합 및 노동관계조정법령상 쟁의행위에 관한 설명으로 옳지 않은 것은?

① 작업시설의 손상이나 원료·제품의 변질 또는 부패를 방지하기 위한 작업은 쟁의행위 기간 중에도 정상적으로 수행되어야 한다.

② 행정관청은 쟁의행위가 그 쟁의행위와 관계없는 자의 정상적인 업무를 방해하는 방법으로 행하여지는 경우 즉시 관할 노동위원회에 신고하여야 한다.

③ 쟁의행위는 근로를 제공하고자 하는 자의 출입·조업을 방해하는 방법으로 행하여져서는 아니 된다.

④ 근로자는 쟁의행위 기간 중에는 현행범 외에는 노동조합 및 노동관계조정법 위반을 이유로 구속되지 아니한다.

⑤ 사용자는 노동조합이 쟁의행위를 개시한 이후에만 직장폐쇄를 할 수 있다.

2024년

2023년

2022년

2021년

2020년

18 노동조합 및 노동관계조정법상 쟁의행위에 관한 설명으로 옳지 않은 것은?

① 노동조합은 쟁의행위 기간에 대한 임금의 지급을 요구하여 이를 관철할 목적으로 쟁의행위를 하여서는 아니 된다.

② 방위사업법에 의하여 지정된 주요방위산업체에 종사하는 근로자 중 전력, 용수 및 주로 방산물자를 생산하는 업무에 종사하는 자는 쟁의행위를 할 수 없다.

③ 쟁의행위는 생산 기타 주요업무에 관련되는 시설과 이에 준하는 시설로서 대통령령이 정하는 시설을 점거하는 형태로 이를 행할 수 없다.

④ 노동관계 당사자는 노동쟁의가 발생한 때에는 어느 일방이 이를 상대방에게 서면으로 통보하여야 한다.

⑤ 노동위원회는 쟁의행위가 안전보호시설에 대하여 정상적인 유지·운영을 정지·폐지 또는 방해하는 행위에 해당한다고 인정하는 경우에는 그 행위를 중지할 것을 통보하여야 한다.

19 노동조합 및 노동관계조정법령상 필수유지업무에 관한 설명으로 옳지 않은 것은?

☐☐☐

① 객실승무 업무는 항공운수사업의 필수유지업무에 해당한다.

② 필수유지업무의 정당한 유지·운영을 정지·폐지 또는 방해하는 쟁의행위는 할 수 없다.

③ 노동관계 당사자는 쟁의행위기간 동안 필수유지업무의 정당한 유지·운영을 위하여 필수유지업무협정을 쌍방이 서명 또는 날인하여 서면으로 체결하여야 한다.

④ 사용자는 필수유지업무협정이 체결된 경우 필수유지업무에 근무하는 조합원 중 쟁의행위기간 동안 근무하여야 할 조합원을 노동위원회에 통보하여야 한다.

⑤ 노동관계 당사자가 필수유지업무 유지·운영 수준, 대상직무 및 필요인원 등의 결정을 신청하면 관할 노동위원회는 지체 없이 그 신청에 대한 결정을 위한 특별조정위원회를 구성하여야 한다.

20 노동조합 및 노동관계조정법령상 사적 조정·중재에 관한 설명으로 옳지 않은 것은?

☐☐☐

① 사적 조정의 신고는 조정이 진행되기 전에 하여야 한다.

② 노동관계 당사자는 사적 조정에 의하여 노동쟁의를 해결하기로 한 때에는 이를 노동위원회에 신고하여야 한다.

③ 사적 조정에 의하여 조정이 이루어진 경우에 그 내용은 단체협약과 동일한 효력을 가진다.

④ 노동조합 및 노동관계조정법 제2절(조정) 및 제3절(중재)의 규정은 노동관계 당사자가 쌍방의 합의 또는 단체협약이 정하는 바에 따라 각각 다른 조정 또는 중재방법에 의하여 노동쟁의를 해결하는 것을 방해하지 아니한다.

⑤ 사적 조정을 수행하는 자는 노동관계 당사자로부터 수수료, 수당 및 여비 등을 받을 수 있다.

21 노동조합 및 노동관계조정법상 노동쟁의의 조정 등에 관한 설명이다. ( )에 들어갈 내용으로 옳은 것은?

□□□

- 조정위원회는 조정안이 관계 당사자의 쌍방에 의하여 수락된 후 그 해석 또는 이행방법에 관하여 관계 당사자 간에 의견의 불일치가 있어 명확한 견해의 제시를 요청받은 때에는 그 요청을 받은 날부터 (ㄱ)일 이내에 명확한 견해를 제시하여야 한다.
- 노동쟁의가 중재에 회부된 때에는 그날부터 (ㄴ)일간은 쟁의행위를 할 수 없다.
- 관계 당사자는 긴급조정의 결정이 공표된 때에는 즉시 쟁의행위를 중지하여야 하며, 공표일부터 (ㄷ)일이 경과하지 아니하면 쟁의행위를 재개할 수 없다.

---

① ㄱ : 7, ㄴ : 7, ㄷ : 10
② ㄱ : 7, ㄴ : 15, ㄷ : 30
③ ㄱ : 10, ㄴ : 10, ㄷ : 15
④ ㄱ : 10, ㄴ : 15, ㄷ : 30
⑤ ㄱ : 15, ㄴ : 30, ㄷ : 30

22 노동조합 및 노동관계조정법상 노동쟁의의 조정에 관한 설명으로 옳은 것은?

□□□

① 조정위원회의 조정위원은 당해 노동위원회의 공익을 대표하는 위원 중에서 관계 당사자의 합의로 선정한 자에 대하여 그 노동위원회의 위원장이 지명한다.

② 노동위원회의 위원장은 조정위원회의 구성이 어려운 경우 노동위원회의 각 근로자를 대표하는 위원, 사용자를 대표하는 위원 및 공익을 대표하는 위원 각 1인씩 3인을 조정위원으로 지명할 수 있다.

③ 단독조정인은 그 노동위원회의 공익을 대표하는 위원 중에서 노동조합과 사용자가 순차적으로 배제하고 남은 4인 내지 6인중에서 노동위원회의 위원장이 지명한다.

④ 중재위원회의 중재위원은 당해 노동위원회의 위원 중에서 사용자를 대표하는 자, 근로자를 대표하는 자 및 공익을 대표하는 자 각 1인을 그 노동위원회의 위원장이 지명한다.

⑤ 특별조정위원회의 특별조정위원은 관계 당사자가 합의로 당해 노동위원회의 위원이 아닌 자를 추천하는 경우에는 그 추천된 자를 노동위원회의 위원장이 지명한다.

23 노동조합 및 노동관계조정법령상 중재재정에 관한 설명으로 옳지 않은 것은?

① 중재재정은 서면으로 작성하며 그 서면에는 효력발생 기일을 명시하여야 한다.

② 중재재정의 해석 또는 이행방법에 관하여 관계 당사자 간에 의견의 불일치가 있는 때에는 당해 중재위원회의 해석에 따르며 그 해석은 중재재정과 동일한 효력을 가진다.

③ 중앙노동위원회는 지방노동위원회 또는 특별노동위원회의 중재재정을 재심한 때에는 지체 없이 그 재심결정서를 관계 당사자와 관계 노동위원회에 각각 송달해야 한다.

④ 관계 당사자는 중앙노동위원회의 중재재정이나 재심결정이 위법이거나 월권에 의한 것이라고 인정하는 경우에는 중재재정 또는 재심결정을 한 날부터 15일 이내에 행정소송을 제기할 수 있다.

⑤ 노동위원회의 중재재정 또는 재심결정은 중앙노동위원회에의 재심신청 또는 행정소송의 제기에 의하여 그 효력이 정지되지 아니한다.

24 노동조합 및 노동관계조정법상 필수공익사업에 해당하지 않는 사업을 모두 고른 것은?

> ㄱ. 철도사업
> ㄴ. 수도사업
> ㄷ. 공중위생사업
> ㄹ. 조폐사업
> ㅁ. 방송사업

① ㄱ   ② ㄱ, ㄴ

③ ㄴ, ㄷ   ④ ㄴ, ㄹ, ㅁ

⑤ ㄷ, ㄹ, ㅁ

25 근로자참여 및 협력증진에 관한 법률상 노사협의회의 운영에 관한 설명으로 옳지 않은 것은?

① 노사협의회는 3개월마다 정기적으로 회의를 개최하여야 하며, 필요에 따라 임시회의를 개최할 수 있다.

② 노사협의회 의장은 회의 개최 7일 전에 회의 일시, 장소, 의제 등을 각 위원에게 통보하여야 한다.

③ 노사협의회는 그 조직과 운영에 관한 규정을 제정하고 노사협의회를 설치한 날부터 30일 이내에 고용노동부장관에게 제출하여야 한다.

④ 노사협의회의 회의는 공개한다. 다만, 노사협의회의 의결로 공개하지 아니할 수 있다.

⑤ 노사협의회 회의는 근로자위원과 사용자위원 각 과반수의 출석으로 개최하고 출석위원 3분의 2 이상의 찬성으로 의결한다.

26 근로자참여 및 협력증진에 관한 법률상 벌칙 등에 관한 설명으로 옳지 않은 것은?

① 제4조(노사협의회의 설치) 제1항에 따른 노사협의회의 설치를 정당한 사유 없이 거부하거나 방해한 자는 1천만원 이하의 벌금에 처한다.

② 제24조(의결 사항의 이행)를 위반하여 노사협의회에서 의결된 사항을 정당한 사유 없이 이행하지 아니한 자는 1천만원 이하의 벌금에 처한다.

③ 제25조(임의 중재) 제2항을 위반하여 중재 결정의 내용을 정당한 사유 없이 이행하지 아니한 자는 1천만원 이하의 벌금에 처한다.

④ 사용자가 정당한 사유 없이 제11조(시정명령)에 따른 시정명령을 이행하지 아니하면 1천만원 이하의 벌금에 처한다.

⑤ 사용자가 제18조(협의회규정)를 위반하여 노사협의회규정을 제출하지 아니한 때에는 200만원 이하의 과태료를 부과한다.

27 근로자참여 및 협력증진에 관한 법률상 노사협의회의 협의 사항으로 옳은 것은?

① 인력계획에 관한 사항
② 근로자의 복지증진
③ 사내근로복지기금의 설치
④ 각종 노사공동위원회의 설치
⑤ 복지시설의 설치와 관리

28 노동위원회법상 노동위원회의 화해의 권고 등에 관한 설명으로 옳지 않은 것은?

① 노동위원회는 노동조합 및 노동관계조정법 제84조에 따른 판정·명령 또는 결정이 있기 전까지 관계 당사자의 신청을 받아 화해를 권고하거나 화해안을 제시할 수 있다.
② 노동위원회는 노동조합 및 노동관계조정법 제84조에 따른 판정·명령 또는 결정이 있기 전까지 직권으로 화해를 권고하거나 화해안을 제시할 수 있다.
③ 노동위원회는 관계 당사자가 화해안을 수락하였을 때에는 화해조서를 작성하여야 한다.
④ 노동위원회법에 따라 작성된 화해조서는 민사소송법에 따른 재판상 화해의 효력을 갖는다.
⑤ 단독심판의 위원을 제외하고 화해에 관여한 부문별 위원회의 위원 전원은 화해조서에 모두 서명하거나 날인하여야 한다.

29 노동위원회법상 노동위원회의 공시송달에 관한 설명으로 옳은 것은?

① 노동위원회는 서류의 송달을 받아야 할 자의 주소가 분명하지 아니한 경우에는 공시송달을 하여야 한다.
② 노동위원회는 서류의 송달을 받아야 할 자의 주소가 통상적인 방법으로 확인할 수 없어 서류의 송달이 곤란한 경우에는 공시송달을 하여야 한다.
③ 공시송달은 노동위원회의 게시판이나 인터넷 홈페이지에 게시하는 방법으로 하며, 게시한 날부터 14일이 지난 때에 효력이 발생한다.
④ 노동위원회는 서류의 송달을 받아야 할 자에게 등기우편 등으로 송달하였으나 송달을 받아야 할 자가 없는 것으로 확인되어 반송되는 경우에는 공시송달을 하여야 한다.
⑤ 노동위원회는 서류의 송달을 받아야 할 자의 주소가 국외에 있어서 서류의 송달이 곤란한 경우에는 공시송달을 하여야 한다.

30 노동위원회법상 노동위원회의 권한 등에 관한 설명으로 옳지 않은 것은?

① 노동위원회는 그 사무집행을 위하여 필요하다고 인정하는 경우에 관계 행정기관에 협조를 요청할 수 있으며, 협조를 요청받은 관계 행정기관은 특별한 사유가 없으면 이에 따라야 한다.

② 노동위원회는 관계 행정기관으로 하여금 근로조건의 개선에 필요한 조치를 하도록 명령하여야 한다.

③ 중앙노동위원회는 지방노동위원회 또는 특별노동위원회에 대하여 노동위원회의 사무처리에 관한 기본방침 및 법령의 해석에 관하여 필요한 지시를 할 수 있다.

④ 중앙노동위원회는 당사자의 신청이 있는 경우 지방노동위원회 또는 특별노동위원회의 처분을 재심하여 이를 인정·취소 또는 변경할 수 있다.

⑤ 중앙노동위원회의 처분에 대한 소송은 중앙노동위원회 위원장을 피고로 하여 처분의 송달을 받은 날부터 15일 이내에 제기하여야 한다.

31 노동위원회법상 위원이 해당 사건에 관한 직무집행에서 제척(除斥)되는 경우를 모두 고른 것은?

> ㄱ. 위원이 해당 사건의 당사자와 친족이었던 경우
> ㄴ. 위원이 해당 사건에 관하여 진술한 경우
> ㄷ. 위원이 당사자의 대리인으로서 업무에 관여하였던 경우
> ㄹ. 위원 또는 위원이 속한 법인, 단체 또는 법률사무소가 해당 사건의 원인이 된 처분 또는 부작위에 관여한 경우

① ㄱ   ② ㄱ, ㄴ
③ ㄱ, ㄷ, ㄹ   ④ ㄴ, ㄷ, ㄹ
⑤ ㄱ, ㄴ, ㄷ, ㄹ

32 근로자참여 및 협력증진에 관한 법률상 고충처리에 관한 설명으로 옳은 것은?

① 고충처리위원이 처리하기 곤란한 사항은 노사협의회의 회의에 부쳐 협의 처리한다.

② 고충처리위원은 노사를 대표하는 5명 이내의 위원으로 구성한다.

③ 고충처리위원은 근로자로부터 고충사항을 청취한 경우에는 15일 이내에 조치 사항과 그 밖의 처리결과를 해당 근로자에게 통보하여야 한다.

④ 고충처리위원은 임기가 끝난 경우에는 후임자가 선출되기 전이라도 계속 그 직무를 담당하지 못한다.

⑤ 모든 사업 또는 사업장에는 근로자의 고충을 청취하고 이를 처리하기 위하여 고충처리위원을 두어야만 한다.

33 교원의 노동조합 설립 및 운영 등에 관한 법률의 내용으로 옳지 않은 것은?

□□□

① 교원의 노동조합은 어떠한 정치활동도 하여서는 아니 된다.

② 교원은 임용권자의 동의를 받아 노동조합으로부터 급여를 지급받으면서 노동조합의 업무에만 종사할 수 있다.

③ 교원의 노동조합과 그 조합원은 노동운동이나 그 밖에 공무 외의 일을 위한 어떠한 집단행위도 하여서는 아니 된다.

④ 법령·조례 및 예산에 의하여 규정되는 내용은 단체협약으로 체결되더라도 효력을 가지지 아니한다.

⑤ 교원의 노동조합의 전임자는 그 전임기간 중 전임자임을 이유로 승급 또는 그 밖의 신분상의 불이익을 받지 아니한다.

34 교원의 노동조합 설립 및 운영 등에 관한 법령상 근무시간 면제에 관한 설명으로 옳지 않은 것은?

□□□

① 근무시간 면제 시간 및 사용인원의 한도를 정하기 위하여 경제사회노동위원회에 교원근무시간면제심의위원회를 둔다.

② 고등교육법에 따른 교원에 대해서는 시·도 단위를 기준으로 근무시간 면제 한도를 심의·의결한다.

③ 교원근무시간면제심의위원회는 3년마다 근무시간 면제 한도의 적정성 여부를 재심의하여 의결할 수 있다.

④ 근무시간 면제 한도를 초과하는 내용을 정한 단체협약 또는 임용권자의 동의는 그 부분에 한정하여 무효로 한다.

⑤ 임용권자는 전년도에 노동조합별로 근무시간을 면제받은 시간 및 사용인원, 지급된 보수 등에 관한 정보를 고용노동부장관이 지정하는 인터넷 홈페이지에 3년간 게재하는 방법으로 공개하여야 한다.

35 공무원의 노동조합 설립 및 운영 등에 관한 법률의 내용으로 옳은 것은?

① 교원과 교육공무원은 공무원의 노동조합에 가입할 수 없다.

② 업무의 주된 내용이 다른 공무원에 대하여 지휘·감독권을 행사하거나 다른 공무원의 업무를 총괄하는 업무에 종사하는 공무원 중 대통령령으로 정하는 공무원은 공무원의 노동조합에 가입할 수 없다.

③ 교정·수사 등 공공의 안녕과 국가안전보장에 관한 업무에 종사하는 공무원은 공무원의 노동조합에 가입할 수 있다.

④ 공무원의 노동조합이 있는 경우 공무원이 공무원직장협의회를 설립·운영할 수 없다.

⑤ 공무원은 임용권자의 동의를 받아 노동조합으로부터 급여를 지급받으면서 노동조합의 업무에만 종사할 수 있으며, 그 기간 중 휴직명령을 받은 것으로 본다.

36 공무원의 노동조합 설립 및 운영 등에 관한 법률상 단체교섭 및 단체협약에 관한 설명으로 옳지 않은 것은?

① 공무원의 노동조합 설립 및 운영 등에 관한 법률은 단체교섭에 대하여 개별교섭방식만을 인정하고 있다.

② 단체협약의 유효기간은 3년을 초과하지 않는 범위에서 노사가 합의하여 정할 수 있다.

③ 정부교섭대표는 교섭을 요구하는 노동조합이 둘 이상인 경우에는 해당 노동조합에 교섭창구를 단일화하도록 요청할 수 있으며, 교섭창구가 단일화된 때에는 교섭에 응하여야 한다.

④ 법령 또는 조례에 의하여 위임을 받아 규정되는 내용은 단체협약으로 체결되더라도 효력을 가지지 않지만, 정부교섭대표는 그 내용이 이행될 수 있도록 성실하게 노력하여야 한다.

⑤ 법령 등에 따라 국가나 지방자치단체가 그 권한으로 행하는 정책결정에 관한 사항, 임용권의 행사 등 그 기관의 관리·운영에 관한 사항으로서 근무조건과 직접 관련되지 아니 하는 사항은 교섭의 대상이 될 수 없다.

37 공무원의 노동조합 설립 및 운영 등에 관한 법률상 조정 및 중재에 관한 설명으로 옳은 것은?

□□□
① 단체교섭이 결렬된 경우 이를 조정·중재하기 위하여 중앙노동위원회에 특별조정위원회를 둔다.
② 중앙노동위원회 위원장이 직권으로 중재에 회부한다는 결정을 하는 경우 지체 없이 중재를 한다.
③ 관계 당사자는 중앙노동위원회의 중재재정이 위법하거나 월권에 의한 것이라고 인정하는 경우에는 중재재정서를 송달받은 날부터 30일 이내에 중앙노동위원회 위원장을 피고로 하여 행정소송을 제기할 수 있다.
④ 관계 당사자는 확정된 중재재정을 따라야 하나, 위반에 대한 벌칙 규정은 없다.
⑤ 중앙노동위원회의 중재재정에 대한 행정소송이 제기되면 중재재정의 효력은 정지된다.

38 노동조합 및 노동관계조정법의 내용 중 공무원의 노동조합 설립 및 운영 등에 관한 법률에 적용되는 것으로 옳은 것은?

□□□
① 공정대표의무 등(노동조합 및 노동관계조정법 제29조의4)
② 일반적 구속력(노동조합 및 노동관계조정법 제35조)
③ 조정의 전치(노동조합 및 노동관계조정법 제45조)
④ 사적 조정·중재(노동조합 및 노동관계조정법 제52조)
⑤ 긴급조정의 결정(노동조합 및 노동관계조정법 제76조)

39 교원의 노동조합 설립 및 운영 등에 관한 법령상 단체교섭에 관한 설명으로 옳지 않은 것은?

① 노동조합의 대표자는 교섭하려는 사항에 대하여 권한을 가진 자에게 서면으로 교섭을 요구하여야 한다.

② 초·중등교육법 제19조 제1항에 따른 교원의 노동조합의 대표자는 교육부장관, 시·도 교육감 또는 사립학교 설립·경영자와 교섭하고 단체협약을 체결할 권한을 가진다.

③ 교섭위원의 수는 교섭노동조합의 조직 규모 등을 고려하여 정하되, 10명 이내로 한다.

④ 노동조합의 교섭위원은 해당 노동조합의 대표자와 그 조합원으로 구성하여야 한다.

⑤ 교섭노동조합이 둘 이상인 경우 교섭창구 단일화 합의가 이루어지지 않으면 교섭창구단일화 절차에 참여한 노동조합의 전체 조합원 과반수로 조직된 노동조합이 교섭대표노동조합이 된다.

40 교원의 노동조합 설립 및 운영 등에 관한 법률상 조정 및 중재에 관한 설명으로 옳은 것은?

① 중앙노동위원회가 제시한 조정안을 당사자의 어느 한쪽이라도 거부한 경우 중앙노동위원회는 중재를 하며, 중재기간에 대하여는 법률의 정함이 없다.

② 관계 당사자 쌍방의 동의를 얻은 경우에는 교원 노동관계 조정위원회에 갈음하여 단독조정인에게 조정을 행하게 할 수 있다.

③ 조정은 신청을 받은 날부터 30일 이내에 마쳐야 하며, 다만 당사자들이 합의한 경우에는 30일 이내의 범위에서 조정기간을 연장할 수 있다.

④ 관계 당사자의 일방이 단체협약에 의하여 중재를 신청한 때 중앙노동위원회는 중재를 한다.

⑤ 중앙노동위원회 위원장은 직권으로 중재에 회부한다는 결정을 할 수 없다.

2023년 제32회 기출문제

✅ **2023.05.27. 시행**　　　　　　　　　　　✅ Time　　　분 ｜ 정답 및 해설 145p

✅ **중요문제 / 틀린 문제 CHECK**　　　　　　　✅ **각 문항별로 회독수 CHECK** ☑□□

01	02	03	04	05	06	07	08	09	10	11	12	13	14	15	16	17	18	19	20	21	22	23	24	25

01 노동조합 및 노동관계조정법상 총회 및 대의원회의 회의 등에 관한 설명으로 옳지 않은 것은?
□□□
① 총회에서 임원의 선임에 관한 사항을 의결할 때에는 재적조합원 과반수의 출석과 출석조합원 3분의 2 이상의 찬성이 있어야 한다.
② 연합단체인 노동조합의 대표자는 그 구성단체의 3분의 1 이상이 회의에 부의할 사항을 제시하고 회의의 소집을 요구한 때에는 지체 없이 임시총회 또는 임시대의원회를 소집하여야 한다.
③ 노동조합이 특정 조합원에 관한 사항을 의결할 경우에는 그 조합원은 표결권이 없다.
④ 하나의 사업 또는 사업장을 대상으로 조직된 노동조합의 대의원은 그 사업 또는 사업장에 종사하는 조합원 중에서 선출하여야 한다.
⑤ 대의원회는 회의개최일 7일전까지 그 회의에 부의할 사항을 공고하여야 하나, 노동조합이 동일한 사업장 내의 근로자로 구성된 경우에는 그 규약으로 공고기간을 단축할 수 있다.

02 노동조합 및 노동관계조정법상 근로시간 면제에 관한 설명으로 옳은 것은 몇 개인가?
□□□
> • 근로시간면제심의위원회는 노동위원회법에 따른 중앙노동위원회에 둔다.
> • 고용노동부장관이 고시한 근로시간 면제 한도를 초과하는 내용의 단체협약은 그 초과한 부분에 한정하여 무효로 한다.
> • 근로시간면제심의위원회는 성별을 고려하여 구성한다.
> • 고용노동부장관은 통보받은 근로시간 면제 한도를 합리적인 범위 내에서 조정하여 고시할 수 있다.

① 0개　　　　　　　　　　　　② 1개
③ 2개　　　　　　　　　　　　④ 3개
⑤ 4개

03 노동조합 및 노동관계조정법상 노동조합의 관리 등에 관한 설명으로 옳지 않은 것은?

① 연합단체인 노동조합은 조합설립일부터 30일 이내에 그 구성단체의 명칭을 기재한 명부를 작성하여 그 주된 사무소에 비치하여야 한다.

② 노동조합의 대표자는 그 회계감사원으로 하여금 3월에 1회 이상 당해 노동조합의 현재의 경리 상황등에 대한 회계감사를 실시하게 하여야 한다.

③ 노동조합은 재정에 관한 장부와 서류를 3연간 보존하여야 한다.

④ 임원의 임기를 2년으로 정한 규약의 규정은 적법하다.

⑤ 노동조합의 대표자는 필요하다고 인정할 때에는 임시총회 또는 임시대의원회를 소집할 수 있다.

2024년
2023년
2022년
2021년
2020년

04 노동조합 및 노동관계조정법령상 노동조합에 관한 설명으로 옳지 않은 것은?(다툼이 있으면 판례에 따름)

① 산하조직 중 근로조건의 결정권이 있는 독립된 사업 또는 사업장에 조직된 노동단체는 지부·분회 등 명칭이 무엇이든 상관없이 노동조합의 설립신고를 할 수 있다.

② 주로 정치운동을 목적으로 하는 경우에는 노동조합의 설립신고를 마치고 신고증을 교부받았다고 하더라도, 그러한 단체는 적법한 노동조합으로 인정받지 못할 수 있다.

③ 노동조합 및 노동관계조정법상 노동조합이 아님을 통보하는 것을 행정입법으로 규정하려면 반드시 법률의 명시적이고 구체적인 위임이 있어야 한다.

④ 산업별 노동조합의 지회가 기업별로 구성된 노동조합에 준하는 실질을 가지고 있다면 총회의 의결을 거쳐 독립한 기업별 노동조합으로 조직형태를 변경할 수 있다.

⑤ 복수 노동조합 중 어느 한 노동조합은 다른 노동조합을 상대로 그 노동조합의 설립무효확인을 구하는 소를 제기할 수 없다.

05 노동조합 및 노동관계조정법상 노동조합의 규약 및 규정에 관한 설명으로 옳지 않은 것은?(다툼이
□□□ 있으면 판례에 따름)

① 행정관청은 노동조합의 규약이 노동관계법령에 위반한 경우에는 고용노동부장관의 승인을 받아 그 시정을 명할 수 있다.

② 노동조합이 규약에 따라 자체적으로 마련한 선거관리규정은 조합 민주주의를 실현하기 위한 강행법규에 적합한 범위 내에서는 일종의 자치적 법규범으로서 국가법질서 내에서 법적 효력을 가진다.

③ 노동조합의 총회가 규약의 제·개정결의를 통하여 총회에 갈음할 대의원회를 두고 규약의 개정에 관한 사항을 대의원회의 의결사항으로 정한 경우라도 이로써 총회의 규약개정권한이 소멸된다고 볼 수 없다.

④ 단체협약 체결 업무 수행에 대한 적절한 통제를 위하여 규약 등에서 내부 절차를 거치도록 하는 등 대표자의 단체협약체결권한의 행사를 절차적으로 제한하는 것은, 그것이 단체협약체결권한을 전면적·포괄적으로 제한하는 것이 아닌 이상 허용된다.

⑤ 조합원의 재산권을 둘러싼 노동조합과 조합원 간의 분쟁에 관하여 그 분쟁이 발생하기 전 조합원이 노동조합을 상대로 일절 소송을 제기할 수 없도록 한 노동조합의 규정은 무효이다.

06 노동조합 및 노동관계조정법령상 노동조합에 관한 설명으로 옳은 것은?(다툼이 있으면 판례에
□□□ 따름)

① 노동조합을 법인으로 하려는 때에는 그 주된 사무소의 소재지를 관할하는 행정관청에 등기해야 한다.

② 노동조합은 그 규약으로 조합비를 납부하지 아니하는 조합원의 권리를 제한할 수 있다.

③ 노동조합 및 노동관계조정법에 의하여 설립되지 아니한 노동조합도 노동위원회에 노동쟁의의 조정을 신청할 수 있다.

④ 노동조합 및 노동관계조정법에 의하여 설립된 노동조합이 아니더라도 노동조합이라는 명칭을 사용할 수 있다.

⑤ 노동조합의 사업체에 대해서는 세법이 정하는 바에 따라 조세를 부과하지 아니한다.

07 노동조합 및 노동관계조정법상 노동조합과 조합원 등에 관한 설명으로 옳은 것은?(다툼이 있으면 판례에 따름)

① 사업 또는 사업장에 종사하는 근로자가 아닌 노동조합의 조합원은 사용자의 사업 운영 지장 여부와 무관하게 사업 또는 사업장 내에서 노동조합 활동을 할 수 없다.

② 유니언 숍 협정이 체결된 사업장의 사용자는 단체협약에 명문규정이 있는 경우에도 노동조합에서 제명된 것을 이유로 근로자에게 신분상 불이익한 행위를 할 수 없다.

③ 유니언 숍 협정에 따라 사용자가 노동조합을 탈퇴한 근로자를 해고한 경우에 해고된 근로자가 조합원지위확인을 구하는 소를 제기하여 승소하면 그 해고는 취소된 것으로 본다.

④ 일정 범위의 근로자에 대하여만 단체협약을 적용하기로 규정하였더라도 단체협약은 조합원 모두에게 현실적으로 적용된다.

⑤ 헌법재판소는 헌법 제33조 제1항에서 정한 근로자의 단결권은 단결할 자유뿐 아니라 단결하지 아니할 자유를 포함한다고 해석한다.

08 노동조합 및 노동관계조정법령상 교섭단위 결정 등에 관한 설명으로 옳지 않은 것은?

① 교섭대표노동조합을 결정하여야 하는 단위는 하나의 사업 또는 사업장으로 한다.

② 노동위원회는 사용자의 신청을 받아 교섭단위를 분리하는 결정을 할 수 있다.

③ 노동위원회는 노동조합의 신청을 받아 분리된 교섭단위를 통합하는 결정을 할 수 있다.

④ 노동조합이 교섭단위를 분리하여 교섭하려는 경우 사용자가 교섭요구 사실을 공고하기 전에는 교섭단위를 분리하는 결정을 신청할 수 있다.

⑤ 사용자는 분리된 교섭단위를 통합하여 교섭하려는 경우 교섭대표노동조합이 결정된 날 이후에는 그 통합하는 결정을 신청할 수 없다.

09 노동조합 및 노동관계조정법상 노동조합의 해산에 관한 설명으로 옳지 않은 것은?

① 노동조합이 해산한 때에는 그 대표자는 해산한 날부터 30일 이내에 행정관청에게 이를 신고하여야 한다.

② 총회의 해산결의가 있는 경우 노동조합은 해산한다.

③ 분할로 소멸한 경우 노동조합은 해산한다.

④ 규약에서 정한 해산사유가 발생한 경우 노동조합은 해산한다.

⑤ 노동조합의 임원이 없고 노동조합으로서의 활동을 1년 이상 하지 아니한 것으로 인정되는 경우로서 행정관청이 노동위원회의 의결을 얻은 경우 노동조합은 해산한다.

10 노동조합 및 노동관계조정법령상 공정대표의무 등에 관한 설명으로 옳지 않은 것은?(다툼이 있으면 판례에 따름)

① 교섭창구 단일화 절차에 참여한 노동조합은 단체협약의 내용의 일부가 공정대표의무에 위반되는 경우에는 단체협약 체결일부터 3개월 이내에 그 시정을 요청할 수 있다.

② 교섭대표노동조합과 사용자는 교섭창구 단일화 절차에 참여한 노동조합의 조합원 간에 합리적 이유 없이 차별을 하여서는 아니 된다.

③ 노동위원회는 공정대표의무 위반의 시정 신청을 받은 때에는 지체 없이 필요한 조사와 관계 당사자에 대한 심문(審問)을 하여야 한다.

④ 노동위원회는 공정대표의무 위반의 시정 신청에 따른 심문을 할 때에는 관계 당사자의 신청이 없는 경우 직권으로 증인을 출석하게 하여 질문할 수 없다.

⑤ 교섭대표노동조합이 교섭창구 단일화 절차에 참여한 다른 노동조합을 차별한 것으로 인정되는 경우, 그와 같은 차별에 합리적인 이유가 있다는 점은 교섭대표노동조합에게 주장·증명책임이 있다.

11 노동조합 및 노동관계조정법상 단체협약에 관한 규정 중 ( )에 들어갈 내용으로 옳은 것은?

> 제31조(단체협약의 작성)
> ② 단체협약의 당사자는 단체협약의 체결일부터 (ㄱ)일 이내에 이를 행정관청에게 신고하여야 한다.
>
> 제32조(단체협약 유효기간의 상한)
> ① 단체협약의 유효기간은 (ㄴ)년을 초과하지 않는 범위에서 노사가 합의하여 정할 수 있다.

① ㄱ : 10, ㄴ : 2 　　　　② ㄱ : 10, ㄴ : 3

③ ㄱ : 15, ㄴ : 2 　　　　④ ㄱ : 15, ㄴ : 3

⑤ ㄱ : 20, ㄴ : 2

12 노동조합 및 노동관계조정법령상 단체교섭 및 단체협약에 관한 설명으로 옳은 것은?

① 교섭대표노동조합의 대표자는 교섭요구와 무관하게 사업장 내 모든 노동조합 또는 조합원을 위하여 사용자와 교섭하고 단체협약을 체결할 권한을 가진다.

② 교섭대표노동조합이 결정된 후 교섭창구단일화절차가 개시된 날부터 1년 동안 단체협약을 체결하지 못한 경우에는 어느 노동조합이든지 사용자에게 교섭을 요구할 수 있다.

③ 노동조합으로부터 적법한 교섭 요구를 받은 사용자는 그 요구를 받은 날부터 5일간 그 교섭요구 사실을 공고하여야 한다.

④ 노동조합은 사용자가 교섭요구 사실의 공고를 하지 아니하거나 다르게 공고하는 경우에는 고용노동부령으로 정하는 바에 따라 행정관청에 그 시정을 요청할 수 있다.

⑤ 단체협약의 당사자가 하여야 할 단체협약의 신고는 당사자 쌍방이 연명으로 해야 한다.

13 노동조합 및 노동관계조정법령상 쟁의행위에 관한 설명으로 옳지 않은 것은?(다툼이 있으면 판례에 따름)

① 노동조합은 사용자의 점유를 배제하여 조업을 방해하는 형태로 쟁의행위를 해서는 아니 된다.

② 쟁의행위가 사업장의 안전보호시설에 대하여 정상적인 운영을 방해하는 행위로 행하여지는 경우에 사용자가 행정관청과 관할 노동위원회에 하여야 할 신고는 전화로도 가능하다.

③ 피케팅은 파업에 가담하지 않고 조업을 계속하려는 자에 대하여 평화적 설득, 구두와 문서에 의한 언어적 설득의 범위 내에서 정당성이 인정되는 것이 원칙이고, 위력에 의한 물리적 강제는 정당화될 수 없다.

④ 사업장의 안전보호시설의 정상적인 유지·운영을 정지하는 쟁의행위에 대하여 노동위원회는 그 의결로 쟁의행위의 중지를 통보하여야 한다.

⑤ 방위사업법에 의하여 지정된 주요방위산업체에 종사하는 근로자 중 방산물자의 완성에 필요한 정비 업무에 종사하는 자는 쟁의행위를 할 수 없다.

14 노동조합 및 노동관계조정법령상 필수유지업무 및 필수유지업무협정 등에 관한 설명으로 옳지 않
□□□ 은 것은?

① 철도 차량 운행에 필요한 통신시설을 유지·관리하는 업무는 철도사업의 필수유지 업무에 해
당한다.

② 필수유지업무협정은 노동관계 당사자가 서면으로 체결하여야 하고, 쌍방이 서명 또는 날인하
여야 한다.

③ 노동관계 당사자 쌍방 또는 일방은 필수유지업무협정이 체결되지 아니하는 때에는 노동위원
회에 필수유지업무의 대상직무 등의 결정을 신청하여야 한다.

④ 노동관계 당사자가 필수유지업무 수준 등 결정 신청을 하는 경우 그 결정은 공익사업의 노동쟁
의 조정을 위한 노동위원회의 특별조정위원회가 담당한다.

⑤ 노동조합이 쟁의행위 개시 전까지 쟁의행위기간 동안 근무하여야 할 조합원을 통보하지 아니
한 경우 사용자의 신청에 의하여 노동위원회가 필수유지업무에 근무하여야 할 근로자를 지명
하고 이를 노동조합과 그 근로자에게 통보하여야 한다.

15 노동조합 및 노동관계조정법상 쟁의행위에 관한 설명으로 옳지 않은 것은?(다툼이 있으면 판례에
□□□ 따름)

① 조합원은 노동조합에 의하여 주도되지 아니한 쟁의행위를 하여서는 아니 된다.

② 노동조합은 쟁의행위가 적법하게 수행될 수 있도록 지도·관리·통제할 책임이 있다.

③ 조합원의 민주적 의사결정이 실질적으로 확보된 때에는 쟁의행위 찬반투표절차를 거치지 아
니하였다는 사정만으로 쟁의행위의 정당성이 상실되지 아니한다.

④ 사용자는 노동조합이 쟁의행위를 개시한 이후에만 직장폐쇄를 할 수 있다.

⑤ 노동조합은 쟁의행위 기간에 대한 임금의 지급을 요구하여 이를 관철할 목적으로 쟁의행위를
하여서는 아니 된다.

16 노동조합 및 노동관계조정법상 공익사업등의 우선적 취급에 관한 규정에서 (   )에 들어갈 내용으로 옳은 것은?

> 제51조(공익사업등의 우선적 취급)
> 국가·지방자치단체·국공영기업체·방위산업체 및 공익사업에 있어서의 (   )은(는) 우선적으로 취급하고 신속히 처리하여야 한다.

① 쟁의행위의 조정
② 부당노동행위의 구제
③ 단체협약의 해석
④ 노동쟁의의 조정
⑤ 노동조합 해산의 의결

17 노동조합 및 노동관계조정법상 노동쟁의 조정에 관한 설명으로 옳은 것은?

① 사적조정 등을 수행하는 자는 노동관계 당사자로부터 수수료, 수당 및 여비 등을 받을 수 있다.
② 노동관계 당사자가 노동쟁의를 단체협약에서 정하는 바에 따라 해결하기로 한 경우 이를 행정관청에 신고하여야 한다.
③ 노동관계 당사자가 단체협약이 정하는 바에 따라 노동쟁의의 조정을 한 경우 그 내용은 재판상 화해와 같은 효력을 가진다.
④ 고용노동부장관은 긴급조정의 결정을 하고자 할 때에는 중앙노동위원회 의결을 거쳐야 한다.
⑤ 중앙노동위원회는 고용노동부장관의 긴급조정결정 통고를 받은 때에는 지체 없이 중재를 개시하여야 한다.

18 노동조합 및 노동관계조정법상 부당노동행위에 관한 설명으로 옳은 것은?(다툼이 있으면 판례에 따름)

① 부당노동행위에 대한 입증책임은 사용자가 부담한다.
② 노동위원회가 부당노동행위의 구제신청을 받고 심문을 할 때에는 그 직권으로 증인을 출석하게 하여 필요한 사항을 질문할 수 있다.
③ 부당노동행위를 한 사용자는 3년 이하의 징역 또는 3천만원 이하의 벌금에 처한다.
④ 중앙노동위원회의 재심판정에 대하여 행정소송을 제기한 경우에 관할법원은 부당노동 행위 구제 신청자의 신청에 의하여 판결이 확정될 때까지 중앙노동위원회의 구제명령의 전부를 이행하도록 명할 수 있다.
⑤ 부당노동행위 규정 위반에 관한 명문의 양벌규정은 존재하지 아니한다.

19 근로자참여 및 협력증진에 관한 법률상 노사협의회에 관한 설명으로 옳지 않은 것은?

① 노사협의회란 근로자와 사용자가 참여와 협력을 통하여 근로자의 복지증진과 기업의 건전한 발전을 도모하기 위하여 구성하는 협의기구를 말한다.

② 사업장 내 근로자 감시 설비의 설치는 노사협의회가 협의하여야 할 사항에 해당한다.

③ 사용자는 고충처리위원회에서 의결되지 아니한 사항에 대하여는 노사협의회의 의결을 거쳐야 한다.

④ 노사협의회는 노사협의회에서 의결된 사항의 해석에 관하여 의견이 일치하지 아니하는 경우 노동위원회의 중재를 받을 수 있다.

⑤ 법령에 따른 노사협의회의 설치를 정당한 사유 없이 거부하거나 방해한 자는 1년 이하의 징역 또는 1천만원 이하의 벌금에 처한다.

20 근로자참여 및 협력증진에 관한 법령상 노사협의회의 위원 등에 관한 설명으로 옳지 않은 것은?

① 노사협의회는 근로자와 사용자를 대표하는 같은 수의 위원으로 구성하여야 하며 위원 수에 대한 제한이 있다.

② 노사협의회의 근로자위원의 선출에 입후보하려는 사람은 해당 사업이나 사업장의 근로자여야 한다.

③ 노사협의회의 근로자위원의 결원이 생기면 30일 이내에 보궐위원을 위촉하거나 선출하되, 근로자의 과반수로 구성된 노동조합이 조직되어 있지 아니한 사업 또는 사업장에서는 근로자위원 선출 투표에서 선출되지 못한 사람 중 득표순에 따른 차점자를 근로자위원으로 할 수 있다.

④ 노사협의회의 위원은 무보수로 한다는 명문의 규정상 위원의 노사협의회 출석 시간과 이와 관련된 시간은 노사협의회 규정으로 정한 경우에도 근로한 시간으로 볼 수 없다.

⑤ 사용자는 근로자위원의 업무를 위하여 장소의 사용 등 기본적인 편의를 제공하여야 할 의무가 있다.

21 노동위원회법상 노동위원회에 관한 설명으로 옳은 것을 모두 고른 것은?

> ㄱ. 중앙노동위원회와 지방노동위원회는 고용노동부장관 소속으로 둔다.
> ㄴ. 특별노동위원회는 관계 법률에서 정하는 사항을 관장하기 위하여 필요한 경우에 해당 사항을 관장하는 중앙행정기관의 장 소속으로 둔다.
> ㄷ. 중앙노동위원회 위원장은 중앙노동위원회 및 지방노동위원회의 예산·인사·교육훈련, 그 밖의 행정사무를 총괄한다.
> ㄹ. 노동위원회 위원장은 해당 노동위원회의 공익위원이 되며, 심판사건, 차별적 처우 시정사건을 담당하되 조정사건은 담당할 수 없다.

① ㄱ
② ㄴ, ㄷ
③ ㄱ, ㄴ, ㄷ
④ ㄱ, ㄴ, ㄹ
⑤ ㄴ, ㄷ, ㄹ

22 노동위원회법상 노동위원회에 관한 설명으로 옳은 것은?

① 중앙노동위원회 및 지방노동위원회에는 사무처를 둔다.
② 중앙노동위원회 상임위원은 사무처장을 겸직할 수 없다.
③ 부문별 위원회 위원장은 부문별 위원회의 원활한 운영을 위하여 필요하다고 인정하는 경우에 주심위원을 지명하여 사건의 처리를 주관하게 하여야 한다.
④ 노동위원회는 판정·명령 또는 결정이 있기 전까지 화해안을 제시할 수 있으며 관계 당사자가 화해안을 수락하였을 때에는 취하조서를 작성하여야 한다.
⑤ 노동위원회의 부문별 위원회의 회의는 구성위원 전원의 출석으로 개의한다.

23 공무원의 노동조합 설립 및 운영 등에 관한 법률에 관한 설명으로 옳지 않은 것은?

① 공무원은 노동조합 활동을 할 때 다른 법령에서 규정하는 공무원의 의무에 반하는 행위를 하여서는 아니 된다.
② 교정·수사 등 공공의 안녕과 국가안전보장에 관한 업무에 종사하는 공무원은 노동조합에 가입할 수 없다.
③ 단체협약의 내용 중 법령·조례 또는 예산에 의하여 규정되는 내용과 법령 또는 조례에 의하여 위임을 받아 규정되는 내용은 단체협약으로서의 효력을 가지지 아니한다.
④ 정부교섭대표는 효율적인 교섭을 위하여 필요한 경우 다른 정부교섭대표와 공동으로 교섭할 수 있으나 정부교섭대표가 아닌 관계 기관의 장으로 하여금 교섭에 참여하게 할 수 없다.
⑤ 단체교섭이 결렬된 경우 이를 조정·중재하기 위하여 중앙노동위원회에 공무원 노동관계 조정위원회를 둔다.

24 교원의 노동조합 설립 및 운영 등에 관한 법률에 관한 설명으로 옳지 않은 것은?

① 교원으로 임용되어 근무하였던 사람으로서 노동조합 규약으로 정하는 사람은 노동조합에 가입할 수 있다.

② 전임자는 그 전임기간 중 전임자임을 이유로 승급 또는 그 밖의 신분상의 불이익을 받지 아니한다.

③ 단체교섭이 결렬된 경우 중앙노동위원회는 당사자 양쪽이 조정을 신청하는 경우에 한하여 조정을 시작할 수 있다.

④ 중앙노동위원회가 제시한 조정안을 당사자의 어느 한쪽이라도 거부한 경우에는 중앙노동위원회는 중재를 한다.

⑤ 관계 당사자는 중앙노동위원회의 중재재정이 위법하거나 월권에 의한 것이라고 인정하는 경우에는 중재재정서를 송달받은 날부터 15일 이내에 중앙노동위원회 위원장을 피고로 하여 행정소송을 제기할 수 있다.

25 노동법 등의 연혁에 관한 설명으로 옳지 않은 것은?

① 우리나라의 노동위원회법은 1953년에 처음 제정되었다.

② 우리나라는 1991년에 국제노동기구(ILO)에 가입하였다.

③ 우리나라의 공무원의 노동조합 설립 및 운영 등에 관한 법률은 교원의 노동조합 설립 및 운영 등에 관한 법률보다 먼저 제정되었다.

④ 미국의 1935년 와그너법은 근로자의 단결권 · 단체교섭권 · 단체행동권을 명문화하였다.

⑤ 우리나라 제헌헌법에는 영리를 목적으로 하는 사기업에 있어서는 근로자는 법률의 정하는 바에 의하여 이익의 분배에 균점할 권리가 있다는 규정이 있었다.

2022년 제31회 기출문제

2022.05.14. 시행

Time 분 | 정답 및 해설 165p

중요문제 / 틀린 문제 CHECK

| 01 | 02 | 03 | 04 | 05 | 06 | 07 | 08 | 09 | 10 | 11 | 12 | 13 | 14 | 15 | 16 | 17 | 18 | 19 | 20 | 21 | 22 | 23 | 24 | 25 |

각 문항별로 회독수 CHECK ☑☐☐

01 헌법상 노동3권에 관한 설명으로 옳지 않은 것은?

① 헌법재판소는 노동3권의 법적 성격을 사회적 보호기능을 담당하는 자유권 또는 사회권적 성격을 띤 자유권이라고 보는 입장을 취하고 있다.

② 근로자는 근로조건의 향상을 위하여 자주적인 단결권·단체교섭권 및 단체행동권을 가진다.

③ 헌법재판소는 노동조합의 적극적 단결권은 근로자 개인의 단결하지 않을 자유보다 중시된다고 할 것이고, 또 노동조합에게 위와 같은 조직강제권을 부여한다고 하여 이를 근로자의 단결하지 아니할 자유의 본질적인 내용을 침해하는 것으로 단정할 수는 없다는 입장을 취하고 있다.

④ 헌법상 보장된 근로자의 단결권은 단결할 자유만을 가리킬 뿐이고, 단결하지 아니할 자유 이른바 소극적 단결권은 이에 포함되지 않는다고 보는 것이 헌법재판소의 입장이다.

⑤ 헌법재판소는 노동3권 제한에 관한 개별적 제한규정을 두고 있지 않는 경우, 헌법 제37조 제2항의 일반유보조항에 따라 노동3권을 제한할 수 없다는 입장을 취하고 있다.

02 노동조합 및 노동관계조정법령에 관한 설명이다. ( )에 들어갈 숫자로 옳은 것은?

> • 노동조합의 대표자는 노동조합의 법인 등기사항 중 변경된 사항이 있는 경우에는 그 변경이 있는 날부터 (ㄱ)주 이내에 변경등기를 해야 한다.
> • 행정관청은 설립신고서 또는 규약이 기재사항의 누락 등으로 보완이 필요한 경우 (ㄴ)일 이내의 기간을 정하여 보완을 요구하여야 한다.
> • 노동조합은 매년 (ㄷ)회 이상 총회를 개최하여야 한다.

① ㄱ : 1, ㄴ : 10, ㄷ : 1   ② ㄱ : 2, ㄴ : 10, ㄷ : 1
③ ㄱ : 3, ㄴ : 20, ㄷ : 1   ④ ㄱ : 3, ㄴ : 20, ㄷ : 2
⑤ ㄱ : 3, ㄴ : 20, ㄷ : 2

03 노동조합 및 노동관계조정법상 노동조합에 관한 설명으로 옳지 않은 것은?

① 행정관청은 노동조합의 결의가 규약에 위반된다고 인정할 경우에는 이해관계인의 신청이 있는 경우에 한하여 노동위원회의 의결을 얻어 그 시정을 명할 수 있다.

② 노동조합의 합병·분할 또는 해산, 조직형태 변경을 위해서는 총회의 의결을 거쳐야 한다.

③ 총회는 임원의 해임에 관한 사항을 재적조합원 과반수의 출석과 출석조합원 3분의 2 이상의 찬성으로 의결한다.

④ 단체협약에 관한 사항은 총회의 의결사항이다.

⑤ 종사근로자인 조합원이 해고되어 노동위원회에 부당해고의 구제신청을 한 경우에는 중앙노동위원회의 재심판정이 있을 때까지는 종사근로자로 본다.

04 노동조합 및 노동관계조정법상 기한이 다른 하나는?

① 노동조합의 처분이 노동관계법령에 위반하여 행정관청의 시정명령을 받은 노동조합이 이를 이행하여야 할 기한

② 노동조합에 임시총회 소집권자가 없는 경우 행정관청의 회의소집권자 지명 기한

③ 노동조합의 대표자가 회의의 소집을 고의로 기피하거나 이를 해태하여 조합원 또는 대의원의 3분의 1 이상이 소집권자의 지명을 요구할 때 행정관청의 노동위원회에 대한 의결 요청 기한

④ 합병 또는 분할로 소멸하여 노동조합이 해산한 때 노동조합 대표자가 해산한 날부터 이를 행정관청에게 신고하여야 할 기한

⑤ 단체협약 당사자가 단체협약의 체결일부터 이를 행정관청에게 신고하여야 할 기한

05 노동조합 및 노동관계조정법령에 관한 설명으로 옳지 않은 것은?(다툼이 있으면 판례에 따름)

① 근로자는 단체협약으로 정하거나 사용자의 동의가 있는 경우에는 사용자 또는 노동조합으로부터 급여를 지급받으면서 근로계약 소정의 근로를 제공하지 아니하고 노동조합의 업무에 종사할 수 있다.

② 노동조합의 하부단체인 분회나 지부가 독자적인 규약 및 집행기관을 가지고 독립된 조직체로서 활동을 하는 경우 당해 조직이나 그 조합원에 고유한 사항에 대하여는 독자적으로 단체교섭하고 단체협약을 체결할 수 있다.

③ 산하조직 중 근로조건의 결정권이 있는 독립된 사업 또는 사업장에 조직된 노동단체는 지부·분회 등 명칭이 무엇이든 상관없이 노동조합의 설립신고를 할 수 있다.

④ 근로시간면제자에 대한 근로시간 면제 한도를 정하기 위하여 근로시간면제심의위원회를 고용노동부에 둔다.

⑤ 연합단체인 노동조합을 설립하고자 하는 자는 노동조합의 명칭, 주된 사무소의 소재지, 조합원 수 등을 기재한 신고서에 규약을 첨부하여 고용노동부장관에게 제출하여야 한다.

06 노동조합 및 노동관계조정법령상 단체교섭 및 단체협약에 관한 설명으로 옳지 않은 것은?(다툼이 있으면 판례에 따름)

① 노동조합은 정당한 이유없이 교섭 또는 단체협약의 체결을 거부하거나 해태하여서는 아니 된다.

② 사용자로부터 교섭의 체결에 관한 권한을 위임받은 자는 그 사용자를 위하여 위임받은 범위 안에서 그 권한을 행사할 수 있다.

③ 교섭대표노동조합의 대표자는 단체협약 체결 여부에 대해 원칙적으로 소수노동조합이나 그 조합원의 의사에 기속된다고 볼 수 없다.

④ 노동조합은 해당 사업에 단체협약이 2개 이상 있는 경우에는 나중에 이르는 단체협약의 유효기간 만료일 이전 3개월이 되는 날부터 사용자에게 교섭을 요구할 수 있다.

⑤ 국가 및 지방자치단체는 다양한 교섭방식을 노동관계 당사자가 자율적으로 선택할 수 있도록 지원하고 이에 따른 단체교섭이 활성화될 수 있도록 노력하여야 한다.

07 노동조합 및 노동관계조정법령상 교섭창구 단일화 절차 등에 관한 설명으로 옳지 않은 것은?

① 하나의 사업장에서 조직형태에 관계없이 근로자가 설립하거나 가입한 노동조합이 2개 이상인 경우 노동조합은 교섭대표노동조합을 정하여 교섭을 요구하여야 한다.

② 교섭대표노동조합을 자율적으로 결정하는 기한 내에 사용자가 교섭창구 단일화 절차를 거치지 아니하기로 동의한 경우에는 사용자는 교섭을 요구한 모든 노동조합과 성실히 교섭하여야 한다.

③ 교섭대표노동조합을 자율적으로 결정하는 기한까지 교섭대표노동조합을 정하지 못하고 사용자의 동의를 얻지 못한 경우에는 교섭창구 단일화 절차에 참여한 노동조합의 종사 근로자가 아닌 조합원을 포함한 전체 조합원 과반수로 조직된 노동조합이 교섭대표노동조합이 된다.

④ 공동교섭대표단의 구성에 합의하지 못할 경우에 노동위원회는 해당 노동조합의 신청에 따라 조합원 비율을 고려하여 이를 결정할 수 있다.

⑤ 사용자에게 공동교섭대표단의 통지가 있은 이후에는 그 공동교섭대표단 결정 절차에 참여한 노동조합 중 일부 노동조합이 그 이후의 절차에 참여하지 않더라도 교섭대표노동조합의 지위는 유지된다.

08 노동조합 및 노동관계조정법령상 교섭단위 결정 등에 관한 설명으로 옳은 것은?

① 노동조합 또는 사용자는 사용자가 교섭요구 사실을 공고하기 전에는 노동위원회에 교섭단위를 분리하는 결정을 신청할 수 없다.

② 노동조합 또는 사용자는 분리된 교섭단위를 통합하여 교섭하려는 경우에는 노동위원회에 분리된 교섭단위를 통합하는 결정을 신청할 수 없다.

③ 노동위원회는 노동관계 당사자의 어느 한쪽이 신청한 경우에는 교섭단위를 분리하는 결정을 할 수 없다.

④ 노동위원회는 교섭단위를 분리하는 결정을 하고 해당 사업 또는 사업장의 모든 노동조합과 사용자에게 통지해야 한다.

⑤ 교섭단위 분리신청에 대한 노동위원회의 결정이 있기 전에 교섭 요구가 있는 때에는 교섭단위 분리 결정과 관계없이 교섭요구 사실의 공고 등 교섭창구단일화절차는 진행된다.

09 노동조합 및 노동관계조정법령상 단체협약에 관한 설명으로 옳지 않은 것은?

① 행정관청은 단체협약 중 위법한 내용이 있는 경우에는 노동위원회의 의결을 얻어 그 시정을 명할 수 있다.

② 하나의 사업장에 상시 사용되는 동종의 근로자 반수 이상이 하나의 단체협약의 적용을 받게 된 때에는 행정관청은 직권으로 다른 동종의 근로자에 대하여도 당해 단체협약을 적용한다는 결정을 하여야 한다.

③ 단체협약에 그 유효기간을 정하지 아니한 경우 그 유효기간은 3년으로 한다.

④ 단체협약의 신고는 당사자 쌍방이 연명으로 해야 한다.

⑤ 단체협약의 이행방법에 관하여 노동위원회가 제시한 이행방법에 관한 견해는 중재재정과 동일한 효력을 가진다.

10 노동조합 및 노동관계조정법령상 단체교섭 및 단체협약에 관한 설명이다. (   )에 들어갈 내용으로 옳은 것은?

□□□

> • 교섭창구 단일화 절차에 따라 결정된 교섭대표노동조합은 그 결정이 있은 후 사용자와 체결한 첫 번째 단체협약의 효력이 발생한 날을 기준으로 (ㄱ)년이 되는 날까지 그 교섭대표노동조합의 지위를 유지한다.
> • 단체협약에 그 유효기간이 경과한 후에도 새로운 단체협약이 체결되지 아니한 때에는 새로운 단체협약이 체결될 때까지 종전 단체협약의 효력을 존속시킨다는 취지의 별도의 약정이 있는 경우에는 그에 따르되, 당사자 일방은 해지하고자 하는 날의 (ㄴ)월 전까지 상대방에게 통고함으로써 종전의 단체협약을 해지할 수 있다.

① ㄱ : 2, ㄴ : 2   ② ㄱ : 2, ㄴ : 3
③ ㄱ : 2, ㄴ : 6   ④ ㄱ : 3, ㄴ : 3
⑤ ㄱ : 3, ㄴ : 6

11 노동조합 및 노동관계조정법상 단체협약에 관한 설명으로 옳지 않은 것은?(다툼이 있으면 판례에 따름)

□□□

① 노동조합은 신의에 따라 성실히 교섭하고 단체협약을 체결하여야 하며 그 권한을 남용하여서는 아니 된다.

② 단체협약에 정한 근로조건 기타 근로자의 대우에 관한 기준에 위반하는 취업규칙 또는 근로계약의 부분은 무효로 한다.

③ 단체협약의 당사자인 노동조합은 단체협약의 유효기간 중에 단체협약에서 정한 근로조건 등에 관한 내용의 변경이나 폐지를 요구하는 쟁의행위를 행하지 않을 평화의무를 지고 있다.

④ 사용자가 인사처분을 할 때 노동조합의 사전 동의나 승낙을 얻어 인사처분을 하도록 단체협약 등에 규정된 경우 그 절차를 거치지 아니한 인사처분은 원칙적으로 무효로 보아야 한다.

⑤ 노동조합은 근로조건의 향상을 목적으로 하므로 사용자와 사이에 근로조건을 불리하게 변경하는 내용의 단체협약을 체결할 수 없다.

12 노동조합 및 노동관계조정법상 노동위원회가 행하는 노동쟁의의 조정 등에 관한 설명으로 옳지 않은 것은?

① 노동위원회는 관계당사자의 일방이 노동쟁의의 조정을 신청한 때에는 지체 없이 조정을 개시하여야 한다.

② 조정은 조정의 신청이 있은 날부터 일반사업에 있어서는 10일, 공익사업에 있어서는 15일 이내에 종료하여야 한다.

③ 노동위원회는 조정신청 전에는 교섭을 주선하는 등 관계당사자의 자주적인 분쟁해결을 지원할 수 없다.

④ 노동위원회는 관계당사자 쌍방의 신청 또는 동의를 얻은 경우에는 조정위원회에 갈음하여 단독조정인에게 조정을 행하게 할 수 있다.

⑤ 조정서의 내용을 준수하지 아니한 자는 벌칙에 처한다.

13 노동조합 및 노동관계조정법상 노동위원회가 행하는 노동쟁의의 중재에 관한 설명으로 옳은 것은?

① 노동쟁의가 중재에 회부된 때에는 그날부터 20일간은 쟁의행위를 할 수 없다.

② 관계당사자의 일방이 단체협약에 의하여 중재를 신청한 때에도 노동위원회는 중재를 행한다.

③ 중재는 조정을 거치지 않으면 신청할 수 없다.

④ 관계당사자는 지방노동위원회의 중재재정이 월권에 의한 것이라고 인정하는 경우에는 중앙노동위원회에 재심을 신청할 수 없다.

⑤ 중재재정의 내용은 관계당사자의 동의를 받아야 단체협약과 동일한 효력을 가진다.

14 노동조합 및 노동관계조정법상 필수공익사업에 해당하는 것을 모두 고른 것은?

ㄱ. 공중위생사업　　　　　　　　ㄴ. 통신사업 ㄷ. 방송사업　　　　　　　　　　ㄹ. 한국은행사업 ㅁ. 조폐사업　　　　　　　　　　ㅂ. 병원사업

① ㄱ, ㄹ, ㅂ　　　　　　　　　② ㄴ, ㄷ, ㅁ
③ ㄴ, ㄹ, ㅂ　　　　　　　　　④ ㄷ, ㄹ, ㅁ
⑤ ㄷ, ㅁ, ㅂ

15 노동조합 및 노동관계조정법상 사용자의 직장폐쇄에 관한 설명으로 옳지 않은 것은?(다툼이 있으
□□□ 면 판례에 따름)

① 사용자의 직장폐쇄가 정당한 쟁의행위로 평가받는 경우에는 사업장 내의 노조사무실 등 정상
   적인 노조활동에 필요한 시설이라 하더라도 조합원의 출입은 허용되지 않는다.

② 직장폐쇄의 개시 자체는 정당하더라도 근로자가 쟁의행위를 중단하고 진정으로 업무에 복귀
   할 의사를 표시하였음에도 사용자가 직장폐쇄를 계속 유지하면서 공격적 직장폐쇄의 성격으
   로 변질된 경우에는 그 이후의 직장폐쇄는 정당성을 상실하게 된다.

③ 사용자의 직장폐쇄는 근로자 측의 쟁의행위에 대한 대항·방위 수단으로서 상당성이 인정되
   는 경우에 한하여 정당한 쟁의행위로 평가받을 수 있다.

④ 사용자의 직장폐쇄가 정당한 쟁의행위로 인정되지 아니하는 때에는 적법한 쟁의행위로서 사
   업장을 점거 중인 근로자들이 사용자로부터 퇴거 요구를 받고 이에 불응한 채 직장점거를 계속
   하더라도 퇴거불응죄가 성립하지 아니한다.

⑤ 사용자의 직장폐쇄가 정당한 쟁의행위로 평가받을 때 비로소 사용자는 직장폐쇄 기간 동안의
   대상 근로자에 대한 임금지불의무를 면한다.

16 노동조합 및 노동관계조정법령상 노동조합이 쟁의행위를 하고자 할 경우에 행정관청과 관할노동
□□□ 위원회에 신고하여야 할 사항이 아닌 것은?

① 쟁의행위의 목적   ② 쟁의행위의 일시

③ 쟁의행위의 장소   ④ 쟁의행위의 참가인원

⑤ 쟁의행위의 방법

17 노동조합 및 노동관계조정법상 쟁의행위에 관한 설명으로 옳은 것은?
□□□

① 근로자는 쟁의행위 기간 중에는 어떠한 경우라도 노동조합 및 노동관계조정법 위반을 이유로
   구속되지 아니한다.

② 노동조합의 쟁의행위는 직접·비밀·무기명투표에 의한 종사근로자인 조합원 과반수의 찬성
   으로 결정하지 아니하면 이를 행할 수 없다.

③ 노동조합은 쟁의행위의 본질상 사용자의 점유를 배제하여 조업을 방해하는 형태로 쟁의행위
   를 할 수 있다.

④ 노동조합은 쟁의행위 기간에 대한 임금의 지급을 요구하여 이를 관철할 목적으로 쟁의행위를
   할 수 있다.

⑤ 필수공익사업의 사용자는 쟁의행위 기간 중 그 쟁의행위로 중단된 업무의 수행을 위하여 당해
   사업과 관계없는 자를 채용 또는 대체할 수 없다.

18 노동조합 및 노동관계조정법상 쟁의행위에 관한 설명으로 옳지 않은 것은?(다툼이 있으면 판례에 따름)

① 근로자의 쟁의행위가 정당한 것으로 인정받기 위해서는 그 목적이 근로조건의 향상을 위한 노사 간의 자치적 교섭을 조성하는 데에 있어야 한다.

② 노동조합 및 노동관계조정법상 적법한 절차를 거친 후 이루어진 쟁의행위에 대하여 쟁의발생 신고절차의 미준수만을 이유로 그 정당성을 부정할 수는 없다.

③ 쟁의행위 수단으로서 피케팅은 파업에 가담하지 않고 조업을 계속하려는 자에 대하여 평화적 설득, 구두와 문서에 의한 언어적 설득의 범위 내에서 정당성이 인정되는 것이 원칙이다.

④ 쟁의행위가 조정전치의 규정에 따른 절차를 거치지 않았더라도 무조건 정당성을 결여한 쟁의 행위가 되는 것은 아니다.

⑤ 노동조합이 사용자가 수용할 수 없는 과다한 요구를 하였다면 그 쟁의행위의 목적의 정당성은 부정된다.

19 노동조합 및 노동관계조정법상 부당노동행위에 관한 설명으로 옳지 않은 것은?

① 근로시간 면제한도를 초과하여 사용자가 급여를 지급하더라도 부당노동행위가 성립하지 않는다.

② 사용자가 근로자의 후생자금을 위해 기금을 기부하는 경우에 부당노동행위가 성립하지 않는다.

③ 노동조합이 해당 사업장에 종사하는 근로자의 3분의 2 이상을 대표하고 있을 때에 근로자가 그 노동조합의 조합원이 될 것을 고용조건으로 하는 단체협약의 체결은 부당노동행위에 해당 하지 않는다.

④ 사용자가 최소한의 규모의 노동조합 사무소를 제공하는 경우 부당노동행위가 성립하지 않는다.

⑤ 사용자가 노동조합으로부터 위임을 받은 자와의 단체협약체결 기타의 단체교섭을 정당한 이유없이 거부하거나 해태하는 경우 부당노동행위가 성립할 수 있다.

20 노동조합 및 노동관계조정법 제81조(부당노동행위) 제1항 제4호 단서에 따른 "노동조합의 자주적인 운영 또는 활동을 침해할 위험" 여부를 판단할 때 고려하여야 하는 사항이 아닌 것은?

① 원조된 운영비의 관리방법 및 사용처
② 원조된 운영비가 노동조합의 총지출에서 차지하는 비율
③ 원조된 운영비 금액과 원조방법
④ 원조된 운영비 횟수와 기간
⑤ 운영비 원조의 목적과 경위

21 노동조합 및 노동관계조정법상 부당노동행위 구제에 관한 설명으로 옳은 것은?

① 사용자의 부당노동행위로 인하여 그 권리를 침해당한 근로자는 노동위원회에 그 구제를 신청할 수 없다.
② 노동위원회가 관계당사자의 심문을 할 때에는 관계당사자의 신청 없이는 증인을 출석하게 하여 필요한 사항을 질문할 수 없다.
③ 부당노동행위 구제의 신청은 계속하는 부당노동행위의 경우 그 종료일부터 3월 이내에 행하여야 한다.
④ 지방노동위원회의 기각결정에 불복이 있는 관계당사자는 그 결정이 있은 날부터 10일 이내에 중앙노동위원회에 그 재심을 신청할 수 있다.
⑤ 중앙노동위원회의 재심판정은 행정소송의 제기에 의하여 그 효력이 정지된다.

22 노동위원회법상 노동위원회에 관한 설명으로 옳지 않은 것은?

① 공익위원은 해당 노동위원회 위원장, 노동조합 및 사용자단체가 각각 추천한 사람 중에서 노동조합과 사용자단체가 순차적으로 배제하고 남은 사람을 위촉대상 공익위원으로 한다.
② 관계당사자 양쪽이 모두 단독심판을 신청하거나 단독심판으로 처리하는 것에 동의한 경우 단독심판으로 사건을 처리할 수 있다.
③ 노동위원회 위원의 임기는 3년으로 하되, 연임할 수 없다.
④ 중앙노동위원회의 처분에 대한 소송은 중앙노동위원회 위원장을 피고(被告)로 하여 제기하여야 한다.
⑤ 노동위원회법에 따라 작성된 화해조서는 민사소송법에 따른 재판상 화해의 효력을 갖는다.

23 공무원의 노동조합 설립 및 운영 등에 관한 법률에 관한 설명으로 옳지 않은 것은?

① 정부교섭대표는 다른 정부교섭대표와 공동으로 교섭할 수 있지만, 다른 정부교섭대표에게 교섭 및 단체협약 체결 권한을 위임할 수 없다.

② 전임자에 대하여는 그 기간 중 국가공무원법 제71조 또는 지방공무원법 제63조에 따라 휴직명령을 하여야 한다.

③ 정부교섭대표는 법령 등에 따라 스스로 관리하거나 결정할 수 있는 권한을 가진 사항에 대하여 노동조합이 교섭을 요구할 때에는 정당한 사유가 없으면 그 요구에 따라야 한다.

④ 단체교섭이 결렬된 경우 이를 조정·중재하기 위하여 중앙노동위원회에 공무원 노동관계 조정위원회를 둔다.

⑤ 정부교섭대표는 단체협약으로서의 효력을 가지지 아니하는 내용에 대하여는 그 내용이 이행될 수 있도록 성실하게 노력하여야 한다.

24 교원의 노동조합 설립 및 운영 등에 관한 법률에 관한 설명으로 옳은 것은?

① 초·중등교육법에 따른 교원은 개별학교 단위로 노동조합을 설립할 수 있다.

② 교원으로 임용되어 근무하였던 사람은 규약에 정함이 있더라도 노동조합에 가입할 수 없다.

③ 노동조합과 그 조합원은 파업, 태업 또는 그 밖에 업무의 정상적인 운영을 방해하는 쟁의행위를 할 수 있다.

④ 단체교섭을 하거나 단체협약을 체결하는 경우에 관계당사자는 국민여론과 학부모의 의견을 수렴하여 성실하게 교섭하고 단체협약을 체결하여야 한다.

⑤ 교원은 임용권자의 동의를 받아 노동조합의 업무에만 종사할 수 있으나, 노동조합으로부터 급여를 지급받을 수는 없다.

25 근로자참여 및 협력증진에 관한 법령상 노사협의회에 관한 설명으로 옳지 않은 것은?(다툼이 있으면 판례에 따름)

① 노사협의회는 근로조건에 대한 결정권이 있는 사업이나 사업장 단위로 설치하여야 한다.

② 하나의 사업에 종사하는 전체 근로자 수가 30명 이상이면 해당 근로자가 지역별로 분산되어 있더라도 그 주된 사무소에 노사협의회를 설치하여야 한다.

③ 근로자의 교육훈련 및 능력개발 기본계획의 수립에 대하여는 노사협의회의 의결을 거쳐야 한다.

④ 임금의 지불방법·체계·구조 등의 제도 개선은 노사협의회의 협의사항이다.

⑤ 근로조건 기타 노사관계에 관한 합의가 노사협의회의 협의를 거쳐서 단체협약의 실질적·형식적 요건을 갖추었다 하더라도 이는 단체협약이라고 볼 수 없다.

2021년 제30회 기출문제

✔ **2021.05.08. 시행**

✔ Time   분 | 정답 및 해설 183p

✔ 중요문제 / 틀린 문제 CHECK

✔ 각 문항별로 회독수 CHECK ☑☐☐

01	02	03	04	05	06	07	08	09	10	11	12	13	14	15	16	17	18	19	20	21	22	23	24	25

2024년

2023년

2022년

2021년

2020년

01 우리나라 노동법 등의 연혁에 관한 설명으로 옳은 것을 모두 고른 것은?

☐☐☐

> ㄱ. 우리나라는 1991년에 국제노동기구(ILO)에 가입하였다.
> ㄴ. 1980년에 제정된 노사협의회법에서 노사협의회를 처음으로 규정하였다.
> ㄷ. 2005년에 공무원의 노동조합 설립 및 운영 등에 관한 법률이 제정되었다.
> ㄹ. 1953년에 제정된 노동조합법에서는 사용자 및 노동조합의 부당노동행위 금지와 그 위반에
>   대한 처벌을 규정하였다.

① ㄱ, ㄴ
② ㄱ, ㄷ
③ ㄱ, ㄹ
④ ㄴ, ㄷ
⑤ ㄴ, ㄹ

02 노동조합 및 노동관계조정법령상 노동조합의 설립 등에 관한 설명으로 옳지 않은 것은?

☐☐☐

① 행정관청은 설립신고서에 규약이 첨부되어 있지 아니한 경우에는 설립신고서를 반려하여야
  한다.
② 노동조합이 신고증을 교부받은 경우에는 설립신고서가 접수된 때에 설립된 것으로 본다.
③ 노동조합은 설립신고된 사항 중 대표자의 성명에 변경이 있는 때에는 그날부터 30일 이내에
  행정관청에게 변경신고를 하여야 한다.
④ 2 이상의 시·군·구(자치구를 말한다)에 걸치는 단위노동조합을 설립하고자 하는 자는 설립
  신고서에 규약을 첨부하여 특별시장·광역시장·도지사에게 제출하여야 한다.
⑤ 행정관청은 설립신고서 또는 규약이 기재사항의 누락등으로 보완이 필요한 경우에는 대통령
  령이 정하는 바에 따라 20일 이내의 기간을 정하여 보완을 요구하여야 한다.

03 노동조합 및 노동관계조정법에 관한 설명으로 옳지 않은 것은?(다툼이 있으면 판례에 따름)

① 사용자라 함은 사업주, 사업의 경영담당자 또는 그 사업의 근로자에 관한 사항에 대하여 사업주를 위하여 행동하는 자를 말한다.

② 사용자단체라 함은 노동관계에 관하여 그 구성원인 사용자에 대하여 조정 또는 규제할 수 있는 권한을 가진 사용자의 단체를 말한다.

③ 노동조합 및 노동관계조정법상 근로자에 해당하는지는 근로조건을 보호할 필요성이 있는지의 관점에서 판단하여야 하므로, 동법상의 근로자는 근로기준법상 근로자에 한정된다.

④ 노동조합에 대하여는 그 사업체를 제외하고는 세법이 정하는 바에 따라 조세를 부과하지 아니한다.

⑤ 이 법에 의하여 설립된 노동조합이 아니면 노동위원회에 노동쟁의의 조정 및 부당노동행위의 구제를 신청할 수 없다.

04 노동조합 및 노동관계조정법상 노동조합의 운영 등에 관한 설명으로 옳지 않은 것은?

① 단체협약에 관한 사항은 총회의 의결을 거쳐야 한다.

② 대의원은 조합원의 직접·비밀·무기명투표에 의하여 선출되어야 한다.

③ 행정관청은 노동조합의 규약이 노동관계법령에 위반한 경우에는 직권으로 그 시정을 명할 수 있다.

④ 임원의 임기는 규약으로 정하되 3년을 초과할 수 없다.

⑤ 노동조합은 그 규약으로 조합비를 납부하지 아니하는 조합원의 권리를 제한할 수 있다.

05 노동조합 및 노동관계조정법상 노동조합의 규약에 기재하여야 하는 사항으로 명시되어 있지 않은 것은?

① 회의에 관한 사항

② 규약변경에 관한 사항

③ 소속된 연합단체가 있는 경우에는 그 명칭

④ 단체협약의 체결에 관한 권한의 위임에 관한 사항

⑤ 쟁의행위와 관련된 찬반투표결과의 공개, 투표자 명부 및 투표용지 등의 보존·열람에 관한 사항

06 노동조합 및 노동관계조정법상 단체교섭 등에 관한 설명으로 옳지 않은 것은?(다툼이 있으면 판례에 따름)

① 교섭대표노동조합을 결정하여야 하는 단위는 하나의 사업 또는 사업장으로 한다.

② 노동조합의 하부단체인 분회나 지부가 독자적인 규약 및 집행기관을 가지고 독립된 조직체로서 활동을 하더라도 당해 조직이나 그 조합원에 고유한 사항에 대하여 독자적으로 단체교섭하고 단체협약을 체결할 수는 없다.

③ 일반적으로 구성원인 근로자의 노동조건 기타 근로자의 대우 또는 당해 단체적 노사관계의 운영에 관한 사항으로 사용자가 처분할 수 있는 사항은 단체교섭의 대상인 단체교섭사항에 해당한다.

④ 기업의 구조조정 실시 여부는 경영주체에 의한 고도의 경영상 결단에 속하는 사항으로서 원칙적으로 단체교섭의 대상이 될 수 없다.

⑤ 노동조합이 조합원들의 의사를 반영하고 대표자의 단체교섭 및 단체협약 체결업무 수행에 대한 적절한 통제를 위하여 대표자의 단체협약체결권한의 행사를 절차적으로 제한하는 것은, 그것이 단체협약체결권한을 전면적·포괄적으로 제한하는 것이 아닌 이상 허용된다.

2024년
2023년
2022년
2021년
2020년

07 노동조합 및 노동관계조정법상 교섭대표노동조합 등에 관한 설명으로 옳지 않은 것은?(다툼이 있으면 판례에 따름)

① 교섭대표노동조합의 대표자는 교섭을 요구한 모든 노동조합 또는 조합원을 위하여 사용자와 교섭하고 단체협약을 체결할 권한을 가진다.

② 교섭대표노동조합결정절차에 참여한 모든 노동조합은 대통령령으로 정하는 기한 내에 자율적으로 교섭대표노동조합을 정한다.

③ 교섭창구단일화절차에서 교섭대표노동조합이 가지는 대표권은 법령에서 특별히 권한으로 규정하지 아니한 이상 단체교섭 및 단체협약 체결(보충교섭이나 보충협약 체결을 포함한다)과 체결된 단체협약의 구체적인 이행과정에만 미치는 것이고, 이와 무관하게 노사관계 전반에까지 당연히 미친다고 볼 수는 없다.

④ 공동교섭대표단에 참여할 수 있는 노동조합은 그 조합원 수가 교섭창구단일화절차에 참여한 노동조합의 전체 조합원 100분의 10 이상인 노동조합으로 한다.

⑤ 공동교섭대표단의 구성에 합의하지 못할 경우에 고용노동부장관은 해당 노동조합의 신청에 따라 조합원 비율을 고려하여 이를 결정할 수 있다.

08 노동조합 및 노동관계조정법령상 단체협약에 관한 설명으로 옳지 않은 것은?(다툼이 있으면 판례
□□□ 에 따름)

① 노동조합과 사용자 또는 사용자단체는 정당한 이유 없이 단체협약의 체결을 거부하거나 해태
하여서는 아니 된다.

② 이미 구체적으로 지급청구권이 발생한 임금은 노동조합이 근로자들로부터 개별적인 동의나
수권을 받지 않더라도, 단체협약만으로 이에 반환이나 포기 및 지급유예와 같은 처분행위를
할 수 있다.

③ 단체협약의 당사자는 단체협약의 체결일부터 15일 이내에 당사자 쌍방의 연명으로 단체협약
을 행정관청에게 신고하여야 한다.

④ 단체협약은 노동조합이 사용자 또는 사용자단체와 근로조건 기타 노사관계에서 발생하는 사
항에 관한 합의를 문서로 작성하여 당사자 쌍방이 서명날인함으로써 성립하는 것이고, 그 합의
가 반드시 정식의 단체교섭절차를 거쳐서 이루어져야만 하는 것은 아니다.

⑤ 단체협약이 실효되었다고 하더라도 임금 등 그 밖에 개별적인 노동조건에 관한 부분은 그 단체
협약의 적용을 받고 있던 근로자의 근로계약내용이 되어 그것을 변경하는 새로운 단체협약,
취업규칙이 체결·작성되거나 또는 개별적인 근로자의 동의를 얻지 아니하는 한 개별적인 근
로자의 근로계약내용으로서 효력을 갖는다.

09 노동조합 및 노동관계조정법상 공정대표의무에 관한 설명으로 옳지 않은 것은?(다툼이 있으면
□□□ 판례에 따름)

① 교섭대표노동조합은 교섭창구단일화절차에 참여한 노동조합 또는 그 조합원 간에 합리적 이
유 없이 차별을 하여서는 아니 된다.

② 교섭창구단일화절차에 참여한 노동조합은 교섭대표노동조합이 공정대표의무를 위반하여 차
별한 경우에는 그 행위가 있은 날(단체협약내용의 일부 또는 전부가 공정대표의무에 위반되는
경우에는 단체협약 체결일을 말한다)부터 3개월 이내에 대통령령으로 정하는 방법과 절차에
따라 노동위원회에 그 시정을 요청할 수 있다.

③ 노동위원회는 공정대표의무 위반의 시정신청에 대하여 합리적 이유 없이 차별하였다고 인정
한 때에는 그 시정에 필요한 명령을 하여야 한다.

④ 공정대표의무는 단체교섭의 과정이나 그 결과물인 단체협약의 내용에 한하여 인정되므로 단
체협약의 이행과정에서도 준수되어야 하는 것은 아니다.

⑤ 사용자의 공정대표의무 위반에 대한 벌칙규정은 없다.

10 노동조합 및 노동관계조정법상 단체협약에 관한 설명으로 옳지 않은 것은?(다툼이 있으면 판례에 따름)

① 단체협약에 자동연장협정규정이 있더라도 당초의 유효기간이 만료된 후 3월까지에 한하여 단체협약의 효력이 유효하다.

② 단체협약의 내용 중 임금·복리후생비, 퇴직금에 관한 사항을 위반한 자는 1천만원 이하의 벌금에 처한다.

③ 행정관청은 단체협약 중 위법한 내용이 있는 경우에는 노동위원회의 의결을 얻어 그 시정을 명할 수 있다.

④ 단체협약의 해석에 관하여 관계당사자 간에 의견의 불일치가 있는 때에는 당사자 쌍방 또는 단체협약에 정하는 바에 의하여 어느 일방이 노동위원회에 그 해석에 관한 견해의 제시를 요청할 수 있다.

⑤ 단체협약과 같은 처분문서를 해석함에 있어서는 그 명문의 규정을 근로자에게 불리하게 변형 해석할 수 없다.

11 노동조합 및 노동관계조정법상 직장폐쇄 등에 관한 설명으로 옳지 않은 것은?(다툼이 있으면 판례에 따름)

① 노동조합의 쟁의행위에 대한 방어적인 목적을 벗어나 적극적으로 노동조합의 조직력을 약화시키기 위한 목적 등을 갖는 공격적 직장폐쇄는 정당성이 인정될 수 없다.

② 적법하게 사업장을 점거 중인 근로자들이 사용자로부터 퇴거요구를 받고도 이에 불응한 채 직장점거를 계속하면 직장폐쇄의 정당성 여부와 관계없이 퇴거불응죄가 성립한다.

③ 사용자는 노동조합이 쟁의행위를 개시한 이후에만 직장폐쇄를 할 수 있다.

④ 직장폐쇄를 할 경우 사용자는 미리 행정관청 및 노동위원회에 각각 신고하여야 한다.

⑤ 직장폐쇄가 정당한 쟁의행위로 인정되는 경우 사용자는 직장폐쇄기간 동안의 대상근로자에 대한 임금지불의무를 면한다.

12 노동조합 및 노동관계조정법령상 쟁의행위에 관한 설명으로 옳지 않은 것은?

① 방위사업법에 의하여 지정된 주요방위산업체에 종사하는 근로자 중 방산물자의 완성에 필요한 개량업무에 종사하는 자는 쟁의행위를 할 수 없다.

② 근로자는 쟁의행위기간 중에는 현행범 외에는 노동조합 및 노동관계조정법 위반을 이유로 구속되지 아니한다.

③ 교섭대표노동조합이 결정된 경우에는 그 절차에 참여한 노동조합의 전체 조합원(해당 사업 또는 사업장 소속 조합원으로 한정한다)의 직접·비밀·무기명투표에 의한 과반수의 찬성으로 결정하지 아니하면 쟁의행위를 할 수 없다.

④ 필수공익사업의 사용자라 하더라도 쟁의행위기간 중에 그 쟁의행위로 중단된 업무를 도급 줄 수 없다.

⑤ 쟁의행위는 그 쟁의행위와 관계없는 자 또는 근로를 제공하고자 하는 자의 출입·조업 기타 정상적인 업무를 방해하는 방법으로 행하여져서는 아니 된다.

13 노동조합 및 노동관계조정법상 노동조합에 관한 설명으로 옳지 않은 것은?(다툼이 있으면 판례에 따름)

① 조직형태의 변경에 관한 사항은 총회에서 재적조합원 과반수의 출석과 출석조합원 3분의 2 이상의 찬성이 있어야 한다.

② 노동조합이 존속 중에 그 조합원의 범위를 변경하는 조직변경은 변경 전후의 조합의 실질적 동일성이 인정되는 범위 내에서 인정된다.

③ 산업별 노동조합의 지회는 산업별 노동조합의 활동을 위한 내부적인 조직에 그치더라도 총회의 결의를 통하여 그 소속을 변경하고 독립한 기업별 노동조합으로 전환할 수 있다.

④ 총회의 해산결의로 인하여 노동조합이 해산한 때에는 그 대표자는 해산한 날부터 15일 이내에 행정관청에게 이를 신고하여야 한다.

⑤ 노동조합의 임원이 없고 노동조합으로서의 활동을 1년 이상 하지 아니한 것으로 인정되는 경우로서 행정관청이 노동위원회의 의결을 얻은 경우에 노동조합은 해산한다.

14 노동조합 및 노동관계조정법령상 쟁의행위 등에 관한 설명으로 옳지 않은 것은?(다툼이 있으면 판례에 따름)

① 하나의 쟁의행위에서 추구되는 목적이 여러 가지이고 그중 일부가 정당하지 못한 경우에는 주된 목적 내지 진정한 목적의 당부에 의하여 그 쟁의목적의 당부를 판단하여야 한다.

② 산업별 노동조합의 경우에는 총파업이 아닌 이상 쟁의행위를 예정하고 있는 당해 지부나 분회 소속 조합원의 과반수의 찬성이 있으면 쟁의행위는 절차적으로 적법하다.

③ 조합원의 과반수의 찬성결정을 거치지 아니하고 쟁의행위에 나아간 경우 조합원의 민주적 의사결정이 실질적으로 확보되었다면 쟁의행위가 정당성을 상실하지 않는다.

④ 쟁의행위가 폭력이나 파괴행위의 형태로 행하여질 경우 사용자는 즉시 그 상황을 행정관청과 관할 노동위원회에 신고하여야 한다.

⑤ 사용자는 노동조합 및 노동관계조정법에 의한 쟁의행위로 인하여 손해를 입은 경우에 노동조합 또는 근로자에 대하여 그 배상을 청구할 수 없다.

15 다음 노동조합 및 노동관계조정법 조항의 규정을 위반한 자에 대해 동법에 벌칙규정이 없는 것은?

① 제37조 제2항(조합원은 노동조합에 의하여 주도되지 아니한 쟁의행위를 하여서는 아니 된다)

② 제38조 제2항(작업시설의 손상이나 원료·제품의 변질 또는 부패를 방지하기 위한 작업은 쟁의행위기간 중에도 정상적으로 수행되어야 한다)

③ 제38조 제3항(노동조합은 쟁의행위가 적법하게 수행될 수 있도록 지도·관리·통제할 책임이 있다)

④ 제42조의2 제2항(필수유지업무의 정당한 유지·운영을 정지·폐지 또는 방해하는 행위는 쟁의행위로서 이를 행할 수 없다)

⑤ 제44조 제2항(노동조합은 쟁의행위기간에 대한 임금의 지급을 요구하여 이를 관철할 목적으로 쟁의행위를 하여서는 아니 된다)

16 노동조합 및 노동관계조정법령상 필수유지업무 등에 관한 설명으로 옳지 않은 것은?

① 필수공익사업의 모든 업무는 필수유지업무에 해당한다.

② 필수유지업무협정에는 노동관계당사자 쌍방이 서명 또는 날인하여야 한다.

③ 노동위원회는 노동조합 및 노동관계조정법상의 규정에 따라 필수유지업무수준 등 결정을 하면 지체 없이 이를 서면으로 노동관계당사자에게 통보하여야 한다.

④ 노동관계당사자 쌍방 또는 일방은 필수유지업무협정이 체결되지 아니하는 때에는 노동위원회에 필수유지업무의 필요 최소한의 유지·운영수준, 대상직무 및 필요인원 등의 결정을 신청하여야 한다.

⑤ 노동위원회의 필수유지업무수준 등 결정에 따라 쟁의행위를 한 때에는 필수유지업무를 정당하게 유지·운영하면서 쟁의행위를 한 것으로 본다.

17 노동조합 및 노동관계조정법상 노동쟁의의 조정 등에 관한 설명이다. (   )에 들어갈 내용으로 옳은 것은?

□□□

> • 노동쟁의가 중재에 회부된 때에는 그날부터 (ㄱ)일간은 쟁의행위를 할 수 없다.
> • 관계당사자는 긴급조정의 결정이 공표된 때에는 즉시 쟁의행위를 중지하여야 하며, 공표일부터 (ㄴ)일이 경과하지 아니하면 쟁의행위를 재개할 수 없다.

① ㄱ : 10, ㄴ : 10   ② ㄱ : 10, ㄴ : 15
③ ㄱ : 15, ㄴ : 15   ④ ㄱ : 15, ㄴ : 30
⑤ ㄱ : 30, ㄴ : 30

18 노동조합 및 노동관계조정법상 노동쟁의의 조정 등에 관한 설명으로 옳지 않은 것은?

□□□

① 노동위원회는 관계당사자 쌍방의 신청이 있는 경우에는 조정위원회에 갈음하여 단독조정인에게 조정을 행하게 할 수 있다.

② 조정서의 내용은 단체협약과 동일한 효력을 가진다.

③ 노동위원회는 관계당사자의 일방이 단체협약에 의하여 중재를 신청한 때에는 중재를 행한다.

④ 중재재정은 서면으로 작성하여 이를 행하며 그 서면에는 효력발생기일을 명시하여야 한다.

⑤ 노동위원회의 중재재정은 중앙노동위원회에의 재심신청에 의하여 그 효력이 정지된다.

19 노동조합 및 노동관계조정법상 부당노동행위 구제에 관한 설명으로 옳지 않은 것은?

□□□

① 부당노동행위 구제의 신청은 부당노동행위가 있은 날(계속하는 행위는 그 종료일)부터 3월 이내에 이를 행하여야 한다.

② 노동위원회는 부당노동행위구제신청을 받은 때에는 지체 없이 필요한 조사와 관계당사자의 심문을 하여야 한다.

③ 사용자의 부당노동행위로 인하여 그 권리를 침해당한 노동조합은 노동위원회에 그 구제를 신청할 수 있다.

④ 노동위원회는 부당노동행위구제신청에 따른 심문을 할 때에는 직권으로 증인을 출석하게 하여 필요한 사항을 질문할 수 있다.

⑤ 지방노동위원회의 구제명령에 불복이 있는 관계당사자는 그 명령서의 송달을 받은 날부터 15일 이내에 중앙노동위원회에 그 재심을 신청할 수 있다.

20 노동조합 및 노동관계조정법상 공익사업 등의 조정에 관한 특칙의 내용으로 옳지 않은 것은?

① 의료사업은 공익사업에 해당한다.
② 방송사업은 필수공익사업에 해당한다.
③ 공익사업의 노동쟁의의 조정을 위하여 노동위원회에 특별조정위원회를 둔다.
④ 특별조정위원회는 특별조정위원 3인으로 구성한다.
⑤ 공익을 대표하는 위원인 특별조정위원이 1인인 경우에는 당해 위원이 특별조정위원회의 위원장이 된다.

21 노동조합 및 노동관계조정법상 부당노동행위에 관한 설명으로 옳지 않은 것은?(다툼이 있으면 판례에 따름)

① 노동조합을 조직하려고 하였다는 이유로 근로자에 대하여 한 부당노동행위에 대하여는 후에 설립된 노동조합은 독자적인 구제신청권을 가지지 않는다.
② 단체협약 등 노사 간 합의에 의한 경우라도 타당한 근거 없이 과다하게 책정된 급여를 근로시간면제자에게 지급하는 사용자의 행위는 부당노동행위가 될 수 있다.
③ 근로자가 노동조합의 업무를 위한 정당한 행위를 한 것을 이유로 그 근로자에게 불이익을 주는 사용자의 행위는 부당노동행위에 해당한다.
④ 특정 근로자가 파업에 참가하였거나 노조활동에 적극적이라는 이유로 해당 근로자에게 연장근로 등을 거부하는 것은 해당 근로자에게 경제적 내지 업무상의 불이익을 주는 행위로서 부당노동행위에 해당할 수 있다.
⑤ 부당노동행위에 대한 사실의 주장 및 증명책임은 부당노동행위임을 주장하는 측에 있다.

22 노동위원회법상 노동위원회에 관한 설명으로 옳은 것은?

① 노동위원회 상임위원은 심판사건을 담당할 수 있으나, 차별적 처우 시정사건을 담당할 수 없다.
② 지방노동위원회 공익위원은 중앙노동위원회 위원장의 제청으로 고용노동부장관이 위촉한다.
③ 노동위원회 처분의 효력은 판정·명령·결정 또는 재심판정을 한 날부터 발생한다.
④ 노동위원회의 사건처리에 관여한 위원이나 직원 또는 그 위원이었거나 직원이었던 변호사·공인노무사 등은 영리를 목적으로 그 사건에 관한 직무를 하면 아니 된다.
⑤ 차별시정위원회는 남녀고용평등과 일·가정 양립 지원에 관한 법률, 기간제 및 단시간근로자 보호 등에 관한 법률에 따른 차별적 처우의 시정과 관련된 사항을 처리한다.

23 근로자참여 및 협력증진에 관한 법률상 노사협의회에 관한 설명으로 옳지 않은 것은?

① 노사협의회는 근로자와 사용자를 대표하는 같은 수의 위원으로 구성하되, 각 3명 이상 10명 이하로 한다.

② 노사협의회는 3개월마다 정기적으로 회의를 개최하여야 한다.

③ 노사협의회 의장은 노사 일방의 대표자가 회의의 목적을 문서로 밝혀 회의의 소집을 요구하면 그 요구에 따라야 한다.

④ 노사협의회 회의는 근로자위원과 사용자위원 각 과반수의 출석으로 개최하고 출석위원 과반수의 찬성으로 의결한다.

⑤ 사용자는 각종 노사공동위원회의 설치에 해당하는 사항에 대하여는 노사협의회의 의결을 거쳐야 한다.

24 공무원의 노동조합 설립 및 운영 등에 관한 법률에 관한 설명으로 옳지 않은 것은?

① 노동조합과 그 조합원은 정치활동을 하여서는 아니 된다.

② 정부교섭대표는 효율적인 교섭을 위하여 필요한 경우 다른 정부교섭대표와 공동으로 교섭하거나, 다른 정부교섭대표에게 교섭 및 단체협약체결권한을 위임할 수 있다.

③ 노동조합은 단체교섭을 위하여 노동조합의 대표자와 조합원으로 교섭위원을 구성하여야 한다.

④ 국가와 지방자치단체는 공무원이 전임자임을 이유로 승급이나 그 밖에 신분과 관련하여 불리한 처우를 하여서는 아니 된다.

⑤ 단체교섭이 결렬된 경우에는 당사자 어느 한쪽 또는 양쪽은 중앙노동위원회에 조정을 신청할 수 있고, 조정은 신청을 받은 날부터 15일 이내에 마쳐야 한다.

25 교원의 노동조합 설립 및 운영에 관한 법률에 관한 설명으로 옳지 않은 것은?

① 교원의 노동조합을 설립하려는 사람은 교육부장관에게 설립신고서를 제출하여야 한다.

② 교원의 노동조합과 그 조합원은 업무의 정상적인 운영을 방해하는 어떠한 쟁의행위도 하여서는 아니 된다.

③ 교원의 노동쟁의를 조정·중재하기 위하여 중앙노동위원회에 교원 노동관계조정위원회를 둔다.

④ 교원은 임용권자의 동의를 받아 노동조합으로부터 급여를 지급받으면서 노동조합의 업무에만 종사할 수 있다.

⑤ 중앙노동위원회가 제시한 조정안을 당사자의 어느 한쪽이라도 거부한 경우 중앙노동위원회는 중재를 한다.

2020년 제29회 기출문제

2020.05.23. 시행

Time 분 | 정답 및 해설 201p

중요문제 / 틀린 문제 CHECK

각 문항별로 회독수 CHECK ☑☐☐

01	02	03	04	05	06	07	08	09	10	11	12	13	14	15	16	17	18	19	20	21	22	23	24	25

01 헌법상 노동3권에 관한 설명으로 옳지 않은 것은?(다툼이 있으면 판례에 따름)

① 근로자는 근로조건의 향상을 위하여 자주적인 단결권·단체교섭권 및 단체행동권을 가진다.

② 공무원인 근로자는 법률이 정하는 자에 한하여 단결권·단체교섭권 및 단체행동권을 가진다.

③ 단체교섭권은 사실행위로서의 단체교섭의 권한 외에 교섭한 결과에 따라 단체협약을 체결할 권한을 포함한다.

④ 법률이 정하는 주요방위산업체에 종사하는 근로자의 단체행동권은 법률이 정하는 바에 의하여 이를 제한할 수 있다.

⑤ 취업활동을 할 수 있는 체류자격을 받지 않은 외국인은 타인과의 사용종속관계하에서 근로를 제공하고 그 대가로 임금 등을 받아 생활하더라도 노동조합에 가입할 수 없다.

02 우리나라가 비준하지 않은 ILO협약을 모두 고른 것은?

> ㄱ. 강제근로의 폐지에 관한 협약(제105호)
> ㄴ. 공업 및 상업부문에서 근로감독에 관한 협약(제81호)
> ㄷ. 결사의 자유 및 단결권 보호에 관한 협약(제87호)
> ㄹ. 동일가치에 대한 남녀근로자의 동등보수에 관한 협약(제100호)
> ㅁ. 가혹한 형태의 아동노동 철폐에 관한 협약(제182호)

① ㄱ, ㄴ

② ㄱ, ㄹ

③ ㄴ, ㄷ

④ ㄱ

⑤ ㄷ, ㄹ, ㅁ

03 노동조합 및 노동관계조정법령상 설립신고증을 교부받은 노동조합이 아닌 근로자단체의 법적 지위에 관한 설명으로 옳지 않은 것은?

① 노동위원회에 노동쟁의의 조정(調停)을 신청할 수 없다.
② 노동조합이라는 명칭을 사용할 수 없다.
③ 단체교섭 거부를 이유로 노동위원회에 부당노동행위의 구제를 신청할 수 있다.
④ 노동위원회의 근로자위원을 추천할 수 없다.
⑤ 노동위원회에 노동쟁의의 중재를 신청할 수 없다.

04 노동조합 및 노동관계조정법 제9조(차별대우의 금지)의 규정이다. (　　)에 명시되어 있는 내용이 아닌 것은?

노동조합의 조합원은 어떠한 경우에도 (　　)에 의하여 차별대우를 받지 아니한다.

① 국 적 　　　　　　　　② 성 별
③ 연 령 　　　　　　　　④ 종 교
⑤ 고용형태

05 노동조합 및 노동관계조정법령상 교섭단위 결정에 관한 설명으로 옳은 것은?

① 노동위원회는 사용자의 신청을 받아 교섭단위를 분리하는 결정을 할 수 없다.
② 교섭대표노동조합을 결정하여야 하는 단위는 하나의 사업 또는 사업장으로 한다.
③ 사용자가 교섭요구사실을 공고한 경우에는 교섭대표노동조합이 결정된 날 이후부터 교섭단위 분리신청을 할 수 없다.
④ 노동위원회는 교섭단위분리신청을 받은 날부터 60일 이내에 교섭단위 분리에 관한 결정을 하여야 한다.
⑤ 교섭단위 분리에 관한 노동위원회의 결정에 대하여 중앙노동위원회에 재심을 신청하려는 자는 그 결정서를 송달받은 날로부터 15일 이내에 할 수 있다.

06 노동조합 및 노동관계조정법상 이해관계인의 신청이 있는 경우에 한하여 행정관청이 노동위원회
□□□ 의 의결을 얻어 시정을 명할 수 있는 경우는?

① 노동조합의 결의 또는 처분이 규약에 위반된다고 인정할 경우
② 노동조합의 결의 또는 처분이 노동관계법령에 위반된다고 인정할 경우
③ 노동조합의 규약이 노동관계법령에 위반한 경우
④ 노동조합의 결의 또는 처분이 단체협약에 위반된다고 인정할 경우
⑤ 노동조합의 규약이 취업규칙에 위반한 경우

07 노동조합 및 노동관계조정법상 근로시간면제심의위원회(이하 "위원회"라 한다)에 관한 설명으로
□□□ 옳지 않은 것은?

① 근로시간면제자에 대한 근로시간면제한도를 정하기 위하여 근로시간면제심의위원회를 경제
　사회노동위원회법에 따른 경제사회노동위원회에 둔다.
② 위원회는 근로시간면제한도를 심의·의결하고, 3년마다 그 적정성 여부를 재심의하여 의결할
　수 있다.
③ 위원회는 근로자를 대표하는 위원과 사용자를 대표하는 위원 및 공익을 대표하는 위원 각 5명
　씩 성별을 고려하여 구성한다.
④ 위원장은 공익을 대표하는 위원 중에서 고용노동부장관이 지명한다.
⑤ 위원회는 재적위원 과반수의 출석과 출석위원 과반수의 찬성으로 의결한다.

08 노동조합 및 노동관계조정법상 노동조합의 해산에 관한 설명으로 옳지 않은 것은?
□□□
① 규약에서 정한 해산사유가 발생한 경우에 노동조합은 해산한다.
② 노동조합이 합병으로 소멸한 경우에 노동조합은 해산한다.
③ 노동조합의 임원이 없고 노동조합으로서의 활동을 1년 이상 하지 아니한 경우에 노동조합은
　해산한다.
④ 노동조합 규약으로 총회에 갈음하는 대의원회를 둔 때에는 대의원회의 해산결의가 있는 경우
　에 노동조합은 해산한다.
⑤ 노동조합이 분할로 소멸한 경우에 노동조합은 해산한다.

09 노동조합 및 노동관계조정법령상 단체교섭에 관한 설명으로 옳지 않은 것은?

① 교섭대표노동조합의 대표자는 교섭을 요구한 모든 노동조합을 위하여 사용자와 교섭하고 단체협약을 체결할 권한을 가진다.

② 노동조합으로부터 단체교섭에 관한 권한을 위임받은 자는 자유롭게 권한을 행사할 수 있다.

③ 사용자는 단체교섭에 관한 권한을 위임한 때에는 그 사실을 노동조합에게 통보하여야 한다.

④ 노동조합은 해당 사업 또는 사업장에 단체협약이 2개 이상 있는 경우에는 먼저 이르는 단체협약의 유효기간 만료일 이전 3개월이 되는 날부터 사용자에게 교섭을 요구할 수 있다.

⑤ 교섭대표노동조합과 사용자가 교섭창구단일화절차에 참여한 노동조합과 그 조합원 간에 합리적 이유 없이 차별한 경우에는 노동조합은 그 행위가 있은 날부터 3개월 이내에 노동위원회에 그 시정을 요청할 수 있다.

10 상시근로자 100명을 고용하고 있는 A사업장에는 갑, 을, 병, 정 노동조합이 설립되어 있으며 각각 26명, 15명, 14명, 5명의 조합원이 가입되어 있다. 정 노동조합을 제외한 갑, 을, 병 3개의 노동조합이 교섭창구단일화절차에 참여하였다. 사용자가 교섭창구단일화절차를 거치지 아니하기로 별도로 동의하지 아니한 상황에서 자율적으로 결정하는 기한 내에 교섭대표노동조합을 결정하지 못한 경우 교섭대표노동조합이 될 수 없는 것은?

① 갑, 을, 병의 연합   ② 갑, 병의 연합
③ 을의 위임을 받은 갑   ④ 병의 위임을 받은 을
⑤ 정의 위임을 받은 갑

11 노동조합 및 노동관계조정법상 단체협약에 관한 설명으로 옳지 않은 것은?

① 단체협약은 서면으로 작성하여 당사자 쌍방이 서명 또는 날인하여야 한다.

② 단체협약의 당사자는 단체협약의 체결일부터 15일 이내에 이를 행정관청에게 신고하여야 한다.

③ 행정관청은 단체협약 중 위법·부당한 내용이 있는 경우에는 노동위원회의 의결을 얻어 그 시정을 명하여야 한다.

④ 단체협약에 정한 근로조건 기타 근로자의 대우에 관한 기준에 위반하는 취업규칙 또는 근로계약의 부분은 무효로 한다.

⑤ 근로계약에 규정되지 아니한 사항은 단체협약에 정한 기준에 의한다.

12 노동조합 및 노동관계조정법상 쟁의행위에 관한 설명으로 옳지 않은 것은?(다툼이 있으면 판례에 따름)

① 쟁의행위 자체의 정당성과 이를 구성하거나 부수되는 개개의 행위의 정당성은 구별되어야 하므로 일부 소수의 근로자가 폭력행위 등의 위법행위를 하였다고 하더라도 전체로서의 쟁의행위가 위법하게 되는 것은 아니다.

② 노동위원회는 사업장의 안전보호시설에 대하여 정상적인 유지·운영을 정지·폐지 또는 방해하는 쟁의행위에 해당한다고 인정하는 경우 직권으로 그 행위를 중지할 것을 통보하여야 한다.

③ 노동조합은 쟁의행위가 적법하게 수행될 수 있도록 지도·관리·통제할 책임이 있다.

④ 근로자는 쟁의행위기간 중에는 현행범 외에는 노동조합 및 노동관계조정법 위반을 이유로 구속되지 아니한다.

⑤ 쟁의행위는 그 쟁의행위와 관계없는 자 또는 근로를 제공하고자 하는 자의 출입·조업 기타 정상적인 업무를 방해하는 방법으로 행하여져서는 아니 되며 쟁의행위의 참가를 호소하거나 설득하는 행위로서 폭행·협박을 사용하여서는 아니 된다.

2024년

2023년

2022년

2021년

2020년

13 노동조합 및 노동관계조정법상 필수유지업무에 관한 설명으로 옳지 않은 것은?(다툼이 있으면 판례에 따름)

① 필수유지업무란 필수공익사업의 업무 중 그 업무가 정지되거나 폐지되는 경우 공중의 생명·건강 또는 신체의 안전이나 공중의 일상생활을 현저히 위태롭게 하는 업무로서 대통령령이 정하는 업무를 말한다.

② 노동관계당사자는 필수유지업무의 필요 최소한의 유지·운영수준, 대상직무 및 필요인원 등을 정한 협정을 서면으로 체결하여야 한다.

③ 필수유지업무협정에는 노동관계당사자 쌍방이 서명 또는 날인하여야 한다.

④ 노동관계당사자 쌍방 또는 일방은 필수유지업무협정이 체결되지 아니하는 때에는 노동위원회에 필수유지업무의 필요 최소한의 유지·운영수준, 대상직무 및 필요인원 등의 결정을 신청하여야 한다.

⑤ 필수유지업무가 공중의 생명·건강 또는 신체의 안전이나 공중의 일상생활을 현저히 위태롭게 하는 업무라 하더라도 다른 업무영역의 근로자보다 쟁의권 행사에 더 많은 제한을 가하는 것은 평등원칙에 위반된다.

14 노동조합 및 노동관계조정법령상 사용자의 채용제한에 관한 내용으로 옳지 않은 것은?

□□□

① 사용자는 쟁의행위기간 중 그 쟁의행위로 중단된 업무를 도급 또는 하도급 줄 수 없다.

② 필수공익사업의 사용자는 쟁의행위기간 중에 한하여 당해 사업과 관계없는 자를 채용 또는 대체할 수 있다.

③ 필수공익사업의 경우 사용자는 당해 사업 또는 사업장 파업참가자의 100분의 50을 초과하지 않는 범위 안에서 도급 또는 하도급 줄 수 있다.

④ 필수공익사업의 사업 또는 사업장 파업참가자수는 근로의무가 있는 근로시간 중 파업 참가를 이유로 근로의 일부 또는 전부를 제공하지 아니한 자의 수를 7일 단위로 산정한다.

⑤ 사용자는 쟁의행위기간 중 그 쟁의행위로 중단된 업무의 수행을 위하여 당해 사업과 관계없는 자를 채용 또는 대체할 수 없다.

15 노동조합 및 노동관계조정법상 쟁의행위에 관한 설명으로 옳지 않은 것은?(다툼이 있으면 판례에

□□□ 따름)

① 직장폐쇄는 사용자의 쟁의행위로서 노동조합이 쟁의행위를 개시하기 전에도 직장폐쇄를 할 수 있다.

② 노동조합은 쟁의행위기간에 대한 임금의 지급을 요구하여 이를 관철할 목적으로 쟁의행위를 하여서는 아니 된다.

③ 근로자가 쟁의행위를 중단하고 진정으로 업무에 복귀할 의사를 표시하였음에도 사용자가 직장폐쇄를 계속 유지하면서 근로자의 쟁의행위에 대한 방어적인 목적에서 벗어나 공격적 직장폐쇄의 성격으로 변질된 경우에는 그 이후의 직장폐쇄는 정당성을 상실한다.

④ 사용자는 쟁의행위에 참가하여 근로를 제공하지 아니한 근로자에 대하여는 그 기간 중의 임금을 지급할 의무가 없다.

⑤ 쟁의행위는 그 조합원의 직접·비밀·무기명투표에 의한 조합원 과반수의 찬성으로 결정하지 아니하면 이를 행할 수 없다.

16 노동조합 및 노동관계조정법상 노동쟁의의 조정(調停)에 관한 설명으로 옳지 않은 것은?

① 노동위원회는 관계당사자의 일방이 노동쟁의 조정을 신청한 때에는 지체 없이 조정을 개시하여야 하며 관계당사자 쌍방은 이에 성실히 임하여야 한다.

② 조정은 그 신청이 있은 날부터 일반사업에 있어서는 10일 이내에, 공익사업에 있어서는 15일 이내에 종료하여야 한다.

③ 근로자를 대표하는 조정위원은 사용자가 추천하는 당해 노동위원회의 위원 중에서 그 노동위원회의 위원장이 지명하여야 한다.

④ 노동위원회는 관계당사자 쌍방의 신청이 있거나 관계당사자 쌍방의 동의를 얻은 경우에는 조정위원회에 갈음하여 단독조정인에게 조정을 행하게 할 수 있다.

⑤ 조정위원회의 조정안의 해석 또는 이행방법에 관한 견해가 제시되기 전이라도 관계당사자는 당해 조정안의 해석 또는 이행에 관하여 쟁의행위를 할 수 있다.

17 노동조합 및 노동관계조정법상 노동쟁의의 중재에 관한 설명으로 옳은 것은?

① 노동쟁의의 조정(調整)에서 사적 중재는 허용되지 않는다.

② 중재재정은 서면으로 작성하여 이를 행하며 그 서면에는 효력발생기일을 명시하여야 한다.

③ 중재위원회 위원장은 중재위원 중에서 당해 노동위원회 위원장이 지명한다.

④ 노동쟁의가 중재에 회부된 때에는 그날부터 30일간은 쟁의행위를 할 수 없다.

⑤ 노동위원회의 중재재정은 중앙노동위원회에의 재심신청 또는 행정소송의 제기에 의하여 그 효력이 정지된다.

18 노동조합 및 노동관계조정법상 긴급조정에 관한 설명으로 옳지 않은 것은?

① 고용노동부장관은 쟁의행위가 공익사업에 관한 것이거나 그 규모가 크거나 그 성질이 특별한 것으로서 현저히 국민경제를 해하거나 국민의 일상생활을 위태롭게 할 위험이 현존하는 때에는 긴급조정의 결정을 할 수 있다.

② 고용노동부장관은 긴급조정을 결정한 때에는 지체 없이 그 이유를 붙여 이를 공표함과 동시에 중앙노동위원회와 관계당사자에게 각각 통고하여야 한다.

③ 관계당사자는 긴급조정의 결정이 공표된 때에는 즉시 쟁의행위를 중지하여야 하며, 공표일부터 30일이 경과하지 아니하면 쟁의행위를 재개할 수 없다.

④ 중앙노동위원회의 위원장은 긴급조정이 성립될 가망이 없다고 인정한 경우에는 관계당사자의 의견을 들어 그 사건을 중재에 회부할 것인가의 여부를 결정하여야 한다.

⑤ 중앙노동위원회의 위원장이 중재회부의 결정을 한 때에는 중앙노동위원회는 지체 없이 중재를 행하여야 한다.

19 노동조합 및 노동관계조정법상 부당노동행위에 관한 설명으로 옳지 않은 것은?(다툼이 있으면
□□□ 판례에 따름)

① 사용자가 근로자를 해고함에 있어서 표면적으로 내세우는 해고사유와는 달리 실질적으로 근
로자의 정당한 조합활동을 이유로 해고한 것으로 인정되는 경우에는 그 해고는 부당노동행위
라고 보아야 한다.

② 근로자에 대한 인사고과가 상여금의 지급기준이 되는 사업장에서 사용자가 특정 노동조합의
조합원이라는 이유로 다른 노동조합의 조합원 또는 비조합원보다 불리하게 인사고과를 하여
상여금을 적게 지급하는 불이익을 주었다면 그러한 사용자의 행위도 부당노동행위에 해당할
수 있다.

③ 지배·개입으로서의 부당노동행위가 성립하기 위해서는 근로자의 단결권의 침해라는 결과의
발생을 요한다.

④ 노동조합의 자주성을 저해하거나 저해할 위험이 현저하지 않은 운영비 원조행위를 부당노동
행위로 규제하는 것은 헌법에 합치되지 아니한다.

⑤ 단체협약 등 노사 간 합의에 의한 경우라도 타당한 근거 없이 과다하게 책정된 급여를 근로시
간면제자에게 지급하는 사용자의 행위는 부당노동행위가 될 수 있다.

20 노동조합 및 노동관계조정법상 필수공익사업에 해당하는 것을 모두 고른 것은?
□□□

ㄱ. 도시철도사업
ㄴ. 공중위생사업
ㄷ. 혈액공급사업
ㄹ. 방송사업
ㅁ. 은행사업
ㅂ. 석유공급사업

① ㄱ, ㄴ, ㄷ   ② ㄱ, ㄷ, ㅂ
③ ㄱ, ㅁ, ㅂ   ④ ㄴ, ㄷ, ㄹ
⑤ ㄷ, ㅁ, ㅂ

21 **노동조합 및 노동관계조정법상 부당노동행위 구제에 관한 설명으로 옳지 않은 것은?**

① 지방노동위원회의 구제명령 또는 기각결정에 불복이 있는 관계당사자는 그 명령서 또는 결정서의 송달을 받은 날부터 10일 이내에 중앙노동위원회에 그 재심을 신청할 수 있다.

② 중앙노동위원회의 재심판정에 대하여 관계당사자는 그 재심판정서의 송달을 받은 날부터 15일 이내에 행정소송법이 정하는 바에 의하여 소를 제기할 수 있다.

③ 노동위원회의 판정·명령 및 결정은 서면으로 하되, 이를 당해 사용자와 신청인에게 각각 교부하여야 한다.

④ 사용자가 행정소송을 제기한 경우 관할 법원은 노동조합의 신청에 의하여 결정으로써, 판결이 확정될 때까지 중앙노동위원회의 구제명령의 전부 또는 일부를 이행하도록 명할 수 있다.

⑤ 노동위원회의 구제명령·기각결정 또는 재심판정은 중앙노동위원회에의 재심신청이나 행정소송의 제기에 의하여 효력이 정지되지 아니한다.

2024년 2023년 2022년 2021년 2020년

22 **교원의 노동조합 설립 및 운영 등에 관한 법률의 내용으로 옳지 않은 것은?**

① 노동조합을 설립하려는 사람은 고용노동부장관에게 설립신고서를 제출하여야 한다.

② 노동조합의 대표자는 그 노동조합 또는 조합원의 임금, 근무조건, 후생복지 등 경제적·사회적 지위 향상에 관하여 교육부장관등과 교섭하고 단체협약을 체결할 권한을 가진다.

③ 노동조합의 대표자가 사립학교 설립·경영자와 교섭하고 단체협약을 체결할 경우 사립학교 설립·경영자가 개별적으로 교섭에 응하여야 한다.

④ 노동조합의 교섭위원은 해당 노동조합의 대표자와 그 조합원으로 구성하여야 한다.

⑤ 단체교섭을 하거나 단체협약을 체결하는 경우에 관계당사자는 국민여론과 학부모의 의견을 수렴하여 성실하게 교섭하고 단체협약을 체결하여야 한다.

23 공무원의 노동조합 설립 및 운영 등에 관한 법률의 내용으로 옳지 않은 것은?

① 노동조합과 그 조합원은 정치활동을 하여서는 아니 되며, 파업, 태업 또는 그 밖에 업무의 정상적인 운영을 방해하는 어떠한 행위도 하여서는 아니 된다.

② 교정·수사 등 공공의 안녕과 국가안전보장에 관한 업무에 종사하는 공무원은 노동조합에 가입할 수 없다.

③ 국가와 지방자치단체는 공무원이 전임자임을 이유로 승급이나 그 밖에 신분과 관련하여 불리한 처우를 하여서는 아니 된다.

④ 공무원은 정부교섭대표가 동의하는 경우 근무시간 면제 한도를 초과하지 아니하는 범위에서 보수의 손실 없이 공무원의 노동조합 설립 및 운영 등에 관한 법률 또는 다른 법률에서 정하는 업무와 건전한 노사관계 발전을 위한 노동조합의 유지·관리업무를 하여야 한다.

⑤ 단체협약의 내용 중 법령·조례 또는 예산에 의하여 규정되는 내용과 법령 또는 조례에 의하여 위임을 받아 규정되는 내용은 단체협약으로서의 효력을 가지지 아니한다.

24 근로자참여 및 협력증진에 관한 법률상 노사협의회에 관한 설명으로 옳지 않은 것은?

① 노사협의회는 근로조건에 대한 결정권이 있는 사업이나 사업장 단위로 설치하여야 한다. 다만, 상시(常時) 30명 미만의 근로자를 사용하는 사업이나 사업장은 그러하지 아니하다.

② 노사협의회는 근로자와 사용자를 대표하는 같은 수의 위원으로 구성하되, 각 3명 이상 10명 이하로 한다.

③ 노사협의회에 의장을 두며, 의장은 위원 중에서 사용자가 지명한다. 이 경우 근로자위원과 사용자위원 중 각 1명을 공동의장으로 할 수 있다.

④ 사용자는 노사협의회 위원으로서의 직무 수행과 관련하여 근로자위원에게 불이익을 주는 처분을 하여서는 아니 된다.

⑤ 노사협의회 위원은 비상임·무보수로 하며, 위원의 협의회 출석시간과 이와 직접 관련된 시간으로서 노사협의회규정으로 정한 시간은 근로한 시간으로 본다.

25 노동위원회법상 노동위원회에 관한 설명으로 옳지 않은 것은?

① 노동위원회는 중앙노동위원회, 지방노동위원회 및 특별노동위원회로 구분한다.

② 중앙노동위원회와 지방노동위원회는 고용노동부장관 소속으로 둔다.

③ 노동위원회는 그 권한에 속하는 업무를 독립적으로 수행한다.

④ 중앙노동위원회는 지방노동위원회 및 특별노동위원회의 처분에 대한 재심사건을 관장한다.

⑤ 고용노동부장관은 중앙노동위원회 및 지방노동위원회의 예산·인사·교육훈련, 그 밖의 행정사무를 총괄하며, 소속 공무원을 지휘·감독한다.

PART 03

민법

---

01 2024년 제33회 기출문제

02 2023년 제32회 기출문제

03 2022년 제31회 기출문제

04 2021년 제30회 기출문제

05 2020년 제29회 기출문제

2024년 제33회 기출문제

2024.05.25. 시행

Time　　분　|　정답 및 해설 218p

중요문제 / 틀린 문제 CHECK

각 문항별로 회독수 CHECK ☑☐☐

01	02	03	04	05	06	07	08	09	10	11	12	13	14	15	16	17	18	19	20
21	22	23	24	25	26	27	28	29	30	31	32	33	34	35	36	37	38	39	40

01
☐☐☐
민법상 법인의 정관에 관한 설명으로 옳지 않은 것은?(다툼이 있으면 판례에 따름)

① 이사의 대표권에 대한 제한은 이를 정관에 기재하지 아니하면 그 효력이 없다.

② 정관의 변경사항을 등기해야 하는 경우, 이를 등기하지 않으면 제3자에게 대항할 수 없다.

③ 재단법인의 재산보전을 위하여 적당한 때에는 명칭이나 사무소 소재지를 변경할 수 있다.

④ 정관의 변경을 초래하는 재단법인의 기본재산 변경은 기존의 기본재산을 처분하는 행위를 포함하지만, 새로이 기본재산으로 편입하는 행위를 포함하지 않는다.

⑤ 정관에서 대표이사의 해임사유를 정한 경우, 대표이사의 중대한 의무위반 등 특별한 사정이 없는 한 법인은 정관에서 정하지 아니한 사유로 대표이사를 해임할 수 없다.

02
☐☐☐
주물과 종물에 관한 설명으로 옳은 것은?(다툼이 있으면 판례에 따름)

① 부동산은 종물이 될 수 없다.

② 종물은 주물의 구성부분이 아닌 독립한 물건이어야 한다.

③ 종물을 주물의 처분에서 제외하는 당사자의 특약은 무효이다.

④ 주물의 효용과 직접 관계가 없는 물건도 주물의 소유자나 이용자의 상용에 공여되는 물건이면 종물이 된다.

⑤ 물건과 물건 상호 간의 관계에 관한 주물과 종물의 법리는 권리와 권리 상호 간의 관계에는 유추적용될 수 없다.

03 권리능력 없는 사단 A와 그 대표자 甲에 관한 설명으로 옳지 않은 것은?(다툼이 있으면 판례에 □□□ 따름)

① 甲이 외형상 직무에 관한 행위로 乙에게 손해를 가한 경우, 甲의 행위가 직무행위에 포함되지 아니함을 乙이 중대한 과실로 알지 못하였더라도 A는 乙에게 손해배상책임을 진다.

② 甲의 대표권에 관하여 정관에 제한이 있는 경우, 그러한 제한을 위반한 甲의 대표행위에 대하여 상대방 乙이 대표권 제한 사실을 알았다면 甲의 대표행위는 A에게 효력이 없다.

③ 甲이 丙을 대리인으로 선임하여 A와 관련된 제반 업무처리를 포괄적으로 위임한 경우, 丙이 행한 대행행위는 A에 대하여 효력이 미치지 않는다.

④ 甲이 자격을 상실하여 법원이 임시이사 丁을 선임한 경우, 丁은 원칙적으로 정식이사와 동일한 권한을 가진다.

⑤ A의 사원총회 결의는 법률 또는 정관에 다른 규정이 없으면 사원 과반수의 출석과 출석사원 의결권의 과반수로써 한다.

04 민법상 조건과 기한에 관한 설명으로 옳은 것은?(다툼이 있으면 판례에 따름) □□□

① 대여금채무의 이행지체에 따른 확정된 지연손해금채무는 그 이행청구를 받은 때부터 지체책임이 발생한다.

② 지명채권의 양도에 대한 채무자의 승낙은 채권양도 사실을 승인하는 의사를 표명하는 행위로 조건을 붙여서 할 수 없다.

③ 부당이득반환채권과 같이 이행기의 정함이 없는 채권이 자동채권으로 상계될 때 상계적상에서 의미하는 변제기는 상계의 의사표시를 한 시점에 도래한다.

④ 조건을 붙이고자 하는 의사는 법률행위의 내용으로 외부에 표시되어야 하므로 묵시적 의사표시나 묵시적 약정으로 할 수 없다.

⑤ 당사자가 금전소비대차계약에 붙인 기한이익 상실특약은 특별한 사정이 없는 한 정지조건부 기한이익 상실특약으로 추정한다.

05 제척기간과 소멸시효에 관한 설명으로 옳지 않은 것은?(다툼이 있으면 판례에 따름)

□□□

① 제척기간이 완성된 채권이 그 완성 전에 상계할 수 있었던 것이면 채권자는 이를 자동채권으로 하여 상대방의 채권과 상계할 수 있다.

② 제척기간이 도과하였는지 여부는 법원이 직권으로 조사하여 고려할 수 없고, 당사자의 주장에 따라야 한다.

③ 보증채무의 부종성을 부정하여야 할 특별한 사정이 있는 경우, 보증인은 주채무의 시효소멸을 이유로 보증채무의 시효소멸을 주장할 수 없다.

④ 부작위를 목적으로 하는 채권의 소멸시효는 위반행위를 한 때로부터 진행한다.

⑤ 도급받은 자의 공사에 관한 채권은 3년간 행사하지 아니하면 소멸시효가 완성한다.

06 제한능력자에 관한 설명으로 옳은 것은?

□□□

① 미성년자가 친권자의 동의를 얻어 법률행위를 한 후에도 친권자는 그 동의를 취소할 수 있다.

② 법정대리인이 미성년자에게 특정한 영업을 허락한 경우, 그 영업 관련 행위에 대한 법정대리인의 대리권은 소멸한다.

③ 상대방이 계약 당시에 제한능력자와 계약을 체결하였음을 알았더라도 제한능력자 측의 추인이 있을 때까지 자신의 의사표시를 철회할 수 있다.

④ 피성년후견인이 속임수로써 상대방으로 하여금 성년후견인의 동의가 있는 것으로 믿게 하여 체결한 토지매매계약은 특별한 사정이 없는 한 제한능력을 이유로 취소할 수 없다.

⑤ 법정대리인이 제한능력을 이유로 법률행위를 취소한 경우, 제한능력자의 부당이득 반환범위는 법정대리인의 선의 또는 악의에 따라 달라진다.

07 甲은 乙에 대하여 2023.10.17.을 변제기로 하는 대여금채권을 갖고 있다. 이에 관한 설명으로
□□□ 옳은 것을 모두 고른 것은?(다툼이 있으면 판례에 따름)

> ㄱ. 甲이 乙을 상대로 2023.12.20. 대여금의 지급을 구하는 소를 제기하였으나 그 소가 취하된
>   경우, 甲의 재판상 청구는 재판 외의 최고의 효력을 갖는다.
> ㄴ. 甲이 乙에 대한 대여금채권을 丙에게 양도한 경우, 채권양도의 대항요건을 갖추지 못한 상태
>   에서 2023.12.20. 丙이 乙을 상대로 양수금의 지급을 구하는 소를 제기하였다면 양수금채권의
>   소멸시효가 중단되지 않는다.
> ㄷ. 甲이 乙을 상대로 2023.12.20. 대여금의 지급을 구하는 소를 제기하여 2024.4.20. 판결이
>   확정된 경우, 甲의 乙에 대한 대여금채권의 소멸시효는 2023.10.17.부터 다시 진행한다.

① ㄱ
② ㄴ
③ ㄱ, ㄷ
④ ㄴ, ㄷ
⑤ ㄱ, ㄴ, ㄷ

08 착오로 인한 의사표시에 관한 설명으로 옳은 것은?(다툼이 있으면 판례에 따름)
□□□
① 착오로 인한 불이익이 법령의 개정 등 사정의 변경으로 소멸하였다면 그 착오를 이유로 한
   취소권의 행사는 신의칙에 의해 제한될 수 있다.
② 과실로 착오에 빠져 의사표시를 한 후 착오를 이유로 이를 취소한 자는 상대방에게 신뢰이익을
   배상하여야 한다.
③ 착오를 이유로 의사표시를 취소하려는 자는 자신의 착오가 중과실로 인한 것이 아님을 증명하
   여야 한다.
④ 법률에 관해 경과실로 착오를 한 경우, 표의자는 그것이 법률행위의 중요부분에 관한 것이더라
   도 그 착오를 이유로 취소할 수 없다.
⑤ 전문가의 진품감정서를 믿고 이를 첨부하여 서화 매매계약을 체결한 후에 그 서화가 위작임이
   밝혀진 경우, 매수인은 하자담보책임을 묻는 외에 착오를 이유로 하여 매매계약을 취소할 수
   없다.

09 통정허위표시에 관한 설명으로 옳지 않은 것은?(다툼이 있으면 판례에 따름)

① 표의자가 진의 아닌 표시를 하는 것에 관하여 상대방과 사이에 합의가 있어야 한다.
② 통정허위표시로 행해진 부동산 매매계약이 사해행위로 인정되는 경우, 채권자취소권의 대상이 될 수 있다.
③ 민법 제108조 제2항의 선의의 제3자에 대해서는 그 누구도 통정허위표시의 무효로써 대항할 수 없다.
④ 악의의 제3자로부터 전득한 선의의 제3자는 민법 제108조 제2항의 선의의 제3자에 포함되지 않는다.
⑤ 甲과 乙 사이에 행해진 X토지에 관한 가장매매예약이 철회되었으나 아직 가등기가 남아 있음을 기화로 乙이 허위의 서류로써 이에 기한 본등기를 한 후 X를 선의의 丙에게 매도하고 이전등기를 해주었다면 丙은 X의 소유권을 취득하지 못한다.

10 사기·강박에 의한 의사표시에 관한 설명으로 옳지 않은 것은?(다툼이 있으면 판례에 따름)

① 항거할 수 없는 절대적 폭력에 의해 의사결정을 스스로 할 수 있는 여지를 완전히 박탈당한 상태에서 행해진 의사표시는 무효이다.
② 사기로 인한 의사표시의 취소는 기망행위의 위법성을 요건으로 한다.
③ 강박으로 인한 의사표시의 취소는 강박의 고의를 요건으로 한다.
④ 계약당사자 일방의 대리인이 계약을 하면서 상대방을 기망한 경우, 본인이 그 사실을 몰랐거나 알 수 없었다면 계약의 상대방은 그 기망을 이유로 의사표시를 취소할 수 없다.
⑤ 근로자가 허위의 이력서를 제출하여 근로계약이 체결되어 실제로 노무제공이 행해졌다면 사용자가 후에 사기를 이유로 하여 근로계약을 취소하더라도 그 취소에는 소급효가 인정되지 않는다.

11 무권대리 및 표현대리에 관한 설명으로 옳은 것은?(다툼이 있으면 판례에 따름)

① 표현대리가 성립하는 경우에는 대리권 남용이 문제될 여지가 없다.

② 민법 제135조의 상대방에 대한 무권대리인의 책임은 무과실책임이다.

③ 사회통념상 대리권을 추단할 수 있는 직함의 사용을 묵인한 것만으로는 민법 제125조에서 말하는 대리권수여의 표시가 인정될 수 없다.

④ 소멸한 대리권의 범위를 벗어나서 대리행위가 행해진 경우에는 민법 제126조의 권한을 넘은 표현대리가 성립할 수 없다.

⑤ 대리인이 대리권 소멸 후 복대리인을 선임한 경우, 그 복대리인의 대리행위에 대해서는 표현대리가 성립할 여지가 없다.

12 법률행위에 관한 설명으로 옳지 않은 것은?(다툼이 있으면 판례에 따름)

① 보증계약은 요식행위이다.

② 증여계약은 낙성계약이다.

③ 채무면제는 처분행위이다.

④ 유언은 생전행위이다.

⑤ 상계는 상대방 있는 단독행위이다.

13 임의대리인의 권한에 관한 설명으로 옳지 않은 것을 모두 고른 것은?(다툼이 있으면 판례에 따름)

> ㄱ. 부동산 매도의 대리권을 수여받은 자는 그 부동산의 매도 후 해당 매매계약을 합의해제할 권한이 있다.
> ㄴ. 자동차 매도의 대리권을 수여받은 자가 본인의 허락 없이 본인의 자동차를 스스로 시가보다 저렴하게 매수하는 계약을 체결한 경우, 그 매매계약은 유동적 무효이다.
> ㄷ. 통상의 오피스텔 분양에 관해 대리권을 수여받은 자는 본인의 명시적 승낙이 없더라도 부득이한 사유없이 복대리인을 선임할 수 있다.
> ㄹ. 원인된 계약관계가 종료되더라도 수권행위가 철회되지 않았다면 대리권은 소멸하지 않는다.

① ㄱ, ㄴ

② ㄴ, ㄷ

③ ㄷ, ㄹ

④ ㄱ, ㄴ, ㄹ

⑤ ㄱ, ㄷ, ㄹ

14 X토지 소유자인 甲이 사망하고, 그 자녀인 乙과 丙이 이를 공동으로 상속하였다. 그런데 丙은 乙의 예전 범죄사실을 사법당국에 알리겠다고 乙을 강박하여 X에 관한 乙의 상속지분을 丙에게 증여한다는 계약을 乙과 체결하였다. 그 직후 변호사와 상담을 통해 불안에서 벗어난 乙은 한 달 뒤 그간의 사정을 전해들은 丁에게 X에 관한 자신의 상속지분을 매도하고 지분이전등기를 마쳐준 후 5년이 지났다. 이에 관한 설명으로 옳은 것은?(다툼이 있으면 판례에 따름)

① 乙과 丙의 증여계약은 공서양속에 반하는 것으로 무효이다.
② 乙의 丙에 대한 증여의 의사표시는 비진의표시로서 무효이다.
③ 乙과 丁의 매매계약은 공서양속에 반하는 것으로 무효이다.
④ 乙은 강박을 이유로 하여 丙과의 증여계약을 취소할 수 있다.
⑤ 乙이 丙에게 증여계약의 이행을 하지 않는다면 채무불이행의 책임을 져야 한다.

15 甲은 토지거래허가구역에 있는 자신 소유의 X토지에 관하여 허가를 받을 것을 전제로 乙과 매매계약을 체결한 후 계약금을 수령하였으나 아직 토지거래허가는 받지 않았다. 이에 관한 설명으로 옳지 않은 것을 모두 고른 것은?(다툼이 있으면 판례에 따름)

> ㄱ. 甲은 乙에게 계약금의 배액을 상환하면서 매매계약을 해제할 수 있다.
> ㄴ. 甲이 허가신청절차에 협력하지 않는 경우, 乙은 甲의 채무불이행을 이유로 하여 매매계약을 해제할 수 있다.
> ㄷ. 乙은 부당이득반환청구권을 행사하여 甲에게 계약금의 반환을 청구할 수 있다.
> ㄹ. 매매계약 후 X에 대한 토지거래허가구역 지정이 해제되었다면 더 이상 토지거래허가를 받을 필요 없이 매매계약은 확정적으로 유효로 된다.

① ㄱ, ㄴ   ② ㄴ, ㄷ
③ ㄷ, ㄹ   ④ ㄱ, ㄴ, ㄷ
⑤ ㄱ, ㄷ

2024년
2023년
2022년
2021년
2020년

16 손해배상에 관한 설명으로 옳은 것은?(다툼이 있으면 판례에 따름)

① 채무불이행으로 인한 손해배상액이 예정되어 있는 경우, 채권자는 채무불이행 사실 및 손해의 발생 사실을 모두 증명하여야 예정배상액을 청구할 수 있다.

② 특별한 사정으로 인한 손해배상에서 채무자가 그 사정을 알았거나 알 수 있었는지의 여부는 계약체결 당시를 기준으로 판단한다.

③ 부동산소유권이전채무가 이행불능이 되어 채권자가 채무자에게 갖게 되는 손해배상채권의 소멸시효는 계약체결시부터 진행된다.

④ 채무불이행으로 인한 손해배상액을 예정한 경우에는 특별한 사정이 없는 한 통상손해는 물론 특별손해까지도 예정액에 포함된다.

⑤ 불법행위로 영업용 건물이 일부 멸실된 경우, 그에 따른 휴업손해는 특별손해에 해당한다.

17 甲에 대하여 乙 및 丙은 1억 8,000만원의 연대채무를 부담하고 있으며, 乙과 丙의 부담부분은 각각 1/3과 2/3이다. 이에 관한 설명으로 옳은 것은?(원본만을 고려하며, 다툼이 있으면 판례에 따름)

① 乙이 甲으로부터 위 1억 8,000만원의 채권을 양수받은 경우, 丙의 채무는 전부 소멸한다.

② 乙이 甲에 대하여 9,000만원의 반대채권이 있으나 乙이 상계를 하지 않은 경우, 丙은 그 반대채권 전부를 자동채권으로 하여 甲의 채권과 상계할 수 있다.

③ 甲이 乙에게 이행을 청구한 경우, 丙의 채무에 대해서는 시효중단의 효력이 없다.

④ 甲이 乙에게 채무를 면제해 준 경우, 丙도 1억 2,000만원의 채무를 면한다.

⑤ 丁이 乙 및 丙의 부탁을 받아 그 채무를 연대보증한 후에 甲에게 위 1억 8,000만원을 변제하였다면, 丁은 乙에게 1억 8,000만원 전액을 구상할 수 있다.

18 이행지체에 관한 설명으로 옳지 않은 것은?(다툼이 있으면 판례에 따름)

① 이행지체를 이유로 채권자에게 전보배상청구가 인정되는 경우, 그 손해액은 원칙적으로로 최고할 당시의 시가를 기준으로 산정하여야 한다.

② 중도금지급기일을 '2층 골조공사 완료시'로 한 경우, 그 공사가 완료되었더라도 채무자가 그 완료사실을 알지 못하였다면 특별한 사정이 없는 한 지체책임을 지지 않는다.

③ 금전채무의 이행지체로 인하여 발생하는 지연이자의 성질은 손해배상금이다.

④ 저당권이 설정된 부동산 매도인의 담보책임에 기한 손해배상채무는 이행청구를 받은 때부터 지체책임이 있다.

⑤ 이행기의 정함이 없는 채권을 양수한 채권양수인이 채무자를 상대로 그 이행을 구하는 소를 제기하고 소송 계속 중 채무자에 대한 채권양도통지가 이루어진 경우, 특별한 사정이 없는 한 채무자는 채권양도통지가 도달된 다음 날부터 지체책임을 진다.

19 채권자대위권에 관한 설명으로 옳은 것을 모두 고른 것은?(다툼이 있으면 판례에 따름)

> ㄱ. 피보전채권이 특정채권인 경우에 채무자의 무자력은 그 요건이 아니다.
> ㄴ. 임차인은 특별한 사정이 없는 한 임차권 보전을 위하여 제3자에 대한 임대인의 임차목적물 인도청구권을 대위행사 할 수 있다.
> ㄷ. 채권자대위권도 채권자대위권의 피대위권리가 될 수 있다.

① ㄱ
② ㄷ
③ ㄱ, ㄴ
④ ㄴ, ㄷ
⑤ ㄱ, ㄴ, ㄷ

2024년 2023년 2022년 2021년 2020년

20 甲은 乙에 대하여 1억원의 물품대금채권을 가지고 있고, 乙은 丙에 대한 1억원의 대여금채권을
□□□ 채무초과상태에서 丁에게 양도한 후 이를 丙에게 통지하였다. 甲은 丁을 피고로 하여 채권자취소
소송을 제기하였다. 이에 관한 설명으로 옳은 것을 모두 고른 것은?(다툼이 있으면 판례에 따름)

> ㄱ. 甲의 乙에 대한 물품대금채권이 시효로 소멸한 경우, 丁은 이를 甲에게 원용할 수 있다.
> ㄴ. 乙의 丁에 대한 채권양도행위가 사해행위로 취소되는 경우, 丁이 丙에게 양수금채권을 추심하
>   지 않았다면 甲은 원상회복으로서 丁이 丙에게 채권양도가 취소되었다는 취지의 통지를 하도
>   록 청구할 수 있다.
> ㄷ. 乙의 丁에 대한 채권양도행위가 사해행위로 취소되어 원상회복이 이루어진 경우, 甲은 乙을
>   대위하여 丙에게 대여금채권의 지급을 청구할 수 있다.

① ㄱ
③ ㄱ, ㄴ
⑤ ㄱ, ㄴ, ㄷ

② ㄷ
④ ㄴ, ㄷ

21 사해행위취소의 소에 관한 설명으로 옳지 않은 것을 모두 고른 것은?(다툼이 있으면 판례에 따름)
□□□

> ㄱ. 취소채권자의 채권이 정지조건부 채권인 경우에는 특별한 사정이 없는 한 이를 피보전채권으
>   로 하여 채권자취소권을 행사할 수 없다.
> ㄴ. 사해행위 후 그 목적물에 관하여 선의의 제3자가 저당권을 취득하였음을 이유로 가액배상을
>   명하는 경우, 그 목적물의 가액에서 제3자가 취득한 저당권의 피담보채권액을 공제하여야 한다.
> ㄷ. 사해행위의 목적물이 동산이고 그 원상회복으로 현물반환이 가능하더라도 취소채권자는 직접
>   자기에게 그 목적물의 인도를 청구할 수 없다.

① ㄱ
③ ㄱ, ㄴ
⑤ ㄱ, ㄴ, ㄷ

② ㄷ
④ ㄴ, ㄷ

22 변제에 관한 설명으로 옳지 않은 것을 모두 고른 것은?(다툼이 있으면 판례에 따름)

ㄱ. 미리 저당권의 등기에 그 대위를 부기하지 않은 피담보채무의 보증인은 저당물에 후순위 근저당권을 취득한 제3자에 대하여 채권자를 대위할 수 없다.
ㄴ. 변제자가 주채무자인 경우 보증인이 있는 채무와 보증인이 없는 채무의 변제이익은 차이가 없다.
ㄷ. 채무자로부터 담보부동산을 취득한 제3자와 물상보증인 상호 간에는 각 부동산의 가액에 비례하여 채권자를 대위할 수 있다.

① ㄱ
② ㄴ
③ ㄱ, ㄷ
④ ㄴ, ㄷ
⑤ ㄱ, ㄴ, ㄷ

23 지명채권양도에 관한 설명으로 옳지 않은 것은?(다툼이 있으면 판례에 따름)

① 채권양도에 대하여 채무자가 이의를 보류하지 않은 승낙을 하였더라도 채무자는 채권이 이미 타인에게 양도되었다는 사실로써 양수인에게 대항할 수 있다.
② 채권양도에 있어서 주채무자에 대하여 대항요건을 갖추었다면 보증인에 대하여도 그 효력이 미친다.
③ 채권양도가 다른 채무의 담보조로 이루어진 후 그 피담보채무가 변제로 소멸된 경우, 양도채권의 채무자는 이를 이유로 채권양수인의 양수금 지급청구를 거절할 수 있다.
④ 채권양도금지특약의 존재를 경과실로 알지 못하고 그 채권을 양수한 자는 악의의 양수인으로 취급되지 않는다.
⑤ 당사자 사이에 양도금지의 특약이 있는 채권이라도 압류 및 전부명령에 의하여 이전될 수 있다.

24 채권자 甲, 채무자 乙, 인수인 丙으로 하는 채무인수 등의 법률관계에 관한 설명으로 옳은 것은?
□□□ (다툼이 있으면 판례에 따름)

① 乙과 丙 사이의 합의에 의한 면책적 채무인수가 성립하는 경우, 甲이 乙 또는 丙을 상대로 승낙을 하지 않더라도 그 채무인수의 효력은 발생한다.

② 乙과 丙 사이의 합의에 의한 이행인수가 성립한 경우, 丙이 그에 따라 자신의 출연으로 乙의 채무를 변제하였다면 특별한 사정이 없는 한 甲의 채권을 법정대위할 수 있다.

③ 乙의 의사에 반하여 이루어진 甲과 丙 사이의 합의에 의한 중첩적 채무인수는 무효이다.

④ 乙과 丙 사이의 합의에 의한 채무인수가 면책적 인수인지, 중첩적 인수인지 분명하지 않은 때에는 이를 면책적 채무인수로 본다.

⑤ 乙의 부탁을 받은 丙이 甲과 합의하여 중첩적 채무인수 계약을 체결한 경우, 乙과 丙은 부진정 연대채무관계에 있다.

25 채권의 소멸에 관한 설명으로 옳지 않은 것은?(다툼이 있으면 판례에 따름)
□□□
① 변제공탁은 채권자의 수익의 의사표시 여부와 상관없이 공탁공무원의 수탁처분과 공탁물보관자의 공탁물수령으로 그 효력이 발생한다.

② 기존 채권·채무의 당사자가 그 목적물을 소비대차의 목적으로 할 것을 약정한 경우, 당사자의 의사가 명백하지 않을 때에는 특별한 사정이 없는 한 그 약정은 경개가 아닌 준소비대차로 보아야 한다.

③ 벌금형이 확정된 이상 벌금채권의 변제기는 도래한 것이므로 법률상 이를 금지할 근거가 없는 한 벌금채권은 상계의 자동채권이 될 수 있다.

④ 상계로 인한 채무소멸의 효력은 소멸한 채무 전액에 관하여 다른 부진정연대채무자에 대하여도 미치며, 이는 부진정연대채무자 중 1인이 채권자와 상계계약을 체결한 경우에도 마찬가지이다.

⑤ 손해배상채무가 중과실에 의한 불법행위로 발생한 경우, 그 채무자는 이를 수동채권으로 하는 상계로 채권자에게 대항하지 못한다.

26 계약의 성립에 관한 설명으로 옳은 것은?(다툼이 있으면 판례에 따름)

① 민법은 청약의 구속력에 관한 규정에서 철회할 수 있는 예외를 규정하고 있다.

② 승낙기간을 정하지 않은 청약은 청약자가 상당한 기간 내에 승낙 통지를 받지 못한 때에 그 효력을 잃는다.

③ 민법은 격지자간의 계약은 승낙의 통지가 도달한 때에 성립한다고 규정하고 있다.

④ 청약은 그에 응하는 승낙이 있어야 계약이 성립하므로 구체적이거나 확정적일 필요가 없다.

⑤ 아파트의 분양광고가 청약의 유인인 경우, 피유인자가 이에 대응하여 청약을 하는 것으로써 분양계약은 성립한다.

27 계약의 불성립이나 무효에 관한 설명으로 옳지 않은 것은?(다툼이 있으면 판례에 따름)

① 목적이 원시적·객관적 전부불능인 계약을 체결할 때 불능을 알았던 자는 선의·무과실의 상대방이 계약의 유효를 믿었음으로 인해 받은 손해를 배상해야 한다.

② 목적물이 타인의 소유에 속하는 매매계약은 원시적 불능인 급부를 내용으로 하는 것으로 당연 무효이다.

③ 계약이 의사의 불합치로 성립하지 않은 경우, 그로 인해 손해를 입은 당사자는 계약이 성립되지 않을 수 있다는 것을 알았던 상대방에게 민법 제535조(계약체결상의 과실)에 따른 손해배상청구를 할 수 없다.

④ 수량을 지정한 부동산매매계약에서 실제면적이 계약면적에 미달하는 경우, 미달 부분의 원시적 불능을 이유로 민법 제535조에 따른 책임의 이행을 구할 수 없다.

⑤ 계약교섭의 부당파기가 신의성실원칙에 위반되어 위법한 행위이면 불법행위를 구성한다.

28 동시이행의 항변권에 관한 설명으로 옳지 않은 것은?(다툼이 있으면 판례에 따름)

① 동시이행관계에 있는 쌍방의 채무 중 어느 한 채무가 이행불능으로 인하여 손해배상채무로 변경된 경우도 다른 채무와 동시이행의 관계에 있다.

② 선이행의무 있는 중도금지급을 지체하던 중 매매계약이 해제되지 않고 잔대금 지급기일이 도래하면, 특별한 사정이 없는 한 중도금과 이에 대한 지급일 다음 날부터 잔대금지급일까지의 지연손해금 및 잔대금 지급의무와 소유권이전의무는 동시이행관계이다.

③ 일방의 의무가 선이행의무라도 상대방의 이행이 곤란할 현저한 사유가 있는 때에는 상대방이 그 채무이행을 제공할 때까지 자기의 채무이행을 거절할 수 있다.

④ 동시이행관계의 경우 일방의 채무의 이행기가 도래하더라도 상대방 채무의 이행제공이 있을 때까지 그 일방은 이행지체책임을 지지 않는다.

⑤ 동시이행항변권에 따른 이행지체 책임 면제의 효력은 그 항변권을 행사해야 발생한다.

29 제3자를 위한 계약에 관한 설명으로 옳지 않은 것은?(다툼이 있으면 판례에 따름)

① 요약자는 낙약자의 채무불이행을 이유로 제3자의 동의 없이 기본관계를 이루는 계약을 해제할 수 있다.

② 낙약자는 기본관계에 기한 항변으로 계약의 이익을 받을 제3자에게 대항할 수 있다.

③ 계약 당사자가 제3자에 대하여 가진 채권에 관하여 그 채무를 면제하는 계약도 제3자를 위한 계약에 준하는 것으로 유효하다.

④ 제3자를 위한 계약의 성립 시에 제3자는 요약자와 낙약자에게 계약의 이익을 받을 의사를 표시해야 권리를 직접 취득한다.

⑤ 채무자와 인수인 사이에 체결되는 중첩적 채무인수계약은 제3자를 위한 계약이다.

30 합의해지에 관한 설명으로 옳은 것을 모두 고른 것은?(다툼이 있으면 판례에 따름)

> ㄱ. 근로자의 사직원 제출에 따른 합의해지의 청약에 대해 사용자의 승낙의사가 형성되어 확정적으로 근로계약종료의 효과가 발생하기 전에는 특별한 사정이 없는 한 근로자는 사직의 의사표시를 철회할 수 있다.
> ㄴ. 계약의 합의해지는 묵시적으로 이루어질 수도 있으나, 묵시적 합의해지는 계약에 따른 채무의 이행이 시작된 후에 당사자 쌍방의 계약실현 의사의 결여 또는 포기로 인하여 계약을 실현하지 아니할 의사가 일치되어야만 한다.
> ㄷ. 당사자 사이에 약정이 없는 이상, 합의해지로 인하여 반환할 금전에 그 받은 날로부터의 이자를 가할 의무가 있다.

① ㄱ   ② ㄷ
③ ㄱ, ㄴ   ④ ㄴ, ㄷ
⑤ ㄱ, ㄴ, ㄷ

31 상대부담없는 증여계약의 법정해제사유로 옳지 않은 것은?(다툼이 있으면 판례에 따름)

① 서면에 의하지 아니한 증여의 경우

② 수증자의 증여자에 대한 범죄행위가 있는 경우

③ 증여자에 대한 부양의무 있는 수증자가 그 부양의무를 불이행한 경우

④ 증여자의 재산상태가 현저히 변경되고 증여계약의 이행으로 생계에 중대한 영향을 미칠 경우

⑤ 증여 목적물에 증여자가 알지 못하는 하자가 있는 경우

32 매매계약에 관한 설명으로 옳은 것은?(다툼이 있으면 판례에 따름)

① 매매의 일방예약이 행해진 경우, 예약완결권자가 상대방에게 매매를 완결할 의사를 표시하면 매매의 효력이 생긴다.

② 매매계약에 관한 비용은 다른 약정이 없는 한 매수인이 부담한다.

③ 경매목적물에 하자가 있는 경우, 경매에서의 채무자는 하자담보책임을 부담한다.

④ 매매계약 후 인도되지 않은 목적물로부터 생긴 과실은 다른 약정이 없는 한 대금을 지급하지 않더라도 매수인에게 속한다.

⑤ 부동산 매매등기가 이루어지고 5년 후에 환매권의 보류를 등기한 때에는 매매등기시부터 제3자에 대하여 그 효력이 있다.

33 위임계약에 관한 설명으로 옳은 것을 모두 고른 것은?(다툼이 있으면 판례에 따름)

ㄱ. 수임인이 대변제청구권을 보전하기 위하여 위임인의 채권을 대위행사하는 경우에는 위임인의 무자력을 요건으로 한다.

ㄴ. 수임인은 특별한 사정이 없는 한 위임인에게 불리한 시기에 부득이한 사유로 위임계약을 해지할 수 없다.

ㄷ. 위임계약이 무상인 경우, 수임인은 특별한 사정이 없는 한 위임의 본지에 따라 선량한 관리자의 주의로써 위임사무를 처리하여야 한다.

① ㄱ

② ㄷ

③ ㄱ, ㄴ

④ ㄴ, ㄷ

⑤ ㄱ, ㄴ, ㄷ

34 고용계약에 관한 설명으로 옳지 않은 것을 모두 고른 것은?(다툼이 있으면 판례에 따름)

ㄱ. 관행에 비추어 노무의 제공에 보수를 수반하는 것이 보통인 경우에도 보수에 관하여 명시적인 합의가 없다면 노무를 제공한 노무자는 사용자에게 보수를 청구할 수 없다.

ㄴ. 근로자를 고용한 기업으로부터 다른 기업으로 적을 옮겨 업무에 종사하게 하는 전적은 특별한 사정이 없는 한 근로자의 동의가 없더라도 효력이 생긴다.

ㄷ. 고용기간이 있는 고용계약을 해지할 수 있는 부득이한 사유에는 고용계약상 의무의 중대한 위반이 있는 경우가 포함되지 않는다.

① ㄱ
② ㄷ
③ ㄱ, ㄴ
④ ㄴ, ㄷ
⑤ ㄱ, ㄴ, ㄷ

35 도급계약에 관한 설명으로 옳지 않은 것은?(다툼이 있으면 판례에 따름)

① 공사도급계약의 수급인은 특별한 사정이 없는 한 이행대행자를 사용할 수 있다.

② 수급인의 담보책임에 관한 제척기간은 재판상 또는 재판 외의 권리행사기간이다.

③ 도급인이 하자보수에 갈음하여 손해배상을 청구하는 경우, 수급인이 그 채무이행을 제공할 때까지 도급인은 그 손해배상액에 상응하는 보수액 및 그 나머지 보수액에 대해서도 지급을 거절할 수 있다.

④ 부동산공사 수급인의 저당권설정청구권은 특별한 사정이 없는 한 공사대금채권의 양도에 따라 양수인에게 이전된다.

⑤ 민법 제673조에 따라 수급인이 일을 완성하기 전에 도급인이 손해를 배상하고 도급계약을 해제하는 경우, 도급인은 특별한 사정이 없는 한 그 손해배상과 관련하여 수급인의 부주의를 이유로 과실상계를 주장할 수 없다.

36 여행계약에 관한 설명으로 옳은 것은?(다른 사정은 고려하지 않음)

① 여행자는 여행을 시작하기 전에는 여행계약을 해제할 수 없다.

② 여행대금지급시기에 관해 약정이 없는 경우, 여행자는 다른 관습이 있더라도 여행 종료 후 지체 없이 여행대금을 지급하여야 한다.

③ 여행의 하자에 대한 시정에 지나치게 많은 비용이 드는 경우에도 여행자는 그 시정을 청구할 수 있다.

④ 여행에 중대한 하자로 인해 여행계약이 중도에 해지된 경우, 여행자는 실행된 여행으로 얻은 이익을 여행주최자에게 상환하여야 한다.

⑤ 여행계약의 담보책임 존속기간에 관한 규정과 다른 합의가 있는 경우, 그 합의가 여행자에게 유리하더라도 효력은 없다.

37 임대차에 관한 설명으로 옳지 않은 것은?(다툼이 있으면 판례에 따름)

① 부동산소유자인 임대인은 특별한 사정이 없는 한 임대차기간을 영구로 정하는 부동산 임대차 계약을 체결할 수 있다.

② 부동산임차인은 특별한 사정이 없는 한 지출한 필요비의 한도에서 차임의 지급을 거절할 수 있다.

③ 임대인이 임차인의 의사에 반하여 보존행위를 하는 경우, 임차인이 이로 인하여 임차목적을 달성할 수 없는 때에는 임대차계약을 해지할 수 있다.

④ 기간의 약정이 없는 토지임대차의 임대인이 임대차계약의 해지를 통고한 경우, 그 해지의 효력은 임차인이 통고를 받은 날부터 1개월 후에 발생한다.

⑤ 임차인이 임대인의 동의없이 임차권을 양도한 경우, 임대인은 특별한 사정이 없는 한 임대차계약을 해지할 수 있다.

38 사무관리에 관한 설명으로 옳지 않은 것은?(다툼이 있으면 판례에 따름)

① 제3자와의 약정에 따라 타인의 사무를 처리한 경우, 사무처리자와 그 타인과의 관계에서는 원칙적으로 사무관리가 인정되지 않는다.

② 타인의 사무처리가 본인의 의사에 반한다는 것이 명백하다면 특별한 사정이 없는 한 사무관리는 성립하지 않는다.

③ 사무관리의 성립요건인 '타인을 위하여 사무를 처리하는 의사'는 반드시 외부적으로 표시되어야 한다.

④ 사무관리에 의하여 본인이 아닌 제3자가 결과적으로 사실상 이익을 얻은 경우, 사무관리자는 그 제3자에 대하여 직접 부당이득반환을 청구할 수 없다.

⑤ 사무관리의 성립요건인 '타인을 위하여 사무를 처리하는 의사'는 관리자 자신의 이익을 위한 의사와 병존할 수 있다.

39 불법행위에 관한 설명으로 옳지 않은 것을 모두 고른 것은?(다툼이 있으면 판례에 따름)

ㄱ. 법적 작위의무가 객관적으로 인정되더라도 의무자가 그 작위의무의 존재를 인식하지 못한 경우에는 부작위로 인한 불법행위가 성립하지 않는다.
ㄴ. 공작물의 하자로 인해 손해가 발생한 경우, 그 손해가 공작물의 하자와 관련한 위험이 현실화되어 발생한 것이 아니라도 공작물의 설치 또는 보존상 하자로 인하여 발생한 손해라고 볼 수 있다.
ㄷ. 성추행을 당한 미성년자의 가해자에 대한 손해배상청구권의 소멸시효는 그 미성년자가 성년이 될 때까지는 진행되지 아니한다.

① ㄱ
② ㄷ
③ ㄱ, ㄴ
④ ㄴ, ㄷ
⑤ ㄱ, ㄴ, ㄷ

40 부당이득에 관한 설명으로 옳은 것을 모두 고른 것은?(다툼이 있으면 판례에 따름)

ㄱ. 계약해제로 인한 원상회복의무의 이행으로 금전을 반환하는 경우, 그 금전에 받은 날로부터 가산하는 이자의 반환은 부당이득반환의 성질을 갖는다.
ㄴ. 민법 제742조(비채변제)의 규정은 변제자가 채무 없음을 알지 못한 경우에는 그 과실 유무를 불문하고 적용되지 아니한다.
ㄷ. 수익자가 취득한 것이 금전상의 이득인 경우, 특별한 사정이 없는 한 그 금전은 이를 취득한 자가 소비하였는지 여부를 불문하고 현존하는 것으로 추정된다.

① ㄱ
② ㄷ
③ ㄱ, ㄴ
④ ㄴ, ㄷ
⑤ ㄱ, ㄴ, ㄷ

2023년 제32회 기출문제

✔ 2023.05.27. 시행   ✔ Time   분 | 정답 및 해설 257p

✔ 중요문제 / 틀린 문제 CHECK   ✔ 각 문항별로 회독수 CHECK ☑☐☐

01	02	03	04	05	06	07	08	09	10	11	12	13	14	15	16	17	18	19	20	21	22	23	24	25

01 제한능력자에 관한 설명으로 옳지 않은 것은?

① 피성년후견인은 의사능력이 있더라도 단독으로 유효한 대리행위를 할 수 없다.

② 가정법원은 한정후견개시의 심판을 할 때 본인의 의사를 고려하여야 한다.

③ 제한능력을 이유로 취소할 수 있는 법률행위는 제한능력자가 단독으로 취소할 수 있다.

④ 가정법원이 취소할 수 없는 피성년후견인의 법률행위의 범위를 정한 경우, 피성년후견인은 그 범위에서 단독으로 유효한 법률행위를 할 수 있다.

⑤ 가정법원이 피한정후견인에 대하여 성년후견개시의 심판을 할 때에는 종전의 한정후견의 종료 심판을 해야 한다.

02 권리의 객체에 관한 설명으로 옳은 것을 모두 고른 것은?(다툼이 있으면 판례에 따름)

> ㄱ. 주물과 종물은 원칙적으로 동일한 소유자에게 속하여야 한다.
> ㄴ. 분묘에 안치되어 있는 피상속인의 유골은 제사주재자에게 승계된다.
> ㄷ. 부동산 매수인이 매매대금을 완제한 후, 그 부동산이 인도되지 않은 상태에서 그로부터 발생한 과실은 특별한 사정이 없는 한 매도인에게 귀속된다.

① ㄱ

② ㄱ, ㄴ

③ ㄱ, ㄷ

④ ㄴ, ㄷ

⑤ ㄱ, ㄴ, ㄷ

2024년 2023년 2022년 2021년 2020년

03 민법상 사단법인 甲과 그 대표이사 乙에 관한 설명으로 옳은 것을 모두 고른 것은?(다툼이 있으면 판례에 따름)

□□□

> ㄱ. 甲과 乙의 이익이 상반하는 사항에 관하여는 乙은 대표권이 없다.
> ㄴ. 甲의 정관에 이사의 해임사유에 관한 규정이 있는 경우, 甲은 乙의 중대한 의무위반 등 특별한 사정이 없는 한 정관에서 정하지 아니한 사유로 乙을 해임할 수 없다.
> ㄷ. 乙이 丙에게 대표자로서의 모든 권한을 포괄적으로 위임하여 丙이 甲의 사무를 집행한 경우, 丙의 그 사무집행행위는 원칙적으로 甲에 대하여 효력이 있다.

① ㄱ
② ㄷ
③ ㄱ, ㄴ
④ ㄴ, ㄷ
⑤ ㄱ, ㄴ, ㄷ

04 의사표시에 관한 설명으로 옳지 않은 것은?(다툼이 있으면 판례에 따름)

□□□

① 매매계약이 착오로 취소된 경우 특별한 사정이 없는 한 당사자 쌍방의 원상회복의무는 동시이행관계에 있다.

② 동기의 착오가 상대방의 부정한 방법에 의하여 유발된 경우, 동기가 표시되지 않았더라도 표의자는 착오를 이유로 의사표시를 취소할 수 있다.

③ 통정허위표시로 무효인 법률행위도 채권자취소권의 대상이 될 수 있다.

④ 사기에 의해 화해계약이 체결된 경우 표의자는 화해의 목적인 분쟁에 관한 사항에 착오가 있더라도 사기를 이유로 화해계약을 취소할 수 있다.

⑤ 경과실에 의한 착오를 이유로 의사표시를 취소한 자는 상대방이 그 의사표시의 유효를 믿었음으로 인하여 발생한 손해에 대하여 불법행위책임을 진다.

05 불공정한 법률행위에 관한 설명으로 옳은 것을 모두 고른 것은?(다툼이 있으면 판례에 따름)

□□□

> ㄱ. 급부 상호 간에 현저한 불균형이 있는지의 여부는 법률행위 시를 기준으로 판단한다.
> ㄴ. 무경험은 거래 일반에 관한 경험부족을 말하는 것이 아니라 특정영역에 있어서의 경험부족을 의미한다.
> ㄷ. 불공정한 법률행위로서 무효인 법률행위는 원칙적으로 법정추인에 의하여 유효로 될 수 없다.
> ㄹ. 대가관계 없는 일방적 급부행위에 대해서는 불공정한 법률행위에 관한 민법 제104조가 적용되지 않는다.

① ㄱ   ② ㄴ, ㄷ
③ ㄴ, ㄹ   ④ ㄱ, ㄷ, ㄹ
⑤ ㄱ, ㄴ, ㄷ, ㄹ

06 甲은 자신 소유의 X토지에 대한 매매계약 체결의 대리권을 乙에게 수여하였고, 그에 따라 乙은 丙과 위 X토지에 대한 매매계약을 체결하였다. 이에 관한 설명으로 옳은 것은?(다툼이 있으면 판례에 따름)

□□□

① 乙은 원칙적으로 매매계약을 해제할 수 있는 권한을 가진다.
② 乙이 매매계약에 따라 丙으로부터 중도금을 수령하였으나 이를 甲에게 현실로 인도하지 않았더라도 특별한 사정이 없는 한 丙은 중도금 지급채무를 면한다.
③ 乙은 甲의 승낙이 있는 경우에만 복대리인을 선임할 수 있다.
④ 乙의 사기로 매매계약이 체결된 경우, 丙은 甲이 乙의 사기를 알았거나 알 수 있었을 경우에 한하여 사기를 이유로 그 계약을 취소할 수 있다.
⑤ 丙이 甲의 채무불이행을 이유로 계약을 해제한 경우, 그 채무불이행에 乙의 책임사유가 있다면 해제로 인한 원상회복의무는 乙이 부담한다.

07 민법상 무권대리와 표현대리에 관한 설명으로 옳은 것은?(다툼이 있으면 판례에 따름)

① 표현대리행위가 성립하는 경우에 상대방에게 과실이 있다면 과실상계의 법리가 유추적용되어 본인의 책임이 경감될 수 있다.

② 권한을 넘은 표현대리에 관한 제126조의 제3자는 당해 표현대리행위의 직접 상대방만을 의미한다.

③ 무권대리행위의 상대방이 제134조의 철회권을 유효하게 행사한 후에도 본인은 무권대리행위를 추인할 수 있다.

④ 계약체결 당시 대리인의 무권대리 사실을 알고 있었던 상대방은 최고권을 행사할 수 없다.

⑤ 대리인이 대리권 소멸 후 선임한 복대리인과 상대방 사이의 법률행위에는 대리권소멸 후의 표현대리가 성립할 수 없다.

08 민법상 법률행위의 무효 또는 취소에 관한 설명으로 옳은 것은?(다툼이 있으면 판례에 따름)

① 불공정한 법률행위에는 무효행위 전환에 관한 제138조가 적용될 수 없다.

② 선량한 풍속 기타 사회질서에 위반한 사항을 내용으로 하는 법률행위의 무효는 이를 주장할 이익이 있는 자라면 누구든지 무효를 주장할 수 있다.

③ 취소할 수 있는 법률행위를 취소한 후 그 취소 원인이 소멸하였다면, 취소할 수 있는 법률행위의 추인에 의하여 그 법률행위를 다시 확정적으로 유효하게 할 수 있다.

④ 법률행위의 일부분이 무효인 경우 원칙적으로 그 일부분만 무효이다.

⑤ 甲이 乙의 기망행위로 자신의 X토지를 丙에게 매도한 경우, 甲은 매매계약의 취소를 乙에 대한 의사표시로 하여야 한다.

09 甲은 부동산 거래신고 등에 관한 법률상 토지거래허가 구역에 있는 자신 소유의 X토지를 乙에게 매도하는 매매계약을 체결하였다. 아직 토지거래허가(이하 '허가')를 받지 않아 유동적 무효 상태에 있는 법률관계에 관한 설명으로 옳지 않은 것은?(다툼이 있으면 판례에 따름)

① 甲은 허가 전에 乙의 대금지급의무의 불이행을 이유로 매매계약을 해제할 수 없다.

② 甲의 허가신청절차 협력의무와 乙의 대금지급의무는 동시이행관계에 있다.

③ 甲과 乙이 허가신청절차 협력의무 위반에 따른 손해배상액을 예정하는 약정은 유효하다.

④ 甲이 허가신청절차에 협력할 의무를 위반한 경우, 乙은 협력의무 위반을 이유로 매매계약을 해제할 수 없다.

⑤ 甲이 허가신청절차에 협력하지 않는 경우, 乙은 협력의무의 이행을 소구할 수 있다.

10 민법상 기간에 관한 설명으로 옳지 않은 것은?(다툼이 있으면 판례에 따름)

① 기간의 기산점에 관한 제157조의 초일 불산입의 원칙은 당사자의 합의로 달리 정할 수 있다.

② 정관상 사원총회의 소집통지를 1주간 전에 발송하여야 하는 사단법인의 사원총회일이 2023년 6월 2일(금) 10시인 경우, 총회소집통지는 늦어도 2023년 5월 25일 중에는 발송하여야 한다.

③ 2023년 5월 27일(토) 13시부터 9시간의 만료점은 2023년 5월 27일 22시이다.

④ 2023년 5월 21일(일) 14시부터 7일간의 만료점은 2023년 5월 28일 24시이다.

⑤ 2017년 1월 13일(금) 17시에 출생한 사람은 2036년 1월 12일 24시에 성년자가 된다.

11 민법상 조건에 관한 설명으로 옳지 않은 것은?(다툼이 있으면 판례에 따름)

① 조건을 붙이고자 하는 의사는 법률행위의 내용으로 외부에 표시되어야 하므로 그 의사표시는 묵시적 방법으로는 할 수 없다.

② 조건이 법률행위의 당시 이미 성취한 것인 경우에는 그 조건이 정지조건이면 조건 없는 법률행위이다.

③ 조건의 성취로 인하여 불이익을 받을 당사자가 과실로 신의성실에 반하여 조건의 성취를 방해한 때에는 상대방은 그 조건이 성취한 것으로 주장할 수 있다.

④ 조건의 성취가 미정한 권리의무는 일반규정에 의하여 담보로 할 수 있다.

⑤ 선량한 풍속에 반하는 불법조건이 붙은 법률행위는 무효이다.

12 소멸시효에 관한 설명으로 옳지 않은 것은?(다툼이 있으면 판례에 따름)

① 주채무자가 소멸시효 이익을 포기하더라도 보증인에게는 그 효력이 미치지 않는다.

② 시효중단의 효력 있는 승인에는 상대방의 권리에 관한 처분의 능력이나 권한 있음을 요하지 않는다.

③ 당사자가 주장하는 소멸시효 기산일이 본래의 기산일과 다른 경우, 특별한 사정이 없는 한 당사자가 주장하는 기산일을 기준으로 소멸시효를 계산하여야 한다.

④ 어떤 권리의 소멸시효 기간이 얼마나 되는지는 법원이 직권으로 판단할 수 있다.

⑤ 민법 제163조 제1호의 '1년 이내의 기간으로 정한 금전 또는 물건의 지급을 목적으로 한 채권'이란 변제기가 1년 이내의 채권을 말한다.

13 민법상 편무계약에 해당하는 것만 모두 고른 것은?

□□□

| ㄱ. 도 급 | ㄴ. 조 합 |
| ㄷ. 증 여 | ㄹ. 사용대차 |

① ㄱ, ㄴ　　　　　　　　　　　　② ㄱ, ㄷ
③ ㄴ, ㄷ　　　　　　　　　　　　④ ㄴ, ㄹ
⑤ ㄷ, ㄹ

14 '민법 제390조의 채무불이행책임과 제750조의 불법행위책임'(이하 '양 책임')에 관한 비교 설명으

□□□　로 옳지 않은 것은?

① 양 책임이 성립하기 위해서는 채무자 또는 가해자에게 귀책사유가 있어야 한다는 점에서 공통
　　된다.
② 양 책임이 성립하는 경우, 채권자나 피해자에게 과실이 있다면 과실상계가 적용된다는 점에서
　　공통된다.
③ 양 책임이 성립하는 경우, 채권자나 피해자가 행사하는 손해배상채권의 소멸시효는 3년이 적
　　용된다는 점에서 공통된다.
④ 양 책임이 성립하는 경우, 손해배상은 통상의 손해를 그 한도로 한다는 점에서 공통된다.
⑤ 양 책임이 성립하는 경우, 채무자나 가해자가 발생한 손해 전부를 배상한 때에는 손해배상자의
　　대위가 인정된다는 점에서 공통된다.

15 乙의 채권자 甲이 乙의 丙에 대한 금전채권에 대하여 채권자대위권을 행사하는 경우에 관한 설명

□□□　으로 옳은 것은?(다툼이 있으면 판례에 따름)

① 甲은 乙의 동의를 받지 않는 한 채권자대위권을 행사할 수 없다.
② 甲의 乙에 대한 채권이 금전채권인 경우, 甲은 丙에게 직접 자기에게 이행하도록 청구하여
　　상계적상에 있는 자신의 채권과 상계할 수 없다.
③ 甲이 丙을 상대로 채권자대위권을 행사한 경우, 甲의 채권자대위소송의 제기로 인한 소멸시효
　　중단의 효력은 乙의 丙에 대한 채권에 생긴다.
④ 甲이 丙을 상대로 채권자대위권을 행사하고 그 사실을 乙에게 통지한 이후 乙이 丙에 대한
　　채권을 포기한 경우, 丙은 乙의 채권포기 사실을 들어 甲에게 대항할 수 있다.
⑤ 乙이 丙을 상대로 금전채무 이행청구의 소를 제기하여 패소판결이 확정된 경우, 甲은 乙에
　　대한 금전채권을 보전하기 위해 丙을 상대로 채권자대위권을 행사할 수 있다.

16 乙의 채권자 甲은 乙이 채무초과상태에서 자신의 유일한 재산인 X부동산을 丙에게 매도하고 소유권이전등기를 해 준 사실을 알고 채권자취소권을 행사하려고 한다. 이에 관한 설명으로 옳은 것은?(다툼이 있으면 판례에 따름)

① 甲이 채권자취소권을 행사하기 위해서는 재판외 또는 재판상 이를 행사하여야 한다.

② 甲이 채권자취소권을 행사하기 위해서는 乙 및 丙의 사해의사 및 사해행위에 대한 악의를 증명하여야 한다.

③ 甲의 乙에 대한 채권이 X부동산에 대한 소유권이전등기청구권인 경우, 甲은 이를 피보전채권으로 하여 채권자취소권을 행사할 수 없다.

④ 甲이 채권자취소권을 재판상 행사하는 경우, 사해행위를 직접 행한 乙을 피고로 하여 그 권리를 행사하여야 한다.

⑤ 甲의 乙에 대한 채권이 시효로 소멸한 경우, 丙은 이를 들어 채권자취소권을 행사하는 甲에게 대항할 수 없다.

17 민법상 채무의 종류에 따른 이행지체책임의 발생시기가 잘못 연결된 것을 모두 고른 것은?(당사자 사이에 다른 약정은 없으며, 다툼이 있으면 판례에 따름)

> ㄱ. 부당이득반환채무 – 수익자가 이행청구를 받은 때
> ㄴ. 불확정기한부 채무 – 채무자가 기한의 도래를 안 때
> ㄷ. 동시이행의 관계에 있는 쌍방의 채무 – 쌍방의 이행제공 없이 쌍방 채무의 이행기가 도래한 때

① ㄱ   ② ㄴ
③ ㄷ   ④ ㄱ, ㄴ
⑤ ㄴ, ㄷ

18 민법 제548조 제1항 단서의 계약해제의 소급효로부터 보호받는 제3자에 해당하지 않는 자는?(다툼이 있으면 판례에 따름)

① X토지에 대한 매매계약이 해제되기 전에 매수인으로부터 X토지를 매수하여 소유권을 취득한 자

② X토지에 대한 매매계약이 해제되기 전에 매수인의 X토지에 저당권을 취득한 자

③ X토지에 대한 매매계약의 해제로 X토지의 소유권을 상실하게 된 매수인으로부터 해제 이전에 X토지를 임차하여 임차권등기를 마친 자

④ X토지에 대한 매매계약이 해제되기 전에 매수인과 매매예약 체결 후 그에 기한 소유권이전등기청구권 보전을 위한 가등기를 마친 자

⑤ X토지에 대한 매매계약이 해제되기 전에 매수인으로부터 X토지에 대한 소유권이전등기청구권을 양도받은 자

19 甲, 乙, 丙이 丁에 대하여 9백만원의 연대채무를 부담하고 있고, 각자의 부담부분은 균등하다. 甲이 丁에 대하여 6백만원의 상계적상에 있는 반대채권을 가지고 있는 경우에 관한 설명으로 옳은 것은?(당사자 사이에 다른 약정은 없으며, 다툼이 있으면 판례에 따름)

① 甲이 6백만원에 대해 丁의 채무와 상계한 경우, 남은 3백만원에 대해 乙과 丙이 丁에게 각각 1백 5십만원의 분할채무를 부담한다.

② 甲이 6백만원에 대해 丁의 채무와 상계한 경우, 甲, 乙, 丙은 丁에게 3백만원의 연대채무를 부담한다.

③ 甲이 상계권을 행사하지 않은 경우, 乙과 丙은 甲의 상계권을 행사할 수 없고, 甲, 乙, 丙은 丁에게 3백만원의 연대채무를 부담한다.

④ 甲이 상계권을 행사하지 않은 경우, 乙은 丁을 상대로 甲의 6백만원에 대해 상계할 수 있고, 乙과 丙이 丁에게 각각 1백 5십만원의 분할채무를 부담한다.

⑤ 甲이 상계권을 행사하지 않은 경우, 丙은 丁을 상대로 甲의 6백만원에 대해 상계할 수 있고, 乙과 丙이 丁에게 3백만원의 연대채무를 부담한다.

20 계약의 성립에 관한 설명으로 옳지 않은 것은?(다툼이 있으면 판례에 따름)

① 청약자가 청약의 의사표시를 발송한 후 상대방에게 도달 전에 사망한 경우, 그 청약은 효력을 상실한다.

② 명예퇴직의 신청이 근로계약에 대한 합의해지의 청약에 해당하는 경우, 이에 대한 사용자의 승낙으로 근로계약이 합의해지되기 전에는 근로자가 임의로 그 청약의 의사표시를 철회할 수 있다.

③ 승낙기간을 정하지 않은 청약은 청약자가 상당한 기간 내에 승낙의 통지를 받지 못한 때에는 그 효력을 잃는다.

④ 당사자 사이에 동일한 내용의 청약이 상호 교차된 경우에는 양 청약이 상대방에게 도달한 때에 계약이 성립한다.

⑤ 매도인이 매수인에게 매매계약의 합의해제를 청약한 경우, 매수인이 그 청약에 대하여 조건을 가하여 승낙한 때에는 그 합의해제의 청약은 거절된 것으로 본다.

21 매매계약에 관한 설명으로 옳은 것은?(다툼이 있으면 판례에 따름)

① 매매목적물과 대금은 반드시 계약 체결 당시에 구체적으로 특정할 필요는 없고, 이를 나중에라도 구체적으로 특정할 수 있는 방법과 기준이 정해져 있으면 매매계약은 성립한다.

② 매도인이 매수인에게 현존하는 타인 소유의 물건을 매도하기로 약정한 경우, 그 매매계약은 원시적 불능에 해당하여 효력이 없다.

③ 매매예약완결권은 당사자 사이에 다른 약정이 없는 한 10년 내에 이를 행사하지 않으면 시효로 소멸한다.

④ 매도인과 매수인이 해제권을 유보하기 위해 계약금을 교부하기로 합의한 후 매수인이 약정한 계약금의 일부만 지급한 경우, 매도인은 실제 지급받은 금원의 배액을 상환하고 매매계약을 해제할 수 있다.

⑤ 매매계약에 관한 비용은 다른 약정이 없으면 매수인이 부담한다.

22 조합에 관한 설명으로 옳지 않은 것은?(다툼이 있으면 판례에 따름)

① 조합계약으로 업무집행자를 정하지 아니한 경우에는 조합원의 3분의 2 이상의 찬성으로써 이를 선임한다.

② 조합의 업무집행자가 수인인 때에는 그 과반수로써 업무집행을 결정한다.

③ 조합계약의 당사자가 손익분배의 비율을 정하지 아니한 때에는 각 조합원의 출자가액에 비례하여 이를 정한다.

④ 조합의 채무자는 그 채무와 조합원에 대한 채권으로 상계할 수 있다.

⑤ 2인 조합에서 조합원 1인이 탈퇴하면 조합관계는 종료된다.

23 건물 소유를 목적으로 X토지에 관하여 임대인 甲과 임차인 乙 사이에 적법한 임대차계약이 체결되었다. 이에 관한 설명으로 옳지 않은 것은?(다툼이 있으면 판례에 따름)

① 甲과 乙 사이에 체결된 임대차계약에 임대차기간에 관한 약정이 없는 때에는 甲은 언제든지 계약해지의 통고를 할 수 있다.

② 乙이 甲의 동의 없이 X토지를 전대한 경우, 甲은 원칙적으로 乙과의 임대차 계약을 해지할 수 있다.

③ X토지의 일부가 乙의 과실없이 멸실되어 사용·수익할 수 없게 된 경우, 乙은 그 부분의 비율에 의한 차임의 감액을 청구할 수 있다.

④ 토지임차인에게 인정되는 지상물매수청구권은 乙이 X토지 위에 甲의 동의를 얻어 신축한 건물에 한해 인정된다.

⑤ 甲이 변제기를 경과한 최후 2년의 차임채권에 의하여 그 지상에 있는 乙 소유의 건물을 압류한 때에는 저당권과 동일한 효력이 있다.

24 부당이득에 관한 설명으로 옳은 것은?(다툼이 있으면 판례에 따름)

① 법률상 원인 없는 이득이 있다면 그 이득으로 인해 타인에게 손해가 발생한 것이 아니더라도 그 타인은 부당이득반환청구를 할 수 있다.

② 변제기에 있지 아니한 채무를 착오 없이 변제한 때에는 그 변제한 것의 반환을 청구할 수 있다.

③ 부동산 실권리자명의 등기에 관한 법률에 위반되어 무효인 명의신탁약정에 기하여 타인 명의로 등기를 마쳐준 것은 당연히 불법원인급여에 해당한다.

④ 선의의 수익자가 패소한 때에는 그 소가 확정된 때로부터 악의의 수익자로 본다.

⑤ 제한행위능력을 이유로 법률행위를 취소한 경우 제한능력자는 선의·악의를 묻지 않고 그 행위로 인하여 받은 이익이 현존하는 한도에서 상환할 책임이 있다.

25 불법행위에 관한 설명으로 옳지 않은 것은?(다툼이 있으면 판례에 따름)

① 과실로 불법행위를 방조한 자에 대해서는 공동불법행위가 인정될 수 없다.

② 고의로 심신상실을 초래한 자는 타인에게 심신상실 중에 가한 손해를 배상할 책임이 있다.

③ 사용자가 근로계약에 수반되는 보호의무를 위반함으로써 피용자가 손해를 입은 경우, 사용자는 이를 배상할 책임이 있다.

④ 고의로 불법행위를 한 가해자는 피해자의 손해배상채권을 피해자에 대한 자신의 다른 채권으로 상계할 수 없다.

⑤ 미성년자가 성폭력을 당한 경우에 이로 인한 손해배상청구권의 소멸시효는 그가 성년이 될 때까지는 진행되지 아니한다.

2022년 제31회 기출문제

2022.05.14. 시행

Time　분 ｜ 정답 및 해설 279p

중요문제 / 틀린 문제 CHECK

각 문항별로 회독수 CHECK ☑☐☐

01	02	03	04	05	06	07	08	09	10	11	12	13	14	15	16	17	18	19	20	21	22	23	24	25

01 신의성실의 원칙에 관한 설명으로 옳지 않은 것은?(다툼이 있으면 판례에 따름)

① 신의칙은 당사자의 주장이 없더라도 법원이 직권으로 그 위반 여부를 판단할 수 있다.

② 사정변경의 원칙에 기한 계약의 해제가 인정되는 경우, 그 사정에는 계약의 기초가 된 객관적 사정만이 포함된다.

③ 임대차계약에 차임을 증액하지 않기로 하는 특약이 있더라도 그 특약을 그대로 유지시키는 것이 신의칙에 반한다고 인정될 정도의 사정변경이 있는 경우에는 임대인에게 차임증액청구가 인정될 수 있다.

④ 채무자가 소멸시효 완성을 주장하는 것은 신의칙에 반하여 권리남용으로 될 여지가 없다.

⑤ 강행규정을 위반한 자가 그 위반을 이유로 하여 법률행위의 무효를 주장하는 것은 신의칙위반으로 될 수 있다.

02 미성년자에 관한 설명으로 옳지 않은 것은?(다툼이 있으면 판례에 따름)

① 미성년자가 자신의 채무를 면제하는 것만을 내용으로 하는 채무면제계약에 관해 승낙의 의사표시를 하는 것은 법정대리인의 동의가 없어도 확정적으로 유효하다.

② 법정대리인이 미성년자에게 범위를 정하여 재산의 처분을 허락하는 것은 묵시적으로도 가능하다.

③ 법정대리인이 미성년자에게 특정한 영업을 허락한 경우, 그 영업과 관련된 행위에 대해서 법정대리인의 대리권은 소멸한다.

④ 미성년자는 타인의 임의대리인이 될 수 없다.

⑤ 미성년자가 제한능력을 이유로 자신이 행한 법률행위를 단독으로 취소한 경우, 그 법정대리인은 미성년자가 행한 취소의 의사표시를 다시 취소할 수 없다.

03 민법상 법인에 관한 설명으로 옳은 것은?(다툼이 있으면 판례에 따름)

① 생전처분으로 재단법인을 설립하는 자가 서면으로 재산출연의 의사표시를 하였다면 착오를 이유로 이를 취소할 수 없다.

② 생전처분으로 지명채권을 출연하여 재단법인을 설립하는 경우, 그 지명채권은 대외적으로는 양도통지나 채무자의 승낙이 행해진 때 법인의 재산이 된다.

③ 법인의 불법행위를 성립시키는 대표기관에는 법인을 실질적으로 운영하면서 그 법인을 사실상 대표하여 법인의 사무를 집행하는 사람이 포함된다.

④ 법인의 대표기관은 정관 또는 사원총회에 의해 금지되지 않는 한 타인에게 포괄적인 대리권을 수여할 수 있다.

⑤ 법인이 청산종결등기를 하였다면 실제로 청산사무가 종료되지 않더라도 그 법인은 소멸한다.

04 물건에 관한 설명으로 옳지 않은 것은?(다툼이 있으면 판례에 따름)

① 특정이 가능하다면 증감·변동하는 유동집합물도 하나의 물건으로 다루어질 수 있다.

② 타인의 토지에 권원 없이 자신의 수목을 식재한 자가 이를 부단히 관리하고 있다면 그 수목은 토지에 부합하지 않는다.

③ 명인방법을 갖춘 수목은 독립하여 거래의 객체가 될 수 있다.

④ 주물·종물 관계는 특별한 사정이 없는 한 동일인 소유의 물건 사이에서 인정된다.

⑤ 주물·종물 법리는 타인 소유 토지 위에 존재하는 건물의 소유권과 그 건물의 부지에 관한 건물소유자의 토지임차권 사이에도 유추적용될 수 있다.

05 반사회질서의 법률행위에 관한 설명으로 옳지 않은 것은?(다툼이 있으면 판례에 따름)

① 과도한 위약벌 약정은 법원의 직권감액이 가능하므로 선량한 풍속 기타 사회질서에 반할 여지가 없다.

② 부동산 매매계약에서 계약금을 수수한 후 당사자가 매매계약의 이행에 착수하기 전에 제3자가 매도인을 적극 유인하여 해당 부동산을 매수하였다면 매도인과 제3자 사이의 그 매매계약은 반사회질서의 법률행위가 아니다.

③ 보험사고를 가장하여 보험금을 부정취득할 목적으로 체결된 다수의 생명보험계약은 그 목적에 대한 보험자의 인식 여부를 불문하고 무효이다.

④ 부첩(夫妾)관계의 종료를 해제조건으로 하는 증여계약은 반사회질서의 법률행위로서 무효이다.

⑤ 선량한 풍속 기타 사회질서에 반하는 법률행위의 무효는 그 법률행위를 기초로 하여 새로운 이해관계를 맺은 선의의 제3자에 대해서도 주장할 수 있다.

06 통정허위표시에 관한 설명으로 옳은 것은?(다툼이 있으면 판례에 따름)

① 통정허위표시에 의하여 생긴 채권을 가압류한 경우, 가압류권자는 선의이더라도 통정허위표시와 관련하여 보호받는 제3자에 해당하지 않는다.

② 통정허위표시인 법률행위는 무효이므로 채권자취소권의 대상인 사해행위로 될 수 없다.

③ 표의자의 진의와 표시가 불일치함을 상대방이 명확하게 인식하였다면 그 불일치에 대하여 양자 간에 합의가 없더라도 통정허위표시가 성립한다.

④ 파산관재인이 통정허위표시와 관련하여 보호받는 제3자로 등장하는 경우, 모든 파산채권자가 선의인 경우에 한하여 그의 선의가 인정된다.

⑤ 임대차보증금반환채권을 담보하기 위하여 임대인과 임차인 사이에 임차인을 전세권자로 하는 전세권설정계약이 체결된 경우, 그 계약이 전세권자의 사용·수익을 배제하는 것이 아니라 하더라도 임대차계약과 양립할 수 없는 범위에서는 통정허위표시로 무효이다.

07 대리에 관한 설명으로 옳지 않은 것은?

① 대리인이 그 권한 내에서 본인을 위한 것임을 표시한 의사표시는 직접 본인에게 효력이 생긴다.

② 복대리인은 본인에 대하여 대리인과 동일한 권리의무가 있다.

③ 대리인이 수인(數人)인 때에는 법률 또는 수권행위에서 다른 정함이 없으면 공동으로 본인을 대리한다.

④ 임의대리권은 대리인의 성년후견의 개시로 소멸된다.

⑤ 특정한 법률행위를 위임한 경우에 대리인이 본인의 지시에 좇아 그 행위를 한 때에는 본인은 자기가 안 사정에 관하여 대리인의 부지(不知)를 주장하지 못한다.

08 대리에 관한 설명으로 옳지 않은 것은?(다툼이 있으면 판례에 따름)

① 대리행위가 강행법규에 위반하여 무효인 경우에도 표현대리가 성립할 수 있다.

② 복임권이 없는 임의대리인이 선임한 복대리인의 행위에도 표현대리가 성립할 수 있다.

③ 하나의 무권대리행위 일부에 대한 본인의 추인은 상대방의 동의가 없으면 무효이다.

④ 무권대리인이 본인을 단독상속한 경우, 특별한 사정이 없는 한 자신이 행한 무권대리행위의 무효를 주장하는 것은 허용되지 않는다.

⑤ 제한능력자가 법정대리인의 동의 없이 계약을 무권대리한 경우, 그 제한능력자는 무권대리인으로서 계약을 이행할 책임을 부담하지 않는다.

09 법률행위의 무효와 취소에 관한 설명으로 옳은 것은?(다툼이 있으면 판례에 따름)

① 반사회질서의 법률행위는 당사자가 그 무효를 알고 추인하면 원칙적으로 유효가 된다.

② 담보의 제공은 법정추인사유에 해당하지 않는다.

③ 무효행위의 추인은 무효원인이 소멸하기 전에도 할 수 있다.

④ 피성년후견인은 법정대리인의 동의가 있으면 취소할 수 있는 법률행위를 추인할 수 있다.

⑤ 제한능력을 이유로 법률행위가 취소된 경우, 제한능력자는 현존이익의 한도에서 상환할 책임이 있다.

10 민법상 기간에 관한 설명으로 옳지 않은 것은?

① 나이는 출생일을 산입하여 만(滿) 나이로 계산하고, 연수로 표시한다.

② 월의 처음으로부터 기간을 기산하지 아니하는 때에는 최후의 월에서 그 기산일에 해당한 날의 익일로 기간이 만료한다.

③ 기간의 말일이 공휴일에 해당한 때에는 기간은 그 익일로 만료한다.

④ 기간을 분으로 정한 때에는 즉시로부터 기산한다.

⑤ 기간을 월로 정한 때에는 역(曆)에 의하여 계산한다.

11 조건과 기한에 관한 설명으로 옳은 것은?(다툼이 있으면 판례에 따름)

① 기한의 이익을 가지고 있는 채무자가 그가 부담하는 담보제공 의무를 이행하지 아니하더라도 그 기한의 이익은 상실되지 않는다.

② 해제조건 있는 법률행위는 조건이 성취한 때로부터 그 효력이 생긴다.

③ 기성조건이 정지조건이면 그 법률행위는 무효로 한다.

④ 기한이익 상실특약은 특별한 사정이 없는 한 정지조건부 기한이익 상실특약으로 본다.

⑤ 기한은 원칙적으로 채무자의 이익을 위한 것으로 추정한다.

12 소멸시효의 중단에 관한 설명으로 옳지 않은 것은?(다툼이 있으면 판례에 따름)

① 3년의 소멸시효기간이 적용되는 채권이 지급명령에서 확정된 경우, 그 시효기간은 10년으로 한다.

② 채권자가 동일한 목적을 달성하기 위하여 복수의 채권을 가지고 있는 경우, 특별한 사정이 없으면 그중 하나의 채권을 행사한 것만으로는 다른 채권에 대한 시효중단의 효력은 없다.

③ 대항요건을 갖추지 못한 채권양도의 양수인이 채무자를 상대로 재판상 청구를 하여도 시효중단사유인 재판상 청구에 해당하지 아니한다.

④ 채권자가 최고를 여러 번 거듭하다가 재판상 청구를 한 경우, 시효중단의 효력은 재판상 청구를 한 시점을 기준으로 하여 이로부터 소급하여 6월 이내에 한 최고시에 발생한다.

⑤ 동일한 당사자 사이에 계속적 거래관계로 인한 수개의 금전채무가 있고, 채무자가 그 채무 전액을 변제하기에는 부족한 금액으로 채무의 일부를 변제하는 경우에 그 수개의 채무전부에 관하여 시효중단의 효력이 발생하는 것이 원칙이다.

13 민법상 채권의 목적에 관한 설명으로 옳지 않은 것은?(다툼이 있으면 판례에 따름)

① 선택채권의 경우, 특별한 사정이 없는 한 선택의 효력은 소급하지 않는다.

② 금전으로 가액을 산정할 수 없는 것이라도 채권의 목적으로 할 수 있다.

③ 종류채권의 경우, 목적물이 특정된 때부터 그 특정된 물건이 채권의 목적물이 된다.

④ 특정물매매계약의 매도인은 특별한 사정이 없는 한 그 목적물을 인도할 때까지 선량한 관리자의 주의로 그 물건을 보존하여야 한다.

⑤ 금전채무에 관하여 이행지체에 대비한 지연손해금 비율을 따로 약정한 경우, 그 약정은 일종의 손해배상액의 예정이다.

14 甲과 乙은 A에 대하여 2억원의 연대채무를 부담하고 있으며, 甲과 乙 사이의 부담부분은 균등하다. 이에 관한 설명으로 옳은 것은?(다툼이 있으면 판례에 따름)

① 甲의 A에 대한 위 채무가 시효완성으로 소멸한 경우, 乙도 A에 대하여 위 채무 전부를 이행할 의무를 면한다.

② 甲이 A에게 2억원의 상계할 채권을 가지고 있음에도 상계를 하지 않는 경우, 乙은 甲이 A에게 가지는 2억원의 채권으로 위 채무 전부를 상계할 수 있다.

③ A가 甲에 대하여 채무의 이행을 청구하여 시효가 중단된 경우, 乙에게도 시효중단의 효력이 있다.

④ A의 신청에 의한 경매개시결정에 따라 甲소유의 부동산이 압류되어 시효가 중단된 경우, 乙에게도 시효중단의 효력이 있다.

⑤ A가 甲에 대하여 위 채무를 전부 면제해 준 경우, 乙도 A에 대하여 위 채무 전부를 이행할 의무를 면한다.

15 채권자대위권에 관한 설명으로 옳지 않은 것은?(다툼이 있으면 판례에 따름)

① 물권적 청구권도 채권자대위권의 피보전권리가 될 수 있다.

② 피보전채권의 이행기가 도래하기 전이라도 채권자는 법원의 허가를 얻어 채무자의 제3자에 대한 채권자취소권을 대위행사할 수 있다.

③ 민법상 조합원의 조합탈퇴권은 특별한 사정이 없는 한 채권자대위권의 목적이 될 수 없다.

④ 행사상 일신전속권은 채권자대위권의 목적이 되지 못한다.

⑤ 채권자대위소송에서 피보전채권의 존재 여부는 법원의 직권조사사항이다.

16 채무인수에 관한 설명으로 옳지 않은 것은?(다툼이 있으면 판례에 따름)

① 중첩적 채무인수는 채권자와 인수인 사이의 합의가 있으면 채무자의 의사에 반하여서도 이루어질 수 있다.

② 채무자와 인수인의 계약에 의한 면책적 채무인수는 채권자의 승낙이 없더라도 면책적 채무인수의 효력이 있다.

③ 채무인수가 면책적인지 중첩적인지 불분명한 경우에는 중첩적 채무인수로 본다.

④ 면책적 채무인수인은 전(前)채무자의 항변할 수 있는 사유로 채권자에게 대항할 수 있다.

⑤ 전(前)채무자의 채무에 대한 보증은 보증인의 동의가 없는 한 면책적 채무인수로 인하여 소멸한다.

17 甲은 乙에 대하여 A채무(원본 : 5천만원, 대여일 : 2021년 3월 1일, 이자 : 월 0.5%, 변제기 : 2021년 4월 30일)와 B채무(원본 : 4천만원, 대여일 : 2021년 4월 1일, 이자 : 월 1%, 변제기 : 2021년 5월 31일)를 부담하고 있다. 이에 관한 설명으로 옳은 것을 모두 고른 것은?(다툼이 있으면 판례에 따름)

> ㄱ. 甲은 2021년 6월 5일에 5천만원을 변제하면서 乙과의 합의로 B채무의 원본에 충당한 후 나머지는 A채무의 원본에 충당하는 것으로 정할 수 있다.
>
> ㄴ. 甲이 2021년 6월 5일에 5천만원을 변제하면서 법정충당이 이루어지는 경우, B채무에 보증인이 있다면 A채무의 변제에 먼저 충당된다.
>
> ㄷ. 甲이 2021년 5월 3일에 5천만원을 변제하면서 법정충당이 이루어지는 경우, B채무에 먼저 충당된다.
>
> ㄹ. 甲이 2021년 4월 28일에 5천만원을 변제하면서 법정충당이 이루어지는 경우, B채무에 먼저 충당된다.

① ㄱ, ㄴ

② ㄱ, ㄹ

③ ㄴ, ㄷ

④ ㄱ, ㄷ, ㄹ

⑤ ㄴ, ㄷ, ㄹ

18 상계에 관한 설명으로 옳은 것은?(다툼이 있으면 판례에 따름)

① 고의의 불법행위로 인하여 손해배상채무를 부담하는 자는 그 채무를 수동채권으로 하여 상계하지 못한다.

② 자동채권의 변제기는 도래하였으나 수동채권의 변제기가 도래하지 않은 경우에는 상계를 할 수 없다.

③ 채권자가 주채무자에 대하여 상계적상에 있는 자동채권을 상계하지 않는 경우, 보증채무자는 이를 이유로 보증한 채무의 이행을 거부할 수 있다.

④ 채무자는 채권양도를 승낙한 후에도 양도인에 대한 채권을 새로 취득한 경우에 이를 가지고 양수인에 대하여 상계할 수 있다.

⑤ 벌금형이 확정된 경우, 그 벌금채권은 상계의 자동채권이 될 수 없다.

19 계약의 성립에 관한 설명으로 옳지 않은 것은?(다툼이 있으면 판례에 따름)

① 청약은 상대방이 있는 의사표시이지만, 상대방은 청약 당시에 특정되어 있지 않아도 된다.

② 관습에 의하여 승낙의 통지가 필요하지 않은 경우에 계약은 승낙의 의사표시로 인정되는 사실이 있는 때에 성립한다.

③ 청약이 상대방에게 발송된 후 도달하기 전에 발생한 청약자의 사망은 그 청약의 효력에 영향을 미치지 아니한다.

④ 승낙자가 승낙기간을 도과한 후 승낙을 발송한 경우에 이를 수신한 청약자가 승낙의 연착을 통지하지 아니하면 그 승낙은 연착되지 아니한 것으로 본다.

⑤ 교차청약에 의한 격지자 간 계약은 양(兩) 청약이 상대방에게 모두 도달한 때에 성립한다.

20 제3자를 위한 계약에 관한 설명으로 옳은 것은?(다툼이 있으면 판례에 따름)

① 채무자와 인수인 사이에 체결되는 중첩적 채무인수계약은 제3자를 위한 계약이 아니다.

② 제3자를 위한 도급계약에서 수익의 의사표시를 한 제3자가 그 계약에 따라 완성된 목적물의 하자로 인해 손해를 입은 경우, 특별한 사정이 없는 한 낙약자는 그 제3자에게 해당 손해를 배상할 의무가 있다.

③ 요약자와 낙약자의 합의에 따라 제3자의 권리를 소멸시킬 수 있음을 미리 유보하였더라도 제3자에게 그 권리가 확정적으로 귀속되었다면 요약자와 낙약자는 제3자의 권리를 소멸시키지 못한다.

④ 제3자가 수익의 의사표시를 한 후에는 요약자는 원칙적으로 낙약자에 대하여 제3자에게 급부를 이행할 것을 요구할 수 있는 권리를 갖지 못한다.

⑤ 제3자가 수익의 의사표시를 한 경우, 특별한 사정이 없는 한 요약자는 낙약자의 채무불이행을 이유로 제3자의 동의 없이 계약을 해제할 수 없다.

21 계약의 해제에 관한 설명으로 옳지 않은 것은?(특별한 사정이 없음을 전제로 하며, 다툼이 있으면 판례에 따름)

① 당사자는 합의로 계약을 해제할 수 있다.

② 채권자가 채무액을 현저히 초과하는 금액의 지급을 최고하고, 이 금액을 지급하지 않으면 수령하지 않을 것이 분명한 경우에 이 최고에 터잡은 채권자의 해제는 무효이다.

③ 계약체결에 관한 대리권만을 수여받은 대리인은 계약체결 후 그 계약을 해제할 수 없다.

④ 하나의 계약에서 일방이 수인(數人)인 경우에 상대방은 그 수인 모두에게 해제의 의사표시를 하여야 한다.

⑤ 매도인의 책임있는 사유로 이행불능이 되어 매수인이 계약을 해제한 경우의 손해배상은 해제 시 목적물의 싯가를 기준으로 그 손해를 산정한다.

22 담보책임에 관한 설명으로 옳은 것은?(특별한 사정이 없음을 전제로 하며, 다툼이 있으면 판례에 따름)

① 특정물매매계약에 있어 목적물에 하자가 있는 경우, 악의의 매수인은 대금감액청구권을 행사할 수 있다.

② 특정물의 수량지정매매에서 수량이 부족한 경우, 악의의 매수인은 계약한 날로부터 1년 이내에 대금감액청구권을 행사하여야 한다.

③ 부담부 증여의 증여자는 담보책임을 지지 않는다.

④ 일정한 면적(수량)을 가지고 있다는 데 주안을 두고, 대금도 면적을 기준으로 하여 정해지는 아파트분양계약은 수량지정매매가 될 수 없다.

⑤ 건물신축도급계약에 따라 완성된 건물의 하자로 계약의 목적을 달성할 수 없는 경우, 도급인은 이를 이유로 그 계약을 해제할 수 있다.

23 민법상 위임에 관한 설명으로 옳지 않은 것은?(다툼이 있으면 판례에 따름)

① 무상위임의 수임인은 선량한 관리자의 주의의무를 부담한다.

② 수임인은 부득이한 사유가 있으면 제3자로 하여금 자기에 갈음하여 위임사무를 처리하게 할 수 있다.

③ 변호사에게 계쟁사건의 처리를 위임함에 있어서 보수에 관하여 명시적으로 약정하지 않은 경우, 특별한 사정이 없는 한 응분의 보수를 지급할 묵시의 약정이 있는 것으로 볼 수 있다.

④ 위임인에게 불리한 시기에 부득이한 사유로 계약을 해지한 수임인은 그 해지로 인해 위임인에게 발생한 손해를 배상하여야 한다.

⑤ 위임이 종료된 경우, 수임인은 특별한 사정이 없는 한 지체 없이 그 전말을 위임인에게 보고하여야 한다.

24 부당이득에 관한 설명으로 옳은 것은?(다툼이 있으면 판례에 따름)

① 채무자가 착오로 변제기 전에 채무를 변제한 경우, 채권자는 이로 인해 얻은 이익을 반환할 의무가 없다.

② 수익자가 이익을 받은 후 법률상 원인없음을 안 때에는 그 이익을 받은 날로부터 악의의 수익자로서 이익반환의 책임이 있다.

③ 선의의 수익자가 패소한 때에는 패소가 확정된 때부터 악의의 수익자로 본다.

④ 불법원인급여에서 수익자의 불법성이 현저히 크고, 그에 비하여 급여자의 불법성은 경미한 경우라 하더라도 급여자의 반환청구는 허용되지 않는다.

⑤ 법률상 원인 없이 이득을 얻은 자는 있지만 그로 인해 손해를 입은 자가 없는 경우, 부당이득반환청구권은 인정되지 않는다.

25 불법행위에 기한 손해배상에 관한 설명으로 옳지 않은 것을 모두 고른 것은?(다툼이 있으면 판례에 따름)

> ㄱ. 작위의무 있는 자의 부작위에 의한 과실방조는 공동불법행위의 방조가 될 수 없다.
> ㄴ. 도급인이 수급인의 일의 진행과 방법에 관해 구체적으로 지휘·감독한 경우, 수급인의 그 도급업무와 관련된 불법행위로 인한 제3자의 손해에 대해 도급인은 사용자책임을 진다.
> ㄷ. 책임능력 없는 미성년자의 불법행위로 인해 손해를 입은 자는 그 미성년자의 감독자에게 배상을 청구하기 위해 그 감독자의 감독의무해태를 증명하여야 한다.
> ㄹ. 파견근로자의 파견업무에 관한 불법행위에 대하여 파견사업주는 특별한 사정이 없는 한 사용자로서의 배상책임을 부담하지 않는다.

① ㄱ

② ㄴ, ㄷ

③ ㄴ, ㄹ

④ ㄱ, ㄷ, ㄹ

⑤ ㄱ, ㄴ, ㄷ, ㄹ

2021년 제30회 기출문제

✔ 2021.05.08. 시행

✔ Time   분 | 정답 및 해설 299p

✔ 중요문제 / 틀린 문제 CHECK   ✔ 각 문항별로 회독수 CHECK ☑☐☐

01	02	03	04	05	06	07	08	09	10	11	12	13	14	15	16	17	18	19	20	21	22	23	24	25

01 제한능력자에 관한 설명으로 옳은 것은?(다툼이 있으면 판례에 따름)

① 미성년자가 법정대리인의 동의 없이 매매계약을 체결하고 성년이 되기 전에 스스로 채무의 일부를 이행한 경우에는 그 계약을 추인한 것으로 본다.

② 피성년후견인이 속임수로써 상대방으로 하여금 성년후견인의 동의가 있는 것으로 믿게 하여 체결한 토지매매계약은 제한능력을 이유로 취소할 수 없다.

③ 가정법원은 본인의 의사에 반하여 한정후견 개시의 심판을 할 수 없다.

④ 가정법원이 특정후견의 심판을 하는 경우에는 특정후견의 기간 또는 사무의 범위를 정하여야 한다.

⑤ 제한능력자의 취소권은 재판 외에서 의사표시를 하는 방법으로는 행사할 수 없다.

02 불공정한 법률행위에 관한 설명으로 옳지 않은 것은?(다툼이 있으면 판례에 따름)

① 법률행위가 대리인에 의해서 행해진 경우, 궁박상태는 본인을 기준으로 판단하여야 한다.

② 불공정한 법률행위의 무효는 선의의 제3자에게 대항할 수 없다.

③ 불공정한 법률행위의 무효는 원칙적으로 추인에 의해 유효로 될 수 없다.

④ 경매절차에서 매각대금이 시가보다 현저히 저렴하더라도 불공정한 법률행위를 이유로 무효를 주장할 수 없다.

⑤ 매매계약이 불공정한 법률행위에 해당하여 무효인 경우, 특별한 사정이 없는 한 그 계약에 관한 부제소합의도 무효가 된다.

03 법인 아닌 사단에 관한 설명으로 옳지 않은 것은?(다툼이 있으면 판례에 따름)

□□□

① 이사에 결원이 생겨 손해가 생길 염려가 있는 경우, 임시이사의 선임에 관한 민법 제63조가 유추적용될 수 있다.

② 법인 아닌 사단이 그 명의로 총유재산에 관한 소송을 제기할 때에는 특별한 사정이 없는 한 사원총회의 결의를 거쳐야 한다.

③ 대표자로부터 사단의 제반 업무처리를 포괄적으로 위임받은 자의 대행행위의 효력은 원칙적으로 법인 아닌 사단에 미친다.

④ 대표자가 정관에 규정된 대표권 제한을 위반하여 법률행위를 한 경우, 그 상대방이 대표권제한 사실을 알았거나 알 수 있었을 경우가 아니라면 그 법률행위는 유효하다.

⑤ 사원이 존재하지 않게 된 경우, 법인 아닌 사단은 청산사무가 완료될 때까지 청산의 목적범위 내에서 권리의무의 주체가 된다.

04 착오로 인한 의사표시에 관한 설명으로 옳은 것은?(다툼이 있으면 판례에 따름)

□□□

① 상대방이 표의자의 착오를 알고 이를 이용한 경우, 표의자에게 중과실이 있으면 그 의사표시를 취소할 수 없다.

② 착오의 존재와 그 착오가 법률행위의 중요부분에 관한 것이라는 점은 표의자의 상대방이 증명하여야 한다.

③ 신원보증서류에 서명날인한다는 착각에 빠진 상태로 연대보증서면에 서명날인한 것은 동기의 착오이다.

④ 재단법인 설립을 위한 출연행위는 상대방 없는 단독행위이므로 착오를 이유로 취소할 수 없다.

⑤ 표시상 착오가 제3자의 기망행위에 의하여 일어난 경우, 표의자는 제3자의 기망행위를 상대방이 알았는지 여부를 불문하고 착오를 이유로 의사표시를 취소할 수 있다.

05 물건에 관한 설명으로 옳지 않은 것은?(다툼이 있으면 판례에 따름)

□□□

① 주물과 종물은 원칙적으로 동일한 소유자에게 속하여야 한다.

② 주물과 종물에 관한 민법 제100조 제2항의 법리는 압류와 같은 공법상 처분에는 적용되지 않는다.

③ 당사자는 주물을 처분할 때에 특약으로 종물을 제외하거나 종물만 별도로 처분할 수 있다.

④ 노동의 대가인 임금은 법정과실이 아니다.

⑤ 매매목적물이 인도되지 않았고 매수인도 대금을 완제하지 않은 경우, 특별한 사정이 없는 한 매도인의 이행지체가 있더라도 매매목적물로부터 발생하는 과실은 매도인에게 귀속된다.

06 통정허위표시에 관한 설명으로 옳지 않은 것은?(다툼이 있으면 판례에 따름)

① 통정허위표시가 성립하기 위해서는 표의자의 진의와 표시의 불일치에 관하여 상대방과의 사이에 합의가 있어야 한다.

② 통정허위표시로 무효인 법률행위는 채권자취소권의 대상이 될 수 있다.

③ 통정허위표시로서 의사표시가 무효라고 주장하는 자는 그 무효사유에 해당하는 사실을 증명할 책임이 있다.

④ 가장근저당권설정계약이 유효하다고 믿고 그 피담보채권을 가압류한 자는 통정허위표시의 무효로 대항할 수 없는 제3자에 해당하지 않는다.

⑤ 가장양수인으로부터 소유권이전등기청구권 보전을 위한 가등기를 경료받은 자는 특별한 사정이 없는 한 선의로 추정된다.

07 소멸시효에 관한 설명으로 옳지 않은 것은?(다툼이 있으면 판례에 따름)

① 공유관계가 존속하는 한 공유물분할청구권은 소멸시효에 걸리지 않는다.

② 소멸시효는 그 기산일에 소급하여 효력이 생긴다.

③ 정지조건부 채권의 소멸시효는 조건성취 시부터 진행된다.

④ 시효중단의 효력 있는 승인에는 상대방의 권리에 관한 처분의 능력이나 권한 있음을 요하지 아니한다.

⑤ 천재지변으로 인하여 소멸시효를 중단할 수 없을 경우, 그 사유가 종료한 때로부터 6월 내에는 시효가 완성되지 아니한다.

08 법률행위의 조건에 관한 설명으로 옳은 것은?(다툼이 있으면 판례에 따름)

① 법률행위에 조건이 붙어 있는지 여부는 사실인정의 문제로서 그 조건의 존재를 주장하는 자가 이를 증명하여야 한다.

② 조건의 성취가 미정한 권리의무는 일반규정에 의하여 담보로 할 수 없다.

③ 조건이 선량한 풍속 기타 사회질서에 위반한 경우, 그 조건만 무효로 될 뿐 그 법률행위는 조건 없는 법률행위로 유효하다.

④ 법률행위 당시 조건이 이미 성취된 경우, 그 조건이 정지조건이면 그 법률행위는 무효이다.

⑤ 당사자가 조건성취의 효력을 그 성취 전으로 소급하게 할 의사를 표시한 경우, 그 소급의 의사표시는 효력이 없다.

09 민법상 대리에 관한 설명으로 옳지 않은 것은?(다툼이 있으면 판례에 따름)

① 매매계약 체결의 대리권을 수여받은 대리인은 특별한 사정이 없는 한 중도금을 수령할 권한이 있다.

② 권한의 정함이 없는 대리인은 기한이 도래한 채무를 변제할 수 있다.

③ 대리인이 수인인 경우 대리인은 특별한 사정이 없는 한 각자가 본인을 대리한다.

④ 대리인의 쌍방대리는 금지되나 채무의 이행은 가능하므로, 쌍방의 허락이 없더라도 경개계약을 체결할 수 있다.

⑤ 사채알선업자가 대주와 차주 쌍방을 대리하여 소비대차계약을 유효하게 체결한 경우, 사채알선업자는 특별한 사정이 없는 한 차주가 한 변제를 수령할 권한이 있다.

10 2021년 5월 8일(토)에 계약기간을 '앞으로 3개월'로 정한 경우, 기산점과 만료점을 바르게 나열한 것은?(단, 기간의 계산방법에 관하여 달리 정함은 없고, 8월 6일은 금요일임)

① 5월 8일, 8월 7일   ② 5월 8일, 8월 9일

③ 5월 9일, 8월 8일   ④ 5월 9일, 8월 9일

⑤ 5월 10일, 8월 9일

11 계약의 무권대리에 관한 설명으로 옳은 것은?(다툼이 있으면 판례에 따름)

① 무권대리행위의 목적이 가분적인 경우, 본인은 상대방의 동의 없이 그 일부에 대하여 추인할 수 있다.

② 계약체결 당시 상대방이 대리인의 대리권 없음을 알았다는 사실에 관한 주장·증명책임은 무권대리인에게 있다.

③ 상대방이 무권대리로 인하여 취득한 권리를 양도한 경우, 본인은 그 양수인에게 추인할 수 없다.

④ 무권대리의 추인은 다른 의사표시가 없는 한 추인한 때로부터 그 효력이 생긴다.

⑤ 계약체결 당시 대리인의 무권대리사실을 알 수 있었던 상대방은 최고권을 행사할 수 없다.

12

무효행위에 관한 설명으로 옳지 않은 것은?(다툼이 있으면 판례에 따름)

① 취소할 수 있는 법률행위가 취소된 후에는 무효행위의 추인요건을 갖추더라도 다시 추인될 수 없다.
② 무효행위의 추인은 묵시적으로 이루어질 수 있다.
③ 무효행위의 추인이 있었다는 사실은 새로운 법률행위의 성립을 주장하는 자가 증명하여야 한다.
④ 법률행위의 일부분이 무효인 때에는 특별한 사정이 없는 한 그 전부를 무효로 한다.
⑤ 불공정한 법률행위에는 무효행위의 전환에 관한 민법 제138조가 적용될 수 있다.

채권자취소권에 관한 설명으로 옳은 것을 모두 고른 것은?(다툼이 있으면 판례에 따름)

ㄱ. 채권자 취소의 소는 취소원인을 안 날로부터 3년, 법률행위가 있은 날로부터 10년 내에 제기하여야 한다.
ㄴ. 채권자가 채무자의 사해의사를 증명하면 수익자의 악의는 추정된다.
ㄷ. 채무초과상태에 있는 채무자의 상속포기는 채권자취소권의 대상이 되지 못한다.
ㄹ. 사해행위 이전에 성립된 채권을 양수하였으나, 그 대항요건을 사해행위 이후에 갖춘 양수인은 이를 피보전채권으로 하는 채권자취소권을 행사할 수 없다.
ㅁ. 건물신축의 도급인이 민법 제666조에 따른 수급인의 저당권설정청구권 행사에 의해 그 건물에 저당권을 설정하는 행위는 특별한 사정이 없는 한 사해행위에 해당하지 않는다.

① ㄱ, ㄴ, ㅁ   ② ㄱ, ㄷ, ㄹ
③ ㄱ, ㄹ, ㅁ   ④ ㄴ, ㄷ, ㄹ
⑤ ㄴ, ㄷ, ㅁ

채권양도와 채무인수에 관한 설명으로 옳지 않은 것은?(다툼이 있으면 판례에 따름)

① 매매로 인한 소유권이전등기청구권의 양도는 채무자의 동의나 승낙을 받아야 대항력이 생긴다.
② 중첩적 채무인수는 채권자와 채무인수인 사이에 합의가 있더라도 채무자의 의사에 반해서는 이루어질 수 없다.
③ 당사자 간 지명채권 양도의 효과는 특별한 사정이 없는 한 통지 또는 승낙과 관계없이 양도계약과 동시에 발생한다.
④ 가압류된 채권도 특별한 사정이 없는 한 양도하는 데 제한이 없다.
⑤ 채무의 인수가 면책적인지 중첩적인지 불분명한 경우에는 중첩적 채무인수로 본다.

15 매매계약의 불능에 관한 설명으로 옳지 않은 것은?(다툼이 있으면 판례에 따름)

① 계약목적이 원시적·객관적 전부불능인 경우, 악의의 매도인은 매수인이 그 계약의 유효를 믿었음으로 인하여 받은 손해를 배상하여야 한다.

② 계약목적이 원시적·주관적 전부불능인 경우, 선의의 매수인은 악의의 매도인에게 계약상 급부의 이행을 청구할 수 있다.

③ 당사자 쌍방의 귀책사유 없이 매도인의 채무가 후발적·객관적 전부불능된 경우, 매도인은 매수인에게 매매대금의 지급을 구하지 못한다.

④ 매도인의 귀책사유로 그의 채무가 후발적·객관적 전부불능된 경우, 매수인은 매도인에게 전보배상을 청구할 수 있다.

⑤ 대상(代償)을 발생시키는 매매목적물의 후발적 불능에 대하여 매도인의 귀책사유가 존재하는 경우, 매수인은 대상청구권을 행사하지 못한다.

16 이행보조자에 관한 설명으로 옳은 것은?(다툼이 있으면 판례에 따름)

① 이행보조자는 채무자에게 종속되어 지시·감독을 받는 관계에 있는 자를 말한다.

② 동일한 사실관계에 기하여 채무자와 이행보조자가 각 채무불이행책임과 불법행위책임을 지는 경우, 이들의 책임은 연대채무관계에 있다.

③ 채무자가 이행보조자의 선임·감독상의 주의의무를 다하더라도 채무자는 이행보조자에 의해 유발된 채무불이행책임을 면하지 못한다.

④ 이행보조자의 경과실에 대하여 채무자가 채무불이행책임을 지지 아니한다는 내용의 특약은 원칙적으로 무효이다.

⑤ 이행보조자가 제3자를 복이행보조자로 사용하는 경우, 채무자가 이를 묵시적으로 동의했다면 복이행보조자의 경과실에 대해서 채무자는 책임을 부담하지 않는다.

17 다수당사자 간의 법률관계에 관한 설명으로 옳지 않은 것은?(다툼이 있으면 판례에 따름)

① 공동임차인의 차임지급의무는 특별한 사정이 없는 한 불가분채무이다.

② 특별한 사정이 없는 한 연대채무자 중 1인이 채무 일부를 면제받더라도 그가 지급해야 할 잔존 채무액이 그의 부담부분을 초과한다면, 다른 연대채무자는 채무 전액을 부담한다.

③ 연대채무자 중 1인이 연대의 면제를 받더라도, 다른 연대채무자는 채무 전액을 부담한다.

④ 부진정연대채무의 다액채무자가 일부변제한 경우, 그 변제로 인하여 먼저 소멸하는 부분은 다액채무자가 단독으로 부담하는 부분이다.

⑤ 보증채무의 이행을 확보하기 위하여 채권자와 보증인은 보증채무에 관해서만 손해배상액을 예정할 수 있다.

18 손해배상액의 예정에 관한 설명으로 옳지 않은 것은?(다툼이 있으면 판례에 따름)

① 채무자는 특별한 사정이 없는 한 자신의 귀책사유 없음을 이유로 예정배상액의 지급책임을 면할 수 있다.

② 손해배상액의 예정에는 특별한 사정이 없는 한 통상손해뿐만 아니라 특별손해도 포함된다.

③ 손해배상액이 예정되어 있는 경우라도 과실상계할 수 있다.

④ 예정배상액의 감액범위에 대한 판단은 사실심 변론종결 당시를 기준으로 한다.

⑤ 금전채무에 관하여 이행지체에 대비한 지연손해금 비율에 대한 합의는 손해배상액의 예정으로 보아 감액의 대상이 된다.

19 채무불이행책임에 관한 설명으로 옳은 것은?(다툼이 있으면 판례에 따름)

① 강제이행과 손해배상청구는 양립할 수 없다.

② 채권자의 단순한 부주의라도 그것이 손해확대의 원인이 되는 경우, 이를 이유로 과실상계할 수 있다.

③ 하는 채무에 대한 대체집행은 허용되지 않는다.

④ 손해배상청구권의 소멸시효는 본래의 채권을 행사할 수 있는 때로부터 진행된다.

⑤ 채무불이행으로 인하여 채권자의 생명침해가 있는 경우, 채권자의 직계존속은 민법 제752조를 유추적용하여 채무불이행을 이유로 한 위자료를 청구할 수 있다.

2024년 2023년 2022년 2021년 2020년

20 계약해제에 관한 설명으로 옳지 않은 것은?(다툼이 있으면 판례에 따름)

① 제3자를 위한 계약에서 요약자는 낙약자의 채무불이행을 이유로 제3자의 동의 없이 기본관계를 이루는 계약을 해제할 수 있다.

② 계약이 해제된 경우 금전을 수령한 자는 해제한 날부터 이자를 가산하여 반환하여야 한다.

③ 甲, 乙, 丙 사이에 순차적으로 매매계약이 이루어지고 丙이 매매대금을 乙의 지시에 따라 甲에게 지급한 경우, 乙과 丙 사이의 매매계약이 해제되더라도 丙은 甲에게 직접 부당이득반환을 청구할 수 없다.

④ 매도인이 계약금계약에 의한 해제를 하는 경우, 매도인은 해제의사표시와 약정계약금의 배액을 제공하면 되고, 매수인의 수령거절 시 공탁할 필요는 없다.

⑤ 계약해제로 인한 원상회복의무가 이행지체에 빠진 이후의 지연손해금률에 관하여 당사자 사이에 별도의 약정이 있는 경우, 그 지연손해금률이 법정이율보다 낮더라도 약정에 따른 지연손해금률이 적용된다.

21 불법행위책임에 관한 설명으로 옳지 않은 것은?(다툼이 있으면 판례에 따름)

① 피용자의 불법행위로 인하여 사용자책임을 지는 자가 그 피용자에 대하여 행사하는 구상권은 신의칙을 이유로 제한 또는 배제될 수 있다.

② 공동불법행위에서 과실상계를 하는 경우, 피해자에 대한 공동불법행위자 전원의 과실과 피해자의 공동불법행위자 전원에 대한 과실을 전체적으로 평가하여야 한다.

③ 가해자 중 1인이 다른 가해자에 비하여 불법행위에 가공한 정도가 경미한 경우, 그 가해자의 피해자에 대한 책임범위를 손해배상액의 일부로 제한하여 인정할 수 있다.

④ 불법행위에 경합된 당사자들의 과실 정도에 관한 사실인정이나 그 비율을 정하는 것은 특별한 사정이 없는 한 사실심의 전권사항에 속한다.

⑤ 일반육체노동을 하는 사람의 가동연한은 특별한 사정이 없는 한 경험칙상 만 65세로 보아야 한다.

22 甲은 법률상 의무 없이 乙의 사무를 처리하고 있다. 이에 관한 설명으로 옳지 않은 것은?(다툼이 있으면 판례에 따름)

① 甲이 제3자와의 별도의 위임계약에 따라 乙의 사무를 처리한 경우, 원칙적으로 甲과 乙 사이에 사무관리는 성립하지 않는다.

② 사무관리가 성립되기 위한 甲의 사무관리의사는 甲 자신을 위한 의사와 병존할 수 있다.

③ 사무관리가 성립하는 경우, 甲은 乙에게 부당이득 반환을 청구할 수 없다.

④ 사무관리가 성립하는 경우, 甲이 乙의 의사를 알거나 알 수 있었다면 甲은 사무의 성질에 좇아 乙에게 이익이 되는 방법으로 관리하여야 한다.

⑤ 甲이 사무관리하면서 과실 없이 손해를 입은 경우, 甲은 乙의 현존이익의 한도 내에서 그 손해의 보상을 청구할 수 있다.

23 동시이행항변권에 관한 설명으로 옳은 것은?(다툼이 있으면 판례에 따름)

① 공사도급계약상 도급인의 지체상금채권과 수급인의 공사대금채권은 특별한 사정이 없는 한 동시이행관계에 있다.

② 선이행의무자가 이행을 지체하는 동안 상대방의 채무가 이행기에 도래한 경우, 특별한 사정이 없는 한 양 당사자의 의무는 동시이행관계에 있지 않다.

③ 동시이행항변권에 따른 이행지체책임 면제의 효력은 그 항변권을 행사·원용하여야 발생한다.

④ 동시이행항변권은 연기적 항변권으로 동시이행관계에 있으면 소멸시효는 진행되지 아니한다.

⑤ 자동채권과 수동채권이 동시이행관계에 있더라도 서로 현실적으로 이행하여야 할 필요가 없는 경우, 특별한 사정이 없는 한 상계는 허용된다.

24 민법상 조합에 관한 설명으로 옳지 않은 것은?(다툼이 있으면 판례에 따름)

① 수인이 공동사업을 경영할 목적 없이 전매차익만을 얻기 위해 상호 협력한 경우, 특별한 사정이 없는 한 이들 사이의 법률관계는 조합에 해당하지 않는다.

② 조합채무자가 조합원들 중의 1인에 대하여 개인채권을 가지고 있는 경우, 그 채권과 조합에 대한 채무를 서로 대등액에서 상계할 수 없다.

③ 조합계약에서 출자의무의 이행과 이익분배를 직접 연결시키는 특약을 두지 않은 경우, 조합은 출자의무를 이행하지 않은 조합원의 이익분배 자체를 거부할 수 없다.

④ 조합원의 지분에 대한 압류는 그 조합원의 장래의 이익배당 및 지분의 반환을 받을 권리에 대하여 효력이 있다.

⑤ 2인 조합에서 조합원 1인이 탈퇴하면 조합관계는 종료되고, 원칙적으로 조합은 즉시 해산된다.

25 매매에 관한 설명으로 옳은 것을 모두 고른 것은?(다툼이 있으면 판례에 따름)

> ㄱ. 당사자가 매매예약완결권의 행사기간을 약정하지 않은 경우, 완결권은 예약이 성립한 때로부터 10년 내에 행사되어야 하고, 그 기간을 지난 때에는 제척기간의 경과로 인하여 소멸한다.
> ㄴ. 목적물이 일정한 면적을 가지고 있다는 데 주안을 두고 대금도 면적을 기준으로 정하여지는 아파트분양계약은 특별한 사정이 없는 한 수량지정매매에 해당한다.
> ㄷ. 건축목적으로 매매된 토지에 대하여 건축허가를 받을 수 없어 건축이 불가능한 경우, 이와 같은 법률적 제한 내지 장애는 권리의 하자에 해당한다.
> ㄹ. 특정물 매매에서 매도인의 하자담보책임이 성립하는 경우, 매수인은 매매계약내용의 중요부분에 착오가 있더라도 이를 취소할 수 없다.

① ㄱ, ㄴ   ② ㄱ, ㄹ

③ ㄴ, ㄷ   ④ ㄱ, ㄷ, ㄹ

⑤ ㄴ, ㄷ, ㄹ

2020년 제29회 기출문제

2020.05.23. 시행   ⊘ Time   분 | 정답 및 해설 321p

⊘ 중요문제 / 틀린 문제 CHECK   ⊘ 각 문항별로 회독수 CHECK ☑☐☐

01	02	03	04	05	06	07	08	09	10	11	12	13	14	15	16	17	18	19	20	21	22	23	24	25

01 미성년자 甲과 행위능력자 乙 간의 매매계약에 관한 설명으로 옳은 것은?(다툼이 있으면 판례에
☐☐☐ 따름)

① 甲의 법정대리인이 동의하면 위 계약은 확정적으로 유효하게 되는데 이때 그 동의는 명시적으
로 행해져야 한다.

② 乙은 계약 체결 시 甲이 미성년자임을 알았더라도 추인이 있기 전까지 자신의 의사표시를
철회할 수 있다.

③ 甲이 단독으로 乙과 계약을 체결한 후, 제한능력을 이유로 甲 스스로 위 계약을 취소하는
것은 신의칙에 반한다.

④ 계약 체결 시 乙이 甲에게 나이를 물었을 때 甲이 만 20세라 답하였다고 하더라도 甲의 법정대
리인은 위 계약을 취소할 수 있다.

⑤ 甲의 법정대리인에 의하여 위 계약이 甲의 제한능력을 이유로 취소되었다면, 甲의 부당이득반
환범위는 그 법정대리인의 선의·악의에 따라 달라진다.

02 민법상 법인에 관한 설명으로 옳은 것은?(다툼이 있으면 판례에 따름)
☐☐☐

① 사단법인 정관의 법적 성질은 자치법규이다.

② 청산종결등기가 행해졌다면 청산사무가 아직 남아 있다 하더라도 그 법인의 권리능력은 소멸
된다.

③ 대표이사의 불법행위가 법인의 불법행위로 되는 경우에 대표이사는 자기의 불법행위책임을
면한다.

④ 법인의 대표권을 가진 자가 하는 법률행위는 성립상 효과만 법인에게 귀속할 뿐 그 위반의
효과인 채무불이행책임까지 법인에 귀속하는 것은 아니다.

⑤ 사단법인 사원의 지위는 정관에 의하여도 상속할 수 없다.

03 비법인사단에 관한 설명으로 옳지 않은 것은?(다툼이 있으면 판례에 따름)

① 비법인사단의 대표자로부터 포괄적 위임을 받은 수임인의 대행행위는 비법인사단에 효력을 미치지 않는다.

② 비법인사단 대표자의 대표권이 정관으로 제한된 경우, 비법인사단은 그 등기가 없더라도 그 거래상대방이 악의라면 이로써 대항할 수 있다.

③ 법인의 불법행위책임에 관한 민법 제35조 제1항은 비법인사단에 유추적용된다.

④ 비법인사단의 구성원들이 집단으로 탈퇴하면 2개의 비법인사단으로 분열되고, 이때 각 비법인사단은 종전의 재산을 구성원수의 비율로 총유한다.

⑤ 사원총회결의를 거치지 않아 무효가 되는 비법인사단 대표자의 총유물 처분행위에 대해서는 '권한을 넘은 표현대리'의 법리가 적용되지 않는다.

04 물건에 관한 설명으로 옳지 않은 것은?(다툼이 있으면 판례에 따름)

① 주물과 다른 사람의 소유에 속하는 물건은 종물이 될 수 없다.

② 주물을 처분할 때 당사자 간의 특약으로 종물만을 별도로 처분할 수도 있다.

③ 국립공원의 입장료는 법정과실에 해당한다.

④ 관리할 수 있는 자연력은 동산이다.

⑤ 명인방법을 갖춘 수목의 경우 토지와 독립된 물건으로서 거래의 객체가 된다.

05 무자력한 甲은 乙에게 3억원의 금전채무를 부담하고 있으나, 乙의 강제집행을 피하기 위해 자신의 유일한 재산인 A부동산을 丙에게 가장매매하고 소유권이전등기를 해 주었다. 이에 관한 설명으로 옳은 것은?(다툼이 있으면 판례에 따름)

① 乙은 甲에 대한 자신의 채권을 보전하기 위하여 甲의 丙에 대한 소유권이전등기의 말소등기청구권을 대위행사할 수 있다.

② 甲과 丙 간의 가장매매는 무효이므로 乙은 이것이 사해행위라는 것을 이유로 하여 채권자취소권을 행사할 수 없다.

③ 허위표시는 불법원인이므로 甲은 丙에게 자신의 소유권에 기하여 A부동산의 반환을 청구할 수 없다.

④ 만약 丙이 丁에게 A부동산을 매도하였다면, 丁은 선의·무과실이어야 제3자로서 보호를 받을 수 있다.

⑤ 甲과 丙이 A부동산의 가장매매계약을 추인하면 그 계약은 원칙적으로 체결 시로 소급하여 유효한 것이 된다.

06 비진의표시에 관한 설명으로 옳지 않은 것은?(다툼이 있으면 판례에 따름)

① 비진의표시에서 '진의'란 특정한 내용의 의사표시를 하고자 하는 표의자의 생각을 말하는 것이지 진정으로 마음속에서 바라는 사항을 뜻하는 것은 아니다.

② 법률상의 장애로 자기명의로 대출받을 수 없는 자를 위하여 대출금채무자로서 명의를 빌려준 자는 특별한 사정이 없는 한 채무부담의사를 가지지 않으므로 그가 행한 대출계약상의 의사표시는 비진의표시이다.

③ 재산을 강제로 뺏긴다는 인식을 하고 있는 자가 고지된 해악이 두려워 어쩔 수 없이 증여의 의사표시를 한 경우 이는 비진의표시라 할 수 없다.

④ 근로자가 회사의 경영방침에 따라 사직원을 제출하고 회사가 이를 받아들여 퇴직처리를 하였다가 즉시 재입사하는 형식으로 실질적 근로관계의 단절 없이 계속 근무하였다면 그 사직의 의사표시는 무효이다.

⑤ 비리공무원이 감사기관의 사직권고를 받고 사직의 의사표시를 하여 의원면직처분이 된 경우, 그 사표제출자의 내심에 사직할 의사가 없었더라도 그 사직의 의사표시는 효력이 발생한다.

07 의사표시를 한 자가 착오를 이유로 그 의사표시를 취소할 수 없는 경우를 모두 고른 것은?(단, 표의자의 중대한 과실은 없으며 다툼이 있으면 판례에 따름)

> ㄱ. 매매에서 매도인이 목적물의 시가를 몰라서 대금과 시가에 근소한 차이가 있는 경우
> ㄴ. 주채무자의 차용금반환채무를 보증할 의사로 공정증서에 서명·날인하였으나 그 공정증서가 주채무자의 기존의 구상금채무에 관한 준소비대차계약의 공정증서이었던 경우
> ㄷ. 건물 및 부지를 현상태대로 매수하였으나 그 부지의 지분이 근소하게 부족한 경우

① ㄱ
② ㄷ
③ ㄱ, ㄴ
④ ㄴ, ㄷ
⑤ ㄱ, ㄴ, ㄷ

08 민법 제104조(불공정한 법률행위)에 관한 설명으로 옳은 것은?(다툼이 있으면 판례에 따름)

□□□

① 증여계약은 민법 제104조에서의 공정성 여부를 논의할 수 있는 성질의 법률행위가 아니다.

② 급부와 반대급부가 현저히 균형을 잃은 경우에는 법률행위가 궁박, 경솔, 무경험으로 인해 이루어진 것으로 추정된다.

③ 대리인에 의하여 법률행위가 이루어진 경우 경솔과 무경험은 본인을 기준으로, 궁박은 대리인을 기준으로 판단한다.

④ 불공정한 법률행위의 성립요건인 궁박, 경솔, 무경험은 모두 구비되어야 한다.

⑤ 불공정한 법률행위로서 무효인 경우라도 당사자의 추인에 의하여 유효로 된다.

09 민법상 조건에 관한 설명으로 옳은 것은?(다툼이 있으면 판례에 따름)

□□□

① '대금이 완납되면 매매목적물의 소유권이 이전된다'는 조항이 있는 소유권유보부 매매에서 대금완납은 해제조건이다.

② 선량한 풍속에 반하는 불법조건이 붙은 법률행위는 조건 없는 법률행위가 된다.

③ 당사자의 의사표시로 조건성취의 효력을 소급시킬 수 없다.

④ 조건은 법률행위의 내용을 이룬다.

⑤ 유언에는 조건을 붙일 수 없다.

10 법률행위의 무효 또는 취소에 관한 설명으로 옳은 것은?(다툼이 있으면 판례에 따름)

□□□

① 법률행위의 일부분이 무효인 경우 원칙적으로 그 일부분만 무효이다.

② 제한능력자가 법률행위를 취소한 경우 원칙적으로 그가 받은 이익 전부를 상환하여야 한다.

③ 취소할 수 있는 법률행위는 추인권자의 추인이 있은 후에는 취소하지 못한다.

④ 법률행위의 취소권은 법률행위를 한 날부터 3년 내에, 추인할 수 있는 날부터 10년 내에 행사하여야 한다.

⑤ 매도인에게 부과될 공과금을 매수인이 책임진다는 취지의 특약은 사회질서에 반하므로 무효이다.

11 대리에 관한 설명으로 옳은 것은?(다툼이 있으면 판례에 따름)

① 대리인 乙이 자신을 본인 甲이라고 하면서 계약을 체결한 경우 그것이 대리권의 범위 내일지라도 그 계약의 효력은 甲이 아닌 乙에게 귀속된다.

② 대리행위를 한 자에게 대리권이 있다는 점에 대한 증명책임은 대리행위의 효과를 주장하는 자에게 있다.

③ 금전소비대차계약에서 원리금반환채무변제의 수령권한을 위임받은 대리인은 원칙적으로 그 원리금반환채무를 면제해 줄 대리권도 있다.

④ 수인의 대리인이 본인을 위하여 각각 상충되는 내용의 계약을 체결한 경우 가장 먼저 체결된 계약만이 본인에게 효력이 있다.

⑤ 임의대리인은 본인의 승낙이 있는 경우에만 복대리인을 선임할 수 있다.

12 소멸시효에 관한 설명으로 옳지 않은 것은?(다툼이 있으면 판례에 따름)

① 변론주의의 원칙상 법원은 당사자가 주장하는 기산점을 기준으로 소멸시효를 계산하여야 한다.

② 매수인이 목적부동산을 인도받아 계속 점유하고 있다면 그 소유권이전등기청구권의 소멸시효는 진행하지 않는다.

③ 계속적 물품공급계약에 기하여 발생한 외상대금채권은 특별한 사정이 없는 한 거래종료일로부터 외상대금채권총액에 대하여 한꺼번에 소멸시효가 기산한다.

④ 건물신축공사도급계약에서의 수급인의 도급인에 대한 저당권설정청구권의 소멸시효기간은 3년이다.

⑤ 변론주의원칙상 당사자의 주장이 없으면 법원은 소멸시효의 중단에 관해서 직권으로 판단할 수 없다.

13 금전채권에 관한 설명으로 옳지 않은 것은?(다툼이 있으면 판례에 따름)

① 우리나라 통화를 외화채권에 변제충당할 때 특별한 사정이 없는 한 채무이행기의 외국환시세에 의해 환산한다.

② 금전채무의 이행지체로 발생하는 지연손해금의 성질은 손해배상금이지 이자가 아니다.

③ 금전채무의 이행지체로 인한 지연손해금채무는 이행기의 정함이 없는 채무에 해당한다.

④ 금전채무의 약정이율은 있었지만 이행지체로 인해 발생한 지연손해금에 관한 약정이 없는 경우, 특별한 사정이 없는 한 지연손해금은 그 약정이율에 의해 산정한다.

⑤ 금전채무에 관하여 이행지체에 대비한 지연손해금 비율을 따로 약정한 경우, 이는 일종의 손해배상액의 예정이다.

14 채무자의 이행지체책임 발생시기로 옳은 것을 모두 고른 것은?(다툼이 있으면 판례에 따름)

> ㄱ. 불확정기한부채무의 경우, 채무자가 기한이 도래함을 안 때
> ㄴ. 부당이득반환채무의 경우, 수익자가 이행청구를 받은 때
> ㄷ. 불법행위로 인한 손해배상채무의 경우, 가해자가 피해자로부터 이행청구를 받은 때

① ㄱ   ② ㄱ, ㄴ
③ ㄱ, ㄷ   ④ ㄴ, ㄷ
⑤ ㄱ, ㄴ, ㄷ

15 민법상 과실상계에 관한 설명으로 옳지 않은 것은?(다툼이 있으면 판례에 따름)

① 불법행위의 성립에 관한 가해자의 과실과 과실상계에서의 피해자의 과실은 그 의미를 달리한다.
② 피해자에게 과실이 있는 경우 가해자가 과실상계를 주장하지 않았더라도 법원은 손해배상액을 정함에 있어서 이를 참작하여야 한다.
③ 매도인의 하자담보책임은 법이 특별히 인정한 무과실책임이지만 그 하자의 발생 및 확대에 가공한 매수인의 잘못이 있다면 법원은 이를 참작하여 손해배상의 범위를 정하여야 한다.
④ 피해자의 부주의를 이용하여 고의의 불법행위를 한 자는 특별한 사정이 없는 한 피해자의 그 부주의를 이유로 과실상계를 주장할 수 없다.
⑤ 손해를 산정함에 있어서 손익상계와 과실상계를 모두 하는 경우 손익상계를 먼저 하여야 한다.

16 채권자 甲, 채무자 乙, 수익자 丙을 둘러싼 채권자취소소송에 관한 설명으로 옳은 것은?(단, 乙에게는 甲 외에 다수의 채권자가 존재하며 다툼이 있으면 판례에 따름)

① 채권자취소소송에서 원고는 甲이고 피고는 乙과 丙이다.
② 원상회복으로 丙이 금전을 지급하여야 하는 경우에 甲은 직접 자신에게 이를 지급할 것을 청구할 수 있다.
③ 채권자취소권 행사의 효력은 소를 제기한 甲의 이익을 위해서만 발생한다.
④ 乙의 사해의사는 특정 채권자인 甲을 해한다는 인식이 필요하다.
⑤ 채권자취소소송은 甲이 乙의 대리인으로서 수행하는 것이다.

17 민법상 보증채무에 관한 설명으로 옳지 않은 것은?(다툼이 있으면 판례에 따름)

① 주채무가 민사채무이고 보증채무가 상사채무인 경우 보증채무의 소멸시효기간은 주채무에 따라 결정된다.

② 보증은 불확정한 다수의 채무에 대하여도 할 수 있다.

③ 주채권과 분리하여 보증채권만을 양도하기로 하는 약정은 그 효력이 없다.

④ 보증채권을 주채권과 함께 양도하는 경우 대항요건은 주채권의 이전에 관하여만 구비하면 족하다.

⑤ 보증인은 주채무자의 채권에 의한 상계로 채권자에게 대항할 수 있다.

18 지명채권의 양도에 관한 설명으로 옳지 않은 것은?(다툼이 있으면 판례에 따름)

① 장래의 채권도 그 권리의 특정이 가능하고 가까운 장래에 발생할 것임이 상당 정도 기대되는 경우에는 채권양도의 대상이 될 수 있다.

② 채권의 양도를 승낙함에 있어서는 이의를 보류할 수 있고 양도금지의 특약이 있는 채권양도를 승낙하면서 조건을 붙일 수도 있다.

③ 채권양도에 대한 채무자의 승낙은 양도인 또는 양수인에 대하여 할 수 있다.

④ 채권이 이중으로 양도된 경우 양수인 상호 간의 우열은 통지 또는 승낙에 붙여진 확정일자의 선후에 의하여 결정된다.

⑤ 채권양도 없이 채무자에게 채권양도를 통지한 경우 선의인 채무자는 양수인에게 대항할 수 있는 사유로 양도인에게 대항할 수 있다.

19 변제에 관한 설명으로 옳지 않은 것은?(다툼이 있으면 판례에 따름)

① 금액이 서로 다른 채무가 부진정연대관계에 있을 때, 다액채무자가 일부 변제를 하는 경우 변제로 먼저 소멸하는 부분은 다액채무자가 단독으로 채무를 부담하는 부분이다.

② 채권의 준점유자에게 한 변제는 변제자가 선의이며 과실 없음을 입증하면 채권자에 대하여 효력이 있다.

③ 변제충당에 관한 당사자의 특별한 합의가 없으면 그 채무의 비용, 이자, 원본의 순서로 변제에 충당하여야 한다.

④ 채권의 일부에 대하여 변제자대위가 인정되는 경우 그 대위자는 채무자의 채무불이행을 이유로 채권자와 채무자 간의 계약을 해제할 수 있다.

⑤ 채권자가 변제수령을 거절하면 채무자는 공탁함으로써 그 채무를 면할 수 있다.

20 甲은 2020.2.1. 자기 소유 중고자동차를 1,000만원에 매수할 것을 乙에게 청약하는 내용의 편지를 발송하였다. 이에 관한 설명으로 옳지 않은 것은?

① 甲의 편지가 2020.2.5. 乙에게 도달하였다면 甲은 위 청약을 임의로 철회하지 못한다.

② 甲의 편지가 2020.2.5. 乙에게 도달하였다면 그 사이 甲이 사망하였더라도 위 청약은 유효하다.

③ 乙이 위 중고자동차를 900만원에 매수하겠다고 회신하였다면 乙은 甲의 청약을 거절하고 새로운 청약을 한 것이다.

④ 甲의 편지를 2020.2.5. 乙이 수령하였더라도 乙이 미성년자라면 甲은 원칙적으로 위 청약의 효력 발생을 주장할 수 없다.

⑤ 乙이 위 청약을 승낙하는 편지를 2020.2.10. 발송하여 甲에게 2020.2.15. 도달하였다면 甲과 乙 간의 계약성립일은 2020.2.15.이다.

21 민법상 특정물 매도인의 하자담보책임에 관한 설명으로 옳지 않은 것은?(다툼이 있으면 판례에 따름)

① 매도인의 고의·과실은 하자담보책임의 성립요건이 아니다.

② 악의의 매수인에 대해서 매도인은 하자담보책임을 지지 않는다.

③ 매매목적물인 서화(書畫)가 위작으로 밝혀진 경우, 매도인의 담보책임이 발생하면 매수인은 착오를 이유로는 매매계약을 취소할 수 없다.

④ 경매목적물에 물건의 하자가 있는 경우 하자담보책임이 발생하지 않는다.

⑤ 목적물에 하자가 있더라도 계약의 목적을 달성할 수 있는 경우에는 매수인에게 해제권이 인정되지 않는다.

22 수급인의 하자담보책임에 관한 설명으로 옳지 않은 것은?(다툼이 있으면 판례에 따름)

① 신축된 건물에 하자가 있는 경우 도급인은 수급인의 하자담보책임에 기하여 계약을 해제할 수 없다.

② 수급인의 하자담보책임에 관한 제척기간은 재판상 또는 재판 외의 권리행사기간이다.

③ 완성된 목적물의 하자가 중요하지 아니하면서 동시에 보수에 과다한 비용을 요하는 경우 도급인은 수급인에게 하자의 보수에 갈음하는 손해배상을 청구할 수 있다.

④ 완성된 액젓저장탱크에 균열이 발생하여 보관 중이던 액젓의 변질로 인한 손해배상은 하자보수에 갈음하는 손해배상과는 별개의 권원에 의하여 경합적으로 인정된다.

⑤ 수급인의 하자담보책임을 면제하는 약정이 있더라도 수급인이 알면서 고지하지 아니한 사실에 대하여는 그 책임이 면제되지 않는다.

23 조합계약에 관한 설명으로 옳은 것을 모두 고른 것은?(다툼이 있으면 판례에 따름)

> ㄱ. 2인이 상호 출자하여 부동산 임대사업을 하기로 약정하고 이를 위해 부동산을 취득한 경우
>   그 부동산은 위 2인이 총유한다.
> ㄴ. 업무집행자가 수인인 경우 그 조합의 통상사무는 각 업무집행자가 전행할 수 있다.
> ㄷ. 당사자들이 공동이행방식의 공동수급체를 구성하여 도급인으로부터 공사를 수급받는 경우 그
>   공동수급체는 원칙적으로 민법상 조합에 해당한다.

① ㄱ
② ㄱ, ㄴ
③ ㄱ, ㄷ
④ ㄴ, ㄷ
⑤ ㄱ, ㄴ, ㄷ

24 부당이득반환청구권에 관한 설명으로 옳지 않은 것은?(다툼이 있으면 판례에 따름)

① 부당이득반환청구권의 요건인 수익자의 이득은 실질적으로 귀속된 이득을 의미한다.
② 법률상 원인 없이 이득을 얻은 자는 있지만 그로 인해 손해를 입은 자가 없다면 부당이득반환
   청구권은 성립하지 않는다.
③ 수인이 공동으로 법률상 원인 없이 타인의 재산을 사용한 경우 발생하는 부당이득반환채무는
   특별한 사정이 없는 한 부진정연대관계에 있다.
④ 부당이득이 금전상 이득인 경우 이를 취득한 자가 소비하였는지 여부를 불문하고 그 이득은
   현존하는 것으로 추정된다.
⑤ 선의의 수익자가 부당이득반환청구소송에서 패소한 때에는 그 소가 제기된 때부터 악의의 수
   익자로 간주된다.

25 민법 제756조(사용자의 배상책임)에 관한 설명으로 옳지 않은 것은?(다툼이 있으면 판례에 따름)

① 사용자와 피용자 간의 고용계약이 무효이더라도 사실상의 지휘·감독관계가 인정된다면 사용
   자의 배상책임이 성립할 수 있다.
② 폭행과 같은 피용자의 범죄행위도 민법 제756조 소정의 사무집행 관련성을 가질 수 있다.
③ 파견근로자의 파견업무에 관련한 불법행위에 대하여 파견사업주는 특별한 사정이 없는 한 사
   용자의 배상책임을 부담한다.
④ 고의로 불법행위를 한 피용자가 신의칙상 과실상계를 주장할 수 없는 경우에도 사용자는 특별
   한 사정이 없는 한 과실상계를 주장할 수 있다.
⑤ 피용자와 공동불법행위를 한 제3자가 있는 경우, 사용자가 피해자에게 손해 전부를 배상하였
   다면 사용자는 그 제3자에게 배상액 전부를 구상할 수 있다.

PART 04

사회보험법

01 2024년 제33회 기출문제

02 2023년 제32회 기출문제

03 2022년 제31회 기출문제

04 2021년 제30회 기출문제

05 2020년 제29회 기출문제

2024년 제33회 기출문제

✅ **2024.05.25. 시행** ✅ Time 분 | 정답 및 해설 342p

✅ **중요문제 / 틀린 문제 CHECK** ✅ 각 문항별로 회독수 CHECK ☑☐☐

01	02	03	04	05	06	07	08	09	10	11	12	13	14	15	16	17	18	19	20
21	22	23	24	25	26	27	28	29	30	31	32	33	34	35	36	37	38	39	40

01 사회보장기본법령상 보건복지부장관이 중장기 사회보장 재정추계 및 사회보장통계업무를 효율적
☐☐☐ 으로 수행하기 위하여 필요하다고 인정하는 경우 관련 자료의 수집·조사 및 분석에 관한 업무
등을 위탁할 수 있는 기관 또는 단체를 모두 고른 것은?

> ㄱ. 「정부출연연구기관 등의 설립·운영 및 육성에 관한 법률」에 따라 설립된 정부출연연구기관
> ㄴ. 「고등교육법」 제2조에 따른 학교
> ㄷ. 「특정연구기관 육성법」 제2조에 따른 특정연구기관
> ㄹ. 국공립 연구기관

① ㄱ, ㄴ, ㄷ   ② ㄱ, ㄴ, ㄹ
③ ㄱ, ㄷ, ㄹ   ④ ㄴ, ㄷ, ㄹ
⑤ ㄱ, ㄴ, ㄷ, ㄹ

02 사회보장기본법령에 관한 설명으로 옳지 않은 것은?
☐☐☐
① 보건복지부장관은 사회보장 행정데이터 분석센터의 설치·운영에 관한 사무를 수행하기 위하
여 불가피한 경우 「개인정보 보호법」 시행령 제18조 제2호에 따른 범죄경력자료에 해당하는
정보를 처리할 수 있다.
② 보건복지부장관은 사회보장 분야 전문 인력 양성을 위하여 관계 중앙행정기관, 지방자치단체,
공공기관 및 법인·단체 등의 직원을 대상으로 사회보장에 관한 교육을 매년 1회 이상 실시할
수 있다.
③ 보건복지부장관은 사회보장정보시스템을 통해 다른 법령에 따라 국가 및 지방자치단체로부터
위탁받은 사회보장에 관한 업무를 수행할 수 있다.

④ 보건복지부장관은 사회보장통계의 작성·제출과 관련하여 작성 대상 범위, 절차 등의 내용을 포함한 사회보장통계 운용지침을 마련하여 매년 12월 31일까지 관계 중앙행정기관의 장과 지방자치단체의 장에게 통보하여야 한다.

⑤ 보건복지부장관이 사회보장정보시스템의 운영·지원을 위하여 설치할 수 있는 전담기구는「사회보장급여의 이용·제공 및 수급권자 발굴에 관한 법률」제29조에 따른 한국사회보장정보원으로 한다.

03 사회보장기본법령상 사회보장 재정추계(財政推計)에 관한 설명으로 옳지 않은 것은?

☐☐☐

① 국가는 사회보장제도의 안정적인 운영을 위하여 중장기 사회보장 재정추계를 격년으로 실시하고 이를 공표하여야 한다.

② 보건복지부장관은 사회보장 재정추계를 위하여 재정추계를 실시하는 해의 1월 31일까지 재정추계 세부지침을 마련하여야 한다.

③ 보건복지부장관은 마련한 재정추계 세부지침에 따라 추계를 실시하는 해의 9월 30일까지 재정추계를 하고, 그 결과를 사회보장위원회의 심의를 거쳐 같은 해 10월 31일까지 관계 중앙행정기관의 장에게 통보하여야 한다.

④ 관계 중앙행정기관의 장은 재정추계 결과를 바탕으로 정책개선안을 마련하여 같은 해 12월 31일까지 보건복지부장관에게 제출하여야 한다.

⑤ 보건복지부장관은 정책개선안을 종합하여 이를 추계 실시 해의 다음 해 3월 31일까지 사회보장위원회에 보고하여야 한다.

04 고용보험법상「장애인고용촉진 및 직업재활법」제2조 제1호에 따른 장애인의 피보험기간이 1년인 구직급여의 소정급여일수는?

☐☐☐

① 120일
② 180일
③ 210일
④ 240일
⑤ 270일

05 고용보험법상 심사 및 재심사청구에 관한 설명으로 옳은 것은?

① 직업안정기관 또는 근로복지공단은 심사청구서를 받은 날부터 7일 이내에 의견서를 첨부하여 심사청구서를 고용보험심사관에 보내야 한다.

② 고용보험심사관은 원처분등의 집행에 의하여 발생하는 중대한 위해(危害)를 피하기 위하여 긴급한 필요가 있다고 인정되더라도 직권으로는 그 집행을 정지시킬 수 없다.

③ 육아휴직 급여와 출산전후휴가 급여등에 관한 처분에 대한 심사의 청구는 근로복지공단을 거쳐 고용보험심사관에게 하여야 한다.

④ 고용보험심사관은 심사의 청구에 대한 심리(審理)를 마쳤을 때에는 원처분등의 전부 또는 일부를 취소하거나 심사청구의 전부 또는 일부를 기각한다.

⑤ 심사청구에 대한 결정은 심사청구인 및 직업안정기관의 장 또는 근로복지공단에 결정서의 정본을 보낸 다음 날부터 효력이 발생한다.

2024년

2023년 2022년 2021년 2020년

06 고용보험법령상 육아휴직 급여 등의 특례에 관한 내용이다. (   )에 들어갈 내용은?

> 같은 자녀에 대하여 자녀의 출생 후 18개월이 될 때까지 피보험자인 부모가 모두 육아휴직을 하는 경우(부모의 육아휴직기간이 전부 또는 일부 겹치지 않은 경우를 포함한다) 그 부모인 피보험자의 육아휴직 급여의 월별 지급액은 육아휴직 7개월째부터 육아휴직 종료일까지는 육아휴직 시작일을 기준으로 한 각 피보험자의 월 통상임금의 (ㄱ)에 해당하는 금액으로 한다. 다만, 해당 금액이 (ㄴ)만원을 넘는 경우에는 부모 각각에 대하여 (ㄴ)만원으로 하고, 해당 금액이 70만원보다 적은 경우에는 부모 각각에 대하여 70만원으로 한다.

① ㄱ : 100분의 70,   ㄴ : 150

② ㄱ : 100분의 70,   ㄴ : 200

③ ㄱ : 100분의 80,   ㄴ : 100

④ ㄱ : 100분의 80,   ㄴ : 150

⑤ ㄱ : 100분의 80,   ㄴ : 200

07 고용보험법령상 보험가입 등에 관한 설명으로 옳지 않은 것은?

① 「국가공무원법」에 따른 임기제 공무원(이하 "임기제 공무원"이라 한다)의 경우는 본인의 의사에 따라 고용보험(실업급여에 한정)에 가입할 수 있다.

② 임기제 공무원이 원하는 경우에는 임용된 날부터 3개월 이내에 고용노동부장관에게 직접 고용보험 가입을 신청할 수 있다.

③ 고용보험 피보험자격을 취득한 임기제 공무원이 공무원 신분의 변동에 따라 계속하여 다른 임기제 공무원으로 임용된 때에는 별도의 가입신청을 하지 않은 경우에도 고용보험의 피보험자격을 유지한다.

④ 임기제 공무원이 가입한 고용보험에서 탈퇴한 이후에 가입대상 공무원으로 계속 재직하는 경우 본인의 신청에 의하여 고용보험에 다시 가입할 수 있다.

⑤ 고용보험에 가입한 임기제 공무원에 대한 보험료는 소속기관과 고용보험에 가입한 임기제 공무원이 각각 2분의 1씩 부담한다.

08 고용보험법령상 실업급여에 관한 설명으로 옳지 않은 것은?

① 실업급여수급계좌의 해당 금융기관은 「고용보험법」에 따른 실업급여만이 실업급여수급계좌에 입금되도록 관리하여야 한다.

② 직업안정기관의 장은 수급자격 인정신청을 한 사람에게 신청인이 원하는 경우에는 해당 실업급여를 실업급여수급계좌로 받을 수 있다는 사실을 안내하여야 한다.

③ 실업급여수급계좌에 입금된 실업급여 금액 전액 이하의 금액에 관한 채권은 압류할 수 없다.

④ 실업급여로서 지급된 금품에 대하여는 「국세기본법」 제2조 제8호의 공과금을 부과한다.

⑤ 직업안정기관의 장은 정보통신장애로 인하여 실업급여를 실업급여수급계좌로 이체할 수 없을 때에는 해당 실업급여 금액을 수급자격자에게 직접 현금으로 지급할 수 있다.

09 고용보험법상 최종 이직 당시 단기예술인인 피보험자에게만 적용되는 구직급여 지급요건을 모두 고른 것은?

> ㄱ. 수급자격의 인정신청일 이전 1개월 동안의 노무제공일수가 10일 미만이거나 수급자격 인정신
>   청일 이전 14일간 연속하여 노무제공내역이 없을 것
> ㄴ. 이직일 이전 24개월 동안의 피보험 단위기간이 통산하여 9개월 이상일 것
> ㄷ. 이직일 이전 24개월 중 3개월 이상을 예술인인 피보험자로 피보험자격을 유지하였을 것
> ㄹ. 최종 이직일 이전 24개월 동안의 피보험 단위기간 중 다른 사업에서 제77조의5 제2항에서
>   준용하는 제58조에 따른 수급자격의 제한 사유에 해당하는 사유로 이직한 사실이 있는 경우에
>   는 그 피보험 단위기간 중 90일 이상을 단기예술인으로 종사하였을 것
> ㅁ. 근로 또는 노무제공의 의사와 능력이 있음에도 불구하고 취업(영리를 목적으로 사업을 영위하
>   는 경우를 포함한다)하지 못한 상태에 있을 것

① ㄱ, ㄹ
② ㄱ, ㄴ, ㅁ
③ ㄴ, ㄹ, ㅁ
④ ㄴ, ㄷ, ㄹ, ㅁ
⑤ ㄱ, ㄴ, ㄷ, ㄹ, ㅁ

10 고용보험법령상 연장급여의 상호 조정 등에 관한 설명으로 옳지 않은 것은?

① 훈련연장급여의 지급 기간은 1년을 한도로 한다.
② 훈련연장급여를 지급받고 있는 수급자격자에게는 그 훈련연장급여의 지급이 끝난 후가 아니
   면 특별연장급여를 지급하지 아니한다.
③ 개별연장급여를 지급받고 있는 수급자격자가 훈련연장급여를 지급받게 되면 개별연장급여를
   지급하지 아니한다.
④ 특별연장급여를 지급받고 있는 수급자격자에게는 특별연장급여의 지급이 끝난 후가 아니면
   개별연장급여를 지급하지 아니한다.
⑤ 특별연장급여는 그 수급자격자가 지급받을 수 있는 구직급여의 지급이 끝난 후에 지급한다.

11
□□□

고용보험법상 훈련연장급여에 관한 내용이다. (   )에 들어갈 숫자를 순서대로 옳게 나열한 것은?

> 제54조(연장급여의 수급기간 및 구직급여일액)
> ① 〈중략〉
> ② 제51조에 따라 훈련연장급여를 지급하는 경우에 그 일액은 해당 수급자격자의 구직급여일액의 100분의 (   )으로 하고, 제52조 또는 제53조에 따라 개별연장급여 또는 특별연장급여를 지급하는 경우에 그 일액은 해당 수급자격자의 구직급여일액의 100분의 (   )을 곱한 금액으로 한다.

① 60, 60
② 70, 60
③ 80, 60
④ 90, 70
⑤ 100, 70

12
□□□

고용보험법령상 고용유지지원금에 관한 설명이다. (   )에 들어갈 내용으로 옳은 것은?(다만, 2020년 보험연도의 경우는 제외한다.)

> 고용유지지원금은 그 조치를 실시한 일수(둘 이상의 고용유지조치를 동시에 실시한 날은 (ㄱ)로 본다)의 합계가 그 보험연도의 기간 중에 (ㄴ)에 이를 때까지만 각각의 고용유지조치에 대하여 고용유지지원금을 지급한다.

① ㄱ : 1일, ㄴ : 60일
② ㄱ : 1일, ㄴ : 90일
③ ㄱ : 1일, ㄴ : 180일
④ ㄱ : 2일, ㄴ : 90일
⑤ ㄱ : 2일, ㄴ : 180일

13 고용보험법령상 고용보험위원회(이하 '위원회'라 한다)에 관한 설명으로 옳지 않은 것은?

① 위원회의 위원장은 고용노동부차관이 되며, 그 위원장은 위원을 임명하거나 위촉한다.

② 위원회에는 고용보험운영전문위원회와 고용보험평가전문위원회를 둔다.

③ 위원회의 위원 중 정부를 대표하는 사람은 임명의 대상이 된다.

④ 위원회의 간사는 1명을 두되, 간사는 고용노동부 소속 공무원 중에서 위원장이 임명한다.

⑤ 「고용보험 및 산업재해보상보험의 보험료징수 등에 관한 법률」에 따른 보험료율의 결정에 관한 사항은 위원회의 심의사항이다.

14 산업재해보상보험법령상 산업재해보상보험 및 예방심의위원회(이하 '위원회'라 한다)에 관한 내용으로 옳지 않은 것은?

① 위원회는 근로자를 대표하는 사람, 사용자를 대표하는 사람 및 공익을 대표하는 사람으로 구성하되, 그 수는 각각 같은 수로 한다.

② 사용자를 대표하는 위원은 전국을 대표하는 사용자 단체가 추천하는 사람 5명으로 한다.

③ 근로자를 대표하는 위원의 임기는 3년으로 하되, 연임할 수 있다.

④ 위원회의 회의는 재적위원 과반수의 출석으로 개의하고, 출석위원 3분의 2 이상의 찬성으로 의결한다.

⑤ 보궐위원의 임기는 전임자의 남은 임기로 한다.

15 산업재해보상보험법령상 유족보상연금에 관한 내용으로 옳지 않은 것은?

① 유족보상연금 수급자격자인 유족이 사망한 근로자와의 친족 관계가 끝난 경우 그 자격을 잃는다.

② 대한민국 국민이 아닌 유족보상연금 수급자격자인 유족이 외국에서 거주하기 위하여 출국하는 경우 그 자격을 잃는다.

③ 근로복지공단은 근로자의 사망 당시 태아였던 자녀가 출생한 경우 유족보상연금 수급권자의 청구에 의하거나 직권으로 그 사유가 발생한 달 분부터 유족보상연금의 금액을 조정한다.

④ 근로자가 사망할 당시 대한민국 국민이었던 유족보상연금 수급자격자인 유족이 국적을 상실하고 외국에서 거주하고 있거나 외국에서 거주하기 위하여 출국하는 경우 그 자격을 잃는다.

⑤ 유족보상연금을 받을 권리가 있는 유족보상연금 수급자격자가 그 자격을 잃은 경우에 유족보상연금을 받을 권리는 같은 순위자가 있으면 같은 순위자에게, 같은 순위자가 없으면 다음 순위자에게 이전된다.

16 산업재해보상보험법령상 노무제공자에 대한 특례의 내용으로 옳지 않은 것은?

① "플랫폼 종사자"란 온라인 플랫폼을 통해 노무를 제공하는 노무제공자를 말한다.

② "평균보수"란 이를 산정하여야 할 사유가 발생한 날이 속하는 달의 전달 말일부터 이전 3개월 동안 노무제공자가 재해가 발생한 사업에서 지급받은 보수와 같은 기간 동안 해당 사업 외의 사업에서 지급받은 보수를 모두 합산한 금액을 해당 기간의 총 일수로 나눈 금액을 말한다.

③ 보험을 모집하는 사람으로서 「새마을금고법」 및 「신용협동조합법」에 따른 공제의 모집을 전업으로 하는 사람은 노무제공자의 범위에 포함된다.

④ 보험을 모집하는 사람으로서 「우체국예금·보험에 관한 법률」에 따른 우체국보험의 모집을 전업으로 하는 사람은 노무제공자의 범위에 포함된다.

⑤ "플랫폼 운영자"란 온라인 플랫폼을 이용하여 플랫폼 종사자의 노무제공을 중개 또는 알선하는 것을 업으로 하는 자를 말한다.

17 산업재해보상보험법상 요양급여의 범위에 해당하는 것은 모두 몇 개인가?

○ 재활치료
○ 간 호
○ 이 송
○ 간 병
○ 약제 또는 진료재료와 의지(義肢)나 그 밖의 보조기의 지급

① 1개   ② 2개
③ 3개   ④ 4개
⑤ 5개

18 산업재해보상보험법령상 장례비에 관한 설명으로 옳지 않은 것은?

① 장례비 최고금액 및 최저금액의 적용기간은 당해 연도 1월 1일부터 12월 31일까지로 한다.

② 장례비 최고금액은 전년도 장례비 수급권자에게 지급된 1명당 평균 장례비 90일분 + 최고 보상기준 금액의 30일분으로 산정한다.

③ 장례비 최저금액은 전년도 장례비 수급권자에게 지급된 1명당 평균 장례비 90일분 + 최저 보상기준 금액의 30일분으로 산정한다.

④ 장례비 최고금액 및 최저금액을 산정할 때 10원 미만은 버린다.

⑤ 장례비는 장례를 지낼 유족이 없거나 그 밖에 부득이한 사유로 유족이 아닌 사람이 장례를 지낸 경우에는 평균임금의 120일분에 상당하는 금액의 범위에서 실제 드는 비용을 그 장례를 지낸 사람에게 지급한다.

19 산업재해보상보험법령상 업무상질병판정위원회의 구성에 관한 내용으로 옳은 것은?

① 「고등교육법」 제2조에 따른 학교에서 조교수 이상으로 재직하고 있는 사람은 위원이 될 수 없다.

② 「국가기술자격법」에 따른 산업위생관리 기사 이상의 자격을 취득하고 관련 업무에 3년 이상 종사한 치과의사는 위원이 될 수 없다.

③ 산업재해보상보험 관련 업무에 5년 이상 종사한 사람은 위원이 될 수 있다.

④ 「국가기술자격법」에 따른 인간공학 분야 기사 이상의 자격을 취득하고 관련 업무에 3년 이상 종사한 한의사는 위원이 될 수 없다.

⑤ 위원장과 위원의 임기는 3년으로 하되, 연임할 수 있다.

20 산업재해보상보험법에서 사용하는 용어의 정의로 옳지 않은 것은?

① "유족"이란 사망한 사람의 배우자(사실상 혼인 관계에 있는 사람을 포함한다)·자녀·부모·손자녀·조부모 또는 형제자매를 말한다.

② "장해"란 업무상의 부상 또는 질병에 따른 정신적 또는 육체적 훼손으로 노동능력이 상실되거나 감소된 상태로서 그 부상 또는 질병이 치유되지 아니한 상태를 말한다.

③ "치유"란 부상 또는 질병이 완치되거나 치료의 효과를 더 이상 기대할 수 없고 그 증상이 고정된 상태에 이르게 된 것을 말한다.

④ "출퇴근"이란 취업과 관련하여 주거와 취업장소 사이의 이동 또는 한 취업장소에서 다른 취업장소로의 이동을 말한다.

⑤ "진폐"(塵肺)란 분진을 흡입하여 폐에 생기는 섬유증식성(纖維增殖性) 변화를 주된 증상으로 하는 질병을 말한다.

21 산업재해보상보험법상 장해보상연금에 관한 내용이다. (   )에 들어갈 숫자의 합은?

> 장해보상연금은 수급권자가 신청하면 그 연금의 최초 1년분 또는 (   )년분(대통령령으로 정하는 노동력을 완전히 상실한 장해등급의 근로자에게는 그 연금의 최초 1년분부터 (   )년분까지)의 (   )분의 1에 상당하는 금액을 미리 지급할 수 있다. 이 경우 미리 지급하는 금액에 대하여는 100분의 (   )의 비율 범위에서 대통령령으로 정하는 바에 따라 이자를 공제할 수 있다.

① 11
② 12
③ 13
④ 15
⑤ 18

22 산업재해보상보험법령상 상병보상연금에 관한 설명으로 옳은 것은?

① 중증요양상태등급이 제3급인 경우 평균임금의 257일분을 지급한다.

② 상병보상연금을 받는 근로자가 60세가 되면 그 이후의 상병보상연금은 고령자의 1일당 상병보상연금 지급기준에 따라 감액된 금액을 지급한다.

③ 상병보상연금을 지급받는 경우 요양급여와 휴업급여는 지급되지 아니한다.

④ 재요양을 시작한 지 1년이 지난 후에 부상·질병 상태가 상병보상연금의 지급요건 모두에 해당하는 사람에게는 상병보상연금을 지급한다.

⑤ 상병보상연금을 산정할 때 근로자의 평균임금이 최저임금액에 90분의 100을 곱한 금액보다 적을 때에는 최저임금액의 90분의 100에 해당하는 금액을 그 근로자의 평균임금으로 보아 산정한다.

23 산업재해보상보험법상 직장복귀지원금 등에 관한 것이다. ( )에 들어갈 숫자로 옳은 것은?

> 제75조(직장복귀지원금 등)
> ① 〈중략〉
> ② 제1항에 따른 직장복귀지원금은 고용노동부장관이 임금수준 및 노동시장의 여건 등을 고려하여 고시하는 금액의 범위에서 사업주가 장해급여자에게 지급한 임금액으로 하되, 그 지급기간은 (ㄱ)개월 이내로 한다.
> ③ 제1항에 따른 직장적응훈련비 및 재활운동비는 고용노동부장관이 직장적응훈련 또는 재활운동에 드는 비용을 고려하여 고시하는 금액의 범위에서 실제 드는 비용으로 하되, 그 지급기간은 (ㄴ)개월 이내로 한다.

① ㄱ : 3, ㄴ : 3

② ㄱ : 3, ㄴ : 6

③ ㄱ : 6, ㄴ : 6

④ ㄱ : 6, ㄴ : 12

⑤ ㄱ : 12, ㄴ : 3

24 국민연금법에 관한 내용으로 옳지 않은 것은?

① 급여수급전용계좌에 입금된 급여와 이에 관한 채권은 압류할 수 없다.

② 장애연금액은 장애등급 2급에 해당하는 자에 대하여는 기본연금액의 1천분의 600에 해당하는 금액에 부양가족연금액을 더한 금액으로 한다.

③ 장애등급이 2급 이상인 장애연금 수급권자가 사망하면 그 유족에게 유족연금을 지급한다.

④ 가입자 또는 가입자였던 자가 가입기간이 10년 미만이고 60세가 된 때에는 본인이나 그 유족의 청구에 의하여 반환일시금을 지급받을 수 있다.

⑤ 장애연금 수급권자가 고의나 중대한 과실로 요양 지시에 따르지 아니하거나 정당한 사유 없이 요양 지시에 따르지 아니하여 회복을 방해한 때에는 급여의 전부 또는 일부의 지급을 정지할 수 있다.

25 국민연금법상 소멸시효에 관한 내용이다. ( )에 들어갈 숫자의 합은?

> 연금보험료, 환수금, 그 밖의 이 법에 따른 징수금을 징수하거나 환수할 권리는 (   )년간, 급여 (제77조 제1항 제1호에 따른 반환일시금은 제외한다)를 받거나 과오납금을 반환받을 수급권자 또는 가입자 등의 권리는 (   )년간 행사하지 아니하면 각각 소멸시효가 완성된다.

① 4

② 6

③ 8

④ 13

⑤ 15

26 국민연금법령상 심사청구 및 재심사청구에 관한 내용으로 옳지 않은 것은?

① 가입자의 자격, 기준소득월액, 연금보험료, 그 밖의 이 법에 따른 징수금과 급여에 관한 국민연금공단 또는 국민건강보험공단의 처분에 이의가 있는 자는 그 처분을 한 국민연금공단 또는 국민건강보험공단에 심사청구를 할 수 있다.

② 국민연금심사위원회 위원의 임기는 2년으로 하며, 1차례만 연임할 수 있으며, 국민연금공단의 임직원인 위원의 임기는 그 직위의 재임기간으로 한다.

③ 청구인은 결정이 있기 전까지는 언제든지 심사청구를 문서로 취하할 수 있다.

④ 심사청구에 대한 결정에 불복하는 자는 그 결정통지를 받은 날부터 90일 이내에 국민연금재심사위원회에 재심사를 청구할 수 있다.

⑤ 국민연금재심사위원회의 재심사와 재결에 관한 절차에 관하여는 「행정심판법」을 준용한다.

27 국민연금법령상 연금보험료 등의 독촉에 관한 내용이다. (　　)에 들어갈 내용은?

☐☐☐

> 제64조(연금보험료 등의 독촉)
> ① 국민건강보험공단은 법 제95조 제1항에 따라 사업장가입자의 연금보험료와 그에 따른 징수금의 납부를 독촉할 때에는 납부기한이 지난 후 (ㄱ) 이내에 해당 사업장가입자의 사용자에게 독촉장을 발부하여야 한다.
> ② 국민건강보험공단은 법 제95조 제1항에 따라 지역가입자의 연금보험료와 그에 따른 징수금의 납부를 독촉할 때에는 납부 기한이 지난 후 (ㄴ) 이내에 해당 가입자에게 독촉장을 발부하여야 한다.
> ③ 국민건강보험공단은 법 제95조 제1항에 따라 제2차 납부의무자의 연금보험료, 연체금, 체납처분비의 납부를 독촉할 때에는 납부 기한이 지난 후 (ㄷ) 이내에 제2차 납부의무자에게 독촉장을 발부하여야 한다.

① ㄱ : 10일,　ㄴ : 1개월,　ㄷ : 10일
② ㄱ : 20일,　ㄴ : 1개월,　ㄷ : 20일
③ ㄱ : 20일,　ㄴ : 3개월,　ㄷ : 20일
④ ㄱ : 30일,　ㄴ : 3개월,　ㄷ : 20일
⑤ ㄱ : 30일,　ㄴ : 3개월,　ㄷ : 30일

28 국민연금법령상 국민연금기금에 관한 설명으로 옳지 않은 것은?

☐☐☐

① 국민연금기금은 연금보험료, 국민연금기금 운용 수익금, 적립금, 국민연금공단의 수입지출 결산상의 잉여금을 재원으로 조성한다.
② 국민연금기금운용위원회는 국민연금기금을 관리기금에 위탁할 경우 예탁 이자율의 협의에 관한 사항을 심의·의결할 수 있다.
③ 보건복지부장관은 다음 연도의 국민연금기금운용지침안을 작성하여 4월 말일까지 국민연금기금운용위원회에 제출하여야 하고, 국민연금기금운용위원회는 국민연금기금운용지침안을 5월 말일까지 심의·의결하여야 한다.
④ 보건복지부장관은 매년 국민연금기금 운용계획을 세워서 국민연금기금운용위원회 및 국무회의의 심의를 거쳐 대통령의 승인을 받아야 한다.
⑤ 보건복지부장관은 국민연금기금의 운용 내용과 관리기금에 예탁된 국민연금기금의 사용 내용을 다음 연도 6월 말까지 국민연금기금운용위원회에 제출하여야 한다.

29 국민건강보험법상 국민건강보험공단은 보험료등의 납부의무자가 납부기한까지 보험료등을 내지 아니하는 경우에 보건복지부령으로 정하는 <u>부득이한 사유</u>로 연체금을 징수하지 아니할 수 있다. 밑줄 친 사유에 해당하는 것을 모두 고른 것은?

> ㄱ. 사변으로 인하여 체납하는 경우
> ㄴ. 화재로 피해가 발생해 체납한 경우
> ㄷ. 사업장 폐업으로 체납액을 징수할 수 없는 경우
> ㄹ. 연체금의 금액이 국민건강보험공단의 정관으로 정하는 금액 이하인 경우

① ㄱ, ㄴ
② ㄴ, ㄷ
③ ㄱ, ㄴ, ㄹ
④ ㄱ, ㄷ, ㄹ
⑤ ㄱ, ㄴ, ㄷ, ㄹ

30 국민건강보험법상 국내에 거주하는 국민으로서 건강보험 가입자의 자격의 변동시기에 관한 내용으로 옳은 것을 모두 고른 것은?

> ㄱ. 지역가입자가 적용대상사업장의 사용자로 된 다음 날
> ㄴ. 직장가입자가 다른 적용대상사업장의 근로자로 사용된 날
> ㄷ. 지역가입자가 다른 세대로 전입한 날
> ㄹ. 직장가입자인 근로자가 그 사용관계가 끝난 날의 다음 날

① ㄱ
② ㄱ, ㄴ
③ ㄴ, ㄷ
④ ㄴ, ㄷ, ㄹ
⑤ ㄱ, ㄴ, ㄷ, ㄹ

31 국민건강보험법상 국민건강보험공단(이하 '공단'이라 한다)에 관한 설명으로 옳지 않은 것은?

① 공단은 법인으로 한다.
② 공단의 해산에 관하여는 정관으로 정한다.
③ 공단은 주된 사무소의 소재지에서 설립등기를 함으로써 성립한다.
④ 공단의 설립등기에는 목적, 명칭, 주된 사무소 및 분사무소의 소재지, 이사장의 성명·주소 및 주민등록번호를 포함하여야 한다.
⑤ 공단의 주된 사무소의 소재지는 정관으로 정한다.

32 국민건강보험법상 이의신청 및 심판청구 등에 관한 설명으로 옳지 않은 것은?

□□□

① 보험급여 비용에 관한 국민건강보험공단의 처분에 이의가 있는 자는 국민건강보험공단에 이의신청을 할 수 있다.

② 요양급여의 적정성 평가 등에 관한 건강보험심사평가원의 처분에 이의가 있는 자는 건강보험심사평가원에 이의신청을 할 수 있다.

③ 이의신청에 대한 결정에 불복하는 자는 건강보험분쟁조정위원회에 심판청구를 할 수 있다.

④ 정당한 사유로 이의신청을 할 수 없었음을 소명한 경우가 아니면 이의신청은 처분이 있는 날부터 90일을 지나면 제기하지 못한다.

⑤ 이의신청에 대한 결정에 불복하는 자는 행정소송법이 정하는 바에 따라 행정소송을 제기할 수 있다.

33 국민건강보험법령상 국내에 거주하는 국민인 피부양자의 자격 상실 시기로 옳은 것을 모두 고른 것은?

□□□

ㄱ. 대한민국의 국적을 잃은 날
ㄴ. 사망한 날의 다음 날
ㄷ. 직장가입자가 자격을 상실한 날
ㄹ. 피부양자 자격을 취득한 사람이 본인의 신고에 따라 피부양자 자격 상실신고를 한 경우에는 신고한 날

① ㄱ　　　　　　　　　　　　② ㄹ

③ ㄱ, ㄴ　　　　　　　　　　④ ㄴ, ㄷ

⑤ ㄷ, ㄹ

34 국민건강보험법령상 보수월액에 관한 설명으로 옳지 않은 것은?

① 보수의 전부 또는 일부가 현물(現物)로 지급되는 경우에는 그 지역의 시가(時價)를 기준으로 국민건강보험공단이 정하는 가액(價額)을 그에 해당하는 보수로 본다.

② 직장가입자의 보수월액은 직장가입자가 지급받는 보수를 기준으로 하여 산정한다.

③ 도급(都給)으로 보수가 정해지는 경우에 직장가입자의 자격을 취득하거나 자격이 변동된 달의 전 1개월 동안에 그 사업장에서 해당 직장가입자와 같은 업무에 종사하고 같은 보수를 받는 사람의 보수액을 평균한 금액을 해당 직장가입자의 보수월액으로 결정한다.

④ 보수는 근로자등이 근로를 제공하고 사용자·국가 또는 지방자치단체로부터 지급받는 금품(실비변상적인 성격을 갖는 금품은 제외한다)으로서 이 경우 보수 관련 자료가 없거나 불명확한 경우 보건복지부장관이 정하여 고시하는 금액을 보수로 본다.

⑤ 휴직이나 그 밖의 사유로 보수의 전부 또는 일부가 지급되지 아니하는 가입자의 보수 월액보험료는 해당 사유가 생긴 달의 보수월액을 기준으로 산정한다.

35 고용보험 및 산업재해보상보험의 보험료징수 등에 관한 법률 제49조의2(자영업자에 대한 특례)에 관한 설명으로 옳은 것은?

① 자영업자에 대한 고용보험료 산정의 기초가 되는 보수액은 자영업자의 소득, 보수수준 등을 고려하여 기획재정부장관이 정하여 고시한다.

② 고용보험에 가입한 자영업자는 매월 부과된 보험료를 다음 달 14일까지 납부하여야 한다.

③ 자영업자의 고용보험료는 근로복지공단이 매월 부과하고 징수한다.

④ 고용보험에 가입한 자영업자가 자신에게 부과된 월(月)의 고용보험료를 계속하여 3개월간 납부하지 아니한 경우에는 마지막으로 납부한 고용보험료에 해당되는 피보험기간의 다음 날에 보험관계가 소멸된다.

⑤ 근로복지공단의 승인을 통해 고용보험에 가입한 자영업자가 50명 이상의 근로자를 사용하게 된 경우에도 본인이 피보험자격을 유지하려는 경우에는 계속하여 보험에 가입된 것으로 본다.

36 고용보험 및 산업재해보상보험의 보험료징수 등에 관한 법령상 보험료 등에 관한 설명으로 옳지 않은 것을 모두 고른 것은?

> ㄱ. 고용보험 가입자인 근로자가 부담하여야 하는 고용보험료는 자기의 보수총액에 고용안정·직업능력개발사업 및 실업급여의 보험료율의 2분의 1을 곱한 금액으로 한다.
> ㄴ. 보험료는 국민건강보험공단이 매월 부과하고, 이를 근로복지공단이 징수한다.
> ㄷ. 보험사업에 드는 비용에 충당하기 위하여 보험가입자인 근로자와 사용자로부터 산업재해보상보험의 보험료를 징수한다.
> ㄹ. 기획재정부장관은 산재예방요율을 적용받는 사업이 거짓이나 그 밖의 부정한 방법으로 재해예방활동의 인정을 받은 경우에는 재해예방활동의 인정을 취소하여야 한다.

① ㄱ, ㄴ, ㄷ
② ㄱ, ㄴ, ㄹ
③ ㄱ, ㄷ, ㄹ
④ ㄴ, ㄷ, ㄹ
⑤ ㄱ, ㄴ, ㄷ, ㄹ

37 고용보험 및 산업재해보상보험의 보험료징수 등에 관한 법률상 납부의무가 확정된 보험료가 600만원인 경우, 이를 납부기한 전이라도 징수할 수 있는 사유에 해당하지 않는 것은?

① 법인이 합병한 경우
② 공과금을 체납하여 체납처분을 받은 경우
③ 강제집행을 받은 경우
④ 법인이 해산한 경우
⑤ 「어음법」및「수표법」에 따른 어음교환소에서 거래정지처분을 받은 경우

38 고용보험 및 산업재해보상보험의 보험료징수 등에 관한 법령상 보험료율의 인상 또는 인하 등에 따른 조치에 관한 설명으로 옳지 않은 것은?

① 근로복지공단은 보험료율 인하로 보험료를 감액 조정한 경우에는 보험료율의 인하를 결정한 날부터 20일 이내에 그 감액 조정 사실을 사업주에게 알려야 한다.
② 보험료율 인상으로 월별보험료가 증액된 때에는 국민건강보험공단이 징수한다.
③ 보험료율 인상으로 증액 조정된 보험료의 추가 납부를 통지받은 사업주는 납부기한까지 증액된 보험료를 내야 한다. 다만, 근로복지공단 또는 국민건강보험공단은 정당한 사유가 있다고 인정되는 경우에는 30일의 범위에서 그 납부기한을 한 번 연장할 수 있다.
④ 근로복지공단은 사업주가 보험연도 중에 사업의 규모를 축소하여 실제의 개산보험료총액이 이미 신고한 개산보험료 총액보다 100분의 20 이상으로 감소하게 된 경우에는 그 초과액을 감액해야 한다.
⑤ 보험료율 인상으로 개산보험료가 증액된 때에는 근로복지공단이 징수한다.

39 고용보험 및 산업재해보상보험의 보험료징수 등에 관한 법령상 거짓으로 보험사무대행기관 인가를 받아 근로복지공단으로부터 인가가 취소된 경우 보험사무대행기관 인가의 제한 기간은?

① 3개월
② 6개월
③ 1년
④ 3년
⑤ 5년

40 고용보험 및 산업재해보상보험의 보험료징수 등에 관한 법령상 고용안정·직업능력개발사업의 보험료율에 관한 내용이다. 다음 중 연결이 옳은 것은?

> ㄱ. 상시근로자수가 120명인 사업주의 사업
> ㄴ. 상시근로자수가 1,000명인 사업주의 사업
> ㄷ. 국가·지방자치단체가 직접 하는 사업

> a. 1만분의 18
> b. 1만분의 25
> c. 1만분의 65
> d. 1만분의 85
> e. 1천분의 18

① ㄱ - a, ㄴ - c
② ㄱ - b, ㄷ - d
③ ㄱ - c, ㄴ - e
④ ㄴ - d, ㄷ - a
⑤ ㄴ - e, ㄷ - b

2023년 제32회 기출문제

✅ 2023.05.27. 시행   ✅ Time   분 │ 정답 및 해설 377p

✅ 중요문제 / 틀린 문제 CHECK   ✅ 각 문항별로 회독수 CHECK ☑☐☐

01	02	03	04	05	06	07	08	09	10	11	12	13	14	15	16	17	18	19	20	21	22	23	24	25

01 사회보장기본법령에 관한 설명으로 옳은 것은?

☐☐☐
① 국가와 지방자치단체는 모든 국민의 인간다운 생활과 자립, 사회참여, 자아실현 등을 지원하여 삶의 질이 향상될 수 있도록 사회서비스에 관한 시책을 마련하여야 한다.
② 보건복지부장관은 제공받은 사회보장 행정데이터의 원활한 분석, 활용 등을 위하여 사회보장 행정데이터 분석센터를 설치·운영하여야 한다.
③ 부담 능력이 있는 국민에 대한 사회서비스에 드는 비용은 국가가 부담함을 원칙으로 한다.
④ 사회보장수급권을 포기하는 것이 다른 사람에게 피해를 주는 경우에는 사회보장수급권을 포기할 수 있다.
⑤ 보건복지부장관은 재정추계의 결과를 사회보장위원회의 심의를 거쳐 같은 해 9월 30일까지 관계 중앙행정기관의 장에게 통보하여야 한다.

02 사회보장기본법상 사회보장위원회에서 심의·조정하는 사항은 모두 몇 개인가?

☐☐☐
> • 사회보장 관련 주요 계획
> • 둘 이상의 중앙행정기관이 관련된 주요 사회보장정책
> • 사회보장급여 및 비용 부담
> • 국가와 지방자치단체의 역할 및 비용 분담
> • 사회보장 전달체계 운영 및 개선

① 1개   ② 2개
③ 3개   ④ 4개
⑤ 5개

03 사회보장기본법에 관한 설명으로 옳은 것은?

① 사회보장수급권은 정당한 권한이 있는 기관에 서면이나 구두로 포기할 수 있다.

② 고용노동부장관은 관계 중앙행정기관의 장과 협의하여 사회보장에 관한 기본계획을 5년마다 수립하여야 한다.

③ 국가와 지방자치단체는 효과적인 사회보장정책의 수립·시행을 위하여 사회보장에 관한 통계를 작성·관리할 수 있다.

④ 국가는 사회보장제도의 안정적인 운영을 위하여 중장기 사회보장 재정추계를 매년 실시하고 이를 공표하여야 한다.

⑤ 국가와 지방자치단체는 평생사회안전망을 구축·운영함에 있어 사회적 취약계층을 위한 공공부조를 마련하여 최저생활을 보장하여야 한다.

04 고용보험법령상 구직급여에 관한 설명으로 옳지 않은 것은?

① 마지막 이직 당시 일용근로자로서 피보험 단위기간이 1개월 미만인 사람이 수급자격을 갖추지 못한 경우에는 일용근로자가 아닌 근로자로서 마지막으로 이직한 사업을 기준으로 수급자격의 인정 여부를 결정한다.

② 구직급여는 수급자격자가 실업한 상태에 있는 날 중에서 직업안정기관의 장으로부터 실업의 인정을 받은 날에 대하여 지급한다.

③ 수급자격자가 사망한 경우 그 수급자격자에게 지급되어야 할 구직급여로서 아직 지급되지 않은 구직급여의 지급을 청구하려는 사람은 미지급 실업급여 청구서를 사망한 수급자격자의 신청지 관할 직업안정기관의 장에게 제출해야 한다.

④ 구직급여는 이 법에 따로 규정이 있는 경우 외에는 그 구직급여의 수급자격과 관련된 이직일부터 계산하기 시작하여 12개월 내에 하나의 수급자격에 따라 구직급여를 지급받을 수 있는 날을 한도로 하여 지급한다.

⑤ 수급자격자가 질병이나 부상으로 직업안정기관에 출석할 수 없었던 경우로서 그 기간이 계속하여 7일 미만인 경우에 해당하면 직업안정기관에 출석할 수 없었던 사유를 적은 증명서를 제출하여 실업의 인정을 받을 수 있다.

05 고용보험법령상 고용유지지원금에 관한 내용이다. ( )에 들어갈 내용은?

> 고용노동부장관이 실업의 급증 등 고용사정이 악화되어 고용안정을 위하여 필요하다고 인정할 때에는 (ㄱ)년의 범위에서 고용노동부장관이 정하여 고시하는 기간에 사업주가 피보험자의 임금을 보전하기 위하여 지급한 금품의 (ㄴ)로서 고용노동부장관이 정하여 고시하는 비율에 해당하는 금액으로 한다.

① ㄱ : 1, ㄴ : 3분의 2 이상 10분의 7 이하
② ㄱ : 1, ㄴ : 4분의 3 이상 10분의 9 이하
③ ㄱ : 2, ㄴ : 3분의 2 이상 10분의 7 이하
④ ㄱ : 2, ㄴ : 4분의 3 이상 10분의 9 이하
⑤ ㄱ : 3, ㄴ : 3분의 2 이상 10분의 9 이하

06 고용보험법령상 예술인인 피보험자가 임신 13주차에 유산을 한 경우 출산전후급여등의 지급기간은?

① 5일　　　　　　　　　　　　　② 10일
③ 15일　　　　　　　　　　　　　④ 20일
⑤ 30일

07 고용보험법령상 고용보험위원회(이하 '위원회'라 한다)에 관한 설명으로 옳지 않은 것은?

① 위촉위원 중 정부를 대표하는 사람의 임기는 2년으로 한다.
② 위촉위원 중 보궐위원의 임기는 전임자 임기의 남은 기간으로 한다.
③ 위원회의 위원장이 부득이한 사유로 직무를 수행할 수 없을 때에는 위원장이 미리 지명하는 위원이 그 직무를 대행한다.
④ 위원회의 회의는 재적위원 과반수의 출석으로 개의(開議)하고 출석위원 과반수의 찬성으로 의결한다.
⑤ 위원회에 고용보험운영전문위원회와 고용보험평가전문위원회를 둔다.

08 고용보험법상 고용보험심사관(이하 '심사관'이라 한다)에 관한 설명으로 옳지 않은 것은?

① 실업급여에 관한 처분에 이의가 있는 자는 심사관에게 심사를 청구할 수 있다.

② 심사관은 심사청구를 받으면 30일 이내에 그 심사청구에 대한 결정을 하여야 한다. 다만, 부득이한 사정으로 그 기간에 결정할 수 없을 때에는 한 차례만 10일을 넘지 아니하는 범위에서 그 기간을 연장할 수 있다.

③ 심사관은 심사의 청구에 대한 심리를 위하여 필요하다고 인정하면 심사청구인의 신청 또는 직권으로 심사청구인 또는 관계인을 지정 장소에 출석하게 하여 질문하거나 의견을 진술하게 할 수 있다.

④ 당사자는 심사관에게 심리·결정의 공정을 기대하기 어려운 사정이 있으면 그 심사관에 대한 기피신청을 고용노동부장관에게 할 수 있다.

⑤ 직업안정기관 또는 근로복지공단은 심사청구서를 받은 날부터 14일 이내에 의견서를 첨부하여 심사청구서를 심사관에게 보내야 한다.

2024년

2023년

2022년

2021년

2020년

09 고용보험법령상 폐업한 자영업자인 피보험자에 관한 설명으로 옳지 않은 것은?

① 법령을 위반하여 영업 정지를 받아 폐업한 경우라도 직업안정기관의 장이 인정하는 경우에는 수급자격이 있는 것으로 본다.

② 자영업자인 피보험자 본인의 중대한 귀책사유로서 본인의 사업과 관련하여 특정경제범죄 가중처벌 등에 관한 법률 제3조에 따라 징역형을 선고받고 폐업한 경우에 해당한다고 직업안정기관의 장이 인정하는 경우에는 수급자격이 없는 것으로 본다.

③ 자영업자인 피보험자로서 폐업한 수급자격자에 대한 소정급여일수는 대기기간이 끝난 다음 날부터 계산하기 시작하여 피보험기간이 5년 이상 10년 미만이면 180일까지로 한다.

④ 자영업자인 피보험자의 피보험기간은 그 수급자격과 관련된 폐업 당시의 적용 사업에의 보험가입기간 중에서 실제로 납부한 고용보험료에 해당하는 기간으로 한다.

⑤ 자영업자인 피보험자로서 폐업한 수급자격자에 대한 구직급여일액은 그 수급자격자의 기초일액에 100분의 60을 곱한 금액으로 한다.

10 고용보험법령상 고용노동부장관이 고용환경 개선, 근무형태 변경 등으로 고용의 기회를 확대한
☐☐☐ 사업주에게 임금의 일부를 지원할 수 있는 경우가 아닌 것은?

① 직무의 분할 등을 통하여 실업자를 근로계약기간을 정하지 않고 시간제로 근무하는 형태로
하여 새로 고용하는 경우

② 고용보험위원회에서 심의·의결한 국내복귀기업 또는 지역특화산업 등 고용지원이 필요한 업
종에 해당하는 기업이 실업자를 고용하는 경우

③ 고용보험위원회에서 심의·의결한 업종에 해당하는 우선지원대상기업이 고용노동부장관이
정하는 전문적인 자격을 갖춘 자를 고용하는 경우

④ 임금을 감액하는 제도 또는 그 밖의 임금체계 개편 등을 통하여 18세 이상 35세 이하의 청년
실업자를 고용하는 경우

⑤ 고용노동부장관이 고용상 연령차별 금지 및 고령자고용촉진에 관한 법률에 따른 고령자가 근
무하기에 적합한 것으로 인정하는 직무에 고령자를 새로 고용하는 경우

11 산업재해보상보험법상 진폐에 따른 보험급여 종류를 모두 고른 것은?
☐☐☐

ㄱ. 장례비	ㄴ. 휴업급여
ㄷ. 직업재활급여	ㄹ. 간병급여
ㅁ. 유족급여	

① ㄱ, ㄹ   ② ㄱ, ㄴ, ㅁ

③ ㄱ, ㄷ, ㄹ   ④ ㄴ, ㄷ, ㄹ, ㅁ

⑤ ㄱ, ㄴ, ㄷ, ㄹ, ㅁ

12 산업재해보상보험법상 심사 청구 및 재심사 청구에 관한 설명으로 옳지 않은 것은?

① 재심사위원회의 재결은 근로복지공단을 기속(羈束)한다.

② 재심사위원회 위원(당연직위원은 제외한다)의 임기는 3년으로 하되 연임할 수 있고, 위원장이나 위원의 임기가 끝난 경우 그 후임자가 임명될 때까지 그 직무를 수행한다.

③ 보험급여 결정등에 대하여는 행정심판법에 따른 행정심판을 제기할 수 없다.

④ 재심사위원회의 위원장 및 위원은 고용노동부장관이 임명한다.

⑤ 재심사 청구의 제기는 시효의 중단에 관하여 민법 제168조에 따른 재판상의 청구로 본다.

13 산업재해보상보험법상 과태료 부과 대상이 되는 자를 모두 고른 것은?

ㄱ. 근로복지공단이 아닌 자가 근로복지공단과 비슷한 명칭을 사용한 자
ㄴ. 근로자가 보험급여를 신청한 것을 이유로 근로자를 해고한 사업주
ㄷ. 특수형태근로종사자로부터 노무를 제공받지 아니하게 된 경우에 이를 대통령령으로 정하는 바에 따라 근로복지공단에 신고를 하지 아니한 사업주

① ㄱ
② ㄴ
③ ㄱ, ㄷ
④ ㄴ, ㄷ
⑤ ㄱ, ㄴ, ㄷ

14 산업재해보상보험법상 유족급여에 관한 설명으로 옳지 않은 것을 모두 고른 것은?

ㄱ. 유족보상연금액은 기본금액과 가산금액을 곱한 금액으로 한다.
ㄴ. 유족보상연금액상 급여기초연액은 평균임금에 365를 곱하여 얻은 금액이다.
ㄷ. 유족보상연금액상 기본금액은 급여기초연액의 100분의 45에 상당하는 금액이다.
ㄹ. 유족보상연금액상 가산금액의 합산금액이 급여기초연액의 100분의 20을 넘을 때에는 급여기초연액의 100분의 20에 상당하는 금액으로 한다.

① ㄱ, ㄴ
② ㄱ, ㄷ
③ ㄴ, ㄷ
④ ㄴ, ㄹ
⑤ ㄷ, ㄹ

15 산업재해보상보험법령상 업무상 사고에 해당하지 않는 것은?

① 근로자가 근로계약에 따른 업무수행 행위를 하던 중 발생한 사고

② 업무를 준비하는 행위를 하던 중 발생한 사고

③ 천재지변·화재 등 사업장 내에 발생한 돌발적인 사고에 따른 긴급피난·구조행위 등 사회통념상 예견되는 행위를 하던 중에 발생한 사고

④ 사업장 밖에서 업무를 수행하던 중 사업주의 구체적인 지시를 위반한 행위로 인한 사고

⑤ 휴게시간 중 사업주의 지배관리하에 있다고 볼 수 있는 행위로 발생한 사고

16 산업재해보상보험법령상 업무상질병판정위원회의 심의에서 제외되는 질병이 아닌 것은?

① 진폐

② 이황화탄소 중독증

③ 유해·위험요인에 지속적으로 소량 노출되어 나타나는 만성 중독 증상 또는 소견 등의 질병

④ 한국산업안전보건공단법에 따른 한국산업안전보건공단에 자문한 결과 업무와의 관련성이 높다고 인정된 질병

⑤ 업무와 그 질병 사이에 상당인과관계가 있는지를 명백히 알 수 있는 경우로서 근로복지공단이 정하는 질병

17 국민연금법령상 다음 A근로자의 경우 산입될 국민연금 가입기간은?

> 사용자가 A근로자의 임금에서 7개월간 기여금을 공제하였음에도 연금보험료를 내지 않았다.

① 3개월   ② 4개월

③ 5개월   ④ 6개월

⑤ 7개월

18 국민연금법상 다음 (   )에 들어갈 숫자의 합은?

제64조(분할연금 수급권자 등)

① 혼인 기간이 (   )년 이상인 자가 다음 각 호의 요건을 모두 갖추면 그때부터 그가 생존하는 동안 배우자였던 자의 노령연금을 분할한 일정한 금액의 연금(이하 "분할연금"이라 한다)을 받을 수 있다.
   1. 배우자와 이혼하였을 것
   2. 배우자였던 사람이 노령연금 수급권자일 것
   3. 60세가 되었을 것

〈중략〉

③ 제1항에 따른 분할연금은 제1항 각 호의 요건을 모두 갖추게 된 때부터 (   )년 이내에 청구하여야 한다.

---

① 6
② 8
③ 10
④ 13
⑤ 15

19 국민건강보험법령상 피부양자에 해당하지 않는 자는?(단, 직장가입자에게 주로 생계를 의존하는 사람으로서 소득 및 재산이 보건복지부령으로 정하는 기준 이하에 해당하는 사람에 한정한다.)

① 직장가입자의 형제의 배우자
② 직장가입자의 직계비속
③ 직장가입자의 배우자의 직계비속
④ 직장가입자의 직계존속
⑤ 직장가입자의 형제·자매

20 국민건강보험법령에 관한 설명으로 옳은 것은?

① 요양급여비용 및 요양급여의 적정성 평가 등에 관한 건강보험심사평가원의 처분에 이의가 있는 국민건강보험공단, 요양기관 또는 그 밖의 자는 건강보험정책심의위원회에 이의신청을 할 수 있다.

② 직장가입자의 보수월액보험료 상한은 보험료가 부과되는 연도의 전전년도 직장가입자 평균 보수월액보험료의 20배에 해당하는 금액을 고려하여 보건복지부장관이 정하여 고시하는 금액으로 한다.

③ 국민건강보험공단은 보험급여를 받을 수 있는 사람이 고의 또는 중대한 과실로 국민건강보험공단이나 요양기관의 요양에 관한 지시에 따르지 아니한 경우 보험급여를 하지 아니한다.

④ 건강보험심사평가원은 요양급여에 대한 의료의 질을 향상시키기 위하여 요양급여의 적정성 평가를 격년으로 실시하여야 한다.

⑤ 국민건강보험공단은 지역가입자가 1개월 이상 세대단위의 보험료를 체납한 경우 그 체납한 보험료를 완납할 때까지 그 가입자를 제외한 피부양자에 대하여 보험급여를 실시하지 아니한다.

21 국민건강보험법령상 보험료에 관한 설명으로 옳은 것은?

① 가입자의 자격을 취득한 날이 속하는 달의 다음 달부터 가입자의 자격을 잃은 날이 속하는 달까지 징수한다.

② 직장가입자의 보수 외 소득월액보험료는 사용자가 납부한다.

③ 보험료 납부의무가 있는 자는 가입자에 대한 그 달의 보험료를 그 달 말일까지 납부하여야 한다.

④ 직장가입자의 보험료율은 1만분의 709로 한다.

⑤ 60세 이상인 사람은 보험료 경감대상이 될 수 있다.

22 국민건강보험법령상 건강검진에 관한 설명으로 옳지 않은 것은?

① 사무직에 종사하지 않는 직장가입자에 대해서는 1년에 1회 실시한다.

② 검진기관이 건강검진을 받은 사람에게 직접 통보한 경우에는 국민건강보험공단은 그 통보를 생략할 수 있다.

③ 직장가입자, 세대주인 지역가입자, 18세 이상인 지역가입자는 일반건강검진 대상이다.

④ 영유아건강검진 대상은 6세 미만의 가입자 및 피부양자이다.

⑤ 국민건강보험공단은 직장가입자에게 실시하는 일반건강검진의 실시에 관한 사항을 해당 사용자에게 통보해야 한다.

23 고용보험 및 산업재해보상보험의 보험료징수 등에 관한 법령상 고액·상습 체납자의 인적사항 공개에 관한 설명으로 옳지 않은 것은?

① 국민건강보험공단은 체납된 보험료, 이 법에 따른 그 밖의 징수금과 체납처분비와 관련하여 행정심판이 계류 중인 경우에는 공개하여서는 아니 된다.

② 체납자의 인적사항등에 대한 공개 여부를 심의하기 위하여 국민건강보험공단에 보험료정보공개심의위원회를 둔다.

③ 국민건강보험공단은 인적사항등의 공개가 결정된 자에 대하여 소명할 기회를 주어야 한다.

④ 체납자 인적사항등의 공개는 관보에 게재하거나, 고용·산재정보통신망 또는 국민건강보험공단 게시판에 게시하는 방법에 따른다.

⑤ 국민건강보험공단은 보험료정보공개심의위원회의 심의와 관련한 통지일부터 3개월이 지난 후 체납자 인적사항등의 공개 여부를 재심의하게 한 후 공개대상자를 선정한다.

24 고용보험 및 산업재해보상보험의 보험료징수 등에 관한 법령상 예술인과 이들을 상대방으로 하여 문화예술용역 관련 계약을 체결한 사업의 사업주에 대한 고용보험료율은?

① 1천분의 8

② 1천분의 16

③ 1천분의 24

④ 1천분의 32

⑤ 1천분의 40

25 고용보험 및 산업재해보상보험의 보험료징수 등에 관한 법령상 동일한 사업주가 하나의 장소에서 사업의 종류가 다른 사업을 아래와 같이 할 경우 산재보험료율을 적용하기 위한 주된 사업은?

사업의 종류	매출액(억)	보수총액(억)	근로자 수(명)
A	150	15	30
B	150	15	40
C	250	15	40
D	250	12	40
E	300	12	40

① A

② B

③ C

④ D

⑤ E

2022년 제31회 기출문제

 2022.05.14. 시행

 Time   분 | 정답 및 해설 396p

 중요문제 / 틀린 문제 CHECK   **각 문항별로 회독수 CHECK ☑☐☐**

01	02	03	04	05	06	07	08	09	10	11	12	13	14	15	16	17	18	19	20	21	22	23	24	25

01 사회보장기본법에 관한 설명으로 옳지 않은 것은?

① 모든 국민은 자신의 능력을 최대한 발휘하여 자립·자활(自活)할 수 있도록 노력하여야 한다.

② 국가와 지방자치단체는 사회보장제도를 시행할 때에 가정과 지역공동체의 자발적인 복지활동을 촉진하여야 한다.

③ 사회보험이란 국민에게 발생하는 사회적 위험을 보험의 방식으로 대처함으로써 국민의 건강과 소득을 보장하는 제도를 말한다.

④ 국내에 거주하는 외국인에게 사회보장제도를 적용할 때에는 국민과 차별하지 아니하되 예외적으로 상호주의에 따를 수 있다.

⑤ 국가와 지방자치단체는 가정이 건전하게 유지되고 그 기능이 향상되도록 노력하여야 한다.

02 사회보장기본법상 사회보장제도의 운영에 관한 설명으로 옳지 않은 것은?

① 국가와 지방자치단체가 사회보장제도를 운영할 때에는 이 제도를 필요로 하는 모든 국민에게 적용하여야 한다.

② 국가와 지방자치단체는 공공부문과 민간부문의 사회보장 전달체계가 효율적으로 연계되도록 노력하여야 한다.

③ 공공부조는 국가의 책임으로 시행하고, 사회보험과 사회서비스는 국가와 지방자치단체의 책임으로 시행하는 것을 원칙으로 한다.

④ 국가와 지방자치단체는 사회보장 관계법령에서 정하는 바에 따라 사회보장에 관한 상담에 응하여야 한다.

⑤ 국가와 지방자치단체는 효과적인 사회보장정책의 수립·시행을 위하여 사회보장에 관한 통계를 작성·관리하여야 한다.

03 사회보장기본법령상 사회보장 관련 주요 시책의 시행계획에 관한 내용이다. (   )에 들어갈 내용
으로 옳은 것은?

> 보건복지부장관은 사회보장과 관련된 소관 주요 시책의 시행계획에 따른 추진실적의 평가를 위한
> 지침을 작성하여 매년 (ㄱ)까지 관계 중앙행정기관의 장에게 통보하고, 관계 중앙행정기관의
> 장은 통보받은 평가지침에 따라 전년도 시행계획의 추진실적을 평가한 후 그 결과를 매년 (ㄴ)까
> 지 보건복지부장관에게 제출하여야 한다.

① ㄱ : 1월 31일,   ㄴ : 3월 31일
② ㄱ : 1월 31일,   ㄴ : 6월 30일
③ ㄱ : 3월 31일,   ㄴ : 6월 30일
④ ㄱ : 3월 31일,   ㄴ : 9월 30일
⑤ ㄱ : 6월 30일,   ㄴ : 9월 30일

04 사회보장기본법에 관한 설명으로 옳지 않은 것은?

① 국가는 관계법령에서 정하는 바에 따라 최저보장수준과 최저임금을 매년 공표하여야 한다.
② 국가와 지방자치단체는 사회보장에 관한 책임과 역할을 합리적으로 분담하여야 한다.
③ 사회보장수급권이 제한되거나 정지되는 경우에는 제한 또는 정지하는 목적에 필요한 최소한
의 범위에 그쳐야 한다.
④ 사회보장수급권은 정당한 권한이 있는 기관에 구두 또는 서면으로 통지하여 포기할 수 있다.
⑤ 사회보장에 관한 다른 법률을 제정하거나 개정하는 경우에는 사회보장기본법에 부합되도록
하여야 한다.

05 고용보험법상 피보험자격의 취득 또는 상실 등에 관한 설명으로 옳지 않은 것은?

① 고용보험 및 산업재해보상보험의 보험료징수 등에 관한 법률(이하 "고용산재보험료징수법"이
라 한다)에 따른 보험관계 성립일 전에 고용된 근로자의 경우에는 그 보험관계가 성립한 날의
다음 날에 피보험자격을 취득한 것으로 본다.
② 근로자인 피보험자가 이직한 경우에는 이직한 날의 다음 날에 피보험자격을 상실한다.
③ 근로자인 피보험자가 사망한 경우에는 사망한 날의 다음 날에 피보험자격을 상실한다.
④ 고용산재보험료징수법에 따라 보험관계가 소멸한 경우에는 그 보험관계가 소멸한 날에 그 피
보험자격을 상실한다.
⑤ 피보험자 또는 피보험자였던 사람은 언제든지 고용노동부장관에게 피보험자격의 취득 또는
상실에 관한 확인을 청구할 수 있다.

06 고용보험법령상 고용보험법 적용이 제외되는 것을 모두 고른 것은?

> ㄱ. 별정우체국법에 따른 별정우체국 직원
> ㄴ. 사립학교교직원 연금법의 적용을 받는 사람
> ㄷ. 어업 중 법인이 아닌 자가 상시 4명 이하의 근로자를 사용하는 사업

① ㄱ
② ㄱ, ㄴ
③ ㄱ, ㄷ
④ ㄴ, ㄷ
⑤ ㄱ, ㄴ, ㄷ

07 고용보험법상 자영업자의 구직급여에 관한 사항으로 피보험기간과 소정급여일수가 옳게 연결된 것은?

① 피보험기간 6개월 – 소정급여일수 120일
② 피보험기간 1년 – 소정급여일수 150일
③ 피보험기간 3년 – 소정급여일수 180일
④ 피보험기간 10년 – 소정급여일수 210일
⑤ 피보험기간 15년 – 소정급여일수 240일

08 고용보험법령상 노무제공자인 피보험자에 해당하지 않는 것은?

① 한국표준직업분류표의 세세분류에 따른 대여 제품 방문점검원
② 가전제품의 판매를 위한 배송 업무를 주로 수행하고 가전제품의 설치, 시운전 등을 통해 작동 상태를 확인하는 사람
③ 초·중등교육법에 따른 학교에서 운영하는 방과후학교의 과정을 담당하는 강사
④ 방문판매 등에 관한 법률에 따른 후원방문판매원으로서 자가 소비를 위한 후원방문판매원
⑤ 우체국 예금·보험에 관한 법률에 따른 우체국보험의 모집을 전업으로 하는 사람

09 고용보험법령상 고용보험기금에 관한 설명으로 옳지 않은 것은?

① 고용노동부장관은 한국은행에 고용보험기금계정을 설치하여야 한다.

② 고용보험기금의 결산상 손실금이 생기는 경우 이를 적립금으로 보전(補塡)할 수 없다.

③ 기금수입징수관은 기금징수액보고서를 매월 말일을 기준으로 작성하여 다음 달 20일까지 고용노동부장관에게 제출하여야 한다.

④ 고용보험기금을 지출할 때 자금 부족이 발생할 것으로 예상되는 경우에는 고용보험기금의 부담으로 금융기관·다른 기금과 그 밖의 재원 등으로부터 차입을 할 수 있다.

⑤ 고용노동부장관의 고용보험기금 관리·운용 방법에는 금융기관에 예탁하는 방법이 있다.

10 고용보험법상 재심사에 관한 설명으로 옳지 않은 것은?

① 재심사의 청구는 심사청구에 대한 결정이 있음을 안 날부터 90일 이내에 제기하여야 한다.

② 재심사의 청구는 시효중단에 관하여 재판상의 청구로 본다.

③ 고용보험심사위원회의 재심사청구에 대한 심리는 공개하지 않음이 원칙이지만, 당사자의 양쪽 또는 어느 한쪽이 신청한 경우에는 공개할 수 있다.

④ 고용보험심사위원회는 재심사의 청구를 받으면 그 청구에 대한 심리 기일(審理期日) 및 장소를 정하여 심리 기일 3일 전까지 당사자 및 그 사건을 심사한 고용보험심사관에게 알려야 한다.

⑤ 당사자는 고용보험심사위원회에 문서나 구두로 그 의견을 진술할 수 있다.

11 산업재해보상보험법령상 산업재해보상보험 및 예방심의위원회의 심의사항이 아닌 것은?

① 요양급여의 범위나 비용 등 요양급여의 산정 기준에 관한 사항

② 고용보험 및 산업재해보상보험의 보험료징수 등에 관한 법률에 따른 산재보험료율의 결정에 관한 사항

③ 산업안전보건법에 따른 산업재해 보상의 세부계획에 관한 사항

④ 산업재해보상보험 및 예방기금의 운용계획 수립에 관한 사항

⑤ 고용노동부장관이 산업재해보상보험 사업 및 산업안전·보건 업무에 관하여 심의에 부치는 사항

12 산업재해보상보험법령상 산업재해보상보험법의 적용 제외 사업에 해당하지 않는 것은?

① 군인 재해보상법에 따라 재해보상이 되는 사업

② 선원법에 따라 재해보상이 되는 사업

③ 벌목업 중 법인이 아닌 자의 사업으로서 상시근로자 수가 5명 미만인 사업

④ 수렵업 중 법인이 아닌 자의 사업으로서 상시근로자 수가 5명 미만인 사업

⑤ 가구 내 고용활동

13 산업재해보상보험법상 과태료 부과 대상이 되는 자를 모두 고른 것은?

> ㄱ. 근로복지공단이 아닌 자가 근로복지공단과 비슷한 명칭을 사용한 자
> ㄴ. 거짓으로 보험급여를 받도록 시키거나 도와준 자
> ㄷ. 거짓으로 보험급여를 받은 자

① ㄱ   ② ㄷ

③ ㄱ, ㄴ   ④ ㄴ, ㄷ

⑤ ㄱ, ㄴ, ㄷ

14 산업재해보상보험법상 상병보상연금의 지급요건을 모두 고른 것은?

> ㄱ. 그 부상이나 질병이 치유되지 아니한 상태일 것
> ㄴ. 요양으로 인하여 취업하지 못하였을 것
> ㄷ. 그 부상이나 질병에 따른 중증요양상태의 정도가 대통령령으로 정하는 중증요양상태등급 기준에 해당할 것

① ㄱ   ② ㄴ

③ ㄱ, ㄴ   ④ ㄴ, ㄷ

⑤ ㄱ, ㄴ, ㄷ

15 산업재해보상보험법령상 업무상의 재해의 인정 기준에 해당하는 사유가 아닌 것은?

① 근로자가 근로계약에 따른 업무나 그에 따르는 행위를 하던 중 발생한 사고
② 사업주의 구체적인 지시를 위반한 행위로 인한 사고
③ 사업주가 제공한 시설물 등을 이용하던 중 그 시설물 등의 결함이나 관리소홀로 발생한 사고
④ 사업주가 주관하거나 사업주의 지시에 따라 참여한 행사나 행사준비 중에 발생한 사고
⑤ 휴게시간 중 사업주의 지배관리하에 있다고 볼 수 있는 행위로 발생한 사고

16 산업재해보상보험법에 따라 산정된 저소득 근로자의 휴업급여에 관한 내용이다. (   )에 들어갈 숫자로 옳은 것은?

> 1일당 휴업급여 지급액이 최저 보상기준 금액의 100분의 (ㄱ)보다 적거나 같으면 그 근로자에 대하여는 평균임금의 100분의 (ㄴ)에 상당하는 금액을 1일당 휴업급여 지급액으로 한다. 다만, 그 근로자의 평균임금의 100분의 (ㄴ)에 상당하는 금액이 최저 보상기준 금액의 100분의 (ㄱ)보다 많은 경우에는 최저 보상기준 금액의 100분의 (ㄱ)에 상당하는 금액을 1일당 휴업급여 지급액으로 한다.

① ㄱ : 70, ㄴ : 70　　　　　　② ㄱ : 70, ㄴ : 80
③ ㄱ : 80, ㄴ : 80　　　　　　④ ㄱ : 80, ㄴ : 90
⑤ ㄱ : 90, ㄴ : 90

17 국민연금법상 급여에 관한 설명으로 옳은 것은?

① 급여는 노령연금과 장애연금 두 종류로 나뉜다.
② 급여수급전용계좌에 입금된 급여와 이에 관한 채권은 압류할 수 있다.
③ 급여로 지급된 금액에 대하여는 조세특례제한법이나 그 밖의 법률 또는 지방자치단체가 조례로 정하는 바에 따라 조세, 그 밖에 국가 또는 지방자치단체의 공과금을 감면할 수 없다.
④ 국민연금공단은 장애연금 수급권자의 장애 정도를 심사하여 장애등급에 해당되지 아니하면 장애연금액을 변경한다.
⑤ 자녀인 수급권자가 다른 사람에게 입양된 때에는 그에 해당하게 된 때부터 유족연금의 지급을 정지한다.

18 국민연금법상 국민연금가입자에 관한 설명으로 옳지 않은 것은?

① 가입자는 사업장가입자, 지역가입자, 임의가입자 및 임의계속가입자로 구분한다.

② 임의가입자는 보건복지부령으로 정하는 바에 따라 국민연금공단에 신청하여 탈퇴할 수 있다.

③ 가입자의 가입 종류가 변동되면 그 가입자의 가입기간은 각 종류별 가입기간을 합산한 기간으로 한다.

④ 가입자의 자격을 상실한 후 다시 그 자격을 취득한 자에 대하여는 전후(前後)의 가입기간을 합산한다.

⑤ 임의가입자는 가입 신청을 한 날에 자격을 취득한다.

19 국민건강보험법령상 보수월액에 관한 설명으로 옳지 않은 것은?

① 직장가입자의 보수월액은 직장가입자가 지급받는 보수를 기준으로 하여 산정한다.

② 휴직으로 보수의 전부 또는 일부가 지급되지 아니하는 가입자의 보수월액보험료는 해당 사유가 생기기 전 달의 보수월액을 기준으로 산정한다.

③ 근로자가 근로를 제공하고 사용자로부터 지급받는 금품 중 퇴직금은 보수에서 제외한다.

④ 보수의 전부 또는 일부가 현물(現物)로 지급되는 경우에는 그 지역의 시가(時價)를 기준으로 국민건강보험공단이 정하는 가액(價額)을 그에 해당하는 보수로 본다.

⑤ 보수 관련 자료가 없거나 불명확한 경우에 해당하면 고용노동부장관이 정하여 고시하는 금액을 보수로 본다.

20 국민건강보험법령상 직장가입자 제외자에 해당하는 자를 모두 고른 것은?

> ㄱ. 고용 기간이 1개월 미만인 일용근로자
> ㄴ. 1개월 동안의 소정(所定)근로시간이 60시간 미만인 단시간근로자
> ㄷ. 병역법에 따른 군간부후보생
> ㄹ. 선거에 당선되어 취임하는 공무원으로서 매월 보수 또는 보수에 준하는 급료를 받지 아니하는 사람

① ㄱ, ㄴ   ② ㄴ, ㄷ

③ ㄱ, ㄴ, ㄹ   ④ ㄱ, ㄷ, ㄹ

⑤ ㄱ, ㄴ, ㄷ, ㄹ

21 고용보험 및 산업재해보상보험의 보험료징수 등에 관한 법률상 보험료율의 인상 또는 인하 등에 따른 조치에 관한 내용이다. (   )에 들어갈 내용으로 옳은 것은?

> (ㄱ)은 보험료율이 인상 또는 인하된 때에는 월별보험료 및 개산보험료를 증액 또는 감액 조정하고, 월별보험료가 증액된 때에는 (ㄴ)이, 개산보험료가 증액된 때에는 (ㄷ)이 각각 징수한다.

① ㄱ : 근로복지공단,   ㄴ : 국민건강보험공단, ㄷ : 근로복지공단
② ㄱ : 근로복지공단,   ㄴ : 근로복지공단,   ㄷ : 국민건강보험공단
③ ㄱ : 근로복지공단,   ㄴ : 근로복지공단,   ㄷ : 근로복지공단
④ ㄱ : 국민건강보험공단, ㄴ : 근로복지공단,   ㄷ : 국민건강보험공단
⑤ ㄱ : 국민건강보험공단, ㄴ : 국민건강보험공단, ㄷ : 근로복지공단

22 고용보험 및 산업재해보상보험의 보험료징수 등에 관한 법령상 보험관계의 성립 및 소멸에 관한 설명으로 옳지 않은 것은?

① 산업재해보상보험법을 적용하지 아니하는 사업의 사업주는 근로복지공단의 승인을 받아 산업재해보상보험에 가입할 수 있다.

② 일괄적용사업의 사업주는 사업의 개시일부터 14일 이내에 끝나는 사업의 경우에는 그 끝나는 날의 다음 날까지 개시 및 종료 사실을 근로복지공단에 신고하여야 한다.

③ 고용보험법을 적용하지 아니하는 사업의 사업주가 고용보험에 가입된 경우 그 보험계약을 해지할 때에는 미리 근로복지공단의 승인을 받아야 한다.

④ 고용보험에 가입한 사업주는 기간의 정함이 있는 건설사업의 경우 사업의 기간이 변경되면 그 변경된 날부터 14일 이내에 그 변경사항을 근로복지공단에 신고해야 한다.

⑤ 고용보험법을 적용하지 아니하는 사업의 사업주가 근로자의 과반수의 동의를 받아 근로복지공단의 승인을 받으면 그 사업의 사업주와 근로자는 고용보험에 가입할 수 있다.

23 고용보험 및 산업재해보상보험의 보험료징수 등에 관한 법령상 상시근로자수가 150명 미만인 사업주의 사업의 고용안정·직업능력개발사업의 보험료율은?

① 1만분의 15
② 1만분의 25
③ 1만분의 35
④ 1만분의 45
⑤ 1만분의 55

24 고용보험 및 산업재해보상보험의 보험료징수 등에 관한 법령상 기준보수에 관한 설명으로 옳지 않은 것은?

① 근로시간에 따라 보수를 지급받는 근로자가 주당 소정근로시간을 확정할 수 없는 경우에는 시간단위 기준보수를 적용한다.

② 기준보수는 사업의 규모, 근로·노무 형태, 보수·보수액 수준 등을 고려하여 고용보험법에 따른 고용보험위원회의 심의를 거쳐 시간·일 또는 월 단위로 정하되, 사업의 종류별 또는 지역별로 구분하여 정할 수 있다.

③ 사업의 폐업·도산 등으로 근로자, 예술인 또는 노무제공자의 보수 또는 보수액을 산정·확인하기 곤란한 경우에는 기준보수를 보수로 할 수 있다.

④ 통상근로자로서 월정액으로 보수를 지급받는 근로자에게는 월단위 기준보수를 적용한다.

⑤ 예술인(일정 소득기준을 충족하는 예술인과 단기예술인은 제외) 및 노무제공자(일정 소득기준을 충족하는 노무제공자와 단기노무제공자는 제외)의 보수액이 기준보수보다 적은 경우에는 기준보수를 보수로 할 수 있다.

25 고용보험 및 산업재해보상보험의 보험료징수 등에 관한 법률상 보험관계의 변경신고에 관한 내용이다. (   )에 들어갈 숫자로 옳은 것은?

> 보험에 가입한 사업주는 그 이름, 사업의 소재지 등 대통령령으로 정하는 사항이 변경된 경우에는 그날부터 (   )일 이내에 그 변경사항을 근로복지공단에 신고하여야 한다.

① 7
② 14
③ 15
④ 20
⑤ 30

2021년 제30회 기출문제

✓ 2021.05.08. 시행   ✓ Time   분 | 정답 및 해설 415p

✓ 중요문제 / 틀린 문제 CHECK   ✓ 각 문항별로 회독수 CHECK ☑☐☐

01	02	03	04	05	06	07	08	09	10	11	12	13	14	15	16	17	18	19	20	21	22	23	24	25

01 사회보장기본법령상 국가와 지방자치단체의 책임에 관한 내용으로 옳지 않은 것은?

① 국가와 지방자치단체는 국가발전수준에 부응하고 사회환경의 변화에 선제적으로 대응하며 지속 가능한 사회보장제도를 확립하고 매년 이에 필요한 재원을 조달하여야 한다.

② 국가와 지방자치단체는 사회보장 관계법령에서 규정한 권리나 의무를 모든 국민에게 설명하여야 한다.

③ 국가와 지방자치단체는 사회보장에 관한 책임과 역할을 합리적으로 분담하여야 한다.

④ 국가는 사회보장제도의 안정적인 운영을 위하여 중장기 사회보장 재정추계를 격년으로 실시하고 이를 공표하여야 한다.

⑤ 국가와 지방자치단체는 모든 국민의 인간다운 생활을 유지·증진하는 책임을 가진다.

02 사회보장기본법령상 사회보장수급권에 관한 내용으로 옳지 않은 것은?

① 사회보장수급권이 정지되는 경우에는 정지하는 목적에 필요한 최소한의 범위에 그쳐야 한다.

② 사회보장수급권은 관계법령에서 정하는 바에 따라 타인에게 양도할 수 있다.

③ 사회보장수급권은 관계법령에서 따로 정하고 있는 경우에는 제한될 수 있다.

④ 사회보장수급권은 관계법령에서 정하는 바에 따라 타인에게 담보로 제공할 수 없다.

⑤ 사회보장수급권을 포기하는 것이 다른 사람에게 피해를 주는 경우에는 사회보장수급권을 포기할 수 없다.

2024년

2023년

2022년

2021년

2020년

03 사회보장기본법령상 사회보장위원회에 관한 내용으로 옳지 않은 것은?

① 사회보장위원회의 부위원장은 기획재정부장관, 교육부장관 및 보건복지부장관이 된다.

② 사회보장위원회의 사무를 효율적으로 처리하기 위하여 보건복지부에 사무국을 둔다.

③ 사회보장위원회에 간사 1명을 두고, 간사는 보건복지부 사회복지정책실장으로 한다.

④ 대통령은 위촉한 사회보장위원회의 위원이 직무와 관련된 비위사실이 있는 경우에는 해당 위원을 해촉할 수 있다.

⑤ 사회보장위원회에 두는 실무위원회는 공동위원장 2명을 포함하여 30명 이내의 위원으로 구성한다.

04 고용보험법령상 육아휴직급여의 특례에 관한 내용이다. (　　)에 들어갈 내용으로 옳은 것은?

> 고용노동부장관이 남녀고용평등과 일·가정 양립 지원에 관한 법률에 따른 육아휴직을 30일 이상 부여받은 피보험자 중 육아휴직을 시작한 날 이전에 피보험 단위기간이 합산하여 180일 이상인 피보험자에게 지급하는 육아휴직 급여는 육아휴직 시작일을 기준으로 한 (ㄱ)을 월별 지급액으로 한다. 다만, 해당 금액이 (ㄴ)을 넘는 경우에는 (ㄴ)으로 하고, 해당 금액이 (ㄷ)보다 적은 경우에는 (ㄷ)으로 한다.

① ㄱ : 월 통상임금의 100분의 50에 해당하는 금액, ㄴ : 120만원, ㄷ : 50만원

② ㄱ : 월 통상임금의 100분의 80에 해당하는 금액, ㄴ : 120만원, ㄷ : 50만원

③ ㄱ : 월 통상임금의 100분의 80에 해당하는 금액, ㄴ : 150만원, ㄷ : 60만원

④ ㄱ : 월 통상임금에 해당하는 금액, 　　　　　　　ㄴ : 150만원, ㄷ : 60만원

⑤ ㄱ : 월 통상임금에 해당하는 금액, 　　　　　　　ㄴ : 250만원, ㄷ : 70만원

05 고용보험법령상 장애인고용촉진 및 직업재활법에 따른 장애인인 甲(45세)은 근무하던 A회사를 퇴사하여 직업안정기관으로부터 구직급여수급자격을 인정받았다. 피보험기간이 15년인 甲이 받을 수 있는 구직급여의 소정급여일수는?

① 120일　　　　　　　　　　② 180일

③ 210일　　　　　　　　　　④ 240일

⑤ 270일

06 고용보험법령상 예술인인 피보험자의 구직급여에 관한 내용으로 옳지 않은 것은?

① 이직일 이전 24개월 동안의 피보험단위기간이 통산하여 9개월 이상일 것을 지급요건으로 한다.

② 이직일 이전 24개월 중 3개월 이상을 예술인인 피보험자로 피보험자격을 유지하였을 것을 지급요건으로 한다.

③ 실업의 신고일부터 계산하기 시작하여 30일간은 대기기간으로 보아 구직급여를 지급하지 아니한다.

④ 예술인의 구직급여일액은 기초일액에 100분의 60을 곱한 금액으로 한다.

⑤ 예술인의 구직급여일액의 상한액은 6만 6천원이다.

07 고용보험법령상 사업주에게 지급하는 출산육아기 고용안정장려금의 지급요건 중 하나이다. ( )에 들어갈 내용으로 옳은 것은?

> 출산전후휴가, 유산·사산휴가 또는 육아기 근로시간 단축의 시작일 전 (ㄱ)이 되는 날[출산전후휴가에 연이어 유산·사산휴가 또는 육아기 근로시간 단축을 시작하는 경우에는 출산전후휴가 시작일 전 (ㄴ)이 되는 날] 이후 새로 대체인력을 고용하여 (ㄷ) 이상 계속 고용한 경우

① ㄱ : 30일, ㄴ : 30일, ㄷ : 30일
② ㄱ : 30일, ㄴ : 30일, ㄷ : 2개월
③ ㄱ : 30일, ㄴ : 2개월, ㄷ : 2개월
④ ㄱ : 2개월, ㄴ : 2개월, ㄷ : 30일
⑤ ㄱ : 2개월, ㄴ : 2개월, ㄷ : 2개월

08 고용보험법령상 자영업자인 피보험자에 대한 실업급여 적용의 특례에 관한 내용으로 옳은 것은?

① 자영업자인 피보험자의 실업급여의 종류에는 광역구직활동비가 포함되지 않는다.

② 폐업일 이전 12개월간 자영업자인 피보험자로서 갖춘 피보험단위기간이 합산하여 6개월이면 구직급여를 지급한다.

③ 자영업자인 피보험자로서 폐업한 수급자격자에 대한 구직급여일액은 그 수급자격자의 기초일액에 100분의 60을 곱한 금액으로 한다.

④ 고용노동부장관은 자영업자의 피보험기간이 3년이면서 보험료체납횟수가 1회인 경우 실업급여를 지급하지 아니한다.

⑤ 자영업자의 실업급여를 받을 권리는 양도하거나 담보로 제공할 수 있다.

09 고용보험법령상 피보험자격에 관한 내용으로 옳지 않은 것은?

① 사업주는 그 사업에 고용된 근로자의 피보험자격 취득에 관한 사항을 신고하려는 경우 그 사유가 발생한 날이 속하는 달의 다음 달 말일까지 고용노동부장관에게 신고해야 한다.

② 사업주가 그 사업에 고용된 근로자의 피보험자격의 취득에 관한 사항을 신고하지 아니하면 근로자가 근로계약서 등 고용관계를 증명할 수 있는 서류를 제출하여 신고할 수 있다.

③ 자영업자인 피보험자는 피보험자격의 취득 및 상실에 관한 신고를 하지 아니한다.

④ 고용보험에 가입되거나 가입된 것으로 보는 근로자가 보험관계가 성립되어 있는 둘 이상의 사업에 동시에 고용되어 있는 경우에는 대통령령으로 정하는 바에 따라 그중 한 사업의 피보험자격을 취득한다.

⑤ 피보험자는 언제든지 고용노동부장관에게 피보험자격의 취득 또는 상실에 관한 확인을 청구할 수 있다.

10 산업재해보상보험법령상 특수형태근로종사자의 직종에 해당하지 않는 사람은?

① 한국표준직업분류표의 세분류에 따른 택배원인 사람으로서 소화물을 집화·수송과정을 거쳐 배송하는 택배사업에서 집화업무를 하는 사람

② 우체국 예금·보험에 관한 법률에 따른 우체국보험의 모집을 전업으로 하는 사람

③ 한국표준직업분류표의 세세분류에 따른 대여제품 방문점검원

④ 한국표준직업분류표의 세분류에 따른 가전제품 설치 및 수리원으로서 가전제품을 배송, 설치 및 시운전하여 작동상태를 확인하는 사람

⑤ 신용정보의 이용 및 보호에 관한 법률에 따른 위임직채권추심인

11 산업재해보상보험법령상 보험급여에 관한 내용으로 옳지 않은 것은?

① 장해보상연금의 수급권자가 재요양을 받는 경우에도 그 연금의 지급을 정지하지 아니한다.

② 진폐유족연금의 지급은 그 지급사유가 발생한 달의 다음 달 첫날부터 시작한다.

③ 유족보상연금 수급자격자인 손자녀가 25세가 된 때 또는 형제자매가 19세가 된 때에는 그 자격을 잃는다.

④ 요양급여를 받는 근로자가 요양을 시작한 지 1년이 지난 이후에 취업하지 못하면 휴업급여 대신 상병보상연금을 그 근로자에게 지급한다.

⑤ 장해보상연금은 그 지급을 정지할 사유가 발생한 때에는 그 사유가 발생한 달의 다음 달 첫날부터 그 사유가 소멸한 달의 말일까지 지급하지 아니한다.

12 산업재해보상보험법령상 업무상질병판정위원회에 관한 내용으로 옳지 않은 것은?

① 한의사는 업무상질병판정위원회의 위원이 될 수 있다.

② 업무상질병판정위원회의 위원장과 위원의 임기는 2년으로 하되, 연임할 수 있다.

③ 이황화탄소중독증은 업무상질병판정위원회의 심의에서 제외되는 질병에 해당한다.

④ 업무상질병판정위원회는 부득이한 사유로 심의를 의뢰받은 날부터 60일 이내에 심의를 마칠 수 없으면 20일 단위로 두 차례 연장할 수 있다.

⑤ 업무상질병판정위원회의 원활한 운영을 위하여 필요하면 위원장이 지명하는 위원이 회의를 주재할 수 있다.

13 산업재해보상보험법령상 진폐에 따른 보험급여의 종류에 해당하는 것을 모두 고른 것은?

ㄱ. 요양급여		ㄴ. 휴업급여
ㄷ. 장해급여		ㄹ. 간병급여
ㅁ. 유족급여		

① ㄱ, ㄹ

② ㄱ, ㄴ, ㅁ

③ ㄴ, ㄹ, ㅁ

④ ㄴ, ㄷ, ㄹ, ㅁ

⑤ ㄱ, ㄴ, ㄷ, ㄹ, ㅁ

14 산업재해보상보험법령상 과태료 부과대상이 되는 자는?

① 근로복지공단의 임직원이나 그 직에 있었던 사람이 그 직무상 알게 된 비밀을 누설한 자

② 산재보험의료기관의 종사자로서 거짓이나 그 밖의 부정한 방법으로 진료비를 지급받은 자

③ 거짓이나 그 밖의 부정한 방법으로 보험급여를 받도록 시키거나 도와준 자

④ 근로복지공단이 아닌 자가 근로복지공단과 비슷한 명칭을 사용한 자

⑤ 근로자가 보험급여를 신청한 것을 이유로 근로자를 해고한 사업주

15 산업재해보상보험법령상 간병 및 이송에 관한 내용으로 옳지 않은 것은?

① 요양 중인 근로자가 회복실에서 요양 중인 경우 그 기간에는 별도의 간병을 제공하지 않는다.

② 간병은 요양 중인 근로자의 부상·질병상태가 의학적으로 다른 사람의 간병이 필요하다고 인정되는 경우로서 신체 표면면적의 35퍼센트 이상에 걸친 화상을 입어 수시로 적절한 조치를 할 필요가 있는 사람에게 제공한다.

③ 해당 근로자의 13세 이상의 자녀 또는 형제자매도 간병을 할 수 있는 사람이다.

④ 간병의 대상이 되는 근로자의 부상·질병상태 등이 전문적인 간병을 필요로 하는 경우에는 의료법에 따른 간호사만 간병을 하도록 할 수 있다.

⑤ 해당 근로자의 부상·질병상태로 보아 이송 시 간호인의 동행이 필요하다고 인정되는 경우에는 간호인 1명이 동행할 수 있으나, 의학적으로 특별히 필요하다고 인정되는 경우에는 2명까지 동행할 수 있다.

16 국민연금법령에 관한 내용으로 옳지 않은 것은?

① 국민기초생활 보장법에 따른 생계급여수급자는 지역가입자에서 제외된다.

② 지역가입자가 국적을 상실한 때에는 그에 해당하게 된 날에 그 자격을 상실한다.

③ 지역가입자가 사업장가입자의 자격을 취득한 때에는 그에 해당하게 된 날에 그 자격을 상실한다.

④ 임의가입자는 가입신청이 수리된 날에 자격을 취득한다.

⑤ 사립학교교직원 연금법을 적용받는 사립학교교직원은 국민연금 가입대상에서 제외된다.

17 국민연금법령상 노령연금수급권자에 관한 내용이다. (   )에 들어갈 숫자의 합은?

> 국민연금가입기간이 (   )년 이상인 가입자 또는 가입자였던 자 중 특수직종근로자는 (   )세가 된 때부터 그가 생존하는 동안 노령연금을 지급한다.

① 55 　　　　　　　　　　② 60

③ 65 　　　　　　　　　　④ 70

⑤ 75

18 국민건강보험법령상 일반건강검진의 대상이 아닌 자는?

① 직장가입자
② 6세 미만의 피부양자
③ 20세 이상인 지역가입자
④ 20세 이상인 피부양자
⑤ 세대주인 지역가입자

19 국민건강보험법령상 보험가입자의 자격상실시기로 옳은 것을 모두 고른 것은?

> ㄱ. 사망한 날
> ㄴ. 국적을 잃은 날
> ㄷ. 국내에 거주하지 아니하게 된 날
> ㄹ. 직장가입자의 피부양자가 된 날

① ㄹ
② ㄱ, ㄷ
③ ㄱ, ㄴ, ㄷ
④ ㄴ, ㄷ, ㄹ
⑤ ㄱ, ㄴ, ㄷ, ㄹ

20 고용보험 및 산업재해보상보험의 보험료징수 등에 관한 법령상 보험료의 납부 등에 관한 내용으로 옳지 않은 것은?

① 법인이 합병한 경우에 합병 후 존속하는 법인은 합병으로 소멸된 법인이 내야 하는 보험료를 낼 의무를 진다.
② 근로복지공단은 사업주가 국세를 체납하여 체납처분을 받은 경우에는 보험료와 이 법에 따른 징수금 총액이 300만원 미만이면 납부기한 전이라도 즉시 보험료를 징수하여야 한다.
③ 국민건강보험공단은 소멸시효가 완성된 경우에는 고용노동부장관의 승인을 받아 보험료와 이 법에 따른 그 밖의 징수금을 결손처분할 수 있다.
④ 공동사업에 관계되는 보험료, 이 법에 따른 그 밖의 징수금과 체납처분비는 공동사업자가 연대하여 낼 의무를 진다.
⑤ 상속이 개시된 때에 그 상속인은 피상속인에게 부과되거나 피상속인이 내야 하는 보험료를 상속받은 재산의 한도에서 낼 의무를 진다.

21 고용보험 및 산업재해보상보험의 보험료징수 등에 관한 법령상 보험료의 부과 및 징수에 관한 내용
□□□ 으로 옳은 것은?

① 건설업 중 건설장비운영업은 보험료의 월별 부과·징수 제외대상사업에 해당한다.

② 임업 중 벌목업은 보험료의 월별 부과·징수 대상사업에 해당한다.

③ 근로복지공단은 사업주에게 납부기한 20일 전까지 월별보험료의 납입을 고지하여야 한다.

④ 장애인고용촉진 및 직업재활법상 장애인인 보험가입자의 보험료는 근로복지공단이 매월 부과하고, 한국장애인고용공단이 이를 징수한다.

⑤ 제조업의 보험료는 근로복지공단이 매월 부과하고, 국민건강보험공단이 이를 징수한다.

22 고용보험 및 산업재해보상보험의 보험료징수 등에 관한 법령상 소멸시효에 관한 내용으로 옳지
□□□ 않은 것은?

① 월별보험료의 고지로 중단된 소멸시효는 월별보험료를 고지한 날부터 새로 진행한다.

② 소멸시효에 관하여는 이 법에 규정된 것을 제외하고는 민법에 따른다.

③ 징수금의 독촉에 따라 중단된 소멸시효는 독촉에 의한 납부기한이 지난 때부터 새로 진행한다.

④ 이 법에 따른 그 밖의 징수금을 징수할 수 있는 권리는 3년간 행사하지 아니하면 시효로 인하여 소멸한다.

⑤ 이 법에 따른 체납처분절차에 따라 하는 교부청구로 중단된 소멸시효는 교부청구 중의 기간이 지난 때부터 새로 진행한다.

23 고용보험 및 산업재해보상보험의 보험료징수 등에 관한 법령상 사업주는 보험에 가입된 사업에 변경사항이 있으면 그 변경된 날부터 14일 이내에 근로복지공단에 그 변경사항을 신고하여야 한다. 변경신고사항에 해당하는 것을 모두 고른 것은?

> ㄱ. 사업주의 이름 및 주민등록번호
> ㄴ. 사업의 종류
> ㄷ. 사업의 명칭 및 소재지
> ㄹ. 사업자등록번호

① ㄱ, ㄴ   ② ㄴ, ㄷ

③ ㄱ, ㄴ, ㄹ   ④ ㄱ, ㄷ, ㄹ

⑤ ㄱ, ㄴ, ㄷ, ㄹ

24 고용보험 및 산업재해보상보험의 보험료징수 등에 관한 법령상 국가·지방자치단체가 직접 하는 사업의 고용안정·직업능력개발사업의 보험료율은?

① 1만분의 25   ② 1만분의 45

③ 1만분의 65   ④ 1만분의 85

⑤ 1천분의 16

25 고용보험 및 산업재해보상보험의 보험료징수 등에 관한 법령상 보험관계의 성립일 또는 소멸일에 관한 내용으로 옳지 않은 것은?

① 사업이 폐업되거나 끝난 날의 다음 날에 소멸한다.

② 일괄적용을 받는 사업의 경우에는 처음 하는 사업이 시작된 날에 성립한다.

③ 근로복지공단이 계속하여 보험관계를 유지할 수 없다고 인정하여 그 보험관계를 소멸시키는 경우에는 그 소멸을 결정·통지한 날의 다음 날에 소멸한다.

④ 근로복지공단의 승인을 얻어 가입한 보험계약을 해지하는 경우에는 그 해지에 관하여 근로복지공단의 승인을 받은 날의 다음 날에 소멸한다.

⑤ 보험에 가입한 하수급인의 경우에는 그 하도급공사의 착공일의 다음 날에 성립한다.

2020년 제29회 기출문제

✔ **2020.05.23. 시행**

✔ Time   분 | 정답 및 해설 433p

✔ 중요문제 / 틀린 문제 CHECK   ✔ 각 문항별로 회독수 CHECK ☑☐☐

01	02	03	04	05	06	07	08	09	10	11	12	13	14	15	16	17	18	19	20	21	22	23	24	25

01 사회보장기본법에 관한 설명으로 옳은 것은?

① 사회보장수급권은 다른 사람에게 양도하거나 담보로 제공할 수 있으며, 이를 압류할 수 있다.

② 국내에 거주하는 외국인에게 사회보장제도를 적용할 때에는 상호주의에 따르되, 관계법령에서 정하는 바에 따른다.

③ 사회보장수급권의 포기는 원칙적으로 취소할 수 없다.

④ 국가는 사회보장제도의 안정적인 운영을 위하여 중장기 사회보장 재정추계를 3년마다 실시한다.

⑤ 공공부조란 국민에게 발생하는 사회적 위험을 보험의 방식으로 대처함으로써 국민의 건강과 소득을 보장하는 제도를 말한다.

02 사회보장기본법상 사회보장 기본계획에 관한 설명으로 옳지 않은 것은?

① 사회보장 기본계획은 사회보장위원회와 국무회의의 심의를 거쳐 확정한다.

② 다른 법령에 따라 수립되는 사회보장에 관한 계획은 사회보장 기본계획에 우선한다.

③ 보건복지부장관은 관계 중앙행정기관의 장과 협의하여 사회보장 증진을 위하여 사회보장에 관한 기본계획을 5년마다 수립하여야 한다.

④ 사회보장 기본계획에는 사회보장 전달체계가 포함되어야 한다.

⑤ 보건복지부장관 및 관계 중앙행정기관의 장은 사회보장 기본계획에 따라 사회보장과 관련된 소관 주요시책의 시행계획을 매년 수립·시행하여야 한다.

03 사회보장기본법령상 사회보장위원회에 관한 설명으로 옳지 않은 것은?

□□□

① 국무총리 소속으로 둔다.
② 부위원장은 기획재정부장관, 교육부장관 및 보건복지부장관이 된다.
③ 보궐위원의 임기는 전임자 임기의 남은 기간으로 한다.
④ 사무처리를 위한 사무국은 보건복지부에 둔다.
⑤ 심의·조정사항을 전문적으로 검토하기 위하여 전문위원회를 두며, 전문위원회에 분야별 실무위원회를 둔다.

04 고용보험법상 구직급여에 관한 설명으로 옳지 않은 것은?

□□□

① 피보험 단위기간을 계산할 때, 최후로 피보험자격을 취득한 날 이전에 구직급여를 받은 사실이 있는 경우에는 그 구직급여와 관련된 피보험자격 상실일 이전의 피보험 단위기간은 산입한다.
② 최종 이직 당시 건설일용근로자였던 피보험자가 구직급여를 받으려는 경우에는 건설일용근로자로서 수급자격 인정신청일 이전 14일간 연속하여 근로내역이 없어야 한다.
③ 구직급여를 지급받으려는 사람은 이직 후 지체 없이 직업안정기관에 출석하여 실업을 신고하여야 한다.
④ 직업안정기관의 장은 필요하다고 인정하면 수급자격자의 실업인정대상기간 중의 취업사실에 대하여 조사할 수 있다.
⑤ 수급자격자가 질병이나 부상으로 직업안정기관에 출석할 수 없었던 경우로서 그 기간이 계속하여 7일 미만인 경우에는 직업안정기관에 출석할 수 없었던 사유를 적은 증명서를 제출하여 실업의 인정을 받을 수 있다.

05 고용보험법령상 고용조정의 지원에 관한 내용이다. ( )에 들어갈 내용으로 옳은 것은?

□□□

> 고용노동부장관은 사업의 폐업 또는 전환으로 고용조정이 불가피하게 된 사업주가 근로자에 대한 휴업, 휴직 등 근로자의 고용안정을 위한 조치를 하면 대통령령으로 정하는 바에 따라 그 사업주에게 필요한 지원을 할 수 있다. 이 경우 휴업이나 휴직 등 고용안정을 위한 조치로 근로자의 임금이 평균임금의 100분의 ( ) 미만(지급되는 임금이 없는 경우를 포함한다)으로 감소할 때에는 대통령령으로 정하는 바에 따라 그 근로자에게도 필요한 지원을 할 수 있다.

① 30   ② 40
③ 50   ④ 60
⑤ 70

06 고용보험법령상 육아휴직급여 신청기간의 연장사유가 아닌 것은?

① 천재지변
② 배우자의 질병·부상
③ 병역법에 따른 의무복무
④ 범죄혐의로 인한 구속
⑤ 배우자의 국외발령 등에 따른 동거목적의 거소 이전

07 고용보험법상의 취업촉진수당에 해당하지 않는 것은?

① 이주비
② 직업능력개발수당
③ 구직급여
④ 광역 구직활동비
⑤ 조기(早期)재취업수당

08 고용보험법상 고용보험위원회에 관한 설명으로 옳은 것은?

① 근로복지공단에 고용보험위원회를 둔다.
② 심의사항을 사전에 검토·조정하기 위하여 실무위원회를 둔다.
③ 위원장 1명을 포함한 15명 이내의 위원으로 구성한다.
④ 위원장은 고용노동부장관이 된다.
⑤ 심의사항에는 보험제도 및 보험사업의 개선에 관한 사항이 포함된다.

09 고용보험법령상 고용보험법이 적용되지 않는 것을 모두 고른 곳은?

> ㄱ. 주택법 제4조에 따른 주택건설사업자가 시공하는 공사
> ㄴ. 가구 내 고용활동 및 달리 분류되지 아니한 자가소비 생산활동
> ㄷ. 농업·임업 및 어업 중 법인이 아닌 자가 상시 4명 이하의 근로자를 사용하는 사업

① ㄱ
② ㄱ, ㄴ
③ ㄱ, ㄷ
④ ㄴ, ㄷ
⑤ ㄱ, ㄴ, ㄷ

10 고용보험법령상 구직급여와 관련한 내용이다. (   )에 들어갈 내용으로 옳은 것은?

> • 훈련연장급여의 지급기간은 (ㄱ)년을 한도로 한다.
> • 개별연장급여는 (ㄴ)일의 범위에서 대통령령으로 정하는 기간 동안 지급한다.

① ㄱ : 1, ㄴ : 60 　　　　② ㄱ : 1, ㄴ : 90

③ ㄱ : 2, ㄴ : 60 　　　　④ ㄱ : 2, ㄴ : 90

⑤ ㄱ : 3, ㄴ : 60

11 산업재해보상보험법상 심사청구 및 재심사청구에 관한 설명으로 옳은 것은?

① 재심사위원회의 재결은 근로복지공단을 기속하지 아니한다.

② 재심사위원회 위원(당연직위원은 제외)의 임기는 2년으로 하되 연임할 수 없다.

③ 보험급여에 관한 결정에 대해서는 행정심판법에 따른 행정심판을 제기할 수 있다.

④ 재심사위원회의 위원장 및 위원은 고용노동부장관이 임명한다.

⑤ 재심사청구의 제기는 시효의 중단에 관하여 민법 제168조에 따른 재판상의 청구로 본다.

12 산업재해보상보험법상 진폐에 따른 보험급여의 특례에 관한 설명으로 옳지 않은 것은?

① 고용노동부에 진폐심사회의를 둔다.

② 진폐보상연금은 진폐장해등급별 진폐장해연금과 기초연금을 합산한 금액으로 한다.

③ 진폐유족연금은 사망 당시 진폐근로자에게 지급하고 있거나 지급하기로 결정된 진폐보상연금과 같은 금액으로 하되 유족보상연금을 초과할 수 없다.

④ 근로복지공단은 근로자가 진폐에 대한 요양급여를 청구하면 진폐의 예방과 진폐근로자의 보호 등에 관한 법률에 따른 건강진단기관에 진폐판정에 필요한 진단을 의뢰하여야 한다.

⑤ 장해보상연금을 받고 있는 사람에게는 진폐에 대한 진단을 받는 경우 진단수당을 지급하지 아니한다.

13 산업재해보상보험법령상 휴업급여에 관한 설명으로 옳은 것은?

□□□

① 1일당 지급액은 평균임금의 100분의 70에 상당하는 금액으로 하며 취업하지 못한 기간이 5일 이내이면 지급하지 아니한다.

② 요양을 받고 있는 근로자가 그 요양기간 중 단시간취업을 하는 경우에는 취업한 날에 해당하는 그 근로자의 평균임금에서 취업한 날에 대한 임금을 뺀 금액의 100분의 70에 상당하는 금액을 지급할 수 있다.

③ 휴업급여를 받는 근로자가 60세가 되면 그 이후의 휴업급여는 감액하여 지급한다.

④ 재요양을 받는 사람에 대하여는 재요양 당시의 임금을 기준으로 산정한 평균임금의 100분의 90에 상당하는 금액을 1일당 휴업급여 지급액으로 한다.

⑤ 재요양을 받는 사람에 대하여 산정한 1일당 휴업급여 지급액이 최저임금액보다 적으면 최저임금액을 1일당 휴업급여 지급액으로 한다.

14 산업재해보상보험법령에 따른 업무상 재해에 해당하는 것을 모두 고른 것은?

□□□

> ㄱ. 업무수행과정에서 하는 용변 등 생리적 필요행위를 하던 중에 발생한 사고
> ㄴ. 통상적인 경로와 방법으로 출퇴근하는 중 일상생활에 필요한 용품을 구입하기 위한 출퇴근경로 일탈 중의 사고
> ㄷ. 사업주가 제공한 시설물등을 사업주의 구체적인 지시를 위반하여 이용한 행위로 발생한 사고
> ㄹ. 직장 내 괴롭힘 등으로 인한 업무상 정신적 스트레스가 원인이 되어 발생한 질병

① ㄱ, ㄴ   ② ㄴ, ㄷ
③ ㄱ, ㄴ, ㄹ   ④ ㄱ, ㄷ, ㄹ
⑤ ㄴ, ㄷ, ㄹ

15 산업재해보상보험법상 직업재활급여에 관한 설명으로 옳은 것은?

① 직업훈련비용은 직업훈련을 받은 자에게 지급한다.

② 직업훈련비용의 금액은 고용노동부장관이 훈련비용, 훈련기간 및 노동시장의 여건 등을 고려하여 고시하는 금액의 범위에서 실제 드는 비용으로 한다.

③ 직업훈련비용을 지급하는 훈련기간은 24개월 이내로 한다.

④ 직장적응훈련비 및 재활운동비의 지급기간은 6개월 이내로 한다.

⑤ 직업훈련수당의 1일당 지급액은 평균임금의 100분의 70에 상당하는 금액으로 한다.

16 산업재해보상보험법상 보험급여의 일시중지를 할 수 있는 사유가 아닌 것은?

① 질문이나 조사에 응하지 아니하는 경우

② 보고·서류 제출 또는 신고를 하지 아니하는 경우

③ 거짓이나 그 밖의 부정한 방법으로 진료비나 약제비를 지급받은 경우

④ 진찰요구에 따르지 아니하는 경우

⑤ 근로복지공단이 직권으로 실시하는 장해등급 또는 진폐장해등급 재판정요구에 응하지 아니하는 경우

17 국민연금법상 가입자자격의 상실시기가 옳지 않은 것은?

① 사업장가입자의 경우 사용관계가 끝난 날

② 지역가입자의 경우 사망한 날의 다음 날

③ 지역가입자의 경우 국민연금 가입대상 제외자에 해당하게 된 날

④ 임의가입자의 경우 사업장가입자의 자격을 취득한 날

⑤ 임의가입자의 경우 60세가 된 날의 다음 날

18 국민연금법상 급여에 관한 설명으로 옳지 않은 것은?

① 급여의 종류는 노령연금, 장애연금, 유족연금, 반환일시금이 있다.

② 급여는 수급권자의 청구에 따라 국민연금공단이 지급한다.

③ 연금액은 지급사유에 따라 기본연금액과 부양가족연금액을 기초로 산정한다.

④ 연금은 매월 25일에 그 달의 금액을 지급하되, 지급일이 공휴일이면 그 다음 날에 지급한다.

⑤ 급여수급전용계좌에 입금된 급여와 이에 관한 채권은 압류할 수 없다.

19 국민건강보험법상 이의신청 및 심판청구에 관한 설명으로 옳은 것을 모두 고른 것은?

ㄱ. 요양급여비용에 관한 건강보험심사평가원의 처분에 이의가 있는 자는 건강보험심사평가원에 이의신청을 할 수 있다.

ㄴ. 이의신청은 처분이 있음을 안 날부터 90일 이내에, 처분이 있은 날부터 1년 이내에 문서로 하여야 한다.

ㄷ. 이의신청에 대한 결정에 불복하는 자는 건강보험분쟁조정위원회에 심판청구를 할 수 있다.

① ㄴ
② ㄱ, ㄴ
③ ㄱ, ㄷ
④ ㄴ, ㄷ
⑤ ㄱ, ㄴ, ㄷ

20 국민건강보험법상의 요양급여가 아닌 것은?

① 입 원
② 이 송
③ 상병수당
④ 예방·재활
⑤ 약제·치료재료의 지급

21 고용보험 및 산업재해보상보험의 보험료징수 등에 관한 법률상의 내용이다. (   )에 들어갈 내용으로 옳은 것은?

• 국민건강보험공단은 보험가입자가 보험료를 납부기한까지 내지 아니하면 기한을 정하여 그 납부의무자에게 징수금을 낼 것을 독촉하여야 한다. 국민건강보험공단이 독촉을 하는 경우에는 독촉장을 발급하여야 한다. 이 경우의 납부기한은 독촉장 발급일부터 (ㄱ)일 이상의 여유가 있도록 하여야 한다.

• 보험료를 징수하거나 그 반환받을 수 있는 권리는 (ㄴ)년간 행사하지 아니하면 시효로 인하여 소멸한다.

① ㄱ : 7, ㄴ : 1
② ㄱ : 7, ㄴ : 3
③ ㄱ : 10, ㄴ : 1
④ ㄱ : 10, ㄴ : 3
⑤ ㄱ : 14, ㄴ : 1

22 고용보험 및 산업재해보상보험의 보험료징수 등에 관한 법률상 산재보험료율의 결정에 관한 내용
□□□ 이다. (   )에 들어갈 내용으로 옳은 것은?

> • 업무상 사고에 따른 업무상 재해에 관한 산재보험료율은 매년 6월 30일 현재 과거 (ㄱ)년 동안
>   의 보수총액에 대한 산재보험급여총액의 비율을 기초로 하여 산업재해보상보험법에 따른 연금
>   등 산재보험급여에 드는 금액, 재해예방 및 재해근로자의 복지 증진에 드는 비용 등을 고려하여
>   사업의 종류별로 구분하여 고용노동부령으로 정한다.
> • 고용노동부장관은 산재보험료율을 정하는 경우에는 특정 사업종류의 산재보험료율이 전체 사업
>   의 평균산재보험료율의 (ㄴ)배를 초과하지 아니하도록 하여야 한다.

① ㄱ : 2, ㄴ : 20   ② ㄱ : 2, ㄴ : 30
③ ㄱ : 3, ㄴ : 15   ④ ㄱ : 3, ㄴ : 20
⑤ ㄱ : 3, ㄴ : 30

2024년
2023년
2022년
2021년
2020년

23 고용보험 및 산업재해보상보험의 보험료징수 등에 관한 법률상 보험사무대행기관 등에 관한 설명
□□□ 으로 옳은 것을 모두 고른 것은?

> ㄱ. 공인노무사가 보험사무를 대행하려는 경우에는 근로복지공단의 인가를 받아야 한다.
> ㄴ. 근로복지공단은 보험료, 이 법에 따른 그 밖의 징수금의 납입의 통지 등을 보험사무대행기관에
>   함으로써 그 사업주에 대한 통지를 갈음한다.
> ㄷ. 근로복지공단이 가산금을 부과하여 징수하는 경우에 그 징수사유가 보험사무대행기관의 귀책
>   사유로 인한 것일 때에는 보험사무대행기관이 100분의 50에 해당하는 금액을 내야 한다.

① ㄱ   ② ㄱ, ㄴ
③ ㄱ, ㄷ   ④ ㄴ, ㄷ
⑤ ㄱ, ㄴ, ㄷ

24 고용보험 및 산업재해보상보험의 보험료징수 등에 관한 법률상 월별 보험료 연체와 관련된 내용이다. (   )에 들어갈 내용으로 옳은 것은?

□□□

> 국민건강보험공단은 납부기한 후 30일이 지난 날부터 매 (ㄱ)일이 지날 때마다 체납된 월별 보험료의 (ㄴ)에 해당하는 연체금을 이미 발생한 연체금에 더하여 징수한다. 이 경우 연체금은 체납된 월별 보험료의 (ㄷ)을 넘지 못한다.

① ㄱ : 1, ㄴ : 1천분의 1, ㄷ : 1천분의 30
② ㄱ : 1, ㄴ : 6천분의 1, ㄷ : 1천분의 50
③ ㄱ : 1, ㄴ : 1천분의 1, ㄷ : 1천분의 90
④ ㄱ : 7, ㄴ : 1천분의 1, ㄷ : 1천분의 30
⑤ ㄱ : 7, ㄴ : 3천분의 1, ㄷ : 1천분의 90

25 고용보험 및 산업재해보상보험의 보험료징수 등에 관한 법령상 보수총액 등의 신고와 관련한 내용으로 옳지 않은 것은?

□□□

① 보수총액신고는 문서로 함을 원칙으로 한다.
② 사업주는 근로자가 다른 사업장으로 전보되는 등 대통령령으로 정하는 사유가 발생한 때에는 그 사유발생일부터 14일 이내에 그 사실을 근로복지공단에 신고하여야 한다.
③ 사업주는 사업의 폐지 등으로 보험관계가 소멸한 때에는 그 보험관계가 소멸한 날부터 14일 이내에 근로자에게 지급한 보수총액 등을 근로복지공단에 신고하여야 한다.
④ 사업주는 전년도에 근로자에게 지급한 보수총액 등을 매년 3월 15일까지 근로복지공단에 신고하여야 한다.
⑤ 사업주는 근로자와 고용관계를 종료한 때에는 그 근로자에게 지급한 보수총액, 고용관계 종료일 등을 그 근로자의 고용관계가 종료한 날이 속하는 달의 다음 달 15일까지 근로복지공단에 신고하여야 한다.

PART 05

경제학원론

01 2024년 제33회 기출문제

02 2023년 제32회 기출문제

03 2022년 제31회 기출문제

04 2021년 제30회 기출문제

05 2020년 제29회 기출문제

2025 시대에듀 EBS 공인노무사 1차 5개년 기출문제해설

2024년 제33회 기출문제

✅ **2024.05.25. 시행** ✅ Time 분 | 정답 및 해설 450p

✅ **중요문제 / 틀린 문제 CHECK** ✅ **각 문항별로 회독수 CHECK** ☑☐☐

01	02	03	04	05	06	07	08	09	10	11	12	13	14	15	16	17	18	19	20
21	22	23	24	25	26	27	28	29	30	31	32	33	34	35	36	37	38	39	40

01 재화 X의 시장균형에 관한 설명으로 옳지 않은 것은?(단, 수요곡선은 우하향하고 공급곡선은 우상
☐☐☐ 향한다.)

① 수요의 감소와 공급의 증가가 발생하면 거래량이 증가한다.
② 수요와 공급이 동일한 폭으로 감소하면 가격은 변하지 않는다.
③ 생산요소의 가격하락은 재화 X의 거래량을 증가시킨다.
④ 수요의 증가와 공급의 감소가 발생하면 가격이 상승한다.
⑤ 수요와 공급이 동시에 증가하면 거래량이 증가한다.

02 소비자잉여와 생산자잉여에 관한 설명으로 옳은 것을 모두 고른 것은?(단, 수요곡선은 우하향하고
☐☐☐ 공급곡선은 우상향한다.)

> ㄱ. 시장균형보다 낮은 수준에서 가격상한제를 실시하면 생산자잉여의 일부분이 소비자잉여로 이
>   전된다.
> ㄴ. 최저임금을 시장균형보다 높은 수준에서 설정하면 생산자잉여가 감소한다.
> ㄷ. 만약 공급곡선이 완전탄력적이면 생산자잉여는 0이 된다.

① ㄱ
② ㄴ
③ ㄷ
④ ㄱ, ㄷ
⑤ ㄴ, ㄷ

03 시장실패가 발생하는 경우로 옳지 않은 것은?

① 불완전경쟁이 존재하는 경우

② 규모에 따른 수확체감 현상으로 자연독점이 발생하는 경우

③ 재화가 비경합적이고 배제불가능한 경우

④ 전력생산에서 발생하는 대기오염물질의 피해비용이 전기요금에 반영되지 않는 경우

⑤ 역선택이나 도덕적 해이로 완벽한 보험 제공이 어려운 경우

04 기업 A의 생산함수가 $Q = \sqrt{2K + L}$ 이다. 이에 관한 설명으로 옳은 것은?(단, Q는 산출량, K는 자본, L은 노동이다.)

① 생산함수는 규모에 대한 수확불변이다.

② 등량곡선의 기울기는 −4이다.

③ 두 생산요소는 완전보완재이다.

④ 등량곡선과 등비용곡선의 기울기가 다르면 비용최소화점에서 한 생산요소만 사용한다.

⑤ 한계기술대체율은 체감한다.

05 이윤을 극대화하는 독점기업 A의 평균총비용함수는 $ATC = \dfrac{20}{Q} + Q$이고, 시장수요함수는 $P = 200 - 4Q$일 때, 독점이윤은?(단, Q는 거래량, P는 가격이다.)

① 800 ② 1,600

③ 1,980 ④ 2,490

⑤ 2,540

06 가격하락에 따른 소득효과와 대체효과에 관한 설명으로 옳지 않은 것을 모두 고른 것은?

> ㄱ. 기펜재의 수요량은 감소한다.
> ㄴ. 두 재화가 완전보완재일 경우 소득효과는 항상 0이다.
> ㄷ. 열등재는 소득효과가 음(-)이기 때문에 수요곡선이 우상향한다.
> ㄹ. 정상재인 경우 대체효과와 소득효과 모두 수요량을 증가시킨다.

① ㄱ, ㄹ
③ ㄱ, ㄴ, ㄷ
⑤ ㄴ, ㄷ, ㄹ
② ㄴ, ㄷ
④ ㄱ, ㄴ, ㄹ

07 A국과 B국은 전기차 산업 육성을 위하여 수출보조금 지급 전략을 선택한다. 두 국가가 아래와 같이 3개의 보조금 전략과 보수행렬을 갖는 경우, 내쉬균형은?(단, 1회성 동시게임이고, 괄호 안의 왼쪽 값은 A국, 오른쪽 값은 B국의 보수이다.)

		B국		
		높은 보조금	중간 보조금	낮은 보조금
A국	높은 보조금	(600, 100)	(400, 200)	(100, 650)
	중간 보조금	(300, 300)	(550, 500)	(350, 350)
	낮은 보조금	(100, 750)	(300, 350)	(200, 550)

① A국 높은 보조금, B국 높은 보조금
② A국 낮은 보조금, B국 낮은 보조금
③ A국 중간 보조금, B국 중간 보조금
④ A국 낮은 보조금, B국 높은 보조금
⑤ A국 중간 보조금, B국 낮은 보조금

08 완전경쟁시장에서 한 기업의 평균가변비용은 $ACV=3Q+5$(Q는 생산량)이고 고정비용이 120이다. 이 기업의 손익분기점에서의 가격과 조업중단점에서의 가격은?

① 15, 5

② 15, 12

③ 17, 5

④ 17, 12

⑤ 19, 0

09 기업 A, B는 생산 1단위당 폐수 1단위를 방류한다. 정부는 적정수준의 방류량을 100으로 결정하고, 두 기업에게 각각 50의 폐수방류권을 할당했다. A의 폐수저감 한계비용은 $MAC_A = 100 - Q_A$, B의 폐수저감 한계비용은 $MAC_B = 120 - Q_B$인 경우, 폐수방류권의 균형거래량과 가격은?(단, Q_A, Q_B는 각각 A, B의 생산량이다.)

① 5, 60

② 10, 60

③ 10, 80

④ 20, 80

⑤ 20, 100

10 불완전경쟁시장에 관한 설명으로 옳은 것은?(단, 수요곡선은 우하향한다.)

① 독점기업의 공급곡선은 우상향한다.

② 베르트랑(Bertrand) 과점모형은 상대기업 산출량이 유지된다는 기대 하에 자신의 행동을 선택한다.

③ 독점기업은 이부가격제를 통해 이윤을 추가적으로 얻을 수 있다.

④ 러너(Lerner)의 독점력지수는 이윤극대화점에서 측정되는 수요의 가격탄력성과 같은 값이다.

⑤ 독점적 경쟁시장에서 수평적 차별화는 소비자가 한 상품이 비슷한 다른 상품보다 품질이 더 좋은 것으로 인식하도록 하는 것이다.

11 X재와 Y재를 소비하는 어떤 소비자의 효용함수가 $U = X^{1/3} Y^{2/3}$이고, P_Y는 P_X의 2배이다. 효용 극대화 행동에 관한 설명으로 옳은 것은?(단, P_X, P_Y는 각 재화의 가격이며, MU_X, MU_Y는 각 재화의 한계효용이다.)

① 두 재화의 수요량은 같다.

② 소득이 증가할 경우 소비량의 증가분은 X재가 Y재보다 더 작다.

③ Y재의 가격이 하락하면 X재의 수요량이 증가한다.

④ 현재 소비조합에서 $\frac{MU_X}{MU_Y}$가 $\frac{1}{2}$보다 작다면 X재의 소비를 늘려야 한다.

⑤ 만약 두 재화의 가격이 같다면 두 재화의 수요량도 같다.

12 전기차 제조업체인 A의 생산함수는 $Q = 4K + L$이다. 노동(L)의 단위 가격은 3, 자본(K)의 단위 가격은 9라고 할 때, 생산량 200을 최소비용으로 생산하기 위해 필요한 노동의 투입액과 자본의 투입액은?

① 0, 450

② 60, 360

③ 90, 315

④ 210, 180

⑤ 600, 0

13 X재와 Y재만을 소비하는 소비자의 가격소비곡선과 수요곡선에 관한 설명으로 옳은 것은?(단, 가로축은 X재, 세로축은 Y재이다.)

① X재의 가격탄력성이 1이라면 가격소비곡선은 수평선이다.

② X재의 가격탄력성이 1인 경우, X재의 가격이 상승하면 Y재의 수요량이 증가한다.

③ X재의 가격탄력성이 1보다 작을 경우, X재의 가격이 하락하면 Y재의 수요량이 감소한다.

④ X재의 가격탄력성이 1보다 작다면 가격소비곡선은 우하향한다.

⑤ 가격소비곡선에 의해 도출된 수요곡선은 보상수요곡선이다.

14 수요곡선이 우하향하는 직선이며, 이 곡선의 가로축과 세로축의 절편이 각각 a, b라고 할 때, 수요의 가격탄력성(E_P)에 관한 설명으로 옳지 않은 것은?(단, 가격과 수요량이 0보다 큰 경우만 고려한다.)

① 어떤 가격에서의 수요량이 $\dfrac{a}{2}$보다 작다면 $E_P > 1$이다.

② 가격이 0에서 b에 가까워질수록 E_P가 더 커진다.

③ 현재의 가격에서 $E_P > 1$인 경우 기업이 가격을 올리면 총수입이 증가한다.

④ b가 일정할 경우, 동일한 수요량에서는 a가 클수록 E_P가 더 크다.

⑤ a가 일정할 경우, 동일한 가격에서는 b가 클수록 E_P가 더 작다.

15 갑은 회사 취업 또는 창업을 선택할 수 있다. 각 선택에 따른 결과로 고소득과 저소득의 확률(P)과 보수(R)가 아래와 같을 때, 이에 관한 설명으로 옳지 않은 것은?

구 분	고소득(P, R)	저소득(P, R)
회사 취업	(0.9, 600만원)	(0.1, 300만원)
창 업	(0.2, 1,850만원)	(0.8, 250만원)

① 갑이 위험기피자라면 창업을 선택한다.

② 회사 취업을 선택하는 경우 기대소득은 570만원이다.

③ 창업이 회사 취업보다 분산으로 측정된 위험이 더 크다.

④ 갑의 효용함수가 소득에 대해 오목하다면 회사 취업을 선택한다.

⑤ 창업을 선택하는 경우 기대소득은 570만원이다.

16 수요가 가격에 대해 완전탄력적이고 공급함수는 $Q = \dfrac{1}{2}P - 6$(P는 가격, Q는 수량)일 때 시장균형에서 거래량이 5라고 하자. 생산자에게 단위당 2의 물품세를 부과할 경우에 관한 설명으로 옳지 않은 것은?

① 거래량은 4가 된다.

② 조세수입은 8이다.

③ 생산자잉여는 9만큼 감소한다.

④ 자중손실(deadweight loss)은 생산자잉여의 감소분과 일치한다.

⑤ 소비자에게 조세부담 귀착은 발생하지 않는다.

17 거시경제지표의 문제점에 관한 설명으로 옳지 않은 것은?

① 전년에 비하여 범죄율이 높아져 경찰 장비 구매가 증가했다면 전년보다 GDP는 증가하지만 삶의 질은 저하된 것이다.

② 소비자들이 가격이 오른 제품을 상대적으로 저렴해진 제품으로 대체하는 경우 소비자물가상 승률은 실제 생활비 상승률을 과대평가한다.

③ 취업이 어려워 구직활동을 중단한 실망노동자는 잠재적 실업자이지만 비경제활동인구로 분류 된다.

④ 자원봉사활동은 가치를 창출하지만 GDP에 포함되지 않는다.

⑤ 소비자물가지수에는 환율변화로 인한 수입재 가격 변화가 반영되지 않는다.

18 인플레이션의 비용에 관한 설명으로 옳지 않은 것은?

① 가격을 변경하는데 따른 메뉴비용이 발생한다.

② 누진세제에서 세율등급 상승이 발생하여 세후 실질 소득이 감소할 수 있다.

③ 현금 보유를 줄이기 위한 비용이 발생한다.

④ 예상치 못한 인플레이션은 채권자에게 이익을 주고 채무자에게 손해를 준다.

⑤ 높고 변동성이 큰 인플레이션은 장기 계획의 수립을 어렵게 만든다.

19 소비이론에 관한 설명으로 옳지 않은 것은?

① 케인즈의 소비함수는 평균소비성향이 장기적으로 일정하다는 현상을 설명하지 못한다.

② 기간 간 최적 소비선택모형에서 이자율이 상승하면 현재소비는 감소한다.

③ 생애주기가설에 따르면 강제적 공적연금저축은 민간의 연금저축을 감소시킨다.

④ 항상소득가설에 따르면 일시적 소득이 증가하는 호경기에는 평균소비성향이 감소한다.

⑤ 리카도 대등정리는 항상소득가설에 따른 소비결정이론과 부합한다.

2024년

2023년

2022년

2021년

2020년

20
□□□ 한 국가의 총생산(Y) 함수가 $Y=AK^{0.4}L^{0.6}$이고, 총생산 증가율이 0.02, 솔로우 잔차(Solow residual)가 0.05, 노동투입 증가율이 -0.08이라면, 성장회계식으로 계산한 자본투입 증가율은? (단, K는 자본투입, L은 노동투입이며, $A>0$이다.)

① 0.02
② 0.025
③ 0.03
④ 0.04
⑤ 0.045

21
□□□ 자산을 채권과 화폐만으로 보유할 때, 보몰-토빈(Baumol-Tobin) 화폐수요모형에 관한 설명으로 옳은 것은?(단, 채권을 화폐로 전환할 때마다 매번 b만큼의 고정비용이 발생한다.)

① b가 클수록 평균화폐보유액이 감소한다.
② 이자율이 높을수록 평균화폐보유액이 증가한다.
③ 소득수준이 높을수록 평균화폐보유액이 감소한다.
④ b가 클수록 전환횟수는 증가한다.
⑤ b가 클수록 1회당 전환금액은 증가한다.

22
□□□ 자본이동이 완전히 자유롭고 물가수준이 고정되어 있는 먼델-플레밍(Mundell-Fleming) 모형에서 고정환율제를 채택하고 있는 소규모 개방경제에 관한 설명으로 옳은 것을 모두 고른 것은?

ㄱ. 정부지출이 증가하면 국민소득이 증가한다.
ㄴ. 정부지출이 증가하면 정부가 외환을 매입하여 외환보유고가 증가한다.
ㄷ. 확장적 통화정책은 국민소득을 증가시킨다.
ㄹ. 통화가치의 평가절상은 순수출을 증가시킨다.

① ㄱ, ㄴ
② ㄷ, ㄹ
③ ㄱ, ㄴ, ㄷ
④ ㄱ, ㄴ, ㄹ
⑤ ㄴ, ㄷ, ㄹ

23 A국의 완전고용국민소득은 2,000이고, 소비함수는 $C = 100 + 0.8 Y_d$, 투자는 300, 정부지출과 조세는 각각 200이다. 이에 관한 설명으로 옳은 것을 모두 고른 것은?(단, C는 소비, Y_d는 가처분소득이다.)

> ㄱ. 정부지출승수는 5이다.
> ㄴ. 조세승수는 −2이다.
> ㄷ. 경기침체갭(recessionary gap)이 존재한다.
> ㄹ. 총생산갭(output gap)의 절댓값은 200이다.

① ㄱ, ㄴ   ② ㄱ, ㄹ
③ ㄴ, ㄷ   ④ ㄴ, ㄹ
⑤ ㄷ, ㄹ

24 총 생산함수가 $Y = 2K^{0.5}L^{0.5}E^{0.5}$인 솔로우(Solow) 경제성장모형에서, 인구 증가율과 노동자의 효율성(E) 증가율이 각각 −3%와 5%이다. 균제상태(steady state)에서 도출된 각 변수의 성장률로 옳지 않은 것은?(단, Y는 총생산량, K는 총자본량, L은 총노동량, $L \times E$는 유효 노동 투입량이다.)

① 유효 노동 1단위당 자본량 : 0%
② 총생산량 : 2%
③ 노동자 1인당 생산량 : 5%
④ 유효 노동 1단위당 생산량 : 0%
⑤ 노동자 1인당 자본량 : 3%

25 갑국의 생산함수는 $y = Ak$이고 저축률(s), 감가상각률(δ), 인구증가율(n)이 상수일 때, 이 경제의 성장경로에 관한 설명으로 옳은 것을 모두 고른 것은?(단, y, k는 각각 1인당 총생산, 1인당 자본, A는 양(+)의 상수이고, $sA > n + \delta$이다.)

> ㄱ. 저축률이 높아지면 1인당 총생산 증가율이 높아진다.
> ㄴ. 인구증가율이 높을수록 1인당 총생산 증가율이 높아진다.
> ㄷ. 균형성장경로에서는 1인당 자본의 증가율과 1인당 총생산의 증가율이 동일하다.
> ㄹ. 이 경제는 항상 균형성장경로에 있다.

① ㄱ, ㄴ   ② ㄱ, ㄷ
③ ㄴ, ㄹ   ④ ㄱ, ㄷ, ㄹ
⑤ ㄴ, ㄷ, ㄹ

26 폐쇄경제 IS-LM 모형에 관한 설명으로 옳은 것은?

① 유동성 함정은 화폐수요의 이자율 탄력성이 0인 경우에 발생한다.
② LM곡선이 수직선이고 IS곡선이 우하향할 때, 완전한 구축효과가 나타난다.
③ 피구효과는 소비가 이자율의 함수일 때 발생한다.
④ IS곡선이 수평선이고 LM곡선이 우상향할 때, 통화정책은 국민소득을 변화시킬 수 없다.
⑤ 투자의 이자율 탄력성이 0이면 IS곡선은 수평선이다.

27 통화공급은 외생적으로 결정되며, 실질화폐수요는 명목이자율의 감소함수이고 실질국민소득의 증가함수일 때, 화폐시장만의 균형에 관한 설명으로 옳은 것을 모두 고른 것은?

> ㄱ. 중앙은행이 통화량을 증가시키면 명목이자율은 하락한다.
> ㄴ. 물가수준이 상승하면 명목이자율은 하락한다.
> ㄷ. 실질국민소득이 증가하면 이자율은 상승한다.

① ㄱ   ② ㄴ
③ ㄱ, ㄴ   ④ ㄱ, ㄷ
⑤ ㄴ, ㄷ

28 고정환율제와 변동환율제에 관한 설명으로 옳지 않은 것은?

① 고정환율제에서는 독립적인 통화정책을 수행하기 어렵다.
② 고정환율제에서도 과도한 무역수지 불균형이 장기간 지속되면 환율이 조정될 수 있다.
③ 변동환율제에서 유가상승으로 인하여 무역적자가 발생하면 통화가치는 상승한다.
④ 변동환율제에서도 환율의 안정성 제고를 위해 정부가 외환시장에 개입할 수 있다.
⑤ 고정환율제와 변동환율제 모두 환율 변동을 활용하여 이익을 얻으려는 행위가 발생할 수 있다.

29 경제학파에 관한 설명으로 옳은 것을 모두 고른 것은?

> ㄱ. 정책무력성정리(policy ineffectiveness proposition)는 새고전학파 이론에 속한다.
> ㄴ. 총수요 외부성(aggregate demand externalities)이론은 실물경기변동 이론에 속한다.
> ㄷ. 케인즈 학파는 경기침체의 원인이 총수요의 부족에 있다고 주장한다.
> ㄹ. 비동조적 가격 설정(staggered price setting)모형은 새케인즈 학파 이론에 속한다.

① ㄱ, ㄴ ② ㄱ, ㄹ
③ ㄴ, ㄷ ④ ㄴ, ㄹ
⑤ ㄱ, ㄷ, ㄹ

30 A국과 B국에서 X재와 Y재 각 1단위를 생산하는 데 필요한 노동량이 아래 표와 같다. A국의 총노동량이 20, B국의 총노동량이 60이라고 할 때, 이에 관한 설명으로 옳지 않은 것은?

구 분	X재	Y재
A국	2	4
B국	4	6

① A국은 X재와 Y재 각각의 생산에서 B국보다 절대우위가 있다.
② A국에서 X재 1단위 생산의 기회비용은 Y재 1/2 단위이다.
③ A국에서는 X재 6단위와 Y재 2단위를 생산할 수 있다.
④ B국에서 Y재 1단위에 대한 X재의 상대가격은 3/2이다.
⑤ 완전특화가 이루어지면, B국은 비교우위를 가지고 있는 재화를 10단위 생산한다.

31 현재 한국과 미국의 햄버거 가격이 각각 4,800원과 4달러이고, 명목환율(원/달러)이 1,300이며, 장기적으로 구매력평가설이 성립할 때, 이에 관한 설명으로 옳은 것은?(단, 햄버거는 대표 상품이며 변동환율제도를 가정한다.)

① 실질환율은 장기적으로 1보다 크다.

② 양국의 현재 햄버거 가격에서 계산된 구매력평가환율은 1,250이다.

③ 양국의 햄버거 가격이 변하지 않는다면 장기적으로 명목환율은 하락한다.

④ 미국의 햄버거 가격과 명목환율이 변하지 않는다면 장기적으로 한국의 햄버거 가격은 하락한다.

⑤ 한국의 햄버거 가격이 변하지 않는다면 장기적으로 명목환율과 미국의 햄버거 가격은 모두 상승한다.

32 다음 거시경제모형에서 잠재GDP가 1,500이라면, 잠재GDP를 달성하기 위해 정부지출을 얼마나 변화시켜야 하는가?(단, C는 소비, Y는 GDP, T는 조세, I는 투자, r은 이자율, G는 정부지출, M_S는 화폐공급, M_D는 화폐수요이다.)

○ $C = 500 + 0.8(Y - T)$
○ $I = 100 - 20r$
○ $T = 200$
○ $G = 300$
○ $Y = C + I + G$
○ $M_S = 1,000$
○ $M_D = 500 + 0.4Y - 10r$

① 80% 감소

② 50% 감소

③ 20% 감소

④ 20% 증가

⑤ 40% 증가

33 다음의 단기 필립스곡선에 관한 설명으로 옳은 것을 모두 고른 것은?(단, π_t, π_t^e, u_t는 각각 t의 인플레이션율, 기대인플레이션율, 실업률이고 u_n은 자연 실업률, β는 양(+)의 상수, ν_t는 t기의 공급충격이다.)

> ○ $\pi_t = \pi_t^e - \beta(u_t - u_n) + \nu_t$

> ㄱ. β가 클수록 희생비율이 커진다.
> ㄴ. 유가상승충격은 $\nu_t > 0$을 의미하며 단기 필립스곡선을 상방 이동시킨다.
> ㄷ. 오쿤의 법칙과 결합하면 인플레이션율과 총생산 사이에 양(+)의 관계가 도출된다.
> ㄹ. 단기적으로 기대인플레이션율이 고정되어 있을 때, 인플레이션 감축 정책은 실업률을 높인다.

① ㄱ, ㄴ, ㄷ   ② ㄱ, ㄴ, ㄹ
③ ㄱ, ㄷ, ㄹ   ④ ㄴ, ㄷ, ㄹ
⑤ ㄱ, ㄴ, ㄷ, ㄹ

34 노동수요에 관한 설명으로 옳지 않은 것은?(단, 생산요소는 자본과 노동이며, 두 요소의 한계기술 대체율은 체감하고 완전경쟁요소시장을 가정한다.)

① 자본가격의 하락에 따른 대체효과는 노동수요를 증가시킨다.
② 제품수요의 가격탄력성이 높을수록 노동수요의 가격탄력성이 크다.
③ 단기보다 장기에서 노동수요의 가격탄력성이 크다.
④ 자본공급의 가격탄력성이 클수록 노동수요의 가격탄력성이 크다.
⑤ 노동과 자본 사이의 대체탄력성이 클수록 노동수요의 가격탄력성이 크다.

35 효용극대화를 추구하는 갑은 고정된 총가용시간을 노동시간과 여가시간으로 나누어 선택한다. 갑
□□□ 의 효용함수는 $U = U(H, I)$이며, 소득 $I = wL + A$일 때, 이에 관한 설명으로 옳지 않은 것은?(단,
H는 여가시간, w는 시간당 임금, L은 노동시간, A는 근로외소득, 여가는 정상재이다. H와 I의
한계대체율($MRS_{H,I}$)은 체감하며, 내부해를 가정한다.)

① 효용극대화 점에서 $MRS_{H,I}$는 w와 같다.

② w가 상승하는 경우 소득효과는 노동공급을 감소시킨다.

③ 만약 여가가 열등재이면, w의 상승은 노동공급을 증가시킨다.

④ w가 상승하는 경우 대체효과는 노동공급을 증가시킨다.

⑤ 근로외소득이 증가하는 경우 대체효과는 노동공급을 증가시킨다.

36 고용과 관련된 지표에 관한 설명으로 옳지 않은 것은?
□□□
① 경제활동인구란 15세 이상의 인구 중에서 취업자와 실업자를 합한 것이다.

② 15세 이상의 인구 중에서 취업할 의사가 없거나 일할 능력이 없는 사람은 비경제활동인구에
포함된다.

③ 군대 의무 복무자와 교도소 수감자는 경제활동 조사대상에서 제외된다.

④ 조사대상 기간 1주일 중 수입을 목적으로 1시간 이상 일을 한 사람은 취업자에 해당된다.

⑤ 일정한 직장을 가지고 있으나 일시적인 질병 등으로 조사대상 기간에 일을 하지 못한 사람은
실업자로 분류된다.

37 효율성임금(efficiency wage)이론에서 기업이 시장균형임금보다 높은 임금을 지급하는 이유로
□□□ 옳지 않은 것은?

① 이직률이 낮아져 채용비용 및 교육훈련 비용이 절감되고 노동자의 생산성을 높게 유지할 수
있다.

② 생산성이 높은 노동자를 고용할 수 있어 평균적인 생산성을 높일 수 있다.

③ 노동자가 근무태만으로 해고될 경우 손실이 크기 때문에 근무태만을 줄여준다.

④ 노동자의 체력과 건강이 향상되어 생산성이 높아진다.

⑤ 기업의 브랜드 이미지가 제고되어 매출이 증대되고 이윤이 증가한다.

38 A국의 균제상태(steady state)에서의 실업률이 12%이고, 매 기간 실직률(취업자 중 실직하는 사람의 비율)이 3%일 때, 균제상태를 유지시키는 구직률(실업자 중 취업하는 사람의 비율)은?

① 5%

② 10%

③ 12%

④ 15%

⑤ 22%

39 어느 산업의 노동공급곡선은 $L_S = 20 + 2w$ 이고, 노동수요곡선은 $L_D = 50 - 4w$ 이다. 정부가 최저임금을 6으로 설정할 때 발생하는 고용 감소와 실업자는?(단, L_S, L_D는 각각 노동공급 및 노동수요이며, w는 임금이다.)

① 2, 4

② 2, 6

③ 2, 8

④ 4, 6

⑤ 4, 8

40 실질임금의 경기순환성에 관한 설명으로 옳은 것은?

① 명목임금경직성 모형에서는 경기변동 요인이 총수요 충격일 때 실질임금이 경기순행적 (pro-cyclical)이다.

② 중첩임금계약(staggered wage contracts) 모형에서는 경기변동 요인이 총수요 충격일 때 실질임금이 경기순행적이다.

③ 효율성임금이론은 실질임금의 경기순행성을 설명한다.

④ 실물경기변동이론에 따르면 양(+)의 기술충격은 실질임금을 상승시킨다.

⑤ 실물경기변동이론에 따르면 노동공급곡선이 수평선인 경우 기술충격이 발생할 때 실질임금이 경기순행적이다.

2024년

2023년

2022년

2021년

2020년

2023년 제32회 기출문제

2023.05.27. 시행

Time   분 | 정답 및 해설 479p

중요문제 / 틀린 문제 CHECK   **각 문항별로 회독수 CHECK** ☑☐☐

01	02	03	04	05	06	07	08	09	10	11	12	13	14	15	16	17	18	19	20	21	22	23	24	25

01 완전경쟁시장에 관한 설명으로 옳지 않은 것은?

① 개별기업의 최적산출량은 한계수입과 한계비용이 일치할 때 결정된다.

② 개별기업은 장기에 효율적인 생산 규모에서 생산하며 정상이윤만을 얻게 된다.

③ 개별기업이 단기에 손실을 보더라도 생산을 계속하는 이유는 고정비용의 일부를 회수할 수 있기 때문이다.

④ 단기균형과 장기균형에서 총잉여인 사회적 후생이 극대화된다.

⑤ 생산요소의 가격이 변하지 않는 비용불변산업에서는 장기 시장공급곡선은 우상향한다.

02 독점기업 A의 생산함수는 $Q = \left[\min(4L, \ K)^{\frac{1}{2}} \right]$ 이고, 노동(L)의 가격은 16, 자본(K)의 가격은 4이다. 시장수요곡선이 $Q = 200 - 0.5P$일 때, 이윤을 극대화하는 생산량(Q)과 가격(P)은?(단, 고정비용은 0이다)

① $Q : 20, \quad P : 360$

② $Q : 30, \quad P : 340$

③ $Q : 40, \quad P : 320$

④ $Q : 50, \quad P : 300$

⑤ $Q : 60, \quad P : 280$

03 수요의 가격탄력성에 관한 설명으로 옳은 것을 모두 고른 것은?(단, 시장수요곡선은 우하향하는 직선이다)

> ㄱ. 종량세를 부과하면, 수요의 가격탄력성이 공급의 가격탄력성보다 클수록 소비자의 부담은 작아지고 생산자의 부담은 커진다.
> ㄴ. 경쟁시장에 개별기업이 직면한 수요곡선은 완전탄력적이다.
> ㄷ. 독점기업의 총수입은 수요의 가격탄력성이 0일 때 극대화된다.

① ㄱ
② ㄷ
③ ㄱ, ㄴ
④ ㄴ, ㄷ
⑤ ㄱ, ㄴ, ㄷ

04 생산함수 $Q = A(aL^\rho + bK^\rho)^{\frac{v}{\rho}}$ 에 관한 설명으로 옳은 것을 모두 고른 것은?(단, $A > 0$, $a > 0$, $b > 0$, $\rho < 1$, $\rho \neq 0$, $v > 0$이고 A, a, b, ρ, v는 모두 상수이며, L은 노동, K는 자본이다)

> ㄱ. A가 클수록 한계기술대체율($MRTS_{L, K}$)이 커진다.
> ㄴ. v가 1보다 크면 규모의 수익체증(increasing returns to scale)이 된다.
> ㄷ. ρ가 클수록 대체탄력성이 크고 등량곡선이 직선에 가까워진다.
> ㄹ. a가 클수록 노동절약적 기술진보이다.

① ㄱ, ㄴ
② ㄱ, ㄷ
③ ㄱ, ㄹ
④ ㄴ, ㄷ
⑤ ㄷ, ㄹ

05 원룸 임대시장의 공급곡선과 수요곡선은 각각 $Q_s = 20 + 4P$, $Q_d = 420 - 6P$이다. 정부는 원룸의 임대료(P)가 너무 높다고 판단하여 상한을 30으로 규정하였다. 원룸 부족현상을 피하기 위해 수요량(Q_d)에 따라 공급량(Q_s)이 일치되도록 할 경우, 정부가 원룸당 지원해야 할 보조금은?

① 10
② 15
③ 20
④ 25
⑤ 30

06 효용을 극대화하는 갑(甲)의 효용함수는 $U = C \times L$, 시간당 임금은 2만원이고, 주당 40시간을 일하거나 여가를 사용할 수 있다. 한편 정부는 근로자 한 명당 주당 32만원의 보조금을 주지만 근로소득의 20%를 소득세로 징수하는 제도를 시행 중이다. 이때 갑(甲)의 주당 근로시간은?(단, C는 상품에 지출하는 금액, L은 여가시간이다)

① 10
② 24
③ 30
④ 36
⑤ 40

07 갑(甲)이 소유한 건물의 가치는 화재가 발생하지 않을 시 3,600, 화재발생 시 1,600이고, 건물의 화재 발생확률은 0.5이다. 갑(甲)의 효용함수가 $U(W) = \sqrt{W}$일 때, 건물의 (ㄱ) 기대가치와 (ㄴ) 기대효용은?(단, W는 건물의 가치이다)

① ㄱ : 1,800, ㄴ : 40
② ㄱ : 2,400, ㄴ : 40
③ ㄱ : 2,400, ㄴ : 50
④ ㄱ : 2,600, ㄴ : 40
⑤ ㄱ : 2,600, ㄴ : 50

08 갑(甲) 기업의 생산함수가 $Q = AK^{0.5}L^{0.5}$일 때, 등량곡선과 등비용선에 관한 설명으로 옳지 않은 것은?(단, $A > 0$, K는 자본, L은 노동, MP_K는 자본의 한계생산, MP_L은 노동의 한계생산, r은 자본가격, w는 노동가격이다)

① 비용극소화가 되려면 한계기술대체율이 생산요소가격의 비율과 일치해야 한다.
② 한계기술대체율은 체감한다.
③ $MP_K/r > MP_L/w$일 때, 비용극소화를 위해서는 노동을 늘리고 자본을 줄여야 한다.
④ A가 커지면 등량곡선은 원점에 가까워진다.
⑤ 등량곡선과 등비용선이 접하는 점에서 비용극소화가 이루어진다.

09 생산요소 노동(L)과 자본(K) 사이의 대체탄력성(σ)에 관한 설명으로 옳은 것을 모두 고른 것은?

(단, r은 자본가격, w는 노동가격, $\sigma = \dfrac{\triangle(\frac{K}{L})/(\frac{K}{L})}{\triangle(\frac{w}{r})/(\frac{w}{r})}$ 이다)

> ㄱ. $\sigma=0.5$인 경우 노동의 상대가격 상승에 따라 노동소득의 상대적 비율이 더 커진다.
> ㄴ. $\sigma=1$인 경우 노동의 상대가격이 상승해도 자본소득의 상대적 비율에 아무런 변화가 없다.
> ㄷ. 콥-더글라스(Cobb-Douglas) 생산함수의 대체탄력성은 0이다.

① ㄱ
② ㄱ, ㄴ
③ ㄱ, ㄷ
④ ㄴ, ㄷ
⑤ ㄱ, ㄴ, ㄷ

10 꾸르노(Cournot) 복점모형에서 시장수요곡선이 $P=-2Q+70$이고, 두 기업의 한계 비용은 10으로 동일하다. 내쉬(Nash)균형에서 두 기업 생산량의 합은?(단, P는 상품가격, Q는 총생산량이다)

① 15
② 20
③ 25
④ 30
⑤ 35

11 폐쇄경제에서 투자의 이자율 탄력성이 0일 때, $IS-LM$모형을 이용한 중앙은행의 긴축통화정책 효과로 옳은 것은?(단, LM곡선은 우상향한다)

① 소득 불변
② 이자율 하락
③ LM곡선 우측 이동
④ 이자율 불변
⑤ 소득 감소

2024년
2023년
2022년
2021년
2020년

12 아래와 같이 주어진 폐쇄경제를 가정할 경우, (ㄱ) 균형국민소득과 (ㄴ) 균형이자율은?(단, Y는
□□□ GDP, C는 소비, I는 투자, G는 정부지출, r은 이자율, T는 조세, $(M/P)^d$는 실질화폐수요,
M은 통화량, P는 물가이다)

> - $Y = C + I + G$
> - $I = 100 - 5r$
> - $G = 100$
> - $M = 400$
>
> - $C = 50 + 0.5(Y - T)$
> - $(M/P)^d = Y - 20r$
> - $T = 100$
> - $P = 4$

① ㄱ : 200, ㄴ : 5
② ㄱ : 300, ㄴ : 5
③ ㄱ : 300, ㄴ : 10
④ ㄱ : 400, ㄴ : 15
⑤ ㄱ : 400, ㄴ : 20

13 변동환율제하에서 수입제한정책을 실시할 경우 나타나는 변화를 먼델-플레밍 모형을 이용하여
□□□ 옳게 설명한 것을 모두 고른 것은?(단, 소규모 개방경제 하에서 국가 간 자본의 완전이동과 물가불
변을 가정하고, IS곡선은 우하향하고, LM곡선은 수직선이다)

> ㄱ. IS곡선은 오른쪽 방향으로 이동한다.
> ㄴ. 자국통화가치는 하락한다.
> ㄷ. 소득수준은 불변이다.
> ㄹ. LM곡선은 왼쪽 방향으로 이동한다.

① ㄱ, ㄴ   ② ㄱ, ㄷ
③ ㄱ, ㄹ   ④ ㄴ, ㄷ
⑤ ㄷ, ㄹ

14 소비함수에 관한 설명으로 옳지 않은 것은?

① 케인즈에 따르면 현재소득이 소비를 결정하는 가장 중요한 결정요소이다.

② 항상소득가설에 의하면 야간작업에 의한 일시적 소득증가보다 승진에 의한 소득증가가 더 큰 소비의 변화를 초래한다.

③ 평생소득가설에 의하면 연령계층에 따라 소비성향이 다를 수 있다.

④ 확률보행가설은 소비자들이 장래소득에 관해 적응적 기대를 한다고 가정한다.

⑤ 케인즈는 평균소비성향이 소득 증가에 따라 감소한다고 가정한다.

15 통화함수 $\dfrac{M}{P} = 0.4\left(\dfrac{Y}{i^{1/2}}\right)$ 이다. 화폐수량방정식을 이용하여 명목이자율(i)이 4일 때, 화폐의 유통속도는?(단, Y 는 균형소득, M 은 통화량, P 는 물가이다)

① 2

② 4

③ 5

④ 6

⑤ 8

16 아래 조건을 만족하는 경제에 관한 설명으로 옳지 않은 것은?(M 은 통화량, V 는 화폐유통속도, P 는 물가수준, Y 는 총생산이다)

- 인플레이션율과 총생산성장률 간 양(+)의 관계가 성립한다.
- 총생산성장률과 실업률 간 음(−)의 관계가 성립한다.
- $MV = PY$ 가 성립한다.
- 화폐유통속도는 일정하다.
- 현재 통화증가율은 10%이고, 인플레이션율은 6%이다.

① 오쿤의 법칙(OKun's law)이 성립한다.

② 필립스곡선은 우하향한다.

③ 명목 총생산성장률은 10%이다.

④ 총생산성장률은 4%이다.

⑤ 통화증가율을 6%로 낮추어 인플레이션율이 4%로 인하되면 총생산은 감소한다.

17 인플레이션의 비용이 아닌 것은?

① 화폐 보유액을 줄이는데 따르는 비용
② 가격을 자주 바꾸는 과정에서 발생하는 비용
③ 경직적인 조세제도로 인한 세금 부담 비용
④ 기대하지 못한 인플레이션에 의한 부(wealth)의 재분배
⑤ 상대가격이 유지되어 발생하는 자원배분 왜곡

18 가격이 신축적인 폐쇄경제에서 조세와 재정지출을 각각 10 증가시킬 때, 국민소득 증가분은?(단, Y는 국민소득, C는 소비, I는 투자, G는 정부지출, T는 조세, r은 이자율, L은 노동, W는 임금, M은 통화량, V는 화폐유통속도, P는 물가, L^S는 노동공급, L^D는 노동수요이다)

- $C = 10 + 0.8(Y - T)$
- $G = 50$
- $MV = PY$
- $M = 100$
- $L^S = 50 + 10(W/P)$
- $L = L^S = L^D$

- $I = 10 - 200r$
- $T = 50$
- $V = 1$
- $Y = L$
- $L^D = 150 - 10(W/P)$

① 0
② 10
③ 50
④ 100
⑤ 200

19 솔로우(R. Solow) 경제성장모형의 균제상태(steady-state)에 관한 설명으로 옳은 것을 모두 고른 것은?

ㄱ. 저축률이 증가하면 1인당 자본량은 증가한다.
ㄴ. 감가상각률이 증가하면, 자본의 황금률 수준(Golden rule level of capital)은 감소한다.
ㄷ. 인구증가율이 증가하면, 자본의 황금률 수준은 증가한다.

① ㄱ
② ㄱ, ㄴ
③ ㄱ, ㄷ
④ ㄴ, ㄷ
⑤ ㄱ, ㄴ, ㄷ

20 소득–여가 선택모형에서 갑(甲)의 효용함수 $U = Y + 3L$, 예산선 $Y = w(24 - L)$이다. 이에 관한 설명으로 옳은 것은?(단, U는 효용, Y는 소득, L은 여가, w는 임금률이다)

① 한계대체율은 체감한다.

② 임금률이 1이면 효용은 55이다.

③ 임금률이 1에서 2로 상승하면 근로시간은 증가한다.

④ 임금률이 4에서 5로 상승하면 여가시간은 불변이다.

⑤ 임금률과 무관하게 예산선은 고정된다.

21 A국의 15세 이상 생산가능인구는 200명이다. 실업률이 10%, 경제활동참가율이 60% 일 때, 취업자수는?

① 54명   ② 100명

③ 108명   ④ 120명

⑤ 180명

22 소득–여가 선택모형에서 효용극대화를 추구하는 갑(甲)은 임금률이 10일 때 a를 선택하였고, 이후 임금률이 8로 하락하자 b를 선택하였다. 이에 관한 설명으로 옳은 것은?(단, 여가는 정상재이다)

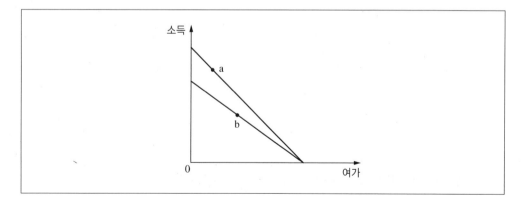

① 가격효과로 소득은 증가한다.

② 소득효과로 여가시간이 증가한다.

③ 가격효과로 노동시간은 증가한다.

④ 대체효과로 노동시간이 감소한다.

⑤ 효용수준 변화는 알 수 없다.

23 A국의 매 기간 동안 실직률(취업자 중 실직하는 사람의 비율)은 2%, 구직률(실직자 중 취업하는 사람의 비율)은 8%일 때, 균제상태(steady state)의 실업률은?

① 10%
② 12%
③ 16%
④ 20%
⑤ 25%

24 암묵적 계약이론(implicit contract theory)에 관한 설명으로 옳지 않은 것은?

① 실질임금이 단기에 노동수요 충격과 노동공급 충격에 민감하게 변화하지 않는 현상을 설명한다.
② 근로자와 사용자가 사전에 구체적인 업무를 명시하지 않고 불완전한 계약을 하는 이유를 설명한다.
③ 비대칭적 정보하에서 근로자가 상황 변화에 따른 임금 조정보다 안정적 임금을 선호하는 이유를 설명한다.
④ 암묵적 계약은 자율적 강제성보다는 법적 강제성이 전제되어야 성립한다.
⑤ 암묵적 계약은 자유의사에 의한 고용원칙(the doctrine of employment-at-will) 하에서 더 효과적으로 집행될 수 있다.

25 일자리 탐색 모형(job search model)에 관한 설명으로 옳은 것은?

① 일자리 특성이 아니라 근로자의 특성에 따라 취업할 확률에 미치는 영향을 설명한다.
② 일자리 탐색 모형은 채용기준에 적합한 근로자를 찾는 과정을 설명한다.
③ 유보임금(reservation wage)은 근로를 위해 받아들일 수 있는 최저 임금이다.
④ 유보임금이 증가하면 예상실업기간은 감소한다.
⑤ 근로자는 탐색과정에서 희망하는 최고의 임금을 받게 된다.

2022년 제31회 기출문제

2022.05.14. 시행 　　　　　　Time 　　분 | 정답 및 해설 492p

중요문제 / 틀린 문제 CHECK　　　　　　**각 문항별로 회독수 CHECK** ☑☐☐

01	02	03	04	05	06	07	08	09	10	11	12	13	14	15	16	17	18	19	20	21	22	23	24	25

01 ( )에 들어갈 내용으로 옳은 것은?(단, 두 재화의 수요곡선은 우하향하고 공급곡선은 우상향한다)

> X재의 가격이 상승할 때, X재와 대체 관계에 있는 Y재의 (ㄱ)곡선은 (ㄴ)으로 이동하고, 그 결과 Y재의 균형가격은 (ㄷ)한다.

① ㄱ : 수요, ㄴ : 우측, ㄷ : 상승
② ㄱ : 수요, ㄴ : 좌측, ㄷ : 상승
③ ㄱ : 수요, ㄴ : 좌측, ㄷ : 하락
④ ㄱ : 공급, ㄴ : 우측, ㄷ : 상승
⑤ ㄱ : 공급, ㄴ : 좌측, ㄷ : 하락

02 다음 생산함수에서 규모에 대한 수확이 체증, 불변, 체감의 순으로 짝지은 것으로 옳은 것은?(단, q는 생산량, L은 노동, K는 자본이다)

> ㄱ. $q = 2L + 3K$　　　　　　ㄴ. $q = (2L + K)^{1/2}$
>
> ㄷ. $q = 2L \cdot K$　　　　　　ㄹ. $q = L^{1/3}K^{2/3}$
>
> ㅁ. $q = 3L^{1/2} + 3K$

① ㄱ - ㄴ - ㄷ　　　　　　② ㄴ - ㄹ - ㅁ
③ ㄷ - ㄱ - ㄴ　　　　　　④ ㄷ - ㄴ - ㅁ
⑤ ㅁ - ㄹ - ㄱ

03 독점기업의 가격 전략에 관한 설명으로 옳은 것은?

① 소비자잉여를 유지하며 생산자의 이윤을 극대화한다.
② 독점가격은 한계비용과 같다.
③ 가격차별을 하는 경우 단일 가격을 설정하는 것에 비해 사회적 후생은 증가한다.
④ 가격차별을 하는 경우 수요의 가격탄력성이 더 높은 소비자들에게 더 높은 가격을 부과한다.
⑤ 이부가격제는 소비자들의 수요 행태가 다양할 때 가장 효과적이다.

04 경쟁시장에서 A기업의 단기 총비용함수는 $C(q) = 50 + 10q + 2q^2$이고, 한계비용함수는 $MC(q) = 10 + 4q$이다. 시장가격이 $P = 30$일 때, A기업의 생산량(q)과 생산자잉여(PS)는?

① $q=4$, $PS=0$ 　　　　　　　　② $q=4$, $PS=5$
③ $q=5$, $PS=0$ 　　　　　　　　④ $q=5$, $PS=50$
⑤ $q=15$, $PS=50$

05 동일한 상품을 경쟁적으로 판매하고 있는 두 기업 A와 B는 이윤을 극대화하기 위해 광고 전략을 고려하고 있다. 다음은 두 기업이 전략을 동시에 선택할 경우 얻게 되는 보수행렬이다. 이에 관한 설명으로 옳은 것은?(단, A와 B는 전략을 동시에 선택하고 합리적으로 행동하며 본 게임은 1회만 행해진다. 괄호 안의 왼쪽 값은 A의 보수, 오른쪽 값은 B의 보수를 나타낸다)

		B	
		광고함	광고 안함
A	광고함	(6, 4)	(8, 3)
	광고 안함	(3, 8)	(10, 4)

① 내쉬균형의 보수조합은 (6, 4)이다.
② A의 우월전략은 광고함을 선택하는 것이다.
③ B의 우월전략은 광고 안함을 선택하는 것이다.
④ A와 B가 각각 우월전략을 선택할 때 내쉬균형에 도달한다.
⑤ 내쉬균형은 파레토 효율적(Pareto efficient)이다.

06 정부는 물가급등에 따른 소비자 부담을 줄여주기 위해 X재에 부과하는 물품세를 단위당 100원만큼 인하하였다. 이에 관한 설명으로 옳은 것은?(단, X재의 수요곡선은 우하향하고 공급곡선은 우상향한다)

① 소비자의 부담은 100원만큼 줄어든다.
② 조세 인하 혜택의 일정 부분은 생산자에게 귀착된다.
③ 조세 인하로 인해 X재 가격은 하락하지만, 소비량은 영향을 받지 않는다.
④ 조세 인하로 인해 후생손실이 늘어난다.
⑤ X재에 부과되는 물품세는 중립세여서 경제주체들에게 아무런 영향을 주지 않는다.

07 생산과정에서 탄소를 배출하는 X재에 탄소세를 부과하려고 한다. 이에 관한 설명으로 옳은 것을 모두 고른 것은?(단, X재의 수요곡선은 우하향하고 공급곡선은 우상향한다)

> ㄱ. 탄소세는 외부불경제를 해결하기 위한 조세이다.
> ㄴ. 탄소세를 부과하면 X재의 가격이 오를 것이다.
> ㄷ. 탄소세를 부과하면 자원배분의 효율성이 높아진다.
> ㄹ. X재의 주요사례로 태양광발전과 풍력발전을 들 수 있다.

① ㄱ, ㄴ   ② ㄴ, ㄹ
③ ㄷ, ㄹ   ④ ㄱ, ㄴ, ㄷ
⑤ ㄴ, ㄷ, ㄹ

2024년 2023년 2022년 2021년 2020년

08 소득분배지표에 관한 설명으로 옳지 않은 것은?

① 로렌츠곡선이 대각선에 접근할수록 지니계수는 커진다.
② 지니계수는 0과 1사이의 값을 가지며, 그 값이 작을수록 분배상태가 더 평등한 것으로 본다.
③ 로렌츠곡선은 인구의 누적비율과 소득의 누적비율을 각각 축으로 하여 계층별 소득분포를 표시한 곡선을 말한다.
④ 십분위분배율이란 최하위 40% 소득계층의 소득점유율을 최상위 20% 소득계층의 소득점유율로 나눈 값을 말한다.
⑤ 십분위분배율은 0과 2사이의 값을 가지며, 값이 클수록 더욱 평등한 분배상태를 의미한다.

09 100명의 주민이 살고 있는 아파트에 주민들이 안전을 우려하여 공동으로 아파트 입구에 CCTV를 설치하고자 한다. 설치된 CCTV의 서비스에 관한 설명으로 옳은 것을 모두 고른 것은?

> ㄱ. CCTV 서비스는 주민들에게 공유자원이다.
> ㄴ. CCTV 서비스는 주민들에게 사적재이다.
> ㄷ. CCTV 서비스는 주민들에게 비배제성을 갖는다.
> ㄹ. CCTV 서비스는 주민들에게 공공재이다.

① ㄱ

② ㄴ

③ ㄱ, ㄴ

④ ㄴ, ㄷ

⑤ ㄷ, ㄹ

10 물가지수에 관한 설명으로 옳지 않은 것은?

① 우리나라의 소비자물가지수는 농촌지역의 물가 동향을 파악하는 지표로는 적합하지 않다.

② 우리나라의 소비자물가지수는 소비자가 소비하는 모든 상품과 서비스를 대상으로 측정되기 때문에 정부 물가관리의 주요 대상지표가 된다.

③ GDP 디플레이터는 국내에서 생산된 상품만을 조사 대상으로 하기 때문에 수입상품의 가격동향을 반영하지 못한다.

④ GDP 디플레이터는 명목국내총생산을 실질국내총생산으로 나눈 값으로 측정한다.

⑤ 우리나라의 생산자물가지수는 기업 간에 거래되는 일정 비율 이상의 비중을 갖는 원자재 및 자본재의 가격 변화를 반영한다.

11 A국과 B국이 자동차 1대와 옷 1벌을 생산하는 데 소요되는 노동의 양이 아래 표와 같다고 한다.
리카도의 비교 우위에 관한 설명으로 옳지 않은 것은?

구 분	A국	B국
자동차	10	6
옷	5	2

① A국은 자동차 생산에 비교 우위가 있다.

② B국은 옷 생산에 비교 우위가 있다.

③ B국의 자동차 생산의 기회비용은 옷 2벌이다.

④ B국은 옷 생산에 있어 A국에 비해 절대 우위에 있다.

⑤ A국은 자동차 생산에 특화하고, B국은 옷 생산에 특화하여 교역을 하는 것이 상호이익이다.

2024년 2023년 2022년 2021년 2020년

12 2020년의 명목GDP는 2,000조원, 2021년의 명목GDP는 2,200조원이고, 2020년을 기준으로 하는 GDP 디플레이터는 2021년에 105였다. 2021년의 실질경제성장률은 약 얼마인가?

① 1.2%

② 2.4%

③ 4.8%

④ 9.6%

⑤ 14.4%

13 장기 총공급곡선을 오른쪽으로 이동시키는 요인이 아닌 것은?

① 이민자의 증가로 노동인구 증가

② 물적 및 인적 자본의 증대

③ 기술진보로 인한 생산성 증대

④ 새로운 광물자원의 발견

⑤ 자연실업률의 상승

14 인플레이션 비용과 관련이 없는 것은?

① 메뉴비용

② 누진소득세제하의 조세부담 증가

③ 상대가격 변화에 따른 자원배분 왜곡

④ 자산 가치 평가 기준의 안정화

⑤ 구두창비용

15 통화량 증가의 요인이 아닌 것은?

① 본원통화량 증가

② 은행의 지급준비율 인하

③ 통화승수 증가

④ 은행의 초과지급준비금 감소

⑤ 중앙은행의 재할인율 인상

16 국민소득계정에 관한 설명으로 옳지 않은 것은?

① 국민총생산은 국내총생산과 국외순수취 요소소득의 합계이다.

② 명목국내총생산은 생산량의 변화와 함께 가격 변화에도 영향을 받는다.

③ 국내총생산은 한 나라에서 일정기간 동안 생산된 최종 용도의 재화와 서비스의 시장가치 총합이다.

④ 국내총생산은 한 나라에서 일정 기간 창출되는 부가가치의 총합이다.

⑤ 투자는 민간투자와 정부투자의 합계이며, 재고변동은 포함하지 않는다.

17 다음은 A국의 경제를 나타낸다. 완전고용의 GDP를 회복하기 위한 정부지출은?(단, Y는 GDP, C는 민간소비, I는 투자, G는 정부지출, T는 조세, Y_f는 완전고용하에서 GDP이다)

- $Y = C + I + G$
- $I = 300$
- $T = 100$

- $C = 100 + 0.5(Y - T)$
- $G = 100$
- $Y_f = 1,200$

---

① 100
② 150
③ 300
④ 350
⑤ 400

18 1년간 정기예금의 실질이자율이 5%, 인플레이션율이 3%이고, 이자소득세율이 20%일 때 세후 명목이자율은?

① 1.6%
② 4.8%
③ 5.0%
④ 6.4%
⑤ 8.0%

19 다음 표는 A국의 노동시장 현황을 나타내고 있다. 생산가능인구가 4,000명으로 일정할 때 2020년 대비 2021년의 노동시장 변화에 관한 설명으로 옳지 않은 것은?

구 분	2020년	2021년
취업자 수	1,100명	1,000명
비경제활동인구	2,000명	2,100명

① 경제활동참가율 감소
② 실업률 증가
③ 고용률 감소
④ 실업자 수 변화없음
⑤ 취업률 변화없음

2024년 2023년 2022년 2021년 2020년

20 생산물시장과 노동시장이 완전경쟁일 때, A기업의 생산함수는 $Q = -4L^2 + 100L$ 이고 생산물가격은 50이다. 임금이 1,000에서 3,000으로 상승할 때 노동수요량의 변화는?(단, Q는 산출량, L은 노동시간이다)

① 변화없음 　　　　　　　　　　② 5 감소
③ 5 증가 　　　　　　　　　　　④ 10 감소
⑤ 10 증가

21 노동시장과 임금격차에 관한 설명으로 옳은 것은?

① 보상적 임금격차(compensating wage differential) 이론에 따르면, 모든 근로자가 위험선호자이기 때문에 고위험 직종의 임금이 높게 형성된다.
② 동등보수(equal pay)의 원칙은 유사한 직종에 종사하는 노동자에게 동일한 임금을 지급함을 의미한다.
③ 유보임금률(reservation wage rate)은 동일 업무에 대해서 모든 노동자에게 동일하게 적용된다.
④ 이중노동시장 이론에 따르면, 1차노동시장과 2차노동시장 간의 이동 여부는 정부규제가 가장 큰 역할을 한다.
⑤ 숙련노동과 미숙련노동의 임금격차는 한계생산물가치의 차이에 영향을 받는다.

22 노동시장에서 노동에 대한 수요의 임금 탄력성을 작게 하는 요인을 모두 고른 것은?

> ㄱ. 노동과 다른 생산요소 간의 대체탄력성이 커진다.
> ㄴ. 총비용에서 차지하는 노동비용 비중이 커진다.
> ㄷ. 노동투입으로 생산되는 상품에 대한 신규 특허 적용에 따라 상품 수요의 가격탄력성이 작아진다.

① ㄱ 　　　　　　　　　　　　　② ㄴ
③ ㄷ 　　　　　　　　　　　　　④ ㄱ, ㄷ
⑤ ㄴ, ㄷ

23 노동시장에서 경제적 지대(economic rent)와 전용수입(transfer earnings)에 관한 설명으로 옳은 것은?

① 공급이 고정되어 있는 노동에 대한 사용의 대가로 지불하는 금액은 전용수입에 해당한다.
② 노동공급곡선이 수평이면 지급한 보수 전액이 경제적 지대이다.
③ 노동을 현재의 고용상태로 유지하기 위해 지급해야 하는 최소한의 보수는 전용수입에 해당한다.
④ 경제적 지대의 비중이 높은 노동은 다른 요소로 대체하기가 더욱 수월하다.
⑤ 경제적 지대의 비중이 높은 노동의 경우 임금률이 상승할 때 노동 공급량이 쉽게 증가한다.

24 실업에 관한 설명으로 옳은 것은?

① 구직단념자의 증가는 비경제활동인구의 감소를 초래하여 실업률을 상승시킨다.
② 비자발적 실업이 존재한다는 것은 노동시장에서 실제 임금수준이 균형임금보다 낮다는 것을 의미한다.
③ COVID-19 팬데믹 문제로 산업 활동이 둔화하여 발생하는 실업은 마찰적 실업에 해당한다.
④ 전기차 등 친환경차 생산 증대로 기존 내연기관 자동차 생산에 종사하는 노동자가 일자리를 잃는 경우 구조적 실업에 해당한다.
⑤ 해외 유아의 국내 유입이 증가하는 경우 실업률이 하락한다.

25 효율임금이론에 관한 설명으로 옳은 것은?

① 효율임금이 노동시장의 균형임금과 동일하여 비자발적 실업이 발생하지 않는다.
② 동일한 업무를 수행하지만 서로 다른 기업의 노동자 임금수준이 지속적으로 다른 경우는 효율임금이론으로 설명된다.
③ 효율임금이론은 노동자의 이동이 단기적으로 활발하여 균형임금이 효율적으로 결정되는 경우를 가정한다.
④ 효율임금을 지급하는 경우 소득효과로 인하여 노동의 태만이 증가한다.
⑤ 효율임금을 지급하는 경우 생산성이 낮은 노동자만 남는 역선택 문제가 야기된다.

2021년 제30회 기출문제

✅ **2021.05.08. 시행**　　　　　　　　　　✅ Time 　　분 | 정답 및 해설 509p

✅ **중요문제 / 틀린 문제 CHECK**　　　　　　✅ **각 문항별로 회독수 CHECK** ☑☐☐

01	02	03	04	05	06	07	08	09	10	11	12	13	14	15	16	17	18	19	20	21	22	23	24	25

01 수요의 가격탄력성에 관한 설명으로 옳지 않은 것은?(단, Q는 수량, P는 가격이다)

☐☐☐
① 상품가격이 변화할 때 상품수요가 얼마나 변하는가를 측정하는 척도이다.

② 수요곡선이 수직선이면 언제나 일정하다.

③ 수요곡선이 $Q = 5/P$인 경우, 수요의 가격탄력성(절댓값)은 수요곡선상 모든 점에서 항상 1이다.

④ 정상재인 경우 수요의 가격탄력성이 1보다 클 때 가격이 하락하면 기업의 총수입은 증가한다.

⑤ 사치재에 비하여 생활필수품은 수요의 가격탄력성이 작다.

02 시장실패에 관한 설명으로 옳은 것은?

☐☐☐
① 순수공공재는 배제성은 없으나 경합성은 있다.

② 상호 이익이 되는 거래를 방해할 경우 시장실패가 발생한다.

③ 시장실패의 존재는 정부개입의 필요조건이자 충분조건이다.

④ 완전경쟁시장은 자원배분의 효율성은 물론 분배의 공평성도 보장해 주는 시장이다.

⑤ 긍정적 외부경제는 시장실패를 유발하지 않는다.

03 기펜재(Giffen Goods)에 관한 설명으로 옳지 않은 것은?

① 가격이 하락하면 재화의 소비량은 감소한다.

② 소득효과가 대체효과보다 큰 재화이다.

③ 가격상승 시 소득효과는 재화의 소비량을 감소시킨다.

④ 기펜재는 모두 열등재이지만 열등재가 모두 기펜재는 아니다.

⑤ 가격하락 시 대체효과는 재화의 소비량을 증가시킨다.

04 지니계수에 관한 설명으로 옳은 것을 모두 고른 것은?

> ㄱ. 대표적인 소득분배 측정방법 중 하나이다.
> ㄴ. 45도 대각선 아래의 삼각형 면적을 45도 대각선과 로렌츠곡선 사이에 만들어진 초승달 모양의
>   면적으로 나눈 비율이다.
> ㄷ. −1과 1 사이의 값을 갖는다.
> ㄹ. 계수의 값이 클수록 평등한 분배상태를 나타낸다.

① ㄱ
② ㄱ, ㄴ
③ ㄴ, ㄷ
④ ㄱ, ㄷ, ㄹ
⑤ ㄴ, ㄷ, ㄹ

05 완전경쟁시장에서 이윤극대화를 추구하는 개별기업에 관한 설명으로 옳은 것은?(단, 개별기업의
평균비용곡선은 U-자 형태로 동일하며, 생산요소시장도 완전경쟁이다)

① 한계수입곡선은 우하향하는 형태이다.

② 이윤은 단기에도 항상 영(0)이다.

③ 수요의 가격탄력성은 영(0)이다.

④ 단기에는 평균가변비용곡선의 최저점이 조업중단점이 된다.

⑤ 이윤극대화 생산량에서 평균수입은 한계비용보다 크다.

06 완전경쟁시장에서 A기업의 단기 총비용함수가 $TC(Q) = 4Q^2 + 2Q + 10$이다. 재화의 시장가격이 42일 경우 극대화된 단기이윤은?(단, Q는 생산량, $Q > 0$이다)

① 10

② 42

③ 52

④ 84

⑤ 90

07 상품 A의 수요함수가 $Q = 4P^{-2}Y^{0.4}$일 때, 이에 관한 설명으로 옳은 것은?(단, Q는 수요량, P는 가격, Y는 소득이다)

① 가격이 상승하면, 총수입은 증가한다.

② 소득이 2% 감소하면, 수요량은 0.4% 감소한다.

③ 소득탄력성의 부호는 음(−)이다.

④ 가격이 상승함에 따라 수요의 가격탄력성도 증가한다.

⑤ 수요의 가격탄력성(절댓값)은 2이다.

08 독점기업의 시장 수요와 공급에 관한 설명으로 옳지 않은 것은?(단, 시장수요곡선은 우하향한다)

① 독점기업은 시장의 유일한 공급자이기 때문에 수요곡선은 우하향한다.

② 독점기업의 공급곡선은 존재하지 않는다.

③ 독점기업의 한계수입은 가격보다 항상 높다.

④ 한계수입과 한계비용이 일치하는 점에서 독점기업의 이윤이 극대화된다.

⑤ 독점기업의 한계수입곡선은 항상 수요곡선의 아래쪽에 위치한다.

09 오염물질을 발생시키는 상품 A의 시장수요곡선은 $Q = 20 - P$이고, 사적 한계비용곡선과 사회적 한계비용곡선이 각각 $PMC = 6 + Q$, $SMC = 10 + Q$이다. 사회적 최적생산량을 달성하기 위하여 부과해야 하는 생산단위당 세금은?(단, Q는 생산량, P는 가격이고, 완전경쟁시장을 가정한다)

① 1.5 ② 2

③ 3 ④ 4

⑤ 5

10 효용극대화를 추구하는 소비자 A의 효용함수가 $U = 4X^{1/2}Y^{1/2}$일 때, 이에 관한 설명으로 옳지 않은 것은?(단, A는 모든 소득을 X재와 Y재의 소비에 지출한다. P_X와 P_Y는 각각 X재와 Y재의 가격, MU_X와 MU_Y는 각각 X재와 Y재의 한계효용이다)

① X재와 Y재는 모두 정상재이다.

② $P_X = 2P_Y$일 때, 최적 소비조합점에서 $MU_X = 0.5MU_Y$를 충족한다.

③ $P_X = 2P_Y$일 때, 최적 소비조합점은 $Y = 2X$의 관계식을 충족한다.

④ 한계대체율은 체감한다.

⑤ Y재 가격이 상승하여도 X재 소비는 불변이다.

11 A국가의 총수요와 총공급곡선은 각각 $Y_d = -P + 5$, $Y_s = (P - P^e) + 60$이다. 여기서 P^e가 5일 때 (ㄱ) 균형국민소득과 (ㄴ) 균형물가수준은?(단, Y_d는 총수요, Y_s는 총공급, P는 실제물가수준, P^e는 예상물가수준이다)

① ㄱ : 1, ㄴ : 0 ② ㄱ : 2, ㄴ : 1

③ ㄱ : 3, ㄴ : 2 ④ ㄱ : 4, ㄴ : 2

⑤ ㄱ : 5, ㄴ : 3

2024년 2023년 2022년 2021년 2020년

12 균형국민소득은 $Y = C(Y - T) + G$이다. 정부가 민간분야에 대해 5,000억원의 조세삭감과 5,000억원의 지출증가를 별도로 실시할 경우, 조세삭감과 정부지출로 인한 균형국민소득의 변화(절댓값)를 옳게 설명한 것은?[단, Y : 균형국민소득, $C(Y - T)$: 소비함수, T : 조세, G : 정부지출, 0 < 한계소비성향(MPC) < 1이다]

① 조세삭감효과가 정부지출효과보다 크다.
② 조세삭감효과와 정부지출효과는 동일하다.
③ 조세삭감효과가 정부지출효과보다 작다.
④ 조세승수는 $-1 / (1 - MPC)$이다.
⑤ 정부지출승수는 $MPC / (1 - MPC)$이다.

13 솔로(R. Solow) 경제성장모형에서 1인당 생산함수는 $y = f(k) = 4K^{1/2}$이고, 저축률은 5%, 감가상각률은 2%, 그리고 인구증가율은 2%이다. 균제상태(Steady State)에서 1인당 자본량은?(단, y는 1인당 산출량, k는 1인당 자본량이다)

① 21　　　　　　　　　　② 22
③ 23　　　　　　　　　　④ 24
⑤ 25

14 먼델–플레밍모형을 이용하여 고정환율제하에서 정부지출을 감소시킬 경우 나타나는 변화로 옳은 것은?(단, 소규모 개방경제하에서 국가 간 자본의 완전이동과 물가불변을 가정하고, IS곡선은 우하향, LM곡선은 수직선이다)

① IS곡선은 오른쪽 방향으로 이동한다.
② LM곡선은 오른쪽 방향으로 이동한다.
③ 통화량은 감소한다.
④ 고정환율수준 대비 자국의 통화가치는 일시적으로 상승한다.
⑤ 균형국민소득은 증가한다.

15
□□□
폐쇄경제하 총수요(AD)–총공급(AS)모형을 이용하여 정부지출 증가로 인한 변화에 관한 설명으로 옳지 않은 것을 모두 고른 것은?(단, AD곡선은 우하향, 단기 AS곡선은 우상향, 장기 AS곡선은 수직선이다)

> ㄱ. 단기에 균형소득수준은 증가한다.
> ㄴ. 장기에 균형소득수준은 증가한다.
> ㄷ. 장기에 고전파의 이분법이 적용되지 않는다.
> ㄹ. 장기 균형소득수준은 잠재산출량수준에서 결정된다.

① ㄱ, ㄴ   ② ㄱ, ㄷ
③ ㄴ, ㄷ   ④ ㄴ, ㄹ
⑤ ㄱ, ㄴ, ㄹ

16
□□□
폐쇄경제 균형국민소득은 $Y = C + I + G$이고 다른 조건이 일정할 때, 재정적자가 대부자금시장에 미치는 효과로 옳은 것은?(단, 총투자곡선은 우하향, 총저축곡선은 우상향, Y : 균형국민소득, C : 소비, I : 투자, G : 정부지출이다)

① 대부자금공급량은 감소한다.
② 이자율은 하락한다.
③ 공공저축은 증가한다.
④ 저축곡선은 오른쪽 방향으로 이동한다.
⑤ 투자곡선은 왼쪽 방향으로 이동한다.

17
□□□
폐쇄경제하 중앙은행이 통화량을 감소시킬 때 나타나는 변화를 IS–LM모형을 이용하여 설명한 것으로 옳은 것을 모두 고른 것은?(단, IS곡선은 우하향, LM곡선은 우상향한다)

> ㄱ. LM곡선은 오른쪽 방향으로 이동한다.
> ㄴ. 이자율은 상승한다.
> ㄷ. IS곡선은 왼쪽 방향으로 이동한다.
> ㄹ. 구축효과로 소득은 감소한다.

① ㄱ, ㄴ   ② ㄱ, ㄷ
③ ㄱ, ㄹ   ④ ㄴ, ㄹ
⑤ ㄴ, ㄷ, ㄹ

18 A국가는 경제활동인구가 1,000만명이고, 매 기간 동안 실직률(취업자 중 실직하는 사람의 비율)과 구직률(실직자 중 취업하는 사람의 비율)은 각각 2%와 18%이다. 균제상태(Steady State)의 실업자수는?

① 25만명　　　　　　　　　　　② 40만명
③ 50만명　　　　　　　　　　　④ 75만명
⑤ 100만명

19 경제학파별 이론에 관한 설명으로 옳은 것을 모두 고른 것은?

> ㄱ. 고전학파는 화폐의 중립성을 주장한다.
> ㄴ. 실물경기변동이론은 임금과 가격의 신축성을 전제한다.
> ㄷ. 케인즈학파는 경기침체의 원인이 총공급의 부족에 있다고 주장한다.
> ㄹ. 가격의 경직성을 설명하는 메뉴비용(Menu Cost)이론은 새케인즈학파(New Keynesian)의 주장이다.

① ㄱ, ㄴ　　　　　　　　　　　② ㄱ, ㄹ
③ ㄴ, ㄷ　　　　　　　　　　　④ ㄴ, ㄹ
⑤ ㄱ, ㄴ, ㄹ

20 소득-여가선택모형에서 효용극대화를 추구하는 개인의 노동공급의사결정에 관한 설명으로 옳지 않은 것은?[단, 여가(L)와 소득(Y)은 효용을 주는 재화이며, 한계대체율($MRS = \left| \dfrac{\triangle Y}{\triangle X} \right|$)은 체감한다]

① 여가가 정상재인 경우 복권당첨은 근로시간의 감소를 초래한다.
② 여가가 열등재라면 노동공급곡선은 우하향한다.
③ 임금률이 한계대체율보다 크다면 효용극대화를 위해 근로시간을 늘려야 한다.
④ 개인 간 선호의 차이는 무차별곡선의 모양 차이로 나타난다.
⑤ 시장임금이 유보임금(Reservation Wage)보다 낮다면 노동을 제공하지 않는다.

21 2021년 현재 우리나라 통계청의 고용통계작성기준에 관한 설명으로 옳지 않은 것은?(단, 만 15세 이상 인구를 대상으로 한다)

① 아버지가 수입을 위해 운영하는 편의점에서 조사대상주간에 무상으로 주당 20시간 근로한 자녀는 비경제활동인구로 분류된다.

② 다른 조건이 같을 때, 실업자가 구직활동을 포기하면 경제활동참가율은 하락한다.

③ 질병으로 입원하여 근로가 불가능한 상태에서 구직활동을 하는 경우에는 실업자로 분류되지 않는다.

④ 대학생이 수입을 목적으로 조사대상주간에 주당 1시간 이상 아르바이트를 하는 경우 취업자로 분류된다.

⑤ 실업률은 경제활동인구 대비 실업자수의 비율이다.

22 이윤극대화를 추구하는 완전경쟁기업의 단기 노동수요에 관한 설명으로 옳은 것은?(단, 단기 총생산곡선의 형태는 원점으로부터 고용량 증가에 따라 체증하다가 체감하며, 노동시장은 완전경쟁이다)

① 노동의 평균생산이 증가하고 있는 구간에서 노동의 한계생산은 노동의 평균생산보다 작다.

② 노동의 한계생산이 최대가 되는 점에서 노동의 한계생산과 노동의 평균생산은 같다.

③ 완전경쟁기업은 이윤극대화를 위해 자신의 노동의 한계생산가치와 동일한 수준으로 임금을 결정해야 한다.

④ 노동의 평균생산이 감소하고 있는 구간에서 노동의 한계생산은 감소한다.

⑤ 단기 노동수요곡선은 노동의 평균생산가치곡선과 같다.

2024년
2023년
2022년
2021년
2020년

23 노동시장에서의 차별에 관한 설명으로 옳은 것을 모두 고른 것은?

> ㄱ. 제품시장과 요소시장이 완전경쟁이라면 고용주의 선호(기호)차별은 정부개입 없이 기업 간 경쟁에 의해 사라지게 된다.
> ㄴ. 통계적 차별은 개인적인 편견이 존재하지 않더라도 발생한다.
> ㄷ. 통계적 차별은 개인이 속한 집단의 평균적 생산성을 기초로 개인의 생산성을 예측하는 데서 발생한다.
> ㄹ. 동등가치론(Comparable Worth)은 차별시정을 위해 공정한 취업의 기회를 주장한다.

① ㄱ, ㄹ
② ㄴ, ㄷ
③ ㄱ, ㄴ, ㄷ
④ ㄴ, ㄷ, ㄹ
⑤ ㄱ, ㄴ, ㄷ, ㄹ

24 노동시장에서 수요독점자인 A기업의 생산함수는 $Q = 2L + 100$이다. 생산물시장은 완전경쟁이고, 생산물가격은 100이다. 노동공급곡선이 $W = 10L$인 경우 다음을 구하시오(단, Q는 산출량, L은 노동투입량, W는 임금이며, 기업은 모든 근로자에게 동일한 임금을 지급한다)

> ㄱ. A기업의 이윤극대화 임금
> ㄴ. 노동시장의 수요독점에 따른 사회후생감소분(절댓값)의 크기

① ㄱ : 50, ㄴ : 100
② ㄱ : 50, ㄴ : 200
③ ㄱ : 100, ㄴ : 300
④ ㄱ : 100, ㄴ : 400
⑤ ㄱ : 100, ㄴ : 500

25 노동시장에서 노동수요와 노동공급곡선은 각각 $L_d = -W + 70$, $L_s = 2W - 20$이다. 정부가 최저임금을 $W = 40$으로 결정하여 시행하는 경우 고용량은?(단, L_d는 노동수요량, L_s는 노동공급량, W는 노동 1단위당 임금이다)

① 30
② 40
③ 50
④ 60
⑤ 70

2020년 제29회 기출문제

2020.05.23. 시행   Time 분 | 정답 및 해설 524p

중요문제 / 틀린 문제 CHECK   **각 문항별로 회독수 CHECK** ☑□□

01	02	03	04	05	06	07	08	09	10	11	12	13	14	15	16	17	18	19	20	21	22	23	24	25

01 경쟁시장에서 기업의 비용곡선에 관한 설명으로 옳지 않은 것은?

□□□

① 생산이 증가함에 따라 한계비용이 증가한다면, 이는 한계생산물이 체감하기 때문이다.

② 생산이 증가함에 따라 평균가변비용이 증가한다면, 이는 한계생산물이 체감하기 때문이다.

③ 한계비용이 평균총비용보다 클 때는 평균총비용이 하락한다.

④ 한계비용곡선은 평균총비용곡선의 최저점을 통과한다.

⑤ U자 모양의 평균총비용곡선 최저점의 산출량을 효율적 생산량이라고 한다.

02 A기업은 완전경쟁시장에서 이윤을 극대화하는 생산량 1,000개를 생산하고 전량 판매하고 있다.

□□□ 이때 한계비용은 10원, 평균가변비용은 9원, 평균고정비용은 2원이다. 이에 관한 설명으로 옳지 않은 것은?

① 총수입은 10,000원이다.

② 총비용은 11,000원이다.

③ 상품 개당 가격은 10원이다.

④ 총가변비용은 9,000원이다.

⑤ 단기에서는 조업을 중단해야 한다.

03 효율적 시장가설(Efficient Market Hypothesis)에 관한 설명으로 옳은 것을 모두 고른 것은?

> ㄱ. 주식가격은 매 시점마다 모든 관련 정보를 반영한다.
> ㄴ. 주식가격은 랜덤워크(Random Walk)를 따른다.
> ㄷ. 미래 주식가격의 변화에 대한 체계적인 예측이 가능하다.
> ㄹ. 주식가격의 예측이 가능해도 가격조정은 이루어지지 않는다.

① ㄱ, ㄴ ② ㄱ, ㄷ
③ ㄴ, ㄷ ④ ㄴ, ㄹ
⑤ ㄷ, ㄹ

04 공공재에 관한 설명으로 옳은 것을 모두 고른 것은?

> ㄱ. 공공재의 공급을 시장에 맡길 경우 무임승차자의 문제로 인해 공급부족이 야기될 수 있다.
> ㄴ. 코즈정리(Coase Theorem)에 따르면 일정한 조건하에서 이해당사자의 자발적 협상에 의해 외부성의 문제가 해결될 수 있다.
> ㄷ. 배제불가능성이란 한 사람이 공공재를 소비한다고 하여 다른 사람이 소비할 수 있는 기회가 줄어들지 않음을 의미한다.

① ㄱ ② ㄴ
③ ㄱ, ㄴ ④ ㄴ, ㄷ
⑤ ㄱ, ㄴ, ㄷ

05 독점기업의 가격차별에 관한 설명으로 옳지 않은 것은?

① 가격차별을 하는 경우의 생산량은 순수독점의 경우보다 더 작아진다.
② 가격차별을 하는 독점기업은 가격탄력성이 더 작은 시장에서의 가격을 상대적으로 더 높게 책정한다.
③ 가격차별은 소득재분배효과를 가져올 수 있다.
④ 소비자의 재판매가 가능하다면 가격차별이 유지되기 어렵다.
⑤ 완전가격차별의 사회적 후생은 순수독점의 경우보다 크다.

06 국제무역의 효과로 옳지 않은 것은?

① 사회적 후생의 증가
② 보다 다양한 소비기회의 제공
③ 규모의 경제를 누릴 수 있는 기회 발생
④ 수입으로 인한 동일제품 국내생산자의 후생 증가
⑤ 경쟁의 촉진으로 국내 독과점시장의 시장실패 교정 가능

07 독점기업 A의 수요곡선, 총비용곡선이 다음과 같을 때, 독점이윤 극대화 시 사중손실(Dead-weight Loss)은?(단, P는 가격, Q는 수량이다)

> • 수요곡선 : $P = -Q + 20$
> • 총비용곡선 : $TC = 2Q + 10$

① 99/2
② 94/2
③ 88/2
④ 81/2
⑤ 77/2

08 양의 효용을 주는 X재와 Y재가 있을 때, 소비자의 최적선택에 관한 설명으로 옳은 것은?

① 소비자의 효용극대화를 위해서는 두 재화의 시장가격비율이 1보다 커야 한다.
② X재 1원당 한계효용이 Y재 1원당 한계효용보다 클 때 소비자의 효용은 극대화된다.
③ 가격소비곡선은 다른 조건이 일정하고 한 상품의 가격만 변할 때, 소비자의 최적선택점이 변화하는 것을 보여 준다.
④ 예산제약이란 소비할 수 있는 상품의 양이 소비자의 예산범위를 넘을 수 있음을 의미한다.
⑤ 예산선의 기울기는 한 재화의 한계효용을 의미한다.

09 X재의 공급함수가 $Q = P - 6$일 때, 공급의 가격탄력성은?(단, Q는 공급량, P는 가격이다)

① $(P - 6) / P$
② $(P + 6) / P$
③ $(-P + 6) / P$
④ $P / (P + 6)$
⑤ $P / (P - 6)$

10 소비자 선택에 관한 설명으로 옳지 않은 것은?(단, 대체효과와 소득효과의 비교는 절댓값으로 한다)

① 정상재의 경우, 대체효과가 소득효과보다 크면 가격상승에 따라 수요량은 감소한다.
② 정상재의 경우, 대체효과가 소득효과보다 작으면 가격상승에 따라 수요량은 감소한다.
③ 열등재의 경우, 대체효과가 소득효과보다 크면 가격상승에 따라 수요량은 감소한다.
④ 열등재의 경우, 대체효과가 소득효과보다 작으면 가격상승에 따라 수요량은 감소한다.
⑤ 기펜재의 경우, 대체효과가 소득효과보다 작기 때문에 수요의 법칙을 따르지 않는다.

11 벤담(J. Bentham)의 공리주의를 표현한 사회후생함수는?(단, 이 경제에는 갑, 을만 존재하며, W 는 사회 전체의 후생, U는 갑의 효용, V는 을의 효용이다)

① $W = \max(U, \ V)$
② $W = \min(U, \ V)$
③ $W = U + V$
④ $W = U \times V$
⑤ $W = U \ / \ V$

12 총수요–총공급모형에서 통화정책과 재정정책에 관한 설명으로 옳은 것은?(단, 폐쇄경제를 가정한다)

① 통화정책은 이자율의 변화를 통해 국민소득에 영향을 미친다.
② 유동성함정에 빠진 경우 확장적 통화정책은 총수요를 증가시킨다.
③ 화폐의 중립성에 따르면, 통화량을 늘려도 명목임금은 변하지 않는다.
④ 구축효과란 정부지출 증가가 소비지출 감소를 초래한다는 것을 의미한다.
⑤ 확장적 재정정책 및 통화정책은 모두 경기팽창효과가 있으며, 국민소득의 각 구성요소에 동일한 영향을 미친다.

13 거시경제지표에 관한 설명으로 옳지 않은 것은?

① 국내총생산은 영토를 기준으로, 국민총생산은 국민을 기준으로 계산한다.
② 국내총생산 삼면등가의 법칙은 폐쇄경제에서 생산, 지출, 분배 국민소득이 항등관계에 있다는 것이다.
③ 국내총생산은 특정 시점에 한 나라 안에서 생산된 부가가치의 합이다.
④ 국민총생산은 국내총생산과 대외순수취 요소소득의 합이다.
⑤ 국내총소득은 국내총생산과 교역조건 변화에 따른 실질무역손익의 합이다.

14 소비이론에 관한 설명으로 옳지 않은 것은?

① 항상소득이론에서 일시소득의 한계소비성향은 항상소득의 한계소비성향보다 크다.
② 생애주기이론에서 소비는 미래 소득의 영향을 받는다.
③ 절대소득가설에서는 현재 처분가능소득의 절대적 크기가 소비의 가장 중요한 결정요인이다.
④ 처분가능소득의 한계소비성향과 한계저축성향의 합은 1이다.
⑤ 절대소득가설이 항상소득이론보다 한시적 소득세 감면의 소비진작효과를 더 크게 평가한다.

15 중앙은행의 화폐공급에 관한 설명으로 옳은 것은?

① 예금창조기능은 중앙은행의 독점적 기능이다.
② 본원통화는 현금과 은행의 예금을 합친 것이다.
③ 중앙은행이 민간에 국채를 매각하면 통화량이 증가한다.
④ 중앙은행이 재할인율을 인하한다고 발표하면 기업은 경기과열을 억제하겠다는 신호로 받아들인다.
⑤ 법정지급준비율은 통화승수에 영향을 미친다.

2024년
2023년
2022년
2021년
2020년

16 물가지수에 관한 설명으로 옳지 않은 것은?

① 소비자물가지수는 재화의 품질변화를 반영하는 데 한계가 있다.
② GDP디플레이터는 실질GDP를 명목GDP로 나눈 수치이다.
③ 소비자물가지수는 재화의 상대가격 변화에 따른 생계비의 변화를 과대평가한다.
④ 소비자물가지수는 재화선택의 폭이 증가함에 따른 화폐가치의 상승효과를 측정할 수 없다.
⑤ 소비자물가지수는 GDP디플레이터와 달리 해외에서 수입되는 재화의 가격변화도 반영할 수 있다.

17 단기총공급곡선이 우상향하는 이유로 옳지 않은 것은?

① 명목임금이 일반적인 물가상승에 따라 변동하지 못한 경우
② 수요의 변화에 따라 수시로 가격을 변경하는 것이 어려운 경우
③ 화폐의 중립성이 성립하여, 통화량 증가에 따라 물가가 상승하는 경우
④ 일반적인 물가상승을 자신이 생산하는 재화의 상대가격 상승으로 착각하는 경우
⑤ 메뉴비용이 발생하는 것과 같이 즉각적인 가격조정을 저해하는 요인이 있는 경우

18 A국의 소비지출(C), 투자지출(I), 정부지출(G), 순수출(X_n), 조세징수액(T)이 다음과 같을 때, 이에 관한 설명으로 옳은 것은?(단, Y는 국민소득이고, 물가, 금리 등 가격변수는 고정되어 있으며, 수요가 존재하면 공급은 언제나 이루어진다고 가정한다)

- $C = 300 + 0.8(Y - T)$
- $I : 300$
- $G : 500$
- $X_n : 400$
- $T : 500$

① 균형국민소득은 4,000이다.
② 정부지출이 10 증가하는 경우 균형국민소득은 30 증가한다.
③ 조세징수액이 10 감소하는 경우 균형국민소득은 30 증가한다.
④ 정부지출과 조세징수액을 각각 100씩 증가시키면 균형국민소득은 100 증가한다.
⑤ 정부지출승수는 투자승수보다 크다.

19 인플레이션에 관한 설명으로 옳은 것은?

① 예상치 못한 인플레이션이 발생하면 채권자가 이득을 보고 채무자가 손해를 보게 된다.

② 피셔(I. Fisher)가설에 따르면 예상된 인플레이션의 사회적 비용은 미미하다.

③ 예상치 못한 인플레이션은 금전거래에서 장기계약보다 단기계약을 더 회피하도록 만든다.

④ 경기호황 속에 물가가 상승하는 현상을 스태그플레이션이라고 한다.

⑤ 인플레이션조세는 정부가 화폐공급량을 줄여 재정수입을 얻는 것을 의미한다.

20 실업에 관한 설명으로 옳지 않은 것은?

① 실업보험은 마찰적 실업을 감소시켜 자연실업률을 하락시키는 경향이 있다.

② 경기변동 때문에 발생하는 실업을 경기적 실업이라 한다.

③ 효율성임금이론(Efficiency Wage Theory)에 따르면 높은 임금책정으로 생산성을 높이려는 사용자의 시도가 실업을 야기할 수 있다.

④ 내부자-외부자가설(Insider-outsider Hypothesis)에 따르면 내부자가 임금을 높게 유지하려는 경우 실업이 발생할 수 있다.

⑤ 최저임금제도는 구조적 실업을 야기할 수 있다.

21 노동시장에서 수요독점자인 A기업의 생산함수는 $Q = 4L + 100$이다. 생산물시장은 완전경쟁이고 생산물가격은 200이다. 노동공급곡선이 $w = 5L$인 경우, 이윤극대화가 달성되는 노동의 한계요소비용과 한계수입생산을 순서대로 옳게 나열한 것은?(단, Q는 산출량, L은 노동투입량, w는 임금이다)

① 400, 400　　　　　　　　　② 400, 600

③ 600, 800　　　　　　　　　④ 800, 800

⑤ 900, 900

22 소득-여가선택모형에서 효용극대화를 추구하는 개인의 노동공급의사결정에 관한 설명으로 옳지
□□□ 않은 것은?(단, 대체효과와 소득효과의 비교는 절댓값으로 한다)

① 소득과 여가가 정상재인 경우, 임금률 상승 시 대체효과가 소득효과보다 크면 노동공급은 증가
한다.
② 소득과 여가가 정상재인 경우, 임금률 하락 시 소득효과가 대체효과보다 크면 노동공급은 감소
한다.
③ 소득과 여가가 정상재인 경우, 임금률 하락 시 대체효과는 노동공급감소요인이다.
④ 소득과 여가가 정상재인 경우, 임금률 상승 시 소득효과는 노동공급감소요인이다.
⑤ 소득은 정상재이지만 여가가 열등재인 경우, 임금률 상승은 노동공급을 증가시킨다.

23 B국의 총생산함수는 $Y = AK^{\alpha}L^{(1-\alpha)}$이다. 생산요소들이 한계생산물만큼 보상을 받는 경우,
□□□ 자본소득에 대한 노동소득의 비율은?(단, Y는 생산량, A는 총요소생산성, $0 < \alpha < 1$, K는 자본
량, L은 노동량이다)

① α 　　　　　　　　② $1 - \alpha$

③ $\dfrac{\alpha}{Y}$ 　　　　　　　　④ $\dfrac{1-\alpha}{Y}$

⑤ $\dfrac{1-\alpha}{\alpha}$

24 노동시장에서의 임금격차에 관한 설명으로 옳지 않은 것은?
□□□
① 임금격차는 인적자본의 차이에 따라 발생할 수 있다.
② 임금격차는 작업조건이 다르면 발생할 수 있다.
③ 임금격차는 각 개인의 능력과 노력 정도의 차이에 따라 발생할 수 있다.
④ 임금격차는 노동시장에 대한 정보가 완전해도 발생할 수 있다.
⑤ 임금격차는 차별이 없으면 발생하지 않는다.

25 총인구 200명, 15세 이상 인구 100명, 비경제활동인구 20명, 실업자 40명인 A국이 있다. A국의
□□□ 경제활동참가율(%), 고용률(%), 실업률(%)을 순서대로 옳게 나열한 것은?(단, 우리나라의 고용통
계 작성방식에 따른다)

① 40, 20, 40 　　　　　　② 40, 50, 20

③ 80, 20, 20 　　　　　　④ 80, 40, 50

⑤ 80, 50, 20

PART 06

경영학개론

01 2024년 제33회 기출문제

02 2023년 제32회 기출문제

03 2022년 제31회 기출문제

04 2021년 제30회 기출문제

05 2020년 제29회 기출문제

2024년 제33회 기출문제

2024.05.25. 시행

Time 분 | 정답 및 해설 538p

중요문제 / 틀린 문제 CHECK

각 문항별로 회독수 CHECK ☑□□

01	02	03	04	05	06	07	08	09	10	11	12	13	14	15	16	17	18	19	20
21	22	23	24	25	26	27	28	29	30	31	32	33	34	35	36	37	38	39	40

01 테일러(F. W. Taylor)의 과학적 관리법에 제시된 원칙으로 옳은 것을 모두 고른 것은?

> ㄱ. 작업방식의 과학적 연구
> ㄴ. 과학적 선발 및 훈련
> ㄷ. 관리자와 작업자들 간의 협력
> ㄹ. 관리활동의 분업

① ㄱ, ㄴ
② ㄷ, ㄹ
③ ㄱ, ㄴ, ㄷ
④ ㄴ, ㄷ, ㄹ
⑤ ㄱ, ㄴ, ㄷ, ㄹ

02 카츠(R. L. Katz)가 제시한 경영자의 기술에 관한 설명으로 옳은 것을 모두 고른 것은?

> ㄱ. 전문적 기술은 자신의 업무를 정확히 파악하고 능숙하게 처리하는 능력을 말한다.
> ㄴ. 인간적 기술은 다른 조직구성원과 원만한 인간관계를 유지하는 능력을 말한다.
> ㄷ. 개념적 기술은 조직의 현황이나 현안을 파악하여 세부적으로 처리하는 실무적 능력을 말한다.

① ㄱ
② ㄴ
③ ㄱ, ㄴ
④ ㄱ, ㄷ
⑤ ㄱ, ㄴ, ㄷ

03 기업 외부의 개인이나 그룹과 접촉하여 외부환경에 관한 중요한 정보를 얻는 활동은?

① 광 고
② 예측활동
③ 공중관계(PR)
④ 활동영역 변경
⑤ 경계연결(boundary spanning)

04 조직의 목표를 달성하기 위하여 조직구성원들이 담당해야 할 역할 구조를 설정하는 관리과정의 단계는?

① 계 획　　　　　　　　　　② 조직화
③ 지 휘　　　　　　　　　　④ 조 정
⑤ 통 제

05 캐롤(B. A. Carroll)이 주장한 기업의 사회적 책임 중 책임성격이 의무성 보다 자발성에 기초하는 것을 모두 고른 것은?

> ㄱ. 경제적 책임
> ㄴ. 법적 책임
> ㄷ. 윤리적 책임
> ㄹ. 자선적 책임

① ㄱ, ㄴ　　　　　　　　　② ㄴ, ㄷ
③ ㄷ, ㄹ　　　　　　　　　④ ㄱ, ㄴ, ㄹ
⑤ ㄴ, ㄷ, ㄹ

06 포터(M. Porter)의 산업구조분석 모형에 관한 설명으로 옳지 않은 것은?

① 산업 내 경쟁이 심할수록 산업의 수익률은 낮아진다.
② 새로운 경쟁자에 대한 진입장벽이 낮을수록 해당 산업의 경쟁이 심하다.
③ 산업 내 대체재가 많을수록 기업의 수익이 많이 창출된다.
④ 구매자의 교섭력은 소비자들이 기업의 제품을 선택하거나 다른 제품을 구매할 수 있는 힘을
   의미한다.
⑤ 공급자의 교섭력을 결정하는 요인으로는 공급자의 집중도, 공급물량, 공급자 판매품의 중요도
   등이 있다.

07 효과적인 의사소통을 방해하는 요인 중 발신자와 관련된 요인이 아닌 것은?

① 의사소통 기술의 부족
② 준거체계의 차이
③ 의사소통 목적의 결여
④ 신뢰성의 부족
⑤ 정보의 과부하

08 변혁적 리더십의 구성요소 중 다음 내용에 해당하는 것은?

> ○ 높은 기대치를 전달하고, 노력에 집중할 수 있도록 상징을 사용
> ○ 미래에 대한 매력적인 비전 제시, 업무의 의미감 부여, 낙관주의와 열정을 표출

① 예외에 의한 관리
② 영감적 동기부여
③ 지적 자극
④ 이상적 영향력
⑤ 개인화된 배려

09 다음 특성에 부합하는 직무평가 방법으로 옳은 것은?

□□□

○ 비계량적 평가
○ 직무 전체를 포괄적으로 평가
○ 직무와 직무를 상호 비교하여 평가

① 서열법
② 등급법
③ 점수법
④ 분류법
⑤ 요소비교법

10 기업이 종업원에게 지급하는 임금의 계산 및 지불 방법에 해당하는 것은?

□□□

① 임금수준
② 임금체계
③ 임금형태
④ 임금구조
⑤ 임금결정

11 고과자가 평가방법을 잘 이해하지 못하거나 피고과자들 간의 차이를 인식하지 못하는 무능력에서
□□□ 발생할 수 있는 인사고과의 오류는?

① 중심화 경향
② 논리적 오류
③ 현혹효과
④ 상동적 태도
⑤ 근접오차

12 산업별 노동조합 또는 교섭권을 위임받은 상급단체와 개별 기업의 사용자 간에 이루어지는 단체교
□□□ 섭 유형은?

① 대각선 교섭
② 통일적 교섭
③ 기업별 교섭
④ 공동교섭
⑤ 집단교섭

13 외부 모집과 비교한 내부 모집의 장점을 모두 고른 것은?
□□□

> ㄱ. 승진기회 확대로 종업원 동기 부여
> ㄴ. 지원자에 대한 평가의 정확성 확보
> ㄷ. 인력수요에 대한 양적 충족 가능

① ㄱ   ② ㄴ
③ ㄱ, ㄴ   ④ ㄴ, ㄷ
⑤ ㄱ, ㄴ, ㄷ

14 다음과 같은 장점을 지닌 조직구조는?
□□□

> ○ 관리 비용을 절감할 수 있음
> ○ 작은 기업들도 전 세계의 자원과 전문적인 인력을 활용할 수 있음
> ○ 창업 초기에 공장이나 설비 등의 막대한 투자없이도 사업이 가능

① 사업별 조직구조
② 프로세스 조직구조
③ 매트릭스 조직구조
④ 지역별 조직구조
⑤ 네트워크 조직구조

15 페로우(C. Perrow)의 기술분류 유형 중 과업다양성과 분석가능성이 모두 낮은 유형은?

① 일상적 기술

② 비일상적 기술

③ 장인기술

④ 공학기술

⑤ 중개기술

16 마일즈(R. Miles)와 스노우(C. Snow)의 전략 유형 중 유연성이 높고 분권화된 학습지향 조직구조로 설계하는 것이 적합한 전략은?

① 반응형 전략

② 저원가 전략

③ 분석형 전략

④ 공격형 전략

⑤ 방어형 전략

17 핵심자기평가(core self-evaluation)가 높은 사람들은 자신을 가능성 있고, 능력 있고, 가치있는 사람으로 평가한다. 핵심자기평가의 구성요소를 모두 고른 것은?

> ㄱ. 자존감
> ㄴ. 관계성
> ㄷ. 통제위치
> ㄹ. 일반화된 자기효능감
> ㅁ. 정서적 안정성

① ㄱ, ㄴ, ㄷ

② ㄱ, ㄴ, ㅁ

③ ㄱ, ㄴ, ㄹ, ㅁ

④ ㄱ, ㄷ, ㄹ, ㅁ

⑤ ㄴ, ㄷ, ㄹ, ㅁ

18 킬만(T. Kilmann)의 갈등관리 유형 중 목적달성을 위해 비협조적으로 자기 관심사만을 만족시키려는 유형은?

① 협력형
② 수용형
③ 회피형
④ 타협형
⑤ 경쟁형

19 효과적인 시장세분화가 되기 위한 조건으로 옳지 않은 것은?

① 세분화를 위해 사용되는 변수들이 측정가능해야 한다.
② 세분시장에 속하는 고객들에게 효과적이고 효율적으로 접근할 수 있어야 한다.
③ 세분시장 내 고객들과 기업의 적합성은 가능한 낮아야 한다.
④ 같은 세분시장에 속한 고객들끼리는 최대한 비슷해야 하고 서로 다른 세분시장에 속한 고객들 간에는 이질성이 있어야 한다.
⑤ 세분시장의 규모는 마케팅활동으로 이익이 날 수 있을 정도로 충분히 커야 한다.

20 다음에서 설명하는 제품수명주기의 단계는?

> ○ 고객의 신제품수용이 늘어나 생산량이 급속히 증가하면서 단위당 제품원가, 유통비용, 촉진비용이 하락한다.
> ○ 지속적인 판매량 증대로 이익이 빠르게 늘어난다.

① 도입기
② 성장기
③ 성숙기
④ 정체기
⑤ 쇠퇴기

21 **4P 중 가격에 관한 설명으로 옳지 않은 것은?**

① 가격은 다른 마케팅믹스 요소들과 달리 상대적으로 쉽게 변경할 수 있다.

② 구매자가 가격이 비싼지 싼지를 판단하는 기준으로 삼는 가격을 준거가격이라 한다.

③ 구매자가 어떤 상품에 대해 지불할 용의가 있는 최저가격을 유보가격이라 한다.

④ 가격변화를 느끼게 만드는 최소의 가격변화 폭을 JND(just noticeable difference)라 한다.

⑤ 구매자들이 가격이 높은 상품일수록 품질도 높다고 믿는 것을 가격-품질 연상이라 한다.

22 **판매촉진의 수단 중 소비자들의 구입가격을 인하시키는 효과를 갖는 가격수단의 유형을 모두 고른 것은?**

> ㄱ. 할인쿠폰
> ㄴ. 샘 플
> ㄷ. 보상판매
> ㄹ. 보너스팩

① ㄱ, ㄴ　　　　　　　　　　② ㄷ, ㄹ

③ ㄱ, ㄴ, ㄷ　　　　　　　　④ ㄱ, ㄷ, ㄹ

⑤ ㄱ, ㄴ, ㄷ, ㄹ

23 **브랜드에 관한 설명으로 옳지 않은 것은?**

① 브랜드는 제품이나 서비스와 관련된 이름, 상징, 혹은 기호로서 그것에 대해 구매자가 심리적인 의미를 부여하는 것이다.

② 브랜드 자산은 소비자가 브랜드에 부여하는 가치, 즉 브랜드가 창출하는 부가가치를 말한다.

③ 켈러(J. Keller)에 따르면, 브랜드 자산의 원천은 브랜드의 인지도와 브랜드의 이미지이다.

④ 브랜드 이미지는 긍정적이고 독특하며 강력해야 한다.

⑤ 브랜드 개발은 창의적인 광고를 통해 관련 이미지를 만들어내는 것이다.

24 금년 초에 5,000원의 배당(= d_0)을 지급한 A기업의 배당은 매년 영원히 5%로 일정하게 성장할 것으로 예상된다. 요구수익률이 10%일 경우 이 주식의 현재가치는?

① 50,000원
② 52,500원
③ 100,000원
④ 105,000원
⑤ 110,000원

25 자본시장선(CML)과 증권시장선(SML)에 관한 설명으로 옳지 않은 것은?

① 증권시장선 보다 아래에 위치하는 주식은 주가가 과대평가 된 주식이다.
② 자본시장선은 개별위험자산의 기대수익률과 체계적 위험(베타) 간의 선형관계를 설명한다.
③ 자본시장선 상에는 비체계적 위험을 가진 포트폴리오가 놓이지 않는다.
④ 동일한 체계적 위험(베타)을 가지고 있는 자산이면 증권시장선 상에서 동일한 위치에 놓인다.
⑤ 균형상태에서 모든 위험자산의 체계적 위험(베타) 대비 초과수익률(기대수익률[$E(r_i)$] − 무위험수익률[r_f])이 동일하다.

26 투자안의 경제성 분석방법에 관한 설명으로 옳은 것은?

① 투자형 현금흐름의 투자안에서 내부수익률은 투자수익률을 의미한다.
② 화폐의 시간가치를 고려하는 분석방법은 순현재가치법이 유일하다.
③ 순현재가치법에서는 가치가산의 원칙이 성립하지 않는다.
④ 내부수익률법에서는 재투자수익률을 자본비용으로 가정한다.
⑤ 수익성지수법은 순현재가치법과 항상 동일한 투자선택의 의사결정을 한다.

27 총자산순이익률(ROA)이 20%, 매출액순이익률이 8%일 때 총자산회전율은?

① 2
② 2.5
③ 3
④ 3.5
⑤ 4

28 다음 채권의 듀레이션은?(단, 소수점 셋째 자리에서 반올림한다.)

○ 액면가액 1,000원
○ 액면이자율 연 10%, 매년 말 이자지급
○ 만기 2년
○ 만기수익률 연 12%

① 1.75년
② 1.83년
③ 1.87년
④ 1.91년
⑤ 2.00년

29 가치분석/가치공학분석에서 사용하는 브레인스토밍(brainstorming)의 주제로 옳지 않은 것은?

① 불필요한 제품의 특성은 없는가?
② 추가되어야 할 공정은 없는가?
③ 무게를 줄일 수는 없는가?
④ 두 개 이상의 부품을 하나로 결합할 수 없는가?
⑤ 제거되어야 할 비표준화된 부품은 없는가?

30 최근 5개월간의 실제 제품의 수요에 대한 데이터가 주어져 있다고 할 때, 3개월 가중이동평균법을 적용하여 계산된 5월의 예측 수요 값은?(단, 가중치는 0.6, 0.2, 0.2이다.)

구 분	1월	2월	3월	4월	5월
실제 수요(개)	680만	820만	720만	540만	590만

① 606만개
② 632만개
③ 658만개
④ 744만개
⑤ 766만개

31 공급사슬관리의 효율성을 측정하는 지표로 옳은 것은?

① 재고회전율
② 원자재투입량
③ 최종고객주문량
④ 수요통제
⑤ 채찍효과

32 준비비용이 일정하다고 가정하는 경제적 주문량(EOQ)과는 달리 준비비용을 최대한 줄이고자 하는 시스템은?

① 유연생산시스템(FMS)
② 자재소요관리시스템(MRP)
③ 컴퓨터통합생산시스템(CIM)
④ ABC 재고관리시스템
⑤ 적시생산시스템(JIT)

33 기업에서 생산목표상의 경쟁우선순위에 해당하지 않는 것은?

① 기 술
② 품 질
③ 원 가
④ 시 간
⑤ 유연성

34 품질문제와 관련하여 발생하는 외부 실패비용에 해당하지 않는 것은?

① 고객불만 비용
② 보증 비용
③ 반품 비용
④ 스크랩 비용
⑤ 제조물책임 비용

35 회계거래 분개 시 차변에 기록해야 하는 것은?

① 선수금의 증가
② 미수수익의 증가
③ 매출의 발생
④ 미지급비용의 증가
⑤ 매입채무의 증가

36 재무비율에 관한 설명으로 옳지 않은 것은?

① 자산이용의 효율성을 분석하는 것은 활동성비율이다.
② 이자보상비율은 채권자에게 지급해야 할 고정비용인 이자비용의 안전도를 나타낸다.
③ 유동비율은 유동자산을 유동부채로 나눈 것이다.
④ 자기자본순이익률(ROE)은 주주 및 채권자의 관점에서 본 수익성비율이다.
⑤ 재무비율분석 시 기업 간 회계방법의 차이가 있음을 고려해야 한다.

37 유형자산의 감가상각에 관한 설명으로 옳은 것은?

① 감가상각누계액은 내용연수 동안 비용처리 할 감가상각비의 총액이다.
② 정액법과 정률법에서는 감가대상금액을 기초로 감가상각비를 산정한다.
③ 정률법은 내용연수 후반부로 갈수록 감가상각비를 많이 인식한다.
④ 회계적 관점에서 감가상각은 자산의 평가과정이라기 보다 원가배분과정이라고 할 수 있다.
⑤ 모든 유형자산은 시간이 경과함에 따라 가치가 감소하므로 가치의 감소를 인식하기 위해 감가
상각한다.

38 유형자산의 취득원가에 포함되는 것은?

① 파손된 유리와 소모품의 대체
② 마모된 자산의 원상복구
③ 건물 취득 후 가입한 보험에 대한 보험료
④ 유형자산 취득 시 발생한 운반비
⑤ 건물의 도색

39 다음에서 설명하는 것은?

○ 데이터 소스에서 가까운 네트워크 말단의 서버들에서 일부 데이터 처리를 수행한다.
○ 클라우드 컴퓨팅 시스템을 최적화하는 방법이다.

① 엣지 컴퓨팅
② 그리드 컴퓨팅
③ 클라이언트/서버 컴퓨팅
④ 온디맨드 컴퓨팅
⑤ 엔터프라이즈 컴퓨팅

40 비정형 텍스트 데이터의 가치와 의미를 찾아내는 빅데이터 분석기법은?

① 에쓰노그라피(ethnography) 분석
② 포커스그룹(focus group) 인터뷰
③ 텍스트마이닝
④ 군집 분석
⑤ 소셜네트워크 분석

2023년 제32회 기출문제

2023.05.27. 시행

Time   분 | 정답 및 해설 563p

중요문제 / 틀린 문제 CHECK

각 문항별로 회독수 CHECK ☑☐☐

01	02	03	04	05	06	07	08	09	10	11	12	13	14	15	16	17	18	19	20	21	22	23	24	25

01 다음 특성에 모두 해당되는 기업의 형태는?
☐☐☐

- 대규모 자본 조달이 용이하다.
- 출자자들은 유한책임을 진다.
- 전문경영인을 고용하여 소유와 경영의 분리가 가능하다.
- 자본의 증권화를 통해 소유권 이전이 용이하다.

① 개인기업　　　　　　　　② 합명회사
③ 합자회사　　　　　　　　④ 유한회사
⑤ 주식회사

02 다음 BCG 매트릭스의 4가지 영역 중, 시장성장률이 높은(고성장) 영역과 상대적 시장점유율이
☐☐☐ 높은(고점유) 영역이 옳게 짝지어진 것은?

ㄱ. 현금젖소(cash cow)
ㄴ. 별(star)
ㄷ. 물음표(question mark)
ㄹ. 개(dog)

	고성장	고점유
①	ㄱ, ㄴ	ㄴ, ㄷ
②	ㄱ, ㄴ	ㄴ, ㄹ
③	ㄱ, ㄹ	ㄱ, ㄴ
④	ㄴ, ㄷ	ㄱ, ㄴ
⑤	ㄴ, ㄷ	ㄱ, ㄷ

03 경영환경을 일반환경과 과업환경으로 구분할 때, 기업에게 직접적인 영향을 주는 과업환경에 해당하는 것은?

① 정치적 환경
② 경제적 환경
③ 기술적 환경
④ 경쟁자
⑤ 사회문화적 환경

04 민츠버그(H. Mintzberg)의 5가지 조직유형에 해당하지 않는 것은?

① 매트릭스 조직
② 기계적 관료제
③ 전문적 관료제
④ 애드호크라시
⑤ 사업부제 조직

2024년
2023년
2022년
2021년
2020년

05 퀸과 카메론(R. Quinn & K. Cameron)이 제시한 조직수명주기 단계의 순서로 옳은 것은?

> ㄱ. 창업 단계
> ㄴ. 공식화 단계
> ㄷ. 집단공동체 단계
> ㄹ. 정교화 단계

① ㄱ → ㄴ → ㄷ → ㄹ
② ㄱ → ㄴ → ㄹ → ㄷ
③ ㄱ → ㄷ → ㄴ → ㄹ
④ ㄱ → ㄷ → ㄹ → ㄴ
⑤ ㄱ → ㄹ → ㄴ → ㄷ

06 켈리(H. Kelley)의 귀인이론에서 행동의 원인을 내적 또는 외적으로 판단하는데 활용하는 것을 모두 고른 것은?

ㄱ. 특이성(distinctiveness)
ㄴ. 형평성(equity)
ㄷ. 일관성(consistency)
ㄹ. 합의성(consensus)
ㅁ. 관계성(relationship)

① ㄱ, ㄴ, ㄷ ② ㄱ, ㄷ, ㄹ
③ ㄱ, ㄹ, ㅁ ④ ㄴ, ㄷ, ㅁ
⑤ ㄴ, ㄹ, ㅁ

07 집단사고(groupthink)의 증상에 해당하지 않는 것은?

① 자신의 집단은 잘못된 의사결정을 하지 않는다는 환상
② 의사결정이 만장일치로 이루어져야 한다는 환상
③ 반대의견을 스스로 자제하려는 자기검열
④ 외부집단에 대한 부정적인 상동적 태도
⑤ 개방적인 분위기를 형성해야 한다는 압력

08 성격의 Big 5 모형에 해당하지 않는 것은?

① 정서적 안정성　　　　　　② 성실성
③ 친화성　　　　　　　　　　④ 모험선호성
⑤ 개방성

09 피들러(F. Fiedler)의 상황적합 리더십이론에 관한 설명으로 옳지 않은 것은?

① LPC 척도는 가장 선호하지 않는 동료작업자를 평가하는 것이다.
② LPC 점수를 이용하여 리더십 유형을 파악한다.
③ 상황요인 3가지는 리더-부하관계, 과업구조, 부하의 성숙도이다.
④ 상황의 호의성이 중간 정도인 경우에는 관계지향적 리더십이 효과적이다.
⑤ 상황의 호의성이 좋은 경우에는 과업지향적 리더십이 효과적이다.

2024년

2023년

2022년

2021년

2020년

10 직무특성모형에서 중요심리상태의 하나인 의미충만(meaningfulness)에 영향을 미치는 핵심직무 차원을 모두 고른 것은?

> ㄱ. 기술다양성
> ㄴ. 과업정체성
> ㄷ. 과업중요성
> ㄹ. 자율성
> ㅁ. 피드백

① ㄱ, ㄴ, ㄷ　　　　　　　　② ㄱ, ㄴ, ㅁ
③ ㄱ, ㄹ, ㅁ　　　　　　　　④ ㄴ, ㄷ, ㄹ
⑤ ㄷ, ㄹ, ㅁ

11 기업 경영에서 마케팅 개념(marketing concept)이 발전해 온 순서로 옳은 것은?

① 생산 개념 → 제품 개념 → 판매 개념 → 마케팅 개념
② 생산 개념 → 판매 개념 → 제품 개념 → 마케팅 개념
③ 제품 개념 → 생산 개념 → 판매 개념 → 마케팅 개념
④ 제품 개념 → 판매 개념 → 생산 개념 → 마케팅 개념
⑤ 판매 개념 → 제품 개념 → 생산 개념 → 마케팅 개념

12 광고(advertising)와 홍보(publicity)에 관한 설명으로 옳지 않은 것은?

① 광고는 홍보와 달리 매체 비용을 지불한다.
② 홍보는 일반적으로 광고보다 신뢰성이 높다.
③ 광고는 일반적으로 홍보보다 기업이 통제할 수 있는 영역이 많다.
④ 홍보는 언론의 기사나 뉴스 형태로 많이 이루어진다.
⑤ 홍보의 세부 유형으로 PR(Public Relations)이 있다.

13 로저스(E. Rogers)의 혁신에 대한 수용자 유형이 아닌 것은?

① 혁신자(innovators)
② 조기수용자(early adopters)
③ 후기수용자(late adopters)
④ 조기다수자(early majority)
⑤ 후기다수자(late majority)

14 (주)한국의 매출 및 매출채권 자료가 다음과 같을 때, 매출채권의 평균회수기간은?(단, 1년은 360일로 가정한다)

매출액	₩3,000,000
기초매출채권	150,000
기말매출채권	100,000

① 10일   ② 15일

③ 18일   ④ 20일

⑤ 24일

15 적대적 M&A의 방어전략 중 다음에서 설명하는 것은?

> 피인수기업의 기존 주주에게 일정조건이 충족되면 상당히 할인된 가격으로 주식을 매입할 수 있는 권리를 부여함으로써, 적대적 M&A를 시도하려는 세력에게 손실을 가하고자 한다.

① 백기사(white knight)

② 그린메일(green mail)

③ 황금낙하산(golden parachute)

④ 독약조항(poison pill)

⑤ 왕관보석(crown jewel)

16 (주)한국은 다음과 같은 조건의 사채(액면금액 ₩1,000,000, 액면이자율 8%, 만기 5년, 이자는 매년 말 지급)를 발행하였다. 시장이자율이 10%일 경우, 사채의 발행금액은?(단, 사채발행비는 없으며, 현가계수는 주어진 자료를 이용한다)

기간(년)	단일금액 ₩1의 현가계수		정상연금 ₩1의 현가계수	
	8%	10%	8%	10%
5	0.68	0.62	3.99	3.79

① ₩896,800   ② ₩923,200

③ ₩939,800   ④ ₩983,200

⑤ ₩999,200

17 제품설계 기법에 관한 설명으로 옳은 것은?

① 동시공학은 부품이나 중간 조립품의 호환성과 공용화를 높여서 생산원가를 절감하는 기법이다.
② 모듈러설계는 불필요한 원가요인을 발굴하여 제거함으로써 제품의 가치를 높이는 기법이다.
③ 가치공학은 신제품 출시과정을 병렬적으로 진행하여 신제품 출시기간을 단축하는 기법이다.
④ 품질기능전개는 소비자의 요구사항을 체계적으로 제품의 기술적 설계에 반영하는 과정이다.
⑤ 가치분석은 제품이나 공정을 처음부터 환경변화의 영향을 덜 받도록 설계하는 것이다.

18 최종소비자의 수요변동 정보가 전달되는 과정에서 지연이나 왜곡현상이 발생하여 재고부족 또는 과잉 문제가 발생하고 공급사슬 상류로 갈수록 수요변동이 증폭되는 현상은?

① 채찍 효과
② 포지셔닝 효과
③ 리스크 풀링 효과
④ 크로스 도킹 효과
⑤ 레버리지 효과

19 다음 중 도요타 생산시스템에서 정의한 7가지 낭비유형에 해당하는 것을 모두 고른 것은?

> ㄱ. 과잉생산에 의한 낭비
> ㄴ. 대기시간으로 인한 낭비
> ㄷ. 재고로 인한 낭비
> ㄹ. 작업자 재교육으로 인한 낭비

① ㄱ, ㄴ   ② ㄷ, ㄹ
③ ㄱ, ㄴ, ㄷ   ④ ㄴ, ㄷ, ㄹ
⑤ ㄱ, ㄴ, ㄷ, ㄹ

20 다음의 수요예측기법 중 시계열(time series) 예측기법에 해당하는 것을 모두 고른 것은?

☐☐☐

> ㄱ. 이동평균법
> ㄴ. 지수평활법
> ㄷ. 델파이 기법

① ㄱ   ② ㄴ
③ ㄱ, ㄴ   ④ ㄴ, ㄷ
⑤ ㄱ, ㄴ, ㄷ

21 거래의 결합관계가 비용의 발생과 부채의 증가에 해당하는 것은?(단, 거래금액은 고려하지 않는다)

☐☐☐

① 외상으로 구입한 업무용 컴퓨터를 현금으로 결제하였다.
② 종업원 급여가 발생하였으나 아직 지급하지 않았다.
③ 대여금에 대한 이자를 현금으로 수령하지 못하였으나 결산기말에 인식하였다.
④ 거래처에서 영업용 상품을 외상으로 구입하였다.
⑤ 은행으로부터 빌린 차입금을 상환하였다.

22 도소매업을 영위하는 (주)한국의 재고 관련 자료가 다음과 같을 때, 매출이익은?

☐☐☐

총매출액		₩10,000	총매입액		₩7,000
매출환입액		50	매입에누리액		80
기초재고액		200	매입운임액		20
기말재고액		250			

① ₩2,980   ② ₩3,030
③ ₩3,060   ④ ₩3,080
⑤ ₩3,110

2024년
2023년
2022년
2021년
2020년

23 현행 K-IFRS에 의한 재무제표에 해당하지 않는 것은?

□□□

① 재무상태변동표
② 포괄손익계산서
③ 자본변동표
④ 현금흐름표
⑤ 주 석

24 일반 사용자의 컴퓨터 시스템 접근을 차단한 후, 접근을 허용하는 조건으로 대가를 요구하는 악성
□□□ 코드는?

① 스니핑(sniffing)
② 랜섬웨어(ransomware)
③ 스팸웨어(spamware)
④ 피싱(phishing)
⑤ 파밍(pharming)

25 다음에서 설명하는 기술발전의 법칙은?

□□□

> • 1965년 미국 반도체회사의 연구개발 책임자가 주장하였다.
> • 마이크로프로세서의 성능은 18개월마다 2배씩 향상된다.

① 길더의 법칙
② 메칼프의 법칙
③ 무어의 법칙
④ 롱테일 법칙
⑤ 파레토 법칙

2022년 제31회 기출문제

✅ **2022.05.14. 시행** ✅ Time 　분 | 정답 및 해설 576p

✅ 중요문제 / 틀린 문제 CHECK　　　　　　　　　　✅ 각 문항별로 회독수 CHECK ☑☐☐

01	02	03	04	05	06	07	08	09	10	11	12	13	14	15	16	17	18	19	20	21	22	23	24	25

01 프랜차이즈(franchise)에 관한 설명으로 옳지 않은 것은?

☐☐☐
① 가맹점은 운영측면에서 개인점포에 비해 자율성이 높다.
② 가맹본부의 사업확장이 용이하다.
③ 가맹점은 인지도가 있는 브랜드와 상품으로 사업을 시작할 수 있다.
④ 가맹점은 가맹본부로부터 경영지도와 지원을 받을 수 있다.
⑤ 가맹점은 프랜차이즈 비용이 부담이 될 수 있다.

02 앤소프(H. I. Ansoff)의 제품 – 시장 확장전략 중 기존제품으로 기존시장의 점유율을 확대해 가는 전략은?

☐☐☐
① 원가우위 전략
② 시장침투 전략
③ 시장개발 전략
④ 제품개발 전략
⑤ 다각화 전략

2024년　2023년　2022년　2021년　2020년

03 포터(M. Porter)의 산업구조분석 모형에서, 소비자 관점의 사용용도가 유사한 다른 제품을 고려하는 경쟁분석의 요소는?

① 산업내 기존 경쟁업체 간 경쟁
② 잠재적 경쟁자의 진입 가능성
③ 대체재의 위협
④ 공급자의 교섭력
⑤ 구매자의 교섭력

04 직무스트레스에 관한 설명으로 옳지 않은 것은?

① 직무스트레스의 잠재적 원인으로는 환경요인, 조직적 요인, 개인적 요인이 존재한다.
② 직무스트레스 원인과 경험된 스트레스 간에 조정변수가 존재한다.
③ 사회적 지지는 직무스트레스의 조정변수이다.
④ 직무스트레스 결과로는 생리적 증상, 심리적 증상, 행동적 증상이 있다.
⑤ 직무스트레스와 직무성과 간의 관계는 U자형으로 나타난다.

05 메이요(E. Mayo)의 호손실험 중 배선작업 실험에 관한 설명으로 옳지 않은 것은?

① 작업자를 둘러싸고 있는 사회적 요인들이 작업능률에 미치는 영향을 파악하였다.
② 생산현장에서 비공식조직을 확인하였다.
③ 비공식조직이 작업능률에 영향을 미치는 것을 발견하였다.
④ 관찰연구를 통해 진행되었다.
⑤ 경제적 욕구의 중요성을 재확인하였다.

06 조직설계의 상황변수에 해당하는 것을 모두 고른 것은?

□□□

ㄱ. 복잡성	ㄴ. 전략
ㄷ. 공식화	ㄹ. 기술
ㅁ. 규모	

① ㄱ, ㄴ, ㄷ ② ㄱ, ㄴ, ㄹ
③ ㄱ, ㄷ, ㅁ ④ ㄴ, ㄹ, ㅁ
⑤ ㄷ, ㄹ, ㅁ

07 맥그리거(D. McGregor)의 XY이론 중 Y이론에 관한 설명으로 옳은 것을 모두 고른 것은?

□□□

ㄱ. 동기부여는 생리적 욕구나 안전욕구 단계에서만 가능하다.
ㄴ. 작업조건이 잘 갖추어지면 일은 놀이와 같이 자연스러운 것이다.
ㄷ. 대부분의 사람들은 엄격하게 통제되어야 하고 조직목표를 달성하기 위해서는 강제되어야 한다.
ㄹ. 사람은 적절하게 동기부여가 되면 자율적이고 창의적으로 업무를 수행한다.

① ㄱ, ㄴ ② ㄱ, ㄷ
③ ㄴ, ㄷ ④ ㄴ, ㄹ
⑤ ㄷ, ㄹ

08 다음에서 설명하는 조직이론은?

> • 조직형태는 환경에 의하여 선택되거나 도태될 수 있다.
> • 기존 대규모 조직들은 급격한 환경변화에 적응하기 어려워 공룡신세가 되기 쉽다.
> • 변화과정은 변이(variation), 선택(selection), 보존(retention)의 단계를 거친다.

① 자원의존 이론
② 제도화 이론
③ 학습조직 이론
④ 조직군 생태학 이론
⑤ 거래비용 이론

09 직무분석에 관한 설명으로 옳은 것은?

① 직무의 내용을 체계적으로 정리하여 직무명세서를 작성한다.
② 직무수행자에게 요구되는 자격요건을 정리하여 직무기술서를 작성한다.
③ 직무분석과 인력확보를 연계하는 것은 타당하지 않다.
④ 직무분석은 작업장의 안전사고 예방에 도움이 된다.
⑤ 직무분석은 직무평가 결과를 토대로 실시한다.

10 스캔론 플랜(Scanlon Plan)에 관한 설명으로 옳지 않은 것은?

① 기업이 창출한 부가가치를 기준으로 성과급을 산정한다.
② 집단성과급제도이다.
③ 생산제품의 판매가치와 인건비의 관계에서 배분액을 결정한다.
④ 실제인건비가 표준인건비보다 적을 때 그 차액을 보너스로 배분한다.
⑤ 산출된 보너스액 중 일정액을 적립한 후 종업원분과 회사분으로 배분한다.

11 기존 브랜드명을 새로운 제품범주의 신제품에 사용하는 것은?

① 공동 브랜딩(co-branding)
② 복수 브랜딩(multi-branding)
③ 신규 브랜드(new brand)
④ 라인 확장(line extension)
⑤ 브랜드 확장(brand extension)

12 제품의 기본가격을 조정하여 세분시장별로 가격을 달리하는 가격결정이 아닌 것은?

① 고객집단 가격결정
② 묶음제품 가격결정
③ 제품형태 가격결정
④ 입지 가격결정
⑤ 시간 가격결정

13 새로운 마케팅 기회를 확보하기 위해 동일한 유통경로 단계에 있는 둘 이상의 기업이 제휴하는 시스템은?

① 혁신 마케팅시스템
② 수평적 마케팅시스템
③ 계약형 수직적 마케팅시스템
④ 관리형 수직적 마케팅시스템
⑤ 기업형 수직적 마케팅시스템

14 증권시장선(SML)에 관한 설명으로 옳은 것을 모두 고른 것은?

> ㄱ. 개별주식의 기대수익률과 체계적 위험 간의 선형관계를 나타낸다.
> ㄴ. 효율적 포트폴리오에 한정하여 균형가격을 산출할 수 있다.
> ㄷ. 증권시장선보다 상단에 위치하는 주식은 주가가 과소평가된 주식이다.
> ㄹ. 증권시장선은 위험자산만을 고려할 경우 효율적 투자기회선이다.

① ㄱ, ㄴ   ② ㄱ, ㄷ
③ ㄱ, ㄹ   ④ ㄴ, ㄷ
⑤ ㄷ, ㄹ

15 재무상태표의 자산 항목에 해당하지 않는 것은?

① 미수금   ② 단기대여금
③ 선급금   ④ 이익준비금
⑤ 선급비용

16 투자안의 경제성 평가 방법에 관한 설명으로 옳은 것은?

① 회계적이익률법의 회계적이익률은 연평균 영업이익을 연평균 매출액으로 나누어 산출한다.
② 회수기간법은 회수기간 이후의 현금흐름을 고려한다.
③ 순현재가치법은 재투자수익률을 내부수익률로 가정한다.
④ 내부수익률법에서 개별투자안의 경우 내부수익률이 0보다 크면 경제성이 있다.
⑤ 수익성지수법에서 개별투자안의 경우 수익성지수가 1보다 크면 경제성이 있다.

17 A주식에 대한 분산은 0.06이고, B주식에 대한 분산은 0.08이다. A주식의 수익률과 B주식의 수익률 간의 상관계수가 0인 경우, 총 투자자금 중 A주식과 B주식에 절반씩 투자한 포트폴리오의 분산은?

① 0.025   ② 0.035

③ 0.045   ④ 0.055

⑤ 0.065

18 경제적 주문량(EOQ)에 관한 설명으로 옳지 않은 것은?

① 연간 재고유지비용과 연간 주문비용의 합이 최소화되는 주문량을 결정하는 것이다.

② 연간 재고유지비용과 연간 주문비용이 같아지는 지점에서 결정된다.

③ 연간 주문비용이 감소하면 경제적 주문량이 감소한다.

④ 연간 재고유지비용이 감소하면 경제적 주문량이 감소한다.

⑤ 연간 수요량이 증가하면 경제적 주문량이 증가한다.

19 생산 프로세스에서 낭비를 제거하여 부가가치를 극대화하기 위한 것은?

① 린(lean) 생산

② 자재소요계획(MRP)

③ 장인생산(craft production)

④ 대량고객화(mass customization)

⑤ 오프쇼오링(off-shoring)

20 (주)한국의 4개월간 제품 실제 수요량과 예측치가 다음과 같다고 할 때, 평균절대오차(MAD)는?

월(t)	실제 수요량(D_t)	예측치(F_t)
1월	200개	225개
2월	240개	220개
3월	300개	285개
4월	270개	290개

① 2.5
② 10
③ 20
④ 412.5
⑤ 1650

21 서비스 품질평가에 사용되는 SERVQUAL 모형의 서비스 차원이 아닌 것은?

① 유형성(tangibles)
② 신뢰성(reliability)
③ 반응성(responsiveness)
④ 공감성(empathy)
⑤ 소멸성(perishability)

22 다음의 주어진 〈자료〉를 이용하여 산출한 기말자본액은?

〈자료〉
• 기초자산 : 380,000원
• 기초부채 : 180,000원
• 당기 중 유상증자 : 80,000원
• 당기 중 현금배당 : 40,000원
• 당기순이익 : 100,000원

① 260,000원
② 300,000원
③ 340,000원
④ 380,000원
⑤ 420,000원

23 회계거래 분개에 관한 설명으로 옳은 것은?

① 매입채무의 증가는 차변에 기록한다.

② 장기대여금의 증가는 대변에 기록한다.

③ 자본금의 감소는 차변에 기록한다.

④ 임대료 수익의 발생은 차변에 기록한다.

⑤ 급여의 지급은 대변에 기록한다.

24 컴퓨터, 저장장치, 애플리케이션, 서비스 등과 같은 컴퓨팅 자원의 공유된 풀(pool)을 인터넷으로 접근할 수 있게 해주는 것은?

① 클라이언트/서버 컴퓨팅(client/server computing)

② 엔터프라이즈 컴퓨팅(enterprise computing)

③ 온프레미스 컴퓨팅(on-premise computing)

④ 그린 컴퓨팅(green computing)

⑤ 클라우드 컴퓨팅(cloud computing)

25 특정기업의 이메일로 위장한 메일을 불특정 다수에게 발송하여 권한 없이 데이터를 획득하는 방식은?

① 파밍(pharming)

② 스니핑(sniffing)

③ 피싱(phishing)

④ 서비스 거부 공격(denial-of-service attack)

⑤ 웜(worm)

2021년 제30회 기출문제

✓ **2021.05.08. 시행** ✓ Time 분 | 정답 및 해설 590p

✓ **중요문제 / 틀린 문제 CHECK** ✓ **각 문항별로 회독수 CHECK** ☑☐☐

01	02	03	04	05	06	07	08	09	10	11	12	13	14	15	16	17	18	19	20	21	22	23	24	25

01 페욜(H. Fayol)의 일반적 관리원칙에 해당하지 않는 것은?

☐☐☐

① 지휘의 통일성
② 직무의 분업화
③ 보상의 공정성
④ 조직의 분권화
⑤ 권한과 책임의 일치

02 다음의 특성에 해당되는 기업집중형태는?

☐☐☐

> • 주식소유, 금융적 방법 등에 의한 결합
> • 외형상으로 독립성이 유지되지만 실질적으로는 종속관계
> • 모회사와 자회사형태로 존재

① 카르텔(Cartel)
② 콤비나트(Combinat)
③ 트러스트(Trust)
④ 콘체른(Concern)
⑤ 디베스티처(Divestiture)

03 GE/맥킨지매트릭스(GE/McKinsey Matrix)에서 전략적 사업부를 분류하기 위한 두 기준은?

① 산업매력도 - 사업단위 위치(경쟁력)
② 시장성장률 - 시장점유율
③ 산업매력도 - 시장성장률
④ 사업단위 위치(경쟁력) - 시장점유율
⑤ 시장점유율 - 가격경쟁력

04 캐롤(B.A. Carrol)의 피라미드모형에서 제시된 기업의 사회적 책임의 단계로 옳은 것은?

① 경제적 책임 → 법적 책임 → 윤리적 책임 → 자선적 책임
② 경제적 책임 → 윤리적 책임 → 법적 책임 → 자선적 책임
③ 경제적 책임 → 자선적 책임 → 윤리적 책임 → 법적 책임
④ 경제적 책임 → 법적 책임 → 자선적 책임 → 윤리적 책임
⑤ 경제적 책임 → 윤리적 책임 → 자선적 책임 → 법적 책임

2024년 2023년 2022년 2021년 2020년

05 허츠버그(F. Herzberg)의 2요인이론에서 위생요인에 해당하는 것은?

① 성취감 　　　　　　② 도전감
③ 임 금 　　　　　　④ 성장가능성
⑤ 직무내용

06 인사평가의 분배적 오류에 해당하는 것은?

① 후광효과 　　　　　② 상동적 태도
③ 관대화 경향 　　　　④ 대비오류
⑤ 확증편향

07 전통적 직무설계와 관련 없는 것은?

① 분 업 ② 과학적 관리
③ 전문화 ④ 표준화
⑤ 직무순환

08 직무특성모형(Job Characteristics Model)의 핵심직무차원에 포함되지 않는 것은?

① 성장욕구강도(Growth Need Strength)
② 과업정체성(Task Identity)
③ 과업중요성(Task Significance)
④ 자율성(Autonomy)
⑤ 피드백(Feedback)

09 마키아벨리즘(Machiavellism)에 관한 설명으로 옳지 않은 것은?

① 마키아벨리즘은 자신의 이익을 위해 타인을 이용하고 조작하려는 성향이다.
② 마키아벨리즘이 높은 사람은 감정적 거리를 잘 유지한다.
③ 마키아벨리즘이 높은 사람은 남을 잘 설득하며 자신도 잘 설득된다.
④ 마키아벨리즘이 높은 사람은 최소한의 규정과 재량권이 있을 때 높은 성과를 보이는 경향이 있다.
⑤ 마키아벨리즘이 높은 사람은 목적이 수단을 정당화시킬 수 있다고 믿는 경향이 있다.

10 조직으로부터 나오는 권력을 모두 고른 것은?

ㄱ. 보상적 권력　　　　　　　　　ㄴ. 전문적 권력
ㄷ. 합법적 권력　　　　　　　　　ㄹ. 준거적 권력
ㅁ. 강제적 권력

① ㄱ, ㄴ, ㄷ　　　　　　　　　② ㄱ, ㄴ, ㄹ
③ ㄱ, ㄷ, ㅁ .　　　　　　　　④ ㄴ, ㄹ, ㅁ
⑤ ㄷ, ㄹ, ㅁ

11 교육참가자들이 소규모 집단을 구성하여 팀워크로 경영상의 실제 문제를 해결하도록 하여 문제해결과정에 대한 성찰을 통해 학습하게 하는 교육방식은?

① Team Learning

② Organizational Learning

③ Problem Based Learning

④ Blended Learning

⑤ Action Learning

12 브랜드(Brand)요소를 모두 고른 것은?

ㄱ. 징글(Jingle)　　　　　　　　ㄴ. 캐릭터(Character)
ㄷ. 슬로건(Slogan)　　　　　　　ㄹ. 심벌(Symbol)

① ㄱ, ㄴ　　　　　　　　　　② ㄷ, ㄹ
③ ㄱ, ㄴ, ㄷ　　　　　　　　④ ㄴ, ㄷ, ㄹ
⑤ ㄱ, ㄴ, ㄷ, ㄹ

2024년　2023년　2022년　2021년　2020년

13 선매품(Shopping Goods)에 관한 설명으로 옳은 것은?

① 소비자가 필요하다고 느낄 때 수시로 구매하는 경향을 보인다.

② 소비자는 가격, 품질, 스타일 등 다양한 정보를 수집하여 신중하게 비교하는 경향을 보인다.

③ 소비자는 잘 알지 못하거나 알고 있어도 능동적으로 구매하려 하지 않는다.

④ 일상생활에서 빈번히 구매하는 저관여제품들이 많다.

⑤ 독특한 특징을 지니거나 브랜드차별성을 지니는 제품들이 많다.

14 다음 설명에 해당하는 의사결정기법은?

• 자유롭게 아이디어를 제시할 수 있다.
• 타인이 제시한 아이디어에 대해 비판은 금지된다.
• 아이디어의 질보다 양을 강조한다.

---

① 브레인스토밍(Brainstorming)

② 명목집단법(Nominal Group Technique)

③ 델파이법(Delphi Technique)

④ 지명반론자법(Devil's Advocacy)

⑤ 프리모텀법(Premortem)

15 서비스의 특성으로 옳지 않은 것은?

① 무형성   ② 비분리성

③ 반응성   ④ 소멸성

⑤ 변동성(이질성)

16 증권시장선(SML)과 자본시장선(CML)에 관한 설명으로 옳지 않은 것은?

① 증권시장선의 기울기는 표준편차로 측정된 위험 1단위에 대한 균형가격을 의미한다.

② 증권시장선 아래에 위치한 자산은 과대평가된 자산이다.

③ 자본시장선은 효율적 자산의 기대수익률과 표준편차의 선형관계를 나타낸다.

④ 자본시장선에 위치한 위험자산은 무위험자산과 시장포트폴리오의 결합으로 구성된 자산이다.

⑤ 자본시장선에 위치한 위험자산과 시장포트폴리오의 상관계수는 1이다.

17 K사는 A, B, C 세 투자안을 검토하고 있다. 모든 투자안의 내용연수는 1년으로 동일하며, 투자안의 자본비용은 10%이다. 투자액은 투자실행 시 일시에 지출되며 모든 현금흐름은 기간 말에 발생한다. 투자안의 투자액과 순현재가치(NPV)가 다음과 같은 경우 내부수익률(IRR)이 높은 순서대로 나열한 것은?

투자안	A	B	C
투자액	100억원	200억원	250억원
순현재가치	20억원	30억원	40억원

① A, B, C

② A, C, B

③ B, A, C

④ C, A, B

⑤ C, B, A

18 주식 A와 B의 기대수익률은 각각 10%, 20%이다. 총투자자금 중 40%를 주식 A에, 60%를 주식 B에 투자하여 구성한 포트폴리오 P의 기대수익률은?

① 15%

② 16%

③ 17%

④ 18%

⑤ 19%

2024년 2023년 2022년 2021년 2020년

19 올해 말($t = 1$)에 예상되는 A사 보통주의 주당 배당금은 1,000원이며, 이후 배당금은 매년 10%씩 영구히 증가할 것으로 기대된다. 현재($t = 0$) A사 보통주의 주가(내재가치)가 10,000원이라고 할 경우 이 주식의 자본비용은?

① 10% ② 15%

③ 20% ④ 25%

⑤ 30%

20 식스시그마의 성공적 수행을 위한 5단계 활동으로 옳은 순서는?

① 계획 → 분석 → 측정 → 개선 → 평가

② 계획 → 분석 → 측정 → 평가 → 개선

③ 계획 → 측정 → 평가 → 통제 → 개선

④ 정의 → 측정 → 분석 → 개선 → 통제

⑤ 정의 → 측정 → 평가 → 통제 → 개선

21 급여계산, 고객주문처리, 재고관리 등 일상적이고 반복적인 과업을 주로 수행하는 정보시스템은?

① EIS ② DSS

③ ES ④ SIS

⑤ TPS

22 유형자산에 해당하는 항목을 모두 고른 것은?

ㄱ. 특허권	ㄴ. 건 물
ㄷ. 비 품	ㄹ. 라이선스

① ㄱ, ㄴ ② ㄴ, ㄷ

③ ㄱ, ㄴ, ㄷ ④ ㄴ, ㄷ, ㄹ

⑤ ㄱ, ㄴ, ㄷ, ㄹ

23 공장을 신축하고자 1억원의 토지를 현금으로 취득한 거래가 재무제표 요소에 미치는 영향은?

① 자본의 감소, 자산의 감소
② 자산의 증가, 자산의 감소
③ 자산의 증가, 자본의 증가
④ 자산의 증가, 부채의 증가
⑤ 비용의 증가, 자산의 감소

2024년
2023년
2022년
2021년
2020년

24 재무상태표의 부채에 해당하지 않는 것은?

① 매입채무   ② 선급비용
③ 선수금   ④ 사 채
⑤ 예수금

25 공급자에서 기업 내 변환과정과 유통망을 거쳐 최종고객에 이르기까지 자재, 제품, 서비스 및 정보의 흐름을 전체 시스템관점에서 설계하고 관리하는 것은?

① EOQ   ② MRP
③ TQM   ④ SCM
⑤ FMS

2020년 제29회 기출문제

2020.05.23. 시행

Time 　　분 | 정답 및 해설 603p

✅ **중요문제 / 틀린 문제 CHECK**　　　　　　　　✅ **각 문항별로 회독수 CHECK** ☑□□

01	02	03	04	05	06	07	08	09	10	11	12	13	14	15	16	17	18	19	20	21	22	23	24	25

01 페로(C. Perrow)가 제시한 기술분류기준으로 옳은 것을 모두 고른 것은?

□□□

ㄱ. 기술복잡성	ㄴ. 과업다양성
ㄷ. 상호의존성	ㄹ. 과업정체성
ㅁ. 문제분석가능성	

① ㄱ, ㄴ　　　　　　　　　　　　② ㄴ, ㄹ

③ ㄴ, ㅁ　　　　　　　　　　　　④ ㄷ, ㅁ

⑤ ㄱ, ㄷ, ㄹ

02 (주)한국은 정부의 대규모 사업에 참여하면서 다수 기업과 공동출자를 하고자 한다. 이 전략유형에

□□□ 해당하는 것은?

① 우회전략(Turnaround Strategy)

② 집중전략(Concentration Strategy)

③ 프랜차이징(Franchising)

④ 컨소시엄(Consortium)

⑤ 포획전략(Captive Strategy)

03 매트릭스조직의 장점에 해당하지 않는 것은?

① 구성원들 간 갈등해결 용이
② 환경불확실성에 신속한 대응
③ 인적자원의 유연한 활용
④ 제품다양성 확보
⑤ 구성원들의 역량향상기회 제공

04 사용자가 노동조합의 정당한 활동을 방해하는 것은?

① 태 업
② 단체교섭
③ 부당노동행위
④ 노동쟁의
⑤ 준법투쟁

05 하우스(R. House)가 제시한 경로-목표이론의 리더십 유형에 해당하지 않는 것은?

① 권한위임적 리더십
② 지시적 리더십
③ 지원적 리더십
④ 성취지향적 리더십
⑤ 참가적 리더십

06 구성원들 간 의사소통이 강력한 특정 리더에게 집중되는 유형은?

☐☐☐

① 원 형
② Y자형
③ 수레바퀴형
④ 사슬형
⑤ 전체연결형

07 기업의 사회적 책임 중에서 제1의 책임에 해당하는 것은?

☐☐☐

① 법적 책임
② 경제적 책임
③ 윤리적 책임
④ 자선적 책임
⑤ 환경적 책임

08 파스칼(R. Pascale)과 피터스(T. Peters)의 조직문화 7S 중 다른 요소들을 연결시켜 주는 핵심적

☐☐☐ 인 요소는?

① 전략(Strategy)
② 관리기술(Skill)
③ 공유가치(Shared Value)
④ 관리시스템(System)
⑤ 구성원(Staff)

09 브룸(V. Vroom)이 제시한 기대이론의 작동순서로 올바른 것은?

① 기대감 → 수단성 → 유의성
② 기대감 → 유의성 → 수단성
③ 수단성 → 유의성 → 기대감
④ 유의성 → 수단성 → 기대감
⑤ 유의성 → 기대감 → 수단성

10 MBO에서 목표설정 시 SMART원칙으로 옳지 않은 것은?

① 구체적(Specific)이어야 한다.
② 측정 가능(Measurable)하여야 한다.
③ 조직목표와의 일치성(Aligned with Organizational Goals)이 있어야 한다.
④ 현실적이며 결과지향적(Realistic and Result-oriented)이어야 한다.
⑤ 훈련 가능(Trainable)하여야 한다.

11 (주)한국은 10,000원에 상당하는 두루마리 화장지 가격을 9,990원으로 책정하였다. 이러한 가격 결정방법은?

① 단수가격
② 명성가격
③ 층화가격
④ 촉진가격
⑤ 관습가격

12 마약퇴치운동과 같이 불건전한 수요를 파괴시키는 데 활용되는 마케팅은?

① 동시화마케팅(Synchro Marketing)

② 재마케팅(Remarketing)

③ 디마케팅(Demarketing)

④ 대항마케팅(Counter Marketing)

⑤ 터보마케팅(Turbo Marketing)

13 마케팅전략에 관한 설명으로 옳은 것은?

① 마케팅비용을 절감하기 위해 차별화마케팅전략을 도입한다.

② 제품전문화전략은 표적시장 선정전략의 일종이다.

③ 포지셔닝은 전체 시장을 목표로 하는 마케팅전략이다.

④ 제품의 확장속성이란 판매자가 제공하거나 구매자가 추구하는 본질적 편익을 말한다.

⑤ 시장세분화 전제조건으로서의 실질성이란 세분시장의 구매력 등이 측정 가능해야 함을 의미한다.

14 포터(M. Porter)의 가치사슬(Value Chain)모델에서 주요활동(Primary Activities)에 해당하는 것은?

① 인적자원관리

② 서비스

③ 기술개발

④ 기획 · 재무

⑤ 법률자문

15 경영정보시스템 용어에 관한 설명으로 옳지 않은 것은?

① 비즈니스프로세스 리엔지니어링(Business Process Reengineering)은 새로운 방식으로 최대한의 이득을 얻기 위해 기존의 비즈니스프로세스를 변경하는 것이다.

② 비즈니스 인텔리전스(Business Intelligence)는 사용자가 정보에 기반하여 보다 나은 비즈니스의사결정을 돕기 위한 응용프로그램, 기술 및 데이터 분석 등을 포함하는 시스템이다.

③ 의사결정지원시스템(Decision Support System)은 컴퓨터를 이용하여 의사결정자가 효과적인 의사결정을 할 수 있도록 지원하는 시스템이다.

④ 위키스(Wikis)는 사용자들이 웹페이지 내용을 쉽게 추가·편집할 수 있는 웹사이트의 일종이다.

⑤ 자율컴퓨팅(Autonomous Computing)은 지리적으로 분산된 네트워크환경에서 수많은 컴퓨터와 데이터베이스 등을 고속네트워크로 연결하여 공유할 수 있도록 한다.

16 품질의 산포가 우연원인에 의한 것인지, 이상원인에 의한 것인지를 밝혀 주는 역할을 하며, 제조공정의 상태를 파악하기 위해 공정관리에 이용되는 것은?

① 파레토도
② 관리도
③ 산포도
④ 특성요인도
⑤ 히스토그램

17 (주)한국의 연도별 제품판매량은 다음과 같다. 과거 3년간의 데이터를 바탕으로 단순이동평균법을 적용하였을 때 2020년도의 수요예측량은?

연 도	2014	2015	2016	2017	2018	2019
판매량(개)	2,260	2,090	2,110	2,150	2,310	2,410

① 2,270
② 2,280
③ 2,290
④ 2,300
⑤ 2,310

18 선물거래에 관한 설명으로 옳지 않은 것은?

□□□
① 조직화된 공식시장에서 거래가 이루어진다.
② 다수의 불특정 참가자가 자유롭게 시장에 참여한다.
③ 거래대상, 거래단위 등의 거래조건이 표준화되어 있다.
④ 계약의 이행을 보증하려는 제도적 장치로 일일정산, 증거금 등이 있다.
⑤ 반대매매를 통한 중도청산이 어려워 만기일에 실물의 인수·인도가 이루어진다.

19 다음에서 설명하는 투자안의 경제적 평가방법은?

□□□
> • 투자안으로부터 예상되는 미래 기대현금 유입액의 현재가치와 기대현금 유출액의 현재가치를
> 일치시키는 할인율을 구한다.
> • 산출된 할인율, 즉 투자수익률을 최소한의 요구수익률인 자본비용 또는 기회비용과 비교하여
> 투자안의 채택 여부를 결정한다.

① 순현가법
② 수익성지수법
③ 회수기간법
④ 내부수익률법
⑤ 평균회계이익률법

20 (주)한국의 총자산이 40억원, 비유동자산이 25억원, 유동부채가 10억원인 경우 유동비율은?

□□□
① 50%   ② 70%
③ 100%   ④ 150%
⑤ 200%

21 자본항목의 분류가 다른 것은?

□□□ ① 주식할인발행차금
② 감자차손
③ 자기주식
④ 미교부주식배당금
⑤ 자기주식처분이익

22 부채에 관한 설명으로 옳지 않은 것은?

□□□ ① 매입채무는 일반적인 상거래에서 발생한 외상매입금과 지급어음을 말한다.
② 예수금은 거래처나 종업원을 대신하여 납부기관에 납부할 때 소멸하는 부채이다.
③ 미지급금은 비유동자산의 취득 등 일반적인 상거래 이외에서 발생한 채무를 말한다.
④ 장기차입금의 상환기일이 결산일로부터 1년 이내에 도래하는 경우 유동성장기차입금으로 대체하고 유동부채로 분류한다.
⑤ 매입채무, 차입금, 선수금, 사채 등은 금융부채에 속한다.

23 재무상태표와 관련되는 것을 모두 고른 것은?

□□□
> ㄱ. 수익·비용대응의 원칙
> ㄴ. 일정 시점의 재무상태
> ㄷ. 유동성배열법
> ㄹ. 일정 기간의 경영성과
> ㅁ. 자산, 부채 및 자본

① ㄱ, ㄴ   ② ㄱ, ㄹ
③ ㄴ, ㄷ, ㄹ   ④ ㄴ, ㄷ, ㅁ
⑤ ㄷ, ㄹ, ㅁ

24 전자(상)거래의 유형에 관한 설명으로 옳은 것은?

　　　① B2E는 기업과 직원 간 전자(상)거래를 말한다.

　　　② B2C는 소비자와 소비자 간 전자(상)거래를 말한다.

　　　③ B2B는 기업 내 전자(상)거래를 말한다.

　　　④ C2C는 기업과 소비자 간 전자(상)거래를 말한다.

　　　⑤ C2G는 기업 간 전자(상)거래를 말한다.

25 기업이 미래 의사결정 및 예측을 위하여 보유하고 있는 고객, 거래, 상품 등의 데이터와 각종 외부 데이터를 분석하여 숨겨진 패턴이나 규칙을 발견하는 것은?

　　　① 데이터관리(Data Management)

　　　② 데이터무결성(Data Integrity)

　　　③ 데이터마이닝(Data Mining)

　　　④ 데이터정제(Data Cleaning)

　　　⑤ 데이터마트(Data Mart)

무언가를 시작하는 방법은

말하는 것을 멈추고, 행동을 하는 것이다.

– 월트 디즈니 –

EBS 교육방송

공인노무사
동영상강의

합격을 위한 동반자, EBS 동영상강의와 함께하세요!

수강회원들을 위한 특별한 혜택

❶ G-TELP 특강

1차시험 필수 영어과목은 지텔프 특강으로 대비!

❷ 기출해설 특강

최종 학습 마무리, 실전대비를 위한 기출분석!

❸ 모바일강의

스마트폰 스트리밍서비스 무제한 수강 가능!

❹ 1:1 맞춤학습 Q&A

온라인 피드백서비스로 빠른 답변 제공!

2025

공인
노무사

5개년
기출문제해설

2025년 제34회
공인노무사시험 대비

공인노무사 **1위**

EBS
교육방송

공인
노무사

2025

1차시험 | 전과목

5개년
기출문제해설

노동법 I·II / 민법(총칙·채권) / 사회보험법 / 경제학원론·경영학개론(선택과목)

해설편

편저 | EBS 교수진

시대에듀

공인
노무사

1차시험 | 전과목

5개년
기출문제해설

정답 및 해설

■ PART 01   노동법 Ⅰ

■ PART 02   노동법 Ⅱ

■ PART 03   민 법

■ PART 04   사회보험법

■ PART 05   경제학원론

■ PART 06   경영학개론

PART 01

노동법 I

01 2024년 제33회 정답 및 해설

02 2023년 제32회 정답 및 해설

03 2022년 제31회 정답 및 해설

04 2021년 제30회 정답 및 해설

05 2020년 제29회 정답 및 해설

2024년 제33회 정답 및 해설

✅ 문제편 003p

✅ 정답 CHECK

✅ 각 문항별로 이해도 CHECK

01	02	03	04	05	06	07	08	09	10	11	12	13	14	15	16	17	18	19	20
①	②	④	②	③	④	②	③	②	①	⑤	④	③	①	③	②	④	⑤	⑤	⑤
21	22	23	24	25	26	27	28	29	30	31	32	33	34	35	36	37	38	39	40
③	④	①	④	③	①	②	①	③	⑤	②	③	③	①	⑤	④	④	②	①	⑤

01

근로기준법령상 평균임금에 관한 설명으로 옳은 것은?(다툼이 있으면 판례에 따름)

❶ 계속적·정기적으로 지급되고 지급대상, 지급조건 등이 확정되어 있어 사용자에게 지급의무가 있는 경영평가성과급은 평균임금 산정의 기초가 되는 임금에 포함된다.

> 경영평가성과급이 계속적·정기적으로 지급되고 지급대상, 지급조건 등이 확정되어 있어 사용자에게 지급의무가 있다면, 이는 근로의 대가로 지급되는 임금의 성질을 가지므로 평균임금 산정의 기초가 되는 임금에 포함된다고 보아야 한다(대판 2018.10.12. 2015두36157).

② 사용자는 연장근로에 대하여는 평균임금의 100분의 50 이상을 가산하여 근로자에게 지급하여야 한다.

> 사용자는 연장근로에 대하여는 **통상임금**의 100분의 50 이상을 가산하여 근로자에게 지급하여야 한다(근기법 제56조 제1항).

③ 평균임금의 산정기간 중에 출산전후휴가 기간이 있는 경우 그 기간은 산정기간에 포함된다.

> 평균임금 산정기간 중에 출산전후휴가 기간이 있는 경우에는 그 기간과 그 기간 중에 지급된 임금은 평균임금 산정기준이 되는 기간과 임금의 총액에서 각각 뺀다(근기법 시행령 제2조 제1항 제3호).

④ 일용근로자의 평균임금은 최저임금위원회가 정하는 금액으로 한다.

> 일용근로자의 평균임금은 **고용노동부장관이 사업이나 직업에 따라 정하는 금액으로** 한다(근기법 시행령 제3조).

⑤ 평균임금이란 이를 산정하여야 할 사유가 발생한 날 이전 3개월 동안에 그 근로자에게 지급된 임금의 총액을 그 기간의 총 근로시간 수로 나눈 금액을 말한다.

> "평균임금"이란 이를 산정하여야 할 사유가 발생한 날 이전 3개월 동안에 그 근로자에게 지급된 임금의 총액을 그 기간의 **총일수로 나눈 금액을** 말한다(근기법 제2조 제1항 제6호 전문).

02 근로기준법상 기본원칙에 관한 설명으로 옳지 않은 것은?(다툼이 있으면 판례에 따름)

① 근로기준법상 균등대우원칙은 헌법상 평등원칙을 근로관계에서 실질적으로 실현하기 위한 것이다.

> 근로기준법 제6조에서 정하고 있는 균등대우원칙이나 남녀고용평등과 일·가정 양립 지원에 관한 법률 제8조에서 정하고 있는 동일가치노동 동일임금 원칙 등은 어느 것이나 <u>헌법 제11조 제1항의 평등원칙을 근로관계에서 실질적으로 실현하기 위한 것</u>이다(대판 2019.3.14. 2015두46321).

❷ 근로기준법 제6조에서 말하는 사회적 신분은 그 지위에 변동가능성이 없어야 한다.

> 근로기준법 제6조에서 말하는 <u>사회적 신분이 반드시 선천적으로 고정되어 있는 사회적 지위에 국한된다거나 그 지위에 변동가능성이 없을 것까지 요구되는 것은 아니지만,</u> 개별 근로계약에 따른 고용상 지위는 공무원과의 관계에서 근로기준법 제6조가 정한 차별적 처우 사유인 '사회적 신분'에 해당한다고 볼 수 없고, 공무원은 그 근로자와의 관계에서 동일한 근로자 집단에 속한다고 보기 어려워 비교대상 집단이 될 수도 없다(대판 2023.9.21. 2016다255941[전합]).

③ 사용자는 근로자가 근로시간 중에 공(公)의 직무를 집행하고자 필요한 시간을 청구하는 경우 그 공(公)의 직무를 수행하는 데에 지장이 없으면 청구한 시간을 변경할 수 있다.

> 사용자는 근로자가 근로시간 중에 선거권, 그 밖의 공민권(公民權) 행사 또는 공(公)의 직무를 집행하기 위하여 필요한 시간을 청구하면 거부하지 못한다. <u>다만, 그 권리 행사나 공(公)의 직무를 수행하는 데에 지장이 없으면 청구한 시간을 변경할 수 있다</u>(근기법 제10조).

④ 근로자와 사용자는 각자가 단체협약, 취업규칙과 근로계약을 지키고 성실하게 이행할 의무가 있다. 🕮 근기법 제5조

⑤ 누구든지 법률에 따르지 아니하고는 영리로 다른 사람의 취업에 개입하거나 중간인으로서 이익을 취득하지 못한다. 🕮 근기법 제9조

03 근로기준법령상 적용범위에 관한 설명으로 옳지 않은 것은?(다툼이 있으면 판례에 따름)

① 가사(家事) 사용인에 대하여는 적용하지 아니한다.

> 이 법은 상시 5명 이상의 근로자를 사용하는 모든 사업 또는 사업장에 적용한다. 다만, 동거하는 친족만을 사용하는 사업 또는 사업장과 <u>가사(家事) 사용인에 대하여는 적용하지 아니한다</u>(근기법 제11조 제1항 단서).

② 상시 5명인 이상의 근로자를 사용하는 사업이라면 그 사업이 1회적이라도 근로기준법의 적용대상이다. **대판 2007.10.26. 2005도9218**

③ 근로조건의 명시(제17조)는 상시 4명 이하의 근로자를 사용하는 사업에 적용한다.

> 근기법 시행령 [별표 1]에 의하면 근로조건의 명시(제17조)는 상시 4명 이하의 근로자를 사용하는 사업에 적용된다.

❹ 근로기준법상 사업은 그 사업의 종류를 한정하지 아니하고 영리사업이어야 한다.

> 근로기준법의 적용범위를 규정한 근로기준법 제11조는 <u>상시 5인 이상의 근로자를 사용하는 모든 사업 또는 사업장에 적용한다고 규정하고 있는바</u>, 여기서 말하는 사업장인지 여부는 하나의 활동주체가 유기적 관련 아래 사회적 활동으로서 계속적으로 행하는 모든 작업이 이루어지는 단위 장소 또는 장소적으로 구획된 사업체의 일부분에 해당되는지에 달려있으므로, <u>그 사업의 종류를 한정하지 아니하고 영리사업인지 여부도 불문하며</u>, 1회적이거나 그 사업기간이 일시적이라 하여 근로기준법의 적용대상이 아니라 할 수 없고, 근로자를 정의한 같은 법 제2조 제1항 제1호에서도 직업의 종류를 한정하고 있지 아니하므로, 정치단체도 위 각 조문의 사업이나 사업장 또는 직업에 해당된다 할 것이다(대판 2007.10.26. 2005도9218).

⑤ 연차 유급휴가(제60조)는 상시 4명 이하의 근로자를 사용하는 사업에 적용하지 않는다.

> 근기법 시행령 [별표 1]에 의하면 연차유급휴가(제60조)는 상시 4명 이하의 근로자는 사용하는 사업 또는 사업장에 적용되지 아니한다.

04 근로기준법상 근로계약에 관한 설명으로 옳지 않은 것은?(다툼이 있으면 판례에 따름)

☑ 확인 Check!
○
△
✕

① 근로계약 체결에 관한 의사표시에 무효 또는 취소의 사유가 있으면 상대방은 이를 이유로 근로계약의 무효 또는 취소를 주장할 수 있다.

> 근로계약은 근로자가 사용자에게 근로를 제공하고 사용자는 이에 대하여 임금을 지급하는 것을 목적으로 체결된 계약으로서, 기본적으로 그 법적 성질이 사법상 계약이므로 계약 체결에 관한 당사자들의 의사표시에 무효 또는 취소의 사유가 있으면 상대방은 이를 이유로 근로계약의 무효 또는 취소를 주장하여 그에 따른 법률효과의 발생을 부정하거나 소멸시킬 수 있다(대판 2017.12.22. 2013다25194).

❷ 시용기간 중에는 사용자의 해약권이 유보되어 있으므로 그 기간 중에 확정적 근로관계는 존재한다고 볼 수 없다.

> 시용기간에 있는 근로자의 경우에도 사용자의 해약권이 유보되어 있다는 사정만 다를 뿐 그 기간에 확정적 근로관계는 존재한다(대판 2022.4.14. 2019두55859).

③ 사용자는 근로계약 체결 후 소정근로시간을 변경하는 경우에 근로자에게 이를 명시하여야 한다.

> 사용자는 근로계약을 체결할 때에 근로자에게 소정근로시간을 명시하여야 한다. 근로계약 체결 후 소정근로시간을 변경하는 경우에도 또한 같다(근기법 제17조 제1항 제2호).

④ 시용기간 중에 있는 근로자를 해고하는 것은 보통의 해고보다는 넓게 인정된다.

> 시용기간 중에 있는 근로자를 해고하거나 시용기간 만료 시 본계약의 체결을 거부하는 것은 사용자에게 유보된 해약권의 행사로서, 해당 근로자의 업무능력, 자질, 인품, 성실성 등 업무적격성을 관찰·판단하려는 시용제도의 취지·목적에 비추어 볼 때 보통의 해고보다는 넓게 인정되나, 이 경우에도 객관적으로 합리적인 이유가 존재하여 사회통념상 타당하다고 인정되어야 한다(대판 2023.11.16. 2019두59349).

⑤ 피용자가 노무를 제공하는 과정에서 생명을 해치는 일이 없도록 필요한 조치를 강구하여야 할 사용자의 보호의무는 근로계약에 수반되는 신의칙상의 부수적 의무이다.

> 사용자는 근로계약에 수반되는 신의칙상의 부수적 의무로서 근로자가 노무를 제공하는 과정에서 생명, 신체, 건강을 해치는 일이 없도록 인적·물적 환경을 정비하는 등 필요한 조치를 강구하여야 하는 보호의무를 부담하고, 이러한 보호의무를 위반하여 근로자가 손해를 입었다면 이를 배상할 책임을 진다(대판 2021.8.19. 2018다270876).

관계법령 **근로조건의 명시(근기법 제17조)**

① 사용자는 근로계약을 체결할 때에 근로자에게 다음 각 호의 사항을 명시하여야 한다. 근로계약 체결 후 다음 각 호의 사항을 변경하는 경우에도 또한 같다.
1. 임금
2. 소정근로시간
3. 제55조에 따른 휴일
4. 제60조에 따른 연차 유급휴가
5. 그 밖에 대통령령으로 정하는 근로조건

2024년
2023년
2022년
2021년
2020년

05 근로기준법상 인사와 징계에 관한 설명으로 옳지 <u>않은</u> 것은?(다툼이 있으면 판례에 따름)

☑ 확인
Check!

○

△

×

① 인사명령은 원칙적으로 인사권자인 사용자의 고유권한에 속한다.

> <u>대기발령을 포함한 인사명령은 원칙적으로 인사권자인 사용자의 고유권한에 속한다 할 것이고</u>, 따라서 이러한 인사명령에 대하여는 업무상 필요한 범위 안에서 사용자에게 상당한 재량을 인정하여야 하며, 이것이 근로기준법 등에 위반되거나 권리남용에 해당하는 등의 특별한 사정이 없는 한 위법하다고 할 수 없다(대판 2007.5.31. 2007두1460).

② 사용자가 근로자 측과 성실한 협의절차를 거쳤는지는 전직처분이 정당한 이유가 있는지를 판단하는 요소의 하나이다.

> 업무상 필요에 의한 전직처분 등에 따른 생활상의 불이익이 근로자가 통상 감수하여야 할 정도를 현저하게 벗어나지 않으면 전직처분 등의 정당한 이유가 인정되고, <u>근로자 측과 성실한 협의절차를 거쳤는지는 정당한 이유의 유무를 판단하는 하나의 요소라고 할 수 있으나, 그러한 절차를 거치지 아니하였다는 사정만으로 전직처분 등이 무효가</u> 된다고 볼 수 없다(대판 2023.9.21. 2022다286755).

❸ 사용자가 인사처분을 함에 있어 노동조합의 사전 동의를 얻도록 단체협약에 규정하는 것은 사용자의 인사권의 본질적 내용을 침해하는 것으로 무효이다.

> <u>사용자가 인사처분을 함에 있어 노동조합의 사전 동의나 승낙을 얻어야 한다거나 노동조합과 인사처분에 관한 논의를 하여 의견의 합치를 보아 인사처분을 하도록 단체협약 등에 규정된 경우에는 그 절차를 거치지 아니한 인사처분은 원칙적으로 무효라고 보아야 할 것이나</u>, 이는 사용자의 노동조합 간부에 대한 부당한 징계권 행사를 제한하자는 것이지 <u>사용자의 본질적 권한에 속하는 피용자에 대한 인사권 내지 징계권의 행사 그 자체를 부정할 수는 없는 것이므로</u> 노동조합의 간부인 피용자에게 징계사유가 있음이 발견된 경우에 어떠한 경우를 불문하고 노동조합 측의 적극적인 찬성이 있어야 그 징계권을 행사할 수 있다는 취지로 해석할 수는 없다(대판 2003.6.10. 2001두3136). 따라서 판례의 취지에 따라 판단하건대 노동조합의 사전동의권은 사용자의 인사권의 본질적 내용을 침해하는 것으로 볼 수 없다.

④ 근로자의 사생활에서의 비행이 기업의 사회적 평가를 훼손할 염려가 있는 것이라면 정당한 징계사유가 될 수 있다.

> 근로자의 사생활에서의 비행은 사업활동에 직접 관련이 있거나 기업의 사회적 평가를 훼손할 염려가 있는 것에 한하여 정당한 징계사유가 될 수 있다(대판 1994.12.13. 93누23275).

⑤ 여러 개의 징계사유 중 인정되는 일부 징계사유만으로 해당 징계처분의 타당성을 인정하기에 충분한지에 대한 증명책임은 사용자가 부담한다.

> 여러 개의 징계사유 중 일부가 인정되지 않더라도 인정되는 다른 일부 징계사유만으로 해당 징계처분의 타당성을 인정하기에 충분한 경우, 인정되는 <u>일부 징계사유만으로 해당 징계처분의 타당성을 인정하기에 충분한지에 대한 증명책임은 사용자가 부담한다</u>(대판 2019.11.28. 2017두57318).

06 근로기준법상 경영상 이유에 의한 해고에 관한 설명으로 옳지 않은 것은?(다툼이 있으면 판례에 따름)

☑ 확인
Check!
○
△
×

① 경영 악화를 방지하기 위한 사업의 양도·인수·합병은 긴박한 경영상의 필요가 있는 것으로 본다.

> 사용자가 경영상 이유에 의하여 근로자를 해고하려면 긴박한 경영상의 필요가 있어야 한다. 이 경우 경영 악화를 방지하기 위한 사업의 양도·인수·합병은 긴박한 경영상의 필요가 있는 것으로 본다(근기법 제24조 제1항).

② 해고가 요건을 모두 갖추어 정당한지 여부는 각 요건을 구성하는 개별 사정들을 종합적으로 고려하여 판단한다.

> 근로기준법 제24조 제1항 내지 제3항에서 정한 해고요건의 구체적 내용은 확정적·고정적인 것이 아니라 구체적 사건에서 다른 요건의 충족정도와 관련하여 유동적으로 정해지는 것이므로 구체적 사건에서 경영상 이유에 의한 당해 해고가 위 각 요건을 모두 갖추어 정당한지 여부는 위 각 요건을 구성하는 개별사정들을 종합적으로 고려하여 판단하여야 한다(대판 2002.7.9. 2000두9373).

③ 사용자가 근로자의 과반수로 조직된 노동조합과의 협의 외에 해고의 대상인 일정 급수 이상 직원들만의 대표를 새로이 선출케 하여 그 대표와 별도로 협의를 하지 않았다고 하여 해고를 협의절차의 흠결로 무효라 할 수는 없다.

> 정리해고가 실시되는 사업장에 근로자의 과반수로 조직된 노동조합이 있는 경우 사용자가 그 노동조합과의 협의 외에 정리해고의 대상인 일정 급수 이상 직원들만의 대표를 새로이 선출케 하여 그 대표와 별도로 협의를 하지 않았다고 하여 그 정리해고를 협의절차의 흠결로 무효라 할 수는 없다(대판 2002.7.9. 2001다29452).

❹ 사용자는 해고된 근로자에 대하여 생계안정, 재취업, 직업훈련 등 필요한 조치를 우선적으로 취하여야 한다.

> 정부는 해고된 근로자에 대하여 생계안정, 재취업, 직업훈련 등 필요한 조치를 우선적으로 취하여야 한다(근기법 제25조 제2항).

⑤ 해고 근로자는 사용자의 우선 재고용의무 불이행에 대하여 우선 재고용의무가 발생한 때부터 고용관계가 성립할 때까지의 임금 상당 손해배상금을 청구할 수 있다.

> 사용자는 해고 근로자를 우선 재고용할 의무가 있으므로 해고 근로자는 사용자가 우선 재고용의무를 이행하지 아니하는 경우 사용자를 상대로 고용의 의사표시를 갈음하는 판결을 구할 사법상의 권리가 있고, 판결이 확정되면 사용자와 해고 근로자 사이에 고용관계가 성립한다. 또한 해고 근로자는 사용자가 위 규정을 위반하여 우선 재고용의무를 이행하지 않은 데 대하여, 우선 재고용의무가 발생한 때부터 고용관계가 성립할 때까지의 임금 상당 손해배상금을 청구할 수 있다(대판 2020.11.16. 2016다13437).

2024년
2023년
2022년
2021년
2020년

07 근로기준법상 근로관계와 영업양도에 관한 설명으로 옳지 않은 것은?(다툼이 있으면 판례에 따름)

☑ 확인
Check!
○
△
✕

① 영업양도란 일정한 영업목적에 의하여 조직화된 업체를 그 동일성은 유지하면서 일체로서 이전하는 것이다.

> 영업의 양도라 함은 일정한 영업목적에 의하여 조직화된 업체, 즉 인적·물적 조직을 그 동일성은 유지하면서 일체로서 이전하는 것으로서 영업의 일부만의 양도도 가능하고, 이러한 영업양도가 이루어진 경우에는 원칙적으로 해당 근로자들의 근로관계가 양수하는 기업에 포괄적으로 승계된다(대판 2005.6.9. 2002다70822).

❷ 영업양도에 의하여 근로계약관계가 포괄적으로 승계된 경우에는 승계 후의 퇴직금 규정이 승계 전의 퇴직금 규정보다 근로자에게 불리하더라도 승계 후의 퇴직금 규정을 적용한다.

> 영업양도 등에 의하여 근로계약관계가 포괄적으로 승계된 경우에는 근로자의 종전 근로계약상의 지위도 그대로 승계되는 것이므로, 승계 후의 퇴직금 규정이 승계 전의 퇴직금 규정보다 근로자에게 불리하다면 근로기준법 제94조 제1항 소정의 당해 근로자집단의 집단적인 의사결정 방법에 의한 동의 없이는 승계 후의 퇴직금 규정을 적용할 수 없다(대판 1997.12.26. 97다17575).

③ 영업 전부의 양도가 이루어진 경우 영업양도 당사자 사이에 정당한 이유 없이 해고된 근로자를 승계의 대상에서 제외하기로 하는 특약은 근로기준법 제23조 제1항에서 정한 정당한 이유가 있어야 유효하다.

> 영업 전부의 양도가 이루어진 경우 영업양도 당사자 사이에 정당한 이유 없이 해고된 근로자를 승계의 대상에서 제외하기로 하는 특약이 있는 경우에는 그에 따라 근로관계의 승계가 이루어지지 않을 수 있으나, 그러한 특약은 실질적으로 또 다른 해고나 다름이 없으므로, 근로기준법 제23조 제1항에서 정한 정당한 이유가 있어야 유효하고, 영업양도 그 자체만으로 정당한 이유를 인정할 수 없다(대판 2020.11.5. 2018두54705).

④ 영업재산의 일부를 유보한 채 영업시설을 양도했어도 그 양도한 부분만으로도 종래의 조직이 유지되어 있다고 사회관념상 인정되면 영업의 양도이다.

> 영업재산의 일부를 유보한 채 영업시설을 양도했어도 그 양도한 부분만으로도 종래의 조직이 유지되어 있다고 사회관념상 인정되면 그것을 영업의 양도라 볼 것이지만, 반면에 영업재산의 전부를 양도했어도 그 조직을 해체하여 양도했다면 영업의 양도로 볼 수 없다(대판 2007.6.1. 2005다5812).

⑤ 근로관계의 승계를 거부하는 근로자에 대하여는 그 근로관계가 양수하는 기업에 승계되지 아니하고 여전히 양도하는 기업과 사이에 존속된다.

> 영업이 양도된 경우에 근로관계의 승계를 거부하는 근로자에 대하여는 그 근로관계가 양수하는 기업에 승계되지 아니하고 여전히 양도하는 기업과 사이에 존속되는 것이며, 이러한 경우 원래의 사용자는 영업 일부의 양도로 인한 경영상의 필요에 따라 감원이 불가피하게 되는 사정이 있어 정리해고로서의 정당한 요건이 갖추어져 있다면 그 절차에 따라 승계를 거부한 근로자를 해고할 수 있다고 할 것이다(대판 2010.9.30. 2010다41089).

08 근로기준법령상 구제신청과 구제명령에 관한 설명으로 옳은 것을 모두 고른 것은?

ㄱ. 노동위원회는 구제신청에 따라 당사자를 심문할 때 직권으로 증인을 출석하게 하여 필요한 사항을 질문할 수 있다.

ㄴ. 노동위원회는 근로계약기간의 만료로 원직복직이 불가능한 경우에도 부당해고가 성립한다고 판정하면 근로자가 해고기간 동안 근로를 제공하였더라면 받을 수 있었던 임금 상당액에 해당하는 금품을 사업주가 근로자에게 지급하도록 명할 수 있다.

ㄷ. 노동위원회가 사용자에게 구제명령을 하는 때에 정하는 이행기간은 사용자가 구제명령을 서면으로 통지받은 날부터 30일 이내로 한다.

ㄹ. 지방노동위원회의 구제명령에 불복하는 사용자는 중앙노동위원회에 재심을 신청하거나 행정소송법의 규정에 따라 소(訴)를 제기할 수 있다.

① ㄱ, ㄴ
② ㄷ, ㄹ
❸ ㄱ, ㄴ, ㄷ
④ ㄴ, ㄷ, ㄹ
⑤ ㄱ, ㄴ, ㄷ, ㄹ

ㄱ. (○) 노동위원회는 구제신청에 따라 심문을 할 때에는 관계 당사자의 신청이나 직권으로 증인을 출석하게 하여 필요한 사항을 질문할 수 있다(근기법 제29조 제2항).

ㄴ. (○) 노동위원회는 근로계약기간의 만료, 정년의 도래 등으로 근로자가 원직복직이 불가능한 경우에도 구제명령이나 기각결정을 하여야 한다. 이 경우 노동위원회는 부당해고등이 성립한다고 판정하면 근로자가 해고기간 동안 근로를 제공하였더라면 받을 수 있었던 임금 상당액에 해당하는 금품을 사업주가 근로자에게 지급하도록 명할 수 있다(근기법 제30조 제4항).

ㄷ. (○) 근기법 시행령 제11조

ㄹ. (×) 노동위원회법에 따른 지방노동위원회의 구제명령이나 기각결정에 불복하는 사용자나 근로자는 구제명령서나 기각결정서를 통지받은 날부터 10일 이내에 중앙노동위원회에 재심을 신청할 수 있다. 중앙노동위원회의 재심판정에 대하여 사용자나 근로자는 재심판정서를 송달받은 날부터 15일 이내에 행정소송법의 규정에 따라 소(訴)를 제기할 수 있다(근기법 제31조 제1항, 제2항).

근로기준법령상 체불사업주 명단 공개에 관한 설명으로 옳지 않은 것은?

① 고용노동부장관은 명단 공개를 할 경우에 체불사업주에게 3개월 이상의 기간을 정하여 소명 기회를 주어야 한다. **法** 근기법 제43조의2 제2항

❷ 명단 공개는 공공장소에 1년간 게시한다.

> 명단 공개는 관보에 싣거나 인터넷 홈페이지, 관할 지방고용노동관서 게시판 또는 그 밖에 열람이 가능한 공공장소에 3년간 게시하는 방법으로 한다(근기법 시행령 제23조의3 제2항).

③ 체불사업주가 법인인 경우에는 그 대표자의 성명·나이·주소 및 법인의 명칭·주소를 공개한다.
法 근기법 제43조의2 제1항, 동법 시행령 제23조의3 제1항 제1호

④ 관련 법령에 따라 임금등 체불자료를 받은 종합신용정보집중기관은 이를 체불사업주의 신용도·신용거래능력 판단과 관련한 업무에 이용할 수 있다.

> 고용노동부장관이 제공한 체불사업주 임금등 체불자료를 제공받은 종합신용정보집중기관은 이를 체불사업주의 신용도·신용거래능력 판단과 관련한 업무 외의 목적으로 이용하거나 누설하여서는 아니 된다(근기법 제43조의3 제1항, 제2항).

⑤ 고용노동부장관은 체불사업주의 사망·폐업으로 임금등 체불자료 제공의 실효성이 없는 경우에는 종합신용정보집중기관에 임금등 체불자료를 제공하지 아니할 수 있다.

> 고용노동부장관은 체불사업주의 사망·폐업으로 임금등 체불자료 제공의 실효성이 없는 경우 등 대통령령으로 정하는 사유가 있는 경우에는 종합신용정보집중기관에 임금등 체불자료를 제공하지 아니할 수 있다(근기법 제43조의3 제1항).

근로기준법상 휴식에 관한 설명으로 옳지 않은 것은?

❶ 사용자는 8시간을 초과한 휴일근로에 대하여는 통상임금의 100분의 50 이상을 가산하여 근로자에게 지급하여야 한다.

> 사용자는 8시간을 초과한 휴일근로에 대하여는 통상임금의 100분의 100 이상을 가산하여 근로자에게 지급하여야 한다(근기법 제56조 제2항 제2호).

② 사용자는 근로자에게 1주에 평균 1회 이상의 유급휴일을 보장하여야 한다.
法 근기법 제55조 제1항

③ 사용자는 근로시간이 4시간인 경우에는 30분 이상의 휴게시간을 근로시간 도중에 주어야 한다.

> 사용자는 근로시간이 4시간인 경우에는 30분 이상, 8시간인 경우에는 1시간 이상의 휴게시간을 근로시간 도중에 주어야 한다(근기법 제54조 제1항).

④ 사용자는 계속하여 근로한 기간이 1년 미만인 근로자에게 1개월 개근 시 1일의 유급휴가를 주어야 한다.

> 사용자는 **계속하여 근로한 기간이 1년 미만인 근로자** 또는 1년간 80퍼센트 미만 출근한 근로자에게 1개월 개근 시 1일의 유급휴가를 주어야 한다(근기법 제60조 제2항).

⑤ 휴게(제54조)에 관한 규정은 감시(監視) 근로에 종사하는 사람으로서 사용자가 고용노동부장관의 승인을 받은 사람에 대하여는 적용하지 아니한다.

> 휴게(제54조)에 관한 규정은 감시(監視) 또는 단속적(斷續的)으로 근로에 종사하는 사람으로서 **사용자가 고용노동부장관의 승인을 받은 사람에 대하여는 적용하지 아니한다**(근기법 제63조 제3호).

11 근로기준법상 탄력적 근로시간제에서 임금 정산에 관한 규정이다. (   )에 들어갈 내용으로 옳은 것은?

☑ 확인
Check!
○
△
✕

> 사용자는 제51조 및 제51조의2에 따른 단위기간 중 근로자가 근로한 기간이 그 단위기간보다 짧은 경우에는 그 단위기간 중 해당 근로자가 근로한 (   ) 전부에 대하여 제56조 제1항에 따른 가산임금을 지급하여야 한다.

① 기간에서 1일 8시간을 초과하여 근로한 시간
② 기간에서 1주 40시간을 초과하여 근로한 시간
③ 기간에서 1일 8시간을 초과하거나 1주 40시간을 초과하여 근로한 시간
④ 기간을 평균하여 1일 8시간을 초과하여 근로한 시간
❺ 기간을 평균하여 1주간에 40시간을 초과하여 근로한 시간

> 근로한 기간이 단위기간보다 짧은 경우 단위기간 중 해당 근로자가 근로한 <u>기간을 평균하여 1주간에 40시간을 초과하여 근로한 시간</u> 전부에 대하여 가산임금을 지급하여야 한다(근기법 제51조의3).

관계법령 ■ **근로한 기간이 단위기간보다 짧은 경우의 임금 정산(근기법 제51조의3)**

사용자는 제51조 및 제51조의2에 따른 단위기간 중 근로자가 근로한 기간이 그 단위기간보다 짧은 경우에는 그 단위기간 중 해당 근로자가 근로한 <u>기간을 평균하여 1주간에 40시간을 초과하여 근로한 시간</u> 전부에 대하여 제56조 제1항에 따른 가산임금을 지급하여야 한다.

12 근로기준법상 야간근로에 관한 설명으로 옳지 않은 것은?

① 사용자는 야간근로에 대하여 통상임금의 100분의 50 이상을 가산하여 근로자에게 지급하여야 한다. 근기법 제56조 제3항

② 사용자는 근로자대표와의 서면 합의에 따라 야간근로에 대하여 임금을 지급하는 것을 갈음하여 휴가를 줄 수 있다.

> 사용자는 근로자대표와의 서면 합의에 따라 연장근로·야간근로 및 휴일근로 등에 대하여 임금을 지급하는 것을 갈음하여 휴가를 줄 수 있다(근기법 제57조).

③ 사용자는 18세 미만자의 경우 그의 동의가 있고 고용노동부장관의 인가를 받으면 야간근로를 시킬 수 있다.

> 사용자는 임산부와 18세 미만자를 오후 10시부터 오전 6시까지의 시간 및 휴일에 근로시키지 못하나, 18세 미만자의 동의가 있는 경우로서 고용노동부장관의 인가를 받으면 그러하지 아니하다(근기법 제70조 제2항 제1호).

❹ 사용자는 18세 이상의 여성에 대하여는 그 근로자의 동의가 있는 경우에도 1일에 2시간, 1주에 6시간, 1년에 150시간을 초과하는 야간근로를 시키지 못한다.

> 사용자는 18세 이상의 여성을 오후 10시부터 오전 6시까지의 시간 및 휴일에 근로시키려면 그 근로자의 동의를 받아야 한다(근기법 제70조 제1항). 한편 사용자는 산후 1년이 지나지 아니한 여성에 대하여는 단체협약이 있는 경우라도 1일에 2시간, 1주에 6시간, 1년에 150시간을 초과하는 시간외근로를 시키지 못한다(근기법 제71조).

⑤ 사용자는 임신 중의 여성이 명시적으로 청구하고 고용노동부장관의 인가를 받으면 야간근로를 시킬 수 있다.

> 사용자는 임산부와 18세 미만자를 오후 10시부터 오전 6시까지의 시간 및 휴일에 근로시키지 못하나, 임신 중의 여성이 명시적으로 청구하는 경우로서 고용노동부장관의 인가를 받으면 그러하지 아니하다(근기법 제70조 제2항 제3호).

13 근로기준법상 근로시간 및 휴게시간의 특례가 적용되는 사업을 모두 고른 것은?

> ㄱ. 노선여객자동차운송사업
> ㄴ. 수상운송업
> ㄷ. 보건업
> ㄹ. 영화업

① ㄱ, ㄴ
② ㄱ, ㄷ
❸ ㄴ, ㄷ
④ ㄴ, ㄷ, ㄹ
⑤ ㄱ, ㄴ, ㄷ, ㄹ

지문 중 수상운송업, 보건업 등이 근기법상 근로시간 및 휴게시간의 특례가 적용되는 사업에 해당한다(근기법 제59조 제1항).

관계법령　**근로시간 및 휴게시간의 특례(근기법 제59조)**

① 통계법 제22조 제1항에 따라 통계청장이 고시하는 산업에 관한 표준의 중분류 또는 소분류 중 다음 각 호의 어느 하나에 해당하는 사업에 대하여 사용자가 근로자대표와 서면으로 합의한 경우에는 제53조 제1항에 따른 주(週) 12시간을 초과하여 연장근로를 하게 하거나 제54조에 따른 휴게시간을 변경할 수 있다.
1. 육상운송 및 파이프라인 운송업. 다만, 여객자동차 운수사업법 제3조 제1항 제1호에 따른 노선(路線) 여객자동차운송사업은 제외한다.
2. 수상운송업
3. 항공운송업
4. 기타 운송관련 서비스업
5. 보건업
② 제1항의 경우 사용자는 근로일 종료 후 다음 근로일 개시 전까지 근로자에게 연속하여 11시간 이상의 휴식 시간을 주어야 한다.

14 근로기준법상 임산부의 보호에 관한 설명으로 옳지 않은 것은?

☑ 확인
Check!

○
△
×

❶ 사용자는 산후 1년이 지나지 아니한 여성 근로자가 1일 소정근로시간을 유지하면서 업무의 시작 및 종료 시각의 변경을 신청하는 경우 이를 허용하여야 한다.

> 사용자는 임신 중인 여성 근로자가 1일 소정근로시간을 유지하면서 업무의 시작 및 종료 시각의 변경을 신청하는 경우 이를 허용하여야 한다(근기법 제74조 제9항 본문).

② 사용자는 한 명의 자녀를 임신한 여성에게 출산 전과 출산 후를 통하여 90일의 출산전후휴가를 주어야 한다.

> 사용자는 임신 중의 여성에게 출산 전과 출산 후를 통하여 90일(한 번에 둘 이상 자녀를 임신한 경우에는 120일)의 출산전후휴가를 주어야 한다(근기법 제74조 제1항 전문).

③ 사용자는 만 42세의 임신 중인 여성 근로자가 출산전후휴가를 청구하는 경우 출산 전 어느 때라도 휴가를 나누어 사용할 수 있도록 하여야 한다.

> 사용자는 임신 중인 여성 근로자가 출산전후휴가를 청구할 당시 연령이 만 40세 이상인 경우 출산 전 어느 때라도 휴가를 나누어 사용할 수 있도록 하여야 한다(근기법 제74조 제2항 전문, 동법 시행령 제43조 제1항 제2호).

④ 사용자는 임신한 여성 근로자가 모자보건법상 임산부 정기건강진단을 받는데 필요한 시간을 청구하는 경우 이를 허용하여야 한다. (건) 근기법 제74조의2 제1항

⑤ 사용자는 임산부를 도덕상 또는 보건상 유해·위험한 사업에 사용하지 못한다.

> 사용자는 임신 중이거나 산후 1년이 지나지 아니한 여성과 18세 미만자(이하 "임산부")를 도덕상 또는 보건상 유해·위험한 사업에 사용하지 못한다(근기법 제65조 제1항).

관계법령

임산부의 보호(근기법 제74조)

① 사용자는 임신 중의 여성에게 출산 전과 출산 후를 통하여 90일(한 번에 둘 이상 자녀를 임신한 경우에는 120일)의 출산전후휴가를 주어야 한다. 이 경우 휴가 기간의 배정은 출산 후에 45일(한 번에 둘 이상 자녀를 임신한 경우에는 60일) 이상이 되어야 한다.

② 사용자는 임신 중인 여성 근로자가 유산의 경험 등 대통령령으로 정하는 사유로 제1항의 휴가를 청구하는 경우 출산 전 어느 때 라도 휴가를 나누어 사용할 수 있도록 하여야 한다. 이 경우 출산 후의 휴가 기간은 연속하여 45일(한 번에 둘 이상 자녀를 임신한 경우에는 60일) 이상이 되어야 한다.

유산·사산휴가의 청구 등(근기법 시행령 제43조)

① 법 제74조 제2항 전단에서 "대통령령으로 정하는 사유"란 다음 각 호의 어느 하나에 해당하는 경우를 말한다.
  1. 임신한 근로자에게 유산·사산의 경험이 있는 경우
  2. 임신한 근로자가 출산전후휴가를 청구할 당시 연령이 만 40세 이상인 경우
  3. 임신한 근로자가 유산·사산의 위험이 있다는 의료기관의 진단서를 제출한 경우

15 근로기준법상 취업규칙의 불이익변경에서 근로자 측의 집단적 동의권에 관한 설명으로 옳지 않은 것은?(다툼이 있으면 판례에 따른다)

① 노동조합이나 근로자들이 집단적 동의권을 남용하였다고 볼만한 특별한 사정이 없는 한 해당 취업규칙의 변경에 사회통념상 합리성이 있다는 이유만으로 그 유효성을 인정할 수는 없다.

> 사용자가 취업규칙을 근로자에게 불리하게 변경하면서 근로자의 집단적 의사결정방법에 따른 동의를 받지 못한 경우, 노동조합이나 근로자들이 <u>집단적 동의권을 남용하였다고 볼만한 특별한 사정이 없는 한 해당 취업규칙의 작성 또는 변경에 사회통념상 합리성이 있다는 이유만으로 그 유효성을 인정할 수는 없다</u>(대판 2023.5.11. 2017다35588[전합]).

② 취업규칙의 불리한 변경에 대하여 근로자가 가지는 집단적 동의권은 변경되는 취업규칙의 내용이 갖는 타당성이나 합리성으로 대체될 수 없다.

> 취업규칙의 불리한 변경에 대하여 <u>근로자가 가지는 집단적 동의권</u>은 사용자의 일방적 취업규칙의 변경 권한에 한계를 설정하고 헌법 제32조 제3항의 취지와 근로기준법 제4조가 정한 근로조건의 노사대등결정 원칙을 실현하는 데에 중요한 의미를 갖는 절차적 권리로서, <u>변경되는 취업규칙의 내용이 갖는 타당성이나 합리성으로 대체될 수 있는 것이라고 볼 수 없다</u>(대판 2023.5.11. 2017다35588[전합]).

❸ 권리남용금지 원칙의 적용은 당사자의 주장이 있어야 가능하므로, 집단적 동의권의 남용에 해당하는지에 대하여는 법원이 직권으로 판단할 수 없다.

> 신의성실 또는 <u>권리남용금지 원칙의 적용은 강행규정에 관한 것으로서 당사자의 주장이 없더라도 법원이 그 위반 여부를 직권으로 판단할 수 있으므로</u>, 집단적 동의권의 남용에 해당하는지에 대하여도 법원은 직권으로 판단할 수 있다(대판 2023.5.11. 2017다35588[전합]).

④ 근로자의 집단적 동의가 없다고 하여 취업규칙의 불리한 변경이 항상 불가능한 것은 아니다.

> 근로기준법상 취업규칙의 불이익변경 과정에서 노동조합이나 근로자들이 집단적 동의권을 행사할 때도 신의성실의 원칙과 권리남용금지 원칙이 적용되어야 한다. 따라서 <u>노동조합이나 근로자들이 집단적 동의권을 남용하였다고 볼만한 특별한 사정이 있는 경우에는 그 동의가 없더라도 취업규칙의 불이익변경을 유효하다고 볼 수 있다</u>(대판 2023.5.11. 2017다35588[전합]).

⑤ 근로자가 가지는 집단적 동의권은 사용자의 일방적 취업규칙의 변경 권한에 한계를 설정하고 헌법 제32조 제3항의 취지와 근로기준법 제4조가 정한 근로조건의 노사대등결정 원칙을 실현하는 데에 중요한 의미를 갖는 절차적 권리이다.

> 취업규칙의 불리한 변경에 대하여 <u>근로자가 가지는 집단적 동의권</u>은 사용자의 일방적 취업규칙의 변경 권한에 한계를 설정하고 헌법 제32조 제3항의 취지와 근로기준법 제4조가 정한 근로조건의 노사대등결정 원칙을 실현하는 데에 <u>중요한 의미를 갖는 절차적 권리이다</u>(대판 2023.5.11. 2017다35588[전합]).

16 근로기준법상 취업규칙의 작성과 변경에 관한 설명으로 옳지 않은 것은?(다툼이 있으면 판례에 따름)

① 취업규칙에서 정한 기준에 미달하는 근로조건을 정한 근로계약은 그 부분에 관하여는 무효로 한다.

> 近 근기법 제97조 전문

❷ 근로관계 종료 후의 권리·의무에 관한 사항은 사용자와 근로자 사이에 존속하는 근로관계와 직접 관련되는 것으로서 근로자의 대우에 관하여 정한 사항이라도 취업규칙에서 정한 근로조건에 해당한다고 할 수 없다.

> 취업규칙에서 정한 복무규율과 근로조건은 근로관계의 존속을 전제로 하는 것이지만, 사용자와 근로자 사이의 근로관계 종료 후의 권리·의무에 관한 사항이라고 하더라도 사용자와 근로자 사이에 존속하는 근로관계와 직접 관련되는 것으로서 근로자의 대우에 관하여 정한 사항이라면 이 역시 취업규칙에서 정한 근로조건에 해당한다(대판 2022.9.29. 2018다301527).

③ 취업규칙의 작성·변경에 관한 권한은 원칙적으로 사용자에게 있다.

> 취업규칙의 작성·변경에 관한 권한은 원칙적으로 사용자에게 있으므로, 사용자는 그 의사에 따라 취업규칙을 작성·변경할 수 있으나, 근로기준법 제94조에 따라 노동조합 또는 근로자 과반수의 의견을 들어야 하고, 특히 근로자에게 불이익하게 변경하는 경우에는 그 동의를 얻어야 한다(대판 2022.10.14. 2022다245518).

④ 취업규칙은 원칙적으로 객관적인 의미에 따라 해석하여야 하고, 문언의 객관적 의미를 벗어나는 해석은 신중하고 엄격하여야 한다.

> 취업규칙은 사용자가 근로자의 복무규율이나 근로조건의 기준을 정립하기 위하여 작성한 것으로서 노사 간의 집단적인 법률관계를 규정하는 법규범의 성격을 가지는데, 이러한 취업규칙의 성격에 비추어 취업규칙은 원칙적으로 객관적인 의미에 따라 해석하여야 하고, 문언의 객관적 의미를 벗어나는 해석은 신중하고 엄격하여야 한다(대판 2022.9.29. 2018다301527).

⑤ 사용자가 근로자들에게 불리하게 취업규칙을 변경함에 있어서 근로자들의 집단적 의사결정 방법에 의한 동의를 얻지 아니하였다고 하더라도, 현행의 법규적 효력을 가진 취업규칙은 변경된 취업규칙이다.

> 사용자가 근로자들에게 불리하게 취업규칙을 변경함에 있어서 근로자들의 집단적 의사결정 방법에 의한 동의를 얻지 아니하였다고 하더라도, 취업규칙의 작성, 변경권이 사용자에게 있는 이상 현행의 법규적 효력을 가진 취업규칙은 변경된 취업규칙이라고 보아야 한다(대판 2003.12.18. 2002다2843[전합]).

17

근로기준법상 직장 내 괴롭힘의 금지 등에 관한 설명으로 옳은 것을 모두 고른 것은?

ㄱ. 사용자는 직장 내 괴롭힘 예방 교육을 매년 실시하여야 한다.
ㄴ. 사용자는 조사 기간 동안 직장 내 괴롭힘과 관련하여 피해를 입은 근로자를 보호하기 위하여 필요한 경우 해당 피해근로자에 대하여 근무장소의 변경 등 적절한 조치를 하여야 한다. 이 경우 사용자는 피해근로자의 의사에 반하는 조치를 하여서는 아니 된다.
ㄷ. 사용자는 조사 결과 직장 내 괴롭힘 발생 사실이 확인된 때에는 피해근로자가 요청하면 배치전환, 유급휴가 명령 등 적절한 조치를 하여야 한다.

① ㄱ
② ㄴ
③ ㄱ, ㄷ
❹ ㄴ, ㄷ
⑤ ㄱ, ㄴ, ㄷ

ㄱ. (×) 사용자는 직장 내 괴롭힘을 예방하고 근로자가 안전한 근로환경에서 일할 수 있는 여건을 조성하기 위하여 직장 내 괴롭힘 예방 교육을 실시하는 것이 바람직하나, 근기법에는 예방 교육의 의무적 실시에 대한 규정은 존재하지 아니한다.
ㄴ. (○) 사용자는 조사 기간 동안 직장 내 괴롭힘과 관련하여 피해를 입은 근로자 또는 피해를 입었다고 주장하는 근로자(이하 "피해근로자등")를 보호하기 위하여 필요한 경우 해당 피해근로자등에 대하여 근무장소의 변경, 유급휴가 명령 등 적절한 조치를 하여야 한다. 이 경우 사용자는 피해근로자등의 의사에 반하는 조치를 하여서는 아니 된다(근기법 제76조의3 제3항).
ㄷ. (○) 사용자는 조사 결과 직장 내 괴롭힘 발생 사실이 확인된 때에는 피해근로자가 요청하면 근무장소의 변경, 배치전환, 유급휴가 명령 등 적절한 조치를 하여야 한다(근기법 제76조의3 제4항).

2024년

2023년

2022년

2021년

2020년

18

파견근로자 보호 등에 관한 법률상 근로자파견 대상 업무에 해당하지 않는 것을 모두 고른 것은?

ㄱ. 건설공사현장에서 이루어지는 업무
ㄴ. 선원법상 선원의 업무
ㄷ. 물류정책기본법상 하역업무로서 직업안정법에 따라 근로자공급사업 허가를 받은 지역의 업무

① ㄱ
② ㄴ
③ ㄱ, ㄷ
④ ㄴ, ㄷ
❺ ㄱ, ㄴ, ㄷ

ㄱ. 건설공사현장에서 이루어지는 업무, ㄴ. 선원법상 선원의 업무, ㄷ. 물류정책기본법상 하역업무로서 직업안정법에 따라 근로자공급사업 허가를 받은 지역의 업무 등은 파견법 제5조 제3항에서 절대적 파견금지 대상 업무로 규정하고 있다.

19 파견근로자 보호 등에 관한 법률에 관한 설명으로 옳지 않은 것은?

① 파견사업주는 쟁의행위 중인 사업장에 그 쟁의행위로 중단된 업무의 수행을 위하여 근로자를 파견하여서는 아니 된다. 🔏 파견법 제16조 제1항

② 파견사업주는 자기의 명의로 타인에게 근로자파견사업을 하게 하여서는 아니 된다.
　🔏 파견법 제15조

③ 결혼중개업의 관리에 관한 법률상 결혼중개업에 해당하는 사업을 하는 자는 근로자파견사업을 할 수 없다.

> 결혼중개업의 관리에 관한 법률상 결혼중개업을 영위하는 사업자는 겸업으로 근로자파견사업을 할 수 없다(파견법 제14조 제3호).

④ 근로자파견사업을 하려는 자는 고용노동부장관의 허가를 받아야 한다.

> 근로자파견사업을 하려는 자는 고용노동부령으로 정하는 바에 따라 고용노동부장관의 허가를 받아야 한다(파견법 제7조 제1항 전문).

❺ 근로자파견사업 갱신허가의 유효기간은 그 갱신 전의 허가의 유효기간이 끝나는 날부터 기산하여 2년으로 한다.

> 근로자파견사업 허가의 유효기간이 끝난 후 계속하여 근로자파견사업을 하려는 자는 고용노동부령으로 정하는 바에 따라 갱신허가를 받아야 하며, 근로자파견사업 갱신허가의 유효기간은 그 갱신 전의 허가의 유효기간이 끝나는 날의 다음 날부터 기산(起算)하여 3년으로 한다(파견법 제10조 제2항, 제3항).

20 기간제 및 단시간근로자 보호 등에 관한 법률에 관한 설명으로 옳은 것을 모두 고른 것은?

> ㄱ. 근로자가 학업, 직업훈련 등을 이수함에 따라 그 이수에 필요한 기간을 정한 경우 2년을 초과하여 기간제근로자로 사용할 수 있다.
> ㄴ. 고령자고용촉진법상 고령자와 근로계약을 체결하는 경우 2년을 초과하여 기간제근로자로 사용할 수 있다.
> ㄷ. 국가 및 지방자치단체의 기관에 대하여는 상시 사용하는 근로자의 수와 관계없이 이 법을 적용한다.
> ㄹ. 휴직·파견 등으로 결원이 발생하여 해당 근로자가 복귀할 때까지 그 업무를 대신할 필요가 있는 경우 2년을 초과하여 기간제근로자로 사용할 수 있다.

① ㄱ, ㄴ, ㄷ
② ㄱ, ㄴ, ㄹ
③ ㄱ, ㄷ, ㄹ
④ ㄴ, ㄷ, ㄹ
❺ ㄱ, ㄴ, ㄷ, ㄹ

ㄱ. (○) 기단법 제4조 제1항 제3호
ㄴ. (○) 기단법 제4조 제1항 제4호
ㄷ. (○) 기단법 제3조 제3항
ㄹ. (○) 기단법 제4조 제1항 제2호

관계법령 **기간제근로자의 사용(기단법 제4조)**

① 사용자는 2년을 초과하지 아니하는 범위 안에서(기간제 근로계약의 반복갱신 등의 경우에는 그 계속근로한 총기간이 2년을 초과하지 아니하는 범위 안에서) 기간제근로자를 사용할 수 있다. 다만, 다음 각 호의 어느 하나에 해당하는 경우에는 2년을 초과하여 기간제근로자로 사용할 수 있다.
1. 사업의 완료 또는 특정한 업무의 완성에 필요한 기간을 정한 경우
2. 휴직·파견 등으로 결원이 발생하여 해당 근로자가 복귀할 때까지 그 업무를 대신할 필요가 있는 경우
3. 근로자가 학업, 직업훈련 등을 이수함에 따라 그 이수에 필요한 기간을 정한 경우
4. 고령자고용촉진법 제2조 제1호의 고령자와 근로계약을 체결하는 경우
5. 전문적 지식·기술의 활용이 필요한 경우와 정부의 복지정책·실업대책 등에 따라 일자리를 제공하는 경우로서 대통령령으로 정하는 경우
6. 그 밖에 제1호부터 제5호까지에 준하는 합리적인 사유가 있는 경우로서 대통령령으로 정하는 경우
② 사용자가 제1항 단서의 사유가 없거나 소멸되었음에도 불구하고 2년을 초과하여 기간제근로자로 사용하는 경우에는 그 기간제근로자는 기간의 정함이 없는 근로계약을 체결한 근로자로 본다.

21 기간제 및 단시간근로자 보호 등에 관한 법률상 기간제근로자 차별적 처우의 시정에 관한 설명으로 옳지 않은 것은?(다툼이 있으면 판례에 따름)

① 노동위원회는 신청인이 주장한 비교대상 근로자와 동일성이 인정되는 범위 내에서 조사, 심리를 거쳐 적합한 근로자를 비교대상 근로자로 선정할 수 있다.

> 노동위원회 차별시정제도의 취지와 직권주의적 특성, 비교대상성 판단의 성격 등을 고려하면, 노동위원회는 신청인이 주장한 비교대상 근로자와 동일성이 인정되는 범위 내에서 조사, 심리를 거쳐 적합한 근로자를 비교대상 근로자로 선정할 수 있다(대판 2023.11.30. 2019두53952).

② 기간제근로자가 차별 시정신청을 하는 때에는 차별적 처우의 내용을 구체적으로 명시하여야 한다.

> 🏛 기단법 제9조 제2항

❸ 기간제근로자는 계속되는 차별적 처우를 받은 경우 차별적 처우의 종료일부터 3개월이 지난 때에는 노동위원회에 그 시정을 신청할 수 없다.

> 기간제근로자 또는 단시간근로자는 차별적 처우를 받은 경우 노동위원회에 그 시정을 신청할 수 있다. 다만, 차별적 처우가 있은 날(계속되는 차별적 처우는 그 종료일)부터 6개월이 지난 때에는 그러하지 아니하다(기단법 제9조 제1항).

④ 고용노동부장관은 사용자가 기간제근로자에 대해 차별적 처우를 한 경우에는 그 시정을 요구할 수 있다. 🏛 기단법 제15조의2 제1항, 제8조 제1항

⑤ 노동위원회는 사용자의 차별적 처우에 명백한 고의가 인정되거나 차별적 처우가 반복되는 경우에는 손해액을 기준으로 3배를 넘지 아니하는 범위에서 배상을 명령할 수 있다.

> 🏛 기단법 제13조 제2항 단서

---

22 기간제 및 단시간근로자 보호 등에 관한 법률상 사용자가 기간제근로자와 근로계약을 체결하는 때 서면으로 명시하여야 하는 것을 모두 고른 것은?

> ㄱ. 휴일·휴가에 관한 사항
> ㄴ. 근로시간·휴게에 관한 사항
> ㄷ. 취업의 장소와 종사하여야 할 업무에 관한 사항
> ㄹ. 근로일 및 근로일별 근로시간

① ㄱ, ㄴ
② ㄴ, ㄹ
③ ㄷ, ㄹ
❹ ㄱ, ㄴ, ㄷ
⑤ ㄱ, ㄴ, ㄷ, ㄹ

> ㄱ. 휴일·휴가에 관한 사항, ㄴ. 근로시간·휴게에 관한 사항, ㄷ. 취업의 장소와 종사하여야 할 업무에 관한 사항 등은 기간제근로자와 근로계약을 체결할 경우 서면명시사항에 해당하나, ㄹ. 근로일 및 근로일별 근로시간은 단시간근로자에 한정한다(기단법 제17조).

23 남녀고용평등과 일·가정 양립 지원에 관한 법률에 관한 설명으로 옳지 않은 것은?

❶ 사업주는 사업장의 남녀고용평등 이행을 촉진하기 위하여 그 사업장 소속 근로자 중 노사협의회가 추천하는 사람을 명예고용평등감독관으로 위촉하여야 한다.

> 고용노동부장관은 사업장의 남녀고용평등 이행을 촉진하기 위하여 그 사업장 소속 근로자 중 노사가 추천하는 사람을 명예고용평등감독관으로 위촉할 수 있다(고평법 제24조 제1항).

② 사업주가 동일 가치 노동의 기준을 정할 때에는 노사협의회의 근로자를 대표하는 위원의 의견을 들어야 한다.

> 동일 가치 노동의 기준은 직무 수행에서 요구되는 기술, 노력, 책임 및 작업 조건 등으로 하고, 사업주가 그 기준을 정할 때에는 노사협의회의 근로자를 대표하는 위원의 의견을 들어야 한다(고평법 제8조 제2항).

③ 사업주가 가족돌봄을 위한 근로시간 단축을 허용하는 경우 단축 후 근로시간은 주당 15시간 이상이어야 하고 30시간을 넘어서는 아니 된다.

> 法 고평법 제22조의3 제3항

④ 사업주는 근로자가 인공수정 등 난임치료를 받기 위하여 휴가를 청구하는 경우에 연간 3일 이내의 휴가를 주어야 하며, 이 경우 최초 1일은 유급으로 한다.

> 사업주는 근로자가 인공수정 또는 체외수정 등 난임치료를 받기 위하여 휴가를 청구하는 경우에 연간 3일 이내의 휴가를 주어야 하며, 이 경우 최초 1일은 유급으로 한다(고평법 제18조의3 제1항 본문).

⑤ 사업주는 55세 이상의 근로자에게 은퇴를 준비하기 위한 근로시간 단축을 허용한 경우에 그 근로자가 단축된 근로시간 외에 연장근로를 명시적으로 청구하면 주 12시간 이내에서 연장근로를 시킬 수 있다. 法 고평법 제22조의4 제3항, 제22조의3 제1항 제3호

관계법령

가족돌봄 등을 위한 근로시간 단축(고평법 제22조의3)

① 사업주는 근로자가 다음 각 호의 어느 하나에 해당하는 사유로 근로시간의 단축을 신청하는 경우에 이를 허용하여야 한다. 다만, 대체인력 채용이 불가능한 경우, 정상적인 사업 운영에 중대한 지장을 초래하는 경우 등 대통령령으로 정하는 경우에는 그러하지 아니하다.
1. 근로자가 가족의 질병, 사고, 노령으로 인하여 그 가족을 돌보기 위한 경우
2. 근로자 자신의 질병이나 사고로 인한 부상 등의 사유로 자신의 건강을 돌보기 위한 경우
3. 55세 이상의 근로자가 은퇴를 준비하기 위한 경우
4. 근로자의 학업을 위한 경우

가족돌봄 등을 위한 근로시간 단축 중 근로조건 등(고평법 제22조의4)

① 사업주는 제22조의3에 따라 근로시간 단축을 하고 있는 근로자에게 근로시간에 비례하여 적용하는 경우 외에는 가족돌봄 등을 위한 근로시간 단축을 이유로 그 근로조건을 불리하게 하여서는 아니 된다.
② 제22조의3에 따라 근로시간 단축을 한 근로자의 근로조건(근로시간 단축 후 근로시간을 포함한다)은 사업주와 그 근로자 간에 서면으로 정한다.
③ 사업주는 제22조의3에 따라 근로시간 단축을 하고 있는 근로자에게 단축된 근로시간 외에 연장근로를 요구할 수 없다. 다만, 그 근로자가 명시적으로 청구하는 경우에는 사업주는 주 12시간 이내에서 연장근로를 시킬 수 있다.
④ 근로시간 단축을 한 근로자에 대하여 근로기준법 제2조 제6호에 따른 평균임금을 산정하는 경우에는 그 근로자의 근로시간 단축 기간을 평균임금 산정기간에서 제외한다.

24 남녀고용평등과 일·가정 양립 지원에 관한 법률상 (　　)에 들어갈 내용을 옳게 나열한 것은?

> • 사업주는 근로자가 배우자의 출산을 이유로 휴가를 청구하는 경우에 (ㄱ)일의 휴가를 주어야 한다.
> • 배우자 출산휴가는 근로자의 배우자가 출산한 날부터 (ㄴ)일이 지나면 청구할 수 없다.
> • 가족돌봄휴직 기간은 연간 최장 (ㄷ)일로 한다.

① ㄱ : 5, ㄴ : 30, ㄷ : 90
② ㄱ : 5, ㄴ : 60, ㄷ : 90
③ ㄱ : 5, ㄴ : 90, ㄷ : 180
❹ ㄱ : 10, ㄴ : 90, ㄷ : 90
⑤ ㄱ : 10, ㄴ : 90, ㄷ : 180

> • 사업주는 근로자가 배우자의 출산을 이유로 휴가(이하 "배우자 출산휴가")를 청구하는 경우에 10일의 휴가를 주어야 한다. 이 경우 사용한 휴가기간은 유급으로 한다(고평법 제18조의2 제1항).
> • 배우자 출산휴가는 근로자의 배우자가 출산한 날부터 90일이 지나면 청구할 수 없다(고평법 제18조의2 제3항).
> • 가족돌봄휴직 기간은 연간 최장 90일로 하며, 이를 나누어 사용할 수 있을 것. 이 경우 나누어 사용하는 1회의 기간은 30일 이상이 되어야 한다(고평법 제22조의2 제4항 제1호).

25 남녀고용평등과 일·가정 양립 지원에 관한 법률상 육아기 근로시간 단축에 관한 설명으로 옳지 않은 것은?

① 육아기 근로시간 단축을 한 근로자의 평균임금을 산정하는 경우에는 그 근로자의 육아기 근로시간 단축 기간을 평균임금 산정기간에서 제외한다. **고평법 제19조의3 제4항**

② 사업주가 육아기 근로시간 단축을 허용하지 아니하는 경우에는 해당 근로자에게 그 사유를 서면으로 통보하여야 한다.

> 사업주가 육아기 근로시간 단축을 허용하지 아니하는 경우에는 해당 근로자에게 그 사유를 서면으로 통보하고 육아휴직을 사용하게 하거나 출근 및 퇴근 시간 조정 등 다른 조치를 통하여 지원할 수 있는지를 해당 근로자와 협의하여야 한다(고평법 제19조의2 제2항).

❸ 육아기 근로시간 단축을 허용하는 경우 단축 후 근로시간은 주당 10시간 이상이어야 하고 30시간을 넘어서는 아니 된다.

> 해당 근로자에게 육아기 근로시간 단축을 허용하는 경우 단축 후 근로시간은 주당 15시간 이상이어야 하고 35시간을 넘어서는 아니 된다(고평법 제19조의2 제3항).

④ 근로자는 육아기 근로시간 단축을 나누어 사용할 수 있다. **고평법 제19조의4 제2항 전문**

⑤ 사업주는 근로자의 육아기 근로시간 단축기간이 끝난 후에 그 근로자를 육아기 근로시간 단축 전과 같은 업무 또는 같은 수준의 임금을 지급하는 직무에 복귀시켜야 한다. **고평법 제19조의2 제6항**

육아기 근로시간 단축(고평법 제19조의2)

① 사업주는 근로자가 만 8세 이하 또는 초등학교 2학년 이하의 자녀를 양육하기 위하여 근로시간의 단축(이하 "육아기 근로시간 단축")을 신청하는 경우에 이를 허용하여야 한다. 다만, 대체인력 채용이 불가능한 경우, 정상적인 사업 운영에 중대한 지장을 초래하는 경우 등 대통령령으로 정하는 경우에는 그러하지 아니하다.

② 제1항 단서에 따라 사업주가 육아기 근로시간 단축을 허용하지 아니하는 경우에는 해당 근로자에게 그 사유를 서면으로 통보하고 육아휴직을 사용하게 하거나 출근 및 퇴근 시간 조정 등 다른 조치를 통하여 지원할 수 있는지를 해당 근로자와 협의하여야 한다.

③ 사업주가 제1항에 따라 해당 근로자에게 육아기 근로시간 단축을 허용하는 경우 단축 후 근로시간은 주당 15시간 이상이어야 하고 35시간을 넘어서는 아니 된다.

④ 육아기 근로시간 단축의 기간은 1년 이내로 한다. 다만, 제19조 제1항에 따라 육아휴직을 신청할 수 있는 근로자가 제19조 제2항에 따른 육아휴직 기간 중 사용하지 아니한 기간이 있으면 그 기간을 가산한 기간 이내로 한다.

⑤ 사업주는 육아기 근로시간 단축을 이유로 해당 근로자에게 해고나 그 밖의 불리한 처우를 하여서는 아니 된다.

⑥ 사업주는 근로자의 육아기 근로시간 단축기간이 끝난 후에 그 근로자를 육아기 근로시간 단축 전과 같은 업무 또는 같은 수준의 임금을 지급하는 직무에 복귀시켜야 한다.

육아기 근로시간 단축 중 근로조건 등(고평법 제19조의3)

① 사업주는 제19조의2에 따라 육아기 근로시간 단축을 하고 있는 근로자에 대하여 근로시간에 비례하여 적용하는 경우 외에는 육아기 근로시간 단축을 이유로 그 근로조건을 불리하게 하여서는 아니 된다.

② 제19조의2에 따라 육아기 근로시간 단축을 한 근로자의 근로조건(육아기 근로시간 단축 후 근로시간을 포함)은 사업주와 그 근로자 간에 서면으로 정한다.

③ 사업주는 제19조의2에 따라 육아기 근로시간 단축을 하고 있는 근로자에게 단축된 근로시간 외에 연장근로를 요구할 수 없다. 다만, 그 근로자가 명시적으로 청구하는 경우에는 사업주는 주 12시간 이내에서 연장근로를 시킬 수 있다.

④ 육아기 근로시간 단축을 한 근로자에 대하여 근로기준법 제2조 제6호에 따른 평균임금을 산정하는 경우에는 그 근로자의 육아기 근로시간 단축 기간을 평균임금 산정기간에서 제외한다.

26 산업안전보건법령상 안전보건관리규정에 관한 설명으로 옳지 않은 것은?

❶ 취업규칙은 안전보건관리규정에 반할 수 없다. 이 경우 취업규칙 중 안전보건관리규정에 반하는 부분에 관하여는 안전보건관리규정으로 정한 기준에 따른다.

> 안전보건관리규정은 단체협약 또는 취업규칙에 반할 수 없다. 이 경우 안전보건관리규정 중 단체협약 또는 취업규칙에 반하는 부분에 관하여는 그 단체협약 또는 취업규칙으로 정한 기준에 따른다(산안법 제25조 제2항).

② 상시근로자 수가 300명인 보험업 사업주는 안전보건관리규정을 작성하여야 한다.

> ⚖ 산안법 제25조 제3항, 동법 시행규칙 제25조 제1항, 동법 시행규칙 [별표 2]

③ 사업주는 안전보건관리규정을 작성할 때 산업안전보건위원회가 설치되어 있지 아니한 사업장의 경우에는 근로자대표의 동의를 받아야 한다.

> 사업주는 안전보건관리규정을 작성하거나 변경할 때에는 산업안전보건위원회의 심의·의결을 거쳐야 한다. 다만, 산업안전보건위원회가 설치되어 있지 아니한 사업장의 경우에는 근로자대표의 동의를 받아야 한다(산안법 제26조).

④ 근로자는 안전보건관리규정을 지켜야 한다.

> 사업주와 근로자는 안전보건관리규정을 지켜야 한다(산안법 제27조).

⑤ 사고조사 및 대책수립에 관한 사항은 안전보건관리규정에 포함되어야 한다.

> ⚖ 산안법 제25조 제1항 제4호

관계법령	안전보건관리규정을 작성해야 할 사업의 종류 및 상시근로자 수(산안법 시행규칙 [별표 2])	
사업의 종류		**상시근로자 수**
1. 농 업 2. 어 업 3. 소프트웨어 개발 및 공급업 4. 컴퓨터 프로그래밍, 시스템 통합 및 관리업 5. 정보서비스업 6. 금융 및 보험업 7. 임대업 : 부동산 제외 8. 전문, 과학 및 기술 서비스업(연구개발업은 제외) 9. 사업지원 서비스업 10. 사회복지 서비스업		300명 이상
1. 제1호부터 제10호까지의 사업을 제외한 사업		100명 이상

27 산업안전보건법상 용어의 정의로 옳지 않은 것은?

① "산업재해"란 노무를 제공하는 사람이 업무에 관계되는 건설물·설비·원재료·가스·증기·분진 등에 의하거나 작업 또는 그 밖의 업무로 인하여 사망 또는 부상하거나 질병에 걸리는 것을 말한다.
　　🏛 산안법 제2조 제1호

❷ "작업환경측정"이란 산업재해를 예방하기 위하여 잠재적 위험성을 발견하고 그 개선대책을 수립할 목적으로 조사·평가하는 것을 말한다.

> "작업환경측정"이란 작업환경 실태를 파악하기 위하여 해당 근로자 또는 작업장에 대하여 사업주가 유해인자에 대한 측정계획을 수립한 후 시료(試料)를 채취하고 분석·평가하는 것을 말한다(산안법 제2조 제13호).
> 한편 "안전보건진단"이란 산업재해를 예방하기 위하여 잠재적 위험성을 발견하고 그 개선대책을 수립할 목적으로 조사·평가하는 것을 말한다(동법 제2조 제12호).

③ "관계수급인"이란 도급이 여러 단계에 걸쳐 체결된 경우에 각 단계별로 도급받은 사업주 전부를 말한다.　🏛 산안법 제2조 제9호

④ "건설공사발주자"란 건설공사를 도급하는 자로서 건설공사의 시공을 주도하여 총괄·관리하지 아니하는 자를 말한다. 다만, 도급받은 건설공사를 다시 도급하는 자는 제외한다.
　　🏛 산안법 제2조 제10호

⑤ "도급인"이란 물건의 제조·건설·수리 또는 서비스의 제공, 그 밖의 업무를 도급하는 사업주를 말한다. 다만, 건설공사발주자는 제외한다.　🏛 산안법 제2조 제7호

관계법령　정의(산안법 제2조)

이 법에서 사용하는 용어의 뜻은 다음과 같다.
1. "산업재해"란 노무를 제공하는 사람이 업무에 관계되는 건설물·설비·원재료·가스·증기·분진 등에 의하거나 작업 또는 그 밖의 업무로 인하여 사망 또는 부상하거나 질병에 걸리는 것을 말한다.
2. "중대재해"란 산업재해 중 사망 등 재해 정도가 심하거나 다수의 재해자가 발생한 경우로서 고용노동부령으로 정하는 재해를 말한다.
3. "근로자"란 근로기준법 제2조 제1항 제1호에 따른 근로자를 말한다.
4. "사업주"란 근로자를 사용하여 사업을 하는 자를 말한다.
5. "근로자대표"란 근로자의 과반수로 조직된 노동조합이 있는 경우에는 그 노동조합을, 근로자의 과반수로 조직된 노동조합이 없는 경우에는 근로자의 과반수를 대표하는 자를 말한다.
6. "도급"이란 명칭에 관계없이 물건의 제조·건설·수리 또는 서비스의 제공, 그 밖의 업무를 타인에게 맡기는 계약을 말한다.
7. "도급인"이란 물건의 제조·건설·수리 또는 서비스의 제공, 그 밖의 업무를 도급하는 사업주를 말한다. 다만, 건설공사발주자는 제외한다.
8. "수급인"이란 도급인으로부터 물건의 제조·건설·수리 또는 서비스의 제공, 그 밖의 업무를 도급받은 사업주를 말한다.
9. "관계수급인"이란 도급이 여러 단계에 걸쳐 체결된 경우에 각 단계별로 도급받은 사업주 전부를 말한다.
10. "건설공사발주자"란 건설공사를 도급하는 자로서 건설공사의 시공을 주도하여 총괄·관리하지 아니하는 자를 말한다. 다만, 도급받은 건설공사를 다시 도급하는 자는 제외한다.

2024년
2023년
2022년
2021년
2020년

11. "건설공사"란 다음 각 목의 어느 하나에 해당하는 공사를 말한다.
　　가. 건설산업기본법 제2조 제4호에 따른 건설공사
　　나. 전기공사업법 제2조 제1호에 따른 전기공사
　　다. 정보통신공사업법 제2조 제2호에 따른 정보통신공사
　　라. 소방시설공사업법에 따른 소방시설공사
　　마. 국가유산수리 등에 관한 법률에 따른 국가유산 수리공사
12. "안전보건진단"이란 산업재해를 예방하기 위하여 잠재적 위험성을 발견하고 그 개선대책을 수립할 목적으로 조사·평가하는 것을 말한다.
13. "작업환경측정"이란 작업환경 실태를 파악하기 위하여 해당 근로자 또는 작업장에 대하여 사업주가 유해인자에 대한 측정계획을 수립한 후 시료(試料)를 채취하고 분석·평가하는 것을 말한다.

28 산업안전보건법령상 근로자의 보건관리에 관한 설명으로 옳지 않은 것은?

❶ 사업주는 잠수 작업에 종사하는 근로자에게는 1일 5시간을 초과하여 근로하게 해서는 아니 된다.

> 산안법 시행령 제99조 제2항은 잠수 작업에서 잠함·잠수 작업시간, 가압·감압방법 등 해당 근로자의 안전과 보건을 유지하기 위하여 필요한 사항을 고용노동부령으로 정하도록 위임하고 있으나, 위임한 사항을 규정한 시행규칙은 제정되어 있지 아니하다.

② 도급인의 사업장에서 관계수급인의 근로자가 작업을 하는 경우에는 도급인이 법정 자격을 가진 자로 하여금 작업환경측정을 하도록 하여야 한다.

> 도급인의 사업장에서 관계수급인 또는 관계수급인의 근로자가 작업을 하는 경우에는 도급인이 고용노동부령으로 정하는 자격을 가진 자로 하여금 작업환경측정을 하도록 하여야 한다(산안법 제125조 제2항).

③ 사업주는 근로자대표(관계수급인의 근로자대표를 포함한다)가 요구하면 작업환경측정 시 근로자대표를 참석시켜야 한다. 🕮 산안법 제125조 제4항

④ 사업주는 건강진단을 실시하는 경우 근로자대표가 요구하면 근로자대표를 참석시켜야 한다. 🕮 산안법 제132조 제1항

⑤ 사업주는 근로자(관계수급인의 근로자를 포함한다)가 신체적 피로와 정신적 스트레스를 해소할 수 있도록 휴식시간에 이용할 수 있는 휴게시설을 갖추어야 한다. 🕮 산안법 제128조의2 제1항

29 직업안정법상 직업소개에 관한 설명으로 옳지 않은 것은?

① 국외 무료직업소개사업을 하려는 자는 고용노동부장관에게 신고하여야 한다.

> 국내 무료직업소개사업을 하려는 자는 주된 사업소의 소재지를 관할하는 특별자치도지사·시장·군수 및 구청장에게 신고하여야 하고, **국외 무료직업소개사업을 하려는 자는 고용노동부장관에게 신고하여야** 한다(직안법 제18조 제1항 전문).

② 근로복지공단이 업무상 재해를 입은 근로자를 대상으로 하는 직업소개의 경우 신고를 하지 아니하고 무료직업소개사업을 할 수 있다. 🏛 직안법 제18조 제4항 제4호

❸ 국내 유료직업소개사업을 하려는 자는 고용노동부장관에게 등록하여야 한다.

> 국내 유료직업소개사업을 하려는 자는 주된 사업소의 소재지를 관할하는 **특별자치도지사·시장·군수 및 구청장에게 등록하여야** 하고, 국외 유료직업소개사업을 하려는 자는 고용노동부장관에게 등록하여야 한다(직안법 제19조 제1항 전문).

④ 유료직업소개사업을 등록한 자는 그 등록증을 대여하여서는 아니 된다.

> 유료직업소개사업을 등록한 자는 타인에게 자기의 성명 또는 상호를 사용하여 직업소개사업을 하게 하거나 **그 등록증을 대여하여서는 아니 된다**(직안법 제21조).

⑤ 유료직업소개사업을 하는 자는 구직자에게 제공하기 위하여 구인자로부터 선급금을 받아서는 아니 된다.

> 등록을 하고 유료직업소개사업을 하는 자 및 그 종사자는 구직자에게 제공하기 위하여 **구인자로부터 선급금을 받아서는 아니 된다**(직안법 제21조의2).

30

최저임금법령상 최저임금의 결정 등에 관한 설명으로 옳지 않은 것은?

① 고용노동부장관은 매년 3월 31일까지 최저임금위원회에 최저임금에 관한 심의를 요청하여야 한다. 🏛 **최임법 시행령 제7조**

② 최저임금위원회는 고용노동부장관으로부터 최저임금에 관한 심의 요청을 받은 경우 이를 심의하여 최저임금안을 의결하고 심의 요청을 받은 날부터 90일 이내에 고용노동부장관에게 제출하여야 한다. 🏛 **최임법 제8조 제2항**

③ 고용노동부장관은 최저임금위원회가 심의하여 제출한 최저임금안에 따라 최저임금을 결정하기가 어렵다고 인정되면 20일 이내에 그 이유를 밝혀 위원회에 10일 이상의 기간을 정하여 재심의를 요청할 수 있다. 🏛 **최임법 제8조 제3항**

④ 고용노동부장관은 매년 8월 5일까지 최저임금을 결정하여야 한다. 🏛 **최임법 제8조 제1항 전문**

❺ 사용자를 대표하는 자는 고시된 최저임금안에 대하여 이의가 있으면 고시된 날부터 30일 이내에 고용노동부장관에게 이의를 제기할 수 있다.

> 근로자를 대표하는 자나 사용자를 대표하는 자는 고시된 최저임금안에 대하여 이의가 있으면 <u>고시된 날부터 10일 이내에</u> 대통령령으로 정하는 바에 따라 고용노동부장관에게 이의를 제기할 수 있다(최임법 제9조 제2항 전문).

31

최저임금법령상 최저임금위원회에 관한 설명으로 옳지 않은 것은?

① 위원장과 부위원장은 공익위원 중에서 위원회가 선출한다. 🏛 **최임법 제15조 제2항**

❷ 위원회에 2명의 상임위원을 두며, 상임위원은 근로자위원과 사용자위원 각 1명으로 한다.

> 위원회에 2명의 상임위원을 두며, <u>상임위원은 공익위원이 된다</u>(최임법 제14조 제2항). 공익위원의 위촉기준은 최임법 시행령 제13조가 규정하고 있다.

③ 위원의 임기는 3년으로 하되, 연임할 수 있다. 🏛 **최임법 제14조 제3항**

④ 위원회의 회의는 이 법으로 따로 정하는 경우 외에는 재적위원 과반수의 출석과 출석위원 과반수의 찬성으로 의결한다. 🏛 **최임법 제17조 제3항**

⑤ 위원은 임기가 끝났더라도 후임자가 임명되거나 위촉될 때까지 계속하여 직무를 수행한다. 🏛 **최임법 제14조 제5항**

32 근로자퇴직급여 보장법상 퇴직급여제도에 관한 설명으로 옳지 않은 것은?

① 사용자는 계속근로기간이 1년 미만인 근로자에 대하여는 퇴직급여제도를 설정하지 않아도 된다.

> 사용자는 퇴직하는 근로자에게 급여를 지급하기 위하여 퇴직급여제도 중 하나 이상의 제도를 설정하여야 한다. 다만, 계속근로기간이 1년 미만인 근로자, 4주간을 평균하여 1주간의 소정근로시간이 15시간 미만인 근로자에 대하여는 그러하지 아니하다(근퇴법 제4조 제1항).

② 퇴직급여제도를 설정하는 경우에 하나의 사업에서 급여 및 부담금 산정방법의 적용 등에 관하여 차등을 두어서는 아니 된다. 🕊 근퇴법 제4조 제2항

❸ 사용자가 퇴직급여제도를 다른 종류의 퇴직급여제도로 변경하려는 경우에는 근로자의 과반수를 대표하는 자와 사전협의를 하여야 한다.

> 사용자가 퇴직급여제도를 설정하거나 설정된 퇴직급여제도를 다른 종류의 퇴직급여제도로 변경하려는 경우에는 근로자의 과반수가 가입한 노동조합이 있는 경우에는 그 노동조합, 근로자의 과반수가 가입한 노동조합이 없는 경우에는 근로자 과반수(이하 "근로자대표")의 동의를 받아야 한다(근퇴법 제4조 제3항).

④ 사용자는 근로자가 퇴직한 경우에는 그 지급사유가 발생한 날부터 14일 이내에 퇴직금을 지급하여야 하나, 특별한 사정이 있는 경우에는 당사자 간의 합의에 따라 지급기일을 연장할 수 있다.
🕊 근퇴법 제9조 제1항

⑤ 퇴직금을 받을 권리는 3년간 행사하지 아니하면 시효로 인하여 소멸한다. 🕊 근퇴법 제10조

33 근로자퇴직급여 보장법령상 확정기여형퇴직연금제도에 가입한 근로자가 적립금을 중도인출할 수 있는 경우를 모두 고른 것은?

> ㄱ. 무주택자인 가입자가 주거를 목적으로 주택임대차보호법 제3조의2에 따른 보증금을 부담하는 경우(가입자가 하나의 사업 또는 사업장에 근로하는 동안 1회로 한정한다)
> ㄴ. 무주택자인 가입자가 본인 명의로 주택을 구입하는 경우
> ㄷ. 가입자 배우자의 부양가족의 장례비를 가입자가 부담하는 경우

① ㄱ
② ㄷ
❸ ㄱ, ㄴ
④ ㄴ, ㄷ
⑤ ㄱ, ㄴ, ㄷ

> ㄱ. 무주택자인 가입자가 주거를 목적으로 주택임대차보호법 제3조의2에 따른 보증금을 부담하는 경우(가입자가 하나의 사업 또는 사업장에 근로하는 동안 1회로 한정), ㄴ. 무주택자인 가입자가 본인 명의로 주택을 구입하는 경우 등이 근퇴법 제22조, 동법 시행령 제14조 제1항 제1호에서 정한 적립금의 중도인출 사유에 해당한다. ㄷ. 가입자 배우자의 부양가족의 장례비를 가입자가 부담하는 경우는 퇴직연금 수급권의 담보제공 사유에 해당함을 유의하여야 한다(근퇴법 제7조 제2항 전문, 동법 시행령 제2조 제1항 제4호의2 다목).

확정기여형퇴직연금제도의 중도인출 사유(근퇴법 시행령 제14조)

① 법 제22조에서 "주택구입 등 대통령령으로 정하는 사유"란 다음 각 호의 어느 하나에 해당하는 경우를 말한다.

1. 제2조 제1항 제1호·제1호의2 또는 제5호(재난으로 피해를 입은 경우로 한정)에 해당하는 경우

1의2. 제2조 제1항 제2호에 해당하는 경우로서 가입자가 본인 연간 임금총액의 1천분의 125를 초과하여 의료비를 부담하는 경우

2. 중도인출을 신청한 날부터 거꾸로 계산하여 5년 이내에 가입자가 채무자 회생 및 파산에 관한 법률에 따라 파산선고를 받은 경우

3. 중도인출을 신청한 날부터 거꾸로 계산하여 5년 이내에 가입자가 채무자 회생 및 파산에 관한 법률에 따라 개인회생절차개시 결정을 받은 경우

4. 법 제7조 제2항 후단에 따라 퇴직연금제도의 급여를 받을 권리를 담보로 제공하고 대출을 받은 가입자가 그 대출 원리금을 상환하기 위한 경우로서 고용노동부장관이 정하여 고시하는 사유에 해당하는 경우

② 제1항 제4호에 해당하는 사유로 적립금을 중도인출하는 경우 그 중도인출 금액은 대출 원리금의 상환에 필요한 금액 이하로 한다.

퇴직연금제도 수급권의 담보제공 사유 등(근퇴법 시행령 제2조)

① 근로자퇴직급여 보장법(이하 "법") 제7조 제2항 전단에서 "주택구입 등 대통령령으로 정하는 사유와 요건을 갖춘 경우"란 다음 각 호의 어느 하나에 해당하는 경우를 말한다.

1. 무주택자인 가입자가 본인 명의로 주택을 구입하는 경우

1의2. 무주택자인 가입자가 주거를 목적으로 민법 제303조에 따른 전세금 또는 주택임대차보호법 제3조의2에 따른 보증금을 부담하는 경우. 이 경우 가입자가 하나의 사업 또는 사업장(이하 "사업")에 근로하는 동안 1회로 한정한다.

2. 가입자가 6개월 이상 요양을 필요로 하는 다음 각 목의 어느 하나에 해당하는 사람의 질병이나 부상에 대한 의료비(소득세법 시행령 제118조의5 제1항 및 제2항에 따른 의료비)를 부담하는 경우

가. 가입자 본인

나. 가입자의 배우자

다. 가입자 또는 그 배우자의 부양가족(소득세법 제50조 제1항 제3호에 따른 부양가족)

34 임금채권보장법령에 관한 설명으로 옳지 않은 것은?

☑ 확인
Check!
○
△
✕

❶ 도산대지급금을 지급받으려는 사람은 도산등사실인정이 있은 날부터 3년 이내에 근로복지공단에 직접 대지급금의 지급을 청구해야 한다.

> 도산대지급금을 지급받으려는 사람은 <u>도산등사실인정이 있은 날부터 2년 이내에 고용노동부장관에게</u> 대지급금의 지급을 청구해야 한다(임채법 시행령 제9조 제1항 제1호).

② 이 법은 국가와 지방자치단체가 직접 수행하는 사업에 적용하지 아니한다. 🕮 임채법 제3조 단서

③ 재직 근로자에 대한 대지급금은 해당 근로자가 하나의 사업에 근로하는 동안 1회만 지급한다.
🕮 임채법 제7조의2 제4항

④ 임금채권보장기금은 고용노동부장관이 관리・운용한다. 🕮 임채법 제20조 제1항

⑤ 고용노동부장관은 사업주로부터 임금등을 지급받지 못한 근로자의 생활안정을 위하여 근로자의 신청에 따라 생계비에 필요한 비용을 융자할 수 있다. 🕮 임채법 제7조의3 제2항

35 임금채권보장법상 사업주로부터 징수하는 부담금에 관한 설명으로 옳지 않은 것은?

☑ 확인
Check!
○
△
✕

① 사업주가 부담하여야 하는 부담금은 그 사업에 종사하는 근로자의 보수총액에 1천분의 2의 범위에서 임금채권보장기금심의위원회의 심의를 거쳐 고용노동부장관이 정하는 부담금비율을 곱하여 산정한 금액으로 한다. 🕮 임채법 제9조 제2항

② 이 법은 사업주의 부담금에 관하여 다른 법률에 우선하여 적용한다. 🕮 임채법 제9조 제5항

③ 외국인근로자의 고용 등에 관한 법률에 따라 외국인근로자 출국만기보험・신탁에 가입한 사업주에 대하여는 부담금을 경감할 수 있다.

> 고용노동부장관은 외국인근로자의 고용 등에 관한 법률에 따라 외국인근로자 <u>출국만기보험・신탁에 가입한 사업주에 대하여는 부담금을 경감할 수 있다</u>. 이 경우 그 경감기준은 고용노동부장관이 위원회의 심의를 거쳐 정한다(임채법 제10조 제4호).

④ 근로기준법 또는 근로자퇴직급여 보장법에 따라 퇴직금을 미리 정산하여 지급한 사업주에 대하여는 부담금을 경감할 수 있다.

> 고용노동부장관은 근로기준법 또는 근로자퇴직급여 보장법에 따라 <u>퇴직금을 미리 정산하여 지급한 사업주 사업주에 대하여는 부담금을 경감할 수 있다</u>. 이 경우 그 경감기준은 고용노동부장관이 위원회의 심의를 거쳐 정한다(임채법 제10조 제2호).

❺ 사업주의 부담금을 산정할 때 해당 연도의 보수총액을 결정하기 곤란한 경우에는 전 년도의 보수총액을 기준으로 부담금을 결정한다.

> 사업주가 부담하여야 하는 부담금은 그 사업에 종사하는 근로자의 보수총액에 1천분의 2의 범위에서 위원회의 심의를 거쳐 고용노동부장관이 정하는 부담금비율을 곱하여 산정한 금액으로 한다. 보수총액을 결정하기 곤란한 경우에는 <u>고용산재보험료징수법에 따라 고시하는 노무비율(勞務比率)에 따라 보수총액을 결정한다</u>(임채법 제9조 제2항, 제3항).

36 근로복지기본법에 관한 설명으로 옳지 않은 것은?

① 누구든지 국가 또는 지방자치단체가 근로자의 주거안정, 생활안정 및 재산형성 등 근로복지를 위하여 이 법에 따라 융자한 자금을 그 목적사업에만 사용하여야 한다. 🏛 근복법 제6조

② 국가 또는 지방자치단체는 근로자가 아니면서 자신이 아닌 다른 사람의 사업을 위하여 다른 사람을 사용하지 아니하고 자신이 직접 노무를 제공하여 노무수령자로부터 대가를 얻는 사람을 대상으로 근로복지사업을 실시할 수 있다.

> 국가 또는 지방자치단체는 근로자가 아니면서 자신이 아닌 다른 사람의 사업을 위하여 다른 사람을 사용하지 아니하고 <u>자신이 직접 노무를 제공하여 해당 사업주 또는 노무수령자로부터 대가를 얻는 사람을 대상으로 근로복지사업을 실시할 수 있다</u>(근복법 제95조의2 제1항 제1호).

③ 사업주는 선택적 복지제도를 실시할 때에는 근로자의 직급, 근속연수, 부양가족 등을 고려하여 합리적인 기준에 따라 수혜 수준을 달리할 수 있다.

> 사업주는 선택적 복지제도를 실시할 때에는 해당 사업 내의 모든 근로자가 공평하게 복지혜택을 받을 수 있도록 하여야 한다. 다만, <u>근로자의 직급, 근속연수, 부양가족 등을 고려하여 합리적인 기준에 따라 수혜 수준을 달리할 수 있다</u>(근복법 제81조 제2항).

❹ 근로복지시설을 설치·운영하는 자는 근로자의 소득수준, 가족관계 등을 고려하여 근로복지시설의 이용자를 제한하거나 이용료를 차등하여 받을 수 없다.

> 근로복지시설을 설치·운영하는 자는 근로자의 소득수준, 가족관계 등을 고려하여 <u>근로복지시설의 이용자를 제한하거나 이용료를 차등하여 받을 수 있다</u>(근복법 제30조).

⑤ 우리사주조합의 규약 제정과 변경에 관한 사항은 반드시 우리사주조합원총회의 의결을 거쳐야 한다. 🏛 근복법 제35조 제2항 제1호

37 외국인근로자의 고용 등에 관한 법률상 취업활동 기간 제한의 특례에 관한 내용이다. (　　)에 들어갈 내용을 옳게 나열한 것은?

> 고용허가를 받은 사용자에게 고용된 외국인근로자로서 취업활동 기간 (ㄱ)이 만료되어 출국하기 전에 사용자가 고용노동부장관에게 재고용 허가를 요청한 근로자는 한 차례만 (ㄴ) 미만의 범위에서 취업활동 기간을 연장받을 수 있다.

① ㄱ : 2년, ㄴ : 1년
② ㄱ : 2년, ㄴ : 2년
③ ㄱ : 3년, ㄴ : 1년
❹ ㄱ : 3년, ㄴ : 2년
⑤ ㄱ : 3년, ㄴ : 3년

> 고용허가를 받은 사용자에게 고용된 외국인근로자로서 취업활동 기간 <u>3</u>년이 만료되어 출국하기 전에 사용자가 고용노동부장관에게 재고용 허가를 요청한 근로자는 한 차례만 <u>2</u>년 미만의 범위에서 취업활동 기간을 연장받을 수 있다(외고법 제18조의2 제1항 제1호).

① 다음 각 호의 외국인근로자는 제18조에도 불구하고 한 차례만 2년 미만의 범위에서 취업활동 기간을 연장받을 수 있다.
  1. 제8조 제4항에 따른 고용허가를 받은 사용자에게 고용된 외국인근로자로서 제18조에 따른 취업활동 기간 3년이 만료되어 출국하기 전에 사용자가 고용노동부장관에게 재고용 허가를 요청한 근로자
  2. 제12조 제3항에 따른 특례고용가능확인을 받은 사용자에게 고용된 외국인근로자로서 제18조에 따른 취업활동 기간 3년이 만료되어 출국하기 전에 사용자가 고용노동부장관에게 재고용 허가를 요청한 근로자
② 고용노동부장관은 제1항 및 제18조에도 불구하고 감염병 확산, 천재지변 등의 사유로 외국인근로자의 입국과 출국이 어렵다고 인정되는 경우에는 정책위원회의 심의·의결을 거쳐 1년의 범위에서 취업활동 기간을 연장할 수 있다.

38 외국인근로자의 고용 등에 관한 법령에 관한 설명으로 옳지 않은 것은?

① 직업안정법에 따른 직업안정기관이 아닌 자는 외국인근로자의 선발, 알선, 그 밖의 채용에 개입하여서는 아니 된다. 외고법 제8조 제6항

❷ 법무부장관은 송출국가가 송부한 송출대상 인력을 기초로 외국인구직자 명부를 작성하고, 관리하여야 한다.

> 고용노동부장관은 송출국가가 송부한 송출대상 인력을 기초로 외국인구직자 명부를 작성하고, 관리하여야 한다(외고법 시행령 제12조 제2항).

③ 외국인근로자 고용허가를 최초로 받은 사용자는 노동관계법령·인권 등에 관한 교육을 받아야 한다. 외고법 제11조의2 제1항

④ 외국인근로자는 입국한 후 15일 이내에 외국인 취업교육을 받아야 한다.

> 외국인근로자는 입국한 후에 15일 이내에 한국산업인력공단 또는 외국인 취업교육기관에서 국내 취업활동에 필요한 사항을 주지(周知)시키기 위하여 실시하는 교육을 받아야 한다(외고법 제11조 제1항, 동법 시행규칙 제10조).

⑤ 고용허가에 따라 체결된 근로계약의 효력발생 시기는 외국인근로자가 입국한 날로 한다.
  외고법 시행령 제17조 제1항, 동법 제9조 제1항

39 헌법 제32조에 명시된 내용으로 옳은 것은?

❶ 국가는 근로의 의무의 내용과 조건을 민주주의원칙에 따라 법률로 정한다.

> 🔑 헌법 제32조 제2항 후문

② 사용자는 적정임금의 보장에 노력하여야 한다.

> <u>국가는</u> 사회적·경제적 방법으로 근로자의 고용의 증진과 <u>적정임금의 보장에 노력하여야</u> 하며, 법률이 정하는 바에 의하여 최저임금제를 시행하여야 한다(헌법 제32조 제1항 후문).

③ 전몰군경은 법률이 정하는 바에 의하여 우선적으로 근로의 기회를 부여받는다.

> 국가유공자·상이군경 및 <u>전몰군경의 유가족은</u> 법률이 정하는 바에 의하여 우선적으로 근로의 기회를 부여받는다(헌법 제32조 제6항).

④ 근로의 권리는 인간의 존엄성을 보장하도록 법률로 정한다.

> <u>근로조건의 기준은</u> 인간의 존엄성을 보장하도록 법률로 정한다(헌법 제32조 제3항).

⑤ 미성년자의 근로는 고용·임금 및 근로조건에 있어서 부당한 차별을 받지 아니한다.

> <u>여자의 근로는</u> 특별한 보호를 받으며, 고용·임금 및 근로조건에 있어서 부당한 차별을 받지 아니한다(헌법 제32조 제4항).

40 우리나라가 비준한 국제노동기구(ILO)의 협약을 모두 고른 것은?

> ㄱ. 취업최저연령에 관한 협약(제138호)
> ㄴ. 산업안전보건과 작업환경에 관한 협약(제155호)
> ㄷ. 결사의 자유 및 단결권 보호에 관한 협약(제87호)
> ㄹ. 단결권 및 단체교섭권 원칙의 적용에 관한 협약(제98호)

① ㄱ, ㄴ
② ㄱ, ㄴ, ㄷ
③ ㄱ, ㄷ, ㄹ
④ ㄴ, ㄷ, ㄹ
❺ ㄱ, ㄴ, ㄷ, ㄹ

> ㄱ. 취업최저연령에 관한 협약(제138호)은 1999년 1월, ㄴ. 산업안전보건과 작업환경에 관한 협약(제155호)은 2008년 2월, ㄷ. 결사의 자유 및 단결권 보호에 관한 협약(제87호) 및 ㄹ. 단결권 및 단체교섭권 원칙의 적용에 관한 협약(제98호)은 2021년 2월에 각각 우리나라의 비준을 얻었다.

2023년 제32회 정답 및 해설

✅ 문제편 019p

✅ 정답 CHECK   ✅ 각 문항별로 이해도 CHECK

01	02	03	04	05	06	07	08	09	10	11	12	13	14	15	16	17	18	19	20	21	22	23	24	25
④	⑤	②	⑤	④	④	①	②	③	①	⑤	②	③	②	④	②	④	①	③	⑤	①	⑤	③	①	③

01

헌법 제32조에 명시적으로 규정된 내용은?

☑ 확인
Check!
○
△
×

① 국가는 법률이 정하는 바에 의하여 적정임금제를 시행하여야 한다.

> 국가는 사회적·경제적 방법으로 근로자의 고용의 증진과 <u>적정임금의 보장에 노력하여야</u> 하며, 법률이 정하는 바에 의하여 <u>최저임금제를 시행하여야</u> 한다(헌법 제32조 제1항 후문).

② 국가는 사회적·경제적 방법으로 근로자의 고용을 보장하여야 한다.

> <u>국가는 사회적·경제적 방법으로 근로자의 고용의 증진과</u> 적정임금의 보장에 <u>노력하여야</u> 하며, 법률이 정하는 바에 의하여 최저임금제를 시행하여야 한다(헌법 제32조 제1항 후문).

③ 장애인의 근로는 특별한 보호를 받으며, 고용·임금 및 근로조건에 있어서 부당한 차별을 받지 아니한다.

> 여자의 근로는 특별한 보호를 받으며, 고용·임금 및 근로조건에 있어서 <u>부당한 차별을 받지 아니한다고</u>(헌법 제32조 제4항) <u>규정하고 있을 뿐</u>, 장애인의 근로에 대한 규정은 존재하지 아니한다.

❹ 국가는 근로의 의무의 내용과 조건을 민주주의 원칙에 따라 법률로 정한다.

> 🈺 헌법 제32조 제2항 후문

⑤ 국가는 전몰군경의 유가족이 우선적으로 근로의 기회를 부여받도록 노력하여야 한다.

> 국가유공자·상이군경 및 전몰군경의 유가족은 법률이 정하는 바에 의하여 <u>우선적으로 근로의 기회를 부여받는다</u>(헌법 제32조 제6항).

관계법령 **헌법 제32조**

① 모든 국민은 근로의 권리를 가진다. 국가는 <u>사회적·경제적 방법으로 근로자의 고용의 증진과 적정임금의 보장에 노력하여야</u> 하며, 법률이 정하는 바에 의하여 <u>최저임금제를 시행하여야</u> 한다.
② 모든 국민은 근로의 의무를 진다. <u>국가는 근로의 의무의 내용과 조건을 민주주의원칙에 따라 법률로 정한다</u>.
③ 근로조건의 기준은 인간의 존엄성을 보장하도록 법률로 정한다.

④ 여자의 근로는 특별한 보호를 받으며, 고용·임금 및 근로조건에 있어서 부당한 차별을 받지 아니한다.

⑤ 연소자의 근로는 특별한 보호를 받는다.

⑥ 국가유공자·상이군경 및 전몰군경의 유가족은 법률이 정하는 바에 의하여 우선적으로 근로의 기회를 부여받는다.

02 노동법의 법원(法源)에 관한 설명으로 옳지 않은 것은?(다툼이 있으면 판례에 따름)

① 헌법에 따라 체결·공포된 조약은 국내법과 같은 효력을 가지므로 노동법의 법원이 된다.

> 헌법에 의하여 체결·공포된 조약은 국내법과 같은 효력을 가진다(헌법 제6조 제1항). 따라서 우리나라가 체결·비준한 국제노동기구(ILO)의 협약들은 노동법의 법원이 된다.

② 노동조합규약은 일종의 자치적 법규범으로서 소속조합원에 대하여 법적 효력을 가진다.

> 노동조합규약은 노동조합의 조직 및 활동, 운영에 관하여 조합원이 자율적으로 정한 일종의 자치적 법규범으로서, 조합 내 조합원을 구속하는 한도 내에서 법적 효력을 가진다.

③ 고용노동부의 행정해석은 고용노동부의 그 소속기관의 내부적 업무처리 지침에 불과하여 노동법의 법원이 아니다.

> 업무상 재해 인정기준에 관한 노동부[현 고용노동부(註)] 예규는 행정기관 내부의 사무처리준칙에 불과하므로 대외적 구속력이 없다는 판례(대판 1990.9.25. 90누2727)의 취지를 고려하면, 고용노동부의 행정해석은 통일적인 업무처리를 위한 내부적 업무처리 지침에 불과하여 일반 국민을 구속하는 법적 구속력이 있다고 보기 어려우므로 노동법의 법원에 해당하지 아니한다고 판단된다.

④ 노동관행은 그 자체로서는 법적 구속력을 가지지 않지만, 일정한 요건을 갖춘 경우에는 법원으로 인정된다.

> 노동관행은 그 자체로 특별한 법적 효력이 없으므로 원칙적으로 법원으로 인정되지 않는다. 다만, 기업의 내부에 존재하는 특정의 관행이 기업사회에서 일반적으로 근로관계를 규율하는 규범적인 사실로서 명확히 승인되거나 기업의 구성원에 의하여 일반적으로 아무도 이의를 제기하지 아니한 채 당연한 것으로 받아들여져서 기업 내에서 사실상의 제도로서 확립되어 있다고 할 수 있을 정도의 규범의식에 의하여 지지되고 있는 경우에는 근로계약의 내용을 이루고 있다고 볼 수 있고(대판 2002.4.23. 2000다50701), 이러한 경우에는 노동관행이 법원으로 인정된다고 할 것이다.

❺ 근로자와 사용자가 개별적으로 체결한 근로계약은 노동법의 법원이 아니다.

> 근로자와 사용자가 개별적으로 체결한 근로계약은 그 적용을 받는 당사자의 권리·의무를 규율하고 있으므로, 법원성이 인정된다고 이해하여야 한다.

03 근로기준법상 근로계약에 관한 설명으로 옳지 않은 것은?

① 근로기준법에 정하는 기준에 미치지 못하는 근로조건을 정한 근로계약은 그 부분에 한정하여 무효로 한다. 🔍 근기법 제15조 제1항

❷ 사용자는 근로계약에 덧붙여 저축금의 관리를 규정하는 계약을 체결할 수 있다.

> 사용자는 근로계약에 덧붙여 강제 저축 또는 저축금의 관리를 규정하는 계약을 체결하지 못한다(근기법 제22조 제1항).

③ 근로자는 근로계약 체결 시 명시된 근로조건이 사실과 다를 경우에 근로조건 위반을 이유로 손해의 배상을 청구할 수 있다.

> 명시된 근로조건이 사실과 다를 경우에 근로자는 근로조건 위반을 이유로 손해의 배상을 청구할 수 있으며 즉시 근로계약을 해제할 수 있다(근기법 제19조 제1항).

④ 사용자는 근로계약 체결 후 소정근로시간을 변경하는 경우에 근로자에게 명시하여야 한다.

> 사용자는 근로계약을 체결할 때에 근로자에게 소정근로시간을 명시하여야 한다. 근로계약 체결 후 소정근로시간을 변경하는 경우에도 또한 같다(근기법 제17조 제1항 제2호).

⑤ 단시간근로자의 근로조건은 그 사업장의 같은 종류의 업무에 종사하는 통상 근로자의 근로시간을 기준으로 산정한 비율에 따라 결정되어야 한다. 🔍 근기법 제18조 제1항

04 근로기준법상 기본원리에 관한 설명으로 옳지 않은 것은?

① 사용자뿐만 아니라 근로자도 취업규칙과 근로계약을 지키고 성실하게 이행할 의무가 있다.

> 근로자와 사용자는 각자가 단체협약, 취업규칙과 근로계약을 지키고 성실하게 이행할 의무가 있다(근기법 제5조).

② 사용자는 근로자에 대하여 국적·신앙 또는 사회적 신분을 이유로 근로조건에 대한 차별적 처우를 하지 못한다.

> 사용자는 근로자에 대하여 남녀의 성(性)을 이유로 차별적 대우를 하지 못하고, 국적·신앙 또는 사회적 신분을 이유로 근로조건에 대한 차별적 처우를 하지 못한다(근기법 제6조).

③ 누구든지 법률에 따르지 아니하고는 영리로 다른 사람의 취업에 개입하지 못한다.

> 누구든지 법률에 따르지 아니하고는 영리로 다른 사람의 취업에 개입하거나 중간인으로서 이익을 취득하지 못한다(근기법 제9조).

④ 근로기준법에서 정하는 근로조건은 최저기준이므로 근로관계 당사자는 이 기준을 이유로 근로조건을 낮출 수 없다. 🔍 근기법 제3조

❺ 사용자는 근로자가 근로시간 중에 공(公)의 직무를 집행하기 위하여 필요한 시간을 청구하면 유급으로 보장하여야 한다.

> 근로자가 필요한 시간을 청구하면 사용자는 공민권 행사 등에 필요한 시간을 거부할 수 없다는 것이므로(근기법 제10조) 공민권 행사에 필요하여 근로하지 못한 시간에 대하여 사용자가 임금을 지급하여야 한다는 의미는 아니다. 따라서 임금은 법률에 특별한 규정이 없는 한 취업규칙이나 단체협약에서 정한 바에 따르고, 따로 정함이 없는 경우에는 무급으로 해도 위법이 아니다. 다만, 공직선거법이나 향토예비군 설치법, 민방위기본법에 의한 공민권행사기간은 유급으로 해석된다.

05 근로기준법 제23조(해고 등의 제한) 제1항이 적용되는 사업장을 모두 고른 것은?(다툼이 있으면 판례에 따름)

☑ 확인
Check!
○
△
✕

> ㄱ. 상시 5명의 동거하는 친족만을 사용하는 사업장
> ㄴ. 상시 1명의 공무원이 아닌 근로자를 사용하는 지방자치단체
> ㄷ. 상시 3명의 근로자를 사용하는 건설업체
> ㄹ. 상시 5명의 유치원 교사를 채용하여 사용하는 종교단체

① ㄱ, ㄴ   ② ㄱ, ㄷ
③ ㄴ, ㄷ   ❹ ㄴ, ㄹ
⑤ ㄴ, ㄷ, ㄹ

ㄱ. (✕) 동거하는 친족만을 사용하는 사업 또는 사업장에서는 근기법이 적용되지 아니하므로(근기법 제11조 제1항 단서), 상시 5명의 동거하는 친족만을 사용하는 사업장에서는 근기법 제23조(해고 등의 제한) 제1항이 적용되지 아니한다.

ㄴ. (○) 근로기준법 제12조에 의하면 근로기준법이 국가에도 적용된다고 규정하고 있으므로 근로자와 국가 사이에 고용관계가 인정된다면 국가소속 역의 일용잡부로 근무하는 사람이 그 근로자 한사람 뿐이라고 하더라도 근로기준법의 적용이 배제되는 것은 아니다(대판 1987.6.9. 85다카2473). 판례의 취지와 근기법 제12조를 고려할 때 지방자치단체의 경우에는 상시 근로자의 수와 관계없이 근기법이 적용된다고 할 수 있어, 상시 1명의 공무원이 아닌 근로자를 사용하는 지방자치단체에게도 근기법 제23조(해고 등의 제한) 제1항이 적용된다.

ㄷ. (✕), ㄹ. (○) 상시 4명 이하의 근로자를 사용하는 사업 또는 사업장에는 근기법 제23조(해고 등의 제한) 제1항이 적용되지 아니한다. 따라서 ㄷ. 상시 3명의 근로자를 사용하는 건설업체 등에는 근기법 제23조(해고 등의 제한) 제1항이 적용되지 아니하나, ㄹ. 상시 5명의 유치원 교사를 채용하여 사용하는 종교단체의 경우에는 적용된다.

06 근로기준법령상 여성과 소년의 보호에 관한 설명으로 옳지 않은 것은?

① 15세 미만인 자를 사용하는 사용자가 취직인허증을 갖추어 둔 경우에는 가족관계기록사항에 관한 증명서와 친권자나 후견인의 동의서를 갖추어 두지 않아도 된다. 🅷 근기법 시행령 제36조 제2항

② 사용자는 취직인허증이 못쓰게 된 경우에는 고용노동부령으로 정하는 바에 따라 지체 없이 재교부 신청을 하여야 한다.

> 사용자 또는 15세 미만인 자는 <u>취직인허증이 못쓰게 되거나</u> 이를 잃어버린 경우에는 고용노동부령으로 정하는 바에 따라 지체 없이 재교부 신청을 하여야 한다(근기법 시행령 제39조).

③ 사용자는 임신 중의 여성이 명시적으로 청구하는 경우로서 고용노동부장관의 인가를 받은 경우 휴일에 근로하게 할 수 있다.

> 사용자는 임산부와 18세 미만자를 오후 10시부터 오전 6시까지의 시간 및 휴일에 근로시키지 못한다. 다만, <u>임신 중의 여성이 명시적으로 청구하는 경우로서 고용노동부장관의 인가를 받으면</u> 그러하지 아니하다(근기법 제70조 제2항 제3호).

❹ 생후 1년 미만의 유아를 가진 여성 근로자가 청구하면 1일 2회 각각 60분 이상의 유급 수유 시간을 주어야 한다.

> 생후 1년 미만의 유아(乳兒)를 가진 여성 근로자가 청구하면 <u>1일 2회 각각 30분 이상의 유급 수유 시간을 주어야 한다(근기법 제75조).

⑤ 사용자는 관리·감독 업무를 수행하기 위하여 일시적으로 필요한 경우 여성을 갱내(坑內)에서 근로시킬 수 있다. 🅷 근기법 제72조, 동법 시행령 제42조 제4호

관계법령

갱내근로의 금지(근기법 제72조)
사용자는 여성과 18세 미만인 사람을 갱내(坑內)에서 근로시키지 못한다. 다만, 보건·의료, 보도·취재 등 대통령령으로 정하는 업무를 수행하기 위하여 일시적으로 필요한 경우에는 그러하지 아니하다.

갱내근로 허용업무(근기법 시행령 제42조)
법 제72조에 따라 <u>여성과 18세 미만인 자를 일시적으로 갱내에서 근로시킬 수 있는 업무</u>는 다음 각 호와 같다.
  1. 보건, 의료 또는 복지 업무
  2. 신문·출판·방송프로그램 제작 등을 위한 보도·취재업무
  3. 학술연구를 위한 조사 업무
  4. 관리·감독 업무
  5. 제1호부터 제4호까지의 규정의 업무와 관련된 분야에서 하는 실습 업무

07 근로기준법상 임산부의 보호에 관한 설명으로 옳지 않은 것은?

❶ 사용자는 임신 중의 여성 근로자에게 시간외근로를 하게 하여서는 아니 되며, 그 근로자의 요구와 관계없이 쉬운 종류의 근로로 전환하여야 한다.

> 사용자는 임신 중의 여성 근로자에게 시간외근로를 하게 하여서는 아니 되며, <u>그 근로자의 요구가 있는 경우에</u>는 쉬운 종류의 근로로 전환하여야 한다(근기법 제74조 제5항).

② 사용자는 임신 중인 여성이 사산한 경우로서 그 근로자가 청구하면 대통령령으로 정하는 바에 따라 사산 휴가를 주어야 한다.

> 사용자는 임신 중인 여성이 유산 또는 <u>사산한 경우로서</u> 그 근로자가 청구하면 <u>대통령령으로 정하는 바에 따라 유산·사산 휴가를 주어야</u> 한다(근기법 제74조 제3항 본문).

③ 사용자는 한 번에 둘 이상 자녀를 임신 중의 여성에게 출산 전과 출산 후를 통하여 120일의 출산전후휴가를 주어야 한다. 근기법 제74조 제1항 전문

④ 사업주는 출산전후휴가 종료 후에는 휴가 전과 동일한 업무 또는 동등한 수준의 임금을 지급하는 직무에 복귀시켜야 한다. 근기법 제74조 제6항

⑤ 사용자는 1일 근로시간이 8시간인 임신 후 36주 이후에 있는 여성 근로자가 1일 2시간의 근로시간 단축을 신청하는 경우 이를 허용하여야 한다.

> 사용자는 임신 후 12주 이내 또는 <u>36주 이후에 있는 여성 근로자가 1일 2시간의 근로시간 단축을 신청하는 경우 이를 허용하여야</u> 한다. 다만, 1일 근로시간이 8시간 미만인 근로자에 대하여는 1일 근로시간이 6시간이 되도록 근로시간 단축을 허용할 수 있다(근기법 제74조 제7항).

08 근로기준법상 직장 내 괴롭힘에 관한 설명으로 옳지 않은 것은?

① 사용자는 직장 내 괴롭힘 발생 사실을 인지한 경우에는 지체 없이 당사자 등을 대상으로 그 사실 확인을 위하여 객관적으로 조사를 실시하여야 한다.

> 사용자는 직장 내 괴롭힘 발생 사실에 대한 신고를 접수하거나 직장 내 괴롭힘 발생 사실을 인지한 경우에는 지체 없이 당사자 등을 대상으로 그 사실 확인을 위하여 객관적으로 조사를 실시하여야 한다(근기법 제76조의 3 제2항).

❷ 사용자는 조사 기간 동안 직장 내 괴롭힘과 관련하여 피해를 입은 근로자를 보호하기 위하여 행위자에 대하여 근무장소의 변경 조치를 하여야 한다.

> 사용자는 조사 기간 동안 직장 내 괴롭힘과 관련하여 피해를 입은 근로자 또는 피해를 입었다고 주장하는 근로자를 보호하기 위하여 필요한 경우 해당 피해근로자등에 대하여 근무장소의 변경, 유급휴가 명령 등 적절한 조치를 하여야 한다(근기법 제76조의3 제3항 전문).

③ 직장 내 괴롭힘 발생 사실을 조사한 사람은 해당 조사 과정에서 알게 된 비밀을 피해 근로자등의 의사에 반하는 경우에도 관계 기관의 요청에 따라 필요한 정보를 제공할 수 있다.

> 직장 내 괴롭힘 발생 사실을 조사한 사람, 조사 내용을 보고받은 사람 및 그 밖에 조사 과정에 참여한 사람은 해당 조사 과정에서 알게 된 비밀을 피해근로자등의 의사에 반하여 다른 사람에게 누설하여서는 아니 된다. 다만, 조사와 관련된 내용을 사용자에게 보고하거나 관계 기관의 요청에 따라 필요한 정보를 제공하는 경우는 제외한다(근기법 제76조의3 제7항).

④ 근로자는 직장에서의 지위 또는 관계 등의 우위를 이용하여 업무상 적정범위를 넘어 다른 근로자에게 신체적·정신적 고통을 주거나 근무환경을 악화시키는 행위를 하여서는 아니 된다.

> 🏛 근기법 제76조의2

⑤ 사용자가 직장 내 괴롭힘의 금지를 위반하여 직장 내 괴롭힘을 한 경우에는 1천만원 이하의 과태료를 부과한다.

> 사용자(사용자의 민법상 친족 중 대통령령으로 정하는 사람이 해당 사업 또는 사업장의 근로자인 경우를 포함)가 직장 내 괴롭힘을 한 경우에는 1천만원 이하의 과태료를 부과한다(근기법 제116조 제1항).

09 근로기준법상 근로시간에 관한 설명으로 옳은 것은?

① 3개월 이내의 탄력적 근로시간제에 따라 근로자를 근로시킬 경우에는 근로일 종료 후 다음 근로일 개시 전까지 근로자에게 연속하여 11시간 이상의 휴식 시간을 주어야 한다.

> 사용자는 3개월을 초과하는 탄력적 근로시간제에 따라 근로자를 근로시킬 경우에는 근로일 종료 후 다음 근로일 개시 전까지 근로자에게 연속하여 11시간 이상의 휴식 시간을 주어야 한다(근기법 제51조의2 제2항).

② 3개월 이내의 탄력적 근로시간제에 따라 근로자를 근로시킬 경우에는 기존의 임금수준이 낮아지지 않도록 임금보전방안을 강구하여 고용노동부장관에게 신고하여야 한다.

> 사용자는 3개월을 초과하는 탄력적 근로시간제에 따라 근로자를 근로시킬 경우에는 기존의 임금 수준이 낮아지지 아니하도록 임금항목을 조정 또는 신설하거나 가산임금 지급 등의 임금보전방안(賃金補塡方案)을 마련하여 고용노동부장관에게 신고하여야 하나, 3개월 이내의 탄력적 근로시간제에서는 기존의 임금 수준이 낮아지지 아니하도록 임금보전방안(賃金補塡方案)을 강구하는 것으로 족하다(근기법 제51조의2 제5항, 제51조 제4항 참조).

❸ 3개월 이내의 탄력적 근로시간제는 15세 이상 18세 미만의 근로자에 대하여는 적용하지 아니한다.

> 3개월 이내의 탄력적 근로시간제는 15세 이상 18세 미만의 근로자와 임신 중인 여성 근로자에 대하여는 적용하지 아니한다(근기법 제51조 제3항).

④ 3개월을 초과하는 탄력적 근로시간제에 있어 업무량 급증의 불가피한 사유가 발생한 때에는 근로자대표와의 합의를 거쳐 단위기간의 주별 근로시간을 변경해야 한다.

> 사용자는 근로자대표와의 서면 합의 당시에는 예측하지 못한 천재지변, 기계 고장, 업무량 급증 등 불가피한 사유가 발생한 때에는 3개월을 초과하고 6개월 이내의 일정한 기간인 단위기간 내에서 평균하여 1주간의 근로시간이 유지되는 범위에서 근로자대표와의 협의를 거쳐 단위기간의 주별 근로시간을 변경할 수 있다(근기법 제51조의2 제4항).

⑤ 15세 이상 18세 미만인 사람의 근로시간은 1일에 6시간, 1주에 30시간을 초과하지 못한다.

> 15세 이상 18세 미만인 사람의 근로시간은 1일에 7시간, 1주에 35시간을 초과하지 못한다(근기법 제69조 본문).

관계법령

3개월 이내의 탄력적 근로시간제(근기법 제51조)
① 사용자는 취업규칙(취업규칙에 준하는 것을 포함)에서 정하는 바에 따라 2주 이내의 일정한 단위기간을 평균하여 1주간의 근로시간이 제50조 제1항의 근로시간을 초과하지 아니하는 범위에서 특정한 주에 제50조 제1항의 근로시간을, 특정한 날에 제50조 제2항의 근로시간을 초과하여 근로하게 할 수 있다. 다만, 특정한 주의 근로시간은 48시간을 초과할 수 없다.
③ 제1항과 제2항은 15세 이상 18세 미만의 근로자와 임신 중인 여성 근로자에 대하여는 적용하지 아니한다.
④ 사용자는 제1항 및 제2항에 따라 근로자를 근로시킬 경우에는 기존의 임금 수준이 낮아지지 아니하도록 임금보전방안(賃金補塡方案)을 강구하여야 한다.

3개월을 초과하는 탄력적 근로시간제(근기법 제51조의2)
① 사용자는 근로자대표와의 서면 합의에 따라 다음 각 호의 사항을 정하면 3개월을 초과하고 6개월 이내의 단위기간을 평균하여 1주간의 근로시간이 제50조 제1항의 근로시간을 초과하지 아니하는 범위에서 특정한 주에 제50조 제1항의 근로시간을, 특정한 날에 제50조 제2항의 근로시간을 초과하여 근로하게 할 수 있다. 다만, 특정한 주의 근로시간은 52시간을, 특정한 날의 근로시간은 12시간을 초과할 수 없다.
  1. 대상 근로자의 범위
  2. 단위기간(3개월을 초과하고 6개월 이내의 일정한 기간으로 정하여야 한다)
  3. 단위기간의 주별 근로시간
  4. 그 밖에 대통령령으로 정하는 사항
② 사용자는 제1항에 따라 근로자를 근로시킬 경우에는 근로일 종료 후 다음 근로일 개시 전까지 근로자에게 연속하여 11시간 이상의 휴식 시간을 주어야 한다. 다만, 천재지변 등 대통령령으로 정하는 불가피한 경우에는 근로자대표와의 서면 합의가 있으면 이에 따른다.
④ 사용자는 제1항에 따른 근로자대표와의 서면 합의 당시에는 예측하지 못한 천재지변, 기계 고장, 업무량 급증 등 불가피한 사유가 발생한 때에는 제1항 제2호에 따른 단위기간 내에서 평균하여 1주간의 근로시간이 유지되는 범위에서 근로자대표와의 협의를 거쳐 제1항 제3호의 사항을 변경할 수 있다. 이 경우 해당 근로자에게 변경된 근로일이 개시되기 전에 변경된 근로일별 근로시간을 통보하여야 한다.
⑤ 사용자는 제1항에 따라 근로자를 근로시킬 경우에는 기존의 임금 수준이 낮아지지 아니하도록 임금항목을 조정 또는 신설하거나 가산임금 지급 등의 임금보전방안(賃金補塡方案)을 마련하여 고용노동부장관에게 신고하여야 한다. 다만, 근로자대표와의 서면합의로 임금보전방안을 마련한 경우에는 그러하지 아니하다.

10 근로기준법령상 임금에 관한 설명으로 옳지 않은 것은?(다툼이 있으면 판례에 따름)

☑ 확인
Check!
○
△
×

❶ 근로자가 임금채권을 양도한 경우 양수인이 스스로 사용자에 대하여 임금의 지급을 청구할 수 있다.

> 근로기준법 제43조 제1항에서 임금직접지급의 원칙을 규정하는 한편 동법 제109조에서 그에 위반하는 자는 처벌을 하도록 하는 규정을 두어 그 이행을 강제하고 있는 취지가 임금이 확실하게 근로자 본인의 수중에 들어가게 하여 그의 자유로운 처분에 맡기고 나아가 근로자의 생활을 보호하고자 하는데 있는 점에 비추어 보면 근로자가 그 임금채권을 양도한 경우라 할지라도 그 임금의 지급에 관하여는 같은 원칙이 적용되어 사용자는 직접 근로자에게 임금을 지급하지 아니하면 안되는 것이고 그 결과 비록 양수인이라고 할지라도 스스로 사용자에 대하여 임금의 지급을 청구할 수는 없다(대판 1988.12.13. 87다카2803[전합]).

② 사용자가 근로자의 임금지급에 갈음하여 사용자가 제3자에 대하여 가지는 채권을 근로자에게 양도하기로 하는 약정은 전부 무효임이 원칙이다.

> 임금은 법령 또는 단체협약에 특별한 규정이 있는 경우를 제외하고는 통화로 직접 근로자에게 전액을 지급하여야 한다(근로기준법 제43조 제1항). 따라서 사용자가 근로자의 임금지급에 갈음하여 사용자가 제3자에 대하여 가지는 채권을 근로자에게 양도하기로 하는 약정은 전부 무효임이 원칙이다. 다만 당사자 쌍방이 위와 같은 무효를 알았더라면 임금의 지급에 갈음하는 것이 아니라 지급을 위하여 채권을 양도하는 것을 의욕하였으리라고 인정될 때에는 무효행위 전환의 법리(민법 제138조)에 따라 그 채권양도 약정은 '임금의 지급을 위하여 한 것'으로서 효력을 가질 수 있다(대판 2012.3.29. 2011다101308).

③ 사용자가 근로자에게 퇴직금 명목으로 지급한 금원 상당의 부당이득반환채권을 자동채권으로 하여 근로자의 퇴직금채권을 상계하는 것은 퇴직금채권의 2분의 1을 초과하는 부분에 해당하는 금액에 관하여만 허용된다.

> 근로기준법 제43조 제1항 본문에 의하면 임금은 통화로 직접 근로자에게 그 전액을 지급하여야 하므로 사용자가 근로자에 대하여 가지는 채권으로써 근로자의 임금채권이나 퇴직금과 상계를 하지 못하는 것이 원칙이다. 다만 사용자가 근로자에게 이미 퇴직금 명목의 금원을 지급하였으나 그것이 퇴직금 지급으로서의 효력이 없어 사용자가 같은 금원 상당의 부당이득반환채권을 갖게 된 경우에 이를 자동채권으로 하여 근로자의 퇴직금채권과 상계할 수 있다고 보아야 한다. 한편, 민사집행법 제246조 제1항 제5호는 근로자인 채무자의 생활 보장이라는 공익적, 사회정책적 이유에서 '퇴직금 그 밖에 이와 비슷한 성질을 가진 급여채권의 2분의 1에 해당하는 금액'을 압류금지채권으로 규정하고 있고, 민법 제497조는 압류금지채권의 채무자는 상계로 채권자에게 대항하지 못한다고 규정하고 있으므로, 사용자가 근로자에게 퇴직금 명목으로 지급한 금원 상당의 부당이득반환채권을 자동채권으로 하여 근로자의 퇴직금채권을 상계하는 것은 퇴직금채권의 2분의 1을 초과하는 부분에 해당하는 금액에 관하여만 허용된다고 봄이 상당하다(대판 2010.5.20. 2007다90760[전합]).

④ 근로기준법에서 정한 통상임금에 산입될 수당을 통상임금에서 제외하기로 하는 노사 간의 합의는 근로기준법에서 정한 기준과 전체적으로 비교하여 그에 미치지 못하는 근로조건이 포함된 부분에 한하여 무효로 된다.

> 근로기준법 제15조는 제1항, 제2항은 근로기준법의 목적을 달성하기 위하여 개별적 노사 간의 합의라는 형식을 빌려 근로자로 하여금 근로기준법에서 정한 기준에 미치지 못하는 근로조건을 감수하도록 하는 것을 저지함으로써 근로자에게 실질적으로 최소한의 근로조건을 유지시켜 주기 위한 것이다. 이러한 위 각 규정의 문언과 취지에 비추어 보면, 근로기준법에서 정한 통상임금에 산입될 수당을 통상임금에서 제외하기로 하는 노사 간의 합의는 그 전부가 무효가 되는 것이 아니라, 근로기준법에서 정한 기준과 전체적으로 비교하여 그에 미치지 못하는 근로조건이 포함된 부분에 한하여 무효로 된다(대판 2019.11.28. 2019다261084).

2024년 / 2023년 / 2022년 / 2021년 / 2020년

⑤ 근로자가 퇴직하여 더 이상 근로계약 관계에 있지 않은 상황에서 퇴직 시 발생한 퇴직금청구권을 나중에 포기하는 것은 허용된다.

> 최종 퇴직 시 발생하는 퇴직금청구권을 미리 포기하는 것은 강행법규인 근로기준법, 근로자퇴직급여 보장법에 위반되어 무효이다. 그러나 <u>근로자가 퇴직하여 더 이상 근로계약관계에 있지 않은 상황에서 퇴직 시 발생한 퇴직금청구권을 나중에 포기하는 것은 허용되고</u>, 이러한 약정이 강행법규에 위반된다고 볼 수 없다(대판 2018.7.12. 2018다21821).

11 근로기준법령상 연차 유급휴가에 관한 설명으로 옳지 않은 것은?(다툼이 있으면 판례에 따름)

① 사용자는 1년간 80퍼센트 미만 출근한 근로자에게 1개월 개근 시 1일의 유급휴가를 주어야 한다.

> 사용자는 계속하여 근로한 기간이 1년 미만인 근로자 또는 <u>1년간 80퍼센트 미만 출근한 근로자에게 1개월 개근 시 1일의 유급휴가를 주어야</u> 한다(근기법 제60조 제1항).

② 연차 휴가기간에 지급하여야 하는 임금은 유급휴가를 주기 전이나 준 직후의 임금지급일에 지급하여야 한다. 🔖 근기법 시행령 제33조

③ 근로자가 업무상 재해 등의 사정으로 말미암아 연차휴가를 사용할 해당 연도에 전혀 출근하지 못한 경우라 하더라도 이미 부여받은 연차휴가를 사용하지 않은 데 따른 연차휴가수당은 청구할 수 있다.

> 연차휴가를 사용할 권리 혹은 연차휴가수당 청구권은 근로자가 전년도에 출근율을 충족하면서 근로를 제공하면 당연히 발생하는 것으로서, 연차휴가를 사용할 해당 연도가 아니라 그 전년도 1년간의 근로에 대한 대가에 해당한다. 따라서 <u>근로자가 업무상 재해 등의 사정으로 말미암아 연차휴가를 사용할 해당 연도에 전혀 출근하지 못한 경우라 하더라도</u>, 이미 부여받은 연차휴가를 사용하지 않은 데 따른 <u>연차휴가수당은 청구할 수 있다.</u> 이러한 연차휴가수당의 청구를 제한하는 내용의 단체협약이나 취업규칙은 근로기준법에서 정하는 기준에 미치지 못하는 근로조건을 정한 것으로서, 효력이 없다(대판 2017.5.17. 2014다232296).

④ 사용자는 근로자대표와의 서면 합의에 따라 연차 유급휴가일을 갈음하여 특정한 근로일에 근로자를 휴무시킬 수 있다. 🔖 근기법 제62조

❺ 근로자가 업무상 재해로 휴업한 기간은 소정근로일수와 출근일수에 모두 제외시켜 출근율을 계산하여야 한다.

> 근로기준법 제60조 제6항 제1호는 위와 같이 출근율을 계산할 때 근로자가 업무상의 부상 또는 질병(이하 '업무상 재해')으로 휴업한 기간은 출근한 것으로 간주하도록 규정하고 있다. 이는 근로자가 업무상 재해 때문에 근로를 제공할 수 없었음에도 업무상 재해가 없었을 경우보다 적은 연차휴가를 부여받는 불이익을 방지하려는 데에 취지가 있다. 그러므로 <u>근로자가 업무상 재해로 휴업한 기간은 장단(장단)을 불문하고 소정근로일수와 출근일수에 모두 포함시켜 출근율을 계산하여야</u> 한다. 설령 그 기간이 1년 전체에 걸치거나 소정근로일수 전부를 차지한다고 하더라도, 이와 달리 볼 아무런 근거나 이유가 없다(대판 2017.5.17. 2014다232296).

12 근로기준법 위반사항 중 피해자의 명시적인 의사와 다르게 공소를 제기할 수 없는 경우는 몇 개인가?

- 근로자에게 1주에 평균 1회 이상의 유급휴일을 보장하지 않는 경우
- 사용자의 귀책사유로 휴업하면서 휴업수당을 지급하지 않는 경우
- 연장·야간·휴일근로에 대한 가산수당을 지급하지 않는 경우
- 친권자나 후견인이 미성년자의 근로계약을 대리하는 경우
- 근로자를 즉시 해고하면서 해고예고수당을 지급하지 않는 경우

① 1개   ❷ 2개
③ 3개   ④ 4개
⑤ 5개

반의사불벌죄는 원칙적으로 공소제기가 가능하나 피해자가 처벌을 원하지 않는다는 의사를 명백하게 한 경우에는 소추가 불가능한 범죄를 말한다. 사용자가 근로자가 사망 또는 퇴직하여 그 지급 사유가 발생한 때부터 14일 이내에 임금 등의 금품을 지급하지 아니한 경우(근기법 제36조), 사용자가 임금지급의 원칙에 위반한 경우(근기법 제43조), 직상 수급인이 하수급인과 연대하여 지급할 임금지급 책임을 부담하지 아니하는 경우(근기법 제44조, 제44조의2), 사용자의 귀책사유로 휴업하면서 휴업수당을 지급하지 않는 경우(근기법 제46조), 사용자가 3개월 이내의 탄력적 근로시간제, 3개월을 초과하는 탄력적 근로시간제에 따른 단위기간 중 근로자가 근로한 기간이 그 단위기간보다 짧은 경우 가산임금을 지급하지 아니하는 경우(근기법 제51조의3), 1개월을 초과하는 정산기간을 정하는 선택적 근로시간제에서 가산임금을 지급하지 아니하는 경우(근기법 제52조 제2항 제2호), 연장·야간·휴일근로에 대한 가산수당을 지급하지 않는 경우(근기법 제56조) 등이 피해자의 명시적인 의사와 다르게 공소를 제기할 수 없는 반의사불벌죄에 해당한다(근기법 제109조 제2항 참조).

13 근로기준법상 취업규칙 불이익 변경에 관한 설명으로 옳지 않은 것은?(다툼이 있으면 판례에 따름)

① 취업규칙의 개정이 근로자들에게 불이익하게 변경된 것인지는 취업규칙의 개정이 이루어진 시점을 기준으로 판단하여야 한다. **대판 2022.10.14. 2022다245518**

② 근로조건이 이원화되어 있어 변경된 취업규칙이 적용되어 직접적으로 불이익을 받게 되는 근로자 집단 이외에 변경된 취업규칙의 적용이 예상되는 근로자 집단이 없는 경우에는 변경된 취업규칙이 적용되어 불이익을 받는 근로자 집단만이 동의주체가 된다.

> 여러 근로자 집단이 하나의 근로조건 체계 내에 있어 비록 취업규칙의 불이익변경 시점에는 어느 근로자 집단만이 직접적인 불이익을 받더라도 다른 근로자 집단에게도 변경된 취업규칙의 적용이 예상되는 경우에는 일부 근로자 집단은 물론 장래 변경된 취업규칙 규정의 적용이 예상되는 근로자 집단을 포함한 근로자 집단이 동의 주체가 되고, 그렇지 않고 근로조건이 이원화되어 있어 변경된 취업규칙이 적용되어 직접적으로 불이익을 받게 되는 근로자 집단 이외에 변경된 취업규칙의 적용이 예상되는 근로자 집단이 없는 경우에는 변경된 취업규칙이 적용되어 불이익을 받는 근로자 집단만이 동의주체가 된다(대판 2009.5.28. 2009두2238).

❸ 취업규칙이 근로자의 동의 없이 불이익하게 변경된 후에 이루어진 자의에 따른 사직 및 재입사로 근로관계가 단절된 근로자에 대하여 재입사 후 적용되는 취업규칙은 변경 전 취업규칙이다.

> 보수규정이 근로자 집단의 동의 없이 불이익하게 변경될 당시 청원경찰로 근무하던 근로자가 다른 직종으로의 전직을 위하여 자유로운 의사에 따라 청원경찰을 사직하고 그 다음 날 신규채용 형식으로 고용원으로 재입사함으로써 근로관계가 단절된 경우, 그 재입사 당시 시행중인 법규적 효력을 가진 취업규칙은 개정된 보수규정이므로 재입사 후의 근속기간에 적용되는 보수규정은 개정된 보수규정이며, 그 근로자의 최초 입사일이 근로자 집단의 동의 없이 불이익하게 변경된 보수규정의 개정 이전이라고 하여 이와 달리 볼 것은 아니다(대판 1996.10.15. 95다53188). 따라서 이러한 판례의 취지를 고려할 때 재입사한 근로자에게 재입사 후 적용되는 취업규칙은 변경 후의 취업규칙이라고 보아야 한다.

④ 근로자의 동의를 얻지 않은 취업규칙 불이익변경의 경우 그 변경으로 기득이익이 침해되는 기존의 근로자에게는 종전 취업규칙의 효력이 그대로 유지되지만, 변경 후에 근로관계를 갖게 된 근로자에게는 변경된 취업규칙이 적용된다.

> 사용자가 취업규칙에서 정한 근로조건을 근로자에게 불리하게 변경할 때 근로자의 동의를 얻지 않은 경우에 그 변경으로 기득이익이 침해되는 기존의 근로자에 대한 관계에서는 종전 취업규칙의 효력이 그대로 유지되지만, 변경된 취업규칙에 따른 근로조건을 수용하고 근로관계를 갖게 된 근로자에 대한 관계에서는 당연히 변경된 취업규칙이 적용되고, 기득이익의 침해라는 효력배제사유가 없는 변경 후 취업근로자에 대해서까지 변경의 효력을 부인하여 종전 취업규칙이 적용되어야 한다고 볼 수는 없다(대판 2022.10.14. 2022다245518).

⑤ 취업규칙 불이익 변경 시 근로자 과반수로 구성된 노동조합이 없는 때에는 근로자들의 회의 방식에 의한 과반수 동의가 필요하다.

> 취업규칙의 작성·변경에 관한 권한은 원칙적으로 사용자에게 있으므로 사용자는 그 의사에 따라서 취업규칙을 작성·변경할 수 있고, 다만 취업규칙의 변경에 의하여 기존 근로조건의 내용을 일방적으로 근로자에게 불이익하게 변경하려면 종전 취업규칙의 적용을 받고 있던 근로자 집단의 집단적 의사결정방법에 의한 동의를 요한다고 할 것인바, 그 동의방법은 근로자 과반수로 조직된 노동조합이 있는 경우에는 그 노동조합의, 그와 같은 노동조합이 없는 경우에는 근로자들의 회의방식에 의한 과반수의 동의가 있어야 하고, 여기서 말하는 근로자의 과반수라 함은 기존 취업규칙의 적용을 받는 근로자 집단의 과반수를 뜻한다(대판 2008.2.29. 2007다85997).

14

기간제 및 단시간근로자 보호 등에 관한 법령상 사용기간의 제한과 관련된 설명으로 옳지 않은 것은?(다툼이 있으면 판례에 따름)

① 사용자의 부당한 갱신거절로 인해 근로자가 실제로 근로를 제공하지 못한 기간도 계약갱신에 대한 정당한 기대권이 존속하는 범위에서는 기간제 및 단시간근로자 보호 등에 관한 법률에서 정한 2년의 사용제한기간에 포함된다.

> 기간제법의 기간제근로자 보호 취지, 사용자의 부당한 갱신거절로 인한 효과 등을 고려하면, 사용자의 부당한 갱신거절로 인해 근로자가 실제로 근로를 제공하지 못한 기간도 계약갱신에 대한 정당한 기대권이 존속하는 범위에서는 기간제법 제4조 제2항에서 정한 2년의 사용제한기간에 포함된다고 보아야 한다(대판 2018.6.19. 2013다85523).

❷ 사용자는 4주 동안을 평균하여 1주 동안의 소정근로시간이 15시간 미만인 근로자를 2년을 초과하여 기간제근로자로 사용할 수 없다.

> 사용자가 4주 동안(4주 미만으로 근로하는 경우에는 그 기간)을 평균하여 1주 동안의 소정근로시간이 15시간 미만에 해당하는 등 1주 동안의 소정근로시간이 뚜렷하게 짧은 단시간근로자를 사용하는 경우에는 2년을 초과하여 기간제근로자로 사용할 수 있다(기단법 제4조 제1항 제6호, 동법 시행령 제3조 제3항 제6호).

③ 사용자는 외국에서 수여받은 박사 학위를 소지하고 해당 분야에 종사하는 근로자를 2년을 초과하여 기간제근로자로 사용할 수 있다. 🎓 기단법 제4조 제1항 제5호, 동법 시행령 제3조 제1항 제1호

④ 사용자는 기간의 정함이 없는 근로계약을 체결하고자 하는 경우에는 해당 사업 또는 사업장의 동종 또는 유사한 업무에 종사하는 기간제근로자를 우선적으로 고용하도록 노력하여야 한다.
🎓 기단법 제5조

⑤ 기간제 및 단시간근로자 보호 등에 관한 법률은 총 사용기간을 2년으로 제한할 뿐 그 기간 중에 반복갱신의 횟수는 제한하고 있지 않다.

> 사용자는 기간제 근로계약의 반복갱신 등의 경우에는 그 계속근로한 총기간이 2년을 초과하지 아니하는 범위 안에서 기간제근로자를 사용할 수 있다. 그러나 그 범위 안에서의 반복갱신의 횟수는 제한하고 있지 않다(기단법 제4조 제1항 참조).

관계법령

기간제근로자의 사용(기단법 제4조)
① 사용자는 2년을 초과하지 아니하는 범위 안에서(기간제 근로계약의 반복갱신 등의 경우에는 그 계속근로한 총기간이 2년을 초과하지 아니하는 범위 안에서) 기간제근로자를 사용할 수 있다. 다만, 다음 각 호의 어느 하나에 해당하는 경우에는 2년을 초과하여 기간제근로자로 사용할 수 있다.
1. 사업의 완료 또는 특정한 업무의 완성에 필요한 기간을 정한 경우
2. 휴직·파견 등으로 결원이 발생하여 해당 근로자가 복귀할 때까지 그 업무를 대신할 필요가 있는 경우
3. 근로자가 학업, 직업훈련 등을 이수함에 따라 그 이수에 필요한 기간을 정한 경우
4. 고령자고용촉진법 제2조 제1호의 고령자와 근로계약을 체결하는 경우
5. 전문적 지식·기술의 활용이 필요한 경우와 정부의 복지정책·실업대책 등에 따라 일자리를 제공하는 경우로서 대통령령으로 정하는 경우
6. 그 밖에 제1호부터 제5호까지에 준하는 합리적인 사유가 있는 경우로서 대통령령으로 정하는 경우

15 기간제 및 단시간근로자 보호 등에 관한 법률에 관한 내용으로 옳지 않은 것은?

① 사용자는 가사를 이유로 근로자가 단시간근로를 신청하는 때에는 해당 근로자를 단시간근로자로 전환하도록 노력하여야 한다.

> 사용자는 가사, 학업 그 밖의 이유로 근로자가 단시간근로를 신청하는 때에는 해당 근로자를 단시간근로자로 전환하도록 노력하여야 한다(기단법 제7조 제2항).

② 단시간근로자의 동의를 받으면 소정근로시간을 초과하여 근로를 하게 할 수 있으나, 1주 12시간을 초과할 수는 없다.

> 사용자는 단시간근로자에 대하여 근로기준법 제2조의 소정근로시간을 초과하여 근로하게 하는 경우에는 해당 근로자의 동의를 얻어야 한다. 이 경우 1주간에 12시간을 초과하여 근로하게 할 수 없다(기단법 제6조 제1항).

③ 사업장에서 기간제 및 단시간근로자 보호 등에 관한 법률을 위반한 사실이 있는 경우 근로자는 그 사실을 고용노동부장관 또는 근로감독관에게 통지할 수 있다. 　기단법 제18조

❹ 기간제근로자와 근로계약을 체결할 때 근로계약기간 등 근로조건의 서면명시를 하지 않으면 500만원 이하의 벌금에 처한다.

기간제근로자와 근로계약을 체결할 때 근로계약기간 등 근로조건을 서면으로 명시하지 아니한 자에게는 <u>500만원 이하의 과태료를 부과한다</u>(기단법 제24조 제2항 제2호).

⑤ 사용자는 단시간근로자와 근로계약을 체결하는 때에는 근로일 및 근로일별 근로시간을 서면으로 명시하여야 한다. **법** 기단법 제17조 단서

16

남녀고용평등과 일·가정 양립 지원에 관한 법률상 분쟁의 예방과 해결에 관한 설명으로 옳지 않은 것은?

① 근로자가 노동위원회에 차별적 처우등의 시정신청을 하는 경우에는 차별적 처우등의 내용을 구체적으로 명시하여야 한다. **법** 고평법 제26조 제2항

❷ 노동위원회는 확정된 시정명령에 대하여 사업주에게 이행상황을 제출할 것을 요구할 수 있다.

<u>고용노동부장관</u>은 확정된 시정명령에 대하여 사업주에게 이행상황을 제출할 것을 요구할 수 있다(고평법 제29조의4 제1항).

③ 노동위원회는 사업주의 차별적 처우등이 반복되는 경우에는 손해액을 기준으로 3배를 넘지 아니하는 범위에서 배상을 명령할 수 있다.

노동위원회는 사업주의 차별적 처우등에 명백한 고의가 인정되거나 차별적 처우등이 반복되는 경우에는 <u>그 손해액을 기준으로 3배를 넘지 아니하는 범위에서 배상을 명령할 수 있다</u>(고평법 제29조의2 제2항 단서).

④ 고용노동부장관은 사업주가 차별적 처우를 한 경우에는 그 시정을 요구할 수 있다.

법 고평법 제29조의5 제1항

⑤ 근로자는 사업주로부터 차별적 처우등을 받은 경우 노동위원회에 차별적 처우등을 받은 날(차별적 처우등이 계속되는 경우에는 그 종료일)부터 6개월 이내에 그 시정을 신청할 수 있다.

근로자는 사업주로부터 차별적 처우 등을 받은 경우 노동위원회에 그 시정을 신청할 수 있다. 다만, <u>차별적 처우등을 받은 날(차별적 처우등이 계속되는 경우에는 그 종료일)부터 6개월이 지난 때에는 그러하지 아니하다</u>(고평법 제26조 제1항).

17

☑ 확인
Check!
○
△
×

남녀고용평등과 일·가정 양립 지원에 관한 법률상 가족돌봄 등을 위한 근로시간 단축에 관한 설명으로 옳지 않은 것은?

① 사업주는 근로시간 단축을 하고 있는 근로자가 명시적으로 청구하는 경우에는 단축된 근로시간 외에 주 12시간 이내에서 연장근로를 시킬 수 있다.

> 사업주는 근로시간 단축을 하고 있는 근로자에게 단축된 근로시간 외에 연장근로를 요구할 수 없다. 다만, 그 근로자가 명시적으로 청구하는 경우에는 사업주는 주 12시간 이내에서 연장근로를 시킬 수 있다(고평법 제22조의4 제3항).

② 사업주가 해당 근로자에게 근로시간단축을 허용하는 경우 단축 후 근로시간은 주당 15시간 이상이어야 하고 30시간을 넘어서는 아니 된다. ⚖ 고평법 제22조의3 제3항

③ 근로자는 근로자의 학업을 위한 경우에는 근로시간 단축의 기간을 연장할 수 없다.

> 근로시간 단축의 기간은 1년 이내로 한다. 다만, 근로자가 가족의 질병, 사고, 노령으로 인하여 그 가족을 돌보기 위한 경우, 근로자 자신의 질병이나 사고로 인한 부상 등의 사유로 자신의 건강을 돌보기 위한 경우, 55세 이상의 근로자가 은퇴를 준비하기 위한 경우 등에 해당하는 근로자는 합리적 이유가 있는 경우에 추가로 2년의 범위 안에서 근로시간 단축의 기간을 연장할 수 있으나, 근로자의 학업을 위한 경우에는 그러하지 아니하다(고평법 제22조의3 제4항 참조).

❹ 사업주가 근로시간 단축을 허용하지 아니하는 경우에는 해당 근로자에게 그 사유를 서면으로 통보하고 그 밖의 조치를 통하여 지원할 수 있는지를 해당 사업장의 근로자대표와 서면으로 협의하여야 한다.

> 사업주가 근로시간 단축을 허용하지 아니하는 경우에는 해당 근로자에게 그 사유를 서면으로 통보하고 휴직을 사용하게 하거나 그 밖의 조치를 통하여 지원할 수 있는지를 해당 근로자와 협의하여야 한다(고평법 제22조의3 제2항).

⑤ 근로시간 단축을 한 근로자의 근로조건은 사업주와 그 근로자 간에 서면으로 정한다.
⚖ 고평법 제22조의4 제2항

관계법령

가족돌봄 등을 위한 근로시간 단축(고평법 제22조의3)
① 사업주는 근로자가 다음 각 호의 어느 하나에 해당하는 사유로 근로시간의 단축을 신청하는 경우에 이를 허용하여야 한다. 다만, 대체인력 채용이 불가능한 경우, 정상적인 사업 운영에 중대한 지장을 초래하는 경우 등 대통령령으로 정하는 경우에는 그러하지 아니하다.
  1. 근로자가 가족의 질병, 사고, 노령으로 인하여 그 가족을 돌보기 위한 경우
  2. 근로자 자신의 질병이나 사고로 인한 부상 등의 사유로 자신의 건강을 돌보기 위한 경우
  3. 55세 이상의 근로자가 은퇴를 준비하기 위한 경우
  4. 근로자의 학업을 위한 경우
② 제1항 단서에 따라 사업주가 근로시간 단축을 허용하지 아니하는 경우에는 해당 근로자에게 그 사유를 서면으로 통보하고 휴직을 사용하게 하거나 그 밖의 조치를 통하여 지원할 수 있는지를 해당 근로자와 협의하여야 한다.
③ 사업주가 제1항에 따라 해당 근로자에게 근로시간 단축을 허용하는 경우 단축 후 근로시간은 주당 15시간 이상이어야 하고 30시간을 넘어서는 아니 된다.
④ 근로시간 단축의 기간은 1년 이내로 한다. 다만, 제1항 제1호부터 제3호까지의 어느 하나에 해당하는 근로자는 합리적 이유가 있는 경우에 추가로 2년의 범위 안에서 근로시간 단축의 기간을 연장할 수 있다.

> **가족돌봄 등을 위한 근로시간 단축 중 근로조건 등(고평법 제22조의4)**
> ① 사업주는 제22조의3에 따라 근로시간 단축을 하고 있는 근로자에게 근로시간에 비례하여 적용하는 경우
>   외에는 가족돌봄 등을 위한 근로시간 단축을 이유로 그 근로조건을 불리하게 하여서는 아니 된다.
> ② 제22조의3에 따라 근로시간 단축을 한 근로자의 근로조건(근로시간 단축 후 근로시간을 포함)은 사업주와
>   그 근로자 간에 서면으로 정한다.
> ③ 사업주는 제22조의3에 따라 근로시간 단축을 하고 있는 근로자에게 단축된 근로시간 외에 연장근로를 요구할
>   수 없다. 다만, 그 근로자가 명시적으로 청구하는 경우에는 사업주는 주 12시간 이내에서 연장근로를 시킬
>   수 있다.

18 파견근로자 보호 등에 관한 법률상 근로기준법의 적용 특례에 관한 설명으로 옳지 않은 것은?

❶ 휴업수당의 지급에 대해서는 사용사업주를 사용자로 본다.
② 근로자 퇴직 시 금품청산에 대해서는 파견사업주를 사용자로 본다.
③ 휴게시간의 부여에 대해서는 사용사업주를 사용자로 본다.
④ 연차유급휴가의 부여에 대해서는 파견사업주를 사용자로 본다.
⑤ 야간근로수당의 지급에 대해서는 파견사업주를 사용자로 본다.

> 파견 중인 근로자의 파견근로에 관하여는 파견사업주 및 사용사업주를 근로기준법 제2조 제1항 제2호의 사용
> 자로 보아 같은 법을 적용한다. 다만, 근로기준법 제36조(근로자 퇴직 시 금품청산), 제46조(휴업수당의 지급),
> 제56조(야간근로수당의 지급), 제60조(연차유급휴가의 부여) 등을 적용할 경우에는 파견사업주를 사용자로
> 보고, 같은 법 제54조(휴게시간의 부여)를 적용할 경우에는 사용사업주를 사용자로 본다(파견법 제34조 제1
> 항).

19 산업안전보건법상 유해·위험 방지 조치 중 사업주의 의무로 명시되어 있지 않은 것은?

① 위험성평가의 실시(산업안전보건법 제36조)
② 공정안전보고서의 작성·제출(산업안전보건법 제44조)
❸ 중대재해 원인조사(산업안전보건법 제56조)
④ 유해위험방지계획서의 작성·제출(산업안전보건법 제42조)
⑤ 안전보건표지의 설치·부착(산업안전보건법 제37조)

> 산안법은 제4장 유해·위험 방지 조치 중 사업주의 의무로 ① 위험성평가의 실시(산안법 제36조), ② 공정안
> 전보고서의 작성·제출(산안법 제44조), ④ 유해위험방지계획서의 작성·제출(산안법 제42조), ⑤ 안전보건
> 표지의 설치·부착(산안법 제37조) 등을 규정하고 있으나, ③ 중대재해 원인조사(산안법 제56조)는 고용노동
> 부장관의 권한으로 규정하고 있다.

20 최저임금법령상 최저임금의 적용을 받는 사용자가 근로자에게 주지시켜야 할 최저임금의 내용을 모두 고른 것은?

> ㄱ. 적용을 받는 근로자의 최저임금액
> ㄴ. 최저임금에 산입하지 아니하는 임금
> ㄷ. 해당 사업에서 최저임금의 적용을 제외할 근로자의 범위
> ㄹ. 최저임금의 효력발생 연월일

① ㄱ, ㄷ
② ㄴ, ㄹ
③ ㄱ, ㄴ, ㄷ
④ ㄱ, ㄴ, ㄹ
❺ ㄱ, ㄴ, ㄷ, ㄹ

ㄱ. 적용을 받는 근로자의 최저임금액, ㄴ. 최저임금에 산입하지 아니하는 임금, ㄷ. 해당 사업에서 최저임금의 적용을 제외할 근로자의 범위, ㄹ. 최저임금의 효력발생 연월일 모두 최임법 제11조, 동법 시행령 제11조 제1항에서 정한 사용자의 주지의무의 내용에 포함된다.

21 외국인근로자의 고용 등에 관한 법률에 관한 설명으로 옳지 않은 것은?

❶ 사용자는 외국인근로자의 귀국 시 필요한 비용에 충당하기 위해 보험 또는 신탁에 가입해야 한다.

외국인근로자는 귀국 시 필요한 비용에 충당하기 위하여 보험 또는 신탁에 가입하여야 한다(외고법 제15조 제1항). 이와 출국만기보험·신탁에 대한 규정은 구별되어야 한다. 즉 외국인근로자를 고용한 사업 또는 사업장의 사용자는 외국인근로자의 출국 등에 따른 퇴직금 지급을 위하여 외국인근로자를 피보험자 또는 수익자로 하는 보험 또는 신탁에 가입하여야 한다(외고법 제13조 제1항).

② 외국인근로자를 고용하려는 자는 직업안정법에 따른 직업안정기관에 우선 내국인 구인 신청을 하여야 한다. 外 외고법 제6조 제1항

③ 외국인근로자는 입국한 후에 국내 취업활동에 필요한 사항을 주지시키기 위하여 실시하는 교육을 받아야 한다.

외국인근로자는 입국한 후에 고용노동부령으로 정하는 기간 이내에 한국산업인력공단 또는 외국인 취업교육기관에서 국내 취업활동에 필요한 사항을 주지(周知)시키기 위하여 실시하는 교육을 받아야 한다(외고법 제11조 제1항).

④ 취업활동 기간이 연장되는 외국인근로자와 사용자는 연장된 취업활동 기간의 범위에서 근로계약을 체결할 수 있다. 外 외고법 제9조 제4항

⑤ 선원법의 적용을 받는 선박에 승무하는 선원 중 대한민국 국적을 가지지 아니한 선원에 대하여는 외국인근로자의 고용 등에 관한 법률을 적용하지 않는다.

이 법은 외국인근로자 및 외국인근로자를 고용하고 있거나 고용하려는 사업 또는 사업장에 적용한다. 다만, 선원법의 적용을 받는 선박에 승무(乘務)하는 선원 중 대한민국 국적을 가지지 아니한 선원 및 그 선원을 고용하고 있거나 고용하려는 선박의 소유자에 대하여는 적용하지 아니한다(외고법 제3조 제1항).

22 근로복지기본법에 따라 근로자의 복지향상을 위한 지원을 할 때 우대될 수 있도록 하여야 하는 근로자를 모두 고른 것은?

☑ 확인
Check!
○
△
×

> ㄱ. 중소·영세기업 근로자
> ㄴ. 저소득근로자
> ㄷ. 장기근속근로자
> ㄹ. 파견근로자 보호 등에 관한 법률에 따른 파견근로자

① ㄱ, ㄴ
② ㄱ, ㄷ
③ ㄱ, ㄴ, ㄹ
④ ㄴ, ㄷ, ㄹ
❺ ㄱ, ㄴ, ㄷ, ㄹ

> 이 법에 따른 근로자의 복지향상을 위한 지원을 할 때에는 **중소·영세기업 근로자**, 기간제근로자, 단시간근로자, **파견근로자**, 하수급인이 고용하는 근로자, **저소득근로자 및 장기근속근로자가 우대될 수 있도록** 하여야 한다(근복법 제3조 제3항).

23 직업안정법에 관한 설명으로 옳은 것은?

☑ 확인
Check!
○
△
×

① 고용노동부장관은 직업안정기관에 직업소개, 직업지도 및 고용정보 제공 등의 업무를 담당하는 민간직업상담원을 배치하여야 한다.

> 고용노동부장관은 직업안정기관에 직업소개, 직업지도 및 고용정보 제공 등의 업무를 담당하는 공무원이 아닌 **직업상담원을 배치할 수 있다**(직안법 제4조의4 제1항).

② 고용노동부장관은 새로 취업하려는 사람에게 직업지도를 하여야 한다.

> **직업안정기관의 장은** 새로 취업하려는 사람에게 직업지도를 하여야 한다(직안법 제14조 제1항 제1호).

❸ 누구든지 국외에 취업할 근로자를 모집한 경우에는 고용노동부장관에게 신고하여야 한다.

> 🎯 직안법 제30조 제1항

④ 고용노동부장관은 무료직업소개사업 경비의 전부 또는 일부를 보조하여야 한다.

> 고용노동부장관은 무료직업소개사업 **경비의 전부 또는 일부를 보조할 수 있다**(직안법 제45조).

⑤ 직업안정기관의 장은 구직신청 내용이 법령을 위반한 경우에도 구직신청의 수리를 거부하여서는 아니 된다.

> 직업안정기관의 장은 구직신청의 수리를 거부하여서는 아니 된다. **다만, 그 신청 내용이 법령을 위반한 경우에는 그러하지 아니하다**(직안법 제9조 제1항).

24 근로자퇴직급여 보장법령상 퇴직급여제도에 관한 설명으로 옳지 않은 것은?

❶ 가입자의 부양가족의 혼례비를 가입자가 부담하는 경우에는 퇴직연금제도의 급여를 받을 권리는 담보로 제공할 수 없다.

> 가입자는 <u>가입자의 부양가족의 대학등록금, 혼례비 또는 장례비를 가입자가 부담하는 경우</u>, 대통령령으로 정하는 한도에서 퇴직연금제도의 급여를 받을 권리를 담보로 제공할 수 있다(근퇴법 제7조 제2항 전문, 동법 시행령 제2조 제1항 제4의2호).

② 무주택자인 가입자가 본인 명의로 주택을 구입하는 경우 가입자별 적립금의 100분의 50 한도에서 퇴직연금제도의 급여를 받을 권리를 담보로 제공할 수 있다.
　🎯 근퇴법 제7조 제2항 전문, 동법 시행령 제2조 제1항 제1호, 제2항 제1호

③ 6개월 이상 요양을 필요로 하는 근로자의 부상의료비를 근로자 본인 연간 임금총액의 1천분의 125를 초과하여 부담하는 경우 퇴직금을 미리 정산하여 지급할 수 있다.
　🎯 근퇴법 제8조 제2항 전문, 동법 시행령 제3조 제1항 제3호 가목

④ 퇴직금을 중간정산하여 지급한 후의 퇴직금 산정을 위한 계속근로기간은 정산시점부터 새로 계산한다.　🎯 근퇴법 제8조 제2항 후문

⑤ 사용자는 퇴직금을 미리 정산하여 지급한 경우 근로자가 퇴직한 후 5년이 되는 날까지 관련 증명서류를 보존하여야 한다.　🎯 근퇴법 시행령 제3조 제2항

관계법령

수급권의 보호(근퇴법 제7조)
② 제1항에도 불구하고 가입자는 <u>주택구입 등 대통령령으로 정하는 사유와 요건을 갖춘 경우</u>에는 대통령령으로 정하는 한도에서 퇴직연금제도의 급여를 받을 권리를 담보로 제공할 수 있다. 이 경우 제26조에 따라 등록한 퇴직연금사업자[중소기업퇴직연금기금제도의 경우 산업재해보상보험법 제10조에 따른 근로복지공단(이하 "공단")]은 제공된 급여를 담보로 한 대출이 이루어지도록 협조하여야 한다.

퇴직금제도의 설정 등(근퇴법 제8조)
② 제1항에도 불구하고 사용자는 <u>주택구입 등 대통령령으로 정하는 사유로 근로자가 요구하는 경우</u>에는 근로자가 퇴직하기 전에 해당 근로자의 계속근로기간에 대한 퇴직금을 미리 정산하여 지급할 수 있다. 이 경우 <u>미리 정산하여 지급한 후의 퇴직금 산정을 위한 계속근로기간은 정산시점부터 새로 계산한다.</u>

퇴직연금제도 수급권의 담보제공 사유 등(근퇴법 시행령 제2조)
① 근로자퇴직급여 보장법(이하 "법") 제7조 제2항 전단에서 "<u>주택구입 등 대통령령으로 정하는 사유와 요건을 갖춘 경우</u>"란 다음 각 호의 어느 하나에 해당하는 경우를 말한다.
  1. <u>무주택자인 가입자가 본인 명의로 주택을 구입하는 경우</u>
  1의2. 무주택자인 가입자가 주거를 목적으로 민법 제303조에 따른 전세금 또는 주택임대차보호법 제3조의2에 따른 보증금을 부담하는 경우. 이 경우 가입자가 하나의 사업 또는 사업장(이하 "사업")에 근로하는 동안 1회로 한정한다.
  2. 가입자가 6개월 이상 요양을 필요로 하는 다음 각 목의 어느 하나에 해당하는 사람의 질병이나 부상에 대한 의료비(소득세법 시행령 제118조의5 제1항 및 제2항에 따른 의료비)를 부담하는 경우
  　가. 가입자 본인
  　나. 가입자의 배우자
  　다. 가입자 또는 그 배우자의 부양가족(소득세법 제50조 제1항 제3호에 따른 부양가족)

3. 담보를 제공하는 날부터 거꾸로 계산하여 5년 이내에 가입자가 채무자 회생 및 파산에 관한 법률에 따라 파산선고를 받은 경우
4. 담보를 제공하는 날부터 거꾸로 계산하여 5년 이내에 가입자가 채무자 회생 및 파산에 관한 법률에 따라 개인회생절차개시 결정을 받은 경우
4의2. 다음 각 목의 어느 하나에 해당하는 사람의 대학등록금, 혼례비 또는 장례비를 가입자가 부담하는 경우
　가. 가입자 본인
　나. 가입자의 배우자
　다. 가입자 또는 그 배우자의 부양가족
5. 사업주의 휴업 실시로 근로자의 임금이 감소하거나 재난(재난 및 안전관리 기본법 제3조 제1호에 따른 재난)으로 피해를 입은 경우로서 고용노동부장관이 정하여 고시하는 사유와 요건에 해당하는 경우
② 법 제7조 제2항 전단에서 "대통령령으로 정하는 한도"란 다음 각 호의 구분에 따른 한도를 말한다.
1. 제1항 제1호, 제1호의2, 제2호부터 제4호까지 및 제4호의2의 경우 : 가입자별 적립금의 100분의 50
2. 제1항 제5호의 경우 : 임금 감소 또는 재난으로 입은 가입자의 피해 정도 등을 고려하여 고용노동부장관이 정하여 고시하는 한도

퇴직금의 중간정산 사유(근퇴법 시행령 제3조)
① 법 제8조 제2항 전단에서 "주택구입 등 대통령령으로 정하는 사유"란 다음 각 호의 경우를 말한다.
1. 무주택자인 근로자가 본인 명의로 주택을 구입하는 경우
2. 무주택자인 근로자가 주거를 목적으로 민법 제303조에 따른 전세금 또는 주택임대차보호법 제3조의2에 따른 보증금을 부담하는 경우. 이 경우 근로자가 하나의 사업에 근로하는 동안 1회로 한정한다.
3. 근로자가 6개월 이상 요양을 필요로 하는 다음 각 목의 어느 하나에 해당하는 사람의 질병이나 부상에 대한 의료비를 해당 근로자가 본인 연간 임금총액의 1천분의 125를 초과하여 부담하는 경우
　가. 근로자 본인
　나. 근로자의 배우자
　다. 근로자 또는 그 배우자의 부양가족
② 사용자는 제1항 각 호의 사유에 따라 퇴직금을 미리 정산하여 지급한 경우 근로자가 퇴직한 후 5년이 되는 날까지 관련 증명 서류를 보존하여야 한다.

25 임금채권보장법령상 대지급금에 관한 설명으로 옳지 않은 것은?

① 퇴직한 근로자의 대지급금을 지급받을 권리는 양도 또는 압류하거나 담보로 제공할 수 없다.
　🏛 임채법 제11조의2 제1항

② 대지급금을 받을 권리가 있는 사람이 부상으로 대지급금을 수령할 수 없는 경우에는 그 가족에게 수령을 위임할 수 있다. 🏛 임채법 제11조의2 제2항, 동법 시행령 제18조의2 제1항

❸ 도산대지급금의 경우 도산등 사실인정이 있는 날부터 1년 이내 고용노동부장관에게 대지급금 지급을 청구해야 한다.

　도산대지급금의 경우 대지급금을 지급받으려는 사람은 파산선고등 또는 도산 등 사실인정이 있는 날부터 2년 이내에 고용노동부장관에게 대지급금의 지급을 청구해야 한다(임채법 시행령 제9조 제1항 제1호).

④ 대지급금수급계좌의 예금에 관한 채권은 압류할 수 없다. 🏛 임채법 제11조의2 제4항

⑤ 재직 근로자에 대한 대지급금은 해당 근로자가 하나의 사업에 근로하는 동안 1회만 지급한다.
　🏛 임채법 제7조의2 제4항

2022년 제31회 정답 및 해설

문제편 030p

✅ 정답 CHECK

✅ 각 문항별로 이해도 CHECK

01	02	03	04	05	06	07	08	09	10	11	12	13	14	15	16	17	18	19	20	21	22	23	24	25
④	⑤	⑤	①	②	②	⑤	③	①	⑤	②	③	③	③	②	①	④	①	④	⑤	③	③	①	④	④

01

☑ 확인
Check!
○
△
×

근로기준법령상 3개월을 초과하는 탄력적 근로시간제에 관한 규정에 따라 사용자와 근로자대표가 서면 합의로 정하는 사항에 해당하지 않는 것은?

① 대상 근로자의 범위
② 단위기간(3개월을 초과하고 6개월 이내의 일정한 기간으로 정하여야 한다)
③ 단위기간의 주별 근로시간
❹ 단위기간의 일별 근로시간

> 단위기간의 일별 근로시간은 3개월을 초과하는 탄력적 근로시간제에 관한 규정에 따라 사용자와 근로자대표가 서면 합의로 정하는 사항에 해당하지 아니한다(근기법 제51조의2, 동법 시행령 제28조의2 제1항).

⑤ 서면 합의의 유효기간

관계법령

3개월을 초과하는 탄력적 근로시간제(근기법 제51조의2)

① 사용자는 근로자대표와의 서면 합의에 따라 다음 각 호의 사항을 정하면 3개월을 초과하고 6개월 이내의 단위기간을 평균하여 1주간의 근로시간이 제50조 제1항의 근로시간을 초과하지 아니하는 범위에서 특정한 주에 제50조 제1항의 근로시간을, 특정한 날에 제50조 제2항의 근로시간을 초과하여 근로하게 할 수 있다. 다만, 특정한 주의 근로시간은 52시간을, 특정한 날의 근로시간은 12시간을 초과할 수 없다.
  1. 대상 근로자의 범위
  2. 단위기간(3개월을 초과하고 6개월 이내의 일정한 기간으로 정하여야 한다)
  3. 단위기간의 주별 근로시간
  4. 그 밖에 대통령령으로 정하는 사항

3개월을 초과하는 탄력적 근로시간제에 관한 합의사항 등(근기법 시행령 제28조의2)

① 법 제51조의2 제1항 제4호에서 "그 밖에 대통령령으로 정하는 사항"이란 서면 합의의 유효기간을 말한다.

02 근로기준법상 직장 내 괴롭힘의 금지 및 발생 시 조치에 관한 설명으로 옳은 것은?

① 근로자에게 신체적·정신적 고통을 주는 행위 외에 근무환경을 악화시키는 행위는 직장 내 괴롭힘에 관한 규정으로 규율되지 아니한다.

> 사용자 또는 근로자는 직장에서의 지위 또는 관계 등의 우위를 이용하여 업무상 적정범위를 넘어 다른 근로자에게 신체적·정신적 고통을 주거나 근무환경을 악화시키는 행위를 하여서는 아니 된다(근기법 제76조의2).

② 직장 내 괴롭힘의 발생 사실을 알게 된 경우 그 피해근로자의 동의가 없으면 누구든지 그 사실을 사용자에게 신고할 수 없다.

> 누구든지 직장 내 괴롭힘 발생 사실을 알게 된 경우 그 사실을 사용자에게 신고할 수 있다(근기법 제76조의3 제1항).

③ 사용자는 직장 내 괴롭힘 사실을 인지하더라도 그 신고의 접수가 없으면 사실 확인을 위한 조사를 실시할 수 없다.

> 사용자는 직장 내 괴롭힘 발생 사실에 대한 신고를 접수하거나 직장 내 괴롭힘 발생 사실을 인지한 경우에는 지체 없이 당사자 등을 대상으로 그 사실 확인을 위하여 객관적으로 조사를 실시하여야 한다(근기법 제76조의3 제2항).

④ 사용자는 조사 결과 직장 내 괴롭힘 발생 사실이 확인된 때에는 피해근로자의 요청과 무관하게 피해근로자의 근무장소 변경, 배치전환 등 적절한 조치를 하여야 한다.

> 사용자는 조사 결과 직장 내 괴롭힘 발생 사실이 확인된 때에는 피해근로자가 요청하면 근무장소의 변경, 배치전환, 유급휴가 명령 등 적절한 조치를 하여야 한다(근기법 제76조의3 제4항).

❺ 사용자는 직장 내 괴롭힘의 피해근로자는 물론 그 발생 사실을 신고한 근로자에게도 해고나 그 밖의 불리한 처우를 하여서는 아니 된다. 🔗 근기법 제76조의3 제6항

03 근로기준법상 근로감독관 등에 관한 설명으로 옳지 않은 것은?

① 근로조건의 기준을 확보하기 위하여 고용노동부와 그 소속 기관에 근로감독관을 둔다.
🔗 근기법 제101조 제1항

② 근로감독관은 사업장을 현장조사하고 장부와 서류의 제출을 요구할 수 있으며 사용자와 근로자에 대하여 심문(尋問)할 수 있다. 🔗 근기법 제102조 제1항

③ 의사인 근로감독관은 취업을 금지하여야 할 질병에 걸릴 의심이 있는 근로자에 대하여 검진할 수 있다. 🔗 근기법 제102조 제2항

④ 근로감독관은 근로감독관을 그만 둔 경우에도 직무상 알게 된 비밀을 엄수하여야 한다.

> 근로감독관은 직무상 알게 된 비밀을 엄수하여야 한다. 근로감독관을 그만 둔 경우에도 또한 같다(근기법 제103조).

❺ 근로기준법에 따른 현장조사, 서류의 제출, 근로감독관의 직무에 관한 범죄 등의 수사는 검사와 근로감독관이 전담하여 수행한다.

> 근로기준법이나 그 밖의 노동 관계 법령에 따른 현장조사, 서류의 제출, 심문 등의 수사는 검사와 근로감독관이 전담하여 수행한다. 다만, 근로감독관의 직무에 관한 범죄의 수사는 그러하지 아니하다(근기법 제105조).

04 근로기준법령상 임금명세서의 기재사항으로 명시된 것을 모두 고른 것은?

☑ 확인
Check!
○
△
×

ㄱ. 임금 총액　　　　　　　　　　ㄴ. 임금지급일
ㄷ. 고용 연월일　　　　　　　　　　ㄹ. 종사하는 업무

❶ ㄱ, ㄴ
③ ㄱ, ㄴ, ㄹ
⑤ ㄱ, ㄴ, ㄷ, ㄹ
② ㄷ, ㄹ
④ ㄴ, ㄷ, ㄹ

ㄱ. 임금 총액, ㄴ. 임금지급일이 임금명세서의 기재사항에 해당한다(근기법 제48조 제2항, 동법 시행령 제27조의2).

관계법령

임금대장 및 임금명세서(근기법 제48조)
① 사용자는 각 사업장별로 임금대장을 작성하고 임금과 가족수당 계산의 기초가 되는 사항, 임금액, 그 밖에 대통령령으로 정하는 사항을 임금을 지급할 때마다 적어야 한다.
② 사용자는 임금을 지급하는 때에는 근로자에게 임금의 구성항목·계산방법, 제43조 제1항 단서에 따라 임금의 일부를 공제한 경우의 내역 등 대통령령으로 정하는 사항을 적은 임금명세서를 서면(전자문서를 포함)으로 교부하여야 한다.

임금명세서의 기재사항(근기법 시행령 제27조의2)
사용자는 법 제48조 제2항에 따른 임금명세서에 다음 각 호의 사항을 적어야 한다.
　1. 근로자의 성명, 생년월일, 사원번호 등 근로자를 특정할 수 있는 정보
　2. 임금지급일
　3. 임금 총액
　4. 기본급, 각종 수당, 상여금, 성과금, 그 밖의 임금의 구성항목별 금액(통화 이외의 것으로 지급된 임금이 있는 경우에는 그 품명 및 수량과 평가총액)
　5. 임금의 구성항목별 금액이 출근일수·시간 등에 따라 달라지는 경우에는 임금의 구성항목별 금액의 계산방법(연장근로, 야간근로 또는 휴일근로의 경우에는 그 시간 수를 포함)
　6. 법 제43조 제1항 단서에 따라 임금의 일부를 공제한 경우에는 임금의 공제 항목별 금액과 총액 등 공제 내역

05 근로기준법령상 재량근로의 대상업무로 명시되지 않은 것은?

① 인문사회과학분야의 연구 업무
❷ **정보처리시스템의 교육 업무**

> 정보처리시스템의 교육 업무는 재량근로의 대상업무에 해당하지 아니한다(근기법 제58조 제3항, 동법 시행령 제31조).

③ 신문 사업에서의 기사의 취재 업무
④ 의복의 디자인 업무
⑤ 영화 제작 사업에서의 프로듀서 업무

관계법령

근로시간 계산의 특례(근기법 제58조)
③ 업무의 성질에 비추어 업무 수행 방법을 근로자의 재량에 위임할 필요가 있는 업무로서 <u>대통령령으로 정하는 업무</u>는 사용자가 근로자대표와 서면 합의로 정한 시간을 근로한 것으로 본다.

재량근로의 대상업무(근기법 시행령 제31조)
법 제58조 제3항 전단에서 "<u>대통령령으로 정하는 업무</u>"란 다음 각 호의 어느 하나에 해당하는 업무를 말한다.
 1. 신상품 또는 신기술의 연구개발이나 <u>인문사회과학</u> 또는 자연과학분야의 연구 업무
 2. <u>정보처리시스템의 설계 또는 분석 업무</u>
 3. <u>신문</u>, 방송 또는 출판 <u>사업에서의 기사의 취재</u>, 편성 또는 편집 업무
 4. <u>의복</u>·실내장식·공업제품·광고 <u>등의 디자인</u> 또는 고안 업무
 5. 방송 프로그램·<u>영화 등의 제작 사업에서의 프로듀서</u>나 감독 <u>업무</u>
 6. 그 밖에 고용노동부장관이 정하는 업무

---

06 근로기준법상 18세 미만인 사람에 관한 설명으로 옳지 않은 것은?

① 사용자는 18세 미만인 사람을 보건상 유해·위험한 사업에 사용하지 못한다.

> 사용자는 임신 중이거나 산후 1년이 지나지 아니한 여성과 <u>18세 미만자를</u> 도덕상 또는 <u>보건상 유해·위험한 사업</u>에 사용하지 못한다(근기법 제65조 제1항).

❷ **사용자는 18세 미만인 사람에 대하여는 그 연령을 증명하는 가족관계기록사항에 관한 증명서 또는 친권자나 후견인의 동의서를 사업장에 갖추어 두어야 한다.**

> 사용자는 <u>18세 미만인 사람에 대하여는</u> 그 연령을 증명하는 <u>가족관계기록사항에 관한 증명서와 친권자 또는 후견인의 동의서를</u> 사업장에 갖추어 두어야 한다(근기법 제66조).

③ 사용자는 18세 미만인 사람과 근로계약을 체결하는 경우에는 법령에 따른 근로조건을 서면으로 명시하여 교부하여야 한다. 🔖 근기법 제67조 제3항

④ 18세 미만인 사람의 근로시간은 당사자 사이의 합의에 따라 1일에 1시간, 1주에 5시간을 한도로 연장할 수 있다. 근기법 제69조

⑤ 18세 미만인 사람의 동의가 있는 경우로서 고용노동부장관의 인가를 받으면 사용자는 18세 미만인 사람을 휴일에 근로시킬 수 있다.

> 사용자는 임산부와 18세 미만자를 오후 10시부터 오전 6시까지의 시간 및 휴일에 근로시키지 못한다. 다만, <u>18세 미만자의 동의가 있는 경우로서 고용노동부장관의 인가를 받으면</u> 그러하지 아니하다(근기법 제70조 제2항 제1호).

07 근로기준법상 근로시간과 휴식에 관한 설명으로 옳은 것은?

① 사용자는 모든 근로자에게 근로시간이 8시간인 경우에는 30분의 휴게시간을 근로시간 도중에 주어야 한다.

> 사용자는 근로시간이 4시간인 경우에는 30분 이상, <u>8시간인 경우에는 1시간 이상의 휴게시간을</u> 근로시간 도중에 주어야 한다(근기법 제54조 제1항).

② 사용자는 근로자에게 매월 평균 1회 이상의 유급휴일을 보장해야 한다.

> 사용자는 근로자에게 <u>1주에 평균 1회 이상의 유급휴일을</u> 보장하여야 한다(근기법 제55조 제1항).

③ 사용자는 근로자에게 대통령령으로 정하는 휴일을 유급으로 보장하여야 하므로 근로자대표와 서면 합의를 하였더라도 특정한 근로일로 대체할 수 없다.

> 사용자는 근로자에게 대통령령으로 정하는 휴일을 유급으로 보장하여야 한다. 다만, <u>근로자대표와 서면으로 합의한 경우</u> 특정한 근로일로 대체할 수 있다(근기법 제55조 제2항).

④ 사용자는 8시간을 초과한 연장근로에 대하여는 통상임금의 100분의 100 이상을 가산하여 지급하여야 한다.

> 사용자는 연장근로에 대하여는 <u>통상임금의 100분의 50 이상을</u> 가산하여 근로자에게 지급하여야 한다(근기법 제56조 제1항).

❺ 사용자는 근로자대표와의 서면 합의에 따라 야간근로에 대하여 임금을 지급하는 것을 갈음하여 휴가를 줄 수 있다.

> 사용자는 근로자대표와의 서면 합의에 따라 연장근로·<u>야간근로</u> 및 휴일근로 등에 대하여 <u>임금을 지급하는 것을 갈음하여 휴가를 줄 수 있다(</u>근기법 제57조).

08 근로기준법상 취업규칙에 관한 설명으로 옳지 않은 것은?(다툼이 있으면 판례에 따름)

① 근로자에게 불이익하게 변경된 취업규칙은 집단적 동의를 받았다고 하더라도 근로자의 개별적 동의가 없는 한 그 취업규칙보다 유리한 근로계약의 내용이 우선하여 적용된다.

> 근로자에게 불리한 내용으로 변경된 취업규칙은 집단적 동의를 받았다고 하더라도 그보다 유리한 근로조건을 정한 기존의 개별 근로계약 부분에 우선하는 효력을 갖는다고 할 수 없다. 이 경우에도 근로계약의 내용은 유효하게 존속하고, 변경된 취업규칙의 기준에 의하여 유리한 근로계약의 내용을 변경할 수 없으며, 근로자의 개별적 동의가 없는 한 취업규칙보다 유리한 근로계약의 내용이 우선하여 적용된다(대판 2019.11.14. 2018다 200709).

② 사용자는 취업규칙의 작성 시 해당 사업 또는 사업장에 근로자의 과반수로 조직된 노동조합이 없는 경우에는 근로자의 과반수의 의견을 들어야 한다. 法 근기법 제94조 제1항 본문

❸ 취업규칙에서 근로자에 대하여 감급(減給)의 제재를 정할 경우에 그 감액은 1회의 금액이 통상임금의 1일분의 2분의 1을, 총액이 1임금지급기의 임금 총액의 5분의 1을 초과하지 못한다.

> 취업규칙에서 근로자에 대하여 감급(減給)의 제재를 정할 경우에 그 감액은 1회의 금액이 평균임금의 1일분의 2분의 1을, 총액이 1임금지급기의 임금 총액의 10분의 1을 초과하지 못한다(근기법 제95조).

④ 표창과 제재에 관한 사항이 없는 취업규칙의 경우 고용노동부장관은 그 변경을 명할 수 있다.

> 취업규칙에는 표창과 제재에 관한 사항이 포함되어 있어야 하므로(근기법 제93조 제12호), 이에 대한 사항이 없는 취업규칙에 대하여 고용노동부장관은 변경을 명할 수 있다(근기법 제96조 제2항).

⑤ 취업규칙이 기존의 근로자에게 불이익하게 변경되었는지 여부를 불문하고 사용자가 취업규칙을 변경한 후 신규 취업한 근로자에게는 변경된 취업규칙이 적용된다.

> 불이익하게 변경된 취업규칙이 동의를 받지 못한 경우, 그 변경으로 기득이익이 침해되는 기존 근로자에게는 그 변경의 효력이 미치지 않게 되어 종전 취업규칙이 적용되지만, 그 변경 후 변경된 취업규칙에 따른 근로조건을 수용하고 근로관계를 갖게 된 신규근로자에게는 변경된 취업규칙이 적용된다(대판 1992.12.22. 91다 45165).

09 근로기준법령상 임금에 관한 설명으로 옳지 않은 것은?(다툼이 있으면 판례에 따름)

❶ 통상임금에는 1개월 이내의 주기마다 정기적으로 지급되는 임금과 수당만이 포함된다.

> 정기상여금과 같이 일정한 주기로 지급되는 임금의 경우 단지 그 지급주기가 1개월을 넘는다는 사정만으로 그 임금이 통상임금에서 제외된다고 할 수는 없다(대판 2013.12.18. 2012다89399[전합]). 지문은 2012다 89399[전합]판결의 별개의견에서 제시된 견해임을 유의하여야 한다.

② 산출된 평균임금액이 그 근로자의 통상임금보다 적으면 그 통상임금액을 평균임금으로 한다.

> 🎯 근기법 제2조 제2항

③ 임금은 매월 1회 이상 일정한 날짜를 정하여 지급하여야 하며, 다만 임시로 지급하는 임금에 대하여는 그러하지 아니하다.

> 임금은 매월 1회 이상 일정한 날짜를 정하여 지급하여야 한다. 다만, 임시로 지급하는 임금, 수당, 그 밖에 이에 준하는 것 또는 대통령령으로 정하는 임금에 대하여는 그러하지 아니하다(근기법 제43조 제2항).

④ 평균임금의 산정기간 중에 출산전후휴가 기간이 있는 경우에는 그 기간과 그 기간 중에 지급된 임금은 평균임금 산정기준이 되는 기간과 임금의 총액에서 각각 뺀다.

> 🎯 근기법 시행령 제2조 제1항 제3호

⑤ 평균임금이란 이를 산정하여야 할 사유가 발생한 날 이전 3개월 동안에 그 근로자에게 지급된 임금의 총액을 그 기간의 총일수로 나눈 금액을 말한다. 🎯 근기법 제2조 제1항 제6호 전문

관계법령 **평균임금의 계산에서 제외되는 기간과 임금(근기법 시행령 제2조)**

① 근로기준법(이하 "법") 제2조 제1항 제6호에 따른 평균임금 산정기간 중에 다음 각 호의 어느 하나에 해당하는 기간이 있는 경우에는 그 기간과 그 기간 중에 지급된 임금은 평균임금 산정기준이 되는 기간과 임금의 총액에서 각각 뺀다.
   1. 근로계약을 체결하고 수습 중에 있는 근로자가 수습을 시작한 날부터 3개월 이내의 기간
   2. 법 제46조에 따른 사용자의 귀책사유로 휴업한 기간
   3. 법 제74조 제1항부터 제3항까지의 규정에 따른 출산전후휴가 및 유산·사산 휴가 기간
   4. 법 제78조에 따라 업무상 부상 또는 질병으로 요양하기 위하여 휴업한 기간
   5. 남녀고용평등과 일·가정 양립 지원에 관한 법률 제19조에 따른 육아휴직 기간
   6. 노동조합 및 노동관계조정법 제2조 제6호에 따른 쟁의행위기간
   7. 병역법, 예비군법 또는 민방위기본법에 따른 의무를 이행하기 위하여 휴직하거나 근로하지 못한 기간. 다만, 그 기간 중 임금을 지급받은 경우에는 그러하지 아니하다.
   8. 업무 외 부상이나 질병, 그 밖의 사유로 사용자의 승인을 받아 휴업한 기간
② 법 제2조 제1항 제6호에 따른 임금의 총액을 계산할 때에는 임시로 지급된 임금 및 수당과 통화 외의 것으로 지급된 임금을 포함하지 아니한다. 다만, 고용노동부장관이 정하는 것은 그러하지 아니하다.

10 근로기준법상 구제명령 등에 관한 설명으로 옳은 것은?

① 중앙노동위원회의 재심판정에 대하여 사용자나 근로자는 재심판정서를 송달받은 날부터 20일 이내에 행정소송법의 규정에 따라 소(訴)를 제기할 수 있다.

> 중앙노동위원회의 재심판정에 대하여 사용자나 근로자는 재심판정서를 송달받은 날부터 15일 이내에 행정소송법의 규정에 따라 소(訴)를 제기할 수 있다(근기법 제31조 제2항).

② 노동위원회의 구제명령, 기각결정 또는 재심판정은 중앙노동위원회에 대한 재심 신청이나 행정소송 제기에 의하여 그 효력이 정지된다.

> 노동위원회의 구제명령, 기각결정 또는 재심판정은 중앙노동위원회에 대한 재심 신청이나 행정소송 제기에 의하여 그 효력이 정지되지 아니한다(근기법 제32조).

③ 노동위원회는 부당해고에 대한 구제명령을 할 때에 근로자의 의사와 무관하게 사용자가 원하지 아니하면 원직복직을 명하는 대신 해고기간 동안 임금 상당액 이상의 금품을 근로자에게 지급하도록 명하여야 한다.

> 노동위원회는 구제명령을 할 때에 근로자가 원직복직을 원하지 아니하면 원직복직을 명하는 대신 근로자가 해고기간 동안 근로를 제공하였더라면 받을 수 있었던 임금 상당액 이상의 금품을 근로자에게 지급하도록 명할 수 있다(근기법 제30조 제3항).

④ 노동위원회가 이행강제금을 부과할 때에는 이행강제금의 액수, 부과 사유 등을 구두로 통보하여야 한다.

> 이행강제금을 부과할 때에는 이행강제금의 액수, 부과 사유, 납부기한, 수납기관, 이의제기방법 및 이의제기기관 등을 명시한 문서로써 하여야 한다(근기법 제33조 제3항).

❺ 노동위원회는 이행강제금 납부의무자가 납부기한까지 이행강제금을 내지 아니하면 기간을 정하여 독촉을 하고 지정된 기간에 이행강제금을 내지 아니하면 국세 체납처분의 예에 따라 징수할 수 있다. 法 근기법 제33조 제7항

---

11 근로자의 징계 등에 관한 설명으로 옳지 않은 것은?(다툼이 있으면 판례에 따름)

① 징계처분에서 징계사유로 삼지 아니한 비위행위라도 피징계자의 평소의 소행과 근무성적, 그 징계처분 사유 전후에 저지른 비위행위사실 등은 징계양정의 참작자료로 삼을 수 있다.

> 징계처분에서 징계사유로 삼지 아니한 비위행위라고 하더라도 징계종류 선택의 자료로서 피징계자의 평소의 소행과 근무성적, 당해 징계처분사유 전후에 저지른 비위행위사실 등은 징계양정에 있어서의 참작자료로 삼을 수 있는 것이다(대판 2002.5.28. 2001두10455).

❷ 취업규칙에 따라 소명기회를 부여하였더라도 징계위원회가 그 개개의 혐의 사항에 대하여 구체적으로 질문하고 징계대상자가 이에 대하여 빠짐없이 진술하도록 조치하지 않았다면 부당한 징계가 된다.

> 징계위원회에서 징계대상자에게 징계혐의 사실을 고지하고 그에 대하여 진술할 기회를 부여하면 충분하고, 혐의사실 개개의 사항에 대하여 구체적으로 발문하여 징계대상자가 이에 대하여 빠짐없이 진술하도록 조치하여야 하는 것은 아니다(대판 2020.6.25. 2016두56042).

③ 대기발령은 그 사유가 정당한 경우에도 그 기간은 합리적인 범위 내에서 이루어져야 한다.

> 대기발령과 같은 잠정적인 인사명령이 명령 당시에는 정당한 경우라고 하더라도, 그러한 명령의 목적과 실제 기능, 유지의 합리성 여부 및 그로 인하여 근로자가 받게 될 신분상·경제상의 불이익 등 구체적인 사정을 모두 참작하여 그 기간은 합리적인 범위 내에서 이루어져야 한다(대판 2013.5.9. 2012다64833).

④ 여러 개의 징계사유 중 일부가 인정되지 않더라도 인정되는 다른 일부 징계사유만으로도 해당 징계처분의 타당성을 인정하기에 충분한 경우에는 그 징계처분이 위법하지 않다.
　　🏛 대판 2014.11.27. 2011다41420

⑤ 노동조합 간부에 대한 징계처분을 함에 있어 노동조합과 합의하도록 단체협약에 규정된 경우 그 합의를 거치지 않은 징계처분은 원칙적으로 무효이다.

> 사용자와 노동조합과의 사전 합의 조항을 둔 경우 그러한 절차를 거치지 않은 해고처분은 원칙적으로 무효이다(대판 2007.9.6. 2005두8788).

12 근로기준법상 연차 유급휴가에 관한 설명으로 옳지 않은 것은?

① 사용자는 계속하여 근로한 기간이 1년 미만인 근로자에게 1개월 개근 시 1일의 연차유급휴가를 주어야 한다.

> 사용자는 계속하여 근로한 기간이 1년 미만인 근로자 또는 1년간 80퍼센트 미만 출근한 근로자에게 1개월 개근 시 1일의 유급휴가를 주어야 한다(근기법 제60조 제2항).

② 사용자는 1년간 80퍼센트 미만 출근한 근로자에게 1개월 개근 시 1일의 연차 유급휴가를 주어야 한다.　🏛 근기법 제60조 제2항

❸ 연차 유급휴가 일수의 산정 시 근로자가 업무상의 질병으로 휴업한 기간은 출근한 것으로 보지 않는다.

> 근기법 제60조 제6항 제1호에 의하면 근로자가 업무상의 질병으로 휴업한 기간은 출근한 것으로 본다.

④ 사용자가 근로자에게 주어야 하는 연차 유급휴가의 총 휴가 일수는 가산휴가를 포함하여 25일을 한도로 한다.

> 사용자는 3년 이상 계속하여 근로한 근로자에게는 15일의 유급휴가에 최초 1년을 초과하는 계속 근로 연수 매 2년에 대하여 1일을 가산한 유급휴가를 주어야 한다. 이 경우 가산휴가를 포함한 총 휴가 일수는 25일을 한도로 한다(근기법 제60조 제4항).

⑤ 사용자는 근로자대표와의 서면 합의에 따라 연차 유급휴가일을 갈음하여 특정한 근로일에 근로자를 휴무시킬 수 있다.　🏛 근기법 제62조

관계법령　연차 유급휴가(근기법 제60조)

⑥ 제1항 및 제2항을 적용하는 경우 다음 각 호의 어느 하나에 해당하는 기간은 출근한 것으로 본다.
　1. 근로자가 업무상의 부상 또는 질병으로 휴업한 기간
　2. 임신 중의 여성이 제74조 제1항부터 제3항까지의 규정에 따른 휴가로 휴업한 기간
　3. 남녀고용평등과 일·가정 양립 지원에 관한 법률 제19조 제1항에 따른 육아휴직으로 휴업한 기간

13

근로기준법상 근로계약에 관한 설명으로 옳은 것을 모두 고른 것은?(다툼이 있으면 판례에 따름)

> ㄱ. 사용자는 근로계약에 덧붙여 강제 저축 또는 저축금의 관리를 규정하는 계약을 체결하지 못한다.
> ㄴ. 단시간근로자의 근로조건은 그 사업장의 같은 종류의 업무에 종사하는 통상 근로자의 근로시간을 기준으로 산정한 비율에 따라 결정되어야 한다.
> ㄷ. 소정근로시간은 사용자가 근로계약을 체결할 때에 근로자에게 명시하여야 할 사항에 해당한다.
> ㄹ. 시용근로관계는 사용자가 본 근로계약 체결의 거절을 구두로 통보하면 그 근로관계 종료의 정당성이 인정된다.

① ㄱ, ㄴ
② ㄷ, ㄹ
❸ ㄱ, ㄴ, ㄷ
④ ㄴ, ㄷ, ㄹ
⑤ ㄱ, ㄴ, ㄷ, ㄹ

> ㄱ. (○) 근기법 제22조 제1항
> ㄴ. (○) 근기법 제18조 제1항
> ㄷ. (○) 근기법 제17조 제1항 제2호
> ㄹ. (×) 시용근로관계에서 사용자가 <u>본 근로계약 체결을 거부하는 경우</u>에는 근로자에게 거부사유를 파악하여 대처할 수 있도록 <u>구체적·실질적인 거부사유를 서면으로 통지하여야</u> 한다(대판 2015.11.27. 2015두 48136).

14

파견근로자 보호 등에 관한 법률에 대한 설명으로 옳지 않은 것은?

① 파견사업주는 쟁의행위 중인 사업장에 그 쟁의행위로 중단된 업무의 수행을 위하여 근로자를 파견하여서는 아니 된다. ⚖ 파견법 제16조 제1항

② 파견사업주는 파견근로자의 고용관계가 끝난 후 사용사업주가 그 파견근로자를 고용하는 것을 정당한 이유 없이 금지하는 내용의 근로자파견계약을 체결하여서는 아니 된다.
   ⚖ 파견법 제25조 제2항

❸ 파견사업주는 파견근로자의 적절한 파견근로를 위하여 사용사업관리책임자를 선임하여야 한다.

> <u>사용사업주는</u> 파견근로자의 적절한 파견근로를 위하여 사용사업관리책임자를 선임하여야 한다(파견법 제32조 제1항).

④ 파견사업주의 근로자파견사업을 폐지하는 신고가 있을 때에는 근로자파견사업의 허가는 신고일부터 그 효력을 잃는다.

> 파견사업주는 근로자파견사업을 폐지하였을 때에는 고용노동부령으로 정하는 바에 따라 고용노동부장관에게 신고하여야 하고, 그 신고가 있을 때에는 <u>근로자파견사업의 허가는 신고일부터 그 효력을 잃는다</u>(파견법 제11조).

⑤ 근로자파견사업 허가의 유효기간은 3년으로 한다. ⚖ 파견법 제10조 제1항

15 기간제 및 단시간근로자 보호 등에 관한 법률에 대한 설명으로 옳은 것은?

① 상시 5인 이상의 동거의 친족만을 사용하는 사업 또는 사업장에 적용된다.

> 이 법은 상시 5인 이상의 근로자를 사용하는 모든 사업 또는 사업장에 적용한다. 다만, 동거의 친족만을 사용하는 사업 또는 사업장과 가사사용인에 대하여는 적용하지 아니한다(기단법 제3조 제1항).

❷ 휴직·파견 등으로 결원이 발생하여 해당 근로자가 복귀할 때까지 그 업무를 대신할 필요가 있는 경우에는 2년을 초과하여 기간제근로자로 사용할 수 있다. 🏅 기단법 제4조 제1항 제2호

③ 단시간근로자의 초과근로에 대하여 사용자는 평균임금의 100분의 100 이상을 가산하여 지급하여야 한다.

> 사용자는 단시간근로자에 대하여 소정근로시간을 초과하여 근로하게 하는 경우에는 초과근로에 대하여 통상임금의 100분의 50 이상을 가산하여 지급하여야 한다(기단법 제6조 제1항, 제3항).

④ 사용자는 단시간근로자와 근로계약을 체결할 때 근로일별 근로시간을 서면으로 명시하지 않아도 된다.

> 기단법 제17조 제6호에 의하면 단시간근로자와 근로계약을 체결할 때 근로일별 근로시간을 서면으로 명시하여야 한다.

⑤ 사용자는 통상근로자를 채용하고자 하는 경우에는 해당 사업 또는 사업장의 동종 또는 유사한 업무에 종사하는 단시간근로자를 우선적으로 고용하여야 한다.

> 사용자는 통상근로자를 채용하고자 하는 경우에는 해당 사업 또는 사업장의 동종 또는 유사한 업무에 종사하는 단시간근로자를 우선적으로 고용하도록 노력하여야 한다(기단법 제7조 제1항).

관계법령

기간제근로자의 사용(기단법 제4조)

① 사용자는 2년을 초과하지 아니하는 범위 안에서(기간제 근로계약의 반복갱신 등의 경우에는 그 계속근로한 총기간이 2년을 초과하지 아니하는 범위 안에서) 기간제근로자를 사용할 수 있다. 다만, 다음 각 호의 어느 하나에 해당하는 경우에는 2년을 초과하여 기간제근로자로 사용할 수 있다.

1. 사업의 완료 또는 특정한 업무의 완성에 필요한 기간을 정한 경우
2. 휴직·파견 등으로 결원이 발생하여 해당 근로자가 복귀할 때까지 그 업무를 대신할 필요가 있는 경우
3. 근로자가 학업, 직업훈련 등을 이수함에 따라 그 이수에 필요한 기간을 정한 경우
4. 고령자고용촉진법 제2조 제1호의 고령자와 근로계약을 체결하는 경우
5. 전문적 지식·기술의 활용이 필요한 경우와 정부의 복지정책·실업대책 등에 따라 일자리를 제공하는 경우로서 대통령령으로 정하는 경우
6. 그 밖에 제1호부터 제5호까지에 준하는 합리적인 사유가 있는 경우로서 대통령령으로 정하는 경우

근로조건의 서면명시(기단법 제17조)

사용자는 기간제근로자 또는 단시간근로자와 근로계약을 체결하는 때에는 다음 각 호의 모든 사항을 서면으로 명시하여야 한다. 다만, 제6호는 단시간근로자에 한정한다.

1. 근로계약기간에 관한 사항
2. 근로시간·휴게에 관한 사항
3. 임금의 구성항목·계산방법 및 지불방법에 관한 사항
4. 휴일·휴가에 관한 사항
5. 취업의 장소와 종사하여야 할 업무에 관한 사항
6. 근로일 및 근로일별 근로시간

16

산업안전보건법령에 관한 설명으로 옳지 않은 것은?

❶ 직업성 질병자가 동시에 2명 발생한 재해는 중대재해에 해당한다.

> 산안법 시행규칙 제3조 제3호에 의하면 <u>직업성 질병자가 동시에 10명 이상 발생한 경우</u>의 재해를 중대재해라고 한다.

② 사업주는 전기, 열, 그 밖의 에너지에 의한 위험으로 인한 산업재해를 예방하기 위하여 필요한 조치를 하여야 한다. 法 산안법 제38조 제1항 제3호

③ 사업주는 산업재해가 발생할 급박한 위험이 있을 때에는 즉시 작업을 중지시키고 근로자를 작업장소에서 대피시키는 등 안전 및 보건에 관하여 필요한 조치를 하여야 한다. 法 산안법 제51조

④ 사업주는 산업재해 예방을 위한 조치를 할 수 있는 능력을 갖춘 사업주에게 도급하여야 한다. 法 산안법 제61조

⑤ 사업주는 산업안전보건법과 이 법에 따른 명령의 요지 및 안전보건관리규정을 각 사업장의 근로자가 쉽게 볼 수 있는 장소에 게시하거나 갖추어 두어 근로자에게 널리 알려야 한다. 法 산안법 제34조

관계법령

정의(산안법 제2조)
이 법에서 사용하는 용어의 뜻은 다음과 같다.
2. "중대재해"란 산업재해 중 사망 등 재해 정도가 심하거나 다수의 재해자가 발생한 경우로서 <u>고용노동부령으로 정하는 재해</u>를 말한다.

중대재해의 범위(산안법 시행규칙 제3조)
법 제2조 제2호에서 "<u>고용노동부령으로 정하는 재해</u>"란 다음 각 호의 어느 하나에 해당하는 재해를 말한다.
1. 사망자가 1명 이상 발생한 재해
2. 3개월 이상의 요양이 필요한 부상자가 동시에 2명 이상 발생한 재해
3. 부상자 또는 <u>직업성 질병자가 동시에 10명 이상 발생한 재해</u>

17

직업안정법에 관한 설명으로 옳지 않은 것은?

① 직업안정기관의 장은 구인자가 구인조건을 밝히기를 거부하는 경우 구인신청의 수리(受理)를 거부할 수 있다. 法 직안법 제8조 제3호

② 직업안정기관의 장은 통근할 수 있는 지역에서 구직자에게 그 희망과 능력에 알맞은 직업을 소개할 수 없을 경우에는 광범위한 지역에 걸쳐 직업소개를 할 수 있다.

> 직업안정기관의 장은 통근할 수 있는 지역에서 <u>구직자에게 그 희망과 능력에 알맞은 직업을 소개할 수 없을 경우</u> 또는 구인자가 희망하는 구직자나 구인 인원을 채울 수 없을 경우에는 광범위한 지역에 걸쳐 직업소개를 할 수 있다(직안법 제12조).

③ 한국장애인고용공단이 장애인을 대상으로 하는 직업소개의 경우에는 신고를 하지 아니하고 무료직업소개사업을 할 수 있다. 法 직안법 제18조 제4항 제2호

❹ 유료직업소개사업의 등록을 하고 유료직업소개사업을 하는 자는 구직자에게 제공하기 위하여 구인자로부터 선급금을 받을 수 있다.

> 등록을 하고 유료직업소개사업을 하는 자 및 그 종사자는 구직자에게 제공하기 위하여 <u>구인자로부터 선급금을 받아서는 아니 된다</u>(직안법 제21조의2).

⑤ 근로자를 고용하려는 자는 광고, 문서 또는 정보통신망 등 다양한 매체를 활용하여 자유롭게 근로자를 모집할 수 있다. 🕭 직안법 제28조

관계법령

구인의 신청(직안법 제8조)
직업안정기관의 장은 구인신청의 수리(受理)를 거부하여서는 아니 된다. 다만, 다음 각 호의 어느 하나에 해당하는 경우에는 그러하지 아니하다.
1. 구인신청의 내용이 법령을 위반한 경우
2. 구인신청의 내용 중 임금, 근로시간, 그 밖의 근로조건이 통상적인 근로조건에 비하여 현저하게 부적당하다고 인정되는 경우
3. <u>구인자가 구인조건을 밝히기를 거부하는 경우</u>
4. 구인자가 구인신청 당시 근로기준법 제43조의2에 따라 명단이 공개 중인 체불사업주인 경우

무료직업소개사업(직안법 제18조)
④ 제1항에도 불구하고 다음 각 호의 어느 하나에 해당하는 직업소개의 경우에는 <u>신고를 하지 아니하고 무료직업소개사업을 할 수 있다.</u>
1. 한국산업인력공단법에 따른 한국산업인력공단이 하는 직업소개
2. 장애인고용촉진 및 직업재활법에 따른 <u>한국장애인고용공단이 장애인을 대상으로 하는 직업소개</u>
3. 교육 관계법에 따른 각급 학교의 장, 국민 평생 직업능력 개발법에 따른 공공직업훈련시설의 장이 재학생・졸업생 또는 훈련생・수료생을 대상으로 하는 직업소개
4. 산업재해보상보험법에 따른 근로복지공단이 업무상 재해를 입은 근로자를 대상으로 하는 직업소개

---

18 남녀고용평등과 일・가정 양립 지원에 관한 법률에 대한 설명으로 옳지 않은 것은?

❶ 이 법과 관련한 분쟁에서 입증책임은 사업주와 근로자가 각각 부담한다.

> 이 법과 관련한 분쟁해결에서 입증책임은 사업주가 부담한다(고평법 제30조).

② 사업주는 근로자를 모집・채용할 때 그 직무의 수행에 필요하지 아니한 용모・키・체중 등의 신체적 조건, 미혼 조건을 제시하거나 요구하여서는 아니 된다. 🕭 고평법 제7조 제2항

③ 사업주가 임금차별을 목적으로 설립한 별개의 사업은 동일한 사업으로 본다.
🕭 고평법 제8조 제3항

④ 누구든지 직장 내 성희롱 발생 사실을 알게 된 경우 그 사실을 해당 사업주에게 신고할 수 있다.
🕭 고평법 제14조 제1항

⑤ 적극적 고용개선조치란 현존하는 남녀 간의 고용차별을 없애거나 고용평등을 촉진하기 위하여 잠정적으로 특정 성을 우대하는 조치를 말한다. 🕭 고평법 제2조 제3호

19 최저임금법에 관한 설명으로 옳지 않은 것은?

① 선원법의 적용을 받는 선원과 선원을 사용하는 선박의 소유자에게는 적용하지 아니한다.

　🔖 최임법 제3조 제2항

② 고용노동부장관은 최저임금을 결정한 때에는 지체 없이 그 내용을 고시하여야 한다.

　🔖 최임법 제10조 제1항

③ 최저임금은 근로자의 생계비, 유사 근로자의 임금, 노동생산성 및 소득분배율 등을 고려하여 정한다. 　🔖 최임법 제4조 제1항 전문

❹ 최저임금액은 시간·일(日)·주(週)·월(月) 또는 연(年)을 단위로 하여 정한다.

최저임금액은 시간·일(日)·주(週) 또는 월(月)을 단위로 하여 정한다. 이 경우 일·주 또는 월을 단위로 하여 최저임금액을 정할 때에는 시간급(時間給)으로도 표시하여야 한다(최임법 제5조 제1항).

⑤ 고용노동부장관은 최저임금위원회가 심의하여 의결한 최저임금안에 따라 최저임금을 결정하여야 한다.

고용노동부장관은 매년 8월 5일까지 최저임금을 결정하여야 한다. 이 경우 고용노동부장관은 대통령령으로 정하는 바에 따라 최저임금위원회에 심의를 요청하고, 위원회가 심의하여 의결한 최저임금안에 따라 최저임금을 결정하여야 한다(최임법 제8조 제1항).

2024년　2023년　2022년　2021년　2020년

20 근로자퇴직급여 보장법령에 관한 설명으로 옳지 않은 것은?

① 사용자가 퇴직급여제도를 설정하려는 경우에 근로자 과반수가 가입한 노동조합이 있는 경우에는 그 노동조합의 동의를 받아야 한다.

사용자가 퇴직급여제도를 설정하거나 설정된 퇴직급여제도를 다른 종류의 퇴직급여제도로 변경하려는 경우에는 근로자의 과반수가 가입한 노동조합이 있는 경우에는 그 노동조합, 근로자의 과반수가 가입한 노동조합이 없는 경우에는 근로자 과반수의 동의를 받아야 한다(근퇴법 제4조 제3항).

② 무주택자인 근로자는 본인 명의로 주택을 구입하는 경우에 퇴직금 중간정산을 요구할 수 있다.

　🔖 근퇴법 시행령 제3조 제1항 제1호

③ 퇴직금을 받을 권리는 3년간 행사하지 아니하면 시효로 인하여 소멸한다. 　🔖 근퇴법 제10조

④ 중소기업퇴직연금기금제도의 급여를 받을 권리는 양도 또는 압류할 수 없다.

퇴직연금제도(중소기업퇴직연금기금제도를 포함)의 급여를 받을 권리는 양도 또는 압류하거나 담보로 제공할 수 없다(근퇴법 제7조 제1항).

❺ 퇴직연금사업자는 매분기당 1회 이상 적립금액 및 운용수익률 등을 고용노동부령으로 정하는 바에 따라 가입자에게 알려야 한다.

퇴직연금사업자는 매년 1회 이상 적립금액 및 운용수익률 등을 고용노동부령으로 정하는 바에 따라 가입자에게 알려야 한다(근퇴법 제18조).

21 임금채권보장법상 대지급금에 관한 설명으로 옳지 않은 것은?

① 고용노동부장관은 근로자에게 대지급금을 지급하였을 때에는 그 지급한 금액의 한도에서 그 근로자가 해당 사업주에 대하여 미지급 임금 등을 청구할 수 있는 권리를 대위(代位)한다.
  임채법 제8조 제1항

② 근로기준법에 따른 휴업수당 중 최종 3개월분은 퇴직한 근로자에 대한 대지급금 범위에 든다.
  임채법 제7조 제2항 제2호

❸ 대지급금에 관한 규정은 국가와 지방자치단체가 직접 수행하는 사업에 적용된다.

  이 법은 산업재해보상보험법 제6조에 따른 사업 또는 사업장에 적용한다. 다만, 국가와 지방자치단체가 직접 수행하는 사업은 그러하지 아니하다(임채법 제3조).

④ 미성년자인 근로자는 독자적으로 대지급금의 지급을 청구할 수 있다.
  임채법 제11조의2 제3항

⑤ 대지급금수급계좌의 예금에 관한 채권은 압류할 수 없다.   임채법 제11조의2 제4항

22 근로복지기본법에 관한 설명으로 옳은 것은?

① 사용자는 사내근로복지기금의 설립 및 출연을 이유로 근로관계 당사자 간에 정하여진 근로조건을
낮출 수 있다.

> 사용자는 이 법에 따른 사내근로복지기금의 설립 및 출연을 이유로 근로관계 당사자 간에 정하여진 근로조건
> 을 낮출 수 없다(근복법 제51조).

② 국가가 근로자의 근로복지를 위하여 근로복지기본법에 따라 보조 또는 융자한 자금은 그 목적 외
사업에 사용될 수 있다.

> 누구든지 국가 또는 지방자치단체가 근로자의 주거안정, 생활안정 및 재산형성 등 근로복지를 위하여 이 법에
> 따라 보조 또는 융자한 자금을 그 목적사업에만 사용하여야 한다(근복법 제6조).

❸ 사내근로복지기금은 법인으로 한다. 근복법 제52조 제1항

④ 노동조합 및 근로자가 생산성 향상과 근로복지정책에 협력하도록 사용자는 임금 수준 상향의 조치
를 취하여야 한다.

> 사업주는 해당 사업장 근로자의 복지증진을 위하여 노력하고 근로복지정책에 협력하여야 한다(근복법 제5조
> 제1항).

⑤ 사용자는 우리사주조합원의 의사와 무관하게 우리사주조합원을 소속, 계급 등 일정한 기준으로
분류하여 우리사주를 할당할 수 있다.

> 우리사주제도 실시회사의 사용자는 우리사주조합원에게 주식을 우선배정하는 경우 우리사주조합원의 의사에
> 반하여 우리사주조합원을 소속, 계급 등 일정한 기준으로 분류하여 우리사주를 할당하는 행위를 하여서는
> 아니 된다(근복법 제42조의2 제1항 제2호).

23 외국인근로자의 고용 등에 관한 법령에 대한 설명으로 옳지 않은 것은?

❶ 직업안정기관의 장은 출입국관리법을 위반하여 처벌을 받은 사용자에 대하여 그 사실이 발생한 날부터 6년간 외국인근로자의 고용을 제한할 수 있다.

> 직업안정기관의 장은 이 법 또는 출입국관리법을 위반하여 처벌을 받은 사용자에 대하여 <u>그 사실이 발생한 날부터 3년간</u> 외국인근로자의 고용을 제한할 수 있다(외고법 제20조 제1항 제3호).

② 고용허가서를 발급받은 날부터 6개월 이내에 내국인근로자를 고용조정으로 이직시킨 사용자는 외국인근로자의 고용이 제한될 수 있다.

> 직업안정기관의 장은 <u>고용허가서를 발급받은 날</u> 또는 외국인근로자의 근로가 시작된 날부터 6개월 이내에 내국인근로자를 고용조정으로 이직시킨 사용자에 대하여 <u>그 사실이 발생한 날부터 3년간 외국인근로자의 고용을 제한</u>할 수 있다(외고법 제20조 제1항 제4호, 동법 시행령 제25조 제1호).

③ 고용허가서를 발급받은 사용자는 고용허가서 발급일로부터 3개월 이내에 외국인근로자와 근로계약을 체결하여야 한다. 🔖 외고법 시행령 제14조 제1항

④ 외국인근로자는 입국한 날부터 3년의 범위에서 취업활동을 할 수 있다. 🔖 외고법 제18조

⑤ 외국인근로자를 고용하려는 자는 직업안정법에 따른 직업안정기관에 우선 내국인 구인 신청을 하여야 한다. 🔖 외고법 제6조 제1항

24 노동법 법원(法源)의 상충 등에 관한 설명으로 옳은 것을 모두 고른 것은?

> ㄱ. 근로계약에서 정한 근로조건이 근로기준법에서 정하는 기준에 미치지 못하는 경우에는 그 근로계약을 무효로 한다.
> ㄴ. 취업규칙에서 정한 기준에 미달하는 근로조건을 정한 근로계약은 그 부분에 관하여는 무효로 하며 무효로 된 부분은 취업규칙에 정한 기준에 따른다.
> ㄷ. 취업규칙은 근로기준법과 어긋나서는 아니 된다.
> ㄹ. 취업규칙은 해당 사업 또는 사업장에 대하여 적용되는 단체협약과 어긋나서는 아니 된다.

① ㄱ, ㄴ   ② ㄷ, ㄹ
③ ㄱ, ㄴ, ㄹ   ❹ ㄴ, ㄷ, ㄹ
⑤ ㄱ, ㄴ, ㄷ, ㄹ

> ㄱ. (✕) 이 법에서 정하는 기준에 미치지 못하는 근로조건을 정한 근로계약은 <u>그 부분에 한정하여 무효로 한다</u>(근기법 제15조 제1항).
> ㄴ. (○) 근기법 제97조
> ㄷ. (○), ㄹ. (○) 취업규칙은 <u>법령이나 해당 사업 또는 사업장에 대하여 적용되는 단체협약과 어긋나서는 아니 된다</u>(근기법 제96조 제1항).

25 헌법상 근로의 권리와 의무에 관한 설명으로 옳지 않은 것은?

☑ 확인
Check!

○
△
×

① 법인은 헌법상 근로의 권리의 주체가 될 수 없다.
② 근로조건의 기준은 인간의 존엄성을 보장하도록 법률로 정한다.
③ 근로의 권리는 공공복리를 위하여 필요한 경우에 한하여 법률로써 제한할 수 있다.
❹ 국가유공자 · 상이군경 및 전몰군경의 유가족은 법률이 정하는 바에 의하여 우선적으로 근로의 의무를 이행하여야 한다.

> 국가유공자 · 상이군경 및 전몰군경의 유가족은 법률이 정하는 바에 의하여 우선적으로 근로의 기회를 부여받는다(헌법 제32조 제6항).

⑤ 여자의 근로는 특별한 보호를 받으며, 고용 · 임금 및 근로조건에 있어서 부당한 차별을 받지 아니한다.

관계법령

헌법 제32조
① 모든 국민은 근로의 권리를 가진다. 국가는 사회적 · 경제적 방법으로 근로자의 고용의 증진과 적정임금의 보장에 노력하여야 하며, 법률이 정하는 바에 의하여 최저임금제를 시행하여야 한다.
② 모든 국민은 근로의 의무를 진다. 국가는 근로의 의무의 내용과 조건을 민주주의원칙에 따라 법률로 정한다.
③ 근로조건의 기준은 인간의 존엄성을 보장하도록 법률로 정한다.
④ 여자의 근로는 특별한 보호를 받으며, 고용 · 임금 및 근로조건에 있어서 부당한 차별을 받지 아니한다.
⑤ 연소자의 근로는 특별한 보호를 받는다.
⑥ 국가유공자 · 상이군경 및 전몰군경의 유가족은 법률이 정하는 바에 의하여 우선적으로 근로의 기회를 부여받는다.

헌법 제37조
② 국민의 모든 자유와 권리는 국가안전보장 · 질서유지 또는 공공복리를 위하여 필요한 경우에 한하여 법률로써 제한할 수 있으며, 제한하는 경우에도 자유와 권리의 본질적인 내용을 침해할 수 없다.

2024년
2023년
2022년
2021년
2020년

2021년 제30회 정답 및 해설

✔ 문제편 040p

✔ 정답 CHECK   ✔ 각 문항별로 이해도 CHECK

01	02	03	04	05	06	07	08	09	10	11	12	13	14	15	16	17	18	19	20	21	22	23	24	25
③	③	②	⑤	②	①	①	③	④	②	④	①	②	④	⑤	③	④	⑤	③	①	④	①	④	⑤	⑤

01

노동법의 법원(法源) 등에 관한 설명으로 옳은 것은?(다툼이 있으면 판례에 따름)

① 취업규칙은 노동법의 법원(法源)으로 인정되지 않는다.

> **취업규칙은** 사업장에서 사용자가 근로자에게 적용하는 근로조건 및 복무규율 등에 관하여 일방적으로 작성한 것으로, **대체로 법원성이 인정**된다.

② 단체협약은 노동법의 법원(法源)으로 인정되지 않는다.

> **단체협약은 노동법의 법원으로 인정**된다.

❸ 고용노동부 예규가 그 성질과 내용이 행정기관 내부의 사무처리지침에 불과한 경우에는 법원을 구속하지 않는다.

> **업무상 재해 인정기준에 관한 노동부[현 고용노동부(註)] 예규는** 그 규정의 성질과 내용이 행정기관 내부의 사무처리준칙을 규정한 데 불과한 것이어서 **국민이나 법원을 구속하는 것이 아니라고 할 것이다**(대판 1990.9.25. 90누2727).

④ ILO 제100호 협약(동등보수에 관한 협약)은 국내법과 동일한 효력을 갖지 않는다.

> 제100호 동등보수에 관한 협약은 **우리나라가 비준한 ILO협약 중 하나이므로, 국내법과 동일한 효력을 갖는다.**

⑤ 노동관행이 기업사회에서 일반적으로 근로관계를 규율하는 규범적인 사실로서 명확히 승인되더라도 근로계약의 내용으로 인정되지 않는다.

> 기업 내부에 존재하는 **특정 관행이 근로계약의 내용을 이루고 있다고 하기 위해서는** 그러한 관행이 기업사회에서 일반적으로 근로관계를 규율하는 규범적인 사실로서 명확히 승인되거나 기업의 구성원에 의하여 일반적으로 아무도 이의를 제기하지 아니한 채 당연한 것으로 받아들여져서 기업 내에서 **사실상의 제도로서 확립되어 있다고 할 수 있을 정도의 규범의식에 의하여 지지되고 있어야** 한다(대판 2014.2.27. 2011다109531). 즉, 사용자 또는 근로자가 특정 관행을 계속적으로 반복하여 왔고, 이를 사용자가 승인하거나 근로자가 묵시적으로 동의함으로써 기대나 예견이 가능할 정도라면, 그 관행은 법원으로서 인정된다고 보아야 한다.

02 근로기준법상 근로계약에 관한 설명으로 옳지 않은 것은?

① 사용자는 전차금(前借金)이나 그 밖에 근로할 것을 조건으로 하는 전대(前貸)채권과 임금을 상계하지 못한다. ⓟ 근기법 제21조

② 취업규칙에서 정한 기준에 미달하는 근로조건을 정한 근로계약은 그 부분에 관하여는 무효로 한다. 이 경우 무효로 된 부분은 취업규칙에 정한 기준에 따른다. ⓟ 근기법 제97조

❸ 근로계약서에 명시된 근로조건이 사실과 다를 경우에 근로자는 근로조건 위반을 이유로 손해의 배상을 청구할 수 있으나 즉시 근로계약을 해제할 수는 없다.

> 근로계약서에 명시된 근로조건이 사실과 다를 경우에 근로자는 근로조건 위반을 이유로 손해의 배상을 청구할 수 있으며 즉시 근로계약을 해제할 수 있다(근기법 제19조 제1항).

④ 사용자는 근로계약 불이행에 대한 손해배상액을 예정하는 계약을 체결하지 못한다. ⓟ 근기법 제20조

⑤ 사용자는 근로계약에 덧붙여 강제저축을 규정하는 계약을 체결하지 못한다. ⓟ 근기법 제22조 제1항

03 헌법 제32조에 명시된 내용으로 옳은 것을 모두 고른 것은?

> ㄱ. 근로조건의 기준은 인간의 존엄성을 보장하도록 법률로 정한다.
> ㄴ. 국가는 사회적·경제적 방법으로 근로자의 고용의 증진과 최저임금의 보장에 노력하여야 한다.
> ㄷ. 국가는 여자의 복지와 권익의 향상을 위하여 노력하여야 한다.
> ㄹ. 국가는 근로의 의무의 내용과 조건을 민주주의원칙에 따라 법률로 정한다.

① ㄱ
❷ ㄱ, ㄹ
③ ㄴ, ㄷ
④ ㄴ, ㄷ, ㄹ
⑤ ㄱ, ㄴ, ㄷ, ㄹ

> ㄱ. (○) 헌법 제32조 제3항
> ㄴ. (×) 국가는 사회적·경제적 방법으로 근로자의 고용의 증진과 적정임금의 보장에 노력하여야 한다(헌법 제32조 제1항).
> ㄷ. (×) 국가는 여자의 복지와 권익의 향상을 위하여 노력하여야 한다(헌법 제34조 제3항).
> ㄹ. (○) 헌법 제32조 제2항

관계법령

헌법 제32조
① 모든 국민은 근로의 권리를 가진다. 국가는 사회적·경제적 방법으로 근로자의 고용의 증진과 적정임금의 보장에 노력하여야 하며, 법률이 정하는 바에 의하여 최저임금제를 시행하여야 한다.
② 모든 국민은 근로의 의무를 진다. 국가는 근로의 의무의 내용과 조건을 민주주의원칙에 따라 법률로 정한다.
③ 근로조건의 기준은 인간의 존엄성을 보장하도록 법률로 정한다.

④ 여자의 근로는 특별한 보호를 받으며, 고용·임금 및 근로조건에 있어서 부당한 차별을 받지 아니한다.
⑤ 연소자의 근로는 특별한 보호를 받는다.
⑥ 국가유공자·상이군경 및 전몰군경의 유가족은 법률이 정하는 바에 의하여 우선적으로 근로의 기회를 부여받는다.

헌법 제34조
③ 국가는 여자의 복지와 권익의 향상을 위하여 노력하여야 한다.

---

04 근로기준법령상 상시 4명 이하의 근로자를 사용하는 사업 또는 사업장에 적용되지 않는 것은?

① 근로조건의 명시(근로기준법 제17조)
② 해고의 예고(근로기준법 제26조)
③ 미지급임금에 대한 지연이자(근로기준법 제37조)
④ 근로자의 명부 작성(근로기준법 제41조)
❺ 근로시간(근로기준법 제50조)

대부분의 근로시간제도는 상시 4명 이하의 근로자를 사용하는 사업 또는 사업장에 적용되지 아니한다.

구 분	적용 법규정
관계법령 상시 4명 이하의 근로자를 사용하는 사업 또는 사업장에 적용하는 법규정(근기법 시행령 [별표 1])	
제1장 총 칙	• 적용 법규정 : 목적(제1조), 정의(제2조), 근로조건의 기준(제3조), 근로조건의 결정(제4조), 근로조건의 준수(제5조), 균등한 처우(제6조), 강제근로의 금지(제7조), 폭행의 금지(제8조), 중간착취의 배제(제9조), 공민권 행사의 보장(제10조), 적용범위(제11조, 제12조), 보고·출석의 의무(제13조) • 제14조는 적용되지 아니하므로, 사용자는 근기법 및 동법 시행령의 주요내용과 취업규칙을 사업장에 게시하지 아니하여도 무방하다.
제2장 근로계약	• 적용 법규정 : 근기법을 위반한 근로계약(제15조), 근로조건의 명시(제17조), 단시간근로자의 근로조건(제18조), 근로조건 위반에 대한 손배청구와 해제(제19조 제1항), 위약예정의 금지(제20조), 전차금 상계의 금지(제21조), 강제저금의 금지(제22조), 해고시기의 제한(제23조 제2항), 해고의 예고(제26조), 금품청산(제36조), 미지급임금에 대한 지연이자(제37조), 임금채권의 우선변제(제38조), 사용증명서(제39조), 취업방해의 금지(제40조), 근로자의 명부(제41조), 계약서류의 보존(제42조) • 제19조 제2항은 적용되지 아니하므로, 명시된 근로조건이 사실과 다른 경우에 근로자는 노동위원회에 손해배상신청을 할 수 없고, 근로계약이 해제되었을 경우에 사용자는 취업을 목적으로 거주를 변경한 근로자에게 귀향여비를 지급할 의무가 없다. • 제23조 제1항은 적용되지 아니하므로, 사용자는 정당한 이유의 존재 여부와 관계없이 해고·휴직·정직·전직·감봉 기타 징벌을 할 수 있다. • 그 밖에 적용되지 아니하는 규정 경영상 이유에 의한 해고의 제한(제24조), 우선재고용 등(제25조), 해고사유 등의 서면통지(제27조), 부당해고등의 구제신청(제28조), 조사 등(제29조), 구제명령 등(제30조), 구제명령 등의 확정(제31조), 구제명령 등의 효력(제32조), 이행강제금(제33조)

제3장 임 금	• 적용 법규정 : 임금지급(제43조), 체불사업주 명단공개(제43조의2), 임금등 체불자료의 제공(제43조의3), 도급사업에 대한 임금지급(제44조), 건설업에서의 임금지급연대책임(제44조의2), 건설업의 공사도급에 있어서의 임금에 관한 특례(제44조의3), 비상시 지급(제45조), 도급근로자(제47조), 임금대장(제48조), 임금의 시효(제49조) • <u>제46조는 적용되지 아니하므로, 사용자는 휴업수당을 지급할 의무가 없다.</u>
제4장 근로시간과 휴식	• 적용 법규정 : <u>휴게(제54조)</u>, 1주 평균 1회 이상 유급휴일 보장(제55조 제1항), 근로시간, 휴게·휴일규정의 적용제외규정(제63조) • 대부분의 근로시간제도(근로시간제, 가산임금, 연차휴가, 보상휴가제 등)는 적용되지 아니한다.
제5장 여성과 소년	• 적용 법규정 : 최저연령과 취직인허증(제64조), 유해·위험사업에 사용금지, 임산부 등의 사용금지직종(제65조 제1항·제3항, 임산부와 18세 미만인 자로 한정), 연소자증명서(제66조), 근로계약(제67조), 임금의 청구(제68조), 근로시간(제69조), 야간근로와 휴일근로의 제한(제70조 제2항·제3항, 임산부와 18세 미만인 자로 한정), 시간외근로(제71조), 갱내근로의 금지(제72조), 임산부의 보호(제74조) • <u>제65조 제2항은 적용되지 아니하므로, 사용자는 임산부가 아닌 18세 이상의 여성을 임신 또는 출산에 관한 기능에 유해·위험한 사업에 사용할 수 있다.</u> • <u>제70조 제1항은 적용되지 아니하므로, 사용자는 18세 이상의 여성을 오후 10시부터 오전 6시까지의 시간 및 휴일에 근로시키려는 경우, 그 근로자의 동의를 받을 필요 없다.</u> • <u>생리휴가(제73조)와 육아시간(제75조)의 규정도 적용되지 아니한다.</u>
제6장 안전과 보건	• 적용 법규정 : 안전과 보건(제76조)
제8장 재해보상	• 적용 법규정 : 요양보상(제78조), 휴업보상(제79조), 장해보상(제80조), 휴업보상과 장해보상의 예외(제81조), 유족보상(제82조), 장례비(제83조), 일시보상(제84조), 분할보상(제85조), 보상청구권(제86조), 다른 손해배상과의 관계(제87조), 고용노동부장관의 심사와 중재(제88조), 노동위원회의 심사와 중재(제89조), 도급사업에 대한 예외(제90조), 서류의 보존(제91조), 시효(제92조)
제11장 근로감독관 등	• 적용 법규정 : 감독기관(제101조), 근로감독관의 권한(제102조), 근로감독관의 의무(제103조), 감독기관에 대한 신고(제104조), 사법경찰권행사자의 제한(제105조), 권한의 위임(제106조)
제12장 벌 칙	• 적용 법규정 : 벌칙(제107조, 제108조, 제109조, 제110조, 제111조, 제113조, 제114조), 고발(제112조), 양벌규정(제115조), 과태료(제116조)(제1장부터 제6장, 제8장, 제11장의 규정 중 상시 4명 이하 근로자를 사용하는 사업 또는 사업장에 적용되는 규정을 위반한 경우로 한정)

05 근로기준법령상 체불사업주 명단공개 등에 관한 설명으로 옳은 것은?

① 고용노동부장관은 체불사업주가 명단공개 기준일 이전 1년 이내 임금등의 체불총액이 2천만원 이상인 경우에는 그 인적사항을 공개하여야 한다.

> 고용노동부장관은 임금, 보상금, 수당, 그 밖의 모든 금품(이하 "임금등")을 지급하지 아니한 사업주(법인인 경우에는 그 대표자를 포함한다. 이하 "체불사업주")가 명단공개 기준일 이전 3년 이내 임금등을 체불하여 2회 이상 유죄가 확정된 자로서 <u>명단공개 기준일 이전 1년 이내 임금등의 체불총액이 3천만원 이상인 경우에는 그 인적사항 등을 공개할 수 있다</u>(근기법 제43조의2 제1항 본문).

❷ 체불사업주의 인적사항 등에 대한 공개 여부를 심의하기 위하여 고용노동부에 임금체불정보심의위원회를 둔다. 근기법 제43조의2 제3항 전문

③ 고용노동부장관이 체불사업주 명단을 공개할 경우, 체불사업주가 법인이라면 그 대표자의 성명·나이는 명단공개의 내용에 포함되지 않는다.

> 고용노동부장관이 체불사업주 명단을 공개할 경우, 체불사업주가 <u>법인이라면 그 대표자의 성명·나이·주소 및 법인의 명칭·주소를 포함한다</u>(근기법 시행령 제23조의3 제1항).

④ 고용노동부장관은 체불사업주 명단을 공개할 경우에 체불사업주에게 1개월간 소명기회를 주어야 한다.

> 고용노동부장관은 명단공개를 할 경우에 체불사업주에게 <u>3개월 이상의 기간을 정하여 소명기회를 주어야 한다</u>(근기법 제43조의2 제2항).

⑤ 임금등 체불자료를 받은 종합신용정보집중기관은 이를 체불사업주의 신용도·신용거래능력 판단과 관련한 업무 외의 목적으로 이용할 수 있다.

> 임금등 체불자료를 받은 종합신용정보집중기관은 이를 체불사업주의 신용도·신용거래능력 판단과 관련한 <u>업무 외의 목적으로 이용하거나 누설하여서는 아니 된다</u>(근기법 제43조의3 제2항).

06 근로기준법령상 임금에 관한 설명으로 옳지 않은 것은?(다툼이 있으면 판례에 따름)

❶ 근로자가 소정근로시간을 초과하여 근로를 제공함으로써 사용자로부터 추가로 지급받는 임금은 통상임금에 속한다.

> <u>근로자가 소정근로시간을 초과하여 근로를 제공하거나 근로계약에서 제공하기로 정한 근로 외의 근로를 특별히 제공함으로써 사용자로부터 추가로 지급받는</u> 임금이나 소정근로시간의 근로와는 관련 없이 지급받는 임금은 소정근로의 대가라 할 수 없으므로 통상임금에 속하지 아니한다(대판 2013.12.18. 2012다89399[전합]).

② 평균임금산정기간 중에 업무 외 질병을 사유로 사용자의 승인을 받아 휴업한 기간이 있는 경우에는 그 기간과 그 기간 중에 지급된 임금은 평균임금산정기준이 되는 기간과 임금의 총액에서 각각 뺀다. 근기법 시행령 제2조 제1항 제8호

③ 법령 또는 단체협약에 특별한 규정이 있는 경우에는 임금의 일부를 공제하거나 통화 이외의 것으로 지급할 수 있다.

> 임금은 통화(通貨)로 직접 근로자에게 그 전액을 지급하여야 한다. 다만, 법령 또는 단체협약에 특별한 <u>규정이 있는 경우에는 임금의 일부를 공제하거나 통화 이외의 것으로 지급할 수 있다</u>(근기법 제43조 제1항).

④ 상여금이 계속적·정기적으로 지급되고 그 지급액이 확정되어 있다면 이는 근로의 대가로 지급되는 임금의 성질을 가진다.

> 상여금이 계속적·정기적으로 지급되고 그 지급액이 확정되어 있다면 이는 근로의 대가로 지급되는 임금의 성질을 가지나 그 지급사유의 발생이 불확정이고 일시적으로 지급되는 것은 임금이라고 볼 수 없다(대판 2011.6.9. 2010다50236).

⑤ 사용자는 근로자가 혼인한 경우의 비용에 충당하기 위하여 임금지급을 청구하면 지급기일 전이라도 이미 제공한 근로에 대한 임금을 지급하여야 한다. 🔖 근기법 시행령 제25조 제2호

관계법령

비상시 지급(근기법 제45조)
사용자는 근로자가 출산, 질병, 재해, <u>그 밖에 대통령령으로 정하는 비상(非常)한 경우</u>의 비용에 충당하기 위하여 임금지급을 청구하면 지급기일 전이라도 이미 제공한 근로에 대한 임금을 지급하여야 한다.

지급기일 전의 임금지급(근기법 시행령 제25조)
법 제45조에서 <u>"그 밖에 대통령령으로 정한 비상(非常)한 경우"</u>란 근로자나 그의 수입으로 생계를 유지하는 자가 다음 각 호의 어느 하나에 해당하게 되는 경우를 말한다.
  1. 출산하거나 질병에 걸리거나 재해를 당한 경우
  2. 혼인 또는 사망한 경우
  3. 부득이한 사유로 1주 이상 귀향하게 되는 경우

---

07 근로기준법상 직장 내 괴롭힘에 관한 설명으로 옳지 않은 것은?

❶ 누구든지 직장 내 괴롭힘 발생사실을 알게 된 경우 그 사실을 사용자에게 신고하여야 한다.

> 누구든지 직장 내 괴롭힘 발생사실을 알게 된 경우 그 사실을 사용자에게 <u>신고할 수 있다</u>(근기법 제76조의3 제1항).

② 사용자는 직장 내 괴롭힘 발생사실을 인지한 경우에는 지체 없이 그 사실확인을 위한 조사를 실시하여야 한다.

> 사용자는 직장 내 괴롭힘에 대한 신고를 접수하거나 직장 내 괴롭힘 발생사실을 인지한 경우에는 지체 없이 당사자 등을 대상으로 그 사실확인을 위하여 객관적으로 조사를 실시하여야 한다(근기법 제76조의3 제2항).

③ 사용자는 직장 내 괴롭힘에 대한 조사기간 동안 피해근로자등을 보호하기 위하여 필요한 경우 해당 피해근로자등에 대하여 근무장소의 변경, 유급휴가명령 등 적절한 조치를 하여야 한다. 이 경우 사용자는 피해근로자등의 의사에 반하는 조치를 하여서는 아니 된다. 🔖 근기법 제76조의3 제3항

④ 사용자는 직장 내 괴롭힘과 관련한 조사결과 직장 내 괴롭힘 발생사실이 확인된 때에는 지체 없이 행위자에 대하여 징계, 근무장소의 변경 등 필요한 조치를 하여야 한다. 이 경우 사용자는 징계 등의 조치를 하기 전에 그 조치에 대하여 피해근로자의 의견을 들어야 한다.
🔖 근기법 제76조의3 제5항

⑤ 사용자는 직장 내 괴롭힘에 대한 조사결과 직장 내 괴롭힘 발생사실이 확인된 때에는 피해근로자가 요청하면 근무장소의 변경, 배치전환, 유급휴가명령 등 적절한 조치를 하여야 한다.
🔖 근기법 제76조의3 제4항

08 근로기준법령상 경영상 이유에 의한 해고에 관한 설명으로 옳지 않은 것은?(다툼이 있으면 판례에 따름)

① 경영악화를 방지하기 위한 사업의 양도·인수·합병은 긴박한 경영상의 필요가 있는 것으로 본다.

> 사용자가 경영상 이유에 의하여 근로자를 해고하려면 긴박한 경영상의 필요가 있어야 한다. 이 경우 경영악화를 방지하기 위한 사업의 양도·인수·합병은 긴박한 경영상의 필요가 있는 것으로 본다(근기법 제24조 제1항).

② 상시근로자수 99명 이하인 사업 또는 사업장의 사용자는 1개월 동안에 10명 이상의 인원을 경영상의 이유에 의하여 해고하려면 최초로 해고하려는 날의 30일 전까지 고용노동부장관에게 신고하여야 한다. ⚖ 근기법 시행령 제10조 제1항 제1호

❸ 사용자가 해고를 피하기 위한 방법과 해고의 기준 등에 관하여 근로자대표에게 해고를 하려는 날의 50일 전까지 통보하지 않은 경우 그 이유만으로 경영상 이유에 의한 해고는 부당하다.

> 해고를 피하기 위한 방법과 해고의 기준을 해고실시 50일 이전까지 근로자대표에게 통보하게 한 취지는, 소속근로자의 소재와 숫자에 따라 그 통보를 전달하는 데 소요되는 시간, 그 통보를 받은 각 근로자들이 통보 내용에 따른 대처를 하는 데 소요되는 시간, 근로자대표가 성실한 협의를 할 수 있는 기간을 최대한으로 상정·허여하자는 데 있는 것이고, 50일 기간의 준수는 정리해고의 효력요건은 아니어서, 구체적 사안에서 통보 후 정리해고 실시까지의 기간이 그와 같은 행위를 하는 데 소요되는 시간으로 부족하였다는 등의 특별한 사정이 없으며, 정리해고의 그 밖의 요건은 충족되었다면 그 정리해고는 유효하다(대판 2003.11.13. 2003두4119).

④ 경영상의 이유에 의하여 근로자를 해고한 사용자는 근로자를 해고한 날로부터 3년 이내에 해고된 근로자가 해고 당시 담당하였던 업무와 같은 업무를 할 근로자를 채용하려고 할 경우 경영상의 이유에 의하여 해고된 근로자가 원하면 그 근로자를 우선적으로 고용하여야 한다.

⚖ 근기법 제25조 제1항

⑤ 긴박한 경영상의 필요란 장래에 올 수도 있는 위기에 미리 대처하기 위하여 인원삭감이 필요한 경우도 포함하지만, 그러한 인원삭감은 객관적으로 보아 합리성이 있다고 인정되어야 한다.

> 정리해고의 요건 중 '긴박한 경영상의 필요'란 반드시 기업의 도산을 회피하기 위한 경우에 한정되지 아니하고, 장래에 올 수도 있는 위기에 미리 대처하기 위하여 인원삭감이 필요한 경우도 포함되지만, 그러한 인원삭감은 객관적으로 보아 합리성이 있다고 인정되어야 한다(대판 2015.5.28. 2012두25873).

관계법령	경영상의 이유에 의한 해고계획의 신고(근기법 시행령 제10조)

① 법 제24조 제4항에 따라 사용자는 1개월 동안에 다음 각 호의 어느 하나에 해당하는 인원을 해고하려면 최초로 해고하려는 날의 30일 전까지 고용노동부장관에게 신고하여야 한다.
1. 상시근로자수가 99명 이하인 사업 또는 사업장 : 10명 이상
2. 상시근로자수가 100명 이상 999명 이하인 사업 또는 사업장 : 상시 근로자수의 10퍼센트 이상
3. 상시근로자수가 1,000명 이상인 사업 또는 사업장 : 100명 이상

09 근로기준법 제51조 제2항의 규정이다. (   )에 들어갈 내용을 옳게 나열한 것은?

> 사용자는 근로자대표와의 서면합의에 따라 다음 각 호의 사항을 정하면 3개월 이내의 단위기간을 평균하여 1주간의 근로시간이 제50조 제1항의 근로시간을 초과하지 아니하는 범위에서 특정한 주에 제50조 제1항의 근로시간을, 특정한 날에 제50조 제2항의 근로시간을 초과하여 근로하게 할 수 있다. 다만, 특정한 주의 근로시간은 (ㄱ)시간을, 특정한 날의 근로시간은 (ㄴ)시간을 초과할 수 없다.

① ㄱ : 48, ㄴ : 10
② ㄱ : 48, ㄴ : 12
③ ㄱ : 52, ㄴ : 10
❹ ㄱ : 52, ㄴ : 12
⑤ ㄱ : 68, ㄴ : 12

사용자는 근로자대표와의 서면합의에 따라 다음 각 호의 사항을 정하면 3개월 이내의 단위기간을 평균하여 1주간의 근로시간이 제50조 제1항의 근로시간을 초과하지 아니하는 범위에서 특정한 주에 제50조 제1항의 근로시간을, 특정한 날에 제50조 제2항의 근로시간을 초과하여 근로하게 할 수 있다. 다만, 특정한 주의 근로시간은 52시간을, 특정한 날의 근로시간은 12시간을 초과할 수 없다(근기법 제51조 제2항).
1. 대상근로자의 범위
2. 단위기간(3개월 이내의 일정한 기간으로 정하여야 한다)
3. 단위기간의 근로일과 그 근로일별 근로시간
4. 그 밖에 대통령령으로 정하는 사항

10 근로기준법령상 이행강제금에 관한 설명으로 옳지 않은 것은?

① 노동위원회는 이행강제금을 부과하기 30일 전까지 이행강제금을 부과·징수한다는 뜻을 사용자에게 미리 문서로써 알려 주어야 한다. ⑫ 근기법 제33조 제2항

❷ 노동위원회는 구제명령을 받은 자가 구제명령을 이행하면 구제명령을 이행하기 전에 이미 부과된 이행강제금은 징수하지 아니한다.

노동위원회는 구제명령을 받은 자가 구제명령을 이행하면 새로운 이행강제금을 부과하지 아니하되, 구제명령을 이행하기 전에 이미 부과된 이행강제금은 징수하여야 한다(근기법 제33조 제6항).

③ 노동위원회는 이행강제금을 부과하는 때에는 이행강제금의 부과통지를 받은 날부터 15일 이내의 납부기한을 정하여야 한다. ⑫ 근기법 시행령 제12조 제1항

④ 노동위원회는 천재·사변, 그 밖의 부득이한 사유로 구제명령을 이행하기 어려운 경우에는 직권 또는 사용자의 신청에 따라 그 사유가 없어진 뒤에 이행강제금을 부과할 수 있다.
⑫ 근기법 시행령 제14조 제2호

⑤ 노동위원회는 중앙노동위원회의 재심판정이나 법원의 확정판결에 따라 노동위원회의 구제명령이 취소되면 직권 또는 사용자의 신청에 따라 이행강제금의 부과·징수를 즉시 중지하고 이미 징수한 이행강제금을 반환하여야 한다. ⑫ 근기법 시행령 제15조 제1항

노동위원회는 다음 각 호의 어느 하나에 해당하는 사유가 있는 경우에는 직권 또는 사용자의 신청에 따라 그 사유가 없어진 뒤에 이행강제금을 부과할 수 있다.
1. 구제명령을 이행하기 위하여 사용자가 객관적으로 노력하였으나 근로자의 소재불명 등으로 구제명령을 이행하기 어려운 것이 명백한 경우
2. 천재·사변, 그 밖의 부득이한 사유로 구제명령을 이행하기 어려운 경우

11 근로기준법령상 구제명령 등에 관한 설명이다. (　　)에 들어갈 내용을 옳게 나열한 것은?

☑ 확인
Check!
○
△
×

• 중앙노동위원회의 재심판정에 대하여 사용자나 근로자는 재심판정서를 송달받은 날부터 (ㄱ)일 이내에 행정소송법의 규정에 따라 소(訴)를 제기할 수 있다.
• 노동위원회의 구제명령이행기간은 사용자가 구제명령을 서면으로 통지받은 날부터 (ㄴ)일 이내로 한다.

① ㄱ : 10, ㄴ : 15
② ㄱ : 10, ㄴ : 30
③ ㄱ : 15, ㄴ : 15
❹ ㄱ : 15, ㄴ : 30
⑤ ㄱ : 30, ㄴ : 30

• 중앙노동위원회의 재심판정에 대하여 사용자나 근로자는 재심판정서를 송달받은 날부터 15일 이내에 행정소송법의 규정에 따라 소(訴)를 제기할 수 있다(근기법 제31조 제2항).
• 노동위원회는 사용자에게 구제명령을 하는 때에는 이행기한을 정하여야 한다. 이 경우 이행기한은 사용자가 구제명령을 서면으로 통지받은 날부터 30일 이내로 한다(근기법 시행령 제11조).

12 근로기준법령상 연차유급휴가에 관한 설명으로 옳지 않은 것은?(다툼이 있으면 판례에 따름)

❶ 근로자가 연차휴가에 관한 권리를 취득한 후 1년이 지나기 전에 퇴직하는 등의 사유로 인하여 더 이상 연차휴가를 사용하지 못하게 될 경우 사용자에게 그 연차휴가일수에 상응하는 연차휴가수당을 청구할 수 없다.

> 근로기준법 제60조 제1항이 규정한 유급연차휴가는 1년간 80% 이상 출근한 근로자에게 부여되는 것으로, 근로자가 연차휴가에 관한 권리를 취득한 후 1년 이내에 연차휴가를 사용하지 아니하거나 1년이 지나기 전에 퇴직하는 등의 사유로 인하여 더 이상 연차휴가를 사용하지 못하게 될 경우에는 사용자에게 연차휴가일수에 상응하는 임금인 연차휴가수당을 청구할 수 있다. 다만 연차휴가를 사용할 권리는 다른 특별한 정함이 없는 한 전년도 1년간의 근로를 마친 다음 날 발생한다고 보아야 하므로, 그전에 퇴직 등으로 근로관계가 종료한 경우에는 연차휴가를 사용할 권리에 대한 보상으로서의 연차휴가수당도 청구할 수 없다(대판 2018.6.28. 2016다48297).

② 연간 소정근로일수에 정당한 쟁의행위기간이 차지하는 일수가 포함되어 있는 경우 연차유급휴가 취득요건과 관련한 출근율은 소정근로일수에서 그 쟁의행위기간이 차지하는 일수를 제외한 나머지 일수를 기준으로 산정한다.

> 근로자가 정당한 쟁의행위를 하거나 '남녀고용평등과 일·가정 양립 지원에 관한 법률'(이하 '남녀고용평등법')에 의한 육아휴직(이하 양자를 가리켜 '쟁의행위 등')을 하여 현실적으로 근로를 제공하지 아니한 경우, 연간 소정근로일수에서 쟁의행위 등 기간이 차지하는 일수를 제외한 나머지 일수를 기준으로 근로자의 출근율을 산정하여 연차유급휴가 취득요건의 충족 여부를 판단하되, 그 요건이 충족된 경우에는 본래 평상적인 근로관계에서 8할의 출근율을 충족할 경우 산출되었을 연차유급휴가일수에 대하여 '연간 소정근로일수에서 쟁의행위 등 기간이 차지하는 일수를 제외한 나머지 일수'를 '연간 소정근로일수'로 나눈 비율을 곱하여 산출된 연차유급휴가일수를 근로자에게 부여함이 합리적이다(대판 2013.12.26. 2011다4629).

③ 사용자는 근로자대표와의 서면합의에 따라 연차유급휴가일을 갈음하여 특정한 근로일에 근로자를 휴무시킬 수 있다. 🏛 근기법 제62조

④ 사용자는 계속하여 근로한 기간이 1년 미만인 근로자에게 1개월 개근 시 1일의 유급휴가를 주어야 한다. 🏛 근기법 제60조 제2항

⑤ 연간 소정근로일수와 출근일수를 계산함에 있어서 사용자의 부당해고로 인하여 근로자가 출근하지 못한 기간은 연간 소정근로일수 및 출근일수에 모두 산입된다.

> 근로자가 부당해고로 인하여 지급받지 못한 임금이 연차휴가수당인 경우에도 해당 근로자의 연간 소정근로일수와 출근일수를 고려하여 근로기준법 제60조 제1항의 요건을 충족하면 연차유급휴가가 부여되는 것을 전제로 연차휴가수당을 지급하여야 하고, 이를 산정하기 위한 연간 소정근로일수와 출근일수를 계산함에 있어서 사용자의 부당해고로 인하여 근로자가 출근하지 못한 기간을 근로자에 대하여 불리하게 고려할 수는 없으므로 그 기간은 연간 소정근로일수 및 출근일수에 모두 산입되는 것으로 보는 것이 타당하며, 설령 부당해고기간이 연간 총근로일수 전부를 차지하고 있는 경우에도 달리 볼 수는 없다(대판 2014.3.13. 2011다95519).

13 근로기준법령상 취직인허증에 관한 설명으로 옳지 않은 것은?

① 예술공연 참가를 위한 경우에는 13세 미만인 자도 취직인허증을 받을 수 있다.

> 취직인허증을 받을 수 있는 자는 13세 이상 15세 미만인 자로 한다. 다만, 예술공연 참가를 위한 경우에는 13세 미만인 자도 취직인허증을 받을 수 있다(근기법 시행령 제35조 제1항).

❷ 의무교육대상자가 취직인허증을 신청하는 경우 신청인은 사용자가 될 자의 취업확인서를 받아 친권자 또는 후견인과 연명으로 고용노동부장관에게 신청하여야 한다.

> 취직인허증을 받으려는 자는 학교장(의무교육대상자와 재학 중인 자로 한정) 및 친권자 또는 후견인의 서명을 받아 사용자가 될 자와 연명(連名)으로 고용노동부장관에게 신청하여야 한다(근기법 시행령 제35조 제2항·제3항).

③ 고용노동부장관은 취직인허증신청에 대하여 취직을 인허할 경우에는 고용노동부령으로 정하는 취직인허증에 직종을 지정하여 신청한 근로자와 사용자가 될 자에게 내주어야 한다.

> 🔗 근기법 시행령 제36조 제1항

④ 고용노동부장관은 거짓으로 취직인허증을 발급받은 사람에게는 그 인허를 취소하여야 한다.

> 🔗 근기법 제64조 제3항

⑤ 사용자 또는 15세 미만인 자는 취직인허증이 못 쓰게 되거나 이를 잃어버린 경우에는 고용노동부령으로 정하는 바에 따라 지체 없이 재교부신청을 하여야 한다. 🔗 근기법 시행령 제39조

14 근로기준법상 여성과 소년에 관한 설명으로 옳지 않은 것은?

① 사용자는 임신 중인 여성을 도덕상 또는 보건상 유해·위험한 사업에 사용하지 못한다.

> 사용자는 임신 중이거나 산후 1년이 지나지 아니한 여성(이하 "임산부")과 18세 미만자를 도덕상 또는 보건상 유해·위험한 사업에 사용하지 못한다(근기법 제65조 제1항).

② 고용노동부장관은 근로계약이 미성년자에게 불리하다고 인정하는 경우에는 이를 해지할 수 있다.

> 친권자, 후견인 또는 고용노동부장관은 근로계약이 미성년자에게 불리하다고 인정하는 경우에는 이를 해지할 수 있다(근기법 제67조 제2항).

③ 15세 이상 18세 미만인 사람의 근로시간은 1일에 7시간, 1주에 35시간을 초과하지 못한다. 다만, 당사자 사이의 합의에 따라 1일에 1시간, 1주에 5시간을 한도로 연장할 수 있다.

> 🔗 근기법 제69조

❹ 사용자는 18세 이상의 여성근로자에 대하여는 그 근로자의 동의 없이 휴일근로를 시킬 수 있다.

> 사용자는 18세 이상의 여성을 오후 10시부터 오전 6시까지의 시간 및 휴일에 근로시키려면 그 근로자의 동의를 받아야 한다(근기법 제70조 제1항).

⑤ 사용자는 산후 1년이 지나지 아니한 여성에 대하여는 단체협약이 있는 경우라도 1일에 2시간, 1주에 6시간, 1년에 150시간을 초과하는 시간외근로를 시키지 못한다. 🔗 근기법 제71조

15 근로기준법상 취업규칙에 관한 설명으로 옳지 않은 것은?

① 취업규칙을 작성하여 고용노동부장관에게 신고하여야 하는 사용자는 상시 10명 이상의 근로자를 사용하는 사용자이다.

> 상시 10명 이상의 근로자를 사용하는 사용자는 취업규칙을 작성하여 고용노동부장관에게 신고하여야 한다. 이를 변경하는 경우에도 또한 같다(근기법 제93조).

② 사용자가 취업규칙을 작성하여 고용노동부장관에게 신고하여야 하는 경우, 해당 취업규칙에는 업무상과 업무 외의 재해부조(災害扶助)에 관한 사항이 포함되어야 한다.

> ⓐ 근기법 제93조 제10호

③ 사용자는 취업규칙의 작성에 관하여 해당 사업 또는 사업장에 근로자의 과반수로 조직된 노동조합이 있는 경우에는 그 노동조합, 근로자의 과반수로 조직된 노동조합이 없는 경우에는 근로자의 과반수의 의견을 들어야 한다. ⓐ 근기법 제94조 제1항 본문

④ 취업규칙에서 근로자에 대하여 감급(減給)의 제재를 정할 경우에 그 감액은 1회의 금액이 평균임금의 1일분의 2분의 1을, 총액이 1임금지급기의 임금총액의 10분의 1을 초과하지 못한다.

> ⓐ 근기법 제95조

❺ 고용노동부장관은 법령이나 단체협약에 어긋나는 취업규칙에 대하여 노동위원회의 의결을 받아 그 변경을 명하여야 한다.

> 고용노동부장관은 법령이나 단체협약에 어긋나는 취업규칙의 변경을 명할 수 있다(근기법 제96조 제2항). 이때 노동위원회의 의결을 요하지 아니한다.

관계법령 **취업규칙의 작성ㆍ신고(근기법 제93조)**

상시 10명 이상의 근로자를 사용하는 사용자는 다음 각 호의 사항에 관한 취업규칙을 작성하여 고용노동부장관에게 신고하여야 한다. 이를 변경하는 경우에도 또한 같다.

1. 업무의 시작과 종료시각, 휴게시간, 휴일, 휴가 및 교대근로에 관한 사항
2. 임금의 결정ㆍ계산ㆍ지급방법, 임금의 산정기간ㆍ지급시기 및 승급(昇給)에 관한 사항
3. 가족수당의 계산ㆍ지급방법에 관한 사항
4. 퇴직에 관한 사항
5. 근로자퇴직급여 보장법 제4조에 따라 설정된 퇴직급여, 상여 및 최저임금에 관한 사항
6. 근로자의 식비, 작업용품 등의 부담에 관한 사항
7. 근로자를 위한 교육시설에 관한 사항
8. 출산전후휴가ㆍ육아휴직 등 근로자의 모성보호 및 일ㆍ가정 양립지원에 관한 사항
9. 안전과 보건에 관한 사항
9의2. 근로자의 성별ㆍ연령 또는 신체적 조건 등의 특성에 따른 사업장환경의 개선에 관한 사항
10. 업무상과 업무 외의 재해부조(災害扶助)에 관한 사항
11. 직장 내 괴롭힘의 예방 및 발생 시 조치 등에 관한 사항
12. 표창과 제재에 관한 사항
13. 그 밖에 해당 사업 또는 사업장의 근로자 전체에 적용될 사항

16
직업안정법상 근로자공급사업에 관한 설명으로 옳지 않은 것은?

☑ 확인
Check!
○
△
✕

① 누구든지 고용노동부장관의 허가를 받지 아니하고는 근로자공급사업을 하지 못한다.
　🔗 직안법 제33조 제1항

② 근로자공급사업은 공급대상이 되는 근로자가 취업하려는 장소를 기준으로 국내 근로자공급사업과 국외 근로자공급사업으로 구분한다.　🔗 직안법 제33조 제3항

❸ 파견근로자 보호 등에 관한 법률에 따른 파견사업주는 국내 근로자공급사업의 허가를 받을 수 있다.

> 국내 근로자공급사업의 허가를 받을 수 있는 자는 <u>노동조합 및 노동관계조정법에 따른 노동조합</u>이다(직안법 제33조 제3항 제1호).

④ 국내에서 제조업을 하고 있는 자는 국외 근로자공급사업의 허가를 받을 수 있다.
　🔗 직안법 제33조 제3항 제2호 본문

⑤ 민법에 따른 비영리법인은 연예인을 대상으로 하는 국외 근로자공급사업의 허가를 받을 수 있다.
　🔗 직안법 제33조 제3항 제2호 단서

관계법령　**근로자공급사업(직안법 제33조)**

③ <u>근로자공급사업은 공급대상이 되는 근로자가 취업하려는 장소를 기준으로 국내 근로자공급사업과 국외 근로자공급사업으로 구분</u>하며, 각각의 사업의 허가를 받을 수 있는 자의 범위는 다음 각 호와 같다.
　1.　<u>국내 근로자공급사업의 경우는 노동조합 및 노동관계조정법에 따른 노동조합</u>
　2.　<u>국외 근로자공급사업의 경우는 국내에서 제조업·건설업·용역업, 그 밖의 서비스업을 하고 있는 자.</u> 다만, <u>연예인을 대상으로 하는 국외 근로자공급사업의 허가를 받을 수 있는 자는 민법 제32조에 따른 비영리법인</u>으로 한다.

17
산업안전보건법상 작업중지에 관한 설명으로 옳지 않은 것은?

☑ 확인
Check!
○
△
✕

① 사업주는 산업재해가 발생할 급박한 위험이 있을 때에는 즉시 작업을 중지시키고 근로자를 작업장소에서 대피시키는 등 안전 및 보건에 관하여 필요한 조치를 하여야 한다.　🔗 산안법 제51조

② 근로자는 산업재해가 발생할 급박한 위험이 있는 경우에는 작업을 중지하고 대피할 수 있다.
　🔗 산안법 제52조 제1항

③ 사업주는 중대재해가 발생하였을 때에는 즉시 해당 작업을 중지시키고 근로자를 작업장소에서 대피시키는 등 안전 및 보건에 관하여 필요한 조치를 하여야 한다.　🔗 산안법 제54조 제1항

❹ 중대재해 발생으로 작업이 중지된 경우, 사업주는 작업중지 해제에 관한 전문가 등으로 구성된 심의위원회의 심의를 거쳐 작업중지를 해제하여야 한다.

> <u>고용노동부장관은 사업주가 작업중지의 해제를 요청한 경우에는 작업중지 해제에 관한 전문가 등으로 구성된 심의위원회의 심의를 거쳐 고용노동부령으로 정하는 바에 따라 작업중지를 해제하여야</u> 한다(산안법 제55조 제3항).

⑤ 사업주는 산업재해가 발생할 급박한 위험이 있다고 근로자가 믿을 만한 합리적인 이유가 있을 때에는 작업을 중지하고 대피한 근로자에 대하여 해고나 그 밖의 불리한 처우를 해서는 아니 된다.
　🔗 산안법 제52조 제4항

18 남녀고용평등과 일·가정 양립 지원에 관한 법률상 육아기 근로시간 단축에 관한 설명으로 옳지 않은 것은?

① 사업주가 해당 근로자에게 육아기 근로시간 단축을 허용하는 경우 단축 후 근로시간은 주당 15시간 이상이어야 하고 35시간을 넘어서는 아니 된다. **고평법 제19조의2 제3항**

② 사업주는 정상적인 사업운영에 중대한 지장을 초래하는 경우에는 육아기 근로시간 단축을 허용하지 아니할 수 있다.

> 사업주는 근로자가 만 8세 이하 또는 초등학교 2학년 이하의 자녀를 양육하기 위하여 근로시간의 단축(이하 "육아기 근로시간 단축")을 신청하는 경우에 이를 허용하여야 한다. 다만, 대체인력 채용이 불가능한 경우, **정상적인 사업운영에 중대한 지장을 초래하는 경우** 등 대통령령으로 정하는 경우에는 그러하지 아니하다(고평법 제19조의2 제1항).

③ 사업주는 육아기 근로시간 단축을 하고 있는 근로자에게 단축된 근로시간 외에 연장근로를 요구할 수 없다. 다만, 그 근로자가 명시적으로 청구하는 경우에는 사업주는 주 12시간 이내에서 연장근로를 시킬 수 있다. **고평법 제19조의3 제3항**

④ 사업주는 근로자의 육아기 근로시간 단축기간이 끝난 후에 그 근로자를 육아기 근로시간 단축 전과 같은 업무 또는 같은 수준의 임금을 지급하는 직무에 복귀시켜야 한다.
고평법 제19조의2 제6항

❺ 육아기 근로시간 단축을 한 근로자에 대하여 근로기준법에 따른 평균임금을 산정하는 경우에는 그 근로자의 육아기 근로시간 단축기간은 평균임금 산정기간에 포함한다.

> 육아기 근로시간 단축을 한 근로자에 대하여 근로기준법에 따른 평균임금을 산정하는 경우에는 그 근로자의 **육아기 근로시간 단축기간을 평균임금 산정기간에서 제외한다**(고평법 제19조의3 제4항).

관계법령 **육아기 근로시간 단축의 허용 예외(고평법 시행령 제15조의2)**

법 제19조의2 제1항 단서에서 "대통령령으로 정하는 경우"란 다음 각 호의 어느 하나에 해당하는 경우를 말한다.
1. 단축개시예정일의 전날까지 해당 사업에서 계속 근로한 기간이 6개월 미만인 근로자가 신청한 경우
2. 삭제 〈2019.12.24.〉
3. 사업주가 직업안정법 제2조의2 제1호에 따른 직업안정기관에 구인신청을 하고 14일 이상 대체인력을 채용하기 위하여 노력하였으나 대체인력을 채용하지 못한 경우. 다만, 직업안정기관의 장의 직업소개에도 불구하고 정당한 이유 없이 2회 이상 채용을 거부한 경우는 제외한다.
4. 육아기 근로시간 단축을 신청한 근로자의 업무성격상 근로시간을 분할하여 수행하기 곤란하거나 그 밖에 육아기 근로시간 단축이 정상적인 사업운영에 중대한 지장을 초래하는 경우로서 사업주가 이를 증명하는 경우

19 기간제 및 단시간근로자 보호 등에 관한 법령에 관한 설명으로 옳지 않은 것은?

☑ 확인
Check!
○
△
×

① 박사 학위를 소지하고 해당 분야에 종사하는 경우에는 2년을 초과하여 기간제근로자로 사용할 수 있다. 🏦 기단법 시행령 제3조 제1항 제1호

② 특정한 업무의 완성에 필요한 기간을 정한 경우에는 2년을 초과하여 기간제근로자로 사용할 수 있다. 🏦 기단법 제4조 제1항 제1호

❸ 사용자는 기간의 정함이 없는 근로계약을 체결하려는 경우에 당해 사업 또는 사업장의 동종 또는 유사한 업무에 종사하는 기간제근로자를 우선적으로 고용하여야 한다.

> 사용자는 기간의 정함이 없는 근로계약을 체결하고자 하는 경우에는 해당 사업 또는 사업장의 동종 또는 유사한 업무에 종사하는 기간제근로자를 우선적으로 고용하도록 노력하여야 한다(기단법 제5조).

④ 고용노동부장관은 확정된 시정명령에 대하여 사용자에게 이행상황을 제출할 것을 요구할 수 있다. 🏦 기단법 제15조 제1항

⑤ 사용자는 기간제근로자임을 이유로 해당 사업 또는 사업장에서 동종 또는 유사한 업무에 종사하는 기간의 정함이 없는 근로계약을 체결한 근로자에 비하여 차별적 처우를 하여서는 아니 된다. 🏦 기단법 제8조 제1항

관계법령

기간제근로자의 사용(기단법 제4조)
① 사용자는 2년을 초과하지 아니하는 범위 안에서(기간제근로계약의 반복갱신 등의 경우에는 그 계속근로한 총기간이 2년을 초과하지 아니하는 범위 안에서) 기간제근로자를 사용할 수 있다. 다만, 다음 각 호의 어느 하나에 해당하는 경우에는 2년을 초과하여 기간제근로자로 사용할 수 있다. 〈개정 2020,5,26.〉
1. 사업의 완료 또는 특정한 업무의 완성에 필요한 기간을 정한 경우
2. 휴직 · 파견 등으로 결원이 발생하여 해당 근로자가 복귀할 때까지 그 업무를 대신할 필요가 있는 경우
3. 근로자가 학업, 직업훈련 등을 이수함에 따라 그 이수에 필요한 기간을 정한 경우
4. 고령자고용촉진법 제2조 제1호의 고령자와 근로계약을 체결하는 경우
5. 전문적 지식 · 기술의 활용이 필요한 경우와 정부의 복지정책 · 실업대책 등에 따라 일자리를 제공하는 경우로서 대통령령으로 정하는 경우
6. 그 밖에 제1호부터 제5호까지에 준하는 합리적인 사유가 있는 경우로서 대통령령으로 정하는 경우

기간제근로자 사용기간 제한의 예외(기단법 시행령 제3조)
① 법 제4조 제1항 제5호에서 "전문적 지식 · 기술의 활용이 필요한 경우로서 대통령령이 정하는 경우"란 다음 각 호의 어느 하나에 해당하는 경우를 말한다.
1. 박사 학위(외국에서 수여받은 박사 학위를 포함한다)를 소지하고 해당 분야에 종사하는 경우
2. 국가기술자격법 제9조 제1항 제1호에 따른 기술사 등급의 국가기술자격을 소지하고 해당 분야에 종사하는 경우
3. [별표 2]에서 정한 전문자격을 소지하고 해당 분야에 종사하는 경우

20 파견근로자 보호 등에 관한 법령상 파견이 허용되는 업무는?

❶ 출산으로 결원이 생긴 제조업의 직접생산공정업무

> 출산·질병·부상 등으로 결원이 생긴 경우 또는 일시적·간헐적으로 인력을 확보하여야 할 필요가 있는 경우에는, 제조업의 직접생산공정업무일지라도 근로자파견사업을 할 수 있다(파견법 제5조 제2항).

② 건설공사현장에서 이루어지는 업무   *法* 파견법 제5조 제3항 제1호

③ 선원법 제2조 제1호의 선원의 업무   *法* 파견법 제5조 제3항 제3호

④ 산업안전보건법 제58조에 따른 유해하거나 위험한 업무   *法* 파견법 제5조 제3항 제4호

⑤ 여객자동차 운수사업법 제2조 제3호에 따른 여객자동차운송사업에서의 운전업무

     法 파견법 제5조 제3항 제5호, 동법 시행령 제2조 제2항 제5호

관계법령

절대적 파견금지 대상업무(파견법 제5조)

③ 다음 각 호의 어느 하나에 해당하는 업무에 대하여는 근로자파견사업을 하여서는 아니 된다.

   1. 건설공사현장에서 이루어지는 업무
   2. 항만운송사업법 제3조 제1호, 한국철도공사법 제9조 제1항 제1호, 농수산물 유통 및 가격안정에 관한 법률 제40조, 물류정책기본법 제2조 제1항 제1호의 하역(荷役)업무로서 직업안정법 제33조에 따라 근로자공급사업허가를 받은 지역의 업무
   3. 선원법 제2조 제1호의 선원의 업무
   4. 산업안전보건법 제58조에 따른 유해하거나 위험한 업무
   5. 그 밖에 근로자 보호 등의 이유로 근로자파견사업의 대상으로는 적절하지 못하다고 인정하여 대통령령으로 정하는 업무

절대적 파견금지 대상업무(파견법 시행령 제2조)

② 법 제5조 제3항 제5호에서 "대통령령으로 정하는 업무"란 다음 각 호의 어느 하나에 해당하는 업무를 말한다.

   1. 진폐의 예방과 진폐근로자의 보호 등에 관한 법률 제2조 제3호에 따른 분진작업을 하는 업무
   2. 산업안전보건법 제137조에 따른 건강관리카드의 발급 대상업무
   3. 의료법 제2조에 따른 의료인의 업무 및 같은 법 제80조의2에 따른 간호조무사의 업무
   4. 의료기사 등에 관한 법률 제3조에 따른 의료기사의 업무
   5. 여객자동차 운수사업법 제2조 제3호에 따른 여객자동차운송사업에서의 운전업무
   6. 화물자동차 운수사업법 제2조 제3호에 따른 화물자동차운송사업에서의 운전업무

21 근로자퇴직급여 보장법에 관한 설명으로 옳은 것은?

① 확정급여형퇴직연금제도란 급여의 지급을 위하여 사용자가 부담하여야 할 부담금의 수준이 사전에 결정되어 있는 퇴직연금제도를 말한다.

> "확정급여형퇴직연금제도"란 근로자가 받을 급여의 수준이 사전에 결정되어 있는 퇴직연금제도를 말한다(근 퇴법 제2조 제8호).

② 확정기여형퇴직연금제도란 근로자가 받을 급여의 수준이 사전에 결정되어 있는 퇴직연금제도를 말한다.

> "확정기여형퇴직연금제도"란 급여의 지급을 위하여 사용자가 부담하여야 할 부담금의 수준이 사전에 결정되어 있는 퇴직연금제도를 말한다(근퇴법 제2조 제9호).

③ 사용자는 계속근로기간이 1년 미만인 근로자에 대하여도 퇴직급여제도를 설정하여야 한다.

> 사용자는 퇴직하는 근로자에게 급여를 지급하기 위하여 퇴직급여제도 중 하나 이상의 제도를 설정하여야 한다. 다만, 계속근로기간이 1년 미만인 근로자, 4주간을 평균하여 1주간의 소정근로시간이 15시간 미만인 근로자에 대하여는 그러하지 아니하다(근퇴법 제4조 제1항).

❹ 사용자는 근로자가 퇴직한 경우에는 그 지급사유가 발생한 날부터 14일 이내에 퇴직금을 지급하여야 하지만, 특별한 사정이 있는 경우에는 당사자 간의 합의에 따라 퇴직금의 지급기일을 연장할 수 있다. ⓙ 근퇴법 제9조 제1항

⑤ 퇴직급여제도의 일시금을 수령한 사람은 개인형퇴직연금제도를 설정할 수 없다.

> 퇴직급여제도의 일시금을 수령한 사람은 개인형퇴직연금제도를 설정할 수 있다(근퇴법 제24조 제2항 제1호).

관계법령 **개인형퇴직연금제도의 설정 및 운영 등(근퇴법 제24조)**

② 다음 각 호의 어느 하나에 해당하는 사람은 개인형퇴직연금제도를 설정할 수 있다. 〈개정 2021.4.13.〉
1. 퇴직급여제도의 일시금을 수령한 사람
2. 확정급여형퇴직연금제도, 확정기여형퇴직연금제도 또는 중소기업퇴직연금기금제도의 가입자로서 자기의 부담으로 개인형퇴직연금제도를 추가로 설정하려는 사람
3. 자영업자 등 안정적인 노후소득 확보가 필요한 사람으로서 대통령령으로 정하는 사람

22 최저임금법령에 관한 설명으로 옳지 않은 것은?

❶ 1년 미만의 기간을 정하여 근로계약을 체결하고 수습 중에 있는 근로자로서 수습을 시작한 날부터 6개월 이내인 사람에 대하여는 고용노동부장관에 의해 고시된 최저임금액보다 적은 최저임금액을 정할 수 있다.

> 1년 이상의 기간을 정하여 근로계약을 체결하고 수습 중에 있는 근로자로서 수습을 시작한 날부터 3개월 이내인 사람에 대하여는 대통령령으로 정하는 바에 따라 최저임금액과 다른 금액[시간급 최저임금액(최저임금으로 정한 금액)에서 100분의 10을 뺀 금액]으로 최저임금액을 정할 수 있다. 다만, 단순노무업무로 고용노동부장관이 정하여 고시한 직종에 종사하는 근로자는 제외한다(최임법 제5조 제2항, 동법 시행령 제3조).

② 사용자가 고용노동부장관의 인가를 받아 최저임금의 적용을 제외할 수 있는 자는 정신 또는 신체의 장애가 업무수행에 직접적으로 현저한 지장을 주는 것이 명백하다고 인정되는 사람으로 한다.
📖 최임법 제7조 제1호

③ 최저임금위원회는 필요하다고 인정하면 사업의 종류별 또는 특정 사항별로 전문위원회를 둘 수 있다. 📖 최임법 제19조 제1항

④ 고용노동부장관은 매년 8월 5일까지 최저임금을 결정하여야 한다. 📖 최임법 제8조 제1항 전문

⑤ 최저임금위원회에는 관계 행정기관의 공무원 중에서 3명 이내의 특별위원을 둘 수 있다.
📖 최임법 제16조 제1항

관계법령 최저임금의 적용제외(최임법 제7조)

다음 각 호의 어느 하나에 해당하는 사람으로서 사용자가 대통령령으로 정하는 바에 따라 고용노동부장관의 인가를 받은 사람에 대하여는 제6조를 적용하지 아니한다.
1. 정신장애나 신체장애로 근로능력이 현저히 낮은 사람
2. 그 밖에 최저임금을 적용하는 것이 적당하지 아니하다고 인정되는 사람

23 임금채권보장법에 관한 설명으로 옳지 않은 것은?

☑ 확인
Check!
○
△
×

① 임금채권보장기금의 관리·운용에 관한 중요사항을 심의하기 위하여 고용노동부에 임금채권보장기금심의위원회를 둔다. 🄟 임채법 제6조 제1항

② 거짓으로 대지급금이 지급된 사실을 지방고용노동관서 또는 수사기관에 신고하거나 고발한 자에게는 대통령령으로 정하는 기준에 따라 포상금을 지급할 수 있다.

> 거짓이나 그 밖의 부정한 방법으로 대지급금이 지급된 사실을 지방고용노동관서 또는 수사기관에 신고하거나 고발한 자에게는 대통령령으로 정하는 기준에 따라 포상금을 지급할 수 있다(임채법 제15조).

③ 미성년자인 근로자는 독자적으로 대지급금의 지급을 청구할 수 있다.

> 미성년자인 근로자는 독자적으로 대지급금의 지급을 청구할 수 있다(임채법 제11조의2 제3항).

❹ 대지급금을 지급받을 권리는 담보로 제공할 수 있다.

> 대지급금을 지급받을 권리는 양도 또는 압류하거나 담보로 제공할 수 없다(임채법 제11조의2 제1항).

⑤ 고용노동부장관이 사업주로부터 부담금을 징수할 권리는 3년간 행사하지 아니하면 시효로 소멸한다.

> 부담금이나 그 밖에 이 법에 따른 징수금을 징수하거나 대지급금·부담금을 반환받을 권리는 3년간 행사하지 아니하면 시효로 소멸한다(임채법 제26조 제1항).

24 외국인근로자의 고용 등에 관한 법률에 관한 설명으로 옳지 않은 것은?

☑ 확인
Check!
○
△
×

① 외국인력정책위원회는 외국인근로자 도입업종 및 규모 등에 관한 사항을 심의·의결한다. 🄟 외고법 제4조 제2항 제2호

② 외국인근로자를 고용하려는 자는 직업안정법에 따른 직업안정기관에 우선 내국인구인신청을 하여야 한다. 🄟 외고법 제6조 제1항

③ 사용자는 외국인근로자가 외국인취업교육을 받을 수 있도록 하여야 한다. 🄟 외고법 제11조 제2항

④ 외국인근로자를 고용한 사업 또는 사업장의 사용자는 외국인근로자의 출국 등에 따른 퇴직금 지급을 위하여 외국인근로자를 피보험자 또는 수익자로 하는 보험 또는 신탁에 가입하여야 한다.

> 외국인근로자를 고용한 사업 또는 사업장의 사용자는 외국인근로자의 출국 등에 따른 퇴직금 지급을 위하여 외국인근로자를 피보험자 또는 수익자로 하는 보험 또는 신탁에 가입하여야 한다(외고법 제13조 제1항). 이와 귀국비용보험·신탁에 관한 규정은 구별되어야 한다. 즉 외국인근로자는 귀국 시 필요한 비용에 충당하기 위하여 보험 또는 신탁에 가입하여야 한다(외고법 제15조 제1항).

❺ 외국인근로자는 고용허가를 받은 날부터 5년의 범위에서 취업활동을 할 수 있다.

> 외국인근로자는 입국한 날부터 3년의 범위에서 취업활동을 할 수 있다(외고법 제18조).

25 근로복지기본법에 관한 설명으로 옳은 것은?

① 누구든지 국가 또는 지방자치단체가 근로자의 주거안정, 생활안정 및 재산형성 등 근로복지를 위하여 이 법에 따라 보조 또는 융자한 자금을 그 목적사업 외에도 사용할 수 있다.

> 누구든지 국가 또는 지방자치단체가 근로자의 주거안정, 생활안정 및 재산형성 등 근로복지를 위하여 이 법에 따라 보조 또는 융자한 자금을 <u>그 목적사업에만 사용하여야</u> 한다(근복법 제6조).

② 고용노동부장관은 관계 중앙행정기관의 장과 협의하여 근로복지 증진에 관한 기본계획을 3년마다 수립하여야 한다.

> 고용노동부장관은 관계 중앙행정기관의 장과 협의하여 근로복지 증진에 관한 기본계획을 <u>5년마다 수립하여야</u> 한다(근복법 제9조 제1항).

③ 국가의 보조를 받는 비영리법인이 근로복지사업을 추진하는 경우에는 고용노동부장관의 허가를 받아야 한다.

> 지방자치단체, 국가의 보조를 받는 비영리법인이 근로복지사업을 추진하는 경우에는 <u>고용노동부장관과 협의하여야</u> 한다(근복법 제11조 본문).

④ 근로자주택의 종류, 규모, 공급대상근로자, 공급방법과 그 밖에 필요한 사항은 고용노동부장관이 정한다.

> 근로자주택의 종류, 규모, 공급대상근로자, 공급방법과 그 밖에 필요한 사항은 <u>국토교통부장관이 고용노동부장관과 협의하여</u> 정한다(근복법 제15조 제3항).

❺ 국가는 근로자의 생활안정을 지원하기 위하여 근로자 및 그 가족의 의료비·혼례비·장례비 등의 융자 등 필요한 지원을 하여야 한다. 🔗 근복법 제19조 제1항

2024년
2023년
2022년
2021년
2020년

2021년 제30회 정답 및 해설 **93**

2020년 제29회 정답 및 해설

📍 문제편 051p

✅ **정답 CHECK**   ✅ **각 문항별로 이해도 CHECK**

01	02	03	04	05	06	07	08	09	10	11	12	13	14	15	16	17	18	19	20	21	22	23	24	25
②	④	⑤	③	①	②	⑤	④	⑤	④	⑤	⑤	③	③	①	②	④	④	①	⑤	③	②	②	①	③

01

근로기준법상 해고에 관한 설명으로 옳지 않은 것은?(다툼이 있으면 판례에 따름)

☑ 확인
Check!
○
△
×

① 부당해고등의 구제신청은 부당해고등이 있었던 날부터 3개월 이내에 하여야 한다.
   📕 근기법 제28조 제2항

❷ 사용자의 근로자에 대한 해고가 무효로 판단되는 경우에는 그 해고가 곧바로 불법행위를 구성한다.

> 일반적으로 사용자의 근로자에 대한 <u>해고 등의 불이익처분이 정당하지 못하여 무효로 판단되는 경우에 그러한 사유만으로 곧바로 그 해고 등이 불법행위를 구성하게 된다고는 할 수 없다</u>(대판 1997.1.21. 95다24821).

③ 사용자가 해고사유 등을 서면으로 통지할 때는 근로자의 처지에서 해고사유가 무엇인지를 구체적으로 알 수 있어야 한다.   📕 대판 2015.11.27. 2015두48136

④ 노동위원회는 최초의 구제명령을 한 날을 기준으로 매년 2회의 범위에서 구제명령이 이행될 때까지 반복하여 최대 2년간 이행강제금을 부과할 수 있다.   📕 근기법 제33조 제5항

⑤ 노동위원회는 해고에 대한 구제명령을 할 때에 근로자가 원직복직을 원하지 아니하면 원직복직 대신 근로자가 해고기간 동안 근로를 제공하였더라면 받을 수 있었던 임금 상당액 이상의 금품을 근로자에게 지급하도록 명할 수 있다.   📕 근기법 제30조 제3항

02 근로기준법상 연차유급휴가에 관한 설명으로 옳지 않은 것은?(다툼이 있으면 판례에 따름)

☑ 확인
Check!
○
△
✕

① 사용자는 계속하여 근로한 기간이 1년 미만인 근로자에게 1개월 개근 시 1일의 유급휴가를 주어야 한다. ⚖ 근기법 제60조 제2항

② 연차유급휴가의 산정을 위한 출근율의 계산에서 출산전후휴가로 휴업한 기간은 출근한 것으로 본다. ⚖ 근기법 제60조 제6항 제2호

③ 사용자는 근로자대표와의 서면합의에 따라 연차유급휴가일을 갈음하여 특정한 근로일에 근로자를 휴무시킬 수 있다. ⚖ 근기법 제62조

❹ 근로자가 업무상 재해로 연차유급휴가를 사용할 해당 연도에 전혀 출근하지 못한 경우라면 미사용 연차유급휴가에 대한 연차휴가수당은 청구할 수 없다.

> 근로자가 업무상의 부상 또는 질병 등의 사정으로 연차휴가를 사용할 해당 연도에 전혀 출근하지 못한 경우, 이미 부여받은 연차휴가를 사용하지 않은 데 따른 연차휴가수당을 청구할 수 있다(대판 2017.5.17. 2014다232296).

⑤ 미사용 연차유급휴가에 대하여는 통상임금의 100분의 50을 가산하여 지급하지 않아도 된다.

> 근로기준법 제46조가 정하는 할증임금지급제도와 동법 제47조, 제48조 소정의 연, 월차휴가제도는 그 취지가 상이한 제도이고, 각 법조문도 휴일과 휴가를 구별하여 규정하고 있는 점에 비추어, 동법 제46조 소정의 '휴일'에는 동법 제47조, 제48조 소정의 연, 월차휴가는 포함되지 않는다고 봄이 상당하고, 또한 동법 제48조 제2항에는 휴가총일수가 20일을 초과하는 경우에는 그 초과일수에 대하여 통상임금을 지급하고 유급휴가를 주지 아니할 수 있도록 되어 있어, 20일 이하인 휴가일수에 대하여 보상을 지급해야 할 경우에도 통상임금을 추가로 지급하면 된다고 보는 것이 균형상 타당하므로, 연, 월차휴가근로수당에 대하여는 동법 제46조 소정의 가산임금(수당)이 포함될 수 없다(대판 1991.7.26. 90다카11636).

03 상시 5명 이상의 근로자를 사용하는 사업장의 휴업수당 지급과 관련하여 근로기준법령에 위반하지 않은 것을 모두 고른 것은?

☑ 확인
Check!
○
△
✕

> ㄱ. 사용자 A의 휴업에 귀책사유가 있어 평균임금의 100분의 80에 해당하는 금액을 휴업수당으로 지급하였다.
> ㄴ. 사용자 B의 휴업에 귀책사유가 없어 휴업수당을 지급하지 아니하였다.
> ㄷ. 사용자 C의 휴업에 귀책사유가 있는데 평균임금의 100분의 70에 해당하는 금액이 통상임금을 초과하므로 통상임금을 휴업수당으로 지급하였다.

① ㄱ
② ㄴ
③ ㄱ, ㄷ
④ ㄴ, ㄷ
❺ ㄱ, ㄴ, ㄷ

> 사용자의 귀책사유로 휴업하는 경우에 사용자는 휴업기간 동안 그 근로자에게 평균임금의 100분의 70 이상의 수당을 지급하여야 한다. 다만, 평균임금의 100분의 70에 해당하는 금액이 통상임금을 초과하는 경우에는 통상임금을 휴업수당으로 지급할 수 있다(근기법 제46조 제1항).

04 근로기준법상 임금에 관한 설명으로 옳지 않은 것은?(다툼이 있으면 판례에 따름)

① 실비변상적 금원은 평균임금 산정의 기초가 되는 임금총액에 포함되지 않는다.

> 사용자 이외의 자가 지급한 금품이나 근로의 대상으로서 지급되는 것이 아니라 근로자가 특수한 근무조건이나 환경에서 직무를 수행함으로 말미암아 추가로 소요되는 비용을 변상하기 위하여 지급되는 <u>실비변상적 금원 또는 사용자가 지급의무 없이 은혜적으로 지급하는 금원 등은 평균임금 산정의 기초가 되는 임금총액에 포함되지 아니한다</u>(대판 1999.2.9. 97다56235).

② 산출된 평균임금액이 그 근로자의 통상임금보다 적으면 그 통상임금액을 평균임금으로 한다.
> 🔖 근기법 제2조 제2항

❸ 사용자와 근로자는 통상임금의 의미나 범위에 관하여 단체협약 등에 의해 따로 합의할 수 있다.

> 통상임금은 근로조건의 기준을 마련하기 위하여 법이 정한 도구개념이므로, 사용자와 근로자가 <u>통상임금의 의미나 범위 등에 관하여 단체협약 등에 의해 따로 합의할 수 있는 성질의 것이 아니다</u>(대판 2013.12.18. 2012다89399[전합]).

④ "평균임금"이란 이를 산정하여야 할 사유가 발생한 날 이전 3개월 동안에 그 근로자에게 지급된 임금의 총액을 그 기간의 총일수로 나눈 금액을 말한다. 🔖 근기법 제2조 제1항 제6호

⑤ 정기상여금의 지급주기가 1개월을 넘는다는 사정만으로 그 임금이 통상임금에서 제외된다고 할 수는 없다.

> 정기상여금과 같이 일정한 주기로 지급되는 임금의 경우 단지 <u>그 지급주기가 1개월을 넘는다는 사정만으로 그 임금이 통상임금에서 제외된다고 할 수는 없다</u>(대판 2013.12.18. 2012다89399[전합]).

05 사용자의 징계권 행사에 관한 설명으로 옳지 않은 것은?(다툼이 있으면 판례에 따름)

❶ 징계처분에서 징계사유로 삼은 비위행위가 아닌 평소의 소행과 근무성적, 당해 징계처분사유 전후에 저지른 비위행위사실 등은 징계양정의 참작자료로 삼을 수 없다.

> 징계처분에서 징계사유로 삼지 아니한 비위행위라고 하더라도 징계종류 선택의 자료로서 <u>피징계자의 평소의 소행과 근무성적, 당해 징계처분사유 전후에 저지른 비위행위사실 등은 징계양정에 있어서의 참작자료로 삼을 수 있는 것이다</u>(대판 2002.5.28. 2001두10455).

② 학력 등을 허위로 기재한 행위를 이유로 징계해고를 하는 경우에 그 정당성은 고용 당시의 사정뿐 아니라, 고용 이후 해고에 이르기까지 그 근로자가 종사한 근로의 내용과 기간, 허위기재를 한 학력 등이 종사한 근로의 정상적인 제공에 지장을 초래하는지 여부 등을 종합적으로 고려하여 판단하여야 한다. 🔖 대판 2012.7.5. 2009두16763

③ 사생활에서의 비행은 사업활동에 직접 관련이 있거나 기업의 사회적 평가를 훼손할 염려가 있는 것에 한하여 정당한 징계사유가 될 수 있다. 🔖 대판 1994.12.13. 93누23275

④ 근로기준법 제23조 제1항의 '정당한 이유'란 징계해고의 경우에는 사회통념상 근로계약을 계속시킬 수 없을 정도로 근로자에게 책임 있는 사유가 있는 것을 말한다. 🔖 대판 1992.4.24. 91다17931

⑤ 여러 개의 징계사유 중 일부가 인정되지 않더라도 인정되는 다른 일부 징계사유만으로도 해당 징계처분의 타당성을 인정하기에 충분한 경우에는 그 징계처분이 위법하지 않다.
> 🔖 대판 2014.11.27. 2011다41420

06 근로기준법령상 근로시간제도에 관한 설명으로 옳지 않은 것은?

① 임신 중인 여성근로자에 대하여는 탄력적 근로시간제를 적용하지 아니한다.

⑰ 근기법 제51조 제3항, 제51조의2 제6항

❷ 선택적 근로시간제의 정산기간은 1개월 이내의 일정한 기간으로 정하여야 한다.

신상품 또는 신기술의 연구개발업무의 정산기간은 **3개월**로 한다(근기법 제52조 제1항).

③ 당사자 간에 합의하면 1주간에 12시간을 한도로 제50조의 근로시간을 연장할 수 있다.

⑰ 근기법 제53조 제1항

④ 재량근로의 대상업무는 사용자가 근로자대표와 서면합의로 정한 시간을 근로한 것으로 본다.

업무의 성질에 비추어 **업무수행방법을 근로자의 재량에 위임할 필요가 있는 업무로서 대통령령으로 정하는 업무는 사용자가 근로자대표와 서면합의로 정한 시간을 근로한 것으로 본다**(근기법 제58조 제3항 전문).

⑤ 사용자는 야간근로에 대하여는 통상임금의 100분의 50 이상을 가산하여 근로자에게 지급하여야 한다. **⑰** 근기법 제56조 제3항

07 근로기준법령상 상시 4명 이하의 근로자를 사용하는 사업 또는 사업장에 적용되지 않는 것은?

① 공민권 행사의 보장(제10조)
② 근로조건의 명시(제17조)
③ 전차금 상계의 금지(제21조)
④ 휴게(제54조)
❺ 연차유급휴가(제60조)

연차유급휴가는 상시 4명 이하의 근로자를 사용하는 사업 또는 사업장에 적용되지 않는다.

관계법령 상시 4명 이하의 근로자를 사용하는 사업 또는 사업장에 적용하는 법규정(근기법 시행령 [별표 1])	
구 분	적용 법규정
제1장 총 칙	• 적용 법규정 : 목적(제1조), 정의(제2조), 근로조건의 기준(제3조), 근로조건의 결정(제4조), 근로조건의 준수(제5조), 균등한 처우(제6조), 강제근로의 금지(제7조), 폭행의 금지(제8조), 중간착취의 배제(제9조), <u>공민권 행사의 보장(제10조)</u>, 적용범위(제11조, 제12조), 보고·출석의 의무(제13조) • 제14조는 적용되지 아니하므로, 사용자는 근기법 및 동법 시행령의 주요내용과 취업규칙을 사업장에 게시하지 아니하여도 무방하다.
제2장 근로계약	• 적용 법규정 : 근기법을 위반한 근로계약(제15조), <u>근로조건의 명시(제17조)</u>, 단시간근로자의 근로조건(제18조), 근로조건 위반에 대한 손배청구와 해제(제19조 제1항), 위약예정의 금지(제20조), <u>전차금 상계의 금지(제21조)</u>, 강제저축의 금지(제22조), 해고시기의 제한(제23조 제2항), 해고의 예고(제26조), 금품청산(제36조), 미지급임금에 대한 지연이자(제37조), 임금채권의 우선변제(제38조), 사용증명서(제39조), 취업방해의 금지(제40조), 근로자의 명부(제41조), 계약서류의 보존(제42조)

	• 제19조 제2항은 적용되지 아니하므로, 명시된 근로조건이 사실과 다른 경우에 근로자는 노동위원회에 손해배상신청을 할 수 없고, 근로계약이 해제되었을 경우에 사용자는 취업을 목적으로 거주를 변경한 근로자에게 귀향여비를 지급할 의무가 없다. • 제23조 제1항은 적용되지 아니하므로, 사용자는 정당한 이유의 존재 여부와 관계없이 해고·휴직·정직·전직·감봉 기타 징벌을 할 수 있다. • 그 밖에 적용되지 아니하는 규정 경영상 이유에 의한 해고의 제한(제24조), 우선재고용 등(제25조), 해고사유 등의 서면통지(제27조), 부당해고등의 구제신청(제28조), 조사 등(제29조), 구제명령 등(제30조), 구제명령 등의 확정(제31조), 구제명령 등의 효력(제32조), 이행강제금(제33조)
제3장 임 금	• 적용 법규정 : 임금지급(제43조), 체불사업주 명단공개(제43조의2), 임금등 체불자료의 제공(제43조의3), 도급사업에 대한 임금지급(제44조), 건설업에서의 임금지급연대책임(제44조의2), 건설업의 공사도급에 있어서의 임금에 관한 특례(제44조의3), 비상시 지급(제45조), 도급근로자(제47조), 임금대장(제48조), 임금의 시효(제49조) • 제46조는 적용되지 아니하므로, 사용자는 휴업수당을 지급할 의무가 없다.
제4장 근로시간과 휴식	• 적용 법규정 : 휴게(제54조), 1주 평균 1회 이상 유급휴일 보장(제55조 제1항), 근로시간, 휴게·휴일규정의 적용제외규정(제63조) • 대부분의 근로시간제도(근로시간제, 가산임금, 연차휴가, 보상휴가제 등)는 적용되지 아니한다.
제5장 여성과 소년	• 적용 법규정 : 최저연령과 취직인허증(제64조), 유해·위험사업에 사용금지, 임산부 등의 사용금지직종(제65조 제1항·제3항, 임산부와 18세 미만인 자로 한정), 연소자증명서(제66조), 근로계약(제67조), 임금의 청구(제68조), 근로시간(제69조), 야간근로와 휴일근로의 제한(제70조 제2항·제3항, 임산부와 18세 미만인 자로 한정), 시간외근로(제71조), 갱내근로의 금지(제72조), 임산부의 보호(제74조) • 제65조 제2항은 적용되지 아니하므로, 사용자는 임산부가 아닌 18세 이상의 여성을 임신 또는 출산에 관한 기능에 유해·위험한 사업에 사용할 수 있다. • 제70조 제1항은 적용되지 아니하므로, 사용자는 18세 이상의 여성을 오후 10시부터 오전 6시까지의 시간 및 휴일에 근로시키려는 경우, 그 근로자의 동의를 받을 필요 없다. • 생리휴가(제73조)와 육아시간(제75조)의 규정도 적용되지 아니한다.
제6장 안전과 보건	• 적용 법규정 : 안전과 보건(제76조)
제8장 재해보상	• 적용 법규정 : 요양보상(제78조), 휴업보상(제79조), 장해보상(제80조), 휴업보상과 장해보상의 예외(제81조), 유족보상(제82조), 장례비(제83조), 일시보상(제84조), 분할보상(제85조), 보상청구권(제86조), 다른 손해배상과의 관계(제87조), 고용노동부장관의 심사와 중재(제88조), 노동위원회의 심사와 중재(제89조), 도급사업에 대한 예외(제90조), 서류의 보존(제91조), 시효(제92조)
제11장 근로감독관 등	• 적용 법규정 : 감독기관(제101조), 근로감독관의 권한(제102조), 근로감독관의 의무(제103조), 감독기관에 대한 신고(제104조), 사법경찰권행사자의 제한(제105조), 권한의 위임(제106조)
제12장 벌 칙	• 적용 법규정 : 벌칙(제107조, 제108조, 제109조, 제110조, 제111조, 제113조, 제114조), 고발(제112조), 양벌규정(제115조), 과태료(제116조)(제1장부터 제6장, 제8장, 제11장의 규정 중 상시 4명 이하 근로자를 사용하는 사업 또는 사업장에 적용되는 규정을 위반한 경우로 한정)

08 근로기준법령상 미성년자 또는 연소자의 보호에 관한 설명으로 옳지 않은 것은?

① 미성년자는 독자적으로 임금을 청구할 수 있다. *(법)* 근기법 제68조

② 친권자나 후견인은 미성년자의 근로계약을 대리할 수 없다. *(법)* 근기법 제67조 제1항

③ 예술공연 참가를 위한 경우에는 13세 미만인 자도 취직인허증을 받을 수 있다.
(법) 근기법 시행령 제35조 제1항 단서

❹ 15세 이상 18세 미만인 사람의 근로시간은 1일에 6시간, 1주에 34시간을 초과하지 못한다.

> <u>15세 이상 18세 미만인 사람의 근로시간은 1일에 7시간, 1주에 35시간을 초과하지 못한다</u>. 다만, 당사자 사이의 합의에 따라 1일에 1시간, 1주에 5시간을 한도로 연장할 수 있다(근기법 제69조).

⑤ 고용노동부장관은 근로계약이 미성년자에게 불리하다고 인정하는 경우에는 이를 해지할 수 있다.
(법) 근기법 제67조 제2항

09 근로기준법령상 임산부의 보호에 관한 설명으로 옳지 않은 것은?

① 한 번에 둘 이상 자녀를 임신한 경우 출산전후휴가기간의 배정은 출산 후에 60일 이상이 되어야 한다. *(법)* 근기법 제74조 제1항 후문

② 사업주는 출산전후휴가 종료 후에는 휴가 전과 동일한 업무 또는 동등한 수준의 임금을 지급하는 직무에 복귀시켜야 한다. *(법)* 근기법 제74조 제6항

③ 사용자는 임신 후 36주 이후에 있으며 1일 근로시간이 8시간인 여성근로자가 1일 2시간의 근로시간 단축을 신청하는 경우 이를 허용하여야 한다. *(법)* 근기법 제74조 제7항

④ 사용자는 임신 중의 여성근로자에게 시간외근로를 하게 하여서는 아니 된다.
(법) 근기법 제74조 제5항

❺ 사업주는 유산휴가를 청구한 근로자에게 임신기간이 28주 이상인 경우 유산한 날부터 30일까지 유산휴가를 주어야 한다. *(법)* 근기법 시행령 제43조 제3항 제5호

관계법령 유산ㆍ사산휴가의 청구 등(근기법 시행령 제43조)

③ 사업주는 유산ㆍ사산휴가를 청구한 근로자에게 다음의 기준에 따라 유산ㆍ사산휴가를 주어야 한다.
1. 유산 또는 사산한 근로자의 임신기간이 11주 이내인 경우 : 유산 또는 사산한 날부터 5일까지
2. 임신기간이 12주 이상 15주 이내인 경우 : 유산 또는 사산한 날부터 10일까지
3. 임신기간이 16주 이상 21주 이내인 경우 : 유산 또는 사산한 날부터 30일까지
4. 임신기간이 22주 이상 27주 이내인 경우 : 유산 또는 사산한 날부터 60일까지
5. 임신기간이 28주 이상인 경우 : <u>유산 또는 사산한 날부터 90일까지</u>

10 근로기준법상 취업규칙에 관한 설명으로 옳은 것은?(다툼이 있으면 판례에 따름)

① 사용자는 취업규칙을 근로자에게 불리하게 변경하는 경우에는 근로자 과반수의 의견을 들어야 한다.

> 취업규칙을 근로자에게 불리하게 변경하는 경우에는 **그 동의를 받아야** 한다(근기법 제94조 제1항 단서).

② 상시 5명 이상의 근로자를 사용하는 사용자는 근로기준법에서 정한 사항에 관한 취업규칙을 작성하여 고용노동부장관에게 신고하여야 한다.

> 상시 10명 이상의 근로자를 사용하는 사용자는 근로기준법에서 정한 사항에 관한 취업규칙을 작성하여 고용노동부장관에게 신고하여야 한다. 이를 변경하는 경우에도 또한 같다(근기법 제93조).

③ 사용자가 애초에 취업규칙을 작성함에 있어 근로자 과반수의 의견을 듣지 아니하거나 그 동의를 얻지 아니한 경우 그 취업규칙의 내용이 근로기준법에 위반되는지와 관계없이 그 취업규칙은 전부 무효가 된다.

> 사용자가 취업규칙을 작성하거나 변경함에 있어 당해 사업장 근로자의 과반수의 의견을 들어야 하며, 취업규칙을 근로자에게 불이익하게 변경하는 경우에는 그 동의를 얻어야 하고 그 동의를 얻지 못한 경우에는 근로자에게 불이익하게 변경되는 부분은 무효라고 할 것이지만, 애초에 취업규칙을 작성함에 있어 근로자 과반수의 의견을 듣지 아니하거나 그 동의를 얻지 아니하였다 하더라도 그 취업규칙의 내용이 근로기준법에 위반되지 않는 한 그 취업규칙이 전부 무효가 되는 것은 아니다(대판 1991.4.9. 90다16245).

❹ 취업규칙의 일부를 이루는 급여규정의 변경이 일부의 근로자에게는 유리하고 일부의 근로자에게는 불리한 경우 그러한 변경에 근로자집단의 동의를 요하는지를 판단하는 것은 근로자 전체에 대하여 획일적으로 결정되어야 한다. 🔒 대판 1993.5.14. 93다1893

⑤ 근로자의 집단적 의사결정방법에 의한 동의 없이 이루어진 취업규칙의 불리한 변경은 그 변경 후에 취업한 근로자에 대하여 효력이 없다.

> 사용자가 취업규칙에서 정한 근로조건을 근로자에게 불리하게 변경함에 있어서 근로자의 동의를 얻지 않은 경우에 그 변경으로 기득이익이 침해되는 기존의 근로자에 대한 관계에서는 변경의 효력이 미치지 않게 되어 종전 취업규칙의 효력이 그대로 유지되지만, 변경 후에 변경된 취업규칙에 따른 근로조건을 수용하고 근로관계를 갖게 된 근로자에 대한 관계에서는 당연히 변경된 취업규칙이 적용되어야 한다(대판 1992.12.22. 91다45165).

11 근로기준법상 직장 내 괴롭힘의 금지에 관한 설명으로 옳지 않은 것은?

① 누구든지 직장 내 괴롭힘 발생사실을 알게 된 경우 그 사실을 사용자에게 신고할 수 있다.
　　근기법 제76조의3 제1항

② 사용자는 직장 내 괴롭힘 발생사실을 인지한 경우에는 지체 없이 당사자 등을 대상으로 그 사실확인을 위하여 객관적으로 조사를 실시하여야 한다. 　근기법 제76조의3 제2항

③ 사용자는 직장 내 괴롭힘 발생사실의 확인조사결과 그 사실이 확인된 때에는 피해근로자가 요청하면 근무장소의 변경 등 적절한 조치를 하여야 한다. 　근기법 제76조의3 제4항

④ 사용자는 직장 내 괴롭힘 발생사실을 신고한 근로자 및 피해근로자등에게 해고나 그 밖의 불리한 처우를 하여서는 아니 된다. 　근기법 제76조의3 제6항

❺ 사용자가 직장 내 괴롭힘 발생사실의 확인조사결과 그 사실이 확인되었음에도 지체 없이 행위자에 대하여 필요한 조치를 하지 아니한 경우 1천만원 이하의 과태료를 부과한다.

> 사용자가 직장 내 괴롭힘 발생사실의 확인조사결과 그 사실이 확인되었음에도 지체 없이 행위자에 대하여 필요한 조치를 하지 아니한 경우 <u>500만원 이하의 과태료</u>를 부과한다(근기법 제116조 제2항 제2호).

관계법령 과태료(근기법 제116조)

① <u>사용자</u>(사용자의 민법 제767조에 따른 친족 중 대통령령으로 정하는 사람이 해당 사업 또는 사업장의 근로자인 경우를 포함한다)가 제76조의2를 위반하여 <u>직장 내 괴롭힘을 한 경우에는 1천만원 이하의 과태료</u>를 부과한다.

② <u>다음 각 호의 어느 하나에 해당하는 자에게는 500만원 이하의 과태료</u>를 부과한다.
　1. 제13조에 따른 고용노동부장관, 노동위원회 또는 근로감독관의 요구가 있는 경우에 보고 또는 출석을 하지 아니하거나 거짓된 보고를 한 자
　2. 제14조, 제39조, 제41조, 제42조, 제48조, 제66조, 제74조 제7항, <u>제76조의3 제2항·제4항·제5항</u>·제7항, 제91조, 제93조, 제98조 제2항 및 제99조를 <u>위반한 자</u>
　3. 제51조의2 제5항에 따른 임금보전방안을 신고하지 아니한 자
　4. 제102조에 따른 근로감독관 또는 그 위촉을 받은 의사의 현장조사나 검진을 거절, 방해 또는 기피하고 그 심문에 대하여 진술을 하지 아니하거나 거짓된 진술을 하며 장부·서류를 제출하지 아니하거나 거짓장부·서류를 제출한 자

12 근로기준법상 근로감독관에 관한 설명으로 옳지 않은 것은?

① 근로감독관은 사용자와 근로자에 대하여 심문할 수 있다. 🔗근기법 제102조 제1항

② 근로조건의 기준을 확보하기 위하여 고용노동부와 그 소속 기관에 근로감독관을 둔다.
🔗근기법 제101조 제1항

③ 근로감독관은 사업장, 기숙사, 그 밖의 부속건물을 현장조사하고 장부와 서류의 제출을 요구할 수 있다. 🔗근기법 제102조 제1항

④ 근로감독관의 위촉을 받은 의사는 취업을 금지하여야 할 질병에 걸릴 의심이 있는 근로자에 대하여 검진할 수 있다. 🔗근기법 제102조 제2항

❺ 근로감독관은 근로기준법 위반의 죄에 관하여 경찰관 직무집행법에서 정하는 바에 따라 사법경찰관의 직무를 수행한다.

> 근로감독관은 근로기준법이나 그 밖의 노동관계법령 위반의 죄에 관하여 <u>사법경찰관리의 직무를 행할 자와 그 직무범위에 관한 법률에서 정하는 바에 따라</u> 사법경찰관의 직무를 수행한다(근기법 제102조 제5항).

13 근로기준법에 규정된 내용으로 옳은 것을 모두 고른 것은?

> ㄱ. 이 법에서 정하는 근로조건은 최저기준이므로 근로관계당사자는 이 기준을 이유로 근로조건을 낮출 수 없다.
> ㄴ. 사용자는 근로자에 대하여 국적·신앙 또는 사회적 신분을 이유로 근로조건에 대한 차별적 처우를 하지 못한다.
> ㄷ. 사용자가 근로자를 폭행한 경우 피해자의 명시적인 의사와 다르게 공소를 제기할 수 없다.
> ㄹ. 누구든지 법률에 따르지 아니하고는 영리로 다른 사람의 취업에 개입하거나 중간인으로서 이익을 취득하지 못한다.

① ㄱ, ㄴ   ② ㄷ, ㄹ

❸ ㄱ, ㄴ, ㄹ   ④ ㄴ, ㄷ, ㄹ

⑤ ㄱ, ㄴ, ㄷ, ㄹ

> ㄱ. (○) 근기법 제3조
> ㄴ. (○) 근기법 제6조
> ㄷ. (×) 금품청산(제36조), 임금지급(제43조), 도급사업에 대한 임금지급(제44조), 건설업에서의 임금지급연대책임(제44조의2), 휴업수당(제46조), 근로한 기간이 단위기간보다 짧은 경우의 임금정산(제51조의3), 1개월을 초과하는 정산기간을 정하는 경우, 통상임금의 100분의 50 이상을 가산지급(제52조 제2항 제2호) 또는 연장·야간 및 휴일근로(제56조)를 위반한 자에 대하여는 피해자의 명시적인 의사와 다르게 공소를 제기할 ~~수 없다(근기법 제109조 제2항).~~ 따라서 <u>사용자가 근로자를 폭행한 경우에는 명시적인 의사와 다르게 공소~~를 제기할 수~~ 있다.</u>
> ㄹ. (○) 근기법 제9조

14 헌법 제32조(근로의 권리)에 명시된 내용으로 옳지 않은 것은?

① 모든 국민은 근로의 권리를 가지며 근로의 의무를 진다.
② 여자 및 연소자의 근로는 특별한 보호를 받는다.
❸ 신체장애자는 우선적으로 근로의 기회를 부여받는다.

> 신체장애자는 우선적으로 근로의 기회를 부여받는 대상에 포함되지 아니한다.

④ 근로조건의 기준은 인간의 존엄성을 보장하도록 법률로 정한다.
⑤ 국가는 법률이 정하는 바에 의하여 최저임금제를 시행하여야 한다.

관계법령

헌법 제32조

① 모든 국민은 근로의 권리를 가진다. 국가는 사회적·경제적 방법으로 근로자의 고용의 증진과 적정임금의 보장에 노력하여야 하며, 법률이 정하는 바에 의하여 최저임금제를 시행하여야 한다.
② 모든 국민은 근로의 의무를 진다. 국가는 근로의 의무의 내용과 조건을 민주주의원칙에 따라 법률로 정한다.
③ 근로조건의 기준은 인간의 존엄성을 보장하도록 법률로 정한다.
④ 여자의 근로는 특별한 보호를 받으며, 고용·임금 및 근로조건에 있어서 부당한 차별을 받지 아니한다.
⑤ 연소자의 근로는 특별한 보호를 받는다.
⑥ 국가유공자·상이군경 및 전몰군경의 유가족은 법률이 정하는 바에 의하여 우선적으로 근로의 기회를 부여받는다.

헌법 제34조

⑤ 신체장애자 및 질병·노령 기타의 사유로 생활능력이 없는 국민은 법률이 정하는 바에 의하여 국가의 보호를 받는다.

---

15 노동법의 법원(法源)에 관한 설명으로 옳은 것은?(다툼이 있으면 판례에 따름)

❶ 근로관계당사자의 권리와 의무를 규율하는 취업규칙은 노동법의 법원에 해당한다.

> 노동법의 법원으로서는 일반성을 요소로 하는 노동법령뿐만 아니라, 단체협약, 취업규칙, 근로계약 등도 법원으로 인정된다.

② 국제노동기구(ILO)의 강제근로의 폐지에 관한 협약(제105호)은 노동법의 법원에 해당한다.

> 헌법 제6조 제1항에 의하여 우리나라가 체결·비준한 ILO협약이나 일반적으로 승인된 국제법규는 국내법과 같은 효력이 있다. 우리나라는 ILO 기본협약 중 강제근로의 폐지에 관한 협약(제105호)을 제외하고 지금까지 비준되지 않았던 강제근로에 관한 협약(제29호), 결사의 자유 및 단결권 보호에 관한 협약(제87호), 단결권 및 단체교섭권의 원칙의 적용에 관한 협약(제98호)에 대한 비준동의안 등을 비준하였다. 제29호, 제87호, 제98호 협약 등은 비준동의안이 2021.2.26. 국회본회의를 통과하여 정부가 비준서를 ILO에 기탁한 시점부터 1년(2022.4.20.)이 지나 발효되었으므로, 국내법과 같은 효력을 가진다. 그러나 강제근로의 폐지에 관한 협약(제105호)은 비준되지 아니하였으므로 노동법의 법원성은 부정된다고 보는 것이 타당하다.

③ 노동사건에 관련한 대법원 전원합의체 판결은 노동법의 법원에 해당한다.

> 대륙법계를 취하는 우리나라의 노동사건에 관한 판결은 원칙적으로 노동법의 법원으로서 인정되지 아니한다.

④ 노동관계법령에 대한 법제처의 유권해석은 노동법의 법원에 해당한다.

> 업무상 재해 인정기준에 관한 노동부[현 고용노동부(註)] 예규는 행정기관 내부의 사무처리준칙에 불과하므로, 대외적 구속력이 없다는 판례(대판 1990.9.25. 90누2727)의 취지를 고려하면, 행정청은 최종적 권위가 있는 법해석을 할 수 없기 때문에 법제처의 유권해석은 노동법의 법원에 해당하지 아니한다고 판단된다.

⑤ 사용자와 개별근로자가 체결한 근로계약은 노동법의 법원에 해당하지 않는다.

> 사용자와 개별근로자가 체결한 근로계약을 통하여 양자 사이의 중요한 권리·의무를 규정하게 되므로 근로계약은 근로관계에 대한 직접적인 법원이 된다.

16 산업안전보건법에 관한 설명으로 옳지 않은 것은?

① 근로자는 산업재해가 발생할 급박한 위험이 있는 경우에는 작업을 중지하고 대피할 수 있다.
　산안법 제52조 제1항

❷ 사업주는 사업장에 근로자위원, 사용자위원 및 공익위원이 같은 수로 구성되는 산업안전보건위원회를 운영하여야 한다.

> 사업주는 사업장의 안전 및 보건에 관한 중요사항을 심의·의결하기 위하여 사업장에 근로자위원과 사용자위원이 같은 수로 구성되는 산업안전보건위원회를 구성·운영하여야 한다(산안법 제24조 제1항).

③ 산업재해 예방에 관한 기본계획은 고용노동부장관이 수립하며 산업재해보상보험 및 예방심의위원회의 심의를 거쳐 공표하여야 한다.　산안법 제7조 제1항·제2항

④ 고용노동부장관은 산업재해를 예방하기 위하여 대통령령으로 정하는 사업장의 근로자 산업재해 발생건수, 재해율 또는 그 순위 등을 공표하여야 한다.　산안법 제10조 제1항

⑤ 고용노동부장관은 역학조사를 하는 경우 근로자대표가 요구할 때 그를 역학조사에 참석하게 할 수 있다.　산안법 제141조 제1항 후문

17 직업안정법상 용어의 정의로 옳지 않은 것은?

① "직업안정기관"이란 직업소개, 직업지도 등 직업안정업무를 수행하는 지방고용노동행정기관을 말한다. **(法)** 직안법 제2조의2 제1호

② "직업소개"란 구인 또는 구직의 신청을 받아 구직자 또는 구인자(求人者)를 탐색하거나 구직자를 모집하여 구인자와 구직자 간에 고용계약이 성립되도록 알선하는 것을 말한다.
(法) 직안법 제2조의2 제2호

③ "무료직업소개사업"이란 수수료, 회비 또는 그 밖의 어떠한 금품도 받지 아니하고 하는 직업소개사업을 말한다. **(法)** 직안법 제2조의2 제4호

❹ "근로자공급사업"이란 근로자파견사업을 포함하여 공급계약에 따라 근로자를 타인에게 사용하게 하는 사업을 말한다.

> "근로자공급사업"이란 공급계약에 따라 근로자를 타인에게 사용하게 하는 사업을 말한다. 다만, 파견근로자 보호 등에 관한 법률 제2조 제2호에 따른 <u>근로자파견사업은 제외</u>한다(직안법 제2조의2 제7호).

⑤ "고용서비스"란 구인자 또는 구직자에 대한 고용정보의 제공, 직업소개, 직업지도 또는 직업능력개발 등 고용을 지원하는 서비스를 말한다. **(法)** 직안법 제2조의2 제9호

18 남녀고용평등과 일·가정 양립 지원에 관한 법률상 배우자 출산휴가에 대한 설명으로 옳은 것은?

① 사업주는 근로자가 배우자 출산휴가를 청구하는 경우에 5일의 휴가를 주어야 한다.

> 사업주는 근로자가 배우자의 출산을 이유로 휴가(이하 "배우자 출산휴가")를 청구하는 경우에 <u>10일의 휴가를 주어야</u> 한다(고평법 제18조의2 제1항 전문).

② 배우자 출산휴가를 사용한 휴가기간 중 3일은 유급으로 한다.

> <u>사용한 휴가기간은 유급</u>으로 한다(고평법 제18조의2 제1항 후문).

③ 배우자 출산휴가는 2회에 한정하여 나누어 사용할 수 있다.

> 배우자 출산휴가는 <u>1회에 한정하여 나누어</u> 사용할 수 있다(고평법 제18조의2 제4항).

❹ 배우자 출산휴가는 근로자의 배우자가 출산한 날부터 90일이 지나면 청구할 수 없다.
(法) 고평법 제18조의2 제3항

⑤ 출산전후휴가급여가 지급되었더라도 배우자 출산휴가에 대한 급여는 전액 지급되어야 한다.

> 사용한 휴가기간은 유급으로 함에도 불구하고 <u>출산전후휴가급여등이 지급된 경우에는 그 금액의 한도에서 지급의 책임을 면한다</u>(고평법 제18조의2 제2항).

파견근로자 보호 등에 관한 법률에 대한 설명으로 옳지 않은 것은?

❶ 사용사업주는 파견근로자를 사용하고 있는 업무에 근로자를 직접 고용하려는 경우에는 해당 파견근로자를 우선적으로 고용하여야 한다.

> 사용사업주는 파견근로자를 사용하고 있는 업무에 근로자를 직접 고용하려는 경우에는 해당 파견근로자를 <u>우선적으로 고용하도록 노력하여야</u> 한다(파견법 제6조의2 제4항).

② 파견근로자는 차별적 처우를 받은 경우 차별적 처우가 있는 날부터 6개월 이내에 노동위원회에 그 시정을 신청할 수 있다. ⓛ **파견법 제21조 제2항·제3항, 기단법 제9조 제1항**

③ 차별적 처우의 금지 및 시정에 관한 규정은 사용사업주가 상시 4명 이하의 근로자를 사용하는 경우에는 적용하지 아니한다. ⓛ **파견법 제21조 제4항**

④ 고용노동부장관은 확정된 차별시정명령을 이행할 의무가 있는 파견사업주의 사업장에서 해당 시정명령의 효력이 미치는 근로자 이외의 파견근로자에 대하여 차별적 처우가 있는 경우에는 그 시정을 요구할 수 있다. ⓛ **파견법 제21조의3 제1항**

⑤ 사용사업주는 파견근로자의 적절한 파견근로를 위하여 사용사업관리책임자를 선임하여야 한다. ⓛ **파견법 제32조 제1항**

관계법령

차별적 처우의 금지 및 시정 등(파견법 제21조)
② 파견근로자는 차별적 처우를 받은 경우 노동위원회법에 따른 <u>노동위원회에 그 시정을 신청할 수 있다.</u>
③ 제2항에 따른 시정신청, 그 밖의 시정절차 등에 관하여는 <u>기간제 및 단시간근로자 보호 등에 관한 법률 제9조부터 제15조까지 및 제16조 제2호·제3호를 준용한다.</u> 이 경우 "기간제근로자 또는 단시간근로자"는 "파견근로자"로, "사용자"는 "파견사업주 또는 사용사업주"로 본다.

차별적 처우의 시정신청(기단법 제9조)
① 기간제근로자 또는 단시간근로자는 차별적 처우를 받은 경우 노동위원회법 제1조의 규정에 따른 노동위원회에 그 시정을 신청할 수 있다. <u>다만, 차별적 처우가 있은 날(계속되는 차별적 처우는 그 종료일)부터 6개월이 지난 때에는 그러하지 아니하다.</u>

20 기간제 및 단시간근로자 보호 등에 관한 법률에 대한 설명으로 옳지 않은 것은?

① 동거의 친족만을 사용하는 사업에 대하여는 적용하지 아니한다. 기단법 제3조 제1항 단서

② 사용자는 가사, 학업 그 밖의 이유로 근로자가 단시간근로를 신청하는 때에는 해당 근로자를 단시 간근로자로 전환하도록 노력하여야 한다. 기단법 제7조 제2항

③ 차별적 처우와 관련한 분쟁에 있어서 입증책임은 사용자가 부담한다. 기단법 제9조 제4항

④ 노동위원회는 사용자의 차별적 처우에 명백한 고의가 인정되는 경우에는 손해액을 기준으로 3배를 넘지 아니하는 범위에서 배상을 명령할 수 있다. 기단법 제13조 제2항 단서

❺ 노동위원회는 차별시정명령을 받은 후 이행기한까지 시정명령을 이행하지 아니한 사용자에게 이행 강제금을 부과한다.

> 확정된 시정명령을 정당한 이유 없이 이행하지 아니한 자에게는 1억원 이하의 과태료를 부과한다(기단법 제24 조 제1항).

21 최저임금법에 관한 설명으로 옳은 것을 모두 고른 것은?

> ㄱ. 선원법의 적용을 받는 선원과 선원을 사용하는 선박의 소유자에게는 적용하지 아니한다.
> ㄴ. 최저임금은 매년 12월 31일까지 결정하여 고시한다.
> ㄷ. 최저임금위원회는 대통령 소속으로 둔다.
> ㄹ. 고용노동부장관은 근로자의 생계비와 임금실태 등을 매년 조사하여야 한다.

① ㄱ, ㄴ ② ㄱ, ㄷ
❸ ㄱ, ㄹ ④ ㄴ, ㄷ
⑤ ㄷ, ㄹ

> ㄱ. (○) 최임법 제3조 제2항
> ㄴ. (✕) 고용노동부장관은 매년 8월 5일까지 최저임금을 결정하여야 한다(최임법 제8조 제1항 전문).
> ㄷ. (✕) 최저임금에 관한 심의와 그 밖에 최저임금에 관한 중요사항을 심의하기 위하여 고용노동부에 최저임 금위원회를 둔다(최임법 제12조).
> ㄹ. (○) 최임법 제23조

22 근로자퇴직급여 보장법에 관한 설명으로 옳지 않은 것은?

① 퇴직연금제도의 급여를 받을 권리는 양도할 수 없다. 🏛 근퇴법 제7조 제1항

❷ 퇴직연금사업자는 자산관리업무에 관한 계약 체결과 관련된 약관을 변경하려는 경우 미리 고용노동부장관에게 보고하여야 한다.

> 퇴직연금사업자는 운용관리업무 및 자산관리업무에 따른 계약 체결과 관련된 약관 또는 표준계약서(이하 "약관등")를 제정하거나 변경하려는 경우에는 <u>미리 금융감독원장에게 보고하여야</u> 한다(근퇴법 제33조 제7항).

③ 퇴직금제도를 설정하려는 사용자는 계속근로기간 1년에 대하여 30일분 이상의 평균임금을 퇴직금으로 퇴직근로자에게 지급할 수 있는 제도를 설정하여야 한다. 🏛 근퇴법 제8조 제1항

④ 퇴직금을 받을 권리는 3년간 행사하지 아니하면 시효로 인하여 소멸한다. 🏛 근퇴법 제10조

⑤ 확정기여형퇴직연금제도에 가입한 근로자는 주택 구입 등 대통령령으로 정하는 사유가 발생하면 적립금을 중도인출할 수 있다. 🏛 근퇴법 제22조

23 임금채권보장법령상 대지급금에 관한 설명으로 옳지 않은 것은?

① 고용노동부장관은 대지급금의 지급에 충당하기 위하여 임금채권보장기금을 설치한다.

> 고용노동부장관은 <u>대지급금의 지급</u>이나 체불 임금등 및 생계비의 융자 등 임금채권보장사업에 <u>충당하기 위하여</u> 임금채권보장기금을 설치한다(임채법 제17조 제1항).

❷ 대지급금은 근로기준법에 따른 휴업수당을 포함하지 않는다.

> 근로기준법에 따른 <u>휴업수당은 대지급금의 범위에 포함</u>된다.

③ 도산대지급금은 파산선고등 또는 도산등 사실인정이 있는 날로부터 2년 이내에 청구하여야 한다. 🏛 임채법 시행령 제9조 제1항 제1호

④ 대지급금을 받을 권리가 있는 사람이 부상으로 대지급을 수령할 수 없는 경우에는 그 가족에게 수령을 위임할 수 있다. 🏛 임채법 시행령 제18조의2 제1항

⑤ 대지급금을 지급받을 권리는 양도 또는 압류할 수 없다. 🏛 임채법 제11조의2 제1항

관계법령 **퇴직한 근로자에 대한 대지급금의 지급(임채법 제7조)**

② 제1항에 따라 고용노동부장관이 사업주를 대신하여 지급하는 체불임금등 대지급금(이하 "대지급금")의 범위는 다음 각 호와 같다. 다만, 대통령령으로 정하는 바에 따라 제1항 제1호부터 제3호까지의 규정에 따른 대지급금의 상한액과 같은 항 제4호 및 제5호에 따른 대지급금의 상한액은 근로자의 퇴직 당시의 연령 등을 고려하여 따로 정할 수 있으며 대지급금이 적은 경우에는 지급하지 아니할 수 있다.
1. 근로기준법 제38조 제2항 제1호에 따른 임금 및 근로자퇴직급여 보장법 제12조 제2항에 따른 최종 3년간의 퇴직급여등
2. 근로기준법 제46조에 따른 휴업수당(최종 3개월분으로 한정한다)
3. 근로기준법 제74조 제4항에 따른 출산전후휴가기간 중 급여(최종 3개월분으로 한정한다)

24 근로복지기본법상 근로복지 증진에 관한 기본계획에 포함되어야 하는 사항이 아닌 것은?

❶ 고용동향과 인력수급전망에 관한 사항

> 고용동향과 인력수급전망에 관한 사항은 근로복지 증진에 관한 기본계획에 포함되지 아니한다.

② 사내근로복지기금제도에 관한 사항
③ 근로자의 생활안정에 관한 사항
④ 근로자의 주거안정에 관한 사항
⑤ 우리사주제도에 관한 사항

관계법령 **기본계획의 수립(근복법 제9조)**

② 기본계획에는 다음 각 호의 사항이 포함되어야 한다.
  1. 근로자의 주거안정에 관한 사항
  2. 근로자의 생활안정에 관한 사항
  3. 근로자의 재산 형성에 관한 사항
  4. 우리사주제도에 관한 사항
  5. 사내근로복지기금제도에 관한 사항
  6. 선택적 복지제도 지원에 관한 사항
  7. 근로자지원프로그램 운영에 관한 사항
  8. 근로자를 위한 복지시설의 설치 및 운영에 관한 사항
  9. 근로복지사업에 드는 재원 조성에 관한 사항
  10. 직전 기본계획에 대한 평가
  11. 그 밖에 근로복지 증진을 위하여 고용노동부장관이 필요하다고 인정하는 사항

---

25 외국인근로자의 고용 등에 관한 법률에 대한 설명으로 옳지 않은 것은?

① 사용자가 법률에 따라 선정한 외국인근로자를 고용하려면 고용노동부령으로 정하는 표준근로계약서를 사용하여 근로계약을 체결하여야 한다. **外고법 제9조 제1항**

② 고용허가를 받은 사용자와 외국인근로자는 입국한 날부터 3년의 범위 내에서 당사자 간의 합의에 따라 근로계약을 체결하거나 갱신할 수 있다. **外고법 제9조 제3항**

❸ 사용자는 외국인근로자의 귀국 시 필요한 비용에 충당하기 위하여 보험에 가입하여야 한다.

> 외국인근로자는 귀국 시 필요한 비용에 충당하기 위하여 보험 또는 신탁에 가입하여야 한다(외고법 제15조 제1항). 이와 출국만기보험·신탁에 대한 규정은 구별되어야 한다. 즉 외국인근로자를 고용한 사업 또는 사업장의 사용자는 외국인근로자의 출국 등에 따른 퇴직금 지급을 위하여 외국인근로자를 피보험자 또는 수익자로 하는 보험 또는 신탁에 가입하여야 한다(외고법 제13조 제1항).

④ 직업안정기관의 장은 사용자의 임금체불로 근로계약을 유지하기 어렵다고 인정되는 경우 외국인근로자 고용허가를 취소할 수 있다. **外고법 제19조 제1항 제3호**

⑤ 직업안정기관의 장은 외국인근로자 고용허가 또는 특례고용가능확인을 받지 아니하고 외국인근로자를 고용한 자에 대하여 그 사실이 발생한 날부터 3년간 외국인근로자의 고용을 제한할 수 있다. **外고법 제20조 제1항 제1호**

많은 실패자들은 포기하기 때문에,

성공이 얼마나 가까웠는지 깨닫지 못한다.

– 토머스 에디슨 –

PART 02

노동법 Ⅱ

---

01 2024년 제33회 정답 및 해설

02 2023년 제32회 정답 및 해설

03 2022년 제31회 정답 및 해설

04 2021년 제30회 정답 및 해설

05 2020년 제29회 정답 및 해설

2024년 제33회 정답 및 해설

문제편 063p

정답 CHECK

각 문항별로 이해도 CHECK

01	02	03	04	05	06	07	08	09	10	11	12	13	14	15	16	17	18	19	20
①	③	②,④	①	③	④	③	⑤	①	②	⑤	②	①	⑤	④	③	②	⑤	④	①
21	22	23	24	25	26	27	28	29	30	31	32	33	34	35	36	37	38	39	40
②	⑤	④	⑤	③	④	②	⑤	③	②	⑤	①	③	②	②	①	④	②	②	①

01

노동조합 및 노동관계조정법의 연혁에 관한 설명으로 옳지 않은 것은?

확인 Check! ○ △ ×

❶ 1953년 제정된 노동조합법에는 복수노조 금지조항이 있었다.

> 1953년 노동조합법이 처음으로 제정되었을 때에는 노동조합의 설립을 제한하는 규정은 없었다. 복수노조 금지조항은 1963년 노동조합법을 개정하면서 "조직이 기존 노동조합의 정상적인 운영을 방해하는 것을 목적으로 하는 경우" 노동조합의 설립을 허용하지 않는다고 규정(1963년 노동조합법 제3조 제5호)하여 노동법에 처음 도입되었다.

② 1953년 제정된 노동쟁의조정법에는 쟁의행위 민사면책조항이 있었다.

> 1953년 노동쟁의조정법은 "사용자는 쟁의행위에 의하여 손해를 받았을 경우에 노동조합 또는 근로자에 대하여 배상을 청구할 수 없다"고 규정(1953년 노동쟁의조정법 제12조)하여 쟁의행위 민사면책조항을 두고 있었다.

③ 1963년 개정된 노동조합법에는 노동조합의 정치활동 금지 규정이 신설되었다.

> 1963년 노동조합법은 "노동조합은 공직선거에 있어서 특정정당을 지지하거나 특정인을 당선시키기 위한 행위를 할 수 없다"고 규정(1963년 노동조합법 제12조 제1항)하여 노동조합의 정치활동 금지 규정을 두고 있었다.

④ 1997년에는 노동조합 및 노동관계조정법이 제정되었다.

> 헌법에 의한 근로자의 단결권·단체교섭권 및 단체행동권을 보장하여 근로조건의 유지·개선과 근로자의 경제적·사회적 지위의 향상을 도모하고, 노동관계를 공정하게 조정하여 노동쟁의를 예방·해결함으로써 산업평화의 유지와 국민경제의 발전에 이바지함을 목적으로 1997.3.13. 노조법이 제정되어 당일 시행되었다.

⑤ 2010년 개정된 노동조합 및 노동관계조정법에는 교섭창구단일화의 절차와 방법에 관한 규정이 신설되었다.

> 2010년 노조법에서는 교섭창구를 단일화하도록 하여 근로조건의 통일성 확보 및 교섭이 효율적으로 이루어질 수 있도록 하기 위해 동법 제29조의2 이하에서 교섭창구단일화의 절차와 방법에 관한 규정이 신설되었다.

02 헌법상 노동3권에 관한 설명으로 옳지 않은 것은?(다툼이 있으면 판례에 따름)

① 노동3권은 근로조건의 향상을 위한다는 생존권의 존재목적에 비추어 볼 때 노동3권 가운데에서도 단체교섭권이 가장 중핵적 권리이다.

> 노동3권은 다 같이 존중 보호되어야 하고 그 사이에 비중의 차등을 둘 수 없는 권리들임에는 틀림없지만 근로조건의 향상을 위한다는 생존권의 존재목적에 비추어 볼 때 노동3권 가운데에서도 단체교섭권이 가장 중핵적 권리임은 부정할 수 없다(대판 1990.5.15. 90도357).

② 노동3권의 사회권적 성격은 입법조치를 통하여 근로자의 헌법적 권리를 보장할 국가의 의무에 있다.

> 근로3권의 성격은 국가가 단지 근로자의 단결권을 존중하고 부당한 침해를 하지 아니함으로써 보장되는 자유권적 측면인 국가로부터의 자유뿐이 아니라, 근로자의 권리행사의 실질적 조건을 형성하고 유지해야 할 국가의 적극적인 활동을 필요로 한다. 따라서 근로3권의 사회권적 성격은 입법조치를 통하여 근로자의 헌법적 권리를 보장할 국가의 의무에 있다(헌재 1998.2.27. 94헌바13).

❸ 근로자의 단결하지 않을 자유, 즉 소극적 단결권은 개인의 자기결정의 이념에 따라 적극적 단결권과 동등하게 보장되어야 한다는 것이 헌법재판소의 입장이다.

> 헌법상 보장된 근로자의 단결권은 단결할 자유만을 가리킬 뿐이고, 단결하지 아니할 자유 이른바 소극적 단결권은 이에 포함되지 않는다고 보는 것이 우리 재판소의 선례라고 할 것이다. 그렇다면 근로자가 노동조합을 결성하지 아니할 자유나 노동조합에 가입을 강제당하지 아니할 자유, 그리고 가입한 노동조합을 탈퇴할 자유는 근로자에게 보장된 단결권의 내용에 포섭되는 권리로서가 아니라 헌법 제10조의 행복추구권에서 파생되는 일반적 행동의 자유 또는 제21조 제1항의 결사의 자유에서 그 근거를 찾을 수 있다(헌재 2005.11.24. 2002헌바95).

④ 법률이 정하는 주요방위산업체에 종사하는 근로자의 단체행동권은 법률이 정하는 바에 의하여 이를 제한하거나 인정하지 아니할 수 있다.

> 🐝 헌법 제33조 제3항

⑤ 단체협약에서 다른 노동조합의 단체교섭권을 사전에 배제하는 이른바 유일교섭단체조항은 단체교섭권의 본질적 내용을 침해할 우려가 있다.

> 이 사건 단체협약 제1조는 그 문언상 산업별 단위노동조합으로서 사용자와 직접 단체협약을 체결해 온 원고만이 단체교섭을 할 수 있는 유일한 노동단체이고, 다른 어떠한 노동단체도 인정하지 않는다는 내용임이 명백하므로, 이는 근로자의 노동조합 결성 및 가입의 자유와 단체교섭권을 침해하여 노조법 제5조, 제29조 제1항에 위배되고, 이와 달리 위 조항의 취지가 단순히 원고가 원고 소속 조합원을 대표하는 단체임을 의미하는 것에 불과하다고 보기는 어렵다(대판 2016.4.15. 2013두11789).

03 노동조합 및 노동관계조정법령상 노동조합에 관한 설명으로 옳지 않은 것은?

① 사업 또는 사업장에 종사하는 근로자(이하 "종사근로자"라 한다)인 조합원이 해고되어 노동위원회에 부당노동행위의 구제신청을 한 경우에는 중앙노동위원회의 재심판정이 있을 때까지 종사근로자로 본다. 🕮 **노조법 제5조 제3항**

❷ 동일한 등기소의 관할구역 안에서 주된 사무소를 이전한 경우에는 그 이전한 날부터 3주 이내에 변경등기를 해야 한다.

주된 사무소의 소재지는 등기사항이고(노조법 시행령 제3조 제2호), 동일한 등기소의 관할구역 안에서 주된 사무소를 이전한 경우에는 그 이전한 날부터 3주 이내에 이전등기를 해야 한다(동법 시행령 제5조 제2항).

③ 노동조합에 대하여는 그 사업체를 제외하고는 세법이 정하는 바에 따라 조세를 부과하지 아니한다. 🕮 **노조법 제8조**

❹ 노동조합의 대표자는 명칭이 변경된 경우에는 그 변경이 있는 날부터 3주 이내에 변경등기를 해야 한다.

노동조합을 설립하려면 소정의 사항을 기재한 설립신고서에 규약을 첨부하여 행정관청에 제출하여야 한다(노조법 제10조 제1항). 설립신고서를 접수한 행정관청은 보완요구나 신고서 반려의 사유가 있는 경우를 제외하고는 3일 이내에 신고증을 교부하여야 하며, 노동조합이 신고증을 교부받은 경우에는 설립신고서가 접수된 때에 설립된 것으로 간주된다(노조법 제12조 제1항, 제4항). 노동조합은 그 규약이 정하는 바에 의하여 법인으로 할 수 있고, 당해 노동조합을 법인으로 하고자 할 경우에는 대통령령이 정하는 바에 의하여 법인등기를 하여야 한다(노조법 제6조 제1항, 제2항). 생각건대 노동조합은 설립신고서가 접수된 때에 설립된 것으로 간주되며 노동조합의 법인등기가 강제되지 아니한다는 점, 법인등기를 전제로 하지 아니할 경우 노동조합은 설립신고서에 기재한 명칭의 변경이 있는 경우에는 그 날부터 30일 이내에 행정관청에게 변경신고를 하여야 한다는 점(노조법 제13조 제1항)등을 고려하면, 법인등기를 전제로 출제한 것임을 명시하지 않은 지문 ④를 틀린 지문으로 이해할 여지가 있으므로 지문 ②와 함께 오답으로 처리하여 복수정답을 인정한 것으로 보인다.

⑤ 노동조합 및 노동관계조정법에 의하여 설립된 노동조합이 아니면 노동조합이라는 명칭을 사용할 수 없다. 🕮 **노조법 제7조 제3항**

04 노동조합 및 노동관계조정법상 노동조합의 설립에 관한 설명으로 옳지 않은 것은?

❶ 노동조합의 설립신고서에는 목적과 사업을 기재해야 한다.

> 노동조합의 설립신고서에는 명칭, 주된 사무소의 소재지, 조합원수, 임원의 성명과 주소, 소속된 연합단체가 있는 경우에는 그 명칭, 연합단체인 노동조합에 있어서는 그 구성노동단체의 명칭, 조합원수, 주된 사무소의 소재지 및 임원의 성명·주소 등을 기재하여야 하나(노조법 제10조 제1항), **목적과 사업은 규약기재사항임을** 유의하여야 한다(동법 제11조 제2호).

② 노동조합은 매년 1월 31일까지 전년도 12월 31일 현재의 조합원수를 행정관청에 통보하여야 한다.
> 노조법 제13조 제2항 제3호

③ 노동조합이 신고증을 교부받은 경우에는 설립신고서가 접수된 때에 설립된 것으로 본다.
> 노조법 제12조 제4항

④ 행정관청은 설립신고서 또는 규약이 기재사항의 누락등으로 보완이 필요한 경우에는 대통령령이 정하는 바에 따라 20일 이내의 기간을 정하여 보완을 요구하여야 한다.
> 노조법 제12조 제2항 전문

⑤ 행정관청은 설립하고자 하는 노동조합이 근로자가 아닌 자의 가입을 허용하는 경우 설립신고서를 반려하여야 한다. 노조법 제12조 제3항 제1호, 제2조 제4호 라목

관계법령

신고증의 교부(노조법 제12조)
② 행정관청은 설립신고서 또는 규약이 기재사항의 누락등으로 보완이 필요한 경우에는 <u>대통령령이 정하는 바에 따라 20일 이내의 기간을 정하여 보완을 요구하여야 한다.</u> 이 경우 보완된 설립신고서 또는 규약을 접수한 때에는 3일 이내에 신고증을 교부하여야 한다.
③ 행정관청은 설립하고자 하는 노동조합이 <u>다음 각 호의 1에 해당하는 경우에는 설립신고서를 반려하여야</u> 한다.
  1. <u>제2조 제4호 각 목의 1에 해당하는 경우</u>
  2. 제2항의 규정에 의하여 <u>보완을 요구하였음에도 불구하고 그 기간 내에 보완을 하지 아니하는 경우</u>
④ <u>노동조합이 신고증을 교부받은 경우에는 설립신고서가 접수된 때에 설립된 것으로 본다.</u>

정의(노조법 제2조)
이 법에서 사용하는 용어의 정의는 다음과 같다.
  4. "노동조합"이라 함은 근로자가 주체가 되어 자주적으로 단결하여 근로조건의 유지·개선 기타 근로자의 경제적·사회적 지위의 향상을 도모함을 목적으로 조직하는 단체 또는 그 연합단체를 말한다. <u>다만, 다음 각 목의 1에 해당하는 경우에는 노동조합으로 보지 아니한다.</u>
    가. 사용자 또는 항상 그의 이익을 대표하여 행동하는 자의 참가를 허용하는 경우
    나. 경비의 주된 부분을 사용자로부터 원조받는 경우
    다. 공제·수양 기타 복리사업만을 목적으로 하는 경우
    라. <u>근로자가 아닌 자의 가입을 허용하는 경우</u>
    마. 주로 정치운동을 목적으로 하는 경우

05 노동조합 및 노동관계조정법상 노동조합의 관리에 관한 설명으로 옳은 것은?

① 노동조합은 조합원 명부를 3년간 보존하여야 한다.

> 노동조합은 조합설립일부터 30일 이내에 조합원 명부(연합단체인 노동조합에 있어서는 그 구성단체의 명칭)를 작성하여 그 주된 사무소에 비치하여야 하나, 조합원 명부의 보존연한에 대하여는 규정하고 있지 아니하다(노조법 제14조 제1항, 제2항 참조).

② 예산·결산에 관한 사항은 총회에서 재적조합원 과반수의 출석과 출석조합원 3분의 2 이상의 찬성으로 의결한다.

> 총회는 예산·결산에 관한 사항을 재적조합원 과반수의 출석과 출석조합원 과반수의 찬성으로 의결한다. 다만, 규약의 제정·변경, 임원의 해임, 합병·분할·해산 및 조직형태의 변경에 관한 사항은 재적조합원 과반수의 출석과 출석조합원 3분의 2 이상의 찬성이 있어야 한다(노조법 제16조 제1항 제4호, 제2항).

❸ 하나의 사업 또는 사업장을 대상으로 조직된 노동조합의 대의원은 그 사업 또는 사업장에 종사하는 조합원 중에서 선출하여야 한다. 노조법 제17조 제3항

④ 노동조합의 대표자는 대의원의 3분의 1 이상이 회의에 부의할 사항을 제시하고 회의의 소집을 요구한 때에는 15일 이내에 임시대의원회를 소집하여야 한다.

> 노동조합의 대표자는 조합원 또는 대의원의 3분의 1 이상(연합단체인 노동조합에 있어서는 그 구성단체의 3분의 1 이상)이 회의에 부의할 사항을 제시하고 회의의 소집을 요구한 때에는 지체없이 임시총회 또는 임시대의원회를 소집하여야 한다(노조법 제18조 제2항).

⑤ 행정관청은 노동조합에 총회의 소집권자가 없는 경우에 조합원의 3분의 1 이상이 회의에 부의할 사항을 제시하고 소집권자의 지명을 요구한 때에는 지체없이 회의의 소집권자를 지명하여야 한다.

> 행정관청은 노동조합에 총회 또는 대의원회의 소집권자가 없는 경우에 조합원 또는 대의원의 3분의 1 이상이 회의에 부의할 사항을 제시하고 소집권자의 지명을 요구한 때에는 15일 이내에 회의의 소집권자를 지명하여야 한다(노조법 제18조 제4항).

06 노동조합 및 노동관계조정법령상 근로시간면제심의위원회에 관한 설명으로 옳은 것은?

① 근로시간면제심의위원회는 근로시간 면제 한도를 심의·의결하고, 3년마다 그 적정성 여부를 재심의하여 의결해야 한다.

> 근로시간면제심의위원회는 근로시간 면제 한도를 심의·의결하고, 3년마다 그 적정성 여부를 재심의하여 의결할 수 있다(노조법 제24조의2 제2항).

② 근로시간면제심의위원회 위원장은 근로시간면제심의위원회가 의결한 사항을 고용노동부장관에게 즉시 통보하여야 한다.

> 경제사회노동위원회 위원장은 근로시간면제심의위원회가 의결한 사항을 고용노동부장관에게 즉시 통보하여야 한다(노조법 제24조의2 제3항).

③ 근로시간면제심의위원회 위원의 임기는 3년으로 한다.

> 근로시간면제심의위원회 <u>위원의 임기는 2년으로</u> 한다(노조법 시행령 제11조의5 제1항).

❹ 근로시간면제심의위원회의 위원은 임기가 끝났더라도 후임자가 위촉될 때까지 계속하여 그 직무를 수행한다. 🔵 노조법 시행령 제11조의5 제3항

⑤ 근로시간면제심의위원회는 경제사회노동위원회 위원장으로부터 근로시간 면제 한도를 정하기 위한 심의 요청을 받은 때에는 그 심의 요청을 받은 날부터 90일 이내에 심의·의결해야 한다.

> 근로시간면제심의위원회는 경제사회노동위원회 위원장으로부터 근로시간 면제 한도를 정하기 위한 심의 요청을 받은 때에는 <u>그 심의 요청을 받은 날부터 60일 이내에</u> 심의·의결해야 한다(노조법 시행령 제11조의6 제1항).

07

노동조합 및 노동관계조정법령상 노동조합의 관리에 관한 설명으로 옳지 않은 것은?

① 근로자는 사용자의 동의가 있는 경우에는 사용자로부터 급여를 지급받으면서 근로계약 소정의 근로를 제공하지 아니하고 노동조합의 업무에 종사할 수 있다.

> 근로자는 단체협약으로 정하거나 사용자의 동의가 있는 경우에는 <u>사용자 또는 노동조합으로부터 급여를 지급받으면서 근로계약 소정의 근로를 제공하지 아니하고</u> 노동조합의 업무에 종사할 수 있다(노조법 제24조 제1항).

② 노동조합이 특정 조합원에 관한 사항을 의결할 경우에는 그 조합원은 표결권이 없다. 🔵 노조법 제20조

❸ 노동조합의 대표자는 그 회계감사원으로 하여금 회계연도마다 당해 노동조합의 모든 재원 및 용도, 주요한 기부자의 성명, 현재의 경리 상황등에 대한 회계감사를 실시하게 하고 그 내용과 감사결과를 전체 조합원에게 공개하여야 한다.

> 노동조합의 대표자는 <u>그 회계감사원으로 하여금 6월에 1회 이상</u> 당해 노동조합의 모든 재원 및 용도, 주요한 기부자의 성명, 현재의 경리 상황등에 대한 회계감사를 실시하게 하고 그 내용과 감사결과를 전체 조합원에게 공개하여야 한다(노조법 제25조 제1항).

④ 노동조합의 대표자는 회계연도마다 결산결과와 운영상황을 공표하여야 하며 조합원의 요구가 있을 때에는 이를 열람하게 하여야 한다. 🔵 노조법 제26조

⑤ 행정관청은 노동조합으로부터 결산결과 또는 운영상황의 보고를 받으려는 경우에는 그 사유와 그 밖에 필요한 사항을 적은 서면으로 10일 이전에 요구해야 한다. 🔵 노조법 시행령 제12조, 동법 제27조

08 노동조합 및 노동관계조정법령상 노동조합의 해산에 관한 설명으로 옳지 않은 것은?

① 노동조합의 임원이 없고 계속하여 1년 이상 조합원으로부터 조합비를 징수한 사실이 없어서 행정관청이 노동위원회의 의결을 얻은 경우 노동조합은 해산한다.
　🏷 노조법 제28조 제1항 제4호, 동법 시행령 제13조 제1항

② 합병 또는 분할로 소멸한 경우 노동조합은 해산한다.　🏷 노조법 제28조 제1항 제2호

③ 총회 또는 대의원회의 해산결의가 있는 경우 노동조합은 해산한다.　🏷 노조법 제28조 제1항 제3호

④ 규약에서 정한 해산사유가 발생하여 노동조합이 해산한 때에는 그 대표자는 해산한 날부터 15일 이내에 행정관청에게 이를 신고하여야 한다.　🏷 노조법 제28조 제1항 제1호, 제2항

❺ 노동조합의 해산사유가 있는 경우, 노동위원회가 의결을 할 때에는 해산사유 발생일 이후의 해당 노동조합의 활동을 고려하여야 한다.

> 노동조합의 해산사유가 있는 경우에는 행정관청이 관할 노동위원회의 의결을 얻은 때에 해산된 것으로 본다. 노동위원회는 의결을 할 때에는 해산사유 발생일 이후의 해당 노동조합의 활동을 고려해서는 아니 된다(노조법 시행령 제13조 제2항, 제3항).

관계법령

해산사유(노조법 제28조)
① 노동조합은 다음 각 호의 1에 해당하는 경우에는 해산한다.
　1. 규약에서 정한 해산사유가 발생한 경우
　2. 합병 또는 분할로 소멸한 경우
　3. 총회 또는 대의원회의 해산결의가 있는 경우
　4. 노동조합의 임원이 없고 노동조합으로서의 활동을 1년 이상 하지 아니한 것으로 인정되는 경우로서 행정관청이 노동위원회의 의결을 얻은 경우
② 제1항 제1호 내지 제3호의 사유로 노동조합이 해산한 때에는 그 대표자는 해산한 날부터 15일 이내에 행정관청에게 이를 신고하여야 한다.

노동위원회의 해산의결 등(노조법 시행령 제13조)
① 법 제28조 제1항 제4호에서 "노동조합으로서의 활동을 1년 이상 하지 아니한 것으로 인정되는 경우"란 계속하여 1년 이상 조합원으로부터 조합비를 징수한 사실이 없거나 총회 또는 대의원회를 개최한 사실이 없는 경우를 말한다.
② 법 제28조 제1항 제4호에 따른 노동조합의 해산사유가 있는 경우에는 행정관청이 관할 노동위원회의 의결을 얻은 때에 해산된 것으로 본다.
③ 노동위원회는 제2항에 따른 의결을 할 때에는 법 제28조 제1항 제4호에 따른 해산사유 발생일 이후의 해당 노동조합의 활동을 고려해서는 아니 된다.
④ 행정관청은 법 제28조 제1항 제4호에 따른 노동위원회의 의결이 있거나 같은 조 제2항에 따른 해산신고를 받은 때에는 지체 없이 그 사실을 관할 노동위원회(법 제28조 제2항에 따른 해산신고를 받은 경우만 해당)와 해당 사업 또는 사업장의 사용자나 사용자단체에 통보해야 한다.

09 노동조합 및 노동관계조정법령상 교섭단위 결정 등에 관한 설명으로 옳지 않은 것은?

❶ 노동조합 또는 사용자는 사용자가 교섭요구 사실을 공고하기 전에는 노동위원회에 교섭단위를 분리하는 결정을 신청할 수 없다.

> 노동조합 또는 사용자는 교섭단위를 분리하거나 분리된 교섭단위를 통합하여 교섭하려는 경우에는 <u>사용자가 교섭요구 사실을 공고하기 전에</u> 노동위원회에 교섭단위를 분리하거나 분리된 교섭단위를 통합하는 결정을 신청할 수 있다(노조법 시행령 제14조의11 제1항 제1호).

② 노동위원회는 법령에 따라 교섭단위 분리의 결정 신청을 받은 때에는 해당 사업 또는 사업장의 모든 노동조합과 사용자에게 그 내용을 통지하여야 한다.

> 노동조합 또는 사용자로부터 교섭단위를 분리하거나 분리된 교섭단위를 통합하는 결정의 신청을 받은 노동위원회는 <u>해당 사업 또는 사업장의 모든 노동조합과 사용자에게 그 내용을 통지해야</u> 하며, 그 노동조합과 사용자는 노동위원회가 지정하는 기간까지 의견을 제출할 수 있다(노조법 시행령 제14조의11 제1항, 제2항).

③ 하나의 사업 또는 사업장에서 현격한 근로조건의 차이, 고용형태, 교섭 관행 등을 고려하여 교섭단위를 분리할 필요가 있다고 인정되는 경우에 노동위원회는 노동관계 당사자의 양쪽 또는 어느 한쪽의 신청을 받아 교섭단위를 분리하는 결정을 할 수 있다.

> 하나의 사업 또는 사업장에서 현격한 근로조건의 차이, 고용형태, 교섭 관행 등을 고려하여 교섭단위를 분리하거나 분리된 교섭단위를 통합할 필요가 있다고 인정되는 경우에 <u>노동위원회는 노동관계 당사자의 양쪽 또는 어느 한쪽의 신청을 받아</u> 교섭단위를 분리하거나 분리된 교섭단위를 통합하는 결정을 할 수 있다(노조법 제29조의3 제2항).

④ 교섭단위의 분리결정 신청은 사용자가 교섭요구 사실을 공고한 경우에는 교섭대표노동조합이 결정된 날 이후에 할 수 있다.

> 노동조합 또는 사용자는 교섭단위를 분리하거나 분리된 교섭단위를 통합하여 교섭하려는 경우 <u>사용자가 교섭요구 사실을 공고한 경우에는 교섭대표노동조합이 결정된 날 이후</u> 노동위원회에 교섭단위를 분리하거나 분리된 교섭단위를 통합하는 결정을 신청할 수 있다(노조법 시행령 제14조의11 제1항 제2호).

⑤ 교섭단위의 분리결정을 통지 받은 노동조합이 사용자와 교섭하려는 경우 자신이 속한 교섭단위에 단체협약이 있는 때에는 그 단체협약의 유효기간 만료일 이전 3개월이 되는 날부터 법령에 따라 필요한 사항을 적은 서면으로 교섭을 요구할 수 있다. 法 **노조법 시행령 제14조의11 제4항**

노동조합 및 노동관계조정법상 단체교섭 및 단체협약에 관한 설명으로 옳지 않은 것은?(다툼이 있으면 판례에 따름)

① 노동조합과 사용자 또는 사용자단체는 정당한 이유없이 교섭 또는 단체협약의 체결을 거부하거나 해태하여서는 아니 된다. **🏷 노조법 제30조 제2항**

❷ 단체협약의 유효기간이 만료되는 때를 전후하여 당사자 쌍방이 새로운 단체협약을 체결하고자 단체교섭을 계속하였음에도 불구하고 새로운 단체협약이 체결되지 아니한 경우에는 별도의 약정이 있더라도 종전의 단체협약은 그 효력만료일부터 3월까지 계속 효력을 갖는다.

> 단체협약의 유효기간이 만료되는 때를 전후하여 당사자 쌍방이 새로운 단체협약을 체결하고자 단체교섭을 계속하였음에도 불구하고 새로운 단체협약이 체결되지 아니한 경우에는 <u>별도의 약정이 있는 경우를 제외하고는</u> 종전의 단체협약은 그 효력만료일부터 3월까지 계속 효력을 갖는다(노조법 제32조 제3항 본문).

③ 단체협약의 일반적 구속력으로서 그 적용을 받게 되는 '동종의 근로자'라 함은 당해 단체협약의 규정에 의하여 그 협약의 적용이 예상되는 자를 가리키며, 단체협약의 규정에 의하여 조합원의 자격이 없는 자는 단체협약의 적용이 예상된다고 할 수 없어 단체협약의 적용을 받지 아니한다. **🏷 대판 2004.1.29. 2001다5142**

④ 단체협약에 그 유효기간을 정하지 아니한 경우에 그 유효기간은 3년으로 한다.

> 단체협약에 그 유효기간을 정하지 아니한 경우 또는 3년을 초과하는 유효기간을 정한 경우에 <u>그 유효기간은 3년으로 한다</u>(노조법 제32조 제2항).

⑤ 노동조합과 사용자 또는 사용자단체는 교섭 또는 단체협약의 체결에 관한 권한을 위임한 때에는 그 사실을 상대방에게 통보하여야 한다. **🏷 노조법 제29조 제4항**

11 노동조합 및 노동관계조정법상 부당노동행위에 관한 설명으로 옳은 것은 모두 몇 개인가?

☑ 확인
Check!
○
△
×

- 사용자의 부당노동행위로 인하여 그 권리를 침해당한 근로자 또는 노동조합은 노동위원회에 그 구제를 신청할 수 있다.
- 노동위원회는 부당노동행위 구제신청을 받은 때에는 지체없이 필요한 조사와 관계 당사자의 심문을 하여야 한다.
- 근로자가 노동조합의 업무를 위한 정당한 행위를 한 것을 이유로 그 근로자에게 불이익을 주는 사용자의 행위는 부당노동행위에 해당한다.
- 부당노동행위 구제의 신청은 부당노동행위가 있은 날(계속하는 행위는 그 종료일)부터 3월 이내에 이를 행하여야 한다.

① 0개
② 1개
③ 2개
④ 3개
❺ 4개

- (○) 노조법 제82조 제1항
- (○) 노조법 제83조 제1항
- (○) 근로자가 노동조합에 가입 또는 가입하려고 하였거나 노동조합을 조직하려고 하였거나 <u>기타 노동조합의 업무를 위한 정당한 행위를 한 것을 이유로</u> 그 근로자를 해고하거나 그 근로자에게 불이익을 주는 사용자의 행위는 부당노동행위에 해당한다(노조법 제81조 제1항 제1호).
- (○) 노조법 제82조 제2항

2024년

2023년

2022년

2021년

2020년

12 노동조합 및 노동관계조정법상 부당노동행위에 관한 설명으로 옳지 않은 것은?(다툼이 있으면 판례에 따름)

① 사용자는 노동조합의 운영비를 원조하는 행위를 할 수 없으나, 노동조합의 자주적인 운영 또는 활동을 침해할 위험이 없는 범위에서의 운영비 원조행위는 할 수 있다.

> 노동조합의 운영비를 원조하는 행위는 사용자의 부당노동행위에 해당하나, 노동조합의 자주적인 운영 또는 활동을 침해할 위험이 없는 범위에서의 운영비 원조행위는 부당노동행위에 해당하지 아니하므로 예외적으로 허용된다(노조법 제81조 제1항 제4호 단서).

❷ 노동조합 및 노동관계조정법 제81조(부당노동행위) 제1항 제4호 단서에 따른 "노동조합의 자주적인 운영 또는 활동을 침해할 위험" 여부를 판단할 때 원조된 운영비 금액과 원조방법을 고려할 필요가 없다.

> "원조된 운영비 금액과 원조방법"도 "노동조합의 자주적 운영 또는 활동을 침해할 위험" 여부를 판단할 때 고려할 사항에 포함된다(노조법 제81조 제2항 제3호).

③ 노동위원회는 부당노동행위가 성립한다고 판정한 때에는 사용자에게 구제명령을 발하여야 하며, 부당노동행위가 성립되지 아니한다고 판정한 때에는 그 구제신청을 기각하는 결정을 하여야 한다.

> 노동위원회는 구제신청에 따른 심문을 종료하고 부당노동행위가 성립한다고 판정한 때에는 사용자에게 구제명령을 발하여야 하며, 부당노동행위가 성립되지 아니한다고 판정한 때에는 그 구제신청을 기각하는 결정을 하여야 한다(노조법 제84조 제1항).

④ 지배·개입으로서의 부당노동행위의 성립에 반드시 근로자의 단결권의 침해라는 결과의 발생까지 요하는 것은 아니다. ⚖ 대판 2019.4.25. 2017두33510

⑤ 지방노동위원회의 구제명령은 중앙노동위원회에의 재심신청에 의하여 그 효력이 정지되지 아니한다.

> 노동위원회의 구제명령·기각결정 또는 재심판정은 중앙노동위원회에의 재심신청이나 행정소송의 제기에 의하여 그 효력이 정지되지 아니한다(노조법 제86조).

관계법령 **부당노동행위(노조법 제81조)**

② 제1항 제4호 단서에 따른 "노동조합의 자주적 운영 또는 활동을 침해할 위험" 여부를 판단할 때에는 다음 각 호의 사항을 고려하여야 한다.
1. 운영비 원조의 목적과 경위
2. 원조된 운영비 횟수와 기간
3. 원조된 운영비 금액과 원조방법
4. 원조된 운영비가 노동조합의 총수입에서 차지하는 비율
5. 원조된 운영비의 관리방법 및 사용처 등

13 노동조합 및 노동관계조정법상 단체협약 등에 관한 설명으로 옳지 않은 것은?

❶ 노동위원회는 단체협약 중 위법한 내용이 있는 경우에는 그 시정을 명할 수 있다.

> 행정관청은 단체협약 중 위법한 내용이 있는 경우에는 노동위원회의 의결을 얻어 그 시정을 명할 수 있다(노조법 제31조 제3항).

② 노동조합의 대표자는 그 노동조합 또는 조합원을 위하여 사용자나 사용자단체와 교섭하고 단체협약을 체결할 권한을 가진다. 🔖 노조법 제29조 제1항

③ 단체협약의 당사자는 단체협약의 체결일부터 15일 이내에 단체협약을 행정관청에게 신고하여야 한다. 🔖 노조법 제31조 제2항

④ 단체협약의 이행방법에 관하여 관계 당사자 간에 의견의 불일치가 있는 때에는 단체협약에 정하는 바에 의하여 사용자가 노동위원회에 그 이행방법에 관한 견해의 제시를 요청할 수 있다.

> 단체협약의 해석 또는 이행방법에 관하여 관계 당사자 간에 의견의 불일치가 있는 때에는 당사자 쌍방 또는 단체협약에 정하는 바에 의하여 어느 일방이 노동위원회에 그 해석 또는 이행방법에 관한 견해의 제시를 요청할 수 있다(노조법 제34조 제1항).

⑤ 노동위원회는 단체협약의 이행방법에 관한 견해 제시를 요청받은 때에는 그날부터 30일 이내에 명확한 견해를 제시하여야 한다. 🔖 노조법 제34조 제2항

14 노동조합 및 노동관계조정법상 단체교섭 및 단체협약에 관한 설명으로 옳지 않은 것은?(다툼이 있으면 판례에 따름)

① 교섭대표노동조합과 사용자는 교섭창구 단일화 절차에 참여한 노동조합 또는 그 조합원 간에 합리적 이유 없이 차별을 하여서는 아니 된다. **⚖ 노조법 제29조의4 제1항**

② 사용자가 단체협약 등에 따라 교섭대표노동조합에게 상시적으로 사용할 수 있는 노동조합 사무실을 제공한 이상, 특별한 사정이 없는 한 교섭창구 단일화 절차에 참여한 다른 노동조합에게도 반드시 일률적이거나 비례적이지는 않더라도 상시적으로 사용할 수 있는 일정한 공간을 노동조합 사무실로 제공하여야 한다.

> 사용자가 단체협약 등에 따라 교섭대표노동조합에게 상시적으로 사용할 수 있는 노동조합 사무실을 제공한 이상, 특별한 사정이 없는 한 <u>교섭창구 단일화 절차에 참여한 다른 노동조합에게도 반드시 일률적이거나 비례적이지는 않더라도 상시적으로 사용할 수 있는 일정한 공간을 노동조합 사무실로 제공하여야</u> 한다고 봄이 타당하다. 이와 달리 교섭대표노동조합에게는 노동조합 사무실을 제공하면서 교섭창구 단일화 절차에 참여한 다른 노동조합에는 물리적 한계나 비용 부담 등을 이유로 노동조합 사무실을 전혀 제공하지 않거나 일시적으로 회사 시설을 사용할 수 있는 기회만을 부여하였다면, 이는 차별에 합리적인 이유가 있는 것으로 볼 수 없다(대판 2018.9.13. 2017두40655).

③ 노동조합과 사용자 또는 사용자단체는 신의에 따라 성실히 교섭하고 단체협약을 체결하여야 하며 그 권한을 남용하여서는 아니 된다. **⚖ 노조법 제30조 제1항**

④ 국가 및 지방자치단체는 기업·산업·지역별 교섭 등 다양한 교섭방식을 노동관계 당사자가 자율적으로 선택할 수 있도록 지원하고 이에 따른 단체교섭이 활성화될 수 있도록 노력하여야 한다. **⚖ 노조법 제30조 제3항**

❺ 교섭대표노동조합이나 사용자가 교섭창구 단일화 절차에 참여한 다른 노동조합을 차별한 것으로 인정되는 경우, 그와 같은 차별에 합리적인 이유가 있다는 점에 대하여 교섭대표노동조합이나 사용자에게는 주장·증명책임이 없다.

> 교섭대표노동조합이나 사용자가 교섭창구 단일화 절차에 참여한 다른 노동조합 또는 그 조합원을 차별한 것으로 인정되는 경우, <u>그와 같은 차별에 합리적인 이유가 있다는 점은 교섭대표노동조합이나 사용자에게 그 주장·증명책임이 있다</u>(대판 2018.9.13. 2017두40655).

15 노동조합 및 노동관계조정법령상 교섭창구 단일화 절차에 관한 설명으로 옳지 않은 것은?(다툼이 있으면 판례에 따름)

확인 Check! ○ △ ✕

① 노동조합은 해당 사업 또는 사업장에 단체협약이 2개 이상 있는 경우에는 먼저 이르는 단체협약의 유효기간 만료일 이전 3개월이 되는 날부터 사용자에게 교섭을 요구할 수 있다.

> 노동조합은 해당 사업 또는 사업장에 단체협약이 있는 경우에는 유효기간 만료일 이전 3개월이 되는 날부터 사용자에게 교섭을 요구할 수 있다. 다만, 단체협약이 2개 이상 있는 경우에는 <u>먼저 이르는 단체협약의 유효기간 만료일 이전 3개월이 되는 날부터</u> 사용자에게 교섭을 요구할 수 있다(노조법 시행령 제14조의2 제1항).

② 하나의 사업 또는 사업장 단위에서 유일하게 존재하는 노동조합은, 설령 노동조합 및 노동관계조정법 및 그 시행령이 정한 절차를 형식적으로 거쳤다고 하더라도, 교섭대표노동조합의 지위를 취득할 수 없다.

> 교섭창구 단일화 제도의 취지 내지 목적, 교섭창구 단일화 제도의 체계 내지 관련 규정의 내용, 교섭대표노동조합의 개념 등을 종합하여 보면, <u>하나의 사업 또는 사업장 단위에서 유일하게 존재하는 노동조합은</u>, 설령 노조법 및 그 시행령이 정한 절차를 형식적으로 거쳤다고 하더라도, <u>교섭대표노동조합의 지위를 취득할 수 없다</u>고 해석함이 타당하다(대판 2017.10.31. 2016두36956).

③ 사용자는 노동조합으로부터 교섭 요구를 받은 때에는 그 요구를 받은 날부터 7일간 그 교섭을 요구한 노동조합의 명칭 등 고용노동부령으로 정하는 사항을 해당 사업 또는 사업장의 게시판 등에 공고하여 다른 노동조합과 근로자가 알 수 있도록 하여야 한다. _(注) 노조법 시행령 제14조의3 제1항

❹ 교섭대표노동조합의 지위 유지기간이 만료되었음에도 불구하고 새로운 교섭대표노동조합이 결정되지 못할 경우 기존 교섭대표노동조합은 새로운 교섭대표노동조합이 결정될 때까지 기존 단체협약의 갱신을 위한 교섭대표노동조합의 지위를 유지한다.

> 교섭대표노동조합의 지위 유지기간이 만료되었음에도 불구하고 새로운 교섭대표노동조합이 결정되지 못할 경우 기존 교섭대표노동조합은 새로운 교섭대표노동조합이 결정될 때까지 <u>기존 단체협약의 이행과 관련해서는 교섭대표노동조합의 지위를 유지한다</u>(노조법 시행령 제14조의10 제2항).

⑤ 교섭대표노동조합으로 결정된 노동조합이 그 결정된 날부터 1년 동안 단체협약을 체결하지 못한 경우에는 어느 노동조합이든지 사용자에게 교섭을 요구할 수 있다.

_(注) 노조법 시행령 제14조의10 제3항

관계법령

노동조합의 교섭 요구 시기 및 방법(노조법 시행령 제14조의2)

① 노동조합은 해당 사업 또는 사업장에 단체협약이 있는 경우에는 법 제29조 제1항 또는 제29조의2 제1항에 따라 그 유효기간 만료일 이전 3개월이 되는 날부터 사용자에게 교섭을 요구할 수 있다. 다만, <u>단체협약이 2개 이상 있는 경우에는 먼저 이르는 단체협약의 유효기간 만료일 이전 3개월이 되는 날부터 사용자에게 교섭을 요구할 수 있다.</u>

② 노동조합은 제1항에 따라 사용자에게 교섭을 요구하는 때에는 노동조합의 명칭, 그 교섭을 요구한 날 현재의 종사근로자인 조합원 수 등 <u>고용노동부령으로 정하는 사항을 적은 서면으로 해야 한다.</u>

노동조합 교섭요구 사실의 공고(노조법 시행령 제14조의3)

① 사용자는 노동조합으로부터 제14조의2에 따라 교섭 요구를 받은 때에는 <u>그 요구를 받은 날부터 7일간</u> 그 교섭을 요구한 노동조합의 명칭 등 고용노동부령으로 정하는 사항을 해당 사업 또는 사업장의 게시판 등에 공고하여 다른 노동조합과 근로자가 알 수 있도록 하여야 한다.

② 노동조합은 <u>사용자가 제1항에 따른 교섭요구 사실의 공고를 하지 아니하거나 다르게 공고하는 경우에는</u> 고용노동부령으로 정하는 바에 따라 노동위원회에 시정을 요청할 수 있다.

③ 노동위원회는 제2항에 따라 시정 요청을 받은 때에는 그 <u>요청을 받은 날부터 10일 이내</u>에 그에 대한 결정을 하여야 한다.

교섭대표노동조합의 지위 유지기간 등(노조법 시행령 제14조의10)

① 법 제29조의2 제3항부터 제6항까지의 규정에 따라 결정된 교섭대표노동조합은 그 결정이 있은 후 사용자와 <u>체결한 첫 번째 단체협약의 효력이 발생한 날을 기준으로 2년이 되는 날까지 그 교섭대표노동조합의 지위를 유지하되</u>, 새로운 교섭대표노동조합이 결정된 경우에는 그 결정된 때까지 교섭대표노동조합의 지위를 유지한다.

② 제1항에 따른 <u>교섭대표노동조합의 지위 유지기간이 만료되었음에도 불구하고 새로운 교섭대표노동조합이 결정되지 못할 경우</u> 기존 교섭대표노동조합은 새로운 교섭대표노동조합이 결정될 때까지 <u>기존 단체협약의 이행과 관련해서는 교섭대표노동조합의 지위를 유지한다.</u>

③ 법 제29조의2에 따라 결정된 <u>교섭대표노동조합이 그 결정된 날부터 1년 동안 단체협약을 체결하지 못한 경우</u>에는 어느 노동조합이든지 사용자에게 교섭을 요구할 수 있다. 이 경우 제14조의2 제2항 및 제14조의3부터 제14조의9까지의 규정을 적용한다.

---

16 노동조합 및 노동관계조정법상 위반 행위에 대하여 벌칙이 적용되지 않는 것은?

① 조합원이 노동조합에 의하여 주도되지 아니한 쟁의행위를 한 경우

> 3년 이하의 징역 또는 3천만원 이하의 벌금에 처한다(노조법 제89조 제1호, 제37조 제2항).

② 노동조합 및 노동관계조정법에 의하여 설립된 노동조합이 아니면서 노동조합이라는 명칭을 사용한 경우

> 500만원 이하의 벌금에 처한다(노조법 제93조 제1호, 제7조 제3항).

❸ 노동조합이 사용자의 점유를 배제하여 조업을 방해하는 형태로 쟁의행위를 한 경우

> 노조법 제37조 제3항의 규정("노동조합은 사용자의 점유를 배제하여 조업을 방해하는 형태로 쟁의행위를 해서는 아니 된다")을 <u>위반한 자에 대한 벌칙규정은 규정되어 있지 아니하다.</u>

④ 확정된 부당노동행위 구제명령에 위반한 경우

> 3년 이하의 징역 또는 3천만원 이하의 벌금에 처한다(노조법 제89조 제2호, 제85조 제3항, 제29조의4 제4항).

⑤ 조합원의 직접·비밀·무기명투표에 의한 조합원 과반수의 찬성으로 결정하지 아니한 쟁의행위를 행한 경우

> 1년 이하의 징역 또는 1천만원 이하의 벌금에 처한다(노조법 제91조, 제41조 제1항).

17 노동조합 및 노동관계조정법령상 쟁의행위에 관한 설명으로 옳지 않은 것은?

① 작업시설의 손상이나 원료·제품의 변질 또는 부패를 방지하기 위한 작업은 쟁의행위 기간 중에도 정상적으로 수행되어야 한다. 🍠 노조법 제38조 제2항

❷ 행정관청은 쟁의행위가 그 쟁의행위와 관계없는 자의 정상적인 업무를 방해하는 방법으로 행하여지는 경우 즉시 관할 노동위원회에 신고하여야 한다.

> 사용자는 쟁의행위가 그 쟁의행위와 관계없는 자의 정상적인 업무를 방해하는 방법으로 행하여지는 경우 즉시 그 상황을 행정관청과 관할 노동위원회에 신고하여야 한다(노조법 시행령 제18조 제1항, 노조법 제38조 제1항).

③ 쟁의행위는 근로를 제공하고자 하는 자의 출입·조업을 방해하는 방법으로 행하여져서는 아니 된다.

> 쟁의행위는 그 쟁의행위와 관계없는 자 또는 근로를 제공하고자 하는 자의 출입·조업 기타 정상적인 업무를 방해하는 방법으로 행하여져서는 아니 되며 쟁의행위의 참가를 호소하거나 설득하는 행위로서 폭행·협박을 사용하여서는 아니 된다(노조법 제38조 제1항).

④ 근로자는 쟁의행위 기간 중에는 현행범 외에는 노동조합 및 노동관계조정법 위반을 이유로 구속되지 아니한다. 🍠 노조법 제39조

⑤ 사용자는 노동조합이 쟁의행위를 개시한 이후에만 직장폐쇄를 할 수 있다.
🍠 노조법 제46조 제1항

---

18 노동조합 및 노동관계조정법상 쟁의행위에 관한 설명으로 옳지 않은 것은?

① 노동조합은 쟁의행위 기간에 대한 임금의 지급을 요구하여 이를 관철할 목적으로 쟁의행위를 하여서는 아니 된다. 🍠 노조법 제44조 제2항

② 방위사업법에 의하여 지정된 주요방위산업체에 종사하는 근로자 중 전력, 용수 및 주로 방산물자를 생산하는 업무에 종사하는 자는 쟁의행위를 할 수 없다.

> 방위사업법에 의하여 지정된 주요방위산업체에 종사하는 근로자 중 전력, 용수 및 주로 방산물자를 생산하는 업무에 종사하는 자는 쟁의행위를 할 수 없으며 주로 방산물자를 생산하는 업무에 종사하는 자의 범위는 대통령령으로 정한다(노조법 제41조 제2항).

③ 쟁의행위는 생산 기타 주요업무에 관련되는 시설과 이에 준하는 시설로서 대통령령이 정하는 시설을 점거하는 형태로 이를 행할 수 없다.

> 쟁의행위는 폭력이나 파괴행위 또는 생산 기타 주요업무에 관련되는 시설과 이에 준하는 시설로서 대통령령이 정하는 시설을 점거하는 형태로 이를 행할 수 없다(노조법 제42조 제1항).

④ 노동관계 당사자는 노동쟁의가 발생한 때에는 어느 일방이 이를 상대방에게 서면으로 통보하여야 한다. 🍠 노조법 제45조 제1항

❺ 노동위원회는 쟁의행위가 안전보호시설에 대하여 정상적인 유지·운영을 정지·폐지 또는 방해하는 행위에 해당한다고 인정하는 경우에는 그 행위를 중지할 것을 통보하여야 한다.

> 사업장의 안전보호시설에 대하여 정상적인 유지·운영을 정지·폐지 또는 방해하는 행위는 쟁의행위로서 이를 행할 수 없다. 행정관청은 쟁의행위가 이에 해당한다고 인정하는 경우에는 노동위원회의 의결을 얻어 그 행위를 중지할 것을 통보하여야 한다(노조법 제42조 제2항, 제3항 본문).

19 노동조합 및 노동관계조정법령상 필수유지업무에 관한 설명으로 옳지 않은 것은?

① 객실승무 업무는 항공운수사업의 필수유지업무에 해당한다.

> 객실승무 업무는 노조법 시행령 [별표 1]에서 정한 필수유지업무에 해당한다.

② 필수유지업무의 정당한 유지·운영을 정지·폐지 또는 방해하는 쟁의행위는 할 수 없다.

> 🔞 노조법 제42조의2 제2항

③ 노동관계 당사자는 쟁의행위기간 동안 필수유지업무의 정당한 유지·운영을 위하여 필수유지업무협정을 쌍방이 서명 또는 날인하여 서면으로 체결하여야 한다.

> 노동관계 당사자는 쟁의행위기간 동안 필수유지업무의 정당한 유지·운영을 위하여 필수유지업무의 필요 최소한의 유지·운영 수준, 대상직무 및 필요인원 등을 정한 협정(이하 "필수유지업무협정")을 서면으로 체결하여야 한다. 이 경우 필수유지업무협정에는 노동관계 당사자 쌍방이 서명 또는 날인하여야 한다(노조법 제42조의3).

❹ 사용자는 필수유지업무협정이 체결된 경우 필수유지업무에 근무하는 조합원 중 쟁의행위기간 동안 근무하여야 할 조합원을 노동위원회에 통보하여야 한다.

> 노동조합은 필수유지업무협정이 체결되거나 필수유지업무에 대한 노동위원회의 결정이 있는 경우 사용자에게 필수유지업무에 근무하는 조합원 중 쟁의행위기간 동안 근무하여야 할 조합원을 통보하여야 하며, 사용자는 이에 따라 근로자를 지명하고 이를 노동조합과 그 근로자에게 통보하여야 한다(노조법 제42조의6 제1항 본문).

⑤ 노동관계 당사자가 필수유지업무 유지·운영 수준, 대상직무 및 필요인원 등의 결정을 신청하면 관할 노동위원회는 지체 없이 그 신청에 대한 결정을 위한 특별조정위원회를 구성하여야 한다.

> 🔞 노조법 시행령 제22조의3 제1항

관계법령 **필수공익사업별 필수유지업무 중 항공운수사업의 필수유지업무(노조법 시행령 [별표 1])**

2. 항공운수사업의 필수유지업무
    가. 승객 및 승무원의 탑승수속 업무
    나. 승객 및 승무원과 수하물 등에 대한 보안검색 업무
    다. 항공기 조종 업무
    라. 객실승무 업무
    마. 비행계획 수립, 항공기 운항 감시 및 통제 업무
    바. 항공기 운항과 관련된 시스템·통신시설의 유지·보수 업무
    사. 항공기의 정비[창정비(Depot Maintenance, 대규모 정비시설 및 장비를 운영하여 수행하는 최상위 정비 단계)는 제외] 업무
    아. 항공안전 및 보안에 관련된 법령, 국제협약 또는 취항 국가의 요구에 따른 항공운송사업자의 안전 또는 보안 조치와 관련된 업무
    자. 항공기 유도 및 견인 업무
    차. 항공기에 대한 급유 및 지상전원 공급 업무
    카. 항공기에 대한 제설·제빙 업무
    타. 승객 승하기 시설·차량 운전 업무
    파. 수하물·긴급물품의 탑재·하역 업무
    하. 항공법 제2조 제16호에 따른 항행안전시설과 항공기 이·착륙시설의 유지·운영(관제를 포함)을 위한 업무

20 노동조합 및 노동관계조정법령상 사적 조정·중재에 관한 설명으로 옳지 않은 것은?

❶ 사적 조정의 신고는 조정이 진행되기 전에 하여야 한다.

> 노동관계당사자는 사적 조정·중재에 의하여 노동쟁의를 해결하기로 한 경우에는 고용노동부령이 정하는 바에 따라 관할 노동위원회에 신고해야 한다. 신고는 공적 조정 또는 중재가 진행 중인 경우에도 할 수 있다(노조법 시행령 제23조 제1항, 제2항).

② 노동관계 당사자는 사적 조정에 의하여 노동쟁의를 해결하기로 한 때에는 이를 노동위원회에 신고하여야 한다. 🄙 노조법 제52조 제2항

③ 사적 조정에 의하여 조정이 이루어진 경우에 그 내용은 단체협약과 동일한 효력을 가진다.

> 사적 조정등에 의하여 조정 또는 중재가 이루어진 경우에 그 내용은 단체협약과 동일한 효력을 가진다(노조법 제52조 제4항).

④ 노동조합 및 노동관계조정법 제2절(조정) 및 제3절(중재)의 규정은 노동관계 당사자가 쌍방의 합의 또는 단체협약이 정하는 바에 따라 각각 다른 조정 또는 중재방법에 의하여 노동쟁의를 해결하는 것을 방해하지 아니한다. 🄙 노조법 제52조 제1항

⑤ 사적 조정을 수행하는 자는 노동관계 당사자로부터 수수료, 수당 및 여비 등을 받을 수 있다.
🄙 노조법 제52조 제5항 후문

21 노동조합 및 노동관계조정법상 노동쟁의의 조정 등에 관한 설명이다. (   )에 들어갈 내용으로 옳은 것은?

> • 조정위원회는 조정안이 관계 당사자의 쌍방에 의하여 수락된 후 그 해석 또는 이행방법에 관하여 관계 당사자 간에 의견의 불일치가 있어 명확한 견해의 제시를 요청받은 때에는 그 요청을 받은 날부터 (ㄱ)일 이내에 명확한 견해를 제시하여야 한다.
> • 노동쟁의가 중재에 회부된 때에는 그날부터 (ㄴ)일간은 쟁의행위를 할 수 없다.
> • 관계 당사자는 긴급조정의 결정이 공표된 때에는 즉시 쟁의행위를 중지하여야 하며, 공표일부터 (ㄷ)일이 경과하지 아니하면 쟁의행위를 재개할 수 없다.

① ㄱ : 7, ㄴ : 7, ㄷ : 10
❷ ㄱ : 7, ㄴ : 15, ㄷ : 30
③ ㄱ : 10, ㄴ : 10, ㄷ : 15
④ ㄱ : 10, ㄴ : 15, ㄷ : 30
⑤ ㄱ : 15, ㄴ : 30, ㄷ : 30

> • 조정안이 관계 당사자의 쌍방에 의하여 수락된 후 그 해석 또는 이행방법에 관하여 관계 당사자 간에 의견의 불일치가 있는 때에는 관계 당사자는 당해 조정위원회 또는 단독조정인에게 그 해석 또는 이행방법에 관한 명확한 견해의 제시를 요청하여야 한다. 조정위원회 또는 단독조정인은 요청을 받은 때에는 그 요청을 받은 날부터 7일 이내에 명확한 견해를 제시하여야 한다(노조법 제60조 제3항, 제4항).
> • 노동쟁의가 중재에 회부된 때에는 그날부터 15일간은 쟁의행위를 할 수 없다(노조법 제63조).
> • 관계 당사자는 긴급조정의 결정이 공표된 때에는 즉시 쟁의행위를 중지하여야 하며, 공표일부터 30일이 경과하지 아니하면 쟁의행위를 재개할 수 없다(노조법 제77조).

22 노동조합 및 노동관계조정법상 노동쟁의의 조정에 관한 설명으로 옳은 것은?

① 조정위원회의 조정위원은 당해 노동위원회의 공익을 대표하는 위원 중에서 관계 당사자의 합의로 선정한 자에 대하여 그 노동위원회의 위원장이 지명한다.

> 조정위원회의 조정위원은 당해 노동위원회의 위원 중에서 사용자를 대표하는 자, 근로자를 대표하는 자 및 공익을 대표하는 자 각 1인을 그 노동위원회의 위원장이 지명하되, 근로자를 대표하는 조정위원은 사용자가, 사용자를 대표하는 조정위원은 노동조합이 각각 추천하는 노동위원회의 위원 중에서 지명하여야 한다(노조법 제55조 제3항 본문).

② 노동위원회의 위원장은 조정위원회의 구성이 어려운 경우 노동위원회의 각 근로자를 대표하는 위원, 사용자를 대표하는 위원 및 공익을 대표하는 위원 각 1인씩 3인을 조정위원으로 지명할 수 있다.

> 노동위원회의 위원장은 근로자를 대표하는 위원 또는 사용자를 대표하는 위원의 불참 등으로 인하여 조정위원회의 구성이 어려운 경우 노동위원회의 공익을 대표하는 위원 중에서 3인을 조정위원으로 지명할 수 있다(노조법 제55조 제4항 본문).

③ 단독조정인은 그 노동위원회의 공익을 대표하는 위원 중에서 노동조합과 사용자가 순차적으로 배제하고 남은 4인 내지 6인중에서 노동위원회의 위원장이 지명한다.

> 단독조정인은 당해 노동위원회의 위원 중에서 관계 당사자의 쌍방의 합의로 선정된 자를 그 노동위원회의 위원장이 지명한다(노조법 제57조 제2항).

④ 중재위원회의 중재위원은 당해 노동위원회의 위원 중에서 사용자를 대표하는 자, 근로자를 대표하는 자 및 공익을 대표하는 자 각 1인을 그 노동위원회의 위원장이 지명한다.

> 중재위원회의 중재위원은 당해 노동위원회의 공익을 대표하는 위원 중에서 관계 당사자의 합의로 선정한 자에 대하여 그 노동위원회의 위원장이 지명한다(노조법 제64조 제3항 본문).

❺ 특별조정위원회의 특별조정위원은 관계 당사자가 합의로 당해 노동위원회의 위원이 아닌 자를 추천하는 경우에는 그 추천된 자를 노동위원회의 위원장이 지명한다.

> 특별조정위원회의 특별조정위원은 그 노동위원회의 공익을 대표하는 위원 중에서 노동조합과 사용자가 순차적으로 배제하고 남은 4인 내지 6인중에서 노동위원회의 위원장이 지명한다. 다만, 관계 당사자가 합의로 당해 노동위원회의 위원이 아닌 자를 추천하는 경우에는 그 추천된 자를 지명한다(노조법 제72조 제3항).

23 노동조합 및 노동관계조정법령상 중재재정에 관한 설명으로 옳지 않은 것은?

① 중재재정은 서면으로 작성하며 그 서면에는 효력발생 기일을 명시하여야 한다.
　　法 노조법 제68조 제1항

② 중재재정의 해석 또는 이행방법에 관하여 관계 당사자 간에 의견의 불일치가 있는 때에는 당해 중재위원회의 해석에 따르며 그 해석은 중재재정과 동일한 효력을 가진다.
　　法 노조법 제68조 제2항

③ 중앙노동위원회는 지방노동위원회 또는 특별노동위원회의 중재재정을 재심한 때에는 지체 없이 그 재심결정서를 관계 당사자와 관계 노동위원회에 각각 송달해야 한다.
　　法 노조법 시행령 제29조 제2항

❹ 관계 당사자는 중앙노동위원회의 중재재정이나 재심결정이 위법이거나 월권에 의한 것이라고 인정하는 경우에는 중재재정 또는 재심결정을 한 날부터 15일 이내에 행정소송을 제기할 수 있다.

> 관계 당사자는 중앙노동위원회의 중재재정이나 중재재정에 대한 재심결정이 위법이거나 월권에 의한 것이라고 인정하는 경우에는 <u>그 중재재정서 또는 재심결정서의 송달을 받은 날부터</u> 15일 이내에 행정소송을 제기할 수 있다(노조법 제69조 제2항).

⑤ 노동위원회의 중재재정 또는 재심결정은 중앙노동위원회에의 재심신청 또는 행정소송의 제기에 의하여 그 효력이 정지되지 아니한다. **法** 노조법 제70조 제2항

---

24 노동조합 및 노동관계조정법상 필수공익사업에 해당하지 않는 사업을 모두 고른 것은?

ㄱ. 철도사업
ㄴ. 수도사업
ㄷ. 공중위생사업
ㄹ. 조폐사업
ㅁ. 방송사업

---

① ㄱ
② ㄱ, ㄴ
③ ㄴ, ㄷ
④ ㄴ, ㄹ, ㅁ
❺ ㄷ, ㄹ, ㅁ

> ㄱ. 철도사업 ㄴ. 수도사업 등은 노조법 제71조 제2항에서 정한 필수공익사업에 해당하나, ㄷ. 공중위생사업 ㄹ. 조폐사업 ㅁ. 방송사업 등은 필수공익사업이 아니라 동법 제71조 제1항에서 정한 공익사업에 해당한다.

25 근로자참여 및 협력증진에 관한 법률상 노사협의회의 운영에 관한 설명으로 옳지 않은 것은?

① 노사협의회는 3개월마다 정기적으로 회의를 개최하여야 하며, 필요에 따라 임시회의를 개최할 수 있다. ⓕ 근참법 제12조

② 노사협의회 의장은 회의 개최 7일 전에 회의 일시, 장소, 의제 등을 각 위원에게 통보하여야 한다. ⓕ 근참법 제13조 제3항

❸ 노사협의회는 그 조직과 운영에 관한 규정을 제정하고 노사협의회를 설치한 날부터 30일 이내에 고용노동부장관에게 제출하여야 한다.

> 노사협의회는 그 조직과 운영에 관한 규정(이하 "협의회규정")을 제정하고 협의회를 설치한 날부터 15일 이내에 고용노동부장관에게 제출하여야 한다(근참법 제18조 제1항 전문).

④ 노사협의회의 회의는 공개한다. 다만, 노사협의회의 의결로 공개하지 아니할 수 있다. ⓕ 근참법 제16조

⑤ 노사협의회 회의는 근로자위원과 사용자위원 각 과반수의 출석으로 개최하고 출석위원 3분의 2 이상의 찬성으로 의결한다. ⓕ 근참법 제15조

26 근로자참여 및 협력증진에 관한 법률상 벌칙 등에 관한 설명으로 옳지 않은 것은?

① 제4조(노사협의회의 설치) 제1항에 따른 노사협의회의 설치를 정당한 사유 없이 거부하거나 방해한 자는 1천만원 이하의 벌금에 처한다. 🔍 근참법 제30조 제1호, 제4조 제1항

② 제24조(의결 사항의 이행)를 위반하여 노사협의회에서 의결된 사항을 정당한 사유 없이 이행하지 아니한 자는 1천만원 이하의 벌금에 처한다. 🔍 근참법 제30조 제2호, 제24조

③ 제25조(임의 중재) 제2항을 위반하여 중재 결정의 내용을 정당한 사유 없이 이행하지 아니한 자는 1천만원 이하의 벌금에 처한다. 🔍 근참법 제30조 제3호, 제25조 제2항

❹ 사용자가 정당한 사유 없이 제11조(시정명령)에 따른 시정명령을 이행하지 아니하면 1천만원 이하의 벌금에 처한다.

> 사용자가 정당한 사유 없이 시정명령을 이행하지 아니하거나 사용자가 정기회의에 보고와 설명을 이행하지 아니하는 경우 인정되는 자료제출 의무를 이행하지 아니하면 <u>500만원 이하의 벌금에 처한다</u>(근참법 제31조, 제11조).

⑤ 사용자가 제18조(협의회규정)를 위반하여 노사협의회규정을 제출하지 아니한 때에는 200만원 이하의 과태료를 부과한다. 🔍 근참법 제33조 제1항, 제18조

관계법령

벌칙(근참법 제30조)
다음 각 호의 어느 하나에 해당하는 자는 1천만원 이하의 벌금에 처한다.
1. 제4조 제1항에 따른 협의회의 설치를 정당한 사유 없이 거부하거나 방해한 자
2. 제24조를 위반하여 협의회에서 의결된 사항을 정당한 사유 없이 이행하지 아니한 자
3. 제25조 제2항을 위반하여 중재 결정의 내용을 정당한 사유 없이 이행하지 아니한 자

벌칙(근참법 제31조)
사용자가 정당한 사유 없이 제11조에 따른 시정명령을 이행하지 아니하거나 제22조 제3항에 따른 자료제출 의무를 이행하지 아니하면 500만원 이하의 벌금에 처한다.

벌칙(근참법 제32조)
사용자가 제12조 제1항을 위반하여 협의회를 정기적으로 개최하지 아니하거나 제26조에 따른 고충처리위원을 두지 아니한 경우에는 200만원 이하의 벌금에 처한다.

과태료(근참법 제33조)
① 사용자가 제18조를 위반하여 협의회규정을 제출하지 아니한 때에는 200만원 이하의 과태료를 부과한다.
② 제1항에 따른 과태료는 대통령령으로 정하는 바에 따라 고용노동부장관이 부과·징수한다.

27 근로자참여 및 협력증진에 관한 법률상 노사협의회의 협의 사항으로 옳은 것은?

☑ 확인
Check!
○
△
✕

① 인력계획에 관한 사항
❷ 근로자의 복지증진
③ 사내근로복지기금의 설치
④ 각종 노사공동위원회의 설치
⑤ 복지시설의 설치와 관리

② 근로자의 복지증진은 근참법 제20조 제1항 제13호에서 정한 노사협의회의 협의사항에 해당하나, ① 인력계획에 관한 사항은 동법 제22조 제1항 제3호의 사용자의 정기회의에의 보고사항이고, ③ 사내근로복지기금의 설치, ④ 각종 노사공동위원회의 설치, ⑤ 복지시설의 설치와 관리 등은 동법 제21조에서 정한 협의회의 의결사항에 해당한다.

관계법령

의결 사항(근참법 제21조)
사용자는 다음 각 호의 어느 하나에 해당하는 사항에 대하여는 협의회의 의결을 거쳐야 한다.
1. 근로자의 교육훈련 및 능력개발 기본계획의 수립
2. 복지시설의 설치와 관리
3. 사내근로복지기금의 설치
4. 고충처리위원회에서 의결되지 아니한 사항
5. 각종 노사공동위원회의 설치

보고 사항 등(근참법 제22조)
① 사용자는 정기회의에 다음 각 호의 어느 하나에 해당하는 사항에 관하여 성실하게 보고하거나 설명하여야 한다.
1. 경영계획 전반 및 실적에 관한 사항
2. 분기별 생산계획과 실적에 관한 사항
3. 인력계획에 관한 사항
4. 기업의 경제적·재정적 상황
② 근로자위원은 근로자의 요구사항을 보고하거나 설명할 수 있다.
③ 근로자위원은 사용자가 제1항에 따른 보고와 설명을 이행하지 아니하는 경우에는 제1항 각 호에 관한 자료를 제출하도록 요구할 수 있으며 사용자는 그 요구에 성실히 따라야 한다.

28 노동위원회법상 노동위원회의 화해의 권고 등에 관한 설명으로 옳지 않은 것은?

① 노동위원회는 노동조합 및 노동관계조정법 제84조에 따른 판정·명령 또는 결정이 있기 전까지 관계 당사자의 신청을 받아 화해를 권고하거나 화해안을 제시할 수 있다.

> 노동위원회는 노동조합 및 노동관계조정법 제29조의4 및 제84조, 근로기준법 제30조에 따른 판정·명령 또는 결정이 있기 전까지 관계 당사자의 신청을 받아 또는 직권으로 화해를 권고하거나 화해안을 제시할 수 있다(노위법 제16조의3 제1항).

② 노동위원회는 노동조합 및 노동관계조정법 제84조에 따른 판정·명령 또는 결정이 있기 전까지 직권으로 화해를 권고하거나 화해안을 제시할 수 있다.

> 노동위원회는 노동조합 및 노동관계조정법 제29조의4 및 제84조, 근로기준법 제30조에 따른 판정·명령 또는 결정이 있기 전까지 관계 당사자의 신청을 받아 또는 직권으로 화해를 권고하거나 화해안을 제시할 수 있다(노위법 제16조의3 제1항).

③ 노동위원회는 관계 당사자가 화해안을 수락하였을 때에는 화해조서를 작성하여야 한다.

> 🏛 노위법 제16조의3 제3항

④ 노동위원회법에 따라 작성된 화해조서는 민사소송법에 따른 재판상 화해의 효력을 갖는다.

> 🏛 노위법 제16조의3 제5항

❺ 단독심판의 위원을 제외하고 화해에 관여한 부문별 위원회의 위원 전원은 화해조서에 모두 서명하거나 날인하여야 한다.

> 관계 당사자뿐만 아니라 화해에 관여한 부문별 위원회(단독심판 포함)의 위원 전원은 화해조서에 모두 서명하거나 날인하여야 한다(노위법 제16조의3 제4항).

29 노동위원회법상 노동위원회의 공시송달에 관한 설명으로 옳은 것은?

① 노동위원회는 서류의 송달을 받아야 할 자의 주소가 분명하지 아니한 경우에는 공시송달을 하여야 한다.

> 노동위원회는 서류의 송달을 받아야 할 자의 주소가 분명하지 아니한 경우에는 공시송달을 할 수 있다(노위법 제17조의3 제1항 제1호).

② 노동위원회는 서류의 송달을 받아야 할 자의 주소가 통상적인 방법으로 확인할 수 없어 서류의 송달이 곤란한 경우에는 공시송달을 하여야 한다.

> 노동위원회는 서류의 송달을 받아야 할 자의 주소가 국외에 있거나 통상적인 방법으로 확인할 수 없어 서류의 송달이 곤란한 경우에는 공시송달을 할 수 있다(노위법 제17조의3 제1항 제2호).

❸ 공시송달은 노동위원회의 게시판이나 인터넷 홈페이지에 게시하는 방법으로 하며, 게시한 날부터 14일이 지난 때에 효력이 발생한다. **(법) 노위법 제17조의3 제2항, 제3항**

④ 노동위원회는 서류의 송달을 받아야 할 자에게 등기우편 등으로 송달하였으나 송달을 받아야 할 자가 없는 것으로 확인되어 반송되는 경우에는 공시송달을 하여야 한다.

> 노동위원회는 서류의 송달을 받아야 할 자가 등기우편 등으로 송달하였으나 송달을 받아야 할 자가 없는 것으로 확인되어 반송되는 경우에는 공시송달을 할 수 있다(노위법 제17조의3 제1항 제3호).

⑤ 노동위원회는 서류의 송달을 받아야 할 자의 주소가 국외에 있어서 서류의 송달이 곤란한 경우에는 공시송달을 하여야 한다.

> 노동위원회는 서류의 송달을 받아야 할 자의 주소가 국외에 있거나 통상적인 방법으로 확인할 수 없어 서류의 송달이 곤란한 경우에는 공시송달을 할 수 있다(노위법 제17조의3 제1항 제2호).

30 노동위원회법상 노동위원회의 권한 등에 관한 설명으로 옳지 않은 것은?

① 노동위원회는 그 사무집행을 위하여 필요하다고 인정하는 경우에 관계 행정기관에 협조를 요청할 수 있으며, 협조를 요청받은 관계 행정기관은 특별한 사유가 없으면 이에 따라야 한다.
(법) 노위법 제22조 제1항

❷ 노동위원회는 관계 행정기관으로 하여금 근로조건의 개선에 필요한 조치를 하도록 명령하여야 한다.

> 노동위원회는 관계 행정기관으로 하여금 근로조건의 개선에 필요한 조치를 하도록 권고할 수 있다(노위법 제22조 제2항).

③ 중앙노동위원회는 지방노동위원회 또는 특별노동위원회에 대하여 노동위원회의 사무처리에 관한 기본방침 및 법령의 해석에 관하여 필요한 지시를 할 수 있다. **(법) 노위법 제24조**

④ 중앙노동위원회는 당사자의 신청이 있는 경우 지방노동위원회 또는 특별노동위원회의 처분을 재심하여 이를 인정·취소 또는 변경할 수 있다. **(법) 노위법 제26조 제1항**

⑤ 중앙노동위원회의 처분에 대한 소송은 중앙노동위원회 위원장을 피고로 하여 처분의 송달을 받은 날부터 15일 이내에 제기하여야 한다. **(법) 노위법 제27조 제1항**

31 노동위원회법상 위원이 해당 사건에 관한 직무집행에서 제척(除斥)되는 경우를 모두 고른 것은?

☑ 확인
Check!
○
△
×

> ㄱ. 위원이 해당 사건의 당사자와 친족이었던 경우
> ㄴ. 위원이 해당 사건에 관하여 진술한 경우
> ㄷ. 위원이 당사자의 대리인으로서 업무에 관여하였던 경우
> ㄹ. 위원 또는 위원이 속한 법인, 단체 또는 법률사무소가 해당 사건의 원인이 된 처분 또는 부작위에 관여한 경우

① ㄱ
② ㄱ, ㄴ
③ ㄱ, ㄷ, ㄹ
④ ㄴ, ㄷ, ㄹ
❺ ㄱ, ㄴ, ㄷ, ㄹ

ㄱ. 위원이 해당 사건의 당사자와 친족이었던 경우, ㄴ. 위원이 해당 사건에 관하여 진술한 경우, ㄷ. 위원이 당사자의 대리인으로서 업무에 관여하였던 경우, ㄹ. 위원 또는 위원이 속한 법인, 단체 또는 법률사무소가 해당 사건의 원인이 된 처분 또는 부작위에 관여한 경우 등은 모두 노위법 제21조 제1항에서 정한 노위법상 위원의 제척사유에 해당한다.

관계법령 **위원의 제척 · 기피 · 회피 등(노위법 제21조)**

① 위원은 다음 각 호의 어느 하나에 해당하는 경우에 해당 사건에 관한 직무집행에서 제척(除斥)된다.
　1. 위원 또는 위원의 배우자이거나 배우자였던 사람이 해당 사건의 당사자가 되거나 해당 사건의 당사자와 공동권리자 또는 공동의무자의 관계에 있는 경우
　2. 위원이 해당 사건의 당사자와 친족이거나 친족이었던 경우
　3. 위원이 해당 사건에 관하여 진술이나 감정을 한 경우
　4. 위원이 당사자의 대리인으로서 업무에 관여하거나 관여하였던 경우
　4의2. 위원이 속한 법인, 단체 또는 법률사무소가 해당 사건에 관하여 당사자의 대리인으로서 관여하거나 관여하였던 경우
　5. 위원 또는 위원이 속한 법인, 단체 또는 법률사무소가 해당 사건의 원인이 된 처분 또는 부작위에 관여한 경우

2024년
2023년
2022년
2021년
2020년

32 근로자참여 및 협력증진에 관한 법률상 고충처리에 관한 설명으로 옳은 것은?

❶ 고충처리위원이 처리하기 곤란한 사항은 노사협의회의 회의에 부쳐 협의 처리한다.

> **法** 근참법 제28조 제2항

② 고충처리위원은 노사를 대표하는 5명 이내의 위원으로 구성한다.

> 고충처리위원은 **노사를 대표하는 3명 이내의 위원으로 구성하되**, 협의회가 설치되어 있는 사업이나 사업장의 경우에는 협의회가 그 위원 중에서 선임하고, 협의회가 설치되어 있지 아니한 사업이나 사업장의 경우에는 사용자가 위촉한다(근참법 제27조 제1항).

③ 고충처리위원은 근로자로부터 고충사항을 청취한 경우에는 15일 이내에 조치 사항과 그 밖의 처리 결과를 해당 근로자에게 통보하여야 한다.

> 고충처리위원은 근로자로부터 **고충사항을 청취한 경우에는 10일 이내에** 조치 사항과 그 밖의 처리결과를 해당 근로자에게 통보하여야 한다(근참법 제28조 제1항).

④ 고충처리위원은 임기가 끝난 경우에는 후임자가 선출되기 전이라도 계속 그 직무를 담당하지 못한다.

> 고충처리위원은 임기가 끝난 경우라도 **후임자가 선출될 때까지 계속 그 직무를 담당**한다(근참법 제27조 제2항, 제8조 제3항).

⑤ 모든 사업 또는 사업장에는 근로자의 고충을 청취하고 이를 처리하기 위하여 고충처리위원을 두어야만 한다.

> 모든 사업 또는 사업장에는 근로자의 고충을 청취하고 이를 처리하기 위하여 고충처리위원을 두어야 한다. **다만, 상시 30명 미만의 근로자를 사용하는 사업이나 사업장은 그러하지 아니하다**(근참법 제26조).

33 교원의 노동조합 설립 및 운영 등에 관한 법률의 내용으로 옳지 않은 것은?

① 교원의 노동조합은 어떠한 정치활동도 하여서는 아니 된다. **法** 교노법 제3조

② 교원은 임용권자의 동의를 받아 노동조합으로부터 급여를 지급받으면서 노동조합의 업무에만 종사할 수 있다. **法** 교노법 제5조 제1항

❸ 교원의 노동조합과 그 조합원은 노동운동이나 그 밖에 공무 외의 일을 위한 어떠한 집단행위도 하여서는 아니 된다.

> **교노법은** 일정한 범위의 교원이 국가공무원법 제66조 제1항("공무원은 노동운동이나 그 밖에 공무 외의 일을 위한 집단 행위를 하여서는 아니 된다. 다만, 사실상 노무에 종사하는 공무원은 예외로 한다.")에도 불구하고 **교원의 노동조합 설립에 관한 사항을 정하고 교원에 적용할 노조법에 대한 특례를 규정함을 목적으로 한다**(교노법 제1조). 따라서 교노법 제2조에서 정한 교원은 노동조합을 설립하여 단체교섭에 나설 수 있다(교노법 제4조, 제6조 참조).

④ 법령·조례 및 예산에 의하여 규정되는 내용은 단체협약으로 체결되더라도 효력을 가지지 아니한다.

> 체결된 단체협약의 내용 중 법령·조례 및 예산에 의하여 규정되는 내용과 법령 또는 조례에 의하여 위임을 받아 규정되는 내용은 **단체협약으로서의 효력을 가지지 아니한다**(교노법 제7조 제1항).

⑤ 교원의 노동조합의 전임자는 그 전임기간 중 전임자임을 이유로 승급 또는 그 밖의 신분상의 불이익을 받지 아니한다. **法** 교노법 제5조 제4항

34 교원의 노동조합 설립 및 운영 등에 관한 법령상 근무시간 면제에 관한 설명으로 옳지 않은 것은?

① 근무시간 면제 시간 및 사용인원의 한도를 정하기 위하여 경제사회노동위원회에 교원근무시간면제 심의위원회를 둔다. ⓛ 교노법 제5조의2 제2항

❷ 고등교육법에 따른 교원에 대해서는 시·도 단위를 기준으로 근무시간 면제 한도를 심의·의결한다.

> 심의위원회는 고등교육법에 따른 교원의 경우, 개별학교 단위를 기준으로 조합원의 수를 고려하되, 노동조합의 조직형태, 교섭구조·범위 등 교원 노사관계의 특성을 반영하여 근무시간 면제 한도를 심의·의결하고, 3년마다 그 적정성 여부를 재심의하여 의결할 수 있다(교노법 제5조의2 제3항 제2호).

③ 교원근무시간면제심의위원회는 3년마다 근무시간 면제 한도의 적정성 여부를 재심의하여 의결할 수 있다.

> 심의위원회는 유아교육법, 초중등교육법에 따른 교원의 경우 시·도 단위를 기준으로, 고등교육법에 따른 교원의 경우, 개별학교 단위를 기준으로 조합원의 수를 고려하되, 노동조합의 조직형태, 교섭구조·범위 등 교원 노사관계의 특성을 반영하여 근무시간 면제 한도를 심의·의결하고, 3년마다 그 적정성 여부를 재심의하여 의결할 수 있다(교노법 제5조의2 제3항).

④ 근무시간 면제 한도를 초과하는 내용을 정한 단체협약 또는 임용권자의 동의는 그 부분에 한정하여 무효로 한다. ⓛ 교노법 제5조의2 제4항

⑤ 임용권자는 전년도에 노동조합별로 근무시간을 면제받은 시간 및 사용인원, 지급된 보수 등에 관한 정보를 고용노동부장관이 지정하는 인터넷 홈페이지에 3년간 게재하는 방법으로 공개하여야 한다. ⓛ 교노법 제5조의3, 동법 시행령 제2조의6

관계법령

근무시간 면제 사용의 정보 공개(교노법 제5조의3)
임용권자는 국민이 알 수 있도록 전년도에 노동조합별로 근무시간을 면제받은 시간 및 사용인원, 지급된 보수 등에 관한 정보를 대통령령으로 정하는 바에 따라 공개하여야 한다.

근무시간 면제 사용 정보의 공개 방법 등(교노법 시행령 제2조의6)
임용권자는 법 제5조의3에 따라 다음 각 호의 정보를 매년 4월 30일까지 고용노동부장관이 지정하는 인터넷 홈페이지에 3년간 게재하는 방법으로 공개한다.
1. 노동조합별 전년도 근무시간 면제 시간과 그 결정기준
2. 노동조합별 전년도 근무시간 면제 사용인원(연간근무시간면제자와 근무시간 부분 면제자를 구분)
3. 노동조합별 전년도 근무시간 면제 사용인원에게 지급된 보수 총액

35 공무원의 노동조합 설립 및 운영 등에 관한 법률의 내용으로 옳은 것은?

① 교원과 교육공무원은 공무원의 노동조합에 가입할 수 없다.

> 교원을 제외한 교육공무원은 <u>공무원의 노동조합에 가입할 수 있다</u>(공노법 제6조 제1항 제2호).

❷ 업무의 주된 내용이 다른 공무원에 대하여 지휘·감독권을 행사하거나 다른 공무원의 업무를 총괄하는 업무에 종사하는 공무원 중 대통령령으로 정하는 공무원은 공무원의 노동조합에 가입할 수 없다.

> 업무의 주된 내용이 다른 공무원에 대하여 지휘·감독권을 행사하거나 다른 공무원의 업무를 총괄하는 업무에 종사하는 공무원으로서 법령·조례 또는 규칙에 따라 다른 공무원을 지휘·감독하며 그 복무를 관리할 권한과 책임을 부여받은 공무원(직무 대리자를 포함)이거나, 훈령 또는 사무 분장 등에 따라 부서장을 보조하여 부서 내 다른 공무원의 업무 수행을 지휘·감독하거나 총괄하는 업무에 주로 종사하는 공무원 등은 <u>공무원의 노동조합에 가입할 수 없다</u>(공노법 제6조 제2항 제1호, 동법 시행령 제3조 제1호).

③ 교정·수사 등 공공의 안녕과 국가안전보장에 관한 업무에 종사하는 공무원은 공무원의 노동조합에 가입할 수 있다.

> 교정·수사 등 공공의 안녕과 국가안전보장에 관한 업무에 종사하는 공무원은 <u>공무원의 노동조합에 가입할 수 없다</u>(공노법 제6조 제2항 제3호).

④ 공무원의 노동조합이 있는 경우 공무원이 공무원직장협의회를 설립·운영할 수 없다.

> 공노법의 규정에 의한 노동조합이 있는 경우, 공무원이 공무원직장협의회의 설립·운영에 관한 법률에 따라 <u>직장협의회를 설립·운영하는 것을 방해하지 아니한다</u>(공노법 제17조 제1항 참조).

⑤ 공무원은 임용권자의 동의를 받아 노동조합으로부터 급여를 지급받으면서 노동조합의 업무에만 종사할 수 있으며, 그 기간 중 휴직명령을 받은 것으로 본다.

> 임용권자의 동의를 받아 노동조합으로부터 급여를 지급받으면서 노동조합의 업무에만 종사하는 사람[이하 "전임자"]에 대하여는 그 기간 중 <u>국가공무원법 또는 지방공무원법에 따라 휴직명령을 하여야</u> 한다(공노법 제7조 제2항).

관계법령 **노동조합 가입이 금지되는 공무원의 범위(공노법 시행령 제3조)**

법 제6조 제2항 및 제4항에 따라 <u>노동조합에 가입할 수 없는 공무원의 범위</u>는 다음 각 호와 같다.
1. 업무의 주된 내용이 다른 공무원에 대하여 지휘·감독권을 행사하거나 다른 공무원의 업무를 총괄하는 업무에 종사하는 공무원으로서 다음 각 목의 어느 하나에 해당하는 공무원
   가. 법령·조례 또는 규칙에 따라 다른 공무원을 지휘·감독하며 그 복무를 관리할 권한과 책임을 부여받은 공무원(직무 대리자를 포함)
   나. 훈령 또는 사무 분장 등에 따라 부서장을 보조하여 부서 내 다른 공무원의 업무 수행을 지휘·감독하거나 총괄하는 업무에 주로 종사하는 공무원
2. 인사·보수에 관한 업무를 수행하는 공무원 등 노동조합과의 관계에서 행정기관의 입장에서 업무를 수행하는 공무원으로서 다음 각 목의 어느 하나에 해당하는 업무에 주로 종사하는 공무원(자료 정리 등 단순히 업무를 보조하는 사람은 제외)
   가. 공무원의 임용·복무·징계·소청심사·보수·연금 또는 그 밖에 후생복지에 관한 업무
   나. 노동조합 및 공무원직장협의회의 설립·운영에 관한 법률에 따른 직장협의회에 관한 업무
   다. 예산·기금의 편성 및 집행(단순 집행은 제외)에 관한 업무

라. 행정기관의 조직과 정원의 관리에 관한 업무
마. 감사에 관한 업무
바. 보안업무, 질서유지업무, 청사시설의 관리 및 방호(防護)에 관한 업무, 비서·운전 업무
3. 업무의 주된 내용이 노동관계의 조정·감독 등 노동조합의 조합원 지위를 가지고 수행하기에 적절하지 아니하다고 인정되는 업무에 종사하는 공무원으로서 다음 각 목의 어느 하나에 해당하는 공무원
가. 노동위원회법에 따른 노동위원회의 사무국에서 조정사건이나 심판사건의 업무를 담당하는 공무원
나. 근로기준법에 따라 고용노동부 및 그 소속 기관에서 근로기준법, 산업안전보건법, 그 밖의 노동관계 법령 위반의 죄에 관하여 사법경찰관의 직무를 수행하는 근로감독관
다. 선원법에 따라 선원법, 근로기준법, 그 밖의 선원근로관계 법령 위반의 죄에 관하여 사법경찰관의 직무를 수행하는 선원근로감독관
라. 지방자치단체에서 노동조합 및 노동관계조정법에 따른 노동조합 설립신고, 단체협약 및 쟁의행위 등에 관한 업무에 주로 종사하는 공무원
4. 교정·수사 등 공공의 안녕과 국가안전보장에 관한 업무에 종사하는 공무원으로서 다음 각 목의 어느 하나에 해당하는 공무원
가. 공무원임용령 [별표 1]의 공무원 중 교정·보호·검찰사무·마약수사·출입국관리 및 철도경찰 직렬의 공무원
나. 조세범 처벌절차 법령에 따라 검찰총장 또는 검사장의 지명을 받아 조세에 관한 범칙사건(犯則事件)의 조사를 전담하는 공무원
다. 수사업무에 주로 종사하는 공무원
라. 국가정보원에 근무하는 공무원

36 공무원의 노동조합 설립 및 운영 등에 관한 법률상 단체교섭 및 단체협약에 관한 설명으로 옳지 않은 것은?

☑ 확인
Check!
○
△
×

❶ 공무원의 노동조합 설립 및 운영 등에 관한 법률은 단체교섭에 대하여 개별교섭방식만을 인정하고 있다.

> 개별교섭은 같은 교섭단위에서 복수노조가 있는 경우 사용자가 각 노동조합과 개별적으로 교섭하는 것을 의미한다. 공무원의 교섭노동조합이 둘 이상인 경우 교섭노동조합 사이의 합의에 따라 교섭위원을 선임하여 교섭 창구를 단일화해야 하므로(공노법 시행령 제8조 제2항 본문), 공노법은 개별교섭을 금지하고 있다고 이해해야 한다.

② 단체협약의 유효기간은 3년을 초과하지 않는 범위에서 노사가 합의하여 정할 수 있다.

> 공무원에게 적용할 노동조합 및 노동관계 조정에 관하여 공노법에서 정하지 아니한 사항에 대해서는 동법 제17조 제3항에서 정하는 경우를 제외하고는 노조법에서 정하는 바에 따르게 되므로, 공무원 노동조합의 대표자와 정부교섭대표에 의해 체결된 단체협약의 유효기간은 3년을 초과하지 않는 범위에서 노사가 합의하여 정할 수 있다(공노법 제17조 제2항 전문, 노조법 제32조 제1항).

③ 정부교섭대표는 교섭을 요구하는 노동조합이 둘 이상인 경우에는 해당 노동조합에 교섭창구를 단일화하도록 요청할 수 있으며, 교섭창구가 단일화된 때에는 교섭에 응하여야 한다.

> 法 공노법 제9조 제4항

④ 법령 또는 조례에 의하여 위임을 받아 규정되는 내용은 단체협약으로 체결되더라도 효력을 가지지 않지만, 정부교섭대표는 그 내용이 이행될 수 있도록 성실하게 노력하여야 한다.

> 체결된 단체협약의 내용 중 법령·조례 또는 예산에 의하여 규정되는 내용과 법령 또는 조례에 의하여 위임을 받아 규정되는 내용은 단체협약으로서의 효력을 가지지 아니하나, <u>정부교섭대표는 단체협약으로서의 효력을 가지지 아니하는 내용에 대하여는 그 내용이 이행될 수 있도록 성실하게 노력하여야</u> 한다(공노법 제10조 제1항, 제2항).

⑤ 법령 등에 따라 국가나 지방자치단체가 그 권한으로 행하는 정책결정에 관한 사항, 임용권의 행사 등 그 기관의 관리·운영에 관한 사항으로서 근무조건과 직접 관련되지 아니 하는 사항은 교섭의 대상이 될 수 없다. 🕐 공노법 제8조 제1항 단서

37 공무원의 노동조합 설립 및 운영 등에 관한 법률상 조정 및 중재에 관한 설명으로 옳은 것은?

① 단체교섭이 결렬된 경우 이를 조정·중재하기 위하여 중앙노동위원회에 특별조정위원회를 둔다.

> 단체교섭이 결렬된 경우 이를 조정·중재하기 위하여 중앙노동위원회에 <u>공무원 노동관계 조정위원회를 둔다</u>(공노법 제14조 제1항).

② 중앙노동위원회 위원장이 직권으로 중재에 회부한다는 결정을 하는 경우 지체 없이 중재를 한다.

> <u>공무원 노동관계 조정위원회 전원회의에서 중재 회부를 결정한 경우</u>, 중앙노동위원회는 지체 없이 중재를 한다(공노법 제13조 제2호).

③ 관계 당사자는 중앙노동위원회의 중재재정이 위법하거나 월권에 의한 것이라고 인정하는 경우에는 중재재정서를 송달받은 날부터 30일 이내에 중앙노동위원회 위원장을 피고로 하여 행정소송을 제기할 수 있다.

> 관계 당사자는 중앙노동위원회의 중재재정이 위법하거나 월권에 의한 것이라고 인정하는 경우에는 행정소송법 제20조에도 불구하고 <u>중재재정서를 송달받은 날부터 15일 이내에</u> 중앙노동위원회 위원장을 피고로 하여 행정소송을 제기할 수 있다(공노법 제16조 제1항).

❹ 관계 당사자는 확정된 중재재정을 따라야 하나, 위반에 대한 벌칙 규정은 없다.

> 중재재정이 확정되면 관계 당사자는 이에 따라야 하나(공노법 제16조 제3항), 확정된 중재재정을 위반한 행위에 대한 벌칙 규정은 없다.

⑤ 중앙노동위원회의 중재재정에 대한 행정소송이 제기되면 중재재정의 효력은 정지된다.

> 중앙노동위원회의 중재재정은 이에 대한 행정소송의 제기에 의하여 <u>그 효력이 정지되지 아니한다</u>(공노법 제16조 제4항).

38 노동조합 및 노동관계조정법의 내용 중 공무원의 노동조합 설립 및 운영 등에 관한 법률에 적용되는 것으로 옳은 것은?

① 공정대표의무 등(노동조합 및 노동관계조정법 제29조의4)
❷ 일반적 구속력(노동조합 및 노동관계조정법 제35조)
③ 조정의 전치(노동조합 및 노동관계조정법 제45조)
④ 사적 조정·중재(노동조합 및 노동관계조정법 제52조)
⑤ 긴급조정의 결정(노동조합 및 노동관계조정법 제76조)

> 공무원에게 적용할 노동조합 및 노동관계 조정에 관하여 공노법에서 정하지 아니한 사항에 대해서는 동법 제17조 제3항에서 정하는 경우를 제외하고는 노조법에서 정하는 바에 따르게 되어 있어, 노조법상 일반적 구속력에 관한 규정(노조법 제35조)은 공노법상의 노동조합에 적용되나, ① 공정대표의무 등(노조법 제29조의4), ③ 조정의 전치(노조법 제45조), ④ 사적 조정·중재(노조법 제52조), ⑤ 긴급조정의 결정(노조법 제76조) 규정은 동법 제17조 제3항에서 공노법상의 노동조합에의 적용을 배제하고 있으므로 이들 규정은 적용되지 아니한다(공노법 제17조 제2항 전문, 제3항).

39 교원의 노동조합 설립 및 운영 등에 관한 법령상 단체교섭에 관한 설명으로 옳지 않은 것은?

① 노동조합의 대표자는 교섭하려는 사항에 대하여 권한을 가진 자에게 서면으로 교섭을 요구하여야 한다.

> 노동조합의 대표자는 교육부장관, 시·도지사, 시·도 교육감, 국·공립학교의 장 또는 사립학교 설립·경영자와 단체교섭을 하려는 경우에는 교섭하려는 사항에 대하여 권한을 가진 자에게 서면으로 교섭을 요구하여야 한다(교노법 제6조 제4항).

② 초·중등교육법 제19조 제1항에 따른 교원의 노동조합의 대표자는 교육부장관, 시·도 교육감 또는 사립학교 설립·경영자와 교섭하고 단체협약을 체결할 권한을 가진다.

> 초·중등교육법 제19조 제1항에 따른 교원의 노동조합의 대표자는 그 노동조합 또는 조합원의 임금, 근무조건, 후생복지 등 경제적·사회적 지위 향상에 관하여 교육부장관, 시·도 교육감 또는 사립학교 설립·경영자등과 교섭하고 단체협약을 체결할 권한을 가진다(교노법 제6조 제1항 제1호).

③ 교섭위원의 수는 교섭노동조합의 조직 규모 등을 고려하여 정하되, 10명 이내로 한다.

> 📖 교노법 시행령 제3조의2 제2항

④ 노동조합의 교섭위원은 해당 노동조합의 대표자와 그 조합원으로 구성하여야 한다.

> 📖 교노법 제6조 제2항

❺ 교섭노동조합이 둘 이상인 경우 교섭창구 단일화 합의가 이루어지지 않으면 교섭창구단일화 절차에 참여한 노동조합의 전체 조합원 과반수로 조직된 노동조합이 교섭대표노동조합이 된다.

> 교섭노동조합이 둘 이상인 경우에는 교섭노동조합 사이의 합의에 따라 교섭위원을 선임하여 교섭창구를 단일화하되, 교섭노동조합에 대한 공고일부터 20일 이내에 자율적으로 합의하지 못했을 때에는 교섭노동조합의 조합원 수(교원인 조합원의 수)에 비례하여 교섭위원을 선임하여 교섭을 하여야 한다(교노법 시행령 제3조의2 제3항 전문).

40 교원의 노동조합 설립 및 운영 등에 관한 법률상 조정 및 중재에 관한 설명으로 옳은 것은?

❶ 중앙노동위원회가 제시한 조정안을 당사자의 어느 한쪽이라도 거부한 경우 중앙노동위원회는 중재를 하며, 중재기간에 대하여는 법률의 정함이 없다.

> 중앙노동위원회가 제시한 조정안을 당사자의 어느 한쪽이라도 거부한 경우 중앙노동위원회는 중재를 하며(교노법 제10조 제2호), 중재기간에 대하여는 교노법에 특별히 규정하고 있지 아니하다.

② 관계 당사자 쌍방의 동의를 얻은 경우에는 교원 노동관계 조정위원회에 갈음하여 단독조정인에게 조정을 행하게 할 수 있다.

> 교원의 노동쟁의를 조정·중재하기 위하여 중앙노동위원회에 교원 노동관계 조정위원회를 둔다고 규정(교노법 제11조 제1항)하고 있을 뿐 단독조정인에 의한 조정 규정은 존재하지 아니한다.

③ 조정은 신청을 받은 날부터 30일 이내에 마쳐야 하며, 다만 당사자들이 합의한 경우에는 30일 이내의 범위에서 조정기간을 연장할 수 있다.

> 조정은 중앙노동위원회가 조정신청을 받은 날로부터 30일 이내에 마쳐야 하나(교노법 제9조 제3항), 별도의 조정기간 연장 규정은 존재하지 아니한다.

④ 관계 당사자의 일방이 단체협약에 의하여 중재를 신청한 때 중앙노동위원회는 중재를 한다.

> "관계 당사자의 일방이 단체협약에 의하여 중재를 신청한 때"는 교노법 제10조가 정한 중재개시 사유에 해당하지 아니하므로 지문의 경우 중앙노동위원회는 중재를 할 수 없다. 교노법 제10조 제1호는 "단체교섭이 결렬되어 관계 당사자 양쪽이 함께 중재를 신청한 경우"를 중재개시 사유의 하나로 규정하고 있다.

⑤ 중앙노동위원회 위원장은 직권으로 중재에 회부한다는 결정을 할 수 없다.

> 중앙노동위원회는 중앙노동위원회 위원장이 직권으로 또는 고용노동부장관의 요청에 따라 중재에 회부한다는 결정을 한 경우, 중재를 한다(교노법 제10조 제3호).

2023년 제32회 정답 및 해설

✅ 문제편 082p

✅ 정답 CHECK ✅ 각 문항별로 이해도 CHECK

01	02	03	04	05	06	07	08	09	10	11	12	13	14	15	16	17	18	19	20	21	22	23	24	25
①	③	②	⑤	①	②	②	⑤	①	④	④	⑤	④	⑤	③	④	①	②	⑤	④	③	⑤	④	③	③

01

노동조합 및 노동관계조정법상 총회 및 대의원회의 회의 등에 관한 설명으로 옳지 않은 것은?

☑ 확인 Check!
○
△
✕

❶ 총회에서 임원의 선임에 관한 사항을 의결할 때에는 재적조합원 과반수의 출석과 출석조합원 3분의 2 이상의 찬성이 있어야 한다.

> 총회에서 <u>임원의 선임에 관한 사항</u>은 재적조합원 과반수의 출석과 출석조합원 과반수의 찬성으로 의결한다. 다만, <u>임원의 해임에 관한 사항</u>은 재적조합원 과반수의 출석과 출석조합원 3분의 2 이상의 찬성이 있어야 한다(노조법 제16조 제2항).

② 연합단체인 노동조합의 대표자는 그 구성단체의 3분의 1 이상이 회의에 부의할 사항을 제시하고 회의의 소집을 요구한 때에는 지체 없이 임시총회 또는 임시대의원회를 소집하여야 한다.

> 노조법 제18조 제2항

③ 노동조합이 특정 조합원에 관한 사항을 의결할 경우에는 그 조합원은 표결권이 없다.

> 노조법 제20조

④ 하나의 사업 또는 사업장을 대상으로 조직된 노동조합의 대의원은 그 사업 또는 사업장에 종사하는 조합원 중에서 선출하여야 한다. 노조법 제17조 제3항

⑤ 대의원회는 회의개최일 7일전까지 그 회의에 부의할 사항을 공고하여야 하나, 노동조합이 동일한 사업장 내의 근로자로 구성된 경우에는 그 규약으로 공고기간을 단축할 수 있다.

> 총회 또는 대의원회는 회의개최일 7일전까지 그 회의에 부의할 사항을 공고하고 규약에 정한 방법에 의하여 소집하여야 한다. 다만, 노동조합이 동일한 사업장 내의 근로자로 구성된 경우에는 그 규약으로 공고기간을 단축할 수 있다(노조법 제19조).

02 노동조합 및 노동관계조정법상 근로시간 면제에 관한 설명으로 옳은 것은 몇 개인가?

☑ 확인
Check!
○
△
×

- 근로시간면제심의위원회는 노동위원회법에 따른 중앙노동위원회에 둔다.
- 고용노동부장관이 고시한 근로시간 면제 한도를 초과하는 내용의 단체협약은 그 초과한 부분에 한정하여 무효로 한다.
- 근로시간면제심의위원회는 성별을 고려하여 구성한다.
- 고용노동부장관은 통보받은 근로시간 면제 한도를 합리적인 범위 내에서 조정하여 고시할 수 있다.

① 0개   ② 1개
❸ 2개   ④ 3개
⑤ 4개

- (×) 근로시간면제자에 대한 근로시간 면제 한도를 정하기 위하여 근로시간면제심의위원회를 경제사회노동위원회법에 따른 <u>경제사회노동위원회</u>에 둔다(노조법 제24조의2 제1항).
- (○) 경제사회노동위원회가 의결하고 경제사회노동위원회 위원장이 통보하여 고용노동부장관이 고시한 <u>근로시간 면제 한도를 초과하는 내용을 정한 단체협약</u> 또는 사용자의 동의는 <u>그 부분에 한정하여 무효</u>로 한다(노조법 제24조의2 제3항, 제4항, 제24조 제4항).
- (○) 근로시간면제심의위원회는 근로자를 대표하는 위원과 사용자를 대표하는 위원 및 공익을 대표하는 위원 각 5명씩 <u>성별을 고려하여 구성</u>한다(노조법 제24조의2 제5항).
- (×) 고용노동부장관은 경제사회노동위원회 위원장이 <u>통보한 근로시간 면제 한도를 단순히 고시하여야</u> 하므로(노조법 제24조의2 제4항 참조), 합리적인 범위 내에서 조정하여 고시할 수 없다.

03 노동조합 및 노동관계조정법상 노동조합의 관리 등에 관한 설명으로 옳지 않은 것은?

☑ 확인
Check!
○
△
×

① 연합단체인 노동조합은 조합설립일부터 30일 이내에 그 구성단체의 명칭을 기재한 명부를 작성하여 그 주된 사무소에 비치하여야 한다. 노조법 제14조 제1항 제1호

❷ 노동조합의 대표자는 그 회계감사원으로 하여금 3월에 1회 이상 당해 노동조합의 현재의 경리 상황 등에 대한 회계감사를 실시하게 하여야 한다.

> 노동조합의 대표자는 그 회계감사원으로 하여금 <u>6월에 1회 이상</u> 당해 노동조합의 모든 재원 및 용도, 주요한 기부자의 성명, 현재의 경리 상황등에 대한 회계감사를 실시하게 하고 그 내용과 감사결과를 전체 조합원에게 공개하여야 한다(노조법 제25조 제1항).

③ 노동조합은 재정에 관한 장부와 서류를 3연간 보존하여야 한다.
     노조법 제14조 제1항 제5호, 제2항

④ 임원의 임기를 2년으로 정한 규약의 규정은 적법하다.

> 임원의 임기는 규약으로 정하되 3년을 초과할 수 없으므로(노조법 제23조 제2항), <u>임원의 임기를 2년으로 정한 규약의 규정은 적법</u>하다.

⑤ 노동조합의 대표자는 필요하다고 인정할 때에는 임시총회 또는 임시대의원회를 소집할 수 있다.
     노조법 제18조 제1항

① 노동조합은 조합설립일부터 30일 이내에 다음 각 호의 서류를 작성하여 그 주된 사무소에 비치하여야 한다.
1. 조합원 명부(연합단체인 노동조합에 있어서는 그 구성단체의 명칭)
2. 규 약
3. 임원의 성명·주소록
4. 회의록
5. 재정에 관한 장부와 서류
② 제1항 제4호 및 제5호의 서류는 3년간 보존하여야 한다.

04 노동조합 및 노동관계조정법령상 노동조합에 관한 설명으로 옳지 않은 것은?(다툼이 있으면 판례에 따름)

☑ 확인
Check!
○
△
×

① 산하조직 중 근로조건의 결정권이 있는 독립된 사업 또는 사업장에 조직된 노동단체는 지부·분회 등 명칭이 무엇이든 상관없이 노동조합의 설립신고를 할 수 있다. 🏷 노조법 시행령 제7조

② 주로 정치운동을 목적으로 하는 경우에는 노동조합의 설립신고를 마치고 신고증을 교부받았다고 하더라도, 그러한 단체는 적법한 노동조합으로 인정받지 못할 수 있다.

> 주로 정치운동을 목적으로 하는 경우에는 노동조합으로 보지 아니하므로(노조법 제2조 제4호 마목), 노동조합의 설립신고를 마치고 신고증을 교부받았다고 하더라도 적법한 노동조합으로 인정되지 아니한다.

③ 노동조합 및 노동관계조정법상 노동조합이 아님을 통보하는 것을 행정입법으로 규정하려면 반드시 법률의 명시적이고 구체적인 위임이 있어야 한다.

> 법외노조 통보는 적법하게 설립된 노동조합의 법적 지위를 박탈하는 중대한 침익적 처분으로서 원칙적으로 국민의 대표자인 입법자가 스스로 형식적 법률로써 규정하여야 할 사항이고, 행정입법으로 이를 규정하기 위하여는 반드시 법률의 명시적이고 구체적인 위임이 있어야 한다. 그런데 구 노조법 시행령 제9조 제2항은 법률의 위임 없이 법률이 정하지 아니한 법외노조 통보에 관하여 규정함으로써 헌법상 노동3권을 본질적으로 제한하고 있으므로 그 자체로 무효이다(대판 2020.9.3. 2016두32992[전합]).

④ 산업별 노동조합의 지회가 기업별로 구성된 노동조합에 준하는 실질을 가지고 있다면 총회의 의결을 거쳐 독립한 기업별 노동조합으로 조직형태를 변경할 수 있다.

> 산업별 노동조합의 지부·분회·지회 등의 하부조직(이하 '지회 등')이라고 하더라도 독자적인 단체교섭과 단체협약체결 능력이 있어 기업별 노동조합에 준하는 실질을 가지고 있거나 그렇지 않더라도 기업별 노동조합과 유사한 근로자단체로서 독립성이 인정되어 법인 아닌 사단이라고 볼 수 있는 경우에는 총회의 결의를 통하여 소속을 변경하고 독립한 기업별 노동조합으로 전환할 수 있다고 보아야 한다(대판 2018.1.24. 2014다203045).

❺ 복수 노동조합 중 어느 한 노동조합은 다른 노동조합을 상대로 그 노동조합의 설립무효확인을 구하는 소를 제기할 수 없다.

> 단체교섭의 주체가 되고자 하는 복수 노동조합 중 어느 한 노동조합으로서는 법적인 제약에 따르는 현재의 권리 또는 법률상 지위에 대한 위험이나 불안을 제거하기 위하여 다른 노동조합을 상대로 해당 노동조합이 설립될 당시부터 노조법 제2조 제4호가 규정한 주체성과 자주성 등의 실질적 요건을 흠결하였음을 들어 설립무효의 확인을 구하거나 노동조합으로서의 법적 지위가 부존재한다는 확인을 구하는 소를 제기할 수 있다고 보는 것이 타당하다(대판 2021.2.25. 2017다51610).

05 노동조합 및 노동관계조정법상 노동조합의 규약 및 규정에 관한 설명으로 옳지 않은 것은?(다툼이 있으면 판례에 따름)

❶ 행정관청은 노동조합의 규약이 노동관계법령에 위반한 경우에는 고용노동부장관의 승인을 받아 그 시정을 명할 수 있다.

> 행정관청은 노동조합의 규약이 노동관계법령에 위반한 경우에는 <u>노동위원회의 의결을 얻어</u> 그 시정을 명할 수 있다(노조법 제21조 제1항).

② 노동조합이 규약에 따라 자체적으로 마련한 선거관리규정은 조합 민주주의를 실현하기 위한 강행법규에 적합한 범위 내에서는 일종의 자치적 법규범으로서 국가법질서 내에서 법적 효력을 가진다.

> 노동조합은 근로자들이 자신들의 이익을 옹호하기 위하여 자주적으로 결성한 임의단체로서 그 내부 운영에 있어서 조합규약 및 다수결에 의한 자치가 보장되므로, <u>노동조합이 자체적으로 마련한 선거관리규정은</u> 조합 민주주의를 실현하기 위한 강행법규에 적합한 범위 내에서는 <u>일종의 자치적 법규범으로서 국가법질서 내에서 법적 효력을 가진다</u>(대판 1998.2.27. 97다43567).

③ 노동조합의 총회가 규약의 제·개정결의를 통하여 총회에 갈음할 대의원회를 두고 규약의 개정에 관한 사항을 대의원회의 의결사항으로 정한 경우라도 이로써 총회의 규약개정권한이 소멸된다고 볼 수 없다.

> 총회가 규약의 제·개정결의를 통하여 총회에 갈음할 대의원회를 두고 '규약의 개정에 관한 사항'을 대의원회의 의결사항으로 정한 경우라도 <u>이로써 총회의 규약개정권한이 소멸된다고 볼 수 없고</u>, 총회는 여전히 노조법 제16조 제2항 단서에 정해진 재적조합원 과반수의 출석과 출석조합원 3분의 2 이상의 찬성으로 '규약의 개정에 관한 사항'을 의결할 수 있다(대판 2014.8.26. 2012두6063).

④ 단체협약 체결 업무 수행에 대한 적절한 통제를 위하여 규약 등에서 내부 절차를 거치도록 하는 등 대표자의 단체협약체결권한의 행사를 절차적으로 제한하는 것은, 그것이 단체협약체결권한을 전면적·포괄적으로 제한하는 것이 아닌 이상 허용된다. 대판 2018.7.26. 2016다205908

⑤ 조합원의 재산권을 둘러싼 노동조합과 조합원 간의 분쟁에 관하여 그 분쟁이 발생하기 전 조합원이 노동조합을 상대로 일절 소송을 제기할 수 없도록 한 노동조합의 규정은 무효이다.

> 노동조합이 조합규약에 근거하여 자체적으로 만든 신분보장대책기금관리규정에 기한 위로금의 지급을 둘러싼 <u>노동조합과 조합원 간의 분쟁에 관하여 노동조합을 상대로 일절 소송을 제기할 수 없도록 정한 노동조합의 신분보장대책기금관리규정 제11조는</u> 조합원의 재산권에 속하는 위로금의 지급을 둘러싸고 생기게 될 조합원과 노동조합 간의 법률상의 쟁송에 관하여 헌법상 보장된 조합원의 재판을 받을 권리를 구체적 분쟁이 생기기 전에 미리 일률적으로 박탈한 것으로서 <u>국민의 재판을 받을 권리를 보장한 위의 헌법 및 법원조직법의 규정과 부제소 합의 제도의 취지에 위반되어 무효라고 할 것이다</u>(대판 2002.2.22. 2000다65086). 이와 같은 판례의 취지를 고려할 때, 노동조합과 조합원 간의 분쟁에 관하여 조합원이 일절 소송을 제기할 수 없도록 한 노동조합의 규정은 무효라고 보아야 한다.

06 노동조합 및 노동관계조정법령상 노동조합에 관한 설명으로 옳은 것은?(다툼이 있으면 판례에 따름)

① 노동조합을 법인으로 하려는 때에는 그 주된 사무소의 소재지를 관할하는 행정관청에 등기해야 한다.

> 노동조합을 법인으로 하려는 때에는 그 <u>주된 사무소의 소재지를 관할하는 등기소</u>에 등기해야 한다(노조법 시행령 제2조).

❷ 노동조합은 그 규약으로 조합비를 납부하지 아니하는 조합원의 권리를 제한할 수 있다.

> 노동조합의 조합원은 균등하게 그 노동조합의 모든 문제에 참여할 권리와 의무를 가진다. 다만, 노동조합은 <u>그 규약으로 조합비를 납부하지 아니하는 조합원의 권리를 제한할 수 있다</u>(노조법 제22조).

③ 노동조합 및 노동관계조정법에 의하여 설립되지 아니한 노동조합도 노동위원회에 노동쟁의의 조정을 신청할 수 있다.

> 이 법에 의하여 설립된 노동조합이 아니면 노동위원회에 <u>노동쟁의의 조정 및 부당노동행위의 구제를 신청할 수 없다</u>(노조법 제7조 제1항).

④ 노동조합 및 노동관계조정법에 의하여 설립된 노동조합이 아니더라도 노동조합이라는 명칭을 사용할 수 있다.

> 이 법에 의하여 설립된 노동조합이 아니면 <u>노동조합이라는 명칭을 사용할 수 없다</u>(노조법 제7조 제3항).

⑤ 노동조합의 사업체에 대해서는 세법이 정하는 바에 따라 조세를 부과하지 아니한다.

> 노동조합에 대하여는 <u>그 사업체를 제외하고는</u> 세법이 정하는 바에 따라 조세를 부과하지 아니한다(노조법 제8조). 따라서 노동조합의 사업체에 대해서는 조세를 부과할 수 있다.

노동조합 및 노동관계조정법상 노동조합과 조합원 등에 관한 설명으로 옳은 것은?(다툼이 있으면 판례에 따름)

① 사업 또는 사업장에 종사하는 근로자가 아닌 노동조합의 조합원은 사용자의 사업 운영 지장 여부와 무관하게 사업 또는 사업장 내에서 노동조합 활동을 할 수 없다.

> 사업 또는 사업장에 종사하는 근로자가 아닌 노동조합의 조합원은 사용자의 효율적인 <u>사업 운영에 지장을 주지 아니하는 범위</u>에서 사업 또는 사업장 내에서 노동조합 활동을 할 수 있다(노조법 제5조 제2항).

❷ 유니언 숍 협정이 체결된 사업장의 사용자는 단체협약에 명문규정이 있는 경우에도 노동조합에서 제명된 것을 이유로 근로자에게 신분상 불이익한 행위를 할 수 없다.

> 노동조합이 당해 사업장에 종사하는 근로자의 3분의 2 이상을 대표하고 있을 때에는 근로자가 그 노동조합의 조합원이 될 것을 고용조건으로 하는 단체협약의 체결은 예외로 하며, <u>이 경우 사용자는 근로자가 그 노동조합에서 제명된 것</u> 또는 그 노동조합을 탈퇴하여 새로 노동조합을 조직하거나 다른 노동조합에 가입한 것을 이유로 근로자에게 신분상 불이익한 행위를 할 수 없다(노조법 제81조 제1항 제2호 단서).

③ 유니언 숍 협정에 따라 사용자가 노동조합을 탈퇴한 근로자를 해고한 경우에 해고된 근로자가 조합원지위확인을 구하는 소를 제기하여 승소하면 그 해고는 취소된 것으로 본다.

> 유니언 숍 협약에 따라 사용자가 노동조합을 탈퇴한 근로자를 해고한 경우에 해고근로자가 노동조합을 상대로 하여 <u>조합원지위확인을 구하는 소를 제기하여 승소한다고 하더라도 바로 해고의 효력이 부정되는 것은 아닐 뿐 아니라</u>, 사용자 또한 그 해고가 적법한 것이라고 주장하고 있고 해고무효확인소송에서도 그 선결문제로 조합원지위의 존부에 관하여 판단을 할 수 있으므로, 근로자가 노동조합을 상대로 조합원지위의 확인을 구하지 아니하고 막바로 해고무효확인소송을 제기하였다고 하더라도 그 소가 소익이 없다고 할 수는 없다(대판 1995.2.28. 94다15363).

④ 일정 범위의 근로자에 대하여만 단체협약을 적용하기로 규정하였더라도 단체협약은 조합원 모두에게 현실적으로 적용된다.

> 사용자와 노동조합 사이에 체결된 단체협약은 특약에 의하여 일정 범위의 근로자에 대하여만 적용하기로 정하고 있는 등의 특별한 사정이 없는 한 협약당사자로 된 노동조합의 구성원으로 가입한 조합원 모두에게 현실적으로 적용되는 것이 원칙이다(대판 2004.1.29. 2001다5142). 따라서 <u>일정범위의 근로자에 대하여만 단체협약을 적용하기로 규정하였다면 단체협약은 그 범위에 속한 근로자에게만 적용된다.</u>

⑤ 헌법재판소는 헌법 제33조 제1항에서 정한 근로자의 단결권은 단결할 자유뿐 아니라 단결하지 아니할 자유를 포함한다고 해석한다.

> 헌법상 보장된 근로자의 단결권은 단결할 자유만을 가리킬 뿐이고, <u>단결하지 아니할 자유 이른바 소극적 단결권은 이에 포함되지 않는다</u>고 보는 것이 우리 재판소의 선례라고 할 것이다(헌재 2005.11.24. 2002헌바95).

08 노동조합 및 노동관계조정법령상 교섭단위 결정 등에 관한 설명으로 옳지 않은 것은?

① 교섭대표노동조합을 결정하여야 하는 단위는 하나의 사업 또는 사업장으로 한다.

> 🔖 노조법 제29조의3 제1항

② 노동위원회는 사용자의 신청을 받아 교섭단위를 분리하는 결정을 할 수 있다.

> 하나의 사업 또는 사업장에서 현격한 근로조건의 차이, 고용형태, 교섭 관행 등을 고려하여 교섭단위를 분리하거나 분리된 교섭단위를 통합할 필요가 있다고 인정되는 경우에 노동위원회는 <u>노동관계 당사자의 양쪽 또는 어느 한쪽의 신청을 받아</u> 교섭단위를 분리하거나 분리된 교섭단위를 통합하는 결정을 할 수 있다(노조법 제29조의3 제2항).

③ 노동위원회는 노동조합의 신청을 받아 분리된 교섭단위를 통합하는 결정을 할 수 있다.

> 🔖 노조법 제29조의3 제2항

④ 노동조합이 교섭단위를 분리하여 교섭하려는 경우 사용자가 교섭요구 사실을 공고하기 전에는 교섭단위를 분리하는 결정을 신청할 수 있다.

> <u>사용자가 교섭요구사실을 공고하기 전이나</u>, 사용자가 교섭요구사실을 공고한 경우에는 교섭대표노동조합이 결정된 날 이후에 노동위원회에 <u>교섭단위를 분리하거나 분리된 교섭단위를 통합하는 결정을 신청할 수 있다</u> (노조법 시행령 제14조의11 제1항).

❺ 사용자는 분리된 교섭단위를 통합하여 교섭하려는 경우 교섭대표노동조합이 결정된 날 이후에는 그 통합하는 결정을 신청할 수 없다.

> 사용자가 교섭요구사실을 공고하기 전이나, 사용자가 <u>교섭요구사실을 공고한 경우에는 교섭대표노동조합이 결정된 날 이후에</u> 노동위원회에 교섭단위를 분리하거나 분리된 교섭단위를 통합하는 결정을 신청할 수 있다 (노조법 시행령 제14조의11 제1항).

관계법령 **교섭단위 결정(노조법 시행령 제14조의11)**

① <u>노동조합 또는 사용자</u>는 법 제29조의3 제2항에 따라 교섭단위를 분리하거나 분리된 교섭단위를 통합하여 교섭하려는 경우에는 다음 각 호에 해당하는 기간에 노동위원회에 <u>교섭단위를 분리하거나 분리된 교섭단위를 통합하는 결정을 신청</u>할 수 있다.
　1. 제14조의3에 따라 <u>사용자가 교섭요구 사실을 공고하기 전</u>
　2. 제14조의3에 따라 사용자가 교섭요구 사실을 공고한 경우에는 법 제29조의2에 따른 <u>교섭대표노동조합이 결정된 날 이후</u>
② 제1항에 따른 신청을 받은 노동위원회는 해당 사업 또는 사업장의 모든 노동조합과 사용자에게 그 내용을 통지해야 하며, 그 노동조합과 사용자는 노동위원회가 지정하는 기간까지 의견을 제출할 수 있다.
③ 노동위원회는 제1항에 따른 신청을 받은 날부터 30일 이내에 교섭단위를 분리하거나 분리된 교섭단위를 통합하는 결정을 하고 해당 사업 또는 사업장의 모든 노동조합과 사용자에게 통지해야 한다.

2024년

2023년

2022년

2021년

2020년

09 노동조합 및 노동관계조정법상 노동조합의 해산에 관한 설명으로 옳지 않은 것은?

❶ 노동조합이 해산한 때에는 그 대표자는 해산한 날부터 30일 이내에 행정관청에게 이를 신고하여야 한다.

> 규약에서 정한 해산사유가 발생한 경우, 합병 또는 분할로 소멸한 경우, 총회 또는 대의원회의 해산결의가 있는 경우 등으로 노동조합이 해산한 때에는 그 대표자는 **해산한 날부터 15일 이내에** 행정관청에게 이를 신고하여야 한다(노조법 제28조 제2항).

② 총회의 해산결의가 있는 경우 노동조합은 해산한다. 法 노조법 제28조 제1항 제3호

③ 분할로 소멸한 경우 노동조합은 해산한다. 法 노조법 제28조 제1항 제2호

④ 규약에서 정한 해산사유가 발생한 경우 노동조합은 해산한다. 法 노조법 제28조 제1항 제1호

⑤ 노동조합의 임원이 없고 노동조합으로서의 활동을 1년 이상 하지 아니한 것으로 인정되는 경우로서 행정관청이 노동위원회의 의결을 얻은 경우 노동조합은 해산한다. 法 노조법 제28조 제1항 제4호

10 노동조합 및 노동관계조정법령상 공정대표의무 등에 관한 설명으로 옳지 않은 것은?(다툼이 있으면 판례에 따름)

① 교섭창구 단일화 절차에 참여한 노동조합은 단체협약의 내용의 일부가 공정대표의무에 위반되는 경우에는 단체협약 체결일부터 3개월 이내에 그 시정을 요청할 수 있다.

> 노동조합은 교섭대표노동조합과 사용자가 공정대표의무를 위반하여 차별한 경우에는 그 행위가 있는 날(단체협약의 내용의 일부 또는 전부가 공정대표의무에 위반되는 경우에는 단체협약 체결일)부터 3개월 이내에 대통령령으로 정하는 방법과 절차에 따라 노동위원회에 그 시정을 요청할 수 있다(노조법 제29조의4 제2항).

② 교섭대표노동조합과 사용자는 교섭창구 단일화 절차에 참여한 노동조합의 조합원 간에 합리적 이유 없이 차별을 하여서는 아니 된다.

> 法 노조법 제29조의4 제1항

③ 노동위원회는 공정대표의무 위반의 시정 신청을 받은 때에는 지체 없이 필요한 조사와 관계 당사자에 대한 심문(審問)을 하여야 한다. 法 노조법 시행령 제14조의12 제2항

❹ 노동위원회는 공정대표의무 위반의 시정 신청에 따른 심문을 할 때에는 관계 당사자의 신청이 없는 경우 직권으로 증인을 출석하게 하여 질문할 수 없다.

> 노동위원회는 공정대표의무위반의 시정신청 따른 심문을 할 때에는 관계 당사자의 신청이나 **직권으로 증인을 출석하게 하여** 필요한 사항을 질문할 수 있다(노조법 시행령 제14조의12 제3항).

⑤ 교섭대표노동조합이 교섭창구 단일화 절차에 참여한 다른 노동조합을 차별한 것으로 인정되는 경우, 그와 같은 차별에 합리적인 이유가 있다는 점은 교섭대표노동조합에게 주장·증명책임이 있다.

> 교섭대표노동조합이나 사용자가 교섭창구단일화절차에 참여한 다른 노동조합 또는 그 조합원을 차별한 것으로 인정되는 경우, 그와 같은 차별에 합리적인 이유가 있다는 점은 **교섭대표노동조합이나 사용자에게 주장·증명책임**이 있다(대판 2018.8.30. 2017다218642).

공정대표의무 등(노조법 제29조의4)

① 교섭대표노동조합과 사용자는 교섭창구 단일화 절차에 참여한 노동조합 또는 그 조합원 간에 합리적 이유 없이 차별을 하여서는 아니 된다.

② 노동조합은 교섭대표노동조합과 사용자가 제1항을 위반하여 차별한 경우에는 그 행위가 있은 날(단체협약의 내용의 일부 또는 전부가 제1항에 위반되는 경우에는 단체협약 체결일)부터 3개월 이내에 대통령령으로 정하는 방법과 절차에 따라 노동위원회에 그 시정을 요청할 수 있다.

③ 노동위원회는 제2항에 따른 신청에 대하여 합리적 이유 없이 차별하였다고 인정한 때에는 그 시정에 필요한 명령을 하여야 한다.

④ 제3항에 따른 노동위원회의 명령 또는 결정에 대한 불복절차 등에 관하여는 제85조 및 제86조를 준용한다.

공정대표의무 위반에 대한 시정(노조법 시행령 제14조의12)

① 노동조합은 법 제29조의2에 따라 결정된 교섭대표노동조합과 사용자가 법 제29조의4 제1항을 위반하여 차별한 경우에는 고용노동부령으로 정하는 바에 따라 노동위원회에 공정대표의무 위반에 대한 시정을 신청할 수 있다.

② 노동위원회는 제1항에 따른 공정대표의무 위반의 시정 신청을 받은 때에는 지체 없이 필요한 조사와 관계 당사자에 대한 심문(審問)을 하여야 한다.

③ 노동위원회는 제2항에 따른 심문을 할 때에는 관계 당사자의 신청이나 직권으로 증인을 출석하게 하여 필요한 사항을 질문할 수 있다.

④ 노동위원회는 제2항에 따른 심문을 할 때에는 관계 당사자에게 증거의 제출과 증인에 대한 반대심문을 할 수 있는 충분한 기회를 주어야 한다.

⑤ 노동위원회는 제1항에 따른 공정대표의무 위반의 시정 신청에 대한 명령이나 결정을 서면으로 하여야 하며, 그 서면을 교섭대표노동조합, 사용자 및 그 시정을 신청한 노동조합에 각각 통지하여야 한다.

11 노동조합 및 노동관계조정법상 단체협약에 관한 규정 중 (   )에 들어갈 내용으로 옳은 것은?

☑ 확인
Check!
○
△
✕

> 제31조(단체협약의 작성)
> ② 단체협약의 당사자는 단체협약의 체결일부터 (ㄱ)일 이내에 이를 행정관청에게 신고하여야 한다.
>
> 제32조(단체협약 유효기간의 상한)
> ① 단체협약의 유효기간은 (ㄴ)년을 초과하지 않는 범위에서 노사가 합의하여 정할 수 있다.

① ㄱ: 10, ㄴ: 2
② ㄱ: 10, ㄴ: 3
③ ㄱ: 15, ㄴ: 2
❹ ㄱ: 15, ㄴ: 3
⑤ ㄱ: 20, ㄴ: 2

- 단체협약의 당사자는 단체협약의 체결일부터 15일 이내에 이를 행정관청에게 신고하여야 한다(노조법 제31조 제2항).
- 단체협약의 유효기간은 3년을 초과하지 않는 범위에서 노사가 합의하여 정할 수 있다(노조법 제32조 제1항).

12 노동조합 및 노동관계조정법령상 단체교섭 및 단체협약에 관한 설명으로 옳은 것은?

① 교섭대표노동조합의 대표자는 교섭요구와 무관하게 사업장 내 모든 노동조합 또는 조합원을 위하여 사용자와 교섭하고 단체협약을 체결할 권한을 가진다.

> 교섭대표노동조합의 대표자는 <u>교섭을 요구한 모든 노동조합 또는 조합원을 위하여</u> 사용자와 교섭하고 단체협약을 체결할 권한을 가진다(노조법 제29조 제2항).

② 교섭대표노동조합이 결정된 후 교섭창구단일화절차가 개시된 날부터 1년 동안 단체협약을 체결하지 못한 경우에는 어느 노동조합이든지 사용자에게 교섭을 요구할 수 있다.

> 교섭대표노동조합이 <u>그 결정된 날부터 1년 동안</u> 단체협약을 체결하지 못한 경우에는 어느 노동조합이든지 사용자에게 교섭을 요구할 수 있다(노조법 시행령 제14조의10 제3항).

③ 노동조합으로부터 적법한 교섭 요구를 받은 사용자는 그 요구를 받은 날부터 5일간 그 교섭요구 사실을 공고하여야 한다.

> 사용자는 노동조합으로부터 교섭 요구를 받은 때에는 <u>그 요구를 받은 날부터 7일간</u> 그 교섭을 요구한 노동조합의 명칭 등 고용노동부령으로 정하는 사항을 해당 사업 또는 사업장의 게시판 등에 공고하여 다른 노동조합과 근로자가 알 수 있도록 하여야 한다(노조법 시행령 제14조의3 제1항).

④ 노동조합은 사용자가 교섭요구 사실의 공고를 하지 아니하거나 다르게 공고하는 경우에는 고용노동부령으로 정하는 바에 따라 행정관청에 그 시정을 요청할 수 있다.

> 노동조합은 사용자가 교섭요구 사실의 공고를 하지 아니하거나 다르게 공고하는 경우에는 고용노동부령으로 정하는 바에 따라 <u>노동위원회에 시정을 요청할 수 있다</u>(노조법 시행령 제14조의3 제2항).

❺ 단체협약의 당사자가 하여야 할 단체협약의 신고는 당사자 쌍방이 연명으로 해야 한다.
　　🔖 노조법 시행령 제15조

관계법령

노동조합 교섭요구 사실의 공고(노조법 시행령 제14조의3)

① 사용자는 노동조합으로부터 제14조의2에 따라 교섭 요구를 받은 때에는 <u>그 요구를 받은 날부터 7일간</u> 그 교섭을 요구한 노동조합의 명칭 등 고용노동부령으로 정하는 사항을 해당 사업 또는 사업장의 게시판 등에 공고하여 다른 노동조합과 근로자가 알 수 있도록 하여야 한다.

② 노동조합은 사용자가 제1항에 따른 교섭요구 사실의 공고를 하지 아니하거나 다르게 공고하는 경우에는 <u>고용노동부령으로 정하는 바에 따라 노동위원회에 시정을 요청할 수 있다.</u>

③ 노동위원회는 제2항에 따라 시정 요청을 받은 때에는 그 요청을 받은 날부터 10일 이내에 그에 대한 결정을 하여야 한다.

교섭대표노동조합의 지위 유지기간 등(노조법 시행령 제14조의10)

① 법 제29조의2 제3항부터 제6항까지의 규정에 따라 결정된 교섭대표노동조합은 그 결정이 있은 후 사용자와 체결한 <u>첫 번째 단체협약의 효력이 발생한 날을 기준으로 2년이 되는 날까지</u> 그 교섭대표노동조합의 지위를 유지하되, 새로운 교섭대표노동조합이 결정된 경우에는 그 결정된 때까지 교섭대표노동조합의 지위를 유지한다.

② 제1항에 따른 교섭대표노동조합의 지위 유지기간이 만료되었음에도 불구하고 새로운 교섭대표노동조합이 결정되지 못할 경우 기존 교섭대표노동조합은 새로운 교섭대표노동조합이 결정될 때까지 기존 단체협약의 이행과 관련해서는 교섭대표노동조합의 지위를 유지한다.

③ 법 제29조의2에 따라 결정된 교섭대표노동조합이 그 결정된 날부터 1년 동안 단체협약을 체결하지 못한 경우에는 어느 노동조합이든지 사용자에게 교섭을 요구할 수 있다. 이 경우 제14조의2 제2항 및 제14조의3부터 제14조의9까지의 규정을 적용한다.

13 **노동조합 및 노동관계조정법령상 쟁의행위에 관한 설명으로 옳지 않은 것은?(다툼이 있으면 판례에 따름)**

2024년 2023년 2022년 2021년 2020년

☑ 확인
Check!
○
△
✕

① 노동조합은 사용자의 점유를 배제하여 조업을 방해하는 형태로 쟁의행위를 해서는 아니 된다.

> 💡 **노조법 제37조 제3항**

② 쟁의행위가 사업장의 안전보호시설에 대하여 정상적인 운영을 방해하는 행위로 행하여지는 경우에 사용자가 행정관청과 관할 노동위원회에 하여야 할 신고는 전화로도 가능하다.

> 사용자는 쟁의행위가 사업장의 안전보호시설에 대하여 정상적인 유지·운영을 정지·폐지 또는 방해하는 행위로 행하여지는 경우에는 즉시 그 상황을 서면·구두 또는 전화 기타의 적당한 방법으로 행정관청과 관할 노동위원회에 신고하여야 한다(노조법 제42조 제2항, 동법 시행령 제18조).

③ 피케팅은 파업에 가담하지 않고 조업을 계속하려는 자에 대하여 평화적 설득, 구두와 문서에 의한 언어적 설득의 범위 내에서 정당성이 인정되는 것이 원칙이고, 위력에 의한 물리적 강제는 정당화 될 수 없다.

> 파업의 보조적 쟁의수단인 피케팅은 파업에 가담하지 않고 조업을 계속하려는 자에 대하여 평화적 설득, 구두와 문서에 의한 언어적 설득의 범위 내에서 정당성이 인정되는 것이고, 폭행, 협박 또는 위력에 의한 실력저지나 물리적 강제는 정당화 될 수 없다(대판 1990.10.12. 90도1431).

❹ 사업장의 안전보호시설의 정상적인 유지·운영을 정지하는 쟁의행위에 대하여 노동위원회는 그 의결로 쟁의행위의 중지를 통보하여야 한다.

> 행정관청은 쟁의행위가 사업장의 안전보호시설에 대하여 정상적인 유지·운영을 정지·폐지 또는 방해하는 행위에 해당한다고 인정하는 경우에는 노동위원회의 의결을 얻어 그 행위를 중지할 것을 통보하여야 한다(노조법 제42조 제3항 본문).

⑤ 방위사업법에 의하여 지정된 주요방위산업체에 종사하는 근로자 중 방산물자의 완성에 필요한 정비 업무에 종사하는 자는 쟁의행위를 할 수 없다.

> 방위사업법에 의하여 지정된 주요방위산업체에 종사하는 근로자 중 전력, 용수 및 방산물자의 완성에 필요한 제조·가공·조립·정비·재생·개량·성능검사·열처리·도장·가스취급 등의 업무에 종사하는 자는 쟁의행위를 할 수 없다(노조법 제41조 제2항, 동법 시행령 제20조).

14 노동조합 및 노동관계조정법령상 필수유지업무 및 필수유지업무협정 등에 관한 설명으로 옳지 않은 것은?

☑ 확인
Check!
○
△
✕

① 철도 차량 운행에 필요한 통신시설을 유지·관리하는 업무는 철도사업의 필수유지 업무에 해당한다. *노조법 제42조의2 제1항, 동법 시행령 제22조의2에 의한 [별표 1]

② 필수유지업무협정은 노동관계 당사자가 서면으로 체결하여야 하고, 쌍방이 서명 또는 날인하여야 한다.

> 노동관계 당사자는 쟁의행위기간 동안 필수유지업무의 정당한 유지·운영을 위하여 필수유지업무의 필요 최소한의 유지·운영 수준, 대상직무 및 필요인원 등을 정한 협정을 서면으로 체결하여야 한다. 이 경우 필수유지업무협정에는 노동관계 당사자 쌍방이 서명 또는 날인하여야 한다(노조법 제42조의3).

③ 노동관계 당사자 쌍방 또는 일방은 필수유지업무협정이 체결되지 아니하는 때에는 노동위원회에 필수유지업무의 대상직무 등의 결정을 신청하여야 한다.

> 노동관계 당사자 쌍방 또는 일방은 필수유지업무협정이 체결되지 아니하는 때에는 노동위원회에 필수유지업무의 필요 최소한의 유지·운영 수준, 대상직무 및 필요인원 등의 결정을 신청하여야 한다(노조법 제42조의4 제1항).

④ 노동관계 당사자가 필수유지업무 수준 등 결정 신청을 하는 경우 그 결정은 공익사업의 노동쟁의 조정을 위한 노동위원회의 특별조정위원회가 담당한다.

> 노동관계 당사자가 필수유지업무 수준 등 결정신청을 하는 경우 그 결정은 공익사업의 노동쟁의의 조정을 위하여 노동위원회에 설치한 특별조정위원회가 담당한다(노조법 제42조의4 제3항, 제72조).

❺ 노동조합이 쟁의행위 개시 전까지 쟁의행위기간 동안 근무하여야 할 조합원을 통보하지 아니한 경우 사용자의 신청에 의하여 노동위원회가 필수유지업무에 근무하여야 할 근로자를 지명하고 이를 노동조합과 그 근로자에게 통보하여야 한다.

> 노동조합은 필수유지업무협정이 체결되거나 필수유지업무 수준 등 결정신청에 따른 노동위원회의 결정이 있는 경우, 사용자에게 필수유지업무에 근무하는 조합원 중 쟁의행위기간 동안 근무하여야 할 조합원을 통보하여야 하며, 사용자는 이에 따라 근로자를 지명하고 이를 노동조합과 그 근로자에게 통보하여야 한다. 다만, 노동조합이 쟁의행위 개시 전까지 이를 통보하지 아니한 경우에는 사용자가 필수유지업무에 근무하여야 할 근로자를 지명하고 이를 노동조합과 그 근로자에게 통보하여야 한다(노조법 제42조의6 제1항).

관계법령 필수공익사업별 필수유지업무(노조법 시행령 [별표 1])

1. 철도사업과 도시철도사업의 필수유지업무
   가. 철도·도시철도 차량의 운전업무
   나. 철도·도시철도 차량 운행의 관제 업무(정거장·차량기지 등에서 철도신호 등을 취급하는 운전취급 업무를 포함)
   다. 철도·도시철도 차량 운행에 필요한 전기시설·설비를 유지·관리하는 업무
   라. 철도·도시철도 차량 운행과 이용자의 안전에 필요한 신호시설·설비를 유지·관리하는 업무
   마. 철도·도시철도 차량 운행에 필요한 통신시설·설비를 유지·관리하는 업무
   바. 안전운행을 위하여 필요한 차량의 일상적인 점검이나 정비업무
   사. 선로점검·보수 업무

15 노동조합 및 노동관계조정법상 쟁의행위에 관한 설명으로 옳지 않은 것은?(다툼이 있으면 판례에 따름)

☑ 확인
Check!
○
△
×

① 조합원은 노동조합에 의하여 주도되지 아니한 쟁의행위를 하여서는 아니 된다.

　🔖 노조법 제37조 제2항

② 노동조합은 쟁의행위가 적법하게 수행될 수 있도록 지도·관리·통제할 책임이 있다.

　🔖 노조법 제38조 제3항

❸ 조합원의 민주적 의사결정이 실질적으로 확보된 때에는 쟁의행위 찬반투표절차를 거치지 아니하였다는 사정만으로 쟁의행위의 정당성이 상실되지 아니한다.

조합원의 직접·비밀·무기명 투표에 의한 과반수의 찬성결정을 거치지 아니하고 쟁의행위에 나아간 경우에 조합원의 민주적 의사결정이 실질적으로 확보되었더라도 위와 같은 투표절차를 거치지 아니하였다면 쟁의행위는 정당성을 상실한다고 보아야 한다(대판 2001.10.25. 99도4837[전합]).

④ 사용자는 노동조합이 쟁의행위를 개시한 이후에만 직장폐쇄를 할 수 있다.

　🔖 노조법 제46조 제1항

⑤ 노동조합은 쟁의행위 기간에 대한 임금의 지급을 요구하여 이를 관철할 목적으로 쟁의행위를 하여서는 아니 된다.　🔖 노조법 제44조 제2항

16 노동조합 및 노동관계조정법상 공익사업등의 우선적 취급에 관한 규정에서 (　　)에 들어갈 내용으로 옳은 것은?

☑ 확인
Check!
○
△
×

제51조(공익사업등의 우선적 취급)
국가·지방자치단체·국공영기업체·방위산업체 및 공익사업에 있어서의 (　　)은(는) 우선적으로 취급하고 신속히 처리하여야 한다.

① 쟁의행위의 조정
② 부당노동행위의 구제
③ 단체협약의 해석
❹ 노동쟁의의 조정
⑤ 노동조합 해산의 의결

국가·지방자치단체·국공영기업체·방위산업체 및 공익사업에 있어서의 노동쟁의의 조정은 우선적으로 취급하고 신속히 처리하여야 한다(노조법 제51조).

17 노동조합 및 노동관계조정법상 노동쟁의 조정에 관한 설명으로 옳은 것은?

☑ 확인
Check!
○
△
✕

❶ 사적조정 등을 수행하는 자는 노동관계 당사자로부터 수수료, 수당 및 여비 등을 받을 수 있다.

> ㉖ 노조법 제52조 제5항 후문

② 노동관계 당사자가 노동쟁의를 단체협약에서 정하는 바에 따라 해결하기로 한 경우 이를 행정관청에 신고하여야 한다.

> 노조법 제2절 및 제3절의 규정은 노동관계 당사자가 쌍방의 합의 또는 <u>단체협약이 정하는 바에 따라</u> 각각 다른 조정 또는 중재방법("사적조정등")에 의하여 <u>노동쟁의를 해결하는 것을 방해하지 아니한다.</u> 노동관계 당사자가 이에 의하여 노동쟁의를 해결하기로 한 때에는 <u>노동위원회에 신고하여야</u> 한다(노조법 제52조 제1항, 제2항).

③ 노동관계 당사자가 단체협약이 정하는 바에 따라 노동쟁의의 조정을 한 경우 그 내용은 재판상 화해와 같은 효력을 가진다.

> 노동관계 당사자가 단체협약이 정하는 바에 따라 노동쟁의의 조정을 한 경우 그 내용은 <u>단체협약과 동일한 효력을 가진다</u>(노조법 제52조 제4항).

④ 고용노동부장관은 긴급조정의 결정을 하고자 할 때에는 중앙노동위원회 의결을 거쳐야 한다.

> 고용노동부장관은 긴급조정의 결정을 하고자 할 때에는 <u>미리 중앙노동위원회 위원장의 의견을 들어야</u> 한다(노조법 제76조 제2항).

⑤ 중앙노동위원회는 고용노동부장관의 긴급조정결정 통고를 받은 때에는 지체 없이 중재를 개시하여야 한다.

> 중앙노동위원회는 고용노동부장관의 긴급조정결정 통고를 받은 때에는 <u>지체 없이 조정을 개시하여야</u> 한다(노조법 제78조).

18 노동조합 및 노동관계조정법상 부당노동행위에 관한 설명으로 옳은 것은?(다툼이 있으면 판례에 따름)

① 부당노동행위에 대한 입증책임은 사용자가 부담한다.

> 노조법 제81조 제1항 제1호 소정의 부당노동행위가 성립하기 위해서는 근로자가 "노동조합의 업무를 위한 정당한 행위"를 하고, 회사가 이를 이유로 근로자를 해고한 경우라야 하고, 같은 사실의 주장 및 입증책임은 부당노동행위임을 주장하는 근로자에게 있다(대판 1991.7.26. 91누2557). 판례의 취지를 고려할 때 **부당노동행위에 대한 증명책임은 부당노동행위임을 주장하는 근로자 또는 노동조합에게 있다**고 보는 것이 타당하다. 반면 부당해고구제재심판정을 다투는 소송에 있어서 해고의 정당성에 관한 입증책임은 사용자가 부담한다(대판 1999.4.27. 99두202).

❷ 노동위원회가 부당노동행위의 구제신청을 받고 심문을 할 때에는 그 직권으로 증인을 출석하게 하여 필요한 사항을 질문할 수 있다.

> 노동위원회는 부당노동행위의 구제신청을 받고 심문을 할 때에는 관계 당사자의 신청에 의하거나 <u>그 직권으로</u> 증인을 출석하게 하여 필요한 사항을 질문할 수 있다(노조법 제83조 제2항).

③ 부당노동행위를 한 사용자는 3년 이하의 징역 또는 3천만원 이하의 벌금에 처한다.

> 부당노동행위를 한 사용자는 <u>2년 이하의 징역 또는 2천만원 이하의 벌금</u>에 처한다(노조법 제90조, 제81조 제1항).

④ 중앙노동위원회의 재심판정에 대하여 행정소송을 제기한 경우에 관할법원은 부당노동 행위 구제신청자의 신청에 의하여 판결이 확정될 때까지 중앙노동위원회의 구제명령의 전부를 이행하도록 명할 수 있다.

> 사용자가 중앙노동위원회의 재심판정에 대하여 행정소송을 제기한 경우에 관할법원은 <u>중앙노동위원회의 신청에 의하여 결정으로써,</u> 판결이 확정될 때까지 중앙노동위원회의 구제명령의 전부 또는 일부를 이행하도록 명할 수 있으며, 당사자의 신청에 의하여 또는 직권으로 그 결정을 취소할 수 있다(노조법 제85조 제5항).

⑤ 부당노동행위 규정 위반에 관한 명문의 양벌규정은 존재하지 아니한다.

> 법인 또는 단체의 대표자, 법인·단체 또는 개인의 대리인·사용인 기타의 종업원이 그 법인·단체 또는 개인의 업무에 관하여 제88조 내지 제93조의 위반행위를 한 때에는 행위자를 벌하는 외에 그 법인·단체 또는 개인에 대하여도 각 해당 조의 벌금형을 과한다(노조법 제94조 본문). 따라서 법인 등의 대표자 등이 부당노동행위를 한 경우에는 행위자를 벌하는 외에 양벌규정에 의하여 그 법인 등을 각 해당 조의 벌금형으로 처벌할 수 있다.

19 근로자참여 및 협력증진에 관한 법률상 노사협의회에 관한 설명으로 옳지 않은 것은?

① 노사협의회란 근로자와 사용자가 참여와 협력을 통하여 근로자의 복지증진과 기업의 건전한 발전을 도모하기 위하여 구성하는 협의기구를 말한다. **법** 근참법 제3조 제1호

② 사업장 내 근로자 감시 설비의 설치는 노사협의회가 협의하여야 할 사항에 해당한다.
   법 근참법 제20조 제1항 제14호

③ 사용자는 고충처리위원회에서 의결되지 아니한 사항에 대하여는 노사협의회의 의결을 거쳐야 한다. **법** 근참법 제21조 제4호

④ 노사협의회는 노사협의회에서 의결된 사항의 해석에 관하여 의견이 일치하지 아니하는 경우 노동위원회의 중재를 받을 수 있다.

> 노사협의회는 의결 사항에 관하여 협의회가 의결하지 못한 경우, 협의회에서 의결된 사항의 해석이나 이행방법 등에 관하여 의견이 일치하지 아니하는 경우에는 근로자위원과 사용자위원의 합의로 협의회에 중재기구(仲裁機構)를 두어 해결하거나 노동위원회나 그 밖의 제3자에 의한 중재를 받을 수 있다(근참법 제25조 제1항).

❺ 법령에 따른 노사협의회의 설치를 정당한 사유 없이 거부하거나 방해한 자는 1년 이하의 징역 또는 1천만원 이하의 벌금에 처한다.

> 노사협의회의 설치를 정당한 사유 없이 거부하거나 방해한 자는 1천만원 이하의 벌금에 처한다(근참법 제30조 제1호, 제4조 제1항).

관계법령 **협의 사항(근참법 제20조)**

① 협의회가 협의하여야 할 사항은 다음 각 호와 같다.
1. 생산성 향상과 성과 배분
2. 근로자의 채용·배치 및 교육훈련
3. 근로자의 고충처리
4. 안전, 보건, 그 밖의 작업환경 개선과 근로자의 건강증진
5. 인사·노무관리의 제도 개선
6. 경영상 또는 기술상의 사정으로 인한 인력의 배치전환·재훈련·해고 등 고용조정의 일반원칙
7. 작업과 휴게 시간의 운용
8. 임금의 지불방법·체계·구조 등의 제도 개선
9. 신기계·기술의 도입 또는 작업 공정의 개선
10. 작업 수칙의 제정 또는 개정
11. 종업원지주제(從業員持株制)와 그 밖에 근로자의 재산형성에 관한 지원
12. 직무 발명 등과 관련하여 해당 근로자에 대한 보상에 관한 사항
13. 근로자의 복지증진
14. 사업장 내 근로자 감시 설비의 설치
15. 여성근로자의 모성보호 및 일과 가정생활의 양립을 지원하기 위한 사항
16. 남녀고용평등과 일·가정 양립 지원에 관한 법률 제2조 제2호에 따른 직장 내 성희롱 및 고객 등에 의한 성희롱 예방에 관한 사항
17. 그 밖의 노사협조에 관한 사항
② 협의회는 제1항 각 호의 사항에 대하여 제15조의 정족수에 따라 의결할 수 있다.

20 근로자참여 및 협력증진에 관한 법령상 노사협의회의 위원 등에 관한 설명으로 옳지 않은 것은?

① 노사협의회는 근로자와 사용자를 대표하는 같은 수의 위원으로 구성하여야 하며 위원 수에 대한 제한이 있다.

> 노사협의회는 근로자와 사용자를 대표하는 같은 수의 위원으로 구성하되, 각 3명 이상 10명 이하로 한다(근참법 제6조 제1항).

② 노사협의회의 근로자위원의 선출에 입후보하려는 사람은 해당 사업이나 사업장의 근로자여야 한다. 근참법 시행령 제3조

③ 노사협의회의 근로자위원의 결원이 생기면 30일 이내에 보궐위원을 위촉하거나 선출하되, 근로자의 과반수로 구성된 노동조합이 조직되어 있지 아니한 사업 또는 사업장에서는 근로자위원 선출투표에서 선출되지 못한 사람 중 득표순에 따른 차점자를 근로자위원으로 할 수 있다. 근참법 시행령 제4조

❹ 노사협의회의 위원은 무보수로 한다는 명문의 규정상 위원의 노사협의회 출석 시간과 이와 관련된 시간은 노사협의회 규정으로 정한 경우에도 근로한 시간으로 볼 수 없다.

> 노사협의회의 위원은 비상임 · 무보수로 한다. 위원의 협의회 출석 시간과 이와 직접 관련된 시간으로서 노사협의회규정으로 정한 시간은 근로한 시간으로 본다(근참법 제9조 제1항, 제3항).

⑤ 사용자는 근로자위원의 업무를 위하여 장소의 사용 등 기본적인 편의를 제공하여야 할 의무가 있다. 근참법 제10조 제2항

21 노동위원회법상 노동위원회에 관한 설명으로 옳은 것을 모두 고른 것은?

> ㄱ. 중앙노동위원회와 지방노동위원회는 고용노동부장관 소속으로 둔다.
> ㄴ. 특별노동위원회는 관계 법률에서 정하는 사항을 관장하기 위하여 필요한 경우에 해당 사항을 관장하는 중앙행정기관의 장 소속으로 둔다.
> ㄷ. 중앙노동위원회 위원장은 중앙노동위원회 및 지방노동위원회의 예산 · 인사 · 교육훈련, 그 밖의 행정사무를 총괄한다.
> ㄹ. 노동위원회 위원장은 해당 노동위원회의 공익위원이 되며, 심판사건, 차별적 처우 시정사건을 담당하되 조정사건은 담당할 수 없다.

① ㄱ

② ㄴ, ㄷ

❸ ㄱ, ㄴ, ㄷ

④ ㄱ, ㄴ, ㄹ

⑤ ㄴ, ㄷ, ㄹ

> ㄱ. (○) 중앙노동위원회와 지방노동위원회는 고용노동부장관 소속으로 두며, 지방노동위원회의 명칭 · 위치 및 관할구역은 대통령령으로 정한다(노위법 제2조 제2항).
> ㄴ. (○) 노위법 제2조 제3항
> ㄷ. (○) 중앙노동위원회 위원장은 중앙노동위원회 및 지방노동위원회의 예산 · 인사 · 교육훈련, 그 밖의 행정사무를 총괄하며, 소속 공무원을 지휘 · 감독한다(노위법 제4조 제2항).
> ㄹ. (✕) 노동위원회 위원장은 해당 노동위원회(중앙노동위원회, 지방노동위원회)의 공익위원이 되며, 심판사건, 차별적 처우 시정사건, 조정사건을 담당할 수 있다(노위법 제9조 제2항, 제4항).

22 노동위원회법상 노동위원회에 관한 설명으로 옳은 것은?

① 중앙노동위원회 및 지방노동위원회에는 사무처를 둔다.

> 중앙노동위원회에는 사무처를 두고, **지방노동위원회에는 사무국을 둔다**(노위법 제14조 제1항).

② 중앙노동위원회 상임위원은 사무처장을 겸직할 수 없다.

> 사무처장은 **중앙노동위원회 상임위원 중 1명이 겸직한다**(노위법 제14조의2 제2항).

③ 부문별 위원회 위원장은 부문별 위원회의 원활한 운영을 위하여 필요하다고 인정하는 경우에 주심위원을 지명하여 사건의 처리를 주관하게 하여야 한다.

> 부문별 위원회 위원장은 부문별 위원회의 원활한 운영을 위하여 필요하다고 인정하는 경우에 주심위원을 지명하여 **사건의 처리를 주관하게 할 수 있다**(노위법 제16조의2).

④ 노동위원회는 판정·명령 또는 결정이 있기 전까지 화해안을 제시할 수 있으며 관계 당사자가 화해안을 수락하였을 때에는 취하조서를 작성하여야 한다.

> 노동위원회는 판정·명령 또는 결정이 있기 전까지 관계 당사자의 신청을 받아 또는 직권으로 화해를 권고하거나 화해안을 제시할 수 있고, 관계 당사자가 화해안을 수락하였을 때에는 **화해조서를 작성하여야** 한다(노위법 제16조의3 제1항, 제3항).

❺ 노동위원회의 부문별 위원회의 회의는 구성위원 전원의 출석으로 개의한다.

> 부문별 위원회의 회의는 **구성위원 전원의 출석으로 개의하고**, 출석위원 과반수의 찬성으로 의결한다(노위법 제17조 제2항).

23 공무원의 노동조합 설립 및 운영 등에 관한 법률에 관한 설명으로 옳지 않은 것은?

① 공무원은 노동조합 활동을 할 때 다른 법령에서 규정하는 공무원의 의무에 반하는 행위를 하여서는 아니 된다. **法** 공노법 제3조 제2항

② 교정·수사 등 공공의 안녕과 국가안전보장에 관한 업무에 종사하는 공무원은 노동조합에 가입할 수 없다. **法** 공노법 제6조 제2항 제3호

③ 단체협약의 내용 중 법령·조례 또는 예산에 의하여 규정되는 내용과 법령 또는 조례에 의하여 위임을 받아 규정되는 내용은 단체협약으로서의 효력을 가지지 아니한다. **法** 공노법 제10조 제1항

❹ 정부교섭대표는 효율적인 교섭을 위하여 필요한 경우 다른 정부교섭대표와 공동으로 교섭할 수 있으나 정부교섭대표가 아닌 관계 기관의 장으로 하여금 교섭에 참여하게 할 수 없다.

> 정부교섭대표는 효율적인 교섭을 위하여 필요한 경우 다른 정부교섭대표와 공동으로 교섭하거나, 다른 정부교섭대표에게 교섭 및 단체협약 체결 권한을 위임할 수 있다. 정부교섭대표는 효율적인 교섭을 위하여 <u>필요한 경우 정부교섭대표가 아닌 관계 기관의 장으로 하여금 교섭에 참여하게 할 수 있고</u>, 다른 기관의 장이 관리하거나 결정할 권한을 가진 사항에 대하여는 해당 기관의 장에게 교섭 및 단체협약 체결 권한을 위임할 수 있다 (공노법 제8조 제3항, 제4항).

⑤ 단체교섭이 결렬된 경우 이를 조정·중재하기 위하여 중앙노동위원회에 공무원 노동관계 조정위원회를 둔다. **法** 공노법 제14조 제1항

관계법령 **가입 범위(공노법 제6조)**

① 노동조합에 가입할 수 있는 사람의 범위는 다음 각 호와 같다.
  1. 일반직공무원
  2. 특정직공무원 중 외무영사직렬·외교정보기술직렬 외무공무원, 소방공무원 및 교육공무원(다만, 교원은 제외)
  3. 별정직공무원
  4. 제1호부터 제3호까지의 어느 하나에 해당하는 공무원이었던 사람으로서 노동조합 규약으로 정하는 사람
  5. 삭제 〈2011.5.23.〉
② 제1항에도 불구하고 다음 각 호의 어느 하나에 해당하는 공무원은 노동조합에 가입할 수 없다.
  1. 업무의 주된 내용이 다른 공무원에 대하여 지휘·감독권을 행사하거나 다른 공무원의 업무를 총괄하는 업무에 종사하는 공무원
  2. 업무의 주된 내용이 인사·보수 또는 노동관계의 조정·감독 등 노동조합의 조합원 지위를 가지고 수행하기에 적절하지 아니한 업무에 종사하는 공무원
  3. 교정·수사 등 공공의 안녕과 국가안전보장에 관한 업무에 종사하는 공무원
  4. 삭제 〈2021.1.5.〉

24 교원의 노동조합 설립 및 운영 등에 관한 법률에 관한 설명으로 옳지 않은 것은?

① 교원으로 임용되어 근무하였던 사람으로서 노동조합 규약으로 정하는 사람은 노동조합에 가입할 수 있다. **교노법 제4조의2 제2호**

② 전임자는 그 전임기간 중 전임자임을 이유로 승급 또는 그 밖의 신분상의 불이익을 받지 아니한다. **교노법 제5조 제4항**

❸ 단체교섭이 결렬된 경우 중앙노동위원회는 당사자 양쪽이 조정을 신청하는 경우에 한하여 조정을 시작할 수 있다.

> 단체교섭이 결렬된 경우에는 <u>당사자 어느 한쪽 또는 양쪽</u>은 중앙노동위원회에 조정(調停)을 신청할 수 있다 (교노법 제9조 제1항).

④ 중앙노동위원회가 제시한 조정안을 당사자의 어느 한쪽이라도 거부한 경우에는 중앙노동위원회는 중재를 한다.

> 중앙노동위원회는 단체교섭이 결렬되어 관계 당사자 양쪽이 함께 중재를 신청한 경우, <u>중앙노동위원회가 제시한 조정안을 당사자의 어느 한쪽이라도 거부한 경우</u>, 중앙노동위원회 위원장이 직권으로 또는 고용노동부장관의 요청에 따라 중재에 회부한다는 결정을 한 경우 등에 해당하는 경우에는 <u>중재(仲裁)를 한다</u>(교노법 제10조).

⑤ 관계 당사자는 중앙노동위원회의 중재재정이 위법하거나 월권에 의한 것이라고 인정하는 경우에는 중재재정서를 송달받은 날부터 15일 이내에 중앙노동위원회 위원장을 피고로 하여 행정소송을 제기할 수 있다. **교노법 제12조 제1항**

---

25 노동법 등의 연혁에 관한 설명으로 옳지 않은 것은?

① 우리나라의 노동위원회법은 1953년에 처음 제정되었다.

> <u>1953년 3월 8일에 노동위원회법의 제정·공포로 중앙노동위원회와 지방노동위원회가 설치되었다.</u>

② 우리나라는 1991년에 국제노동기구(ILO)에 가입하였다.

> 우리나라는 1991년 12월 9일 152번째 회원국으로서 국제노동기구(ILO)에 가입하였다.

❸ 우리나라의 공무원의 노동조합 설립 및 운영 등에 관한 법률은 교원의 노동조합 설립 및 운영 등에 관한 법률보다 먼저 제정되었다.

> 공무원의 노동조합 설립 및 운영 등에 관한 법률은 2005.1.27. 제정되었으나, <u>교원의 노동조합 설립 및 운영 등에 관한 법률은 1999.1.29. 제정되었다.</u>

④ 미국의 1935년 와그너법은 근로자의 단결권·단체교섭권·단체행동권을 명문화하였다.

> <u>와그너법은 근로자의 단결권·단체교섭권·단체행동권을 명문화하였고, 부당노동행위제도를 최초로 규정하였다.</u>

⑤ 우리나라 제헌헌법에는 영리를 목적으로 하는 사기업에 있어서는 근로자는 법률의 정하는 바에 의하여 이익의 분배에 균점할 권리가 있다는 규정이 있었다.

> 영리를 목적으로 하는 사기업에 있어서는 근로자는 법률의 정하는 바에 의하여 이익의 분배에 균점할 권리가 있다(제헌헌법 제18조).

2022년 제31회 정답 및 해설

✅ 문제편 093p

✅ 정답 CHECK   ✅ 각 문항별로 이해도 CHECK

01	02	03	04	05	06	07	08	09	10	11	12	13	14	15	16	17	18	19	20	21	22	23	24	25
⑤	③	⑤	①	④	④	③	④	②	③	⑤	③	②	③	①	①	②	⑤	①	②	③	③	①	④	⑤

01

헌법상 노동3권에 관한 설명으로 옳지 않은 것은?

① 헌법재판소는 노동3권의 법적 성격을 사회적 보호기능을 담당하는 자유권 또는 사회권적 성격을 띤 자유권이라고 보는 입장을 취하고 있다. 🔖 헌재 1998.2.27. 94헌바13

② 근로자는 근로조건의 향상을 위하여 자주적인 단결권·단체교섭권 및 단체행동권을 가진다.

 🔖 헌법 제33조 제1항

③ 헌법재판소는 노동조합의 적극적 단결권은 근로자 개인의 단결하지 않을 자유보다 중시된다고 할 것이고, 또 노동조합에게 위와 같은 조직강제권을 부여한다고 하여 이를 근로자의 단결하지 아니할 자유의 본질적인 내용을 침해하는 것으로 단정할 수는 없다는 입장을 취하고 있다.

> 노동조합의 적극적 단결권은 근로자 개인의 단결하지 않을 자유보다 중시된다고 할 것이고, 또 노동조합에게 위와 같은 조직강제권을 부여한다고 하여 이를 근로자의 단결하지 아니할 자유의 본질적인 내용을 침해하는 것으로 단정할 수는 없다(헌재 2005.11.24. 2002헌바95).

④ 헌법상 보장된 근로자의 단결권은 단결할 자유만을 가리킬 뿐이고, 단결하지 아니할 자유 이른바 소극적 단결권은 이에 포함되지 않는다고 보는 것이 헌법재판소의 입장이다.

> 헌법상 보장된 근로자의 단결권은 단결할 자유만을 가리킬 뿐이고, 단결하지 아니할 자유 이른바 소극적 단결권은 이에 포함되지 않는다고 보는 것이 우리 재판소의 선례라고 할 것이다(헌재 2005.11.24. 2002헌바95).

❺ 헌법재판소는 노동3권 제한에 관한 개별적 제한규정을 두고 있지 않는 경우, 헌법 제37조 제2항의 일반유보조항에 따라 노동3권을 제한할 수 없다는 입장을 취하고 있다.

> 헌법 제33조 제1항에서는 근로자의 단결권·단체교섭권 및 단체행동권을 보장하고 있는바, 현행 헌법에서 공무원 및 법률이 정하는 주요방위산업체에 종사하는 근로자와는 달리 특수경비원에 대해서는 단체행동권 등 근로3권의 제한에 관한 개별적 제한규정을 두고 있지 않다고 하더라도, 헌법 제37조 제2항의 일반유보조항에 따른 기본권제한의 원칙에 의하여 특수경비원의 근로3권 중 하나인 단체행동권을 제한할 수 있다(헌재 2009.10.29. 2007헌마1359). 이러한 헌재 판례의 취지를 고려하건대, 노동3권 제한에 관한 개별적 제한규정을 두고 있지 않은 경우에도, 헌법 제37조 제2항의 일반유보조항에 따라 노동3권을 제한할 수 있다고 보는 것이 타당하다.

02 노동조합 및 노동관계조정법령에 관한 설명이다. (　　)에 들어갈 숫자로 옳은 것은?

- 노동조합의 대표자는 노동조합의 법인 등기사항 중 변경된 사항이 있는 경우에는 그 변경이 있는 날부터 (ㄱ)주 이내에 변경등기를 해야 한다.
- 행정관청은 설립신고서 또는 규약이 기재사항의 누락 등으로 보완이 필요한 경우 (ㄴ)일 이내의 기간을 정하여 보완을 요구하여야 한다.
- 노동조합은 매년 (ㄷ)회 이상 총회를 개최하여야 한다.

① ㄱ : 1, ㄴ : 10, ㄷ : 1　　　② ㄱ : 2, ㄴ : 10, ㄷ : 1
❸ ㄱ : 3, ㄴ : 20, ㄷ : 1　　　④ ㄱ : 3, ㄴ : 20, ㄷ : 2
⑤ ㄱ : 3, ㄴ : 20, ㄷ : 2

- 노동조합의 대표자는 법인 등기사항 중 변경된 사항이 있는 경우에는 그 변경이 있는 날부터 3주 이내에 변경등기를 해야 한다(노조법 시행령 제6조).
- 행정관청은 설립신고서 또는 규약이 기재사항의 누락 등으로 보완이 필요한 경우에는 대통령령이 정하는 바에 따라 20일 이내의 기간을 정하여 보완을 요구하여야 한다(노조법 제12조 제2항 전문).
- 노동조합은 매년 1회 이상 총회를 개최하여야 한다(노조법 제15조 제1항).

03 노동조합 및 노동관계조정법상 노동조합에 관한 설명으로 옳지 않은 것은?

① 행정관청은 노동조합의 결의가 규약에 위반된다고 인정할 경우에는 이해관계인의 신청이 있는 경우에 한하여 노동위원회의 의결을 얻어 그 시정을 명할 수 있다.

　　행정관청은 노동조합의 결의 또는 처분이 노동관계법령 또는 규약에 위반된다고 인정할 경우에는 노동위원회의 의결을 얻어 그 시정을 명할 수 있다. 다만, 규약위반 시의 시정명령은 이해관계인의 신청이 있는 경우에 한한다(노조법 제21조 제2항).

② 노동조합의 합병·분할 또는 해산, 조직형태 변경을 위해서는 총회의 의결을 거쳐야 한다.
　　🔧 노조법 제16조 제1항 제7호, 제8호

③ 총회는 임원의 해임에 관한 사항을 재적조합원 과반수의 출석과 출석조합원 3분의 2 이상의 찬성으로 의결한다.

　　총회는 재적조합원 과반수의 출석과 출석조합원 과반수의 찬성으로 의결한다. 다만, 규약의 제정·변경, 임원의 해임, 합병·분할·해산 및 조직형태의 변경에 관한 사항은 재적조합원 과반수의 출석과 출석조합원 3분의 2 이상의 찬성이 있어야 한다(노조법 제16조 제2항).

④ 단체협약에 관한 사항은 총회의 의결사항이다.　🔧 노조법 제16조 제1항 제3호

❺ 종사근로자인 조합원이 해고되어 노동위원회에 부당해고의 구제신청을 한 경우에는 중앙노동위원회의 재심판정이 있을 때까지는 종사근로자로 본다.

　　종사근로자인 조합원이 해고되어 노동위원회에 부당노동행위의 구제신청을 한 경우에는 중앙노동위원회의 재심판정이 있을 때까지는 종사근로자로 본다(노조법 제5조 제3항).

관계법령	총회의 의결사항(노조법 제16조)

① 다음 각 호의 사항은 총회의 의결을 거쳐야 한다.
1. 규약의 제정과 변경에 관한 사항
2. 임원의 선거와 해임에 관한 사항
3. 단체협약에 관한 사항
4. 예산·결산에 관한 사항
5. 기금의 설치·관리 또는 처분에 관한 사항
6. 연합단체의 설립·가입 또는 탈퇴에 관한 사항
7. 합병·분할 또는 해산에 관한 사항
8. 조직형태의 변경에 관한 사항
9. 기타 중요한 사항

04 노동조합 및 노동관계조정법상 기한이 다른 하나는?

❶ 노동조합의 처분이 노동관계법령에 위반하여 행정관청의 시정명령을 받은 노동조합이 이를 이행하여야 할 기한

> 노동조합의 처분이 노동관계법령에 위반된다고 인정되어 행정관청의 시정명령을 받은 노동조합은 30일 이내에 이를 이행하여야 한다(노조법 제21조 제3항).

② 노동조합에 임시총회 소집권자가 없는 경우 행정관청의 회의소집권자 지명 기한

> 행정관청은 노동조합에 총회 또는 대의원회의 소집권자가 없는 경우에 조합원 또는 대의원의 3분의 1 이상이 회의에 부의할 사항을 제시하고 소집권자의 지명을 요구한 때에는 15일 이내에 회의의 소집권자를 지명하여야 한다(노조법 제18조 제4항).

③ 노동조합의 대표자가 회의의 소집을 고의로 기피하거나 이를 해태하여 조합원 또는 대의원의 3분의 1 이상이 소집권자의 지명을 요구할 때 행정관청의 노동위원회에 대한 의결 요청 기한

> 행정관청은 노동조합의 대표자가 회의의 소집을 고의로 기피하거나 이를 해태하여 조합원 또는 대의원의 3분의 1 이상이 소집권자의 지명을 요구한 때에는 15일 이내에 노동위원회의 의결을 요청하고 노동위원회의 의결이 있는 때에는 지체 없이 회의의 소집권자를 지명하여야 한다(노조법 제18조 제3항).

④ 합병 또는 분할로 소멸하여 노동조합이 해산한 때 노동조합 대표자가 해산한 날부터 이를 행정관청에게 신고하여야 할 기한

> 합병 또는 분할로 소멸하여 노동조합이 해산한 때에는 그 대표자는 해산한 날부터 15일 이내에 행정관청에게 이를 신고하여야 한다(노조법 제28조 제2항).

⑤ 단체협약 당사자가 단체협약의 체결일부터 이를 행정관청에게 신고하여야 할 기한

> 단체협약의 당사자는 단체협약의 체결일부터 15일 이내에 이를 행정관청에게 신고하여야 한다(노조법 제31조 제2항).

노동조합 및 노동관계조정법령에 관한 설명으로 옳지 않은 것은?(다툼이 있으면 판례에 따름)

① 근로자는 단체협약으로 정하거나 사용자의 동의가 있는 경우에는 사용자 또는 노동조합으로부터 급여를 지급받으면서 근로계약 소정의 근로를 제공하지 아니하고 노동조합의 업무에 종사할 수 있다. 노조법 제24조 제1항

② 노동조합의 하부단체인 분회나 지부가 독자적인 규약 및 집행기관을 가지고 독립된 조직체로서 활동을 하는 경우 당해 조직이나 그 조합원에 고유한 사항에 대하여는 독자적으로 단체교섭하고 단체협약을 체결할 수 있다.

> 노동조합의 하부단체인 분회나 지부가 독자적인 규약 및 집행기관을 가지고 독립된 조직체로서 활동을 하는 경우 당해 조직이나 그 조합원에 고유한 사항에 대하여는 독자적으로 단체교섭하고 단체협약을 체결할 수 있고, 이는 그 분회나 지부가 노동조합 및 노동관계조정법 시행령 제7조의 규정에 따라 그 설립신고를 하였는지 여부에 영향받지 아니한다(대판 2011.5.26. 2011다1842).

③ 산하조직 중 근로조건의 결정권이 있는 독립된 사업 또는 사업장에 조직된 노동단체는 지부·분회 등 명칭이 무엇이든 상관없이 노동조합의 설립신고를 할 수 있다. 노조법 시행령 제7조

❹ 근로시간면제자에 대한 근로시간 면제 한도를 정하기 위하여 근로시간면제심의위원회를 고용노동부에 둔다.

> 근로시간면제자에 대한 근로시간 면제 한도를 정하기 위하여 근로시간면제심의위원회를 경제사회노동위원회법에 따른 <u>경제사회노동위원회에 둔다</u>(노조법 제24조의2 제1항).

⑤ 연합단체인 노동조합을 설립하고자 하는 자는 노동조합의 명칭, 주된 사무소의 소재지, 조합원 수 등을 기재한 신고서에 규약을 첨부하여 고용노동부장관에게 제출하여야 한다.
　　노조법 제10조 제1항 제6호

관계법령　설립의 신고(노조법 제10조)

① 노동조합을 설립하고자 하는 자는 다음 각 호의 사항을 기재한 신고서에 제11조의 규정에 의한 규약을 첨부하여 <u>연합단체인 노동조합과 2 이상의 특별시·광역시·특별자치시·도·특별자치도에 걸치는 단위노동조합은 고용노동부장관에게</u>, 2 이상의 시·군·구(자치구)에 걸치는 단위노동조합은 특별시장·광역시장·도지사에게, 그 외의 노동조합은 특별자치시장·특별자치도지사·시장·군수·구청장(자치구의 구청장)에게 제출하여야 한다.
　1. 명　칭
　2. 주된 사무소의 소재지
　3. 조합원 수
　4. 임원의 성명과 주소
　5. 소속된 연합단체가 있는 경우에는 그 명칭
　6. 연합단체인 노동조합에 있어서는 <u>그 구성노동단체의 명칭, 조합원 수, 주된 사무소의 소재지 및 임원의 성명·주소</u>

06 노동조합 및 노동관계조정법령상 단체교섭 및 단체협약에 관한 설명으로 옳지 않은 것은?(다툼이 있으면 판례에 따름)

① 노동조합은 정당한 이유없이 교섭 또는 단체협약의 체결을 거부하거나 해태하여서는 아니 된다.

> 노동조합과 사용자 또는 사용자단체는 <u>정당한 이유없이 교섭 또는 단체협약의 체결을 거부하거나 해태하여서는 아니 된다</u>(노조법 제30조 제2항).

② 사용자로부터 교섭의 체결에 관한 권한을 위임받은 자는 그 사용자를 위하여 위임받은 범위 안에서 그 권한을 행사할 수 있다.

> 노동조합과 사용자 또는 사용자단체로부터 교섭 또는 단체협약의 체결에 관한 권한을 위임받은 자는 <u>그 노동조합과 사용자 또는 사용자단체를 위하여 위임받은 범위 안에서</u> 그 권한을 행사할 수 있다(노조법 제29조 제3항).

③ 교섭대표노동조합의 대표자는 단체협약 체결 여부에 대해 원칙적으로 소수노동조합이나 그 조합원의 의사에 기속된다고 볼 수 없다.

> <u>교섭대표노동조합의 대표자는</u> 교섭창구 단일화 절차에 참여한 노동조합 및 조합원 전체를 대표하여 독자적인 단체협약체결권을 가지므로, <u>단체협약 체결 여부에 대해 원칙적으로 소수노동조합이나 그 조합원의 의사에 기속된다고 볼 수 없다</u>(대판 2020.10.29. 2019다262582).

❹ 노동조합은 해당 사업에 단체협약이 2개 이상 있는 경우에는 나중에 이르는 단체협약의 유효기간 만료일 이전 3개월이 되는 날부터 사용자에게 교섭을 요구할 수 있다.

> 노동조합은 해당 사업 또는 사업장에 단체협약이 있는 경우에는 그 유효기간 만료일 이전 3개월이 되는 날부터 사용자에게 교섭을 요구할 수 있다. 다만, 단체협약이 2개 이상 있는 경우에는 <u>먼저 이르는 단체협약의 유효기간 만료일 이전 3개월이 되는 날부터</u> 사용자에게 교섭을 요구할 수 있다(노조법 시행령 제14조의2 제1항).

⑤ 국가 및 지방자치단체는 다양한 교섭방식을 노동관계 당사자가 자율적으로 선택할 수 있도록 지원하고 이에 따른 단체교섭이 활성화될 수 있도록 노력하여야 한다.

> 국가 및 지방자치단체는 기업·산업·지역별 교섭 등 <u>다양한 교섭방식을 노동관계 당사자가 자율적으로 선택할 수 있도록 지원하고 이에 따른 단체교섭이 활성화될 수 있도록 노력하여야 한다</u>(노조법 제30조 제3항).

07 노동조합 및 노동관계조정법령상 교섭창구 단일화 절차 등에 관한 설명으로 옳지 않은 것은?

① 하나의 사업장에서 조직형태에 관계없이 근로자가 설립하거나 가입한 노동조합이 2개 이상인 경우 노동조합은 교섭대표노동조합을 정하여 교섭을 요구하여야 한다.
　　법 노조법 제29조의2 제1항 본문

② 교섭대표노동조합을 자율적으로 결정하는 기한 내에 사용자가 교섭창구 단일화 절차를 거치지 아니하기로 동의한 경우에는 사용자는 교섭을 요구한 모든 노동조합과 성실히 교섭하여야 한다.
　　법 노조법 제29조의2 제1항 단서, 제2항

❸ 교섭대표노동조합을 자율적으로 결정하는 기한까지 교섭대표노동조합을 정하지 못하고 사용자의 동의를 얻지 못한 경우에는 교섭창구 단일화 절차에 참여한 노동조합의 종사 근로자가 아닌 조합원을 포함한 전체 조합원 과반수로 조직된 노동조합이 교섭대표노동조합이 된다.

> 교섭대표노동조합을 자율적으로 결정하는 기한까지 교섭대표노동조합을 정하지 못하고 사용자의 동의를 얻지 못한 경우에는 교섭창구 단일화 절차에 참여한 노동조합의 전체 조합원 과반수로 조직된 노동조합이 교섭대표노동조합이 된다. 이때 조합원 수 산정은 종사근로자인 조합원을 기준으로 한다(노조법 제29조의2 제4항, 제10항).

④ 공동교섭대표단의 구성에 합의하지 못할 경우에 노동위원회는 해당 노동조합의 신청에 따라 조합원 비율을 고려하여 이를 결정할 수 있다.　**법** 노조법 제29조의2 제6항

⑤ 사용자에게 공동교섭대표단의 통지가 있은 이후에는 그 공동교섭대표단 결정 절차에 참여한 노동조합 중 일부 노동조합이 그 이후의 절차에 참여하지 않더라도 교섭대표노동조합의 지위는 유지된다.　**법** 노조법 시행령 제14조의8 제2항

08 노동조합 및 노동관계조정법령상 교섭단위 결정 등에 관한 설명으로 옳은 것은?

① 노동조합 또는 사용자는 사용자가 교섭요구 사실을 공고하기 전에는 노동위원회에 교섭단위를 분리하는 결정을 신청할 수 없다.

> 노동조합 또는 사용자는 교섭단위를 분리하거나 분리된 교섭단위를 통합하여 교섭하려는 경우, 사용자가 교섭요구 사실을 공고하기 전에 노동위원회에 교섭단위를 분리하거나 분리된 교섭단위를 통합하는 결정을 신청할 수 있다(노조법 시행령 제14조의11 제1항 제1호).

② 노동조합 또는 사용자는 분리된 교섭단위를 통합하여 교섭하려는 경우에는 노동위원회에 분리된 교섭단위를 통합하는 결정을 신청할 수 없다.

> 노동조합 또는 사용자는 교섭단위를 분리하거나 분리된 교섭단위를 통합하여 교섭하려는 경우, 노동위원회에 교섭단위를 분리하거나 분리된 교섭단위를 통합하는 결정을 신청할 수 있다(노조법 시행령 제14조의11 제1항).

③ 노동위원회는 노동관계 당사자의 어느 한쪽이 신청한 경우에는 교섭단위를 분리하는 결정을 할 수 없다.

> 하나의 사업 또는 사업장에서 현격한 근로조건의 차이, 고용형태, 교섭 관행 등을 고려하여 교섭단위를 분리하거나 분리된 교섭단위를 통합할 필요가 있다고 인정되는 경우에 노동위원회는 노동관계 당사자의 양쪽 또는 어느 한쪽의 신청을 받아 교섭단위를 분리하거나 분리된 교섭단위를 통합하는 결정을 할 수 있다(노조법 제29조의3 제2항).

❹ 노동위원회는 교섭단위를 분리하는 결정을 하고 해당 사업 또는 사업장의 모든 노동조합과 사용자에게 통지해야 한다.

> 노동위원회는 신청을 받은 날부터 30일 이내에 교섭단위를 분리하거나 분리된 교섭단위를 통합하는 결정을 하고 해당 사업 또는 사업장의 모든 노동조합과 사용자에게 통지해야 한다(노조법 시행령 제14조의11 제3항).

⑤ 교섭단위 분리신청에 대한 노동위원회의 결정이 있기 전에 교섭 요구가 있는 때에는 교섭단위 분리 결정과 관계없이 교섭요구 사실의 공고 등 교섭창구단일화절차는 진행된다.

> 교섭단위를 분리하거나 분리된 교섭단위를 통합하는 결정의 신청에 대한 노동위원회의 결정이 있기 전에 교섭 요구가 있는 때에는 교섭단위를 분리하거나 분리된 교섭단위를 통합하는 결정이 있을 때까지 교섭요구 사실의 공고 등 교섭창구단일화절차의 진행은 정지된다(노조법 시행령 제14조의11 제5항).

09 노동조합 및 노동관계조정법령상 단체협약에 관한 설명으로 옳지 않은 것은?

① 행정관청은 단체협약 중 위법한 내용이 있는 경우에는 노동위원회의 의결을 얻어 그 시정을 명할 수 있다. 👖 노조법 제31조 제3항

❷ 하나의 사업장에 상시 사용되는 동종의 근로자 반수 이상이 하나의 단체협약의 적용을 받게 된 때에는 행정관청은 직권으로 다른 동종의 근로자에 대하여도 당해 단체협약을 적용한다는 결정을 하여야 한다.

> 하나의 사업 또는 사업장에 상시 사용되는 동종의 근로자 반수 이상이 하나의 단체협약의 적용을 받게 된 때에는 당해 사업 또는 사업장에 사용되는 다른 동종의 근로자에 대하여도 당해 단체협약이 적용된다(노조법 제35조).

③ 단체협약에 그 유효기간을 정하지 아니한 경우 그 유효기간은 3년으로 한다.

> 단체협약에 그 유효기간을 정하지 아니한 경우 또는 3년을 초과하는 유효기간을 정한 경우에 그 유효기간은 3년으로 한다(노조법 제32조 제2항).

④ 단체협약의 신고는 당사자 쌍방이 연명으로 해야 한다. 👖 노조법 시행령 제15조

⑤ 단체협약의 이행방법에 관하여 노동위원회가 제시한 이행방법에 관한 견해는 중재재정과 동일한 효력을 가진다.

> 노동위원회가 단체협약의 해석 또는 이행방법에 관한 견해의 제시를 요청받은 경우, 노동위원회가 제시한 해석 또는 이행방법에 관한 견해는 중재재정과 동일한 효력을 가진다(노조법 제34조).

10 노동조합 및 노동관계조정법령상 단체교섭 및 단체협약에 관한 설명이다. (　　)에 들어갈 내용으로 옳은 것은?

☑ 확인
Check!
○
△
✕

> • 교섭창구 단일화 절차에 따라 결정된 교섭대표노동조합은 그 결정이 있은 후 사용자와 체결한 첫 번째 단체협약의 효력이 발생한 날을 기준으로 (ㄱ)년이 되는 날까지 그 교섭대표노동조합의 지위를 유지한다.
> • 단체협약에 그 유효기간이 경과한 후에도 새로운 단체협약이 체결되지 아니한 때에는 새로운 단체협약이 체결될 때까지 종전 단체협약의 효력을 존속시킨다는 취지의 별도의 약정이 있는 경우에는 그에 따르되, 당사자 일방은 해지하고자 하는 날의 (ㄴ)월 전까지 상대방에게 통고함으로써 종전의 단체협약을 해지할 수 있다.

① ㄱ : 2, ㄴ : 2   ② ㄱ : 2, ㄴ : 3
❸ ㄱ : 2, ㄴ : 6   ④ ㄱ : 3, ㄴ : 3
⑤ ㄱ : 3, ㄴ : 6

> • 교섭대표노동조합은 그 결정이 있은 후 사용자와 체결한 첫 번째 단체협약의 효력이 발생한 날을 기준으로 <u>2</u>년이 되는 날까지 그 교섭대표노동조합의 지위를 유지하되, 새로운 교섭대표노동조합이 결정된 경우에는 그 결정된 때까지 교섭대표노동조합의 지위를 유지한다(노조법 시행령 제14조의10 제1항).
> • 단체협약에 그 유효기간이 경과한 후에도 새로운 단체협약이 체결되지 아니한 때에는 새로운 단체협약이 체결될 때까지 종전 단체협약의 효력을 존속시킨다는 취지의 별도의 약정이 있는 경우에는 그에 따르되, 당사자 일방은 해지하고자 하는 날의 <u>6</u>월 전까지 상대방에게 통고함으로써 종전의 단체협약을 해지할 수 있다(노조법 제32조 제3항 단서).

11 노동조합 및 노동관계조정법령상 단체협약에 관한 설명으로 옳지 않은 것은?(다툼이 있으면 판례에 따름)

☑ 확인
Check!
○
△
✕

① 노동조합은 신의에 따라 성실히 교섭하고 단체협약을 체결하여야 하며 그 권한을 남용하여서는 아니 된다. 🏷 노조법 제30조 제1항
② 단체협약에 정한 근로조건 기타 근로자의 대우에 관한 기준에 위반하는 취업규칙 또는 근로계약의 부분은 무효로 한다. 🏷 노조법 제33조 제1항
③ 단체협약의 당사자인 노동조합은 단체협약의 유효기간 중에 단체협약에서 정한 근로조건 등에 관한 내용의 변경이나 폐지를 요구하는 쟁의행위를 행하지 않을 평화의무를 지고 있다.

> 단체협약의 당사자인 노동조합은 단체협약의 유효기간 중에 단체협약에서 정한 근로조건 등에 관한 내용의 변경이나 폐지를 요구하는 쟁의행위를 행하지 아니하여야 함은 물론, 조합원들에 대하여도 통제력을 행사하여 그와 같은 쟁의행위를 행하지 못하게 방지하여야 할 이른바 평화의무를 지고 있다고 할 것이다(대판 1992.9.1. 92누7733).

④ 사용자가 인사처분을 할 때 노동조합의 사전 동의나 승낙을 얻어 인사처분을 하도록 단체협약 등에 규정된 경우 그 절차를 거치지 아니한 인사처분은 원칙적으로 무효로 보아야 한다.

> 사용자가 인사처분을 함에 있어 노동조합의 사전 동의나 승낙을 얻어야 한다거나 노동조합과 인사처분에 관한 논의를 하여 의견의 합치를 보아 인사처분을 하도록 단체협약에 규정된 경우에는 <u>그 절차를 거치지 아니한 인사처분은 원칙적으로 무효라고 보아야</u> 할 것이다(대판 1993.7.13. 92다45735).

❺ 노동조합은 근로조건의 향상을 목적으로 하므로 사용자와 사이에 근로조건을 불리하게 변경하는 내용의 단체협약을 체결할 수 없다.

> <u>협약자치의 원칙상 노동조합은</u> 사용자와 사이에 근로조건을 유리하게 변경하는 내용의 단체협약뿐만 아니라 <u>근로조건을 불리하게 변경하는 내용의 단체협약을 체결할 수 있으므로</u>, 근로조건을 불리하게 변경하는 내용의 단체협약이 현저히 합리성을 결하여 노동조합의 목적을 벗어난 것으로 볼 수 있는 경우와 같은 특별한 사정이 없는 한 그러한 노사 간의 합의를 무효라고 볼 수는 없다(대판 2000.9.29. 99다67536).

12

노동조합 및 노동관계조정법상 노동위원회가 행하는 노동쟁의의 조정 등에 관한 설명으로 옳지 않은 것은?

① 노동위원회는 관계당사자의 일방이 노동쟁의의 조정을 신청한 때에는 지체 없이 조정을 개시하여야 한다.

> 노동위원회는 관계당사자의 일방이 노동쟁의의 조정을 신청한 때에는 <u>지체 없이 조정을 개시하여야</u> 하며 관계당사자 쌍방은 이에 성실히 임하여야 한다(노조법 제53조 제1항).

② 조정은 조정의 신청이 있은 날부터 일반사업에 있어서는 10일, 공익사업에 있어서는 15일 이내에 종료하여야 한다. 노조법 제54조 제1항

❸ 노동위원회는 조정신청 전에는 교섭을 주선하는 등 관계당사자의 자주적인 분쟁해결을 지원할 수 없다.

> 노동위원회는 조정신청 전이라도 원활한 조정을 위하여 교섭을 주선하는 등 <u>관계당사자의 자주적인 분쟁해결을 지원할 수 있다</u>(노조법 제53조 제2항).

④ 노동위원회는 관계당사자 쌍방의 신청 또는 동의를 얻은 경우에는 조정위원회에 갈음하여 단독조정인에게 조정을 행하게 할 수 있다. 노조법 제57조 제1항

⑤ 조정서의 내용을 준수하지 아니한 자는 벌칙에 처한다.

> 조정서의 내용 또는 중재재정서의 내용을 준수하지 아니한 자는 <u>1천만원 이하의 벌금에 처한다</u>(노조법 제92조 제3호).

13 노동조합 및 노동관계조정법상 노동위원회가 행하는 노동쟁의의 중재에 관한 설명으로 옳은 것은?

① 노동쟁의가 중재에 회부된 때에는 그날부터 20일간은 쟁의행위를 할 수 없다.

> 노동쟁의가 중재에 회부된 때에는 그날부터 <u>15일간</u>은 쟁의행위를 할 수 없다(노조법 제63조).

❷ 관계당사자의 일방이 단체협약에 의하여 중재를 신청한 때에도 노동위원회는 중재를 행한다.

> 노동위원회는 다음 각 호의 어느 하나에 해당하는 때에는 중재를 행한다(노조법 제62조).
> 1. 관계당사자의 쌍방이 함께 중재를 신청한 때
> 2. <u>관계당사자의 일방이 단체협약에 의하여 중재를 신청한 때</u>

③ 중재는 조정을 거치지 않으면 신청할 수 없다.

> 중재는 일반적으로 조정이 실패한 경우에 신청하지만 <u>조정을 거치지 않고 신청할 수도 있다.</u>

④ 관계당사자는 지방노동위원회의 중재재정이 월권에 의한 것이라고 인정하는 경우에는 중앙노동위원회에 재심을 신청할 수 없다.

> 관계당사자는 지방노동위원회 또는 특별노동위원회의 중재재정이 위법이거나 월권에 의한 것이라고 인정하는 경우에는 그 중재재정서의 송달을 받은 날부터 10일 이내에 <u>중앙노동위원회에 그 재심을 신청할 수 있다</u>(노조법 제69조 제1항).

⑤ 중재재정의 내용은 관계당사자의 동의를 받아야 단체협약과 동일한 효력을 가진다.

> 중재재정의 내용은 단체협약과 동일한 효력을 가진다(노조법 제70조 제1항). 중재재정의 확정으로 단체협약과 동일한 효력을 가지게 되며 별도로 당사자의 동의는 필요로 하지 아니한다.

14 노동조합 및 노동관계조정법상 필수공익사업에 해당하는 것을 모두 고른 것은?

ㄱ. 공중위생사업	ㄴ. 통신사업
ㄷ. 방송사업	ㄹ. 한국은행사업
ㅁ. 조폐사업	ㅂ. 병원사업

① ㄱ, ㄹ, ㅂ
② ㄴ, ㄷ, ㅁ
❸ ㄴ, ㄹ, ㅂ
④ ㄷ, ㄹ, ㅁ
⑤ ㄷ, ㅁ, ㅂ

> ㄱ. 공중위생사업, ㄷ. 방송사업, ㅁ. 조폐사업 등은 공익사업에 해당한다(노조법 제71조 제1항).

관계법령	필수공익사업(노조법 제71조 제2항)

- 철도사업, 도시철도사업 및 항공운수사업
- 수도사업, 전기사업, 가스사업, 석유정제사업 및 석유공급사업
- 병원사업 및 혈액공급사업
- 한국은행사업
- 통신사업

15 노동조합 및 노동관계조정법상 사용자의 직장폐쇄에 관한 설명으로 옳지 않은 것은?(다툼이 있으면 판례에 따름)

❶ 사용자의 직장폐쇄가 정당한 쟁의행위로 평가받는 경우에는 사업장 내의 노조사무실 등 정상적인 노조활동에 필요한 시설이라 하더라도 조합원의 출입은 허용되지 않는다.

> 사용자의 직장폐쇄가 정당한 쟁의행위로 평가받는 경우에도 사업장 내의 노조사무실 등 정상적인 노조활동에 필요한 시설, 기숙사 등 기본적인 생활근거지에 대한 출입은 허용되어야 한다(대판 2010.6.10. 2009도12180).

② 직장폐쇄의 개시 자체는 정당하더라도 근로자가 쟁의행위를 중단하고 진정으로 업무에 복귀할 의사를 표시하였음에도 사용자가 직장폐쇄를 계속 유지하면서 공격적 직장폐쇄의 성격으로 변질된 경우에는 그 이후의 직장폐쇄는 정당성을 상실하게 된다. 대판 2017.4.7. 2013다101425

③ 사용자의 직장폐쇄는 근로자 측의 쟁의행위에 대한 대항·방위 수단으로서 상당성이 인정되는 경우에 한하여 정당한 쟁의행위로 평가받을 수 있다.

> 사용자의 직장폐쇄는 노사 간의 교섭태도, 경과, 근로자 측 쟁의행위의 태양, 그로 인하여 사용자 측이 받는 타격의 정도 등에 관한 구체적 사정에 비추어 형평상 근로자 측의 쟁의행위에 대한 대항·방위 수단으로서 상당성이 인정되는 경우에 한하여 정당한 쟁의행위로 평가받을 수 있는 것이고, 사용자의 직장폐쇄가 정당한 쟁의행위로 인정되지 아니하는 때에는 적법한 쟁의행위로서 사업장을 점거 중인 근로자들이 직장폐쇄를 단행한 사용자로부터 퇴거 요구를 받고 이에 불응한 채 직장점거를 계속하더라도 퇴거불응죄가 성립하지 아니한다(대판 2007.12.28. 2007도5204).

④ 사용자의 직장폐쇄가 정당한 쟁의행위로 인정되지 아니하는 때에는 적법한 쟁의행위로서 사업장을 점거 중인 근로자들이 사용자로부터 퇴거 요구를 받고 이에 불응한 채 직장점거를 계속하더라도 퇴거불응죄가 성립하지 아니한다. 대판 2007.12.28. 2007도5204

⑤ 사용자의 직장폐쇄가 정당한 쟁의행위로 평가받을 때 비로소 사용자는 직장폐쇄 기간 동안의 대상 근로자에 대한 임금지불의무를 면한다. 대판 2010.1.28. 2007다76566

16 노동조합 및 노동관계조정법령상 노동조합이 쟁의행위를 하고자 할 경우에 행정관청과 관할노동위원회에 신고하여야 할 사항이 아닌 것은?

❶ 쟁의행위의 목적
② 쟁의행위의 일시
③ 쟁의행위의 장소
④ 쟁의행위의 참가인원
⑤ 쟁의행위의 방법

> 노동조합은 쟁의행위를 하고자 할 경우에는 고용노동부령이 정하는 바에 따라 행정관청과 관할노동위원회에 <u>쟁의행위의 일시·장소·참가인원 및 그 방법을</u> 미리 서면으로 신고하여야 한다(노조법 시행령 제17조). 쟁의행위의 목적은 신고사항에 해당하지 아니한다.

17 노동조합 및 노동관계조정법상 쟁의행위에 관한 설명으로 옳은 것은?

① 근로자는 쟁의행위 기간 중에는 어떠한 경우라도 노동조합 및 노동관계조정법 위반을 이유로 구속되지 아니한다.

> 근로자는 쟁의행위 기간 중에는 현행범 외에는 이 법 위반을 이유로 구속되지 아니하므로(노조법 제39조), <u>현행범의 경우에는 구속될 수 있음을 유의하여야</u> 한다.

❷ 노동조합의 쟁의행위는 직접·비밀·무기명투표에 의한 종사근로자인 조합원 과반수의 찬성으로 결정하지 아니하면 이를 행할 수 없다.

> 노동조합의 쟁의행위는 그 조합원의 <u>직접·비밀·무기명투표에 의한 조합원 과반수의 찬성으로</u> 결정하지 아니하면 이를 행할 수 없다. 이 경우 <u>조합원 수 산정은 종사근로자인 조합원을 기준으로</u> 한다(노조법 제41조 제1항).

③ 노동조합은 쟁의행위의 본질상 사용자의 점유를 배제하여 조업을 방해하는 형태로 쟁의행위를 할 수 있다.

> 노동조합은 사용자의 점유를 배제하여 조업을 방해하는 형태로 <u>쟁의행위를 해서는 아니 된다</u>(노조법 제37조 제3항).

④ 노동조합은 쟁의행위 기간에 대한 임금의 지급을 요구하여 이를 관철할 목적으로 쟁의행위를 할 수 있다.

> 노동조합은 쟁의행위 기간에 대한 임금의 지급을 요구하여 이를 관철할 목적으로 <u>쟁의행위를 하여서는 아니 된다</u>(노조법 제44조 제2항).

⑤ 필수공익사업의 사용자는 쟁의행위 기간 중 그 쟁의행위로 중단된 업무의 수행을 위하여 당해 사업과 관계없는 자를 채용 또는 대체할 수 없다.

> 필수공익사업의 사용자는 쟁의행위 기간 중에 한하여 <u>당해 사업과 관계없는 자를 채용 또는 대체할 수 있다</u>(노조법 제43조 제3항).

18

☑ 확인
Check!

○

△

×

노동조합 및 노동관계조정법상 쟁의행위에 관한 설명으로 옳지 않은 것은?(다툼이 있으면 판례에 따름)

① 근로자의 쟁의행위가 정당한 것으로 인정받기 위해서는 그 목적이 근로조건의 향상을 위한 노사 간의 자치적 교섭을 조성하는 데에 있어야 한다. 🍀 대판 2018.2.13. 2014다33604

② 노동조합 및 노동관계조정법상 적법한 절차를 거친 후 이루어진 쟁의행위에 대하여 쟁의발생 신고 절차의 미준수만을 이유로 그 정당성을 부정할 수는 없다.

> 노동조합 및 노동관계조정법 시행령 제17조에서 규정하고 있는 쟁의행위의 일시·장소·참가인원 및 그 방법에 관한 서면신고의무는 쟁의행위를 함에 있어 그 세부적·형식적 절차를 규정한 것으로서, 쟁의행위에 적법성을 부여하기 위하여 필요한 본질적인 요소라고 할 것은 아니므로, 노동쟁의 조정신청이나 조합원들에 대한 쟁의행위 찬반투표 등의 절차를 거친 후 이루어진 이 사건 쟁위행위에 대하여 위와 같은 신고절차의 미준수만을 이유로 그 정당성을 부정할 수는 없다고 할 것이다(대판 2007.12.28. 2007도5204).

③ 쟁의행위 수단으로서 피케팅은 파업에 가담하지 않고 조업을 계속하려는 자에 대하여 평화적 설득, 구두와 문서에 의한 언어적 설득의 범위 내에서 정당성이 인정되는 것이 원칙이다.
🍀 대판 1990.10.12. 90도1431

④ 쟁의행위가 조정전치의 규정에 따른 절차를 거치지 않았더라도 무조건 정당성을 결여한 쟁의행위가 되는 것은 아니다.

> 쟁의행위가 조정전치의 규정에 따른 절차를 거치지 아니하였다고 하여 무조건 정당성이 결여된 쟁의행위라고 볼 것이 아니고, 그 위반행위로 말미암아 사회·경제적 안정이나 사용자의 사업운영에 예기치 않은 혼란이나 손해를 끼치는 등 부당한 결과를 초래할 우려가 있는지의 여부 등 구체적 사정을 살펴서, 그 정당성 유무를 가려 형사상 죄책 유무를 판단하여야 할 것이다(대판 2000.10.13. 99도4812).

❺ 노동조합이 사용자가 수용할 수 없는 과다한 요구를 하였다면 그 쟁의행위의 목적의 정당성은 부정된다.

> 노동조합이 회사로서는 수용할 수 없는 요구를 하고 있었다고 하더라도 이는 단체교섭의 단계에서 조정할 문제이지 노동조합측으로부터 과다한 요구가 있었다고 하여 막바로 그 쟁의행위의 목적이 부당한 것이라고 해석할 수는 없다(대판 1992.1.21. 91누5204).

2024년
2023년
2022년
2021년
2020년

19 노동조합 및 노동관계조정법상 부당노동행위에 관한 설명으로 옳지 않은 것은?

☑ 확인
Check!

○
△
✕

❶ 근로시간 면제한도를 초과하여 사용자가 급여를 지급하더라도 부당노동행위가 성립하지 않는다.

> 근로자가 노동조합을 조직 또는 운영하는 것을 지배하거나 이에 개입하는 행위와 **근로시간 면제한도를 초과하여 급여를 지급하거나 노동조합의 운영비를 원조하는** 행위는 부당노동행위에 해당한다(노조법 제81조 제1항 제4호 본문).

② 사용자가 근로자의 후생자금을 위해 기금을 기부하는 경우에 부당노동행위가 성립하지 않는다. 🅟 노조법 제81조 제1항 제4호 단서

③ 노동조합이 해당 사업장에 종사하는 근로자의 3분의 2 이상을 대표하고 있을 때에 근로자가 그 노동조합의 조합원이 될 것을 고용조건으로 하는 단체협약의 체결은 부당노동행위에 해당하지 않는다. 🅟 노조법 제81조 제1항 제2호 단서

④ 사용자가 최소한의 규모의 노동조합 사무소를 제공하는 경우 부당노동행위가 성립하지 않는다. 🅟 노조법 제81조 제1항 제4호 단서

⑤ 사용자가 노동조합으로부터 위임을 받은 자와의 단체협약체결 기타의 단체교섭을 정당한 이유없이 거부하거나 해태하는 경우 부당노동행위가 성립할 수 있다. 🅟 노조법 제81조 제1항 제3호

관계법령 **부당노동행위(노조법 제81조)**

① 사용자는 다음 각 호의 어느 하나에 해당하는 행위(이하 "부당노동행위")를 할 수 없다.
1. 근로자가 노동조합에 가입 또는 가입하려고 하였거나 노동조합을 조직하려고 하였거나 기타 노동조합의 업무를 위한 정당한 행위를 한 것을 이유로 그 근로자를 해고하거나 그 근로자에게 불이익을 주는 행위
2. 근로자가 어느 노동조합에 가입하지 아니할 것 또는 탈퇴할 것을 고용조건으로 하거나 특정한 노동조합의 조합원이 될 것을 고용조건으로 하는 행위. 다만, 노동조합이 당해 사업장에 종사하는 근로자의 3분의 2 이상을 대표하고 있을 때에는 근로자가 그 노동조합의 조합원이 될 것을 고용조건으로 하는 단체협약의 체결은 예외로 하며, 이 경우 사용자는 근로자가 그 노동조합에서 제명된 것 또는 그 노동조합을 탈퇴하여 새로 노동조합을 조직하거나 다른 노동조합에 가입한 것을 이유로 근로자에게 신분상 불이익한 행위를 할 수 없다.
3. 노동조합의 대표자 또는 노동조합으로부터 위임을 받은 자와의 단체협약 체결 기타의 단체교섭을 정당한 이유 없이 거부하거나 해태하는 행위
4. 근로자가 노동조합을 조직 또는 운영하는 것을 지배하거나 이에 개입하는 행위와 근로시간면제한도를 초과하여 급여를 지급하거나 노동조합의 운영비를 원조하는 행위. 다만, 근로자가 근로시간 중에 제24조 제2항에 따른 활동을 하는 것을 사용자가 허용함은 무방하며, 또한 근로자의 후생자금 또는 경제상의 불행 그 밖에 재해의 방지와 구제 등을 위한 기금의 기부와 최소한의 규모의 노동조합사무소의 제공 및 그 밖에 이에 준하여 노동조합의 자주적인 운영 또는 활동을 침해할 위험이 없는 범위에서의 운영비원조행위는 예외로 한다.
5. 근로자가 정당한 단체행위에 참가한 것을 이유로 하거나 또는 노동위원회에 대하여 사용자가 이 조의 규정에 위반한 것을 신고하거나 그에 관한 증언을 하거나 기타 행정관청에 증거를 제출한 것을 이유로 그 근로자를 해고하거나 그 근로자에게 불이익을 주는 행위

20

노동조합 및 노동관계조정법 제81조(부당노동행위) 제1항 제4호 단서에 따른 "노동조합의 자주적인 운영 또는 활동을 침해할 위험" 여부를 판단할 때 고려하여야 하는 사항이 아닌 것은?

① 원조된 운영비의 관리방법 및 사용처
❷ 원조된 운영비가 노동조합의 총지출에서 차지하는 비율

> 원조된 운영비가 노동조합의 총지출에서 차지하는 비율은 노조법 제81조 제2항에서 정한 고려사항에 해당하지 아니한다.

③ 원조된 운영비 금액과 원조방법
④ 원조된 운영비 횟수와 기간
⑤ 운영비 원조의 목적과 경위

> **관계법령** **부당노동행위(노조법 제81조)**
>
> ② 제1항 제4호 단서에 따른 "노동조합의 자주적 운영 또는 활동을 침해할 위험" 여부를 판단할 때에는 다음 각 호의 사항을 고려하여야 한다.
> 1. 운영비 원조의 목적과 경위
> 2. 원조된 운영비 횟수와 기간
> 3. 원조된 운영비 금액과 원조방법
> 4. 원조된 운영비가 노동조합의 총수입에서 차지하는 비율
> 5. 원조된 운영비의 관리방법 및 사용처 등

21

노동조합 및 노동관계조정법상 부당노동행위 구제에 관한 설명으로 옳은 것은?

① 사용자의 부당노동행위로 인하여 그 권리를 침해당한 근로자는 노동위원회에 그 구제를 신청할 수 없다.

> 사용자의 부당노동행위로 인하여 그 <u>권리를 침해당한 근로자 또는 노동조합은 노동위원회에 그 구제를 신청할 수 있다</u>(노조법 제82조 제1항).

② 노동위원회가 관계당사자의 심문을 할 때에는 관계당사자의 신청 없이는 증인을 출석하게 하여 필요한 사항을 질문할 수 없다.

> 노동위원회는 관계당사자의 심문을 할 때에는 <u>관계당사자의 신청에 의하거나 그 직권으로</u> 증인을 출석하게 하여 필요한 사항을 질문할 수 있다(노조법 제83조 제2항).

❸ 부당노동행위 구제의 신청은 계속하는 부당노동행위의 경우 그 종료일부터 3월 이내에 행하여야 한다. 🅝 노조법 제82조 제2항

④ 지방노동위원회의 기각결정에 불복이 있는 관계당사자는 그 결정이 있은 날부터 10일 이내에 중앙노동위원회에 그 재심을 신청할 수 있다.

> 지방노동위원회 또는 특별노동위원회의 구제명령 또는 기각결정에 불복이 있는 관계당사자는 <u>그 명령서 또는 결정서의 송달을 받은 날부터 10일 이내에 중앙노동위원회에 그 재심을 신청할 수 있다</u>(노조법 제85조 제1항).

⑤ 중앙노동위원회의 재심판정은 행정소송의 제기에 의하여 그 효력이 정지된다.

> 노동위원회의 구제명령·기각결정 또는 재심판정은 중앙노동위원회에의 재심신청이나 행정소송의 제기에 의하여 그 효력이 정지되지 아니한다(노조법 제86조).

22 노동위원회법상 노동위원회에 관한 설명으로 옳지 않은 것은?

① 공익위원은 해당 노동위원회 위원장, 노동조합 및 사용자단체가 각각 추천한 사람 중에서 노동조합과 사용자단체가 순차적으로 배제하고 남은 사람을 위촉대상 공익위원으로 한다.

> *법* 노위법 제6조 제4항

② 관계당사자 양쪽이 모두 단독심판을 신청하거나 단독심판으로 처리하는 것에 동의한 경우 단독심판으로 사건을 처리할 수 있다.

> 위원장은 관계당사자 양쪽이 모두 단독심판을 신청하거나 단독심판으로 처리하는 것에 동의한 경우에 심판담당 공익위원 또는 차별시정담당 공익위원 중 1명을 지명하여 사건을 처리하게 할 수 있다(노위법 제15조의2).

❸ 노동위원회 위원의 임기는 3년으로 하되, 연임할 수 없다.

> 노동위원회 위원의 임기는 3년으로 하되, <u>연임할 수 있다</u>(노위법 제7조 제1항).

④ 중앙노동위원회의 처분에 대한 소송은 중앙노동위원회 위원장을 피고(被告)로 하여 제기하여야 한다.

> 중앙노동위원회의 처분에 대한 소송은 <u>중앙노동위원회 위원장을 피고(被告)로</u> 하여 처분의 송달을 받은 날부터 15일 이내에 제기하여야 한다(노위법 제27조 제1항).

⑤ 노동위원회법에 따라 작성된 화해조서는 민사소송법에 따른 재판상 화해의 효력을 갖는다.

> *법* 노위법 제16조의3 제5항

23 공무원의 노동조합 설립 및 운영 등에 관한 법률에 관한 설명으로 옳지 않은 것은?

❶ 정부교섭대표는 다른 정부교섭대표와 공동으로 교섭할 수 있지만, 다른 정부교섭대표에게 교섭 및 단체협약 체결 권한을 위임할 수 없다.

> 정부교섭대표는 효율적인 교섭을 위하여 필요한 경우 다른 정부교섭대표와 공동으로 교섭하거나, <u>다른 정부교섭대표에게 교섭 및 단체협약 체결 권한을 위임할 수 있다</u>(공노법 제8조 제3항).

② 전임자에 대하여는 그 기간 중 국가공무원법 제71조 또는 지방공무원법 제63조에 따라 휴직명령을 하여야 한다. *법* 공노법 제7조 제2항

③ 정부교섭대표는 법령 등에 따라 스스로 관리하거나 결정할 수 있는 권한을 가진 사항에 대하여 노동조합이 교섭을 요구할 때에는 정당한 사유가 없으면 그 요구에 따라야 한다.

> *법* 공노법 제8조 제2항

④ 단체교섭이 결렬된 경우 이를 조정·중재하기 위하여 중앙노동위원회에 공무원 노동관계 조정위원회를 둔다. *법* 공노법 제14조 제1항

⑤ 정부교섭대표는 단체협약으로서의 효력을 가지지 아니하는 내용에 대하여는 그 내용이 이행될 수 있도록 성실하게 노력하여야 한다. *법* 공노법 제10조 제2항

24 교원의 노동조합 설립 및 운영 등에 관한 법률에 관한 설명으로 옳은 것은?

☑ 확인
Check!
○
△
×

① 초·중등교육법에 따른 교원은 개별학교 단위로 노동조합을 설립할 수 있다.

> 유아교육법에 따른 교원, 초·중등교육법에 따른 교원은 특별시·광역시·특별자치시·도·특별자치도 단위 또는 전국 단위로만 노동조합을 설립할 수 있다(교노법 제4조 제1항).

② 교원으로 임용되어 근무하였던 사람은 규약에 정함이 있더라도 노동조합에 가입할 수 없다.

> 교원으로 임용되어 근무하였던 사람으로서 노동조합 규약으로 정하는 사람은 노동조합에 가입할 수 있다(교노법 제4조의2 제2호).

③ 노동조합과 그 조합원은 파업, 태업 또는 그 밖에 업무의 정상적인 운영을 방해하는 쟁의행위를 할 수 있다.

> 노동조합과 그 조합원은 파업, 태업 또는 그 밖에 업무의 정상적인 운영을 방해하는 어떠한 쟁의행위도 하여서는 아니 된다(교노법 제8조).

❹ 단체교섭을 하거나 단체협약을 체결하는 경우에 관계당사자는 국민여론과 학부모의 의견을 수렴하여 성실하게 교섭하고 단체협약을 체결하여야 한다.

> 단체교섭을 하거나 단체협약을 체결하는 경우에 관계당사자는 국민여론과 학부모의 의견을 수렴하여 성실하게 교섭하고 단체협약을 체결하여야 하며, 그 권한을 남용하여서는 아니 된다(교노법 제6조 제8항).

⑤ 교원은 임용권자의 동의를 받아 노동조합의 업무에만 종사할 수 있으나, 노동조합으로부터 급여를 지급받을 수는 없다.

> 교원은 임용권자의 동의를 받아 노동조합으로부터 급여를 지급받으면서 노동조합의 업무에만 종사할 수 있다 (교노법 제5조 제1항).

관계법령

노동조합 전임자의 지위(교노법 제5조)
① 교원은 임용권자의 동의를 받아 노동조합으로부터 급여를 지급받으면서 노동조합의 업무에만 종사할 수 있다.
② 제1항에 따라 동의를 받아 노동조합의 업무에만 종사하는 사람[이하 "전임자"(專任者)]은 그 기간 중 교육공무원법 제44조 및 사립학교법 제59조에 따른 휴직명령을 받은 것으로 본다.
③ 삭제 〈2022.6.10.〉
④ 전임자는 그 전임기간 중 전임자임을 이유로 승급 또는 그 밖의 신분상의 불이익을 받지 아니한다.

근무시간 면제자 등(교노법 제5조의2)
① 교원은 단체협약으로 정하거나 임용권자가 동의하는 경우 제2항 및 제3항에 따라 결정된 근무시간 면제 한도를 초과하지 아니하는 범위에서 보수의 손실 없이 제6조 제1항 각 호의 구분에 따른 자와의 협의·교섭, 고충처리, 안전·보건활동 등 이 법 또는 다른 법률에서 정하는 업무와 건전한 노사관계 발전을 위한 노동조합의 유지·관리업무를 할 수 있다.
② 근무시간 면제 시간 및 사용인원의 한도(이하 "근무시간 면제 한도")를 정하기 위하여 교원근무시간면제심의위원회(이하 이 조에서 "심의위원회")를 경제사회노동위원회법에 따른 경제사회노동위원회에 둔다.

③ 심의위원회는 다음 각 호의 구분에 따른 단위를 기준으로 조합원(제4조의2 제1호에 해당하는 조합원)의 수를 고려하되 노동조합의 조직형태, 교섭구조·범위 등 교원 노사관계의 특성을 반영하여 <u>근무시간 면제 한도를 심의·의결하고, 3년마다 그 적정성 여부를 재심의하여 의결할 수 있다.</u>
1. 제2조 제1호·제2호에 따른 교원 : 시·도 단위
2. 제2조 제3호에 따른 교원 : 개별학교 단위
④ 제1항을 위반하여 근무시간 면제 한도를 초과하는 내용을 정한 단체협약 또는 임용권자의 동의는 그 부분에 한정하여 무효로 한다.

근무시간 면제 사용의 정보 공개(교노법 제5조의3)
임용권자는 국민이 알 수 있도록 전년도에 노동조합별로 근무시간을 면제받은 시간 및 사용인원, 지급된 보수 등에 관한 정보를 대통령령으로 정하는 바에 따라 공개하여야 한다.

25 근로자참여 및 협력증진에 관한 법령상 노사협의회에 관한 설명으로 옳지 않은 것은?(다툼이 있으면 판례에 따름)

☑ 확인
Check!
○
△
×

① 노사협의회는 근로조건에 대한 결정권이 있는 사업이나 사업장 단위로 설치하여야 한다.
　🏛 근참법 제4조 제1항 본문
② 하나의 사업에 종사하는 전체 근로자 수가 30명 이상이면 해당 근로자가 지역별로 분산되어 있더라도 그 주된 사무소에 노사협의회를 설치하여야 한다.　🏛 근참법 시행령 제2조
③ 근로자의 교육훈련 및 능력개발 기본계획의 수립에 대하여는 노사협의회의 의결을 거쳐야 한다.
　🏛 근참법 제21조 제1호
④ 임금의 지불방법·체계·구조 등의 제도 개선은 노사협의회의 협의사항이다.
　🏛 근참법 제20조 제1항 제8호
❺ 근로조건 기타 노사관계에 관한 합의가 노사협의회의 협의를 거쳐서 단체협약의 실질적·형식적 요건을 갖추었다 하더라도 이는 단체협약이라고 볼 수 없다.

<u>단체협약은 노동조합이 사용자 또는 사용자단체와 근로조건 기타 노사관계에서 발생하는 사항에 관한 합의를 문서로 작성하여 당사자 쌍방이 서명날인함으로써 성립하는 것이고, 그 합의가 반드시 정식의 단체교섭절차를 거쳐서 이루어져야만 하는 것은 아니다.</u> 따라서 노동조합과 사용자 사이에 근로조건 기타 노사관계에 관한 합의가 노사협의회의 협의를 거쳐서 성립되었더라도, 당사자 쌍방이 이를 단체협약으로 할 의사로 문서로 작성하여 당사자 쌍방의 대표자가 각 노동조합과 사용자를 대표하여 서명날인하는 등으로 <u>단체협약의 실질적·형식적 요건을 갖추었다면 이는 단체협약이라고 보아야</u> 한다(대판 2018.7.26. 2016다205908).

2021년 제30회 정답 및 해설

⬤ 문제편 103p

⬤ 정답 CHECK   ⬤ 각 문항별로 이해도 CHECK

01	02	03	04	05	06	07	08	09	10	11	12	13	14	15	16	17	18	19	20	21	22	23	24	25
전항정답	③	③	④	②	⑤	②	④	①	②	④	③	③	③	①	④	⑤	⑤	②	①	④	④	⑤	①

01

우리나라 노동법 등의 연혁에 관한 설명으로 옳은 것을 모두 고른 것은?

☑ 확인
Check!
○
△
×

ㄱ. 우리나라는 1991년에 국제노동기구(ILO)에 가입하였다.
ㄴ. 1980년에 제정된 노사협의회법에서 노사협의회를 처음으로 규정하였다.
ㄷ. 2005년에 공무원의 노동조합 설립 및 운영 등에 관한 법률이 제정되었다.
ㄹ. 1953년에 제정된 노동조합법에서는 사용자 및 노동조합의 부당노동행위 금지와 그 위반에 대한 처벌을 규정하였다.

❶ ㄱ, ㄴ   ❷ ㄱ, ㄷ
❸ ㄱ, ㄹ   ❹ ㄴ, ㄷ
❺ ㄴ, ㄹ

ㄱ. (○) 우리나라는 1991년 12월 9일 152번째 회원국으로서 국제노동기구(ILO)에 가입하였다.
ㄴ. (○) 노사협의회는 1963년 4월 17일 전부개정된 노동조합법에서 처음으로 등장하였다. 다만, 1980년 12월 31일 제정된 노사협의회법에서 노사협의회의 설치, 구성, 운영 및 임무 등을 구체적으로 규정하였으므로, ㄴ.을 옳은 지문으로 이해할 여지가 있어 결국 최종정답에서 이 문제를 전항정답으로 처리한 것으로 보인다.
ㄷ. (○) 공무원의 노동조합 설립 및 운영 등에 관한 법률은 2005년 1월 27일 제정되었다.
ㄹ. (×) 1953년 3월 8일 제정된 노동조합법에서는 사용자의 부당노동행위 금지만을 규정하였다.

02 노동조합 및 노동관계조정법령상 노동조합의 설립 등에 관한 설명으로 옳지 않은 것은?

❶ 행정관청은 설립신고서에 규약이 첨부되어 있지 아니한 경우에는 설립신고서를 반려하여야 한다.

> 규약의 미첨부는 설립신고서반려사유에 해당하지 아니한다(노조법 제12조 제3항).

② 노동조합이 신고증을 교부받은 경우에는 설립신고서가 접수된 때에 설립된 것으로 본다.

法 노조법 제12조 제4항

③ 노동조합은 설립신고된 사항 중 대표자의 성명에 변경이 있는 때에는 그날부터 30일 이내에 행정관청에게 변경신고를 하여야 한다.

> 노동조합은 설립신고된 사항 중 명칭, 주된 사무소의 소재지, 대표자의 성명 및 소속된 연합단체의 명칭에 변경이 있는 때에는 그날부터 30일 이내에 행정관청에게 변경신고를 하여야 한다(노조법 제13조 제1항).

④ 2 이상의 시·군·구(자치구를 말한다)에 걸치는 단위노동조합을 설립하고자 하는 자는 설립신고서에 규약을 첨부하여 특별시장·광역시장·도지사에게 제출하여야 한다.

法 노조법 제10조 제1항

⑤ 행정관청은 설립신고서 또는 규약이 기재사항의 누락등으로 보완이 필요한 경우에는 대통령령이 정하는 바에 따라 20일 이내의 기간을 정하여 보완을 요구하여야 한다.

法 노조법 제12조 제2항 전문

관계법령

신고증의 교부(노조법 제12조)
② 행정관청은 설립신고서 또는 규약이 기재사항의 누락등으로 보완이 필요한 경우에는 대통령령이 정하는 바에 따라 20일 이내의 기간을 정하여 보완을 요구하여야 한다. 이 경우 보완된 설립신고서 또는 규약을 접수한 때에는 3일 이내에 신고증을 교부하여야 한다.
③ 행정관청은 설립하고자 하는 노동조합이 다음 각 호의 1에 해당하는 경우에는 설립신고서를 반려하여야 한다.
 1. 제2조 제4호 각 목의 1에 해당하는 경우
 2. 제2항의 규정에 의하여 보완을 요구하였음에도 불구하고 그 기간 내에 보완을 하지 아니하는 경우

정의(노조법 제2조)
 4. "노동조합"이라 함은 근로자가 주체가 되어 자주적으로 단결하여 근로조건의 유지·개선 기타 근로자의 경제적·사회적 지위의 향상을 도모함을 목적으로 조직하는 단체 또는 그 연합단체를 말한다. 다만, 다음 각 목의 1에 해당하는 경우에는 노동조합으로 보지 아니한다.
  가. 사용자 또는 항상 그의 이익을 대표하여 행동하는 자의 참가를 허용하는 경우
  나. 경비의 주된 부분을 사용자로부터 원조받는 경우
  다. 공제·수양 기타 복리사업만을 목적으로 하는 경우
  라. 근로자가 아닌 자의 가입을 허용하는 경우
  마. 주로 정치운동을 목적으로 하는 경우

03 노동조합 및 노동관계조정법에 관한 설명으로 옳지 않은 것은?(다툼이 있으면 판례에 따름)

① 사용자라 함은 사업주, 사업의 경영담당자 또는 그 사업의 근로자에 관한 사항에 대하여 사업주를 위하여 행동하는 자를 말한다. 🔑 노조법 제2조 제2호

② 사용자단체라 함은 노동관계에 관하여 그 구성원인 사용자에 대하여 조정 또는 규제할 수 있는 권한을 가진 사용자의 단체를 말한다. 🔑 노조법 제2조 제3호

❸ 노동조합 및 노동관계조정법상 근로자에 해당하는지는 근로조건을 보호할 필요성이 있는지의 관점에서 판단하여야 하므로, 동법상의 근로자는 근로기준법상 근로자에 한정된다.

> 노동조합법의 입법목적과 근로자에 대한 정의규정 등을 고려하면, 노동조합법상 근로자에 해당하는지는 노무제공관계의 실질에 비추어 노동3권을 보장할 필요성이 있는지의 관점에서 판단하여야 하고, 반드시 근로기준법상 근로자에 한정된다고 할 것은 아니다(대판 2018.10.12. 2015두38092).

④ 노동조합에 대하여는 그 사업체를 제외하고는 세법이 정하는 바에 따라 조세를 부과하지 아니한다. 🔑 노조법 제8조

⑤ 이 법에 의하여 설립된 노동조합이 아니면 노동위원회에 노동쟁의의 조정 및 부당노동행위의 구제를 신청할 수 없다. 🔑 노조법 제7조 제1항

04 노동조합 및 노동관계조정법상 노동조합의 운영 등에 관한 설명으로 옳지 않은 것은?

① 단체협약에 관한 사항은 총회의 의결을 거쳐야 한다. 🔑 노조법 제16조 제1항 제3호

② 대의원은 조합원의 직접·비밀·무기명투표에 의하여 선출되어야 한다. 🔑 노조법 제17조 제2항

❸ 행정관청은 노동조합의 규약이 노동관계법령에 위반한 경우에는 직권으로 그 시정을 명할 수 있다.

> 행정관청은 노동조합의 규약이 노동관계법령에 위반한 경우에는 노동위원회의 의결을 얻어 그 시정을 명할 수 있다(노조법 제21조 제1항).

④ 임원의 임기는 규약으로 정하되 3년을 초과할 수 없다. 🔑 노조법 제23조 제2항

⑤ 노동조합은 그 규약으로 조합비를 납부하지 아니하는 조합원의 권리를 제한할 수 있다. 🔑 노조법 제22조 단서

관계법령 **총회의 의결사항(노조법 제16조)**

① 다음 각 호의 사항은 총회의 의결을 거쳐야 한다.
  1. 규약의 제정과 변경에 관한 사항
  2. 임원의 선거와 해임에 관한 사항
  3. 단체협약에 관한 사항
  4. 예산·결산에 관한 사항
  5. 기금의 설치·관리 또는 처분에 관한 사항
  6. 연합단체의 설립·가입 또는 탈퇴에 관한 사항
  7. 합병·분할 또는 해산에 관한 사항
  8. 조직형태의 변경에 관한 사항
  9. 기타 중요한 사항

05 노동조합 및 노동관계조정법상 노동조합의 규약에 기재하여야 하는 사항으로 명시되어 있지 않은 것은?

☑ 확인
Check!
○
△
✕

① 회의에 관한 사항　[法] 노조법 제11조 제7호

② 규약변경에 관한 사항　[法] 노조법 제11조 제10호

③ 소속된 연합단체가 있는 경우에는 그 명칭　[法] 노조법 제11조 제5호

❹ 단체협약의 체결에 관한 권한의 위임에 관한 사항

> 단체협약의 체결에 관한 권한의 위임에 관한 사항은 <u>규약의 기재사항에 해당하지 아니한다</u>.

⑤ 쟁의행위와 관련된 찬반투표결과의 공개, 투표자 명부 및 투표용지 등의 보존·열람에 관한 사항

　[法] 노조법 제11조 제12호

관계법령　**규약(노조법 제11조)**

노동조합은 그 조직의 자주적·민주적 운영을 보장하기 위하여 당해 노동조합의 규약에 다음 각 호의 사항을 기재하여야 한다.
1. 명 칭
2. 목적과 사업
3. 주된 사무소의 소재지
4. 조합원에 관한 사항(연합단체인 노동조합에 있어서는 그 구성단체에 관한 사항)
5. <u>소속된 연합단체가 있는 경우에는 그 명칭</u>
6. 대의원회를 두는 경우에는 대의원회에 관한 사항
7. <u>회의에 관한 사항</u>
8. 대표자와 임원에 관한 사항
9. 조합비 기타 회계에 관한 사항
10. <u>규약변경에 관한 사항</u>
11. 해산에 관한 사항
12. <u>쟁의행위와 관련된 찬반투표결과의 공개, 투표자 명부 및 투표용지 등의 보존·열람에 관한 사항</u>
13. 대표자와 임원의 규약위반에 대한 탄핵에 관한 사항
14. 임원 및 대의원의 선거절차에 관한 사항
15. 규율과 통제에 관한 사항

06 노동조합 및 노동관계조정법상 단체교섭 등에 관한 설명으로 옳지 않은 것은?(다툼이 있으면 판례에 따름)

① 교섭대표노동조합을 결정하여야 하는 단위는 하나의 사업 또는 사업장으로 한다.

　🔖 노조법 제29조의3 제1항

❷ 노동조합의 하부단체인 분회나 지부가 독자적인 규약 및 집행기관을 가지고 독립된 조직체로서 활동을 하더라도 당해 조직이나 그 조합원에 고유한 사항에 대하여 독자적으로 단체교섭하고 단체협약을 체결할 수는 없다.

> 노동조합의 하부단체인 분회나 지부가 독자적인 규약 및 집행기관을 가지고 독립된 조직체로서 활동을 하는 경우 당해 조직이나 그 조합원에 고유한 사항에 대하여는 독자적으로 단체교섭하고 단체협약을 체결할 수 있고, 이는 그 분회나 지부가 노동조합 및 노동관계조정법 시행령 제7조의 규정에 따라 그 설립신고를 하였는 지 여부에 영향받지 아니한다(대판 2011.5.26. 2011다1842).

③ 일반적으로 구성원인 근로자의 노동조건 기타 근로자의 대우 또는 당해 단체적 노사관계의 운영에 관한 사항으로 사용자가 처분할 수 있는 사항은 단체교섭의 대상인 단체교섭사항에 해당한다.

> 단체교섭의 대상이 되는 단체교섭사항에 해당하는지 여부는 헌법 제33조 제1항과 노동조합 및 노동관계조정 법 제29조에서 근로자에게 단체교섭권을 보장한 취지에 비추어 판단하여야 하므로 일반적으로 구성원인 근로 자의 노동조건 기타 근로자의 대우 또는 당해 단체적 노사관계의 운영에 관한 사항으로 사용자가 처분할 수 있는 사항은 단체교섭의 대상인 단체교섭사항에 해당한다(대판 2003.12.26. 2003두8906).

④ 기업의 구조조정 실시 여부는 경영주체에 의한 고도의 경영상 결단에 속하는 사항으로서 원칙적으로 단체교섭의 대상이 될 수 없다.

> 정리해고나 사업조직의 통폐합 등 기업의 구조조정의 실시 여부는 경영주체에 의한 고도의 경영상 결단에 속하는 사항으로서 이는 원칙적으로 단체교섭의 대상이 될 수 없고, 그것이 긴박한 경영상의 필요나 합리적인 이유 없이 불순한 의도로 추진되는 등의 특별한 사정이 없는 한, 노동조합이 실질적으로 그 실시 자체를 반대 하기 위하여 쟁의행위에 나아간다면, 비록 그 실시로 인하여 근로자들의 지위나 근로조건의 변경이 필연적으 로 수반된다 하더라도 그 쟁의행위는 목적의 정당성을 인정할 수 없다(대판 2003.12.11. 2001도3429).

⑤ 노동조합이 조합원들의 의사를 반영하고 대표자의 단체교섭 및 단체협약 체결업무 수행에 대한 적절한 통제를 위하여 대표자의 단체협약체결권한의 행사를 절차적으로 제한하는 것은, 그것이 단체협약체결권한을 전면적·포괄적으로 제한하는 것이 아닌 이상 허용된다.

> 노동조합이 조합원들의 의사를 반영하고 대표자의 단체교섭 및 단체협약 체결업무 수행에 대한 적절한 통제를 위하여 규약 등에서 내부절차를 거치도록 하는 등 대표자의 단체협약체결권한의 행사를 절차적으로 제한하는 것은, 그것이 단체협약체결권한을 전면적·포괄적으로 제한하는 것이 아닌 이상 허용된다(대판 2018.7.26. 2016다205908).

노동조합 및 노동관계조정법상 교섭대표노동조합 등에 관한 설명으로 옳지 않은 것은?(다툼이 있으면 판례에 따름)

① 교섭대표노동조합의 대표자는 교섭을 요구한 모든 노동조합 또는 조합원을 위하여 사용자와 교섭하고 단체협약을 체결할 권한을 가진다. 🔖 **노조법 제29조 제2항**

② 교섭대표노동조합결정절차에 참여한 모든 노동조합은 대통령령으로 정하는 기한 내에 자율적으로 교섭대표노동조합을 정한다. 🔖 **노조법 제29조의2 제3항**

③ 교섭창구단일화절차에서 교섭대표노동조합이 가지는 대표권은 법령에서 특별히 권한으로 규정하지 아니한 이상 단체교섭 및 단체협약 체결(보충교섭이나 보충협약 체결을 포함한다)과 체결된 단체협약의 구체적인 이행과정에만 미치는 것이고, 이와 무관하게 노사관계 전반에까지 당연히 미친다고 볼 수는 없다.

> 교섭창구단일화 및 공정대표의무에 관련된 법령규정의 문언, 교섭창구단일화제도의 취지와 목적, 교섭대표노동조합이 아닌 노동조합 및 그 조합원의 노동3권 보장필요성 등을 고려하면, 교섭창구단일화절차에서 교섭대표노동조합이 가지는 대표권은 법령에서 특별히 권한으로 규정하지 아니한 이상 단체교섭 및 단체협약 체결(보충교섭이나 보충협약 체결을 포함한다)과 체결된 단체협약의 구체적인 이행과정에만 미치는 것이고, 이와 무관하게 노사관계 전반에까지 당연히 미친다고 볼 수는 없다(대판 2019.10.31. 2017두37772).

④ 공동교섭대표단에 참여할 수 있는 노동조합은 그 조합원 수가 교섭창구단일화절차에 참여한 노동조합의 전체 조합원 100분의 10 이상인 노동조합으로 한다. 🔖 **노조법 제29조의2 제5항 후문**

❺ 공동교섭대표단의 구성에 합의하지 못할 경우에 고용노동부장관은 해당 노동조합의 신청에 따라 조합원 비율을 고려하여 이를 결정할 수 있다.

> 공동교섭대표단의 구성에 합의하지 못할 경우에 노동위원회는 해당 노동조합의 신청에 따라 조합원 비율을 고려하여 이를 결정할 수 있다(노조법 제29조의2 제6항).

노동조합 및 노동관계조정법령상 단체협약에 관한 설명으로 옳지 않은 것은?(다툼이 있으면 판례에 따름)

① 노동조합과 사용자 또는 사용자단체는 정당한 이유 없이 단체협약의 체결을 거부하거나 해태하여서는 아니 된다. 🔖 **노조법 제30조 제2항**

❷ 이미 구체적으로 지급청구권이 발생한 임금은 노동조합이 근로자들로부터 개별적인 동의나 수권을 받지 않더라도, 단체협약만으로 이에 반환이나 포기 및 지급유예와 같은 처분행위를 할 수 있다.

> 이미 구체적으로 그 지급청구권이 발생한 임금이나 퇴직금은 근로자의 사적 재산영역으로 옮겨져 근로자의 처분에 맡겨진 것이기 때문에 노동조합이 근로자들로부터 개별적인 동의나 수권을 받지 않는 이상, 사용자와 사이의 단체협약만으로 이에 대한 포기나 지급유예와 같은 처분행위를 할 수는 없다(대판 2020.1.16. 2019다223129).

③ 단체협약의 당사자는 단체협약의 체결일부터 15일 이내에 당사자 쌍방의 연명으로 단체협약을 행정관청에게 신고하여야 한다. 🔖 **노조법 제31조 제2항, 동법 시행령 제15조**

④ 단체협약은 노동조합이 사용자 또는 사용자단체와 근로조건 기타 노사관계에서 발생하는 사항에 관한 합의를 문서로 작성하여 당사자 쌍방이 서명날인함으로써 성립하는 것이고, 그 합의가 반드시 정식의 단체교섭절차를 거쳐서 이루어져야만 하는 것은 아니다.

> 단체협약은 노동조합이 사용자 또는 사용자단체와 근로조건 기타 노사관계에서 발생하는 사항에 관한 합의를 문서로 작성하여 당사자 쌍방이 서명날인함으로써 성립하는 것이고, 그 합의가 반드시 정식의 단체교섭절차를 거쳐서 이루어져야만 하는 것은 아니다. 따라서 노동조합과 사용자 사이에 근로조건 기타 노사관계에 관한 합의가 노사협의회의 협의를 거쳐 성립되었더라도, 당사자 쌍방이 이를 단체협약으로 할 의사로 문서로 작성하여 당사자 쌍방의 대표자가 각 노동조합과 사용자를 대표하여 서명날인하는 등으로 단체협약의 실질적·형식적 요건을 갖추었다면 이는 단체협약이라고 보아야 한다(대판 2018.7.26. 2016다205908).

⑤ 단체협약이 실효되었다고 하더라도 임금 등 그 밖에 개별적인 노동조건에 관한 부분은 그 단체협약의 적용을 받고 있던 근로자의 근로계약내용이 되어 그것을 변경하는 새로운 단체협약, 취업규칙이 체결·작성되거나 또는 개별적인 근로자의 동의를 얻지 아니하는 한 개별적인 근로자의 근로계약 내용으로서 효력을 갖는다.

> 단체협약이 실효되었다고 하더라도 임금, 퇴직금이나 노동시간, 그 밖에 개별적인 노동조건에 관한 부분은 그 단체협약의 적용을 받고 있던 근로자의 근로계약의 내용이 되어 그것을 변경하는 새로운 단체협약, 취업규칙이 체결, 작성되거나 또는 개별적인 근로자의 동의를 얻지 아니하는 한 개별적인 근로자의 근로계약의 내용으로서 여전히 남아 있어 사용자와 근로자를 규율한다(대판 2018.11.29. 2018두41532).

09

☑ 확인
Check!
○
△
×

노동조합 및 노동관계조정법상 공정대표의무에 관한 설명으로 옳지 않은 것은?(다툼이 있으면 판례에 따름)

① 교섭대표노동조합은 교섭창구단일화절차에 참여한 노동조합 또는 그 조합원 간에 합리적 이유 없이 차별을 하여서는 아니 된다. 🔑 노조법 제29조의4 제1항

② 교섭창구단일화절차에 참여한 노동조합은 교섭대표노동조합이 공정대표의무를 위반하여 차별한 경우에는 그 행위가 있은 날(단체협약내용의 일부 또는 전부가 공정대표의무에 위반되는 경우에는 단체협약 체결일을 말한다)부터 3개월 이내에 대통령령으로 정하는 방법과 절차에 따라 노동위원회에 그 시정을 요청할 수 있다. 🔑 노조법 제29조의4 제2항

③ 노동위원회는 공정대표의무 위반의 시정신청에 대하여 합리적 이유 없이 차별하였다고 인정한 때에는 그 시정에 필요한 명령을 하여야 한다. 🔑 노조법 제29조의4 제3항

❹ 공정대표의무는 단체교섭의 과정이나 그 결과물인 단체협약의 내용에 한하여 인정되므로 단체협약의 이행과정에서도 준수되어야 하는 것은 아니다.

> 공정대표의무는 헌법이 보장하는 단체교섭권의 본질적 내용이 침해되지 않도록 하기 위한 제도적 장치로 기능하고, 교섭대표노동조합과 사용자가 체결한 단체협약의 효력이 교섭창구단일화절차에 참여한 다른 노동조합에도 미치는 것을 정당화하는 근거가 된다. 따라서 교섭대표노동조합이 사용자와 체결한 단체협약의 내용이 합리적 이유 없이 교섭대표노동조합이 되지 못한 노동조합 또는 그 조합원을 차별하는 경우 공정대표의무 위반에 해당한다. 그리고 이러한 공정대표의무의 취지와 기능 등에 비추어 보면, 공정대표의무는 단체교섭의 과정이나 그 결과물인 단체협약의 내용뿐만 아니라 단체협약의 이행과정에서도 준수되어야 한다(대판 2019.10.31. 2017두37772).

⑤ 사용자의 공정대표의무 위반에 대한 벌칙규정은 없다.

> 노조법에는 사용자의 공정대표의무 위반에 대한 벌칙규정이 명시되어 있지 아니하다.

10 노동조합 및 노동관계조정법상 단체협약에 관한 설명으로 옳지 않은 것은?(다툼이 있으면 판례에 따름)

☑ 확인
Check!
○
△
✕

❶ 단체협약에 자동연장협정규정이 있더라도 당초의 유효기간이 만료된 후 3월까지에 한하여 단체협약의 효력이 유효하다.

> 노동조합법 제35조 제3항의 규정은 종전의 단체협약에 유효기간 만료 이후 협약갱신을 위한 단체교섭이 진행중일 때에는 종전의 단체협약이 계속 효력을 갖는다는 규정이 없는 경우에 대비하여 둔 규정이므로, **종전의 단체협약에 자동연장협정의 규정이 있다면 위 법조항은 적용되지 아니하고, 당초의 유효기간이 만료된 후 위 법조항에 규정된 3월까지에 한하여 유효하다고 볼 것은 아니다**(대판 1993.2.9. 92다27102).

② 단체협약의 내용 중 임금·복리후생비, 퇴직금에 관한 사항을 위반한 자는 1천만원 이하의 벌금에 처한다. 🔧 노조법 제92조 제2호 가목

③ 행정관청은 단체협약 중 위법한 내용이 있는 경우에는 노동위원회의 의결을 얻어 그 시정을 명할 수 있다. 🔧 노조법 제31조 제3항

④ 단체협약의 해석에 관하여 관계당사자 간에 의견의 불일치가 있는 때에는 당사자 쌍방 또는 단체협약에 정하는 바에 의하여 어느 일방이 노동위원회에 그 해석에 관한 견해의 제시를 요청할 수 있다.
🔧 노조법 제34조 제1항

⑤ 단체협약과 같은 처분문서를 해석함에 있어서는 그 명문의 규정을 근로자에게 불리하게 변형해석할 수 없다.

> **단체협약과 같은 처분문서를 해석함에 있어서는,** 단체협약이 근로자의 근로조건을 유지·개선하고 복지를 증진하여 그 경제적·사회적 지위를 향상시킬 목적으로 근로자의 자주적 단체인 노동조합과 사용자 사이에 단체교섭을 통하여 이루어지는 것이므로, **그 명문의 규정을 근로자에게 불리하게 변형해석할 수 없다**(대판 2018.11.29. 2018두41532).

11 노동조합 및 노동관계조정법상 직장폐쇄 등에 관한 설명으로 옳지 않은 것은?(다툼이 있으면 판례에 따름)

☑ 확인
Check!
○
△
✕

① 노동조합의 쟁의행위에 대한 방어적인 목적을 벗어나 적극적으로 노동조합의 조직력을 약화시키기 위한 목적 등을 갖는 공격적 직장폐쇄는 정당성이 인정될 수 없다. 🔧 대판 2003.6.13. 2003두1097

❷ 적법하게 사업장을 점거 중인 근로자들이 사용자로부터 퇴거요구를 받고도 이에 불응한 채 직장점거를 계속하면 직장폐쇄의 정당성 여부와 관계없이 퇴거불응죄가 성립한다.

> 근로자들의 직장점거가 개시 당시 적법한 것이었다 하더라도 사용자가 이에 대응하여 적법하게 직장폐쇄를 하게 되면, 사용자의 사업장에 대한 물권적 지배권이 전면적으로 회복되는 결과 사용자는 점거 중인 근로자들에 대하여 정당하게 사업장으로부터의 퇴거를 요구할 수 있고 퇴거를 요구받은 이후의 직장점거는 위법하게 되므로, **적법히 직장폐쇄를 단행한 사용자로부터 퇴거요구를 받고도 불응한 채 직장점거를 계속한 행위는 퇴거불응죄를 구성한다**(대판 1991.8.13. 91도1324). 따라서 퇴거불응죄가 성립하기 위하여는 그 직장폐쇄의 정당성을 요한다고 할 것이다.

③ 사용자는 노동조합이 쟁의행위를 개시한 이후에만 직장폐쇄를 할 수 있다.
🔧 노조법 제46조 제1항

④ 직장폐쇄를 할 경우 사용자는 미리 행정관청 및 노동위원회에 각각 신고하여야 한다.
　　法 노조법 제46조 제2항

⑤ 직장폐쇄가 정당한 쟁의행위로 인정되는 경우 사용자는 직장폐쇄기간 동안의 대상근로자에 대한 임금지불의무를 면한다.

> 노동조합 및 노동관계조정법 제46조에서 규정하는 사용자의 직장폐쇄가 사용자와 근로자의 교섭태도와 교섭과정, 근로자의 쟁의행위의 목적과 방법 및 그로 인하여 사용자가 받는 타격의 정도 등 구체적인 사정에 비추어 **근로자의 쟁의행위에 대한 방어수단으로서 상당성이 있으면 사용자의 정당한 쟁의행위로 인정될 수 있고, 그 경우 사용자는 직장폐쇄기간 동안 대상근로자에 대한 임금지불의무를 면한다**(대판 2017.4.7. 2013다101425).

12 노동조합 및 노동관계조정법령상 쟁의행위에 관한 설명으로 옳지 않은 것은?

① 방위사업법에 의하여 지정된 주요방위산업체에 종사하는 근로자 중 방산물자의 완성에 필요한 개량업무에 종사하는 자는 쟁의행위를 할 수 없다.

> **방위사업법에 의하여 지정된 주요방위산업체에 종사하는 근로자 중** 전력, 용수 및 **방산물자의 완성에 필요한** 제조·가공·조립·정비·재생·개량·성능검사·열처리·도장·가스취급 등의 **업무에 종사하는 자는 쟁의행위를 할 수 없다**(노조법 제41조 제2항, 동법 시행령 제20조).

② 근로자는 쟁의행위기간 중에는 현행범 외에는 노동조합 및 노동관계조정법 위반을 이유로 구속되지 아니한다.　**法** 노조법 제39조

③ 교섭대표노동조합이 결정된 경우에는 그 절차에 참여한 노동조합의 전체 조합원(해당 사업 또는 사업장 소속 조합원으로 한정한다)의 직접·비밀·무기명투표에 의한 과반수의 찬성으로 결정하지 아니하면 쟁의행위를 할 수 없다.　**法** 노조법 제41조 제1항

❹ 필수공익사업의 사용자라 하더라도 쟁의행위기간 중에 그 쟁의행위로 중단된 업무를 도급 줄 수 없다.

> 사용자의 채용제한에 대한 규정은 **필수공익사업의 사용자가 쟁의행위기간 중에 한하여 당해 사업과 관계없는 자를 채용 또는 대체하거나 그 업무를 도급 또는 하도급 주는 경우에는 적용하지 아니한다**(노조법 제43조 제3항).

⑤ 쟁의행위는 그 쟁의행위와 관계없는 자 또는 근로를 제공하고자 하는 자의 출입·조업 기타 정상적인 업무를 방해하는 방법으로 행하여져서는 아니 된다.　**法** 노조법 제38조 제1항

노동조합 및 노동관계조정법상 노동조합에 관한 설명으로 옳지 않은 것은?(다툼이 있으면 판례에 따름)

① 조직형태의 변경에 관한 사항은 총회에서 재적조합원 과반수의 출석과 출석조합원 3분의 2 이상의 찬성이 있어야 한다.

> 총회는 재적조합원 과반수의 출석과 출석조합원 과반수의 찬성으로 의결한다. 다만, 규약의 제정·변경, 임원의 해임, 합병·분할·해산 및 조직형태의 변경에 관한 사항은 재적조합원 과반수의 출석과 출석조합원 3분의 2 이상의 찬성이 있어야 한다(노조법 제16조 제2항).

② 노동조합이 존속 중에 그 조합원의 범위를 변경하는 조직변경은 변경 전후의 조합의 실질적 동일성이 인정되는 범위 내에서 인정된다.

> 노동조합이 존속 중에 그 조합원의 범위를 변경하는 조직변경은 변경 후의 조합이 변경 전 조합의 재산관계 및 단체협약의 주체로서의 지위를 그대로 승계한다는 조직변경의 효과에 비추어 볼 때 변경 전후의 조합의 실질적 동일성이 인정되는 범위 내에서 인정된다(대판 2002.7.26. 2001두5361).

❸ 산업별 노동조합의 지회는 산업별 노동조합의 활동을 위한 내부적인 조직에 그치더라도 총회의 결의를 통하여 그 소속을 변경하고 독립한 기업별 노동조합으로 전환할 수 있다.

> 산업별 노동조합의 지회 등이라 하더라도, 그 외형과 달리 독자적인 노동조합 또는 노동조합 유사의 독립한 근로자단체로서 법인 아닌 사단에 해당하는 경우에는, 자주적·민주적인 총회의 결의를 통하여 그 소속을 변경하고 독립한 기업별 노동조합으로 전환할 수 있다고 보아야 한다. 다만, 산업별 노동조합의 지회 등이 산업별 노동조합의 활동을 위한 내부적인 조직에 그친다면 그와 같은 결의를 허용할 수 없을 것이므로, 먼저 독자적인 노동조합 또는 노동조합 유사의 독립한 근로자단체로서의 실질을 갖추고 있는지에 관하여 신중하게 심리·판단하여야 한다(대판 2016.2.19. 2012다96120[전합]).

④ 총회의 해산결의로 인하여 노동조합이 해산한 때에는 그 대표자는 해산한 날부터 15일 이내에 행정관청에게 이를 신고하여야 한다. 🏛 노조법 제28조 제2항

⑤ 노동조합의 임원이 없고 노동조합으로서의 활동을 1년 이상 하지 아니한 것으로 인정되는 경우로서 행정관청이 노동위원회의 의결을 얻은 경우에 노동조합은 해산한다.

> 🏛 노조법 제28조 제1항 제4호

관계법령 **해산사유(노조법 제28조)**

① 노동조합은 다음 각 호의 1에 해당하는 경우에는 해산한다.
  1. 규약에서 정한 해산사유가 발생한 경우
  2. 합병 또는 분할로 소멸한 경우
  3. 총회 또는 대의원회의 해산결의가 있는 경우
  4. 노동조합의 임원이 없고 노동조합으로서의 활동을 1년 이상 하지 아니한 것으로 인정되는 경우로서 행정관청이 노동위원회의 의결을 얻은 경우
② 제1항 제1호 내지 제3호의 사유로 노동조합이 해산한 때에는 그 대표자는 해산한 날부터 15일 이내에 행정관청에게 이를 신고하여야 한다.

---

14 노동조합 및 노동관계조정법령상 쟁의행위 등에 관한 설명으로 옳지 않은 것은?(다툼이 있으면 판례에 따름)

확인
Check!
○
△
✕

① 하나의 쟁의행위에서 추구되는 목적이 여러 가지이고 그중 일부가 정당하지 못한 경우에는 주된 목적 내지 진정한 목적의 당부에 의하여 그 쟁의목적의 당부를 판단하여야 한다.
　🔖 대판 1992.5.12. 91다34523

② 산업별 노동조합의 경우에는 총파업이 아닌 이상 쟁의행위를 예정하고 있는 당해 지부나 분회 소속 조합원의 과반수의 찬성이 있으면 쟁의행위는 절차적으로 적법하다.
　🔖 대판 2009.6.23. 2007두12859

❸ 조합원의 과반수의 찬성결정을 거치지 아니하고 쟁의행위에 나아간 경우 조합원의 민주적 의사결정이 실질적으로 확보되었다면 쟁의행위가 정당성을 상실하지 않는다.

> 쟁의행위를 함에 있어 조합원의 직접·비밀·무기명투표에 의한 찬성결정이라는 절차를 거쳐야 한다는 노동조합 및 노동관계조정법 제41조 제1항의 규정은 노동조합의 자주적이고 민주적인 운영을 도모함과 아울러 쟁의행위에 참가한 근로자들이 사후에 그 쟁의행위의 정당성 유무와 관련하여 어떠한 불이익을 당하지 않도록 그 개시에 관한 조합의사의 결정에 보다 신중을 기하기 위하여 마련된 규정이므로 위의 절차를 위반한 쟁의행위는 그 절차를 따를 수 없는 객관적인 사정이 인정되지 아니하는 한 정당성이 상실된다(대판 2001.10.25. 99도4837[전합]).

④ 쟁의행위가 폭력이나 파괴행위의 형태로 행하여질 경우 사용자는 즉시 그 상황을 행정관청과 관할 노동위원회에 신고하여야 한다. 　🔖 노조법 제42조 제1항, 동법 시행령 제18조 제1항

⑤ 사용자는 노동조합 및 노동관계조정법에 의한 쟁의행위로 인하여 손해를 입은 경우에 노동조합 또는 근로자에 대하여 그 배상을 청구할 수 없다. 　🔖 노조법 제3조

15 다음 노동조합 및 노동관계조정법 조항의 규정을 위반한 자에 대해 동법에 벌칙규정이 없는 것은?

확인
Check!
○
△
✕

① 제37조 제2항(조합원은 노동조합에 의하여 주도되지 아니한 쟁의행위를 하여서는 아니 된다)

> 3년 이하의 징역 또는 3천만원 이하의 벌금에 처한다(노조법 제89조 제1호).

② 제38조 제2항(작업시설의 손상이나 원료·제품의 변질 또는 부패를 방지하기 위한 작업은 쟁의행위기간 중에도 정상적으로 수행되어야 한다)

> 1년 이하의 징역 또는 1천만원 이하의 벌금에 처한다(노조법 제91조).

❸ 제38조 제3항(노동조합은 쟁의행위가 적법하게 수행될 수 있도록 지도·관리·통제할 책임이 있다)

> 노조법 제38조 제3항의 규정을 위반한 자에 대한 벌칙규정은 명시되어 있지 아니하다.

④ 제42조의2 제2항(필수유지업무의 정당한 유지·운영을 정지·폐지 또는 방해하는 행위는 쟁의행위로서 이를 행할 수 없다)

> 3년 이하의 징역 또는 3천만원 이하의 벌금에 처한다(노조법 제89조 제1호).

⑤ 제44조 제2항(노동조합은 쟁의행위기간에 대한 임금의 지급을 요구하여 이를 관철할 목적으로 쟁의행위를 하여서는 아니 된다)

> 2년 이하의 징역 또는 2천만원 이하의 벌금에 처한다(노조법 제90조).

관계법령

벌칙(노조법 제88조)
제41조 제2항의 규정에 위반한 자는 5년 이하의 징역 또는 5천만원 이하의 벌금에 처한다.

벌칙(노조법 제89조)
다음 각 호의 어느 하나에 해당하는 자는 <u>3년 이하의 징역 또는 3천만원 이하의 벌금</u>에 처한다.
  1. <u>제37조 제2항</u>, 제38조 제1항, 제42조 제1항 또는 <u>제42조의2 제2항</u>의 규정에 위반한 자
  2. 제85조 제3항(제29조의4 제4항에서 준용하는 경우를 포함한다)에 따라 확정되거나 행정소송을 제기하여 확정된 구제명령에 위반한 자

벌칙(노조법 제90조)
<u>제44조 제2항</u>, 제69조 제4항, 제77조 또는 제81조 제1항의 규정에 위반한 자는 <u>2년 이하의 징역 또는 2천만원 이하의 벌금</u>에 처한다.

벌칙(노조법 제91조)
<u>제38조 제2항, 제41조 제1항, 제42조 제2항, 제43조 제1항·제2항·제4항, 제45조 제2항 본문, 제46조 제1항 또는 제63조의 규정을 위반한 자는 1년 이하의 징역 또는 1천만원 이하의 벌금</u>에 처한다.

벌칙(노조법 제92조)
다음 각 호의 1에 해당하는 자는 1천만원 이하의 벌금에 처한다.
  1. 삭제〈2021.1.5.〉
  2. 제31조 제1항의 규정에 의하여 체결된 단체협약의 내용 중 다음 각 목의 1에 해당하는 사항을 위반한 자
     가. 임금·복리후생비, 퇴직금에 관한 사항
     나. 근로 및 휴게시간, 휴일, 휴가에 관한 사항
     다. 징계 및 해고의 사유와 중요한 절차에 관한 사항
     라. 안전보건 및 재해부조에 관한 사항
     마. 시설·편의 제공 및 근무시간 중 회의참석에 관한 사항
     바. 쟁의행위에 관한 사항
  3. 제61조 제1항의 규정에 의한 조정서의 내용 또는 제68조 제1항의 규정에 의한 중재재정서의 내용을 준수하지 아니한 자

벌칙(노조법 제93조)
다음 각 호의 1에 해당하는 자는 500만원 이하의 벌금에 처한다.
  1. 제7조 제3항의 규정에 위반한 자
  2. 제21조 제1항·제2항 또는 제31조 제3항의 규정에 의한 명령에 위반한 자

16 노동조합 및 노동관계조정법령상 필수유지업무 등에 관한 설명으로 옳지 않은 것은?

❶ 필수공익사업의 모든 업무는 필수유지업무에 해당한다.

> 필수유지업무라 함은 필수공익사업의 업무 중 그 업무가 정지되거나 폐지되는 경우 공중의 생명·건강 또는 신체의 안전이나 공중의 일상생활을 현저히 위태롭게 하는 업무로서 대통령령이 정하는 업무를 말한다(노조법 제42조의2 제1항).

② 필수유지업무협정에는 노동관계당사자 쌍방이 서명 또는 날인하여야 한다.

> 노동관계당사자는 쟁의행위기간 동안 필수유지업무의 정당한 유지·운영을 위하여 필수유지업무의 필요 최소한의 유지·운영수준, 대상직무 및 필요인원 등을 정한 협정(이하 "필수유지업무협정")을 서면으로 체결하여야 한다. 이 경우 필수유지업무협정에는 노동관계당사자 쌍방이 서명 또는 날인하여야 한다(노조법 제42조의3).

③ 노동위원회는 노동조합 및 노동관계조정법상의 규정에 따라 필수유지업무수준 등 결정을 하면 지체 없이 이를 서면으로 노동관계당사자에게 통보하여야 한다. 📖 노조법 시행령 제22조의3 제2항

④ 노동관계당사자 쌍방 또는 일방은 필수유지업무협정이 체결되지 아니하는 때에는 노동위원회에 필수유지업무의 필요 최소한의 유지·운영수준, 대상직무 및 필요인원 등의 결정을 신청하여야 한다. 📖 노조법 제42조의4 제1항

⑤ 노동위원회의 필수유지업무수준 등 결정에 따라 쟁의행위를 한 때에는 필수유지업무를 정당하게 유지·운영하면서 쟁의행위를 한 것으로 본다. 📖 노조법 제42조의5

17 노동조합 및 노동관계조정법상 노동쟁의의 조정 등에 관한 설명이다. ( )에 들어갈 내용으로 옳은 것은?

> • 노동쟁의가 중재에 회부된 때에는 그날부터 (ㄱ)일간은 쟁의행위를 할 수 없다.
> • 관계당사자는 긴급조정의 결정이 공표된 때에는 즉시 쟁의행위를 중지하여야 하며, 공표일부터 (ㄴ)일이 경과하지 아니하면 쟁의행위를 재개할 수 없다.

① ㄱ : 10, ㄴ : 10   ② ㄱ : 10, ㄴ : 15
③ ㄱ : 15, ㄴ : 15   ❹ ㄱ : 15, ㄴ : 30
⑤ ㄱ : 30, ㄴ : 30

> • 노동쟁의가 중재에 회부된 때에는 그날부터 15일간은 쟁의행위를 할 수 없다(노조법 제63조).
> • 관계당사자는 긴급조정의 결정이 공표된 때에는 즉시 쟁의행위를 중지하여야 하며, 공표일부터 30일이 경과하지 아니하면 쟁의행위를 재개할 수 없다(노조법 제77조).

18 노동조합 및 노동관계조정법상 노동쟁의의 조정 등에 관한 설명으로 옳지 않은 것은?

① 노동위원회는 관계당사자 쌍방의 신청이 있는 경우에는 조정위원회에 갈음하여 단독조정인에게 조정을 행하게 할 수 있다. **노조법 제57조 제1항**

② 조정서의 내용은 단체협약과 동일한 효력을 가진다. **노조법 제61조 제2항**

③ 노동위원회는 관계당사자의 일방이 단체협약에 의하여 중재를 신청한 때에는 중재를 행한다. **노조법 제62조**

④ 중재재정은 서면으로 작성하여 이를 행하며 그 서면에는 효력발생기일을 명시하여야 한다. **노조법 제68조 제1항**

❺ 노동위원회의 중재재정은 중앙노동위원회에의 재심신청에 의하여 그 효력이 정지된다.

> 노동위원회의 중재재정 또는 재심결정은 중앙노동위원회에의 재심신청 또는 행정소송의 제기에 의하여 그 효력이 정지되지 아니한다(노조법 제70조 제2항).

19 노동조합 및 노동관계조정법상 부당노동행위 구제에 관한 설명으로 옳지 않은 것은?

① 부당노동행위 구제의 신청은 부당노동행위가 있은 날(계속하는 행위는 그 종료일)부터 3월 이내에 이를 행하여야 한다. **노조법 제82조 제2항**

② 노동위원회는 부당노동행위구제신청을 받은 때에는 지체 없이 필요한 조사와 관계당사자의 심문을 하여야 한다. **노조법 제83조 제1항**

③ 사용자의 부당노동행위로 인하여 그 권리를 침해당한 노동조합은 노동위원회에 그 구제를 신청할 수 있다.

> 사용자의 부당노동행위로 인하여 그 권리를 침해당한 근로자 또는 노동조합은 노동위원회에 그 구제를 신청할 수 있다(노조법 제82조 제1항).

④ 노동위원회는 부당노동행위구제신청에 따른 심문을 할 때에는 직권으로 증인을 출석하게 하여 필요한 사항을 질문할 수 있다.

> 노동위원회는 부당노동행위구제신청에 따른 심문을 할 때에는 관계당사자의 신청에 의하거나 그 직권으로 증인을 출석하게 하여 필요한 사항을 질문할 수 있다(노조법 제83조 제2항).

❺ 지방노동위원회의 구제명령에 불복이 있는 관계당사자는 그 명령서의 송달을 받은 날부터 15일 이내에 중앙노동위원회에 그 재심을 신청할 수 있다.

> 지방노동위원회 또는 특별노동위원회의 구제명령 또는 기각결정에 불복이 있는 관계당사자는 그 명령서 또는 결정서의 송달을 받은 날부터 10일 이내에 중앙노동위원회에 그 재심을 신청할 수 있다(노조법 제85조 제1항).

20 노동조합 및 노동관계조정법상 공익사업 등의 조정에 관한 특칙의 내용으로 옳지 않은 것은?

① 의료사업은 공익사업에 해당한다. _법 노조법 제71조 제1항 제3호

❷ 방송사업은 필수공익사업에 해당한다.

> 방송사업은 **공익사업**에 해당한다(노조법 제71조 제1항 제5호).

③ 공익사업의 노동쟁의의 조정을 위하여 노동위원회에 특별조정위원회를 둔다.
  _법 노조법 제72조 제1항

④ 특별조정위원회는 특별조정위원 3인으로 구성한다. _법 노조법 제72조 제2항

⑤ 공익을 대표하는 위원인 특별조정위원이 1인인 경우에는 당해 위원이 특별조정위원회의 위원장이 된다.

> 위원장은 공익을 대표하는 노동위원회의 위원인 특별조정위원 중에서 호선하고, 당해 노동위원회의 위원이 아닌 자만으로 구성된 경우에는 그중에서 호선한다. 다만, **공익을 대표하는 위원인 특별조정위원이 1인인 경우에는 당해 위원이 위원장**이 된다(노조법 제73조 제2항).

관계법령

공익사업(노조법 제71조 제1항)
- 정기노선 여객운수사업 및 항공운수사업
- 수도사업, 전기사업, 가스사업, 석유정제사업 및 석유공급사업
- 공중위생사업, 의료사업 및 혈액공급사업
- 은행 및 조폐사업
- 방송 및 통신사업

필수공익사업(노조법 제71조 제2항)
- 철도사업, 도시철도사업 및 항공운수사업
- 수도사업, 전기사업, 가스사업, 석유정제사업 및 석유공급사업
- 병원사업 및 혈액공급사업
- 한국은행사업
- 통신사업

2024년 2023년 2022년 2021년 2020년

21 노동조합 및 노동관계조정법상 부당노동행위에 관한 설명으로 옳지 않은 것은?(다툼이 있으면 판례에 따름)

❶ 노동조합을 조직하려고 하였다는 이유로 근로자에 대하여 한 부당노동행위에 대하여는 후에 설립된 노동조합은 독자적인 구제신청권을 가지지 않는다.

> 노동조합법 제40조 제1항에 의하면, 사용자의 부당노동행위로 인하여 그 권리를 침해당한 근로자 또는 노동조합은 노동위원회에 그 구제를 신청할 수 있도록 되어 있으므로 노동조합을 조직하려고 하였다는 것을 이유로 근로자에 대하여 한 부당노동행위에 대하여는 후에 설립된 노동조합도 독자적인 구제신청권을 가지고 있다고 보아야 할 것이다(대판 1991.1.25. 90누4952).

② 단체협약 등 노사 간 합의에 의한 경우라도 타당한 근거 없이 과다하게 책정된 급여를 근로시간면제자에게 지급하는 사용자의 행위는 부당노동행위가 될 수 있다.

> 단체협약 등 노사 간 합의에 의한 경우라도 타당한 근거 없이 과다하게 책정된 급여를 근로시간면제자에게 지급하는 사용자의 행위는 노동조합 및 노동관계조정법 제81조 제4호 단서에서 허용하는 범위를 벗어나는 것으로서 노조전임자급여지원행위나 노동조합운영비원조행위에 해당하는 부당노동행위가 될 수 있다(대판 2018.5.15. 2018두33050).

③ 근로자가 노동조합의 업무를 위한 정당한 행위를 한 것을 이유로 그 근로자에게 불이익을 주는 사용자의 행위는 부당노동행위에 해당한다.

> 근로자가 노동조합에 가입 또는 가입하려고 하였거나 노동조합을 조직하려고 하였거나 기타 노동조합의 업무를 위한 정당한 행위를 한 것을 이유로 그 근로자를 해고하거나 그 근로자에게 불이익을 주는 행위는 부당노동행위에 해당한다(노조법 제81조 제1항 제1호).

④ 특정 근로자가 파업에 참가하였거나 노조활동에 적극적이라는 이유로 해당 근로자에게 연장근로 등을 거부하는 것은 해당 근로자에게 경제적 내지 업무상의 불이익을 주는 행위로서 부당노동행위에 해당할 수 있다.

> 일반적으로 근로자가 연장 또는 휴일근로(이하 '연장근로 등')를 희망할 경우 회사에서 반드시 이를 허가하여야 할 의무는 없지만, 특정 근로자가 파업에 참가하였거나 노조활동에 적극적이라는 이유로 해당 근로자에게 연장근로 등을 거부하는 것은 해당 근로자에게 경제적 내지 업무상의 불이익을 주는 행위로서 부당노동행위에 해당할 수 있다(대판 2006.9.8. 2006도388).

⑤ 부당노동행위에 대한 사실의 주장 및 증명책임은 부당노동행위임을 주장하는 측에 있다.

> 부당노동행위가 성립하기 위해서는 근로자가 '노동조합의 업무를 위한 정당한 행위'를 하고 사용자가 이를 이유로 근로자에 대하여 해고 등의 불이익을 주는 차별적 취급행위를 한 경우라야 하며, 그 사실의 주장 및 증명책임은 부당노동행위임을 주장하는 측에 있다(대판 2018.12.27. 2017두37031).

22 노동위원회법상 노동위원회에 관한 설명으로 옳은 것은?

① 노동위원회 상임위원은 심판사건을 담당할 수 있으나, 차별적 처우 시정사건을 담당할 수 없다.

> 상임위원은 해당 노동위원회의 공익위원이 되며, 심판사건, 차별적 처우 시정사건, 조정사건을 담당할 수 있다(노위법 제11조 제2항).

② 지방노동위원회 공익위원은 중앙노동위원회 위원장의 제청으로 고용노동부장관이 위촉한다.

> 지방노동위원회 공익위원은 지방노동위원회 위원장의 제청으로 중앙노동위원회 위원장이 위촉한다(노위법 제6조 제4항 제2호).

③ 노동위원회 처분의 효력은 판정·명령·결정 또는 재심판정을 한 날부터 발생한다.

> 노동위원회는 처분결과를 당사자에게 서면으로 송달하여야 하며, 처분의 효력은 판정서·명령서·결정서 또는 재심판정서를 송달받은 날부터 발생한다(노위법 제17조의2 제2항).

❹ 노동위원회의 사건처리에 관여한 위원이나 직원 또는 그 위원이었거나 직원이었던 변호사·공인노무사 등은 영리를 목적으로 그 사건에 관한 직무를 하면 아니 된다. 🔎 노위법 제28조 제2항

⑤ 차별시정위원회는 남녀고용평등과 일·가정 양립 지원에 관한 법률, 기간제 및 단시간근로자 보호 등에 관한 법률에 따른 차별적 처우의 시정과 관련된 사항을 처리한다.

> 차별시정위원회는 차별시정담당 공익위원 중 위원장이 지명하는 3명으로 구성하며, 기간제 및 단시간근로자 보호 등에 관한 법률, 파견근로자 보호 등에 관한 법률, 산업현장 일학습병행 지원에 관한 법률 또는 남녀고용평등과 일·가정 양립 지원에 관한 법률에 따른 차별적 처우의 시정 등과 관련된 사항을 처리한다(노위법 제15조 제4항).

2024년 2023년 2022년 2021년 2020년

23 근로자참여 및 협력증진에 관한 법률상 노사협의회에 관한 설명으로 옳지 않은 것은?

① 노사협의회는 근로자와 사용자를 대표하는 같은 수의 위원으로 구성하되, 각 3명 이상 10명 이하로 한다. 🔎 근참법 제6조 제1항

② 노사협의회는 3개월마다 정기적으로 회의를 개최하여야 한다. 🔎 근참법 제12조 제1항

③ 노사협의회 의장은 노사 일방의 대표자가 회의의 목적을 문서로 밝혀 회의의 소집을 요구하면 그 요구에 따라야 한다. 🔎 근참법 제13조 제2항

❹ 노사협의회 회의는 근로자위원과 사용자위원 각 과반수의 출석으로 개최하고 출석위원 과반수의 찬성으로 의결한다.

> 노사협의회 회의는 근로자위원과 사용자위원 각 과반수의 출석으로 개최하고 출석위원 3분의 2 이상의 찬성으로 의결한다(근참법 제15조).

⑤ 사용자는 각종 노사공동위원회의 설치에 해당하는 사항에 대하여는 노사협의회의 의결을 거쳐야 한다. 🔎 근참법 제21조 제5호

24 공무원의 노동조합 설립 및 운영 등에 관한 법률에 관한 설명으로 옳지 않은 것은?

① 노동조합과 그 조합원은 정치활동을 하여서는 아니 된다. **웹 공노법 제4조**
② 정부교섭대표는 효율적인 교섭을 위하여 필요한 경우 다른 정부교섭대표와 공동으로 교섭하거나, 다른 정부교섭대표에게 교섭 및 단체협약체결권한을 위임할 수 있다. **웹 공노법 제8조 제3항**
③ 노동조합은 단체교섭을 위하여 노동조합의 대표자와 조합원으로 교섭위원을 구성하여야 한다. **웹 공노법 제9조 제1항**
④ 국가와 지방자치단체는 공무원이 전임자임을 이유로 승급이나 그 밖에 신분과 관련하여 불리한 처우를 하여서는 아니 된다. **웹 공노법 제7조 제4항**
❺ 단체교섭이 결렬된 경우에는 당사자 어느 한쪽 또는 양쪽은 중앙노동위원회에 조정을 신청할 수 있고, 조정은 신청을 받은 날부터 15일 이내에 마쳐야 한다.

> 단체교섭이 결렬(決裂)된 경우에는 당사자 어느 한쪽 또는 양쪽은 노동위원회법 제2조에 따른 중앙노동위원회에 조정을 신청할 수 있고, 조정은 조정신청을 받은 날부터 30일 이내에 마쳐야 한다. 다만, 당사자들이 합의한 경우에는 30일 이내의 범위에서 조정기간을 연장할 수 있다(공노법 제12조 제1항·제4항).

25 교원의 노동조합 설립 및 운영에 관한 법률에 관한 설명으로 옳지 않은 것은?

❶ 교원의 노동조합을 설립하려는 사람은 교육부장관에게 설립신고서를 제출하여야 한다.

> 교원의 노동조합을 설립하려는 사람은 고용노동부장관에게 설립신고서를 제출하여야 한다(교노법 제4조 제3항).

② 교원의 노동조합과 그 조합원은 업무의 정상적인 운영을 방해하는 어떠한 쟁의행위도 하여서는 아니 된다.

> 교원의 노동조합과 그 조합원은 파업, 태업 또는 그 밖에 업무의 정상적인 운영을 방해하는 어떠한 쟁의행위(爭議行爲)도 하여서는 아니 된다(교노법 제8조).

③ 교원의 노동쟁의를 조정·중재하기 위하여 중앙노동위원회에 교원 노동관계조정위원회를 둔다. **웹 교노법 제11조 제1항**
④ 교원은 임용권자의 동의를 받아 노동조합으로부터 급여를 지급받으면서 노동조합의 업무에만 종사할 수 있다. **웹 교노법 제5조 제1항**
⑤ 중앙노동위원회가 제시한 조정안을 당사자의 어느 한쪽이라도 거부한 경우 중앙노동위원회는 중재를 한다. **웹 교노법 제10조 제2호**

2020년 제29회 정답 및 해설

● 문제편 113p

● **정답 CHECK**   ● **각 문항별로 이해도 CHECK**

01	02	03	04	05	06	07	08	09	10	11	12	13	14	15	16	17	18	19	20	21	22	23	24	25
⑤	④	③	①	②	①	④	③	②	⑤	③	②	⑤	④	①	⑤	②	④	③	②	④	③	④	③	⑤

01

☑ 확인
Check!
○
△
×

헌법상 노동3권에 관한 설명으로 옳지 않은 것은?(다툼이 있으면 판례에 따름)

① 근로자는 근로조건의 향상을 위하여 자주적인 단결권·단체교섭권 및 단체행동권을 가진다.
　　🏛 헌법 제33조 제1항

② 공무원인 근로자는 법률이 정하는 자에 한하여 단결권·단체교섭권 및 단체행동권을 가진다.
　　🏛 헌법 제33조 제2항

③ 단체교섭권은 사실행위로서의 단체교섭의 권한 외에 교섭한 결과에 따라 단체협약을 체결할 권한을 포함한다.　🏛 대판 1993.4.27. 91누12257

④ 법률이 정하는 주요방위산업체에 종사하는 근로자의 단체행동권은 법률이 정하는 바에 의하여 이를 제한할 수 있다.　🏛 헌법 제33조 제3항

❺ 취업활동을 할 수 있는 체류자격을 받지 않은 외국인은 타인과의 사용종속관계하에서 근로를 제공하고 그 대가로 임금 등을 받아 생활하더라도 노동조합에 가입할 수 없다.

> 타인과의 사용종속관계하에서 근로를 제공하고 그 대가로 임금 등을 받아 생활하는 사람은 노동조합법상 근로자에 해당하고, 노동조합법상의 근로자성이 인정되는 한, 그러한 <u>근로자가 외국인인지 여부나 취업자격의 유무에 따라 노동조합법상 근로자의 범위에 포함되지 아니한다고 볼 수는 없다</u>(대판 2015.6.25. 2007두4995 [전합]).

2024년　2023년　2022년　2021년　2020년

02 우리나라가 비준하지 않은 ILO협약을 모두 고른 것은?

> ㄱ. 강제근로의 폐지에 관한 협약(제105호)
> ㄴ. 공업 및 상업부문에서 근로감독에 관한 협약(제81호)
> ㄷ. 결사의 자유 및 단결권 보호에 관한 협약(제87호)
> ㄹ. 동일가치에 대한 남녀근로자의 동등보수에 관한 협약(제100호)
> ㅁ. 가혹한 형태의 아동노동 철폐에 관한 협약(제182호)

① ㄱ, ㄴ   ② ㄱ, ㄹ
③ ㄴ, ㄷ   ❹ ㄱ
⑤ ㄷ, ㄹ, ㅁ

> 우리나라는 보기의 ILO협약 중 ㄱ. 강제근로의 폐지에 관한 협약(제105호)을 제외하고 ㄴ. 공업 및 상업부문에서 근로감독에 관한 협약(제81호), ㄷ. 결사의 자유 및 단결권 보호에 관한 협약(제87호), ㄹ. 동일가치에 대한 남녀근로자의 동등보수에 관한 협약(제100호), ㅁ. 가혹한 형태의 아동노동 철폐에 관한 협약(제182호)을 비준하였다. ㄷ. 결사의 자유 및 단결권 보호에 관한 협약(제87호)은 비준동의안이 2021.2.26. 국회본회의를 통과하여 정부가 비준서를 ILO에 기탁한 시점부터 1년(2022.4.20.)이 지나 발효되었으므로, 국내법과 같은 효력을 가진다.

03 노동조합 및 노동관계조정법령상 설립신고증을 교부받은 노동조합이 아닌 근로자단체의 법적 지위에 관한 설명으로 옳지 않은 것은?

① 노동위원회에 노동쟁의의 조정(調停)을 신청할 수 없다. 📖 노조법 제7조 제1항
② 노동조합이라는 명칭을 사용할 수 없다. 📖 노조법 제7조 제3항
❸ 단체교섭 거부를 이유로 노동위원회에 부당노동행위의 구제를 신청할 수 있다.

> 노조법에 의하여 설립된 노동조합이 아니면 노동위원회에 노동쟁의의 조정 및 부당노동행위의 구제를 신청할 수 없다(노조법 제7조 제1항).

④ 노동위원회의 근로자위원을 추천할 수 없다. 📖 노위법 제6조 제3항
⑤ 노동위원회에 노동쟁의 중재를 신청할 수 없다.

> 법외노동조합인 노동조합이 아닌 근로자단체는 노동위원회에 중재를 신청할 수 없다(노조법 제7조 제1항).

04 노동조합 및 노동관계조정법 제9조(차별대우의 금지)의 규정이다. (   )에 명시되어 있는 내용이 아닌 것은?

☑ 확인
Check!

○
△
✕

> 노동조합의 조합원은 어떠한 경우에도 (   )에 의하여 차별대우를 받지 아니한다.

❶ 국 적
② 성 별
③ 연 령
④ 종 교
⑤ 고용형태

노동조합의 조합원은 어떠한 경우에도 인종, 종교, 성별, 연령, 신체적 조건, 고용형태, 정당 또는 신분에 의하여 차별대우를 받지 아니한다(노조법 제9조).

05 노동조합 및 노동관계조정법령상 교섭단위 결정에 관한 설명으로 옳은 것은?

☑ 확인
Check!

○
△
✕

① 노동위원회는 사용자의 신청을 받아 교섭단위를 분리하는 결정을 할 수 없다.

하나의 사업 또는 사업장에서 현격한 근로조건의 차이, 고용형태, 교섭관행 등을 고려하여 교섭단위를 분리하거나 분리된 교섭단위를 통합할 필요가 있다고 인정되는 경우에 노동위원회는 노동관계당사자의 양쪽 또는 어느 한쪽의 신청을 받아 교섭단위를 분리하거나 분리된 교섭단위를 통합하는 결정을 할 수 있다(노조법 제29조의3 제2항).

❷ 교섭대표노동조합을 결정하여야 하는 단위는 하나의 사업 또는 사업장으로 한다.

 노조법 제29조의3 제1항

③ 사용자가 교섭요구사실을 공고한 경우에는 교섭대표노동조합이 결정된 날 이후부터 교섭단위분리 신청을 할 수 없다.

사용자가 교섭요구사실을 공고한 경우에는 교섭대표노동조합이 결정된 날 이후에 교섭단위 분리의 결정을 신청할 수 있다(노조법 시행령 제14조의11 제1항 제2호).

④ 노동위원회는 교섭단위분리신청을 받은 날부터 60일 이내에 교섭단위 분리에 관한 결정을 하여야 한다.

노동위원회는 교섭단위분리 또는 통합신청을 받은 날부터 30일 이내에 교섭단위를 분리하거나 분리된 교섭단위를 통합하는 결정을 하고 해당 사업 또는 사업장의 모든 노동조합과 사용자에게 통지해야 한다(노조법 시행령 제14조의11 제3항).

⑤ 교섭단위 분리에 관한 노동위원회의 결정에 대하여 중앙노동위원회에 재심을 신청하려는 자는 그 결정서를 송달받은 날로부터 15일 이내에 할 수 있다.

교섭단위 결정(노조법 제29조의3)

② 하나의 사업 또는 사업장에서 현격한 근로조건의 차이, 고용형태, 교섭관행 등을 고려하여 교섭단위를 분리하거나 분리된 교섭단위를 통합할 필요가 있다고 인정되는 경우에 노동위원회는 노동관계 당사자의 양쪽 또는 어느 한쪽의 신청을 받아 교섭단위를 분리하거나 분리된 교섭단위를 통합하는 결정을 할 수 있다.

③ 제2항에 따른 노동위원회의 결정에 대한 불복절차 및 효력은 제69조와 제70조 제2항을 준용한다.

중재재정등의 확정(노조법 제69조)

① 관계당사자는 지방노동위원회 또는 특별노동위원회의 중재재정이 위법이거나 월권에 의한 것이라고 인정하는 경우에는 그 중재재정서의 송달을 받은 날부터 10일 이내에 중앙노동위원회에 그 재심을 신청할 수 있다.

---

06 노동조합 및 노동관계조정법상 이해관계인의 신청이 있는 경우에 한하여 행정관청이 노동위원회의 의결을 얻어 시정을 명할 수 있는 경우는?

☑ 확인
Check!
○
△
✕

❶ 노동조합의 결의 또는 처분이 규약에 위반된다고 인정할 경우

> 행정관청은 노동조합의 결의 또는 처분이 노동관계법령 또는 규약에 위반된다고 인정할 경우에는 노동위원회의 의결을 얻어 그 시정을 명할 수 있다. 다만, 규약 위반 시의 시정명령은 이해관계인의 신청이 있는 경우에 한한다(노조법 제21조 제2항).

② 노동조합의 결의 또는 처분이 노동관계법령에 위반된다고 인정할 경우
③ 노동조합의 규약이 노동관계법령에 위반한 경우
④ 노동조합의 결의 또는 처분이 단체협약에 위반된다고 인정할 경우
⑤ 노동조합의 규약이 취업규칙에 위반한 경우

---

07 노동조합 및 노동관계조정법상 근로시간면제심의위원회(이하 "위원회"라 한다)에 관한 설명으로 옳지 않은 것은?

☑ 확인
Check!
○
△
✕

① 근로시간면제자에 대한 근로시간면제한도를 정하기 위하여 근로시간면제심의위원회를 경제사회노동위원회법에 따른 경제사회노동위원회에 둔다. 🏛 노조법 제24조의2 제1항

② 위원회는 근로시간면제한도를 심의·의결하고, 3년마다 그 적정성 여부를 재심의하여 의결할 수 있다. 🏛 노조법 제24조의2 제2항

③ 위원회는 근로자를 대표하는 위원과 사용자를 대표하는 위원 및 공익을 대표하는 위원 각 5명씩 성별을 고려하여 구성한다. 🏛 노조법 제24조의2 제5항

❹ 위원장은 공익을 대표하는 위원 중에서 고용노동부장관이 지명한다.

> 위원장은 공익을 대표하는 위원 중에서 위원회가 선출한다(노조법 제24조의2 제6항).

⑤ 위원회는 재적위원 과반수의 출석과 출석위원 과반수의 찬성으로 의결한다.
🏛 노조법 제24조의2 제7항

08 노동조합 및 노동관계조정법상 노동조합의 해산에 관한 설명으로 옳지 않은 것은?

☑ 확인
Check!
○
△
✕

① 규약에서 정한 해산사유가 발생한 경우에 노동조합은 해산한다.

② 노동조합이 합병으로 소멸한 경우에 노동조합은 해산한다.

❸ 노동조합의 임원이 없고 노동조합으로서의 활동을 1년 이상 하지 아니한 경우에 노동조합은 해산한다.

> 노동조합은 노동조합의 임원이 없고 노동조합으로서의 활동을 1년 이상 하지 아니한 것으로 인정되는 경우로서 <u>행정관청이 노동위원회의 의결을 얻은 경우에는 해산한다</u>(노조법 제28조 제1항 제4호).

④ 노동조합 규약으로 총회에 갈음하는 대의원회를 둔 때에는 대의원회의 해산결의가 있는 경우에 노동조합은 해산한다.

⑤ 노동조합이 분할로 소멸한 경우에 노동조합은 해산한다.

관계법령	해산사유(노조법 제28조)

① 노동조합은 다음 각 호의 1에 해당하는 경우에는 해산한다.
  1. 규약에서 정한 해산사유가 발생한 경우
  2. 합병 또는 분할로 소멸한 경우
  3. 총회 또는 대의원회의 해산결의가 있는 경우
  4. 노동조합의 임원이 없고 노동조합으로서의 활동을 1년 이상 하지 아니한 것으로 인정되는 경우로서 행정관청이 노동위원회의 의결을 얻은 경우

---

09 노동조합 및 노동관계조정법령상 단체교섭에 관한 설명으로 옳지 않은 것은?

☑ 확인
Check!
○
△
✕

① 교섭대표노동조합의 대표자는 교섭을 요구한 모든 노동조합을 위하여 사용자와 교섭하고 단체협약을 체결할 권한을 가진다. 🔖 노조법 제29조 제2항

❷ 노동조합으로부터 단체교섭에 관한 권한을 위임받은 자는 자유롭게 권한을 행사할 수 있다.

> 노동조합과 사용자 또는 사용자단체로부터 교섭 또는 단체협약의 체결에 관한 권한을 위임받은 자는 그 노동조합과 사용자 또는 사용자단체를 위하여 <u>위임받은 범위 안에서 그 권한을 행사할 수 있다</u>(노조법 제29조 제3항).

③ 사용자는 단체교섭에 관한 권한을 위임한 때에는 그 사실을 노동조합에게 통보하여야 한다. 🔖 노조법 제29조 제4항

④ 노동조합은 해당 사업 또는 사업장에 단체협약이 2개 이상 있는 경우에는 먼저 이르는 단체협약의 유효기간 만료일 이전 3개월이 되는 날부터 사용자에게 교섭을 요구할 수 있다. 🔖 노조법 시행령 제14조의2 제1항 단서

⑤ 교섭대표노동조합과 사용자가 교섭창구단일화절차에 참여한 노동조합과 그 조합원 간에 합리적 이유 없이 차별한 경우에는 노동조합은 그 행위가 있은 날부터 3개월 이내에 노동위원회에 그 시정을 요청할 수 있다. 🔖 노조법 제29조의4 제2항

10 상시근로자 100명을 고용하고 있는 A사업장에는 갑, 을, 병, 정 노동조합이 설립되어 있으며 각각 26명, 15명, 14명, 5명의 조합원이 가입되어 있다. 정 노동조합을 제외한 갑, 을, 병 3개의 노동조합이 교섭창구단일화절차에 참여하였다. 사용자가 교섭창구단일화절차를 거치지 아니하기로 별도로 동의하지 아니한 상황에서 자율적으로 결정하는 기한 내에 교섭대표노동조합을 결정하지 못한 경우 교섭대표노동조합이 될 수 없는 것은?

① 갑, 을, 병의 연합
② 갑, 병의 연합
③ 을의 위임을 받은 갑
④ 병의 위임을 받은 을
❺ 정의 위임을 받은 갑

> 자율적 교섭대표노조 결성기한 내에 교섭대표노조를 정하지 못하고 사용자의 개별교섭동의를 얻지 못한 경우에는, 2개 이상의 노조가 <u>위임 또는 연합 등의 방법으로 교섭창구단일화절차에 참여한 노조 전체 조합원의 과반수가 되는 경우</u>를 포함하여 교섭창구단일화절차에 참여한 노조 전체 조합원 과반수로 조직된 노조인 과반수노조를 교섭대표노조로 인정하고 있다(노조법 제29조의2 제4항). 따라서 갑, 을, 병의 연합은 당연히 교섭대표노조가 될 수 있고, 갑, 병의 연합은 40/55, 을의 위임을 받은 갑은 41/55, 병의 위임을 받은 을은 29/55로 단일화절차에 참여한 노조 전체 조합원의 과반수라는 점에서 교섭대표노조가 될 수 있다. 그러나 노조 정은 교섭창구단일화절차에 참여하지 아니하였다는 점에서 노조법 제29조의2 제3항이 적용되지 아니하므로, <u>정의 위임을 받은 갑은 26/55로 과반수에 미치지 아니하여 교섭대표노조가 될 수 없다.</u>

관계법령 교섭창구단일화절차(노조법 제29조의2)

③ 교섭대표노동조합결정절차(이하 "교섭창구단일화절차")에 참여한 모든 노동조합은 대통령령으로 정하는 기한 내에 자율적으로 교섭대표노동조합을 정한다.

④ 제3항에 따른 기한까지 교섭대표노동조합을 정하지 못하고 제1항 단서에 따른 사용자의 동의를 얻지 못한 경우에는 <u>교섭창구단일화절차에 참여한 노동조합의 전체 조합원 과반수로 조직된 노동조합(2개 이상의 노동조합이 위임 또는 연합 등의 방법으로 교섭창구단일화절차에 참여한 노동조합 전체 조합원의 과반수가 되는 경우를 포함한다)이 교섭대표노동조합</u>이 된다.

11 노동조합 및 노동관계조정법상 단체협약에 관한 설명으로 옳지 않은 것은?

① 단체협약은 서면으로 작성하여 당사자 쌍방이 서명 또는 날인하여야 한다. 노조법 제31조 제1항

② 단체협약의 당사자는 단체협약의 체결일부터 15일 이내에 이를 행정관청에게 신고하여야 한다. 노조법 제31조 제2항

❸ 행정관청은 단체협약 중 위법·부당한 내용이 있는 경우에는 노동위원회의 의결을 얻어 그 시정을 명하여야 한다.

> 행정관청은 단체협약 중 위법한 내용이 있는 경우에는 노동위원회의 의결을 얻어 그 시정을 명할 수 있다(노조법 제31조 제3항).

④ 단체협약에 정한 근로조건 기타 근로자의 대우에 관한 기준에 위반하는 취업규칙 또는 근로계약의 부분은 무효로 한다. 노조법 제33조 제1항

⑤ 근로계약에 규정되지 아니한 사항은 단체협약에 정한 기준에 의한다. 노조법 제33조 제2항

12 노동조합 및 노동관계조정법상 쟁의행위에 관한 설명으로 옳지 않은 것은?(다툼이 있으면 판례에 따름)

① 쟁의행위 자체의 정당성과 이를 구성하거나 부수되는 개개의 행위의 정당성은 구별되어야 하므로 일부 소수의 근로자가 폭력행위 등의 위법행위를 하였다고 하더라도 전체로서의 쟁의행위가 위법하게 되는 것은 아니다. 대판 2003.12.26. 2003두8906

❷ 노동위원회는 사업장의 안전보호시설에 대하여 정상적인 유지·운영을 정지·폐지 또는 방해하는 쟁의행위에 해당한다고 인정하는 경우 직권으로 그 행위를 중지할 것을 통보하여야 한다.

> 행정관청은 쟁의행위가 사업장의 안전보호시설에 대하여 정상적인 유지·운영을 정지·폐지 또는 방해하는 행위에 해당한다고 인정하는 경우에는 노동위원회의 의결을 얻어 그 행위를 중지할 것을 통보하여야 한다(노조법 제42조 제3항).

③ 노동조합은 쟁의행위가 적법하게 수행될 수 있도록 지도·관리·통제할 책임이 있다. 노조법 제38조 제3항

④ 근로자는 쟁의행위기간 중에는 현행범 외에는 노동조합 및 노동관계조정법 위반을 이유로 구속되지 아니한다. 노조법 제39조

⑤ 쟁의행위는 그 쟁의행위와 관계없는 자 또는 근로를 제공하고자 하는 자의 출입·조업 기타 정상적인 업무를 방해하는 방법으로 행하여져서는 아니 되며 쟁의행위의 참가를 호소하거나 설득하는 행위로서 폭행·협박을 사용하여서는 아니 된다. 노조법 제38조 제1항

13 노동조합 및 노동관계조정법상 필수유지업무에 관한 설명으로 옳지 않은 것은?(다툼이 있으면 판례에 따름)

① 필수유지업무란 필수공익사업의 업무 중 그 업무가 정지되거나 폐지되는 경우 공중의 생명·건강 또는 신체의 안전이나 공중의 일상생활을 현저히 위태롭게 하는 업무로서 대통령령이 정하는 업무를 말한다. **法 노조법 제42조의2 제1항**

② 노동관계당사자는 필수유지업무의 필요 최소한의 유지·운영수준, 대상직무 및 필요인원 등을 정한 협정을 서면으로 체결하여야 한다. **法 노조법 제42조의3 전문**

③ 필수유지업무협정에는 노동관계당사자 쌍방이 서명 또는 날인하여야 한다. **法 노조법 제42조의3 후문**

④ 노동관계당사자 쌍방 또는 일방은 필수유지업무협정이 체결되지 아니하는 때에는 노동위원회에 필수유지업무의 필요 최소한의 유지·운영수준, 대상직무 및 필요인원 등의 결정을 신청하여야 한다. **法 노조법 제42조의4 제1항**

❺ 필수유지업무가 공중의 생명·건강 또는 신체의 안전이나 공중의 일상생활을 현저히 위태롭게 하는 업무라 하더라도 다른 업무영역의 근로자보다 쟁의권 행사에 더 많은 제한을 가하는 것은 평등원칙에 위반된다.

> 필수유지업무는 공중의 생명·건강 또는 신체의 안전이나 공중의 일상생활을 현저히 위태롭게 하는 업무이므로 이에 대한 쟁의권 행사는 그 영향이 치명적일 수밖에 없다는 점에서 <u>다른 업무영역의 근로자보다 쟁의권 행사에 더 많은 제한을 가한다고 하더라도 그 차별의 합리성이 인정되므로 평등원칙을 위반한다고 볼 수 없다</u>(헌재 2011.12.29. 2010헌바385).

14 노동조합 및 노동관계조정법령상 사용자의 채용제한에 관한 내용으로 옳지 않은 것은?

① 사용자는 쟁의행위기간 중 그 쟁의행위로 중단된 업무를 도급 또는 하도급 줄 수 없다. **法 노조법 제43조 제2항**

② 필수공익사업의 사용자는 쟁의행위기간 중에 한하여 당해 사업과 관계없는 자를 채용 또는 대체할 수 있다. **法 노조법 제43조 제3항**

③ 필수공익사업의 경우 사용자는 당해 사업 또는 사업장 파업참가자의 100분의 50을 초과하지 않는 범위 안에서 도급 또는 하도급 줄 수 있다. **法 노조법 제43조 제4항**

❹ 필수공익사업의 사업 또는 사업장 파업참가자수는 근로의무가 있는 근로시간 중 파업 참가를 이유로 근로의 일부 또는 전부를 제공하지 아니한 자의 수를 7일 단위로 산정한다.

> 필수공익사업의 사업 또는 사업장 파업참가자수는 근로의무가 있는 근로시간 중 파업 참가를 이유로 근로의 일부 또는 전부를 제공하지 아니한 자의 수를 <u>1일 단위</u>로 산정한다(노조법 시행령 제22조의4 제1항).

⑤ 사용자는 쟁의행위기간 중 그 쟁의행위로 중단된 업무의 수행을 위하여 당해 사업과 관계없는 자를 채용 또는 대체할 수 없다. **法 노조법 제43조 제1항**

15 노동조합 및 노동관계조정법상 쟁의행위에 관한 설명으로 옳지 않은 것은?(다툼이 있으면 판례에 따름)

❶ 직장폐쇄는 사용자의 쟁의행위로서 노동조합이 쟁의행위를 개시하기 전에도 직장폐쇄를 할 수 있다.

  사용자는 <u>노동조합이 쟁의행위를 개시한 이후에만</u> 직장폐쇄를 할 수 있다(노조법 제46조 제1항).

② 노동조합은 쟁의행위기간에 대한 임금의 지급을 요구하여 이를 관철할 목적으로 쟁의행위를 하여서는 아니 된다. 노조법 제44조 제2항

③ 근로자가 쟁의행위를 중단하고 진정으로 업무에 복귀할 의사를 표시하였음에도 사용자가 직장폐쇄를 계속 유지하면서 근로자의 쟁의행위에 대한 방어적인 목적에서 벗어나 공격적 직장폐쇄의 성격으로 변질된 경우에는 그 이후의 직장폐쇄는 정당성을 상실한다. 대판 2017.4.7. 2013다101425

④ 사용자는 쟁의행위에 참가하여 근로를 제공하지 아니한 근로자에 대하여는 그 기간 중의 임금을 지급할 의무가 없다. 노조법 제44조 제1항

⑤ 쟁의행위는 그 조합원의 직접 · 비밀 · 무기명투표에 의한 조합원 과반수의 찬성으로 결정하지 아니하면 이를 행할 수 없다. 노조법 제41조 제1항 전문

16 노동조합 및 노동관계조정법상 노동쟁의의 조정(調停)에 관한 설명으로 옳지 않은 것은?

① 노동위원회는 관계당사자의 일방이 노동쟁의의 조정을 신청한 때에는 지체 없이 조정을 개시하여야 하며 관계당사자 쌍방은 이에 성실히 임하여야 한다. 노조법 제53조 제1항

② 조정은 그 신청이 있은 날부터 일반사업에 있어서는 10일 이내에, 공익사업에 있어서는 15일 이내에 종료하여야 한다. 노조법 제54조 제1항

③ 근로자를 대표하는 조정위원은 사용자가 추천하는 당해 노동위원회의 위원 중에서 그 노동위원회의 위원장이 지명하여야 한다. 노조법 제55조 제3항 본문

④ 노동위원회는 관계당사자 쌍방의 신청이 있거나 관계당사자 쌍방의 동의를 얻은 경우에는 조정위원회에 갈음하여 단독조정인에게 조정을 행하게 할 수 있다. 노조법 제57조 제1항

❺ 조정위원회의 조정안의 해석 또는 이행방법에 관한 견해가 제시되기 전이라도 관계당사자는 당해 조정안의 해석 또는 이행에 관하여 쟁의행위를 할 수 있다.

  조정위원회의 <u>조정안의 해석 또는 이행방법에 관한 견해가 제시될 때까지는</u> 관계당사자는 당해 조정안의 해석 또는 이행에 관하여 쟁의행위를 할 수 없다(노조법 제60조 제5항).

17 노동조합 및 노동관계조정법상 노동쟁의의 중재에 관한 설명으로 옳은 것은?

① 노동쟁의의 조정(調整)에서 사적 중재는 허용되지 않는다.

> 조정 및 중재의 규정은 노동관계당사자가 쌍방의 합의 또는 단체협약이 정하는 바에 따라 각각 다른 조정 또는 중재방법(이하 "사적조정등")에 의하여 노동쟁의를 해결하는 것을 방해하지 아니한다(노조법 제52조 제1항).

❷ 중재재정은 서면으로 작성하여 이를 행하며 그 서면에는 효력발생기일을 명시하여야 한다.

> 노조법 제68조 제1항

③ 중재위원회 위원장은 중재위원 중에서 당해 노동위원회 위원장이 지명한다.

> 중재위원회 위원장은 중재위원 중에서 호선한다(노조법 제65조 제2항).

④ 노동쟁의가 중재에 회부된 때에는 그날부터 30일간은 쟁의행위를 할 수 없다.

> 노동쟁의가 중재에 회부된 때에는 그날부터 15일간은 쟁의행위를 할 수 없다(노조법 제63조).

⑤ 노동위원회의 중재재정은 중앙노동위원회에의 재심신청 또는 행정소송의 제기에 의하여 그 효력이 정지된다.

> 노동위원회의 중재재정 또는 재심결정은 중앙노동위원회에의 재심신청 또는 행정소송의 제기에 의하여 그 효력이 정지되지 아니한다(노조법 제70조 제2항).

18 노동조합 및 노동관계조정법상 긴급조정에 관한 설명으로 옳지 않은 것은?

① 고용노동부장관은 쟁의행위가 공익사업에 관한 것이거나 그 규모가 크거나 그 성질이 특별한 것으로서 현저히 국민경제를 해하거나 국민의 일상생활을 위태롭게 할 위험이 현존하는 때에는 긴급조정의 결정을 할 수 있다. 노조법 제76조 제1항

② 고용노동부장관은 긴급조정을 결정한 때에는 지체 없이 그 이유를 붙여 이를 공표함과 동시에 중앙노동위원회와 관계당사자에게 각각 통고하여야 한다. 노조법 제76조 제3항

③ 관계당사자는 긴급조정의 결정이 공표된 때에는 즉시 쟁의행위를 중지하여야 하며, 공표일부터 30일이 경과하지 아니하면 쟁의행위를 재개할 수 없다. 노조법 제77조

❹ 중앙노동위원회의 위원장은 긴급조정이 성립될 가망이 없다고 인정한 경우에는 관계당사자의 의견을 들어 그 사건을 중재에 회부할 것인가의 여부를 결정하여야 한다.

> 중앙노동위원회의 위원장은 중앙노동위원회의 조정이 성립될 가망이 없다고 인정한 경우에는 공익위원의 의견을 들어 그 사건을 중재에 회부할 것인가의 여부를 결정하여야 한다(노조법 제79조 제1항).

⑤ 중앙노동위원회의 위원장이 중재회부의 결정을 한 때에는 중앙노동위원회는 지체 없이 중재를 행하여야 한다. 노조법 제80조

19 노동조합 및 노동관계조정법상 부당노동행위에 관한 설명으로 옳지 않은 것은?(다툼이 있으면 판례에 따름)

① 사용자가 근로자를 해고함에 있어서 표면적으로 내세우는 해고사유와는 달리 실질적으로 근로자의 정당한 조합활동을 이유로 해고한 것으로 인정되는 경우에는 그 해고는 부당노동행위라고 보아야 한다. 🕮 대판 1997.7.8. 96누6431

② 근로자에 대한 인사고과가 상여금의 지급기준이 되는 사업장에서 사용자가 특정 노동조합의 조합원이라는 이유로 다른 노동조합의 조합원 또는 비조합원보다 불리하게 인사고과를 하여 상여금을 적게 지급하는 불이익을 주었다면 그러한 사용자의 행위도 부당노동행위에 해당할 수 있다. 🕮 대판 2018.12.27. 2017두37031

❸ 지배·개입으로서의 부당노동행위가 성립하기 위해서는 근로자의 단결권의 침해라는 결과의 발생을 요한다.

> 사용자가 연설, 사내방송, 게시문, 서한 등을 통하여 의견을 표명할 수 있는 언론의 자유를 가지고 있음은 당연하나, 그 표명된 의견의 내용과 함께 그것이 행하여진 상황, 시점, 장소, 방법 및 그것이 노동조합의 운영이나 활동에 미치거나 미칠 수 있는 영향 등을 종합하여 노동조합의 조직이나 운영 및 활동을 지배하거나 이에 개입하는 의사가 인정되는 경우에는 '근로자가 노동조합을 조직 또는 운영하는 것을 지배하거나 이에 개입하는 행위'로서 부당노동행위가 성립하고, 또 그 지배·개입으로서의 부당노동행위의 성립에 반드시 근로자의 단결권의 침해라는 결과의 발생까지 요하는 것은 아니다(대판 2006.9.8. 2006도388).

④ 노동조합의 자주성을 저해하거나 저해할 위험이 현저하지 않은 운영비원조행위를 부당노동행위로 규제하는 것은 헌법에 합치되지 아니한다. 🕮 헌재 2018.5.31. 2012헌바90, 헌법불합치

⑤ 단체협약 등 노사 간 합의에 의한 경우라도 타당한 근거 없이 과다하게 책정된 급여를 근로시간면제자에게 지급하는 사용자의 행위는 부당노동행위가 될 수 있다. 🕮 대판 2018.5.15. 2018두33050

20 노동조합 및 노동관계조정법상 필수공익사업에 해당하는 것을 모두 고른 것은?

ㄱ. 도시철도사업	ㄴ. 공중위생사업
ㄷ. 혈액공급사업	ㄹ. 방송사업
ㅁ. 은행사업	ㅂ. 석유공급사업

① ㄱ, ㄴ, ㄷ   ❷ ㄱ, ㄷ, ㅂ

③ ㄱ, ㅁ, ㅂ   ④ ㄴ, ㄷ, ㄹ

⑤ ㄷ, ㅁ, ㅂ

> ㄴ. 공중위생사업, ㄹ. 방송사업, ㅁ. 은행사업은 필수공익사업에 해당하지 아니한다.

관계법령 **공익사업의 범위등(노조법 제71조)**

② 노동조합 및 노동관계조정법에서 "필수공익사업"이라 함은 공익사업으로서 그 업무의 정지 또는 폐지가 공중의 일상생활을 현저히 위태롭게 하거나 국민경제를 현저히 저해하고 그 업무의 대체가 용이하지 아니한 다음의 사업을 말한다.
1. 철도사업, <u>도시철도사업</u> 및 항공운수사업
2. 수도사업, 전기사업, 가스사업, 석유정제사업 및 <u>석유공급사업</u>
3. 병원사업 및 <u>혈액공급사업</u>
4. 한국은행사업
5. 통신사업

---

21 노동조합 및 노동관계조정법상 부당노동행위 구제에 관한 설명으로 옳지 않은 것은?

① 지방노동위원회의 구제명령 또는 기각결정에 불복이 있는 관계당사자는 그 명령서 또는 결정서의 송달을 받은 날부터 10일 이내에 중앙노동위원회에 그 재심을 신청할 수 있다. ⓐ **노조법 제85조 제1항**

② 중앙노동위원회의 재심판정에 대하여 관계당사자는 그 재심판정서의 송달을 받은 날부터 15일 이내에 행정소송법이 정하는 바에 의하여 소를 제기할 수 있다. ⓐ **노조법 제85조 제2항**

③ 노동위원회의 판정·명령 및 결정은 서면으로 하되, 이를 당해 사용자와 신청인에게 각각 교부하여야 한다. ⓐ **노조법 제84조 제2항**

❹ 사용자가 행정소송을 제기한 경우 관할 법원은 노동조합의 신청에 의하여 결정으로써, 판결이 확정될 때까지 중앙노동위원회의 구제명령의 전부 또는 일부를 이행하도록 명할 수 있다.

> 사용자가 행정소송을 제기한 경우에 관할 법원은 <u>중앙노동위원회의 신청에 의하여 결정으로써</u>, 판결이 확정될 때까지 중앙노동위원회의 구제명령의 전부 또는 일부를 이행하도록 명할 수 있으며, 당사자의 신청에 의하여 또는 직권으로 그 결정을 취소할 수 있다(노조법 제85조 제5항).

⑤ 노동위원회의 구제명령·기각결정 또는 재심판정은 중앙노동위원회에의 재심신청이나 행정소송의 제기에 의하여 효력이 정지되지 아니한다. ⓐ **노조법 제86조**

22 교원의 노동조합 설립 및 운영 등에 관한 법률의 내용으로 옳지 않은 것은?

① 노동조합을 설립하려는 사람은 고용노동부장관에게 설립신고서를 제출하여야 한다.
　🏛 교노법 제4조 제3항

② 노동조합의 대표자는 그 노동조합 또는 조합원의 임금, 근무조건, 후생복지 등 경제적·사회적 지위 향상에 관하여 교육부장관등과 교섭하고 단체협약을 체결할 권한을 가진다.
　🏛 교노법 제6조 제1항

❸ 노동조합의 대표자가 사립학교 설립·경영자와 교섭하고 단체협약을 체결할 경우 사립학교 설립·경영자가 개별적으로 교섭에 응하여야 한다.

> 노동조합의 대표자가 사립학교 설립·경영자와 교섭하고 단체협약을 체결할 경우 사립학교 설립·경영자는 <u>전국 또는 시·도 단위로 연합하여</u> 교섭에 응하여야 한다(교노법 제6조 제1항 제1호).

④ 노동조합의 교섭위원은 해당 노동조합의 대표자와 그 조합원으로 구성하여야 한다.
　🏛 교노법 제6조 제2항

⑤ 단체교섭을 하거나 단체협약을 체결하는 경우에 관계당사자는 국민여론과 학부모의 의견을 수렴하여 성실하게 교섭하고 단체협약을 체결하여야 한다.　🏛 교노법 제6조 제8항

23 공무원의 노동조합 설립 및 운영 등에 관한 법률의 내용으로 옳지 않은 것은?

① 노동조합과 그 조합원은 정치활동을 하여서는 아니 되며, 파업, 태업 또는 그 밖에 업무의 정상적인 운영을 방해하는 어떠한 행위도 하여서는 아니 된다.　🏛 공노법 제4조·제11조

② 교정·수사 등 공공의 안녕과 국가안전보장에 관한 업무에 종사하는 공무원은 노동조합에 가입할 수 없다.　🏛 공노법 제6조 제2항 제3호

③ 국가와 지방자치단체는 공무원이 전임자임을 이유로 승급이나 그 밖에 신분과 관련하여 불리한 처우를 하여서는 아니 된다.　🏛 공노법 제7조 제4항

❹ 공무원은 정부교섭대표가 동의하는 경우 근무시간 면제 한도를 초과하지 아니하는 범위에서 보수의 손실 없이 공무원의 노동조합 설립 및 운영 등에 관한 법률 또는 다른 법률에서 정하는 업무와 건전한 노사관계 발전을 위한 노동조합의 유지·관리업무를 하여야 한다.

> 공무원은 단체협약으로 정하거나 정부교섭대표가 동의하는 경우 근무시간 면제 한도를 초과하지 아니하는 범위에서 보수의 손실 없이 정부교섭대표와의 협의·교섭, 고충처리, 안전·보건활동 등 <u>이 법 또는 다른 법률에서 정하는 업무와 건전한 노사관계 발전을 위한 노동조합의 유지·관리업무를 할 수 있다</u>(공노법 제7조의2 제1항).

⑤ 단체협약의 내용 중 법령·조례 또는 예산에 의하여 규정되는 내용과 법령 또는 조례에 의하여 위임을 받아 규정되는 내용은 단체협약으로서의 효력을 가지지 아니한다.　🏛 공노법 제10조 제1항

노동조합의 조직·가입(노조법 제5조)

① 근로자는 자유로이 노동조합을 조직하거나 이에 가입할 수 있다. 다만, 공무원과 교원에 대하여는 따로 법률로 정한다.

근로시간 면제 등(노조법 제24조)

① 근로자는 단체협약으로 정하거나 사용자의 동의가 있는 경우에는 사용자 또는 노동조합으로부터 급여를 지급받으면서 근로계약 소정의 근로를 제공하지 아니하고 노동조합의 업무에 종사할 수 있다.

② 제1항에 따라 사용자로부터 급여를 지급받는 근로자(이하 "근로시간면제자")는 사업 또는 사업장별로 종사근로자인 조합원 수 등을 고려하여 제24조의2에 따라 결정된 근로시간면제한도를 초과하지 아니하는 범위에서 임금의 손실 없이 사용자와의 협의·교섭, 고충처리, 산업안전활동 등 이 법 또는 다른 법률에서 정하는 업무와 건전한 노사관계 발전을 위한 노동조합의 유지·관리업무를 할 수 있다.

노동조합 전임자의 지위(공노법 제7조)

① 공무원은 임용권자의 동의를 받아 노동조합으로부터 급여를 지급받으면서 노동조합의 업무에만 종사할 수 있다.

② 제1항에 따른 동의를 받아 노동조합의 업무에만 종사하는 사람[이하 "전임자"(專任者)]에 대하여는 그 기간 중 국가공무원법 제71조 또는 지방공무원법 제63조에 따라 휴직명령을 하여야 한다.

③ 삭제 〈2022.6.10.〉

④ 국가와 지방자치단체는 공무원이 전임자임을 이유로 승급이나 그 밖에 신분과 관련하여 불리한 처우를 하여서는 아니 된다.

근무시간 면제자 등(공노법 제7조의2)

① 공무원은 단체협약으로 정하거나 제8조 제1항의 정부교섭대표(이하 이 조 및 제7조의3에서 "정부교섭대표")가 동의하는 경우 제2항 및 제3항에 따라 결정된 근무시간 면제 한도를 초과하지 아니하는 범위에서 보수의 손실 없이 정부교섭대표와의 협의·교섭, 고충처리, 안전·보건활동 등 이 법 또는 다른 법률에서 정하는 업무와 건전한 노사관계 발전을 위한 노동조합의 유지·관리업무를 할 수 있다.

② 근무시간 면제 시간 및 사용인원의 한도(이하 "근무시간 면제 한도")를 정하기 위하여 공무원근무시간면제심의위원회(이하 이 조에서 "심의위원회")를 경제사회노동위원회법에 따른 경제사회노동위원회에 둔다.

③ 심의위원회는 제5조 제항에 따른 노동조합 설립 최소 단위를 기준으로 조합원(제6조 제1항 제1호부터 제3호까지의 규정에 해당하는 조합원)의 수를 고려하되 노동조합의 조직형태, 교섭구조·범위 등 공무원 노사관계의 특성을 반영하여 근무시간 면제 한도를 심의·의결하고, 3년마다 그 적정성 여부를 재심의하여 의결할 수 있다.

④ 제1항을 위반하여 근무시간 면제 한도를 초과하는 내용을 정한 단체협약 또는 정부교섭대표의 동의는 그 부분에 한정하여 무효로 한다.

24 근로자참여 및 협력증진에 관한 법률상 노사협의회에 관한 설명으로 옳지 않은 것은?

☑ 확인
Check!
○
△
×

① 노사협의회는 근로조건에 대한 결정권이 있는 사업이나 사업장 단위로 설치하여야 한다. 다만, 상시(常時) 30명 미만의 근로자를 사용하는 사업이나 사업장은 그러하지 아니하다.
    🔏 근참법 제4조 제1항

② 노사협의회는 근로자와 사용자를 대표하는 같은 수의 위원으로 구성하되, 각 3명 이상 10명 이하로 한다. 🔏 근참법 제6조 제1항

❸ 노사협의회에 의장을 두며, 의장은 위원 중에서 사용자가 지명한다. 이 경우 근로자위원과 사용자위원 중 각 1명을 공동의장으로 할 수 있다.

> 노사협의회에 의장을 두며, <u>의장은 위원 중에서 호선(互選)</u>한다. 이 경우 근로자위원과 사용자위원 중 각 1명을 공동의장으로 할 수 있다(근참법 제7조 제1항).

④ 사용자는 노사협의회 위원으로서의 직무 수행과 관련하여 근로자위원에게 불이익을 주는 처분을 하여서는 아니 된다. 🔏 근참법 제9조 제2항

⑤ 노사협의회 위원은 비상임·무보수로 하며, 위원의 협의회 출석시간과 이와 직접 관련된 시간으로서 노사협의회규정으로 정한 시간은 근로한 시간으로 본다. 🔏 근참법 제9조 제1항·제3항

2024년   2023년   2022년   2021년   2020년

25 노동위원회법상 노동위원회에 관한 설명으로 옳지 않은 것은?

☑ 확인
Check!
○
△
×

① 노동위원회는 중앙노동위원회, 지방노동위원회 및 특별노동위원회로 구분한다.
    🔏 노위법 제2조 제1항

② 중앙노동위원회와 지방노동위원회는 고용노동부장관 소속으로 둔다. 🔏 노위법 제2조 제2항

③ 노동위원회는 그 권한에 속하는 업무를 독립적으로 수행한다. 🔏 노위법 제4조 제1항

④ 중앙노동위원회는 지방노동위원회 및 특별노동위원회의 처분에 대한 재심사건을 관장한다.
    🔏 노위법 제3조 제1항 제1호

❺ 고용노동부장관은 중앙노동위원회 및 지방노동위원회의 예산·인사·교육훈련, 그 밖의 행정사무를 총괄하며, 소속 공무원을 지휘·감독한다.

> <u>중앙노동위원회 위원장</u>은 중앙노동위원회 및 지방노동위원회의 예산·인사·교육훈련, 그 밖의 행정사무를 총괄하며, 소속 공무원을 지휘·감독한다(노위법 제4조 제2항).

실패의 99%는

변명하는 습관이 있는 사람들에게서 온다.

－ 조지 워싱턴 －

PART 03

민법

01 2024년 제33회 정답 및 해설

02 2023년 제32회 정답 및 해설

03 2022년 제31회 정답 및 해설

04 2021년 제30회 정답 및 해설

05 2020년 제29회 정답 및 해설

2024년 제33회 정답 및 해설

📍 문제편 125p

✅ 정답 CHECK

✅ 각 문항별로 이해도 CHECK

01	02	03	04	05	06	07	08	09	10	11	12	13	14	15	16	17	18	19	20
④	②	①	①	②	②	①	①	④	④	②	④	⑤	⑤	②	④	⑤	①	⑤	③
21	22	23	24	25	26	27	28	29	30	31	32	33	34	35	36	37	38	39	40
⑤	③	③	②	⑤	②	②	⑤	④	③	⑤	①	②	⑤	③	④	④	③	③	⑤

01

☑ 확인
Check!
○
△
✕

민법상 법인의 정관에 관한 설명으로 옳지 않은 것은?(다툼이 있으면 판례에 따름)

① 이사의 대표권에 대한 제한은 이를 정관에 기재하지 아니하면 그 효력이 없다. 🔖 민법 제41조

② 정관의 변경사항을 등기해야 하는 경우, 이를 등기하지 않으면 제3자에게 대항할 수 없다.

> 민법상 법인의 경우 설립등기 이외의 등기사항은 대항요건이므로 그 등기 후가 아니면 제3자에게 대항하지 못한다(민법 제54조 제1항). 따라서 정관의 변경사항을 등기해야 하는 경우에도 이를 등기하지 않으면 제3자에게 대항할 수 없다.

③ 재단법인의 재산보전을 위하여 적당한 때에는 명칭이나 사무소 소재지를 변경할 수 있다.

> 재단법인의 정관은 그 변경방법을 정관에 정한 때에 한하여 변경할 수 있다(민법 제45조 제1항). 다만, 재단법인의 목적달성 또는 그 재산의 보전을 위하여 적당한 때에는 명칭 또는 사무소의 소재지를 변경할 수 있다(민법 제45조 제2항). 정관의 변경은 주무관청의 허가를 얻지 아니하면 그 효력이 없다(민법 제45조 제3항, 제42조 제2항).

❹ 정관의 변경을 초래하는 재단법인의 기본재산 변경은 기존의 기본재산을 처분하는 행위를 포함하지만, 새로이 기본재산으로 편입하는 행위를 포함하지 않는다.

> 재단법인의 기본재산에 관한 사항은 정관의 기재사항으로서 기본재산의 변경은 정관의 변경을 초래하기 때문에 주무장관의 허가를 받아야 하고, 따라서 기존의 기본재산을 처분하는 행위는 물론 새로이 기본재산으로 편입하는 행위도 주무부장관의 허가가 있어야 유효하다(대판 1982.9.28. 82다카499).

⑤ 정관에서 대표이사의 해임사유를 정한 경우, 대표이사의 중대한 의무위반 등 특별한 사정이 없는 한 법인은 정관에서 정하지 아니한 사유로 대표이사를 해임할 수 없다.

> 법인과 이사의 법률관계는 신뢰를 기초로 하는 위임 유사의 관계이다. 민법 제689조 제1항에 따르면 위임계약은 각 당사자가 언제든지 해지할 수 있다. 그러므로 법인은 원칙적으로 이사의 임기 만료 전에도 언제든지 이사를 해임할 수 있다. 다만 이러한 민법 규정은 임의규정이므로 법인이 자치법규인 정관으로 이사의 해임사유 및 절차 등에 관하여 별도 규정을 둘 수 있다. 이러한 규정은 법인과 이사의 관계를 명확히 하는 것 외에 이사의 신분을 보장하는 의미도 아울러 가지고 있으므로 이를 단순히 주의적 규정으로 볼 수는 없다. 따라서 법인의 정관에 이사의 해임사유에 관한 규정이 있는 경우 이사의 중대한 의무위반 또는 정상적인 사무집행 불능 등의 특별한 사정이 없는 이상 법인은 정관에서 정하지 아니한 사유로 이사를 해임할 수 없다(대판 2024.1.4. 2023다263537).

02 주물과 종물에 관한 설명으로 옳은 것은?(다툼이 있으면 판례에 따름)

☑ 확인
Check!

○
△
✕

① 부동산은 종물이 될 수 없다.

> 종물은 주물과 독립한 물건이면 되고, 동산이든 부동산이든 관계없다. 독일민법(제97조 제1항)과 스위스민법(제644조 제2항)은 종물을 동산에 한정하고 있으나, 현행 민법은 이러한 제한을 두고 있지 않으므로 부동산도 종물이 될 수 있다. 판례도 낡은 가재도구 등의 보관장소로 사용되고 있는 방과 연탄창고 및 공동변소가 본채에서 떨어져 축조되어 있기는 하나 본채의 종물이라고 판시하고 있다(대판 1991.5.14. 91다2779).

❷ 종물은 주물의 구성부분이 아닌 독립한 물건이어야 한다.

> 종물은 주물과 '독립된 물건'이어야 한다. 따라서 주물의 구성부분(예 건물의 정화조)은 종물이 될 수 없다(대판 1993.12.10. 93다42399).

③ 종물을 주물의 처분에서 제외하는 당사자의 특약은 무효이다.

> 종물은 주물의 처분에 수반된다는 민법 제100조 제2항은 임의규정이므로, 당사자는 주물을 처분할 때에 특약으로 종물을 제외할 수 있고, 종물만을 별도로 처분할 수도 있다(대판 2012.1.26. 2009다76546).

④ 주물의 효용과 직접 관계가 없는 물건도 주물의 소유자나 이용자의 상용에 공여되는 물건이면 종물이 된다.

> 주물의 상용에 이바지한다 함은 주물 그 자체의 경제적 효용을 다하게 하는 것을 말하는 것으로서, 주물의 소유자나 이용자의 사용에 공여되고 있더라도 주물 그 자체의 효용과 직접 관계가 없는 물건은 종물이 아니다(대결 2000.11.2. 2000마3530).

⑤ 물건과 물건 상호 간의 관계에 관한 주물과 종물의 법리는 권리와 권리 상호 간의 관계에는 유추적용될 수 없다.

> 민법 제100조 제2항의 종물과 주물의 관계에 관한 법리는 물건 상호 간의 관계뿐 아니라 권리 상호 간에도 적용되고, 위 규정에서의 처분은 처분행위에 의한 권리변동뿐 아니라 주물의 권리관계가 압류와 같은 공법상의 처분 등에 의하여 생긴 경우에도 적용된다(대판 2006.10.26. 2006다29020).

03

권리능력 없는 사단 A와 그 대표자 甲에 관한 설명으로 옳지 않은 것은?(다툼이 있으면 판례에 따름)

❶ 甲이 외형상 직무에 관한 행위로 乙에게 손해를 가한 경우, 甲의 행위가 직무행위에 포함되지 아니함을 乙이 중대한 과실로 알지 못하였더라도 A는 乙에게 손해배상책임을 진다.

> 비법인사단[권리능력 없는 사단(註)]의 경우 대표자의 행위가 직무에 관한 행위에 해당하지 아니함을 피해자 자신이 알았거나 또는 중대한 과실로 인하여 알지 못한 경우에는 비법인사단에게 손해배상책임을 물을 수 없으므로(대판 2003.7.25. 2002다27088), 甲의 행위가 직무행위에 포함되지 아니함을 피해자 乙이 중대한 과실로 알지 못하였다면 A는 乙에게 손해배상책임을 부담하지 않는다.

② 甲의 대표권에 관하여 정관에 제한이 있는 경우, 그러한 제한을 위반한 甲의 대표행위에 대하여 상대방 乙이 대표권 제한 사실을 알았다면 甲의 대표행위는 A에게 효력이 없다.

> 비법인사단[권리능력 없는 사단(註)]의 경우에는 대표자의 대표권 제한에 관하여 등기할 방법이 없어 민법 제60조의 규정을 준용할 수 없고, 비법인사단의 대표자가 정관에서 사원총회의 결의를 거쳐야 하도록 규정한 대외적 거래행위에 관하여 이를 거치지 아니한 경우라도, 이와 같은 사원총회결의사항은 비법인사단의 내부적 의사결정에 불과하다 할 것이므로, 그 거래상대방이 그와 같은 대표권제한사실을 알았거나 알 수 있었을 경우가 아니라면 그 거래행위는 유효하다고 봄이 상당하고, 이 경우 거래의 상대방이 대표권제한사실을 알았거나 알 수 있었음은 이를 주장하는 비법인사단 측이 주장·입증하여야 한다(대판 2003.7.22. 2002다64780). 따라서 정관에 의한 대표권 제한을 위반한 甲의 대표행위에 대하여 상대방 乙이 대표권 제한 사실을 알았다면 甲의 대표행위는 권리능력 없는 사단 A에게 효력이 없다.

③ 甲이 丙을 대리인으로 선임하여 A와 관련된 제반 업무처리를 포괄적으로 위임한 경우, 丙이 행한 대행행위는 A에 대하여 효력이 미치지 않는다.

> 비법인사단[권리능력 없는 사단(註)]에 대하여는 사단법인에 관한 민법 규정 가운데 법인격을 전제로 하는 것을 제외하고는 이를 유추적용하여야 하는데, 민법 제62조에 비추어 보면 비법인사단의 대표자는 정관 또는 총회의 결의로 금지하지 아니한 사항에 한하여 타인으로 하여금 특정한 행위를 대리하게 할 수 있을 뿐 비법인사단의 제반 업무처리를 포괄적으로 위임할 수는 없으므로 비법인사단 대표자가 행한 타인에 대한 업무의 포괄적 위임과 그에 따른 포괄적 수임인의 대행행위는 민법 제62조를 위반한 것이어서 비법인사단에 대하여 그 효력이 미치지 않는다(대판 2011.4.28. 2008다15438). 권리능력 없는 사단 A의 대표자 甲이 丙을 대리인으로 선임하여 A와 관련된 제반 업무처리를 포괄적으로 위임한 경우, 丙이 행한 대행행위는 민법 제62조를 위반한 것이어서 A에 대하여 효력이 없다.

④ 甲이 자격을 상실하여 법원이 임시이사 丁을 선임한 경우, 丁은 원칙적으로 정식이사와 동일한 권한을 가진다.

> 민법 제63조(임시이사의 선임)는 법인의 조직과 활동에 관한 것으로서 법인격을 전제로 하는 조항이 아니고, 법인 아닌 사단이나 재단의 경우에도 이사가 없거나 결원이 생길 수 있으며, 통상의 절차에 따른 새로운 이사의 선임이 극히 곤란하고 종전 이사의 긴급처리권도 인정되지 아니하는 경우에는 사단이나 재단 또는 타인에게 손해가 생길 염려가 있을 수 있으므로, 민법 제63조는 법인 아닌 사단이나 재단에도 유추적용할 수 있다(대결 2009.11.19. 2008마699[전합]). 민법상의 법인에 대하여 민법 제63조에 의하여 법원이 선임한 임시이사는 원칙적으로 정식이사와 동일한 권한을 가진다(대판 2013.6.13. 2012다40332). 따라서 甲이 자격을 상실하여 법원이 임시이사 丁을 선임한 경우, 丁은 원칙적으로 정식이사와 동일한 권한을 가진다.

⑤ A의 사원총회 결의는 법률 또는 정관에 다른 규정이 없으면 사원 과반수의 출석과 출석사원 의결권의 과반수로써 한다.

> "총회의 결의는 민법 또는 정관에 다른 규정이 없으면 사원 과반수의 출석과 출석사원의 의결권의 과반수로써 한다"는 민법 제75조 제1항의 규정은 법인 아닌 사단[권리능력 없는 사단(註)]에 대하여도 유추적용된다(대판 2007.12.27. 2007다17062). 권리능력 없는 사단 A의 사원총회 결의는 법률 또는 정관에 다른 규정이 없으면 사원 과반수의 출석과 출석사원 의결권의 과반수로써 한다.

04 민법상 조건과 기한에 관한 설명으로 옳은 것은?(다툼이 있으면 판례에 따름)

❶ 대여금채무의 이행지체에 따른 확정된 지연손해금채무는 그 이행청구를 받은 때부터 지체책임이 발생한다.

> 금전채무의 지연손해금채무는 금전채무의 이행지체로 인한 손해배상채무로서 이행기의 정함이 없는 채무에 해당하므로, 채무자는 확정된 지연손해금채무에 대하여 채권자로부터 이행청구를 받은 때부터 지체책임을 부담하게 된다(대판 2021.5.7. 2018다259213).

② 지명채권의 양도에 대한 채무자의 승낙은 채권양도 사실을 승인하는 의사를 표명하는 행위로 조건을 붙여서 할 수 없다.

> 지명채권 양도의 대항요건인 채무자의 승낙은 채권양도 사실을 채무자가 승인하는 의사를 표명하는 채무자의 행위라고 할 수 있는데, 채무자는 채권양도를 승낙하면서 조건을 붙여서 할 수 있다(대판 2011.6.30. 2011다8614).

③ 부당이득반환채권과 같이 이행기의 정함이 없는 채권이 자동채권으로 상계될 때 상계적상에서 의미하는 변제기는 상계의 의사표시를 한 시점에 도래한다.

> 쌍방이 서로 같은 종류를 목적으로 한 채무를 부담한 경우 쌍방 채무의 이행기[변제기(註)]가 도래한 때에는 각 채무자는 대등액에 관하여 상계할 수 있다(민법 제492조 제1항). 여기서 '채무의 이행기가 도래한 때'는 채권자가 채무자에게 이행의 청구를 할 수 있는 시기가 도래하였음을 의미하고 채무자가 이행지체에 빠지는 시기를 말하는 것이 아니다. 상계의 의사표시가 있는 경우 채무는 상계적상 시에 소급하여 대등액에 관하여 소멸하게 되므로, 상계에 따른 양 채권의 차액 계산 또는 상계 충당은 상계적상의 시점을 기준으로 한다. 이행기의 정함이 없는 채권의 경우 그 성립과 동시에 이행기에 놓이게 되고, 부당이득반환채권은 이행기의 정함이 없는 채권으로서 채권의 성립과 동시에 언제든지 이행을 청구할 수 있으므로, 그 채권의 성립일에 상계적상에서 의미하는 이행기[변제기(註)]가 도래한 것으로 볼 수 있다(대판 2022.3.17. 2021다287515).

④ 조건을 붙이고자 하는 의사는 법률행위의 내용으로 외부에 표시되어야 하므로 묵시적 의사표시나 묵시적 약정으로 할 수 없다.

> 조건은 법률행위 효력의 발생 또는 소멸을 장래 불확실한 사실의 발생 여부에 따라 좌우되게 하는 법률행위의 부관이고, 법률행위에서 효과의사와 일체적인 내용을 이루는 의사표시 그 자체이다. 조건을 붙이고자 하는 의사는 법률행위의 내용으로 외부에 표시되어야 하고, 조건을 붙이고자 하는 의사가 있는지는 의사표시에 관한 법리에 따라 판단하여야 한다. 조건을 붙이고자 하는 의사의 표시는 그 방법에 관하여 일정한 방식이 요구되지 않으므로 묵시적 의사표시나 묵시적 약정으로도 할 수 있다(대판 2018.6.28. 2016다221368).

⑤ 당사자가 금전소비대차계약에 붙인 기한이익 상실특약은 특별한 사정이 없는 한 정지조건부 기한이익 상실특약으로 추정한다.

> 기한이익 상실의 특약은 ㉠ 일정한 사유가 발생하면 채권자의 청구 등을 요하지 않고 당연히 기한의 이익이 상실되어 이행기가 도래하는 것으로 보는 정지조건부 기한이익 상실의 특약과 ㉡ 일정한 사유가 발생한 후 채권자의 통지나 청구 등 채권자의 의사행위를 기다려 비로소 이행기가 도래하는 것으로 보는 형성권적 기한이익 상실의 특약 2가지로 구별할 수 있다. 기한이익 상실의 특약이 위 2가지 중 어느 것에 해당하느냐는 법률행위의 해석의 문제이지만 일반적으로 기한이익 상실의 특약이 채권자를 위하여 둔 것인 점에 비추어 명백히 정지조건부 기한이익 상실의 특약이라고 볼만한 특별한 사정이 없는 이상 '형성권적 기한이익 상실의 특약'으로 추정하는 것이 타당하다(대판 2010.8.26. 2008다42416).

05

제척기간과 소멸시효에 관한 설명으로 옳지 않은 것은?(다툼이 있으면 판례에 따름)

① 제척기간이 완성된 채권이 그 완성 전에 상계할 수 있었던 것이면 채권자는 이를 자동채권으로 하여 상대방의 채권과 상계할 수 있다.

> 매도인이나 수급인의 담보책임을 기초로 한 손해배상채권의 제척기간이 지난 경우에도 제척기간이 지나기 전 상대방의 채권과 상계할 수 있었던 경우에는 매수인이나 도급인은 민법 제495조를 유추적용해서 위 손해배상채권을 자동채권으로 해서 상대방의 채권과 상계할 수 있다고 봄이 타당하다(대판 2019.3.14. 2018다255648).

❷ 제척기간이 도과하였는지 여부는 법원이 직권으로 조사하여 고려할 수 없고, 당사자의 주장에 따라야 한다.

> 매매예약완결권의 제척기간이 도과하였는지 여부는 소위 직권조사 사항으로서 이에 대한 당사자의 주장이 없더라도 법원이 당연히 직권으로 조사하여 재판에 고려하여야 하므로, 상고법원은 매매예약완결권이 제척기간 도과로 인하여 소멸되었다는 주장이 적법한 상고이유서 제출기간 경과 후에 주장되었다 할지라도 이를 판단하여야 한다(대판 2000.10.13. 99다18725).

③ 보증채무의 부종성을 부정하여야 할 특별한 사정이 있는 경우, 보증인은 주채무의 시효소멸을 이유로 보증채무의 시효소멸을 주장할 수 없다.

> 보증채무에 대한 소멸시효가 중단되는 등의 사유로 완성되지 아니하였다고 하더라도 주채무에 대한 소멸시효가 완성된 경우에는 시효완성의 사실로 주채무가 소멸되므로 보증채무의 부종성에 따라 보증채무 역시 당연히 소멸되는 것이 원칙이다. 다만 보증채무의 부종성을 부정하여야 할 특별한 사정이 있는 경우에는 예외적으로 보증인은 주채무의 시효소멸을 이유로 보증채무의 소멸을 주장할 수 없으나, 특별한 사정을 인정하여 보증채무의 본질적인 속성에 해당하는 부종성을 부정하려면 보증인이 주채무의 시효소멸에도 불구하고 보증채무를 이행하겠다는 의사를 표시하거나 채권자와 그러한 내용의 약정을 하였어야 하고, 단지 보증인이 주채무의 시효소멸에 원인을 제공하였다는 것만으로는 보증채무의 부종성을 부정할 수 없다(대판 2018.5.15. 2016다211620).

④ 부작위를 목적으로 하는 채권의 소멸시효는 위반행위를 한 때로부터 진행한다.

> 🏛 민법 제166조 제2항

⑤ 도급받은 자의 공사에 관한 채권은 3년간 행사하지 아니하면 소멸시효가 완성한다.

> 🏛 민법 제163조 제3호

06 제한능력자에 관한 설명으로 옳은 것은?

① 미성년자가 친권자의 동의를 얻어 법률행위를 한 후에도 친권자는 그 동의를 취소할 수 있다.

> 법정대리인은 <u>미성년자가 아직 법률행위를 하기 전에는</u> 법률행위의 동의와 범위를 정한 재산처분의 허락을 취소할 수 있다(민법 제7조). 그러나 미성년자가 친권자(법정대리인)의 동의를 얻어 법률행위를 한 후에는 친권자(법정대리인)는 그 동의를 취소할 수 없다(민법 제7조의 반대해석).

❷ 법정대리인이 미성년자에게 특정한 영업을 허락한 경우, 그 영업 관련 행위에 대한 법정대리인의 대리권은 소멸한다.

> 법정대리인이 미성년자에게 특정한 영업을 허락한 경우, <u>미성년자는 그 영업에 관한 행위에 대하여는 성년자와 동일한 행위능력을 갖는다</u>(민법 제8조 제1항). 따라서 <u>그 영업에 관하여는 법정대리인의 동의권과 대리권이 모두 소멸한다</u>.

③ 상대방이 계약 당시에 제한능력자와 계약을 체결하였음을 알았더라도 제한능력자 측의 추인이 있을 때까지 자신의 의사표시를 철회할 수 있다.

> 제한능력자가 맺은 계약은 추인이 있을 때까지 상대방이 그 의사표시를 철회할 수 있다. 다만, <u>상대방이 계약 당시에 제한능력자임을 알았을 경우에는 그 의사표시를 철회할 수 없다</u>(민법 제16조 제1항).

④ 피성년후견인이 속임수로써 상대방으로 하여금 성년후견인의 동의가 있는 것으로 믿게 하여 체결한 토지매매계약은 특별한 사정이 없는 한 제한능력을 이유로 취소할 수 없다.

> 제한능력자가 속임수로써 자기를 능력자로 믿게 한 경우에는 그 행위를 취소할 수 없다(민법 제17조 제1항). <u>미성년자나 피한정후견인이 속임수로써 법정대리인의 동의가 있는 것으로 믿게 한 경우에도 그 행위를 취소할 수 없다</u>(민법 제17조 제2항). 민법 제17조 제1항은 제한능력자(미성년자, 피성년후견인, 피한정후견인) 모두에 적용되나, 민법 제17조 제2항은 '피성년후견인'에게는 적용되지 않는다. 피성년후견인은 법정대리인의 동의를 얻더라도 원칙적으로 유효한 법률행위를 할 수 없기 때문이다. 따라서 <u>피성년후견인이 속임수로써 상대방으로 하여금 성년후견인의 동의가 있는 것으로 믿게 하여 체결한 토지매매계약은 제한능력을 이유로 취소할 수 있다.</u>

⑤ 법정대리인이 제한능력을 이유로 법률행위를 취소한 경우, 제한능력자의 부당이득 반환범위는 법정대리인의 선의 또는 악의에 따라 달라진다.

> 취소된 법률행위는 처음부터 무효인 것으로 본다. 다만, 제한능력자는 그 행위로 인하여 받은 이익이 현존하는 한도에서 상환할 책임이 있으므로(민법 제141조), <u>제한능력자의 선의ㆍ악의를 불문하고 언제나 현존이익만 반환하면 된다.</u> 제한능력자나 법정대리인의 선의 또는 악의에 따라 부당이득 반환 범위가 달라지지 않는다. 이 규정은 <u>민법 제748조 제2항에 대한 특칙이다.</u>

2024년

2023년

2022년

2021년

2020년

07 甲은 乙에 대하여 2023.10.17.을 변제기로 하는 대여금채권을 갖고 있다. 이에 관한 설명으로 옳은 것을 모두 고른 것은?(다툼이 있으면 판례에 따름)

> ㄱ. 甲이 乙을 상대로 2023.12.20. 대여금의 지급을 구하는 소를 제기하였으나 그 소가 취하된 경우, 甲의 재판상 청구는 재판 외의 최고의 효력을 갖는다.
> ㄴ. 甲이 乙에 대한 대여금채권을 丙에게 양도한 경우, 채권양도의 대항요건을 갖추지 못한 상태에서 2023.12.20. 丙이 乙을 상대로 양수금의 지급을 구하는 소를 제기하였다면 양수금채권의 소멸시효가 중단되지 않는다.
> ㄷ. 甲이 乙을 상대로 2023.12.20. 대여금의 지급을 구하는 소를 제기하여 2024.4.20. 판결이 확정된 경우, 甲의 乙에 대한 대여금채권의 소멸시효는 2023.10.17.부터 다시 진행한다.

❶ ㄱ
② ㄴ
③ ㄱ, ㄷ
④ ㄴ, ㄷ
⑤ ㄱ, ㄴ, ㄷ

ㄱ. (○) 민법 제170조의 해석상, 재판상의 청구는 그 소송이 취하된 경우에는 그로부터 6월 내에 다시 재판상의 청구를 하지 않는 한 시효중단의 효력이 없고 다만 재판 외의 최고의 효력만 있다(대판 1987.12.22. 87다카2337). 따라서 甲이 乙을 상대로 2023.12.20. 대여금의 지급을 구하는 소를 제기하였으나 그 소가 취하된 경우, 甲의 재판상 청구는 재판 외의 최고의 효력을 갖는다.

ㄴ. (×) 채권양도에 의하여 채권은 그 동일성을 잃지 않고 양도인으로부터 양수인에게 이전되며, 이러한 법리는 채권양도의 대항요건을 갖추지 못하였다고 하더라도 마찬가지인 점, 민법 제149조의 "조건의 성취가 미정한 권리의무는 일반규정에 의하여 처분, 상속, 보존 또는 담보로 할 수 있다."는 규정은 대항요건을 갖추지 못하여 채무자에게 대항하지 못한다고 하더라도 채권양도에 의하여 채권을 이전받은 양수인의 경우에도 그대로 준용될 수 있는 점, 채무자를 상대로 재판상의 청구를 한 채권의 양수인을 '권리 위에 잠자는 자'라고 할 수 없는 점 등에 비추어 보면, 비록 대항요건을 갖추지 못하여 채무자에게 대항하지 못한다고 하더라도 채권의 양수인이 채무자를 상대로 재판상의 청구를 하였다면 이는 소멸시효 중단사유인 재판상의 청구에 해당한다고 보아야 한다(대판 2005.11.10. 2005다41818). 따라서 채권양도의 대항요건을 갖추지 못한 상태에서 2023.12.20. 丙이 乙을 상대로 양수금의 지급을 구하는 소를 제기하였더라도 양수금채권의 소멸시효는 중단된다.

ㄷ. (×) 재판상의 청구로 인한 시효의 중단은 재판이 확정된 때로부터 새로이 진행한다(민법 제178조 제2항). 따라서 甲이 乙을 상대로 2023.12.20. 대여금의 지급을 구하는 소를 제기하여 2024.4.20. 판결이 확정된 경우, 甲의 乙에 대한 대여금채권의 소멸시효는 판결이 확정된 때의 다음 날인 2024.4.21.부터 다시 진행한다.

08 착오로 인한 의사표시에 관한 설명으로 옳은 것은?(다툼이 있으면 판례에 따름)

❶ 착오로 인한 불이익이 법령의 개정 등 사정의 변경으로 소멸하였다면 그 착오를 이유로 한 취소권의 행사는 신의칙에 의해 제한될 수 있다.

> 매매계약의 체결 경위 및 당시 시행되던 소득세법, 같은 법 시행령, 조세감면규제법, 주택건설촉진법 등 관계 규정에 의하면, 토지의 매수인이 개인인지 법인인지, 법인이라도 주택건설사업자인지 및 주택건설사업자라도 양도소득세 면제신청을 할 것인지 여부 등은 매도인이 부담하게 될 양도소득세액 산출에 중대한 영향을 미치게 되어 이 점에 관한 착오는 법률행위의 내용의 중요부분에 관한 것이라고 할 수 있으나, 소득세법 및 같은 법 시행령의 개정으로 1989.8.1. 이후 양도한 것으로 보게 되는 거래에 대하여는 투기거래의 경우를 제외하고는 법인과의 거래에 있어서도 개인과의 거래와 마찬가지로 양도가액을 양도 당시의 기준시가에 의하도록 변경된 점에 비추어 볼 때, 매매계약의 체결에 위와 같은 착오가 있었다 하더라도 소득세법상의 양도시기가 1989.8.1. 이후로 보게 되는 관계로 매도인은 당초 예상한 바와 같이 기준시가에 의한 양도소득세액만 부담하면 족한 것으로 확정되어 위 착오로 인한 불이익이 소멸되었으므로, 그 후 이 사건 소송계속 중에 준비서면의 송달로써 한 취소의 의사표시는 신의성실의 원칙상 허용될 수 없다(대판 1995.3.24. 94다44620).

② 과실로 착오에 빠져 의사표시를 한 후 착오를 이유로 이를 취소한 자는 상대방에게 신뢰이익을 배상하여야 한다.

> 불법행위로 인한 손해배상책임이 성립하기 위하여는 가해자의 고의 또는 과실 이외에 행위의 위법성이 요구되므로, 전문건설공제조합이 계약보증서를 발급하면서 조합원이 수급할 공사의 실제 도급금액을 확인하지 아니한 과실이 있다고 하더라도 민법 제109조에서 중과실이 없는 착오자의 착오를 이유로 한 의사표시의 취소를 허용하고 있는 이상, 전문건설공제조합이 과실로 인하여 착오에 빠져 계약보증서를 발급한 것이나 그 착오를 이유로 보증계약을 취소한 것이 위법하다고 할 수는 없다(대판 1997.8.22. 97다13023). 경과실이 있음에도 표의자가 착오를 이유로 의사표시를 취소하고 그 결과 법률행위가 효력을 잃는 경우에, 상대방이 신뢰이익의 배상을 청구할 수 있는지에 관하여 민법 제535조의 유추에 의하여 이를 긍정하는 견해(다수설)도 있으나, 판례는 표의자가 경과실에 의한 착오를 이유로 보증계약을 취소한 경우 상대방에 대한 불법행위를 구성하여 손해배상책임을 부담하지는 아니한다는 것이므로 이러한 판례의 취지를 고려할 때, 과실로 착오에 빠져 의사표시를 한 후 착오를 이유로 이를 취소한 자가 상대방에게 신뢰이익을 배상하여야 하는 것은 아니다.

③ 착오를 이유로 의사표시를 취소하려는 자는 자신의 착오가 중과실로 인한 것이 아님을 증명하여야 한다.

> 민법 제109조 제1항 단서에서 규정하는 착오한 표의자의 중대한 과실 유무에 관한 주장과 입증책임(증명책임)은 착오자가 아니라 의사표시를 취소하게 하지 않으려는 표의자의 상대방에게 있는 것이다(대판 2005.5.12. 2005다6228).

④ 법률에 관해 경과실로 착오를 한 경우, 표의자는 그것이 법률행위의 중요부분에 관한 것이더라도 그 착오를 이유로 취소할 수 없다.

> 법률에 관한 착오(양도소득세가 부과될 것인데도 부과되지 아니하는 것으로 오인)라도 그것이 법률행위의 내용의 중요부분에 관한 것인 때에는 표의자는 그 의사표시를 취소할 수 있고, 또 매도인에 대한 양도소득세의 부과를 회피할 목적으로 매수인이 주택건설을 목적으로 하는 주식회사를 설립하여 여기에 출자하는 형식을 취하면 양도소득세가 부과되지 않을 것이라고 말하면서 그러한 형식에 의한 매매를 제의하여 매도인이 이를 믿고 매매계약을 체결한 것이라 하더라도 그것이 곧 사회질서에 반하는 것이라고 단정할 수 없으므로 이러한 경우에 역시 의사표시의 착오의 이론을 적용할 수 있다(대판 1981.11.10. 80다2475).

⑤ 전문가의 진품감정서를 믿고 이를 첨부하여 서화 매매계약을 체결한 후에 그 서화가 위작임이 밝혀진 경우, 매수인은 하자담보책임을 묻는 외에 착오를 이유로 하여 매매계약을 취소할 수 없다.

> 민법 제109조 제1항에 의하면 법률행위 내용의 중요 부분에 착오가 있는 경우 착오에 중대한 과실이 없는 표의자는 법률행위를 취소할 수 있고, 민법 제580조 제1항, 제575조 제1항에 의하면 매매의 목적물에 하자가 있는 경우 하자가 있는 사실을 과실 없이 알지 못한 매수인은 매도인에 대하여 하자담보책임을 물어 계약을 해제하거나 손해배상을 청구할 수 있다. <u>착오로 인한 취소 제도와 매도인의 하자담보책임 제도는 취지가 서로 다르고, 요건과 효과도 구별된다. 따라서 매매계약 내용의 중요 부분에 착오가 있는 경우 매수인은 매도인의 하자담보책임이 성립하는지와 상관없이 착오를 이유로 매매계약을 취소할 수 있다</u>(대판 2018.9.13. 2015다78703). 따라서 전문가의 진품감정서를 믿고 이를 첨부하여 서화 매매계약을 체결한 후에 그 서화가 위작임이 밝혀진 경우, 매수인은 하자담보책임을 묻는 외에 착오를 이유로 하여 매매계약을 취소할 수 있다.

09 통정허위표시에 관한 설명으로 옳지 않은 것은?(다툼이 있으면 판례에 따름)

① 표의자가 진의 아닌 표시를 하는 것에 관하여 상대방과 사이에 합의가 있어야 한다.

> 통정허위표시가 성립하기 위하여는 의사표시의 진의와 표시가 일치하지 아니하고, <u>그 불일치에 관하여 상대방과 사이에 합의가 있어야</u> 한다(대판 1998.9.4. 98다17909).

② 통정허위표시로 행해진 부동산 매매계약이 사해행위로 인정되는 경우, 채권자취소권의 대상이 될 수 있다.

> <u>채무자의 법률행위가 통정허위표시인 경우에도 채권자취소권의 대상으로 된다고 할 것이고</u>, 한편 채권자취소권의 대상으로 된 채무자의 법률행위라도 통정허위표시의 요건을 갖춘 경우에는 무효라고 할 것이다(대판 1998.2.27. 97다50985).

③ 민법 제108조 제2항의 선의의 제3자에 대해서는 그 누구도 통정허위표시의 무효로써 대항할 수 없다.

> 상대방과 통정한 허위의 의사표시는 무효이고 누구든지 그 무효를 주장할 수 있는 것이 원칙이나, 허위표시의 당사자와 포괄승계인 이외의 자로서 허위표시에 의하여 외형상 형성된 법률관계를 토대로 실질적으로 새로운 법률상 이해관계를 맺은 <u>선의의 제3자에 대하여는 허위표시의 당사자뿐만 아니라 그 누구도 허위표시의 무효를 대항하지 못하는 것</u>이다(대판 2000.7.6. 99다51258).

❹ 악의의 제3자로부터 전득한 선의의 제3자는 민법 제108조 제2항의 선의의 제3자에 포함되지 않는다.

> 통정허위표시임을 알고 있는 <u>악의의 제3자로부터 전득한 자가 선의라면 그는 민법 제108조 제2항의 선의의 제3자에 해당한다</u>(대판 2013.2.15. 2012다49292 참조).

⑤ 甲과 乙 사이에 행해진 X토지에 관한 가장매매예약이 철회되었으나 아직 가등기가 남아 있음을 기화로 乙이 허위의 서류로써 이에 기한 본등기를 한 후 X를 선의의 丙에게 매도하고 이전등기를 해주었다면 丙은 X의 소유권을 취득하지 못한다.

> 甲과 乙 사이의 통정한 허위의 의사표시[매매예약(註)]에 기하여 허위 가등기가 설정된 후 그 원인이 된 통정허위표시가 철회되었으나 그 외관인 허위 가등기가 제거되지 않고 잔존하는 동안에 가등기명의인인 乙이 임의로 소유권이전의 본등기를 마친 다음, 다시 위 본등기를 토대로 丙에게 소유권이전등기가 마쳐진 경우, <u>甲과 乙이 통정한 허위의 의사표시에 기하여 마친 가등기와 丙 명의의 소유권이전등기 사이에는 乙이 일방적으로 마친 원인무효의 본등기가 중간에 개재되어 있으므로</u>, 이를 기초로 마쳐진 丙 명의의 소유권이전등기는 乙 명의의 가등기와는 서로 단절된 것으로 평가되고, 가등기의 설정행위와 본등기의 설정행위는 엄연히 구분되는 것으로서 <u>丙에게 신뢰의 대상이 될 수 있는 '외관'은 乙 명의의 가등기가 아니라 단지 乙 명의의 본등기일 뿐이라는 점에서 丙은 민법 제108조 제2항의 제3자에 해당하지 아니하므로</u>(대판 2020.1.30. 2019다280375), 丙이 선의라 하더라도 X토지의 소유권을 취득하지 못한다.

10 사기·강박에 의한 의사표시에 관한 설명으로 옳지 않은 것은?(다툼이 있으면 판례에 따름)

① 항거할 수 없는 절대적 폭력에 의해 의사결정을 스스로 할 수 있는 여지를 완전히 박탈당한 상태에서 행해진 의사표시는 무효이다.

> 어떤 자가 항거할 수 없는 물리적인 힘(예 절대적 폭력)에 의하여 의사결정의 자유를 완전히 빼앗긴 상태에서 행해진 의사표시는 무효이다. 판례도 강박에 의한 법률행위가 하자 있는 의사표시로서 취소되는 것에 그치지 아니하고 더 나아가 무효로 되기 위하여는 강박의 정도가 극심하여 의사표시자의 의사결정의 자유가 완전히 박탈되는 정도에 이른 것임을 요한다(대판 1996.10.11. 95다1460).

② 사기로 인한 의사표시의 취소는 기망행위의 위법성을 요건으로 한다.

> 민법 제110조 제1항에 따라 사기에 의한 의사표시로 취소를 하려면, ㉠ 표의자의 의사표시의 존재, ㉡ 사기자의 사기의 고의(표의자를 기망하여 착오에 빠지게 하려는 고의와 그 착오에 기하여 표의자로 하여금 구체적인 의사표시를 하게 하려는 2단계의 고의), ㉢ 사기자의 기망행위가 인정되어야 하며, ㉣ 사기자의 기망행위는 위법하여야 한다. 그리고 ㉤ 기망행위와 표의자의 의사표시 사이에 인과관계가 인정되어야 한다.

③ 강박으로 인한 의사표시의 취소는 강박의 고의를 요건으로 한다.

> 민법 제110조 제1항의 강박에 의한 의사표시의 취소는 강박자의 강박의 고의(故意)를 요건으로 한다. 사기에 의한 의사표시의 취소와 마찬가지로 강박자에게 2단계의 고의(故意), 즉 강박행위에 의하여 표의자를 공포심에 사로잡히게 하려는 고의와 표의자로 하여금 의사표시를 하게 하려는 고의가 필요하다. 판례도 법률행위 취소의 원인이 될 강박이 있다고 하기 위하여서는 표의자로 하여금 외포심을 생기게 하고 이로 인하여 법률행위 의사를 결정하게 할 고의(故意)로써 불법으로 장래의 해악을 통고할 경우라야 한다고 판시하였다(대판 1992.12.24. 92다25120).

❹ 계약당사자 일방의 대리인이 계약을 하면서 상대방을 기망한 경우, 본인이 그 사실을 몰랐거나 알 수 없었다면 계약의 상대방은 그 기망을 이유로 의사표시를 취소할 수 없다.

> 상대방 있는 의사표시에 관하여 제3자가 사기나 강박을 한 경우에는 상대방이 그 사실을 알았거나 알 수 있었을 경우에 한하여 그 의사표시를 취소할 수 있으나(민법 제110조 제2항), 상대방의 대리인 등 상대방과 동일시할 수 있는 자의 사기나 강박은 제3자의 사기·강박에 해당하지 아니한다(대판 1999.2.23. 98다60828). 따라서 계약당사자 일방의 대리인이 계약을 하면서 상대방을 기망한 경우, 본인이 그 사실을 몰랐거나 알 수 없었더라도 계약의 상대방은 민법 제110조 제1항에 따라 그 기망을 이유로 의사표시를 취소할 수 있다.

⑤ 근로자가 허위의 이력서를 제출하여 근로계약이 체결되어 실제로 노무제공이 행해졌다면 사용자가 후에 사기를 이유로 하여 근로계약을 취소하더라도 그 취소에는 소급효가 인정되지 않는다.

> 甲 주식회사가 乙에게서 백화점 의류 판매점 매니저로 근무한 경력이 포함된 이력서를 제출받아 그 경력을 보고 甲 회사가 운영하는 백화점 매장에서 乙이 판매 매니저로 근무하는 내용의 근로계약을 체결하였으나, 이력서의 기재와 달리 乙의 일부 백화점 근무 경력은 허위이고, 실제 근무한 경력 역시 근무기간은 1개월에 불과함에도 그 기간을 과장한 것이었으며, 이에 甲 회사가 위 근로계약은 乙이 이력서를 허위 기재함으로써 甲 회사를 기망하여 체결된 것이라는 이유로 이를 취소한다는 의사표시를 한 경우, 백화점에서 의류 판매점을 운영하면서 매장의 매니저를 고용하려는 甲 회사로서는 고용하고자 하는 근로자의 백화점 매장 매니저 근무 경력이 노사 간의 신뢰관계를 설정하거나 甲 회사의 내부질서를 유지하는 데 직접적인 영향을 미치는 중요한 부분에 해당하고, 사전에 乙의 경력이 허위임을 알았더라면 乙을 고용하지 않았거나 적어도 같은 조건으로 계약을 체결하지 아니하였을 것이므로, 乙의 기망으로 체결된 위 근로계약은 하자의 정도나 乙의 근무기간 등에 비추어 하자가 치유되었거나 계약의 취소가 부당하다고 볼만한 특별한 사정이 없는 한 甲 회사의 취소의 의사표시로써 적법하게 취소되었고, 다만 취소의 소급효가 제한되어 위 근로계약은 취소의 의사표시 이후의 장래에 관하여만 효력이 소멸할 뿐 이전의 법률관계는 여전히 유효하다(대판 2017.12.22. 2013다25194).

11 무권대리 및 표현대리에 관한 설명으로 옳은 것은?(다툼이 있으면 판례에 따름)

① 표현대리가 성립하는 경우에는 대리권 남용이 문제될 여지가 없다.

> 대리권 남용은 표현대리가 성립한 경우에도 똑같이 문제된다. 따라서 표현대리가 성립한 경우에도 그 대리인의 진의가 본인의 이익이나 의사에 반하여 자기 또는 제3자의 이익을 위한 배임적인 것임을 그 상대방이 알았거나 알 수 있었을 경우에는 민법 제107조 제1항 단서의 유추해석상 그 대리행위는 무효이다(대판 1987.7.7. 86다카1004 참조).

❷ 민법 제135조의 상대방에 대한 무권대리인의 책임은 무과실책임이다.

> 민법 제135조 제1항은 "타인의 대리인으로 계약을 한 자가 그 대리권을 증명하지 못하고 또 본인의 추인을 얻지 못한 때에는 상대방의 선택에 좇아 계약의 이행 또는 손해배상의 책임이 있다."고 규정하고 있다. 위 규정에 따른 무권대리인의 상대방에 대한 책임은 무과실책임으로서 대리권의 흠결에 관하여 대리인에게 과실 등의 귀책사유가 있어야만 인정되는 것이 아니고, 무권대리행위가 제3자의 기망이나 문서위조 등 위법행위로 야기되었다고 하더라도 책임은 부정되지 아니한다(대판 2014.2.27. 2013다213038).

③ 사회통념상 대리권을 추단할 수 있는 직함의 사용을 묵인한 것만으로는 민법 제125조에서 말하는 대리권수여의 표시가 인정될 수 없다.

> 민법 제125조가 규정하는 대리권 수여의 표시에 의한 표현대리는 본인과 대리행위를 한 자 사이의 기본적인 법률관계의 성질이나 그 효력의 유무와는 직접적인 관계가 없이 어떤 자가 본인을 대리하여 제3자와 법률행위를 함에 있어 본인이 그 자에게 대리권을 수여하였다는 표시를 제3자에게 한 경우에는 성립될 수가 있고, 또 본인에 의한 대리권 수여의 표시는 반드시 대리권 또는 대리인이라는 말을 사용하여야 하는 것이 아니라 사회통념상 대리권을 추단할 수 있는 직함이나 명칭 등의 사용을 승낙 또는 묵인한 경우에도 대리권 수여의 표시가 있은 것으로 볼 수 있다(대판 1998.6.12. 97다53762).

④ 소멸한 대리권의 범위를 벗어나서 대리행위가 행해진 경우에는 민법 제126조의 권한을 넘은 표현대리가 성립할 수 없다.

> 과거에 가졌던 대리권이 소멸되어 민법 제129조에 의하여 표현대리로 인정되는 경우에 그 표현대리의 권한을 넘는 대리행위가 있을 때에는 민법 제126조에 의한 표현대리가 성립할 수 있다(대판 2008.1.31. 2007다74713).

⑤ 대리인이 대리권 소멸 후 복대리인을 선임한 경우, 그 복대리인의 대리행위에 대해서는 표현대리가 성립할 여지가 없다.

> 대리인이 대리권 소멸 후 직접 상대방과 사이에 대리행위를 하는 경우는 물론 대리인이 대리권 소멸 후 복대리인을 선임하여 복대리인으로 하여금 상대방과 사이에 대리행위를 하도록 한 경우에도, 상대방이 대리권 소멸 사실을 알지 못하여 복대리인에게 적법한 대리권이 있는 것으로 믿었고 그와 같이 믿은 데 과실이 없다면 민법 제129조에 의한 표현대리가 성립할 수 있다(대판 1998.5.29. 97다55317).

12 법률행위에 관한 설명으로 옳지 않은 것은?(다툼이 있으면 판례에 따름)

① 보증계약은 요식행위이다.

> 요식행위(要式行爲)는 일정한 방식에 따라 해야만 효력이 인정되는 법률행위이고, 불요식행위(不要式行爲)는 방식에 구속되지 않고 자유롭게 할 수 있는 법률행위이다. 보증계약은 보증의사가 보증인의 기명날인 또는 서명이 있는 서면으로 표시되어야 효력이 발생한다. 다만, 보증의 의사가 전자적 형태로 표시된 경우에는 효력이 없다(민법 제428조의2 제1항). 따라서 보증계약은 요식행위이다.

② 증여계약은 낙성계약이다.

> 증여계약은 편무·무상·낙성·불요식계약이다(민법 제554조 참조). 증여계약은 목적물의 인도 기타 출연행위가 없더라도 당사자의 합의만으로 성립하는 낙성계약이다. 그리고 증여자만이 채무를 부담하는 편무계약이며, 대가(반대급부) 없이 재산을 출연하는 대표적인 무상계약이다. 또한 증여계약은 방식에 구속되지 않고 자유롭게 할 수 있는 불요식계약이다. 다만, 증여의사가 서면으로 표시되지 않는 경우에는 증여를 해제할 수 있을 뿐이다(민법 제555조).

③ 채무면제는 처분행위이다.

> 채무면제는 채권을 소멸시키는 행위로서 준물권행위이고, 따라서 처분행위이다. 채무면제는 처분행위이므로 채권의 처분권한을 가지고 있는 자만이 할 수 있다.

❹ 유언은 생전행위이다.

> 법률행위는 그 효력이 행위자의 생전에 발생하는지 아니면 사망 후에 발생하는지에 따라 생전행위(生前行爲)와 사인행위(死因行爲)로 구분된다. 보통의 법률행위는 생전행위이나, 유언(민법 제1060조 이하), 사인증여(민법 제562조)는 사인행위(死因行爲)이다.

⑤ 상계는 상대방 있는 단독행위이다.

> 단독행위는 하나의 의사표시에 의하여 성립하는 법률행위이다. 상대방이 있느냐에 따라 '상대방 있는 단독행위'와 '상대방 없는 단독행위'로 구분된다. 동의, 채무면제, 추인, 취소, 상계, 해제, 해지는 '상대방 있는 단독행위'이다. 반면, 유언, 재단법인 설립행위, 상속의 포기는 '상대방 없는 단독행위'이다.

13 임의대리인의 권한에 관한 설명으로 옳지 않은 것을 모두 고른 것은?(다툼이 있으면 판례에 따름)

ㄱ. 부동산 매도의 대리권을 수여받은 자는 그 부동산의 매도 후 해당 매매계약을 합의해제할 권한이 있다.
ㄴ. 자동차 매도의 대리권을 수여받은 자가 본인의 허락 없이 본인의 자동차를 스스로 시가보다 저렴하게 매수하는 계약을 체결한 경우, 그 매매계약은 유동적 무효이다.
ㄷ. 통상의 오피스텔 분양에 관해 대리권을 수여받은 자는 본인의 명시적 승낙이 없더라도 부득이한 사유없이 복대리인을 선임할 수 있다.
ㄹ. 원인된 계약관계가 종료되더라도 수권행위가 철회되지 않았다면 대리권은 소멸하지 않는다.

① ㄱ, ㄴ
② ㄴ, ㄷ
③ ㄷ, ㄹ
④ ㄱ, ㄴ, ㄹ
❺ ㄱ, ㄷ, ㄹ

ㄱ. (×) 법률행위에 의하여 수여된 대리권은 원인된 법률관계의 종료에 의하여 소멸하는 것이므로 특별한 사정이 없는 한, 매수명의자를 대리하여 매매계약을 체결하였다 하여 곧바로 대리인이 매수인을 대리하여 매매계약의 해제 등 일체의 처분권과 상대방의 의사를 수령할 권한까지 가지고 있다고 볼 수는 없다(대판 1997.3.25. 96다51271).

ㄴ. (○) 대리인이 본인을 대리하면서 다른 한편 자기 자신이 상대방으로 계약을 체결하는 경우를 자기계약이라 한다. 본인의 허락이 없는 자기계약은 무권대리로서 본인에 대하여 그 효력이 없는 유동적(불확정적) 무효의 상태에 있으나, 이러한 제한은 본인의 이익을 위한 것이므로 본인이 사후에 추인하면 확정적 유효로 되고 더 이상 대리권의 제한은 문제되지 아니한다. 지문에서 자동차 매도의 대리권을 수여받은 자가 본인의 허락 없이 본인의 자동차를 스스로 시가보다 저렴하게 매수하는 계약을 체결한 경우, 민법 제124조에 위반한 무권대리에 해당하여 그 매매계약은 유동적 무효가 된다(민법 제130조).

ㄷ. (×) 대리의 목적인 법률행위의 성질상 대리인 자신에 의한 처리가 필요하지 아니한 경우에는 본인이 복대리 금지의 의사를 명시하지 아니하는 한 복대리인의 선임에 관하여 묵시적인 승낙이 있는 것으로 보는 것이 타당하다. 그러나 오피스텔의 분양업무는 그 성질상 분양을 위임받은 대리인이 광고를 내거나 그 직원 또는 주변의 부동산중개인을 동원하여 분양사실을 널리 알리고, 분양사무실을 찾아온 사람들에게 오피스텔의 분양가격, 교통 등 입지조건, 오피스텔의 용도, 관리방법 등 분양에 필요한 제반 사항을 설명하고 청약을 유인함으로써 분양계약을 성사시키는 것으로서 대리인의 능력에 따라 본인의 분양사업의 성공 여부가 결정되는 것이므로, 사무처리의 주체가 별로 중요하지 아니한 경우에 해당한다고 보기 어렵다(대판 1996.1.26. 94다30690). 따라서 통상의 오피스텔 분양에 관해 대리권을 수여받은 자는 본인의 명시적 승낙이 없는 이상 부득이한 사유 없이 복대리인을 선임할 수 없다(민법 제120조 참조).

ㄹ. (×) 법률행위에 의하여 수여된 대리권은 전조의 경우(본인의 사망, 대리인의 사망, 대리인의 성년후견의 개시 또는 파산) 외에 그 원인된 법률관계(계약관계)의 종료에 의하여 소멸한다. 법률관계의 종료 전에 본인이 수권행위를 철회한 경우에도 같다(민법 제128조).

14 X토지 소유자인 甲이 사망하고, 그 자녀인 乙과 丙이 이를 공동으로 상속하였다. 그런데 丙은 乙의 예전 범죄사실을 사법당국에 알리겠다고 乙을 강박하여 X에 관한 乙의 상속지분을 丙에게 증여한다는 계약을 乙과 체결하였다. 그 직후 변호사와 상담을 통해 불안에서 벗어난 乙은 한 달 뒤 그간의 사정을 전해들은 丁에게 X에 관한 자신의 상속지분을 매도하고 지분이전등기를 마쳐준 후 5년이 지났다. 이에 관한 설명으로 옳은 것은?(다툼이 있으면 판례에 따름)

확인
Check!
○
△
×

① 乙과 丙의 증여계약은 공서양속에 반하는 것으로 무효이다.

> 단지 법률행위의 성립과정에 강박이라는 불법적 방법이 사용된 데에 불과한 때에는 강박에 의한 의사표시의 하자나 의사의 흠결을 이유로 효력을 논의할 수는 있을지언정 반사회질서의 법률행위로서 무효라고 할 수는 없다(대판 2002.12.27. 2000다47361). 사례의 경우, 丙이 乙의 예전 범죄사실을 사법당국에 알리겠다고 乙을 강박하여 증여계약을 체결한 것은 법률행위(증여계약) 성립과정에 강박이라는 불법적 방법이 사용된 데에 불과하므로 乙과 丙의 증여계약을 공서양속에 반하여 무효라고 볼 수 없다.

② 乙의 丙에 대한 증여의 의사표시는 비진의표시로서 무효이다.

> 비진의 의사표시에 있어서의 진의란 특정한 내용의 의사표시를 하고자 하는 표의자의 생각을 말하는 것이지 표의자가 진정으로 마음속에서 바라는 사항을 뜻하는 것은 아니라고 할 것이므로, 비록 재산을 강제로 뺏긴다는 것이 표의자의 본심으로 잠재되어 있었다 하여도 표의자가 강박에 의하여서나마 증여를 하기로 하고 그에 따른 증여의 의사표시를 한 이상 증여의 내심의 효과의사가 결여된 것이라고 할 수는 없다(대판 1993.7.16. 92다41528). 사례의 경우, 乙이 강박에 의하여서나마 증여를 하기로 하고 그에 따른 증여의 의사표시를 한 이상, 乙의 丙에 대한 증여의 의사표시가 비진의표시로서 무효로 되는 것은 아니다.

③ 乙과 丁의 매매계약은 공서양속에 반하는 것으로 무효이다.

> 부동산의 이중매매가 반사회적 법률행위로서 무효가 되기 위하여는 매도인의 배임행위와 매수인이 매도인의 배임행위에 적극 가담한 행위로 이루어진 매매로서, 그 적극 가담하는 행위는 매수인이 다른 사람에게 매매목적물이 매도된 것을 안다는 것만으로는 부족하고, 적어도 그 매도사실을 알고도 매도를 요청하여 매매계약에 이르는 정도가 되어야 한다(대판 1994.3.11. 93다55289). 사례의 경우, 丁은 乙과 丙의 증여계약의 사실을 안 것에 불과하고 乙의 배임행위에 적극 가담한 것은 아니므로 乙과 丁의 매매계약이 공서양속에 반하여 무효로 되는 것은 아니다.

④ 乙은 강박을 이유로 하여 丙과의 증여계약을 취소할 수 있다.

> 취소권은 추인할 수 있는 날로부터 3년 내에 법률행위를 한 날로부터 10년 내에 행사하여야 한다(민법 제146조). 이때 '추인할 수 있는 날'이란 취소의 원인이 종료되어 취소권 행사에 관한 장애가 없어져서 취소권자가 취소의 대상인 법률행위를 추인할 수도 있고 취소할 수도 있는 상태가 된 때를 말한다(대판 1998.11.27. 98다7421). 사례의 경우 적어도 변호사와 상담을 통해 불안에서 벗어난 乙이 한 달 뒤 그간의 사정을 전해들은 丁에게 X에 관한 자신의 상속지분을 매도하고 지분이전등기를 마쳐준 시점에는 취소의 원인이 종료되어 증여계약을 추인할 수도 있고 취소할 수도 있는 상태가 되었다고 볼 수 있다. 따라서 그날부터 5년이 지난 이상 乙의 취소권은 3년의 단기 제척기간이 도과하여 소멸하였으므로 乙은 강박을 이유로 하여 丙과의 증여계약을 취소할 수 없다.

❺ 乙이 丙에게 증여계약의 이행을 하지 않는다면 채무불이행의 책임을 져야 한다.

> 乙은 강박을 이유로 丙과의 증여계약을 취소할 수 있었으나(민법 제110조 제1항), 3년의 단기 제척기간이 도과하여 취소권이 소멸한 이상 취소권을 행사할 수 없고(민법 제146조), 증여계약이 유효한 이상 乙이 丙에게 증여계약의 이행을 하지 않는다면 乙은 丙에게 채무불이행의 책임을 져야 한다(민법 제390조, 제544조).

2024년

2023년

2022년

2021년

2020년

2024년 제33회 정답 및 해설 **231**

15

甲은 토지거래허가구역에 있는 자신 소유의 X토지에 관하여 허가를 받을 것을 전제로 乙과 매매계약을 체결한 후 계약금을 수령하였으나 아직 토지거래허가는 받지 않았다. 이에 관한 설명으로 옳지 않은 것을 모두 고른 것은?(다툼이 있으면 판례에 따름)

> ㄱ. 甲은 乙에게 계약금의 배액을 상환하면서 매매계약을 해제할 수 있다.
> ㄴ. 甲이 허가신청절차에 협력하지 않는 경우, 乙은 甲의 채무불이행을 이유로 하여 매매계약을 해제할 수 있다.
> ㄷ. 乙은 부당이득반환청구권을 행사하여 甲에게 계약금의 반환을 청구할 수 있다.
> ㄹ. 매매계약 후 X에 대한 토지거래허가구역 지정이 해제되었다면 더 이상 토지거래허가를 받을 필요 없이 매매계약은 확정적으로 유효로 된다.

① ㄱ, ㄴ
❷ ㄴ, ㄷ
③ ㄷ, ㄹ
④ ㄱ, ㄴ, ㄷ
⑤ ㄱ, ㄷ

ㄱ. (○) 매매 당사자 일방이 계약 당시 상대방에게 계약금을 교부한 경우 당사자 사이에 다른 약정이 없는 한 당사자 일방이 계약 이행에 착수할 때까지 계약금 교부자는 이를 포기하고 계약을 해제할 수 있고, 그 상대방은 계약금의 배액을 상환하고 계약을 해제할 수 있음이 계약 일반의 법리인 이상, 특별한 사정이 없는 한 국토이용관리법상의 토지거래허가를 받지 않아 유동적 무효 상태인 매매계약에 있어서도 당사자 사이의 매매계약은 매도인이 계약금의 배액을 상환하고 계약을 해제함으로써 적법하게 해제된다(대판 1997.6.27. 97다9369). 사례의 경우 매도인 甲이 계약금만 수령하고 당사자 일방이 이행에 착수하기 전이므로, 매도인 甲은 매수인 乙에게 계약금의 배액을 상환하면서 매매계약을 해제할 수 있다(민법 제565조 제1항 참조).

ㄴ. (✕) 국토이용관리법상 토지의 거래계약허가구역으로 지정된 구역 안의 토지에 관하여 관할 행정청의 허가를 받지 아니하고 체결한 토지거래계약은 처음부터 그 허가를 배제하거나 잠탈하는 내용의 계약일 경우에는 확정적 무효로서 유효화될 여지가 없으나, 이와 달리 허가받을 것을 전제로 한 거래계약일 경우에는 일단 허가를 받을 때까지는 법률상 미완성의 법률행위로서 거래계약의 채권적 효력도 전혀 발생하지 아니하지만, 일단 허가를 받으면 그 거래계약은 소급해서 유효로 되고 이와 달리 불허가가 된 때에는 무효로 확정되는 이른바 유동적 무효의 상태에 있다고 보아야 할 것이다. 유동적 무효의 상태에 있는 거래계약의 당사자는 상대방이 그 거래계약의 효력이 완성되도록 협력할 의무를 이행하지 아니하였음을 들어 일방적으로 유동적 무효의 상태에 있는 거래계약 자체를 해제할 수 없다(대판 1999.6.17. 98다40459[전합]). 따라서 매도인 甲이 허가신청절차에 협력하지 않더라도 매수인 乙은 甲의 채무불이행을 이유로 하여 매매계약 자체를 해제할 수는 없다.

ㄷ. (✕) 국토이용관리법상의 토지거래허가구역 내의 토지에 관하여 관할 관청의 허가를 받기 전에 체결한 매매계약은 처음부터 허가를 배제하거나 잠탈하는 내용의 계약일 경우에는 확정적 무효로서 유효화될 여지가 없지만, 이와 달리 허가받을 것을 전제로 한 거래계약일 경우에는 일단 허가를 받을 때까지는 법률상 미완성의 법률행위로서 소유권 등 권리의 이전에 관한 계약의 효력이 전혀 발생하지 않음은 확정적 무효의 경우와 다를 바 없으나, 일단 허가를 받으면 그 계약은 소급하여 유효한 계약이 되고 이와 달리 불허가된 경우에는 무효로 확정되므로 허가를 받기까지는 유동적 무효의 상태에 있다고 보아야 하고, 이와 같이 허가를 배제하거나 잠탈하는 내용이 아닌 유동적 무효 상태의 매매계약을 체결하고 그에 기하여 임의로 지급한 계약금 등은 그 계약이 유동적 무효 상태로 있는 한 그를 부당이득으로서 반환을 구할 수 없고 유동적 무효 상태가 확정적으로 무효가 되었을 때 비로소 부당이득으로 그 반환을 구할 수 있다(대판 1997.11.11. 97다36965). 사례에서 X토지에 대한 매매계약이 유동적 무효 상태에 있는 한, 乙은 부당이득반환청구권을 행사하여 甲에게 계약금의 반환을 청구할 수 없다.

ㄹ. (○) 토지거래허가구역 지정기간 중에 허가구역 안의 토지에 대하여 토지거래허가를 받지 아니하고 토지거래계약을 체결한 후 허가구역 지정이 해제되거나 허가구역 지정기간이 만료되었음에도 재지정을 하지 아니한 때에는 그 토지거래계약이 허가구역 지정이 해제되기 전에 확정적으로 무효로 된 경우를 제외하고는, 더 이상 관할 행정청으로부터 토지거래허가를 받을 필요가 없이 확정적으로 유효로 되어 거래 당사자는 그 계약에 기하여 바로 토지의 소유권 등 권리의 이전 또는 설정에 관한 이행청구를 할 수 있고, 상대방도 반대급부의 청구를 할 수 있다고 보아야 할 것이지, 여전히 그 계약이 유동적 무효상태에 있다고 볼 것은 아니다(대판 2010.3.25. 2009다41465). 따라서 매매계약 후 X에 대한 토지거래허가구역 지정이 해제되었다면, 더 이상 토지거래허가를 받을 필요 없이 매매계약은 확정적으로 유효로 된다.

16 손해배상에 관한 설명으로 옳은 것은?(다툼이 있으면 판례에 따름)

① 채무불이행으로 인한 손해배상액이 예정되어 있는 경우, 채권자는 채무불이행 사실 및 손해의 발생 사실을 모두 증명하여야 예정배상액을 청구할 수 있다.

> 채무불이행으로 인한 손해배상액이 예정되어 있는 경우에는 채권자는 채무불이행 사실만 증명하면 손해의 발생 및 그 액을 증명하지 아니하고 예정배상액을 청구할 수 있고, 채무자는 채권자와 채무불이행에 있어 채무자의 귀책사유를 묻지 아니한다는 약정을 하지 아니한 이상 자신의 귀책사유가 없음을 주장·입증함으로써 예정배상액의 지급책임을 면할 수 있다(대판 2007.12.27. 2006다9408).

② 특별한 사정으로 인한 손해배상에서 채무자가 그 사정을 알았거나 알 수 있었는지의 여부는 계약체결 당시를 기준으로 판단한다.

> 민법 제393조 제2항 소정의 특별사정으로 인한 손해배상에 있어서 채무자가 그 사정을 알았거나 알 수 있었는지의 여부를 가리는 시기는 계약체결당시가 아니라 채무의 이행기까지를 기준으로 판단하여야 한다(대판 1985.9.10. 84다카1532).

③ 부동산소유권이전채무가 이행불능이 되어 채권자가 채무자에게 갖게 되는 손해배상채권의 소멸시효는 계약체결시부터 진행된다.

> 매매로 인한 부동산소유권이전채무가 이행불능됨으로써 매수인이 매도인에 대하여 갖게 되는 손해배상채권은 그 부동산소유권의 이전채무가 이행불능된 때에 발생하는 것이고 그 계약체결일에 생기는 것은 아니므로 위 손해배상채권의 소멸시효는 계약체결일 아닌 소유권이전채무가 이행불능된 때부터 진행한다(대판 1990.11.9. 90다카22513).

❹ 채무불이행으로 인한 손해배상액을 예정한 경우에는 특별한 사정이 없는 한 통상손해는 물론 특별손해까지도 예정액에 포함된다.

> 계약 당시 손해배상액을 예정한 경우에는 다른 특약이 없는 한 채무불이행으로 인하여 입은 통상손해는 물론 특별손해까지도 예정액에 포함되고 채권자의 손해가 예정액을 초과한다 하더라도 초과부분을 따로 청구할 수 없다(대판 1993.4.23. 92다41719).

⑤ 불법행위로 영업용 건물이 일부 멸실된 경우, 그에 따른 휴업손해는 특별손해에 해당한다.

> 불법행위로 영업용 물건이 멸실된 경우, 이를 대체할 다른 물건을 마련하기 위하여 필요한 합리적인 기간 동안 그 물건을 이용하여 영업을 계속하였더라면 얻을 수 있었던 이익, 즉 휴업손해는 그에 대한 증명이 가능한 한 통상의 손해로서 그 교환가치와는 별도로 배상하여야 하고, 이는 영업용 물건이 일부 손괴된 경우, 수리를 위하여 필요한 합리적인 기간 동안의 휴업손해와 마찬가지라고 보아야 할 것이다(대판 2004.3.18. 2001다82507[전합]).

17 甲에 대하여 乙 및 丙은 1억 8,000만원의 연대채무를 부담하고 있으며, 乙과 丙의 부담부분은 각각 1/3과 2/3이다. 이에 관한 설명으로 옳은 것은?(원본만을 고려하며, 다툼이 있으면 판례에 따름)

① 乙이 甲으로부터 위 1억 8,000만원의 채권을 양수받은 경우, 丙의 채무는 전부 소멸한다.

> 채권과 채무가 동일한 주체에 귀속한 때에는 채권은 소멸한다(민법 제507조). 乙이 甲으로부터 위 1억 8,000만원의 채권을 양수받은 경우, 채권과 채무가 동일한 주체인 乙에게 귀속하므로 乙의 甲에 대한 연대채무 1억 8,000만원은 혼동으로 인하여 전부 소멸한다. 한편, 어느 연대채무자와 채권자 간에 혼동이 있는 때에는 그 채무자의 부담부분에 한하여 다른 연대채무도 의무를 면하므로(민법 제420조), 乙의 甲에 대한 연대채무 1억 8,000만원이 전부 혼동으로 인하여 소멸하더라도, 다른 연대채무자 丙의 채무는 乙의 부담부분인 6,000만원(= 1억 8,000만원 × 1/3)에 한하여 소멸한다. 결과적으로 丙은 단독으로 乙에게 1억 2,000만원의 채무를 부담하게 된다.

② 乙이 甲에 대하여 9,000만원의 반대채권이 있으나 乙이 상계를 하지 않은 경우, 丙은 그 반대채권 전부를 자동채권으로 하여 甲의 채권과 상계할 수 있다.

> 상계할 채권이 있는 연대채무자가 상계하지 아니한 때에는 그 채무자의 부담부분에 한하여 다른 연대채무자가 상계할 수 있다(민법 제418조 제2항). 따라서 연대채무자 乙이 채권자 甲에 대하여 9,000만원의 반대채권이 있으나 乙이 상계를 하지 않은 경우, 다른 연대채무자 丙은 乙의 부담부분인 6,000만원(= 1억 8,000만원 × 1/3)에 한하여 甲에 대한 반대채권을 자동채권으로 하여 甲의 채권과 상계할 수 있다.

③ 甲이 乙에게 이행을 청구한 경우, 丙의 채무에 대해서는 시효중단의 효력이 없다.

> 어느 연대채무자에 대한 이행청구는 다른 연대채무자에게도 효력이 있다(민법 제416조, 이행청구의 절대적 효력). 그에 따라 연대채무의 경우에는 이행청구를 원인으로 한 소멸시효의 중단(민법 제168조 제1호)에도 절대적 효력이 인정된다(통설). 따라서 甲이 乙에게 이행을 청구한 경우, 丙의 채무에 대해서도 시효중단의 효력이 있다.

④ 甲이 乙에게 채무를 면제해 준 경우, 丙도 1억 2,000만원의 채무를 면한다.

> 어느 연대채무자에 대한 채무면제는 그 채무자의 부담부분에 한하여 다른 연대채무자의 이익을 위하여 효력이 있다(민법 제419조). 따라서 甲이 연대채무자 중 1인에 해당하는 乙에게 채무 전부를 면제해 준 경우, 다른 연대채무자 丙은 乙의 부담부분인 6,000만원(= 1억 8,000만원 × 1/3)에 한하여 채무를 면한다. 결과적으로 丙은 단독으로 甲에게 1억 2,000만원의 채무를 부담하게 된다.

❺ 丁이 乙 및 丙의 부탁을 받아 그 채무를 연대보증한 후에 甲에게 위 1억 8,000만원을 변제하였다면, 丁은 乙에게 1억 8,000만원 전액을 구상할 수 있다.

> 연대채무자가 수인이 있는 경우에 이들 모두를 위한 연대보증인은 보증채무의 이행으로 한 출연액 전부에 대하여 어느 연대채무자에게나 구상권을 가지는 것이다(대판 1992.5.12. 91다3062). 丁이 乙 및 丙의 부탁을 받아 그 채무를 연대보증한 후에 甲에게 위 1억 8,000만원을 변제하였다면, 丁은 乙에게 1억 8,000만원 전액을 구상할 수 있다.

18 이행지체에 관한 설명으로 옳지 않은 것은?(다툼이 있으면 판례에 따름)

❶ 이행지체를 이유로 채권자에게 전보배상청구가 인정되는 경우, 그 손해액은 원칙적으로로 최고할 당시의 시가를 기준으로 산정하여야 한다.

> 이행지체에 의한 전보배상에 있어서의 손해액 산정은 본래의 의무이행을 최고한 후 상당한 기간이 경과한 당시의 시가를 표준으로 하고, 이행불능으로 인한 전보배상액은 이행불능 당시의 시가 상당액을 표준으로 할 것인바, 채무자의 이행거절로 인한 채무불이행에서의 손해액 산정은, 채무자가 이행거절의 의사를 명백히 표시하여 최고 없이 계약의 해제나 손해배상을 청구할 수 있는 경우에는 이행거절 당시의 급부목적물의 시가를 표준으로 해야 한다(대판 2007.9.20. 2005다63337).

② 중도금지급기일을 '2층 골조공사 완료시'로 한 경우, 그 공사가 완료되었더라도 채무자가 그 완료사실을 알지 못하였다면 특별한 사정이 없는 한 지체책임을 지지 않는다.

> 채무이행시기가 확정기한으로 되어 있는 경우에는 기한이 도래한 때로부터 지체책임이 있으나, 불확정기한으로 되어 있는 경우에는 채무자가 기한이 도래함을 안 때로부터 지체책임이 발생한다고 할 것인바, 이 사건 중도금 지급기일을 '2층 골조공사 완료시'로 정한 것은 중도금 지급의무의 이행기를 장래 도래할 시기가 확정되지 아니한 때, 즉 불확정기한으로 이행기를 정한 경우에 해당한다고 할 것이므로, 중도금 지급의무의 이행지체의 책임을 지우기 위해서는 2층 골조공사가 완료된 것만으로는 부족하고 채무자인 원고가 그 완료 사실을 알아야 한다고 할 것이다(대판 2005.10.7. 2005다38546 참조). 그 공사가 완료되었더라도 채무자가 그 완료사실을 알지 못하였다면 특별한 사정이 없는 한 지체책임을 지지 않는다.

③ 금전채무의 이행지체로 인하여 발생하는 지연이자의 성질은 손해배상금이다.

> 금전채무의 이행지체로 인하여 발생하는 지연손해금은 그 성질이 손해배상금이지 이자가 아니며, 민법 제163조 제1호의 1년 이내의 기간으로 정한 채권도 아니므로 3년간의 단기소멸시효의 대상이 되지 아니한다(대판 1995.10.13. 94다57800).

④ 저당권이 설정된 부동산 매도인의 담보책임에 기한 손해배상채무는 이행청구를 받은 때부터 지체책임이 있다.

> 매매의 목적이 된 부동산에 설정된 저당권의 행사로 인하여 매수인이 그 소유권을 취득할 수 없거나 취득한 소유권을 잃은 때에는 매수인은 계약을 해제할 수 있다. 이 경우에 매수인이 손해를 받은 때에는 그 배상을 청구할 수 있다(민법 제576조 제1항, 제3항). 민법 제576조에서 정하는 매도인의 담보책임에 기한 손해배상채무는 이행의 기한이 없는 채무로서 이행청구를 받은 때부터 지체책임이 있다(대판 2015.4.23. 2013다92873).

⑤ 이행기의 정함이 없는 채권을 양수한 채권양수인이 채무자를 상대로 그 이행을 구하는 소를 제기하고 소송 계속 중 채무자에 대한 채권양도통지가 이루어진 경우, 특별한 사정이 없는 한 채무자는 채권양도통지가 도달된 다음 날부터 지체책임을 진다.

> 채무에 이행기의 정함이 없는 경우에는 채무자가 이행의 청구를 받은 다음 날부터 이행지체의 책임을 지는 것이나, 한편 지명채권이 양도된 경우 채무자에 대한 대항요건이 갖추어질 때까지 채권양수인은 채무자에게 대항할 수 없으므로, 이행기의 정함이 없는 채권을 양수한 채권양수인이 채무자를 상대로 그 이행을 구하는 소를 제기하고 소송 계속 중 채무자에 대한 채권양도통지가 이루어진 경우에는 특별한 사정이 없는 한 채무자는 채권양도통지가 도달된 다음 날부터 이행지체의 책임을 진다(대판 2014.4.10. 2012다29557).

19 채권자대위권에 관한 설명으로 옳은 것을 모두 고른 것은?(다툼이 있으면 판례에 따름)

☑ 확인
Check!
○
△
×

ㄱ. 피보전채권이 특정채권인 경우에 채무자의 무자력은 그 요건이 아니다.
ㄴ. 임차인은 특별한 사정이 없는 한 임차권 보전을 위하여 제3자에 대한 임대인의 임차목적물 인도청구권을 대위행사 할 수 있다.
ㄷ. 채권자대위권도 채권자대위권의 피대위권리가 될 수 있다.

① ㄱ
② ㄷ
③ ㄱ, ㄴ
④ ㄴ, ㄷ
❺ ㄱ, ㄴ, ㄷ

ㄱ. (○) 채권자는 자기의 채무에 대한 부동산의 소유권이전등기청구권 등 특정채권을 보전하기 위하여 채무자가 방치하고 있는 그 부동산에 관한 특정권리를 대위하여 행사할 수 있고 그 경우에는 채무자의 무자력을 요건으로 하지 아니하는 것이다(대판 1992.10.27. 91다483).

ㄴ. (○) 임대인 乙이 그 소유 토지를 피고 丙에게 임대하였다가 이를 해지한 뒤 다시 위 토지를 원고 甲에게 임대한 경우에 그 뒤 임대인 乙이 위 토지를 다른 사람 丁에게 매도하고 소유권이전등기를 완료함으로써 소유권을 상실하였다 하더라도 임대인 乙로서는 임차인인 원고 甲에게 임대물을 인도하여 그 사용수익에 필요한 상태를 제공·유지하여야 할 의무가 있고 또 임대인 乙은 피고 丙과의 임대차계약을 해지함으로써 피고 丙에게 임대물의 인도를 청구할 권리가 있다 할 것이므로 임대인 乙이 丁에게 매도함으로써 소유권은 상실하였다 해도 위와 같은 권리의무는 있다 할 것인즉 임차인인 원고 甲은 임대인 乙의 피고 丙에 대한 위와 같은 임대물의 인도를 청구할 권리를 대위하여 행사할 수 있다(대판 1964.12.29. 64다804).

ㄷ. (○) 채권자대위권도 채권자대위권의 피대위권리가 될 수 있다(대판 1992.7.14. 92다527; 대판 1968.1.23. 67다2440 참조).

20

甲은 乙에 대하여 1억원의 물품대금채권을 가지고 있고, 乙은 丙에 대한 1억원의 대여금채권을 채무초과상태에서 丁에게 양도한 후 이를 丙에게 통지하였다. 甲은 丁을 피고로 하여 채권자취소소송을 제기하였다. 이에 관한 설명으로 옳은 것을 모두 고른 것은?(다툼이 있으면 판례에 따름)

> ㄱ. 甲의 乙에 대한 물품대금채권이 시효로 소멸한 경우, 丁은 이를 甲에게 원용할 수 있다.
> ㄴ. 乙의 丁에 대한 채권양도행위가 사해행위로 취소되는 경우, 丁이 丙에게 양수금채권을 추심하지 않았다면 甲은 원상회복으로서 丁이 丙에게 채권양도가 취소되었다는 취지의 통지를 하도록 청구할 수 있다.
> ㄷ. 乙의 丁에 대한 채권양도행위가 사해행위로 취소되어 원상회복이 이루어진 경우, 甲은 乙을 대위하여 丙에게 대여금채권의 지급을 청구할 수 있다.

① ㄱ
② ㄷ
❸ ㄱ, ㄴ
④ ㄴ, ㄷ
⑤ ㄱ, ㄴ, ㄷ

ㄱ. (○) 소멸시효를 원용할 수 있는 사람은 권리의 소멸에 의하여 직접 이익을 받는 자에 한정되는바, 사해행위취소소송의 상대방이 된 사해행위의 수익자는, 사해행위가 취소되면 사해행위에 의하여 얻은 이익을 상실하고 사해행위취소권을 행사하는 채권자의 채권이 소멸하면 그와 같은 이익의 상실을 면하는 지위에 있으므로, 그 채권의 소멸에 의하여 직접 이익을 받는 자에 해당하는 것으로 보아야 한다(대판 2007.11.29. 2007다54849). 따라서 사해행위 취소권을 행사하는 채권자 甲의 채무자 乙에 대한 물품대금채권(피보전채권)이 시효로 소멸한 경우, 수익자 丁은 이를 채권자 甲에게 원용할 수 있다.

ㄴ. (○) 채무자(乙)의 수익자(丁)에 대한 채권양도가 사해행위로 취소되는 경우, 수익자(丁)가 제3채무자(丙)에게서 아직 채권을 추심하지 아니한 때에는, 채권자(甲)는 사해행위취소에 따른 원상회복으로서 수익자(丁)가 제3채무자(丙)에게 채권양도가 취소되었다는 취지의 통지를 하도록 청구할 수 있다(대판 2015.11.17. 2012다2743).

ㄷ. (✕) 사해행위의 취소는 채권자와 수익자의 관계에서 상대적으로 채무자와 수익자 사이의 법률행위를 무효로 하는 데에 그치고, 채무자와 수익자 사이의 법률관계에는 영향을 미치지 아니한다. 따라서 채무자(乙)의 수익자(丁)에 대한 채권양도가 사해행위로 취소되고, 그에 따른 원상회복으로서 제3채무자(丙)에게 채권양도가 취소되었다는 취지의 통지가 이루어지더라도, 채권자(甲)와 수익자(丁)의 관계에서 채권이 채무자(乙)의 책임재산으로 취급될 뿐, 채무자(乙)가 직접 채권을 취득하여 권리자로 되는 것은 아니므로, 채권자(甲)는 채무자(乙)를 대위하여 제3채무자(丙)에게 채권에 관한 지급을 청구할 수 없다(대판 2015.11.17. 2012다2743).

21 사해행위취소의 소에 관한 설명으로 옳지 않은 것을 모두 고른 것은?(다툼이 있으면 판례에 따름)

☑ 확인
Check!
○
△
✕

> ㄱ. 취소채권자의 채권이 정지조건부 채권인 경우에는 특별한 사정이 없는 한 이를 피보전채권으로 하여 채권자취소권을 행사할 수 없다.
> ㄴ. 사해행위 후 그 목적물에 관하여 선의의 제3자가 저당권을 취득하였음을 이유로 가액배상을 명하는 경우, 그 목적물의 가액에서 제3자가 취득한 저당권의 피담보채권액을 공제하여야 한다.
> ㄷ. 사해행위의 목적물이 동산이고 그 원상회복으로 현물반환이 가능하더라도 취소채권자는 직접 자기에게 그 목적물의 인도를 청구할 수 없다.

① ㄱ
② ㄷ
③ ㄱ, ㄴ
④ ㄴ, ㄷ
❺ ㄱ, ㄴ, ㄷ

> ㄱ. (×) 채권자취소권 행사는 채무 이행을 구하는 것이 아니라 총채권자를 위하여 이행기에 채무 이행을 위태롭게 하는 채무자의 자력 감소를 방지하는 데 목적이 있는 점과 민법이 제148조, 제149조에서 조건부권리의 보호에 관한 규정을 두고 있는 점을 종합해 볼 때, 취소채권자의 채권이 정지조건부채권이라 하더라도 장래에 정지조건이 성취되기 어려울 것으로 보이는 등 특별한 사정이 없는 한, 이를 피보전채권으로 하여 채권자취소권을 행사할 수 있다(대판 2011.12.8. 2011다55542).
> ㄴ. (×) 사해행위 후 그 목적물에 관하여 선의의 제3자가 저당권을 취득하였음을 이유로 가액배상을 명하는 경우에는 사해행위 당시 일반 채권자들의 공동담보로 되어 있었던 부동산 가액 전부의 배상을 명하여야 할 것이고, 그 가액에서 제3자가 취득한 저당권의 피담보채권액을 공제할 것은 아니고, 증여의 형식으로 이루어진 사해행위를 취소하고 원물반환에 갈음하여 그 목적물 가액의 배상을 명함에 있어서는 수익자에게 부과된 증여세액과 취득세액을 공제하여 가액배상액을 산정할 것도 아니다(대판 2003.12.12. 2003다40286).
> ㄷ. (×) 민법 제406조에 의한 사해행위의 취소에 따른 원상회복은 원칙적으로 그 목적물 자체의 반환에 의하여야 하는바, 이때 사해행위의 목적물이 동산이고 그 현물반환이 가능한 경우에는 취소채권자는 직접 자기에게 그 목적물의 인도를 청구할 수 있다(대판 1999.8.24. 99다23468).

22 변제에 관한 설명으로 옳지 않은 것을 모두 고른 것은?(다툼이 있으면 판례에 따름)

> ㄱ. 미리 저당권의 등기에 그 대위를 부기하지 않은 피담보채무의 보증인은 저당물에 후순위 근저당권을 취득한 제3자에 대하여 채권자를 대위할 수 없다.
> ㄴ. 변제자가 주채무자인 경우 보증인이 있는 채무와 보증인이 없는 채무의 변제이익은 차이가 없다.
> ㄷ. 채무자로부터 담보부동산을 취득한 제3자와 물상보증인 상호 간에는 각 부동산의 가액에 비례하여 채권자를 대위할 수 있다.

① ㄱ
② ㄴ
❸ ㄱ, ㄷ
④ ㄴ, ㄷ
⑤ ㄱ, ㄴ, ㄷ

ㄱ. (✕) 민법 제482조 제2항 제2호의 제3취득자에 후순위 근저당권자가 포함되지 않음에도 같은 항 제1호의 제3자에는 후순위 근저당권자가 포함된다고 하면, 후순위 근저당권자는 보증인에 대하여 항상 채권자를 대위할 수 있지만 보증인은 후순위 근저당권자에 대하여 채권자를 대위하기 위해서는 미리 대위의 부기등기를 하여야만 하므로 보증인보다 후순위 근저당권자를 더 보호하는 결과가 되는데, 이러한 결과는 법정대위자인 보증인과 후순위 근저당권자 간의 이해관계를 공평하고 합리적으로 조절하기 위한 민법 제482조 제2항 제1호와 제2호의 입법 취지에 부합하지 않을뿐더러 후순위 근저당권자는 통상 자신의 이익을 위하여 선순위 근저당권의 담보가치를 초과하는 담보가치만을 파악하여 담보권을 취득한 자에 불과하므로 변제자대위와 관련해서 후순위 근저당권자를 보증인보다 더 보호할 이유도 없다. 이러한 사정들과 민법 제482조 제2항 제1호와 제2호가 상호작용하에 법정대위자 중 보증인과 제3취득자의 이해관계를 조절하는 규정인 점 등을 종합하여 보면, 보증인은 미리 저당권의 등기에 그 대위를 부기하지 않고서도 저당물에 후순위 근저당권을 취득한 제3자에 대하여 채권자를 대위할 수 있다고 할 것이므로 민법 제482조 제2항 제1호의 제3자에 후순위 근저당권자는 포함되지 않는다(대판 2013.2.15. 2012다48855).

ㄴ. (○) 변제자가 주채무자인 경우, 보증인이 있는 채무와 보증인이 없는 채무 사이에는 변제이익의 점에서 차이가 없다고 보아야 하므로, 보증기간 중의 채무와 보증기간 종료 후의 채무 사이에서도 변제이익의 점에서 차이가 없다. 따라서 주채무자가 변제한 금원은 이행기가 먼저 도래한 채무부터 법이 정하는 바에 따라 변제충당을 하여야 한다(대판 2021.1.28. 2019다207141).

ㄷ. (✕) 물상보증인이 채무를 변제하거나 담보권의 실행으로 소유권을 잃은 때에는 보증채무를 이행한 보증인과 마찬가지로 채무자로부터 담보부동산을 취득한 제3자에 대하여 구상권의 범위 내에서 출재한 전액에 관하여 채권자를 대위할 수 있는 반면, 채무자로부터 담보부동산을 취득한 제3자는 채무를 변제하거나 담보권의 실행으로 소유권을 잃더라도 물상보증인에 대하여 채권자를 대위할 수 없다고 보아야 한다. 만일 물상보증인의 지위를 보증인과 다르게 보아서 물상보증인과 채무자로부터 담보부동산을 취득한 제3자 상호 간에는 각 부동산의 가액에 비례하여 채권자를 대위할 수 있다고 한다면, 본래 채무자에 대하여 출재한 전액에 관하여 대위할 수 있었던 물상보증인은 채무자가 담보부동산의 소유권을 제3자에게 이전하였다는 우연한 사정으로 이제는 각 부동산의 가액에 비례하여서만 대위하게 되는 반면, 당초 채무 전액에 대한 담보권의 부담을 각오하고 채무자로부터 담보부동산을 취득한 제3자는 그 범위에서 뜻하지 않은 이득을 얻게 되어 부당하다(대판 2014.12.18. 2011다50233[전합]).

23 지명채권양도에 관한 설명으로 옳지 않은 것은?(다툼이 있으면 판례에 따름)

① 채권양도에 대하여 채무자가 이의를 보류하지 않은 승낙을 하였더라도 채무자는 채권이 이미 타인에게 양도되었다는 사실로써 양수인에게 대항할 수 있다.

> 채무자가 이의를 보류하지 아니하고 전조의 승낙을 한 때에는 "양도인에게 대항할 수 있는 사유"로써 양수인에게 대항하지 못한다(민법 제451조 제1항). 민법 제451조 제1항의 "양도인에게 대항할 수 있는 사유"란 채권의 성립, 존속, 행사를 저지·배척하는 사유를 가리킬 뿐이고, 채권의 귀속(채권이 이미 타인에게 양도되었다는 사실)은 이에 포함되지 아니한다(대판 1994.4.29. 93다35551). 채권양도에 대하여 채무자가 이의를 보류하지 않은 승낙을 하였더라도 채무자는 채권이 이미 타인에게 양도되었다는 사실로써 양수인에게 대항할 수 있다.

② 채권양도에 있어서 주채무자에 대하여 대항요건을 갖추었다면 보증인에 대하여도 그 효력이 미친다.

> 채권양도에 있어서 주채무자에 대하여 그 대항요건을 갖추었으면 보증인에 대하여도 그 효력이 미친다(대판 1976.4.13. 75다1100). 즉 보증채무는 주채무에 대한 부종성 또는 수반성이 있어서 주채무자에 대한 채권이 이전되면 당사자 사이에 별도의 특약이 없는 한 보증인에 대한 채권도 함께 이전하고, 이 경우 채권양도의 대항요건도 주채권의 이전에 관하여 구비하면 족하고, 별도로 보증채권에 관하여 대항요건을 갖출 필요는 없다(대판 2002.9.10. 2002다21509).

❸ 채권양도가 다른 채무의 담보조로 이루어진 후 그 피담보채무가 변제로 소멸된 경우, 양도채권의 채무자는 이를 이유로 채권양수인의 양수금 지급청구를 거절할 수 있다.

> 채권양도가 다른 채무의 담보조로 이루어졌으며 또한 그 채무가 변제되었다고 하더라도, 이는 채권 양도인과 양수인 간의 문제일 뿐이고, 양도채권의 채무자는 채권 양도·양수인 간의 채무 소멸 여하에 관계없이 양도된 채무를 양수인에게 변제하여야 하는 것이므로, 설령 그 피담보채무가 변제로 소멸되었다고 하더라도 양도채권의 채무자로서는 이를 이유로 채권양수인의 양수금 청구를 거절할 수 없다(대판 1999.11.26. 99다23093).

④ 채권양도금지특약의 존재를 경과실로 알지 못하고 그 채권을 양수한 자는 악의의 양수인으로 취급되지 않는다.

> 채무자는 제3자가 채권자로부터 채권을 양수한 경우 '채권양도금지 특약의 존재를 알고 있는 양수인'[악의의 양수인(註)]이나 그 '특약의 존재를 알지 못함에 중대한 과실이 있는 양수인'에게 그 특약으로써 대항할 수 있고, 여기서 말하는 '중과실'이란 통상인에게 요구되는 정도의 상당한 주의를 하지 않더라도 약간의 주의를 한다면 손쉽게 그 특약의 존재를 알 수 있음에도 불구하고 그러한 주의조차 기울이지 아니하여 특약의 존재를 알지 못한 것을 말하며, 제3자의 악의 내지 중과실은 채권양도금지의 특약으로 양수인에게 대항하려는 자가 이를 주장·증명하여야 한다(대판 2010.5.13. 2010다8310). 채권양도금지특약의 존재를 '중과실'로 알지 못하고 채권을 양수한 자와 달리, 채권양도금지특약의 존재를 '경과실'로 알지 못하고 그 채권을 양수한 자는 '악의'의 양수인으로 취급되지 않는다.

⑤ 당사자 사이에 양도금지의 특약이 있는 채권이라도 압류 및 전부명령에 의하여 이전될 수 있다.

> 당사자 사이에 양도금지의 특약이 있는 채권이라도 압류 및 전부명령에 의하여 이전할 수 있고, 양도금지의 특약이 있는 사실에 관하여 압류채권자가 선의인가 악의인가는 전부명령의 효력에 영향을 미치지 못한다(대판 1976.10.29. 76다1623).

24 채권자 甲, 채무자 乙, 인수인 丙으로 하는 채무인수 등의 법률관계에 관한 설명으로 옳은 것은?(다툼이 있으면 판례에 따름)

☑ 확인
Check!
○
△
✕

① 乙과 丙 사이의 합의에 의한 면책적 채무인수가 성립하는 경우, 甲이 乙 또는 丙을 상대로 승낙을 하지 않더라도 그 채무인수의 효력은 발생한다.

> 제3자가 채무자와의 계약으로 채무를 인수한 경우에는 채권자의 승낙에 의하여 그 효력이 생긴다. 채권자의 승낙 또는 거절의 상대방은 채무자나 제3자이다(민법 제454조). 따라서 채무자 乙과 제3자(인수인) 丙 사이의 합의에 의한 면책적 채무인수가 성립하는 경우, 채권자 甲이 채무자 乙 또는 제3자(인수인) 丙을 상대로 승낙을 해야 그 채무인수의 효력이 발생한다.

❷ 乙과 丙 사이의 합의에 의한 이행인수가 성립한 경우, 丙이 그에 따라 자신의 출연으로 乙의 채무를 변제하였다면 특별한 사정이 없는 한 甲의 채권을 법정대위할 수 있다.

> 민법 제481조에 의하여 법정대위를 할 수 있는 '변제할 정당한 이익이 있는 자'라고 함은 변제함으로써 당연히 대위의 보호를 받아야 할 법률상의 이익을 가지는 자를 의미한다. 그런데 이행인수인이 채무자와의 이행인수 약정에 따라 채권자에게 채무를 이행하기로 약정하였음에도 불구하고 이를 이행하지 아니하는 경우에는 채무자에 대하여 채무불이행의 책임을 지게 되어 특별한 법적 불이익을 입게 될 지위에 있다고 할 것이므로, 이행인수인은 그 변제를 할 정당한 이익이 있다고 할 것이다(대결 2012.7.16. 2009마461). 채무자 乙과 인수인 丙 사이의 합의에 의한 이행인수가 성립한 경우, 이행인수인 丙이 그에 따라 자신의 출연으로 乙의 채무를 변제하였다면 특별한 사정이 없는 한 채권자 甲의 채권을 법정대위할 수 있다.

③ 乙의 의사에 반하여 이루어진 甲과 丙 사이의 합의에 의한 중첩적 채무인수는 무효이다.

> 중첩적 채무인수는 채권자와 채무인수인과의 합의가 있는 이상 채무자의 의사에 반하여서도 이루어질 수 있다(대판 1988.11.22. 87다카1836). 따라서 채무자 乙의 의사에 반하여 이루어진 채권자 甲과 인수인 丙사이의 합의에 의한 중첩적 채무인수는 유효하다.

④ 乙과 丙 사이의 합의에 의한 채무인수가 면책적 인수인지, 중첩적 인수인지 분명하지 않은 때에는 이를 면책적 채무인수로 본다.

> 채무인수가 면책적인가 중첩적인가 하는 것은 채무인수계약에 나타난 당사자 의사의 해석에 관한 문제이고, 채무인수에 있어서 면책적 인수인지, 중첩적 인수인지가 분명하지 아니한 때에는 이를 중첩적으로 인수한 것으로 볼 것이다(대판 2002.9.24. 2002다36228).

⑤ 乙의 부탁을 받은 丙이 甲과 합의하여 중첩적 채무인수 계약을 체결한 경우, 乙과 丙은 부진정연대 채무관계에 있다.

> 중첩적 채무인수에서 인수인이 채무자의 부탁 없이 채권자와의 계약으로 채무를 인수하는 것은 매우 드문 일이므로 채무자와 인수인은 원칙적으로 주관적 공동관계가 있는 연대채무관계에 있고, 인수인이 채무자의 부탁을 받지 아니하여 주관적 공동관계가 없는 경우에는 부진정연대관계에 있는 것으로 보아야 한다(대판 2014.8.20. 2012다97420). 채무자 乙의 부탁을 받은 인수인 丙이 채권자 甲과 합의하여 중첩적 채무인수 계약을 체결한 경우, 채무자 乙과 인수인 丙은 주관적 공동관계가 있는 연대채무관계에 있다.

25 채권의 소멸에 관한 설명으로 옳지 않은 것은?(다툼이 있으면 판례에 따름)

① 변제공탁은 채권자의 수익의 의사표시 여부와 상관없이 공탁공무원의 수탁처분과 공탁물보관자의 공탁물수령으로 그 효력이 발생한다.

> 변제공탁은 공탁공무원의 수탁처분과 공탁물보관자의 공탁물수령으로 그 효력이 발생하여 채무소멸의 효과를 가져오는 것이고 채권자에 대한 공탁통지나 채권자의 수익의 의사표시가 있는 때에 공탁의 효력이 생기는 것이 아니다(대결 1972.5.15. 72마401).

② 기존 채권·채무의 당사자가 그 목적물을 소비대차의 목적으로 할 것을 약정한 경우, 당사자의 의사가 명백하지 않을 때에는 특별한 사정이 없는 한 그 약정은 경개가 아닌 준소비대차로 보아야 한다.

> 기존 채권·채무의 당사자가 목적물을 소비대차의 목적으로 할 것을 약정한 경우 약정을 경개로 볼 것인가 준소비대차로 볼 것인가는 일차적으로 당사자의 의사에 따라 결정되고 만약 당사자의 의사가 명백하지 않을 때에는 의사해석의 문제이나, 특별한 사정이 없는 한 동일성을 상실함으로써 채권자가 담보를 잃고 채무자가 항변권을 잃게 되는 것과 같이 스스로 불이익을 초래하는 의사를 표시하였다고는 볼 수 없으므로 일반적으로 준소비대차로 보아야 한다(대판 2016.6.9. 2014다64752).

③ 벌금형이 확정된 이상 벌금채권의 변제기는 도래한 것이므로 법률상 이를 금지할 근거가 없는 한 벌금채권은 상계의 자동채권이 될 수 있다.

> 상계는 쌍방이 서로 상대방에 대하여 같은 종류의 급부를 목적으로 하는 채권을 가지고 자동채권의 변제기가 도래하였을 것을 그 요건으로 하는 것인데, 형벌의 일종인 벌금도 일정 금액으로 표시된 추상적 경제가치를 급부목적으로 하는 채권인 점에서는 다른 금전채권들과 본질적으로 다를 것이 없고, 다만 발생의 법적 근거가 공법관계라는 점에서만 차이가 있을 뿐이나 채권 발생의 법적 근거가 무엇인지는 급부의 동종성을 결정하는 데 영향이 없으며, 벌금형이 확정된 이상 벌금채권의 변제기는 도래한 것이므로 달리 이를 금하는 특별한 법률상 근거가 없는 이상 벌금채권은 적어도 상계의 자동채권이 되지 못할 아무런 이유가 없다(대판 2004.4.27. 2003다37891).

④ 상계로 인한 채무소멸의 효력은 소멸한 채무 전액에 관하여 다른 부진정연대채무자에 대하여도 미치며, 이는 부진정연대채무자 중 1인이 채권자와 상계계약을 체결한 경우에도 마찬가지이다.

> 부진정연대채무자 중 1인이 자신의 채권자에 대한 반대채권으로 상계를 한 경우에도 채권은 변제, 대물변제, 또는 공탁이 행하여진 경우와 동일하게 현실적으로 만족을 얻어 그 목적을 달성하는 것이므로, 그 상계로 인한 채무소멸의 효력은 소멸한 채무 전액에 관하여 다른 부진정연대채무자에 대하여도 미친다고 보아야 한다. 이는 부진정연대채무자 중 1인이 채권자와 상계계약을 체결한 경우에도 마찬가지이다. 나아가 이러한 법리는 채권자가 상계 내지 상계계약이 이루어질 당시 다른 부진정연대채무자의 존재를 알았는지 여부에 의하여 좌우되지 아니한다(대판 2010.9.16. 2008다97218[전합]).

❺ 손해배상채무가 중과실에 의한 불법행위로 발생한 경우, 그 채무자는 이를 수동채권으로 하는 상계로 채권자에게 대항하지 못한다.

> 고의의 불법행위에 인한 손해배상채권에 대한 상계금지를 중과실의 불법행위에 인한 손해배상채권에까지 유추 또는 확장적용하여야 할 필요성이 있다고 할 수 없으므로(대판 1994.8.12. 93다52808), 손해배상채무가 중과실에 의한 불법행위로 발생한 경우, 그 채무자는 이를 수동채권으로 하는 상계로 채권자에게 대항할 수 있다.

26 계약의 성립에 관한 설명으로 옳은 것은?(다툼이 있으면 판례에 따름)

① 민법은 청약의 구속력에 관한 규정에서 철회할 수 있는 예외를 규정하고 있다.

> 민법은 청약의 구속력에 관한 규정(민법 제527조)에서 "계약의 청약은 이를 철회하지 못한다."고 규정하고 있을 뿐, 철회할 수 있는 예외를 규정하고 있지 않다.

❷ 승낙기간을 정하지 않은 청약은 청약자가 상당한 기간 내에 승낙 통지를 받지 못한 때에 그 효력을 잃는다.

> 승낙의 기간을 정하지 아니한 계약의 청약은 청약자가 상당한 기간 내에 승낙의 통지를 받지 못한 때에는 그 효력을 잃는다(민법 제529조).

③ 민법은 격지자간의 계약은 승낙의 통지가 도달한 때에 성립한다고 규정하고 있다.

> 민법은 "격지자간의 계약은 승낙의 통지를 발송한 때에 성립한다."고 규정하고 있다(민법 제531조).

④ 청약은 그에 응하는 승낙이 있어야 계약이 성립하므로 구체적이거나 확정적일 필요가 없다.

> 계약이 성립하기 위한 법률요건인 청약은 그에 응하는 승낙만 있으면 곧 계약이 성립하는 구체적, 확정적 의사표시여야 하므로, 청약은 계약의 내용을 결정할 수 있을 정도의 사항을 포함시키는 것이 필요하다(대판 2017.10.26. 2017다242867).

⑤ 아파트의 분양광고가 청약의 유인인 경우, 피유인자가 이에 대응하여 청약을 하는 것으로써 분양계약은 성립한다.

> 청약은 이에 대응하는 상대방의 승낙과 결합하여 일정한 내용의 계약을 성립시킬 것을 목적으로 하는 확정적인 의사표시인 반면 청약의 유인은 이와 달리 합의를 구성하는 의사표시가 되지 못하므로 피유인자가 그에 대응하여 의사표시를 하더라도 계약은 성립하지 않고 다시 유인한 자가 승낙의 의사표시를 함으로써 비로소 계약이 성립하는 것으로서 서로 구분되는 것이다. 그리고 위와 같은 구분기준에 따르자면, 상가나 아파트의 분양광고의 내용은 청약의 유인으로서의 성질을 갖는데 불과한 것이 일반적이라 할 수 있다(대판 2007.6.1. 2005다5812).

☑ 확인
Check!
○
△
✕

27 계약의 불성립이나 무효에 관한 설명으로 옳지 않은 것은?(다툼이 있으면 판례에 따름)

① 목적이 원시적·객관적 전부불능인 계약을 체결할 때 불능을 알았던 자는 선의·무과실의 상대방이 계약의 유효를 믿었음으로 인해 받은 손해를 배상해야 한다.

> 목적이 불능[원시적·객관적 전부불능(註)]한 계약을 체결할 때에 그 불능을 알았거나 알 수 있었을 자는 상대방이 그 계약의 유효를 믿었음으로 인하여 받은 손해를 배상하여야 한다. 그러나 그 배상액은 계약이 유효함으로 인하여 생길 이익액을 넘지 못한다(민법 제535조 제1항). 이 규정은 상대방이 그 불능을 알았거나 알 수 있었을 경우에는 적용하지 아니한다(민법 제535조 제2항).

❷ 목적물이 타인의 소유에 속하는 매매계약은 원시적 불능인 급부를 내용으로 하는 것으로 당연무효이다.

> 특정한 매매의 목적물이 타인의 소유에 속하는 경우라 하더라도, 그 매매계약이 원시적 이행불능에 속하는 내용을 목적으로 하는 당연무효의 계약이라고 볼 수 없다(대판 1993.9.10. 93다20283).

③ 계약이 의사의 불합치로 성립하지 않은 경우, 그로 인해 손해를 입은 당사자는 계약이 성립되지 않을 수 있다는 것을 알았던 상대방에게 민법 제535조(계약체결상의 과실)에 따른 손해배상청구를 할 수 없다.

> 계약이 의사의 불합치로 성립하지 아니한 경우 그로 인하여 손해를 입은 당사자가 상대방에게 부당이득반환청구 또는 불법행위로 인한 손해배상청구를 할 수 있는지는 별론으로 하고, 상대방이 계약이 성립되지 아니할 수 있다는 것을 알았거나 알 수 있었음을 이유로 민법 제535조를 유추적용하여 계약체결상의 과실로 인한 손해배상청구를 할 수는 없다(대판 2017.11.14. 2015다10929).

④ 수량을 지정한 부동산매매계약에서 실제면적이 계약면적에 미달하는 경우, 미달 부분의 원시적 불능을 이유로 민법 제535조에 따른 책임의 이행을 구할 수 없다.

> 부동산매매계약에 있어서 실제면적이 계약면적에 미달하는 경우에는 그 매매가 수량지정매매에 해당할 때에 한하여 민법 제574조, 제572조에 의한 대금감액청구권을 행사함은 별론으로 하고, 그 매매계약이 그 미달부분만큼 일부 무효임을 들어 이와 별도로 일반 부당이득반환청구를 하거나 그 부분의 원시적 불능을 이유로 민법 제535조가 규정하는 계약체결상의 과실에 따른 책임의 이행을 구할 수 없다(대판 2002.4.9. 99다47396).

⑤ 계약교섭의 부당파기가 신의성실원칙에 위반되어 위법한 행위이면 불법행위를 구성한다.

> 어느 일방이 교섭단계에서 계약이 확실하게 체결되리라는 정당한 기대 내지 신뢰를 부여하여 상대방이 그 신뢰에 따라 행동하였음에도 상당한 이유 없이 계약의 체결을 거부[계약교섭의 부당파기(註)]하여 손해를 입혔다면 이는 신의성실의 원칙에 비추어 볼 때 계약자유원칙의 한계를 넘는 위법한 행위로서 불법행위를 구성한다(대판 2003.4.11. 2001다53059).

28 동시이행의 항변권에 관한 설명으로 옳지 <u>않은</u> 것은?(다툼이 있으면 판례에 따름)

① 동시이행관계에 있는 쌍방의 채무 중 어느 한 채무가 이행불능으로 인하여 손해배상채무로 변경된 경우도 다른 채무와 동시이행의 관계에 있다.

> 동시이행의 관계에 있는 쌍방의 채무 중 어느 한 채무가 이행불능이 됨으로 인하여 발생한 손해배상채무도 여전히 다른 채무와 동시이행의 관계에 있다(대판 2000.2.25. 97다30066).

② 선이행의무 있는 중도금지급을 지체하던 중 매매계약이 해제되지 않고 잔대금 지급기일이 도래하면, 특별한 사정이 없는 한 중도금과 이에 대한 지급일 다음 날부터 잔대금지급일까지의 지연손해금 및 잔대금 지급의무와 소유권이전의무는 동시이행관계이다.

> 매수인이 선이행하여야 할 중도금지급을 하지 아니한 채 잔대금지급일을 경과한 경우에는 매수인의 '중도금 및 이에 대한 지급일 다음 날부터 잔대금지급일까지의 지연손해금과 잔대금의 지급채무'는 매도인의 '소유권이전등기의무'와 특별한 사정이 없는 한 동시이행관계에 있다(대판 1991.3.27. 90다19930).

③ 일방의 의무가 선이행의무라도 상대방의 이행이 곤란할 현저한 사유가 있는 때에는 상대방이 그 채무이행을 제공할 때까지 자기의 채무이행을 거절할 수 있다. 🔖 민법 제536조 제1항·제2항

④ 동시이행관계의 경우 일방의 채무의 이행기가 도래하더라도 상대방 채무의 이행제공이 있을 때까지 그 일방은 이행지체책임을 지지 않는다. 🔖 대판 1998.3.13. 97다54604

❺ 동시이행항변권에 따른 이행지체 책임 면제의 효력은 그 항변권을 행사해야 발생한다.

> 쌍무계약에서 쌍방의 채무가 <u>동시이행관계에 있는 경우 일방의 채무의 이행기가 도래하더라도 상대방 채무의 이행제공이 있을 때까지는 그 채무를 이행하지 않아도 이행지체의 책임을 지지 않는 것</u>이고, 이와 같은 효과는 이행지체의 책임이 없다고 주장하는 자가 반드시 동시이행의 항변권을 행사하여야만 발생하는 것은 아니다(대판 1998.3.13. 97다54604).

29 제3자를 위한 계약에 관한 설명으로 옳지 않은 것은?(다툼이 있으면 판례에 따름)

① 요약자는 낙약자의 채무불이행을 이유로 제3자의 동의 없이 기본관계를 이루는 계약을 해제할 수 있다.

> 제3자를 위한 유상 쌍무계약의 경우, 요약자는 낙약자의 채무불이행을 이유로 제3자의 동의 없이 계약을 해제할 수 있다(대판 1970.2.24, 69다1410).

② 낙약자는 기본관계에 기한 항변으로 계약의 이익을 받을 제3자에게 대항할 수 있다.

> 채무자[낙약자(註)]는 제539조의 계약[제3자를 위한 계약, 기본관계(註)]에 기한 항변으로 그 계약의 이익을 받을 제3자에게 대항할 수 있다(민법 제542조).

③ 계약 당사자가 제3자에 대하여 가진 채권에 관하여 그 채무를 면제하는 계약도 제3자를 위한 계약에 준하는 것으로 유효하다.

> 제3자를 위한 계약이 성립하기 위하여는 일반적으로 그 계약의 당사자가 아닌 제3자로 하여금 직접 권리를 취득하게 하는 조항이 있어야 할 것이지만, 계약의 당사자가 제3자에 대하여 가진 채권에 관하여 그 채무를 면제하는 계약도 제3자를 위한 계약에 준하는 것으로서 유효하다(대판 2004.9.3. 2002다37405).

❹ 제3자를 위한 계약의 성립 시에 제3자는 요약자와 낙약자에게 계약의 이익을 받을 의사를 표시해야 권리를 직접 취득한다.

> 계약에 의하여 당사자 일방이 제3자에게 이행할 것을 약정한 때에는 그 제3자는 채무자에게 직접 그 이행을 청구할 수 있다. 이 경우에 제3자의 권리는 그 제3자가 채무자에 대하여 계약의 이익을 받을 의사를 표시한 때에 생긴다(민법 제539조). 제3자의 수익의 의사표시는 그 계약의 성립요건이나 효력발생요건이 아니라 채권자가 인수인에 대하여 채권을 취득하기 위한 요건이다(대판 2013.9.13. 2011다56033 참조). '제3자의 수익의 의사표시'는 제3자를 위한 계약의 성립 시에 해야 하는 것은 아니고, 계약 성립 후에도 할 수 있다(민법 제540조 참조).

⑤ 채무자와 인수인 사이에 체결되는 중첩적 채무인수계약은 제3자를 위한 계약이다.

> 채무자와 인수인의 합의에 의한 중첩적 채무인수는 일종의 제3자를 위한 계약이라고 할 것이므로, 채권자는 인수인에 대하여 채무이행을 청구하거나 기타 채권자로서의 권리를 행사하는 방법으로 수익의 의사표시를 함으로써 인수인에 대하여 직접 청구할 권리를 갖게 된다(대판 2013.9.13. 2011다56033).

30 합의해지에 관한 설명으로 옳은 것을 모두 고른 것은?(다툼이 있으면 판례에 따름)

ㄱ. 근로자의 사직원 제출에 따른 합의해지의 청약에 대해 사용자의 승낙의사가 형성되어 확정적으로 근로계약종료의 효과가 발생하기 전에는 특별한 사정이 없는 한 근로자는 사직의 의사표시를 철회할 수 있다.

ㄴ. 계약의 합의해지는 묵시적으로 이루어질 수도 있으나, 묵시적 합의해지는 계약에 따른 채무의 이행이 시작된 후에 당사자 쌍방의 계약실현 의사의 결여 또는 포기로 인하여 계약을 실현하지 아니할 의사가 일치되어야만 한다.

ㄷ. 당사자 사이에 약정이 없는 이상, 합의해지로 인하여 반환할 금전에 그 받은 날로부터의 이자를 가할 의무가 있다.

① ㄱ
② ㄷ
❸ ㄱ, ㄴ
④ ㄴ, ㄷ
⑤ ㄱ, ㄴ, ㄷ

ㄱ. (○) 계약의 청약은 이를 철회하지 못한다(민법 제529조). 그러나 판례는 근로자를 보호하기 위한 특별배려로 청약의 구속력을 배제하는 법리를 전개하여, 근로자가 사직원의 제출방법에 의하여 근로계약관계의 합의해지를 청약하고 이에 대하여 사용자가 승낙함으로써 당해근로관계를 종료시키게 되는 경우에 있어서는, 근로자는 위 사직원의 제출에 따른 사용자의 승낙의사가 형성되어 확정적으로 근로계약 종료의 효과가 발생하기 전에는 그 사직의 의사표시를 자유로이 철회할 수 있다고 판시하고 있다(대판 1992.4.10. 91다43138).

ㄴ. (○) 계약의 합의해지는 묵시적으로 이루어질 수도 있으나, 계약에 따른 채무의 이행이 시작된 다음에 당사자 쌍방이 계약실현 의사의 결여 또는 포기로 계약을 실현하지 않을 의사가 일치되어야만 한다. 이와 같은 합의가 성립하기 위해서는 쌍방 당사자의 표시행위에 나타난 의사의 내용이 객관적으로 일치하여야 하므로 계약당사자 일방이 계약해지에 관한 조건을 제시한 경우 조건에 관한 합의까지 이루어져야 한다(대판 2018.12.27. 2016다274270).

ㄷ. (×) 합의해제 또는 해제계약이라 함은 해제권의 유무에 불구하고 계약 당사자 쌍방이 합의에 의하여 기존의 계약의 효력을 소멸시켜 당초부터 계약이 체결되지 않았던 것과 같은 상태로 복귀시킬 것을 내용으로 하는 새로운 계약으로서, 그 효력은 그 합의의 내용에 의하여 결정되고 여기에는 해제에 관한 민법 제548조 제2항의 규정은 적용되지 아니하므로, 당사자 사이에 약정이 없는 이상 합의해제로 인하여 반환할 금전에 그 받은 날로부터의 이자를 가하여야 할 의무가 있는 것은 아니다(대판 1996.7.30. 95다16011).

2024년 / 2023년 / 2022년 / 2021년 / 2020년

31 상대부담없는 증여계약의 법정해제사유로 옳지 않은 것은?(다툼이 있으면 판례에 따름)

① 서면에 의하지 아니한 증여의 경우

> 증여의 의사가 서면으로 표시되지 아니한 경우에는 각 당사자는 이를 해제할 수 있다(민법 제555조).

② 수증자의 증여자에 대한 범죄행위가 있는 경우

> 수증자가 증여자 또는 그 배우자나 직계혈족에 대한 범죄행위가 있는 때에는 증여자는 그 증여를 해제할 수 있다(민법 제556조 제1항 제1호). 이 경우 해제권은 해제원인 있음을 안 날로부터 6월을 경과하거나 증여자가 수증자에 대하여 용서의 의사를 표시한 때에는 소멸한다(민법 제556조 제2항).

③ 증여자에 대한 부양의무 있는 수증자가 그 부양의무를 불이행한 경우

> 수증자가 증여자에 대하여 부양의무 있는 경우에 이를 이행하지 아니하는 때에는 증여자는 그 증여를 해제할 수 있다(민법 제556조 제1항 제2호). 이 경우 증여자의 해제권은 해제원인 있음을 안 날로부터 6월을 경과하거나 증여자가 수증자에 대하여 용서의 의사를 표시한 때에는 소멸한다(민법 제556조 제2항).

④ 증여자의 재산상태가 현저히 변경되고 증여계약의 이행으로 생계에 중대한 영향을 미칠 경우

> 증여계약 후에 증여자의 재산상태가 현저히 변경되고 그 이행으로 인하여 생계에 중대한 영향을 미칠 경우에는 증여자는 증여를 해제할 수 있다(민법 제557조).

❺ 증여 목적물에 증여자가 알지 못하는 하자가 있는 경우

> 증여자는 증여의 목적인 물건 또는 권리의 하자나 흠결에 대하여 책임을 지지 아니한다. 그러나 증여자가 그 하자나 흠결을 알고 수증자에게 고지하지 아니한 때에는 그러하지 아니하다(민법 제559조 제1항).

32 매매계약에 관한 설명으로 옳은 것은?(다툼이 있으면 판례에 따름)

❶ 매매의 일방예약이 행해진 경우, 예약완결권자가 상대방에게 매매를 완결할 의사를 표시하면 매매의 효력이 생긴다. 민법 제564조 제1항

② 매매계약에 관한 비용은 다른 약정이 없는 한 매수인이 부담한다.

> 매매계약에 관한 비용은 당사자 쌍방이 균분하여 부담한다(민법 제566조).

③ 경매목적물에 하자가 있는 경우, 경매에서의 채무자는 하자담보책임을 부담한다.

> 매도인의 하자담보책임에 관한 민법 제580조 제1항은 경매의 경우에 적용하지 아니한다(민법 제580조 제2항).

④ 매매계약 후 인도되지 않은 목적물로부터 생긴 과실은 다른 약정이 없는 한 대금을 지급하지 않더라도 매수인에게 속한다.

> 민법 제587조에 의하면, 매매계약 있은 후에도 인도하지 아니한 목적물로부터 생긴 과실은 매도인에게 속하고, 매수인은 목적물의 인도를 받은 날로부터 대금의 이자를 지급하여야 한다고 규정하고 있는바, 이는 매매당사자 사이의 형평을 꾀하기 위하여 ㉠ 매매목적물이 인도되지 아니하더라도 매수인이 대금을 완제한 때에는 그 시점 이후의 과실은 매수인에게 귀속되지만, ㉡ 매매목적물이 인도되지 아니하고 또한 매수인이 대금을 완제하지 아니한 때에는 매도인의 이행지체가 있더라도 과실은 매도인에게 귀속되는 것이므로 매수인은 인도의무의 지체로 인한 손해배상금의 지급을 구할 수 없다(대판 2004.4.23. 2004다8210).

⑤ 부동산 매매등기가 이루어지고 5년 후에 환매권의 보류를 등기한 때에는 매매등기시부터 제3자에 대하여 그 효력이 있다.

> 매매의 목적물이 부동산인 경우에 매매등기와 동시에 환매권의 보류를 등기한 때에는 제3자에 대하여 그 효력이 있으므로(민법 제592조), 부동산 매매등기가 이루어지고 5년 후에 환매권의 보류를 등기하였다면 제3자에 대하여 그 효력이 없다고 이해하여야 한다.

33

위임계약에 관한 설명으로 옳은 것을 모두 고른 것은?(다툼이 있으면 판례에 따름)

> ㄱ. 수임인이 대변제청구권을 보전하기 위하여 위임인의 채권을 대위행사하는 경우에는 위임인의 무자력을 요건으로 한다.
> ㄴ. 수임인은 특별한 사정이 없는 한 위임인에게 불리한 시기에 부득이한 사유로 위임계약을 해지할 수 없다.
> ㄷ. 위임계약이 무상인 경우, 수임인은 특별한 사정이 없는 한 위임의 본지에 따라 선량한 관리자의 주의로써 위임사무를 처리하여야 한다.

① ㄱ
❷ ㄷ
③ ㄱ, ㄴ
④ ㄴ, ㄷ
⑤ ㄱ, ㄴ, ㄷ

> ㄱ. (×) 수임인이 가지는 민법 제688조 제2항 전단 소정의 대변제청구권은 통상의 금전채권과는 다른 목적을 갖는 것이므로, 수임인이 이 대변제청구권을 보전하기 위하여 채무자인 위임인의 채권을 대위행사하는 경우에는 채무자의 무자력을 요건으로 하지 아니한다(대판 2002.1.25. 2001다52506).
> ㄴ. (×) 수임인은 언제든지 위임계약을 해지할 수 있다. 수임인에게 부득이한 사유가 있다면 위임인에게 불리한 시기에 위임계약을 해지하였다고 하더라도 손해배상책임을 부담하지는 아니한다(민법 제689조).
> ㄷ. (○) 수임인은 위임의 본지에 따라 선량한 관리자의 주의로써 위임사무를 처리하여야 한다(민법 제681조). 이는 위임계약이 유상이든 무상이든 관계없이 수임인이 언제나 부담하는 기본채무이다.

34 고용계약에 관한 설명으로 옳지 않은 것을 모두 고른 것은?(다툼이 있으면 판례에 따름)

ㄱ. 관행에 비추어 노무의 제공에 보수를 수반하는 것이 보통인 경우에도 보수에 관하여 명시적인 합의가 없다면 노무를 제공한 노무자는 사용자에게 보수를 청구할 수 없다.

ㄴ. 근로자를 고용한 기업으로부터 다른 기업으로 적을 옮겨 업무에 종사하게 하는 전적은 특별한 사정이 없는 한 근로자의 동의가 없더라도 효력이 생긴다.

ㄷ. 고용기간이 있는 고용계약을 해지할 수 있는 부득이한 사유에는 고용계약상 의무의 중대한 위반이 있는 경우가 포함되지 않는다.

① ㄱ
② ㄷ
③ ㄱ, ㄴ
④ ㄴ, ㄷ
❺ ㄱ, ㄴ, ㄷ

ㄱ. (×) 고용은 노무를 제공하는 노무자에 대하여 사용자가 보수를 지급하기로 하는 계약이므로, 고용계약에 있어서 보수는 고용계약의 본질적 부분을 구성하고, 따라서 보수 지급을 전제로 하지 않는 고용계약은 존재할 수 없으나, 보수 지급에 관한 약정은 그 방법에 아무런 제한이 없고 반드시 명시적임을 요하는 것도 아니며, 관행이나 사회통념에 비추어 노무의 제공에 보수를 수반하는 것이 보통인 경우에는 당사자 사이에 보수에 관한 묵시적 합의가 있었다고 봄이 상당하고, 다만 이러한 경우에는 보수의 종류와 범위 등에 관한 약정이 없으므로 관행 등에 의하여 이를 결정하여야 한다(대판 1999.7.9. 97다58767). 따라서 관행에 비추어 노무의 제공에 보수를 수반하는 것이 보통인 경우 명시적 합의가 없더라도 묵시적 합의가 인정되므로 노무를 제공한 노무자는 이에 의하여 사용자에게 보수를 청구할 수 있다.

ㄴ. (×) 근로자를 그가 고용된 기업으로부터 다른 기업으로 적을 옮겨 다른 기업의 업무에 종사하게 하는 이른바 전적(轉籍)은, 종래에 종사하던 기업과 사이의 근로계약을 합의해지하고 이적하게 될 기업과 사이에 새로운 근로계약을 체결하는 것이거나 근로계약상의 사용자의 지위를 양도하는 것이므로, 동일 기업 내의 인사이동인 전근이나 전보와 달리 특별한 사정이 없는 한 근로자의 동의를 얻어야 효력이 생긴다(대판 2006.1.12. 2005두9873).

ㄷ. (×) 민법 제661조 소정의 '부득이한 사유'라 함은 고용계약을 계속하여 존속시켜 그 이행을 강제하는 것이 사회통념상 불가능한 경우를 말하고, 고용은 계속적 계약으로 당사자 사이의 특별한 신뢰관계를 전제로 하므로 고용관계를 계속하여 유지하는 데 필요한 신뢰관계를 파괴하거나 해치는 사실도 부득이한 사유에 포함되며, 따라서 고용계약상 의무의 중대한 위반이 있는 경우에도 부득이한 사유에 포함된다(대판 2004.2.27. 2003다51675).

35 도급계약에 관한 설명으로 옳지 않은 것은?(다툼이 있으면 판례에 따름)

① 공사도급계약의 수급인은 특별한 사정이 없는 한 이행대행자를 사용할 수 있다.

> 공사도급계약에 있어서 당사자 사이에 특약이 있거나 일의 성질상 수급인 자신이 하지 않으면 채무의 본지에 따른 이행이 될 수 없다는 등의 특별한 사정이 없는 한 반드시 수급인 자신이 직접 일을 완성하여야 하는 것은 아니고, 이행보조자 또는 이행대행자를 사용하더라도 공사도급계약에서 정한 대로 공사를 이행하는 한 계약을 불이행하였다고 볼 수 없다(대판 2002.4.12. 2001다82545).

② 수급인의 담보책임에 관한 제척기간은 재판상 또는 재판 외의 권리행사기간이다.

> 민법상 수급인의 하자담보책임에 관한 기간은 제척기간으로서 재판상 또는 재판 외의 권리행사기간이며 재판상 청구를 위한 출소기간이 아니라고 할 것이다(대판 2000.6.9. 2000다15371).

❸ 도급인이 하자보수에 갈음하여 손해배상을 청구하는 경우, 수급인이 그 채무이행을 제공할 때까지 도급인은 그 손해배상액에 상응하는 보수액 및 그 나머지 보수액에 대해서도 지급을 거절할 수 있다.

> 완성된 목적물에 하자가 있어 도급인이 하자의 보수에 갈음하여 손해배상을 청구한 경우에, 도급인은 수급인이 그 손해배상청구에 관하여 채무이행을 제공할 때까지 그 손해배상액에 상응하는 보수액에 관하여만 자기의 채무이행을 거절할 수 있을 뿐이고 그 나머지 보수액은 지급을 거절할 수 없다고 할 것이므로, 도급인의 손해배상 채권과 동시이행관계에 있는 수급인의 공사대금 채권은 공사잔대금 채권 중 위 손해배상 채권액과 동액의 채권에 한하고, 그 나머지 공사잔대금 채권은 위 손해배상 채권과 동시이행관계에 있다고 할 수 없다(대판 1996.6.11. 95다12798).

④ 부동산공사 수급인의 저당권설정청구권은 특별한 사정이 없는 한 공사대금채권의 양도에 따라 양수인에게 이전된다.

> 민법 제666조에서 정한 수급인의 저당권설정청구권은 공사대금채권을 담보하기 위하여 인정되는 채권적 청구권으로서 공사대금채권에 부수하여 인정되는 권리이므로, 당사자 사이에 공사대금채권만을 양도하고 저당권설정청구권은 이와 함께 양도하지 않기로 약정하였다는 등의 특별한 사정이 없는 한, 공사대금채권이 양도되는 경우 저당권설정청구권도 이에 수반하여 함께 이전된다고 봄이 타당하다(대판 2018.11.29. 2015다19827).

⑤ 민법 제673조에 따라 수급인이 일을 완성하기 전에 도급인이 손해를 배상하고 도급계약을 해제하는 경우, 도급인은 특별한 사정이 없는 한 그 손해배상과 관련하여 수급인의 부주의를 이유로 과실상계를 주장할 수 없다.

> 민법 제673조에서 도급인으로 하여금 자유로운 해제권을 행사할 수 있도록 하는 대신 수급인이 입은 손해를 배상하도록 규정하고 있는 것은 도급인의 일방적인 의사에 기한 도급계약 해제를 인정하는 대신, 도급인의 일방적인 계약해제로 인하여 수급인이 입게 될 손해, 즉 수급인이 이미 지출한 비용과 일을 완성하였더라면 얻었을 이익을 합한 금액을 전부 배상하게 하는 것이라 할 것이므로, 위 규정에 의하여 도급계약을 해제한 이상은 특별한 사정이 없는 한 도급인은 수급인에 대한 손해배상에 있어서 과실상계나 손해배상예정액 감액을 주장할 수는 없다(대판 2002.5.10. 2000다37296).

36 여행계약에 관한 설명으로 옳은 것은?(다른 사정은 고려하지 않음)

① 여행자는 여행을 시작하기 전에는 여행계약을 해제할 수 없다.

> 여행자는 여행을 시작하기 전에는 언제든지 계약을 해제할 수 있다. 다만, 여행자는 상대방에게 발생한 손해를 배상하여야 한다(민법 제674조의3).

② 여행대금지급시기에 관해 약정이 없는 경우, 여행자는 다른 관습이 있더라도 여행 종료 후 지체 없이 여행대금을 지급하여야 한다.

> 여행자는 약정한 시기에 대금을 지급하여야 하며, 그 시기의 약정이 없으면 관습에 따르고, 관습이 없으면 여행의 종료 후 지체 없이 지급하여야 한다(민법 제674조의5).

③ 여행의 하자에 대한 시정에 지나치게 많은 비용이 드는 경우에도 여행자는 그 시정을 청구할 수 있다.

> 여행에 하자가 있는 경우에는 여행자는 여행주최자에게 하자의 시정 또는 대금의 감액을 청구할 수 있다. 다만, 그 시정에 지나치게 많은 비용이 들거나 그 밖에 시정을 합리적으로 기대할 수 없는 경우에는 시정을 청구할 수 없다(민법 제674조의6 제1항).

❹ 여행에 중대한 하자로 인해 여행계약이 중도에 해지된 경우, 여행자는 실행된 여행으로 얻은 이익을 여행주최자에게 상환하여야 한다.

> 여행자는 여행에 중대한 하자가 있는 경우에 그 시정이 이루어지지 아니하거나 계약의 내용에 따른 이행을 기대할 수 없는 경우에는 계약을 해지할 수 있다. 계약이 해지된 경우에는 여행주최자는 대금청구권을 상실한다. 다만, 여행자가 실행된 여행으로 이익을 얻은 경우에는 그 이익을 여행주최자에게 상환하여야 한다. 여행주최자는 계약의 해지로 인하여 필요하게 된 조치를 할 의무를 지며, 계약상 귀환운송 의무가 있으면 여행자를 귀환운송하여야 한다. 이 경우 상당한 이유가 있는 때에는 여행주최자는 여행자에게 그 비용의 일부를 청구할 수 있다(민법 제674조의7).

⑤ 여행계약의 담보책임 존속기간에 관한 규정과 다른 합의가 있는 경우, 그 합의가 여행자에게 유리하더라도 효력은 없다.

> 제674조의6[여행주최자의 담보책임(註)]과 제674조의7[여행주최자의 담보책임과 여행자의 해지권(註)]에 따른 권리는 여행 기간 중에도 행사할 수 있으며, 계약에서 정한 여행 종료일부터 6개월 내에 행사하여야 한다(민법 제674조의8). 다만, 제674조의8[담보책임의 존속기간(註)]은 편면적 강행규정이므로, 담보책임 존속기간에 관한 규정과 다른 합의가 여행자에게 불리한 경우에만 그 효력이 없고(민법 제674조의9), 여행자에게 유리한 경우 그 다른 합의의 효력은 인정된다.

37 임대차에 관한 설명으로 옳지 않은 것은?(다툼이 있으면 판례에 따름)

① 부동산소유자인 임대인은 특별한 사정이 없는 한 임대차기간을 영구로 정하는 부동산 임대차계약을 체결할 수 있다.

> 민법 제619조에서 처분능력, 권한 없는 자의 단기임대차의 경우에만 임대차기간의 최장기를 제한하는 규정만 있을 뿐, 민법상 임대차기간이 영구인 임대차계약의 체결을 불허하는 규정은 없다. … 임대차기간이 영구인 임대차계약을 인정할 실제의 필요성도 있고, 이러한 임대차계약을 인정한다고 하더라도 사정변경에 의한 차임 증감청구권이나 계약 해지 등으로 당사자들의 이해관계를 조정할 수 있는 방법이 있을 뿐만 아니라, 임차인에 대한 관계에서만 사용·수익권이 제한되는 외에 임대인의 소유권을 전면적으로 제한하는 것도 아닌 점 등에 비추어 보면, 당사자들이 자유로운 의사에 따라 임대차기간을 영구로 정한 약정은 이를 무효로 볼만한 특별한 사정이 없는 한 계약자유의 원칙에 의하여 허용된다고 보아야 한다(대판 2023.6.1. 2023다209045).

② 부동산임차인은 특별한 사정이 없는 한 지출한 필요비의 한도에서 차임의 지급을 거절할 수 있다.

> 임차인이 임차물의 보존에 관한 필요비를 지출한 때에는 임대인에게 상환을 청구할 수 있다(민법 제626조 제1항). 여기에서 '필요비'란 임차인이 임차물의 보존을 위하여 지출한 비용을 말한다. 임대차계약에서 임대인은 목적물을 계약존속 중 사용·수익에 필요한 상태를 유지하게 할 의무를 부담하고, 이러한 의무와 관련한 임차물의 보존을 위한 비용도 임대인이 부담해야 하므로, 임차인이 필요비를 지출하면, 임대인은 이를 상환할 의무가 있다. 임대인의 필요비상환의무는 특별한 사정이 없는 한 임차인의 차임지급의무와 서로 대응하는 관계에 있으므로, 임차인은 지출한 필요비 금액의 한도에서 차임의 지급을 거절할 수 있다(대판 2019.11.14. 2016다227694).

③ 임대인이 임차인의 의사에 반하여 보존행위를 하는 경우, 임차인이 이로 인하여 임차목적을 달성할 수 없는 때에는 임대차계약을 해지할 수 있다. ⓐ 민법 제625조

❹ 기간의 약정이 없는 토지임대차의 임대인이 임대차계약의 해지를 통고한 경우, 그 해지의 효력은 임차인이 통고를 받은 날부터 1개월 후에 발생한다.

> 임대차기간의 약정이 없는 때에는 당사자는 언제든지 계약해지의 통고를 할 수 있다. 상대방이 전항의 통고를 받은 날로부터 토지, 건물 기타 공작물에 대하여는 임대인이 해지를 통고한 경우에는 6월, 임차인이 해지를 통고한 경우에는 1월의 기간이 경과하면 해지의 효력이 생긴다(민법 제635조 제1항, 제2항 제1호).

⑤ 임차인이 임대인의 동의없이 임차권을 양도한 경우, 임대인은 특별한 사정이 없는 한 임대차계약을 해지할 수 있다.

> 임차인은 임대인의 동의없이 그 권리[임차권(註)]를 양도하거나 임차물을 전대하지 못한다(민법 제629조 제1항). 임차인이 임대인의 동의없이 임차권을 양도하거나 임차물을 전대한 경우에는 임대인은 계약을 해지할 수 있다(민법 제629조 제2항).

38 사무관리에 관한 설명으로 옳지 않은 것은?(다툼이 있으면 판례에 따름)

① 제3자와의 약정에 따라 타인의 사무를 처리한 경우, 사무처리자와 그 타인과의 관계에서는 원칙적으로 사무관리가 인정되지 않는다.

> 의무 없이 타인의 사무를 처리한 자는 그 타인에 대하여 민법상 사무관리 규정에 따라 비용상환 등을 청구할 수 있으나, 제3자와의 약정에 따라 타인의 사무를 처리한 경우에는 의무 없이 타인의 사무를 처리한 것이 아니므로 이는 원칙적으로 그 타인과의 관계에서는 사무관리가 된다고 볼 수 없다(대판 2013.9.26. 2012다43539).

② 타인의 사무처리가 본인의 의사에 반한다는 것이 명백하다면 특별한 사정이 없는 한 사무관리는 성립하지 않는다.

> 사무관리가 성립하기 위하여는 우선 그 사무가 타인의 사무이고 타인을 위하여 사무를 처리하는 의사, 즉 관리의 사실상의 이익을 타인에게 귀속시키려는 의사가 있어야 함은 물론 나아가 그 사무의 처리가 본인에게 불리하거나 본인의 의사에 반한다는 것이 명백하지 아니할 것을 요한다(대판 1997.10.10. 97다26326). 타인의 사무처리가 본인의 의사에 반한다는 것이 명백하다면 특별한 사정이 없는 한 사무관리는 성립하지 않는다.

❸ 사무관리의 성립요건인 '타인을 위하여 사무를 처리하는 의사'는 반드시 외부적으로 표시되어야 한다.

> 사무관리의 성립요건인 '타인을 위하여 사무를 처리하는 의사'는 관리자 자신의 이익을 위한 의사와 병존할 수 있고, 반드시 외부적으로 표시될 필요가 없으며, 사무를 관리할 당시에 확정되어 있을 필요가 없다(대판 2013.8.22. 2013다30882).

④ 사무관리에 의하여 본인이 아닌 제3자가 결과적으로 사실상 이익을 얻은 경우, 사무관리자는 그 제3자에 대하여 직접 부당이득반환을 청구할 수 없다.

> 계약상 급부가 계약 상대방뿐 아니라 제3자에게 이익이 된 경우에 급부를 한 계약당사자는 계약 상대방에 대하여 계약상 반대급부를 청구할 수 있는 이외에 제3자에 대하여 직접 부당이득반환청구를 할 수는 없다고 보아야 하고, 이러한 법리는 급부가 사무관리에 의하여 이루어진 경우에도 마찬가지이다. 따라서 의무 없이 타인을 위하여 사무를 관리한 자는 타인에 대하여 민법상 사무관리 규정에 따라 비용상환 등을 청구할 수 있는 외에 사무관리에 의하여 결과적으로 사실상 이익을 얻은 다른 제3자에 대하여 직접 부당이득반환을 청구할 수는 없다(대판 2013.6.27. 2011다17106).

⑤ 사무관리의 성립요건인 '타인을 위하여 사무를 처리하는 의사'는 관리자 자신의 이익을 위한 의사와 병존할 수 있다.

> 사무관리의 성립요건인 '타인을 위하여 사무를 처리하는 의사'는 관리자 자신의 이익을 위한 의사와 병존할 수 있고, 반드시 외부적으로 표시될 필요가 없으며, 사무를 관리할 당시에 확정되어 있을 필요가 없다(대판 2013.8.22. 2013다30882).

39 불법행위에 관한 설명으로 옳지 않은 것을 모두 고른 것은?(다툼이 있으면 판례에 따름)

ㄱ. 법적 작위의무가 객관적으로 인정되더라도 의무자가 그 작위의무의 존재를 인식하지 못한 경우에는 부작위로 인한 불법행위가 성립하지 않는다.

ㄴ. 공작물의 하자로 인해 손해가 발생한 경우, 그 손해가 공작물의 하자와 관련한 위험이 현실화되어 발생한 것이 아니라도 공작물의 설치 또는 보존상 하자로 인하여 발생한 손해라고 볼 수 있다.

ㄷ. 성추행을 당한 미성년자의 가해자에 대한 손해배상청구권의 소멸시효는 그 미성년자가 성년이 될 때까지는 진행되지 아니한다.

① ㄱ
② ㄷ
❸ ㄱ, ㄴ
④ ㄴ, ㄷ
⑤ ㄱ, ㄴ, ㄷ

ㄱ. (×) 부작위로 인한 불법행위가 성립하려면 작위의무가 전제되어야 하지만, 작위의무가 객관적으로 인정되는 이상 의무자가 의무의 존재를 인식하지 못하였더라도 불법행위 성립에는 영향이 없다. 이는 고지의무 위반에 의하여 불법행위가 성립하는 경우에도 마찬가지이므로 당사자의 부주의 또는 착오 등으로 고지의무가 있다는 것을 인식하지 못하였다고 하여 위법성이 부정될 수 있는 것은 아니다(대판 2012.4.26. 2010다8709).

ㄴ. (×) 공작물책임 규정의 내용과 입법 취지, '공작물의 설치·보존상의 하자'의 판단 기준 등에 비추어 보면, 공작물의 하자로 인해 어떤 손해가 발생하였다고 하더라도 그 손해가 공작물의 하자와 관련한 위험이 현실화되어 발생한 것이 아니라면 이는 '공작물의 설치 또는 보존상의 하자로 인하여 발생한 손해'라고 볼 수 없다(대판 2018.7.12. 2015다249147).

ㄷ. (○) 미성년자가 성폭력, 성추행, 성희롱, 그 밖의 성적(性的) 침해를 당한 경우에 이로 인한 손해배상청구권의 소멸시효는 그가 성년이 될 때까지는 진행되지 아니한다(민법 제766조 제3항).

40 부당이득에 관한 설명으로 옳은 것을 모두 고른 것은?(다툼이 있으면 판례에 따름)

☑ 확인
Check!
○
△
×

> ㄱ. 계약해제로 인한 원상회복의무의 이행으로 금전을 반환하는 경우, 그 금전에 받은 날로부터 가산하는 이자의 반환은 부당이득반환의 성질을 갖는다.
> ㄴ. 민법 제742조(비채변제)의 규정은 변제자가 채무 없음을 알지 못한 경우에는 그 과실 유무를 불문하고 적용되지 아니한다.
> ㄷ. 수익자가 취득한 것이 금전상의 이득인 경우, 특별한 사정이 없는 한 그 금전은 이를 취득한 자가 소비하였는지 여부를 불문하고 현존하는 것으로 추정된다.

① ㄱ
② ㄷ
③ ㄱ, ㄴ
④ ㄴ, ㄷ
❺ ㄱ, ㄴ, ㄷ

ㄱ. (○) 법정해제권 행사의 경우 당사자 일방이 그 수령한 금전을 반환함에 있어 그 받은 때로부터 법정이자를 부가함을 요하는 것은 민법 제548조 제2항이 규정하는 바로서, 이는 원상회복의 범위에 속하는 것이며 일종의 부당이득반환의 성질을 가지는 것이고 반환의무의 이행지체로 인한 것이 아니므로, 부동산 매매계약이 해제된 경우 매도인의 매매대금 반환의무와 매수인의 소유권이전등기말소등기 절차이행의무가 동시이행의 관계에 있는지 여부와는 관계없이 매도인이 반환하여야 할 매매대금에 대하여는 그 받은 날로부터 민법 소정의 법정이율인 연 5푼의 비율에 의한 법정이자를 부가하여 지급하여야 하고, 이와 같은 법리는 약정된 해제권을 행사하는 경우라 하여 달라지는 것은 아니다(대판 2000.6.9. 2000다9123).

ㄴ. (○) 민법 제742조 소정의 비채변제에 관한 규정은 변제자가 채무 없음을 알면서도 변제를 한 경우에 적용되는 것이고, 채무 없음을 알지 못한 경우에는 그 과실 유무를 불문하고 적용되지 아니한다(대판 1998.11.13. 97다58453).

ㄷ. (○) 법률상 원인 없이 타인의 재산 또는 노무로 인하여 이익을 얻고 그로 인하여 타인에게 손해를 가한 경우, 그 취득한 것이 금전상의 이득인 때에는 그 금전은 이를 취득한 자가 소비하였는가의 여부를 불문하고 현존하는 것으로 추정된다(대판 1996.12.10. 96다32881).

2023년 제32회 정답 및 해설

✔ 문제편 143p

✔ 정답 CHECK   ✔ 각 문항별로 이해도 CHECK

01	02	03	04	05	06	07	08	09	10	11	12	13	14	15	16	17	18	19	20	21	22	23	24	25
①	②	③	⑤	④	②	②	②	②	④	①	⑤	⑤	③	③	③	③	⑤	②	①	①	④	④	⑤	①

01

제한능력자에 관한 설명으로 옳지 않은 것은?

☑ 확인
Check!
○
△
✕

❶ 피성년후견인은 의사능력이 있더라도 단독으로 유효한 대리행위를 할 수 없다.

> 대리인은 행위능력자임을 요하지 아니하므로(민법 제117조), 의사능력이 있는 한 피성년후견인도 대리인이 될 수 있다. 본인이 제한능력자를 대리인으로 정한 이상 그 불이익은 스스로 부담하여야 한다는 취지에서 민법은 이와 같이 규정하고 있다. 다만, 대리에 있어서 의사표시의 요건은 대리인을 표준으로 하여 판단하여야 하므로(민법 제116조 제1항 참조), 대리행위를 하는 피성년후견인에게 의사능력은 있어야 하고, 의사능력이 없으면 대리행위는 무효가 된다.

② 가정법원은 한정후견개시의 심판을 할 때 본인의 의사를 고려하여야 한다.

> 📖 민법 제12조 제2항, 제9조 제2항

③ 제한능력을 이유로 취소할 수 있는 법률행위는 제한능력자가 단독으로 취소할 수 있다.

> 취소할 수 있는 법률행위는 제한능력자, 착오로 인하거나 사기·강박에 의하여 의사표시를 한 자, 그의 대리인 또는 승계인만이 취소할 수 있다(민법 제140조). 따라서 제한능력을 이유로 취소할 수 있는 법률행위는 법정대리인뿐만 아니라 제한능력자도 단독으로 취소할 수 있다.

④ 가정법원이 취소할 수 없는 피성년후견인의 법률행위의 범위를 정한 경우, 피성년후견인은 그 범위에서 단독으로 유효한 법률행위를 할 수 있다.

> 피성년후견인의 법률행위는 원칙적으로 취소할 수 있으나(민법 제10조 제1항), 가정법원이 취소할 수 없는 피성년후견인의 법률행위의 범위를 정한 경우, 그 범위에서는 피성년후견인에게 예외적으로 행위능력이 인정되므로 피성년후견인의 법률행위라도 취소할 수 없다(민법 제10조 제2항). 즉 그 범위에서는 피성년후견인도 단독으로 유효한 법률행위를 할 수 있다.

⑤ 가정법원이 피한정후견인에 대하여 성년후견개시의 심판을 할 때에는 종전의 한정후견의 종료 심판을 해야 한다. 📖 민법 제14조의3 제1항

02 권리의 객체에 관한 설명으로 옳은 것을 모두 고른 것은?(다툼이 있으면 판례에 따름)

> ㄱ. 주물과 종물은 원칙적으로 동일한 소유자에게 속하여야 한다.
> ㄴ. 분묘에 안치되어 있는 피상속인의 유골은 제사주재자에게 승계된다.
> ㄷ. 부동산 매수인이 매매대금을 완제한 후, 그 부동산이 인도되지 않은 상태에서 그로부터 발생한 과실은 특별한 사정이 없는 한 매도인에게 귀속된다.

① ㄱ   ❷ ㄱ, ㄴ
③ ㄱ, ㄷ   ④ ㄴ, ㄷ
⑤ ㄱ, ㄴ, ㄷ

ㄱ. (○) 종물은 물건의 소유자가 그 물건의 상용에 공하기 위하여 자기 소유인 다른 물건을 이에 부속하게 한 것을 말하므로(민법 제100조 제1항) 다른 사람의 소유에 속하는 물건은 종물이 될 수 없다(대판 2008.5.8. 2007다36933). 즉 주물·종물은 모두 동일한 소유자에게 속하여야 한다.

ㄴ. (○) 사람의 유체·유골은 매장·관리·제사·공양의 대상이 될 수 있는 유체물로서, 분묘에 안치되어 있는 선조의 유체·유골은 민법 제1008조의3 소정의 제사용 재산인 분묘와 함께 그 제사주재자에게 승계되고, 피상속인 자신의 유체·유골 역시 위 제사용 재산에 준하여 그 제사주재자에게 승계된다(대판 2008.11.20. 2007다27670[전합]).

ㄷ. (×) 민법 제587조에 의하면, 매매계약 있은 후에도 인도하지 아니한 목적물로부터 생긴 과실은 매도인에게 속하고, 매수인은 목적물의 인도를 받은 날로부터 대금의 이자를 지급하여야 한다고 규정하고 있는바, 이는 매매당사자 사이의 형평을 꾀하기 위하여 매매목적물이 인도되지 아니하더라도 매수인이 대금을 완제한 때에는 그 시점 이후의 과실은 매수인에게 귀속되지만, 매매목적물이 인도되지 아니하고 또한 매수인이 대금을 완제하지 아니한 때에는 매도인의 이행지체가 있더라도 과실은 매도인에게 귀속되는 것이므로 매수인은 인도의무의 지체로 인한 손해배상금의 지급을 구할 수 없다(대판 2004.4.23. 2004다8210).

03 민법상 사단법인 甲과 그 대표이사 乙에 관한 설명으로 옳은 것을 모두 고른 것은?(다툼이 있으면 판례에 따름)

☑ 확인
Check!
○
△
×

> ㄱ. 甲과 乙의 이익이 상반하는 사항에 관하여는 乙은 대표권이 없다.
> ㄴ. 甲의 정관에 이사의 해임사유에 관한 규정이 있는 경우, 甲은 乙의 중대한 의무위반 등 특별한 사정이 없는 한 정관에서 정하지 아니한 사유로 乙을 해임할 수 없다.
> ㄷ. 乙이 丙에게 대표자로서의 모든 권한을 포괄적으로 위임하여 丙이 甲의 사무를 집행한 경우, 丙의 그 사무집행행위는 원칙적으로 甲에 대하여 효력이 있다.

① ㄱ   ② ㄷ
❸ ㄱ, ㄴ   ④ ㄴ, ㄷ
⑤ ㄱ, ㄴ, ㄷ

ㄱ. (○) 법인(甲)과 이사(乙)의 이익이 상반하는 사항에 관하여는 이사(乙)는 대표권이 없다. 이 경우에는 민법 제63조의 규정에 의하여 특별대리인을 선임하여야 한다(민법 제64조).

ㄴ. (○) 법인이 정관에 이사의 해임사유 및 절차 등을 따로 정한 경우 그 규정은 법인과 이사와의 관계를 명확히 함은 물론 이사의 신분을 보장하는 의미도 아울러 가지고 있어 이를 단순히 주의적 규정으로 볼 수는 없다. 따라서 법인의 정관에 이사의 해임사유에 관한 규정이 있는 경우 법인으로서는 이사의 중대한 의무위반 또는 정상적인 사무집행 불능 등의 특별한 사정이 없는 이상, 정관에서 정하지 아니한 사유로 이사를 해임할 수 없다(대판 2013.11.28. 2011다41741).

ㄷ. (×) 이사는 정관 또는 총회의 결의로 금지하지 않은 사항에 한하여 타인으로 하여금 '특정의 행위'를 대리하게 할 수 있다(민법 제62조). 즉, 이사는 특정한 행위를 다른 이사에게 대리하게 할 수 있으나, 대표자로서의 모든 권한을 포괄적으로 위임할 수는 없다(대판 1989.5.9. 87다카2407 참조). 따라서 판례의 취지를 고려할 때 대표이사 乙이 丙에게 대표자로서의 모든 권한을 포괄적으로 위임하여 丙이 甲의 사무를 집행한 경우, 丙의 그 사무집행행위는 민법 제62조를 위반한 것이어서 원칙적으로 甲에 대하여 효력이 없다(대판 2011.4.28. 2008다15438 참조).

04 의사표시에 관한 설명으로 옳지 않은 것은?(다툼이 있으면 판례에 따름)

① 매매계약이 착오로 취소된 경우 특별한 사정이 없는 한 당사자 쌍방의 원상회복의무는 동시이행관계에 있다. 🔗 대판 2001.7.10. 2001다3764

② 동기의 착오가 상대방의 부정한 방법에 의하여 유발된 경우, 동기가 표시되지 않았더라도 표의자는 착오를 이유로 의사표시를 취소할 수 있다.

> 동기의 착오가 법률행위의 내용의 중요부분의 착오에 해당함을 이유로 표의자가 법률행위를 취소하려면 그 동기를 당해 의사표시의 내용으로 삼을 것을 상대방에게 표시하고 의사표시의 해석상 법률행위의 내용으로 되어 있다고 인정되면 충분하고 당사자들 사이에 별도로 그 동기를 의사표시의 내용으로 삼기로 하는 합의까지 이루어질 필요는 없지만, 그 법률행위의 내용의 착오는 보통 일반인이 표의자의 입장에 섰더라면 그와 같은 의사표시를 하지 아니하였으리라고 여겨질 정도로 그 착오가 중요한 부분에 관한 것이어야 한다(대판 2000.5.12. 2000다12259). 다만, 판례는 이에 대한 예외를 인정하여 동기의 착오가 상대방의 부정한 방법에 의하여 유발된 경우, 동기가 표시되지 않았더라도 표의자는 착오를 이유로 의사표시를 취소할 수 있다고 본다 (대판 1997.8.26. 97다6063 등).

③ 통정허위표시로 무효인 법률행위도 채권자취소권의 대상이 될 수 있다.

> 채무자의 법률행위가 통정허위표시인 경우에도 채권자취소권의 대상으로 된다고 할 것이고, 한편 채권자취소권의 대상으로 된 채무자의 법률행위라도 통정허위표시의 요건을 갖춘 경우에는 무효라고 할 것이다(대판 1998.2.27. 97다50985).

④ 사기에 의해 화해계약이 체결된 경우 표의자는 화해의 목적인 분쟁에 관한 사항에 착오가 있더라도 사기를 이유로 화해계약을 취소할 수 있다.

> 민법 제733조의 규정에 의하면, 화해계약은 화해당사자의 자격 또는 화해의 목적인 분쟁 이외의 사항에 착오가 있는 경우를 제외하고는 착오를 이유로 취소하지 못하지만, 화해계약이 사기로 인하여 이루어진 경우에는 화해의 목적인 분쟁에 관한 사항에 착오가 있는 때에도 민법 제110조에 따라 이를 취소할 수 있다(대판 2008.9.11. 2008다15278).

❺ 경과실에 의한 착오를 이유로 의사표시를 취소한 자는 상대방이 그 의사표시의 유효를 믿었음으로 인하여 발생한 손해에 대하여 불법행위책임을 진다.

> 불법행위로 인한 손해배상책임이 성립하기 위하여는 가해자의 고의 또는 과실 이외에 행위의 위법성이 요구되므로, 전문건설공제조합이 계약보증서를 발급하면서 조합원이 수급할 공사의 실제 도급금액을 확인하지 아니한 과실이 있다고 하더라도 민법 제109조에서 중과실이 없는 착오자의 착오를 이유로 한 의사표시의 취소를 허용하고 있는 이상, 전문건설공제조합이 과실로 인하여 착오에 빠져 계약보증서를 발급한 것이나 그 착오를 이유로 보증계약을 취소한 것이 위법하다고 할 수는 없다(대판 1997.8.22. 97다13023). 판례는 착오를 이유로 보증계약을 취소한 것이 불법행위를 구성하지는 않는다는 것이므로 이러한 판례의 취지를 고려할 때 경과실에 의한 착오를 이유로 의사표시를 취소한 자는 상대방에게 불법행위책임을 부담하지 아니한다.

05 불공정한 법률행위에 관한 설명으로 옳은 것을 모두 고른 것은?(다툼이 있으면 판례에 따름)

ㄱ. 급부 상호 간에 현저한 불균형이 있는지의 여부는 법률행위 시를 기준으로 판단한다.
ㄴ. 무경험은 거래 일반에 관한 경험부족을 말하는 것이 아니라 특정영역에 있어서의 경험부족을 의미한다.
ㄷ. 불공정한 법률행위로서 무효인 법률행위는 원칙적으로 법정추인에 의하여 유효로 될 수 없다.
ㄹ. 대가관계 없는 일방적 급부행위에 대해서는 불공정한 법률행위에 관한 민법 제104조가 적용되지 않는다.

① ㄱ
② ㄴ, ㄷ
③ ㄴ, ㄹ
❹ ㄱ, ㄷ, ㄹ
⑤ ㄱ, ㄴ, ㄷ, ㄹ

ㄱ. (○) 급부 상호 간에 현저한 불균형이 있는지의 여부는 법률행위 시를 기준으로 판단한다는 것이 통설과 판례(대판 2013.9.26. 2011다53683[전합])의 태도이다.

ㄴ. (×) 민법 제104조에 규정된 불공정한 법률행위는 객관적으로 급부와 반대급부 사이에 현저한 불균형이 존재하고, 주관적으로 그와 같이 균형을 잃은 거래가 피해 당사자의 궁박, 경솔 또는 무경험을 이용하여 이루어진 경우에 성립하는 것으로서, 약자적 지위에 있는 자의 궁박, 경솔 또는 무경험을 이용한 폭리행위를 규제하려는 데에 그 목적이 있고, 불공정한 법률행위가 성립하기 위한 요건인 궁박, 경솔, 무경험은 모두 구비되어야 하는 요건이 아니라 그중 일부만 갖추어져도 충분한데, 여기에서 '궁박'이라 함은 '급박한 곤궁'을 의미하는 것으로서 경제적 원인에 기인할 수도 있고 정신적 또는 심리적 원인에 기인할 수도 있으며, '무경험'이라 함은 일반적인 생활체험의 부족을 의미하는 것으로서 어느 특정영역에 있어서의 경험부족이 아니라 거래일반에 대한 경험부족을 뜻한다(대판 2002.10.22. 2002다38927).

ㄷ. (○) 불공정한 법률행위로서 무효인 경우에는 추인에 의하여 무효인 법률행위가 유효로 될 수 없다(대판 1994.6.24. 94다10900).

ㄹ. (○) 민법 제104조가 규정하는 현저히 공정을 잃은 법률행위라 함은 자기의 급부에 비하여 현저하게 균형을 잃은 반대급부를 하게 하여 부당한 재산적 이익을 얻는 행위를 의미하는 것이므로, 증여계약과 같이 아무런 대가관계 없이 당사자 일방이 상대방에게 일방적인 급부를 하는 법률행위는 그 공정성 여부를 논의할 수 있는 성질의 법률행위가 아니다(대판 2000.2.11. 99다56833). 따라서 대가관계 없는 일방적 급부행위에 대해서는 불공정한 법률행위에 관한 민법 제104조가 적용되지 않는다.

甲은 자신 소유의 X토지에 대한 매매계약 체결의 대리권을 乙에게 수여하였고, 그에 따라 乙은 丙과 위 X토지에 대한 매매계약을 체결하였다. 이에 관한 설명으로 옳은 것은?(다툼이 있으면 판례에 따름)

① 乙은 원칙적으로 매매계약을 해제할 수 있는 권한을 가진다.

> 법률행위에 의하여 수여된 대리권은 원인된 법률관계의 종료에 의하여 소멸하는 것이므로 특별한 사정이 없는 한, 매수명의자를 대리하여 매매계약을 체결하였다 하여 곧바로 대리인이 매수인을 대리하여 매매계약의 해제 등 일체의 처분권과 상대방의 의사를 수령할 권한까지 가지고 있다고 볼 수는 없다(대판 1997.3.25. 96다51271). 따라서 乙은 원칙적으로 매매계약을 해제할 수 있는 권한이 없다.

❷ 乙이 매매계약에 따라 丙으로부터 중도금을 수령하였으나 이를 甲에게 현실로 인도하지 않았더라도 특별한 사정이 없는 한 丙은 중도금 지급채무를 면한다.

> 대리인이 그 권한에 기하여 계약상 급부를 수령한 경우에, 그 법률효과는 계약 자체에서와 마찬가지로 직접 본인에게 귀속되고 대리인에게 돌아가지 아니한다. 이는 본인이 대리인으로부터 그 수령한 급부를 현실적으로 인도받지 못하였다 하여도 다른 특별한 사정이 없는 한 마찬가지라고 할 것이다(대판 2011.8.18. 2011다30871). 따라서 乙이 매매계약에 따라 丙으로부터 중도금을 수령하였으나 이를 甲에게 현실로 인도하지 않더라도 특별한 사정이 없는 한 丙은 중도금 지급채무를 면한다.

③ 乙은 甲의 승낙이 있는 경우에만 복대리인을 선임할 수 있다.

> 대리권이 법률행위에 의하여 부여된 경우에는 대리인은 본인의 승낙이 있거나 부득이한 사유 있는 때가 아니면 복대리인을 선임하지 못한다(민법 제120조). 따라서 乙은 甲의 승낙이 있는 경우 외에도 부득이한 사유가 있는 경우에는 복대리인을 선임할 수 있다.

④ 乙의 사기로 매매계약이 체결된 경우, 丙은 甲이 乙의 사기를 알았거나 알 수 있었을 경우에 한하여 사기를 이유로 그 계약을 취소할 수 있다.

> 상대방 있는 의사표시에 관하여 제3자가 사기나 강박을 행한 경우에는 상대방이 그 사실을 알았거나 알 수 있었을 경우에 한하여 그 의사표시를 취소할 수 있다(민법 제110조 제2항). 그러나 의사표시에 관한 상대방의 대리인 등 상대방과 동일시할 수 있는 자는 민법 제110조 제2항의 제3자에 해당하지 않는다(대판 1998.1.23. 96다41496). 乙의 사기로 매매계약이 체결된 경우, 乙은 甲의 대리인으로서 甲과 동일시할 수 있는 자에 해당하므로 민법 제110조 제2항의 제3자에 해당하지 않는다. 따라서 甲이 乙의 사기를 알았거나 알 수 있었을 경우에 해당하지 않더라도(=甲이 乙의 사기를 몰랐고 모른데 과실이 없더라도) 丙은 민법 제110조 제1항에 따라 사기를 이유로 그 계약을 취소할 수 있다.

⑤ 丙이 甲의 채무불이행을 이유로 계약을 해제한 경우, 그 채무불이행에 乙의 책임사유가 있다면 해제로 인한 원상회복의무는 乙이 부담한다.

> 계약상 채무의 불이행을 이유로 계약이 상대방 당사자에 의하여 유효하게 해제되었다면, 해제로 인한 원상회복의무는 대리인이 아니라 계약의 당사자인 본인이 부담한다. 이는 본인이 대리인으로부터 그 수령한 급부를 현실적으로 인도받지 못하였다거나 해제의 원인이 된 계약상 채무의 불이행에 관하여 대리인에게 책임 있는 사유가 있다고 하여도 다른 특별한 사정이 없는 한 마찬가지라고 할 것이다(대판 2011.8.18. 2011다30871). 따라서 丙이 甲의 채무불이행을 이유로 계약을 해제한 경우, 그 채무불이행에 乙의 책임있는 사유가 있다고 하더라도 해제로 인한 원상회복의무는 甲이 부담한다.

07 민법상 무권대리와 표현대리에 관한 설명으로 옳은 것은?(다툼이 있으면 판례에 따름)

① 표현대리행위가 성립하는 경우에 상대방에게 과실이 있다면 과실상계의 법리가 유추적용되어 본인의 책임이 경감될 수 있다.

> 표현대리행위가 성립하는 경우에 본인은 표현대리행위에 기하여 전적인 책임을 져야 하는 것이고 상대방에게 과실이 있다고 하더라도 과실상계의 법리를 유추적용하여 본인의 책임을 감경할 수 없는 것이다(대판 1994.12.22. 94다24985).

❷ 권한을 넘은 표현대리에 관한 제126조의 제3자는 당해 표현대리행위의 직접 상대방만을 의미한다.

> 🔎 대판 2002.12.10. 2001다58443

③ 무권대리행위의 상대방이 제134조의 철회권을 유효하게 행사한 후에도 본인은 무권대리행위를 추인할 수 있다.

> 민법 제134조에서 정한 상대방의 철회권은, 무권대리행위가 본인의 추인에 따라 효력이 좌우되어 상대방이 불안정한 지위에 놓이게 됨을 고려하여 대리권이 없었음을 알지 못한 상대방을 보호하기 위하여 상대방에게 부여된 권리로서, 상대방이 유효한 철회를 하면 무권대리행위는 확정적으로 무효가 되어 그 후에는 본인이 무권대리행위를 추인할 수 없다(대판 2017.6.29. 2017다213838).

④ 계약체결 당시 대리인의 무권대리 사실을 알고 있었던 상대방은 최고권을 행사할 수 없다.

> 무권대리 상대방의 철회권이 선의의 상대방에게만 인정되는 것(민법 제134조 단서)과 달리, 무권대리 상대방의 최고권은 악의의 상대방에게도 인정된다(민법 제131조).

⑤ 대리인이 대리권 소멸 후 선임한 복대리인과 상대방 사이의 법률행위에는 대리권소멸 후의 표현대리가 성립할 수 없다.

> 대리인이 대리권 소멸 후 직접 상대방과 사이에 대리행위를 하는 경우는 물론 대리인이 대리권 소멸 후 복대리인을 선임하여 복대리인으로 하여금 상대방과 사이에 대리행위를 하도록 한 경우에도, 상대방이 대리권 소멸 사실을 알지 못하여 복대리인에게 적법한 대리권이 있는 것으로 믿었고 그와 같이 믿은 데 과실이 없다면 민법 제129조에 의한 표현대리가 성립할 수 있다(대판 1998.5.29. 97다55317).

08 민법상 법률행위의 무효 또는 취소에 관한 설명으로 옳은 것은?(다툼이 있으면 판례에 따름)

① 불공정한 법률행위에는 무효행위 전환에 관한 제138조가 적용될 수 없다.

> 매매계약이 약정된 매매대금의 과다로 말미암아 민법 제104조에서 정하는 '불공정한 법률행위'에 해당하여 무효인 경우에도 무효행위의 전환에 관한 민법 제138조가 적용될 수 있다. 따라서 당사자 쌍방이 위와 같은 무효를 알았더라면 대금을 다른 액으로 정하여 매매계약에 합의하였을 것이라고 예외적으로 인정되는 경우에는, 그 대금액을 내용으로 하는 매매계약이 유효하게 성립한다. 이때 당사자의 의사는 매매계약이 무효임을 계약 당시에 알았다면 의욕하였을 가정적(假定的) 효과의사로서, 당사자 본인이 계약 체결시와 같은 구체적 사정 아래 있다고 상정하는 경우에 거래관행을 고려하여 신의성실의 원칙에 비추어 결단하였을 바를 의미한다 (대판 2010.7.15. 2009다50308).

❷ 선량한 풍속 기타 사회질서에 위반한 사항을 내용으로 하는 법률행위의 무효는 이를 주장할 이익이 있는 자라면 누구든지 무효를 주장할 수 있다.

> 거래 상대방이 배임행위를 유인·교사하거나 배임행위의 전 과정에 관여하는 등 배임행위에 적극 가담하는 경우에는 실행행위자와 체결한 계약이 반사회적 법률행위에 해당하여 무효로 될 수 있고, 선량한 풍속 기타 사회질서에 위반한 사항을 내용으로 하는 법률행위의 무효는 이를 주장할 이익이 있는 자는 누구든지 무효를 주장할 수 있다(대판 2016.3.24. 2015다11281).

③ 취소할 수 있는 법률행위를 취소한 후 그 취소 원인이 소멸하였다면, 취소할 수 있는 법률행위의 추인에 의하여 그 법률행위를 다시 확정적으로 유효하게 할 수 있다.

> 취소한 법률행위는 처음부터 무효인 것으로 간주되므로 취소할 수 있는 법률행위가 일단 취소된 이상 그 후에는 취소할 수 있는 법률행위의 추인에 의하여 이미 취소되어 무효인 것으로 간주된 당초의 의사표시를 다시 확정적으로 유효하게 할 수는 없고, 다만 무효인 법률행위의 추인의 요건과 효력으로서 추인할 수는 있으나, 무효행위의 추인은 그 무효 원인이 소멸한 후에 하여야 그 효력이 있다(대판 1997.12.12. 95다38240).

④ 법률행위의 일부분이 무효인 경우 원칙적으로 그 일부분만 무효이다.

> 법률행위의 일부분이 무효인 때에는 그 전부를 무효로 한다. 그러나 그 무효부분이 없더라도 법률행위를 하였을 것이라고 인정될 때에는 나머지 부분은 무효가 되지 아니한다(민법 제137조).

⑤ 甲이 乙의 기망행위로 자신의 X토지를 丙에게 매도한 경우, 甲은 매매계약의 취소를 乙에 대한 의사표시로 하여야 한다.

> 취소할 수 있는 법률행위의 상대방이 확정한 경우에는 그 취소는 그 상대방에 대한 의사표시로 하여야 한다(민법 제142조). 甲이 乙의 기망행위로 자신의 X토지를 丙에게 매도한 경우라도 매매계약의 상대방은 乙이 아니라 丙이므로, 甲은 매매계약의 취소를 丙에 대한 의사표시로 하여야 한다.

09

甲은 부동산 거래신고 등에 관한 법률상 토지거래허가 구역에 있는 자신 소유의 X토지를 乙에게 매도하는 매매계약을 체결하였다. 아직 토지거래허가(이하 '허가')를 받지 않아 유동적 무효 상태에 있는 법률관계에 관한 설명으로 옳지 않은 것은?(다툼이 있으면 판례에 따름)

① 甲은 허가 전에 乙의 대금지급의무의 불이행을 이유로 매매계약을 해제할 수 없다.

> 국토이용관리법(현행 부동산 거래신고 등에 관한 법률)상 규제구역 내의 토지에 대하여 매매계약을 체결한 경우에 있어 관할 관청으로부터 토지거래허가를 받기까지는 매매계약이 그 계약내용대로의 효력이 있을 수 없는 것이어서 매수인으로서도 그 계약내용에 따른 대금지급의무가 있다고 할 수 없으며, 설사 계약상 매수인의 대금지급의무가 매도인의 소유권이전등기의무에 선행하여 이행하기로 약정되어 있었다고 하더라도, 매수인에게 그 대금지급의무가 없음은 마찬가지여서 매도인으로서는 그 대금지급이 없었음을 이유로 계약을 해제할 수 없다(대판 1991.12.24. 90다12243[전합]).

❷ 甲의 허가신청절차 협력의무와 乙의 대금지급의무는 동시이행관계에 있다.

> 매도인의 토지거래허가 신청절차 협력의무와 매수인의 매매대금 또는 약정에 따른 양도소득세 상당의 금원 지급의무가 동시이행의 관계에 있는 것은 아니다(대판 1996.10.25. 96다23825).

③ 甲과 乙이 허가신청절차 협력의무 위반에 따른 손해배상액을 예정하는 약정은 유효하다.

> 국토이용관리법상 토지거래허가를 받지 않아 유동적 무효의 상태에 있는 계약을 체결한 당사자는 쌍방이 그 계약이 효력이 있는 것으로 완성될 수 있도록 서로 협력할 의무가 있으므로, 이러한 매매계약을 체결할 당시 당사자 사이에 그 일방이 토지거래허가를 받기 위한 협력 자체를 이행하지 아니하거나 허가신청에 이르기 전에 매매계약을 철회하는 경우 상대방에게 일정한 손해액을 배상하기로 하는 약정을 유효하게 할 수 있다(대판 1998.3.27. 97다36996).

④ 甲이 허가신청절차에 협력할 의무를 위반한 경우, 乙은 협력의무 위반을 이유로 매매계약을 해제할 수 없다.

> 유동적 무효의 상태에 있는 거래계약의 당사자는 상대방이 그 거래계약의 효력이 완성되도록 협력할 의무를 이행하지 아니하였음을 들어 일방적으로 유동적 무효의 상태에 있는 거래계약 자체를 해제할 수 없다(대판 1999.6.17. 98다40459[전합]).

⑤ 甲이 허가신청절차에 협력하지 않는 경우, 乙은 협력의무의 이행을 소구할 수 있다.

> 국토이용관리법(현행 부동산 거래신고 등에 관한 법률)상 규제지역 내의 토지에 대하여 거래계약이 체결된 경우에 계약을 체결한 당사자 사이에 있어서는 그 계약이 효력 있는 것으로 완성될 수 있도록 서로 협력할 의무가 있음이 당연하므로, 계약의 쌍방 당사자는 공동으로 관할 관청의 허가를 신청할 의무가 있고, 이러한 의무에 위배하여 허가신청절차에 협력하지 않는 당사자에 대하여 상대방은 협력의무의 이행을 소송으로써 구할 이익이 있다(대판 1991.12.24. 90다12243[전합]).

10 민법상 기간에 관한 설명으로 옳지 않은 것은?(다툼이 있으면 판례에 따름)

① 기간의 기산점에 관한 제157조의 초일 불산입의 원칙은 당사자의 합의로 달리 정할 수 있다.

> 민법 제157조는 "기간을 일, 주, 월 또는 년으로 정한 때에는 기간의 초일은 산입하지 아니한다"고 규정하여 초일 불산입을 원칙으로 정하고 있으나, 민법 제155조에 의하면 법령이나 법률행위 등에 의하여 위 원칙과 달리 정하는 것도 가능하다(대판 2007.8.23. 2006다62942).

② 정관상 사원총회의 소집통지를 1주간 전에 발송하여야 하는 사단법인의 사원총회일이 2023년 6월 2일(금) 10시인 경우, 총회소집통지는 늦어도 2023년 5월 25일 중에는 발송하여야 한다.

> 사단법인의 사원총회일이 2023년 6월 2일(금) 10시인 경우, 6월 1일(목)이 기산점이 되어(초일 불산입의 원칙, 민법 제157조 본문) 그날부터 역으로 7일을 계산한 날의 말일인 5월 26일(금)의 0시에 만료하기 때문에(민법 제159조), 총회소집통지는 늦어도 2023년 5월 25일(목) 중에는 발송하여야 한다.

③ 2023년 5월 27일(토) 13시부터 9시간의 만료점은 2023년 5월 27일 22시이다.

> 기간을 시, 분, 초로 정한 때에는 즉시로부터 기산한다(민법 제156조).

❹ 2023년 5월 21일(일) 14시부터 7일간의 만료점은 2023년 5월 28일 24시이다.

> 2023년 5월 22일(월)이 기산점이 되고(민법 제157조 본문), 7일의 기간이 만료되는 날은 2023년 5월 28일 24시이다(민법 제159조). 그러나 2023년 5월 28일은 공휴일(일요일)에 해당하므로 그 익일(다음 날)인 2023년 5월 29일 24시로 기간이 만료한다.

⑤ 2017년 1월 13일(금) 17시에 출생한 사람은 2036년 1월 12일 24시에 성년자가 된다.

> 2017년 1월 13일(금) 17시에 출생한 사람은 1월 13일(금)을 산입(출생일을 산입)하여(민법 제158조) 19년이 되는 2036년 1월 12일 24시(또는 1월 13일 0시)에 성년자가 된다(민법 제159조).

11 민법상 조건에 관한 설명으로 옳지 않은 것은?(다툼이 있으면 판례에 따름)

❶ 조건을 붙이고자 하는 의사는 법률행위의 내용으로 외부에 표시되어야 하므로 그 의사표시는 묵시적 방법으로는 할 수 없다.

> 조건은 법률행위 효력의 발생 또는 소멸을 장래 불확실한 사실의 발생 여부에 따라 좌우되게 하는 법률행위의 부관이고, 법률행위에서 효과의사와 일체적인 내용을 이루는 의사표시 그 자체이다. 조건을 붙이고자 하는 의사는 법률행위의 내용으로 외부에 표시되어야 하고, 조건을 붙이고자 하는 의사가 있는지는 의사표시에 관한 법리에 따라 판단하여야 한다. 조건을 붙이고자 하는 의사의 표시는 그 방법에 관하여 일정한 방식이 요구되지 않으므로 묵시적 의사표시나 묵시적 약정으로도 할 수 있다(대판 2018.6.28. 2016다221368).

② 조건이 법률행위의 당시 이미 성취한 것인 경우에는 그 조건이 정지조건이면 조건 없는 법률행위이다.

> 조건이 법률행위의 당시 이미 성취한 것인 경우에는 그 조건이 정지조건이면 조건없는 법률행위로 하고 해제조건이면 그 법률행위는 무효로 한다(민법 제151조 제2항).

③ 조건의 성취로 인하여 불이익을 받을 당사자가 과실로 신의성실에 반하여 조건의 성취를 방해한 때에는 상대방은 그 조건이 성취한 것으로 주장할 수 있다.

> 조건의 성취로 인하여 불이익을 받을 당사자가 신의성실에 반하여 조건의 성취를 방해한 때에는 상대방은 그 조건이 성취한 것으로 주장할 수 있다(민법 제150조 제1항).

④ 조건의 성취가 미정한 권리의무는 일반규정에 의하여 담보로 할 수 있다.

> 조건의 성취가 미정한 권리의무는 일반규정에 의하여 처분, 상속, 보존 또는 담보로 할 수 있다(민법 제149조).

⑤ 선량한 풍속에 반하는 불법조건이 붙은 법률행위는 무효이다.

> 조건이 선량한 풍속 기타 사회질서에 위반한 것[불법조건(註)]인 때에는 그 법률행위는 무효로 한다(민법 제151조 제1항). 즉, 불법조건만 무효인 것이 아니라 법률행위 전부가 무효가 된다.

12 소멸시효에 관한 설명으로 옳지 않은 것은?(다툼이 있으면 판례에 따름)

☑ 확인
Check!
○
△
×

① 주채무자가 소멸시효 이익을 포기하더라도 보증인에게는 그 효력이 미치지 않는다.

> 주채무가 시효로 소멸한 때에는 보증인도 그 시효소멸을 원용할 수 있으며, 주채무자가 시효의 이익을 포기하더라도 보증인에게는 그 효력이 없다(대판 1991.1.29. 89다카1114).

② 시효중단의 효력 있는 승인에는 상대방의 권리에 관한 처분의 능력이나 권한 있음을 요하지 않는다.

🔖 민법 제177조

③ 당사자가 주장하는 소멸시효 기산일이 본래의 기산일과 다른 경우, 특별한 사정이 없는 한 당사자가 주장하는 기산일을 기준으로 소멸시효를 계산하여야 한다.

> 소멸시효의 기산일은 채무의 소멸이라고 하는 법률효과 발생의 요건에 해당하는 소멸시효 기간 계산의 시발점으로서 소멸시효 항변의 법률요건을 구성하는 구체적인 사실에 해당하므로 이는 변론주의의 적용 대상이고, 따라서 본래의 소멸시효 기산일과 당사자가 주장하는 기산일이 서로 다른 경우에는 변론주의의 원칙상 법원은 당사자가 주장하는 기산일을 기준으로 소멸시효를 계산하여야 하는데, 이는 당사자가 본래의 기산일보다 뒤의 날짜를 기산일로 하여 주장하는 경우는 물론이고 특별한 사정이 없는 한 그 반대의 경우에 있어서도 마찬가지이다(대판 1995.8.25. 94다35886).

④ 어떤 권리의 소멸시효 기간이 얼마나 되는지는 법원이 직권으로 판단할 수 있다.

> 어떤 권리의 소멸시효기간이 얼마나 되는지에 관한 주장은 단순한 법률상의 주장에 불과하므로 변론주의의 적용대상이 되지 않고 법원이 직권으로 판단할 수 있다(대판 2008.3.27. 2006다70929).

❺ 민법 제163조 제1호의 '1년 이내의 기간으로 정한 금전 또는 물건의 지급을 목적으로 한 채권'이란 변제기가 1년 이내의 채권을 말한다.

> 민법 제163조 제1호 소정의 "1년 이내의 기간으로 정한 금전 또는 물건의 지급을 목적으로 하는 채권"이란 1년 이내의 정기에 지급되는 채권을 의미하는 것이지, 변제기가 1년 이내의 채권을 말하는 것이 아니므로, 이자채권이라고 하더라도 1년 이내의 정기에 지급하기로 한 것이 아닌 이상 위 규정 소정의 3년의 단기소멸시효에 걸리는 것이 아니다(대판 1996.9.20. 96다25302).

13 민법상 편무계약에 해당하는 것만 모두 고른 것은?

ㄱ. 도 급	ㄴ. 조 합
ㄷ. 증 여	ㄹ. 사용대차

① ㄱ, ㄴ ② ㄱ, ㄷ
③ ㄴ, ㄷ ④ ㄴ, ㄹ
❺ ㄷ, ㄹ

ㄱ. (×) 도급은 당사자 일방(수급인)이 일정한 일을 완성할 것을 약정하고, 상대방(도급인)이 그 일의 결과에 대하여 보수를 지급할 것을 약정함으로써 성립하는 계약으로써(민법 제664조), 쌍무계약·유상계약·낙성계약이다.

ㄴ. (×) 조합계약은 2인 이상이 상호 출자하여 공동사업을 경영할 것을 약정함으로써 성립하는 계약을 말한다(민법 제703조 제1항). 조합계약의 법적 성질에 관하여 합동행위로서의 성질과 계약으로서의 성질을 모두 가지는 특수한 법률행위라는 견해도 있으나, 조합계약은 조합원 각자가 서로 출자 내지 협력할 채무를 부담한다는 점에서 쌍무계약·유상계약·낙성계약이라고 보는 견해가 일반적이다.

ㄷ. (○) 증여란 당사자 일방(증여자)이 무상으로 일정한 재산을 상대방(수증자)에게 준다는 의사를 표시하고, 상대방이 이를 승낙함으로써 성립하는 계약을 말한다(민법 제554조). 증여는 계약이라는 점에서 단독행위인 유증(민법 제1074조)과 구별된다. 증여계약은 편무계약·무상계약·낙성계약에 해당한다.

ㄹ. (○) 사용대차는 당사자 일방(대주)이 상대방(차주)에게 일정한 물건을 무상으로 사용·수익하게 하기 위하여 인도할 것을 약정하고, 상대방은 그 물건을 사용·수익한 후 반환할 것을 약정함으로써 성립하는 계약이다(민법 제609조). 사용대차는 차용물을 그대로 반환한다는 점에서 소비대차와 다르고, 이용의 대가를 지급하지 않는 무상의 계약이라는 점에서 임대차와 다르다. 사용대차는 편무계약·무상계약·낙성계약에 해당한다.

14 '민법 제390조의 채무불이행책임과 제750조의 불법행위책임'(이하 '양 책임')에 관한 비교 설명으로 옳지 않은 것은?

① 양 책임이 성립하기 위해서는 채무자 또는 가해자에게 귀책사유가 있어야 한다는 점에서 공통된다.

민법 제390조는 "채무자가 채무의 내용에 좇은 이행을 하지 아니한 때에는 채권자는 손해배상을 청구할 수 있다. 그러나 채무자의 고의나 과실 없이 이행할 수 없게 된 때에는 그러하지 아니하다."고 하여, 채무불이행책임의 성립에 채무자의 귀책사유(고의 또는 과실)를 요구한다. 민법 제750조 또한 "고의 또는 과실로 인한 위법행위로 타인에게 손해를 가한 자는 그 손해를 배상할 책임이 있다."고 하여, 불법행위책임의 성립에 가해자의 귀책사유(고의 또는 과실)를 요구한다.

② 양 책임이 성립하는 경우, 채권자나 피해자에게 과실이 있다면 과실상계가 적용된다는 점에서 공통된다.

채무불이행책임에서 규정된 과실상계 규정(민법 제396조)은 불법행위책임에서도 준용(민법 제763조)된다.

❸ 양 책임이 성립하는 경우, 채권자나 피해자가 행사하는 손해배상채권의 소멸시효는 3년이 적용된다는 점에서 공통된다.

민법 제390조의 채무불이행으로 인한 손해배상청구권의 소멸시효는 원칙적으로 채무불이행시부터 10년이다(민법 제162조 제1항, 대판 1995.6.30. 94다54269). 반면 불법행위로 인한 손해배상의 청구권의 소멸시효는 피해자나 그 법정대리인이 그 손해 및 가해자를 안 날로부터 3년, 불법행위를 한 날로부터 10년이다(민법 제766조 제1항, 제2항).

④ 양 책임이 성립하는 경우, 손해배상은 통상의 손해를 그 한도로 한다는 점에서 공통된다.

> 채무불이행책임에서 규정된 손해배상의 범위에 대한 규정(민법 제393조)은 불법행위책임에서도 준용(민법 제763조)되므로 양 책임이 성립하는 경우, 손해배상은 통상의 손해를 그 한도로 하게 된다.

⑤ 양 책임이 성립하는 경우, 채무자나 가해자가 발생한 손해 전부를 배상한 때에는 손해배상자의 대위가 인정된다는 점에서 공통된다.

> 채무불이행책임에서 규정된 손해배상자의 대위에 대한 규정(민법 제399조)은 불법행위책임에서도 준용(민법 제763조)된다.

15

乙의 채권자 甲이 乙의 丙에 대한 금전채권에 대하여 채권자대위권을 행사하는 경우에 관한 설명으로 옳은 것은?(다툼이 있으면 판례에 따름)

① 甲은 乙의 동의를 받지 않는 한 채권자대위권을 행사할 수 없다.

> 채권자(甲)가 채권자대위권 행사에 채무자(乙)의 동의를 받아야 하는 것은 아니며, 채무자가 채권자대위권의 행사를 반대하는 경우에도 가능하다(대판 1963.11.21. 63다634).

② 甲의 乙에 대한 채권이 금전채권인 경우, 甲은 丙에게 직접 자기에게 이행하도록 청구하여 상계적 상에 있는 자신의 채권과 상계할 수 없다.

> 채권자가 자기의 금전채권을 보전하기 위하여 채무자의 금전채권을 대위행사하는 경우 제3채무자로 하여금 채무자에게 지급의무를 이행하도록 청구할 수도 있지만, 직접 대위채권자 자신에게 이행하도록 청구할 수도 있다(대판 2016.8.29. 2015다236547). 이때 채권자(甲)의 채무자(乙)에 대한 채권과 채무자(乙)의 채권자(甲)에 대한 채권이 상계적상에 있다면 상계의 의사표시에 의하여 '사실상'의 우선변제를 받을 수 있다.

❸ 甲이 丙을 상대로 채권자대위권을 행사한 경우, 甲의 채권자대위소송의 제기로 인한 소멸시효 중단의 효력은 乙의 丙에 대한 채권에 생긴다.

> 채권자대위권 행사의 효과는 채무자에게 귀속되는 것이므로 채권자대위소송의 제기로 인한 소멸시효 중단의 효과 역시 채무자에게 생긴다(대판 2011.10.13. 2010다80930). 따라서 甲이 丙을 상대로 채권자대위권을 행사한 경우, 甲의 채권자대위소송의 제기로 인한 소멸시효 중단의 효력은 乙의 丙에 대한 채권에 생긴다.

④ 甲이 丙을 상대로 채권자대위권을 행사하고 그 사실을 乙에게 통지한 이후 乙이 丙에 대한 채권을 포기한 경우, 丙은 乙의 채권포기 사실을 들어 甲에게 대항할 수 있다.

> 채권자가 채무자를 대위하여 채무자의 제3채무자에 대한 권리를 행사하고 채무자에게 통지를 하거나 채무자가 채권자의 대위권 행사사실을 안 후에는 채무자는 그 권리에 대한 처분권을 상실하여 그 권리의 양도나 포기 등 처분행위를 할 수 없고 채무자의 처분행위에 기하여 취득한 권리로서는 채권자에게 대항할 수 없다(대판 1991.4.12. 90다9407). 따라서 甲이 丙을 상대로 채권자대위권을 행사하고 그 사실을 乙에게 통지한 이후 乙이 丙에 대한 채권을 포기한 경우, 丙은 乙의 채권포기 사실을 들어 甲에게 대항할 수 없다.

⑤ 乙이 丙을 상대로 금전채무 이행청구의 소를 제기하여 패소판결이 확정된 경우, 甲은 乙에 대한 금전채권을 보전하기 위해 丙을 상대로 채권자대위권을 행사할 수 있다.

> 채권자대위권은 채무자가 제3채무자에 대한 권리를 행사하지 아니하는 경우에 한하여 채권자가 자기의 채권을 보전하기 위하여 행사할 수 있는 것이기 때문에 채권자가 대위권을 행사할 당시 이미 채무자가 그 권리를 재판상 행사하였을 때에는 설사 패소의 확정판결을 받았더라도 채권자는 채무자를 대위하여 채무자의 권리를 행사할 당사자적격이 없다(대판 1993.3.26. 92다32876). 따라서 乙이 丙을 상대로 금전채무 이행청구의 소를 제기하여 패소판결이 확정된 경우, 甲은 乙에 대한 금전채권을 보전하기 위해 丙을 상대로 채권자대위권을 행사할 수 없다.

16 乙의 채권자 甲은 乙이 채무초과상태에서 자신의 유일한 재산인 X부동산을 丙에게 매도하고 소유권이 전등기를 해 준 사실을 알고 채권자취소권을 행사하려고 한다. 이에 관한 설명으로 옳은 것은?(다툼이 있으면 판례에 따름)

① 甲이 채권자취소권을 행사하기 위해서는 재판외 또는 재판상 이를 행사하여야 한다.

> 채권자는 사해행위의 취소 및 원상회복을 "법원에 청구"할 수 있다(민법 제406조 제1항 본문). 따라서 채권자는 채권자취소권을 재판상으로만 행사할 수 있다(대판 1998.3.13. 95다48599 참조). 반면, 채권자대위권은 재판상 또는 재판 외에서 행사할 수 있다.

② 甲이 채권자취소권을 행사하기 위해서는 乙 및 丙의 사해의사 및 사해행위에 대한 악의를 증명하여야 한다.

> 사해행위취소소송에 있어서 채무자(乙)가 악의라는 점에 대하여는 그 취소를 주장하는 채권자(甲)에게 입증책임이 있으나 수익자(丙) 또는 전득자가 악의라는 점에 관하여는 입증책임이 채권자에게 있는 것이 아니고 수익자(丙) 또는 전득자 자신에게 선의라는 사실을 입증할 책임이 있다(대판 1997.5.23. 95다51908).

❸ 甲의 乙에 대한 채권이 X부동산에 대한 소유권이전등기청구권인 경우, 甲은 이를 피보전채권으로 하여 채권자취소권을 행사할 수 없다.

> 채권자취소권을 특정물에 대한 소유권이전등기청구권을 보전하기 위하여 행사하는 것은 허용되지 않으므로, 부동산의 제1양수인은 자신의 소유권이전등기청구권 보전을 위하여 양도인과 제3자 사이에서 이루어진 이중 양도행위에 대하여 채권자취소권을 행사할 수 없다(대판 1999.4.27. 98다56690).

④ 甲이 채권자취소권을 재판상 행사하는 경우, 사해행위를 직접 행한 乙을 피고로 하여 그 권리를 행사하여야 한다.

> 채권자가 채권자취소권을 행사하려면 사해행위로 인하여 이익을 받은 자나 전득한 자를 상대로 그 법률행위의 취소를 청구하는 소송을 제기하여야 되는 것으로서 채무자를 상대로 그 소송을 제기할 수는 없다(대판 2004.8.30. 2004다21923). 따라서 甲이 채권자취소권을 재판상 행사하는 경우, 수익자인 丙을 피고로 하여 그 권리를 행사하여야 한다.

⑤ 甲의 乙에 대한 채권이 시효로 소멸한 경우, 丙은 이를 들어 채권자취소권을 행사하는 甲에게 대항할 수 없다.

> 소멸시효를 원용할 수 있는 사람은 권리의 소멸에 의하여 직접 이익을 받는 자에 한정되는바, 사해행위취소소송의 상대방이 된 사해행위의 수익자는, 사해행위가 취소되면 사해행위에 의하여 얻은 이익을 상실하고 사해행위취소권을 행사하는 채권자의 채권이 소멸하면 그와 같은 이익의 상실을 면하는 지위에 있으므로, 그 채권의 소멸에 의하여 직접 이익을 받는 자에 해당하는 것으로 보아야 한다(대판 2007.11.29. 2007다54849). 따라서 甲의 乙에 대한 채권이 시효로 소멸한 경우, 丙은 소멸시효를 원용하여 채권자취소권을 행사하는 甲에게 대항할 수 있다.

17 민법상 채무의 종류에 따른 이행지체책임의 발생시기가 잘못 연결된 것을 모두 고른 것은?(당사자 사이에 다른 약정은 없으며, 다툼이 있으면 판례에 따름)

ㄱ. 부당이득반환채무 – 수익자가 이행청구를 받은 때
ㄴ. 불확정기한부 채무 – 채무자가 기한의 도래를 안 때
ㄷ. 동시이행의 관계에 있는 쌍방의 채무 – 쌍방의 이행제공 없이 쌍방 채무의 이행기가 도래한 때

① ㄱ
② ㄴ
❸ ㄷ
④ ㄱ, ㄴ
⑤ ㄴ, ㄷ

ㄱ. (○) 채무이행의 기한이 없는 경우에는 채무자는 이행청구를 받은 때로부터 지체책임이 있다(민법 제387조 제2항). 부당이득반환의무는 이행기한의 정함이 없는 채무이므로 그 채무자[수익자(註)]는 이행청구를 받은 때에 비로소 지체책임을 진다(대판 2010.1.28. 2009다24187).

ㄴ. (○) 채무이행의 확정한 기한이 있는 경우에는 채무자는 기한이 도래한 때로부터 지체책임이 있고, 채무이행의 불확정한 기한이 있는 경우에는 채무자는 기한이 도래함을 안 때로부터 지체책임이 있다(민법 제387조 제1항).

ㄷ. (✕) 쌍무계약에서 쌍방의 채무가 동시이행관계에 있는 경우 일방의 채무의 이행기가 도래하더라도 상대방 채무의 이행제공이 있을 때까지는 그 채무를 이행하지 않아도 이행지체의 책임을 지지 않는 것이며, 이와 같은 효과는 이행지체의 책임이 없다고 주장하는 자가 반드시 동시이행의 항변권을 행사하여야만 발생하는 것은 아니므로, 동시이행관계에 있는 쌍무계약상 자기채무의 이행을 제공하는 경우 그 채무를 이행함에 있어 상대방의 행위를 필요로 할 때에는 언제든지 현실로 이행을 할 수 있는 준비를 완료하고 그 뜻을 상대방에게 통지하여 그 수령을 최고하여야만 상대방으로 하여금 이행지체에 빠지게 할 수 있는 것이다(대판 2001.7.10. 2001다3764).

2024년
2023년
2022년
2021년
2020년

2023년 제32회 정답 및 해설 **271**

18 민법 제548조 제1항 단서의 계약해제의 소급효로부터 보호받는 제3자에 해당하지 않는 자는?(다툼이 있으면 판례에 따름)

① X토지에 대한 매매계약이 해제되기 전에 매수인으로부터 X토지를 매수하여 소유권을 취득한 자

> 국가가 그 부동산에 대한 매매계약을 해제하기 전에 그 부동산을 매수하고 소유권이전등기를 경료한 제3취득자에게 국가는 그 매매계약의 해제로써 대항할 수 없다(대판 1999.9.7. 99다14877). 따라서 매매계약이 해제되기 전에 X토지를 매수하여 소유권을 취득한 자는 제3자에 해당한다.

② X토지에 대한 매매계약이 해제되기 전에 매수인의 X토지에 저당권을 취득한 자

> X토지에 대한 매매계약이 해제되기 전에 매수인의 X토지에 저당권을 취득한 자는 해제된 계약으로부터 생긴 법률효과를 기초로 하여 해제 전에 새로운 이해관계를 가졌을 뿐만 아니라 저당권등기로 완전한 권리(저당권)를 취득한 사람에 해당하므로 민법 제548조 제1항 단서의 규정에 따라 계약해제로 인하여 권리를 침해받지 않는 제3자에 해당한다.

③ X토지에 대한 매매계약의 해제로 X토지의 소유권을 상실하게 된 매수인으로부터 해제 이전에 X토지를 임차하여 임차권등기를 마친 자

> 소유권을 취득하였다가 계약해제로 인하여 소유권을 상실하게 된 임대인으로부터 그 계약이 해제되기 전에 주택을 임차받아 주택의 인도와 주민등록을 마침으로써 주택임대차보호법 제3조 제1항에 의한 대항요건을 갖춘 임차인은 민법 제548조 제1항 단서의 규정에 따라 계약해제로 인하여 권리를 침해받지 않는 제3자에 해당한다(대판 2003.8.22. 2003다12717). 판례의 취지를 고려할 때, X토지에 대한 매매계약의 해제로 X토지의 소유권을 상실하게 된 매수인으로부터 해제 이전에 X토지를 임차하여 임차권등기를 마친 자 또한 해제된 계약으로부터 생긴 법률효과를 기초로 하여 해제 전에 새로운 이해관계를 가졌을 뿐만 아니라 임차권등기로 대항력 있는 임차권을 취득한 사람에 해당하므로 민법 제548조 제1항 단서의 규정에 따라 계약해제로 인하여 권리를 침해받지 않는 제3자에 해당한다.

④ X토지에 대한 매매계약이 해제되기 전에 매수인과 매매예약 체결 후 그에 기한 소유권이전등기청구권 보전을 위한 가등기를 마친 자

> 민법 제548조 제1항 단서에서 말하는 제3자는 일반적으로 해제된 계약으로부터 생긴 법률효과를 기초로 하여 해제 전에 새로운 이해관계를 가졌을 뿐만 아니라 등기, 인도 등으로 권리를 취득한 사람을 말하는 것인바, 매수인과 매매예약을 체결한 후 그에 기한 소유권이전청구권 보전을 위한 가등기를 마친 사람도 위 조항 단서에서 말하는 제3자에 포함된다(대판 2014.12.11. 2013다14569).

❺ X토지에 대한 매매계약이 해제되기 전에 매수인으로부터 X토지에 대한 소유권이전등기청구권을 양도받은 자

> 민법 제548조 제1항 단서에서 말하는 제3자란 일반적으로 그 해제된 계약으로부터 생긴 법률효과를 기초로 하여 해제 전에 새로운 이해관계를 가졌을 뿐 아니라 등기, 인도 등으로 완전한 권리를 취득한 자를 말하므로 계약상의 채권(⑩ 소유권이전등기청구권)을 양수한 자나 그 채권 자체를 압류 또는 전부한 채권자는 여기서 말하는 제3자에 해당하지 아니한다(대판 2000.4.11. 99다51685).

19

甲, 乙, 丙이 丁에 대하여 9백만원의 연대채무를 부담하고 있고, 각자의 부담부분은 균등하다. 甲이 丁에 대하여 6백만원의 상계적상에 있는 반대채권을 가지고 있는 경우에 관한 설명으로 옳은 것은?(당사자 사이에 다른 약정은 없으며, 다툼이 있으면 판례에 따름)

① 甲이 6백만원에 대해 丁의 채무와 상계한 경우, 남은 3백만원에 대해 乙과 丙이 丁에게 각각 1백 5십만원의 분할채무를 부담한다.

> 어느 연대채무자가 채권자에 대하여 채권이 있는 경우에 그 채무자가 상계한 때에는 채권은 모든 연대채무자의 이익을 위하여 소멸한다(민법 제418조 제1항). 따라서 甲이 6백만원에 대해 丁의 채무와 상계한 경우, 6백만원의 채무는 공동면책되고, 甲, 乙, 丙은 丁에게 남은 3백만원에 대한 연대채무를 부담한다.

❷ 甲이 6백만원에 대해 丁의 채무와 상계한 경우, 甲, 乙, 丙은 丁에게 3백만원의 연대채무를 부담한다.

> 甲이 6백만원에 대해 丁의 채무와 상계한 경우, 6백만원의 채무가 공동면책되고(민법 제418조 제1항), 甲, 乙, 丙은 丁에게 남은 3백만원에 대한 연대채무를 부담한다.

③ 甲이 상계권을 행사하지 않은 경우, 乙과 丙은 甲의 상계권을 행사할 수 없고, 甲, 乙, 丙은 丁에게 3백만원의 연대채무를 부담한다.

> 상계할 채권이 있는 연대채무자가 상계하지 아니한 때에는 그 채무자의 부담부분에 한하여 다른 연대채무자가 상계할 수 있다(민법 제418조 제2항). 따라서 甲이 상계권을 행사하지 않은 경우, 乙과 丙은 甲의 부담부분(3백만원)에 한하여 상계권을 행사할 수 있고, 상계권 행사 후 甲, 乙, 丙은 丁에게 6백만원에 대한 연대채무를 부담한다.

④ 甲이 상계권을 행사하지 않은 경우, 乙은 丁을 상대로 甲의 6백만원에 대해 상계할 수 있고, 乙과 丙이 丁에게 각각 1백 5십만원의 분할채무를 부담한다.

> 상계할 채권이 있는 연대채무자가 상계하지 아니한 때에는 그 채무자의 부담부분에 한하여 다른 연대채무자가 상계할 수 있다(민법 제418조 제2항). 따라서 甲이 상계권을 행사하지 않은 경우, 乙은 丁을 상대로 甲의 부담부분(3백만원)에 한하여 상계권을 행사할 수 있고, 상계권 행사 후 甲, 乙, 丙은 丁에게 6백만원에 대한 연대채무를 부담한다.

⑤ 甲이 상계권을 행사하지 않은 경우, 丙은 丁을 상대로 甲의 6백만원에 대해 상계할 수 있고, 乙과 丙이 丁에게 3백만원의 연대채무를 부담한다.

> 甲이 상계권을 행사하지 않은 경우, 丙은 丁을 상대로 甲의 부담부분(3백원)에 한하여 상계권을 행사할 수 있고(민법 제418조 제2항), 상계권 행사 후 甲, 乙, 丙은 丁에게 6백만원에 대한 연대채무를 부담한다.

20 계약의 성립에 관한 설명으로 옳지 않은 것은?(다툼이 있으면 판례에 따름)

❶ 청약자가 청약의 의사표시를 발송한 후 상대방에게 도달 전에 사망한 경우, 그 청약은 효력을 상실한다.

> 청약은 상대방 있는 의사표시이고, 상대방이 있는 의사표시는 상대방에게 도달한 때에 그 효력이 생긴다(민법 제111조 제1항). 의사표시자가 그 통지를 발송한 후 사망하거나 제한능력자가 되어도 의사표시의 효력에 영향을 미치지 아니한다(민법 제111조 제2항). 따라서 청약자가 청약의 의사표시를 발송한 후 상대방에게 도달 전에 사망한 경우라도 그 청약은 유효하고, 상대방이 이를 수령한 후 승낙통지를 청약자의 상속인에게 하였을 때에는 계약은 상속인과 유효하게 성립한다.

② 명예퇴직의 신청이 근로계약에 대한 합의해지의 청약에 해당하는 경우, 이에 대한 사용자의 승낙으로 근로계약이 합의해지되기 전에는 근로자가 임의로 그 청약의 의사표시를 철회할 수 있다.

> 명예퇴직은 근로자가 명예퇴직의 신청(청약)을 하면 사용자가 요건을 심사한 후 이를 승인(승낙)함으로써 합의에 의하여 근로관계를 종료시키는 것으로, 명예퇴직의 신청은 근로계약에 대한 합의해지의 청약에 불과하여 이에 대한 사용자의 승낙이 있어 근로계약이 합의해지되기 전에는 근로자가 임의로 그 청약의 의사표시를 철회할 수 있다(대판 2003.4.25. 2002다11458).

③ 승낙기간을 정하지 않은 청약은 청약자가 상당한 기간 내에 승낙의 통지를 받지 못한 때에는 그 효력을 잃는다. 🔁 민법 제529조

④ 당사자 사이에 동일한 내용의 청약이 상호 교차된 경우에는 양 청약이 상대방에게 도달한 때에 계약이 성립한다. 🔁 민법 제533조

⑤ 매도인이 매수인에게 매매계약의 합의해제를 청약한 경우, 매수인이 그 청약에 대하여 조건을 가하여 승낙한 때에는 그 합의해제의 청약은 거절된 것으로 본다.

> 매매계약 당사자 중 매도인이 매수인에게 매매계약의 합의해제를 청약하였다고 할지라도, 매수인이 그 청약에 대하여 조건을 붙이거나 변경을 가하여 승낙한 때에는 민법 제534조의 규정에 비추어 그 청약의 거절과 동시에 새로 청약한 것으로 보게 되는 것이고, 그로 인하여 종전의 매도인의 청약은 실효된다 할 것이다(대판 2009.2.12. 2008다71926).

21 매매계약에 관한 설명으로 옳은 것은?(다툼이 있으면 판례에 따름)

❶ 매매목적물과 대금은 반드시 계약 체결 당시에 구체적으로 특정할 필요는 없고, 이를 나중에라도 구체적으로 특정할 수 있는 방법과 기준이 정해져 있으면 매매계약은 성립한다.

> 매매는 당사자 일방이 재산권을 상대방에게 이전할 것을 약정하고 상대방이 그 대금을 지급할 것을 약정함으로써 그 효력이 생긴다(민법 제563조). 매매계약은 매도인이 재산권을 이전하는 것과 매수인이 대금을 지급하는 것에 관하여 쌍방 당사자가 합의함으로써 성립한다. 매매목적물과 대금은 반드시 계약 체결 당시에 구체적으로 특정할 필요는 없고, 이를 나중에라도 구체적으로 특정할 수 있는 방법과 기준이 정해져 있으면 충분하다(대판 2020.4.9. 2017다20371).

② 매도인이 매수인에게 현존하는 타인 소유의 물건을 매도하기로 약정한 경우, 그 매매계약은 원시적 불능에 해당하여 효력이 없다.

> 특정한 매매의 목적물이 타인의 소유에 속하는 경우라 하더라도, 그 매매계약이 원시적 이행불능에 속하는 내용을 목적으로 하는 당연무효의 계약이라고 볼 수 없다(대판 1993.9.10. 93다20283). 민법 제569조, 제570조에 비추어 보면, 양도계약의 목적물이 타인의 권리에 속하는 경우에 있어서도 그 양도계약은 계약당사자 간에 있어서는 유효하고, 그 양도계약에 따라 양도인은 그 목적물을 취득하여 양수인에게 이전하여 줄 의무가 있다(대판 1993.8.24. 93다24445).

③ 매매예약완결권은 당사자 사이에 다른 약정이 없는 한 10년 내에 이를 행사하지 않으면 시효로 소멸한다.

> 민법 제564조가 정하고 있는 매매예약에서 예약자의 상대방이 매매예약 완결의 의사표시를 하여 매매의 효력을 생기게 하는 권리, 즉 매매예약의 완결권은 일종의 형성권으로서 당사자 사이에 행사기간을 약정한 때에는 그 기간 내에, 약정이 없는 때에는 예약이 성립한 때부터 10년 내에 이를 행사하여야 하고, 그 기간이 지난 때에는 예약완결권은 제척기간의 경과로 소멸한다(대판 2018.11.29. 2017다247190).

④ 매도인과 매수인이 해제권을 유보하기 위해 계약금을 교부하기로 합의한 후 매수인이 약정한 계약금의 일부만 지급한 경우, 매도인은 실제 지급받은 금원의 배액을 상환하고 매매계약을 해제할 수 있다.

> 계약이 일단 성립한 후에는 당사자의 일방이 이를 마음대로 해제할 수 없는 것이 원칙이고, 다만 주된 계약과 더불어 계약금계약을 한 경우에는 민법 제565조 제1항의 규정에 따라 임의 해제를 할 수 있기는 하나, 계약금계약은 금전 기타 유가물의 교부를 요건으로 하므로 단지 계약금을 지급하기로 약정만 한 단계에서는 아직 계약금으로서의 효력, 즉 위 민법 규정에 의해 계약해제를 할 수 있는 권리는 발생하지 않는다고 할 것이다. 따라서 당사자가 계약금의 일부만을 먼저 지급하고 잔액은 나중에 지급하기로 약정하거나 계약금 전부를 나중에 지급하기로 약정한 경우, 교부자가 계약금의 잔금이나 전부를 약정대로 지급하지 않으면 상대방은 계약금 지급의무의 이행을 청구하거나 채무불이행을 이유로 계약금약정을 해제할 수 있고, 나아가 위 약정이 없었더라면 주계약을 체결하지 않았을 것이라는 사정이 인정된다면 주계약도 해제할 수도 있을 것이나, 교부자가 계약금의 잔금 또는 전부를 지급하지 아니하는 한 계약금계약은 성립하지 아니하므로 당사자가 임의로 주계약을 해제할 수는 없다 할 것이다(대판 2008.3.13. 2007다73611).

⑤ 매매계약에 관한 비용은 다른 약정이 없으면 매수인이 부담한다.

> (다른 약정이 없으면) 매매계약에 관한 비용은 당사자 쌍방이 균분하여 부담한다(민법 제566조).

22 조합에 관한 설명으로 옳지 않은 것은?(다툼이 있으면 판례에 따름)

☑ 확인
Check!
○
△
×

① 조합계약으로 업무집행자를 정하지 아니한 경우에는 조합원의 3분의 2 이상의 찬성으로써 이를 선임한다. 🏛 민법 제706조 제1항

② 조합의 업무집행자가 수인인 때에는 그 과반수로써 업무집행을 결정한다.
🏛 민법 제706조 제2항 후문

③ 조합계약의 당사자가 손익분배의 비율을 정하지 아니한 때에는 각 조합원의 출자가액에 비례하여 이를 정한다. 🏛 민법 제711조 제1항

❹ 조합의 채무자는 그 채무와 조합원에 대한 채권으로 상계할 수 있다.

> 조합의 채무자는 그 채무와 조합원에 대한 채권으로 상계하지 못한다(민법 제715조).

⑤ 2인 조합에서 조합원 1인이 탈퇴하면 조합관계는 종료된다.

> 조합의 탈퇴란 특정 조합원이 장래에 향하여 조합원으로서의 지위를 벗어나는 것으로서, 이 경우 조합 자체는 나머지 조합원에 의해 동일성을 유지하며 존속하는 것이므로 결국 탈퇴는 잔존 조합원이 동업사업을 계속 유지·존속함을 전제로 한다. 2인으로 구성된 조합에서 한 사람이 탈퇴하면 조합관계는 종료되나 특별한 사정이 없는 한 조합은 해산이나 청산이 되지 않고, 다만 조합원의 합유에 속한 조합재산은 남은 조합원의 단독소유에 속하여 탈퇴 조합원과 남은 조합원 사이에는 탈퇴로 인한 계산을 해야 한다(대판 2018.12.13. 2015다72385).

23 건물 소유를 목적으로 X토지에 관하여 임대인 甲과 임차인 乙 사이에 적법한 임대차계약이 체결되었다. 이에 관한 설명으로 옳지 않은 것은?(다툼이 있으면 판례에 따름)

☑ 확인
Check!
○
△
×

① 甲과 乙 사이에 체결된 임대차계약에 임대차기간에 관한 약정이 없는 때에는 甲은 언제든지 계약해 지의 통고를 할 수 있다.

> 임대차기간의 약정이 없는 때에는 당사자는 언제든지 계약해지의 통고를 할 수 있으므로(민법 제635조 제1 항), 甲은 언제든지 乙에게 임대차계약해지의 통고를 할 수 있다.

② 乙이 甲의 동의 없이 X토지를 전대한 경우, 甲은 원칙적으로 乙과의 임대차 계약을 해지할 수 있다.

> 임차인은 임대인의 동의 없이 그 권리를 양도하거나 임차물을 전대하지 못한다. 임차인이 이 규정에 위반한 때에는 임대인은 계약을 해지할 수 있다(민법 제629조). 따라서 乙이 甲의 동의 없이 X토지를 전대하였다면 甲은 원칙적으로 임대차 계약을 해지할 수 있다.

③ X토지의 일부가 乙의 과실없이 멸실되어 사용·수익할 수 없게 된 경우, 乙은 그 부분의 비율에 의한 차임의 감액을 청구할 수 있다.

> 임차물인 X토지의 일부가 乙의 과실없이 멸실되어 사용·수익할 수 없게 된 경우, 乙은 그 부분의 비율에 의한 차임의 감액을 청구할 수 있다(민법 제627조 제1항).

❹ 토지임차인에게 인정되는 지상물매수청구권은 乙이 X토지 위에 甲의 동의를 얻어 신축한 건물에 한해 인정된다.

> 임차인의 지상물매수청구권은 건물 기타 공작물의 소유 등을 목적으로 한 토지임대차의 기간이 만료되었음에 도 그 지상시설 등이 현존하고, 또한 임대인이 계약의 갱신에 불응하는 경우에 임차인이 임대인에게 상당한 가액으로 그 지상시설의 매수를 청구할 수 있는 권리라는 점에서 보면, 위 매수청구권의 대상이 되는 건물은 그것이 토지의 임대목적에 반하여 축조되고, 임대인이 예상할 수 없을 정도의 고가의 것이라는 특별한 사정이 없는 한 임대차기간 중에 축조되었다고 하더라도 그 만료시에 그 가치가 잔존하고 있으면 그 범위에 포함되는 것이고, 반드시 임대차계약 당시의 기존건물이거나 임대인의 동의를 얻어 신축한 것에 한정된다고는 할 수 없다(대판 1993.11.12. 93다34589). 판례의 취지를 고려할 때 토지임차인 乙에게 인정되는 지상물매수청구권 은 乙이 甲의 동의를 얻어 신축한 건물에 한정된다고 볼 수 없다.

⑤ 甲이 변제기를 경과한 최후 2년의 차임채권에 의하여 그 지상에 있는 乙 소유의 건물을 압류한 때에는 저당권과 동일한 효력이 있다.

> 토지임대인 甲이 변제기를 경과한 최후 2년의 차임채권에 의하여 그 지상에 있는 乙 소유의 건물을 압류한 때에는 저당권과 동일한 효력이 있다(민법 제649조).

24 부당이득에 관한 설명으로 옳은 것은?(다툼이 있으면 판례에 따름)

① 법률상 원인 없는 이득이 있다면 그 이득으로 인해 타인에게 손해가 발생한 것이 아니더라도 그 타인은 부당이득반환청구를 할 수 있다.

> 법률상 원인 없이 타인의 재산 또는 노무로 인하여 이익을 얻고 이로 인하여 타인에게 손해를 가한 자는 그 이익을 반환하여야 한다(민법 제741조). 부당이득은 법률상 원인 없이 타인의 재산 또는 노무로 인하여 이익을 얻고 이로 인하여 타인에게 손해를 가함으로써 성립하는 것이므로, 법률상 원인 없는 이득이 있다 하더라도 그로 인하여 타인에게 손해가 발생한 것이 아니라면 그 타인은 부당이득반환청구권자가 될 수 없다(대판 2011.7.28. 2009다100418).

② 변제기에 있지 아니한 채무를 착오 없이 변제한 때에는 그 변제한 것의 반환을 청구할 수 있다.

> 변제기에 있지 아니한 채무를 변제한 때에는 그 반환을 청구하지 못한다. 그러나 채무자가 착오로 인하여 변제한 때에는 채권자는 이로 인하여 얻은 이익을 반환하여야 한다(민법 제743조).

③ 부동산 실권리자명의 등기에 관한 법률에 위반되어 무효인 명의신탁약정에 기하여 타인 명의로 등기를 마쳐준 것은 당연히 불법원인급여에 해당한다.

> 부동산 실권리자명의 등기에 관한 법률이 규정하는 명의신탁약정은 부동산에 관한 물권의 실권리자가 타인과의 사이에서 대내적으로는 실권리자가 부동산에 관한 물권을 보유하거나 보유하기로 하고 그에 관한 등기는 그 타인의 명의로 하기로 하는 약정을 말하는 것일 뿐이므로, 그 자체로 선량한 풍속 기타 사회질서에 위반하는 경우에 해당한다고 단정할 수 없을 뿐만 아니라, 위 법률은 원칙적으로 명의신탁약정과 그 등기에 기한 물권변동만을 무효로 하고 명의신탁자가 다른 법률관계에 기하여 등기회복 등의 권리행사를 하는 것까지 금지하지는 않는 대신, 명의신탁자에 대하여 행정적 제재나 형벌을 부과함으로써 사적자치 및 재산권보장의 본질을 침해하지 않도록 규정하고 있으므로, 위 법률이 비록 부동산등기제도를 악용한 투기·탈세·탈법행위 등 반사회적 행위를 방지하는 것 등을 목적으로 제정되었다고 하더라도, 무효인 명의신탁약정에 기하여 타인 명의의 등기가 마쳐졌다는 이유만으로 그것이 당연히 불법원인급여에 해당한다고 볼 수 없다(대판 2003.11.27. 2003다41722).

④ 선의의 수익자가 패소한 때에는 그 소가 확정된 때로부터 악의의 수익자로 본다.

> 수익자가 이익을 받은 후 법률상 원인 없음을 안 때에는 그때부터 악의의 수익자로서 이익반환의 책임이 있다. 선의의 수익자가 패소한 때에는 그 소를 제기한 때부터 악의의 수익자로 본다(민법 제749조).

❺ 제한행위능력을 이유로 법률행위를 취소한 경우 제한능력자는 선의·악의를 묻지 않고 그 행위로 인하여 받은 이익이 현존하는 한도에서 상환할 책임이 있다.

> 선의의 수익자는 그 받은 이익이 현존한 한도에서 부당이득반환의 책임이 있지만, 악의의 수익자는 그 받은 이익에 이자를 붙여 반환하고 손해가 있으면 이를 배상하여야 한다(민법 제748조). 다만, 제한능력자는 그 행위로 인하여 받은 이익이 현존하는 한도에서 상환(償還)할 책임이 있다(민법 제141조). 제한능력자의 책임을 제한하는 민법 제141조 단서는 부당이득에 있어 수익자의 반환범위를 정한 민법 제748조의 특칙으로서 제한능력자의 보호를 위해 그 선의·악의를 묻지 아니하고 반환범위를 현존 이익에 한정시키려는 데 그 취지가 있다(대판 2009.1.15. 2008다58367 참조).

25 불법행위에 관한 설명으로 옳지 않은 것은?(다툼이 있으면 판례에 따름)

❶ 과실로 불법행위를 방조한 자에 대해서는 공동불법행위가 인정될 수 없다.

> 수인이 공동의 불법행위로 타인에게 손해를 가한 때에는 연대하여 그 손해를 배상할 책임이 있다. 교사자나 방조자는 공동행위자로 본다(민법 제760조 제1항, 제3항). 공동불법행위에 있어 방조라 함은 불법행위를 용이하게 하는 직접·간접의 모든 행위를 가리키는 것으로서 형법과 달리 손해의 전보를 목적으로 하여 과실을 원칙적으로 고의와 동일시하는 민법의 해석으로서는 과실에 의한 방조도 가능하다고 할 것이며, 이 경우의 과실의 내용은 불법행위에 도움을 주지 않아야 할 주의의무가 있음을 전제로 하여 이 의무에 위반하는 것을 말한다(대판 2009.4.23. 2009다1313).

② 고의로 심신상실을 초래한 자는 타인에게 심신상실 중에 가한 손해를 배상할 책임이 있다.

> 심신상실 중에 타인에게 손해를 가한 자는 배상의 책임이 없다. 그러나 고의 또는 과실로 인하여 심신상실을 초래한 때에는 그러하지 아니하다(민법 제754조).

③ 사용자가 근로계약에 수반되는 보호의무를 위반함으로써 피용자가 손해를 입은 경우, 사용자는 이를 배상할 책임이 있다.

> 사용자는 근로계약에 수반되는 신의칙상의 부수적 의무로서 피용자가 노무를 제공하는 과정에서 생명, 신체, 건강을 해치는 일이 없도록 인적·물적 환경을 정비하는 등 필요한 조치를 강구하여야 할 보호의무를 부담하고, 이러한 보호의무를 위반함으로써 피용자가 손해를 입은 경우 이를 배상할 책임이 있다(대판 2001.7.27. 99다56734).

④ 고의로 불법행위를 한 가해자는 피해자의 손해배상채권을 피해자에 대한 자신의 다른 채권으로 상계할 수 없다.

> 채무가 고의의 불법행위로 인한 것인 때에는 그 채무자[가해자(註)]는 상계로 채권자[피해자(註)]에게 대항하지 못한다(민법 제496조). 즉, 고의로 인한 불법행위채권을 수동채권으로 하는 상계는 금지된다. 민법 제496조의 취지는, 고의의 불법행위에 의한 손해배상채권에 대하여 상계를 허용한다면 고의로 불법행위를 한 자까지도 상계권 행사로 현실적으로 손해배상을 지급할 필요가 없게 되어 보복적 불법행위를 유발하게 될 우려가 있고, 또 고의의 불법행위로 인한 피해자가 가해자의 상계권 행사로 인하여 현실의 변제를 받을 수 없는 결과가 됨은 사회적 정의관념에 맞지 아니하므로 고의에 의한 불법행위의 발생을 방지함과 아울러 고의의 불법행위로 인한 피해자에게 현실의 변제를 받게 하려는 데 있다(대판 2002.1.25. 2001다52506).

⑤ 미성년자가 성폭력을 당한 경우에 이로 인한 손해배상청구권의 소멸시효는 그가 성년이 될 때까지는 진행되지 아니한다.

> 미성년자가 성폭력, 성추행, 성희롱, 그 밖의 성적(性的) 침해를 당한 경우에 이로 인한 손해배상청구권의 소멸시효는 그가 성년이 될 때까지는 진행되지 아니한다(민법 제766조 제3항).

2022년 제31회 정답 및 해설

✅ 문제편 154p

✅ 정답 CHECK   ✅ 각 문항별로 이해도 CHECK

01	02	03	04	05	06	07	08	09	10	11	12	13	14	15	16	17	18	19	20	21	22	23	24	25
④,⑤	④	③	②	①	⑤	③	①	⑤	②	⑤	③	①	③	③	②	②	①	④	②	⑤	전항 정답	④	⑤	④

01

☑ 확인
Check!
○
△
×

신의성실의 원칙에 관한 설명으로 옳지 않은 것은?(다툼이 있으면 판례에 따름)

① 신의칙은 당사자의 주장이 없더라도 법원이 직권으로 그 위반 여부를 판단할 수 있다.

> 🔖 대판 2015.3.20. 2013다88829

② 사정변경의 원칙에 기한 계약의 해제가 인정되는 경우, 그 사정에는 계약의 기초가 된 객관적 사정만이 포함된다.

> 사정변경으로 인한 계약해제는 계약성립 당시 당사자가 예견할 수 없었던 현저한 사정의 변경이 발생하였고 그러한 사정의 변경이 해제권을 취득하는 당사자에게 책임 없는 사유로 생긴 것으로서, 계약내용대로의 구속력을 인정한다면 신의칙에 현저히 반하는 결과가 생기는 경우에 계약준수 원칙의 예외로서 인정되는 것이고, 여기서 말하는 사정이라 함은 계약의 기초가 되었던 객관적인 사정으로서, 일방당사자의 주관적 또는 개인적인 사정을 의미하는 것은 아니라 할 것이다(대판 2007.3.29. 2004다31302).

③ 임대차계약에 차임을 증액하지 않기로 하는 특약이 있더라도 그 특약을 그대로 유지시키는 것이 신의칙에 반한다고 인정될 정도의 사정변경이 있는 경우에는 임대인에게 차임증액청구가 인정될 수 있다.

> 임대차계약에 있어서 차임불증액의 특약이 있더라도 그 약정 후 그 특약을 그대로 유지시키는 것이 신의 칙에 반한다고 인정될 정도의 사정변경이 있다고 보여지는 경우에는 형평의 원칙상 임대인에게 차임증액청구를 인정하여야 한다(대판 1996.11.12. 96다34061).

❹ 채무자가 소멸시효 완성을 주장하는 것은 신의칙에 반하여 권리남용으로 될 여지가 없다.

> 채무자의 소멸시효에 기한 항변권의 행사도 우리 민법의 대원칙인 신의성실의 원칙과 권리남용금지의 원칙의 지배를 받는 것이어서, 채무자가 시효완성 전에 채권자의 권리행사나 시효중단을 불가능 또는 현저히 곤란하게 하였거나, 그러한 조치가 불필요하다고 믿게 하는 행동을 하였거나, 객관적으로 채권자가 권리를 행사할 수 없는 장애사유가 있었거나, 또는 일단 시효완성 후에 채무자가 시효를 원용하지 아니할 것 같은 태도를 보여 권리자로 하여금 그와 같이 신뢰하게 하였거나, 채권자보호의 필요성이 크고, 같은 조건의 다른 채권자가 채무의 변제를 수령하는 등의 사정이 있어 채무이행의 거절을 인정함이 현저히 부당하거나 불공평하게 되는 등의 특별한 사정이 있는 경우에는 채무자가 소멸시효의 완성을 주장하는 것이 신의성실의 원칙에 반하여 권리남용으로서 허용될 수 없다(대판 2005.5.13. 2004다71881).

❺ 강행규정을 위반한 자가 그 위반을 이유로 하여 법률행위의 무효를 주장하는 것은 신의칙위반으로 될 수 있다.

> 강행법규를 위반한 자가 스스로 강행법규에 위배된 약정의 무효를 주장하는 것이 신의칙에 위반되는 권리의 행사라는 이유로 그 주장을 배척한다면, 이는 오히려 강행법규에 의하여 배제하려는 결과를 실현시키는 셈이 되어 입법 취지를 완전히 몰각하게 되므로 달리 특별한 사정이 없는 한 위와 같은 주장은 신의칙에 반하는 것이라고 할 수 없다(대판 2011.3.10. 2007다17482).

02 미성년자에 관한 설명으로 옳지 않은 것은?(다툼이 있으면 판례에 따름)

① 미성년자가 자신의 채무를 면제하는 것만을 내용으로 하는 채무면제계약에 관해 승낙의 의사표시를 하는 것은 법정대리인의 동의가 없어도 확정적으로 유효하다.

> 미성년자가 자신의 채무를 면제하는 것만을 내용으로 하는 채무면제계약에 관해 승낙의 의사표시를 함으로써 의무만을 면하는 행위는 미성년자가 단독으로 할 수 있다(민법 제5조 제1항 단서).

② 법정대리인이 미성년자에게 범위를 정하여 재산의 처분을 허락하는 것은 묵시적으로도 가능하다.

> 미성년자가 법률행위를 함에 있어서 요구되는 법정대리인의 동의는 언제나 명시적이어야 하는 것은 아니고 묵시적으로도 가능한 것이며, 미성년자의 행위가 위와 같이 법정대리인의 묵시적 동의가 인정되거나 처분허락이 있는 재산의 처분 등에 해당하는 경우라면, 미성년자로서는 더 이상 행위무능력을 이유로 그 법률행위를 취소할 수 없다(대판 2007.11.16. 2005다71659).

③ 법정대리인이 미성년자에게 특정한 영업을 허락한 경우, 그 영업과 관련된 행위에 대해서 법정대리인의 대리권은 소멸한다.

> 미성년자가 법정대리인으로부터 허락을 얻은 특정한 영업에 관하여는 성년자와 동일한 행위능력이 있기 때문에(민법 제8조 제1항), 그 범위에서는 법정대리인의 대리권은 인정되지 아니한다.

❹ 미성년자는 타인의 임의대리인이 될 수 없다.

> 대리인은 행위능력자임을 요하지 아니하므로(민법 제117조), 미성년자는 타인의 임의대리인이 될 수 있다.

⑤ 미성년자가 제한능력을 이유로 자신이 행한 법률행위를 단독으로 취소한 경우, 그 법정대리인은 미성년자가 행한 취소의 의사표시를 다시 취소할 수 없다.

> 미성년자도 법정대리인의 동의 없이 단독으로 취소할 수 있으며, 취소된 법률행위는 처음부터 무효인 것으로 본다(민법 제141조). 따라서 그 법정대리인은 미성년자가 행한 취소의 의사표시를 다시 취소할 수 없다고 보아야 한다.

03 민법상 법인에 관한 설명으로 옳은 것은?(다툼이 있으면 판례에 따름)

① 생전처분으로 재단법인을 설립하는 자가 서면으로 재산출연의 의사표시를 하였다면 착오를 이유로 이를 취소할 수 없다.

> 민법 제47조 제1항에 의하여 생전처분으로 재단법인을 설립하는 때에 준용되는 민법 제555조는 "증여의 의사가 서면으로 표시되지 아니한 경우에는 각 당사자는 이를 해제할 수 있다."고 함으로써 서면에 의한 증여(출연)의 해제를 제한하고 있으나, 그 해제는 민법 총칙상의 취소와는 요건과 효과가 다르므로 서면에 의한 출연이더라도 민법 총칙규정에 따라 출연자가 착오에 기한 의사표시라는 이유로 출연의 의사표시를 취소할 수 있고, 상대방 없는 단독행위인 재단법인에 대한 출연행위라고 하여 달리 볼 것은 아니다(대판 1999.7.9. 98다9045).

② 생전처분으로 지명채권을 출연하여 재단법인을 설립하는 경우, 그 지명채권은 대외적으로는 양도통지나 채무자의 승낙이 행해진 때 법인의 재산이 된다.

> 생전처분으로 재단법인을 설립하는 때에는 출연재산은 법인이 성립된 때로부터 법인의 재산이 된다(민법 제48조). 양도통지나 채무자의 승낙은 대항요건에 불과하다(민법 제450조).

❸ 법인의 불법행위를 성립시키는 대표기관에는 법인을 실질적으로 운영하면서 그 법인을 사실상 대표하여 법인의 사무를 집행하는 사람이 포함된다.

> 민법 제35조 제1항은 "법인은 이사 기타 대표자가 그 직무에 관하여 타인에게 가한 손해를 배상할 책임이 있다"라고 정한다. 여기서 '법인의 대표자'에는 그 명칭이나 직위 여하, 또는 대표자로 등기되었는지 여부를 불문하고 당해 법인을 실질적으로 운영하면서 법인을 사실상 대표하여 법인의 사무를 집행하는 사람을 포함한다고 해석함이 상당하다(대판 2011.4.28. 2008다15438).

④ 법인의 대표기관은 정관 또는 사원총회에 의해 금지되지 않는 한 타인에게 포괄적인 대리권을 수여할 수 있다.

> 이사는 정관 또는 총회의 결의로 금지하지 아니한 사항에 한하여 타인으로 하여금 특정한 행위를 대리하게 할 수 있다(민법 제62조).

⑤ 법인이 청산종결등기를 하였다면 실제로 청산사무가 종료되지 않았더라도 그 법인은 소멸한다.

> 청산종결등기가 경료된 경우에도 청산사무가 종료되었다 할 수 없는 경우에는 청산법인으로 존속하므로 권리능력이 인정된다(대판 1980.4.8. 79다2036).

04 물건에 관한 설명으로 옳지 않은 것은?(다툼이 있으면 판례에 따름)

① 특정이 가능하다면 증감·변동하는 유동집합물도 하나의 물건으로 다루어질 수 있다.

> 일단의 증감 변동하는 동산을 하나의 물건으로 보아 이를 채권담보의 목적으로 삼는 이른바 유동집합물에 대한 양도담보설정계약의 경우 양도담보의 효력이 미치는 범위를 명시하여 제3자에게 불측의 손해를 입히지 않도록 하고 권리관계를 미리 명확히 하여 집행절차가 부당히 지연되지 않도록 하기 위하여 그 목적물을 특정할 필요가 있으므로, 담보목적물은 담보설정자의 다른 물건과 구별될 수 있도록 그 종류, 소재하는 장소 또는 수량의 지정 등의 방법에 의하여 외부적·객관적으로 특정되어 있어야 하고, 목적물의 특정 여부 및 목적물의 범위는 목적물의 종류, 장소, 수량 등에 관한 계약의 전체적 내용, 계약 당사자의 의사, 목적물 자체가 가지는 유기적 결합의 정도, 목적물의 성질, 담보물 관리와 이용방법 등 여러 가지 사정을 종합하여 구체적으로 판단하여야 한다(대판 2013.2.15. 2012다87089).

❷ 타인의 토지에 권원 없이 자신의 수목을 식재한 자가 이를 부단히 관리하고 있다면 그 수목은 토지에 부합하지 않는다.

> 타인의 토지상에 권원 없이 식재한 수목의 소유권은 토지소유자에게 귀속되고 권원에 의하여 식재한 경우에는 그 소유권이 식재한 자에게 있다(대판 1980.9.30. 80도1874). 이러한 법리는 수목을 식재한 자가 수목을 부단히 관리하고 있더라도 마찬가지로 적용된다.

③ 명인방법을 갖춘 수목은 독립하여 거래의 객체가 될 수 있다. 　法 대결 1998.10.28. 98마1817

④ 주물·종물 관계는 특별한 사정이 없는 한 동일인 소유의 물건 사이에서 인정된다.

> 종물은 물건의 소유자가 그 물건의 상용에 공하기 위하여 자기 소유인 다른 물건을 이에 부속하게 한 것을 말하므로(민법 제100조 제1항) 주물과 다른 사람의 소유에 속하는 물건은 종물이 될 수 없다(대판 2008.5.8. 2007다36933).

⑤ 주물·종물 법리는 타인 소유 토지 위에 존재하는 건물의 소유권과 그 건물의 부지에 관한 건물소유자의 토지임차권 사이에도 유추적용될 수 있다.

> 건물의 소유를 목적으로 하여 토지를 임차한 사람이 그 토지 위에 소유하는 건물에 저당권을 설정한 때에는 민법 제358조 본문에 따라서 저당권의 효력이 건물뿐만 아니라 건물의 소유를 목적으로 한 토지의 임차권에도 미친다고 보아야 할 것이므로, 건물에 대한 저당권이 실행되어 경락인이 건물의 소유권을 취득한 때에는 특별한 다른 사정이 없는 한 건물의 소유를 목적으로 한 토지의 임차권도 건물의 소유권과 함께 경락인에게 이전된다(대판 1993.4.13. 92다24950).

05 반사회질서의 법률행위에 관한 설명으로 옳지 않은 것은?(다툼이 있으면 판례에 따름)

❶ 과도한 위약벌 약정은 법원의 직권감액이 가능하므로 선량한 풍속 기타 사회질서에 반할 여지가 없다.

> 위약벌의 약정은 채무의 이행을 확보하기 위하여 정해지는 것으로서 손해배상의 예정과는 그 내용이 다르므로 손해배상의 예정에 관한 민법 제398조 제2항을 유추적용하여 그 액을 감액할 수는 없고, 다만 그 의무의 강제에 의하여 얻어지는 채권자의 이익에 비하여 약정된 벌이 과도하게 무거울 때에는 그 일부 또는 전부가 공서양속에 반하여 무효로 된다(대판 2013.7.25. 2013다27015).

② 부동산 매매계약에서 계약금을 수수한 후 당사자가 매매계약의 이행에 착수하기 전에 제3자가 매도인을 적극 유인하여 해당 부동산을 매수하였다면 매도인과 제3자 사이의 그 매매계약은 반사회질서의 법률행위가 아니다.

> 부동산 이중매매가 반사회질서적인 것으로 평가되기 위해서는 제1매매에 약정 또는 법정해제사유가 없어야 하고, 제1매매행위가 계약이라면 중도금이 지급되는 등(대판 2020.5.14. 2019도16228) 계약금의 배액상환으로 제1매매계약을 해제할 수 없는 상태에 이르러야 한다. 따라서 당사자가 제1매매계약의 이행에 착수하기 전에 제3자가 매도인을 적극 유인하여 해당 부동산을 매수하였다면 매도인과 제3자 사이의 그 매매계약은 반사회질서의 법률행위라고 할 수 없다.

③ 보험사고를 가장하여 보험금을 부정취득할 목적으로 체결된 다수의 생명보험계약은 그 목적에 대한 보험자의 인식 여부를 불문하고 무효이다. ⓘ 대판 2017.4.7. 2014다234827

④ 부첩(夫妾)관계의 종료를 해제조건으로 하는 증여계약은 반사회질서의 법률행위로서 무효이다.

> 부첩관계인 부부생활의 종료를 해제조건으로 하는 증여계약은 그 조건만이 무효인 것이 아니라 증여계약 자체가 무효이다(대판 1966.6.21. 66다530).

⑤ 선량한 풍속 기타 사회질서에 반하는 법률행위의 무효는 그 법률행위를 기초로 하여 새로운 이해관계를 맺은 선의의 제3자에 대해서도 주장할 수 있다.

> 반사회질서의 법률행위의 무효는 절대적 무효이므로 선의의 제3자에게도 대항할 수 있다.

통정허위표시에 관한 설명으로 옳은 것은?(다툼이 있으면 판례에 따름)

① 통정허위표시에 의하여 생긴 채권을 가압류한 경우, 가압류권자는 선의이더라도 통정허위표시와 관련하여 보호받는 제3자에 해당하지 않는다.

> 통정한 허위표시에 의하여 외형상 형성된 법률관계로 생긴 채권을 가압류한 경우, 그 가압류권자는 허위표시에 기초하여 새로운 법률상 이해관계를 가지게 되므로 민법 제108조 제2항의 제3자에 해당한다고 봄이 상당하고, 또한 민법 제108조 제2항의 제3자는 선의이면 족하고 무과실은 요건이 아니다(대판 2004.5.28. 2003다70041).

② 통정허위표시인 법률행위는 무효이므로 채권자취소권의 대상인 사해행위로 될 수 없다.

> 상대방과 통정한 허위의 의사표시는 무효로 되나(민법 제108조 제1항), 채무자의 법률행위가 통정허위표시인 경우에도 채권자취소권의 대상이 된다(대판 1998.2.27. 97다50985).

③ 표의자의 진의와 표시가 불일치함을 상대방이 명확하게 인식하였다면 그 불일치에 대하여 양자 간에 합의가 없더라도 통정허위표시가 성립한다.

> 의사표시의 진의와 표시가 일치하지 아니하고, 그 불일치에 관하여 상대방과 사이에 합의가 있는 경우에는, 통정허위표시가 성립한다. 여러 당사자 사이에서 여러 개의 계약이 체결된 경우에, 그 계약 전부가 하나의 계약인 것과 같은 불가분의 관계에 있는 것인지의 여부는, 계약체결의 경위와 목적 및 당사자의 의사 등을 종합적으로 고려하여 판단하여야 한다(대판 2018.7.24. 2018다220574).

④ 파산관재인이 통정허위표시와 관련하여 보호받는 제3자로 등장하는 경우, 모든 파산채권자가 선의인 경우에 한하여 그의 선의가 인정된다.

> 파산관재인은 그 허위표시에 따라 외형상 형성된 법률관계를 토대로 실질적으로 새로운 법률상 이해관계를 가지게 된 민법 제108조 제2항의 제3자에 해당하고, 그 선의·악의도 파산관재인 개인의 선의·악의를 기준으로 할 수는 없고, 총파산채권자를 기준으로 하여 파산채권자 모두가 악의로 되지 않는 한 파산관재인은 선의의 제3자라고 할 수밖에 없다(대판 2013.4.26. 2013다1952).

❺ 임대차보증금반환채권을 담보하기 위하여 임대인과 임차인 사이에 임차인을 전세권자로 하는 전세권설정계약이 체결된 경우, 그 계약이 전세권자의 사용·수익을 배제하는 것이 아니라 하더라도 임대차계약과 양립할 수 없는 범위에서는 통정허위표시로 무효이다.

> 임대차계약에 따른 임대차보증금반환채권을 담보할 목적으로 임대인과 임차인 사이의 합의에 따라 임차인 명의로 전세권설정등기를 마친 경우, 그 전세금의 지급은 이미 지급한 임대차보증금으로 대신한 것이고, 장차 전세권자가 목적물을 사용·수익하는 것을 완전히 배제하는 것도 아니므로, 그 전세권설정등기는 유효하다. 이때 임대인과 임차인이 그와 같은 전세권설정등기를 마치기 위하여 전세권설정계약을 체결한 경우, 임대차보증금은 임대차계약이 종료된 후 임차인이 목적물을 인도할 때까지 발생하는 차임 및 기타 임차인의 채무를 담보하는 것이므로, 임대인과 임차인이 위와 같이 임대차보증금반환채권을 담보할 목적으로 전세권을 설정하기 위하여 전세권설정계약을 체결하였다면, 임대차보증금에서 연체차임 등을 공제하고 남은 돈을 전세금으로 하는 것이 임대인과 임차인의 합치된 의사라고 볼 수 있다. 그러나 그 전세권설정계약은 외관상으로는 그 내용에 차임지급 약정이 존재하지 않고 이에 따라 전세금이 연체차임으로 공제되지 않는 등 임대인과 임차인의 진의와 일치하지 않는 부분이 존재한다. 따라서 그러한 전세권설정계약은 위와 같이 임대차계약과 양립할 수 없는 범위에서 통정허위표시에 해당하여 무효라고 봄이 타당하다. 다만 그러한 전세권설정계약에 의하여 형성된 법률관계에 기초하여 새로이 법률상 이해관계를 가지게 된 제3자에 대하여는 그 제3자가 그와 같은 사정을 알고 있었던 경우에만 그 무효를 주장할 수 있다(대판 2021.12.30. 2018다268538).

07 대리에 관한 설명으로 옳지 않은 것은?

① 대리인이 그 권한 내에서 본인을 위한 것임을 표시한 의사표시는 직접 본인에게 효력이 생긴다.
　(法) 민법 제114조 제1항

② 복대리인은 본인에 대하여 대리인과 동일한 권리의무가 있다. **(法)** 민법 제123조 제2항

❸ 대리인이 수인(數人)인 때에는 법률 또는 수권행위에서 다른 정함이 없으면 공동으로 본인을 대리한다.

> 대리인이 수인인 때에는 <u>각자가</u> 본인을 대리한다. 그러나 법률 또는 수권행위에 다른 정한 바가 있는 때에는 그러하지 아니하다(민법 제119조).

④ 임의대리권은 대리인의 성년후견의 개시로 소멸된다. **(法)** 민법 제127조 제2호

⑤ 특정한 법률행위를 위임한 경우에 대리인이 본인의 지시에 좇아 그 행위를 한 때에는 본인은 자기가 안 사정에 관하여 대리인의 부지(不知)를 주장하지 못한다. **(法)** 민법 제116조 제2항

08 대리에 관한 설명으로 옳지 않은 것은?(다툼이 있으면 판례에 따름)

❶ 대리행위가 강행법규에 위반하여 무효인 경우에도 표현대리가 성립할 수 있다.

> 증권회사 또는 그 임·직원의 부당권유행위를 금지하는 <u>구 증권거래법 제52조 제1호</u>는 공정한 증권거래질서의 확보를 위하여 제정된 <u>강행법규로서</u> 이에 위배되는 주식거래에 관한 투자수익보장약정은 무효이고, <u>투자수익보장이 강행법규에 위반되어 무효</u>인 이상 증권회사의 지점장에게 그와 같은 약정을 체결할 권한이 수여되었는지 여부에 불구하고 <u>그 약정은 여전히 무효이므로 표현대리의 법리가 준용될 여지가 없다</u>(대판 1996.8.23. 94다38199).

② 복임권이 없는 임의대리인이 선임한 복대리인의 행위에도 표현대리가 성립할 수 있다.

> 대리인이 사자 내지 임의로 선임한 복대리인을 통하여 권한 외의 법률행위를 한 경우, 상대방이 그 행위자를 대리권을 가진 대리인으로 믿었고 또한 그렇게 믿는 데에 정당한 이유가 있는 때에는, <u>복대리인 선임권이 없는 대리인에 의하여 선임된 복대리인의 권한도 기본대리권이 될 수 있을 뿐만 아니라</u>, 그 행위자가 사자라고 하더라도 대리행위의 주체가 되는 대리인 별도로 있고 그들에게 본인으로부터 기본대리권이 수여된 이상, <u>민법 제126조를 적용함에 있어서 기본대리권의 흠결 문제는 생기지 않는다</u>(대판 1998.3.27. 97다48982).

③ 하나의 무권대리행위 일부에 대한 본인의 추인은 상대방의 동의가 없으면 무효이다.

> <u>무권대리행위의</u> 추인은 무권대리인에 의하여 행하여진 불확정한 행위에 관하여 그 행위의 효과를 자기에게 직접 발생케 하는 것을 목적으로 하는 의사표시이며, 무권대리인 또는 상대방의 동의나 승낙을 요하지 않는 단독행위로서 추인은 의사표시의 전부에 대하여 행하여져야 하고, <u>그 일부에 대하여 추인을 하거나 그 내용을 변경하여 추인을 하였을 경우에는 상대방의 동의를 얻지 못하는 한 무효</u>이다(대판 1982.1.26. 81다카549).

④ 무권대리인이 본인을 단독상속한 경우, 특별한 사정이 없는 한 자신이 행한 무권대리행위의 무효를 주장하는 것은 허용되지 않는다.

> 무권대리인 甲이 乙로부터 부동산을 상속받아 그 소유자가 되어 소유권이전등기이행의무를 이행하는 것이 가능하게 된 시점에서 자신이 소유자라고 하여 자신으로부터 부동산을 전전매수한 丁에게 원래 자신의 매매행위가 무권대리행위어서 무효였다는 이유로 丁 앞으로 경료된 소유권이전등기가 무효의 등기라고 주장하여 그 등기의 말소를 청구하거나 부동산의 점유로 인한 부당이득금의 반환을 구하는 것은 금반언의 원칙이나 신의성실의 원칙에 반하여 허용될 수 없다(대판 1994.9.27. 94다20617).

⑤ 제한능력자가 법정대리인의 동의 없이 계약을 무권대리한 경우, 그 제한능력자는 무권대리인으로서 계약을 이행할 책임을 부담하지 않는다.

> 대리인으로 계약을 맺은 사람이 제한능력자일 때에는 무권대리인으로서 계약을 이행할 책임이 없다(민법 제135조 제2항).

09 법률행위의 무효와 취소에 관한 설명으로 옳은 것은?(다툼이 있으면 판례에 따름)

① 반사회질서의 법률행위는 당사자가 그 무효를 알고 추인하면 원칙적으로 유효가 된다.

> 반사회질서의 법률행위는 절대적 무효이며 당사자가 무효임을 알고 추인하더라도 그 행위가 유효로 되지는 않는다.

② 담보의 제공은 법정추인사유에 해당하지 않는다.

> 담보의 제공은 법정추인 사유에 해당한다(민법 제145조 제4호).

③ 무효행위의 추인은 무효원인이 소멸하기 전에도 할 수 있다.

> 무효행위의 추인은 법률행위가 무효임을 알고 추인해야 하고 무효사유가 소멸한 후에 하여야 그 효력이 있다(대판 1997.12.12. 95다38240).

④ 피성년후견인은 법정대리인의 동의가 있으면 취소할 수 있는 법률행위를 추인할 수 있다.

> 피성년후견인이 성년후견이 종료되어 자기가 행한 법률행위를 추인하거나 법정대리인이 추인하는 경우 외에는 취소의 원인이 소멸되지 아니하는 한, 피성년후견인은 법정대리인의 동의를 얻어 취소할 수 있는 법률행위를 추인할 수 없다.

❺ 제한능력을 이유로 법률행위가 취소된 경우, 제한능력자는 현존이익의 한도에서 상환할 책임이 있다.

> 취소된 법률행위는 처음부터 무효인 것으로 본다. 다만, 제한능력자는 그 행위로 인하여 받은 이익이 현존하는 한도에서 상환(償還)할 책임이 있다(민법 제141조).

10 민법상 기간에 관한 설명으로 옳지 <u>않은</u> 것은?

① 나이는 출생일을 산입하여 만(滿) 나이로 계산하고, 연수로 표시한다. 🄹 민법 제158조 본문

❷ 월의 처음으로부터 기간을 기산하지 아니하는 때에는 최후의 월에서 그 기산일에 해당한 날의 익일로 기간이 만료한다.

> 주, 월 또는 연의 처음으로부터 기간을 기산하지 아니하는 때에는 최후의 주, 월 또는 연에서 그 기산일에 해당한 날의 <u>전일로</u> 기간이 만료한다(민법 제160조 제2항).

③ 기간의 말일이 공휴일에 해당한 때에는 기간은 그 익일로 만료한다.

> 기간의 말일이 토요일 또는 공휴일에 해당한 때에는 기간은 그 익일로 만료한다(민법 제161조).

④ 기간을 분으로 정한 때에는 즉시로부터 기산한다.

> 기간을 시, 분, 초로 정한 때에는 즉시로부터 기산한다(민법 제156조).

⑤ 기간을 월로 정한 때에는 역(曆)에 의하여 계산한다.

> 기간을 주, 월 또는 연으로 정한 때에는 역에 의하여 계산한다(민법 제160조 제1항).

2024년
2023년
2022년
2021년
2020년

11 조건과 기한에 관한 설명으로 옳은 것은?(다툼이 있으면 판례에 따름)

① 기한의 이익을 가지고 있는 채무자가 그가 부담하는 담보제공 의무를 이행하지 아니하더라도 그 기한의 이익은 상실되지 않는다.

> 채무자가 담보제공의 의무를 이행하지 아니한 때에는 <u>기한의 이익을 주장하지 못한다</u>(민법 제388조 제2호).

② 해제조건 있는 법률행위는 조건이 성취한 때로부터 그 효력이 생긴다.

> 해제조건 있는 법률행위는 조건이 성취한 때로부터 <u>그 효력을 잃는다</u>(민법 제147조 제2항).

③ 기성조건이 정지조건이면 그 법률행위는 무효로 한다.

> 조건이 법률행위의 당시 이미 성취한 것인 경우에는 <u>그 조건이 정지조건이면 조건없는 법률행위</u>로 하고 해제조건이면 그 법률행위는 무효로 한다(민법 제151조 제2항).

④ 기한이익 상실특약은 특별한 사정이 없는 한 정지조건부 기한이익 상실특약으로 본다.

> 기한이익 상실의 특약은 그 내용에 의하여 일정한 사유가 발생하면 채권자의 청구 등을 요함이 없이 당연히 기한의 이익이 상실되어 이행기가 도래하는 것으로 하는 <u>정지조건부 기한이익 상실의 특약</u>과 일정한 사유가 발생한 후 채권자의 통지나 청구 등 채권자의 의사행위를 기다려 비로소 이행기가 도래하는 것으로 하는 <u>형성권적 기한이익 상실의 특약</u>의 두 가지로 대별할 수 있고, 기한이익 상실의 특약이 위의 양자 중 어느 것에 해당하느냐는 당사자의 의사해석의 문제이지만 일반적으로 기한이익 상실의 특약이 채권자를 위하여 둔 것인 점에 비추어 명백히 정지조건부 기한이익 상실의 특약이라고 볼만한 <u>특별한 사정이 없는 이상 형성권적 기한이익 상실의 특약으로 추정</u>하는 것이 타당하다(대판 2010.8.26. 2008다42416).

❺ 기한은 원칙적으로 채무자의 이익을 위한 것으로 추정한다. 🄹 민법 제153조 제1항

12 소멸시효의 중단에 관한 설명으로 옳지 않은 것은?(다툼이 있으면 판례에 따름)

① 3년의 소멸시효기간이 적용되는 채권이 지급명령에서 확정된 경우, 그 시효기간은 10년으로 한다.

> 민사소송법 제474조, 민법 제165조 제2항에 의하면, <u>지급명령에서 확정된 채권은 단기의 소멸시효[3년의 소멸시효(註)]에 해당하는 것이라도 그 <u>소멸시효기간이 10년으로 연장된다</u>(대판 2009.9.24. 2009다39530).

② 채권자가 동일한 목적을 달성하기 위하여 복수의 채권을 가지고 있는 경우, 특별한 사정이 없으면 그중 하나의 채권을 행사한 것만으로는 다른 채권에 대한 시효중단의 효력은 없다.

> <u>채권자가 동일한 목적을 달성하기 위하여 복수의 채권을 갖고 있는 경우</u>, 채권자로서는 그 선택에 따라 권리를 행사할 수 있되, <u>그중 어느 하나의 청구를 한 것만으로는</u> 다른 채권 그 자체를 행사한 것으로 볼 수는 없으므로, <u>특별한 사정이 없는 한 다른 채권에 대한 소멸시효 중단의 효력은 없다</u>(대판 2020.3.26. 2018다221867).

❸ 대항요건을 갖추지 못한 채권양도의 양수인이 채무자를 상대로 재판상 청구를 하여도 시효중단사유인 재판상 청구에 해당하지 아니한다.

> <u>채권양도는 구 채권자인 양도인과 신 채권자인 양수인 사이에 채권을 그 동일성을 유지하면서 전자로부터 후자에게로 이전시킬 것을 목적으로 하는 계약을 말한다</u> 할 것이고, 채권양도에 의하여 채권은 그 동일성을 잃지 않고 양도인으로부터 양수인에게 이전되며, 이러한 법리는 채권양도의 대항요건을 갖추지 못하였다고 하더라도 마찬가지인 점, 민법 제149조의 "조건의 성취가 미정한 권리의무는 일반규정에 의하여 처분, 상속, 보존 또는 담보로 할 수 있다."는 규정은 대항요건을 갖추지 못하여 채무자에게 대항하지 못한다고 하더라도 채권양도에 의하여 채권을 이전받은 양수인의 경우에도 그대로 준용될 수 있는 점, 채무자를 상대로 재판상의 청구를 한 채권의 양수인을 '권리 위에 잠자는 자'라고 할 수 없는 점 등에 비추어 보면, 비록 <u>대항요건을 갖추지 못하여 채무자에게 대항하지 못한다고 하더라도 채권의 양수인이 채무자를 상대로 재판상의 청구를 하였다면 이는 소멸시효 중단사유인 재판상의 청구에 해당한다고</u> 보아야 한다(대판 2005.11.10. 2005다41818).

④ 채권자가 최고를 여러 번 거듭하다가 재판상 청구를 한 경우, 시효중단의 효력은 재판상 청구를 한 시점을 기준으로 하여 이로부터 소급하여 6월 이내에 한 최고시에 발생한다.

> 최고를 여러 번 거듭하다가 재판상 청구 등을 한 경우에 있어서의 시효중단의 효력은 항상 최초의 최고시에 발생하는 것이 아니라 재판상 청구 등을 한 시점을 기준으로 하여 <u>이로부터 소급하여 6월 이내에 한 최고시에 발생한다</u>(대판 1987.12.22. 87다카2337).

⑤ 동일한 당사자 사이에 계속적 거래관계로 인한 수개의 금전채무가 있고, 채무자가 그 채무 전액을 변제하기에는 부족한 금액으로 채무의 일부를 변제하는 경우에 그 수개의 채무전부에 관하여 시효중단의 효력이 발생하는 것이 원칙이다.

> 동일 당사자 간의 계속적인 금전거래로 인하여 수개의 금전채무가 있는 경우에 채무의 일부 변제는 채무의 일부로서 변제한 이상 그 채무전부에 관하여 시효중단의 효력을 발생하는 것으로 보아야 하고 <u>동일 당사자 간에 계속적인 거래관계로 인하여 수개의 금전채무가 있는 경우에 채무자가 전 채무액을 변제하기에 부족한 금액을 채무의 일부로 변제한 때에는 특별한 사정이 없는 한 기존의 수개의 채무전부에 대하여 승인을 하고 변제한 것으로 보는 것이</u> 상당하다(대판 1980.5.13. 78다1790).

13 민법상 채권의 목적에 관한 설명으로 옳지 않은 것은?(다툼이 있으면 판례에 따름)

❶ 선택채권의 경우, 특별한 사정이 없는 한 선택의 효력은 소급하지 않는다.

> 선택의 효력은 그 채권이 발생한 때에 소급한다. 그러나 제3자의 권리를 해하지 못한다(민법 제386조).

② 금전으로 가액을 산정할 수 없는 것이라도 채권의 목적으로 할 수 있다. 🔎 민법 제373조

③ 종류채권의 경우, 목적물이 특정된 때부터 그 특정된 물건이 채권의 목적물이 된다.

> 종류채권의 목적물은 채무자가 이행에 필요한 행위를 완료하거나 채권자의 동의를 얻어 이행할 물건을 지정한 때 특정되므로 그때로부터 그 물건을 채권의 목적물로 한다(민법 제375조 제2항).

④ 특정물매매계약의 매도인은 특별한 사정이 없는 한 그 목적물을 인도할 때까지 선량한 관리자의 주의로 그 물건을 보존하여야 한다. 🔎 민법 제374조

⑤ 금전채무에 관하여 이행지체에 대비한 지연손해금 비율을 따로 약정한 경우, 그 약정은 일종의 손해배상액의 예정이다.

> 민법 제398조 제2항은 손해배상의 예정액이 부당히 과다한 경우에는 법원이 이를 적당히 감액할 수 있다고 규정하고 있고, 금전채무의 불이행에 관하여 적용을 배제하지 않고 있다. 또한 이자제한법 제6조는 법원은 당사자가 금전을 목적으로 한 채무의 불이행에 관하여 예정한 배상액을 부당하다고 인정한 때에는 상당한 액까지 이를 감액할 수 있다고 규정하고 있다. 따라서 금전채무에 관하여 이행지체에 대비한 지연손해금 비율을 따로 약정한 경우에 이는 손해배상액의 예정으로서 감액의 대상이 된다(대판 2017.7.11. 2016다52265).

---

14 甲과 乙은 A에 대하여 2억원의 연대채무를 부담하고 있으며, 甲과 乙 사이의 부담부분은 균등하다. 이에 관한 설명으로 옳은 것은?(다툼이 있으면 판례에 따름)

① 甲의 A에 대한 위 채무가 시효완성으로 소멸한 경우, 乙도 A에 대하여 위 채무 전부를 이행할 의무를 면한다.

> 연대채무자 甲에 대하여 소멸시효가 완성한 때에는 그 부담부분인 1억원에 한하여 다른 연대채무자 乙도 의무를 면하게 된다(민법 제421조). 따라서 乙은 A에게 자기의 부담부분인 1억원에 대하여 연대채무를 부담한다.

② 甲이 A에게 2억원의 상계할 채권을 가지고 있음에도 상계를 하지 않는 경우, 乙은 甲이 A에게 가지는 2억원의 채권으로 위 채무 전부를 상계할 수 있다.

> 상계할 채권이 있는 연대채무자 甲이 상계하지 아니한 때에는 다른 연대채무자 乙은 甲의 부담부분인 1억원에 한하여 상계할 수 있다(민법 제418조 제2항).

❸ A가 甲에 대하여 채무의 이행을 청구하여 시효가 중단된 경우, 乙에게도 시효중단의 효력이 있다.

> 채권자 A가 연대채무자 甲에 대하여 채무의 이행을 청구하여 시효가 중단된 경우, 다른 연대채무자 乙에게도 시효중단의 효력이 있다(민법 제416조, 민법 제168조 제1호).

④ A의 신청에 의한 경매개시결정에 따라 甲소유의 부동산이 압류되어 시효가 중단된 경우, 乙에게도 시효중단의 효력이 있다.

> 연대채무자와 채권자 사이에 절대적 효력이 있는 사유 외에는 상대적 효력이 인정되는 데 그치므로(민법 제 423조), 채권자 A의 이행청구 외의 압류로 인한 소멸시효 중단의 효력은 다른 연대채무자인 乙에게 미치지 아니한다.

⑤ A가 甲에 대하여 위 채무를 전부 면제해 준 경우, 乙도 A에 대하여 위 채무 전부를 이행할 의무를 면한다.

> 어느 연대채무자에 대한 채무면제는 그 채무자의 부담부분에 한하여 다른 연대채무자의 이익을 위하여 효력이 있으므로(민법 제419조), 채권자 A가 연대채무자 甲에 대하여 채무를 전부 면제해 준 경우, 甲은 연대채무를 면하게 되고 다른 연대채무자 乙은 A에 대하여 자기의 부담부분인 1억원에 한하여 연대채무를 이행할 의무가 있다.

15 채권자대위권에 관한 설명으로 옳지 않은 것은?(다툼이 있으면 판례에 따름)

☑ 확인
Check!
○
△
×

① 물권적 청구권도 채권자대위권의 피보전권리가 될 수 있다.

> 피보전채권이 특정채권이라 하여 반드시 순차매도 또는 임대차에 있어 소유권이전등기청구권이나 인도청구 권 등의 보전을 위한 경우에만 한하여 채권자대위권이 인정되는 것은 아니며, 물권적 청구권에 대하여도 채권 자대위권에 관한 민법 제404조의 규정과 위와 같은 법리가 적용될 수 있다(대판 2007.5.10. 2006다82700).

② 피보전채권의 이행기가 도래하기 전이라도 채권자는 법원의 허가를 얻어 채무자의 제3자에 대한 채권자취소권을 대위행사할 수 있다.

> 채권자는 피보전채권의 이행기가 도래하기 전이라도 법원의 허가를 얻어 채권자대위권의 대상이 되는 채무자 의 제3자에 대한 채권자취소권(대판 2001.12.27. 2000다73049)을 대위행사할 수 있다.

❸ 민법상 조합원의 조합탈퇴권은 특별한 사정이 없는 한 채권자대위권의 목적이 될 수 없다.

> 조합원이 조합을 탈퇴할 권리는 그 성질상 조합계약의 해지권으로서 그의 일반재산을 구성하는 재산권의 일종 이라 할 것이고 채권자대위가 허용되지 않는 일신전속적 권리라고는 할 수 없다(대결 2007.11.30. 2005마 1130).

④ 행사상 일신전속권은 채권자대위권의 목적이 되지 못한다.

> 친족 간의 부양청구권, 위자료청구권 등과 같은 행사상 일신전속권은 그 행사에 의하여 채무자의 재산이 유지 되고 채권보전에 기여하더라도 대위의 목적이 되지 못한다(민법 제404조 제1항 단서).

⑤ 채권자대위소송에서 피보전채권의 존재 여부는 법원의 직권조사사항이다.

> 🖑 대판 2012.3.29. 2011다106136

16 채무인수에 관한 설명으로 옳지 않은 것은?(다툼이 있으면 판례에 따름)

① 중첩적 채무인수는 채권자와 인수인 사이의 합의가 있으면 채무자의 의사에 반하여서도 이루어질 수 있다.

> 중첩적 채무인수는 채권자와 채무인수인과의 합의가 있는 이상 채무자의 의사에 반하여서도 이루어질 수 있다 (대판 1988.11.22. 87다카1836).

❷ 채무자와 인수인의 계약에 의한 면책적 채무인수는 채권자의 승낙이 없더라도 면책적 채무인수의 효력이 있다.

> 제3자가 채무자와의 계약으로 채무를 인수한 경우에는 채권자의 승낙에 의하여 그 효력이 생긴다(민법 제454 조 제1항). 따라서 채권자의 승낙이 없다면 면책적 채무인수의 효력은 발생하지 아니한다.

③ 채무인수가 면책적인지 중첩적인지 불분명한 경우에는 중첩적 채무인수로 본다.

> 채무인수가 면책적인가 중첩적인가 하는 것은 채무인수계약에 나타난 당사자 의사의 해석에 관한 문제로서, 면책적 인수인지 중첩적 인수인지가 분명하지 아니한 때에는 이를 중첩적으로 인수한 것으로 볼 것이다(대판 2013.9.13. 2011다56033).

④ 면책적 채무인수인은 전(前)채무자의 항변할 수 있는 사유로 채권자에게 대항할 수 있다.

> 🔢 민법 제458조

⑤ 전(前)채무자의 채무에 대한 보증은 보증인의 동의가 없는 한 면책적 채무인수로 인하여 소멸한다.

> 전채무자의 채무에 대한 보증이나 제3자가 제공한 담보는 채무인수로 인하여 소멸한다. 그러나 보증인이나 제3자가 채무인수에 동의한 경우에는 그러하지 아니하다(민법 제459조).

17 甲은 乙에 대하여 A채무(원본 : 5천만원, 대여일 : 2021년 3월 1일, 이자 : 월 0.5%, 변제기 : 2021년 4월 30일)와 B채무(원본 : 4천만원, 대여일 : 2021년 4월 1일, 이자 : 월 1%, 변제기 : 2021년 5월 31일)를 부담하고 있다. 이에 관한 설명으로 옳은 것을 모두 고른 것은?(다툼이 있으면 판례에 따름)

> ㄱ. 甲은 2021년 6월 5일에 5천만원을 변제하면서 乙과의 합의로 B채무의 원본에 충당한 후 나머지는 A채무의 원본에 충당하는 것으로 정할 수 있다.
> ㄴ. 甲이 2021년 6월 5일에 5천만원을 변제하면서 법정충당이 이루어지는 경우, B채무에 보증인이 있다면 A채무의 변제에 먼저 충당된다.
> ㄷ. 甲이 2021년 5월 3일에 5천만원을 변제하면서 법정충당이 이루어지는 경우, B채무에 먼저 충당된다.
> ㄹ. 甲이 2021년 4월 28일에 5천만원을 변제하면서 법정충당이 이루어지는 경우, B채무에 먼저 충당된다.

① ㄱ, ㄴ   ❷ ㄱ, ㄹ
③ ㄴ, ㄷ   ④ ㄱ, ㄷ, ㄹ
⑤ ㄴ, ㄷ, ㄹ

ㄱ. (○) 채무자 甲이 채권자 乙에게 A채무(5천만원)와 B채무(4천만원)를 부담하고 있는데 甲이 변제제공한 5천만원은 채무 전부를 소멸시키기에 충분하지 아니하여 변제충당의 문제가 발생한다. 민법상 명문 규정은 없지만 **합의에 의한 충당이 최우선적으로 적용되므로**, 甲이 5천만원을 변제하면서 乙과의 합의로 B채무의 원본에 충당한 후 나머지는 A채무의 원본에 충당하는 것으로 정할 수 있다.

ㄴ. (×) 변제충당의 합의가 없고 지정충당도 없는 경우에는 민법 제477조에서 정한 법정충당에 의하게 된다. 甲이 2021년 6월 5일에 5천만원을 변제하면서 법정충당이 이루어지는 경우, A채무와 B채무는 이미 변제기가 도래하였고, B채무에 존재하는 보증인으로 인한 변제이익은 A채무와 차이가 없으나(대판 1985.3.12. 84다카2093), 이자발생으로 인한 변제이익(A채무 : 월 25만원, B채무 : 월 40만원)은 B채무가 더 많으므로 민법 제477조 제2호에 의하여 **B채무의 변제에 먼저 충당**된다.

ㄷ. (×) 甲이 2021년 5월 3일에 5천만원을 변제하면서 법정충당이 이루어지는 경우, A채무는 변제기에 도달하였으나 B채무는 그러하지 아니하므로 민법 제477조 제1호에 의하여 **A채무의 변제에 먼저 충당**된다.

ㄹ. (○) 甲이 2021년 4월 28일에 5천만원을 변제하면서 법정충당이 이루어지는 경우, A채무와 B채무는 모두 변제기에 도달하지 아니하였기 때문에 민법 제477조 제2호에 의하여 변제 이익이 많은 **B채무의 변제에 먼저 충당**된다.

18 상계에 관한 설명으로 옳은 것은?(다툼이 있으면 판례에 따름)

❶ 고의의 불법행위로 인하여 손해배상채무를 부담하는 자는 그 채무를 수동채권으로 하여 상계하지 못한다.

> 채무가 고의의 불법행위로 인한 것인 때에는 그 채무자는 상계로 채권자에게 대항하지 못한다(민법 제496조).

② 자동채권의 변제기는 도래하였으나 수동채권의 변제기가 도래하지 않은 경우에는 상계를 할 수 없다.

> 자동채권은 변제기에 도래할 것을 요하나, 수동채권의 경우에는 채무자는 변제기 도래 이전이라도 이행할 수 있으므로(민법 제468조 본문) 채무의 변제기가 도래하지 않았더라도 <u>기한의 이익을 포기하고 상계할 수 있다.</u>

③ 채권자가 주채무자에 대하여 상계적상에 있는 자동채권을 상계하지 않는 경우, 보증채무자는 이를 이유로 보증한 채무의 이행을 거부할 수 있다.

> 상계는 단독행위로서 상계를 할지는 채권자의 의사에 따른 것이고 상계적상에 있는 자동채권이 있다고 하여 반드시 상계를 해야 할 것은 아니다. 채권자가 주채무자에 대하여 <u>상계적상에 있는 자동채권을 상계하지 않았다고 하여 이를 이유로 보증채무자가 보증한 채무의 이행을 거부할 수 없으며</u> 나아가 보증채무자의 책임이 면책되는 것도 아니다(대판 2018.9.13. 2015다209347).

④ 채무자는 채권양도를 승낙한 후에도 양도인에 대한 채권을 새로 취득한 경우에 이를 가지고 양수인에 대하여 상계할 수 있다.

> 채무자는 채권양도를 승낙한 후에 취득한 양도인에 대한 채권으로써 양수인에 대하여 상계로써 대항하지 못한다(대판 1984.9.11. 83다카2288).

⑤ 벌금형이 확정된 경우, 그 벌금채권은 상계의 자동채권이 될 수 없다.

> 벌금형이 확정된 이상 벌금채권의 변제기는 도래한 것이므로 달리 이를 금하는 특별한 법률상 근거가 없는 이상 <u>벌금채권은 적어도 상계의 자동채권이 되지 못할 아무런 이유가 없다</u>(대판 2004.4.27. 2003다37891).

2024년

2023년

2022년

2021년

2020년

19 계약의 성립에 관한 설명으로 옳지 않은 것은?(다툼이 있으면 판례에 따름)

① 청약은 상대방이 있는 의사표시이지만, 상대방은 청약 당시에 특정되어 있지 않아도 된다.

> 청약은 상대방이 있는 의사표시이지만, 불특정 다수인에 대한 것도 유효하며 이러한 경우의 청약은 장래 계약의 당사자로 될 수 있는 자에게만 유효하다.

② 관습에 의하여 승낙의 통지가 필요하지 않은 경우에 계약은 승낙의 의사표시로 인정되는 사실이 있는 때에 성립한다.

> 청약자의 의사표시나 관습에 의하여 승낙의 통지가 필요하지 아니한 경우에는 <u>계약은 승낙의 의사표시로 인정되는 사실이 있는 때에 성립한다</u>(민법 제532조).

③ 청약이 상대방에게 발송된 후 도달하기 전에 발생한 청약자의 사망은 그 청약의 효력에 영향을 미치지 아니한다.

> 청약이 상대방에게 발송된 후 도달하기 전에 청약자가 사망한 경우 <u>그 청약의 효력에는 영향이 없다</u>(민법 제111조 제2항).

❹ 승낙자가 승낙기간을 도과한 후 승낙을 발송한 경우에 이를 수신한 청약자가 승낙의 연착을 통지하지 아니하면 그 승낙은 연착되지 아니한 것으로 본다.

> 승낙의 통지가 승낙기간 후에 도달한 경우에 보통 그 기간 내에 도달할 수 있는 발송인 때에는 청약자는 지체 없이 상대방에게 그 연착의 통지를 하여야 한다. 청약자가 통지를 하지 아니한 때에는 승낙의 통지는 연착되지 아니한 것으로 본다(민법 제528조 제2항, 제3항).

⑤ 교차청약에 의한 격지자 간 계약은 양(兩) 청약이 상대방에게 모두 도달한 때에 성립한다.

> 당사자 간에 동일한 내용의 청약이 상호교차된 경우에는 양 청약이 상대방에게 도달한 때에 계약이 성립한다(민법 제533조).

20 제3자를 위한 계약에 관한 설명으로 옳은 것은?(다툼이 있으면 판례에 따름)

① 채무자와 인수인 사이에 체결되는 중첩적 채무인수계약은 제3자를 위한 계약이 아니다.

> 채무자와 인수인의 합의에 의한 중첩적 채무인수는 일종의 제3자를 위한 계약이라고 할 것이므로, 채권자는 인수인에 대하여 채무이행을 청구하거나 기타 채권자로서의 권리를 행사하는 방법으로 수익의 의사표시를 함으로써 인수인에 대하여 직접 청구할 권리를 갖게 된다(대판 2013.9.13. 2011다56033).

❷ 제3자를 위한 도급계약에서 수익의 의사표시를 한 제3자가 그 계약에 따라 완성된 목적물의 하자로 인해 손해를 입은 경우, 특별한 사정이 없는 한 낙약자는 그 제3자에게 해당 손해를 배상할 의무가 있다.

> 제3자를 위한 계약에 있어서 수익의 의사표시를 한 수익자는 낙약자에게 직접 그 이행을 청구할 수 있을 뿐만 아니라 요약자가 계약을 해제한 경우에는 낙약자에게 자기가 입은 손해의 배상을 청구할 수 있는 것이므로, 수익자가 완성된 목적물의 하자로 인하여 손해를 입었다면 수급인[낙약자(註)]은 그 손해를 배상할 의무가 있다(대판 1994.8.12. 92다41559).

③ 요약자와 낙약자의 합의에 따라 제3자의 권리를 소멸시킬 수 있음을 미리 유보하였더라도 제3자에게 그 권리가 확정적으로 귀속되었다면 요약자와 낙약자는 제3자의 권리를 소멸시키지 못한다.

> 제3자를 위한 계약에 있어서, 제3자가 민법 제539조 제2항에 따라 수익의 의사표시를 함으로써 제3자에게 권리가 확정적으로 귀속된 경우에는, 요약자와 낙약자의 합의에 의하여 제3자의 권리를 변경·소멸시킬 수 있음을 미리 유보하였거나, 제3자의 동의가 있는 경우가 아니면 계약의 당사자인 요약자와 낙약자는 제3자의 권리를 변경·소멸시키지 못하고, 만일 계약의 당사자가 제3자의 권리를 임의로 변경·소멸시키는 행위를 한 경우 이는 제3자에 대하여 효력이 없다(대판 2002.1.25. 2001다30285).

④ 제3자가 수익의 의사표시를 한 후에는 요약자는 원칙적으로 낙약자에 대하여 제3자에게 급부를 이행할 것을 요구할 수 있는 권리를 갖지 못한다.

> 제3자를 위한 계약에서 제3자는 채무자(낙약자)에 대하여 계약의 이익을 받을 의사를 표시한 때에 채무자에게 직접 이행을 청구할 수 있는 권리를 취득하고(민법 제539조), 요약자는 제3자를 위한 계약의 당사자로서 원칙적으로 제3자의 권리와는 별도로 낙약자에 대하여 제3자에게 급부를 이행할 것을 요구할 수 있는 권리를 가진다(대판 2022.1.27. 2018다259565).

⑤ 제3자가 수익의 의사표시를 한 경우, 특별한 사정이 없는 한 요약자는 낙약자의 채무불이행을 이유로 제3자의 동의 없이 계약을 해제할 수 없다.

> 제3자를 위한 유상 쌍무계약의 경우 요약자는 낙약자의 채무불이행을 이유로 제3자의 동의 없이 계약을 해제할 수 있다(대판 1970.2.24. 69다1410).

21 계약의 해제에 관한 설명으로 옳지 않은 것은?(특별한 사정이 없음을 전제로 하며, 다툼이 있으면 판례에 따름)

☑ 확인
Check!
○
△
×

① 당사자는 합의로 계약을 해제할 수 있다.

> 계약의 합의해제는 해제권의 유무를 불문하고 계약당사자 쌍방이 합의에 의하여 기존의 계약의 효력을 소멸시켜 당초부터 계약이 체결되지 않았던 것과 같은 상태로 복귀시킬 것을 내용으로 하는 새로운 계약을 말한다(대판 2000.9.8. 99다36525).

② 채권자가 채무액을 현저히 초과하는 금액의 지급을 최고하고, 이 금액을 지급하지 않으면 수령하지 않을 것이 분명한 경우에 이 최고에 터잡은 채권자의 해제는 무효이다.

> 채권자의 이행최고가 본래 이행하여야 할 채무액을 초과하는 금액의 이행을 요구하는 내용일 때에는 그 과다한 정도가 현저하고 채권자가 청구한 금액을 제공하지 않으면 그것을 수령하지 않을 것이라는 의사가 분명한 경우에는 그 최고는 부적법하고 이러한 최고에 터잡은 계약해제는 그 효력이 없다(대판 1994.11.25. 94다35930).

③ 계약체결에 관한 대리권만을 수여받은 대리인은 계약체결 후 그 계약을 해제할 수 없다.

> 어떠한 계약의 체결에 관한 대리권을 수여받은 대리인이 수권된 법률행위를 하게 되면 그것으로 대리권의 원인된 법률관계는 원칙적으로 목적을 달성하여 종료하는 것이고, 법률행위에 의하여 수여된 대리권은 그 원인된 법률관계의 종료에 의하여 소멸하는 것이므로(민법 제128조), 그 계약을 대리하여 체결하였던 대리인이 체결된 계약의 해제 등 일체의 처분권과 상대방의 의사를 수령할 권한까지 가지고 있다고 볼 수는 없다(대판 2015.12.23. 2013다81019).

④ 하나의 계약에서 일방이 수인(數人)인 경우에 상대방은 그 수인 모두에게 해제의 의사표시를 하여야 한다.

> 당사자의 일방 또는 쌍방이 수인인 경우에는 계약의 해지나 해제는 그 전원으로부터 또는 전원에 대하여 하여야 한다(민법 제547조 제1항).

❺ 매도인의 책임있는 사유로 이행불능이 되어 매수인이 계약을 해제한 경우의 손해배상은 해제시 목적물의 싯가를 기준으로 그 손해를 산정한다.

> 채무가 이행불능으로 되거나, 타인의 권리매매에 있어 매도인이 그 권리를 매수인에게 이전할 수 없게 된 경우의 손해배상은 이행불능 당시의 목적물의 싯가를 기준으로 그 손해를 산정한다(대판 1980.3.11. 80다78).

22 담보책임에 관한 설명으로 옳은 것은?(특별한 사정이 없음을 전제로 하며, 다툼이 있으면 판례에 따름)

❶ 특정물매매계약에 있어 목적물에 하자가 있는 경우, 악의의 매수인은 대금감액청구권을 행사할 수 있다.

> 특정물매매계약에 있어 목적물에 하자가 있는 경우 <u>선의, 무과실의 매수인은 계약해제권과 손해배상청구권을 행사할 수 있다</u>(민법 제580조 제1항). 대금감액청구권은 권리의 일부가 타인에게 속한 경우와 수량부족, 일부 멸실의 경우에 매도인에게 인정되는 담보책임의 내용이 된다(민법 제572조, 제574조).

❷ 특정물의 수량지정매매에서 수량이 부족한 경우, 악의의 매수인은 계약한 날로부터 1년 이내에 대금감액청구권을 행사하여야 한다.

> 수량지정매매에 있어서의 매도인의 담보책임에 기한 매수인의 대금감액청구권은 매수인이 선의인 경우에는 사실을 안 날로부터, 악의인 경우에는 계약한 날로부터 1년 이내에 행사하여야 한다(대판 2002.11.8. 99다58136). 이 판례의 해석과 관련하여 판례가 특정물의 수량지정매매에서 수량이 부족한 경우 악의의 매수인에게도 대금감액청구권을 인정한 것이라는 견해도 있으나, <u>민법 제574조 후단과 제572조 제3항의 취지를 고려할 때 악의의 매수인에게는 대금감액청구권이 인정되지 아니한다</u>고 보는 것이 타당하다고 판단된다. 이러한 이유로 이 문제의 최종정답을 전항정답으로 처리한 것으로 보인다.

❸ 부담부 증여의 증여자는 담보책임을 지지 않는다.

> 상대부담있는 증여에 대하여는 증여자는 <u>그 부담의 한도에서 매도인과 같은 담보의 책임이 있다</u>(민법 제559조 제2항).

❹ 일정한 면적(수량)을 가지고 있다는 데 주안을 두고, 대금도 면적을 기준으로 하여 정해지는 아파트 분양계약은 수량지정매매가 될 수 없다.

> 목적물이 일정한 면적(수량)을 가지고 있다는 데 주안을 두고 대금도 면적을 기준으로 하여 정하여지는 <u>아파트 분양계약은 이른바 수량을 지정한 매매</u>라 할 것이다(대판 2002.11.8. 99다58136).

❺ 건물신축도급계약에 따라 완성된 건물의 하자로 계약의 목적을 달성할 수 없는 경우, 도급인은 이를 이유로 그 계약을 해제할 수 있다.

> 도급인이 완성된 목적물의 하자로 인하여 계약의 목적을 달성할 수 없는 때에는 계약을 해제할 수 있다. <u>그러나 건물 기타 토지의 공작물에 대하여는 그러하지 아니하다</u>(민법 제668조).

23 민법상 위임에 관한 설명으로 옳지 않은 것은?(다툼이 있으면 판례에 따름)

① 무상위임의 수임인은 선량한 관리자의 주의의무를 부담한다.

> 수임인은 <u>유상위임이든 무상위임이든 불문하고</u> 위임의 본지에 따라 선량한 관리자의 주의로써 위임사무를 처리하여야 한다(민법 제681조).

② 수임인은 부득이한 사유가 있으면 제3자로 하여금 자기에 갈음하여 위임사무를 처리하게 할 수 있다.

> 수임인은 위임인의 승낙이나 부득이한 사유없이 제3자로 하여금 자기에 갈음하여 위임사무를 처리하게 하지 못한다(민법 제682조 제1항). 따라서 <u>부득이한 사유가 있으면</u> 수임인은 제3자로 하여금 자기에 갈음하여 위임사무를 처리하게 할 수 있다.

③ 변호사에게 계쟁사건의 처리를 위임함에 있어서 보수에 관하여 명시적으로 약정하지 않은 경우, 특별한 사정이 없는 한 응분의 보수를 지급할 묵시의 약정이 있는 것으로 볼 수 있다.

> 변호사에게 계쟁사건의 처리를 위임함에 있어서 보수에 관하여 명시적으로 약정하지 않은 경우, <u>특별한 사정이 없는 한 응분의 보수를 지급할 묵시의 약정이 있는 것으로 볼 수 있다</u>(대판 1993.11.12. 93다36882).

❹ 위임인에게 불리한 시기에 부득이한 사유로 계약을 해지한 수임인은 그 해지로 인해 위임인에게 발생한 손해를 배상하여야 한다.

> 당사자 일방이 부득이한 사유없이 상대방의 불리한 시기에 계약을 해지한 때에는 그 손해를 배상하여야 하므로(민법 제689조 제2항), <u>부득이한 사유가 있다면 수임인은 그 해지로 인해 위임인에게 발생한 손해를 배상하여야 할 책임이 없다</u>.

⑤ 위임이 종료된 경우, 수임인은 특별한 사정이 없는 한 지체 없이 그 전말을 위임인에게 보고하여야 한다.

> 수임인은 위임인의 청구가 있는 때에는 위임사무의 처리상황을 보고하고 위임이 종료한 때에는 <u>지체 없이 그 전말을 보고하여야</u> 한다(민법 제683조).

24 부당이득에 관한 설명으로 옳은 것은?(다툼이 있으면 판례에 따름)

① 채무자가 착오로 변제기 전에 채무를 변제한 경우, 채권자는 이로 인해 얻은 이익을 반환할 의무가 없다.

> 변제기에 있지 아니한 채무를 변제한 때에는 그 반환을 청구하지 못한다. 그러나 채무자가 착오로 인하여 변제한 때에는 <u>채권자는 이로 인하여 얻은 이익을 반환하여야</u> 한다(민법 제743조).

② 수익자가 이익을 받은 후 법률상 원인없음을 안 때에는 그 이익을 받은 날로부터 악의의 수익자로서 이익반환의 책임이 있다.

> 수익자가 이익을 받은 후 법률상 원인없음을 안 때에는 <u>그때부터</u> 악의의 수익자로서 이익반환의 책임이 있다(민법 제749조 제1항).

③ 선의의 수익자가 패소한 때에는 패소가 확정된 때부터 악의의 수익자로 본다.

> 선의의 수익자가 패소한 때에는 <u>그 소를 제기한 때부터</u> 악의의 수익자로 본다(민법 제749조 제2항).

④ 불법원인급여에서 수익자의 불법성이 현저히 크고, 그에 비하여 급여자의 불법성은 경미한 경우라 하더라도 급여자의 반환청구는 허용되지 않는다.

> 수익자의 불법성이 급여자의 그것보다 현저히 큰 데 반하여 급여자의 불법성은 미약한 경우에도 급여자의 반환청구가 허용되지 않는다면 공평에 반하고 신의성실의 원칙에도 어긋나므로, <u>이러한 경우에는 민법 제746조 본문의 적용이 배제되어 급여자의 반환청구는 허용된다</u>(대판 1999.9.17. 98도2036).

❺ 법률상 원인 없이 이득을 얻은 자는 있지만 그로 인해 손해를 입은 자가 없는 경우, 부당이득반환청구권은 인정되지 않는다.

> 부당이득은 법률상 원인 없이 타인의 재산 또는 노무로 인하여 이익을 얻고 이로 인하여 타인에게 손해를 가함으로써 성립하는 것이므로, <u>법률상 원인 없는 이득이 있다 하더라도 그로 인하여 타인에게 손해가 발생한 것이 아니라면 그 타인은 부당이득반환청구권자가 될 수 없다</u>(대판 2011.7.28. 2009다100418).

25 불법행위에 기한 손해배상에 관한 설명으로 옳지 않은 것을 모두 고른 것은?(다툼이 있으면 판례에 따름)

☑ 확인
Check!
○
△
×

> ㄱ. 작위의무 있는 자의 부작위에 의한 과실방조는 공동불법행위의 방조가 될 수 없다.
> ㄴ. 도급인이 수급인의 일의 진행과 방법에 관해 구체적으로 지휘·감독한 경우, 수급인의 그 도급업무와 관련된 불법행위로 인한 제3자의 손해에 대해 도급인은 사용자책임을 진다.
> ㄷ. 책임능력 없는 미성년자의 불법행위로 인해 손해를 입은 자는 그 미성년자의 감독자에게 배상을 청구하기 위해 그 감독자의 감독의무해태를 증명하여야 한다.
> ㄹ. 파견근로자의 파견업무에 관한 불법행위에 대하여 파견사업주는 특별한 사정이 없는 한 사용자로서의 배상책임을 부담하지 않는다.

① ㄱ
② ㄴ, ㄷ
③ ㄴ, ㄹ
❹ ㄱ, ㄷ, ㄹ
⑤ ㄱ, ㄴ, ㄷ, ㄹ

ㄱ. (×) 민법 제760조 제3항은 교사자나 방조자는 공동행위자로 본다고 규정하여 교사자나 방조자에게 공동불법행위자로서 책임을 부담시키고 있는바, 방조라 함은 불법행위를 용이하게 하는 직접, 간접의 모든 행위를 가리키는 것으로서 작위에 의한 경우뿐만 아니라 작위의무 있는 자가 그것을 방지하여야 할 여러 조치를 취하지 아니하는 부작위로 인하여 불법행위자의 실행행위를 용이하게 하는 경우도 포함하고, 이러한 불법행위의 방조는 형법과 달리 손해의 전보를 목적으로 하여 과실을 원칙적으로 고의와 동일시하는 민법의 해석으로서는 과실에 의한 방조도 가능하다(대판 2007.6.14. 2005다32999).

ㄴ. (○) 도급인이 수급인의 일의 진행 및 방법에 관하여 구체적인 지휘감독권을 유보한 경우에는 도급인과 수급인의 관계는 실질적으로 사용자 및 피용자의 관계와 다를 바 없으므로 수급인이 고용한 제3자의 불법행위로 인한 손해에 대하여 도급인은 민법 제756조에 의한 사용자 책임을 면할 수 없다(대판 1987.10.28. 87다카1185).

ㄷ. (×) 민법 제755조 제1항에 의하여 책임능력 없는 미성년자를 감독할 법정의 의무 있는 자가 지는 손해배상책임은 그 미성년자에게 책임이 없음을 전제로 하여 이를 보충하는 책임이고, 그 경우에 감독의무자 자신이 감독의무를 해태하지 아니하였음을 입증하지 아니하는 한 책임을 면할 수 없다(대판 1994.2.8. 93다13605).

ㄹ. (×) 파견사업주와 파견근로자 사이에는 민법 제756조의 사용관계가 인정되어 파견사업주는 파견근로자의 파견업무에 관련한 불법행위에 대하여 파견근로자의 사용자로서의 책임을 져야 하지만, 파견근로자가 사용사업주의 구체적인 지시·감독을 받아 사용사업주의 업무를 행하던 중에 불법행위를 한 경우에 파견사업주가 파견근로자의 선발 및 일반적 지휘·감독권의 행사에 있어서 주의를 다하였다고 인정되는 때에는 면책된다고 할 것이다(대판 2003.10.9. 2001다24655).

2021년 제30회 정답 및 해설

● 문제편 163p

● 정답 CHECK　　　　　　　　　　　　　　　　　　　　　**● 각 문항별로 이해도 CHECK**

01	02	03	04	05	06	07	08	09	10	11	12	13	14	15	16	17	18	19	20	21	22	23	24	25
④	②	③	⑤	②	④	⑤	①	④	④	②	①	⑤	②	⑤	③	①	③	②	②	③	③,④	⑤	⑤	①

01

☑ 확인
Check!
○
△
×

제한능력자에 관한 설명으로 옳은 것은?(다툼이 있으면 판례에 따름)

① 미성년자가 법정대리인의 동의 없이 매매계약을 체결하고 성년이 되기 전에 스스로 채무의 일부를 이행한 경우에는 그 계약을 추인한 것으로 본다.

> 미성년자가 성년이 되기 전에 스스로 채무의 일부를 이행하였더라도, 성년이 되기 전이어서 취소의 원인이 종료되어 "추인할 수 있는 후"라고 할 수 없으므로, 법정대리인의 동의 없는 매매계약이 법정추인(민법 제145조 제1호)되었다고 볼 수 없다.

② 피성년후견인이 속임수로써 상대방으로 하여금 성년후견인의 동의가 있는 것으로 믿게 하여 체결한 토지매매계약은 제한능력을 이유로 취소할 수 없다.

> 미성년자나 피한정후견인이 속임수로써 법정대리인의 동의가 있는 것으로 믿게 한 경우에는 그 행위를 취소할 수 없다(민법 제17조 제2항). 다만, 피성년후견인이 위와 같은 행위로 체결한 토지매매계약은 제한능력을 이유로 취소할 수 있다.

③ 가정법원은 본인의 의사에 반하여 한정후견 개시의 심판을 할 수 없다.

> 가정법원은 한정후견 개시의 심판을 할 때 본인의 의사를 고려하여야 한다(민법 제12조 제2항, 제9조 제2항). 본인의 의사에 반하여 할 수 없는 것은 특정후견이다(민법 제14조의2 제2항).

❹ 가정법원이 특정후견의 심판을 하는 경우에는 특정후견의 기간 또는 사무의 범위를 정하여야 한다.

> ⓜ 민법 제14조의2 제3항

⑤ 제한능력자의 취소권은 재판 외에서 의사표시를 하는 방법으로는 행사할 수 없다.

> 미성년자 또는 친족회가 민법 제950조 제2항에 따라 제1항의 규정에 위반한 법률행위를 취소할 수 있는 권리는 형성권으로서 민법 제146조에 규정된 취소권의 존속기간은 제척기간이라고 보아야 할 것이지만, 그 제척기간 내에 소를 제기하는 방법으로 권리를 재판상 행사하여야만 되는 것은 아니고, 재판 외에서 의사표시를 하는 방법으로도 권리를 행사할 수 있다고 보아야 한다(대판 1993.7.27. 92다52795).

02 불공정한 법률행위에 관한 설명으로 옳지 않은 것은?(다툼이 있으면 판례에 따름)

① 법률행위가 대리인에 의해서 행해진 경우, 궁박상태는 본인을 기준으로 판단하여야 한다.

> 대리인에 의하여 법률행위가 이루어진 경우 그 법률행위가 민법 제104조의 불공정한 법률행위에 해당하는지 여부를 판단함에 있어서 경솔과 무경험은 대리인을 기준으로 하여 판단하고, 궁박은 본인의 입장에서 판단하여야 한다(대판 2002.10.22. 2002다38927).

❷ 불공정한 법률행위의 무효는 선의의 제3자에게 대항할 수 없다.

> 불공정한 법률행위의 무효는 절대적 무효로서 선의의 제3자에게도 대항할 수 있다.

③ 불공정한 법률행위의 무효는 원칙적으로 추인에 의해 유효로 될 수 없다.

> 대판 1994.6.24. 94다10900

④ 경매절차에서 매각대금이 시가보다 현저히 저렴하더라도 불공정한 법률행위를 이유로 무효를 주장할 수 없다.

> 적법한 절차에 의하여 이루어진 경매에 있어서 경락가격이 경매부동산의 시가에 비하여 저렴하다는 사유는 경락허가결정에 대한 적법한 불복이유가 되지 못하는 것이고 경매에 있어서는 불공정한 법률행위 또는 채무자에게 불리한 약정에 관한 것으로서 효력이 없다는 민법 제104조, 제608조는 적용될 여지가 없다(대결 1980.3.21. 80마77).

⑤ 매매계약이 불공정한 법률행위에 해당하여 무효인 경우, 특별한 사정이 없는 한 그 계약에 관한 부제소합의도 무효가 된다.

> 매매계약과 같은 쌍무계약이 급부와 반대급부와의 불균형으로 말미암아 민법 제104조에서 정하는 '불공정한 법률행위'에 해당하여 무효라고 한다면, 그 계약으로 인하여 불이익을 입는 당사자로 하여금 위와 같은 불공정성을 소송 등 사법적 구제수단을 통하여 주장하지 못하도록 하는 부제소합의 역시 다른 특별한 사정이 없는 한 무효이다(대판 2017.5.30. 2017다201422).

03 법인 아닌 사단에 관한 설명으로 옳지 않은 것은?(다툼이 있으면 판례에 따름)

① 이사에 결원이 생겨 손해가 생길 염려가 있는 경우, 임시이사의 선임에 관한 민법 제63조가 유추적용될 수 있다.

> 민법 제63조는 법인의 조직과 활동에 관한 것으로서 법인격을 전제로 하는 조항이 아니고, 법인 아닌 사단이나 재단의 경우에도 이사가 없거나 결원이 생길 수 있으며, 통상의 절차에 따른 새로운 이사의 선임이 극히 곤란하고 종전 이사의 긴급처리권도 인정되지 아니하는 경우에는 사단이나 재단 또는 타인에게 손해가 생길 염려가 있을 수 있으므로, 민법 제63조는 법인 아닌 사단이나 재단에도 유추적용할 수 있다(대결 2009.11.19. 2008마699[전합]).

② 법인 아닌 사단이 그 명의로 총유재산에 관한 소송을 제기할 때에는 특별한 사정이 없는 한 사원총회의 결의를 거쳐야 한다.

> 총유물의 보존에 있어서는 공유물의 보존에 관한 민법 제265조의 규정이 적용될 수 없고, 특별한 사정이 없는 한 민법 제276조 제1항의 규정에 따라 사원총회의 결의를 거쳐야 하므로, 법인 아닌 사단인 종중이 그 총유재산에 대한 보존행위로서 소송을 하는 경우에도 특별한 사정이 없는 한 종중 총회의 결의를 거쳐야 한다(대판 2010.2.11. 2009다83650).

❸ 대표자로부터 사단의 제반 업무처리를 포괄적으로 위임받은 자의 대행행위의 효력은 원칙적으로 법인 아닌 사단에 미친다.

> 비법인사단에 대하여는 사단법인에 관한 민법 규정 가운데 법인격을 전제로 하는 것을 제외하고는 이를 유추적용하여야 하는데, 민법 제62조에 비추어 보면 비법인사단의 대표자는 정관 또는 총회의 결의로 금지하지 아니한 사항에 한하여 타인으로 하여금 특정한 행위를 대리하게 할 수 있을 뿐 비법인사단의 제반 업무처리를 포괄적으로 위임할 수는 없으므로 비법인사단 대표자가 행한 타인에 대한 업무의 포괄적 위임과 그에 따른 포괄적 수임인의 대행행위는 민법 제62조를 위반한 것이어서 비법인사단에 대하여 그 효력이 미치지 않는다 (대판 2011.4.28. 2008다15438).

④ 대표자가 정관에 규정된 대표권 제한을 위반하여 법률행위를 한 경우, 그 상대방이 대표권제한사실을 알았거나 알 수 있었을 경우가 아니라면 그 법률행위는 유효하다.

> 비법인사단의 경우에는 대표자의 대표권 제한에 관하여 등기할 방법이 없어 민법 제60조의 규정을 준용할 수 없고, 비법인사단의 대표자가 정관에서 사원총회의 결의를 거쳐야 하도록 규정한 대외적 거래행위에 관하여 이를 거치지 아니한 경우라도, 이와 같은 사원총회결의사항은 비법인사단의 내부적 의사결정에 불과하다 할 것이므로, 그 거래상대방이 그와 같은 대표권제한사실을 알았거나 알 수 있었을 경우가 아니라면 그 거래행위는 유효하다고 봄이 상당하고, 이 경우 거래의 상대방이 대표권제한사실을 알았거나 알 수 있었음은 이를 주장하는 비법인사단 측이 주장·입증하여야 한다(대판 2003.7.22. 2002다64780).

⑤ 사원이 존재하지 않게 된 경우, 법인 아닌 사단은 청산사무가 완료될 때까지 청산의 목적범위 내에서 권리의무의 주체가 된다.

> 비법인사단에 대하여는 사단법인에 관한 민법규정 중 법인격을 전제로 하는 것을 제외한 규정들을 유추적용하여야 할 것이므로 비법인사단인 교회의 교인이 존재하지 않게 된 경우 그 교회는 해산하여 청산절차에 들어가서 청산의 목적범위 내에서 권리·의무의 주체가 되며, 이 경우 해산 당시 그 비법인사단의 총회에서 향후 업무를 수행할 자를 선정하였다면 민법 제82조 제1항을 유추하여 그 선임된 자가 청산인으로서 청산 중의 비법인사단을 대표하여 청산업무를 수행하게 된다(대판 2003.11.14. 2001다32687).

2024년 2023년 2022년 2021년 2020년

04 착오로 인한 의사표시에 관한 설명으로 옳은 것은?(다툼이 있으면 판례에 따름)

☑ 확인
Check!
○
△
×

① 상대방이 표의자의 착오를 알고 이를 이용한 경우, 표의자에게 중과실이 있으면 그 의사표시를 취소할 수 없다.

> 민법 제109조 제1항 단서는 의사표시의 착오가 표의자의 중대한 과실로 인한 때에는 그 의사표시를 취소하지 못한다고 규정하고 있는데, 위 단서규정은 표의자의 상대방의 이익을 보호하기 위한 것이므로, 상대방이 표의자의 착오를 알고 이를 이용한 경우에는 착오가 표의자의 중대한 과실로 인한 것이라고 하더라도 표의자는 의사표시를 취소할 수 있다(대판 2014.11.27. 2013다49794).

② 착오의 존재와 그 착오가 법률행위의 중요부분에 관한 것이라는 점은 표의자의 상대방이 증명하여야 한다.

> 착오를 이유로 의사표시를 취소하는 자는 법률행위의 내용에 착오가 있었다는 사실과 함께 그 착오가 의사표시에 결정적인 영향을 미쳤다는 점, 즉 만약 그 착오가 없었더라면 의사표시를 하지 않았을 것이라는 점을 증명하여야 한다(대판 2015.4.23. 2013다9383).

③ 신원보증서류에 서명날인한다는 착각에 빠진 상태로 연대보증서면에 서명날인한 것은 동기의 착오이다.

> 신원보증서류에 서명날인한다는 착각에 빠진 상태로 연대보증의 서면에 서명날인한 경우, 결국 이와 같은 행위는 강학상 기명날인의 착오(또는 서명의 착오), 즉 어떤 사람이 자신의 의사와 다른 법률효과를 발생시키는 내용의 서면에, 그것을 읽지 않거나 올바르게 이해하지 못한 채 기명날인을 하는 이른바 표시상의 착오에 해당한다(대판 2005.5.27. 2004다43824).

④ 재단법인 설립을 위한 출연행위는 상대방 없는 단독행위이므로 착오를 이유로 취소할 수 없다.

> 재단법인에 대한 출연자와 법인과의 관계에 있어서 그 출연행위에 터 잡아 법인이 성립되면 그로써 출연재산은 민법 제48조에 의하여 법인성립 시에 법인에게 귀속되어 법인의 재산이 되는 것이고, 출연재산이 부동산인 경우에 있어서도 위 양 당사자 간의 관계에 있어서는 법인의 성립 외에 등기를 필요로 하는 것은 아니라 할지라도, 재단법인의 출연자가 착오를 원인으로 취소를 한 경우에는 출연자는 재단법인의 성립 여부나 출연된 재산의 기본재산인 여부와 관계없이 그 의사표시를 취소할 수 있다(대판 1999.7.9. 98다9045).

❺ 표시상 착오가 제3자의 기망행위에 의하여 일어난 경우, 표의자는 제3자의 기망행위를 상대방이 알았는지 여부를 불문하고 착오를 이유로 의사표시를 취소할 수 있다.

> 착오가 제3자의 기망행위에 의하여 일어난 것이라 하더라도 그에 관하여는 사기에 의한 의사표시에 관한 법리, 특히 상대방이 그러한 제3자의 기망행위사실을 알았거나 알 수 있었을 경우가 아닌 한 의사표시자가 취소권을 행사할 수 없다는 민법 제110조 제2항의 규정을 적용할 것이 아니라, 착오에 의한 의사표시에 관한 법리만을 적용하여 취소권 행사의 가부를 가려야 한다(대판 2005.5.27. 2004다43824).

05 물건에 관한 설명으로 옳지 않은 것은?(다툼이 있으면 판례에 따름)

☑ 확인
Check!
○
△
×

① 주물과 종물은 원칙적으로 동일한 소유자에게 속하여야 한다.

> 종물은 물건의 소유자가 그 물건의 상용에 공하기 위하여 자기 소유인 다른 물건을 이에 부속하게 한 것을 말하므로(민법 제100조 제1항) 주물과 다른 사람의 소유에 속하는 물건은 종물이 될 수 없다(대판 2008.5.8. 2007다36933).

❷ 주물과 종물에 관한 민법 제100조 제2항의 법리는 압류와 같은 공법상 처분에는 적용되지 않는다.

> 민법 제100조 제2항의 종물과 주물의 관계에 관한 법리는 물건 상호 간의 관계뿐 아니라 권리 상호 간에도 적용되고, 위 규정에서의 처분은 처분행위에 의한 권리변동뿐 아니라 주물의 권리관계가 압류와 같은 공법상의 처분 등에 의하여 생긴 경우에도 적용되어야 한다(대판 2006.10.26. 2006다29020).

③ 당사자는 주물을 처분할 때에 특약으로 종물을 제외하거나 종물만 별도로 처분할 수 있다.

> 종물은 주물의 처분에 수반된다는 민법 제100조 제2항은 임의규정이므로, 당사자는 주물을 처분할 때에 특약으로 종물을 제외할 수 있고 종물만을 별도로 처분할 수도 있다(대판 2012.1.26. 2009다76546).

④ 노동의 대가인 임금은 법정과실이 아니다.

> 법정과실은 물건의 사용대가로 받는 금전 기타의 물건을 말한다(민법 제101조 제2항). 즉, 임료, 지료 및 이자 등이 법정과실에 해당하는데, 원물과 과실은 모두 물건이어야 하므로, 노동의 대가인 임금은 과실이라고 할 수 없다.

⑤ 매매목적물이 인도되지 않았고 매수인도 대금을 완제하지 않은 경우, 특별한 사정이 없는 한 매도 인의 이행지체가 있더라도 매매목적물로부터 발생하는 과실은 매도인에게 귀속된다.

> 매매당사자 사이의 형평을 꾀하기 위하여 매매목적물이 인도되지 아니하더라도 매수인이 대금을 완제한 때에는 그 시점 이후의 과실은 매수인에게 귀속되지만, 매매목적물이 인도되지 아니하고 또한 매수인이 대금을 완제하지 아니한 때에는 매도인의 이행지체가 더라도 과실은 매도인에게 귀속된다(대판 2004.4.23. 2004다8210).

06 통정허위표시에 관한 설명으로 옳지 않은 것은?(다툼이 있으면 판례에 따름)

① 통정허위표시가 성립하기 위해서는 표의자의 진의와 표시의 불일치에 관하여 상대방과의 사이에 합의가 있어야 한다. ⓙ 대판 2015.2.12. 2014다41223
② 통정허위표시로 무효인 법률행위는 채권자취소권의 대상이 될 수 있다.

> 상대방과 통정한 허위의 의사표시는 무효로 되고(민법 제108조 제1항), 채무자의 법률행위가 통정허위표시인 경우에도 채권자취소권의 대상이 된다(대판 1998.2.27. 97다50985).

③ 통정허위표시로서 의사표시가 무효라고 주장하는 자는 그 무효사유에 해당하는 사실을 증명할 책 임이 있다. ⓙ 대판 2017.8.18. 2014다87595
❹ 가장근저당권설정계약이 유효하다고 믿고 그 피담보채권을 가압류한 자는 통정허위표시의 무효로 대항할 수 없는 제3자에 해당하지 않는다.

> 통정한 허위표시에 의하여 외형상 형성된 법률관계로 생긴 채권을 가압류한 경우, 그 가압류권자는 허위표시 에 기초하여 새로운 법률상 이해관계를 가지게 되므로 민법 제108조 제2항의 제3자에 해당한다고 봄이 상당 하고, 또한 민법 제108조 제2항의 제3자는 선의이면 족하고 무과실은 요건이 아니다(대판 2004.5.28. 2003다 70041).

⑤ 가장양수인으로부터 소유권이전등기청구권 보전을 위한 가등기를 경료받은 자는 특별한 사정이 없는 한 선의로 추정된다.

> 가장양수인으로부터 소유권이전등기청구권 보전을 위한 가등기를 경료받은 자는 민법 제108조 제2항의 제3자 에 해당하고(대판 1970.9.29. 70다466), 여기에서 제3자는 특별한 사정이 없는 한 선의로 추정할 것이므로, 제3자가 악의라는 사실에 관한 주장·입증책임은 그 허위표시의 무효를 주장하는 자에게 있다(대판 2006.3.10. 2002다1321).

07 소멸시효에 관한 설명으로 옳지 않은 것은?(다툼이 있으면 판례에 따름)

① 공유관계가 존속하는 한 공유물분할청구권은 소멸시효에 걸리지 않는다.

> 공유물분할청구권은 공유관계에서 수반되는 형성권이므로 공유관계가 존속하는 한 그 분할청구권만이 독립하여 시효소멸될 수 없다(대판 1981.3.24. 80다1888).

② 소멸시효는 그 기산일에 소급하여 효력이 생긴다. 🕮 민법 제167조

③ 정지조건부 채권의 소멸시효는 조건성취 시부터 진행된다.

> 소멸시효는 권리를 행사할 수 있는 때로부터 진행하고, 여기서 권리를 행사할 수 있는 때라 함은 권리행사에 법률상의 장애가 없는 때를 말하므로, 정지조건부 권리에 있어서 조건미성취의 동안은 권리를 행사할 수 없어 소멸시효가 진행되지 아니한다(대판 2009.12.24. 2007다64556).

④ 시효중단의 효력 있는 승인에는 상대방의 권리에 관한 처분의 능력이나 권한 있음을 요하지 아니한다. 🕮 민법 제177조

❺ 천재지변으로 인하여 소멸시효를 중단할 수 없을 경우, 그 사유가 종료한 때로부터 6월 내에는 시효가 완성되지 아니한다.

> 천재 기타 사변으로 인하여 소멸시효를 중단할 수 없을 때에는 그 사유가 종료한 때로부터 1월 내에는 시효가 완성하지 아니한다(민법 제182조).

08 법률행위의 조건에 관한 설명으로 옳은 것은?(다툼이 있으면 판례에 따름)

❶ 법률행위에 조건이 붙어 있는지 여부는 사실인정의 문제로서 그 조건의 존재를 주장하는 자가 이를 증명하여야 한다. 🕮 대판 2011.8.25. 2008다47367

② 조건의 성취가 미정한 권리의무는 일반규정에 의하여 담보로 할 수 없다.

> 조건의 성취가 미정한 권리의무는 일반규정에 의하여 처분, 상속, 보존 또는 담보로 할 수 있다(민법 제149조).

③ 조건이 선량한 풍속 기타 사회질서에 위반한 경우, 그 조건만 무효로 될 뿐 그 법률행위는 조건 없는 법률행위로 유효하다.

> 조건이 선량한 풍속 기타 사회질서에 위반한 것인 때에는 그 법률행위는 무효로 한다(민법 제151조 제1항).

④ 법률행위 당시 조건이 이미 성취된 경우, 그 조건이 정지조건이면 그 법률행위는 무효이다.

> 조건이 법률행위의 당시 이미 성취한 것인 경우에는 그 조건이 정지조건이면 조건 없는 법률행위로 하고 해제조건이면 그 법률행위는 무효로 한다(민법 제151조 제2항).

⑤ 당사자가 조건성취의 효력을 그 성취 전으로 소급하게 할 의사를 표시한 경우, 그 소급의 의사표시는 효력이 없다.

> 당사자가 조건성취의 효력을 그 성취 전에 소급하게 할 의사를 표시한 때에는 그 의사에 의한다(민법 제147조 제3항).

09 민법상 대리에 관한 설명으로 옳지 않은 것은?(다툼이 있으면 판례에 따름)

☑ 확인
Check!
○
△
✕

① 매매계약 체결의 대리권을 수여받은 대리인은 특별한 사정이 없는 한 중도금을 수령할 권한이 있다.

> 부동산의 소유자로부터 매매계약을 체결할 대리권을 수여받은 대리인은 특별한 사정이 없는 한 그 매매계약에서 약정한 바에 따라 중도금이나 잔금을 수령할 권한도 있다고 보아야 한다(대판 2015.9.10. 2010두1385).

② 권한의 정함이 없는 대리인은 기한이 도래한 채무를 변제할 수 있다.

> 권한을 정하지 아니한 대리인은 보존행위와 대리의 목적인 물건이나 권리의 성질을 변하지 아니하는 범위에서 그 이용 또는 개량하는 행위만을 할 수 있다(민법 제118조). 따라서 권한의 정함이 없는 대리인은 보존행위로서 기한이 도래한 채무를 변제할 수 있다.

③ 대리인이 수인인 경우 대리인은 특별한 사정이 없는 한 각자가 본인을 대리한다.

> 대리인이 수인인 때에는 각자가 본인을 대리한다. 그러나 법률 또는 수권행위에 다른 정한 바가 있는 때에는 그러하지 아니하다(민법 제119조).

❹ 대리인의 쌍방대리는 금지되나 채무의 이행은 가능하므로, 쌍방의 허락이 없더라도 경개계약을 체결할 수 있다.

> 대리인은 본인의 허락이 없으면 본인을 위하여 자기와 법률행위를 하거나 동일한 법률행위에 관하여 당사자 쌍방을 대리하지 못한다. 그러나 채무의 이행은 할 수 있다(민법 제124조). 단, 채무의 이행일지라도 새로운 이해관계를 수반하는 채무의 이행, 즉 대물변제나 경개계약 체결 등은 본인의 허락이 없는 한 허용되지 아니한다.

⑤ 사채알선업자가 대주와 차주 쌍방을 대리하여 소비대차계약을 유효하게 체결한 경우, 사채알선업자는 특별한 사정이 없는 한 차주가 한 변제를 수령할 권한이 있다.

> 사채알선업자가 대주(貸主)와 차주(借主) 쌍방을 대리하여 소비대차계약과 담보권설정계약을 체결한 경우, 대주로부터 소비대차계약을 체결할 대리권을 수여받은 대리인[사채알선업자(註)]은 특별한 사정이 없는 한 그 소비대차계약에서 정한 바에 따라 차주로부터 변제를 수령할 권한도 있다고 봄이 상당하므로 차주가 그 사채알선업자에게 하는 변제는 유효하다(대판 1997.7.8. 97다12273).

10 2021년 5월 8일(토)에 계약기간을 '앞으로 3개월'로 정한 경우, 기산점과 만료점을 바르게 나열한 것은?(단, 기간의 계산방법에 관하여 달리 정함은 없고, 8월 6일은 금요일임)

☑ 확인
Check!
○
△
✕

① 5월 8일, 8월 7일
② 5월 8일, 8월 9일
③ 5월 9일, 8월 8일
❹ 5월 9일, 8월 9일
⑤ 5월 10일, 8월 9일

> 기간을 일·주·월 또는 연으로 정한 때에는 기간의 초일은 산입하지 아니하므로(민법 제157조 본문), 기산점은 5월 9일(일) 오전 0시이고, 기간의 말일이 토요일 또는 공휴일에 해당한 때에는 기간은 그 익일로 만료하므로(민법 제161조), 만료점은 8월 9일(월) 오후 24시이다.

11 계약의 무권대리에 관한 설명으로 옳은 것은?(다툼이 있으면 판례에 따름)

① 무권대리행위의 목적이 가분적인 경우, 본인은 상대방의 동의 없이 그 일부에 대하여 추인할 수 있다.

> 무권대리행위의 추인은 무권대리인에 의하여 행하여진 불확정한 행위에 관하여 그 행위의 효과를 자기에게 직접 발생케 하는 것을 목적으로 하는 의사표시이며, 무권대리인 또는 상대방의 동의나 승낙을 요하지 않는 단독행위로서 추인은 의사표시의 전부에 대하여 행하여져야 하고, 그 일부에 대하여 추인을 하거나 그 내용을 변경하여 추인을 하였을 경우에는 상대방의 동의를 얻지 못하는 한 무효이다(대판 1982.1.26. 81다카549).

❷ 계약체결 당시 상대방이 대리인의 대리권 없음을 알았다는 사실에 관한 주장·증명책임은 무권대리인에게 있다.

> 민법 제135조 제2항은, 무권대리인의 무과실책임에 관한 원칙규정인 제1항에 대한 예외규정이므로 상대방이 대리권이 없음을 알았다는 사실 또는 알 수 있었는데도 알지 못하였다는 사실에 관한 주장·증명책임은 무권대리인에게 있다(대판 2018.6.28. 2018다210775).

③ 상대방이 무권대리로 인하여 취득한 권리를 양도한 경우, 본인은 그 양수인에게 추인할 수 없다.

> 무권대리행위의 추인에 특별한 방식이 요구되는 것이 아니므로 명시적인 방법만 아니라 묵시적인 방법으로도 할 수 있고, 그 추인은 무권대리인, 무권대리행위의 직접의 상대방 및 그 무권대리행위로 인한 권리 또는 법률관계의 승계인에 대하여도 할 수 있다(대판 1981.4.14. 80다2314).

④ 무권대리의 추인은 다른 의사표시가 없는 한 추인한 때로부터 그 효력이 생긴다.

> 무권대리의 추인은 다른 의사표시가 없는 때에는 계약 시에 소급하여 그 효력이 생긴다. 그러나 제3자의 권리를 해하지 못한다(민법 제133조).

⑤ 계약체결 당시 대리인의 무권대리사실을 알 수 있었던 상대방은 최고권을 행사할 수 없다.

> 대리권 없는 자가 타인의 대리인으로 계약을 한 경우에 상대방은 상당한 기간을 정하여 본인에게 그 추인 여부의 확답을 최고할 수 있다. 본인이 그 기간 내에 확답을 발하지 아니한 때에는 추인을 거절한 것으로 본다(민법 제131조). 이때 상대방의 선·악의에 관계없이 최고권이 인정되나, 추인능력이 있는 본인에게 최고하여야 한다.

12 무효행위에 관한 설명으로 옳지 않은 것은?(다툼이 있으면 판례에 따름)

❶ 취소할 수 있는 법률행위가 취소된 후에는 무효행위의 추인요건을 갖추더라도 다시 추인될 수 없다.

> 취소한 법률행위는 처음부터 무효인 것으로 간주되므로 취소할 수 있는 법률행위가 일단 취소된 이상 그 후에는 취소할 수 있는 법률행위의 추인에 의하여 이미 취소되어 무효인 것으로 간주된 당초의 의사표시를 다시 확정적으로 유효하게 할 수는 없고, 다만 무효인 법률행위의 추인의 요건과 효력으로서 추인할 수는 있으나, 무효행위의 추인은 그 무효원인이 소멸한 후에 하여야 그 효력이 있다(대판 1997.12.12. 95다38240). 따라서 취소할 수 있는 법률행위가 취소되어 무효가 된 후에는, 무효행위의 추인요건을 갖추어 다시 추인할 수 있다 할 것이다.

② 무효행위의 추인은 묵시적으로 이루어질 수 있다.

> 무권대표행위를 포함하여 무효행위의 추인은 무권대표행위 등이 있음을 알고 그 행위의 효과를 자기에게 귀속시키도록 하는 단독행위로서 그 의사표시의 방법에 관하여 일정한 방식이 요구되는 것이 아니므로 명시적이든 묵시적이든 묻지 않고, 본인이 그 행위로 처하게 된 법적 지위를 충분히 이해하고 진의에 기하여 그 행위의 효과가 자기에게 귀속된다는 것을 승인한 것으로 볼만한 사정이 있다면 인정할 수 있다(대판 2021.4.8. 2020다284496).

③ 무효행위의 추인이 있었다는 사실은 새로운 법률행위의 성립을 주장하는 자가 증명하여야 한다.

> 무효인 법률행위는 추인하여도 그 효력이 생기지 아니하나, 당사자가 그 무효임을 알고 추인한 때에는 새로운 법률행위로 보게 되므로(민법 제139조), 무효행위의 추인이 있었다는 사실은 새로운 법률행위의 성립을 주장하는 자가 증명하여야 한다.

④ 법률행위의 일부분이 무효인 때에는 특별한 사정이 없는 한 그 전부를 무효로 한다.

> 법률행위의 일부분이 무효인 때에는 그 전부를 무효로 한다. 그러나 그 무효부분이 없더라도 법률행위를 하였을 것이라고 인정될 때에는 나머지 부분은 무효가 되지 아니한다(민법 제137조).

⑤ 불공정한 법률행위에는 무효행위의 전환에 관한 민법 제138조가 적용될 수 있다.

> 매매계약이 약정된 매매대금의 과다로 말미암아 민법 제104조에서 정하는 '불공정한 법률행위'에 해당하여 무효인 경우에도 무효행위의 전환에 관한 민법 제138조가 적용될 수 있다. 따라서 당사자 쌍방이 위와 같은 무효를 알았더라면 대금을 다른 액으로 정하여 매매계약에 합의하였을 것이라고 예외적으로 인정되는 경우에는, 그 대금액을 내용으로 하는 매매계약이 유효하게 성립한다(대판 2010.7.15. 2009다50308).

13 채권자취소권에 관한 설명으로 옳은 것을 모두 고른 것은?(다툼이 있으면 판례에 따름)

ㄱ. 채권자 취소의 소는 취소원인을 안 날로부터 3년, 법률행위가 있은 날로부터 10년 내에 제기하여야 한다.

ㄴ. 채권자가 채무자의 사해의사를 증명하면 수익자의 악의는 추정된다.

ㄷ. 채무초과상태에 있는 채무자의 상속포기는 채권자취소권의 대상이 되지 못한다.

ㄹ. 사해행위 이전에 성립된 채권을 양수하였으나, 그 대항요건을 사해행위 이후에 갖춘 양수인은 이를 피보전채권으로 하는 채권자취소권을 행사할 수 없다.

ㅁ. 건물신축의 도급인이 민법 제666조에 따른 수급인의 저당권설정청구권 행사에 의해 그 건물에 저당권을 설정하는 행위는 특별한 사정이 없는 한 사해행위에 해당하지 않는다.

① ㄱ, ㄴ, ㅁ   ② ㄱ, ㄷ, ㄹ

③ ㄱ, ㄹ, ㅁ   ④ ㄴ, ㄷ, ㄹ

❺ ㄴ, ㄷ, ㅁ

ㄱ. (×) 채권자 취소의 소는 채권자가 <u>취소원인을 안 날로부터 1년, 법률행위 있은 날로부터 5년</u> 내에 제기하여야 한다(민법 제406조 제2항).

ㄴ. (○) <u>채무자의 제3자에 대한 재산양도행위가</u> 채권자취소권의 대상이 되는 <u>사해행위에 해당하는 경우 수익자의 악의는 추정</u>되는 것이므로 수익자가 그 법률행위 당시 선의이었다는 입증을 다하지 못하는 한 채권자는 그 양도행위를 취소하고 원상회복을 청구할 수 있다(대판 1988.4.25. 87다카1380). 따라서 채권자가 채무자의 재산권을 목적으로 하는 법률행위의 사해의사를 입증하면, 수익자의 악의는 추정된다.

ㄷ. (○) <u>상속의 포기는</u> 민법 제406조 제1항에서 정하는 "재산권에 관한 법률행위"에 해당하지 아니하여 <u>사해행위 취소의 대상이 되지 못한다</u>(대판 2011.6.9. 2011다29307).

ㄹ. (×) 채권자의 채권이 사해행위 이전에 성립되어 있는 이상 그 채권이 양도된 경우에도 그 양수인이 채권자취소권을 행사할 수 있고, 이 경우 <u>채권양도의 대항요건을 사해행위 이후에 갖추었더라도 채권양수인이 채권자취소권을 행사하는 데 아무런 장애사유가 될 수 없다</u>(대판 2006.6.29. 2004다5822).

ㅁ. (○) <u>신축건물의 도급인이 민법 제666조가 정한 수급인의 저당권설정청구권의 행사에 따라 공사대금채무의 담보로 그 건물에 저당권을 설정하는 행위는 특별한 사정이 없는 한 사해행위에 해당하지 아니한다</u>(대판 2018.11.29. 2015다19827).

14 채권양도와 채무인수에 관한 설명으로 옳지 않은 것은?(다툼이 있으면 판례에 따름)

① 매매로 인한 소유권이전등기청구권의 양도는 채무자의 동의나 승낙을 받아야 대항력이 생긴다.

> **매매로 인한 소유권이전등기청구권의 양도는** 특별한 사정이 없는 이상 양도가 제한되고 양도에 채무자의 승낙이나 동의를 요한다고 할 것이므로 통상의 채권양도와 달리 양도인의 채무자에 대한 통지만으로는 채무자에 대한 대항력이 생기지 않으며 **반드시 채무자의 동의나 승낙을 받아야 대항력이 생긴다**(대판 2018.7.12. 2015다36167).

❷ 중첩적 채무인수는 채권자와 채무인수인 사이에 합의가 있더라도 채무자의 의사에 반해서는 이루어질 수 없다.

> **중첩적 채무인수는** 채권자와 채무인수인과의 합의가 있는 이상 **채무자의 의사에 반하여서도 이루어질 수 있다**(대판 1988.11.22. 87다카1836).

③ 당사자 간 지명채권 양도의 효과는 특별한 사정이 없는 한 통지 또는 승낙과 관계없이 양도계약과 동시에 발생한다.

> **당사자 간 지명채권 양도의 효과는** 양도인과 양수인 사이에 채권을 양도인으로부터 양수인에게 이전하기로 하는 내용의 **양도계약을 체결함으로써** 발생한다. 민법 제450조가 정하는 채무자의 승낙이나 채무자에게의 통지는 대항요건에 불과하다.

④ 가압류된 채권도 특별한 사정이 없는 한 양도하는 데 제한이 없다.

> 채권양도에 의하여 채권은 그 동일성을 잃지 않고 양도인으로부터 양수인에게 이전된다 할 것이며, **가압류된 채권도 이를 양도하는 데 아무런 제한이 없다** 할 것이나, 다만 가압류된 채권을 양수받은 **양수인은 그러한 가압류에 의하여 권리가 제한된 상태의 채권을 양수받는다고 보아야 할 것이고, 이는 채권을 양도받았으나 확정일자 있는 양도통지나 승낙에 의한 대항요건을 갖추지 아니하는 사이에 양도된 채권이 가압류된 경우에도 동일하다(대판 2002.4.26. 2001다59033).

⑤ 채무의 인수가 면책적인지 중첩적인지 불분명한 경우에는 중첩적 채무인수로 본다.

> 채무인수가 면책적인가 중첩적인가 하는 것은 채무인수계약에 나타난 당사자 의사의 해석에 관한 문제로서, 면책적 인수인지 중첩적 인수인지가 분명하지 아니한 때에는 이를 **중첩적으로 인수한 것으로 볼 것이다**(대판 2013.9.13. 2011다56033).

15 매매계약의 불능에 관한 설명으로 옳지 않은 것은?(다툼이 있으면 판례에 따름)

① 계약목적이 원시적·객관적 전부불능인 경우, 악의의 매도인은 매수인이 그 계약의 유효를 믿었음으로 인하여 받은 손해를 배상하여야 한다.

> 매매계약의 목적이 원시적·객관적 전부불능인 경우, 계약은 무효가 된다. 다만, 계약목적의 불능을 알았던 매도인은 민법 제535조(계약체결상의 과실)에 의하여 매수인에게 그 계약의 유효를 믿었음으로 인하여 받은 손해, 즉 신뢰이익을 배상하여야 한다.

② 계약목적이 원시적·주관적 전부불능인 경우, 선의의 매수인은 악의의 매도인에게 계약상 급부의 이행을 청구할 수 있다.

> 매매계약의 목적이 원시적·주관적 전부불능인 경우일지라도, 타인의 권리매매(민법 제569조)에 해당하여 그 계약은 원칙적으로 유효하므로, 매도인은 매수인에게 재산권이전의무를 부담한다. 따라서 선의의 매수인은 악의의 매도인에게 계약상 급부의 이행을 청구할 수 있다. 물론 매도인이 타인에게 속한 권리를 취득하여 매수인에게 이전할 수 없는 경우에는, 담보책임(민법 제570조)을 부담할 수 있다.

③ 당사자 쌍방의 귀책사유 없이 매도인의 채무가 후발적·객관적 전부불능된 경우, 매도인은 매수인에게 매매대금의 지급을 구하지 못한다.

> 당사자 쌍방의 귀책사유 없이 매도인의 채무가 후발적·객관적 전부불능된 경우에는, 위험부담이 문제된다. 즉, 쌍무계약의 당사자 일방의 채무가 당사자 쌍방의 책임 없는 사유로 이행할 수 없게 된 때에는 채무자는 상대방의 이행을 청구하지 못한다(민법 제537조). 따라서 매도인은 자신의 재산권이전의무를 면하는 대신, 매수인에게 매매대금의 지급을 구하지도 못한다고 보아야 한다.

④ 매도인의 귀책사유로 그의 채무가 후발적·객관적 전부불능된 경우, 매수인은 매도인에게 전보배상을 청구할 수 있다.

> 매도인의 귀책사유로 그의 채무가 후발적·객관적 전부불능된 경우, 이는 이행불능에 해당하여 채권자인 매수인은 매도인에게 손해배상청구권(전보배상청구권), 계약해제권 및 대상청구권 등을 행사할 수 있다.

❺ 대상(代償)을 발생시키는 매매목적물의 후발적 불능에 대하여 매도인의 귀책사유가 존재하는 경우, 매수인은 대상청구권을 행사하지 못한다.

> 급부가 후발적 불능이면 채무자인 매도인의 귀책사유 존재 여부는 불문하므로, 불능이 매도인의 귀책사유에 기한 경우에도 대상청구권이 인정된다. 따라서 매수인은 대상청구권을 행사할 수 있다.

16 이행보조자에 관한 설명으로 옳은 것은?(다툼이 있으면 판례에 따름)

① 이행보조자는 채무자에게 종속되어 지시·감독을 받는 관계에 있는 자를 말한다.

> 민법 제391조는 이행보조자의 고의·과실을 채무자의 고의·과실로 본다고 정하고 있는데, 이러한 이행보조자는 채무자의 의사 관여 아래 채무의 이행행위에 속하는 활동을 하는 사람이면 충분하고 반드시 채무자의 지시 또는 감독을 받는 관계에 있어야 하는 것은 아니다. 따라서 그가 채무자에 대하여 종속적인 지위에 있는지, 독립적인 지위에 있는지는 상관없다(대판 2018.2.13. 2017다275447).

② 동일한 사실관계에 기하여 채무자와 이행보조자가 각 채무불이행책임과 불법행위책임을 지는 경우, 이들의 책임은 연대채무관계에 있다.

> 채무자의 채무불이행책임과 이행보조자의 불법행위책임이 동일한 사실관계에 기한 경우에는, 부진정연대채무관계에 있다는 것이 판례이다(대판 1994.11.11. 94다22446).

❸ 채무자가 이행보조자의 선임·감독상의 주의의무를 다하더라도 채무자는 이행보조자에 의해 유발된 채무불이행책임을 면하지 못한다.

> 사용자책임과는 달리, 채무자는 이행보조자에 대하여 선임·감독상의 주의의무를 다하였음을 증명하더라도, 이행보조자에 의하여 유발된 채무불이행책임을 면하지 못한다.

④ 이행보조자의 경과실에 대하여 채무자가 채무불이행책임을 지지 아니한다는 내용의 특약은 원칙적으로 무효이다.

> 계약자유의 원칙상 이행보조자의 경과실에 대한 채무자의 면책을 내용으로 하는 경과실면책특약은 유효하나, 고의·중과실면책특약에 관하여는 학설이 대립하고 있다.

⑤ 이행보조자가 제3자를 복이행보조자로 사용하는 경우, 채무자가 이를 묵시적으로 동의했다면 복이행보조자의 경과실에 대해서 채무자는 책임을 부담하지 않는다.

> 이행보조자가 채무의 이행을 위하여 제3자를 복이행보조자로 사용하는 경우에도 채무자가 이를 승낙하였거나 적어도 묵시적으로 동의한 경우 채무자는 복이행보조자의 고의·과실에 관하여 민법 제391조에 따라 책임을 부담한다고 보아야 한다(대판 2020.6.11. 2020다201156).

17 다수당사자 간의 법률관계에 관한 설명으로 옳지 않은 것은?(다툼이 있으면 판례에 따름)

❶ 공동임차인의 차임지급의무는 특별한 사정이 없는 한 불가분채무이다.

> 공동임차인의 차임지급의무는 <u>연대채무</u>이다(민법 제654조, 제616조).

② 특별한 사정이 없는 한 연대채무자 중 1인이 채무 일부를 면제받더라도 그가 지급해야 할 잔존채무액이 그의 부담부분을 초과한다면, 다른 연대채무자는 채무 전액을 부담한다.

> <u>연대채무자 중 1인이 채무 일부를 면제받는 경우에 그 연대채무자가 지급해야 할 잔존채무액이 부담부분을 초과하는 경우에는</u> 그 연대채무자의 부담부분이 감소한 것은 아니므로 다른 연대채무자의 채무에도 영향을 주지 않아 <u>다른 연대채무자는 채무 전액을 부담하여야</u> 한다(대판 2019.8.14. 2019다216435).

③ 연대채무자 중 1인이 연대의 면제를 받더라도, 다른 연대채무자는 채무 전액을 부담한다.

> <u>연대채무자 중 1인이 연대의 면제를 받으면</u> 그는 연대채무관계에서 이탈하여 자기의 부담부분에 대하여만 채무를 부담하게 되고, 구상에서의 무자력위험은 채권자가 부담하게 된다(민법 제427조 제2항). 물론 <u>다른 연대채무자는 채무 전액을 부담한다.</u> 한편 연대채무의 면제는 면제받은 채무자의 부담부분의 범위에서 <u>다른 연대채무자도 채무를 면하게 된다는 것을</u> 유의하여야 한다.

④ 부진정연대채무의 다액채무자가 일부변제한 경우, 그 변제로 인하여 먼저 소멸하는 부분은 다액채무자가 단독으로 부담하는 부분이다.

> 금액이 다른 채무가 서로 부진정연대관계에 있을 때 <u>다액채무자가 일부변제를 하는 경우 변제로 인하여 먼저 소멸하는 부분은</u> 당사자의 의사와 채무 전액의 지급을 확실히 확보하려는 부진정연대채무제도의 취지에 비추어 볼 때 <u>다액채무자가 단독으로 채무를 부담하는 부분으로 보아야</u> 한다(대판 2018.3.22. 2012다74236[전합]).

⑤ 보증채무의 이행을 확보하기 위하여 채권자와 보증인은 보증채무에 관해서만 손해배상액을 예정할 수 있다.

> <u>보증채무는</u> 주된 채무에 대하여 부종성을 가지나 <u>주된 채무와 별개의 독립한 채무이므로, 보증채무에 대하여만</u> 위약금을 약정하거나 <u>손해배상액을 예정할 수 있다.</u> 이는 보증채무 자체의 이행을 확보하기 위한 것이므로, 부종성의 원리에 반하지 아니한다.

18 손해배상액의 예정에 관한 설명으로 옳지 않은 것은?(다툼이 있으면 판례에 따름)

① 채무자는 특별한 사정이 없는 한 자신의 귀책사유 없음을 이유로 예정배상액의 지급책임을 면할 수 있다.

> 채무불이행으로 인한 손해배상액이 예정되어 있는 경우 채권자는 채무불이행사실만 증명하면 손해의 발생 및 그 액수를 증명하지 아니하고 예정배상액을 청구할 수 있으나, 반면 **채무자는** 채권자와 채무불이행에 있어 채무자의 귀책사유를 묻지 아니한다는 약정을 하지 아니한 이상 **자신의 귀책사유가 없음을 주장·증명함으로써 위 예정배상액의 지급책임을 면할 수 있다**(대판 2010.2.25. 2009다83797).

② 손해배상액의 예정에는 특별한 사정이 없는 한 통상손해뿐만 아니라 특별손해도 포함된다.

> 계약 당시 손해배상액을 예정한 경우에는 다른 특약이 없는 한 채무불이행으로 인하여 입은 **통상손해는 물론 특별손해까지도 예정액에 포함**되고 채권자의 손해가 예정액을 초과한다 하더라도 초과부분을 따로 청구할 수 없다(대판 2012.12.27. 2012다60954).

❸ 손해배상액이 예정되어 있는 경우라도 과실상계할 수 있다.

> **당사자 사이의 계약에서 채무자의 채무불이행으로 인한 손해배상액이 예정되어 있는 경우**, 채무불이행으로 인한 손해의 발생 및 확대에 채권자에게도 과실이 있더라도 민법 제398조 제2항에 따라 채권자의 과실을 비롯하여 채무자가 계약을 위반한 경위 등 제반 사정을 참작하여 손해배상예정액을 감액할 수는 있을지언정 **채권자의 과실을 들어 과실상계를 할 수는 없다**(대판 2016.6.10. 2014다200763).

④ 예정배상액의 감액범위에 대한 판단은 사실심 변론종결 당시를 기준으로 한다.

> **손해배상예정액을 감액하기 위한 요건인 '부당성'**은 채권자와 채무자의 지위, 계약의 목적과 내용, 손해배상액을 예정한 동기, 채무액에 대한 예정액의 비율, 예상손해액의 크기, 당시의 거래관행 등 모든 사정을 참작하여 일반 사회관념에 비추어 예정액의 지급이 경제적 약자의 지위에 있는 채무자에게 부당한 압박을 가하여 공정성을 잃는 결과를 초래하는 경우에 인정된다. 특히 금전채무의 불이행에 대하여 손해배상액을 예정한 경우에는 위에서 든 고려요소 이외에 통상적인 연체금리도 고려하여야 한다. 이와 같이 **손해배상의 예정액이 부당한지 여부나 그에 대한 적당한 감액의 범위를 판단하는 기준시점은 법원이 구체적으로 판단을 하는 때, 즉 사실심의 변론종결 당시이다**(대판 2017.8.18. 2017다228762).

⑤ 금전채무에 관하여 이행지체에 대비한 지연손해금 비율에 대한 합의는 손해배상액의 예정으로 보아 감액의 대상이 된다.

> 민법 제398조 제2항은 손해배상의 예정액이 부당히 과다한 경우에는 법원이 이를 적당히 감액할 수 있다고 규정하고 있고, 금전채무의 불이행에 관하여 적용을 배제하지 않고 있다. 또한 이자제한법 제6조는 법원은 당사자가 금전을 목적으로 한 채무의 불이행에 관하여 예정한 배상액을 부당하다고 인정한 때에는 상당한 액까지 이를 감액할 수 있다고 규정하고 있다. 따라서 **금전채무에 관하여 이행지체에 대비한 지연손해금 비율을 따로 약정한 경우에 이는 손해배상액의 예정으로서 감액의 대상이 된다**(대판 2017.7.11. 2016다52265).

19 채무불이행책임에 관한 설명으로 옳은 것은?(다툼이 있으면 판례에 따름)

① 강제이행과 손해배상청구는 양립할 수 없다.

> 강제이행청구는 손해배상청구에 영향을 미치지 아니하므로(민법 제389조 제4항), 강제이행과 손해배상청구는 양립할 수 있다고 보아야 한다.

❷ 채권자의 단순한 부주의라도 그것이 손해확대의 원인이 되는 경우, 이를 이유로 과실상계할 수 있다.

> 민법상 과실상계제도는 채권자가 신의칙상 요구되는 주의를 다하지 아니한 경우 공평의 원칙에 따라 손해배상액을 정함에 있어 채권자의 그와 같은 부주의를 참작하게 하려는 것이므로, 단순한 부주의라도 그로 말미암아 손해가 발생하거나 확대된 원인을 이루었다면 과실이 있는 것으로 보아 과실상계를 할 수 있다(대판 2013.4.11. 2012다118525).

③ 하는 채무에 대한 대체집행은 허용되지 않는다.

> 하는 채무는 대체성의 존재 여부에 따라 대체적 작위급부와 부대체적 작위급부로 나뉘는데, 대체적 작위급부를 내용으로 하는 채무불이행이 있는 경우, 채권자는 법원에 대체집행을 청구할 수 있다(민법 제389조 제2항).

④ 손해배상청구권의 소멸시효는 본래의 채권을 행사할 수 있는 때로부터 진행된다.

> 채무불이행으로 인한 손해배상청구권의 소멸시효의 기산점은 채무불이행 시라는 것이 판례의 태도이다(대판 2002.12.27. 2000다47361). 한편 불법행위로 인한 손해배상청구권의 소멸시효의 기산점은 민법 제766조가 규정하고 있다.

⑤ 채무불이행으로 인하여 채권자의 생명침해가 있는 경우, 채권자의 직계존속은 민법 제752조를 유추적용하여 채무불이행을 이유로 한 위자료를 청구할 수 있다.

> 숙박업자가 숙박계약상의 고객보호의무를 다하지 못하여 투숙객이 사망한 경우, 숙박계약의 당사자가 아닌 그 투숙객의 근친자가 그 사고로 인하여 정신적 고통을 받았다 하더라도 숙박업자의 그 망인에 대한 숙박계약상의 채무불이행을 이유로 위자료를 청구할 수는 없다(대판 2000.11.24. 2000다38718). 따라서 위와 같은 경우, 채권자의 직계존속은 민법 제752조를 유추적용하여 채무불이행을 이유로 한 위자료를 청구할 수 없다.

20 계약해제에 관한 설명으로 옳지 않은 것은?(다툼이 있으면 판례에 따름)

① 제3자를 위한 계약에서 요약자는 낙약자의 채무불이행을 이유로 제3자의 동의 없이 기본관계를 이루는 계약을 해제할 수 있다.

> 제3자를 위한 유상 쌍무계약의 경우 요약자는 낙약자의 채무불이행을 이유로 <u>제3자의 동의 없이</u> 계약을 해제할 수 있다(대판 1970.2.24. 69다1410).

❷ 계약이 해제된 경우 금전을 수령한 자는 해제한 날부터 이자를 가산하여 반환하여야 한다.

> 당사자 일방이 계약을 해제한 때에는 각 당사자는 그 상대방에 대하여 원상회복의 의무가 있다. 그러나 제3자의 권리를 해하지 못한다. 이 경우에 반환할 금전에는 <u>그 받은 날로부터</u> 이자를 가하여야 한다(민법 제548조).

③ 甲, 乙, 丙 사이에 순차적으로 매매계약이 이루어지고 丙이 매매대금을 乙의 지시에 따라 甲에게 지급한 경우, 乙과 丙 사이의 매매계약이 해제되더라도 丙은 甲에게 직접 부당이득 반환을 청구할 수 없다.

> <u>계약의 한쪽 당사자가 상대방의 지시 등으로 급부과정을 단축하여 상대방과 또 다른 계약관계를 맺고 있는 제3자에게 직접 급부를 하는 경우</u>(이른바 삼각관계에서 급부가 이루어진 경우), 그 급부로써 급부를 한 계약당사자가 상대방에게 급부를 한 것일 뿐만 아니라 그 상대방이 제3자에게 급부를 한 것이다. 따라서 <u>계약의 한쪽 당사자는 제3자를 상대로 법률상 원인 없이 급부를 수령하였다는 이유로 부당이득반환청구를 할 수 없다</u>(대판 2018.7.12. 2018다204992). 따라서 乙과 丙 사이의 매매계약이 해제된 경우, <u>丙은 甲이 아닌 매매계약상대방 乙에게 부당이득 반환을 청구하여야</u> 한다.

④ 매도인이 계약금계약에 의한 해제를 하는 경우, 매도인은 해제의사표시와 약정계약금의 배액을 제공하면 되고, 매수인의 수령거절 시 공탁할 필요는 없다. 🔖 대판 1992.5.12. 91다2151

⑤ 계약해제로 인한 원상회복의무가 이행지체에 빠진 이후의 지연손해금률에 관하여 당사자 사이에 별도의 약정이 있는 경우, 그 지연손해금률이 법정이율보다 낮더라도 약정에 따른 지연손해금률이 적용된다.

> <u>당사자 일방이 계약을 해제한 때에는 각 당사자는 상대방에 대하여 원상회복의무가 있고, 이 경우 반환할 금전에는 받은 날로부터 이자를 가산하여 지급하여야</u> 한다. 여기서 가산되는 이자는 원상회복의 범위에 속하는 것으로서 일종의 부당이득 반환의 성질을 가지는 것이고 반환의무의 이행지체로 인한 지연손해금이 아니다. 따라서 당사자 사이에 그 이자에 관하여 특별한 약정이 있으면 그 약정이율이 우선적용되고 약정이율이 없으면 민사 또는 상사 법정이율이 적용된다. 반면 <u>원상회복의무가 이행지체에 빠진 이후의 기간에 대해서는 부당이득반환의무로서의 이자가 아니라 반환채무에 대한 지연손해금이 발생하게 되므로 거기에는 지연손해금률이 적용되어야</u> 한다. 그 지연손해금률에 관하여도 당사자 사이에 별도의 약정이 있으면 그에 따라야 할 것이고, 설사 그것이 법정이율보다 낮다 하더라도 마찬가지이다(대판 2013.4.26. 2011다50509).

21 불법행위책임에 관한 설명으로 옳지 않은 것은?(다툼이 있으면 판례에 따름)

☑ 확인
Check!
○
△
✕

① 피용자의 불법행위로 인하여 사용자책임을 지는 자가 그 피용자에 대하여 행사하는 구상권은 신의칙을 이유로 제한 또는 배제될 수 있다.

> 일반적으로 **사용자가 피용자의 업무수행과 관련하여 행하여진 불법행위로 인하여 직접 손해를 입었거나 피해자인 제3자에게 사용자로서의 손해배상책임을 부담한 결과로 손해를 입게 된 경우에 사용자는** 사업의 성격과 규모, 시설의 현황, 피용자의 업무내용과 근로조건 및 근무태도, 가해행위의 발생원인과 성격, 가해행위의 예방이나 손실의 분산에 관한 사용자의 배려의 정도, 기타 제반 사정에 비추어 손해의 공평한 분담이라는 견지에서 **신의칙상 상당하다고 인정되는 한도 내에서만 피용자에 대하여 손해배상을 청구하거나 구상권을 행사할 수 있다**(대판 2017.4.27. 2016다271226).

② 공동불법행위에서 과실상계를 하는 경우, 피해자에 대한 공동불법행위자 전원의 과실과 피해자의 공동불법행위자 전원에 대한 과실을 전체적으로 평가하여야 한다.

> 공동불법행위책임은 가해자 각 개인의 행위에 대하여 개별적으로 그로 인한 손해를 구하는 것이 아니라 가해자들이 공동으로 가한 불법행위에 대하여 그 책임을 추궁하는 것으로, **법원이 피해자의 과실을 들어 과실상계를 함에 있어서는** 피해자의 공동불법행위자 각인에 대한 과실비율이 서로 다르더라도 피해자의 과실을 공동불법행위자 각인에 대한 과실로 개별적으로 평가할 것이 아니고 **그들 전원에 대한 과실로 전체적으로 평가하여야** 한다(대판 2008.6.26. 2008다22481).

❸ 가해자 중 1인이 다른 가해자에 비하여 불법행위에 가공한 정도가 경미한 경우, 그 가해자의 피해자에 대한 책임범위를 손해배상액의 일부로 제한하여 인정할 수 있다.

> 공동불법행위로 인한 손해배상책임의 범위는 피해자에 대한 관계에서 가해자들 전원의 행위를 전체적으로 함께 평가하여 정하여야 하고, 그 손해배상액에 대하여는 가해자 각자가 그 금액의 전부에 대한 책임을 부담하며, **가해자의 1인이 다른 가해자에 비하여 불법행위에 가공한 정도가 경미하다고 하더라도 피해자에 대한 관계에서 그 가해자의 책임범위를 위와 같이 정하여진 손해배상액의 일부로 제한하여 인정할 수는 없다**(대판 2012.8.17. 2012다30892).

④ 불법행위에 경합된 당사자들의 과실 정도에 관한 사실인정이나 그 비율을 정하는 것은 특별한 사정이 없는 한 사실심의 전권사항에 속한다. 대판 2015.4.23. 2013다211834

⑤ 일반육체노동을 하는 사람의 가동연한은 특별한 사정이 없는 한 경험칙상 만 65세로 보아야 한다. 대판 2021.3.11. 2019다208472

22 甲은 법률상 의무 없이 乙의 사무를 처리하고 있다. 이에 관한 설명으로 옳지 않은 것은?(다툼이 있으면 판례에 따름)

① 甲이 제3자와의 별도의 위임계약에 따라 乙의 사무를 처리한 경우, 원칙적으로 甲과 乙 사이에 사무관리는 성립하지 않는다.

> 의무 없이 타인의 사무를 처리한 자는 그 타인에 대하여 민법상 사무관리규정에 따라 비용상환 등을 청구할 수 있으나, 제3자와의 약정에 따라 타인의 사무를 처리한 경우에는 의무 없이 타인의 사무를 처리한 것이 아니므로 이는 원칙적으로 그 타인과의 관계에서는 사무관리가 된다고 볼 수 없다(대판 2013.9.26. 2012다43539). 이러한 판례의 취지를 고려하면, 별도의 위임계약이 있는 경우에는 원칙적으로 관리자 甲과 본인 乙 사이에 사무관리가 성립하지 아니한다고 보는 것이 타당하다.

② 사무관리가 성립되기 위한 甲의 사무관리의사는 甲 자신을 위한 의사와 병존할 수 있다.

> 민법 제734조 제1항의 '타인을 위하여'는 관리의 사실상 효과를 본인에게 귀속시키려는 의사의 존재를 요한다는 의미로 이해하여야 하고, 이러한 관리의사는 관리자 자신을 위한 의사와 병존할 수 있음에 유의하여야 한다.

❸ 사무관리가 성립하는 경우, 甲은 乙에게 부당이득 반환을 청구할 수 없다.

> 종래의 통설은 민법 제739조 제3항의 청구권을 '본인의 의사에 반하는지 여부는 명백하지 아니하나, 본인의 의사에 반하는 경우'에 적법한 사무관리의 효과로 발생하는 청구권이라고 이해하고 있다. 따라서 위와 같은 경우에도 사무관리가 성립하며, 이때 관리자 甲은 민법 제739조 제3항에 의하여 본인 乙의 현존이익의 한도에서 乙에게 부당이득 반환의 성질을 가지는 비용상환청구권, 채무대변제청구권 및 담보제공청구권 등을 행사할 수 있다고 판단된다.

❹ 사무관리가 성립하는 경우, 甲이 乙의 의사를 알거나 알 수 있었다면 甲은 사무의 성질에 좇아 乙에게 이익이 되는 방법으로 관리하여야 한다.

> 사무관리가 성립하는 경우, 관리자는 그 사무의 성질에 좇아 가장 본인에게 이익되는 방법으로 이를 관리하여야 하고, 관리자가 본인의 의사를 알거나 알 수 있는 때에는 그 의사에 적합하도록 관리하여야 한다(민법 제734조 제1항·제2항). 따라서 관리자 甲이 본인 乙의 의사를 알았거나 알 수 있었다면, 甲은 乙의 의사에 적합하도록 관리하여야 한다.

⑤ 甲이 사무관리하면서 과실 없이 손해를 입은 경우, 甲은 乙의 현존이익의 한도 내에서 그 손해의 보상을 청구할 수 있다. 🔞 민법 제740조

23 동시이행항변권에 관한 설명으로 옳은 것은?(다툼이 있으면 판례에 따름)

① 공사도급계약상 도급인의 지체상금채권과 수급인의 공사대금채권은 특별한 사정이 없는 한 동시이행관계에 있다.

> 공사도급계약상 도급인의 지체상금채권과 수급인의 공사대금채권은 특별한 사정이 없는 한 동시이행의 관계에 있다고 할 수 없다(대판 2015.8.27. 2013다81224).

② 선이행의무자가 이행을 지체하는 동안 상대방의 채무가 이행기에 도래한 경우, 특별한 사정이 없는 한 양 당사자의 의무는 동시이행관계에 있지 않다.

> 쌍무계약인 매매계약에서 매수인이 선이행의무인 분양잔대금지급의무를 이행하지 않고 있는 사이에 매도인의 소유권이전등기의무의 이행기가 도래하여 도과한 경우, 분양잔대금지급채무를 여전히 선이행하기로 약정하는 등 특별한 사정이 없는 한 매도인과 매수인 쌍방의 의무는 동시이행관계에 놓이게 된다(대판 2013.7.25. 2011다7628).

③ 동시이행항변권에 따른 이행지체책임 면제의 효력은 그 항변권을 행사·원용하여야 발생한다.

> 쌍무계약에서 쌍방의 채무가 동시이행관계에 있는 경우 일방의 채무의 이행기가 도래하더라도 상대방 채무의 이행제공이 있을 때까지는 그 채무를 이행하지 않아도 이행지체의 책임을 지지 않는 것이며, 이와 같은 효과는 이행지체의 책임이 없다고 주장하는 자가 반드시 동시이행의 항변권을 행사하여야만 발생하는 것은 아니다(대판 2010.10.14. 2010다47438).

④ 동시이행항변권은 연기적 항변권으로 동시이행관계에 있으면 소멸시효는 진행되지 아니한다.

> 부동산에 대한 매매대금채권이 소유권이전등기청구권과 동시이행의 관계에 있다고 할지라도 매도인은 매매대금의 지급기일 이후 언제라도 그 대금의 지급을 청구할 수 있는 것이며, 다만 매수인은 매도인으로부터 그 이전등기에 관한 이행의 제공을 받기까지 그 지급을 거절할 수 있는 데 지나지 아니하므로 매매대금청구권은 그 지급기일 이후 시효의 진행에 걸린다(대판 1991.3.22. 90다9797). 따라서 동시이행관계에 있는 채권의 경우, 이행기가 도래하면 소멸시효가 진행한다.

❺ 자동채권과 수동채권이 동시이행관계에 있더라도 서로 현실적으로 이행하여야 할 필요가 없는 경우, 특별한 사정이 없는 한 상계는 허용된다.

> 상계의 대상이 될 수 있는 자동채권과 수동채권이 동시이행관계에 있다고 하더라도 서로 현실적으로 이행하여야 할 필요가 없는 경우라면 상계로 인한 불이익이 발생할 우려가 없고 오히려 상계를 허용하는 것이 동시이행관계에 있는 채권·채무관계를 간명하게 해소할 수 있으므로 특별한 사정이 없는 한 상계가 허용된다(대판 2006.7.28. 2004다54633).

24 민법상 조합에 관한 설명으로 옳지 않은 것은?(다툼이 있으면 판례에 따름)

① 수인이 공동사업을 경영할 목적 없이 전매차익만을 얻기 위해 상호 협력한 경우, 특별한 사정이 없는 한 이들 사이의 법률관계는 조합에 해당하지 않는다.

> 부동산의 공동매수인들이 전매차익을 얻으려는 '공동의 목적달성'을 위해 상호 협력한 것에 불과하고 이를 넘어 '공동사업을 경영할 목적'이 있었다고 인정되지 않는 경우, 이들 사이의 법률관계는 공유관계에 불과할 뿐 민법상 조합이라고 할 수 없다(대판 2007.6.14. 2005다5140).

② 조합채무자가 조합원들 중의 1인에 대하여 개인채권을 가지고 있는 경우, 그 채권과 조합에 대한 채무를 서로 대등액에서 상계할 수 없다.

> 조합에 대한 채무자는 그 채무와 조합원에 대한 채권으로 상계할 수는 없는 것이므로(민법 제715조), 조합으로부터 부동산을 매수하여 잔대금채무를 지고 있는 자가 조합원 중의 1인에 대하여 개인채권을 가지고 있다고 하더라도 그 채권과 조합과의 매매계약으로 인한 잔대금채무를 서로 대등액에서 상계할 수는 없다(대판 1998.3.13. 97다6919).

③ 조합계약에서 출자의무의 이행과 이익분배를 직접 연결시키는 특약을 두지 않은 경우, 조합은 출자의무를 이행하지 않은 조합원의 이익분배 자체를 거부할 수 없다.

> 건설공동수급체구성원은 공동수급체에 출자의무를 지는 반면 공동수급체에 대한 이익분배청구권을 가지는데, 이익분배청구권과 출자의무는 별개의 권리·의무이다. 따라서 공동수급체의 구성원이 출자의무를 이행하지 않더라도, 공동수급체가 출자의무의 불이행을 이유로 이익분배 자체를 거부할 수도 없고, 그 구성원에게 지급할 이익분배금에서 출자금이나 그 연체이자를 당연히 공제할 수도 없다. 다만, 공동수급체의 구성원들 사이에 '출자의무와 이익분배를 직접 연계시키는 특약'을 하는 것은 계약자유의 원칙상 허용되므로 구성원들이 출자의무를 먼저 이행한 경우에 한하여 이익분배를 받을 수 있다고 약정하거나 출자의무의 불이행 정도에 따라 이익분배금을 전부 또는 일부 삭감하기로 약정할 수도 있다(대판 2018.1.24. 2015다69990).

④ 조합원의 지분에 대한 압류는 그 조합원의 장래의 이익배당 및 지분의 반환을 받을 권리에 대하여 효력이 있다. 🌀 민법 제714조

❺ 2인 조합에서 조합원 1인이 탈퇴하면 조합관계는 종료되고, 원칙적으로 조합은 즉시 해산된다.

> 2인 조합에서 조합원 1인이 탈퇴하면 조합관계는 종료되지만 특별한 사정이 없는 한 조합이 해산되지 아니하고, 조합원의 합유에 속하였던 재산은 남은 조합원의 단독소유에 속하게 되어 기존의 공동사업은 청산절차를 거치지 않고 잔존자가 계속 유지할 수 있다(대판 2013.5.23. 2010다102816).

25 매매에 관한 설명으로 옳은 것을 모두 고른 것은?(다툼이 있으면 판례에 따름)

ㄱ. 당사자가 매매예약완결권의 행사기간을 약정하지 않은 경우, 완결권은 예약이 성립한 때로부터 10년 내에 행사되어야 하고, 그 기간을 지난 때에는 제척기간의 경과로 인하여 소멸한다.

ㄴ. 목적물이 일정한 면적을 가지고 있다는 데 주안을 두고 대금도 면적을 기준으로 정하여지는 아파트분양계약은 특별한 사정이 없는 한 수량지정매매에 해당한다.

ㄷ. 건축목적으로 매매된 토지에 대하여 건축허가를 받을 수 없어 건축이 불가능한 경우, 이와 같은 법률적 제한 내지 장애는 권리의 하자에 해당한다.

ㄹ. 특정물 매매에서 매도인의 하자담보책임이 성립하는 경우, 매수인은 매매계약내용의 중요부분에 착오가 있더라도 이를 취소할 수 없다.

❶ ㄱ, ㄴ   ② ㄱ, ㄹ

③ ㄴ, ㄷ   ④ ㄱ, ㄷ, ㄹ

⑤ ㄴ, ㄷ, ㄹ

ㄱ. (○) 민법 제564조가 정하고 있는 매매예약에서 예약자의 상대방이 매매예약 완결의 의사표시를 하여 매매의 효력을 생기게 하는 권리, 즉 매매예약의 완결권은 일종의 형성권으로서 당사자 사이에 행사기간을 약정한 때에는 그 기간 내에, 약정이 없는 때에는 예약이 성립한 때부터 10년 내에 이를 행사하여야 하고, 그 기간이 지난 때에는 예약완결권은 제척기간의 경과로 소멸한다(대판 2018.11.29. 2017다247190).

ㄴ. (○) 대판 2002.11.8. 99다58136

ㄷ. (×) 매매의 목적물이 거래통념상 기대되는 객관적 성질·성능을 결여하거나, 당사자가 예정 또는 보증한 성질을 결여한 경우에 매도인은 매수인에 대하여 그 하자로 인한 담보책임을 부담한다 할 것이고, 한편 건축을 목적으로 매매된 토지에 대하여 건축허가를 받을 수 없어 건축이 불가능한 경우, 위와 같은 법률적 제한 내지 장애 역시 매매목적물의 하자에 해당한다 할 것이나, 다만 위와 같은 하자의 존부는 매매계약 성립 시를 기준으로 판단하여야 할 것이다(대판 2000.1.18. 98다18506).

ㄹ. (×) 민법 제109조 제1항에 의하면 법률행위내용의 중요부분에 착오가 있는 경우 착오에 중대한 과실이 없는 표의자는 법률행위를 취소할 수 있고, 민법 제580조 제1항, 제575조 제1항에 의하면 매매의 목적물에 하자가 있는 경우 하자가 있는 사실을 과실 없이 알지 못한 매수인은 매도인에 대하여 하자담보책임을 물어 계약을 해제하거나 손해배상을 청구할 수 있다. 착오로 인한 취소제도와 매도인의 하자담보책임제도는 취지가 서로 다르고, 요건과 효과도 구별된다. 따라서 매매계약내용의 중요부분에 착오가 있는 경우 매수인은 매도인의 하자담보책임이 성립하는지와 상관없이 착오를 이유로 매매계약을 취소할 수 있다(대판 2018.9.13. 2015다78703).

2020년 제29회 정답 및 해설

🔵 문제편 172p

✅ 정답 CHECK   ✅ 각 문항별로 이해도 CHECK

01	02	03	04	05	06	07	08	09	10	11	12	13	14	15	16	17	18	19	20	21	22	23	24	25
④	①	④	③	①	②	⑤	①	④	③	②	③	①	②	⑤	②	①	④	④	⑤	③	③	④	③	⑤

01

미성년자 甲과 행위능력자 乙 간의 매매계약에 관한 설명으로 옳은 것은?(다툼이 있으면 판례에 따름)

☑ 확인
Check!
○
△
×

① 甲의 법정대리인이 동의하면 위 계약은 확정적으로 유효하게 되는데 이때 그 동의는 명시적으로 행해져야 한다.

> 미성년자가 법률행위를 할 때 요구되는 법정대리인의 동의는 명시적이어야만 하는 것은 아니므로, 묵시적 동의도 가능한 법리이다.

② 乙은 계약 체결 시 甲이 미성년자임을 알았더라도 추인이 있기 전까지 자신의 의사표시를 철회할 수 있다.

> 미성년자가 맺은 계약은 추인이 있을 때까지 상대방이 그 의사표시를 철회할 수 있다. 다만, 상대방이 계약 당시에 미성년자임을 알았을 경우에는 그러하지 아니하다(민법 제16조 제1항). 따라서 乙은 추인이 있기 전까지 자신의 의사표시를 철회할 수 없다.

③ 甲이 단독으로 乙과 계약을 체결한 후, 제한능력을 이유로 甲 스스로 위 계약을 취소하는 것은 신의칙에 반한다.

> 미성년자의 법률행위에 법정대리인의 동의를 요하도록 하는 것은 강행규정인데, 위 규정에 반하여 이루어진 신용구매계약을 미성년자 스스로 취소하는 것을 신의칙 위반을 이유로 배척한다면, 이는 오히려 위 규정에 의해 배제하려는 결과를 실현시키는 셈이 되어 미성년자제도의 입법취지를 몰각시킬 우려가 있으므로, 법정대리인의 동의 없이 신용구매계약을 체결한 미성년자가 사후에 법정대리인의 동의 없음을 사유로 들어 이를 취소하는 것이 신의칙에 위배된 것이라고 할 수 없다(대판 2007.11.16. 2005다71659).

❹ 계약 체결 시 乙이 甲에게 나이를 물었을 때 甲이 만 20세라 답하였다고 하더라도 甲의 법정대리인은 위 계약을 취소할 수 있다.

> 甲이 만 20세라 답하였다는 것만으로는 적극적 기망수단을 사용한 것이라고 볼 수 없으므로, 甲의 법정대리인은 자기의 동의가 없음을 이유로 민법 제5조 제2항에 의하여 미성년자 甲과 乙 간의 매매계약을 취소할 수 있다.

⑤ 甲의 법정대리인에 의하여 위 계약이 甲의 제한능력을 이유로 취소되었다면, 甲의 부당이득반환범위는 그 법정대리인의 선의·악의에 따라 달라진다.

> 취소된 법률행위는 처음부터 무효인 것으로 본다. 다만, 제한능력자는 그 행위로 인하여 받은 이익이 현존하는 한도에서 상환(償還)할 책임이 있다(민법 제141조). 즉, 甲은 현존이익의 한도에서 받은 이익을 반환하면 된다.

02 민법상 법인에 관한 설명으로 옳은 것은?(다툼이 있으면 판례에 따름)

☑ 확인
Check!
○
△
✕

❶ 사단법인 정관의 법적 성질은 자치법규이다.

> 사단법인의 정관은 이를 작성한 사원뿐만 아니라 그 후에 가입한 사원이나 사단법인의 기관 등도 구속하는 점에 비추어 보면 그 법적 성질은 계약이 아니라 자치법규로 보는 것이 타당하다(대판 2000.11.24. 99다12437).

② 청산종결등기가 행해졌다면 청산사무가 아직 남아 있다 하더라도 그 법인의 권리능력은 소멸된다.

> 청산종결등기가 경료된 경우에도 청산사무가 종료되었다 할 수 없는 경우에는 청산법인으로 존속하므로 권리능력이 인정된다(대판 1980.4.8. 79다2036).

③ 대표이사의 불법행위가 법인의 불법행위로 되는 경우에 대표이사는 자기의 불법행위책임을 면한다.

> 법인은 이사 기타 대표자가 그 직무에 관하여 타인에게 가한 손해를 배상할 책임이 있다. 이사 기타 대표자는 이로 인하여 자기의 손해배상책임을 면하지 못한다(민법 제35조 제1항).

④ 법인의 대표권을 가진 자가 하는 법률행위는 성립상 효과만 법인에게 귀속할 뿐 그 위반의 효과인 채무불이행책임까지 법인에 귀속하는 것은 아니다.

> 법인이 대표기관을 통하여 법률행위를 한 때에는 대리에 관한 규정이 준용된다(민법 제59조 제2항). 따라서 적법한 대표권을 가진 자와 맺은 법률행위의 효과는 대표자 개인이 아니라 본인인 법인에 귀속하고, 마찬가지로 그러한 법률행위상의 의무를 위반하여 발생한 채무불이행으로 인한 손해배상책임도 대표기관 개인이 아닌 법인만이 책임의 귀속주체가 되는 것이 원칙이다(대판 2019.5.30. 2017다53265).

⑤ 사단법인 사원의 지위는 정관에 의하여도 상속할 수 없다.

> "사단법인의 사원의 지위는 양도 또는 상속할 수 없다"고 한 민법 제56조의 규정은 강행규정은 아니라고 할 것이므로, 정관에 의하여 이를 인정하고 있을 때에는 양도·상속이 허용된다(대판 1992.4.14. 91다26850).

03

☑ 확인
Check!
○
△
×

비법인사단에 관한 설명으로 옳지 않은 것은?(다툼이 있으면 판례에 따름)

① 비법인사단의 대표자로부터 포괄적 위임을 받은 수임인의 대행행위는 비법인사단에 효력을 미치지 않는다.

> 비법인사단에 대하여는 사단법인에 관한 민법 규정 가운데 법인격을 전제로 하는 것을 제외하고는 이를 유추 적용하여야 하는데, 민법 제62조에 비추어 보면 비법인사단의 대표자는 정관 또는 총회의 결의로 금지하지 아니한 사항에 한하여 타인으로 하여금 특정한 행위를 대리하게 할 수 있을 뿐 비법인사단의 제반 업무처리를 포괄적으로 위임할 수는 없으므로 비법인사단 대표자가 행한 타인에 대한 업무의 포괄적 위임과 그에 따른 포괄적 수임인의 대행행위는 민법 제62조를 위반한 것이어서 비법인사단에 대하여 그 효력이 미치지 않는다 (대판 2011.4.28. 2008다15438).

② 비법인사단 대표자의 대표권이 정관으로 제한된 경우, 비법인사단은 그 등기가 없더라도 그 거래상 대방이 악의라면 이로써 대항할 수 있다.

> 비법인사단의 경우에는 대표자의 대표권 제한에 관하여 등기할 방법이 없어 민법 제60조의 규정을 준용할 수 없고, 비법인사단의 대표자가 정관에서 사원총회의 결의를 거쳐야 하도록 규정한 대외적 거래행위에 관하여 이를 거치지 아니한 경우라도, 이와 같은 사원총회결의사항은 비법인사단의 내부적 의사결정에 불과하다 할 것이므로, 그 거래상대방이 그와 같은 대표권제한사실을 알았거나 알 수 있었을 경우가 아니라면 그 거래행위는 유효하다고 봄이 상당하고, 이 경우 거래의 상대방이 대표권제한사실을 알았거나 알 수 있었음은 이를 주장하는 비법인사단 측이 주장·입증하여야 한다(대판 2003.7.22. 2002다64780). 따라서 비법인사단 측은 거래상대방이 대표권제한사실에 대하여 악의임을 주장·입증함으로써 그 거래상대방에게 대항할 수 있다.

③ 법인의 불법행위책임에 관한 민법 제35조 제1항은 비법인사단에 유추적용된다.

> 비법인사단의 대표자가 직무에 관하여 타인에게 손해를 가한 경우 그 사단은 민법 제35조 제1항의 유추적용에 의하여 그 손해를 배상할 책임이 있고, 비법인사단의 대표자의 행위가 대표자 개인의 사리를 도모하기 위한 것이었거나 혹은 법령의 규정에 위배된 것이었다 하더라도 외관상, 객관적으로 직무에 관한 행위라고 인정할 수 있다면 민법 제35조 제1항의 직무에 관한 행위에 해당한다 할 것이나, 한편 그 대표자의 행위가 직무에 관한 행위에 해당하지 아니함을 피해자 자신이 알았거나 또는 중대한 과실로 인하여 알지 못한 경우에는 비법 인사단에게 손해배상책임을 물을 수 없다(대판 2008.1.18. 2005다34711).

❹ 비법인사단의 구성원들이 집단으로 탈퇴하면 2개의 비법인사단으로 분열되고, 이때 각 비법인사단은 종전의 재산을 구성원수의 비율로 총유한다.

> 법인 아닌 사단의 구성원들의 집단적 탈퇴로써 사단이 2개로 분열되고 분열되기 전 사단의 재산이 분열된 각 사단들의 구성원들에게 각각 총유적으로 귀속되는 결과를 초래하는 형태의 법인 아닌 사단의 분열은 허용 되지 않는다(대판 2006.4.20. 2004다37775[전합]).

⑤ 사원총회결의를 거치지 않아 무효가 되는 비법인사단 대표자의 총유물 처분행위에 대해서는 '권한을 넘은 표현대리'의 법리가 적용되지 않는다. 대판 2009.2.12. 2006다23312

04 물건에 관한 설명으로 옳지 않은 것은?(다툼이 있으면 판례에 따름)

☑ 확인
Check!
○
△
✕

① 주물과 다른 사람의 소유에 속하는 물건은 종물이 될 수 없다.

> 물건의 소유자가 그 물건의 상용에 공하기 위하여 <u>자기 소유인 다른 물건</u>을 이에 부속하게 한 때에는 그 부속물은 종물이다(민법 제100조 제1항).

② 주물을 처분할 때 당사자 간의 특약으로 종물만을 별도로 처분할 수도 있다.

> ⚖ 대판 2012.1.26. 2009다76546

❸ 국립공원의 입장료는 법정과실에 해당한다.

> <u>국립공원의 입장료</u>는 수익자부담의 원칙에 따라 국립공원의 유지·관리비용의 일부를 입장객에게 부담시키는 것에 지나지 않고, <u>토지의 사용대가가 아닌 점</u>에서 민법상의 과실은 아니다(대판 2001.12.28. 2000다27749).

④ 관리할 수 있는 자연력은 동산이다.

> 토지 및 그 정착물인 부동산 이외의 물건은 동산이므로(민법 제99조 제2항), <u>관리할 수 있는 자연력은 동산에</u> <u>포함</u>된다.

⑤ 명인방법을 갖춘 수목의 경우 토지와 독립된 물건으로서 거래의 객체가 된다.

> ⚖ 대결 1998.10.28. 98마1817

05 무자력한 甲은 乙에게 3억원의 금전채무를 부담하고 있으나, 乙의 강제집행을 피하기 위해 자신의 유일한 재산인 A부동산을 丙에게 가장매매하고 소유권이전등기를 해 주었다. 이에 관한 설명으로 옳은 것은?(다툼이 있으면 판례에 따름)

☑ 확인
Check!
○
△
✕

❶ 乙은 甲에 대한 자신의 채권을 보전하기 위하여 甲의 丙에 대한 소유권이전등기의 말소등기청구권을 대위행사할 수 있다.

> 甲과 丙의 A부동산에 대한 매매계약은 통정허위표시로서 민법 제108조 제1항에 의하여 무효이고, 사안에서 甲의 무자력이 인정되므로, 채권자 乙은 <u>민법 제404조 제1항에 의하여 甲의 丙에 대한 소유권이전등기 말소청구권을 대위행사</u>할 수 있다.

② 甲과 丙 간의 가장매매는 무효이므로 乙은 이것이 사해행위라는 것을 이유로 하여 채권자취소권을 행사할 수 없다.

> 채무자의 법률행위가 <u>통정허위표시인 경우에도 채권자취소권의 대상</u>이 된다는 것이 판례이다(대판 1998.2.27. 97다50985). 따라서 乙은 甲과 丙 간의 가장매매에 대하여 사해행위를 이유로 채권자취소권을 행사할 수 있다.

③ 허위표시는 불법원인이므로 甲은 丙에게 자신의 소유권에 기하여 A부동산의 반환을 청구할 수 없다.

> 통정허위표시 자체가 불법원인급여가 아니기 때문에 민법 제746조는 적용되지 아니하므로, 채무자 甲은 丙에게 소유권에 기하여 A부동산의 반환을 청구할 수 있다.

④ 만약 丙이 丁에게 A부동산을 매도하였다면, 丁은 선의·무과실이어야 제3자로서 보호를 받을 수 있다.

> 민법 제108조 제2항의 선의는 당해 의사표시가 허위표시임을 알지 못하는 것을 말하는 것으로서 **무과실까지 요하는 것은 아니므로**, 丁이 선의이면 제3자로서 보호를 받을 수 있다.

⑤ 甲과 丙이 A부동산의 가장매매계약을 추인하면 그 계약은 원칙적으로 체결 시로 소급하여 유효한 것이 된다.

> 무효인 법률행위는 추인하여도 그 효력이 생기지 아니하나, 당사자가 그 무효임을 알고 추인한 때에는 새로운 법률행위로 본다(민법 제139조)는 것에 불과하므로, 甲과 丙이 A부동산의 가장매매계약을 추인하더라도 **추인에 소급효는 인정되지 아니한다**.

06 비진의표시에 관한 설명으로 옳지 않은 것은?(다툼이 있으면 판례에 따름)

① 비진의표시에서 '진의'란 특정한 내용의 의사표시를 하고자 하는 표의자의 생각을 말하는 것이지 진정으로 마음속에서 바라는 사항을 뜻하는 것은 아니다. 대판 1993.7.16. 92다41528

❷ 법률상의 장애로 자기명의로 대출받을 수 없는 자를 위하여 대출금채무자로서 명의를 빌려준 자는 특별한 사정이 없는 한 채무부담의사를 가지지 않으므로 그가 행한 대출계약상의 의사표시는 비진의표시이다.

> 법률상 또는 사실상의 장애로 자기 명의로 대출받을 수 없는 자를 위하여 대출금채무자로서의 명의를 빌려준 자에게 그와 같은 채무부담의 의사가 없는 것이라고는 할 수 없으므로 그 의사표시를 비진의표시에 해당한다고 볼 수 없고, 설령 명의대여자의 의사표시가 비진의표시에 해당한다고 하더라도 그 의사표시의 상대방인 상호신용금고로서는 명의대여자가 전혀 채무를 부담할 의사 없이 진의에 반한 의사표시를 하였다는 것까지 알았다거나 알 수 있었다고 볼 수도 없다(대판 1996.9.10. 96다18182).

③ 재산을 강제로 뺏긴다는 인식을 하고 있는 자가 고지된 해악이 두려워 어쩔 수 없이 증여의 의사표시를 한 경우 이는 비진의표시라 할 수 없다.

> 비록 재산을 강제로 뺏긴다는 것이 표의자의 본심으로 잠재되어 있었다 하여도 표의자가 강박에 의하여서나마 증여를 하기로 하고 그에 따른 증여의 의사표시를 한 이상 증여의 내심의 효과의사가 결여된 것이라고 할 수는 없다(대판 2002.12.27. 2000다47361).

④ 근로자가 회사의 경영방침에 따라 사직원을 제출하고 회사가 이를 받아들여 퇴직처리를 하였다가 즉시 재입사하는 형식으로 실질적 근로관계의 단절 없이 계속 근무하였다면 그 사직의 의사표시는 무효이다. 대판 2005.4.29. 2004두14090

⑤ 비리공무원이 감사기관의 사직권고를 받고 사직의 의사표시를 하여 의원면직처분이 된 경우, 그 사표제출자의 내심에 사직할 의사가 없었더라도 그 사직의 의사표시는 효력이 발생한다.

> 공무원이 사직의 의사표시를 하여 의원면직처분을 하는 경우 그 사직의 의사표시는 그 법률관계의 특수성에 비추어 외부적·객관적으로 표시된 바를 존중하여야 할 것이므로, 비록 사직원제출자의 내심의 의사가 사직할 뜻이 아니었다고 하더라도 진의 아닌 의사표시에 관한 민법 제107조는 그 성질상 사직의 의사표시와 같은 사인의 공법행위에는 준용되지 아니하므로 그 의사가 외부에 표시된 이상 그 의사는 표시된 대로 효력을 발한다(대판 1997.12.12. 97누13962).

07 의사표시를 한 자가 착오를 이유로 그 의사표시를 취소할 수 없는 경우를 모두 고른 것은?(단, 표의자의 중대한 과실은 없으며 다툼이 있으면 판례에 따름)

☑ 확인
Check!
○
△
✕

> ㄱ. 매매에서 매도인이 목적물의 시가를 몰라서 대금과 시가에 근소한 차이가 있는 경우
> ㄴ. 주채무자의 차용금반환채무를 보증할 의사로 공정증서에 서명·날인하였으나 그 공정증서가 주채무자의 기존의 구상금채무에 관한 준소비대차계약의 공정증서이었던 경우
> ㄷ. 건물 및 부지를 현상태대로 매수하였으나 그 부지의 지분이 근소하게 부족한 경우

① ㄱ
② ㄷ
③ ㄱ, ㄴ
④ ㄴ, ㄷ
❺ ㄱ, ㄴ, ㄷ

> 표의자는 법률행위내용의 중요부분에 착오가 있는 경우에는 민법 제109조 제1항에 의하여 이를 취소할 수 있으나, 판례에 의하면 ㄱ, ㄴ, ㄷ의 경우는 중요부분의 착오가 아니라고 하여 취소권을 배제한다.
> ㄱ. (✕) 부동산 매매에 있어서 시가에 관한 착오는 부동산을 매매하려는 의사를 결정함에 있어 동기의 착오에 불과할 뿐 법률행위의 중요부분에 관한 착오라 할 수 없다(대판 1992.10.23. 92다29337).
> ㄴ. (✕) 주채무자의 차용금반환채무를 보증할 의사로 공정증서에 연대보증인으로 서명·날인하였으나 그 공정증서가 주채무자의 기존의 구상금채무 등에 관한 준소비대차계약의 공정증서이었던 경우, 위와 같은 착오는 연대보증계약의 중요부분의 착오가 아니다(대판 2006.12.7. 2006다41457).
> ㄷ. (✕) 계약의 내용이 피고의 지분등기와 본건 건물 및 그 부지를 현상태대로 매매한 것인 경우, 위 부지(4평)에 관하여 0.211평(계산상 0.201평)에 해당하는 피고의 지분이 부족하다 하더라도 그러한 근소한 차이만으로써는 매매계약의 중요부분에 착오가 있었다거나 기망행위가 있었다고는 보기 어렵다(대판 1984.4.10. 83다카1328).

08 민법 제104조(불공정한 법률행위)에 관한 설명으로 옳은 것은?(다툼이 있으면 판례에 따름)

☑ 확인
Check!
○
△
✕

❶ 증여계약은 민법 제104조에서의 공정성 여부를 논의할 수 있는 성질의 법률행위가 아니다.

> 증여계약과 같이 아무런 대가관계 없이 당사자 일방이 상대방에게 일방적인 급부를 하는 법률행위는 그 공정성 여부를 논의할 수 있는 성질의 법률행위가 아니다(대판 2000.2.11. 99다56833).

② 급부와 반대급부가 현저히 균형을 잃은 경우에는 법률행위가 궁박, 경솔, 무경험으로 인해 이루어진 것으로 추정된다.

> 급부와 반대급부 사이에 현저한 불균형이 있다는 사정만으로 곧바로 당사자의 궁박, 경솔 또는 무경험에 기인하는 것으로 추정되지는 아니한다(대판 1969.12.30. 69다1873).

③ 대리인에 의하여 법률행위가 이루어진 경우 경솔과 무경험은 본인을 기준으로, 궁박은 대리인을 기준으로 판단한다.

> 대리인에 의하여 법률행위가 이루어진 경우 그 법률행위가 민법 제104조의 불공정한 법률행위에 해당하는지 여부를 판단함에 있어서 경솔과 무경험은 대리인을 기준으로 하여 판단하고, 궁박은 본인의 입장에서 판단하여야 한다(대판 2002.10.22. 2002다38927).

④ 불공정한 법률행위의 성립요건인 궁박, 경솔, 무경험은 모두 구비되어야 한다.

> 당사자 일방의 궁박, 경솔, 무경험은 모두 구비하여야 하는 요건이 아니고 <u>그중 어느 하나만 갖추어져도 충분</u>하다(대판 1993.10.12. 93다19924).

⑤ 불공정한 법률행위로서 무효인 경우라도 당사자의 추인에 의하여 유효로 된다.

> <u>불공정한 법률행위로서 무효인 경우에는 추인에 의하여 무효인 법률행위가 유효로 될 수 없다</u>(대판 1994.6.24. 94다10900). 다만, 무효행위의 전환은 가능하다(대판 2010.7.15. 2009다50308).

09 민법상 조건에 관한 설명으로 옳은 것은?(다툼이 있으면 판례에 따름)

☑ 확인
Check!
○
△
×

① '대금이 완납되면 매매목적물의 소유권이 이전된다'는 조항이 있는 소유권유보부 매매에서 대금완납은 해제조건이다.

> 동산의 매매계약을 체결하면서, 매도인이 대금을 모두 지급받기 전에 목적물을 매수인에게 인도하지만 대금이 모두 지급될 때까지는 목적물의 소유권은 매도인에게 유보되며 대금이 모두 지급된 때에 그 소유권이 매수인에게 이전된다는 내용의 이른바 <u>소유권유보의 특약을 한 경우</u>, 목적물의 소유권을 이전한다는 당사자 사이의 물권적 합의는 매매계약을 체결하고 목적물을 인도한 때에 이미 성립하지만 <u>대금이 모두 지급되는 것을 정지조건으로 한다</u>(대판 1999.9.7. 99다30534).

② 선량한 풍속에 반하는 불법조건이 붙은 법률행위는 조건 없는 법률행위가 된다.

> 조건이 선량한 풍속 기타 사회질서에 위반한 것인 때에는 <u>그 법률행위는 무효로 한다</u>(민법 제151조 제1항).

③ 당사자의 의사표시로 조건성취의 효력을 소급시킬 수 없다.

> 당사자가 조건성취의 효력을 <u>그 성취 전에 소급하게 할 의사를 표시한 때에는 그 의사에 의한다</u>(민법 제147조 제3항).

❹ 조건은 법률행위의 내용을 이룬다.

> <u>조건이란 법률행위의 효력 발생 또는 소멸을 장래의 불확실한 사실의 성부에 의존케 하는 법률행위의 내용을 이루는 부관</u>을 말한다.

⑤ 유언에는 조건을 붙일 수 없다.

> 신분행위에는 원칙적으로 조건을 붙일 수 없으나 <u>유언에는 정지조건을 부가할 수 있다</u>(민법 제1073조 제2항).

10 법률행위의 무효 또는 취소에 관한 설명으로 옳은 것은?(다툼이 있으면 판례에 따름)

① 법률행위의 일부분이 무효인 경우 원칙적으로 그 일부분만 무효이다.

> 법률행위의 일부분이 무효인 때에는 그 전부를 무효로 한다. 그러나 그 무효부분이 없더라도 법률행위를 하였을 것이라고 인정될 때에는 나머지 부분은 무효가 되지 아니한다(민법 제137조).

② 제한능력자가 법률행위를 취소한 경우 원칙적으로 그가 받은 이익 전부를 상환하여야 한다.

> 취소된 법률행위는 처음부터 무효인 것으로 본다. 다만, 제한능력자는 그 행위로 인하여 받은 이익이 현존하는 한도에서 상환(償還)할 책임이 있다(민법 제141조).

❸ 취소할 수 있는 법률행위는 추인권자의 추인이 있은 후에는 취소하지 못한다.

> 🏛 민법 제143조 제1항

④ 법률행위의 취소권은 법률행위를 한 날부터 3년 내에, 추인할 수 있는 날부터 10년 내에 행사하여야 한다.

> 취소권은 추인할 수 있는 날로부터 3년 내에, 법률행위를 한 날로부터 10년 내에 행사하여야 한다(민법 제146조).

⑤ 매도인에게 부과될 공과금을 매수인이 책임진다는 취지의 특약은 사회질서에 반하므로 무효이다.

> 매매계약에서 매도인에게 부과될 공과금을 매수인이 책임진다는 취지의 특약을 하였다 하더라도 이는 공과금이 부과되는 경우 그 부담을 누가 할 것인가에 관한 약정으로서 그 자체가 불법조건이라고 할 수 없고 이것만 가지고 사회질서에 반한다고 단정하기도 어렵다(대판 1993.5.25. 93다296).

11 대리에 관한 설명으로 옳은 것은?(다툼이 있으면 판례에 따름)

① 대리인 乙이 자신을 본인 甲이라고 하면서 계약을 체결한 경우 그것이 대리권의 범위 내일지라도 그 계약의 효력은 甲이 아닌 乙에게 귀속된다.

> 대리인 乙이 반드시 대리인임을 표시하여 대리행위를 하여야 하는 것은 아니므로, 대리인 乙이 본인 甲이라고 하면서 계약을 체결한 경우일지라도, 대리권의 범위 내라면 그 계약의 효력은 본인 甲에게 미친다. 판례도 같은 취지에서 다음과 같이 판시하고 있다. 甲이 부동산을 농업협동조합중앙회에 담보로 제공함에 있어 동업자인 乙에게 그에 관한 대리권을 주었다면 乙이 동 중앙회와의 사이에 그 부동산에 관하여 근저당권설정계약을 체결함에 있어 그 피담보채무를 동업관계의 채무로 특정하지 아니하고 또 대리관계를 표시함이 없이 마치 자신이 甲 본인인 양 행세하였다 하더라도 위 근저당권설정계약은 대리인인 위 乙이 그의 권한범위 안에서 한 것인 이상 그 효력은 본인인 甲에게 미친다(대판 1987.6.23. 86다카1411).

❷ 대리행위를 한 자에게 대리권이 있다는 점에 대한 증명책임은 대리행위의 효과를 주장하는 자에게 있다. 🏛 대판 2010.10.14. 2010다44248

③ 금전소비대차계약에서 원리금반환채무변제의 수령권한을 위임받은 대리인은 원칙적으로 그 원리금반환채무를 면제해 줄 대리권도 있다.

> 금전소비대차계약에 따른 대여금의 영수권한만을 위임받은 대리인이 그 대여금채무의 일부를 면제하기 위하여는 본인의 특별수권이 필요하다(대판 1981.6.23. 80다3221).

④ 수인의 대리인이 본인을 위하여 각각 상충되는 내용의 계약을 체결한 경우 가장 먼저 체결된 계약만이 본인에게 효력이 있다.

> 대리인이 수인인 때에는 민법 제119조에 의하여 각자가 본인을 대리하는 것이 원칙이므로, <u>수인의 대리인에 의하여 체결된 계약은 모두 본인에 대하여 효력이 있다.</u>

⑤ 임의대리인은 본인의 승낙이 있는 경우에만 복대리인을 선임할 수 있다.

> 대리권이 법률행위에 의하여 부여된 경우에는 대리인은 <u>본인의 승낙이 있거나 부득이한 사유 있는 때</u>가 아니면 복대리인을 선임하지 못한다(민법 제120조).

12 소멸시효에 관한 설명으로 옳지 않은 것은?(다툼이 있으면 판례에 따름)

① 변론주의의 원칙상 법원은 당사자가 주장하는 기산점을 기준으로 소멸시효를 계산하여야 한다.

> 본래의 소멸시효 기산일과 당사자가 주장하는 기산일이 서로 다른 경우에는 변론주의의 원칙상 법원은 <u>당사자가 주장하는 기산일을 기준으로 소멸시효를 계산하여야</u> 한다(대판 1995.8.25. 94다35886).

② 매수인이 목적부동산을 인도받아 계속 점유하고 있다면 그 소유권이전등기청구권의 소멸시효는 진행하지 않는다.

> 부동산에 관하여 인도, 등기 등의 어느 한쪽만에 대하여서라도 권리를 행사하는 자는 전체적으로 보아 그 <u>부동산에 관하여 권리 위에 잠자는 자</u>라고 할 수 없다 할 것이므로, 매수인이 목적부동산을 인도받아 계속 점유하는 경우에는 그 <u>소유권이전등기청구권의 소멸시효가 진행하지 않는다</u>(대판 1999.3.18. 98다32175[전합]).

❸ 계속적 물품공급계약에 기하여 발생한 외상대금채권은 특별한 사정이 없는 한 거래종료일로부터 외상대금채권총액에 대하여 한꺼번에 소멸시효가 기산한다.

> 계속적 물품공급계약에 기하여 발생한 외상대금채권은 특별한 사정이 없는 한 개별거래로 인한 <u>각 외상대금채권이 발생한 때부터 개별적으로 소멸시효가 진행</u>하는 것이지 거래종료일부터 외상대금채권총액에 대하여 한꺼번에 소멸시효가 기산한다고 할 수 없다(대판 2007.1.25. 2006다68940).

④ 건물신축공사도급계약에서의 수급인의 도급인에 대한 저당권설정청구권의 소멸시효기간은 3년이다.

> 도급받은 공사의 공사대금채권은 민법 제163조 제3호에 따라 3년의 단기소멸시효가 적용되고, 공사에 부수되는 채권도 마찬가지인데, <u>민법 제666조에 따른 저당권설정청구권은</u> 공사대금채권을 담보하기 위하여 저당권설정등기절차의 이행을 구하는 <u>채권적 청구권으로서 공사에 부수되는 채권에 해당하므로 소멸시효기간 역시 3년</u>이다(대판 2016.10.27. 2014다211978).

⑤ 변론주의원칙상 당사자의 주장이 없으면 법원은 소멸시효의 중단에 관해서 직권으로 판단할 수 없다.

> <u>시효중단사유는 변론주의의 대상이어서 당사자의 주장이 없으면 법원이 이에 관하여 판단할 필요가 없다.</u> 그에 대한 증명책임은 시효 완성을 다투는 당사자가 진다.

13 금전채권에 관한 설명으로 옳지 않은 것은?(다툼이 있으면 판례에 따름)

❶ 우리나라 통화를 외화채권에 변제충당할 때 특별한 사정이 없는 한 채무이행기의 외국환시세에 의해 환산한다.

> 채권액이 외국통화로 지정된 금전채권인 외화채권을 채무자가 우리나라 통화로 변제함에 있어서는 민법 제 378조가 그 환산시기에 관하여 외화채권에 관한 같은 법 제376조, 제377조 제2항의 "변제기"라는 표현과는 다르게 "지급할 때"라고 규정한 취지에서 새겨 볼 때 그 환산시기는 이행기가 아니라 현실로 이행하는 때, 즉 현실 이행 시의 외국환시세에 의하여 환산한 우리나라 통화로 변제하여야 한다고 풀이함이 상당하다(대판 1991.3.12. 90다2147[전합]).

② 금전채무의 이행지체로 발생하는 지연손해금의 성질은 손해배상금이지 이자가 아니다.

> 금전채무의 이행지체로 인하여 발생하는 지연손해금은 그 성질이 손해배상금이지 이자가 아니며, 민법 제163 조 제1호가 규정한 '1년 이내의 기간으로 정한 채권'도 아니므로 3년간의 단기소멸시효의 대상이 되지 아니한 다(대판 1998.11.10. 98다42141).

③ 금전채무의 이행지체로 인한 지연손해금채무는 이행기의 정함이 없는 채무에 해당한다.

> 금전채무의 지연손해금채무는 금전채무의 이행지체로 인한 손해배상채무로서 이행기의 정함이 없는 채무에 해당하므로, 채무자는 확정된 지연손해금채무에 대하여 채권자로부터 이행청구를 받은 때로부터 지체책임을 부담하게 된다(대판 2010.12.9. 2009다59237).

④ 금전채무의 약정이율은 있었지만 이행지체로 인해 발생한 지연손해금에 관한 약정이 없는 경우, 특별한 사정이 없는 한 지연손해금은 그 약정이율에 의해 산정한다.

> 계약 해제 시 반환할 금전에 가산할 이자에 관하여 당사자 사이에 약정이 있는 경우에는 특별한 사정이 없는 한 이행지체로 인한 지연손해금도 그 약정이율에 의하기로 하였다고 보는 것이 당사자의 의사에 부합한다(대 판 2013.4.26. 2011다50509).

⑤ 금전채무에 관하여 이행지체에 대비한 지연손해금 비율을 따로 약정한 경우, 이는 일종의 손해배상 액의 예정이다.

> 금전채무에 관하여 이행지체에 대비한 지연손해금 비율을 따로 약정한 경우에 이는 일종의 손해배상액의 예정 으로서 민법 제398조 제2항에 의한 감액의 대상이 된다(대판 2017.5.30. 2016다275402).

14

채무자의 이행지체책임 발생시기로 옳은 것을 모두 고른 것은?(다툼이 있으면 판례에 따름)

ㄱ. 불확정기한부채무의 경우, 채무자가 기한이 도래함을 안 때
ㄴ. 부당이득반환채무의 경우, 수익자가 이행청구를 받은 때
ㄷ. 불법행위로 인한 손해배상채무의 경우, 가해자가 피해자로부터 이행청구를 받은 때

① ㄱ   ❷ ㄱ, ㄴ
③ ㄱ, ㄷ   ④ ㄴ, ㄷ
⑤ ㄱ, ㄴ, ㄷ

ㄱ. (○) 채무이행의 불확정한 기한이 있는 경우에는 채무는 기한이 도래함을 안 때로부터 지체책임이 있다 (민법 제387조 제1항 후문).

ㄴ. (○) 타인의 토지를 점유함으로 인한 부당이득반환채무는 이행의 기한이 없는 채무로서 이행청구를 받은 때로부터 지체책임이 있다(대판 2008.2.1. 2007다8914).

ㄷ. (×) 불법행위로 인한 손해배상채무에 대하여는 원칙적으로 별도의 이행최고가 없더라도 공평의 관념에 비추어 불법행위로 그 채무가 성립함과 동시에 지연손해금이 발생한다(대판 2016.9.28. 2014다221517).

15

민법상 과실상계에 관한 설명으로 옳지 않은 것은?(다툼이 있으면 판례에 따름)

① 불법행위의 성립에 관한 가해자의 과실과 과실상계에서의 피해자의 과실은 그 의미를 달리한다.

공동불법행위자는 채권자에 대한 관계에서 연대책임(부진정연대채무)을 지되 공동불법행위자들 내부관계에서는 일정한 부담부분이 있고, 이 부담부분은 공동불법행위자의 채권자에 대한 가해자로서의 과실 정도에 따라 정하여지는 것으로서 여기에서의 과실은 의무 위반이라는 강력한 과실임에 반하여, 불법행위에 있어서 피해자의 과실을 따지는 과실상계에서의 과실은 가해자의 과실과 달리 사회통념이나 신의성실의 원칙에 따라 공동생활에 있어 요구되는 약한 의미의 부주의를 가리키는 것이다(대판 2000.8.22. 2000다29028).

② 피해자에게 과실이 있는 경우 가해자가 과실상계를 주장하지 않았더라도 법원은 손해배상액을 정함에 있어서 이를 참작하여야 한다.

법원은 불법행위로 인하여 배상할 손해의 범위를 정함에 있어서 상대방의 과실상계 항변이 없더라도 피해자의 과실을 참작하여야 한다(대판 2008.2.28. 2005다60369).

③ 매도인의 하자담보책임은 법이 특별히 인정한 무과실책임이지만 그 하자의 발생 및 확대에 가공한 매수인의 잘못이 있다면 법원은 이를 참작하여 손해배상의 범위를 정하여야 한다.

민법 제581조, 제580조에 기한 매도인의 하자담보책임은 법이 특별히 인정한 무과실책임으로서 여기에 민법 제396조의 과실상계규정이 준용될 수는 없다 하더라도, 담보책임이 민법의 지도이념인 공평의 원칙에 입각한 것인 이상 하자 발생 및 그 확대에 가공한 매수인의 잘못을 참작하여 손해배상의 범위를 정함이 상당하다(대판 1995.6.30. 94다23920).

④ 피해자의 부주의를 이용하여 고의의 불법행위를 한 자는 특별한 사정이 없는 한 피해자의 그 부주의를 이유로 과실상계를 주장할 수 없다.

> 피해자의 부주의를 이용하여 고의로 불법행위를 저지른 자가 바로 그 <u>피해의 부주의를 이유로 자신의 책임을 감하여 달라고 주장하는 것은 허용될 수 없다</u>(대판 2005.11.10. 2003다66066).

❺ 손해를 산정함에 있어서 손익상계와 과실상계를 모두 하는 경우 손익상계를 먼저 하여야 한다.

> 불법행위로 인하여 손해가 발생하고 그 손해 발생으로 이득이 생기고 동시에 그 손해 발생에 피해자에게도 과실이 있어 과실상계를 하여야 할 경우에는 먼저 <u>산정된 손해액에서 과실상계를 한 다음에 위 이득을 공제하여야</u> 한다(대판 1990.5.8. 89다카29129).

16 채권자 甲, 채무자 乙, 수익자 丙을 둘러싼 채권자취소소송에 관한 설명으로 옳은 것은?(단, 乙에게는 甲 외에 다수의 채권자가 존재하며 다툼이 있으면 판례에 따름)

☑ 확인
Check!
○
△
✕

① 채권자취소소송에서 원고는 甲이고 피고는 乙과 丙이다.

> 채권자취소소송의 <u>원고는 채권자인 甲이고</u>, 채무자는 채권자취소소송의 피고가 될 수 없으므로, 피고는 수익자 丙이 된다.

❷ 원상회복으로 丙이 금전을 지급하여야 하는 경우에 甲은 직접 자신에게 이를 지급할 것을 청구할 수 있다.

> 사해행위 취소로 인한 원상회복으로서 가액배상을 명하는 경우에는, <u>취소채권자는 직접 자기에게 가액배상금을 지급할 것을 청구할 수 있다</u>는 것이 판례(대판 2008.11.13. 2006다1442)이다. 따라서 채권자 甲은 수익자 丙에 대하여 금전을 직접 자기에게 지급할 것을 청구할 수 있다.

③ 채권자취소권 행사의 효력은 소를 제기한 甲의 이익을 위해서만 발생한다.

> 채권자취소권의 규정에 의한 취소와 원상회복은 <u>모든 채권자의 이익을 위하여</u> 그 효력이 있다(민법 제407조).

④ 乙의 사해의사는 특정 채권자인 甲을 해한다는 인식이 필요하다.

> 乙의 사해의사는 소극적인 인식으로 족하므로 특정의 채권자 甲을 해하게 된다는 것을 인식할 필요는 없으며, <u>일반채권자에 대한 관계에서 공동담보에 부족이 생긴다는 정도</u>를 인식하는 것으로 족하다(대판 2009.3.26. 2007다63102).

⑤ 채권자취소소송은 甲이 乙의 대리인으로서 수행하는 것이다.

> 채권자취소소송은 채권자 甲이 자기의 이름으로 반드시 재판상 소송의 형태로써 행사하여야 하고, 그 행사의 효과도 채권자 甲과 수익자 丙에게만 미치므로, 채권자 甲이 乙의 대리인으로서 채권자취소소송을 수행하는 것이라고 볼 여지는 없다.

17 민법상 보증채무에 관한 설명으로 옳지 않은 것은?(다툼이 있으면 판례에 따름)

❶ 주채무가 민사채무이고 보증채무가 상사채무인 경우 보증채무의 소멸시효기간은 주채무에 따라 결정된다.

> 보증채무는 주채무와는 별개의 독립한 채무이고, 보증채무와 주채무의 소멸시효기간은 채무의 성질에 따라 각각 별개로 정해지므로, 보증채무가 상사채무인 경우 5년의 상사소멸시효(상법 제64조)가 적용된다.

② 보증은 불확정한 다수의 채무에 대하여도 할 수 있다. 🔖 민법 제428조의3 제1항

③ 주채권과 분리하여 보증채권만을 양도하기로 하는 약정은 그 효력이 없다.

> 주채권과 보증인에 대한 채권의 귀속주체를 달리하는 것은, 주채무자의 항변권으로 채권자에게 대항할 수 있는 보증인의 권리가 침해되는 등 보증채무의 부종성에 반하고, 주채권을 가지지 않는 자에게 보증채권만을 인정할 실익도 없기 때문에 주채권과 분리하여 보증채권만을 양도하기로 하는 약정은 그 효력이 없다(대판 2002.9.10. 2002다21509).

④ 보증채권을 주채권과 함께 양도하는 경우 대항요건은 주채권의 이전에 관하여만 구비하면 족하다.

> 보증채무는 주채무에 대한 부종성 또는 수반성이 있어서 주채무자에 대한 채권이 이전되면 당사자 사이에 별도의 특약이 없는 한 보증인에 대한 채권도 함께 이전하고, 이 경우 채권양도의 대항요건도 주채권의 이전에 관하여 구비하면 족하고, 별도로 보증채권에 관하여 대항요건을 갖출 필요는 없다(대판 2002.9.10. 2002다21509).

⑤ 보증인은 주채무자의 채권에 의한 상계로 채권자에게 대항할 수 있다. 🔖 민법 제434조

18 지명채권의 양도에 관한 설명으로 옳지 않은 것은?(다툼이 있으면 판례에 따름)

① 장래의 채권도 그 권리의 특정이 가능하고 가까운 장래에 발생할 것임이 상당 정도 기대되는 경우에는 채권양도의 대상이 될 수 있다. 🔖 대판 1996.7.30. 95다7932

② 채권의 양도를 승낙함에 있어서는 이의를 보류할 수 있고 양도금지의 특약이 있는 채권양도를 승낙하면서 조건을 붙일 수도 있다. 🔖 대판 1989.7.11. 88다카20866

③ 채권양도에 대한 채무자의 승낙은 양도인 또는 양수인에 대하여 할 수 있다.

> 지명채권양도의 채무자에 대한 대항요건은 채무자에 대한 채권양도의 통지 또는 채무자의 승낙인데, 채권양도 통지가 채무자에 대하여 이루어져야 하는 것과는 달리 채무자의 승낙은 양도인 또는 양수인 모두가 상대방이 될 수 있다(대판 2011.6.30. 2011다8614).

❹ 채권이 이중으로 양도된 경우 양수인 상호 간의 우열은 통지 또는 승낙에 붙여진 확정일자의 선후에 의하여 결정된다.

> 채권이 이중으로 양도된 경우 양수인 상호 간의 우열은 확정일자 있는 양도통지가 채무자에게 도달한 일시 또는 확정일자 있는 승낙의 일시의 선후에 의하여 결정하여야 하고, 확정일자 있는 증서에 의하지 아니한 통지나 승낙이 있는 채권양도의 양수인은 확정일자 있는 증서에 의한 통지나 승낙이 있는 채권양도의 양수인에게 대항할 수 없다(대판 2013.6.28. 2011다83110).

⑤ 채권양도 없이 채무자에게 채권양도를 통지한 경우 선의인 채무자는 양수인에게 대항할 수 있는 사유로 양도인에게 대항할 수 있다.

> 양도인이 채무자에게 채권양도를 통지한 때에는 아직 양도하지 아니하였거나 그 양도가 무효인 경우에도 선의인 채무자는 양수인에게 대항할 수 있는 사유로 양도인에게 대항할 수 있다(민법 제452조 제1항).

19 변제에 관한 설명으로 옳지 않은 것은?(다툼이 있으면 판례에 따름)

① 금액이 서로 다른 채무가 부진정연대관계에 있을 때, 다액채무자가 일부 변제를 하는 경우 변제로 먼저 소멸하는 부분은 다액채무자가 단독으로 채무를 부담하는 부분이다.

　⚖ 대판 2018.4.10. 2016다252898

② 채권의 준점유자에게 한 변제는 변제자가 선의이며 과실 없음을 입증하면 채권자에 대하여 효력이 있다.

> 채권의 준점유자에 대한 변제는 변제자가 선의·무과실일 때 채권자에 대하여 효력이 있고, <u>변제자의 선의·무과실의 증명책임은 변제의 유효를 주장하는 자(변제자)가 부담한다</u>는 것이 학설과 판례의 일반적인 태도이다.

③ 변제충당에 관한 당사자의 특별한 합의가 없으면 그 채무의 비용, 이자, 원본의 순서로 변제에 충당하여야 한다.

> 채무자가 1개 또는 수개 채무의 비용 및 이자를 전부 소멸케 하지 못하는 급여를 한 경우의 변제충당에 관하여는 민법 제479조에 그 충당순서가 법정되어 있고 지정변제충당에 관한 민법 제476조는 준용되지 아니하므로, <u>당사자 사이에 특별한 합의 없는 한 비용, 이자, 원본의 순서로 변제에 충당되며</u>, 채무자는 물론 채권자라고 할지라도 위 법정순서와 다르게 일방적으로 충당의 순서를 지정할 수는 없다(대판 2006.10.12. 2004재다818).

❹ 채권의 일부에 대하여 변제자대위가 인정되는 경우 그 대위자는 채무자의 채무불이행을 이유로 채권자와 채무자 간의 계약을 해제할 수 있다.

> 채권의 일부에 대하여 대위변제가 있는 경우에 <u>채무불이행을 원인으로 하는 계약의 해지 또는 해제는 채권자만이 할 수 있고</u> 채권자는 대위자에게 그 변제한 가액과 이자를 상환하여야 한다(민법 제483조 제2항).

⑤ 채권자가 변제수령을 거절하면 채무자는 공탁함으로써 그 채무를 면할 수 있다.

> <u>채권자가 변제를 받지 아니하거나 받을 수 없는 때에는 변제자는 채권자를 위하여 변제의 목적물을 공탁하여 그 채무를 면할 수 있다.</u> 변제자가 과실 없이 채권자를 알 수 없는 경우에도 같다(민법 제487조 제1항 전문).

20 甲은 2020.2.1. 자기 소유 중고자동차를 1,000만원에 매수할 것을 乙에게 청약하는 내용의 편지를 발송하였다. 이에 관한 설명으로 옳지 않은 것은?

① 甲의 편지가 2020.2.5. 乙에게 도달하였다면 甲은 위 청약을 임의로 철회하지 못한다.

> 청약이 상대방에게 도달하여 그 효력이 발생한 경우에는, 청약의 구속력이 발생하여 청약자가 이를 마음대로 철회하지 못하므로(민법 제527조), 2020.2.5. 甲의 편지가 乙에게 도달하였다면, 甲은 자기 소유 중고자동차 매수청약을 임의로 철회하지 못한다.

② 甲의 편지가 2020.2.5. 乙에게 도달하였다면 그 사이 甲이 사망하였더라도 위 청약은 유효하다.

> 청약의 발송 후 그 도달 전에 청약자가 사망하거나 행위능력을 상실하더라도 청약의 효력에는 영향이 없다(민법 제111조 제2항). 따라서 甲의 편지가 2020.2.5. 乙에게 도달한 경우, 그 사이 甲이 사망하였더라도 자기 소유 중고자동차 매수청약은 유효하다.

③ 乙이 위 중고자동차를 900만원에 매수하겠다고 회신하였다면 乙은 甲의 청약을 거절하고 새로운 청약을 한 것이다.

> 승낙자가 청약에 대하여 조건을 붙이거나 변경을 가하여 승낙한 때에는, 그 청약의 거절과 동시에 새로 청약한 것으로 간주되므로(민법 제534조), 乙은 甲의 청약을 거절하고, 甲 소유의 중고자동차를 900만원에 매수하겠다는 새로운 청약을 한 것으로 보아야 한다.

④ 甲의 편지를 2020.2.5. 乙이 수령하였더라도 乙이 미성년자라면 甲은 원칙적으로 위 청약의 효력 발생을 주장할 수 없다.

> 의사표시의 상대방이 의사표시를 받은 때에 제한능력자인 경우에는 의사표시자는 그 의사표시로써 대항할 수 없다(민법 제112조). 따라서 중고자동차 매수청약의 의사표시를 수령한 乙이 미성년자라면, 甲은 원칙적으로 위 청약의 효력 발생을 주장할 수 없다.

❺ 乙이 위 청약을 승낙하는 편지를 2020.2.10. 발송하여 甲에게 2020.2.15. 도달하였다면 甲과 乙 간의 계약성립일은 2020.2.15.이다.

> 乙의 승낙의 의사표시인 편지가 甲에게 2020.2.15. 도달하였으므로, 승낙의 효력발생시기에 관한 어떠한 견해에 의하더라도, 민법 제531조에 의하여 乙이 편지를 발송한 2020.2.10에 중고자동차매매계약이 성립한다고 보는 것이 타당하다.

21 민법상 특정물 매도인의 하자담보책임에 관한 설명으로 옳지 않은 것은?(다툼이 있으면 판례에 따름)

① 매도인의 고의·과실은 하자담보책임의 성립요건이 아니다.

> 매도인의 하자담보책임은 매도인의 고의나 과실 등의 귀책사유를 요건으로 하지 아니하는 일종의 무과실책임이다.

② 악의의 매수인에 대해서 매도인은 하자담보책임을 지지 않는다.

> 매매의 목적물에 하자가 있는 때에는 제575조 제1항의 규정을 준용한다. 그러나 매수인이 하자 있는 것을 알았거나 과실로 인하여 이를 알지 못한 때에는 그러하지 아니하다(민법 제580조 제1항).

❸ 매매목적물인 서화(書畵)가 위작으로 밝혀진 경우, 매도인의 담보책임이 발생하면 매수인은 착오를 이유로는 매매계약을 취소할 수 없다.

> 민법 제109조 제1항에 의하면 법률행위내용의 중요부분에 착오가 있는 경우 착오에 중대한 과실이 없는 표의자는 법률행위를 취소할 수 있고, 민법 제580조 제1항, 제575조 제1항에 의하면 매매의 목적물에 하자가 있는 경우 하자가 있는 사실을 과실 없이 알지 못한 매수인은 매도인에 대하여 하자담보책임을 물어 계약을 해제하거나 손해배상을 청구할 수 있다. 착오로 인한 취소제도와 매도인의 하자담보책임제도는 취지가 서로 다르고, 요건과 효과도 구별된다. 따라서 매매계약내용의 중요부분에 착오가 있는 경우 매수인은 매도인의 하자담보책임이 성립하는지와 상관없이 착오를 이유로 매매계약을 취소할 수 있다(대판 2018.9.13. 2015다78703).

④ 경매목적물에 물건의 하자가 있는 경우 하자담보책임이 발생하지 않는다.

> 매도인의 하자담보책임은 민법 제580조 제2항에 의하여 경매의 경우에는 적용되지 아니하므로, 경매목적물에 물건의 하자가 있는 경우에는 하자담보책임이 발생하지 아니한다.

⑤ 목적물에 하자가 있더라도 계약의 목적을 달성할 수 있는 경우에는 매수인에게 해제권이 인정되지 않는다.

> 매매의 목적물에 하자가 있는 경우에는 제575조 제1항의 규정이 준용되므로, 목적물에 하자가 있더라도 계약의 목적을 달성할 수 있으면 매수인에게 해제권은 인정되지 아니한다.

22 수급인의 하자담보책임에 관한 설명으로 옳지 않은 것은?(다툼이 있으면 판례에 따름)

① 신축된 건물에 하자가 있는 경우 도급인은 수급인의 하자담보책임에 기하여 계약을 해제할 수 없다.

> 도급인이 완성된 목적물의 하자로 인하여 계약의 목적을 달성할 수 없는 때에는 계약을 해제할 수 있다. 그러나 건물 기타 토지의 공작물에 대하여는 그러하지 아니하다(민법 제668조).

② 수급인의 하자담보책임에 관한 제척기간은 재판상 또는 재판 외의 권리행사기간이다.

> ⚖ 대판 2004.1.27. 2001다24891

❸ 완성된 목적물의 하자가 중요하지 아니하면서 동시에 보수에 과다한 비용을 요하는 경우 도급인은 수급인에게 하자의 보수에 갈음하는 손해배상을 청구할 수 있다.

> 도급계약에서 완성된 목적물에 하자가 있으면 도급인은 수급인에게 하자의 보수나 그에 갈음하는 손해배상을 청구할 수 있으나, 하자가 중요하지 아니하면서 동시에 보수에 과다한 비용을 요할 때에는 하자의 보수나 그에 갈음하는 손해배상을 청구할 수는 없고, 하자로 인하여 입은 손해의 배상만을 청구할 수 있다(대판 2015.4.23. 2011다63383).

④ 완성된 액젓저장탱크에 균열이 발생하여 보관 중이던 액젓의 변질로 인한 손해배상은 하자보수에 갈음하는 손해배상과는 별개의 권원에 의하여 경합적으로 인정된다.

> 액젓저장탱크의 제작·설치공사 도급계약에 의하여 완성된 저장탱크에 균열이 발생한 경우, 보수비용은 민법 제667조 제2항에 의한 수급인의 하자담보책임 중 하자보수에 갈음하는 손해배상이고, 액젓 변질로 인한 손해배상은 위 하자담보책임을 넘어서 수급인이 도급계약의 내용에 따른 의무를 제대로 이행하지 못함으로 인하여 도급인의 신체·재산에 발생한 손해에 대한 배상으로서 양자는 별개의 권원에 의하여 경합적으로 인정된다 (대판 2004.8.20. 2001다70337).

⑤ 수급인의 하자담보책임을 면제하는 약정이 있더라도 수급인이 알면서 고지하지 아니한 사실에 대하여는 그 책임이 면제되지 않는다. ⚖ 민법 제672조

23 조합계약에 관한 설명으로 옳은 것을 모두 고른 것은?(다툼이 있으면 판례에 따름)

> ㄱ. 2인이 상호 출자하여 부동산 임대사업을 하기로 약정하고 이를 위해 부동산을 취득한 경우 그 부동산은 위 2인이 총유한다.
> ㄴ. 업무집행자가 수인인 경우 그 조합의 통상사무는 각 업무집행자가 전행할 수 있다.
> ㄷ. 당사자들이 공동이행방식의 공동수급체를 구성하여 도급인으로부터 공사를 수급받는 경우 그 공동수급체는 원칙적으로 민법상 조합에 해당한다.

① ㄱ   ② ㄱ, ㄴ
③ ㄱ, ㄷ   ❹ ㄴ, ㄷ
⑤ ㄱ, ㄴ, ㄷ

> ㄱ. (×) 2인이 상호 출자하여 부동산 임대사업을 하기로 약정하고 이를 위해 부동산을 취득한 경우에는 조합계약이 성립하며 조합재산인 부동산은 전 조합원의 합유에 속하게 된다(민법 제703조 제1항, 제704조).
> ㄴ. (○) 민법 제706조 제3항
> ㄷ. (○) 대판 2018.1.24. 2015다69990

24 부당이득반환청구권에 관한 설명으로 옳지 않은 것은?(다툼이 있으면 판례에 따름)

☑ 확인
Check!
○
△
✕

① 부당이득반환청구권의 요건인 수익자의 이득은 실질적으로 귀속된 이득을 의미한다.

> 임차인이 임대차계약 종료 이후에도 동시이행의 항변권을 행사하는 방법으로 목적물의 반환을 거부하기 위하여 임차건물 부분을 계속 점유하기는 하였으나 이를 본래의 임대차계약상의 목적에 따라 사용·수익하지 아니하여 실질적인 이득을 얻은 바 없는 경우에는 그로 인하여 임대인에게 손해가 발생하였다 하더라도 임차인의 부당이득반환의무는 성립되지 아니한다 할 것이다(대판 2001.2.9. 2000다61398).

② 법률상 원인 없이 이득을 얻은 자는 있지만 그로 인해 손해를 입은 자가 없다면 부당이득반환청구권은 성립하지 않는다.

> 부당이득은 법률상 원인 없이 타인의 재산 또는 노무로 인하여 이익을 얻고 이로 인하여 타인에게 손해를 가함으로써 성립하는 것이므로, 법률상 원인 없는 이득이 있다 하더라도 그로 인하여 타인에게 손해가 발생한 것이 아니라면 그 타인은 부당이득반환청구권자가 될 수 없다(대판 2011.7.28. 2009다100418).

❸ 수인이 공동으로 법률상 원인 없이 타인의 재산을 사용한 경우 발생하는 부당이득반환채무는 특별한 사정이 없는 한 부진정연대관계에 있다.

> 여러 사람이 공동으로 법률상 원인 없이 타인의 재산을 사용한 경우의 부당이득반환채무는 특별한 사정이 없는 한 불가분적 이득의 반환으로서 불가분채무이고, 불가분채무는 각 채무자가 채무 전부를 이행할 의무가 있으며, 1인의 채무이행으로 다른 채무자도 그 의무를 면하게 된다(대판 2001.12.11. 2000다13948).

④ 부당이득이 금전상 이득인 경우 이를 취득한 자가 소비하였는지 여부를 불문하고 그 이득은 현존하는 것으로 추정된다. ⚖ 대판 2012.12.13. 2011다69770

⑤ 선의의 수익자가 부당이득반환청구소송에서 패소한 때에는 그 소가 제기된 때부터 악의의 수익자로 간주된다. ⚖ 민법 제749조 제2항

25 민법 제756조(사용자의 배상책임)에 관한 설명으로 옳지 않은 것은?(다툼이 있으면 판례에 따름)

① 사용자와 피용자 간의 고용계약이 무효이더라도 사실상의 지휘·감독관계가 인정된다면 사용자의 배상책임이 성립할 수 있다.

> 민법 제756조 소정의 사용자와 피용자의 관계는 <u>반드시 유효한 고용관계가 있는 경우에 한하는 것이 아니고,</u> <u>사실상 어떤 사람이 다른 사람을 위하여 그 지휘·감독 아래 그 의사에 따라 사무를 집행하는 관계에 있으면</u> <u>족하다</u>(대판 1998.8.21. 97다13702).

② 폭행과 같은 피용자의 범죄행위도 민법 제756조 소정의 사무집행 관련성을 가질 수 있다.

> 피용자가 고의에 기하여 다른 사람에게 가해행위를 한 경우 그 행위가 피용자의 사무집행 그 자체는 아니라 하더라도 <u>사용자의 사업과 시간적, 장소적으로 근접하고, 피용의 사무의 전부 또는 일부를 수행하는 과정에</u> <u>서 이루어지거나 가해행위의 동기가 업무처리와 관련된 것일 경우에는 외형적, 객관적으로 사용자의 사무집행</u> <u>행위와 관련된 것이라고 보아 사용자책임이 성립한다</u>고 할 것이다(대판 2000.2.11. 99다47297).

③ 파견근로자의 파견업무에 관련한 불법행위에 대하여 파견사업주는 특별한 사정이 없는 한 사용자의 배상책임을 부담한다.

> 파견근로자 보호 등에 관한 법률에 의한 근로자 파견은 파견사업주가 근로자를 고용한 후 그 고용관계를 유지하면서 사용사업주와 사이에 체결한 근로자파견계약에 따라 사용사업주에게 근로자를 파견하여 근로를 제공하게 하는 것으로서, <u>파견사업주와 파견근로자 사이에는 민법 제756조의 사용관계가 인정되어 파견사업주는</u> <u>파견근로자의 파견업무에 관련한 불법행위에 대하여 파견근로자의 사용자로서의 책임을 져야 하지만,</u> 파견근로자가 사용사업주의 구체적인 지시·감독을 받아 사용사업주의 업무를 행하던 중에 불법행위를 한 경우에 파견사업주가 파견근로자의 선발 및 일반적 지휘·감독권의 행사에 있어서 주의를 다하였다고 인정되는 때에는 면책된다고 할 것이다(대판 2003.10.9. 2001다24655).

④ 고의로 불법행위를 한 피용자가 신의칙상 과실상계를 주장할 수 없는 경우에도 사용자는 특별한 사정이 없는 한 과실상계를 주장할 수 있다.

> <u>피해자의 부주의를 이용하여 고의로 불법행위를 저지른 자가 바로 그 피해자의 부주의를 이유로 자신의 책임</u> <u>을 감하여 달라고 주장하는 것은 허용될 수 없으나,</u> 이는 그러한 사유가 있는 자에게 과실상계의 주장을 허용하는 것이 신의칙에 반하기 때문이므로, <u>중개보조원이 업무상 행위로 거래당사자인 피해자에게 고의로 불법행</u> <u>위를 저지른 경우라 하더라도 중개보조원을 고용하였을 뿐 이러한 불법행위에 가담하지 아니한 중개업자에게</u> <u>책임을 묻고 있는 피해자에 과실이 있다면, 법원은 과실상계의 법리에 좇아 손해배상책임 및 그 금액을 정하면</u> <u>서 이를 참작하여야</u> 한다(대판 2011.7.14. 2011다21143).

❺ 피용자와 공동불법행위를 한 제3자가 있는 경우, 사용자가 피해자에게 손해 전부를 배상하였다면 사용자는 그 제3자에게 배상액 전부를 구상할 수 있다.

> 피용자와 제3자가 공동불법행위로 피해자에게 손해를 가하여 그 손해배상채무를 부담하는 경우에 피용자와 제3자는 공동불법행위자로서 서로 부진정연대관계에 있고, 한편 사용자의 손해배상책임은 피용자의 배상책임에 대한 대체적 책임이어서 사용자도 제3자와 부진정연대관계에 있다고 보아야 할 것이므로, <u>사용자가 피용자</u> <u>와 제3자의 책임비율에 의하여 정해진 피용자의 부담부분을 초과하여 피해자에게 손해를 배상한 경우에는</u> <u>사용자는 제3자에 대하여도 구상권을 행사할 수 있으며, 그 구상의 범위는 제3자의 부담부분에 국한된다고</u> 보는 것이 타당하다(대판 1992.6.23. 91다33070[전합]).

미래는
현재 우리가 무엇을 하는가에 달려 있다.

- 마하트마 간디 -

PART 04

사회보험법

---

01   2024년 제33회 정답 및 해설

02   2023년 제32회 정답 및 해설

03   2022년 제31회 정답 및 해설

04   2021년 제30회 정답 및 해설

05   2020년 제29회 정답 및 해설

2024년 제33회 정답 및 해설

✅ 문제편 183p

✅ 정답 CHECK ✅ 각 문항별로 이해도 CHECK

01	02	03	04	05	06	07	08	09	10	11	12	13	14	15	16	17	18	19	20
⑤	①	②	②	④	④	④	④	①	①	⑤	③	①	④	③	②	⑤	①	③	②
21	22	23	24	25	26	27	28	29	30	31	32	33	34	35	36	37	38	39	40
③	①	⑤	②	③	②	③	⑤	⑤	④	②	④	④	⑤	⑤	⑤	①	④	③	②

01

☑ 확인
Check!
○
△
×

사회보장기본법령상 보건복지부장관이 중장기 사회보장 재정추계 및 사회보장통계업무를 효율적으로 수행하기 위하여 필요하다고 인정하는 경우 관련 자료의 수집·조사 및 분석에 관한 업무 등을 위탁할 수 있는 기관 또는 단체를 모두 고른 것은?

> ㄱ. 「정부출연연구기관 등의 설립·운영 및 육성에 관한 법률」에 따라 설립된 정부출연연구기관
> ㄴ. 「고등교육법」 제2조에 따른 학교
> ㄷ. 「특정연구기관 육성법」 제2조에 따른 특정연구기관
> ㄹ. 국공립 연구기관

① ㄱ, ㄴ, ㄷ
② ㄱ, ㄴ, ㄹ
③ ㄱ, ㄷ, ㄹ
④ ㄴ, ㄷ, ㄹ
❺ ㄱ, ㄴ, ㄷ, ㄹ

ㄱ, ㄴ, ㄷ, ㄹ 모두 보건복지부장관이 중장기 사회보장 재정추계 및 사회보장통계업무를 효율적으로 수행하기 위하여 필요하다고 인정하는 경우 관련 자료의 수집·조사 및 분석에 관한 업무 등을 위탁할 수 있는 기관 또는 단체에 해당한다.

관계법령

사회보장 재정추계 및 사회보장통계 등에 대한 민간위탁(사보법 제32조의2)

보건복지부장관은 제5조 제4항에 따른 사회보장 재정추계 및 제32조에 따른 사회보장통계 업무를 효율적으로 수행하기 위하여 필요하다고 인정하는 경우에는 관련 자료의 수집·조사 및 분석에 관한 업무 등을 다음 각 호의 기관 또는 단체에 위탁할 수 있다.

1. 「정부출연연구기관 등의 설립·운영 및 육성에 관한 법률」에 따라 설립된 정부출연연구기관
2. 그 밖에 대통령령으로 정하는 전문기관 또는 단체

사회보장 재정추계 및 사회보장통계 등에 대한 민간위탁 대상기관(사보법 시행령 제18조의2)

법 제32조의2 제2호에서 "대통령령으로 정하는 전문기관 또는 단체"란 다음 각 호의 어느 하나에 해당하는 기관 또는 단체를 말한다.

1. 「고등교육법」 제2조에 따른 학교
2. 「특정연구기관 육성법」 제2조에 따른 특정연구기관
3. 국공립 연구기관

02 사회보장기본법령에 관한 설명으로 옳지 않은 것은?

❶ 보건복지부장관은 사회보장 행정데이터 분석센터의 설치·운영에 관한 사무를 수행하기 위하여 불가피한 경우 「개인정보 보호법」 시행령 제18조 제2호에 따른 범죄경력자료에 해당하는 정보를 처리할 수 있다.

> 보건복지부장관은 사회보장 행정데이터 분석센터의 설치·운영에 관한 사무를 수행하기 위하여 불가피한 경우 개인정보 보호법 제23조에 따른 건강에 관한 정보가 포함된 자료를 처리할 수 있다(사보법 시행령 제21조 제1항 제2호).

② 보건복지부장관은 사회보장 분야 전문 인력 양성을 위하여 관계 중앙행정기관, 지방자치단체, 공공기관 및 법인·단체 등의 직원을 대상으로 사회보장에 관한 교육을 매년 1회 이상 실시할 수 있다. 🐮 사보법 시행령 제17조 제1항

③ 보건복지부장관은 사회보장정보시스템을 통해 다른 법령에 따라 국가 및 지방자치단체로부터 위탁받은 사회보장에 관한 업무를 수행할 수 있다. 🐮 사보법 시행령 제19조 제1항 제6호

④ 보건복지부장관은 사회보장통계의 작성·제출과 관련하여 작성 대상 범위, 절차 등의 내용을 포함한 사회보장통계 운용지침을 마련하여 매년 12월 31일까지 관계 중앙행정기관의 장과 지방자치단체의 장에게 통보하여야 한다. 🐮 사보법 시행령 제18조 제1항

⑤ 보건복지부장관이 사회보장정보시스템의 운영·지원을 위하여 설치할 수 있는 전담기구는 「사회보장급여의 이용·제공 및 수급권자 발굴에 관한 법률」 제29조에 따른 한국사회보장정보원으로 한다. 🐮 사보법 시행령 제19조 제6항, 사보법 제37조 제7항

03 사회보장기본법령상 사회보장 재정추계(財政推計)에 관한 설명으로 옳지 않은 것은?

① 국가는 사회보장제도의 안정적인 운영을 위하여 중장기 사회보장 재정추계를 격년으로 실시하고 이를 공표하여야 한다. **법** 사보법 제5조 제4항

❷ 보건복지부장관은 사회보장 재정추계를 위하여 재정추계를 실시하는 해의 1월 31일까지 재정추계 세부지침을 마련하여야 한다.

> 보건복지부장관은 「사회보장기본법」(이하 "법"이라 한다) 제5조 제4항에 따른 사회보장 재정추계(財政推計)를 위하여 재정추계를 실시하는 해의 3월 31일까지 재정추계 세부지침을 마련하여야 한다(사보법 시행령 제2조 제1항 전문).

③ 보건복지부장관은 마련한 재정추계 세부지침에 따라 추계를 실시하는 해의 9월 30일까지 재정추계를 하고, 그 결과를 사회보장위원회의 심의를 거쳐 같은 해 10월 31일까지 관계 중앙행정기관의 장에게 통보하여야 한다. **법** 사보법 시행령 제2조 제2항

④ 관계 중앙행정기관의 장은 재정추계 결과를 바탕으로 정책개선안을 마련하여 같은 해 12월 31일까지 보건복지부장관에게 제출하여야 한다. **법** 사보법 시행령 제2조 제3항

⑤ 보건복지부장관은 정책개선안을 종합하여 이를 추계 실시 해의 다음 해 3월 31일까지 사회보장위원회에 보고하여야 한다. **법** 사보법 시행령 제2조 제4항

04 고용보험법상 「장애인고용촉진 및 직업재활법」 제2조 제1호에 따른 장애인의 피보험기간이 1년인 구직급여의 소정급여일수는?

① 120일
❷ 180일
③ 210일
④ 240일
⑤ 270일

> 장애인고용촉진 및 직업재활법 제2조 제1호에 따른 장애인은 이직일 현재 연령을 50세 이상으로 간주하므로, 피보험기간이 1년인 구직급여의 소정급여일수는 180일이 된다(고보법 [별표 1]).

관계법령 구직급여의 소정급여일수(고보법 [별표 1])

구 분		피보험기간				
		1년 미만	1년 이상 3년 미만	3년 이상 5년 미만	5년 이상 10년 미만	10년 이상
이직일 현재 연령	50세 미만	120일	150일	180일	210일	240일
	50세 이상	120일	180일	210일	240일	270일

비고 : 장애인고용촉진 및 직업재활법 제2조 제1호에 따른 장애인은 50세 이상인 것으로 보아 위 표를 적용한다.

05 고용보험법상 심사 및 재심사청구에 관한 설명으로 옳은 것은?

① 직업안정기관 또는 근로복지공단은 심사청구서를 받은 날부터 7일 이내에 의견서를 첨부하여 심사청구서를 고용보험심사관에 보내야 한다.

> 직업안정기관 또는 근로복지공단은 심사청구서를 받은 날부터 5일 이내에 의견서를 첨부하여 심사청구서를 고용보험심사관에 보내야 한다(고보법 제90조 제2항).

② 고용보험심사관은 원처분등의 집행에 의하여 발생하는 중대한 위해(危害)를 피하기 위하여 긴급한 필요가 있다고 인정되더라도 직권으로는 그 집행을 정지시킬 수 없다.

> 고용보험심사관은 원처분등의 집행에 의하여 발생하는 중대한 위해(危害)를 피하기 위하여 긴급한 필요가 있다고 인정하면 직권으로 그 집행을 정지시킬 수 있다(고보법 제93조 제1항 단서).

③ 육아휴직 급여와 출산전후휴가 급여등에 관한 처분에 대한 심사의 청구는 근로복지공단을 거쳐 고용보험심사관에게 하여야 한다.

> 육아휴직 급여와 출산전후휴가 급여등에 관한 처분에 대한 심사의 청구는 직업안정기관의 장을 거쳐 고용보험심사관에게 하여야 한다(고보법 제90조 제1항 후단).

❹ 고용보험심사관은 심사의 청구에 대한 심리(審理)를 마쳤을 때에는 원처분등의 전부 또는 일부를 취소하거나 심사청구의 전부 또는 일부를 기각한다. 고보법 제96조

⑤ 심사청구에 대한 결정은 심사청구인 및 직업안정기관의 장 또는 근로복지공단에 결정서의 정본을 보낸 다음 날부터 효력이 발생한다.

> 심사청구에 대한 결정은 심사청구인 및 직업안정기관의 장 또는 근로복지공단에 결정서의 정본을 보낸 날부터 효력이 발생한다(고보법 제98조 제1항).

06 고용보험법령상 육아휴직 급여 등의 특례에 관한 내용이다. (　)에 들어갈 내용은?

> 같은 자녀에 대하여 자녀의 출생 후 18개월이 될 때까지 피보험자인 부모가 모두 육아휴직을 하는 경우(부모의 육아휴직기간이 전부 또는 일부 겹치지 않은 경우를 포함한다) 그 부모인 피보험자의 육아휴직 급여의 월별 지급액은 육아휴직 7개월째부터 육아휴직 종료일까지는 육아휴직 시작일을 기준으로 한 각 피보험자의 월 통상임금의 (ㄱ)에 해당하는 금액으로 한다. 다만, 해당 금액이 (ㄴ)만원을 넘는 경우에는 부모 각각에 대하여 (ㄴ)만원으로 하고, 해당 금액이 70만원보다 적은 경우에는 부모 각각에 대하여 70만원으로 한다.

① ㄱ : 100분의 70,　ㄴ : 150
② ㄱ : 100분의 70,　ㄴ : 200
③ ㄱ : 100분의 80,　ㄴ : 100
❹ ㄱ : 100분의 80,　ㄴ : 150
⑤ ㄱ : 100분의 80,　ㄴ : 200

(　)의 ㄱ과 ㄴ에 들어갈 내용은 <u>100분의 80</u>과 <u>150</u>이다.

관계법령 **출생 후 18개월 이내의 자녀에 대한 육아휴직 급여 등의 특례(고보법 시행령 제95조의3)**

① 제95조 제1항 및 제95조의2 제1항·제2항에도 불구하고 같은 자녀에 대하여 자녀의 출생 후 18개월이 될 때까지 피보험자인 부모가 모두 육아휴직을 하는 경우(부모의 육아휴직기간이 전부 또는 일부 겹치지 않은 경우를 포함한다) 그 부모인 피보험자의 육아휴직 급여의 월별 지급액은 다음 각 호의 구분에 따라 산정한 금액으로 한다.
  2. 육아휴직 7개월째부터 육아휴직 종료일까지 : 육아휴직 시작일을 기준으로 한 각 피보험자의 월 통상임금의 100분의 80에 해당하는 금액. 다만, 해당 금액이 150만원을 넘는 경우에는 부모 각각에 대하여 150만원으로 하고, 해당 금액이 70만원보다 적은 경우에는 부모 각각에 대하여 70만원으로 한다.

07 고용보험법령상 보험가입 등에 관한 설명으로 옳지 않은 것은?

① 「국가공무원법」에 따른 임기제 공무원(이하 "임기제 공무원"이라 한다)의 경우는 본인의 의사에 따라 고용보험(실업급여에 한정)에 가입할 수 있다. 🕮 **고보법 제10조 제1항 제3호 단서**

② 임기제 공무원이 원하는 경우에는 임용된 날부터 3개월 이내에 고용노동부장관에게 직접 고용보험 가입을 신청할 수 있다. 🕮 **고보법 시행령 제3조의2 제2항 단서 전단**

③ 고용보험 피보험자격을 취득한 임기제 공무원이 공무원 신분의 변동에 따라 계속하여 다른 임기제 공무원으로 임용된 때에는 별도의 가입신청을 하지 않은 경우에도 고용보험의 피보험자격을 유지한다. 🕮 **고보법 시행령 제3조의2 제3항 후문**

❹ 임기제 공무원이 가입한 고용보험에서 **탈퇴한 이후에 가입대상 공무원으로 계속 재직하는 경우** 본인의 신청에 의하여 **고용보험에 다시 가입할 수 있다.**

> 임기제 공무원이 가입한 고용보험에서 탈퇴한 이후에 가입대상 공무원으로 계속 재직하는 경우 본인의 신청에 의하여 고용보험에 **다시 가입할 수 없다**(고보법 시행령 제3조의2 제5항 본문).

⑤ 고용보험에 가입한 임기제 공무원에 대한 보험료는 소속기관과 고용보험에 가입한 임기제 공무원이 각각 2분의 1씩 부담한다.

> 고용보험에 가입한 공무원에 대한 보험료율은 고용산재보험료징수법 시행령에 따른 실업급여의 보험료율로 하되, 소속기관과 고용보험에 가입한 공무원이 각각 2분의 1씩 부담한다(고보법 시행령 제3조의2 제6항).

08 고용보험법령상 실업급여에 관한 설명으로 옳지 않은 것은?

① 실업급여수급계좌의 해당 금융기관은 「고용보험법」에 따른 실업급여만이 실업급여수급계좌에 입금되도록 관리하여야 한다. 🕮 **고보법 제37조의2 제2항**

② 직업안정기관의 장은 수급자격 인정신청을 한 사람에게 신청인이 원하는 경우에는 해당 실업급여를 실업급여수급계좌로 받을 수 있다는 사실을 안내하여야 한다.
🕮 **고보법 시행령 제58조의2 제3항**

③ 실업급여수급계좌에 입금된 실업급여 금액 전액 이하의 금액에 관한 채권은 압류할 수 없다.
🕮 **고보법 제38조 제2항, 동법 시행령 제58조의3**

❹ 실업급여로서 지급된 금품에 대하여는 「국세기본법」 제2조 제8호의 공과금을 부과한다.

> 실업급여로서 지급된 금품에 대하여는 국가나 지방자치단체의 공과금(「국세기본법」 제2조 제8호 또는 「지방세기본법」 제2조 제1항 제26호에 따른 공과금을 말한다)을 부과하지 아니한다(고보법 제38조의2).

⑤ 직업안정기관의 장은 정보통신장애로 인하여 실업급여를 실업급여수급계좌로 이체할 수 없을 때에는 해당 실업급여 금액을 수급자격자에게 직접 현금으로 지급할 수 있다.
🕮 **고보법 제37조의2 제1항 단서, 동법 시행령 제58조의2 제2항**

09 고용보험법상 최종 이직 당시 단기예술인인 피보험자에게만 적용되는 구직급여 지급요건을 모두 고른 것은?

> ㄱ. 수급자격의 인정신청일 이전 1개월 동안의 노무제공일수가 10일 미만이거나 수급자격 인정신청일 이전 14일간 연속하여 노무제공내역이 없을 것
> ㄴ. 이직일 이전 24개월 동안의 피보험 단위기간이 통산하여 9개월 이상일 것
> ㄷ. 이직일 이전 24개월 중 3개월 이상을 예술인인 피보험자로 피보험자격을 유지하였을 것
> ㄹ. 최종 이직일 이전 24개월 동안의 피보험 단위기간 중 다른 사업에서 제77조의5 제2항에서 준용하는 제58조에 따른 수급자격의 제한 사유에 해당하는 사유로 이직한 사실이 있는 경우에는 그 피보험 단위기간 중 90일 이상을 단기예술인으로 종사하였을 것
> ㅁ. 근로 또는 노무제공의 의사와 능력이 있음에도 불구하고 취업(영리를 목적으로 사업을 영위하는 경우를 포함한다)하지 못한 상태에 있을 것

❶ ㄱ, ㄹ
② ㄱ, ㄴ, ㅁ
③ ㄴ, ㄹ, ㅁ
④ ㄴ, ㄷ, ㄹ, ㅁ
⑤ ㄱ, ㄴ, ㄷ, ㄹ, ㅁ

고용보험법상 최종 이직 당시 단기예술인인 피보험자에게만 적용되는 구직급여 지급요건에 해당하는 것은 ㄱ과 ㄹ이다.

ㄱ. (○) 수급자격의 인정신청일 이전 1개월 동안의 노무제공일수가 10일 미만이거나 수급자격 인정신청일 이전 14일간 연속하여 노무제공내역이 없을 것(고보법 제77조의3 제1항 제6호 가목)

ㄴ. (×) 이직일 이전 24개월 동안의 피보험 단위기간이 통산하여 9개월 이상일 것(고보법 제77조의3 제1항 제1호)은 예술인의 구직급여 지급요건에 해당한다. 설문이 "최종 이직 당시 단기예술인인 피보험자에게만 적용되는 구직급여 지급요건"을 고르는 것이므로 틀린 지문이 된다.

ㄷ. (×) 이직일 이전 24개월 중 3개월 이상을 예술인인 피보험자로 피보험자격을 유지하였을 것(고보법 제77조의3 제1항 제4호)은 예술인의 구직급여 지급요건에 해당한다. 설문이 "최종 이직 당시 단기예술인인 피보험자에게만 적용되는 구직급여 지급요건"을 고르는 것이므로 틀린 지문이 된다.

ㄹ. (○) 최종 이직일 이전 24개월 동안의 피보험 단위기간 중 다른 사업에서 제77조의5 제2항에서 준용하는 제58조에 따른 수급자격의 제한 사유에 해당하는 사유로 이직한 사실이 있는 경우에는 그 피보험 단위기간 중 90일 이상을 단기예술인으로 종사하였을 것(고보법 제77조의3 제1항 제6호 나목)

ㅁ. (×) 근로 또는 노무제공의 의사와 능력이 있음에도 불구하고 취업(영리를 목적으로 사업을 영위하는 경우를 포함한다)하지 못한 상태에 있을 것(고보법 제77조의3 제1항 제2호)은 예술인의 구직급여 지급요건에 해당한다. 설문이 "최종 이직 당시 단기예술인인 피보험자에게만 적용되는 구직급여 지급요건"을 고르는 것이므로 틀린 지문이 된다.

① 예술인의 구직급여는 다음 각 호의 요건을 모두 갖춘 경우에 지급한다. 다만, 제6호는 최종 이직 당시 단기예술인이었던 사람만 해당한다.

1. 이직일 이전 24개월 동안의 피보험 단위기간이 통산하여 9개월 이상일 것
2. 근로 또는 노무제공의 의사와 능력이 있음에도 불구하고 취업(영리를 목적으로 사업을 영위하는 경우를 포함한다. 이하 이 장에서 같다)하지 못한 상태에 있을 것
3. 이직사유가 제77조의5 제2항에서 준용하는 제58조에 따른 수급자격의 제한 사유에 해당하지 아니할 것. 다만, 제77조의5 제2항에서 준용하는 제58조 제2호 가목에도 불구하고 예술인이 이직할 당시 대통령령으로 정하는 바에 따른 소득감소로 인하여 이직하였다고 직업안정기관의 장이 인정하는 경우에는 제58조에 따른 수급자격의 제한 사유에 해당하지 아니하는 것으로 본다.
4. 이직일 이전 24개월 중 3개월 이상을 예술인인 피보험자로 피보험자격을 유지하였을 것
5. 재취업을 위한 노력을 적극적으로 할 것
6. 다음 각 목의 요건을 모두 갖출 것
   가. 수급자격의 인정신청일 이전 1개월 동안의 노무제공일수가 10일 미만이거나 수급자격 인정신청일 이전 14일간 연속하여 노무제공내역이 없을 것
   나. 최종 이직일 이전 24개월 동안의 피보험 단위기간 중 다른 사업에서 제77조의5 제2항에서 준용하는 제58조에 따른 수급자격의 제한 사유에 해당하는 사유로 이직한 사실이 있는 경우에는 그 피보험 단위기간 중 90일 이상을 단기예술인으로 종사하였을 것

10 고용보험법령상 연장급여의 상호 조정 등에 관한 설명으로 옳지 않은 것은?

❶ 훈련연장급여의 지급 기간은 1년을 한도로 한다.

> 훈련연장급여의 지급 기간은 2년을 한도로 한다(고보법 제51조 제2항, 동법 시행령 제72조).

② 훈련연장급여를 지급받고 있는 수급자격자에게는 그 훈련연장급여의 지급이 끝난 후가 아니면 특별연장급여를 지급하지 아니한다.

> 훈련연장급여를 지급받고 있는 수급자격자에게는 그 훈련연장급여의 지급이 끝난 후가 아니면 개별연장급여 및 특별연장급여를 지급하지 아니한다(고보법 제55조 제2항).

③ 개별연장급여를 지급받고 있는 수급자격자가 훈련연장급여를 지급받게 되면 개별연장급여를 지급하지 아니한다.

> 개별연장급여 또는 특별연장급여를 지급받고 있는 수급자격자가 훈련연장급여를 지급받게 되면 개별연장급여나 특별연장급여를 지급하지 아니한다(고보법 제55조 제3항).

④ 특별연장급여를 지급받고 있는 수급자격자에게는 특별연장급여의 지급이 끝난 후가 아니면 개별연장급여를 지급하지 아니한다.

> 특별연장급여를 지급받고 있는 수급자격자에게는 특별연장급여의 지급이 끝난 후가 아니면 개별연장급여를 지급하지 아니하고, 개별연장급여를 지급받고 있는 수급자격자에게는 개별연장급여의 지급이 끝난 후가 아니면 특별연장급여를 지급하지 아니한다(고보법 제55조 제4항).

⑤ 특별연장급여는 그 수급자격자가 지급받을 수 있는 구직급여의 지급이 끝난 후에 지급한다.

> 고보법 제55조 제1항

11 고용보험법상 훈련연장급여에 관한 내용이다. (   )에 들어갈 숫자를 순서대로 옳게 나열한 것은?

☑ 확인
Check!
○
△
✕

> 제54조(연장급여의 수급기간 및 구직급여일액)
> ① 〈중략〉
> ② 제51조에 따라 훈련연장급여를 지급하는 경우에 그 일액은 해당 수급자격자의 구직급여일액의 100분의 (   )으로 하고, 제52조 또는 제53조에 따라 개별연장급여 또는 특별연장급여를 지급하는 경우에 그 일액은 해당 수급자격자의 구직급여일액의 100분의 (   )을 곱한 금액으로 한다.

① 60, 60
② 70, 60
③ 80, 60
④ 90, 70
❺ 100, 70

(   )에 들어갈 숫자는 순서대로 100, 70이다.

관계법령 **연장급여의 수급기간 및 구직급여일액(고보법 제54조)**

① 제51조부터 제53조까지의 규정에 따른 연장급여를 지급하는 경우에 그 수급자격자의 수급기간은 제48조에 따른 그 수급자격자의 수급기간에 연장되는 구직급여일수를 더하여 산정한 기간으로 한다.

② 제51조에 따라 훈련연장급여를 지급하는 경우에 그 일액은 해당 수급자격자의 구직급여일액의 <u>100분의 100</u>으로 하고, 제52조 또는 제53조에 따라 개별연장급여 또는 특별연장급여를 지급하는 경우에 그 일액은 해당 수급자격자의 구직급여일액의 <u>100분의 70</u>을 곱한 금액으로 한다.

③ 제2항에 따라 산정된 구직급여일액이 제46조 제2항에 따른 최저구직급여일액보다 낮은 경우에는 최저구직급여일액을 그 수급자격자의 구직급여일액으로 한다.

12 고용보험법령상 고용유지지원금에 관한 설명이다. (   )에 들어갈 내용으로 옳은 것은?(다만, 2020년 보험연도의 경우는 제외한다.)

☑ 확인
Check!
○
△
✕

> 고용유지지원금은 그 조치를 실시한 일수(둘 이상의 고용유지조치를 동시에 실시한 날은 (ㄱ)로 본다)의 합계가 그 보험연도의 기간 중에 (ㄴ)에 이를 때까지만 각각의 고용유지조치에 대하여 고용유지지원금을 지급한다.

① ㄱ : 1일, ㄴ : 60일
② ㄱ : 1일, ㄴ : 90일
❸ ㄱ : 1일, ㄴ : 180일
④ ㄱ : 2일, ㄴ : 90일
⑤ ㄱ : 2일, ㄴ : 180일

(   )의 ㄱ과 ㄴ에 들어갈 내용은 <u>1일</u>, <u>180일</u>이다.

관계법령 고용유지지원금의 금액 등(고보법 시행령 제21조)

① 고용유지지원금은 다음 각 호에 해당하는 금액으로 한다. 다만, 고용노동부장관이 실업의 급증 등 고용사정이 악화되어 고용안정을 위하여 필요하다고 인정할 때에는 1년의 범위에서 고용노동부장관이 정하여 고시하는 기간에 사업주가 피보험자의 임금을 보전하기 위하여 지급한 금품의 4분의 3 이상 10분의 9 이하로서 고용노동부장관이 정하여 고시하는 비율[우선지원대상기업에 해당하지 않는 기업(이하 "대규모기업"이라 한다)의 경우에는 3분의 2]에 해당하는 금액으로 한다.
1. 근로시간 조정, 교대제 개편, 휴업 또는 휴직 등으로 단축된 근로시간이 역에 따른 1개월의 기간 동안 100분의 50 미만인 경우 : 단축된 근로시간 또는 휴직기간에 대하여 사업주가 피보험자의 임금을 보전하기 위하여 지급한 금품의 3분의 2(대규모기업의 경우에는 2분의 1)에 해당하는 금액
2. 근로시간 조정, 교대제 개편, 휴업 또는 휴직 등으로 단축된 근로시간이 역에 따른 1개월의 기간 동안 100분의 50 이상인 경우 : 단축된 근로시간 또는 휴직기간에 대하여 사업주가 피보험자의 임금을 보전하기 위하여 지급한 금품의 3분의 2에 해당하는 금액
② 제1항에 따른 고용유지지원금은 그 조치를 실시한 일수(둘 이상의 고용유지조치를 동시에 실시한 날은 <u>1일</u>로 본다)의 합계가 그 보험연도의 기간 중에 <u>180일</u>에 이를 때까지만 각각의 고용유지조치에 대하여 고용유지지원금을 지급한다.
③ 제2항에도 불구하고 2020년 보험연도의 경우 고용유지조치를 실시한 일수의 합계가 240일에 이를 때까지 고용유지지원금을 지급한다. 〈신설 2020.10.20.〉
④ 삭제 〈2013.12.24.〉
⑤ 제1항에 따라 지급되는 고용유지지원금은 고용유지조치별 대상 근로자 1명당 고용노동부장관이 정하여 고시하는 금액을 초과할 수 없다.

13 고용보험법령상 고용보험위원회(이하 '위원회'라 한다)에 관한 설명으로 옳지 않은 것은?

❶ 위원회의 위원장은 고용노동부차관이 되며, 그 위원장은 위원을 임명하거나 위촉한다.

> 위원회의 위원장은 고용노동부차관이 되고, 위원은 근로자를 대표하는 사람, 사용자를 대표하는 사람, 공익을 대표하는 사람, 정부를 대표하는 사람 중에서 각각 같은 수(數)로 고용노동부장관이 임명하거나 위촉하는 사람이 된다(고보법 제7조 제4항).

② 위원회에는 고용보험운영전문위원회와 고용보험평가전문위원회를 둔다.

> 🔖 고보법 제7조 제5항, 동법 시행령 제1조의7 제1항

③ 위원회의 위원 중 정부를 대표하는 사람은 임명의 대상이 된다.

> 위원회의 위원 중 정부를 대표하는 사람은 고용보험 관련 중앙행정기관의 고위공무원단에 속하는 공무원 중에서 고용노동부장관이 임명한다(고보법 제7조 제4항 제4호, 동법 시행령 제1조의3 제3항).

④ 위원회의 간사는 1명을 두되, 간사는 고용노동부 소속 공무원 중에서 위원장이 임명한다.

> 🔖 고보법 시행령 제1조의10

⑤ 「고용보험 및 산업재해보상보험의 보험료징수 등에 관한 법률」에 따른 보험료율의 결정에 관한 사항은 위원회의 심의사항이다. 🔖 고보법 제7조 제2항 제2호

관계법령

고용보험위원회(고보법 제7조)
① 이 법 및 고용산재보험료징수법(보험에 관한 사항만 해당한다)의 시행에 관한 주요 사항을 심의하기 위하여 고용노동부에 고용보험위원회(이하 이 조에서 "위원회"라 한다)를 둔다.
② 위원회는 다음 각 호의 사항을 심의한다.
  1. 보험제도 및 보험사업의 개선에 관한 사항
  2. 고용산재보험료징수법에 따른 보험료율의 결정에 관한 사항
  3. 제11조의2에 따른 보험사업의 평가에 관한 사항
  4. 제81조에 따른 기금운용 계획의 수립 및 기금의 운용 결과에 관한 사항
  5. 그 밖에 위원장이 보험제도 및 보험사업과 관련하여 위원회의 심의가 필요하다고 인정하는 사항
③ 위원회는 위원장 1명을 포함한 20명 이내의 위원으로 구성한다.
④ 위원회의 위원장은 고용노동부차관이 되고, 위원은 다음 각 호의 사람 중에서 각각 같은 수(數)로 고용노동부장관이 임명하거나 위촉하는 사람이 된다.
  1. 근로자를 대표하는 사람
  2. 사용자를 대표하는 사람
  3. 공익을 대표하는 사람
  4. 정부를 대표하는 사람
⑤ 위원회는 심의 사항을 사전에 검토·조정하기 위하여 위원회에 전문위원회를 둘 수 있다.
⑥ 위원회 및 전문위원회의 구성·운영과 그 밖에 필요한 사항은 대통령령으로 정한다.

고용보험위원회의 구성(고보법 시행령 제1조의3)
① 법 제7조 제4항 제1호 및 제2호에 따른 근로자와 사용자를 대표하는 사람은 각각 전국 규모의 노동단체와 전국 규모의 사용자단체에서 추천하는 사람 중에서 고용노동부장관이 위촉한다.
② 법 제7조 제4항 제3호에 따른 공익을 대표하는 사람은 고용보험과 그 밖의 고용노동 분야 전반에 관하여 학식과 경험이 풍부한 사람 중에서 고용노동부장관이 위촉한다.
③ 법 제7조 제4항 제4호에 따른 정부를 대표하는 사람은 고용보험 관련 중앙행정기관의 고위공무원단에 속하는 공무원 중에서 고용노동부장관이 임명한다.

14 산업재해보상보험법령상 산업재해보상보험 및 예방심의위원회(이하 '위원회'라 한다)에 관한 내용으로 옳지 않은 것은?

① 위원회는 근로자를 대표하는 사람, 사용자를 대표하는 사람 및 공익을 대표하는 사람으로 구성하되, 그 수는 각각 같은 수로 한다. 🕮 산재법 제8조 제2항

② 사용자를 대표하는 위원은 전국을 대표하는 사용자 단체가 추천하는 사람 5명으로 한다.
🕮 산재법 시행령 제4조 제2호

③ 근로자를 대표하는 위원의 임기는 3년으로 하되, 연임할 수 있다.
🕮 산재법 시행령 제5조 제1항 본문

❹ 위원회의 회의는 재적위원 과반수의 출석으로 개의하고, 출석위원 3분의 2 이상의 찬성으로 의결한다.

위원회의 회의는 재적위원 과반수의 출석으로 개의하고, <u>출석위원 과반수의 찬성으로 의결한다</u>(산재법 시행령 제7조 제3항).

⑤ 보궐위원의 임기는 전임자의 남은 임기로 한다. 🕮 산재법 시행령 제5조 제2항

관계법령

산업재해보상보험 및 예방심의위원회의 구성(산재법 시행령 제4조)

위원회의 위원은 다음 각 호의 구분에 따라 각각 고용노동부장관이 임명하거나 위촉한다.
1. <u>근로자를 대표하는 위원은 총연합단체인 노동조합이 추천하는 사람 5명</u>
2. <u>사용자를 대표하는 위원은 전국을 대표하는 사용자 단체가 추천하는 사람 5명</u>
3. 공익을 대표하는 위원은 다음 각 목의 사람 5명
   가. 고용노동부차관
   나. 고용노동부에서 산업재해보상보험 업무를 담당하는 고위공무원 또는 산업재해 예방 업무를 담당하는 고위공무원 중 1명
   다. 시민단체(「비영리민간단체 지원법」 제2조에 따른 비영리민간단체를 말한다)에서 추천한 사람과 사회보험 또는 산업재해 예방에 관한 학식과 경험이 풍부한 사람 중 3명

산업재해보상보험 및 예방심의위원회 위원의 임기 등(산재법 시행령 제5조)

① <u>위원의 임기는 3년으로 하되, 연임할 수 있다.</u> 다만, 제4조 제3호 가목 또는 나목에 해당하는 위원의 임기는 그 재직기간으로 한다.
② <u>보궐위원의 임기는 전임자의 남은 임기로 한다.</u>
③ 고용노동부장관은 제4조에 따른 위원회의 위촉위원이 다음 각 호의 어느 하나에 해당하는 경우에는 해당 위원을 해촉(解囑)할 수 있다.
   1. 심신장애로 인하여 직무를 수행할 수 없게 된 경우
   2. 직무와 관련된 비위사실이 있는 경우
   3. 직무태만, 품위손상이나 그 밖의 사유로 인하여 위원으로 적합하지 아니하다고 인정되는 경우
   4. 위원 스스로 직무를 수행하는 것이 곤란하다고 의사를 밝히는 경우

산업재해보상보험 및 예방심의위원회의 회의(산재법 시행령 제7조)

① 위원장은 위원회의 회의를 소집하고 그 의장이 된다.
② 위원회의 회의는 고용노동부장관의 요구가 있거나 재적위원 과반수의 요구가 있을 때 소집한다.
③ <u>위원회의 회의는 재적위원 과반수의 출석으로 개의하고, 출석위원 과반수의 찬성으로 의결한다.</u>

15 산업재해보상보험법령상 유족보상연금에 관한 내용으로 옳지 않은 것은?

① 유족보상연금 수급자격자인 유족이 사망한 근로자와의 친족 관계가 끝난 경우 그 자격을 잃는다.
　🔂 산재법 제64조 제1항 제3호

② 대한민국 국민이 아닌 유족보상연금 수급자격자인 유족이 외국에서 거주하기 위하여 출국하는 경우 그 자격을 잃는다.　🔂 산재법 제64조 제1항 제7호

❸ 근로복지공단은 근로자의 사망 당시 태아였던 자녀가 출생한 경우 유족보상연금 수급권자의 청구에 의하거나 직권으로 그 사유가 발생한 달 분부터 유족보상연금의 금액을 조정한다.

> 근로복지공단은 근로자의 사망 당시 태아였던 자녀가 출생한 경우 유족보상연금 수급권자의 청구에 의하거나 직권으로 그 사유가 발생한 달의 다음 달 분부터 유족보상연금의 금액을 조정한다(산재법 시행령 제63조 제1호).

④ 근로자가 사망할 당시 대한민국 국민이었던 유족보상연금 수급자격자인 유족이 국적을 상실하고 외국에서 거주하고 있거나 외국에서 거주하기 위하여 출국하는 경우 그 자격을 잃는다.
　🔂 산재법 제64조 제1항 제6호

⑤ 유족보상연금을 받을 권리가 있는 유족보상연금 수급자격자가 그 자격을 잃은 경우에 유족보상연금을 받을 권리는 같은 순위자가 있으면 같은 순위자에게, 같은 순위자가 없으면 다음 순위자에게 이전된다.　🔂 산재법 제64조 제2항

관계법령

유족보상연금 수급자격자의 자격 상실과 지급 정지 등(산재법 제64조)

① 유족보상연금 수급자격자인 유족이 다음 각 호의 어느 하나에 해당하면 그 자격을 잃는다.
1. 사망한 경우
2. 재혼한 때(사망한 근로자의 배우자만 해당하며, 재혼에는 사실상 혼인 관계에 있는 경우를 포함한다)
3. 사망한 근로자와의 친족 관계가 끝난 경우
4. 자녀가 25세가 된 때
4의2. 손자녀가 25세가 된 때
4의3. 형제자매가 19세가 된 때
5. 제63조 제1항 제4호에 따른 장애인이었던 사람으로서 그 장애 상태가 해소된 경우
6. 근로자가 사망할 당시 대한민국 국민이었던 유족보상연금 수급자격자가 국적을 상실하고 외국에서 거주하고 있거나 외국에서 거주하기 위하여 출국하는 경우
7. 대한민국 국민이 아닌 유족보상연금 수급자격자가 외국에서 거주하기 위하여 출국하는 경우
② 유족보상연금을 받을 권리가 있는 유족보상연금 수급자격자(이하 "유족보상연금 수급권자"라 한다)가 그 자격을 잃은 경우에 유족보상연금을 받을 권리는 같은 순위자가 있으면 같은 순위자에게, 같은 순위자가 없으면 다음 순위자에게 이전된다.
③ 유족보상연금 수급권자가 3개월 이상 행방불명이면 대통령령으로 정하는 바에 따라 연금 지급을 정지하고, 같은 순위자가 있으면 같은 순위자에게, 같은 순위자가 없으면 다음 순위자에게 유족보상연금을 지급한다.

> **유족보상연금액의 조정(산재법 시행령 제63조)**
> 공단은 다음 각 호의 사유가 발생하면 유족보상연금 수급권자의 청구에 의하거나 직권으로 그 사유가 발생한 달의 다음 달 분부터 유족보상연금의 금액을 조정한다.
>   1. 근로자의 사망 당시 태아였던 자녀가 출생한 경우
>   2. 제62조 제3항에 따라 지급정지가 해제된 경우
>   3. 유족보상연금 수급자격자가 법 제64조 제1항에 따라 자격을 잃은 경우
>   4. 유족보상연금 수급자격자가 행방불명이 된 경우

16   산업재해보상보험법령상 노무제공자에 대한 특례의 내용으로 옳지 않은 것은?

① "플랫폼 종사자"란 온라인 플랫폼을 통해 노무를 제공하는 노무제공자를 말한다.
　🔗 산재법 제91조의15 제2호

❷ "평균보수"란 이를 산정하여야 할 사유가 발생한 날이 속하는 달의 전달 말일부터 이전 3개월 동안 노무제공자가 재해가 발생한 사업에서 지급받은 보수와 같은 기간 동안 해당 사업 외의 사업에서 지급받은 보수를 모두 합산한 금액을 해당 기간의 총 일수로 나눈 금액을 말한다.

> "평균보수"란 이를 산정하여야 할 사유가 발생한 날이 속하는 달의 <u>전전달 말일부터</u> 이전 3개월 동안 노무제공자가 재해가 발생한 사업에서 지급받은 보수와 같은 기간 동안 해당 사업 외의 사업에서 지급받은 보수를 모두 합산한 금액을 해당 기간의 총 일수로 나눈 금액을 말한다(산재법 제91조의15 제6호 본문).

③ 보험을 모집하는 사람으로서「새마을금고법」및「신용협동조합법」에 따른 공제의 모집을 전업으로 하는 사람은 노무제공자의 범위에 포함된다.
　🔗 산재법 제91조의15 제1호, 동법 시행령 제83조의5 제1호 나목

④ 보험을 모집하는 사람으로서「우체국예금·보험에 관한 법률」에 따른 우체국보험의 모집을 전업으로 하는 사람은 노무제공자의 범위에 포함된다.
　🔗 산재법 제91조의15 제1호, 동법 시행령 제83조의5 제1호 다목

⑤ "플랫폼 운영자"란 온라인 플랫폼을 이용하여 플랫폼 종사자의 노무제공을 중개 또는 알선하는 것을 업으로 하는 자를 말한다.　🔗 산재법 제91조의15 제3호

관계법령

노무제공자 등의 정의(산재법 제91조의15)
이 장에서 사용하는 용어의 뜻은 다음과 같다.
　1. "노무제공자"란 자신이 아닌 다른 사람의 사업을 위하여 다음 각 목의 어느 하나에 해당하는 방법에 따라 자신이 직접 노무를 제공하고 그 대가를 지급받는 사람으로서 업무상 재해로부터의 보호 필요성, 노무제공 형태 등을 고려하여 <u>대통령령으로 정하는 직종에 종사하는 사람</u>을 말한다.
　　가. 노무제공자가 사업주로부터 직접 노무제공을 요청받은 경우
　　나. 노무제공자가 사업주로부터 일하는 사람의 노무제공을 중개·알선하기 위한 전자적 정보처리시스템(이하 "온라인 플랫폼")을 통해 노무제공을 요청받는 경우

2. "플랫폼 종사자"란 온라인 플랫폼을 통해 노무를 제공하는 노무제공자를 말한다.
3. "플랫폼 운영자"란 온라인 플랫폼을 이용하여 플랫폼 종사자의 노무제공을 중개 또는 알선하는 것을 업으로 하는 자를 말한다.
4. "플랫폼 이용 사업자"란 플랫폼 종사자로부터 노무를 제공받아 사업을 영위하는 자를 말한다. 다만, 플랫폼 운영자가 플랫폼 종사자의 노무를 직접 제공받아 사업을 영위하는 경우 플랫폼 운영자를 플랫폼 이용 사업자로 본다.
5. "보수"란 노무제공자가 이 법의 적용을 받는 사업에서 노무제공의 대가로 지급받은 소득세법 제19조에 따른 사업소득 및 같은 법 제21조에 따른 기타소득에서 대통령령으로 정하는 금품을 뺀 금액을 말한다. 다만, 노무제공의 특성에 따라 소득확인이 어렵다고 대통령령으로 정하는 직종의 보수는 고용노동부장관이 고시하는 금액으로 한다.
6. "평균보수"란 이를 산정하여야 할 사유가 발생한 날이 속하는 달의 전전달 말일부터 이전 3개월 동안 노무제공자가 재해가 발생한 사업에서 지급받은 보수와 같은 기간 동안 해당 사업 외의 사업에서 지급받은 보수를 모두 합산한 금액을 해당 기간의 총 일수로 나눈 금액을 말한다. 다만, 노무제공의 특성에 따라 소득확인이 어렵거나 소득의 종류나 내용에 따라 평균보수를 산정하기 곤란하다고 인정되는 경우에는 고용노동부장관이 고시하는 금액으로 한다.

노무제공자의 범위(산재법 시행령 제83조의5)

법 제91조의15 제1호 각 목 외의 부분에서 "대통령령으로 정하는 직종에 종사하는 사람"이란 다음 각 호의 사람을 말한다.
1. 보험을 모집하는 사람으로서 다음 각 목의 어느 하나에 해당하는 사람
    가. 보험업법 제83조 제1항 제1호에 따른 보험설계사
    나. 새마을금고법 및 신용협동조합법에 따른 공제의 모집을 전업으로 하는 사람
    다. 우체국예금·보험에 관한 법률에 따른 우체국보험의 모집을 전업으로 하는 사람
2. 건설기계관리법 제3조 제1항에 따라 등록된 건설기계를 직접 운전하는 사람
3. 통계법 제22조에 따라 통계청장이 고시하는 직업에 관한 표준분류(이하 "한국표준직업분류표")의 세세분류에 따른 학습지 방문강사, 교육교구 방문강사 등 회원의 가정 등을 직접 방문하여 아동이나 학생 등을 가르치는 사람
4. 체육시설의 설치·이용에 관한 법률 제7조에 따라 직장체육시설로 설치된 골프장 또는 같은 법 제19조에 따라 체육시설업의 등록을 한 골프장에서 골프경기를 보조하는 골프장 캐디
5. 한국표준직업분류표의 세분류에 따른 택배원으로서 다음 각 목의 어느 하나에 해당하는 사람
    가. 생활물류서비스산업발전법 제2조 제6호 가목에 따른 택배서비스종사자로서 집화 또는 배송(설치를 수반하는 배송을 포함) 업무를 하는 사람
    나. 가목 외의 택배사업(소화물을 집화·수송 과정을 거쳐 배송하는 사업)에서 집화 또는 배송 업무를 하는 사람
6. 한국표준직업분류표의 세분류에 따른 택배원으로서 퀵서비스업의 사업주로부터 업무를 의뢰받아 배송 업무를 하는 사람. 다만, 제5호 또는 제14호에 해당하는 사람은 제외한다.
7. 대부업 등의 등록 및 금융이용자 보호에 관한 법률 제3조 제1항 단서에 따른 대출모집인
8. 여신전문금융업법 제14조의2 제1항 제2호에 따른 신용카드회원 모집인
9. 다음 각 목의 어느 하나에 해당하는 사업자로부터 업무를 의뢰받아 자동차를 운전하는 사람
    가. 대리운전업자(자동차 이용자의 요청에 따라 그 이용자와 동승하여 해당 자동차를 목적지까지 운전하는 사업의 사업주)
    나. 탁송업자(자동차 이용자의 요청에 따라 그 이용자와 동승하지 않고 해당 자동차를 목적지까지 운전하는 사업의 사업주)
    다. 대리주차업자(자동차 이용자의 요청에 따라 그 이용자를 대신하여 해당 자동차를 주차하는 사업의 사업주)

10. 방문판매 등에 관한 법률 제2조 제2호에 따른 <u>방문판매원 또는 같은 조 제8호에 따른 후원방문판매원으로서 방문판매업무를 하는 사람.</u> 다만, 다음 각 목의 어느 하나에 해당하는 경우는 제외한다.
    가. 방문판매는 하지 않고 자가 소비만 하는 경우
    나. 제3호 또는 제11호에 해당하는 경우
11. 한국표준직업분류표의 세세분류에 따른 대여 제품 방문점검원
12. 한국표준직업분류표의 세분류에 따른 가전제품 설치 및 수리원으로서 가전제품의 판매를 위한 배송 업무를 주로 수행하고 가전제품의 설치·시운전 등을 통해 작동상태를 확인하는 사람
13. 화물자동차 운수사업법 제2조 제1호에 따른 화물자동차 중 고용노동부령으로 정하는 자동차를 운전하는 사람
14. 화물자동차 운수사업법 제2조 제11호에 따른 <u>화물차주로서 다음 각 목의 어느 하나에 해당하는 자동차를 운전하는 사람.</u> 다만, 제5호, 제12호 또는 제13호에 해당하는 사람은 제외한다.
    가. 자동차관리법 제3조 제1항 제3호에 따른 화물자동차
    나. 자동차관리법 제3조 제1항 제4호에 따른 특수자동차 중 견인형 자동차 또는 특수작업형 사다리차(이사 등을 위하여 높은 건물에 필요한 물건을 올리기 위한 자동차)
15. 소프트웨어 진흥법 제2조 제3호에 따른 소프트웨어사업에서 노무를 제공하는 같은 조 제10호에 따른 소프트웨어기술자
16. 다음 각 목의 어느 하나에 해당하는 강사
    가. 초·중등교육법 제2조에 따른 학교에서 운영하는 방과후학교의 과정을 담당하는 강사
    나. 유아교육법 제2조 제2호에 따른 유치원에서 운영하는 같은 조 제6호에 따른 방과후 과정을 담당하는 강사
    다. 영유아보육법 제2조 제3호에 따른 어린이집에서 운영하는 같은 법 제29조 제4항에 따른 특별활동프로그램을 담당하는 강사
17. 관광진흥법 제38조 제1항 단서에 따른 관광통역안내의 자격을 가진 사람으로서 외국인 관광객을 대상으로 관광안내를 하는 사람
18. <u>도로교통법 제2조 제23호에 따른 어린이통학버스를 운전하는 사람</u>

2024년

2023년

2022년

2021년

2020년

17 산업재해보상보험법상 요양급여의 범위에 해당하는 것은 모두 몇 개인가?

○ 재활치료
○ 간 호
○ 이 송
○ 간 병
○ 약제 또는 진료재료와 의지(義肢)나 그 밖의 보조기의 지급

① 1개
② 2개
③ 3개
④ 4개
❺ 5개

5개의 지문 모두 산재법 제40조 제4항에서 정한 요양급여의 범위에 해당한다.

18 산업재해보상보험법령상 장례비에 관한 설명으로 옳지 않은 것은?

❶ 장례비 최고금액 및 최저금액의 적용기간은 당해 연도 1월 1일부터 12월 31일까지로 한다.

> 장례비 최고금액 및 최저금액의 적용기간은 <u>다음 연도</u> 1월 1일부터 12월 31일까지로 한다(산재법 시행령 제66조 제3항).

② 장례비 최고금액은 전년도 장례비 수급권자에게 지급된 1명당 평균 장례비 90일분 + 최고 보상기준 금액의 30일분으로 산정한다. 🏛 **산재법 시행령 제66조 제1항 제1호**

③ 장례비 최저금액은 전년도 장례비 수급권자에게 지급된 1명당 평균 장례비 90일분 + 최저 보상기준 금액의 30일분으로 산정한다. 🏛 **산재법 시행령 제66조 제1항 제2호**

④ 장례비 최고금액 및 최저금액을 산정할 때 10원 미만은 버린다. 🏛 **산재법 시행령 제66조 제2항**

⑤ 장례비는 장례를 지낼 유족이 없거나 그 밖에 부득이한 사유로 유족이 아닌 사람이 장례를 지낸 경우에는 평균임금의 120일분에 상당하는 금액의 범위에서 실제 드는 비용을 그 장례를 지낸 사람에게 지급한다. 🏛 **산재법 제71조 제1항 단서**

19 산업재해보상보험법령상 업무상질병판정위원회의 구성에 관한 내용으로 옳은 것은?

① 「고등교육법」 제2조에 따른 학교에서 조교수 이상으로 재직하고 있는 사람은 위원이 될 수 없다.

> 「고등교육법」 제2조에 따른 학교에서 조교수 이상으로 재직하고 있거나 재직하였던 사람은 위원이 될 수 있다(산재법 시행규칙 제6조 제2항 제2호).

② 「국가기술자격법」에 따른 산업위생관리 기사 이상의 자격을 취득하고 관련 업무에 3년 이상 종사한 치과의사는 위원이 될 수 없다.

> 국가기술자격법에 따른 산업위생관리 또는 인간공학 분야 기사 이상의 자격을 취득하고 관련 업무에 5년 이상 종사한 사람(산재법 시행규칙 제6조 제2항 제5호)이 업무상질병판정위원회의 위원이 될 수 있으나, 치과의사는 이러한 요건을 구비함이 없이 당연히 위원이 될 수 있다(산재법 시행규칙 제6조 제2항 제3호).

❸ 산업재해보상보험 관련 업무에 5년 이상 종사한 사람은 위원이 될 수 있다.

> 🤍 산재법 시행규칙 제6조 제2항 제4호

④ 「국가기술자격법」에 따른 인간공학 분야 기사 이상의 자격을 취득하고 관련 업무에 3년 이상 종사한 한의사는 위원이 될 수 없다.

> 국가기술자격법에 따른 산업위생관리 또는 인간공학 분야 기사 이상의 자격을 취득하고 관련 업무에 5년 이상 종사한 사람(산재법 시행규칙 제6조 제2항 제5호)이 업무상질병판정위원회의 위원이 될 수 있으나, 한의사는 이러한 요건을 구비함이 없이 당연히 위원이 될 수 있다(산재법 시행규칙 제6조 제2항 제3호).

⑤ 위원장과 위원의 임기는 3년으로 하되, 연임할 수 있다.

> 판정위원회의 위원장과 위원의 임기는 2년으로 하되, 연임할 수 있다(산재법 시행규칙 제6조 제5항).

관계법령 **업무상질병판정위원회의 구성(산재법 시행규칙 제6조)**

① 법 제38조 제1항에 따른 업무상질병판정위원회(이하 "판정위원회"라 한다)는 위원장 1명을 포함하여 180명 이내의 위원으로 구성한다. 이 경우 판정위원회의 위원장은 상임으로 하고, 위원장을 제외한 위원은 비상임으로 한다.

② 판정위원회의 위원장 및 위원은 다음 각 호의 어느 하나에 해당하는 사람 중에서 공단 이사장이 위촉하거나 임명한다.
1. 변호사 또는 공인노무사
2. 「고등교육법」 제2조에 따른 학교에서 조교수 이상으로 재직하고 있거나 재직하였던 사람
3. 의사, 치과의사 또는 한의사
4. 산업재해보상보험 관련 업무에 5년 이상 종사한 사람
5. 「국가기술자격법」에 따른 산업위생관리 또는 인간공학 분야 기사 이상의 자격을 취득하고 관련 업무에 5년 이상 종사한 사람

③ 판정위원회의 위원 중 3분의 2에 해당하는 위원은 제2항 각 호의 어느 하나에 해당하는 사람으로서 근로자 단체와 사용자 단체가 각각 추천하는 사람 중에서 위촉한다. 이 경우 근로자 단체와 사용자 단체가 추천하는 위원은 같은 수로 한다.

④ 제3항에도 불구하고 근로자 단체나 사용자 단체가 각각 추천하는 사람이 위촉하려는 전체 위원 수의 3분의 1보다 적은 경우에는 제3항 후단을 적용하지 않고 근로자 단체와 사용자 단체가 추천하는 위원 수를 전체 위원 수의 3분의 2 미만으로 할 수 있다.

⑤ 판정위원회의 위원장과 위원의 임기는 2년으로 하되, 연임할 수 있다.

20 산업재해보상보험법에서 사용하는 용어의 정의로 옳지 않은 것은?

① "유족"이란 사망한 사람의 배우자(사실상 혼인 관계에 있는 사람을 포함한다)·자녀·부모·손자녀·조부모 또는 형제자매를 말한다. 🌱 산재법 제5조 제3호

❷ "장해"란 업무상의 부상 또는 질병에 따른 정신적 또는 육체적 훼손으로 노동능력이 상실되거나 감소된 상태로서 그 부상 또는 질병이 치유되지 아니한 상태를 말한다.

> "장해"란 부상 또는 질병이 치유되었으나 정신적 또는 육체적 훼손으로 인하여 노동능력이 상실되거나 감소된 상태를 말한다(산재법 제5조 제5호). "중증요양상태"란 업무상의 부상 또는 질병에 따른 정신적 또는 육체적 훼손으로 노동능력이 상실되거나 감소된 상태로서 그 부상 또는 질병이 치유되지 아니한 상태를 말한다(산재법 제5조 제6호).

③ "치유"란 부상 또는 질병이 완치되거나 치료의 효과를 더 이상 기대할 수 없고 그 증상이 고정된 상태에 이르게 된 것을 말한다. 🌱 산재법 제5조 제4호

④ "출퇴근"이란 취업과 관련하여 주거와 취업장소 사이의 이동 또는 한 취업장소에서 다른 취업장소로의 이동을 말한다. 🌱 산재법 제5조 제8호

⑤ "진폐"(塵肺)란 분진을 흡입하여 폐에 생기는 섬유증식성(纖維增殖性) 변화를 주된 증상으로 하는 질병을 말한다. 🌱 산재법 제5조 제7호

21 산업재해보상보험법상 장해보상연금에 관한 내용이다. (   )에 들어갈 숫자의 합은?

> 장해보상연금은 수급권자가 신청하면 그 연금의 최초 1년분 또는 (   )년분(대통령령으로 정하는 노동력을 완전히 상실한 장해등급의 근로자에게는 그 연금의 최초 1년분부터 (   )년분까지)의 (   )분의 1에 상당하는 금액을 미리 지급할 수 있다. 이 경우 미리 지급하는 금액에 대하여는 100분의 (   )의 비율 범위에서 대통령령으로 정하는 바에 따라 이자를 공제할 수 있다.

① 11
② 12
❸ 13
④ 15
⑤ 18

> (   )에 들어갈 숫자의 합은 2 + 4 + 2 + 5 = 13이 된다.

관계법령 **장해급여(산재법 제57조)**

① 장해급여는 근로자가 업무상의 사유로 부상을 당하거나 질병에 걸려 치유된 후 신체 등에 장해가 있는 경우에 그 근로자에게 지급한다.

② 장해급여는 장해등급에 따라 [별표 2]에 따른 장해보상연금 또는 장해보상일시금으로 하되, 그 장해등급의 기준은 대통령령으로 정한다.

③ 제2항에 따른 장해보상연금 또는 장해보상일시금은 수급권자의 선택에 따라 지급한다. 다만, 대통령령으로 정하는 노동력을 완전히 상실한 장해등급의 근로자에게는 장해보상연금을 지급하고, 장해급여 청구사유 발생 당시 대한민국 국민이 아닌 사람으로서 외국에서 거주하고 있는 근로자에게는 장해보상일시금을 지급한다.

④ 장해보상연금은 수급권자가 신청하면 그 연금의 최초 1년분 또는 2년분(제3항 단서에 따른 근로자에게는 그 연금의 최초 1년분부터 4년분까지)의 2분의 1에 상당하는 금액을 미리 지급할 수 있다. 이 경우 미리 지급하는 금액에 대하여는 100분의 5의 비율 범위에서 대통령령으로 정하는 바에 따라 이자를 공제할 수 있다.

⑤ 장해보상연금 수급권자의 수급권이 제58조에 따라 소멸한 경우에 이미 지급한 연금액을 지급 당시의 각각의 평균임금으로 나눈 일수(日數)의 합계가 [별표 2]에 따른 장해보상일시금의 일수에 못 미치면 그 못 미치는 일수에 수급권 소멸 당시의 평균임금을 곱하여 산정한 금액을 유족 또는 그 근로자에게 일시금으로 지급한다.

22 산업재해보상보험법령상 상병보상연금에 관한 설명으로 옳은 것은?

☑ 확인
Check!
○
△
✕

❶ 중증요양상태등급이 제3급인 경우 평균임금의 257일분을 지급한다. **(환)산재법 [별표 4]**

② 상병보상연금을 받는 근로자가 60세가 되면 그 이후의 상병보상연금은 고령자의 1일당 상병보상연금 지급기준에 따라 감액된 금액을 지급한다.

> 상병보상연금을 받는 근로자가 61세가 되면 그 이후의 상병보상연금은 [별표 5]에 따른 1일당 상병보상연금 지급기준에 따라 산정한 금액을 지급한다(산재법 제68조).

③ 상병보상연금을 지급받는 경우 요양급여와 휴업급여는 지급되지 아니한다.

> 요양급여를 받는 근로자가 요양을 시작한 지 2년이 지난 날 이후에 그 부상이나 질병이 치유되지 아니한 상태이고, 그 부상이나 질병에 따른 중증요양상태의 정도가 대통령령으로 정하는 중증요양상태등급 기준에 해당하며, 요양으로 인하여 취업하지 못한 상태가 계속되는 경우 휴업급여 대신 상병보상연금을 그 근로자에게 지급한다(산재법 제66조 제1항). 따라서 근로자가 상병보상연금을 지급받는 경우 요양급여는 계속 지급되나 휴업급여는 지급되지 아니함을 유의하여야 한다.

④ 재요양을 시작한 지 1년이 지난 후에 부상·질병 상태가 상병보상연금의 지급요건 모두에 해당하는 사람에게는 상병보상연금을 지급한다.

> 재요양을 시작한 지 2년이 지난 후에 부상·질병 상태가 제66조 제1항 각 호의 요건 모두에 해당하는 사람에게는 휴업급여 대신 중증요양상태등급에 따라 상병보상연금을 지급한다(산재법 제69조 제1항 전문).

⑤ 상병보상연금을 산정할 때 근로자의 평균임금이 최저임금액에 90분의 100을 곱한 금액보다 적을 때에는 최저임금액의 90분의 100에 해당하는 금액을 그 근로자의 평균임금으로 보아 산정한다.

> 제66조에 따라 상병보상연금을 산정할 때 그 근로자의 평균임금이 최저임금액에 70분의 100을 곱한 금액보다 적을 때에는 최저임금액의 70분의 100에 해당하는 금액을 그 근로자의 평균임금으로 보아 산정한다(산재법 제67조 제1항).

관계법령 상병보상연금표(산재법 [별표 4])

중증요양상태등급	상병보상연금
제1급	평균임금의 329일분
제2급	평균임금의 291일분
제3급	평균임금의 257일분

23 산업재해보상보험법상 직장복귀지원금 등에 관한 것이다. (   )에 들어갈 숫자로 옳은 것은?

제75조(직장복귀지원금 등)
① 〈중략〉
② 제1항에 따른 직장복귀지원금은 고용노동부장관이 임금수준 및 노동시장의 여건 등을 고려하여 고시하는 금액의 범위에서 사업주가 장해급여자에게 지급한 임금액으로 하되, 그 지급기간은 (ㄱ)개월 이내로 한다.
③ 제1항에 따른 직장적응훈련비 및 재활운동비는 고용노동부장관이 직장적응훈련 또는 재활운동에 드는 비용을 고려하여 고시하는 금액의 범위에서 실제 드는 비용으로 하되, 그 지급기간은 (ㄴ)개월 이내로 한다.

① ㄱ : 3, ㄴ : 3
② ㄱ : 3, ㄴ : 6
③ ㄱ : 6, ㄴ : 6
④ ㄱ : 6, ㄴ : 12
❺ ㄱ : 12, ㄴ : 3

(   )의 ㄱ과 ㄴ에 들어갈 숫자는 12와 3이다.

관계법령 **직장복귀지원금 등(산재법 제75조)**

① 제72조 제1항 제2호에 따른 <u>직장복귀지원금, 직장적응훈련비 및 재활운동비는 장해급여자에 대하여 고용을 유지하거나 직장적응훈련 또는 재활운동을 실시하는 사업주에게 각각 지급한다.</u> 이 경우 직장복귀지원금, 직장적응훈련비 및 재활운동비의 지급요건은 각각 대통령령으로 정한다.
② 제1항에 따른 직장복귀지원금은 고용노동부장관이 임금수준 및 노동시장의 여건 등을 고려하여 고시하는 금액의 범위에서 사업주가 장해급여자에게 지급한 임금액으로 하되, 그 지급기간은 <u>12개월</u> 이내로 한다.
③ 제1항에 따른 직장적응훈련비 및 재활운동비는 고용노동부장관이 직장적응훈련 또는 재활운동에 드는 비용을 고려하여 고시하는 금액의 범위에서 실제 드는 비용으로 하되, 그 지급기간은 <u>3개월</u> 이내로 한다.
④ 장해급여자를 고용하고 있는 사업주가 「고용보험법」 제23조에 따른 지원금, 「장애인고용촉진 및 직업재활법」 제30조에 따른 장애인 고용장려금이나 그 밖에 다른 법령에 따라 직장복귀지원금, 직장적응훈련비 또는 재활운동비(이하 "직장복귀지원금등"이라 한다)에 해당하는 금액을 받은 경우 등 대통령령으로 정하는 경우에는 그 받은 금액을 빼고 직장복귀지원금등을 지급한다.
⑤ 사업주가 「장애인고용촉진 및 직업재활법」 제28조에 따른 의무로써 장애인을 고용한 경우 등 대통령령으로 정하는 경우에는 직장복귀지원금등을 지급하지 아니한다.

24 국민연금법에 관한 내용으로 옳지 <u>않은</u> 것은?

① 급여수급전용계좌에 입금된 급여와 이에 관한 채권은 압류할 수 없다. **法** 연금법 제58조 제3항

❷ 장애연금액은 장애등급 2급에 해당하는 자에 대하여는 기본연금액의 1천분의 600에 해당하는 금액에 부양가족연금액을 더한 금액으로 한다.

> 장애연금액은 장애등급 2급에 해당하는 자에 대하여는 기본연금액의 <u>1천분의 800</u>에 해당하는 금액에 부양가족연금액을 더한 금액으로 한다(연금법 제68조 제1항 제2호).

③ 장애등급이 2급 이상인 장애연금 수급권자가 사망하면 그 유족에게 유족연금을 지급한다.
法 연금법 제72조 제1항 제5호

④ 가입자 또는 가입자였던 자가 가입기간이 10년 미만이고 60세가 된 때에는 본인이나 그 유족의 청구에 의하여 반환일시금을 지급받을 수 있다. **法** 연금법 제77조 제1항 제1호

⑤ 장애연금 수급권자가 고의나 중대한 과실로 요양 지시에 따르지 아니하거나 정당한 사유 없이 요양 지시에 따르지 아니하여 회복을 방해한 때에는 급여의 전부 또는 일부의 지급을 정지할 수 있다.
法 연금법 제86조 제1항 제3호

관계법령

유족연금의 수급권자(연금법 제72조)
① 다음 각 호의 어느 하나에 해당하는 사람이 사망하면 그 유족에게 유족연금을 지급한다.
1. 노령연금 수급권자
2. 가입기간이 10년 이상인 가입자 또는 가입자였던 자
3. 연금보험료를 낸 기간이 가입대상기간의 3분의 1 이상인 가입자 또는 가입자였던 자
4. 사망일 5년 전부터 사망일까지의 기간 중 연금보험료를 낸 기간이 3년 이상인 가입자 또는 가입자였던 자. 다만, 가입대상기간 중 체납기간이 3년 이상인 사람은 제외한다.
5. 장애등급이 2급 이상인 장애연금 수급권자
② 제1항에도 불구하고 같은 항 제3호 또는 제4호에 해당하는 사람이 다음 각 호의 기간 중 사망하는 경우에는 유족연금을 지급하지 아니한다.
1. 제6조 단서에 따라 가입 대상에서 제외되는 기간
2. 국외이주·국적상실 기간

지급의 정지 등(연금법 제86조)
① 수급권자가 다음 각 호의 어느 하나에 해당하면 급여의 전부 또는 일부의 지급을 정지할 수 있다.
1. 수급권자가 정당한 사유 없이 제122조 제1항에 따른 공단의 서류, 그 밖의 자료 제출 요구에 응하지 아니한 때
2. 장애연금 또는 유족연금의 수급권자가 정당한 사유 없이 제120조에 따른 공단의 진단 요구 또는 확인에 응하지 아니한 때
3. 장애연금 수급권자가 고의나 중대한 과실로 요양 지시에 따르지 아니하거나 정당한 사유 없이 요양 지시에 따르지 아니하여 회복을 방해한 때
4. 수급권자가 정당한 사유 없이 제121조 제1항에 따른 신고를 하지 아니한 때
② 제1항에 따라 급여의 지급을 정지하려는 경우에는 지급을 정지하기 전에 대통령령으로 정하는 바에 따라 급여의 지급을 일시 중지할 수 있다.

25

국민연금법상 소멸시효에 관한 내용이다. (   )에 들어갈 숫자의 합은?

> 연금보험료, 환수금, 그 밖의 이 법에 따른 징수금을 징수하거나 환수할 권리는 (   )년간, 급여(제77조 제1항 제1호에 따른 반환일시금은 제외한다)를 받거나 과오납금을 반환받을 수급권자 또는 가입자 등의 권리는 (   )년간 행사하지 아니하면 각각 소멸시효가 완성된다.

① 4
② 6
❸ 8
④ 13
⑤ 15

(   )에 들어갈 숫자의 합은 3 + 5 = 8이 된다.

관계법령 **시효(연금법 제115조)**

① 연금보험료, 환수금, 그 밖의 이 법에 따른 징수금을 징수하거나 환수할 권리는 3년간, 급여(제77조 제1항 제1호에 따른 반환일시금은 제외한다)를 받거나 과오납금을 반환받을 수급권자 또는 가입자 등의 권리는 5년간, 제77조 제1항 제1호에 따른 반환일시금을 지급받을 권리는 10년간 행사하지 아니하면 각각 소멸시효가 완성된다.
② 급여를 지급받을 권리는 그 급여 전액에 대하여 지급이 정지되어 있는 동안은 시효가 진행되지 아니한다.
③ 연금보험료나 그 밖의 이 법에 따른 징수금 등의 납입 고지, 제57조의2 제2항 및 제95조 제1항에 따른 독촉과 급여의 지급 또는 과오납금 등의 반환청구는 소멸시효 중단의 효력을 가진다.
④ 제3항에 따라 중단된 소멸시효는 납입 고지나 독촉에 따른 납입 기간이 지난 때부터 새로 진행된다.
⑤ 제1항에 따른 급여의 지급이나 과오납금 등의 반환청구에 관한 기간을 계산할 때 그 서류의 송달에 들어간 일수는 그 기간에 산입하지 아니한다.

26

국민연금법령상 심사청구 및 재심사청구에 관한 내용으로 옳지 않은 것은?

① 가입자의 자격, 기준소득월액, 연금보험료, 그 밖의 이 법에 따른 징수금과 급여에 관한 국민연금공단 또는 국민건강보험공단의 처분에 이의가 있는 자는 그 처분을 한 국민연금공단 또는 국민건강보험공단에 심사청구를 할 수 있다. 🔁 연금법 제108조 제1항
❷ 국민연금심사위원회 위원의 임기는 2년으로 하며, 1차례만 연임할 수 있으며, 국민연금공단의 임직원인 위원의 임기는 그 직위의 재임기간으로 한다.

> 심사위원회 위원의 임기는 2년으로 하며, 2차례만 연임할 수 있다. 다만, 공단의 임직원인 위원의 임기는 그 직위의 재임기간으로 한다(연금법 시행령 제91조).

③ 청구인은 결정이 있기 전까지는 언제든지 심사청구를 문서로 취하할 수 있다.
🔁 연금법 시행령 제98조

④ 심사청구에 대한 결정에 불복하는 자는 그 결정통지를 받은 날부터 90일 이내에 국민연금재심사위원회에 재심사를 청구할 수 있다.

> 심사청구에 대한 결정에 불복하는 자는 그 결정통지를 받은 날부터 90일 이내에 대통령령으로 정하는 사항을 적은 재심사청구서에 따라 국민연금재심사위원회에 재심사를 청구할 수 있다(연금법 제110조 제1항).

⑤ 국민연금재심사위원회의 재심사와 재결에 관한 절차에 관하여는 「행정심판법」을 준용한다.

법 연금법 제112조 제1항

---

27 국민연금법령상 연금보험료 등의 독촉에 관한 내용이다. (　　)에 들어갈 내용은?

☑ 확인
Check!
○
△
×

> 제64조(연금보험료 등의 독촉)
> ① 국민건강보험공단은 법 제95조 제1항에 따라 사업장가입자의 연금보험료와 그에 따른 징수금의 납부를 독촉할 때에는 납부기한이 지난 후 (ㄱ) 이내에 해당 사업장가입자의 사용자에게 독촉장을 발부하여야 한다.
> ② 국민건강보험공단은 법 제95조 제1항에 따라 지역가입자의 연금보험료와 그에 따른 징수금의 납부를 독촉할 때에는 납부 기한이 지난 후 (ㄴ) 이내에 해당 가입자에게 독촉장을 발부하여야 한다.
> ③ 국민건강보험공단은 법 제95조 제1항에 따라 제2차 납부의무자의 연금보험료, 연체금, 체납처분비의 납부를 독촉할 때에는 납부 기한이 지난 후 (ㄷ) 이내에 제2차 납부의무자에게 독촉장을 발부하여야 한다.

① ㄱ : 10일,　ㄴ : 1개월,　ㄷ : 10일
② ㄱ : 20일,　ㄴ : 1개월,　ㄷ : 20일
❸ ㄱ : 20일,　ㄴ : 3개월,　ㄷ : 20일
④ ㄱ : 30일,　ㄴ : 3개월,　ㄷ : 20일
⑤ ㄱ : 30일,　ㄴ : 3개월,　ㄷ : 30일

> (　　)의 ㄱ, ㄴ, ㄷ에 들어갈 내용은 순서대로 20일, 3개월, 20일이다.

관계법령 **연금보험료 등의 독촉(연금법 시행령 제64조)**

① 건강보험공단은 법 제95조 제1항에 따라 사업장가입자의 연금보험료와 그에 따른 징수금의 납부를 독촉할 때에는 납부 기한이 지난 후 20일 이내에 해당 사업장가입자의 사용자에게 독촉장을 발부하여야 한다.
② 건강보험공단은 법 제95조 제1항에 따라 지역가입자의 연금보험료와 그에 따른 징수금의 납부를 독촉할 때에는 납부 기한이 지난 후 3개월 이내에 해당 가입자에게 독촉장을 발부하여야 한다.
③ 건강보험공단은 법 제95조 제1항에 따라 제2차 납부의무자의 연금보험료, 연체금, 체납처분비의 납부를 독촉할 때에는 납부 기한이 지난 후 20일 이내에 제2차 납부의무자에게 독촉장을 발부하여야 한다.

28 국민연금법령상 국민연금기금에 관한 설명으로 옳지 않은 것은?

① 국민연금기금은 연금보험료, 국민연금기금 운용 수익금, 적립금, 국민연금공단의 수입지출 결산상의 잉여금을 재원으로 조성한다. <mark>연금법 제101조 제2항</mark>

② 국민연금기금운용위원회는 국민연금기금을 관리기금에 위탁할 경우 예탁 이자율의 협의에 관한 사항을 심의·의결할 수 있다. <mark>연금법 제103조 제1항 제2호</mark>

③ 보건복지부장관은 다음 연도의 국민연금기금운용지침안을 작성하여 4월 말일까지 국민연금기금운용위원회에 제출하여야 하고, 국민연금기금운용위원회는 국민연금기금운용지침안을 5월 말일까지 심의·의결하여야 한다. <mark>연금법 시행령 제81조 제1항, 제2항</mark>

④ 보건복지부장관은 매년 국민연금기금 운용계획을 세워서 국민연금기금운용위원회 및 국무회의의 심의를 거쳐 대통령의 승인을 받아야 한다. <mark>연금법 제107조 제1항</mark>

❺ 보건복지부장관은 국민연금기금의 운용 내용과 관리기금에 예탁된 국민연금기금의 사용 내용을 다음 연도 6월 말까지 국민연금기금운용위원회에 제출하여야 한다.

> 보건복지부장관은 기금의 운용 내용을, 기획재정부장관은 관리기금에 예탁된 기금의 사용 내용을 각각 다음 연도 6월 말까지 운용위원회에 제출하여야 한다(연금법 제107조 제3항).

29 국민건강보험법상 국민건강보험공단은 보험료등의 납부의무자가 납부기한까지 보험료등을 내지 아니하는 경우에 보건복지부령으로 정하는 부득이한 사유로 연체금을 징수하지 아니할 수 있다. 밑줄 친 사유에 해당하는 것을 모두 고른 것은?

> ㄱ. 사변으로 인하여 체납하는 경우
> ㄴ. 화재로 피해가 발생해 체납한 경우
> ㄷ. 사업장 폐업으로 체납액을 징수할 수 없는 경우
> ㄹ. 연체금의 금액이 국민건강보험공단의 정관으로 정하는 금액 이하인 경우

① ㄱ, ㄴ
② ㄴ, ㄷ
③ ㄱ, ㄴ, ㄹ
④ ㄱ, ㄷ, ㄹ
❺ ㄱ, ㄴ, ㄷ, ㄹ

> ㄱ, ㄴ, ㄷ, ㄹ 모두 밑줄 친 부득이한 사유에 해당한다.

관계법령	연체금 징수의 예외(건강법 시행규칙 제51조)

법 제80조 제3항에서 "보건복지부령으로 정하는 부득이한 사유"란 다음 각 호의 어느 하나에 해당하는 경우를 말한다.
1. 전쟁 또는 사변으로 인하여 체납한 경우
2. 연체금의 금액이 공단의 정관으로 정하는 금액 이하인 경우

3. 사업장 또는 사립학교의 폐업·폐쇄 또는 폐교로 체납액을 징수할 수 없는 경우
4. 화재로 피해가 발생해 체납한 경우
5. 그 밖에 보건복지부장관이 연체금을 징수하기 곤란한 부득이한 사유가 있다고 인정하는 경우

30 국민건강보험법상 국내에 거주하는 국민으로서 건강보험 가입자의 자격의 변동시기에 관한 내용으로 옳은 것을 모두 고른 것은?

☑ 확인
Check!
○
△
×

ㄱ. 지역가입자가 적용대상사업장의 사용자로 된 다음 날
ㄴ. 직장가입자가 다른 적용대상사업장의 근로자로 사용된 날
ㄷ. 지역가입자가 다른 세대로 전입한 날
ㄹ. 직장가입자인 근로자가 그 사용관계가 끝난 날의 다음 날

① ㄱ
② ㄱ, ㄴ
③ ㄴ, ㄷ
❹ ㄴ, ㄷ, ㄹ
⑤ ㄱ, ㄴ, ㄷ, ㄹ

건강보험 가입자의 자격의 변동시기에 관한 내용으로 옳은 것은 보기 중 ㄴ. 직장가입자가 다른 적용대상사업장의 사용자로 되거나 근로자등으로 사용된 날(건강법 제9조 제1항 제2호), ㄷ. 지역가입자가 다른 세대로 전입한 날(동법 제9조 제1항 제5호), ㄹ. 직장가입자인 근로자등이 그 사용관계가 끝난 날의 다음 날(동법 제9조 제1항 제3호) 등이다. ㄱ. "지역가입자가 적용대상사업장의 사용자로 된 다음 날"은 "지역가입자가 적용대상사업장의 사용자로 되거나, 근로자·공무원 또는 교직원으로 사용된 날"(동법 제9조 제1항 제1호)이 건강보험 가입자의 자격의 변동시기이므로 틀린 보기가 된다.

관계법령 자격의 변동 시기 등(건강법 제9조)

① 가입자는 다음 각 호의 어느 하나에 해당하게 된 날에 그 자격이 변동된다.
  1. 지역가입자가 적용대상사업장의 사용자로 되거나, 근로자·공무원 또는 교직원(이하 "근로자등"이라 한다)으로 사용된 날
  2. 직장가입자가 다른 적용대상사업장의 사용자로 되거나 근로자등으로 사용된 날
  3. 직장가입자인 근로자등이 그 사용관계가 끝난 날의 다음 날
  4. 적용대상사업장에 제7조 제2호에 따른 사유가 발생한 날의 다음 날
  5. 지역가입자가 다른 세대로 전입한 날
② 제1항에 따라 자격이 변동된 경우 직장가입자의 사용자와 지역가입자의 세대주는 다음 각 호의 구분에 따라 그 명세를 보건복지부령으로 정하는 바에 따라 자격이 변동된 날부터 14일 이내에 보험자에게 신고하여야 한다.
  1. 제1항 제1호 및 제2호에 따라 자격이 변동된 경우 : 직장가입자의 사용자
  2. 제1항 제3호부터 제5호까지의 규정에 따라 자격이 변동된 경우 : 지역가입자의 세대주
③ 법무부장관 및 국방부장관은 직장가입자나 지역가입자가 제54조 제3호 또는 제4호에 해당하면 보건복지부령으로 정하는 바에 따라 그 사유에 해당된 날부터 1개월 이내에 보험자에게 알려야 한다.

2024년
2023년
2022년
2021년
2020년

31 국민건강보험법상 국민건강보험공단(이하 '공단'이라 한다)에 관한 설명으로 옳지 않은 것은?

① 공단은 법인으로 한다. 🔔 건강법 제15조 제1항

❷ 공단의 해산에 관하여는 정관으로 정한다.

> 공단의 해산에 관하여는 **법률**로 정한다(건강법 제19조).

③ 공단은 주된 사무소의 소재지에서 설립등기를 함으로써 성립한다. 🔔 건강법 제15조 제2항

④ 공단의 설립등기에는 목적, 명칭, 주된 사무소 및 분사무소의 소재지, 이사장의 성명·주소 및 주민등록번호를 포함하여야 한다. 🔔 건강법 제18조

⑤ 공단의 주된 사무소의 소재지는 정관으로 정한다. 🔔 건강법 제16조 제1항

32 국민건강보험법상 이의신청 및 심판청구 등에 관한 설명으로 옳지 않은 것은?

① 보험급여 비용에 관한 국민건강보험공단의 처분에 이의가 있는 자는 국민건강보험공단에 이의신청을 할 수 있다.

> 가입자 및 피부양자의 자격, 보험료등, 보험급여, 보험급여 비용에 관한 공단의 처분에 이의가 있는 자는 **공단에 이의신청을 할 수 있다**(건강법 제87조 제1항).

② 요양급여의 적정성 평가 등에 관한 건강보험심사평가원의 처분에 이의가 있는 자는 건강보험심사평가원에 이의신청을 할 수 있다.

> 요양급여비용 및 요양급여의 적정성 평가 등에 관한 심사평가원의 처분에 이의가 있는 공단, 요양기관 또는 그 밖의 자는 **심사평가원에 이의신청을 할 수 있다**(건강법 제87조 제2항).

③ 이의신청에 대한 결정에 불복하는 자는 건강보험분쟁조정위원회에 심판청구를 할 수 있다.

> 🔔 건강법 제88조 제1항 전문

❹ 정당한 사유로 이의신청을 할 수 없었음을 소명한 경우가 아니면 이의신청은 처분이 있은 날부터 90일을 지나면 제기하지 못한다.

> 이의신청은 처분이 있음을 안 날부터 90일 이내에 문서(전자문서를 포함)로 하여야 하며 처분이 있은 날부터 180일을 지나면 제기하지 못한다. 다만, 정당한 사유로 그 기간에 이의신청을 할 수 없었음을 소명한 경우에는 그러하지 아니하다(건강법 제87조 제3항). 따라서 정당한 이유가 있음을 소명하지 아니한 경우라도 <u>처분이 있은 날로부터 180일이 지나지 아니하였다면 이의신청을 제기할 수 있다</u>.

⑤ 이의신청에 대한 결정에 불복하는 자는 행정소송법이 정하는 바에 따라 행정소송을 제기할 수 있다.

> 공단 또는 심사평가원의 처분에 이의가 있는 자와 <u>이의신청 또는 심판청구에 대한 결정에 불복하는 자는 행정소송법에서 정하는 바에 따라 행정소송을 제기할 수 있다</u>(건강법 제90조).

33 국민건강보험법령상 국내에 거주하는 국민인 피부양자의 자격 상실 시기로 옳은 것을 모두 고른 것은?

ㄱ. 대한민국의 국적을 잃은 날
ㄴ. 사망한 날의 다음 날
ㄷ. 직장가입자가 자격을 상실한 날
ㄹ. 피부양자 자격을 취득한 사람이 본인의 신고에 따라 피부양자 자격 상실신고를 한 경우에는 신고한 날

① ㄱ
② ㄹ
③ ㄱ, ㄴ
❹ ㄴ, ㄷ
⑤ ㄷ, ㄹ

ㄱ. (×) 대한민국의 국적을 잃은 **날의 다음 날**(건강법 시행규칙 제2조 제3항 제2호)
ㄴ. (○) 사망한 날의 다음 날(건강법 시행규칙 제2조 제3항 제1호)
ㄷ. (○) 직장가입자가 자격을 상실한 날(건강법 시행규칙 제2조 제3항 제4호)
ㄹ. (×) 피부양자 자격을 취득한 사람이 본인의 신고에 따라 피부양자 자격 상실 신고를 한 경우에는 **신고한 날의 다음 날**(건강법 시행규칙 제2조 제3항 제8호)

관계법령 **피부양자 자격의 인정기준 등(건강법 시행규칙 제2조)**

③ 피부양자는 다음 각 호의 어느 하나에 해당하게 된 날에 그 자격을 상실한다.
1. 사망한 날의 다음 날
2. 대한민국의 국적을 잃은 날의 다음 날
3. 국내에 거주하지 아니하게 된 날의 다음 날
4. 직장가입자가 자격을 상실한 날
5. 법 제5조 제1항 제1호에 따른 수급권자가 된 날
6. 법 제5조 제1항 제2호에 따른 유공자등 의료보호대상자인 피부양자가 공단에 건강보험의 적용배제 신청을 한 날의 다음 날
7. 직장가입자 또는 다른 직장가입자의 피부양자 자격을 취득한 경우에는 그 자격을 취득한 날
8. 피부양자 자격을 취득한 사람이 본인의 신고에 따라 피부양자 자격 상실 신고를 한 경우에는 신고한 날의 다음 날
9. 제1항에 따른 요건을 충족하지 아니하는 경우에는 공단이 그 요건을 충족하지 아니한다고 확인한 날의 다음 날
10. 제9호에도 불구하고 「국민건강보험법 시행령」(이하 "영"이라 한다) 제41조의2 제3항에 따라 영 제41조 제1항 제3호 및 제4호의 소득(이하 "사업소득등"이라 한다)의 발생 사실과 그 금액을 신고하여 공단이 제1항 제2호에 따른 소득요건을 충족하지 않는다고 확인한 경우에는 그 사업소득등이 발생한 날이 속하는 달의 다음 달 말일
11. 제9호에도 불구하고 영 제41조의2 제3항에 따라 사업소득등의 발생 사실과 그 금액을 신고하지 않았으나 공단이 제1항 제2호에 따른 소득요건을 충족하지 않음을 확인한 경우에는 그 사업소득등이 발생한 날이 속하는 달의 말일
12. 제9호부터 제11호까지의 규정에도 불구하고 거짓이나 그 밖의 부정한 방법으로 영 제41조의2 제1항에 따른 소득월액의 조정 신청 또는 이 규칙에 따른 피부양자 자격 취득 신고를 하여 피부양자 자격을 취득한 것을 공단이 확인한 경우에는 그 자격을 취득한 날

34 국민건강보험법령상 보수월액에 관한 설명으로 옳지 않은 것은?

① 보수의 전부 또는 일부가 현물(現物)로 지급되는 경우에는 그 지역의 시가(時價)를 기준으로 국민건강보험공단이 정하는 가액(價額)을 그에 해당하는 보수로 본다. **健 건강법 시행령 제33조 제3항**

② 직장가입자의 보수월액은 직장가입자가 지급받는 보수를 기준으로 하여 산정한다.
健 건강법 제70조 제1항

③ 도급(都給)으로 보수가 정해지는 경우에 직장가입자의 자격을 취득하거나 자격이 변동된 달의 전 1개월 동안에 그 사업장에서 해당 직장가입자와 같은 업무에 종사하고 같은 보수를 받는 사람의 보수액을 평균한 금액을 해당 직장가입자의 보수월액으로 결정한다.
健 건강법 시행령 제37조 제2호

④ 보수는 근로자등이 근로를 제공하고 사용자·국가 또는 지방자치단체로부터 지급받는 금품(실비변상적인 성격을 갖는 금품은 제외한다)으로서 이 경우 보수 관련 자료가 없거나 불명확한 경우 보건복지부장관이 정하여 고시하는 금액을 보수로 본다. **健 건강법 제70조 제3항**

❺ 휴직이나 그 밖의 사유로 보수의 전부 또는 일부가 지급되지 아니하는 가입자의 보수 월액보험료는 해당 사유가 생긴 달의 보수월액을 기준으로 산정한다.

> 휴직이나 그 밖의 사유로 보수의 전부 또는 일부가 지급되지 아니하는 가입자(이하 "휴직자등"이라 한다)의 보수월액보험료는 **해당 사유가 생기기 전 달의 보수월액을 기준으로 산정한다**(건강법 제70조 제2항).

관계법령

보수월액(건강법 제70조)
① 제69조 제4항 제1호에 따른 직장가입자의 보수월액은 직장가입자가 지급받는 보수를 기준으로 하여 산정한다.
② 휴직이나 그 밖의 사유로 보수의 전부 또는 일부가 지급되지 아니하는 가입자(이하 "휴직자등")의 보수월액보험료는 해당 사유가 생기기 전 달의 보수월액을 기준으로 산정한다.
③ 제1항에 따른 보수는 근로자등이 근로를 제공하고 사용자·국가 또는 지방자치단체로부터 지급받는 금품(실비변상적인 성격을 갖는 금품은 제외)으로서 대통령령으로 정하는 것을 말한다. 이 경우 보수 관련 자료가 없거나 불명확한 경우 등 대통령령으로 정하는 사유에 해당하면 보건복지부장관이 정하여 고시하는 금액을 보수로 본다.
④ 제1항에 따른 보수월액의 산정 및 보수가 지급되지 아니하는 사용자의 보수월액의 산정 등에 필요한 사항은 대통령령으로 정한다.

직장가입자의 자격 취득·변동 시 보수월액의 결정(건강법 시행령 제37조)
공단은 직장가입자의 자격을 취득하거나, 다른 직장가입자로 자격이 변동되거나, 지역가입자에서 직장가입자로 자격이 변동된 사람이 있을 때에는 다음 각 호의 구분에 따른 금액을 해당 직장가입자의 보수월액으로 결정한다.
  1. 연·분기·월·주 또는 그 밖의 일정기간으로 보수가 정해지는 경우 : 그 보수액을 그 기간의 총 일수로 나눈 금액의 30배에 상당하는 금액
  2. 일(日)·시간·생산량 또는 도급(都給)으로 보수가 정해지는 경우 : 직장가입자의 자격을 취득하거나 자격이 변동된 달의 전 1개월 동안에 그 사업장에서 해당 직장가입자와 같은 업무에 종사하고 같은 보수를 받는 사람의 보수액을 평균한 금액
  3. 제1호 및 제2호에 따라 보수월액을 산정하기 곤란한 경우 : 직장가입자의 자격을 취득하거나 자격이 변동된 달의 전 1개월 동안 같은 업무에 종사하고 있는 사람이 받는 보수액을 평균한 금액

35 고용보험 및 산업재해보상보험의 보험료징수 등에 관한 법률 제49조의2(자영업자에 대한 특례)에 관한 설명으로 옳은 것은?

☑ 확인
Check!

○
△
✕

① 자영업자에 대한 고용보험료 산정의 기초가 되는 보수액은 자영업자의 소득, 보수수준 등을 고려하여 기획재정부장관이 정하여 고시한다.

> 자영업자에 대한 고용보험료 산정의 기초가 되는 보수액은 자영업자의 소득, 보수수준 등을 고려하여 **고용노동부장관**이 정하여 고시한다(징수법 제49조의2 제3항).

② 고용보험에 가입한 자영업자는 매월 부과된 보험료를 다음 달 14일까지 납부하여야 한다.

> 고용보험에 가입한 자영업자는 매월 부과된 보험료를 **다음 달 10일까지** 납부하여야 한다(징수법 제49조의2 제9항).

③ 자영업자의 고용보험료는 근로복지공단이 매월 부과하고 징수한다.

> 자영업자의 고용보험료는 근로복지공단이 매월 부과하고, 국민건강보험공단이 이를 징수한다(징수법 제49조의2 제8항).

④ 고용보험에 가입한 자영업자가 자신에게 부과된 월(月)의 고용보험료를 계속하여 3개월간 납부하지 아니한 경우에는 마지막으로 납부한 고용보험료에 해당되는 피보험기간의 다음 날에 보험관계가 소멸된다.

> 고용보험에 가입한 자영업자가 자신에게 부과된 월(月)의 고용보험료를 계속하여 **6개월간** 납부하지 아니한 경우에는 마지막으로 납부한 고용보험료에 해당되는 피보험기간의 다음 날에 보험관계가 소멸된다. 다만, 천재지변이나 그 밖에 부득이한 사유로 고용보험료를 낼 수 없었음을 증명하면 그러하지 아니하다(징수법 제49조의2 제10항).

❺ 근로복지공단의 승인을 통해 고용보험에 가입한 자영업자가 50명 이상의 근로자를 사용하게 된 경우에도 본인이 피보험자격을 유지하려는 경우에는 계속하여 보험에 가입된 것으로 본다.

> 법 징수법 제49조의2 제2항

2024년

2023년

2022년

2021년

2020년

36 고용보험 및 산업재해보상보험의 보험료징수 등에 관한 법령상 보험료 등에 관한 설명으로 옳지 않은 것을 모두 고른 것은?

☑ 확인
Check!
○
△
×

> ㄱ. 고용보험 가입자인 근로자가 부담하여야 하는 고용보험료는 자기의 보수총액에 고용안정·직업능력개발사업 및 실업급여의 보험료율의 2분의 1을 곱한 금액으로 한다.
> ㄴ. 보험료는 국민건강보험공단이 매월 부과하고, 이를 근로복지공단이 징수한다.
> ㄷ. 보험사업에 드는 비용에 충당하기 위하여 보험가입자인 근로자와 사용자로부터 산업재해보상보험의 보험료를 징수한다.
> ㄹ. 기획재정부장관은 산재예방요율을 적용받는 사업이 거짓이나 그 밖의 부정한 방법으로 재해예방활동의 인정을 받은 경우에는 재해예방활동의 인정을 취소하여야 한다.

① ㄱ, ㄴ, ㄷ
② ㄱ, ㄴ, ㄹ
③ ㄱ, ㄷ, ㄹ
④ ㄴ, ㄷ, ㄹ
❺ ㄱ, ㄴ, ㄷ, ㄹ

> ㄱ. (×) <u>고용보험 가입자인 근로자가 부담하여야 하는 고용보험료는</u> 자기의 보수총액에 실업급여의 보험료율의 2분의 1을 곱한 금액으로 한다(징수법 제13조 제2항 본문). <u>고용보험 가입자인 사업주가 부담하여야 하는 고용보험료는</u> 그 사업에 종사하는 고용보험 가입자인 근로자의 개인별 보수총액(보수로 보는 금품의 총액과 보수의 총액은 제외)에 고용안정·직업능력개발사업의 보험료율과 실업급여의 보험료율의 2분의 1을 각각 곱하여 산출한 각각의 금액을 합한 금액으로 한다(징수법 제13조 제4항).
> ㄴ. (×) 보험료는 <u>근로복지공단이 매월 부과하고, 국민건강보험공단이 이를 징수한다</u>(징수법 제16조의2 제1항).
> ㄷ. (×) 보험사업에 드는 비용에 충당하기 위하여 <u>고용보험의 가입자인 사업주와 근로자로부터 고용안정·직업능력개발사업 및 실업급여의 보험료를 징수</u>한다. 또한 <u>산업재해보상보험의 가입자인 사업주로부터 산업재해보상보험의 보험료를 징수</u>한다(징수법 제13조 제1항, 제5조 제1항, 제3항).
> ㄹ. (×) <u>고용노동부장관은</u> 산재예방요율을 적용받는 사업이 거짓이나 그 밖의 부정한 방법으로 재해예방활동의 인정을 받은 경우에는 재해예방활동의 인정을 취소하여야 한다(징수법 제15조 제8항 제1호).

37 고용보험 및 산업재해보상보험의 보험료징수 등에 관한 법률상 납부의무가 확정된 보험료가 600만원인 경우, 이를 납부기한 전이라도 징수할 수 있는 사유에 해당하지 않는 것은?

☑ 확인
Check!
○
△
×

❶ 법인이 합병한 경우

> "법인이 합병한 경우"는 징수법 제27조의2 제1항에서 정한 **보험료 기타 징수금의 납부기한 전 징수사유에 해당하지 아니한다.** 다만, 이 경우 법인의 합병으로 인한 납부의무의 승계 여부가 문제될 수 있다(징수법 제28조의2).

② 공과금을 체납하여 체납처분을 받은 경우 📕 징수법 제27조의2 제1항 제2호

③ 강제집행을 받은 경우 📕 징수법 제27조의2 제1항 제3호

④ 법인이 해산한 경우 📕 징수법 제27조의2 제1항 제6호

⑤ 「어음법」 및 「수표법」에 따른 어음교환소에서 거래정지처분을 받은 경우
📕 징수법 제27조의2 제1항 제4호

관계법령 **납부기한 전 징수(징수법 제27조의2)**

① 공단 또는 건강보험공단은 사업주에게 다음 각 호의 어느 하나에 해당하는 사유가 있는 경우에는 납부기한 전이라도 이미 납부의무가 확정된 보험료, 이 법에 따른 그 밖의 징수금을 징수할 수 있다. 다만, 보험료와 이 법에 따른 그 밖의 징수금의 총액이 500만원 미만인 경우에는 그러하지 아니하다.
1. 국세를 체납하여 체납처분을 받은 경우
2. 지방세 또는 공과금을 체납하여 체납처분을 받은 경우
3. 강제집행을 받은 경우
4. 「어음법」 및 「수표법」에 따른 어음교환소에서 거래정지처분을 받은 경우
5. 경매가 개시된 경우
6. 법인이 해산한 경우
② 공단 또는 건강보험공단은 제1항에 따라 납부기한 전에 보험료와 이 법에 따른 그 밖의 징수금을 징수할 때에는 새로운 납부기한 및 납부기한의 변경사유를 적어 사업주에게 알려야 한다. 이 경우 이미 납부 통지를 하였을 때에는 납부기한의 변경을 알려야 한다.

38 고용보험 및 산업재해보상보험의 보험료징수 등에 관한 법령상 보험료율의 인상 또는 인하 등에 따른 조치에 관한 설명으로 옳지 않은 것은?

☑ 확인
Check!
○
△
✕

① 근로복지공단은 보험료율 인하로 보험료를 감액 조정한 경우에는 보험료율의 인하를 결정한 날부터 20일 이내에 그 감액 조정 사실을 사업주에게 알려야 한다. ⓐ 징수법 시행령 제24조 제1항

② 보험료율 인상으로 월별보험료가 증액된 때에는 국민건강보험공단이 징수한다.

> 공단은 **보험료율이 인상** 또는 인하된 때에는 월별보험료 및 개산보험료를 증액 또는 감액 조정하고, **월별보험료가 증액된 때에는 국민건강보험공단이**, 개산보험료가 증액된 때에는 근로복지공단이 각각 **징수한다**. 이 경우 사업주에 대한 통지, 납부기한 등 필요한 사항은 대통령령으로 정한다(징수법 제18조 제1항).

③ 보험료율 인상으로 증액 조정된 보험료의 추가 납부를 통지받은 사업주는 납부기한까지 증액된 보험료를 내야 한다. 다만, 근로복지공단 또는 국민건강보험공단은 정당한 사유가 있다고 인정되는 경우에는 30일의 범위에서 그 납부기한을 한 번 연장할 수 있다.

> 근로복지공단 또는 국민건강보험공단은 보험료를 증액 조정한 경우에는 **납부기한을 정하여 보험료를 추가로 낼 것을 사업주에게 알려야** 한다. 보험의 추가 납부를 통지받은 사업주는 납부기한까지 증액된 보험료를 내야 한다. 다만, 근로복지공단 또는 국민건강보험공단은 정당한 사유가 있다고 인정되는 경우에는 **30일의 범위에서 그 납부기한을 한 번 연장할 수 있다**(징수법 시행령 제24조 제3항, 제4항).

❹ 근로복지공단은 사업주가 보험연도 중에 사업의 규모를 축소하여 실제의 개산보험료총액이 이미 신고한 개산보험료 총액보다 100분의 20 이상으로 감소하게 된 경우에는 그 초과액을 감액해야 한다.

> 공단은 사업주가 보험연도 중에 사업의 규모를 축소하여 실제의 개산보험료 총액이 이미 신고한 개산보험료 총액보다 **100분의 30 이상으로 감소하게 된 경우에는** 사업주의 신청을 받아 그 초과액을 감액할 수 있다(징수법 제18조 제2항, 동법 시행령 제25조).

⑤ 보험료율 인상으로 개산보험료가 증액된 때에는 근로복지공단이 징수한다.

> 공단은 **보험료율이 인상** 또는 인하된 때에는 월별보험료 및 개산보험료를 증액 또는 감액 조정하고, 월별보험료가 증액된 때에는 국민건강보험공단이, **개산보험료가 증액된 때에는 근로복지공단이 각각 징수한다**. 이 경우 사업주에 대한 통지, 납부기한 등 필요한 사항은 대통령령으로 정한다(징수법 제18조 제1항 전문).

39 고용보험 및 산업재해보상보험의 보험료징수 등에 관한 법령상 거짓으로 보험사무대행기관 인가를 받아 근로복지공단으로부터 인가가 취소된 경우 보험사무대행기관 인가의 제한 기간은?

① 3개월
② 6개월
❸ 1년
④ 3년
⑤ 5년

> 근로복지공단은 보험사무대행기관이 거짓이나 그 밖의 부정한 방법으로 인가를 받은 경우 그 인가를 취소하여야 한다(징수법 제33조 제5항 제1호). 인가가 취소된 보험사무대행기관은 <u>인가취소일부터 1년 동안은</u> 보험사무대행기관으로 다시 인가받을 수 없다(징수법 제33조 제6항, 동법 시행령 제48조 제1항 제2호).

관계법령

보험사무대행기관(징수법 제33조)
⑤ 공단은 보험사무대행기관이 다음 각 호의 어느 하나에 해당하는 경우에는 그 인가를 취소할 수 있다. 다만, 제1호에 해당하는 경우에는 인가를 취소하여야 한다.
　1. <u>거짓이나 그 밖의 부정한 방법으로 인가를 받은 경우</u>
　2. 정당한 사유 없이 계속하여 2개월 이상 보험사무를 중단한 경우
　3. 보험사무를 거짓이나 그 밖의 부정한 방법으로 운영한 경우
　4. 그 밖에 이 법 또는 이 법에 따른 명령을 위반한 경우
⑥ 제4항에 따라 업무가 전부 폐지되거나 <u>제5항에 따라 인가가 취소된 보험사무대행기관은 폐지신고일 또는 인가취소일부터 1년의 범위에서 대통령령으로 정하는 기간 동안은 보험사무대행기관으로 다시 인가받을 수 없다.</u>

보험사무대행기관 인가의 제한 기간 등(징수법 시행령 제48조)
① 법 제33조 제6항에서 "대통령령으로 정하는 기간"이란 다음 각 호의 구분에 따른 기간을 말한다.
　1. 법 제33조 제4항에 따라 업무 전부에 대한 폐지 신고를 한 경우 : 3개월. 다만, 법 제33조 제5항 각 호의 어느 하나에 해당하는 사유에 따른 인가취소 절차가 진행 중인 기간(「행정절차법」 제21조에 따른 처분의 사전 통지 시점부터 인가취소 처분 여부를 결정하기 전까지의 기간을 말한다)에 업무 전부에 대한 폐지 신고를 한 경우에는 다음 각 목의 구분에 따른다.
　　가. 법 제33조 제5항 제1호의 사유로 인가취소의 사전 통지를 받은 경우 : 1년
　　나. 법 제33조 제5항 제2호부터 제4호까지의 어느 하나에 해당하는 사유로 인가취소의 사전 통지를 받은 경우 : 6개월
　2. <u>법 제33조 제5항 제1호의 사유로 인가가 취소된 경우 : 1년</u>
　3. 법 제33조 제5항 제2호부터 제4호까지의 어느 하나에 해당하는 사유로 인가가 취소된 경우 : 6개월
② 공단은 법 제33조 제5항에 따라 보험사무대행기관의 인가를 취소하면 지체 없이 그 사실을 해당 보험사무대행기관과 보험사무를 위임한 사업주에게 알려야 한다.

40

고용보험 및 산업재해보상보험의 보험료징수 등에 관한 법령상 고용안정·직업능력개발사업의 보험료율에 관한 내용이다. 다음 중 연결이 옳은 것은?

> ㄱ. 상시근로자수가 120명인 사업주의 사업
> ㄴ. 상시근로자수가 1,000명인 사업주의 사업
> ㄷ. 국가·지방자치단체가 직접 하는 사업

> a. 1만분의 18
> b. 1만분의 25
> c. 1만분의 65
> d. 1만분의 85
> e. 1천분의 18

① ㄱ - a, ㄴ - c
❷ ㄱ - b, ㄷ - d
③ ㄱ - c, ㄴ - e
④ ㄴ - d, ㄷ - a
⑤ ㄴ - e, ㄷ - b

징수법 시행령 제12조 제1항 제1호에서 정한 고용안정·직업능력개발사업의 보험료율에 관한 내용으로 올바른 연결은 ㄱ - b, ㄴ - d, ㄷ - d이다.

관계법령 **고용보험료율(징수법 시행령 제12조)**

① 법 제14조 제1항에 따른 고용보험료율은 다음 각 호와 같다.
1. 고용안정·직업능력개발사업의 보험료율 : 다음 각 목의 구분에 따른 보험료율
   가. 상시근로자수가 150명 미만인 사업주의 사업 : 1만분의 25
   나. 상시근로자수가 150명 이상인 사업주의 사업으로서 우선지원대상기업의 범위에 해당하는 사업 : 1만분의 45
   다. 상시근로자수가 150명 이상 1천명 미만인 사업주의 사업으로서 나목에 해당하지 않는 사업 : 1만분의 65
   라. 상시근로자수가 1천명 이상인 사업주의 사업으로서 나목에 해당하지 않는 사업 및 국가·지방자치단체가 직접 하는 사업 : 1만분의 85
2. 실업급여의 보험료율 : 1천분의 18

2023년 제32회 정답 및 해설

문제편 200p

정답 CHECK

각 문항별로 이해도 CHECK

01	02	03	04	05	06	07	08	09	10	11	12	13	14	15	16	17	18	19	20	21	22	23	24	25
①	⑤	⑤	④	②	②	①	⑤	①	④	③	④	①	②	④	③	②	③	①	③	④	③	⑤	②	③

01

확인
Check!
○
△
×

사회보장기본법령에 관한 설명으로 옳은 것은?

❶ 국가와 지방자치단체는 모든 국민의 인간다운 생활과 자립, 사회참여, 자아실현 등을 지원하여 삶의 질이 향상될 수 있도록 사회서비스에 관한 시책을 마련하여야 한다.

➡ 사보법 제23조 제1항

② 보건복지부장관은 제공받은 사회보장 행정데이터의 원활한 분석, 활용 등을 위하여 사회보장 행정데이터 분석센터를 설치·운영하여야 한다.

> 보건복지부장관은 제공받은 사회보장 행정데이터의 원활한 분석, 활용 등을 위하여 **사회보장 행정데이터 분석센터를 설치·운영할 수 있다**(사보법 제43조 제1항).

③ 부담 능력이 있는 국민에 대한 사회서비스에 드는 비용은 국가가 부담함을 원칙으로 한다.

> 부담 능력이 있는 국민에 대한 사회서비스에 드는 비용은 그 **수익자가 부담함을 원칙으로** 하되, 관계 법령에서 정하는 바에 따라 국가와 지방자치단체가 그 비용의 일부를 부담할 수 있다(사보법 제28조 제4항).

④ 사회보장수급권을 포기하는 것이 다른 사람에게 피해를 주는 경우에는 사회보장수급권을 포기할 수 있다.

> **사회보장수급권을 포기하는 것이 다른 사람에게 피해를 주거나** 사회보장에 관한 관계 법령에 위반되는 경우에는 **사회보장수급권을 포기할 수 없다**(사보법 제14조 제3항).

⑤ 보건복지부장관은 재정추계의 결과를 사회보장위원회의 심의를 거쳐 같은 해 9월 30일까지 관계 중앙행정기관의 장에게 통보하여야 한다.

> 보건복지부장관은 재정추계 세부지침에 따라 추계를 실시하는 해의 9월 30일까지 재정추계를 하고, 그 결과를 사회보장위원회의 심의를 거쳐 <u>같은 해 10월 31일까지 관계 중앙행정기관의 장에게 통보하여야</u> 한다(사보법 시행령 제2조 제2항).

① 보건복지부장관은 사회보장기본법(이하 "법") 제5조 제4항에 따른 사회보장 재정추계(財政推計)를 위하여 재정추계를 실시하는 해의 3월 31일까지 재정추계 세부지침을 마련하여야 한다. 이 경우 재정추계 세부지침에는 재정의 세부범위, 추계방법, 추진체계, 공표방법·절차 등이 포함되어야 한다.

② 보건복지부장관은 제1항의 재정추계 세부지침에 따라 추계를 실시하는 해의 9월 30일까지 재정추계를 하고, 그 결과를 법 제20조에 따른 사회보장위원회(이하 "위원회")의 심의를 거쳐 같은 해 10월 31일까지 관계 중앙행정기관의 장에게 통보하여야 한다.

③ 관계 중앙행정기관의 장은 제2항에 따른 재정추계 결과를 바탕으로 정책개선안을 마련하여 같은 해 12월 31일까지 보건복지부장관에게 제출하여야 한다.

④ 보건복지부장관은 제3항에 따라 제출받은 정책개선안을 종합하여 이를 추계 실시 해의 다음 해 3월 31일까지 위원회에 보고하여야 한다.

02 사회보장기본법상 사회보장위원회에서 심의·조정하는 사항은 모두 몇 개인가?

☑ 확인
Check!
○
△
×

- 사회보장 관련 주요 계획
- 둘 이상의 중앙행정기관이 관련된 주요 사회보장정책
- 사회보장급여 및 비용 부담
- 국가와 지방자치단체의 역할 및 비용 분담
- 사회보장 전달체계 운영 및 개선

① 1개   ② 2개
③ 3개   ④ 4개
❺ 5개

5개의 지문 모두 사보법 제20조 제2항에서 정한 사회보장위원회의 심의·조정 사항에 해당한다.

① 사회보장에 관한 주요 시책을 심의·조정하기 위하여 국무총리 소속으로 사회보장위원회(이하 "위원회")를 둔다.

② 위원회는 다음 각 호의 사항을 심의·조정한다.
  1. 사회보장 증진을 위한 기본계획
  2. 사회보장 관련 주요 계획
  3. 사회보장제도의 평가 및 개선
  4. 사회보장제도의 신설 또는 변경에 따른 우선순위
  5. 둘 이상의 중앙행정기관이 관련된 주요 사회보장정책
  6. 사회보장급여 및 비용 부담

7. 국가와 지방자치단체의 역할 및 비용 분담
8. 사회보장의 재정추계 및 재원조달 방안
9. 사회보장 전달체계 운영 및 개선
10. 제32조 제1항에 따른 사회보장통계
11. 사회보장정보의 보호 및 관리
12. 제26조 제4항에 따른 조정
13. 그 밖에 위원장이 심의에 부치는 사항

03 사회보장기본법에 관한 설명으로 옳은 것은?

① 사회보장수급권은 정당한 권한이 있는 기관에 서면이나 구두로 포기할 수 있다.

> 사회보장수급권은 정당한 권한이 있는 기관에 **서면으로 통지하여** 포기할 수 있다(사보법 제14조 제1항).

② 고용노동부장관은 관계 중앙행정기관의 장과 협의하여 사회보장에 관한 기본계획을 5년마다 수립하여야 한다.

> **보건복지부장관은** 관계 중앙행정기관의 장과 협의하여 사회보장 증진을 위하여 사회보장에 관한 기본계획을 5년마다 수립하여야 한다(사보법 제16조 제1항).

③ 국가와 지방자치단체는 효과적인 사회보장정책의 수립·시행을 위하여 사회보장에 관한 통계를 작성·관리할 수 있다.

> 국가와 지방자치단체는 효과적인 사회보장정책의 수립·시행을 위하여 **사회보장에 관한 통계를 작성·관리하여야** 한다(사보법 제32조 제1항).

④ 국가는 사회보장제도의 안정적인 운영을 위하여 중장기 사회보장 재정추계를 매년 실시하고 이를 공표하여야 한다.

> 국가는 사회보장제도의 안정적인 운영을 위하여 중장기 사회보장 재정추계를 **격년으로 실시하고** 이를 공표하여야 한다(사보법 제5조 제4항).

❺ 국가와 지방자치단체는 평생사회안전망을 구축·운영함에 있어 사회적 취약계층을 위한 공공부조를 마련하여 최저생활을 보장하여야 한다. 사보법 제22조 제2항

04 고용보험법령상 구직급여에 관한 설명으로 옳지 않은 것은?

① 마지막 이직 당시 일용근로자로서 피보험 단위기간이 1개월 미만인 사람이 수급자격을 갖추지 못한 경우에는 일용근로자가 아닌 근로자로서 마지막으로 이직한 사업을 기준으로 수급자격의 인정 여부를 결정한다. **法 고보법 제43조 제3항 단서**

② 구직급여는 수급자격자가 실업한 상태에 있는 날 중에서 직업안정기관의 장으로부터 실업의 인정을 받은 날에 대하여 지급한다. **法 고보법 제44조 제1항**

③ 수급자격자가 사망한 경우 그 수급자격자에게 지급되어야 할 구직급여로서 아직 지급되지 않은 구직급여의 지급을 청구하려는 사람은 미지급 실업급여 청구서를 사망한 수급자격자의 신청지 관할 직업안정기관의 장에게 제출해야 한다. **法 고보법 제57조 제1항, 고보법 시행령 제76조 제1항**

❹ 구직급여는 이 법에 따로 규정이 있는 경우 외에는 그 구직급여의 수급자격과 관련된 이직일부터 계산하기 시작하여 12개월 내에 하나의 수급자격에 따라 구직급여를 지급받을 수 있는 날을 한도로 하여 지급한다.

> 구직급여는 이 법에 따로 규정이 있는 경우 외에는 그 구직급여의 수급자격과 관련된 **이직일의 다음 날부터 계산하기 시작하여** 12개월 내에 소정급여일수[하나의 수급자격에 따라 구직급여를 지급받을 수 있는 날(註)]를 한도로 하여 지급한다(고보법 제48조 제1항, 제50조 제1항).

⑤ 수급자격자가 질병이나 부상으로 직업안정기관에 출석할 수 없었던 경우로서 그 기간이 계속하여 7일 미만인 경우에 해당하면 직업안정기관에 출석할 수 없었던 사유를 적은 증명서를 제출하여 실업의 인정을 받을 수 있다. **法 고보법 제44조 제3항 제1호**

관계법령

지급되지 아니한 구직급여(고보법 제57조)

① 수급자격자가 사망한 경우 그 수급자격자에게 지급되어야 할 구직급여로서 아직 지급되지 아니한 것이 있는 경우에는 그 수급자격자의 배우자(사실상의 혼인 관계에 있는 사람을 포함)·자녀·부모·손자녀·조부모 또는 형제자매로서 수급자격자와 생계를 같이하고 있던 사람의 청구에 따라 그 미지급분을 지급한다.

③ 제1항에 따라 지급되지 아니한 구직급여를 지급받을 수 있는 사람의 순위는 같은 항에 열거된 순서로 한다. 이 경우 같은 순위자가 2명 이상이면 그중 1명이 한 청구를 전원(全員)을 위하여 한 것으로 보며, 그 1명에게 한 지급은 전원에 대한 지급으로 본다.

지급되지 않은 구직급여의 청구(고보법 시행령 제76조)

① 법 제57조 제1항에 따라 지급되지 않은 구직급여의 지급을 청구하려는 사람(이하 "미지급급여청구자")은 미지급 실업급여 청구서를 사망한 수급자격자의 신청지 관할 직업안정기관의 장에게 제출해야 한다.

05 고용보험법령상 고용유지지원금에 관한 내용이다. (   )에 들어갈 내용은?

> 고용노동부장관이 실업의 급증 등 고용사정이 악화되어 고용안정을 위하여 필요하다고 인정할 때에는 (ㄱ)년의 범위에서 고용노동부장관이 정하여 고시하는 기간에 사업주가 피보험자의 임금을 보전하기 위하여 지급한 금품의 (ㄴ)로서 고용노동부장관이 정하여 고시하는 비율에 해당하는 금액으로 한다.

① ㄱ : 1,   ㄴ : 3분의 2 이상 10분의 7 이하
❷ ㄱ : 1,   ㄴ : 4분의 3 이상 10분의 9 이하
③ ㄱ : 2,   ㄴ : 3분의 2 이상 10분의 7 이하
④ ㄱ : 2,   ㄴ : 4분의 3 이상 10분의 9 이하
⑤ ㄱ : 3,   ㄴ : 3분의 2 이상 10분의 9 이하

> 고용유지지원금은 다음 각 호에 해당하는 금액으로 한다. 다만, 고용노동부장관이 실업의 급증 등 고용사정이 악화되어 고용안정을 위하여 필요하다고 인정할 때에는 1년의 범위에서 고용노동부장관이 정하여 고시하는 기간에 사업주가 피보험자의 임금을 보전하기 위하여 지급한 금품의 <u>4분의 3 이상 10분의 9 이하</u>로서 고용노동부장관이 정하여 고시하는 비율에 해당하는 금액으로 한다(고보법 시행령 제21조 제1항).

06 고용보험법령상 예술인인 피보험자가 임신 13주차에 유산을 한 경우 출산전후급여등의 지급기간은?

① 5일   ❷ 10일
③ 15일   ④ 20일
⑤ 30일

> <u>임신기간이 12주 이상 15주 이내인</u> 예술인인 피보험자 또는 피보험자였던 사람이 유산 또는 사산한 경우, 출산전후급여등의 지급기간은 <u>유산 또는 사산한 날부터 10일</u>이다(고보법 시행령 제104조의9 제2항 제2호 나목).

관계법령 예술인의 출산전후급여등의 지급요건 등(고보법 시행령 제104조의9)

② 출산전후급여등의 지급기간은 다음 각 호의 구분에 따른다.
  1. 예술인인 피보험자 또는 피보험자였던 사람이 출산한 경우 : 출산 전과 후를 연속하여 90일(한 번에 둘 이상의 자녀를 임신한 경우에는 120일)로 하되, 출산 후에 45일(한 번에 둘 이상의 자녀를 임신한 경우에는 60일) 이상이 되도록 할 것
  2. 예술인인 피보험자 또는 피보험자였던 사람이 유산 또는 사산한 경우 : 다음 각 목에 해당하는 기간
    가. 임신기간이 11주 이내인 경우 : 유산 또는 사산한 날부터 5일
    나. <u>임신기간이 12주 이상 15주 이내인 경우 : 유산 또는 사산한 날부터 10일</u>
    다. 임신기간이 16주 이상 21주 이내인 경우 : 유산 또는 사산한 날부터 30일
    라. 임신기간이 22주 이상 27주 이내인 경우 : 유산 또는 사산한 날부터 60일
    마. 임신기간이 28주 이상인 경우 : 유산 또는 사산한 날부터 90일

07 고용보험법령상 고용보험위원회(이하 '위원회'라 한다)에 관한 설명으로 옳지 않은 것은?

❶ 위촉위원 중 정부를 대표하는 사람의 임기는 2년으로 한다.

> 고용보험위원회의 **위촉위원 중 근로자를 대표하는 사람, 사용자를 대표하는 사람, 공익을 대표하는 사람의 임기는 2년으로** 한다(고보법 시행령 제1조의4 제1항 본문). 위촉위원 중 **정부를 대표하는 사람**은 고용보험 관련 중앙행정기관의 고위공무원단에 속하는 공무원 중에서 고용노동부장관이 임명하는 것으로 규정하고 있으나(고보법 시행령 제1조의3 제3항), **별도의 임기는 규정하고 있지 아니하다.**

② 위촉위원 중 보궐위원의 임기는 전임자 임기의 남은 기간으로 한다.
　🔒 고보법 시행령 제1조의4 제1항 단서

③ 위원회의 위원장이 부득이한 사유로 직무를 수행할 수 없을 때에는 위원장이 미리 지명하는 위원이 그 직무를 대행한다. 🔒 고보법 시행령 제1조의5 제2항

④ 위원회의 회의는 재적위원 과반수의 출석으로 개의(開議)하고 출석위원 과반수의 찬성으로 의결한다. 🔒 고보법 시행령 제1조의6 제2항

⑤ 위원회에 고용보험운영전문위원회와 고용보험평가전문위원회를 둔다.
　🔒 고보법 시행령 제1조의7 제1항

08 고용보험법상 고용보험심사관(이하 '심사관'이라 한다)에 관한 설명으로 옳지 않은 것은?

① 실업급여에 관한 처분에 이의가 있는 자는 심사관에게 심사를 청구할 수 있다.

> 피보험자격의 취득·상실에 대한 확인, **실업급여** 및 육아휴직 급여와 출산전후휴가 급여**등에 관한 처분에 이의가 있는 자는 심사관에게 심사를 청구할 수 있고**, 그 결정에 이의가 있는 자는 심사위원회에 재심사를 청구할 수 있다(고보법 제87조 제1항).

② 심사관은 심사청구를 받으면 30일 이내에 그 심사청구에 대한 결정을 하여야 한다. 다만, 부득이한 사정으로 그 기간에 결정할 수 없을 때에는 한 차례만 10일을 넘지 아니하는 범위에서 그 기간을 연장할 수 있다. 🔒 고보법 제89조 제2항

③ 심사관은 심사의 청구에 대한 심리를 위하여 필요하다고 인정하면 심사청구인의 신청 또는 직권으로 심사청구인 또는 관계인을 지정 장소에 출석하게 하여 질문하거나 의견을 진술하게 할 수 있다.
　🔒 고보법 제94조 제1항 제1호

④ 당사자는 심사관에게 심리·결정의 공정을 기대하기 어려운 사정이 있으면 그 심사관에 대한 기피 신청을 고용노동부장관에게 할 수 있다. 🔒 고보법 제89조 제4항

❺ 직업안정기관 또는 근로복지공단은 심사청구서를 받은 날부터 14일 이내에 의견서를 첨부하여 심사청구서를 심사관에게 보내야 한다.

> 직업안정기관 또는 근로복지공단은 **심사청구서를 받은 날부터 5일 이내에** 의견서를 첨부하여 심사청구서를 심사관에게 보내야 한다(고보법 제90조 제2항).

09 고용보험법령상 폐업한 자영업자인 피보험자에 관한 설명으로 옳지 않은 것은?

❶ 법령을 위반하여 영업 정지를 받아 폐업한 경우라도 직업안정기관의 장이 인정하는 경우에는 수급자격이 있는 것으로 본다.

> 폐업한 자영업자인 피보험자가 법령을 위반하여 허가 취소를 받거나 영업 정지를 받음에 따라 폐업한 경우에 해당한다고 직업안정기관의 장이 인정하는 경우에는 수급자격이 없는 것으로 본다(고보법 제69조의7 제1호).

② 자영업자인 피보험자 본인의 중대한 귀책사유로서 본인의 사업과 관련하여 특정경제범죄 가중처벌 등에 관한 법률 제3조에 따라 징역형을 선고받고 폐업한 경우에 해당한다고 직업안정기관의 장이 인정하는 경우에는 수급자격이 없는 것으로 본다.

> ⚖ 고보법 제69조의7 제2호, 고보법 시행규칙 제115조의2 제2호

③ 자영업자인 피보험자로서 폐업한 수급자격자에 대한 소정급여일수는 대기기간이 끝난 다음 날부터 계산하기 시작하여 피보험기간이 5년 이상 10년 미만이면 180일까지로 한다.

> ⚖ 고보법 제69조의6, 고보법 [별표 2]

④ 자영업자인 피보험자의 피보험기간은 그 수급자격과 관련된 폐업 당시의 적용 사업에의 보험가입기간 중에서 실제로 납부한 고용보험료에 해당하는 기간으로 한다. ⚖ 고보법 제50조 제3항 단서

⑤ 자영업자인 피보험자로서 폐업한 수급자격자에 대한 구직급여일액은 그 수급자격자의 기초일액에 100분의 60을 곱한 금액으로 한다. ⚖ 고보법 제69조의5

관계법령

폐업사유에 따른 수급자격의 제한(고보법 제69조의7)

제69조의3에도 불구하고 폐업한 자영업자인 피보험자가 다음 각 호의 어느 하나에 해당한다고 직업안정기관의 장이 인정하는 경우에는 수급자격이 없는 것으로 본다.
1. 법령을 위반하여 허가 취소를 받거나 영업 정지를 받음에 따라 폐업한 경우
2. 방화(放火) 등 피보험자 본인의 중대한 귀책사유로서 고용노동부령으로 정하는 사유로 폐업한 경우
3. 매출액 등이 급격하게 감소하는 등 고용노동부령으로 정하는 사유가 아닌 경우로서 전직 또는 자영업을 다시 하기 위하여 폐업한 경우
4. 그 밖에 고용노동부령으로 정하는 정당한 사유에 해당하지 아니하는 사유로 폐업한 경우

폐업사유에 따른 수급자격의 제한(고보법 시행규칙 제115조의2)

법 제69조의7 제2호의 "고용노동부령으로 정하는 사유로 폐업한 경우"란 다음 각 호의 어느 하나에 해당하는 경우를 말한다.
1. 법 제2조 제1호 나목에 따른 자영업자인 피보험자(이하 "자영업자인 피보험자")가 본인의 사업장 또는 사업장 내의 주요 생산 · 판매시설 등에 대하여 형법 제13장의 죄를 범하여 금고 이상의 형을 선고받고 폐업한 경우
2. 자영업자인 피보험자가 본인의 사업과 관련하여 형법 제347조, 제350조, 제351조(제347조 및 제350조의 상습범으로 한정), 제355조, 제356조 또는 특정경제범죄 가중처벌 등에 관한 법률 제3조에 따라 징역형을 선고받고 폐업한 경우

자영업자의 구직급여의 소정급여일수(고보법 [별표 2])				
구 분	피보험기간			
	1년 이상 3년 미만	3년 이상 5년 미만	5년 이상 10년 미만	10년 이상
소정급여일수	120일	150일	180일	210일

10 고용보험법령상 고용노동부장관이 고용환경 개선, 근무형태 변경 등으로 고용의 기회를 확대한 사업주에게 임금의 일부를 지원할 수 있는 경우가 아닌 것은?

① 직무의 분할 등을 통하여 실업자를 근로계약기간을 정하지 않고 시간제로 근무하는 형태로 하여 새로 고용하는 경우 ❸ **고보법 시행령 제17조 제1항 제3호**

② 고용보험위원회에서 심의·의결한 국내복귀기업 또는 지역특화산업 등 고용지원이 필요한 업종에 해당하는 기업이 실업자를 고용하는 경우 ❸ **고보법 시행령 제17조 제1항 제4호**

③ 고용보험위원회에서 심의·의결한 업종에 해당하는 우선지원대상기업이 고용노동부장관이 정하는 전문적인 자격을 갖춘 자를 고용하는 경우 ❸ **고보법 시행령 제17조 제1항 제5호**

❹ 임금을 감액하는 제도 또는 그 밖의 임금체계 개편 등을 통하여 18세 이상 35세 이하의 청년 실업자를 고용하는 경우

> 고용노동부장관은 임금피크제, 임금을 감액하는 제도 또는 그 밖의 임금체계 개편 등을 통하여 15세 이상 34세 이하의 청년 실업자를 고용하는 경우 사업주에게 임금의 일부를 지원할 수 있다(고보법 시행령 제17조 제1항 제6호).

⑤ 고용노동부장관이 고용상 연령차별 금지 및 고령자고용촉진에 관한 법률에 따른 고령자가 근무하기에 적합한 것으로 인정하는 직무에 고령자를 새로 고용하는 경우

❸ **고보법 시행령 제17조 제1항 제7호**

관계법령

고용창출의 지원(고보법 제20조)
고용노동부장관은 고용환경 개선, 근무형태 변경 등으로 고용의 기회를 확대한 사업주에게 대통령령으로 정하는 바에 따라 필요한 지원을 할 수 있다.

고용창출에 대한 지원(고보법 시행령 제17조)
① 고용노동부장관은 법 제20조에 따라 다음 각 호의 어느 하나에 해당하는 사업주에게 임금의 일부를 지원할 수 있다. 다만, 제1호의 경우에는 근로시간이 감소된 근로자에 대한 임금의 일부와 필요한 시설의 설치비의 일부도 지원할 수 있으며, 제2호의 경우에는 시설의 설치비의 일부도 지원할 수 있다.
  1. 근로시간 단축, 교대근로 개편, 정기적인 교육훈련 또는 안식휴가 부여 등을 통하여 실업자를 고용함으로써 근로자 수가 증가한 경우
  2. 고용노동부장관이 정하는 시설을 설치·운영하여 고용환경을 개선하고 실업자를 고용하여 근로자 수가 증가한 경우
  3. 직무의 분할, 근무체계 개편 또는 시간제직무 개발 등을 통하여 실업자를 근로계약기간을 정하지 않고 시간제로 근무하는 형태로 하여 새로 고용하는 경우

4. 위원회에서 심의·의결한 성장유망업종, 인력수급 불일치 업종, 국내복귀기업 또는 지역특화산업 등 고용지원이 필요한 업종에 해당하는 기업이 실업자를 고용하는 경우
5. 위원회에서 심의·의결한 업종에 해당하는 우선지원대상기업이 고용노동부장관이 정하는 전문적인 자격을 갖춘 자를 고용하는 경우
6. 제28조에 따른 임금피크제, 제28조의2에 따른 임금을 감액하는 제도 또는 그 밖의 임금체계 개편 등을 통하여 15세 이상 34세 이하의 청년 실업자를 고용하는 경우
7. 고용노동부장관이 고용상 연령차별 금지 및 고령자고용촉진에 관한 법률 제2조 제1호 또는 제2호에 따른 고령자 또는 준고령자가 근무하기에 적합한 것으로 인정하는 직무에 고령자 또는 준고령자를 새로 고용하는 경우

11

산업재해보상보험법상 진폐에 따른 보험급여 종류를 모두 고른 것은?

☑ 확인
Check!
○
△
✕

ㄱ. 장례비 　　　　　　　　　　ㄴ. 휴업급여
ㄷ. 직업재활급여 　　　　　　　ㄹ. 간병급여
ㅁ. 유족급여

① ㄱ, ㄹ
② ㄱ, ㄴ, ㅁ
❸ ㄱ, ㄷ, ㄹ
④ ㄴ, ㄷ, ㄹ, ㅁ
⑤ ㄱ, ㄴ, ㄷ, ㄹ, ㅁ

> 진폐에 따른 보험급여의 종류는 요양급여, 간병급여, 장례비, 직업재활급여, 진폐보상연금 및 진폐유족연금으로 한다(산재법 제36조 제1항 단서). 휴업급여, 유족급여는 진폐에 따른 보험급여의 종류에 포함되지 않는다.

12

산업재해보상보험법상 심사 청구 및 재심사 청구에 관한 설명으로 옳지 않은 것은?

☑ 확인
Check!
○
△
✕

① 재심사위원회의 재결은 근로복지공단을 기속(羈束)한다. 法 산재법 제109조 제2항
② 재심사위원회 위원(당연직위원은 제외한다)의 임기는 3년으로 하되 연임할 수 있고, 위원장이나 위원의 임기가 끝난 경우 그 후임자가 임명될 때까지 그 직무를 수행한다.
　　法 산재법 제107조 제7항
③ 보험급여 결정등에 대하여는 행정심판법에 따른 행정심판을 제기할 수 없다.
　　法 산재법 제103조 제5항
❹ 재심사위원회의 위원장 및 위원은 고용노동부장관이 임명한다.

> 재심사위원회의 위원장 및 위원은 고용노동부장관의 제청으로 대통령이 임명한다(산재법 제107조 제5항 본문).

⑤ 재심사 청구의 제기는 시효의 중단에 관하여 민법 제168조에 따른 재판상의 청구로 본다.

> 심사 청구 및 재심사 청구의 제기는 시효의 중단에 관하여 민법 제168조에 따른 재판상의 청구로 본다(산재법 제111조 제1항).

2024년
2023년
2022년
2021년
2020년

13 산업재해보상보험법상 과태료 부과 대상이 되는 자를 모두 고른 것은?

> ㄱ. 근로복지공단이 아닌 자가 근로복지공단과 비슷한 명칭을 사용한 자
> ㄴ. 근로자가 보험급여를 신청한 것을 이유로 근로자를 해고한 사업주
> ㄷ. 특수형태근로종사자로부터 노무를 제공받지 아니하게 된 경우에 이를 대통령령으로 정하는
>   바에 따라 근로복지공단에 신고를 하지 아니한 사업주

❶ ㄱ   ② ㄴ
③ ㄱ, ㄷ   ④ ㄴ, ㄷ
⑤ ㄱ, ㄴ, ㄷ

> ㄱ. (○) 근로복지공단이 아니면서 근로복지공단과 비슷한 명칭을 사용한 자에게는 200만원 이하의 과태료를 부과한다(산재법 제129조 제2항 제1호).
> ㄴ. (×) 근로자가 보험급여를 신청한 것을 이유로 근로자를 해고한 사업주에게는 산재법상 과태료가 아니라 2년 이하의 징역 또는 2천만원 이하의 벌금에 처한다(산재법 제127조 제3항 제3호).
> ㄷ. (×) 2023.5.27. 시험 실시 당시에는 "특수형태근로종사자로부터 노무를 제공받지 아니하게 된 경우에 이를 대통령령으로 정하는 바에 따라 근로복지공단에 신고를 하지 아니한 사업주"도 산재법상 100만원 이하의 과태료 부과 대상이었으나(구 산재법 제129조 제2항 제5호, 제125조 제3항), 2022.6.10. 개정된 산재법(2023.7.1. 시행)에서는 과태료 부과 대상에서 삭제되었으므로 개정법에 하에서는 틀린 지문이 된다.

관계법령

과태료(산재법 제129조)

① 제91조의21을 위반하여 자료 또는 정보의 제공 요청에 따르지 아니한 자에게는 300만원 이하의 과태료를 부과한다.

② 다음 각 호의 어느 하나에 해당하는 자에게는 200만원 이하의 과태료를 부과한다.
  1. 제34조를 위반하여 근로복지공단 또는 이와 비슷한 명칭을 사용한 자
  2. 제45조 제1항을 위반하여 공단이 아닌 자에게 진료비를 청구한 자

③ 다음 각 호의 어느 하나에 해당하는 자에게는 100만원 이하의 과태료를 부과한다.
  1. 제47조 제1항에 따른 진료계획을 정당한 사유 없이 제출하지 아니하는 자
  2. 제105조 제4항(제109조 제1항에서 준용하는 경우를 포함)에 따른 질문에 답변하지 아니하거나 거짓된 답변을 하거나 검사를 거부·방해 또는 기피한 자
  3. 제114조 제1항 또는 제118조에 따른 보고를 하지 아니하거나 거짓된 보고를 한 자 또는 서류나 물건의 제출 명령에 따르지 아니한 자
  4. 제117조 또는 제118조에 따른 공단의 소속 직원의 질문에 답변을 거부하거나 조사를 거부·방해 또는 기피한 자
  5. 삭제 〈2022.6.10.〉

벌칙(산재법 제127조)

③ 다음 각 호의 어느 하나에 해당하는 자는 2년 이하의 징역 또는 2천만원 이하의 벌금에 처한다.
  1. 거짓이나 그 밖의 부정한 방법으로 보험급여를 받은 자
  2. 거짓이나 그 밖의 부정한 방법으로 보험급여를 받도록 시키거나 도와준 자
  3. 제111조의2를 위반하여 근로자를 해고하거나 그 밖에 근로자에게 불이익한 처우를 한 사업주

14 산업재해보상보험법상 유족급여에 관한 설명으로 옳지 않은 것을 모두 고른 것은?

> ㄱ. 유족보상연금액은 기본금액과 가산금액을 곱한 금액으로 한다.
> ㄴ. 유족보상연금액상 급여기초연액은 평균임금에 365를 곱하여 얻은 금액이다.
> ㄷ. 유족보상연금액상 기본금액은 급여기초연액의 100분의 45에 상당하는 금액이다.
> ㄹ. 유족보상연금액상 가산금액의 합산금액이 급여기초연액의 100분의 20을 넘을 때에는 급여기초연액의 100분의 20에 상당하는 금액으로 한다.

① ㄱ, ㄴ   ❷ ㄱ, ㄷ
③ ㄴ, ㄷ   ④ ㄴ, ㄹ
⑤ ㄷ, ㄹ

ㄱ. (✕) 유족보상연금액은 <u>기본금액과 가산금액을 합한 금액</u>으로 한다(산재법 [별표 3]).
ㄴ. (○) 급여기초연액 = 평균임금에 365를 곱하여 얻은 금액(산재법 [별표 3]).
ㄷ. (✕) 유족보상연금액상 기본금액은 <u>급여기초연액의 100분의 47에 상당하는 금액</u>이다(산재법 [별표 3]).
ㄹ. (○) 가산금액은 유족보상연금수급권자 및 근로자가 사망할 당시 그 근로자와 생계를 같이하고 있던 유족보상연금수급자격자 1인당 급여기초연액의 100분의 5에 상당하는 금액의 합산액이다. 다만, 그 합산금액이 급여기초연액의 100분의 20을 넘을 때에는 급여기초연액의 100분의 20에 상당하는 금액으로 한다(산재법 [별표 3]).

관계법령 유족급여(산재법 [별표 3])

유족급여의 종류	유족급여의 금액
유족보상연금	유족보상연금액은 다음의 **기본금액과 가산금액을 합한 금액**으로 한다. 1. 기본금액 급여기초연액(**평균임금에 365를 곱하여 얻은 금액**)의 **100분의 47**에 상당하는 금액 2. 가산금액 유족보상연금수급권자 및 근로자가 사망할 당시 그 근로자와 생계를 같이 하고 있던 유족보상연금수급자격자 1인당 급여기초연액의 100분의 5에 상당하는 금액의 합산액. 다만, <u>그 합산금액이 급여기초연액의 100분의 20을 넘을 때에는 급여기초연액의 100분의 20에 상당하는 금액으로 한다.</u>
유족보상일시금	평균임금의 1,300일분

15 산업재해보상보험법령상 업무상 사고에 해당하지 않는 것은?

① 근로자가 근로계약에 따른 업무수행 행위를 하던 중 발생한 사고
　　🅱 산재법 시행령 제27조 제1항 제1호

② 업무를 준비하는 행위를 하던 중 발생한 사고　🅱 산재법 시행령 제27조 제1항 제3호

③ 천재지변·화재 등 사업장 내에 발생한 돌발적인 사고에 따른 긴급피난·구조행위 등 사회통념상 예견되는 행위를 하던 중에 발생한 사고　🅱 산재법 시행령 제27조 제1항 제4호

❹ 사업장 밖에서 업무를 수행하던 중 사업주의 구체적인 지시를 위반한 행위로 인한 사고

> 근로자가 사업주의 지시를 받아 사업장 밖에서 업무를 수행하던 중에 발생한 사고는 근로자가 근로계약에 따른 업무나 그에 따르는 행위를 하던 중 발생한 업무상 사고로 본다. 다만, <u>사업주의 구체적인 지시를 위반한 행위</u>, 근로자의 사적(私的) 행위 또는 정상적인 출장 경로를 벗어났을 때 <u>발생한 사고는 업무상 사고로 보지 않는다</u>(산재법 시행령 제27조 제2항).

⑤ 휴게시간 중 사업주의 지배관리하에 있다고 볼 수 있는 행위로 발생한 사고
　　🅱 산재법 제37조 제1항 제1호 마목

관계법령

업무상의 재해의 인정 기준(산재법 제37조)

① 근로자가 다음 각 호의 어느 하나에 해당하는 사유로 부상·질병 또는 장해가 발생하거나 사망하면 업무상의 재해로 본다. 다만, 업무와 재해 사이에 상당인과관계(相當因果關係)가 없는 경우에는 그러하지 아니하다.

1. 업무상 사고
　가. 근로자가 근로계약에 따른 업무나 그에 따르는 행위를 하던 중 발생한 사고
　나. 사업주가 제공한 시설물 등을 이용하던 중 그 시설물 등의 결함이나 관리소홀로 발생한 사고
　다. 삭제 〈2017.10.24.〉
　라. 사업주가 주관하거나 사업주의 지시에 따라 참여한 행사나 행사준비 중에 발생한 사고
　마. 휴게시간 중 사업주의 지배관리하에 있다고 볼 수 있는 행위로 발생한 사고
　바. 그 밖에 업무와 관련하여 발생한 사고

업무수행 중의 사고(산재법 시행령 제27조)

① 근로자가 다음 각 호의 어느 하나에 해당하는 행위를 하던 중에 발생한 사고는 법 제37조 제1항 제1호 가목에 따른 업무상 사고로 본다.
1. 근로계약에 따른 업무수행 행위
2. 업무수행 과정에서 하는 용변 등 생리적 필요 행위
3. 업무를 준비하거나 마무리하는 행위, 그 밖에 업무에 따르는 필요적 부수행위
4. 천재지변·화재 등 사업장 내에 발생한 돌발적인 사고에 따른 긴급피난·구조행위 등 사회통념상 예견되는 행위
② 근로자가 사업주의 지시를 받아 사업장 밖에서 업무를 수행하던 중에 발생한 사고는 법 제37조 제1항 제1호 가목에 따른 업무상 사고로 본다. 다만, <u>사업주의 구체적인 지시를 위반한 행위</u>, 근로자의 사적(私的) 행위 또는 정상적인 출장 경로를 벗어났을 때 <u>발생한 사고는 업무상 사고로 보지 않는다.</u>
③ 업무의 성질상 업무수행 장소가 정해져 있지 않은 근로자가 최초로 업무수행 장소에 도착하여 업무를 시작한 때부터 최후로 업무를 완수한 후 퇴근하기 전까지 업무와 관련하여 발생한 사고는 법 제37조 제1항 제1호 가목에 따른 업무상 사고로 본다.

16 산업재해보상보험법령상 업무상질병판정위원회의 심의에서 제외되는 질병이 아닌 것은?

① 진폐

② 이황화탄소 중독증

❸ 유해·위험요인에 지속적으로 소량 노출되어 나타나는 만성 중독 증상 또는 소견 등의 질병

> "유해·위험요인에 **일시적으로 다량 노출되어 나타나는 급성 중독 증상** 또는 소견 등의 질병"이 업무상질병판정위원회의 심의에서 제외되는 질병에 해당한다(산재법 시행규칙 제7조 제3호).

④ 한국산업안전보건공단법에 따른 한국산업안전보건공단에 자문한 결과 업무와의 관련성이 높다고 인정된 질병

⑤ 업무와 그 질병 사이에 상당인과관계가 있는지를 명백히 알 수 있는 경우로서 근로복지공단이 정하는 질병

관계법령 판정위원회의 심의에서 제외되는 질병(산재법 시행규칙 제7조)

법 제38조 제2항에 따른 판정위원회의 심의에서 제외되는 질병은 다음 각 호의 어느 하나에 해당하는 질병으로 한다.

1. 진 폐
2. 이황화탄소 중독증
3. 유해·위험요인에 일시적으로 다량 노출되어 나타나는 급성 중독 증상 또는 소견 등의 질병
4. 영 제117조 제1항 제3호에 따른 진찰을 한 결과 업무와의 관련성이 매우 높다는 소견이 있는 질병
5. 제22조 각 호의 기관[한국산업안전공단법에 따른 한국산업안전공단, 그 밖에 업무상 질병 여부를 판단할 수 있는 기관(註)]에 자문한 결과 업무와의 관련성이 높다고 인정된 질병
6. 그 밖에 업무와 그 질병 사이에 상당인과관계가 있는지를 명백히 알 수 있는 경우로서 공단이 정하는 질병

---

17 국민연금법령상 다음 A근로자의 경우 산입될 국민연금 가입기간은?

> 사용자가 A근로자의 임금에서 7개월간 기여금을 공제하였음에도 연금보험료를 내지 않았다.

① 3개월   ❷ 4개월

③ 5개월   ④ 6개월

⑤ 7개월

> 가입기간을 계산할 때 연금보험료를 내지 아니한 기간은 가입기간에 산입하지 아니한다. 다만, 사용자가 근로자의 임금에서 기여금을 공제하고 연금보험료를 내지 아니한 경우에는 그 내지 아니한 기간의 2분의 1에 해당하는 기간을 근로자의 가입기간으로 산입한다. 이 경우 1개월 미만의 기간은 1개월로 한다(연금법 제17조 제2항). 사용자가 A근로자의 임금에서 7개월간 기여금을 공제하였음에도 연금보험료를 내지 않은 경우, 7개월의 2분의 1에 해당하는 기간은 3.5개월이지만, 1개월 미만의 기간은 1개월로 하므로 결국 산입될 국민연금 가입기간은 4개월이 된다.

18 국민연금법상 다음 (   )에 들어갈 숫자의 합은?

> 제64조(분할연금 수급권자 등)
> ① 혼인 기간이 (   )년 이상인 자가 다음 각 호의 요건을 모두 갖추면 그때부터 그가 생존하는 동안 배우자였던 자의 노령연금을 분할한 일정한 금액의 연금(이하 "분할연금"이라 한다)을 받을 수 있다.
> 　1. 배우자와 이혼하였을 것
> 　2. 배우자였던 사람이 노령연금 수급권자일 것
> 　3. 60세가 되었을 것
> 〈중략〉
> ③ 제1항에 따른 분할연금은 제1항 각 호의 요건을 모두 갖추게 된 때부터 (   )년 이내에 청구하여야 한다.

① 6　　　　　　　　　　　　　　② 8
❸ 10　　　　　　　　　　　　　　④ 13
⑤ 15

　(   )안에 들어갈 숫자의 합은 (5) + (5) = <u>10</u>이 된다.

관계법령　**분할연금 수급권자 등(연금법 제64조)**

① 혼인 기간(배우자의 가입기간 중의 혼인 기간으로서 별거, 가출 등의 사유로 인하여 실질적인 혼인관계가 존재하지 아니하였던 기간을 제외한 기간)이 <u>5년</u> 이상인 자가 다음 각 호의 요건을 모두 갖추면 그때부터 그가 생존하는 동안 배우자였던 자의 노령연금을 분할한 일정한 금액의 연금(이하 "분할연금")을 받을 수 있다.
1. 배우자와 이혼하였을 것
2. 배우자였던 사람이 노령연금 수급권자일 것
3. 60세가 되었을 것
③ 제1항에 따른 분할연금은 제1항 각 호의 요건을 모두 갖추게 된 때부터 <u>5년</u> 이내에 청구하여야 한다.

---

19 국민건강보험법령상 피부양자에 해당하지 않는 자는?(단, 직장가입자에게 주로 생계를 의존하는 사람으로서 소득 및 재산이 보건복지부령으로 정하는 기준 이하에 해당하는 사람에 한정한다.)

❶ 직장가입자의 형제의 배우자

　직장가입자의 형제의 배우자는 건강법 제5조 제2항에서 정한 국민건강보험법령상 피부양자에 해당하지 않는다.

② 직장가입자의 직계비속
③ 직장가입자의 배우자의 직계비속
④ 직장가입자의 직계존속
⑤ 직장가입자의 형제·자매

② 제1항의 피부양자는 다음 각 호의 어느 하나에 해당하는 사람 중 직장가입자에게 주로 생계를 의존하는 사람으로서 소득 및 재산이 보건복지부령으로 정하는 기준 이하에 해당하는 사람을 말한다.
1. 직장가입자의 배우자
2. 직장가입자의 직계존속(배우자의 직계존속을 포함)
3. 직장가입자의 직계비속(배우자의 직계비속을 포함)과 그 배우자
4. 직장가입자의 형제·자매

20 국민건강보험법령에 관한 설명으로 옳은 것은?

① 요양급여비용 및 요양급여의 적정성 평가 등에 관한 건강보험심사평가원의 처분에 이의가 있는 국민건강보험공단, 요양기관 또는 그 밖의 자는 건강보험정책심의위원회에 이의신청을 할 수 있다.

> 요양급여비용 및 요양급여의 적정성 평가 등에 관한 건강보험심사평가원의 처분에 이의가 있는 국민건강보험공단, 요양기관 또는 그 밖의 자는 건강보험심사평가원에 이의신청을 할 수 있다(건강법 제87조 제2항).

② 직장가입자의 보수월액보험료 상한은 보험료가 부과되는 연도의 전전년도 직장가입자 평균 보수월액보험료의 20배에 해당하는 금액을 고려하여 보건복지부장관이 정하여 고시하는 금액으로 한다.

> 직장가입자의 보수월액보험료의 상한은 보험료가 부과되는 연도의 전전년도 직장가입자 평균 보수월액보험료의 30배에 해당하는 금액을 고려하여 보건복지부장관이 정하여 고시하는 금액으로 한다(건강법 시행령 제32조 제1호 가목).

❸ 국민건강보험공단은 보험급여를 받을 수 있는 사람이 고의 또는 중대한 과실로 국민건강보험공단이나 요양기관의 요양에 관한 지시에 따르지 아니한 경우 보험급여를 하지 아니한다.

> 🏢 건강법 제53조 제1항 제2호

④ 건강보험심사평가원은 요양급여에 대한 의료의 질을 향상시키기 위하여 요양급여의 적정성 평가를 격년으로 실시하여야 한다.

> 건강보험심사평가원은 요양급여에 대한 의료의 질을 향상시키기 위하여 요양급여의 적정성 평가를 실시할 수 있다(건강법 제47조의4 제1항). 건강보험심사평가원은 매년 진료심사평가위원회의 심의를 거쳐 다음 해의 적정성평가 계획을 수립해야 한다(건강법 시행규칙 제22조의2 제4항).

⑤ 국민건강보험공단은 지역가입자가 1개월 이상 세대단위의 보험료를 체납한 경우 그 체납한 보험료를 완납할 때까지 그 가입자를 제외한 피부양자에 대하여 보험급여를 실시하지 아니한다.

> 공단은 가입자가 1개월 이상 보험료를 체납한 경우 그 체납한 보험료를 완납할 때까지 그 가입자 및 피부양자에 대하여 보험급여를 실시하지 아니할 수 있다(건강법 제53조 제3항 본문).

건강법 제53조(급여의 제한)

① 공단은 보험급여를 받을 수 있는 사람이 다음 각 호의 어느 하나에 해당하면 보험급여를 하지 아니한다.
1. 고의 또는 중대한 과실로 인한 범죄행위에 그 원인이 있거나 고의로 사고를 일으킨 경우
2. <u>고의 또는 중대한 과실로 공단이나 요양기관의 요양에 관한 지시에 따르지 아니한 경우</u>
3. 고의 또는 중대한 과실로 제55조에 따른 문서와 그 밖의 물건의 제출을 거부하거나 질문 또는 진단을 기피한 경우
4. 업무 또는 공무로 생긴 질병·부상·재해로 다른 법령에 따른 보험급여나 보상(報償) 또는 보상(補償)을 받게 되는 경우

월별 보험료액의 상한과 하한(건강법 시행령 제32조)

법 제69조 제6항에 따른 월별 보험료액의 상한 및 하한은 다음 각 호의 구분에 따른다.
1. <u>월별 보험료액의 상한</u>은 다음 각 목과 같다.
   가. 직장가입자의 보수월액보험료 : 보험료가 부과되는 연도의 전전년도 직장가입자 평균 보수월액보험료(이하 이 조에서 "전전년도 평균 보수월액보험료")의 <u>30배</u>에 해당하는 금액을 고려하여 보건복지부장관이 정하여 고시하는 금액
   나. 직장가입자의 보수 외 소득월액보험료 및 지역가입자의 월별 보험료액 : 보험료가 부과되는 연도의 전전년도 평균 보수월액보험료의 <u>15배</u>에 해당하는 금액을 고려하여 보건복지부장관이 정하여 고시하는 금액
2. <u>월별 보험료액의 하한</u>은 다음 각 목과 같다.
   가. 직장가입자의 보수월액보험료 : 보험료가 부과되는 연도의 전전년도 평균 보수월액보험료의 <u>1천분의 50 이상 1천분의 85 미만</u>의 범위에서 보건복지부장관이 정하여 고시하는 금액
   나. 지역가입자의 월별 보험료액 : 가목에 따른 보수월액보험료의 <u>100분의 90 이상 100분의 100 이하</u>의 범위에서 보건복지부장관이 정하여 고시하는 금액

21 국민건강보험법령상 보험료에 관한 설명으로 옳은 것은?

① 가입자의 자격을 취득한 날이 속하는 달의 다음 달부터 가입자의 자격을 잃은 날이 속하는 달까지 징수한다.

> 보험료는 가입자의 자격을 취득한 날이 속하는 달의 다음 달부터 <u>가입자의 자격을 잃은 날의 전날이 속하는 달까지</u> 징수한다. 다만, 가입자의 자격을 매월 1일에 취득한 경우 또는 유공자등 의료보호대상자의 건강보험의 적용 신청으로 가입자의 자격을 취득하는 경우에는 그 달부터 징수한다(건강법 제69조 제1항).

② 직장가입자의 보수 외 소득월액보험료는 사용자가 납부한다.

> 직장가입자의 보수월액보험료는 사용자(사업장의 사용자가 2명 이상인 때에는 그 사업장의 사용자는 해당 직장가입자의 보험료를 연대하여 납부)가 납부하고, <u>직장가입자의 보수 외 소득월액보험료는 직장가입자가 납부</u>한다(건강법 제77조 제1항).

③ 보험료 납부의무가 있는 자는 가입자에 대한 그 달의 보험료를 그 달 말일까지 납부하여야 한다.

> 보험료 납부의무가 있는 자는 가입자에 대한 그 달의 보험료를 <u>그 다음 달 10일까지 납부하여야</u> 한다. 다만, 직장가입자의 보수 외 소득월액보험료 및 지역가입자의 보험료는 보건복지부령으로 정하는 바에 따라 분기별로 납부할 수 있다(건강법 제78조 제1항).

❹ 직장가입자의 보험료율은 1만분의 709로 한다.

> 직장가입자의 보험료율 및 지역가입자의 보험료율은 <u>각각 1만분의 709</u>로 한다(건강법 시행령 제44조 제1항).

⑤ 60세 이상인 사람은 보험료 경감대상이 될 수 있다.

> <u>65세 이상인 사람</u>은 보험료 경감대상이 될 수 있다(건강법 제75조 제1항 제2호).

관계법령 **보험료의 경감 등(건강법 제75조)**

① 다음 각 호의 어느 하나에 해당하는 가입자 중 보건복지부령으로 정하는 가입자에 대하여는 그 가입자 또는 그 가입자가 속한 세대의 보험료의 일부를 경감할 수 있다.
  1. 섬·벽지(僻地)·농어촌 등 대통령령으로 정하는 지역에 거주하는 사람
  2. <u>65세 이상인 사람</u>
  3. 장애인복지법에 따라 등록한 장애인
  4. 국가유공자 등 예우 및 지원에 관한 법률 제4조 제1항 제4호, 제6호, 제12호, 제15호 및 제17호에 따른 국가유공자
  5. 휴직자
  6. 그 밖에 생활이 어렵거나 천재지변 등의 사유로 보험료를 경감할 필요가 있다고 보건복지부장관이 정하여 고시하는 사람

2024년
2023년
2022년
2021년
2020년

22 국민건강보험법령상 건강검진에 관한 설명으로 옳지 않은 것은?

☑ 확인
Check!
○
△
×

① 사무직에 종사하지 않는 직장가입자에 대해서는 1년에 1회 실시한다.

> 건강검진은 2년마다 1회 이상 실시하되, <u>사무직에 종사하지 않는 직장가입자에 대해서는 1년에 1회 실시한다.</u> 다만, 암검진은 암관리법 시행령에서 정한 바에 따르며, 영유아건강검진은 영유아의 나이 등을 고려하여 보건복지부장관이 정하여 고시하는 바에 따라 검진주기와 검진횟수를 다르게 할 수 있다(건강법 시행령 제25조 제1항).

② 검진기관이 건강검진을 받은 사람에게 직접 통보한 경우에는 국민건강보험공단은 그 통보를 생략할 수 있다.

> 건강검진을 실시한 검진기관은 공단에 건강검진의 결과를 통보해야 하며, 공단은 이를 건강검진을 받은 사람에게 통보해야 한다. 다만, <u>검진기관이 건강검진을 받은 사람에게 직접 통보한 경우에는 공단은 그 통보를 생략할 수 있다</u>(건강법 시행령 제25조 제4항).

❸ 직장가입자, 세대주인 지역가입자, 18세 이상인 지역가입자는 일반건강검진 대상이다.

> 직장가입자, 세대주인 지역가입자, <u>20세 이상인 지역가입자</u> 및 20세 이상인 피부양자가 일반건강금진 대상이다(건강법 제52조 제2항 제1호).

④ 영유아건강검진 대상은 6세 미만의 가입자 및 피부양자이다. 建 건강법 제52조 제2항 제3호

⑤ 국민건강보험공단은 직장가입자에게 실시하는 일반건강검진의 실시에 관한 사항을 해당 사용자에게 통보해야 한다. 建 건강법 시행령 제25조 제3항 제1호

23

고용보험 및 산업재해보상보험의 보험료징수 등에 관한 법령상 고액·상습 체납자의 인적사항 공개에 관한 설명으로 옳지 않은 것은?

① 국민건강보험공단은 체납된 보험료, 이 법에 따른 그 밖의 징수금과 체납처분비와 관련하여 행정심판이 계류 중인 경우에는 공개하여서는 아니 된다.

> 건강보험공단은 이 법에 따른 **납부기한의 다음 날부터 1년이 지난 보험료**와 이 법에 따른 그 밖의 징수금과 체납처분비의 **총액이 5천만원 이상**인 체납자가 납부능력이 있음에도 불구하고 체납한 경우에는 그 인적사항 및 체납액 등을 공개할 수 있다. **다만, 체납된 보험료, 이 법에 따른 그 밖의 징수금과 체납처분비와 관련하여 행정심판 또는 행정소송이 계류 중인 경우**, 그 밖에 체납된 금액의 일부납부 등 대통령령으로 정하는 사유가 있을 때에는 **그러하지 아니하다**(징수법 제28조의6 제1항). 2022.12.31. 개정된 징수법(2023.7.1. 시행)에서는 보험료의 고액·상습체납자의 인적사항 공개기준을 체납기간 2년 이상에서 1년 이상으로, 체납액 10억원 이상에서 5천만원 이상으로 변경하였다.

② 체납자의 인적사항등에 대한 공개 여부를 심의하기 위하여 국민건강보험공단에 보험료정보공개심의위원회를 둔다. 📖 징수법 제28조의6 제2항

③ 국민건강보험공단은 인적사항등의 공개가 결정된 자에 대하여 소명할 기회를 주어야 한다.

> 건강보험공단은 위원회의 심의를 거쳐 **인적사항등의 공개가 결정된 자에 대하여 공개대상자임을 알림으로써 소명할 기회를 주어야** 하며, 통지일부터 6개월이 지난 후 위원회로 하여금 체납액의 납부이행 등을 고려하여 체납자 인적사항등의 공개 여부를 재심의하게 한 후 공개대상자를 선정한다(징수법 제28조의6 제3항).

④ 체납자 인적사항등의 공개는 관보에 게재하거나, 고용·산재정보통신망 또는 국민건강보험공단 게시판에 게시하는 방법에 따른다. 📖 징수법 제28조의6 제4항

❺ 국민건강보험공단은 보험료정보공개심의위원회의 심의와 관련한 통지일부터 3개월이 지난 후 체납자 인적사항등의 공개 여부를 재심의하게 한 후 공개대상자를 선정한다.

> 건강보험공단은 위원회의 심의를 거쳐 인적사항등의 공개가 결정된 자에 대하여 공개대상자임을 알림으로써 소명할 기회를 주어야 하며, **통지일부터 6개월이 지난 후** 위원회로 하여금 체납액의 납부이행 등을 고려하여 체납자 인적사항등의 공개 여부를 재심의하게 한 후 공개대상자를 선정한다(징수법 제28조의6 제3항).

24

고용보험 및 산업재해보상보험의 보험료징수 등에 관한 법령상 예술인과 이들을 상대방으로 하여 문화예술용역 관련 계약을 체결한 사업의 사업주에 대한 고용보험료율은?

① 1천분의 8

❷ 1천분의 16

③ 1천분의 24

④ 1천분의 32

⑤ 1천분의 40

> 예술인과 이들을 상대방으로 하여 문화예술용역 관련 계약을 체결한 사업의 사업주에 대한 **고용보험료율은 1천분의 16**으로 한다(징수법 시행령 제56조의5 제2항).

예술인 고용보험 특례(징수법 제48조의2)

① 고용보험법 제77조의2에 따라 고용보험의 적용을 받는 예술인과 이들을 상대방으로 하여 문화예술용역 관련 계약을 체결한 사업의 사업주는 당연히 고용보험의 보험가입자가 된다.

② 예술인의 보수액은 소득세법 제19조에 따른 사업소득 및 같은 법 제21조에 따른 기타소득에서 대통령령으로 정하는 금품을 뺀 금액으로 한다.

③ 제14조에도 불구하고 예술인과 이들을 상대방으로 하여 문화예술용역 관련 계약을 체결한 사업의 사업주에 대한 고용보험료율은 종사형태 등을 반영하여 고용보험법 제7조에 따른 고용보험위원회의 심의를 거쳐 대통령령으로 달리 정할 수 있다. 이 경우 보험가입자의 고용보험료 평균액의 일정비율에 해당하는 금액을 고려하여 대통령령으로 고용보험료의 상한을 정할 수 있다.

④ 고용보험법 제77조의2에 따라 고용보험의 적용을 받는 사업의 사업주는 예술인이 부담하여야 하는 고용보험료와 사업주가 부담하여야 하는 고용보험료를 납부하여야 한다. 이 경우 사업주는 예술인이 부담하여야 하는 고용보험료를 대통령령으로 정하는 바에 따라 그 예술인의 보수에서 원천공제하여 납부할 수 있다.

예술인 고용보험 특례(징수법 시행령 제56조의5)

① 법 제48조의2 제2항에서 "대통령령으로 정하는 금품"이란 소득세법 제12조 제2호 또는 제5호에 해당하는 비과세소득 및 고용노동부장관이 정하여 고시하는 방법에 따라 산정한 필요경비를 말한다.

② 법 제48조의2 제3항 전단에 따른 고용보험료율은 1천분의 16으로 한다.

③ 법 제48조의2 제3항 후단에 따른 예술인에 대한 고용보험료의 상한액은 보험료가 부과되는 연도의 전전년도 보험가입자의 고용보험료 평균액의 10배 이내에서 고용노동부장관이 고시하는 금액으로 한다.

25

☑ 확인
Check!
○
△
✕

고용보험 및 산업재해보상보험의 보험료징수 등에 관한 법령상 동일한 사업주가 하나의 장소에서 사업의 종류가 다른 사업을 아래와 같이 할 경우 산재보험료율을 적용하기 위한 주된 사업은?

사업의 종류	매출액(억)	보수총액(억)	근로자 수(명)
A	150	15	30
B	150	15	40
C	250	15	40
D	250	12	40
E	300	12	40

① A ② B
❸ C ④ D
⑤ E

> 동일한 사업주가 하나의 장소에서 사업의 종류가 다른 사업을 아래와 같이 할 경우 산재보험료율을 적용하기 위한 주된 사업의 결정은 ㉠ 근로자 수가 많은 사업(제1호) → ㉡ 근로자 수가 같거나 그 수를 파악할 수 없는 경우에는 보수총액이 많은 사업(제2호) → ㉢ 제1호 및 제2호에 따라 주된 사업을 결정할 수 없는 경우에는 매출액이 많은 제품을 제조하거나 서비스를 제공하는 사업(제3호) 순서에 따라 한다(징수법 시행령 제14조 제2항). 이러한 순서에 의하면 ㉠ 근로자 수가 많은 사업(40명)(B, C, D, E) → ㉡ B, C, D, E 중에서 보수총액이 많은 사업(15억)인 B, C → ㉢ B, C 중에서 매출액이 많은 사업(250억)인 C가 산재보험료율을 적용하기 위한 주된 사업이 된다.

2022년 제31회 정답 및 해설

문제편 210p

정답 CHECK

각 문항별로 이해도 CHECK

01	02	03	04	05	06	07	08	09	10	11	12	13	14	15	16	17	18	19	20	21	22	23	24	25
④	③	①	④	①	⑤	④	④	②	③	③	③	①	⑤	②	④	⑤	⑤	⑤	⑤	①	②	②	①	②

01

사회보장기본법에 관한 설명으로 옳지 않은 것은?

☑ 확인
Check!
○
△
✕

① 모든 국민은 자신의 능력을 최대한 발휘하여 자립·자활(自活)할 수 있도록 노력하여야 한다.
　👉 사보법 제7조 제1항

② 국가와 지방자치단체는 사회보장제도를 시행할 때에 가정과 지역공동체의 자발적인 복지활동을 촉진하여야 한다. 　👉 사보법 제6조 제2항

③ 사회보험이란 국민에게 발생하는 사회적 위험을 보험의 방식으로 대처함으로써 국민의 건강과 소득을 보장하는 제도를 말한다. 　👉 사보법 제3조 제2호

❹ 국내에 거주하는 외국인에게 사회보장제도를 적용할 때에는 국민과 차별하지 아니하되 예외적으로 상호주의에 따를 수 있다.

> 국내에 거주하는 외국인에게 사회보장제도를 적용할 때에는 상호주의의 원칙에 따르되, 관계법령에서 정하는 바에 따른다(사보법 제8조).

⑤ 국가와 지방자치단체는 가정이 건전하게 유지되고 그 기능이 향상되도록 노력하여야 한다.
　👉 사보법 제6조 제1항

02

사회보장기본법상 사회보장제도의 운영에 관한 설명으로 옳지 않은 것은?

① 국가와 지방자치단체가 사회보장제도를 운영할 때에는 이 제도를 필요로 하는 모든 국민에게 적용하여야 한다. 🏛 사보법 제25조 제1항

② 국가와 지방자치단체는 공공부문과 민간부문의 사회보장 전달체계가 효율적으로 연계되도록 노력하여야 한다. 🏛 사보법 제29조 제3항

❸ 공공부조는 국가의 책임으로 시행하고, 사회보험과 사회서비스는 국가와 지방자치단체의 책임으로 시행하는 것을 원칙으로 한다.

> <u>사회보험은 국가의 책임으로 시행하고, 공공부조와 사회서비스는 국가와 지방자치단체의 책임으로 시행하는 것을 원칙으로 한다.</u> 다만, 국가와 지방자치단체의 재정 형편 등을 고려하여 이를 협의·조정할 수 있다(사보법 제25조 제5항).

④ 국가와 지방자치단체는 사회보장 관계법령에서 정하는 바에 따라 사회보장에 관한 상담에 응하여야 한다. 🏛 사보법 제35조

⑤ 국가와 지방자치단체는 효과적인 사회보장정책의 수립·시행을 위하여 사회보장에 관한 통계를 작성·관리하여야 한다. 🏛 사보법 제32조 제1항

03

사회보장기본법령상 사회보장 관련 주요 시책의 시행계획에 관한 내용이다. (　　)에 들어갈 내용으로 옳은 것은?

> 보건복지부장관은 사회보장과 관련된 소관 주요 시책의 시행계획에 따른 추진실적의 평가를 위한 지침을 작성하여 매년 (ㄱ)까지 관계 중앙행정기관의 장에게 통보하고, 관계 중앙행정기관의 장은 통보받은 평가지침에 따라 전년도 시행계획의 추진실적을 평가한 후 그 결과를 매년 (ㄴ)까지 보건복지부장관에게 제출하여야 한다.

❶ ㄱ : 1월 31일, 　ㄴ : 3월 31일
② ㄱ : 1월 31일, 　ㄴ : 6월 30일
③ ㄱ : 3월 31일, 　ㄴ : 6월 30일
④ ㄱ : 3월 31일, 　ㄴ : 9월 30일
⑤ ㄱ : 6월 30일, 　ㄴ : 9월 30일

> 보건복지부장관은 시행계획에 따른 추진실적의 평가를 위한 지침을 작성하여 매년 <u>1월 31일</u>까지 관계 중앙행정기관의 장에게 통보하고, 관계 중앙행정기관의 장은 통보받은 평가지침에 따라 전년도 시행계획의 추진실적을 평가한 후 그 결과를 매년 <u>3월 31일</u>까지 보건복지부장관에게 제출하여야 한다(사보법 시행령 제6조 제1항).

2024년 2023년 2022년 2021년 2020년

04 사회보장기본법에 관한 설명으로 옳지 않은 것은?

① 국가는 관계법령에서 정하는 바에 따라 최저보장수준과 최저임금을 매년 공표하여야 한다.
🏥 사보법 제10조 제2항

② 국가와 지방자치단체는 사회보장에 관한 책임과 역할을 합리적으로 분담하여야 한다.
🏥 사보법 제5조 제2항

③ 사회보장수급권이 제한되거나 정지되는 경우에는 제한 또는 정지하는 목적에 필요한 최소한의 범위에 그쳐야 한다. 🏥 사보법 제13조 제2항

❹ 사회보장수급권은 정당한 권한이 있는 기관에 구두 또는 서면으로 통지하여 포기할 수 있다.

> 사회보장수급권은 정당한 권한이 있는 기관에 <u>서면으로</u> 통지하여 포기할 수 있다(사보법 제14조 제1항).

⑤ 사회보장에 관한 다른 법률을 제정하거나 개정하는 경우에는 사회보장기본법에 부합되도록 하여야 한다. 🏥 사보법 제4조

05 고용보험법상 피보험자격의 취득 또는 상실 등에 관한 설명으로 옳지 않은 것은?

❶ 고용보험 및 산업재해보상보험의 보험료징수 등에 관한 법률(이하 "고용산재보험료징수법"이라 한다)에 따른 보험관계 성립일 전에 고용된 근로자의 경우에는 그 보험관계가 성립한 날의 다음 날에 피보험자격을 취득한 것으로 본다.

> 고용산재보험료징수법 제7조에 따른 보험관계 성립일 전에 고용된 근로자의 경우에는 <u>그 보험관계가 성립한 날에 피보험자격을 취득한 것으로 본다</u>(고보법 제13조 제1항 제2호).

② 근로자인 피보험자가 이직한 경우에는 이직한 날의 다음 날에 피보험자격을 상실한다.
🏥 고보법 제14조 제1항 제3호

③ 근로자인 피보험자가 사망한 경우에는 사망한 날의 다음 날에 피보험자격을 상실한다.
🏥 고보법 제14조 제1항 제4호

④ 고용산재보험료징수법에 따라 보험관계가 소멸한 경우에는 그 보험관계가 소멸한 날에 그 피보험자격을 상실한다. 🏥 고보법 제14조 제1항 제2호

⑤ 피보험자 또는 피보험자였던 사람은 언제든지 고용노동부장관에게 피보험자격의 취득 또는 상실에 관한 확인을 청구할 수 있다. 🏥 고보법 제17조 제1항

관계법령 **피보험자격의 상실일(고보법 제14조)**

① 근로자인 피보험자는 다음 각 호의 어느 하나에 해당하는 날에 각각 그 피보험자격을 상실한다.
　1. 근로자인 피보험자가 제10조 및 제10조의2에 따른 적용 제외 근로자에 해당하게 된 경우에는 그 적용 제외 대상자가 된 날
　2. 고용산재보험료징수법 제10조에 따라 보험관계가 소멸한 경우에는 <u>그 보험관계가 소멸한 날</u>
　3. 근로자인 피보험자가 이직한 경우에는 <u>이직한 날의 다음 날</u>
　4. 근로자인 피보험자가 사망한 경우에는 <u>사망한 날의 다음 날</u>
② 자영업자인 피보험자는 고용산재보험료징수법 제49조의2 제10항 및 같은 조 제12항에서 준용하는 같은 법 제10조 제1호부터 제3호까지의 규정에 따라 보험관계가 소멸한 날에 피보험자격을 상실한다.

06 고용보험법령상 고용보험법 적용이 제외되는 것을 모두 고른 것은?

> ㄱ. 별정우체국법에 따른 별정우체국 직원
> ㄴ. 사립학교교직원 연금법의 적용을 받는 사람
> ㄷ. 어업 중 법인이 아닌 자가 상시 4명 이하의 근로자를 사용하는 사업

① ㄱ
② ㄱ, ㄴ
③ ㄱ, ㄷ
④ ㄴ, ㄷ
❺ ㄱ, ㄴ, ㄷ

제시된 보기 ㄱ., ㄴ., ㄷ. 모두 고보법이 적용되지 아니한다.

관계법령

적용범위(고보법 제8조)

① 이 법은 근로자를 사용하는 모든 사업 또는 사업장(이하 "사업")에 적용한다. 다만, 산업별 특성 및 규모 등을 고려하여 대통령령으로 정하는 사업에 대해서는 적용하지 아니한다.

적용범위(고보법 시행령 제2조)

① 법 제8조 제1항 단서에서 "대통령령으로 정하는 사업"이란 다음 각 호의 어느 하나에 해당하는 사업을 말한다.
  1. 농업·임업 및 어업 중 법인이 아닌 자가 상시 4명 이하의 근로자를 사용하는 사업
  2. 다음 각 목의 어느 하나에 해당하는 공사. 다만, 법 제15조 제2항 각 호에 해당하는 자가 시공하는 공사는 제외한다.
    가. 고용보험 및 산업재해보상보험의 보험료징수 등에 관한 법률 시행령(이하 "고용산재보험료징수법시행령") 제2조 제1항 제2호에 따른 총공사금액(이하 이 조에서 "총공사금액")이 2천만원 미만인 공사
    나. 연면적이 100제곱미터 이하인 건축물의 건축 또는 연면적이 200제곱미터 이하인 건축물의 대수선에 관한 공사
  3. 가구 내 고용활동 및 달리 분류되지 아니한 자가소비 생산활동

적용제외(고보법 제10조)

① 다음 각 호의 어느 하나에 해당하는 사람에게는 이 법을 적용하지 아니한다.
  1. 삭제 〈2019.1.15.〉
  2. 해당 사업에서 소정(所定)근로시간이 대통령령으로 정하는 시간 미만인 근로자
  3. 국가공무원법과 지방공무원법에 따른 공무원. 다만, 대통령령으로 정하는 바에 따라 별정직공무원, 국가공무원법 제26조의5 및 지방공무원법 제25조의5에 따른 임기제공무원의 경우는 본인의 의사에 따라 고용보험(제4장에 한정)에 가입할 수 있다.
  4. 사립학교교직원 연금법의 적용을 받는 사람
  5. 그 밖에 대통령령으로 정하는 사람

적용제외근로자(고보법 시행령 제3조)

③ 법 제10조 제1항 제5호에서 "대통령령으로 정하는 사람"이란 별정우체국법에 따른 별정우체국 직원을 말한다.

07 고용보험법상 자영업자의 구직급여에 관한 사항으로 피보험기간과 소정급여일수가 옳게 연결된 것은?

① 피보험기간 6개월 – 소정급여일수 120일
② 피보험기간 1년 – 소정급여일수 150일
③ 피보험기간 3년 – 소정급여일수 180일
❹ 피보험기간 10년 – 소정급여일수 210일
⑤ 피보험기간 15년 – 소정급여일수 240일

> 피보험기간 6개월인 경우에는 소정급여일수가 없으나, 피보험기간 1년은 120일, 피보험기간 3년은 150일, <u>피보험기간 10년은 210일</u>, 피보험기간 15년은 210일의 소정급여일수가 각각 인정된다.

관계법령 **자영업자의 구직급여의 소정급여일수(고보법 [별표 2])**

구 분	피보험기간			
	1년 이상 3년 미만	3년 이상 5년 미만	5년 이상 10년 미만	10년 이상
소정급여일수	120일	150일	180일	210일

08 고용보험법령상 노무제공자인 피보험자에 해당하지 않는 것은?

① 한국표준직업분류표의 세세분류에 따른 대여 제품 방문점검원
　🔸 고보법 시행령 제104조의11 제1항 제7호

② 가전제품의 판매를 위한 배송 업무를 주로 수행하고 가전제품의 설치, 시운전 등을 통해 작동상태를 확인하는 사람　🔸 고보법 시행령 제104조의11 제1항 제8호

③ 초·중등교육법에 따른 학교에서 운영하는 방과후학교의 과정을 담당하는 강사
　🔸 고보법 시행령 제104조의11 제1항 제9호

❹ 방문판매 등에 관한 법률에 따른 후원방문판매원으로서 자가 소비를 위한 후원방문판매원

> 방문판매 등에 관한 법률 제2조 제2호에 따른 방문판매원 또는 같은 조 제8호에 따른 후원방문판매원으로서 상시적으로 방문판매업무를 하는 사람 중 <u>자가 소비를 위한</u> 방문판매원·<u>후원방문판매원</u> 및 제2호 또는 제7호에 동시에 해당하는 사람<u>은 제외</u>한다(고보법 시행령 제104조의11 제1항 제6호).

⑤ 우체국 예금·보험에 관한 법률에 따른 우체국보험의 모집을 전업으로 하는 사람
　🔸 고보법 시행령 제104조의11 제1항 제1호 나목

관계법령 **노무제공자인 피보험자의 범위(고보법 시행령 제104조의11)**

> ① 법 제77조의6 제1항에서 "대통령령으로 정하는 직종에 종사하는 사람"이란 다음 각 호의 어느 하나에 해당하는 사람을 말한다.
> 　1. 보험을 모집하는 사람으로서 다음 각 목의 어느 하나에 해당하는 사람
> 　　가. 보험업법 제84조 제1항에 따라 등록한 보험설계사
> 　　나. 우체국 예금·보험에 관한 법률에 따른 우체국보험의 모집을 전업으로 하는 사람

2. 통계법 제22조에 따라 통계청장이 고시하는 직업에 관한 표준분류(이하 "한국표준직업분류표")의 세세분류에 따른 학습지 방문강사, 교육교구 방문강사 등 회원의 가정 등을 직접 방문하여 아동이나 학생 등을 가르치는 사람

3. 한국표준직업분류표의 세분류에 따른 택배원인 사람으로서 택배사업[소화물을 집화(集貨)·수송 과정을 거쳐 배송하는 사업. 이하 제11호 라목에서 같다]에서 집화 또는 배송 업무를 하는 사람

4. 대부업 등의 등록 및 금융이용자 보호에 관한 법률 제3조 제1항 단서에 따른 대출모집인

5. 여신전문금융업법 제14조의2 제1항 제2호에 따른 신용카드회원모집인(전업으로 하는 사람만 해당)

6. 방문판매 등에 관한 법률 제2조 제2호에 따른 방문판매원 또는 같은 조 제8호에 따른 후원방문판매원으로서 상시적으로 방문판매업무를 하는 사람. 다만, 자가 소비를 위한 방문판매원·후원방문판매원 및 제2호 또는 제7호에 동시에 해당하는 사람은 제외한다.

7. 한국표준직업분류표의 세세분류에 따른 대여 제품 방문점검원

8. 가전제품의 판매를 위한 배송 업무를 주로 수행하고 가전제품의 설치, 시운전 등을 통해 작동상태를 확인하는 사람

9. 초·중등교육법 제2조에 따른 학교에서 운영하는 방과후학교의 과정을 담당하는 강사

10. 건설기계관리법 제3조 제1항에 따라 등록된 건설기계를 직접 운전하는 사람

11. 화물자동차 운수사업법 제2조 제11호에 따른 화물차주로서 다음 각 목의 어느 하나에 해당하는 사람
    가. 자동차관리법 제3조 제1항 제4호에 따른 특수자동차로 수출입 컨테이너 또는 시멘트를 운송하는 사람
    나. 자동차관리법 제2조 제1호 본문에 따른 피견인자동차 또는 제3조에 따른 일반형 화물자동차로 화물자동차 운수사업법 시행령 제4조의7 제1항에 따른 안전운송원가가 적용되는 철강재를 운송하는 사람
    다. 자동차관리법 제3조에 따른 일반형 화물자동차 또는 특수용도형 화물자동차로 물류정책기본법 제29조 제1항에 따른 위험물질을 운송하는 사람
    라. 택배사업에서 택배사업자나 화물자동차 운수사업법에 따른 운수사업자(이하 이 호에서 "운수사업자")로부터 업무를 위탁받아 자동차관리법 제3조 제1항 제3호의 일반형 화물자동차 또는 특수용도형 화물자동차로 물류센터 간 화물 운송 업무를 하는 사람
    마. 자동차관리법 제3조 제1항 제3호의 일반형 화물자동차 또는 특수용도형 화물자동차로 같은 법에 따른 자동차를 운송하는 사람
    바. 자동차관리법 제3조 제1항 제3호의 특수용도형 화물자동차로 밀가루 등 곡물 가루, 곡물 또는 사료를 운송하는 사람
    사. 유통산업발전법에 따른 대규모점포나 준대규모점포를 운영하는 사업 또는 체인사업에서 그 사업주나 운수사업자와 노무제공계약을 체결하여 자동차관리법 제3조 제1항 제3호의 일반형 화물자동차 또는 특수용도형 화물자동차로 상품을 물류센터로 운송하거나 점포 또는 소비자에게 배송하는 업무를 하는 사람
    아. 유통산업발전법에 따른 무점포판매업을 운영하는 사업에서 그 사업주나 운수사업자와 노무제공계약을 체결하여 자동차관리법 제3조 제1항 제3호의 일반형 화물자동차 또는 특수용도형 화물자동차로 상품을 물류센터로 운송하거나 소비자에게 배송하는 업무를 하는 사람
    자. 한국표준산업분류표의 중분류에 따른 음식점 및 주점업을 운영하는 사업(여러 점포를 직영하는 사업 또는 가맹사업거래의 공정화에 관한 법률에 따른 가맹사업으로 한정)에서 그 사업주나 운수사업자와 노무제공계약을 체결하여 자동차관리법 제3조 제1항 제3호의 일반형 화물자동차 또는 특수용도형 화물자동차로 식자재나 식품 등을 물류센터로 운송하거나 점포로 배송하는 업무를 하는 사람
    차. 한국표준산업분류표의 세분류에 따른 기관 구내식당업을 운영하는 사업에서 그 사업주나 운수사업자와 노무제공계약을 체결하여 자동차관리법 제3조 제1항 제3호의 일반형 화물자동차 또는 특수용도형 화물자동차로 식자재나 식품 등을 물류센터로 운송하거나 기관 구내식당으로 배송하는 업무를 하는 사람

12. 한국표준직업분류표의 세분류에 따른 택배원으로서 퀵서비스업자(소화물을 집화·수송 과정을 거치지 않고 배송하는 사업)로부터 업무를 의뢰받아 배송 업무를 하는 사람. 다만, 다음 각 목의 사람은 제외한다.
    가. 제3호에 해당하는 사람
    나. 자동차관리법 제3조 제1항 제3호의 화물자동차로 배송 업무를 하는 사람
13. 대리운전업자(자동차 이용자의 요청에 따라 목적지까지 유상으로 그 자동차를 운전하도록 하는 사업의 사업주)로부터 업무를 의뢰받아 대리운전 업무를 하는 사람
14. 소프트웨어 진흥법에 따른 소프트웨어사업에서 노무를 제공하는 같은 법에 따른 소프트웨어기술자
15. 관광진흥법 제38조 제1항 단서에 따른 관광통역안내의 자격을 가진 사람으로서 외국인 관광객을 대상으로 관광안내를 하는 사람
16. 도로교통법에 따른 어린이통학버스를 운전하는 사람
17. 체육시설의 설치·이용에 관한 법률 제7조에 따라 직장체육시설로 설치된 골프장 또는 같은 법 제9조에 따라 체육시설업의 등록을 한 골프장에서 골프경기를 보조하는 골프장 캐디

09 고용보험법령상 고용보험기금에 관한 설명으로 옳지 않은 것은?

① 고용노동부장관은 한국은행에 고용보험기금계정을 설치하여야 한다. 🏛️ 고보법 제82조 제1항
❷ 고용보험기금의 결산상 손실금이 생기는 경우 이를 적립금으로 보전(補塡)할 수 없다.

> 기금의 결산상 손실금이 생기면 적립금을 사용하여 이를 **보전(補塡)할 수 있다**(고보법 제85조 제2항).

③ 기금수입징수관은 기금징수액보고서를 매월 말일을 기준으로 작성하여 다음 달 20일까지 고용노동부장관에게 제출하여야 한다.

> **기금수입징수관은 기금징수액보고서를**, 기금재무관은 기금지출원인행위액 보고서를, 기금지출관은 기금지출액보고서를 매월 말일을 기준으로 작성하여 **다음 달 20일까지 고용노동부장관에게 제출하여야 한다**(고보법 시행령 제117조 제1항).

④ 고용보험기금을 지출할 때 자금 부족이 발생할 것으로 예상되는 경우에는 고용보험기금의 부담으로 금융기관·다른 기금과 그 밖의 재원 등으로부터 차입을 할 수 있다. 🏛️ 고보법 제86조
⑤ 고용노동부장관의 고용보험기금 관리·운용 방법에는 금융기관에 예탁하는 방법이 있다.
    🏛️ 고보법 제79조 제3항 제1호

관계법령 **기금의 관리·운용(고보법 제79조)**

③ 고용노동부장관은 다음 각 호의 방법에 따라 기금을 관리·운용한다.
  1. 금융기관에의 예탁
  2. 재정자금에의 예탁
  3. 국가·지방자치단체 또는 금융기관에서 직접 발행하거나 채무이행을 보증하는 유가증권의 매입
  4. 보험사업의 수행 또는 기금 증식을 위한 부동산의 취득 및 처분
  5. 그 밖에 대통령령으로 정하는 기금 증식 방법

10 고용보험법상 재심사에 관한 설명으로 옳지 않은 것은?

① 재심사의 청구는 심사청구에 대한 결정이 있음을 안 날부터 90일 이내에 제기하여야 한다.

> 심사의 청구는 확인 또는 처분이 있음을 안 날부터 90일 이내에, 재심사의 청구는 **심사청구에 대한 결정이 있음을 안 날부터 90일 이내에** 각각 제기하여야 한다(고보법 제87조 제2항).

② 재심사의 청구는 시효중단에 관하여 재판상의 청구로 본다.

> 심사 및 재심사의 청구는 시효중단에 관하여 재판상의 청구로 본다(고보법 제87조 제3항).

❸ 고용보험심사위원회의 재심사청구에 대한 심리는 공개하지 않음이 원칙이지만, 당사자의 양쪽 또는 어느 한쪽이 신청한 경우에는 공개할 수 있다.

> 심사위원회의 재심사청구에 대한 **심리는 공개한다.** 다만, 당사자의 양쪽 또는 어느 한쪽이 신청한 경우에는 **공개하지 아니할 수 있다**(고보법 제101조 제3항).

④ 고용보험심사위원회는 재심사의 청구를 받으면 그 청구에 대한 심리 기일(審理期日) 및 장소를 정하여 심리 기일 3일 전까지 당사자 및 그 사건을 심사한 고용보험심사관에게 알려야 한다.

> 🏛 고보법 제101조 제1항

⑤ 당사자는 고용보험심사위원회에 문서나 구두로 그 의견을 진술할 수 있다.

> 🏛 고보법 제101조 제2항

11 산업재해보상보험법령상 산업재해보상보험 및 예방심의위원회의 심의사항이 아닌 것은?

① 요양급여의 범위나 비용 등 요양급여의 산정 기준에 관한 사항
② 고용보험 및 산업재해보상보험의 보험료징수 등에 관한 법률에 따른 산재보험료율의 결정에 관한 사항
❸ 산업안전보건법에 따른 산업재해 보상의 세부계획에 관한 사항

> 산업안전보건법에 따른 산업재해 보상의 세부계획에 관한 사항은 산재법 시행령 제3조에서 정한 산업재해보상보험 및 예방심의위원회의 심의사항에는 해당하지 아니한다.

④ 산업재해보상보험 및 예방기금의 운용계획 수립에 관한 사항
⑤ 고용노동부장관이 산업재해보상보험 사업 및 산업안전·보건 업무에 관하여 심의에 부치는 사항

관계법령 **산업재해보상보험 및 예방심의위원회의 기능(산재법 시행령 제3조)**

법 제8조 제1항에 따른 산업재해보상보험 및 예방심의위원회(이하 "위원회")는 다음 각 호의 사항을 심의한다.
1. 법 제40조 제5항에 따른 <u>요양급여의 범위나 비용 등 요양급여의 산정 기준에 관한 사항</u>
2. 고용보험 및 산업재해보상보험의 보험료징수 등에 관한 법률(이하 "보험료징수법") 제14조 제3항 및 같은 조 제4항에 따른 <u>산재보험료율의 결정에 관한 사항</u>
3. 법 제98조에 따른 <u>산업재해보상보험 및 예방기금의 운용계획 수립에 관한 사항</u>
4. 산업안전보건법 제4조 제1항 각 호에 따른 산업안전·보건 업무와 관련되는 주요 정책 및 같은 법 제7조에 따른 산업재해 예방에 관한 기본계획
5. 그 밖에 고용노동부장관이 <u>산업재해보상보험 사업(이하 "보험사업") 및 산업안전·보건 업무에 관하여 심의에 부치는 사항</u>

12 산업재해보상보험법령상 산업재해보상보험법의 적용 제외 사업에 해당하지 않는 것은?

① 군인 재해보상법에 따라 재해보상이 되는 사업
② 선원법에 따라 재해보상이 되는 사업
❸ 벌목업 중 법인이 아닌 자의 사업으로서 상시근로자 수가 5명 미만인 사업

> 벌목업 중 법인이 아닌 자의 사업으로서 상시근로자 수가 5명 미만인 사업은 산재법의 적용 제외 사업에
> 해당하지 아니한다(산재법 제6조, 동법 시행령 제2조 제1항 제6호).

④ 수렵업 중 법인이 아닌 자의 사업으로서 상시근로자 수가 5명 미만인 사업
⑤ 가구 내 고용활동

관계법령

적용 범위(산재법 제6조)
이 법은 근로자를 사용하는 모든 사업 또는 사업장(이하 "사업")에 적용한다. 다만, 위험률·규모 및 장소 등을
고려하여 <u>대통령령으로 정하는 사업</u>에 대하여는 이 법을 적용하지 아니한다.

법의 적용 제외 사업(산재법 시행령 제2조)
① 산업재해보상보험법 제6조 단서에서 "<u>대통령령으로 정하는 사업</u>"이란 다음 각 호의 어느 하나에 해당하는
   사업 또는 사업장(이하 "사업")을 말한다.
  1. 공무원 재해보상법 또는 <u>군인 재해보상법에 따라 재해보상이 되는 사업</u>. 다만, 공무원 재해보상법 제60조
     에 따라 순직유족급여 또는 위험직무순직유족급여에 관한 규정을 적용받는 경우는 제외한다.
  2. <u>선원법</u>, 어선원 및 어선 재해보상보험법 또는 사립학교교직원 연금법에 따라 재해보상이 되는 사업
  3. 삭제 〈2017.12.26.〉
  4. <u>가구 내 고용활동</u>
  5. 삭제 〈2017.12.26.〉
  6. 농업, 임업(벌목업은 제외), 어업 및 <u>수렵업 중 법인이 아닌 자의 사업으로서 상시근로자 수가 5명 미만인</u>
     <u>사업</u>

13 산업재해보상보험법상 과태료 부과 대상이 되는 자를 모두 고른 것은?

> ㄱ. 근로복지공단이 아닌 자가 근로복지공단과 비슷한 명칭을 사용한 자
> ㄴ. 거짓으로 보험급여를 받도록 시키거나 도와준 자
> ㄷ. 거짓으로 보험급여를 받은 자

❶ ㄱ   ② ㄷ
③ ㄱ, ㄴ   ④ ㄴ, ㄷ
⑤ ㄱ, ㄴ, ㄷ

ㄱ.은 200만원 이하의 과태료 부과 대상에 해당(산재법 제129조 제2항 제1호)하나, ㄴ., ㄷ.은 2년 이하의 징역 또는 2천만원 이하의 벌금부과 대상에 해당(산재법 제127조 제3항 제1호, 제2호)한다.

관계법령

과태료(산재법 제129조)
① 제91조의21을 위반하여 자료 또는 정보의 제공 요청에 따르지 아니한 자에게는 300만원 이하의 과태료를 부과한다.
② 다음 각 호의 어느 하나에 해당하는 자에게는 200만원 이하의 과태료를 부과한다.
  1. 제34조를 위반하여 근로복지공단 또는 이와 비슷한 명칭을 사용한 자
  2. 제45조 제1항을 위반하여 공단이 아닌 자에게 진료비를 청구한 자
③ 다음 각 호의 어느 하나에 해당하는 자에게는 100만원 이하의 과태료를 부과한다.
  1. 제47조 제1항에 따른 진료계획을 정당한 사유 없이 제출하지 아니하는 자
  2. 제105조 제4항(제109조 제1항에서 준용하는 경우를 포함)에 따른 질문에 답변하지 아니하거나 거짓된 답변을 하거나 검사를 거부·방해 또는 기피한 자
  3. 제114조 제1항 또는 제118조에 따른 보고를 하지 아니하거나 거짓된 보고를 한 자 또는 서류나 물건의 제출 명령에 따르지 아니한 자
  4. 제117조 또는 제118조에 따른 공단의 소속 직원의 질문에 답변을 거부하거나 조사를 거부·방해 또는 기피한 자
  5. 삭제 〈2022.6.10.〉

벌칙(산재법 제127조)
③ 다음 각 호의 어느 하나에 해당하는 자는 2년 이하의 징역 또는 2천만원 이하의 벌금에 처한다.
  1. 거짓이나 그 밖의 부정한 방법으로 보험급여를 받은 자
  2. 거짓이나 그 밖의 부정한 방법으로 보험급여를 받도록 시키거나 도와준 자
  3. 제111조의2를 위반하여 근로자를 해고하거나 그 밖에 근로자에게 불이익한 처우를 한 사업주

14 산업재해보상보험법상 상병보상연금의 지급요건을 모두 고른 것은?

> ㄱ. 그 부상이나 질병이 치유되지 아니한 상태일 것
> ㄴ. 요양으로 인하여 취업하지 못하였을 것
> ㄷ. 그 부상이나 질병에 따른 중증요양상태의 정도가 대통령령으로 정하는 중증요양상태등급 기준에 해당할 것

① ㄱ
② ㄴ
③ ㄱ, ㄴ
④ ㄴ, ㄷ
❺ ㄱ, ㄴ, ㄷ

> ㄱ., ㄴ., ㄷ. 모두 산재법상 상병보상연금의 지급요건에 해당한다(산재법 제66조 제1항).

관계법령 **상병보상연금(산재법 제66조)**

① 요양급여를 받는 근로자가 요양을 시작한 지 2년이 지난 날 이후에 다음 각 호의 요건 모두에 해당하는 상태가 계속되면 휴업급여 대신 상병보상연금을 그 근로자에게 지급한다.
1. 그 부상이나 질병이 치유되지 아니한 상태일 것
2. 그 부상이나 질병에 따른 중증요양상태의 정도가 대통령령으로 정하는 중증요양상태등급 기준에 해당할 것
3. 요양으로 인하여 취업하지 못하였을 것

---

15 산업재해보상보험법령상 업무상의 재해의 인정 기준에 해당하는 사유가 아닌 것은?

① 근로자가 근로계약에 따른 업무나 그에 따르는 행위를 하던 중 발생한 사고
❷ 사업주의 구체적인 지시를 위반한 행위로 인한 사고

> 사업주의 구체적인 지시를 위반한 행위로 인한 사고는 산재법 제37조 제1항에서 정한 업무상의 재해의 인정 기준에는 해당하지 아니한다.

③ 사업주가 제공한 시설물 등을 이용하던 중 그 시설물 등의 결함이나 관리소홀로 발생한 사고
④ 사업주가 주관하거나 사업주의 지시에 따라 참여한 행사나 행사준비 중에 발생한 사고
⑤ 휴게시간 중 사업주의 지배관리하에 있다고 볼 수 있는 행위로 발생한 사고

관계법령 업무상의 재해의 인정 기준(산재법 제37조)

① 근로자가 다음 각 호의 어느 하나에 해당하는 사유로 부상·질병 또는 장해가 발생하거나 사망하면 업무상의 재해로 본다. 다만, 업무와 재해 사이에 상당인과관계(相當因果關係)가 없는 경우에는 그러하지 아니하다.
1. 업무상 사고
   가. 근로자가 근로계약에 따른 업무나 그에 따르는 행위를 하던 중 발생한 사고
   나. 사업주가 제공한 시설물 등을 이용하던 중 그 시설물 등의 결함이나 관리소홀로 발생한 사고
   다. 삭제 〈2017.10.24.〉
   라. 사업주가 주관하거나 사업주의 지시에 따라 참여한 행사나 행사준비 중에 발생한 사고
   마. 휴게시간 중 사업주의 지배관리하에 있다고 볼 수 있는 행위로 발생한 사고
   바. 그 밖에 업무와 관련하여 발생한 사고

16

산업재해보상보험법에 따라 산정된 저소득 근로자의 휴업급여에 관한 내용이다. (   )에 들어갈 숫자로 옳은 것은?

> 1일당 휴업급여 지급액이 최저 보상기준 금액의 100분의 (ㄱ)보다 적거나 같으면 그 근로자에 대하여는 평균임금의 100분의 (ㄴ)에 상당하는 금액을 1일당 휴업급여 지급액으로 한다. 다만, 그 근로자의 평균임금의 100분의 (ㄴ)에 상당하는 금액이 최저 보상기준 금액의 100분의 (ㄱ) 보다 많은 경우에는 최저 보상기준 금액의 100분의 (ㄱ)에 상당하는 금액을 1일당 휴업급여 지급액으로 한다.

① ㄱ : 70, ㄴ : 70
② ㄱ : 70, ㄴ : 80
③ ㄱ : 80, ㄴ : 80
❹ ㄱ : 80, ㄴ : 90
⑤ ㄱ : 90, ㄴ : 90

> 1일당 휴업급여 지급액이 최저 보상기준 금액의 100분의 <u>80</u>보다 적거나 같으면 그 근로자에 대하여는 평균임금의 100분의 <u>90</u>에 상당하는 금액을 1일당 휴업급여 지급액으로 한다. 다만, 그 근로자의 평균임금의 100분의 <u>90</u>에 상당하는 금액이 최저 보상기준 금액의 100분의 <u>80</u>보다 많은 경우에는 최저 보상기준 금액의 100분의 <u>80</u>에 상당하는 금액을 1일당 휴업급여 지급액으로 한다(산재법 제54조 제1항).

17 국민연금법상 급여에 관한 설명으로 옳은 것은?

① 급여는 노령연금과 장애연금 두 종류로 나뉜다.

> 급여는 **노령연금, 장애연금, 유족연금, 반환일시금**으로 나뉜다(연금법 제49조).

② 급여수급전용계좌에 입금된 급여와 이에 관한 채권은 압류할 수 있다.

> 급여수급전용계좌에 입금된 급여와 이에 관한 채권은 **압류할 수 없다**(연금법 제58조 제3항).

③ 급여로 지급된 금액에 대하여는 조세특례제한법이나 그 밖의 법률 또는 지방자치단체가 조례로 정하는 바에 따라 조세, 그 밖에 국가 또는 지방자치단체의 공과금을 감면할 수 없다.

> 급여로 지급된 금액에 대하여는 조세특례제한법이나 그 밖의 법률 또는 지방자치단체가 조례로 정하는 바에 따라 조세, 그 밖에 **국가 또는 지방자치단체의 공과금을 감면한다**(연금법 제60조).

④ 국민연금공단은 장애연금 수급권자의 장애 정도를 심사하여 장애등급에 해당되지 아니하면 장애연금액을 변경한다.

> 공단은 장애연금 수급권자의 장애 정도를 심사하여 장애등급이 다르게 되면 그 등급에 따라 장애연금액을 변경하고, **장애등급에 해당되지 아니하면 장애연금 수급권을 소멸시킨다**(연금법 제70조 제1항).

❺ 자녀인 수급권자가 다른 사람에게 입양된 때에는 그에 해당하게 된 때부터 유족연금의 지급을 정지한다.

> 자녀나 손자녀인 수급권자가 다른 사람에게 입양된 때에는 <u>그에 해당하게 된 때부터 유족연금의 지급을 정지한다</u>(연금법 제76조 제5항).

18 국민연금법상 국민연금가입자에 관한 설명으로 옳지 않은 것은?

① 가입자는 사업장가입자, 지역가입자, 임의가입자 및 임의계속가입자로 구분한다.
> 🕮 연금법 제7조

② 임의가입자는 보건복지부령으로 정하는 바에 따라 국민연금공단에 신청하여 탈퇴할 수 있다.
> 🕮 연금법 제10조 제2항

③ 가입자의 가입 종류가 변동되면 그 가입자의 가입기간은 각 종류별 가입기간을 합산한 기간으로 한다. 🕮 연금법 제20조 제2항

④ 가입자의 자격을 상실한 후 다시 그 자격을 취득한 자에 대하여는 전후(前後)의 가입기간을 합산한다. 🕮 연금법 제20조 제1항

❺ 임의가입자는 가입 신청을 한 날에 자격을 취득한다.

> 임의가입자는 **가입 신청이 수리된 날**에 자격을 취득한다(연금법 제11조 제3항).

19 국민건강보험법령상 보수월액에 관한 설명으로 옳지 않은 것은?

① 직장가입자의 보수월액은 직장가입자가 지급받는 보수를 기준으로 하여 산정한다.
　　🏛 건강법 제70조 제1항

② 휴직으로 보수의 전부 또는 일부가 지급되지 아니하는 가입자의 보수월액보험료는 해당 사유가 생기기 전 달의 보수월액을 기준으로 산정한다.　🏛 건강법 제70조 제2항

③ 근로자가 근로를 제공하고 사용자로부터 지급받는 금품 중 퇴직금은 보수에서 제외한다.
　　🏛 건강법 제70조 제3항, 동법 시행령 제33조 제1항 제1호

④ 보수의 전부 또는 일부가 현물(現物)로 지급되는 경우에는 그 지역의 시가(時價)를 기준으로 국민건강보험공단이 정하는 가액(價額)을 그에 해당하는 보수로 본다.　🏛 건강법 시행령 제33조 제3항

❺ 보수 관련 자료가 없거나 불명확한 경우에 해당하면 고용노동부장관이 정하여 고시하는 금액을 보수로 본다.

> 보수 관련 자료가 없거나 불명확한 경우 등 대통령령으로 정하는 사유에 해당하면 **보건복지부장관**이 정하여 고시하는 금액을 보수로 본다(건강법 제70조 제3항 후문).

관계법령

보수에 포함되는 금품 등(건강법 제70조 제3항)

③ 제1항에 따른 보수는 근로자등이 근로를 제공하고 사용자·국가 또는 지방자치단체로부터 지급받는 금품(실비변상적인 성격을 갖는 금품은 제외)으로서 대통령령으로 정하는 것을 말한다. 이 경우 보수 관련 자료가 없거나 불명확한 경우 등 대통령령으로 정하는 사유에 해당하면 보건복지부장관이 정하여 고시하는 금액을 보수로 본다.

보수에 포함되는 금품 등(건강법 시행령 제33조)

① 법 제70조 제3항 전단에서 "대통령령으로 정하는 것"이란 근로의 대가로 받은 봉급, 급료, 보수, 세비(歲費), 임금, 상여, 수당, 그 밖에 이와 유사한 성질의 금품으로서 다음 각 호의 것을 제외한 것을 말한다.
　1. 퇴직금
　2. 현상금, 번역료 및 원고료
　3. 소득세법에 따른 비과세근로소득. 다만, 소득세법 제12조 제3호 차목·파목 및 거목에 따라 비과세되는 소득은 제외한다.

20 국민건강보험법령상 직장가입자 제외자에 해당하는 자를 모두 고른 것은?

ㄱ. 고용 기간이 1개월 미만인 일용근로자

ㄴ. 1개월 동안의 소정(所定)근로시간이 60시간 미만인 단시간근로자

ㄷ. 병역법에 따른 군간부후보생

ㄹ. 선거에 당선되어 취임하는 공무원으로서 매월 보수 또는 보수에 준하는 급료를 받지 아니하는 사람

① ㄱ, ㄴ
② ㄴ, ㄷ
③ ㄱ, ㄴ, ㄹ
④ ㄱ, ㄷ, ㄹ
❺ ㄱ, ㄴ, ㄷ, ㄹ

ㄱ., ㄴ., ㄷ., ㄹ. 모두 건강법상 직장가입자 제외자에 해당한다.

관계법령

직장가입자의 종류(건강법 제6조)

② 모든 사업장의 근로자 및 사용자와 공무원 및 교직원은 직장가입자가 된다. 다만, 다음 각 호의 어느 하나에 해당하는 사람은 제외한다.

1. 고용 기간이 1개월 미만인 일용근로자
2. 병역법에 따른 현역병(지원에 의하지 아니하고 임용된 하사를 포함), 전환복무된 사람 및 군간부후보생
3. 선거에 당선되어 취임하는 공무원으로서 매월 보수 또는 보수에 준하는 급료를 받지 아니하는 사람
4. 그 밖에 사업장의 특성, 고용 형태 및 사업의 종류 등을 고려하여 대통령령으로 정하는 사업장의 근로자 및 사용자와 공무원 및 교직원

직장가입자에서 제외되는 사람(건강법 시행령 제9조)

법 제6조 제2항 제4호에서 "대통령령으로 정하는 사업장의 근로자 및 사용자와 공무원 및 교직원"이란 다음 각 호의 어느 하나에 해당하는 사람을 말한다.

1. 비상근 근로자 또는 1개월 동안의 소정(所定)근로시간이 60시간 미만인 단시간근로자
2. 비상근 교직원 또는 1개월 동안의 소정근로시간이 60시간 미만인 시간제공무원 및 교직원
3. 소재지가 일정하지 아니한 사업장의 근로자 및 사용자
4. 근로자가 없거나 제1호에 해당하는 근로자만을 고용하고 있는 사업장의 사업주

21 고용보험 및 산업재해보상보험의 보험료징수 등에 관한 법률상 보험료율의 인상 또는 인하 등에 따른 조치에 관한 내용이다. (   )에 들어갈 내용으로 옳은 것은?

☑ 확인
Check!
○
△
✕

> (ㄱ)은 보험료율이 인상 또는 인하된 때에는 월별보험료 및 개산보험료를 증액 또는 감액 조정하고, 월별보험료가 증액된 때에는 (ㄴ)이, 개산보험료가 증액된 때에는 (ㄷ)이 각각 징수한다.

❶ ㄱ : 근로복지공단,　　ㄴ : 국민건강보험공단,　ㄷ : 근로복지공단
② ㄱ : 근로복지공단,　　ㄴ : 근로복지공단,　　　ㄷ : 국민건강보험공단
③ ㄱ : 근로복지공단,　　ㄴ : 근로복지공단,　　　ㄷ : 근로복지공단
④ ㄱ : 국민건강보험공단,　ㄴ : 근로복지공단,　　　ㄷ : 국민건강보험공단
⑤ ㄱ : 국민건강보험공단,　ㄴ : 국민건강보험공단,　ㄷ : 근로복지공단

> **근로복지공단**은 보험료율이 인상 또는 인하된 때에는 월별보험료 및 개산보험료를 증액 또는 감액 조정하고, 월별보험료가 증액된 때에는 **건강보험공단**이, 개산보험료가 증액된 때에는 **근로복지공단**이 각각 징수한다. 이 경우 사업주에 대한 통지, 납부기한 등 필요한 사항은 대통령령으로 정한다(징수법 제18조 제1항).

2024년
2023년
2022년
2021년
2020년

22 고용보험 및 산업재해보상보험의 보험료징수 등에 관한 법령상 보험관계의 성립 및 소멸에 관한 설명으로 옳지 않은 것은?

☑ 확인
Check!
○
△
✕

① 산업재해보상보험법을 적용하지 아니하는 사업의 사업주는 근로복지공단의 승인을 받아 산업재해보상보험에 가입할 수 있다. 🈺 징수법 제5조 제4항

❷ 일괄적용사업의 사업주는 사업의 개시일부터 14일 이내에 끝나는 사업의 경우에는 그 끝나는 날의 다음 날까지 개시 및 종료 사실을 근로복지공단에 신고하여야 한다.

> 일괄적용사업의 사업주는 그 각각의 사업(제1항에 따라 신고된 사업은 제외)의 개시일 및 종료일(사업 종료의 신고는 고용보험의 경우만)부터 각각 14일 이내에 그 개시 및 종료 사실을 근로복지공단에 신고하여야 한다. 다만, 사업의 개시일부터 14일 이내에 끝나는 사업의 경우에는 **그 끝나는 날의 전날까지** 신고하여야 한다(징수법 제11조 제3항).

③ 고용보험법을 적용하지 아니하는 사업의 사업주가 고용보험에 가입된 경우 그 보험계약을 해지할 때에는 미리 근로복지공단의 승인을 받아야 한다. 🈺 징수법 제5조 제5항 전문

④ 고용보험에 가입한 사업주는 기간의 정함이 있는 건설사업의 경우 사업의 기간이 변경되면 그 변경된 날부터 14일 이내에 그 변경사항을 근로복지공단에 신고해야 한다.
🈺 징수법 제12조, 동법 시행령 제9조 제5호

⑤ 고용보험법을 적용하지 아니하는 사업의 사업주가 근로자의 과반수의 동의를 받아 근로복지공단의 승인을 받으면 그 사업의 사업주와 근로자는 고용보험에 가입할 수 있다. 🈺 징수법 제5조 제2항

23 고용보험 및 산업재해보상보험의 보험료징수 등에 관한 법령상 상시근로자수가 150명 미만인 사업주의 사업의 고용안정ㆍ직업능력개발사업의 보험료율은?

① 1만분의 15　　　　　　　　❷ 1만분의 25
③ 1만분의 35　　　　　　　　④ 1만분의 45
⑤ 1만분의 55

상시근로자수가 150명 미만인 사업주의 사업의 고용안정ㆍ직업능력개발사업의 보험료율은 1만분의 25이다 (징수법 시행령 제12조 제1항 제1호 가목).

관계법령　**고용보험료율(징수법 시행령 제12조)**

① 법 제14조 제1항에 따른 고용보험료율은 다음 각 호와 같다.
1. 고용안정ㆍ직업능력개발사업의 보험료율 : 다음 각 목의 구분에 따른 보험료율
　가. 상시근로자수가 150명 미만인 사업주의 사업 : 1만분의 25
　나. 상시근로자수가 150명 이상인 사업주의 사업으로서 우선지원 대상기업의 범위에 해당하는 사업 : 1만분의 45
　다. 상시근로자수가 150명 이상 1천명 미만인 사업주의 사업으로서 나목에 해당하지 않는 사업 : 1만분의 65
　라. 상시근로자수가 1천명 이상인 사업주의 사업으로서 나목에 해당하지 않는 사업 및 국가ㆍ지방자치단체가 직접 하는 사업 : 1만분의 85

24

고용보험 및 산업재해보상보험의 보험료징수 등에 관한 법령상 기준보수에 관한 설명으로 옳지 않은 것은?

❶ 근로시간에 따라 보수를 지급받는 근로자가 주당 소정근로시간을 확정할 수 없는 경우에는 시간단위 기준보수를 적용한다.

> 시간급근로자 또는 일급근로자임이 명확하지 아니하거나 주당 소정근로시간을 확정할 수 없는 경우에는 **월단위 기준보수를 적용한다**(징수법 시행령 제3조 제2항 제2호 단서).

② 기준보수는 사업의 규모, 근로·노무 형태, 보수·보수액 수준 등을 고려하여 고용보험법에 따른 고용보험위원회의 심의를 거쳐 시간·일 또는 월 단위로 정하되, 사업의 종류별 또는 지역별로 구분하여 정할 수 있다. 🈲 징수법 제3조 제2항

③ 사업의 폐업·도산 등으로 근로자, 예술인 또는 노무제공자의 보수 또는 보수액을 산정·확인하기 곤란한 경우에는 기준보수를 보수로 할 수 있다. 🈲 징수법 제3조 제1항 제1호

④ 통상근로자로서 월정액으로 보수를 지급받는 근로자에게는 월단위 기준보수를 적용한다.
🈲 징수법 제3조 제2항, 동법 시행령 제3조 제2항 제1호

⑤ 예술인(일정 소득기준을 충족하는 예술인과 단기예술인은 제외) 및 노무제공자(일정 소득기준을 충족하는 노무제공자와 단기노무제공자는 제외)의 보수액이 기준보수보다 적은 경우에는 기준보수를 보수로 할 수 있다. 🈲 징수법 제3조 제1항 제2호

관계법령

기준보수(징수법 제3조)

① 다음 각 호의 어느 하나에 해당하는 경우에는 고용노동부장관이 정하여 고시하는 금액(이하 "기준보수"라 한다)을 근로자, 고용보험법 제77조의2 제1항에 따른 예술인(이하 "예술인")이나 같은 법 제77조의6 제1항에 따른 노무제공자(이하 "노무제공자")의 보수 또는 보수액으로 할 수 있다.
  1. 사업의 폐업·도산 등으로 근로자, 예술인 또는 노무제공자의 보수 또는 보수액을 산정·확인하기 곤란한 경우 등 대통령령으로 정하는 사유가 있는 경우
  2. 예술인(고용보험법 제77조의2 제2항 제2호 본문에 따른 소득 기준을 충족하는 예술인으로서 대통령령으로 정하는 사람과 같은 호 단서에 따른 단기예술인은 제외) 및 노무제공자(같은 법 제77조의6 제2항 제2호 본문에 따른 소득 기준을 충족하는 노무제공자로서 대통령령으로 정하는 사람과 같은 호 단서에 따른 단기노무제공자는 제외)의 보수액이 기준보수보다 적은 경우

② 기준보수는 사업의 규모, 근로·노무 형태, 보수·보수액 수준 등을 고려하여 고용보험법 제7조에 따른 고용보험위원회의 심의를 거쳐 시간·일 또는 월 단위로 정하되, 사업의 종류별 또는 지역별로 구분하여 정할 수 있다.

기준보수의 적용(징수법 시행령 제3조)

① 법 제3조 제1항 제1호에서 "사업의 폐업·도산 등으로 근로자, 예술인 또는 노무제공자의 보수 또는 보수액을 산정·확인하기 곤란한 경우 등 대통령령으로 정하는 사유가 있는 경우"란 다음 각 호의 어느 하나에 해당하는 경우를 말한다.
  1. 사업 또는 사업장(이하 "사업"이라 한다)의 폐업·도산 등으로 근로자, 「고용보험법」 제77조의2 제1항에 따른 예술인(이하 "예술인"이라 한다) 또는 같은 법 제77조의6 제1항에 따른 노무제공자(이하 "노무제공자"라 한다)의 보수 또는 보수액을 산정·확인하기 곤란한 경우
  2. 보수 관련 자료가 없거나 명확하지 않은 경우
  3. 사업의 이전 등으로 사업의 소재지를 파악하기 곤란한 경우

② 법 제3조에 따른 기준보수는 다음 각 호의 구분에 따라 적용한다.

1. 통상근로자로서 월정액으로 보수를 지급받는 근로자에게는 <u>월단위 기준보수</u>를 적용한다.

2. 단시간근로자, 근로시간에 따라 보수를 지급받는 근로자(이하 이 조에서 "시간급근로자"라 한다), 근로일에 따라 일당 형식의 보수를 지급받는 근로자(이하 이 조에서 "일급근로자"라 한다)에게는 주당 소정근로시간을 실제 근로한 시간으로 보아 시간단위 기준보수를 적용한다. <u>다만, 시간급근로자 또는 일급근로자임이 명확하지 아니하거나 주당 소정근로시간을 확정할 수 없는 경우에는 월단위 기준보수를 적용한다.</u>

3. 예술인에게는 월단위 기준보수를 적용한다.

4. 노무제공자에게는 월단위 기준보수를 적용한다.

---

25 고용보험 및 산업재해보상보험의 보험료징수 등에 관한 법률상 보험관계의 변경신고에 관한 내용이다. (　　)에 들어갈 숫자로 옳은 것은?

> 보험에 가입한 사업주는 그 이름, 사업의 소재지 등 대통령령으로 정하는 사항이 변경된 경우에는 그날부터 (　　)일 이내에 그 변경사항을 근로복지공단에 신고하여야 한다.

① 7　　　　　　　　　　　　　　❷ 14

③ 15　　　　　　　　　　　　　④ 20

⑤ 30

> 보험에 가입한 사업주는 그 이름, 사업의 소재지 등 대통령령으로 정하는 사항이 변경된 경우에는 그날부터 <u>14</u>일 이내에 그 변경사항을 공단에 신고하여야 한다(징수법 제12조).

2021년 제30회 정답 및 해설

✅ 문제편 219p

✅ 정답 CHECK   ✅ 각 문항별로 이해도 CHECK

01	02	03	04	05	06	07	08	09	10	11	12	13	14	15	16	17	18	19	20	21	22	23	24	25
②	②	③	⑤	⑤	③	④	③	①	⑤	④	④	①	④	④	②	③	②	①	②	⑤	①	⑤	④	⑤

01 사회보장기본법령상 국가와 지방자치단체의 책임에 관한 내용으로 옳지 않은 것은?

① 국가와 지방자치단체는 국가발전수준에 부응하고 사회환경의 변화에 선제적으로 대응하며 지속 가능한 사회보장제도를 확립하고 매년 이에 필요한 재원을 조달하여야 한다.
    🔖 사보법 제5조 제3항

❷ 국가와 지방자치단체는 사회보장 관계법령에서 규정한 권리나 의무를 모든 국민에게 설명하여야 한다.

국가와 지방자치단체는 사회보장 관계법령에서 규정한 권리나 의무를 해당 국민에게 설명하도록 노력하여야 한다(사보법 제34조).

③ 국가와 지방자치단체는 사회보장에 관한 책임과 역할을 합리적으로 분담하여야 한다.
    🔖 사보법 제5조 제2항

④ 국가는 사회보장제도의 안정적인 운영을 위하여 중장기 사회보장 재정추계를 격년으로 실시하고 이를 공표하여야 한다. 🔖 사보법 제5조 제4항

⑤ 국가와 지방자치단체는 모든 국민의 인간다운 생활을 유지·증진하는 책임을 가진다.
    🔖 사보법 제5조 제1항

02 사회보장기본법령상 사회보장수급권에 관한 내용으로 옳지 않은 것은?

① 사회보장수급권이 정지되는 경우에는 정지하는 목적에 필요한 최소한의 범위에 그쳐야 한다.

사회보장수급권이 제한되거나 정지되는 경우에는 제한 또는 정지하는 목적에 필요한 최소한의 범위에 그쳐야 한다(사보법 제13조 제2항).

❷ 사회보장수급권은 관계법령에서 정하는 바에 따라 타인에게 양도할 수 있다.

사회보장수급권은 관계법령에서 정하는 바에 따라 다른 사람에게 양도하거나 담보로 제공할 수 없으며, 이를 압류할 수 없다(사보법 제12조).

③ 사회보장수급권은 관계법령에서 따로 정하고 있는 경우에는 제한될 수 있다.

> 사회보장수급권은 제한되거나 정지될 수 없다. 다만, <u>관계법령에서 따로 정하고 있는 경우에는 그러하지 아니하다</u>(사보법 제13조 제1항).

④ 사회보장수급권은 관계법령에서 정하는 바에 따라 타인에게 담보로 제공할 수 없다.

> 🔂 사보법 제12조

⑤ 사회보장수급권을 포기하는 것이 다른 사람에게 피해를 주는 경우에는 사회보장수급권을 포기할 수 없다.

> 사회보장수급권을 포기하는 것이 <u>다른 사람에게 피해를 주거나 사회보장에 관한 관계법령에 위반되는 경우에는 사회보장수급권을 포기할 수 없다</u>(사보법 제14조 제3항).

03 사회보장기본법령상 사회보장위원회에 관한 내용으로 옳지 않은 것은?

☑ 확인
Check!

○
△
✕

① 사회보장위원회의 부위원장은 기획재정부장관, 교육부장관 및 보건복지부장관이 된다.

> 🔂 사보법 제21조 제2항

② 사회보장위원회의 사무를 효율적으로 처리하기 위하여 보건복지부에 사무국을 둔다.

> 🔂 사보법 제21조 제8항

❸ 사회보장위원회에 간사 1명을 두고, 간사는 보건복지부 사회복지정책실장으로 한다.

> 사회보장위원회에 <u>간사 2명을 두고, 간사는 국무조정실 사회조정실장과 보건복지부 사회복지정책실장으로</u> 한다(사보법 시행령 제9조 제2항).

④ 대통령은 위촉한 사회보장위원회의 위원이 직무와 관련된 비위사실이 있는 경우에는 해당 위원을 해촉할 수 있다. 🔂 사보법 시행령 제9조의2

⑤ 사회보장위원회에 두는 실무위원회는 공동위원장 2명을 포함하여 30명 이내의 위원으로 구성한다.

> 🔂 사보법 시행령 제11조 제3항

관계법령 **위원회 위원의 해촉(사보법 시행령 제9조의2)**

대통령은 법 제21조 제3항 제2호에 따른 위원이 다음 각 호의 어느 하나에 해당하는 경우에는 해당 위원을 해촉(解囑)할 수 있다.
1. 심신장애로 인하여 직무를 수행할 수 없게 된 경우
2. 직무와 관련된 비위사실이 있는 경우
3. 직무태만, 품위손상이나 그 밖의 사유로 인하여 위원으로 적합하지 아니하다고 인정되는 경우
4. 위원 스스로 직무를 수행하는 것이 곤란하다고 의사를 밝히는 경우

04 고용보험법령상 육아휴직급여의 특례에 관한 내용이다. (   )에 들어갈 내용으로 옳은 것은?

> 고용노동부장관이 남녀고용평등과 일·가정 양립 지원에 관한 법률에 따른 육아휴직을 30일 이상 부여받은 피보험자 중 육아휴직을 시작한 날 이전에 피보험 단위기간이 합산하여 180일 이상인 피보험자에게 지급하는 육아휴직 급여는 육아휴직 시작일을 기준으로 한 (ㄱ)을 월별 지급액으로 한다. 다만, 해당 금액이 (ㄴ)을 넘는 경우에는 (ㄴ)으로 하고, 해당 금액이 (ㄷ)보다 적은 경우에는 (ㄷ)으로 한다.

① ㄱ : 월 통상임금의 100분의 50에 해당하는 금액, ㄴ : 120만원, ㄷ : 50만원
② ㄱ : 월 통상임금의 100분의 80에 해당하는 금액, ㄴ : 120만원, ㄷ : 50만원
③ ㄱ : 월 통상임금의 100분의 80에 해당하는 금액, ㄴ : 150만원, ㄷ : 60만원
④ ㄱ : 월 통상임금에 해당하는 금액,   ㄴ : 150만원, ㄷ : 60만원
❺ ㄱ : 월 통상임금에 해당하는 금액,   ㄴ : 250만원, ㄷ : 70만원

> 고보법 시행령 제95조 제1항에 의하면, 순서대로 월 통상임금의 100분의 80에 해당하는 금액, 150만원, 70만원이다.

관계법령

육아휴직 급여(고보법 시행령 제95조)
① 법 제70조 제1항에 따른 육아휴직 급여는 육아휴직 시작일을 기준으로 한 월 통상임금의 100분의 80에 해당하는 금액을 월별 지급액으로 한다. 다만, 해당 금액이 150만원을 넘는 경우에는 150만원으로 하고, 해당 금액이 70만원보다 적은 경우에는 70만원으로 한다.

육아휴직 급여(고보법 제70조)
① 고용노동부장관은 남녀고용평등과 일·가정 양립 지원에 관한 법률 제19조에 따른 육아휴직을 30일(근로기준법 제74조에 따른 출산전후휴가기간과 중복되는 기간은 제외) 이상 부여받은 피보험자 중 육아휴직을 시작한 날 이전에 제41조에 따른 피보험 단위기간이 합산하여 180일 이상인 피보험자에게 육아휴직 급여를 지급한다.

05 고용보험법령상 장애인고용촉진 및 직업재활법에 따른 장애인인 甲(45세)은 근무하던 A회사를 퇴사하여 직업안정기관으로부터 구직급여수급자격을 인정받았다. 피보험기간이 15년인 甲이 받을 수 있는 구직급여의 소정급여일수는?

① 120일   ② 180일
③ 210일   ④ 240일
❺ 270일

> 장애인고용촉진 및 직업재활법에 따른 장애인은 고보법 [별표 1]에 의하여 50세 이상인 것으로 보아 소정급여일수를 적용하므로, 피보험기간이 15년인 45세 장애인 甲에게는 270일의 소정급여일수가 인정된다.

구직급여의 소정급여일수(고보법 [별표 1])

구 분		피보험기간				
		1년 미만	1년 이상 3년 미만	3년 이상 5년 미만	5년 이상 10년 미만	10년 이상
이직일 현재 연령	50세 미만	120일	150일	180일	210일	240일
	50세 이상	120일	180일	210일	240일	270일

비고 : 장애인고용촉진 및 직업재활법 제2조 제1호에 따른 장애인은 50세 이상인 것으로 보아 위 표를 적용한다.

06 고용보험법령상 예술인인 피보험자의 구직급여에 관한 내용으로 옳지 않은 것은?

① 이직일 이전 24개월 동안의 피보험단위기간이 통산하여 9개월 이상일 것을 지급요건으로 한다.

> 고보법 제77조의3 제1항 제1호

② 이직일 이전 24개월 중 3개월 이상을 예술인인 피보험자로 피보험자격을 유지하였을 것을 지급요건으로 한다. 고보법 제77조의3 제1항 제4호

❸ 실업의 신고일부터 계산하기 시작하여 30일간은 대기기간으로 보아 구직급여를 지급하지 아니한다.

> 예술인은 실업의 신고일부터 계산하기 시작하여 **7일간**은 대기기간으로 보아 구직급여를 지급하지 아니한다. **다만, 예술인이 이직할 당시 소득감소로 인하여 이직하였다고 직업안정기관의 장이 인정하는 경우나 수급자격의 인정신청을 한 경우로서 가장 나중에 상실한 피보험자격과 관련된 이직사유가 직업안정기관의 장이 소득감소로 이직하였다고 인정하는 경우**에는 각 사유별로 4주의 범위에서 대통령령으로 정하는 기간을 대기기간으로 보아 구직급여를 지급하지 아니하며, 위의 각 사유 중 둘 이상에 해당하는 경우에는 그 대기기간이 가장 긴 기간을 대기기간으로 본다(고보법 제77조의3 제6항).

④ 예술인의 구직급여일액은 기초일액에 100분의 60을 곱한 금액으로 한다.

> 고보법 제77조의3 제4항

⑤ 예술인의 구직급여일액의 상한액은 6만 6천원이다.

> 구직급여일액의 상한액은 근로자인 피보험자의 구직급여상한액 등을 고려하여 **6만 6천원**으로 한다(고보법 제77조의3 제5항, 동법 시행령 제104조의8 제4항).

예술인 피보험자에 대한 구직급여(고보법 제77조의3)

① 예술인의 구직급여는 다음 각 호의 요건을 모두 갖춘 경우에 지급한다. 다만, 제6호는 최종 이직 당시 단기예술인이었던 사람만 해당한다. 〈개정 2021.1.5.〉
 1. 이직일 이전 24개월 동안의 피보험단위기간이 통산하여 9개월 이상일 것
 2. 근로 또는 노무제공의 의사와 능력이 있음에도 불구하고 취업(영리를 목적으로 사업을 영위하는 경우를 포함한다)하지 못한 상태에 있을 것
 3. 이직사유가 제77조의5 제2항에서 준용하는 제58조에 따른 수급자격의 제한사유에 해당하지 아니할 것. 다만, 제77조의5 제2항에서 준용하는 제58조 제2호 가목에도 불구하고 예술인이 이직할 당시 대통령령으로 정하는 바에 따른 소득감소로 인하여 이직하였다고 직업안정기관의 장이 인정하는 경우에는 제58조에 따른 수급자격의 제한사유에 해당하지 아니하는 것으로 본다.

4. 이직일 이전 24개월 중 3개월 이상을 예술인인 피보험자로 피보험자격을 유지하였을 것
5. 재취업을 위한 노력을 적극적으로 할 것
6. 다음 각 목의 요건을 모두 갖출 것
    가. 수급자격의 인정신청일 이전 1개월 동안의 노무제공일수가 10일 미만이거나 수급자격 인정신청일 이전 14일간 연속하여 노무제공내역이 없을 것
    나. 최종 이직일 이전 24개월 동안의 피보험단위기간 중 다른 사업에서 제77조의5 제2항에서 준용하는 제58조에 따른 수급자격의 제한사유에 해당하는 사유로 이직한 사실이 있는 경우에는 그 피보험단위기간 중 90일 이상을 단기예술인으로 종사하였을 것

이직사유에 따른 수급자격의 제한(고보법 제58조)

제40조에도 불구하고 피보험자가 다음 각 호의 어느 하나에 해당한다고 직업안정기관의 장이 인정하는 경우에는 수급자격이 없는 것으로 본다.
1. 중대한 귀책사유(歸責事由)로 해고된 피보험자로서 다음 각 목의 어느 하나에 해당하는 경우
    가. 형법 또는 직무와 관련된 법률을 위반하여 금고 이상의 형을 선고받은 경우
    나. 사업에 막대한 지장을 초래하거나 재산상 손해를 끼친 경우로서 고용노동부령으로 정하는 기준에 해당하는 경우
    다. 정당한 사유 없이 근로계약 또는 취업규칙 등을 위반하여 장기간 무단결근한 경우
2. 자기 사정으로 이직한 피보험자로서 다음 각 목의 어느 하나에 해당하는 경우
    가. 전직 또는 자영업을 하기 위하여 이직한 경우
    나. 제1호의 중대한 귀책사유가 있는 사람이 해고되지 아니하고 사업주의 권고로 이직한 경우
    다. 그 밖에 고용노동부령으로 정하는 정당한 사유에 해당하지 아니하는 사유로 이직한 경우

07 고용보험법령상 사업주에게 지급하는 출산육아기 고용안정장려금의 지급요건 중 하나이다. (   )에 들어갈 내용으로 옳은 것은?

> 출산전후휴가, 유산·사산휴가 또는 육아기 근로시간 단축의 시작일 전 (ㄱ)이 되는 날[출산전후휴가에 연이어 유산·사산휴가 또는 육아기 근로시간 단축을 시작하는 경우에는 출산전후휴가 시작일 전 (ㄴ)이 되는 날] 이후 새로 대체인력을 고용하여 (ㄷ) 이상 계속 고용한 경우

① ㄱ : 30일,   ㄴ : 30일,   ㄷ : 30일
② ㄱ : 30일,   ㄴ : 30일,   ㄷ : 2개월
③ ㄱ : 30일,   ㄴ : 2개월,   ㄷ : 2개월
❹ ㄱ : 2개월,   ㄴ : 2개월,   ㄷ : 30일
⑤ ㄱ : 2개월,   ㄴ : 2개월,   ㄷ : 2개월

> 출산전후휴가, 유산·사산휴가 또는 육아기 근로시간 단축의 시작일 전 **2개월**이 되는 날(출산전후휴가에 연이어 유산·사산휴가 또는 육아기 근로시간 단축을 시작하는 경우에는 출산전후휴가 시작일 전 **2개월**이 되는 날) 이후 새로 대체인력을 고용하여 **30일** 이상 계속 고용한 경우[고보법 시행령 제29조 제1항 제3호 가목 1)]

① 고용노동부장관은 법 제23조에 따라 다음 각 호에 해당하는 사업주에게 출산육아기 고용안정장려금을 지급한다.
1. 삭제 〈2018.12.31.〉
2. 피보험자인 근로자에게 고평법 제19조에 따른 육아휴직 또는 같은 법 제19조의2에 따른 육아기 근로시간 단축(이하 "육아휴직등")을 30일[근로기준법 제74조 제1항에 따른 출산전후휴가의 기간과 중복되는 기간은 제외] 이상 허용한 우선지원대상기업의 사업주
3. 피보험자인 근로자에게 출산전후휴가, 근로기준법 제74조 제3항에 따른 유산·사산휴가 또는 육아기 근로시간 단축을 30일 이상 부여하거나 허용하고 대체인력을 고용한 경우로서 다음 각 목의 요건을 모두 갖춘 우선지원대상기업의 사업주
   가. 다음의 어느 하나에 해당할 것
   1) 출산전후휴가, 유산·사산휴가 또는 육아기 근로시간 단축의 시작일 전 2개월이 되는 날(출산전후휴가에 연이어 유산·사산휴가 또는 육아기 근로시간 단축을 시작하는 경우에는 출산전후휴가 시작일 전 2개월이 되는 날) 이후 새로 대체인력을 고용하여 30일 이상 계속 고용한 경우
   2) 피보험자인 근로자에게 임신 중에 60일을 초과하여 근로시간 단축을 허용하고 대체인력을 고용한 경우로서 그 근로자가 근로시간 단축 종료에 연이어 출산전후휴가, 유산·사산휴가 또는 육아기 근로시간 단축을 시작한 이후에도 같은 대체인력을 계속 고용한 경우. 이 경우 대체인력을 고용한 기간은 30일 이상이어야 한다.
   나. 삭제 〈2020.3.31.〉
   다. 새로 대체인력을 고용하기 전 3개월부터 고용 후 1년까지(해당 대체인력의 고용기간이 1년 미만인 경우에는 그 고용관계 종료 시까지) 고용조정으로 다른 근로자(새로 고용한 대체인력보다 나중에 고용된 근로자는 제외)를 이직시키지 아니할 것

08 고용보험법령상 자영업자인 피보험자에 대한 실업급여 적용의 특례에 관한 내용으로 옳은 것은?

① 자영업자인 피보험자의 실업급여의 종류에는 광역구직활동비가 포함되지 않는다.

> 자영업자인 피보험자의 실업급여의 종류는 제37조에 따른다. 다만, 제51조부터 제55조까지의 규정에 따른 연장급여와 제64조에 따른 조기재취업수당은 제외한다(고보법 제69조의2). 따라서 자영업자인 피보험자의 실업급여의 종류에는 구직급여와 취업촉진수당인 직업능력개발수당, 광역구직활동비 및 이주비 등이 포함된다.

② 폐업일 이전 12개월간 자영업자인 피보험자로서 갖춘 피보험단위기간이 합산하여 6개월이면 구직급여를 지급한다.

> 구직급여는 폐업일 이전 24개월간 자영업자인 피보험자로서 갖춘 피보험단위기간이 합산하여 1년 이상일 경우에 지급한다(고보법 제69조의3 제1호).

❸ 자영업자인 피보험자로서 폐업한 수급자격자에 대한 구직급여일액은 그 수급자격자의 기초일액에 100분의 60을 곱한 금액으로 한다. _{고보법 제69조의5}

④ 고용노동부장관은 자영업자의 피보험기간이 3년이면서 보험료체납횟수가 1회인 경우 실업급여를 지급하지 아니한다.

> 고보법 시행규칙 [별표 2의4]에 따라 피보험기간이 3년인 자영업자의 실업급여 지급이 제한되는 보험료체납 횟수는 3회이다.

⑤ 자영업자의 실업급여를 받을 권리는 양도하거나 담보로 제공할 수 있다.

> 자영업자의 실업급여를 받을 권리는 양도 또는 압류하거나 담보로 제공할 수 없다(고보법 제69조의9, 제38조 제1항).

관계법령	자영업자 실업급여 지급이 제한되는 보험료체납횟수(고보법 시행규칙 [별표 2의4])	
구 분		**체납횟수**
피보험기간	1년 이상~2년 미만	1회
	2년 이상~3년 미만	2회
	3년 이상	3회

09 고용보험법령상 피보험자격에 관한 내용으로 옳지 않은 것은?

❶ 사업주는 그 사업에 고용된 근로자의 피보험자격 취득에 관한 사항을 신고하려는 경우 그 사유가 발생한 날이 속하는 달의 다음 달 말일까지 고용노동부장관에게 신고해야 한다.

> 사업주나 하수급인(下受給人)은 고용노동부장관에게 그 사업에 고용된 근로자의 피보험자격 취득 및 상실에 관한 사항을 신고하려는 경우에는 그 사유가 발생한 날이 속하는 달의 다음 달 15일까지(근로자가 그 기일 이전에 신고할 것을 요구하는 경우에는 지체 없이) 신고해야 한다(고보법 시행령 제7조 제1항 전문).

② 사업주가 그 사업에 고용된 근로자의 피보험자격의 취득에 관한 사항을 신고하지 아니하면 근로자가 근로계약서 등 고용관계를 증명할 수 있는 서류를 제출하여 신고할 수 있다.

> 法 고보법 제15조 제3항, 동법 시행령 제8조

③ 자영업자인 피보험자는 피보험자격의 취득 및 상실에 관한 신고를 하지 아니한다.

> 法 고보법 제15조 제7항

④ 고용보험에 가입되거나 가입된 것으로 보는 근로자가 보험관계가 성립되어 있는 둘 이상의 사업에 동시에 고용되어 있는 경우에는 대통령령으로 정하는 바에 따라 그중 한 사업의 피보험자격을 취득한다. 法 고보법 제18조 제1항, 제2조 제1호 가목

⑤ 피보험자는 언제든지 고용노동부장관에게 피보험자격의 취득 또는 상실에 관한 확인을 청구할 수 있다.

> 피보험자 또는 피보험자였던 사람은 언제든지 고용노동부장관에게 피보험자격의 취득 또는 상실에 관한 확인을 청구할 수 있다(고보법 제17조 제1항).

피보험자격의 취득기준(고보법 제18조)

① 제2조 제1호 가목에 따른 근로자가 보험관계가 성립되어 있는 둘 이상의 사업에 동시에 고용되어 있는 경우에는 대통령령으로 정하는 바에 따라 그중 한 사업의 피보험자격을 취득한다.

② 제2조 제1호 가목 및 나목에 동시에 해당하는 사람은 같은 호 가목에 따른 근로자, 예술인 또는 노무제공자로서의 피보험자격을 취득한다. 다만, 제2조 제1호 가목에 따른 피보험자가 다음 각 호의 어느 하나에 해당하는 사람인 경우에는 같은 호 가목 및 나목의 피보험자격 중 하나를 선택하여 피보험자격을 취득하거나 유지한다.
  1. 일용근로자
  2. 제77조의2 제2항 제2호 단서에 따른 단기예술인
  3. 제77조의6 제2항 제2호 단서에 따른 단기노무제공자

③ 제2항에도 불구하고 제2조 제1호 가목 및 나목에 동시에 해당하는 사람은 본인 의사에 따라 같은 호 가목 및 나목에 따른 피보험자격 모두를 취득하거나 유지할 수 있다.

④ 제2조 제1호 가목에 따른 예술인 또는 노무제공자가 보험관계가 성립되어 있는 둘 이상의 사업에서 동시에 노무를 제공하거나 근로를 제공하는 경우에는 대통령령으로 정하는 바에 따라 피보험자격을 취득한다.

정의(고보법 제2조)

이 법에서 사용하는 용어의 뜻은 다음과 같다.
  1. "피보험자"란 다음 각 목에 해당하는 사람을 말한다.
    가. 고용보험 및 산업재해보상보험의 보험료징수 등에 관한 법률(이하 "고용산재보험료징수법") 제5조 제1항·제2항, 제6조 제1항, 제8조 제1항·제2항, 제48조의2 제1항 및 제48조의3 제1항에 따라 보험에 가입되거나 가입된 것으로 보는 근로자, 예술인 또는 노무제공자
    나. 고용산재보험료징수법 제49조의2 제1항·제2항에 따라 고용보험에 가입하거나 가입된 것으로 보는 자영업자(이하 "자영업자인 피보험자")

10 산업재해보상보험법령상 특수형태근로종사자의 직종에 해당하지 않는 사람은?

① 한국표준직업분류표의 세분류에 따른 택배원인 사람으로서 소화물을 집화·수송과정을 거쳐 배송하는 택배사업에서 집화업무를 하는 사람
② 우체국 예금·보험에 관한 법률에 따른 우체국보험의 모집을 전업으로 하는 사람
③ 한국표준직업분류표의 세세분류에 따른 대여제품 방문점검원
④ 한국표준직업분류표의 세분류에 따른 가전제품 설치 및 수리원으로서 가전제품을 배송, 설치 및 시운전하여 작동상태를 확인하는 사람
❺ 신용정보의 이용 및 보호에 관한 법률에 따른 위임직채권추심인

> 산재보험을 통한 보호 범위를 보다 확대하려는 취지에서 전속성을 요구하고 있던 산재법 제125조를 2022.6.10. 개정하여 삭제하고 기존 특수형태근로종사자 및 온라인 플랫폼 종사자 등을 포괄하는 개념인 "노무제공자"에 대한 의무적 산재보험가입 관련 규정(산재법 제91조의15 이하)을 신설하는 산재법 개정과 2023.6.27. 이러한 취지를 반영하여 동법 시행령 제125조를 개정하여 삭제하는 시행령 개정으로, 특수형태근로종사자 관련 문제들은 삭제하는 것이 타당하나 연도별 문제집의 특성상 문제 자체는 부득이하게 남겨두되 그 해설은 생략하기로 한다.

11 산업재해보상보험법령상 보험급여에 관한 내용으로 옳지 않은 것은?

① 장해보상연금의 수급권자가 재요양을 받는 경우에도 그 연금의 지급을 정지하지 아니한다. **산재법 제60조 제1항**

② 진폐유족연금의 지급은 그 지급사유가 발생한 달의 다음 달 첫날부터 시작한다.

> 장해보상연금, 유족보상연금, 진폐보상연금 또는 **진폐유족연금의 지급은 그 지급사유가 발생한 달의 다음 달 첫날부터 시작**되며, 그 지급받을 권리가 소멸한 달의 말일에 끝난다(산재법 제70조 제1항).

③ 유족보상연금 수급자격자인 손자녀가 25세가 된 때 또는 형제자매가 19세가 된 때에는 그 자격을 잃는다. **산재법 제64조 제1항 제4호의2, 제4호의3**

❹ 요양급여를 받는 근로자가 요양을 시작한 지 1년이 지난 이후에 취업하지 못하면 휴업급여 대신 상병보상연금을 그 근로자에게 지급한다.

> 요양급여를 받는 근로자가 요양을 시작한 지 **2년**이 지난 날 이후에 **상병보상연금수급요건 모두에 해당하는 상태가 계속되면** 휴업급여 대신 상병보상연금을 그 근로자에게 지급한다(산재법 제66조 제1항).

⑤ 장해보상연금은 그 지급을 정지할 사유가 발생한 때에는 그 사유가 발생한 달의 다음 달 첫날부터 그 사유가 소멸한 달의 말일까지 지급하지 아니한다.

> 장해보상연금, 유족보상연금, 진폐보상연금 또는 진폐유족연금은 **그 지급을 정지할 사유가 발생한 때에는** 그 사유가 발생한 달의 다음 달 첫날부터 **그 사유가 소멸한 달의 말일까지 지급하지 아니한다**(산재법 제70조 제2항).

관계법령 **상병보상연금(산재법 제66조)**

① 요양급여를 받는 근로자가 요양을 시작한 지 **2년**이 지난 날 이후에 **다음 각 호의 요건 모두에 해당하는 상태가 계속되면** 휴업급여 대신 상병보상연금을 그 근로자에게 지급한다.
1. 그 부상이나 질병이 치유되지 아니한 상태일 것
2. 그 부상이나 질병에 따른 중증요양상태의 정도가 대통령령으로 정하는 중증요양상태등급기준에 해당할 것
3. 요양으로 인하여 취업하지 못하였을 것

---

12 산업재해보상보험법령상 업무상질병판정위원회에 관한 내용으로 옳지 않은 것은?

① 한의사는 업무상질병판정위원회의 위원이 될 수 있다. **산재법 시행규칙 제6조 제2항 제3호**

② 업무상질병판정위원회의 위원장과 위원의 임기는 2년으로 하되, 연임할 수 있다. **산재법 시행규칙 제6조 제5항**

③ 이황화탄소중독증은 업무상질병판정위원회의 심의에서 제외되는 질병에 해당한다. **산재법 시행규칙 제7조 제2호**

❹ 업무상질병판정위원회는 부득이한 사유로 심의를 의뢰받은 날부터 60일 이내에 심의를 마칠 수 없으면 20일 단위로 두 차례 연장할 수 있다.

> 질병판정위원회는 **심의를 의뢰받은 날부터 20일 이내에** 업무상 질병으로 인정되는지를 심의하여 그 결과를 심의를 의뢰한 소속 기관의 장에게 알려야 한다. **다만, 부득이한 사유로 그 기간 내에 심의를 마칠 수 없으면 10일을 넘지 않는 범위에서 한 차례만 그 기간을 연장할 수 있다**(산재법 시행규칙 제8조 제2항).

⑤ 업무상질병판정위원회의 원활한 운영을 위하여 필요하면 위원장이 지명하는 위원이 회의를 주재할 수 있다.

> 질병판정위원회의 **위원장은 회의를 소집하고, 그 의장이 된다.** 다만, 질병판정위원회의 **원활한 운영을 위하여 필요하면 위원장이 지명하는 위원이 회의를 주재할 수 있다**(산재법 시행규칙 제9조 제1항).

13 산업재해보상보험법령상 진폐에 따른 보험급여의 종류에 해당하는 것을 모두 고른 것은?

ㄱ. 요양급여	ㄴ. 휴업급여
ㄷ. 장해급여	ㄹ. 간병급여
ㅁ. 유족급여	

❶ ㄱ, ㄹ
② ㄱ, ㄴ, ㅁ
③ ㄴ, ㄹ, ㅁ
④ ㄴ, ㄷ, ㄹ, ㅁ
⑤ ㄱ, ㄴ, ㄷ, ㄹ, ㅁ

> 산재법상 진폐에 따른 보험급여의 종류에 해당하는 것은 **요양급여**와 **간병급여**이다.

관계법령 **보험급여의 종류와 산정기준 등(산재법 제36조)**

① 보험급여의 종류는 다음 각 호와 같다. 다만, 진폐에 따른 보험급여의 종류는 제1호의 **요양급여**, 제4호의 **간병급여**, 제7호의 **장례비**, 제8호의 **직업재활급여**, 제91조의3에 따른 **진폐보상연금** 및 제91조의4에 따른 **진폐유족연금**으로 하고, 제91조의12에 따른 **건강손상자녀에 대한 보험급여**의 종류는 제1호의 요양급여, 제3호의 장해급여, 제4호의 간병급여, 제7호의 장례비, 제8호의 직업재활급여로 한다.
1. 요양급여
2. 휴업급여
3. 장해급여
4. 간병급여
5. 유족급여
6. 상병(傷病)보상연금
7. 장례비
8. 직업재활급여

14 산업재해보상보험법령상 과태료 부과대상이 되는 자는?

☑ 확인
Check!

○
△
✕

① 근로복지공단의 임직원이나 그 직에 있었던 사람이 그 직무상 알게 된 비밀을 누설한 자

> 2년 이하의 징역 또는 1천만원 이하의 벌금에 처한다(산재법 제127조 제4항).

② 산재보험의료기관의 종사자로서 거짓이나 그 밖의 부정한 방법으로 진료비를 지급받은 자

> 3년 이하의 징역 또는 3천만원 이하의 벌금에 처한다(산재법 제127조 제2항).

③ 거짓이나 그 밖의 부정한 방법으로 보험급여를 받도록 시키거나 도와준 자

> 2년 이하의 징역 또는 2천만원 이하의 벌금에 처한다(산재법 제127조 제3항 제2호).

❹ 근로복지공단이 아닌 자가 근로복지공단과 비슷한 명칭을 사용한 자

> 200만원 이하의 과태료를 부과한다(산재법 제129조 제2항 제1호).

⑤ 근로자가 보험급여를 신청한 것을 이유로 근로자를 해고한 사업주

> 2년 이하의 징역 또는 2천만원 이하의 벌금에 처한다(산재법 제127조 제3항 제3호).

관계법령

벌칙(산재법 제127조)

① 제31조의2 제3항을 위반하여 공동이용하는 전산정보자료를 같은 조 제1항에 따른 목적 외의 용도로 이용하거나 활용한 자는 3년 이하의 징역 또는 3천만원 이하의 벌금에 처한다. 〈신설 2021.1.26.〉

② 산재보험의료기관이나 제46조 제1항에 따른 약국의 종사자로서 거짓이나 그 밖의 부정한 방법으로 진료비나 약제비를 지급받은 자는 3년 이하의 징역 또는 3천만원 이하의 벌금에 처한다. 〈개정 2021.1.26.〉

③ 다음 각 호의 어느 하나에 해당하는 자는 2년 이하의 징역 또는 2천만원 이하의 벌금에 처한다. 〈개정 2021.1.26.〉
  1. 거짓이나 그 밖의 부정한 방법으로 보험급여를 받은 자
  2. 거짓이나 그 밖의 부정한 방법으로 보험급여를 받도록 시키거나 도와준 자
  3. 제111조의2를 위반하여 근로자를 해고하거나 그 밖에 근로자에게 불이익한 처우를 한 사업주

④ 제21조 제3항을 위반하여 비밀을 누설한 자는 2년 이하의 징역 또는 1천만원 이하의 벌금에 처한다.

과태료(산재법 제129조)

① 제91조의21을 위반하여 자료 또는 정보의 제공 요청에 따르지 아니한 자에게는 300만원 이하의 과태료를 부과한다.

② 다음 각 호의 어느 하나에 해당하는 자에게는 200만원 이하의 과태료를 부과한다.
  1. 제34조를 위반하여 근로복지공단 또는 이와 비슷한 명칭을 사용한 자
  2. 제45조 제1항을 위반하여 공단이 아닌 자에게 진료비를 청구한 자

③ 다음 각 호의 어느 하나에 해당하는 자에게는 100만원 이하의 과태료를 부과한다.
  1. 제47조 제1항에 따른 진료계획을 정당한 사유 없이 제출하지 아니하는 자
  2. 제105조 제4항(제109조 제1항에서 준용하는 경우를 포함)에 따른 질문에 답변하지 아니하거나 거짓된 답변을 하거나 검사를 거부·방해 또는 기피한 자
  3. 제114조 제1항 또는 제118조에 따른 보고를 하지 아니하거나 거짓된 보고를 한 자 또는 서류나 물건의 제출 명령에 따르지 아니한 자
  4. 제117조 또는 제118조에 따른 공단의 소속 직원의 질문에 답변을 거부하거나 조사를 거부·방해 또는 기피한 자
  5. 삭제 〈2022.6.10.〉

15 산업재해보상보험법령상 간병 및 이송에 관한 내용으로 옳지 않은 것은?

① 요양 중인 근로자가 회복실에서 요양 중인 경우 그 기간에는 별도의 간병을 제공하지 않는다.

> 간병은 요양 중인 근로자의 부상·질병상태 및 간병이 필요한 정도에 따라 구분하여 제공한다. 다만, **요양 중인 근로자가 중환자실이나 회복실에서 요양 중인 경우 그 기간에는 별도의 간병을 제공하지 않는다**(산재법 시행규칙 제11조 제1항).

② 간병은 요양 중인 근로자의 부상·질병상태가 의학적으로 다른 사람의 간병이 필요하다고 인정되는 경우로서 신체 표면면적의 35퍼센트 이상에 걸친 화상을 입어 수시로 적절한 조치를 할 필요가 있는 사람에게 제공한다. 🔑 산재법 시행규칙 제11조 제2항 제5호

③ 해당 근로자의 13세 이상의 자녀 또는 형제자매도 간병을 할 수 있는 사람이다.

> **해당 근로자의** 배우자(사실상 혼인관계에 있는 사람을 포함한다), 부모, **13세 이상의 자녀** 또는 형제자매는 **간병을 할 수 있는 사람에 해당한다**(산재법 시행규칙 제12조 제1항 제3호).

❹ 간병의 대상이 되는 근로자의 부상·질병상태 등이 전문적인 간병을 필요로 하는 경우에는 의료법에 따른 간호사만 간병을 하도록 할 수 있다.

> 간병의 대상이 되는 근로자의 부상·질병상태 등이 전문적인 간병을 필요로 하는 경우에는 **의료법에 따른 간호사·간호조무사** 또는 **노인복지법에 따른 요양보호사 등 공단이 인정하는 간병교육을 받은 사람만** 간병을 하도록 할 수 있다(산재법 시행규칙 제12조 제2항).

⑤ 해당 근로자의 부상·질병상태로 보아 이송 시 간호인의 동행이 필요하다고 인정되는 경우에는 간호인 1명이 동행할 수 있으나, 의학적으로 특별히 필요하다고 인정되는 경우에는 2명까지 동행할 수 있다. 🔑 산재법 시행규칙 제17조 제1항

---

16 국민연금법령에 관한 내용으로 옳지 않은 것은?

① 국민기초생활 보장법에 따른 생계급여수급자는 지역가입자에서 제외된다.

> **국민기초생활 보장법에 따른 생계급여수급자** 또는 의료급여수급자는 **지역가입자에서 제외한다**(연금법 제9조 제4호).

❷ 지역가입자가 국적을 상실한 때에는 그에 해당하게 된 날에 그 자격을 상실한다.

> **지역가입자가 국적을 상실하거나** 국외로 이주한 때에는 **그에 해당하게 된 날의 다음 날에 자격을 상실한다**(연금법 제12조 제2항 제2호).

③ 지역가입자가 사업장가입자의 자격을 취득한 때에는 그에 해당하게 된 날에 그 자격을 상실한다. 🔑 연금법 제12조 제2항 제4호

④ 임의가입자는 가입신청이 수리된 날에 자격을 취득한다. 🔑 연금법 제11조 제3항

⑤ 사립학교교직원 연금법을 적용받는 사립학교교직원은 국민연금 가입대상에서 제외된다.

> **국내에 거주하는 국민으로서 18세 이상 60세 미만인 자는 국민연금 가입대상**이 된다. 다만, 공무원연금법, 군인연금법, **사립학교교직원 연금법** 및 별정우체국법을 적용받는 공무원, 군인, **교직원** 및 별정우체국 직원, 그 밖에 대통령령으로 정하는 자는 **제외한다**(연금법 제6조).

17 국민연금법령상 노령연금수급권자에 관한 내용이다. (　　)에 들어갈 숫자의 합은?

국민연금가입기간이 (　　)년 이상인 가입자 또는 가입자였던 자 중 특수직종근로자는 (　　)세가 된 때부터 그가 생존하는 동안 노령연금을 지급한다.

① 55
② 60
❸ 65
④ 70
⑤ 75

> 국민연금가입기간이 10년 이상인 가입자 또는 가입자였던 자에 대하여는 60세(특수직종근로자는 55세)가 된 때부터 그가 생존하는 동안 노령연금을 지급한다(연금법 제61조 제1항). 즉, 10 + 55 = 65가 정답이다.

18 국민건강보험법령상 일반건강검진의 대상이 아닌 자는?

① 직장가입자
❷ 6세 미만의 피부양자
③ 20세 이상인 지역가입자
④ 20세 이상인 피부양자
⑤ 세대주인 지역가입자

> 일반건강검진의 대상은 **직장가입자, 세대주인 지역가입자, 20세 이상인 지역가입자 및 20세 이상인 피부양자** 등이다(건강법 제52조 제2항 제1호).

19 국민건강보험법령상 보험가입자의 자격상실시기로 옳은 것을 모두 고른 것은?

> ㄱ. 사망한 날
> ㄴ. 국적을 잃은 날
> ㄷ. 국내에 거주하지 아니하게 된 날
> ㄹ. 직장가입자의 피부양자가 된 날

❶ ㄹ
② ㄱ, ㄷ
③ ㄱ, ㄴ, ㄷ
④ ㄴ, ㄷ, ㄹ
⑤ ㄱ, ㄴ, ㄷ, ㄹ

> 건강법상 보험가입자의 자격상실시기로 옳은 것은 ㄹ.뿐이다.

관계법령 **자격의 상실시기 등(건강법 제10조)**

① 가입자는 다음 각 호의 어느 하나에 해당하게 된 날에 그 자격을 잃는다.
  1. 사망한 날의 <u>다음 날</u>
  2. 국적을 잃은 날의 <u>다음 날</u>
  3. 국내에 거주하지 아니하게 된 날의 <u>다음 날</u>
  4. <u>직장가입자의 피부양자가 된 날</u>
  5. 수급권자가 된 날
  6. 건강보험을 적용받고 있던 사람이 유공자등 의료보호대상자가 되어 건강보험의 적용배제신청을 한 날

20 고용보험 및 산업재해보상보험의 보험료징수 등에 관한 법령상 보험료의 납부 등에 관한 내용으로 옳지 않은 것은?

① 법인이 합병한 경우에 합병 후 존속하는 법인은 합병으로 소멸된 법인이 내야 하는 보험료를 낼 의무를 진다.

> 법인이 합병한 경우에 합병 후 존속하는 법인 또는 합병으로 설립되는 법인은 합병으로 소멸된 법인에 부과되거나 그 법인이 내야 하는 보험료와 이 법에 따른 그 밖의 징수금과 체납처분비를 낼 의무를 진다(징수법 제28조의2).

❷ 근로복지공단은 사업주가 국세를 체납하여 체납처분을 받은 경우에는 보험료와 이 법에 따른 징수금총액이 300만원 미만이면 납부기한 전이라도 즉시 보험료를 징수하여야 한다.

> 공단 또는 건강보험공단은 사업주가 국세를 체납하여 체납처분을 받은 경우에는 납부기한 전이라도 이미 납부의무가 확정된 보험료, 이 법에 따른 그 밖의 징수금을 징수할 수 있다. 다만, 보험료와 이 법에 따른 그 밖의 징수금의 총액이 500만원 미만인 경우에는 그러하지 아니하다(징수법 제27조의2 제1항 제1호).

③ 국민건강보험공단은 소멸시효가 완성된 경우에는 고용노동부장관의 승인을 받아 보험료와 이 법에 따른 그 밖의 징수금을 결손처분할 수 있다.

> 건강보험공단은 체납처분이 끝나고 체납액에 충당된 배분금액이 그 체납액보다 적은 경우, 소멸시효가 완성된 경우 및 징수할 가능성이 없다고 인정하여 대통령령으로 정하는 경우에 해당하는 사유가 있을 때에는 고용노동부장관의 승인을 받아 보험료와 이 법에 따른 그 밖의 징수금을 결손처분할 수 있다(징수법 제29조 제1항).

④ 공동사업에 관계되는 보험료, 이 법에 따른 그 밖의 징수금과 체납처분비는 공동사업자가 연대하여 낼 의무를 진다. ❿ 징수법 제28조의4 제1항

⑤ 상속이 개시된 때에 그 상속인은 피상속인에게 부과되거나 피상속인이 내야 하는 보험료를 상속받은 재산의 한도에서 낼 의무를 진다.

> 상속이 개시된 때에 그 상속인(민법 제1078조에 따라 포괄적 유증을 받은 자를 포함한다) 또는 민법 제1053조에 따른 상속재산관리인은 피상속인에게 부과되거나 그 피상속인이 내야 하는 보험료, 이 법에 따른 그 밖의 징수금과 체납처분비를 상속받은 재산의 한도에서 낼 의무를 진다(징수법 제28조의3 제1항).

21

고용보험 및 산업재해보상보험의 보험료징수 등에 관한 법령상 보험료의 부과 및 징수에 관한 내용으로 옳은 것은?

① 건설업 중 건설장비운영업은 보험료의 월별 부과·징수 제외대상사업에 해당한다.

> 건설업 중 건설장비운영업은 보험료의 월별 부과·징수 제외대상사업에서 제외한다(징수법 시행령 제19조의 2 제1호). 즉, 제외대상사업에 해당하지 아니한다.

② 임업 중 벌목업은 보험료의 월별 부과·징수 대상사업에 해당한다.

> 임업 중 벌목업은 보험료의 월별 부과·징수 제외대상사업에 해당한다(징수법 시행령 제19조의2 제2호).

③ 근로복지공단은 사업주에게 납부기한 20일 전까지 월별보험료의 납입을 고지하여야 한다.

> 건강보험공단은 사업주에게 징수하고자 하는 보험료 등의 종류, 납부하여야 할 보험료 등의 금액, 납부기한 및 장소 등을 적은 문서로써 납부기한 10일 전까지 월별보험료의 납입을 고지하여야 한다(징수법 제16조의8 제1항).

④ 장애인고용촉진 및 직업재활법상 장애인인 보험가입자의 보험료는 근로복지공단이 매월 부과하고, 한국장애인고용공단이 이를 징수한다.

> 장애인고용촉진 및 직업재활법상 장애인도 고용보험법이 적용되므로, 장애인인 보험가입자의 보험료는 근로복지공단이 매월 부과하고, 국민건강보험공단이 이를 징수한다(징수법 제16조의2 제1항).

❺ 제조업의 보험료는 근로복지공단이 매월 부과하고, 국민건강보험공단이 이를 징수한다.

> 보험료는 공단이 매월 부과하고, 건강보험공단이 이를 징수한다(징수법 제16조의2 제1항).

22

고용보험 및 산업재해보상보험의 보험료징수 등에 관한 법령상 소멸시효에 관한 내용으로 옳지 않은 것은?

❶ 월별보험료의 고지로 중단된 소멸시효는 월별보험료를 고지한 날부터 새로 진행한다.

> 월별보험료의 고지로 중단된 소멸시효는 고지한 월별보험료의 납부기한이 지난 때부터 새로 진행한다(징수법 제42조 제2항 제1호).

② 소멸시효에 관하여는 이 법에 규정된 것을 제외하고는 민법에 따른다. 징수법 제41조 제2항

③ 징수금의 독촉에 따라 중단된 소멸시효는 독촉에 의한 납부기한이 지난 때부터 새로 진행한다.
징수법 제42조 제2항 제2호

④ 이 법에 따른 그 밖의 징수금을 징수할 수 있는 권리는 3년간 행사하지 아니하면 시효로 인하여 소멸한다.

> 보험료, 이 법에 따른 그 밖의 징수금을 징수하거나 그 반환받을 수 있는 권리는 3년간 행사하지 아니하면 시효로 인하여 소멸한다(징수법 제41조 제1항).

⑤ 이 법에 따른 체납처분절차에 따라 하는 교부청구로 중단된 소멸시효는 교부청구 중의 기간이 지난 때부터 새로 진행한다. 징수법 제42조 제2항 제4호

23 고용보험 및 산업재해보상보험의 보험료징수 등에 관한 법령상 사업주는 보험에 가입된 사업에 변경사항이 있으면 그 변경된 날부터 14일 이내에 근로복지공단에 그 변경사항을 신고하여야 한다. 변경신고사항에 해당하는 것을 모두 고른 것은?

> ㄱ. 사업주의 이름 및 주민등록번호
> ㄴ. 사업의 종류
> ㄷ. 사업의 명칭 및 소재지
> ㄹ. 사업자등록번호

① ㄱ, ㄴ   ② ㄴ, ㄷ

③ ㄱ, ㄴ, ㄹ   ④ ㄱ, ㄷ, ㄹ

❺ ㄱ, ㄴ, ㄷ, ㄹ

> ㄱ, ㄴ, ㄷ, ㄹ <u>모두 보험관계의 변경신고사항에 해당</u>한다.

관계법령 **보험관계의 변경신고(징수법 시행령 제9조)**

법 제12조에 따라 사업주는 보험에 가입된 사업에 다음 각 호의 사항이 변경되면 그 변경된 날부터 14일 이내에 공단에 신고해야 한다. 다만, 제6호는 다음 보험연도 첫날부터 14일 이내에 신고해야 한다.
1. 사업주(법인인 경우에는 대표자)의 이름 및 주민등록번호
2. 사업의 명칭 및 소재지
3. 사업의 종류
4. 사업자등록번호(법인인 경우에는 법인등록번호를 포함한다)
5. 건설공사 또는 벌목업 등 기간의 정함이 있는 사업의 경우 사업의 기간
6. 고용보험법 시행령 제12조에 따른 우선지원 대상기업의 해당 여부에 변경이 있는 경우 상시근로자수

24 고용보험 및 산업재해보상보험의 보험료징수 등에 관한 법령상 국가·지방자치단체가 직접 하는 사업의 고용안정·직업능력개발사업의 보험료율은?

☑ 확인
Check!
○
△
✕

① 1만분의 25
② 1만분의 45
③ 1만분의 65
❹ 1만분의 85
⑤ 1천분의 16

> 국가·지방자치단체가 직접 하는 사업의 고용안정·직업능력개발사업의 보험료율은 1만분의 85이다(징수법 시행령 제12조 제1항 제1호 라목).

관계법령 **고용보험료율(징수법 시행령 제12조)**

① 법 제14조 제1항에 따른 고용보험료율은 다음 각 호와 같다.
1. 고용안정·직업능력개발사업의 보험료율 : 다음 각 목의 구분에 따른 보험료율
   가. 상시근로자수가 150명 미만인 사업주의 사업 : 1만분의 25
   나. 상시근로자수가 150명 이상인 사업주의 사업으로서 우선지원 대상기업의 범위에 해당하는 사업 : 1만분의 45
   다. 상시근로자수가 150명 이상 1천명 미만인 사업주의 사업으로서 나목에 해당하지 않는 사업 : 1만분의 65
   라. 상시근로자수가 1천명 이상인 사업주의 사업으로서 나목에 해당하지 않는 사업 및 국가·지방자치단체가 직접 하는 사업 : 1만분의 85
2. 실업급여의 보험료율 : 1천분의 18

---

25 고용보험 및 산업재해보상보험의 보험료징수 등에 관한 법령상 보험관계의 성립일 또는 소멸일에 관한 내용으로 옳지 않은 것은?

☑ 확인
Check!
○
△
✕

① 사업이 폐업되거나 끝난 날의 다음 날에 소멸한다. 🔖 징수법 제10조 제1호
② 일괄적용을 받는 사업의 경우에는 처음 하는 사업이 시작된 날에 성립한다.
  🔖 징수법 제7조 제4호
③ 근로복지공단이 계속하여 보험관계를 유지할 수 없다고 인정하여 그 보험관계를 소멸시키는 경우에는 그 소멸을 결정·통지한 날의 다음 날에 소멸한다. 🔖 징수법 제10조 제3호
④ 근로복지공단의 승인을 얻어 가입한 보험계약을 해지하는 경우에는 그 해지에 관하여 근로복지공단의 승인을 받은 날의 다음 날에 소멸한다. 🔖 징수법 제10조 제2호
❺ 보험에 가입한 하수급인의 경우에는 그 하도급공사의 착공일의 다음 날에 성립한다.

> 보험에 가입한 하수급인의 경우에는 그 하도급공사의 착공일에 성립한다(징수법 제7조 제5호).

2020년 제29회 정답 및 해설

✅ 문제편 228p

✅ 정답 CHECK   ✅ 각 문항별로 이해도 CHECK

01	02	03	04	05	06	07	08	09	10	11	12	13	14	15	16	17	18	19	20	21	22	23	24	25
②	②	⑤	①	③	⑤	③	⑤	④	③	⑤	①	⑤	③	②	③	①	④	③	③	④	④	②	②	①

01

사회보장기본법에 관한 설명으로 옳은 것은?

☑ 확인
Check!
○
△
✕

① 사회보장수급권은 다른 사람에게 양도하거나 담보로 제공할 수 있으며, 이를 압류할 수 있다.

> 사회보장수급권은 관계법령에서 정하는 바에 따라 <u>다른 사람에게 양도하거나 담보로 제공할 수 없으며, 이를 압류할 수 없다</u>(사보법 제12조).

❷ 국내에 거주하는 외국인에게 사회보장제도를 적용할 때에는 상호주의에 따르되, 관계법령에서 정하는 바에 따른다.   🐝 사보법 제8조

③ 사회보장수급권의 포기는 원칙적으로 취소할 수 없다.

> <u>사회보장수급권의 포기는 취소할 수 있다</u>(사보법 제14조 제2항).

④ 국가는 사회보장제도의 안정적인 운영을 위하여 중장기 사회보장 재정추계를 3년마다 실시한다.

> 국가는 사회보장제도의 안정적인 운영을 위하여 중장기 사회보장 재정추계를 <u>격년으로 실시하고 이를 공표하여야 한다</u>(사보법 제5조 제4항).

⑤ 공공부조란 국민에게 발생하는 사회적 위험을 보험의 방식으로 대처함으로써 국민의 건강과 소득을 보장하는 제도를 말한다.

> <u>"공공부조"(公共扶助)란 국가와 지방자치단체의 책임하에 생활유지능력이 없거나 생활이 어려운 국민의 최저생활을 보장하고 자립을 지원하는 제도를 말한다</u>(사보법 제3조 제3호).

02 사회보장기본법상 사회보장 기본계획에 관한 설명으로 옳지 않은 것은?

① 사회보장 기본계획은 사회보장위원회와 국무회의의 심의를 거쳐 확정한다. **사보법 제16조 제3항**

❷ 다른 법령에 따라 수립되는 사회보장에 관한 계획은 사회보장 기본계획에 우선한다.

> 사회보장 기본계획은 다른 법령에 따라 수립되는 사회보장에 관한 계획에 우선하며 그 계획의 기본이 된다(사보법 제17조).

③ 보건복지부장관은 관계 중앙행정기관의 장과 협의하여 사회보장 증진을 위하여 사회보장에 관한 기본계획을 5년마다 수립하여야 한다. **사보법 제16조 제1항**

④ 사회보장 기본계획에는 사회보장 전달체계가 포함되어야 한다. **사보법 제16조 제2항 제6호**

⑤ 보건복지부장관 및 관계 중앙행정기관의 장은 사회보장 기본계획에 따라 사회보장과 관련된 소관 주요시책의 시행계획을 매년 수립·시행하여야 한다. **사보법 제18조 제1항**

관계법령 **사회보장 기본계획의 수립(사보법 제16조)**

② 기본계획에는 다음 각 호의 사항이 포함되어야 한다.
1. 국내외 사회보장환경의 변화와 전망
2. 사회보장의 기본목표 및 중장기 추진방향
3. 주요추진과제 및 추진방법
4. 필요한 재원의 규모와 조달방안
5. 사회보장 관련 기금 운용방안
6. 사회보장 전달체계
7. 그 밖에 사회보장정책의 추진에 필요한 사항

---

03 사회보장기본법령상 사회보장위원회에 관한 설명으로 옳지 않은 것은?

① 국무총리 소속으로 둔다. **사보법 제20조 제1항**

② 부위원장은 기획재정부장관, 교육부장관 및 보건복지부장관이 된다. **사보법 제21조 제2항**

③ 보궐위원의 임기는 전임자 임기의 남은 기간으로 한다. **사보법 제21조 제5항**

④ 사무처리를 위한 사무국은 보건복지부에 둔다. **사보법 제21조 제8항**

❺ 심의·조정사항을 전문적으로 검토하기 위하여 전문위원회를 두며, 전문위원회에 분야별 실무위원회를 둔다.

> 사회보장위원회를 효율적으로 운영하고 사회보장위원회의 심의·조정사항을 전문적으로 검토하기 위하여 사회보장위원회에 실무위원회를 두며, 실무위원회에 분야별 전문위원회를 둘 수 있다(사보법 제21조 제6항).

04 고용보험법상 구직급여에 관한 설명으로 옳지 않은 것은?

❶ 피보험 단위기간을 계산할 때, 최후로 피보험자격을 취득한 날 이전에 구직급여를 받은 사실이 있는 경우에는 그 구직급여와 관련된 피보험자격 상실일 이전의 피보험 단위기간은 산입한다.

> 피보험 단위기간을 계산할 때에는 최후로 피보험자격을 취득한 날 이전에 구직급여를 받은 사실이 있는 경우에는 <u>그 구직급여와 관련된 피보험자격 상실일 이전의 피보험 단위기간은 넣지 아니한다</u>(고보법 제41조 제2항).

② 최종 이직 당시 건설일용근로자였던 피보험자가 구직급여를 받으려는 경우에는 건설일용근로자로서 수급자격 인정신청일 이전 14일간 연속하여 근로내역이 없어야 한다. 〔法〕 고보법 제40조 제1항 제5호 나목

③ 구직급여를 지급받으려는 사람은 이직 후 지체 없이 직업안정기관에 출석하여 실업을 신고하여야 한다. 〔法〕 고보법 제42조 제1항 본문

④ 직업안정기관의 장은 필요하다고 인정하면 수급자격자의 실업인정대상기간 중의 취업사실에 대하여 조사할 수 있다. 〔法〕 고보법 제47조 제2항

⑤ 수급자격자가 질병이나 부상으로 직업안정기관에 출석할 수 없었던 경우로서 그 기간이 계속하여 7일 미만인 경우에는 직업안정기관에 출석할 수 없었던 사유를 적은 증명서를 제출하여 실업의 인정을 받을 수 있다. 〔法〕 고보법 제44조 제3항 제1호

05 고용보험법령상 고용조정의 지원에 관한 내용이다. (   )에 들어갈 내용으로 옳은 것은?

> 고용노동부장관은 사업의 폐업 또는 전환으로 고용조정이 불가피하게 된 사업주가 근로자에 대한 휴업, 휴직 등 근로자의 고용안정을 위한 조치를 하면 대통령령으로 정하는 바에 따라 그 사업주에게 필요한 지원을 할 수 있다. 이 경우 휴업이나 휴직 등 고용안정을 위한 조치로 근로자의 임금이 평균임금의 100분의 (   ) 미만(지급되는 임금이 없는 경우를 포함한다)으로 감소할 때에는 대통령령으로 정하는 바에 따라 그 근로자에게도 필요한 지원을 할 수 있다.

① 30

② 40

❸ 50 〔法〕 고보법 제21조 제1항, 동법 시행령 제21조의2

④ 60

⑤ 70

06 고용보험법령상 육아휴직급여 신청기간의 연장사유가 아닌 것은?

① 천재지변
② 배우자의 질병·부상
③ 병역법에 따른 의무복무
④ 범죄혐의로 인한 구속
❺ 배우자의 국외발령 등에 따른 동거목적의 거소 이전

> 배우자의 국외발령 등에 따른 동거목적의 거소 이전은 육아휴직급여 신청기간의 연장사유가 아니다.

관계법령	육아휴직급여 신청기간의 연장사유(고보법 시행령 제94조)

1. 천재지변
2. 본인이나 배우자의 질병·부상
3. 본인이나 배우자의 직계존속 및 직계비속의 질병·부상
4. 병역법에 따른 의무복무
5. 범죄혐의로 인한 구속이나 형의 집행

07 고용보험법상의 취업촉진수당에 해당하지 않는 것은?

① 이주비
② 직업능력개발수당
❸ 구직급여

> 구직급여는 취업촉진수당에 해당하지 아니한다.

④ 광역구직활동비
⑤ 조기(早期)재취업수당

관계법령	실업급여의 종류(고보법 제37조)

② 취업촉진수당의 종류는 다음 각 호와 같다.
  1. 조기(早期)재취업수당
  2. 직업능력개발수당
  3. 광역구직활동비
  4. 이주비

08 고용보험법상 고용보험위원회에 관한 설명으로 옳은 것은?

① 근로복지공단에 고용보험위원회를 둔다.

> 이 법 및 고용산재보험료징수법(보험에 관한 사항만 해당한다)의 시행에 관한 주요사항을 심의하기 위하여 **고용노동부에 고용보험위원회**(이하 "위원회")를 둔다(고보법 제7조 제1항).

② 심의사항을 사전에 검토·조정하기 위하여 실무위원회를 둔다.

> 위원회는 심의사항을 사전에 검토·조정하기 위하여 **위원회에 전문위원회를 둘 수 있다**(고보법 제7조 제5항).

③ 위원장 1명을 포함한 15명 이내의 위원으로 구성한다.

> 위원회는 위원장 **1명을 포함한 20명 이내의 위원으로 구성**한다(고보법 제7조 제3항).

④ 위원장은 고용노동부장관이 된다.

> **위원회의 위원장은 고용노동부차관이 되고,** 위원은 ㉠ 근로자를 대표하는 사람, ㉡ 사용자를 대표하는 사람, ㉢ 공익을 대표하는 사람, ㉣ 정부를 대표하는 사람 중에서 각각 같은 수로 고용노동부장관이 임명하거나 위촉하는 사람이 된다(고보법 제7조 제4항).

❺ 심의사항에는 보험제도 및 보험사업의 개선에 관한 사항이 포함된다. 🏛 고보법 제7조 제2항 제1호

관계법령 **고용보험위원회(고보법 제7조)**

② 위원회는 다음 각 호의 사항을 심의한다.
1. 보험제도 및 보험사업의 개선에 관한 사항
2. 고용산재보험료징수법에 따른 보험료율의 결정에 관한 사항
3. 제11조의2에 따른 보험사업의 평가에 관한 사항
4. 제81조에 따른 기금운용계획의 수립 및 기금의 운용결과에 관한 사항
5. 그 밖에 위원장이 보험제도 및 보험사업과 관련하여 위원회의 심의가 필요하다고 인정하는 사항

09 고용보험법령상 고용보험법이 적용되지 않는 것을 모두 고른 곳은?

> ㄱ. 주택법 제4조에 따른 주택건설사업자가 시공하는 공사
> ㄴ. 가구 내 고용활동 및 달리 분류되지 아니한 자가소비 생산활동
> ㄷ. 농업·임업 및 어업 중 법인이 아닌 자가 상시 4명 이하의 근로자를 사용하는 사업

① ㄱ   ② ㄱ, ㄴ

③ ㄱ, ㄷ   ❹ ㄴ, ㄷ

⑤ ㄱ, ㄴ, ㄷ

주택법 제4조에 따른 <u>주택건설사업자가 시공하는 공사</u>는, 고보법 시행령 제2조 제1항 제2호 단서에 의하여 <u>고보법이 적용됨을 유의하여야</u> 한다.

관계법령

적용범위(고보법 제8조)
① 이 법은 근로자를 사용하는 모든 사업 또는 사업장(이하 "사업")에 적용한다. <u>다만, 산업별 특성 및 규모 등을 고려하여 대통령령으로 정하는 사업에 대해서는 적용하지 아니한다.</u>
② 이 법은 제77조의2 제1항에 따른 예술인 또는 제77조의6 제1항에 따른 노무제공자의 노무를 제공받는 사업에 적용하되, 제1장, 제2장, 제4장, 제5장의2, 제5장의3, 제6장, 제8장 또는 제9장의 예술인 또는 노무제공자에 관한 규정을 각각 적용한다.

적용범위(고보법 시행령 제2조)
① 법 제8조 제1항 단서에서 "대통령령으로 정하는 사업"이란 다음 각 호의 어느 하나에 해당하는 사업을 말한다.
1. <u>농업·임업 및 어업 중 법인이 아닌 자가 상시 4명 이하의 근로자를 사용하는 사업</u>
2. 다음 각 목의 어느 하나에 해당하는 공사. 다만, 법 제15조 제2항 각 호에 해당하는 자가 시공하는 공사는 제외한다.
   가. 고용보험 및 산업재해보상보험의 보험료징수 등에 관한 법률 시행령 제2조 제1항 제2호에 따른 <u>총공사금액이 2천만원 미만인 공사</u>
   나. <u>연면적이 100m² 이하인 건축물의 건축 또는 연면적이 200m² 이하인 건축물의 대수선에 관한 공사</u>
3. <u>가구 내 고용활동 및 달리 분류되지 아니한 자가소비 생산활동</u>

10 고용보험법령상 구직급여와 관련한 내용이다. (　)에 들어갈 내용으로 옳은 것은?

☑ 확인
Check!
○
△
✕

> • 훈련연장급여의 지급기간은 (ㄱ)년을 한도로 한다.
> • 개별연장급여는 (ㄴ)일의 범위에서 대통령령으로 정하는 기간 동안 지급한다.

① ㄱ : 1,　ㄴ : 60　　　　　② ㄱ : 1,　ㄴ : 90

❸ ㄱ : 2,　ㄴ : 60　　　　　④ ㄱ : 2,　ㄴ : 90

⑤ ㄱ : 3,　ㄴ : 60

> • 훈련연장급여의 지급기간은 2년을 한도로 한다(고보법 시행령 제72조).
> • 개별연장급여는 60일의 범위에서 대통령령으로 정하는 기간 동안 지급한다(고보법 제52조 제2항).

11 산업재해보상보험법상 심사청구 및 재심사청구에 관한 설명으로 옳은 것은?

☑ 확인
Check!
○
△
✕

① 재심사위원회의 재결은 근로복지공단을 기속하지 아니한다.

> 재심사위원회의 재결은 **근로복지공단을 기속**한다(산재법 제109조 제2항).

② 재심사위원회 위원(당연직위원은 제외)의 임기는 2년으로 하되 연임할 수 없다.

> 재심사위원회 위원(당연직위원은 제외한다)의 **임기는 3년으로 하되 연임할 수 있고**, 위원장이나 위원의 임기가 끝난 경우 그 후임자가 임명될 때까지 그 직무를 수행한다(산재법 제107조 제7항).

③ 보험급여에 관한 결정에 대해서는 행정심판법에 따른 행정심판을 제기할 수 있다.

> 보험급여결정등에 대하여는 **행정심판법에 따른 행정심판을 제기할 수 없다**(산재법 제103조 제5항).

④ 재심사위원회의 위원장 및 위원은 고용노동부장관이 임명한다.

> 재심사위원회의 위원장 및 위원은 **고용노동부장관의 제청으로 대통령이 임명**한다(산재법 제107조 제5항 본문).

❺ 재심사청구의 제기는 시효의 중단에 관하여 민법 제168조에 따른 재판상의 청구로 본다.

> 🕮 산재법 제111조 제1항

12 산업재해보상보험법상 진폐에 따른 보험급여의 특례에 관한 설명으로 옳지 않은 것은?

❶ 고용노동부에 진폐심사회의를 둔다.

> 진폐의 진단결과에 대하여 진폐병형 및 합병증 등을 심사하기 위하여 <u>근로복지공단에 관계 전문가 등으로 구성된 진폐심사회의를 둔다</u>(산재법 제91조의7 제1항).

② 진폐보상연금은 진폐장해등급별 진폐장해연금과 기초연금을 합산한 금액으로 한다.

> ⚙ 산재법 제91조의3 제2항 전문

③ 진폐유족연금은 사망 당시 진폐근로자에게 지급하고 있거나 지급하기로 결정된 진폐보상연금과 같은 금액으로 하되 유족보상연금을 초과할 수 없다. ⚙ 산재법 제91조의4 제2항

④ 근로복지공단은 근로자가 진폐에 대한 요양급여를 청구하면 진폐의 예방과 진폐근로자의 보호 등에 관한 법률에 따른 건강진단기관에 진폐판정에 필요한 진단을 의뢰하여야 한다.

> ⚙ 산재법 제91조의6 제1항

⑤ 장해보상연금을 받고 있는 사람에게는 진폐에 대한 진단을 받는 경우 진단수당을 지급하지 아니한다. ⚙ 산재법 제91조의6 제5항 단서

---

13 산업재해보상보험법령상 휴업급여에 관한 설명으로 옳은 것은?

① 1일당 지급액은 평균임금의 100분의 70에 상당하는 금액으로 하며 취업하지 못한 기간이 5일 이내이면 지급하지 아니한다.

> 휴업급여는 업무상 사유로 부상을 당하거나 질병에 걸린 근로자에게 요양으로 취업하지 못한 기간에 대하여 지급하되, <u>1일당 지급액은 평균임금의 100분의 70에 상당하는 금액으로 한다. 다만, 취업하지 못한 기간이 3일 이내이면 지급하지 아니한다</u>(산재법 제52조).

② 요양을 받고 있는 근로자가 그 요양기간 중 단시간취업을 하는 경우에는 취업한 날에 해당하는 그 근로자의 평균임금에서 취업한 날에 대한 임금을 뺀 금액의 100분의 70에 상당하는 금액을 지급할 수 있다.

> 요양 또는 재요양을 받고 있는 근로자가 그 요양기간 중 일정기간 또는 단시간 취업을 하는 경우에는 그 취업한 날에 해당하는 그 근로자의 평균임금에서 그 취업한 날에 대한 임금을 뺀 금액의 <u>100분의 80에 상당하는 금액</u>을 지급할 수 있다(산재법 제53조 제1항 본문).

③ 휴업급여를 받는 근로자가 60세가 되면 그 이후의 휴업급여는 감액하여 지급한다.

> 휴업급여를 받는 <u>근로자가 61세가 되면</u> 그 이후의 휴업급여는 [별표 1]에 따라 산정한 금액을 지급한다(산재법 제55조 본문).

④ 재요양을 받는 사람에 대하여는 재요양 당시의 임금을 기준으로 산정한 평균임금의 100분의 90에 상당하는 금액을 1일당 휴업급여 지급액으로 한다.

> 재요양을 받는 사람에 대하여는 재요양 당시의 임금을 기준으로 산정한 <u>평균임금의 100분의 70에 상당하는 금액</u>을 1일당 휴업급여 지급액으로 한다(산재법 제56조 제1항 전문).

❺ 재요양을 받는 사람에 대하여 산정한 1일당 휴업급여 지급액이 최저임금액보다 적으면 최저임금액을 1일당 휴업급여 지급액으로 한다. ⚙ 산재법 제56조 제2항

14 산업재해보상보험법령에 따른 업무상 재해에 해당하는 것을 모두 고른 것은?

> ㄱ. 업무수행과정에서 하는 용변 등 생리적 필요행위를 하던 중에 발생한 사고
> ㄴ. 통상적인 경로와 방법으로 출퇴근하는 중 일상생활에 필요한 용품을 구입하기 위한 출퇴근경로 일탈 중의 사고
> ㄷ. 사업주가 제공한 시설물등을 사업주의 구체적인 지시를 위반하여 이용한 행위로 발생한 사고
> ㄹ. 직장 내 괴롭힘 등으로 인한 업무상 정신적 스트레스가 원인이 되어 발생한 질병

① ㄱ, ㄴ   ② ㄴ, ㄷ
❸ ㄱ, ㄴ, ㄹ   ④ ㄱ, ㄷ, ㄹ
⑤ ㄴ, ㄷ, ㄹ

> ㄱ. (○), ㄴ. (○), ㄹ. (○) ㄱ.은 산재법 시행령 제27조 제1항 제2호에 의하여, ㄴ.은 산재법 제37조 제3항, 동법 시행령 제35조 제2항 제1호에 의하여, ㄹ.은 산재법 제37조 제1항 제2호 다목에 의하여 <u>각각 업무상 재해로 간주된다.</u>
> ㄷ. (✕) <u>사업주가 제공한 시설물등을 사업주의 구체적인 지시를 위반하여 이용한 행위로 발생한 사고</u>와 그 시설물등의 관리 또는 이용권이 근로자의 전속적 권한에 속하는 경우에 그 관리 또는 이용 중에 발생한 사고는 <u>업무상 사고로 보지 않는다</u>(산재법 시행령 제28조 제2항).

15 산업재해보상보험법상 직업재활급여에 관한 설명으로 옳은 것은?

① 직업훈련비용은 직업훈련을 받은 자에게 지급한다.

> 직업훈련에 드는 비용(이하 "직업훈련비용")은 <u>직업훈련을 실시한 직업훈련기관에 지급한다</u>(산재법 제73조 제2항 본문).

❷ 직업훈련비용의 금액은 고용노동부장관이 훈련비용, 훈련기간 및 노동시장의 여건 등을 고려하여 고시하는 금액의 범위에서 실제 드는 비용으로 한다.   산재법 제73조 제3항

③ 직업훈련비용을 지급하는 훈련기간은 24개월 이내로 한다.

> 직업훈련비용을 지급하는 <u>훈련기간은 12개월 이내로 한다</u>(산재법 제73조 제3항).

④ 직장적응훈련비 및 재활운동비의 지급기간은 6개월 이내로 한다.

> 직장적응훈련비 및 재활운동비는 고용노동부장관이 직장적응훈련 또는 재활운동에 드는 비용을 고려하여 고시하는 금액의 범위에서 실제 드는 비용으로 하되, <u>그 지급기간은 3개월 이내로 한다</u>(산재법 제75조 제3항).

⑤ 직업훈련수당의 1일당 지급액은 평균임금의 100분의 70에 상당하는 금액으로 한다.

> 직업훈련수당은 직업훈련을 받는 훈련대상자에게 그 직업훈련으로 인하여 취업하지 못하는 기간에 대하여 지급하되, 1일당 지급액은 <u>최저임금액에 상당하는 금액</u>으로 한다(산재법 제74조 제1항 본문).

16 산업재해보상보험법상 보험급여의 일시중지를 할 수 있는 사유가 아닌 것은?

☑ 확인
Check!

○
△
×

① 질문이나 조사에 응하지 아니하는 경우
② 보고·서류 제출 또는 신고를 하지 아니하는 경우
❸ 거짓이나 그 밖의 부정한 방법으로 진료비나 약제비를 지급받은 경우

> 거짓이나 그 밖의 부정한 방법으로 진료비나 약제비를 지급받은 경우는 보험급여의 일시중지를 할 수 있는 사유가 아니다.

④ 진찰요구에 따르지 아니하는 경우
⑤ 근로복지공단이 직권으로 실시하는 장해등급 또는 진폐장해등급 재판정요구에 응하지 아니하는 경우

관계법령

보험급여의 일시중지(산재법 제120조)
① 공단은 보험급여를 받고자 하는 사람이 다음 각 호의 어느 하나에 해당되면 보험급여의 지급을 일시중지할 수 있다.
  1. 요양 중인 근로자가 제48조 제1항에 따른 공단의 <u>의료기관 변경요양지시를 정당한 사유 없이 따르지 아니하는 경우</u>
  2. 제59조에 따라 공단이 직권으로 실시하는 <u>장해등급 또는 진폐장해등급 재판정요구에 따르지 아니하는 경우</u>
  3. 제114조나 제115조에 따른 <u>보고·서류 제출 또는 신고를 하지 아니하는 경우</u>
  4. 제117조에 따른 <u>질문이나 조사에 따르지 아니하는 경우</u>
  5. 제119조에 따른 <u>진찰요구에 따르지 아니하는 경우</u>

벌칙(산재법 제127조)
② 산재보험의료기관이나 제46조 제1항에 따른 약국의 종사자로서 거짓이나 그 밖의 부정한 방법으로 진료비나 <u>약제비를 지급받은 자는 3년 이하의 징역 또는 3천만원 이하의 벌금에 처한다.</u>

17 국민연금법상 가입자자격의 상실시기가 옳지 않은 것은?

❶ 사업장가입자의 경우 사용관계가 끝난 날

> 사업장가입자는 **사용관계가 끝난 날의 다음 날에 자격을 상실**한다(연금법 제12조 제1항 제3호).

② 지역가입자의 경우 사망한 날의 다음 날 　🔁 연금법 제12조 제2항 제1호

③ 지역가입자의 경우 국민연금 가입대상 제외자에 해당하게 된 날 　🔁 연금법 제12조 제2항 제3호

④ 임의가입자의 경우 사업장가입자의 자격을 취득한 날 　🔁 연금법 제12조 제3항 제6호

⑤ 임의가입자의 경우 60세가 된 날의 다음 날 　🔁 연금법 제12조 제3항 제4호

관계법령　가입자자격의 상실시기(연금법 제12조)

① 사업장가입자는 다음 각 호의 어느 하나에 해당하게 된 날의 다음 날에 자격을 상실한다. 다만, 제5호의 경우에는 그에 해당하게 된 날에 자격을 상실한다.
1. 사망한 때
2. 국적을 상실하거나 국외로 이주한 때
3. 사용관계가 끝난 때
4. 60세가 된 때
5. 제6조 단서에 따른 국민연금 가입대상 제외자에 해당하게 된 때

② 지역가입자는 다음 각 호의 어느 하나에 해당하게 된 날의 다음 날에 자격을 상실한다. 다만, 제3호와 제4호의 경우에는 그에 해당하게 된 날에 그 자격을 상실한다.
1. 사망한 때
2. 국적을 상실하거나 국외로 이주한 때
3. 제6조 단서에 따른 국민연금 가입대상 제외자에 해당하게 된 때
4. 사업장가입자의 자격을 취득한 때
5. 제9조 제1호에 따른 배우자로서 별도의 소득이 없게 된 때
6. 60세가 된 때

③ 임의가입자는 다음 각 호의 어느 하나에 해당하게 된 날의 다음 날에 자격을 상실한다. 다만, 제6호와 제7호의 경우에는 그에 해당하게 된 날에 그 자격을 상실한다.
1. 사망한 때
2. 국적을 상실하거나 국외로 이주한 때
3. 제10조 제2항에 따른 탈퇴신청이 수리된 때
4. 60세가 된 때
5. 대통령령으로 정하는 기간 이상 계속하여 연금보험료를 체납한 때
6. 사업장가입자 또는 지역가입자의 자격을 취득한 때
7. 제6조 단서에 따른 국민연금 가입대상 제외자에 해당하게 된 때

18 국민연금법상 급여에 관한 설명으로 옳지 않은 것은?

① 급여의 종류는 노령연금, 장애연금, 유족연금, 반환일시금이 있다. 📖 연금법 제49조

② 급여는 수급권자의 청구에 따라 국민연금공단이 지급한다. 📖 연금법 제50조 제1항

③ 연금액은 지급사유에 따라 기본연금액과 부양가족연금액을 기초로 산정한다.

📖 연금법 제50조 제2항

❹ 연금은 매월 25일에 그 달의 금액을 지급하되, 지급일이 공휴일이면 그 다음 날에 지급한다.

> 연금은 매월 25일에 그 달의 금액을 지급하되, 지급일이 토요일이나 공휴일이면 그 전날에 지급한다(연금법 제54조 제2항 본문).

⑤ 급여수급전용계좌에 입금된 급여와 이에 관한 채권은 압류할 수 없다. 📖 연금법 제58조 제3항

19 국민건강보험법상 이의신청 및 심판청구에 관한 설명으로 옳은 것을 모두 고른 것은?

> ㄱ. 요양급여비용에 관한 건강보험심사평가원의 처분에 이의가 있는 자는 건강보험심사평가원에 이의신청을 할 수 있다.
> ㄴ. 이의신청은 처분이 있음을 안 날부터 90일 이내에, 처분이 있는 날부터 1년 이내에 문서로 하여야 한다.
> ㄷ. 이의신청에 대한 결정에 불복하는 자는 건강보험분쟁조정위원회에 심판청구를 할 수 있다.

① ㄴ

② ㄱ, ㄴ

❸ ㄱ, ㄷ

④ ㄴ, ㄷ

⑤ ㄱ, ㄴ, ㄷ

> ㄱ. (○) 건강법 제87조 제2항
> ㄴ. (✕) 이의신청은 처분이 있음을 안 날부터 90일 이내에 문서(전자문서를 포함)로 하여야 하며 처분이 있은 날부터 180일을 지나면 제기하지 못한다(건강법 제87조 제3항 본문).
> ㄷ. (○) 건강법 제88조 제1항 전문

20 국민건강보험법상의 요양급여가 아닌 것은?

① 입 원
② 이 송
❸ 상병수당

> 상병수당은 요양급여가 아니라 **건강법 제50조에 의하여 부가급여로 인정됨**을 유의하여야 한다.

④ 예방·재활
⑤ 약제·치료재료의 지급

관계법령 **요양급여(건강법 제41조)**

① 가입자와 피부양자의 질병, 부상, 출산 등에 대하여 다음 각 호의 요양급여를 실시한다.
1. 진찰·검사
2. 약제(藥劑)·치료재료의 지급
3. 처치·수술 및 그 밖의 치료
4. 예방·재활
5. 입 원
6. 간 호
7. 이송(移送)

---

21 고용보험 및 산업재해보상보험의 보험료징수 등에 관한 법률상의 내용이다. (   )에 들어갈 내용으로 옳은 것은?

> • 국민건강보험공단은 보험가입자가 보험료를 납부기한까지 내지 아니하면 기한을 정하여 그 납부의무자에게 징수금을 낼 것을 독촉하여야 한다. 국민건강보험공단이 독촉을 하는 경우에는 독촉장을 발급하여야 한다. 이 경우의 납부기한은 독촉장 발급일부터 (ㄱ)일 이상의 여유가 있도록 하여야 한다.
> • 보험료를 징수하거나 그 반환받을 수 있는 권리는 (ㄴ)년간 행사하지 아니하면 시효로 인하여 소멸한다.

① ㄱ : 7,   ㄴ : 1
② ㄱ : 7,   ㄴ : 3
③ ㄱ : 10, ㄴ : 1
❹ ㄱ : 10, ㄴ : 3
⑤ ㄱ : 14, ㄴ : 1

> • 건강보험공단은 독촉을 하는 경우에는 독촉장을 발급하여야 한다. 이 경우의 **납부기한은 독촉장 발급일부터 10일 이상의 여유가 있도록 하여야** 한다(징수법 제27조 제3항).
> • **보험료, 이 법에 따른 그 밖의 징수금을 징수하거나 그 반환받을 수 있는 권리는 3년간 행사하지 아니하면 시효로 인하여 소멸한다**(징수법 제41조 제1항).

22

고용보험 및 산업재해보상보험의 보험료징수 등에 관한 법률상 산재보험료율의 결정에 관한 내용이다. (   )에 들어갈 내용으로 옳은 것은?

> • 업무상 사고에 따른 업무상 재해에 관한 산재보험료율은 매년 6월 30일 현재 과거 (ㄱ)년 동안의 보수총액에 대한 산재보험급여총액의 비율을 기초로 하여 산업재해보상보험법에 따른 연금 등 산재보험급여에 드는 금액, 재해예방 및 재해근로자의 복지 증진에 드는 비용 등을 고려하여 사업의 종류별로 구분하여 고용노동부령으로 정한다.
> • 고용노동부장관은 산재보험료율을 정하는 경우에는 특정 사업종류의 산재보험료율이 전체 사업의 평균산재보험료율의 (ㄴ)배를 초과하지 아니하도록 하여야 한다.

① ㄱ : 2, ㄴ : 20   ② ㄱ : 2, ㄴ : 30
③ ㄱ : 3, ㄴ : 15   ❹ ㄱ : 3, ㄴ : 20
⑤ ㄱ : 3, ㄴ : 30

> • 산업재해보상보험법에 따른 업무상의 재해에 관한 산재보험료율은 매년 6월 30일 현재 <u>과거 3년 동안의 보수총액에 대한 산재보험급여총액의 비율</u>을 기초로 하여, 산업재해보상보험법에 따른 연금 등 산재보험급여에 드는 금액, 재해예방 및 재해근로자의 복지 증진에 드는 비용 등을 고려하여 사업의 종류별로 구분하여 고용노동부령으로 정한다(징수법 제14조 제3항 전문).
> • 고용노동부장관은 산재보험료율을 정하는 경우에는 <u>특정 사업종류의 산재보험료율이 전체 사업의 평균산재보험료율의 20배를 초과하지 아니하도록 하여야 한다</u>(징수법 제14조 제5항).

23

고용보험 및 산업재해보상보험의 보험료징수 등에 관한 법률상 보험사무대행기관 등에 관한 설명으로 옳은 것을 모두 고른 것은?

> ㄱ. 공인노무사가 보험사무를 대행하려는 경우에는 근로복지공단의 인가를 받아야 한다.
> ㄴ. 근로복지공단은 보험료, 이 법에 따른 그 밖의 징수금의 납입의 통지 등을 보험사무대행기관에 함으로써 그 사업주에 대한 통지를 갈음한다.
> ㄷ. 근로복지공단이 가산금을 부과하여 징수하는 경우에 그 징수사유가 보험사무대행기관의 귀책사유로 인한 것일 때에는 보험사무대행기관이 100분의 50에 해당하는 금액을 내야 한다.

① ㄱ   ❷ ㄱ, ㄴ
③ ㄱ, ㄷ   ④ ㄴ, ㄷ
⑤ ㄱ, ㄴ, ㄷ

> ㄱ. (O) 징수법 제33조 제2항
> ㄴ. (O) 징수법 제34조
> ㄷ. (×) 공단이 가산금, 연체금 및 산재보험급여에 해당하는 금액을 징수하는 경우에 <u>그 징수사유가 보험사무대행기관의 귀책사유로 인한 것일 때에는 그 한도 안에서 보험사무대행기관이 해당 금액을 내야</u> 한다(징수법 제35조).

24 고용보험 및 산업재해보상보험의 보험료징수 등에 관한 법률상 월별 보험료 연체와 관련된 내용이다. ( )에 들어갈 내용으로 옳은 것은?

> 국민건강보험공단은 납부기한 후 30일이 지난 날부터 매 (ㄱ)일이 지날 때마다 체납된 월별 보험료의 (ㄴ)에 해당하는 연체금을 이미 발생한 연체금에 더하여 징수한다. 이 경우 연체금은 체납된 월별 보험료의 (ㄷ)을 넘지 못한다.

① ㄱ : 1,　ㄴ : 1천분의 1,　ㄷ : 1천분의 30
❷ ㄱ : 1,　ㄴ : 6천분의 1,　ㄷ : 1천분의 50
③ ㄱ : 1,　ㄴ : 1천분의 1,　ㄷ : 1천분의 90
④ ㄱ : 7,　ㄴ : 1천분의 1,　ㄷ : 1천분의 30
⑤ ㄱ : 7,　ㄴ : 3천분의 1,　ㄷ : 1천분의 90

> 건강보험공단은 사업주가 보험료 또는 이 법에 따른 그 밖의 징수금을 내지 아니하면 납부기한 후 30일이 지난 날부터 매 1일이 지날 때마다 체납된 보험료, 그 밖의 징수금의 6천분의 1에 해당하는 연체금을 제1항에 따른 연체금에 더하여 징수한다. 이 경우 연체금은 체납된 보험료, 그 밖의 징수금의 1천분의 50을 넘지 못한다(징수법 제25조 제3항).

2024년　2023년　2022년　2021년　2020년

25 고용보험 및 산업재해보상보험의 보험료징수 등에 관한 법령상 보수총액 등의 신고와 관련한 내용으로 옳지 않은 것은?

❶ 보수총액신고는 문서로 함을 원칙으로 한다.

> 전년도에 근로자, 예술인 또는 노무제공자에게 지급한 보수총액 등을 공단에 신고하여야 하는 사업주는 해당 신고를 정보통신망을 이용하거나 콤팩트디스크(Compact Disc) 등 전자적 기록매체로 제출하는 방식으로 하여야 한다. 다만, 대통령령으로 정하는 규모에 해당하는 사업주는 해당 신고를 문서로 할 수 있다(징수법 제16조의10 제8항).

② 사업주는 근로자가 다른 사업장으로 전보되는 등 대통령령으로 정하는 사유가 발생한 때에는 그 사유발생일부터 14일 이내에 그 사실을 근로복지공단에 신고하여야 한다. ⚖ 징수법 제16조의10 제5항

③ 사업주는 사업의 폐지 등으로 보험관계가 소멸한 때에는 그 보험관계가 소멸한 날부터 14일 이내에 근로자에게 지급한 보수총액 등을 근로복지공단에 신고하여야 한다. ⚖ 징수법 제16조의10 제2항

④ 사업주는 전년도에 근로자에게 지급한 보수총액 등을 매년 3월 15일까지 근로복지공단에 신고하여야 한다. ⚖ 징수법 제16조의10 제1항

⑤ 사업주는 근로자와 고용관계를 종료한 때에는 그 근로자에게 지급한 보수총액, 고용관계 종료일 등을 그 근로자의 고용관계가 종료한 날이 속하는 달의 다음 달 15일까지 근로복지공단에 신고하여야 한다. ⚖ 징수법 제16조의10 제4항

교육이란 사람이 학교에서 배운 것을
잊어버린 후에 남은 것을 말한다.

– 알버트 아인슈타인 –

PART 05

경제학원론

01 2024년 제33회 정답 및 해설

02 2023년 제32회 정답 및 해설

03 2022년 제31회 정답 및 해설

04 2021년 제30회 정답 및 해설

05 2020년 제29회 정답 및 해설

2024년 제33회 정답 및 해설

✅ 문제편 239p

✅ 정답 CHECK   ✅ 각 문항별로 이해도 CHECK

01	02	03	04	05	06	07	08	09	10	11	12	13	14	15	16	17	18	19	20
①	④	②	④	③	②	③	③	②	③	①	①	①	③	①	④	⑤	④	②	⑤
21	22	23	24	25	26	27	28	29	30	31	32	33	34	35	36	37	38	39	40
⑤	①	②	⑤	④	②	④	③	⑤	④	③	①	④	①	⑤	⑤	⑤	⑤	④	④

01

재화 X의 시장균형에 관한 설명으로 옳지 않은 것은?(단, 수요곡선은 우하향하고 공급곡선은 우상향한다.)

❶ 수요의 감소와 공급의 증가가 발생하면 거래량이 증가한다.

> 수요의 감소와 공급의 증가가 발생하면 거래량은 수요곡선과 공급곡선의 상대적인 이동폭에 따라 다르므로 증감을 알 수 없다.

② 수요와 공급이 동일한 폭으로 감소하면 가격은 변하지 않는다.
③ 생산요소의 가격하락은 재화 X의 거래량을 증가시킨다.
④ 수요의 증가와 공급의 감소가 발생하면 가격이 상승한다.
⑤ 수요와 공급이 동시에 증가하면 거래량이 증가한다.

02

소비자잉여와 생산자잉여에 관한 설명으로 옳은 것을 모두 고른 것은?(단, 수요곡선은 우하향하고 공급곡선은 우상향한다.)

☑ 확인
Check!
○
△
✕

> ㄱ. 시장균형보다 낮은 수준에서 가격상한제를 실시하면 생산자잉여의 일부분이 소비자잉여로 이전된다.
> ㄴ. 최저임금을 시장균형보다 높은 수준에서 설정하면 생산자잉여가 감소한다.
> ㄷ. 만약 공급곡선이 완전탄력적이면 생산자잉여는 0이 된다.

① ㄱ
② ㄴ
③ ㄷ
❹ ㄱ, ㄷ
⑤ ㄴ, ㄷ

> ㄴ. 최저임금을 시장균형보다 높은 수준에서 설정하면 소비자잉여가 감소한다.

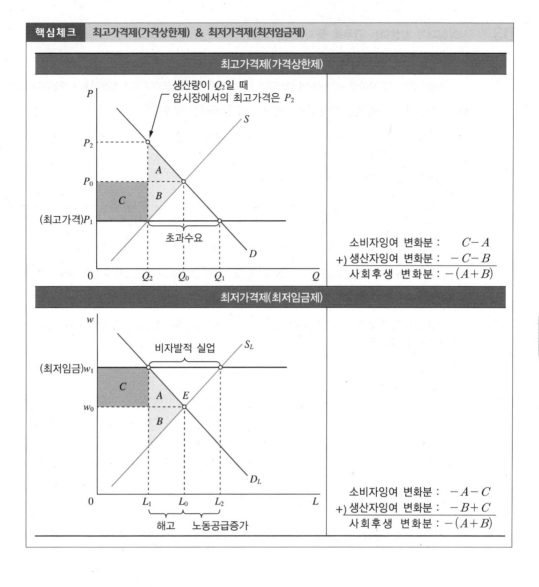

최고가격제(가격상한제)

생산량이 Q_2일 때
암시장에서의 최고가격은 P_2

소비자잉여 변화분 :	$C - A$
+) 생산자잉여 변화분 :	$-C - B$
사회후생 변화분 :	$-(A + B)$

최저가격제(최저임금제)

비자발적 실업

소비자잉여 변화분 :	$-A - C$
+) 생산자잉여 변화분 :	$-B + C$
사회후생 변화분 :	$-(A + B)$

해고   노동공급증가

03 시장실패가 발생하는 경우로 옳지 않은 것은?

① 불완전경쟁이 존재하는 경우

> 불완전경쟁이 존재하면 시장에서의 생산량이 사회적으로 필요한 양보다 적게 생산되어 시장실패가 발생한다.

❷ 규모에 따른 수확체감 현상으로 자연독점이 발생하는 경우

> 수확체감의 법칙은 자본이나 노동 등 생산요소 투입량이 증가함에 따라 추가 투입에 따른 산출량 증가분이 감소하는 현상으로 시장실패와는 거리가 멀다.

③ 재화가 비경합적이고 배제불가능한 경우

> 재화가 비경합적이고 배제불가능한 경우는 공공재에 대한 설명이다. 공공재의 경우 사람들이 대가를 지불하지 않아도 재화와 서비스의 소비로 인한 혜택을 누릴 수 있기 때문에 시장실패가 나타난다.

④ 전력생산에서 발생하는 대기오염물질의 피해비용이 전기요금에 반영되지 않는 경우

> 부정적 외부효과가 발생하는 경우 사회적으로 요구되는 양보다 과대 생산되어 시장실패가 발생한다.

⑤ 역선택이나 도덕적 해이로 완벽한 보험 제공이 어려운 경우

> 거래 당사자들이 서로 가지고 있는 정보의 양이 다를 경우 시장원리에 입각한 합리적 소비가 이루어지지 않아 시장실패가 발생한다.

04 기업 A의 생산함수가 $Q = \sqrt{2K+L}$ 이다. 이에 관한 설명으로 옳은 것은?(단, Q는 산출량, K는 자본, L은 노동이다.)

① 생산함수는 규모에 대한 수확불변이다.

> 자본과 노동의 투입량을 t배 증가할 때 생산량이 t배보다 작게 증가하므로 생산함수는 규모에 대한 수확체감이다.

② 등량곡선의 기울기는 −4이다.

$$\text{등량곡선의 기울기} = \frac{MP_L}{MP_K} = \frac{\frac{1}{2}(2K+L)^{-\frac{1}{2}}}{\frac{1}{2}(2K+L)^{-\frac{1}{2}} \times 2} = \frac{1}{2}$$

③ 두 생산요소는 완전보완재이다.

> 두 생산요소는 항상 일정한 비율로 소비되는 경우가 아니므로 완전보완재가 아니다.

❹ 등량곡선과 등비용곡선의 기울기가 다르면 비용최소화점에서 한 생산요소만 사용한다.

> 등량곡선과 등비용곡선의 기울기가 다르면 구석해가 발생해 비용최소화점에서 한 생산요소만 사용하게 된다.

⑤ 한계기술대체율은 체감한다.

> 한계기술대체율은 등량곡선 접선의 기울기로 일정하다.

05

이윤을 극대화하는 독점기업 A의 평균총비용함수는 $ATC = \dfrac{20}{Q} + Q$이고, 시장수요함수는 $P = 200 - 4Q$일 때, 독점이윤은?(단, Q는 거래량, P는 가격이다.)

① 800

② 1,600

❸ 1,980

④ 2,490

⑤ 2,540

$$ATC = \frac{20}{Q} + Q$$

$$TC = ATC \times Q = \left(\frac{20}{Q} + Q\right) \times Q = 20 + Q^2$$

$$MC = \frac{dTC}{dQ} = 2Q$$

$$P = 200 - 4Q$$
$$MR = 200 - 8Q$$

독점기업의 이윤극대화 조건
$$MR = MC$$
$$200 - 8Q = 2Q$$
$$\therefore \ Q = 20$$

$Q = 20$에서의 독점이윤을 구해보면
$$TR = P \times Q = [200 - (4 \times 20)] \times 20 = 2,400$$
$$TC = ATC \times Q = \left(\frac{20}{20} + 20\right) \times 20 = 420$$

독점이윤 $= TR - TC = 2,400 - 420 = 1,980$

06 가격하락에 따른 소득효과와 대체효과에 관한 설명으로 옳지 않은 것을 모두 고른 것은?

> ㄱ. 기펜재의 수요량은 감소한다.
> ㄴ. 두 재화가 완전보완재일 경우 소득효과는 항상 0이다.
> ㄷ. 열등재는 소득효과가 음(−)이기 때문에 수요곡선이 우상향한다.
> ㄹ. 정상인 경우 대체효과와 소득효과 모두 수요량을 증가시킨다.

① ㄱ, ㄹ
❷ ㄴ, ㄷ

> ㄴ. 두 재화가 완전보완재일 경우 <u>대체효과</u>는 항상 0이다.
> ㄷ. 열등재는 소득효과가 <u>양(+)</u>이기 때문에 수요곡선이 <u>우하향</u>한다.

③ ㄱ, ㄴ, ㄷ
④ ㄱ, ㄴ, ㄹ
⑤ ㄴ, ㄷ, ㄹ

07 A국과 B국은 전기차 산업 육성을 위하여 수출보조금 지급 전략을 선택한다. 두 국가가 아래와 같이 3개의 보조금 전략과 보수행렬을 갖는 경우, 내쉬균형은?(단, 1회성 동시게임이고, 괄호 안의 왼쪽 값은 A국, 오른쪽 값은 B국의 보수이다.)

		B국		
		높은 보조금	중간 보조금	낮은 보조금
	높은 보조금	(600, 100)	(400, 200)	(100, 650)
A국	중간 보조금	(300, 300)	(550, 500)	(350, 350)
	낮은 보조금	(100, 750)	(300, 350)	(200, 550)

① A국 높은 보조금, B국 높은 보조금
② A국 낮은 보조금, B국 낮은 보조금
❸ A국 중간 보조금, B국 중간 보조금
④ A국 낮은 보조금, B국 높은 보조금
⑤ A국 중간 보조금, B국 낮은 보조금

> A국이 높은 보조금을 선택하면 B국은 낮은 보조금을, A국이 중간 보조금을 선택하면 B국은 중간 보조금을, A국이 낮은 보조금을 선택하면 B국은 높은 보조금을 선택하게 된다.
> 반면, B국이 높은 보조금 선택하면 A국은 높은 보조금을, B국이 중간 보조금을 선택하면 A국은 중간 보조금을, B국이 낮은 보조금을 선택하면 A국은 중간 보조금을 선택하게 된다.
>
> 따라서 내쉬균형은 위 사항에서 동일하게 발생하는 <u>A국과 B국 모두 중간 보조금을 선택</u>하는 경우이다.

08 완전경쟁시장에서 한 기업의 평균가변비용은 $ACV=3Q+5$(Q는 생산량)이고 고정비용이 12이다. 이 기업의 손익분기점에서의 가격과 조업중단점에서의 가격은?

① 15, 5

② 15, 12

❸ 17, 5

④ 17, 12

⑤ 19, 0

$$TC=(AVC\times Q)+\text{고정비용}=[(3Q+5)\times Q]+12=3Q^2+5Q+12$$
$$MC=\frac{dTC}{dQ}=6Q+5$$

완전경쟁시장은 $P=MR=MC$가 성립하므로
$$P=MC=6Q+5$$
$$TR=P\times Q=(6Q+5)\times Q=6Q^2+5Q$$

손익분기점에서의 생산량과 가격을 구해보면
$$TR-TC=0$$
$$(6Q^2+5Q)-(3Q^2+5Q+12)=3Q^2-12=0$$
$$\therefore\ Q=2\ (\because\ Q\text{는 양수})$$
$$\therefore\ P=(6\times2)+5=17$$

조업중단점의 가격은 AVC 의 최소점은 생산량이 0인 경우이다. 따라서 조업중단점의 가격은 5이다.

09 기업 A, B는 생산 1단위당 폐수 1단위를 방류한다. 정부는 적정수준의 방류량을 100으로 결정하고, 두 기업에게 각각 50의 폐수방류권을 할당했다. A의 폐수저감 한계비용은 $MAC_A = 100 - Q_A$, B의 폐수저감 한계비용은 $MAC_B = 120 - Q_B$인 경우, 폐수방류권의 균형거래량과 가격은?(단, Q_A, Q_B는 각각 A, B의 생산량이다.)

① 5, 60

❷ 10, 60

③ 10, 80

④ 20, 80

⑤ 20, 100

〈조건 1〉
적정수준의 폐수방류량이 100이므로 $Q_A + Q_B = 100$이다.

〈조건 2〉
두 기업의 폐수저감 한계비용이 같아지는 점에서 거래가 이뤄지므로
$MAC_A = MAC_B$
$100 - Q_A = 120 - Q_B$
$\therefore Q_A + 20 = Q_B$

위 조건을 이용하여 Q_A, Q_B를 구해보면
$Q_A + Q_B = 100$
$Q_A + (Q_A + 20) = 2Q_A + 20 = 100$
$\therefore Q_A = 40$, $Q_B = 60$

따라서 기업 A는 기업 B에게 10개의 폐수방류권을 판매하게 된다. 이때의 가격은 $Q_A = 40$, $Q_B = 60$일 때의 한계비용인 60이 된다.

10 불완전경쟁시장에 관한 설명으로 옳은 것은?(단, 수요곡선은 우하향한다.)

① 독점기업의 공급곡선은 우상향한다.

> 독점기업은 공급곡선이 <u>존재하지 않는다.</u>

② 베르트랑(Bertrand) 과점모형은 상대기업 산출량이 유지된다는 기대 하에 자신의 행동을 선택한다.

> 상대기업 산출량이 유지된다는 기대하에 자신의 행동을 선택하는 것은 꾸르노 모형이다. 베르트랑 과점모형은 상대방이 현재의 가격을 그대로 유지할 것이라는 전제하에 자신의 행동을 선택한다.

❸ 독점기업은 이부가격제를 통해 이윤을 추가적으로 얻을 수 있다.

> 이부가격제는 소비자가 재화 구입 시 1차로 재화를 구입할 수 있는 권리인 1차 가격(예 놀이동산 입장료)을 부과하고 2차로 재화를 이용할 때 필요한 비용인 2차 가격(예 놀이기구 이용료)을 지불하는 가격체계로 독점기업은 이부가격제를 통해 이윤을 추가적으로 얻을 수 있다.

④ 러너(Lerner)의 독점력지수는 이윤극대화점에서 측정되는 수요의 가격탄력성과 같은 값이다.

> 러너(Lerner)의 독점력지수는 이윤극대화점에서 측정되는 수요의 <u>가격탄력성의 역수</u>와 같은 값이다.
>
> 균형산출량(이윤극대화 생산량) 수준에서 측정하는 경우(P : 가격, MR : 한계수입, MC : 한계비용, ϵ : 수요의 가격탄력성)
>
> $$독점력지수 = \frac{P-MC}{P} = \frac{P-MR}{P} = \frac{P - P\left(1 - \dfrac{1}{\epsilon}\right)}{P} = \frac{1}{\epsilon}$$

⑤ 독점적 경쟁시장에서 수평적 차별화는 소비자가 한 상품이 비슷한 다른 상품보다 품질이 더 좋은 것으로 인식하도록 하는 것이다.

> 소비자가 한 상품이 비슷한 다른 상품보다 품질이 더 좋은 것으로 인식하도록 하는 것은 수직적 차별화이다. 수평적 차별화는 품질이나 기능이 아닌 다른 가치를 통해 경쟁자들과 차별하는 것이다.

11

X재와 Y재를 소비하는 어떤 소비자의 효용함수가 $U = X^{1/3}Y^{2/3}$이고, P_Y는 P_X의 2배이다. 효용극대화 행동에 관한 설명으로 옳은 것은?(단, P_X, P_Y는 각 재화의 가격이며, MU_X, MU_Y는 각 재화의 한계효용이다.)

❶ 두 재화의 수요량은 같다.

두 재화의 수요량은 <u>동일</u>하다.

② 소득이 증가할 경우 소비량의 증가분은 X재가 Y재보다 더 작다.

두 재화 모두 소득탄력성이 1로 동일하다. 따라서 소득 증가로 인한 <u>소비량 증가분은 동일</u>하다.

③ Y재의 가격이 하락하면 X재의 수요량이 증가한다.

두 재화간의 교차탄력성은 0으로 <u>Y재의 가격이 하락해도 X재의 수요량은 변하지 않는다.</u>

④ 현재 소비조합에서 $\dfrac{MU_X}{MU_Y}$가 $\dfrac{1}{2}$보다 작다면 X재의 소비를 늘려야 한다.

현재 소비조합에서 $\dfrac{MU_X}{MU_Y}$가 $\dfrac{1}{2}$보다 작다면 <u>Y재</u>의 소비를 늘려야 한다.

⑤ 만약 두 재화의 가격이 같다면 두 재화의 수요량도 같다.

두 재화의 가격이 같다면 두 재화의 <u>수요량은 다르다.</u>

핵심체크 | **계산과정**

$U = X^{\frac{1}{3}}Y^{\frac{2}{3}}$

$MU_X = \dfrac{dU}{dX} = \dfrac{1}{3}X^{-\frac{2}{3}}Y^{\frac{2}{3}}$

$MU_Y = \dfrac{dU}{dY} = \dfrac{2}{3}X^{\frac{1}{3}}Y^{-\frac{1}{3}}$

$MRS_{XY} = \dfrac{MU_X}{MU_Y} = \dfrac{\dfrac{1}{3}X^{-\frac{2}{3}}Y^{\frac{2}{3}}}{\dfrac{2}{3}X^{\frac{1}{3}}Y^{-\frac{1}{3}}} = \dfrac{Y}{2X}$

위에서 구한 조건을 고려하여 소비자균형 조건을 구해보면

$MRS_{XY} = \dfrac{P_X}{P_Y} = \dfrac{P_X}{2P_X} = \dfrac{1}{2}$

$\dfrac{Y}{2X} = \dfrac{P_X}{P_Y} = \dfrac{1}{2}$

$\therefore X = Y$

위에서 구한 소비자균형 조건을 예산제약식에 대입하여 X재 수요함수를 구해보면

$P_X \cdot X + P_Y \cdot Y = M$

$P_X \cdot X + 2P_X \cdot X = M$

$\therefore X = \dfrac{M}{3P_X}$

동일한 방법으로 Y재 수요함수를 구해보면

$P_X \cdot X + P_Y \cdot Y = M$

$\dfrac{1}{2}P_Y \cdot Y + P_Y \cdot Y = M$

$\therefore Y = \dfrac{2M}{3P_Y}$

위에서 구한 수요함수를 보면 X재 수요함수에는 Y재 가격이 포함되어 있지 않고 Y재 수요함수에는 X재 가격이 포함되어 있지 않아 X재 가격이 변해도 Y재 가격은 변하지 않고 Y재 가격이 변해도 X재 수요량이 변하지 않음을 알 수 있다. 따라서 두 재화간의 교차탄력성은 0이 된다.

위에서 구한 X재와 Y재 수요함수를 이용하여 X재와 Y재 소득탄력성을 구해보면
X재 소득탄력성

$\epsilon = \dfrac{dX}{dM} \cdot \dfrac{M}{X} = \dfrac{1}{3P_X} \cdot \dfrac{M}{\dfrac{M}{3P_X}} = 1$

Y재 소득탄력성

$\epsilon = \dfrac{dY}{dM} \cdot \dfrac{M}{Y} = \dfrac{2}{3P_Y} \cdot \dfrac{M}{\dfrac{2M}{3P_Y}} = 1$

12 전기차 제조업체인 A의 생산함수는 $Q = 4K + L$이다. 노동(L)의 단위 가격은 3, 자본(K)의 단위 가격은 9라고 할 때, 생산량 200을 최소비용으로 생산하기 위해 필요한 노동의 투입액과 자본의 투입액은?

❶ 0, 450

② 60, 360

③ 90, 315

④ 210, 180

⑤ 600, 0

> 생산함수 $Q = 4K + L$의 K, L은 완전대체적으로 이와 같은 생산함수는 선형생산함수라 하며 등량곡선이 우하향 형태로 도출된다. 위와 같은 형태의 생산함수는 전부 자본 또는 노동에만 투입하는 것이 최적이다.
>
> $$MP_L = \frac{dQ}{dL} = 1, \ MP_K = \frac{dQ}{dK} = 4$$
> $$w = 3, \ r = 9$$
>
> $$\frac{MP_L}{w} = \frac{1}{3} < \frac{MP_K}{r} = \frac{4}{9}$$
>
> 자본의 한계생산물이 더 크므로 전부 자본에만 투입하는 것이 최적이다.
> 따라서 생산량 200을 제조하기 위해 자본에 450을 투입하면 된다.

13 X재와 Y재만을 소비하는 소비자의 가격소비곡선과 수요곡선에 관한 설명으로 옳은 것은?(단, 가로축은 X재, 세로축은 Y재이다.)

❶ X재의 가격탄력성이 1이라면 가격소비곡선은 수평선이다.

> X재의 가격탄력성이 1이라면 가격소비곡선은 수평선으로 도출된다.

② X재의 가격탄력성이 1인 경우, X재의 가격이 상승하면 Y재의 수요량이 증가한다.

> X재의 가격탄력성이 1이면 X재 구입액은 일정해야 한다. X재 구입액이 일정해지려면 Y재 구입액도 일정해야 한다. Y재 구입액이 일정해지려면 X재 가격이 변해도 Y재 수요량에는 변화가 없어야 한다.

③ X재의 가격탄력성이 1보다 작을 경우, X재의 가격이 하락하면 Y재의 수요량이 감소한다.

> X재의 가격탄력성이 1보다 작을 경우 X재 구입액은 감소하고 Y재 구입액은 증가한다. Y재 구입액 증가로 Y재 수요량은 증가하게 된다.

④ X재의 가격탄력성이 1보다 작다면 가격소비곡선은 우하향한다.

> X재의 가격탄력성이 1보다 작다면 가격소비곡선은 우상향 형태로 도출된다.

⑤ 가격소비곡선에 의해 도출된 수요곡선은 보상수요곡선이다.

> 통상의 수요곡선(마샬의 수요곡선)은 X재 가격 변화 시 발생하는 대체효과와 소득효과를 모두 반영한 수요곡선인 반면에 보상수요곡선은 소득효과가 제거된 대체효과만을 반영한 수요곡선이다.

14 수요곡선이 우하향하는 직선이며, 이 곡선의 가로축과 세로축의 절편이 각각 a, b라고 할 때, 수요의 가격탄력성(E_P)에 관한 설명으로 옳지 않은 것은?(단, 가격과 수요량이 0보다 큰 경우만 고려한다.)

① 어떤 가격에서의 수요량이 $\dfrac{a}{2}$ 보다 작다면 $E_P > 1$이다.

② 가격이 0에서 b에 가까워질수록 E_P가 더 커진다.

❸ 현재의 가격에서 $E_P > 1$인 경우 기업이 가격을 올리면 총수입이 증가한다.

> 가격탄력성이 1보다 큰 경우에 가격을 올리면 총수입은 <u>감소</u>한다.

④ b가 일정할 경우, 동일한 수요량에서는 a가 클수록 E_P가 더 크다.

⑤ a가 일정할 경우, 동일한 가격에서는 b가 클수록 E_P가 더 작다.

핵심체크 우하향 수요곡선의 수요의 가격탄력성

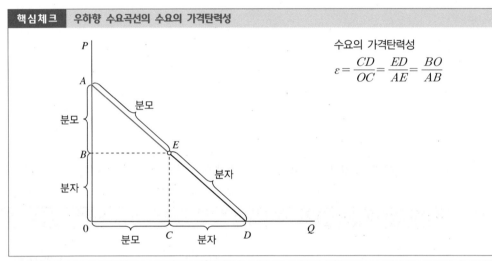

핵심체크 수요곡선상의 각 점에서의 가격탄력성

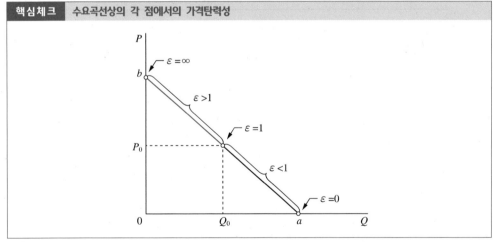

수요의 가격탄력성의 크기	판매자의 총수입	
	가격 하락 시	가격 상승 시
0 < 수요의 가격탄력성 < 1	감 소	증 가
수요의 가격탄력성 = 1	불 변	불 변
수요의 가격탄력성 > 1	증 가	감 소

15 갑은 회사 취업 또는 창업을 선택할 수 있다. 각 선택에 따른 결과로 고소득과 저소득의 확률(P)과 보수 (R)가 아래와 같을 때, 이에 관한 설명으로 옳지 않은 것은?

구 분	고소득(P, R)	저소득(P, R)
회사 취업	(0.9, 600만원)	(0.1, 300만원)
창 업	(0.2, 1,850만원)	(0.8, 250만원)

❶ 갑이 위험기피자라면 창업을 선택한다.

　갑이 위험기피자라면 기대소득에 대한 위험(분산)도 작은 회사 <u>취업을 선택</u>한다.

② 회사 취업을 선택하는 경우 기대소득은 570만원이다.

　회사 취업 기대소득 = (0.9 × 600만원) + (0.1 × 300만원) = 570만원

③ 창업이 회사 취업보다 분산으로 측정된 위험이 더 크다.

　창업이 회사 취업보다 분산으로 측정된 위험이 더 크다.

　회사 취업 분산 = 0.9 × (600만 − 570만)^2 + 0.1 × (300만 − 570만)^2
　창업 분산 = 0.2 × (1,850만 − 570만)^2 + 0.8 × (250만 − 570만)^2

④ 갑의 효용함수가 소득에 대해 오목하다면 회사 취업을 선택한다.

　효용함수가 소득에 대해 오목하다면 위험기피자로 갑은 회사 취업을 선택하게 된다.

⑤ 창업을 선택하는 경우 기대소득은 570만원이다.

　창업 기대소득 = (0.2 × 1,850만원) + (0.8 × 250만원) = 570만원

16

확인
Check!

○
△
✕

수요가 가격에 대해 완전탄력적이고 공급함수는 $Q = \frac{1}{2}P - 6$(P는 가격, Q는 수량)일 때 시장균형에서 거래량이 5라고 하자. 생산자에게 단위당 2의 물품세를 부과할 경우에 관한 설명으로 옳지 않은 것은?

① 거래량은 4가 된다.

> 공급함수를 P에 대해 정리하면 $P = 2Q + 12$가 된다.
> 수요가 가격에 대해 완전탄력적이기에 수요곡선은 수평선 형태로 도출된다.
> 시장균형에서 거래량 5를 공급함수에 대입하면 가격은 22[$= (2 \times 5) + 12$]가 되며 이는 수요곡선과 일치한다.
> 생산자에 단위당 2의 물품세가 부과되면 수정 공급함수는 $P' = (2Q + 12) + 2 = 2Q + 14$가 된다.
> 수정 공급곡선과 수요곡선을 연립하여 거래량을 구해보면
> $2Q + 14 = 22$
> $\therefore Q = 4$

② 조세수입은 8이다.

> 조세수입 = 단위당 물품세 × 거래량 = $2 \times 4 = 8$

③ 생산자잉여는 9만큼 감소한다.

> 생산자잉여 감소분 = $(5 + 4) \times 2 \div 2 = 9$

❹ 자중손실(deadweight loss)은 생산자잉여의 감소분과 일치한다.

> 자중손실은 생상자잉여 감소분 보다 작다. 왜냐하면 조세수입이 발생하기 때문이다.

⑤ 소비자에게 조세부담 귀착은 발생하지 않는다.

> 수요가 가격에 대해 완전탄력적이므로 소비자에게 조세부담 귀착은 발생하지 않는다.

핵심체크 **조세부과 효과**

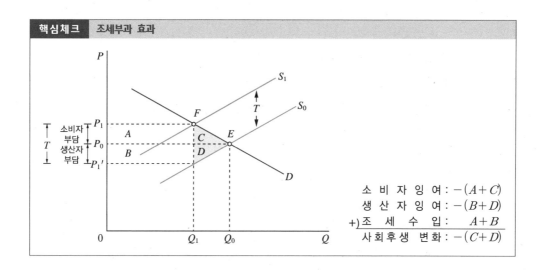

소 비 자 잉 여 : $-(A + C)$
생 산 자 잉 여 : $-(B + D)$
$+$) 조 세 수 입 : $A + B$
사 회 후 생 변 화 : $-(C + D)$

17 거시경제지표의 문제점에 관한 설명으로 옳지 않은 것은?

① 전년에 비하여 범죄율이 높아져 경찰 장비 구매가 증가했다면 전년보다 GDP는 증가하지만 삶의 질은 저하된 것이다.

② 소비자들이 가격이 오른 제품을 상대적으로 저렴해진 제품으로 대체하는 경우 소비자물가상승률은 실제 생활비 상승률을 과대평가한다.

③ 취업이 어려워 구직활동을 중단한 실망노동자는 잠재적 실업자이지만 비경제활동인구로 분류된다.

④ 자원봉사활동은 가치를 창출하지만 GDP에 포함되지 않는다.

❺ 소비자물가지수에는 환율변화로 인한 수입재 가격 변화가 반영되지 않는다.

소비자물가지수는 <u>수입재 가격 변화를 반영한다.</u>

18 인플레이션의 비용에 관한 설명으로 옳지 않은 것은?

① 가격을 변경하는데 따른 메뉴비용이 발생한다.

물가가 상승하면 기업에서 생산하는 재화가격도 물가상승에 맞춰 조정하는데 이처럼 가격조정과 관련된 비용을 메뉴비용이라 한다.

② 누진세제에서 세율등급 상승이 발생하여 세후 실질 소득이 감소할 수 있다.

누진세제하에서 명목소득 증가로 더 높은 세율이 적용되면 세후 실질소득은 감소할 수 있다.

③ 현금 보유를 줄이기 위한 비용이 발생한다.

현금 보유를 줄이면 자주 금융기관을 방문하게 되어 거래비용이 증가하게 된다. 이를 구두창비용이라 한다.

❹ 예상치 못한 인플레이션은 채권자에게 이익을 주고 채무자에게 손해를 준다.

예상치 못한 인플레이션이 발생하면 상환해야 할 원금의 가치 하락으로 <u>채권자는 불리해지고 채무자는 유리해</u>진다.

⑤ 높고 변동성이 큰 인플레이션은 장기 계획의 수립을 어렵게 만든다.

높고 변동성이 큰 인플레이션은 미래를 예측하기 힘들어 장기 계획의 수립을 어렵게 만든다.

19 소비이론에 관한 설명으로 옳지 않은 것은?

① 케인즈의 소비함수는 평균소비성향이 장기적으로 일정하다는 현상을 설명하지 못한다.

> 케인즈의 소비함수는 단기에 $APC > MPC$인 것은 설명할 수 있는 반면에 장기에 $APC = MPC$가 되는 것은 설명하지 못한다.

❷ 기간 간 최적 소비선택모형에서 이자율이 상승하면 현재소비는 감소한다.

> 이자율이 상승하면 저축자의 경우 대체효과로 소비가 감소하지만, 소득효과로 소비가 증가하여, 소비의 증감을 알 수 없다. 반면 차입자의 경우 대체효과와 소득효과 모두 소비를 감소하게 된다.

③ 생애주기가설에 따르면 강제적 공적연금저축은 민간의 연금저축을 감소시킨다.

> 공적연금이 민간저축에 미치는 영향은 부과방식(pay-as-you-go system)과 적립방식(mandatory and fully funded system)으로 대별되는 연금운영 방식에 따라 달라진다. 먼저 부과방식의 연금제도는 생애주기가설(life-cycle hypothesis)에 따르면 일을 하는 현재 시점과 퇴직 후 시점의 소득과 소비는 변화가 없으며 공적연금 보험료만큼 민간저축이 감소한다. 또한 제도의 성격상 이와 같은 연금제도는 정부저축에는 거의 영향을 미치지 못하기 때문에 민간저축과 정부저축을 합한 총저축은 민간저축이 줄어든 만큼 감소한다. 한편, 적립식 방식의 연금제도하에서는 자산간 완전한 대체성을 가정하면 공적연금의 도입으로 자발적 저축(voluntary saving)이 강제저축(mandatory saving)으로 대체되는 효과가 발생하여 민간저축은 강제저축이 증가한 만큼 줄어든다. 따라서 자발적 저축과 강제 저축의 합으로 나타낸 총저축은 변하지 않는다(출처 Auerbach and Kotlikoff, 1987; Kotlikoff, 1996; Mitchell & Zeldes, 1996).

④ 항상소득가설에 따르면 일시적 소득이 증가하는 호경기에는 평균소비성향이 감소한다.

> 항상소득가설의 소비는 항상소득의 일정비율이므로 일시적 소득이 증가하면 실제소득이 증가하는 데 일시적 소득의 증가는 실제소득 중에서 일시적 소득이 차지하는 비율이 커지고 항상소득이 차지하는 비율은 낮아지므로 평균소비성향은 감소하게 된다.

⑤ 리카도 대등정리는 항상소득가설에 따른 소비결정이론과 부합한다.

> 리카르도 대등정리는 항상소득가설 또는 생애주기가설 같은 미래전망적 소비이론에 근거하고 있다.

핵심체크	기간 간 최적 소비선택모형(피셔의 2기간 모형)의 이자율 상승에 따른 최적 소비흐름

저축자의 경우

구 분	대체효과	소득효과	총효과
현재소비	↓	↑	?
미래소비	↑	↑	↑
현재저축	↑	↓	?

차입자의 경우

구 분	대체효과	소득효과	총효과
현재소비	↓	↓	↓
미래소비	↑	↓	?
현재저축	↑	↑	↑

20

☑ 확인
Check!
○
△
✕

한 국가의 총생산(Y) 함수가 $Y = AK^{0.4}L^{0.6}$이고, 총생산 증가율이 0.02, 솔로우 잔차(Solow residual)가 0.05, 노동투입 증가율이 −0.08이라면, 성장회계식으로 계산한 자본투입 증가율은?(단, K는 자본투입, L은 노동투입이며, $A > 0$이다.)

① 0.02

② 0.025

③ 0.03

④ 0.04

❺ 0.045

> 주어진 생산함수를 증가율로 나타내어 자본투입 증가율을 구해보면
>
> $$\frac{\Delta Y}{Y} = \frac{\Delta A}{A} + 0.4\frac{\Delta K}{K} + 0.6\frac{\Delta L}{L}$$
>
> $$0.02 = 0.05 + \left(0.4 \times \frac{\Delta K}{K}\right) + [0.6 \times (-0.08)]$$
>
> $$\therefore \frac{\Delta K}{K} = 0.045$$

21

☑ 확인
Check!
○
△
✕

자산을 채권과 화폐만으로 보유할 때, 보몰–토빈(Baumol–Tobin) 화폐수요모형에 관한 설명으로 옳은 것은?(단, 채권을 화폐로 전환할 때마다 매번 b만큼의 고정비용이 발생한다.)

① b가 클수록 평균화폐보유액이 감소한다.

② 이자율이 높을수록 평균화폐보유액이 증가한다.

③ 소득수준이 높을수록 평균화폐보유액이 감소한다.

④ b가 클수록 전환횟수는 증가한다.

❺ b가 클수록 1회당 전환금액은 증가한다.

> ①·④·⑤ b가 클수록 화폐 전환에 대한 거래비용 증가로 1회당 전환금액 증가한다. 전환금액 증가로 전환횟수는 감소하고 평균화폐보유액은 증가한다.
> ② 이자율이 높을수록 화폐보유에 따른 이자손실 증가로 평균화폐보유액은 감소한다.
> ③ 화폐수요는 소득의 증가함수로서 소득이 증가할수록 평균화폐보유액은 증가한다.

22 자본이동이 완전히 자유롭고 물가수준이 고정되어 있는 먼델-플레밍(Mundell-Fleming) 모형에서 고정환율제를 채택하고 있는 소규모 개방경제에 관한 설명으로 옳은 것을 모두 고른 것은?

> ㄱ. 정부지출이 증가하면 국민소득이 증가한다.
> ㄴ. 정부지출이 증가하면 정부가 외환을 매입하여 외환보유고가 증가한다.
> ㄷ. 확장적 통화정책은 국민소득을 증가시킨다.
> ㄹ. 통화가치의 평가절상은 순수출을 증가시킨다.

❶ ㄱ, ㄴ
② ㄷ, ㄹ
③ ㄱ, ㄴ, ㄷ
④ ㄱ, ㄴ, ㄹ
⑤ ㄴ, ㄷ, ㄹ

ㄱ·ㄴ (○) 정부지출 증가는 IS곡선을 오른쪽으로 이동시킨다. 이 이동은 이자율의 상승을 초래하고, 따라서 높은 이자율에 끌려 해외 자금이 유입됨에 따라 환율상승 압력을 초래한다. 그러나 환율은 고정환율제의 틀 안에서 지역 통화 당국에 의해 통제된다. 환율을 유지하고 그에 대한 압력을 제거하기 위해 통화 당국은 국내 자금을 사용하여 외환을 매입함으로써 LM 곡선을 오른쪽으로 이동시킨다. 결과적으로 이자율은 동일하게 유지되지만, 경제의 전반적인 국민소득은 증가한다.
ㄷ. (✕) 확장적 통화정책은 LM곡선을 오른쪽으로 이동시킨다. 이 이동은 국민소득 증가와 이자율의 하락을 초래한다. 이자율 하락에 의해 해외로 자본이 유출됨에 따라 통화량의 감소가 발생한다. 통화량의 감소는 LM곡선은 왼쪽으로 이동하게 하는데 LM곡선의 왼쪽 이동으로 국민소득 감소와 이자율 상승이 발생하게 되어 결국은 확장적 통화정책 이전과 비교하여 국민소득과 이자율에는 변화가 발생하지 않는다.
ㄹ. (✕) 통화가치의 평가절하는 순수출을 증가시킨다.

23

☑ 확인
Check!
○
△
✕

A국의 완전고용국민소득은 2,000이고, 소비함수는 $C = 100 + 0.8\,Y_d$, 투자는 300, 정부지출과 조세는 각각 200이다. 이에 관한 설명으로 옳은 것을 모두 고른 것은?(단, C는 소비, Y_d는 가처분소득이다.)

> ㄱ. 정부지출승수는 5이다.
> ㄴ. 조세승수는 −2이다.
> ㄷ. 경기침체갭(recessionary gap)이 존재한다.
> ㄹ. 총생산갭(output gap)의 절댓값은 200이다.

① ㄱ, ㄴ
❷ ㄱ, ㄹ
③ ㄴ, ㄷ
④ ㄴ, ㄹ
⑤ ㄷ, ㄹ

$$정부지출승수 = \frac{1}{1 - 한계소비성향} = \frac{1}{1 - 0.8} = 5$$

$$조세승수 = \frac{-한계소비성향}{1 - 한계소비성향} = \frac{-0.8}{1 - 0.8} = -4$$

균형국민소득의 크기는 다음과 같다.
$$AE = C + I + G$$
$$= 100 + 0.8(Y - T) + I + G$$
$$= 100 + 0.8(Y - 200) + 300 + 200 = 0.8\,Y + 440$$

균형국민소득을 구하기 위해 $AE = Y$로 두어 계산하면
$$0.2\,Y = 440$$
$$\therefore \ Y = 2,200$$

완전고용국민소득은 자연실업률 수준에서 완전고용 상태가 만들어졌을 때의 국민소득을 의미하며, 균형국민소득은 저축과 투자가 균등한 조건을 충족시키는 국민소득으로 균형국민소득이 완전고용국민소득보다 낮은 경우 노동과 자본의 일부가 유휴상태에 있기에 경기침체갭은 존재한다. 문제에서는 완전고용국민소득이 균형국민소득보다 작기에 경기침체갭은 존재하지 않는다. 또한 완전고용국민소득이 2,000이므로 총생산갭의 절댓값은 200(= 2,200 − 2,000)이 된다.

24

총 생산함수가 $Y=2K^{0.5}L^{0.5}E^{0.5}$인 솔로우(Solow) 경제성장모형에서, 인구 증가율과 노동자의 효율성(E) 증가율이 각각 −3%와 5%이다. 균제상태(steady state)에서 도출된 각 변수의 성장률로 옳지 않은 것은?(단, Y는 총생산량, K는 총자본량, L은 총노동량, $L \times E$는 유효 노동 투입량이다.)

① 유효 노동 1단위당 자본량 : 0%

　　균제상태에서는 유효 노동 1단위당 자본량의 변화가 0이다.

② 총생산량 : 2%

　　총생산량 성장률 = 인구증가율 + 노동자의 효율성 증가율 = −3% + 5% = 2%

③ 노동자 1인당 생산량 : 5%

　　노동자 1인당 생산량 성장률 = 노동자 효율성 증가율 = 5%

④ 유효 노동 1단위당 생산량 : 0%

　　균제상태에서는 유효 노동 1단위당 생산량이 일정하게 유지된다. 즉 유효 노동 1단위당 생산량 성장률은 0% 이다.

❺ 노동자 1인당 자본량 : 3%

　　노동자 1인당 자본량 성장률 = 노동자 효율성 증가율 = <u>5%</u>

25

갑국의 생산함수는 $y = Ak$이고 저축률(s), 감가상각률(δ), 인구증가율(n)이 상수일 때, 이 경제의 성장경로에 관한 설명으로 옳은 것을 모두 고른 것은?(단, y, k는 각각 1인당 총생산, 1인당 자본, A는 양(+)의 상수이고, $sA > n+\delta$이다.)

ㄱ. 저축률이 높아지면 1인당 총생산 증가율이 높아진다.
ㄴ. 인구증가율이 높을수록 1인당 총생산 증가율이 높아진다.
ㄷ. 균형성장경로에서는 1인당 자본의 증가율과 1인당 총생산의 증가율이 동일하다.
ㄹ. 이 경제는 항상 균형성장경로에 있다.

---

① ㄱ, ㄴ

② ㄱ, ㄷ

③ ㄴ, ㄹ

❹ ㄱ, ㄷ, ㄹ

⑤ ㄴ, ㄷ, ㄹ

　　ㄱ. (O) 저축률이 높아지면 투자액 증가로 1인당 자본량이 증가한다. 그에 따라 1인당 총생산 증가율이 높아진다.
　　ㄴ. (×) 인구증가율이 높아지면 1인당 자본량이 감소한다. 그에 따라 <u>1인당 총생산 증가율이 낮아진다.</u>
　　ㄷ. (O) 균형성장경로에서는 1인당 자본의 증가율과 1인당 총생산의 증가율은 기술진보율과 같다.
　　ㄹ. (O) 자본, 노동, 생산량이 일정한 비율로 성장하므로 이 경제는 균형성장경로에 있다.

26 폐쇄경제 IS-LM 모형에 관한 설명으로 옳은 것은?

① 유동성 함정은 화폐수요의 이자율 탄력성이 0인 경우에 발생한다.

> 유동성 함정은 화폐수요의 이자율 탄력성이 <u>무한대(∞)인 경우</u>에 발생한다.

❷ LM곡선이 수직선이고 IS곡선이 우하향할 때, 완전한 구축효과가 나타난다.

> LM곡선이 수직선이기에 화폐수요의 이자율 탄력성이 무한대(∞)임을 알 수 있다. 화폐수요의 이자율 탄력성이 무한대(∞)이기에 완전한 구축효과가 나타난다.

③ 피구효과는 소비가 이자율의 함수일 때 발생한다.

> 피구효과는 소비가 <u>소득과 부의 함수일 때</u> 발생한다.

④ IS곡선이 수평선이고 LM곡선이 우상향할 때, 통화정책은 국민소득을 변화시킬 수 없다.

> IS곡선이 수평선이고 LM곡선이 우상향이면 <u>통화정책은 국민소득을 증가</u>시킨다.

⑤ 투자의 이자율 탄력성이 0이면 IS곡선은 수평선이다.

> 투자의 이자율 탄력성이 0이면 IS곡선은 <u>수직선</u>이다.

27 통화공급은 외생적으로 결정되며, 실질화폐수요는 명목이자율의 감소함수이고 실질국민소득의 증가함수일 때, 화폐시장만의 균형에 관한 설명으로 옳은 것을 모두 고른 것은?

> ㄱ. 중앙은행이 통화량을 증가시키면 명목이자율은 하락한다.
> ㄴ. 물가수준이 상승하면 명목이자율은 하락한다.
> ㄷ. 실질국민소득이 증가하면 이자율은 상승한다.

① ㄱ
② ㄴ
③ ㄱ, ㄴ
❹ ㄱ, ㄷ
⑤ ㄴ, ㄷ

> ㄱ. (○) 통화량 증가로 명목이자율은 하락한다.
> ㄴ. (✕) 물가수준이 상승은 화폐수요 증가를 초래하게 되어 명목이자율은 <u>상승</u>한다.
> ㄷ. (○) 실질국민소득의 증가는 화폐수요 증가를 초래하게 되어 이자율은 상승한다.

28 고정환율제와 변동환율제에 관한 설명으로 옳지 <u>않은</u> 것은?

☑ 확인
Check!
○
△
✕

① 고정환율제에서는 독립적인 통화정책을 수행하기 어렵다.

> 고정환율제에서는 중앙은행의 통화정책 자율성이 상실되므로 독립적인 통화정책을 수행하기 어렵다.

② 고정환율제에서도 과도한 무역수지 불균형이 장기간 지속되면 환율이 조정될 수 있다.

> 고정환율제에서도 과도한 무역수지 불균형이 장기간 지속될 경우 환율이 고정되어 있어 환율 조정이 자동적으로 이뤄지지는 않지만 장기간에 걸쳐 조정될 수 있다.

❸ 변동환율제에서 유가상승으로 인하여 무역적자가 발생하면 통화가치는 상승한다.

> 변동환율제에서 유가상승으로 인하여 무역적자가 발생하면 통화가치는 <u>하락</u>한다.

④ 변동환율제에서도 환율의 안정성 제고를 위해 정부가 외환시장에 개입할 수 있다.

> 변동환율제에서도 환율의 안정성 제고를 위해 정부의 외환시장 개입은 가능하다.

⑤ 고정환율제와 변동환율제 모두 환율 변동을 활용하여 이익을 얻으려는 행위가 발생할 수 있다.

> 고정환율제에서는 환투기 위험이 작은 반면 변동환율제에서는 환투기 위험이 크다. 즉 모두 환투기 위험은 존재하지만 위험의 크기에 차이가 있을 뿐이다.

2024년
2023년
2022년
2021년
2020년

29 경제학파에 관한 설명으로 옳은 것을 모두 고른 것은?

☑ 확인
Check!
○
△
✕

> ㄱ. 정책무력성정리(policy ineffectiveness proposition)는 새고전학파 이론에 속한다.
> ㄴ. 총수요 외부성(aggregate demand externalities)이론은 실물경기변동 이론에 속한다.
> ㄷ. 케인즈 학파는 경기침체의 원인이 총수요의 부족에 있다고 주장한다.
> ㄹ. 비동조적 가격 설정(staggered price setting)모형은 새케인즈 학파 이론에 속한다.

① ㄱ, ㄴ
② ㄱ, ㄹ
③ ㄴ, ㄷ
④ ㄴ, ㄹ
❺ ㄱ, ㄷ, ㄹ

> ㄱ. (○) 정책무력성정리(policy ineffectiveness proposition)는 새고전학파 이론에 속한다.
> ㄴ. (✕) 총수요 외부성(aggregate demand externalities)이론은 <u>새케인즈 학파의 경기변동 이론</u>에 속한다.
> ㄷ. (○) 케인즈 학파는 경기침체의 원인이 총수요의 부족에 있다고 주장한다.
> ㄹ. (○) 비동조적 가격 설정(staggered price setting)모형은 새케인즈 학파 이론에 속한다.

30 A국과 B국에서 X재와 Y재 각 1단위를 생산하는 데 필요한 노동량이 아래 표와 같다. A국의 총노동량이 20, B국의 총노동량이 60이라고 할 때, 이에 관한 설명으로 옳지 않은 것은?

구 분	X재	Y재
A국	2	4
B국	4	6

① A국은 X재와 Y재 각각의 생산에서 B국보다 절대우위가 있다.

> A국은 X재와 Y재 각각의 생산에 필요한 노동량이 B국보다 적어 X재와 Y재 각각의 생산에서 B국보다 절대우위가 있다.

② A국에서 X재 1단위 생산의 기회비용은 Y재 1/2 단위이다.

> A국에서 X재 1단위 생산의 기회비용은 Y재 1/2(= 2 ÷ 4) 단위이다.

③ A국에서는 X재 6단위와 Y재 2단위를 생산할 수 있다.

> A국에서는 X재 6단위 생산에 노동량 12를 투입하고 Y재 2단위를 생산에 노동량 8을 투입하여 총노동량 20을 투입할 여력이 있기에 해당 재화 생산은 가능하다.

❹ B국에서 Y재 1단위에 대한 X재의 상대가격은 3/2이다.

> B국에서 Y재 1단위에 대한 X재의 상대가격은 2/3(= 4 ÷ 6)이다.

⑤ 완전특화가 이루어지면, B국은 비교우위를 가지고 있는 재화를 10단위 생산한다.

> 완전특화가 이루어지면, B국은 Y재에 비교우위가 있으므로 총노동량 60을 Y재 생산에 투입하여 재화 10단위를 생산한다.

31 현재 한국과 미국의 햄버거 가격이 각각 4,800원과 4달러이고, 명목환율(원/달러)이 1,300이며, 장기적으로 구매력평가설이 성립할 때, 이에 관한 설명으로 옳은 것은?(단, 햄버거는 대표 상품이며 변동환율제도를 가정한다.)

① 실질환율은 장기적으로 1보다 크다.

> 구매력평가설이 성립하면 실질환율은 장기적으로 1이 된다.

② 양국의 현재 햄버거 가격에서 계산된 구매력평가환율은 1,250이다.

> 양국의 현재 햄버거 가격에서 계산된 구매력평가환율은 1,200(= 4,800 ÷ 4)이다.

❸ 양국의 햄버거 가격이 변하지 않는다면 장기적으로 명목환율은 하락한다.

> 양국의 햄버거 가격이 변하지 않는다면 장기적으로 명목환율은 1,200으로 하락한다.

④ 미국의 햄버거 가격과 명목환율이 변하지 않는다면 장기적으로 한국의 햄버거 가격은 하락한다.

> 미국의 햄버거 가격과 명목환율이 변하지 않는다면 장기적으로 한국의 햄버거 가격은 5,200원(= 1,300원/달러 × 4달러)으로 상승한다.

⑤ 한국의 햄버거 가격이 변하지 않는다면 장기적으로 명목환율과 미국의 햄버거 가격은 모두 상승한다.

> 한국의 햄버거 가격이 변하지 않는다면 장기적으로 명목환율은 1,200으로 하락하거나 미국의 햄버거 가격이 3달러 하락할 것이다.

32 다음 거시경제모형에서 잠재GDP가 1,500이라면, 잠재GDP를 달성하기 위해 정부지출을 얼마나 변화시켜야 하는가?(단, C는 소비, Y는 GDP, T는 조세, I는 투자, r은 이자율, G는 정부지출, M_S는 화폐공급, M_D는 화폐수요이다.)

☑ 확인
Check!
○
△
×

○ $C = 500 + 0.8(Y - T)$
○ $I = 100 - 20r$
○ $T = 200$
○ $G = 300$
○ $Y = C + I + G$
○ $M_S = 1,000$
○ $M_D = 500 + 0.4Y - 10r$

❶ 80% 감소
② 50% 감소
③ 20% 감소
④ 20% 증가
⑤ 40% 증가

2024년

2023년

2022년

2021년

2020년

IS곡선	LM곡선
$Y = C + I + G$ $\quad = [500 + 0.8(Y - T)] + (100 - 20r) + 300$ $\quad = [500 + 0.8(Y - 200)] + (100 - 20r) + 300$ $\quad = 0.8Y + 740 - 20r$ $\therefore Y = 3,700 - 100r$	$M_S = M_D$ $1,000 = 500 + 0.4Y - 10r$ $0.4Y = 500 + 10r$ $\therefore Y = 1,250 + 25r$

IS곡선과 LM곡선을 연립하여 균형국민소득 Y와 균형이자율 r을 구하면 $Y = 1,740$, $r = 19.6$이 된다.

잠재GDP 1,500이 되는 이자율을 구하기 위해 LM곡선을 활용하면
$1,500 = 1,250 + 25r$
$\therefore r = 10$

위에서 구한 이자율을 IS곡선에 대입해 잠재GDP 1,500이 되기 위해 IS곡선의 이동 방향 및 이동폭을 구해보면
$(3,700 - x) - (100 \times 10) = 1,500$
$\therefore x = 1,200$

따라서 IS곡선이 왼쪽으로 1,200만큼 이동해야 한다.

정부지출 승수는 $5(= \dfrac{1}{1 - \text{한계소비성향}} = \dfrac{1}{1 - 0.8})$이므로 정부지출 300에서 240을 줄이면 즉, 80%를 감소하면 IS곡선이 왼쪽으로 1,200만큼 이동하여 잠재GDP를 달성할 수 있다.
변화된 IS곡선 식은 $Y = 2,500 - 100r$이다.

33

☑ 확인
Check!
○
△
✕

다음의 단기 필립스곡선에 관한 설명으로 옳은 것을 모두 고른 것은?(단, π_t, π_t^e, u_t는 각각 t의 인플레이션율, 기대인플레이션율, 실업률이고 u_n은 자연 실업률, β는 양(+)의 상수, ν_t는 t기의 공급충격이다.)

○ $\pi_t = \pi_t^e - \beta(u_t - u_n) + \nu_t$

ㄱ. β가 클수록 희생비율이 커진다.
ㄴ. 유가상승충격은 $\nu_t > 0$을 의미하며 단기 필립스곡선을 상방 이동시킨다.
ㄷ. 오쿤의 법칙과 결합하면 인플레이션율과 총생산 사이에 양(+)의 관계가 도출된다.
ㄹ. 단기적으로 기대인플레이션율이 고정되어 있을 때, 인플레이션 감축 정책은 실업률을 높인다.

① ㄱ, ㄴ, ㄷ
② ㄱ, ㄴ, ㄹ
③ ㄱ, ㄷ, ㄹ
❹ ㄴ, ㄷ, ㄹ
⑤ ㄱ, ㄴ, ㄷ, ㄹ

ㄱ. (✕) 희생비율의 크기는 β값에 반비례한다. 즉, β가 클수록 희생비율은 작아진다.
ㄴ. (○) 유가상승충격은 $\nu_t > 0$을 의미하며 이는 필립스곡선의 절편이 상승하여 단기 필립스곡선을 상방으로 이동시킨다.
ㄷ. (○) 오쿤의 법칙과 결합하면 인플레이션율이 증가 시 총생산이 증가하는 인플레이션율과 총생산 사이에 양(+)의 관계가 도출된다.
ㄹ. (○) 인플레이션 감축 정책은 통화량 감소와 같은 긴축적인 정책으로 인플레이션 감축 정책을 시행하면 경기침체와 더불어 실업률이 증가하는 문제가 발생한다.

34 노동수요에 관한 설명으로 옳지 않은 것은?(단, 생산요소는 자본과 노동이며, 두 요소의 한계기술대체율은 체감하고 완전경쟁요소시장을 가정한다.)

❶ 자본가격의 하락에 따른 대체효과는 노동수요를 증가시킨다.

> 노동과 자본이 서로 대체 요소일 경우 자본가격 하락이 자본에 대한 수요를 증가시키는 동시에 노동에 대한 수요를 감소시킨다.

② 제품수요의 가격탄력성이 높을수록 노동수요의 가격탄력성이 크다.
③ 단기보다 장기에서 노동수요의 가격탄력성이 크다.
④ 자본공급의 가격탄력성이 클수록 노동수요의 가격탄력성이 크다.
⑤ 노동과 자본 사이의 대체탄력성이 클수록 노동수요의 가격탄력성이 크다.

핵심체크	생산요소에 대한 수요의 가격탄력성 결정요인
다른 생산요소와의 대체가능성	어떤 생산요소에 대한 수요의 가격탄력성은 그것이 다른 생산요소에 의해 대체되는 것이 쉬우면 쉬울수록 커진다.
상품에 대한 수요의 가격탄력성	어떤 생산요소에 의해 생산되는 상품에 대한 수요의 가격탄력성이 클수록 그 생산요소에 대한 수요의 가격탄력성도 따라서 커진다.
다른 생산요소 공급의 가격탄력성	어떤 생산요소에 대한 수요의 가격탄력성은 다른 생산요소 공급의 가격탄력성이 클수록 커진다.
고려되는 기간의 길이	똑같은 생산요소라 해도 이에 대한 수요의 가격탄력성은 단기에서 보다 장기에서 더 크다.

35 효용극대화를 추구하는 갑은 고정된 총가용시간을 노동시간과 여가시간으로 나누어 선택한다. 갑의 효용함수는 $U = U(H, I)$이며, 소득 $I = wL + A$일 때, 이에 관한 설명으로 옳지 않은 것은?(단, H는 여가시간, w는 시간당 임금, L은 노동시간, A는 근로외소득, 여가는 정상재이다. H와 I의 한계대체율($MRS_{H,I}$)은 체감하며, 내부해를 가정한다.)

① 효용극대화 점에서 $MRS_{H,I}$는 w와 같다.
② w가 상승하는 경우 소득효과는 노동공급을 감소시킨다.
③ 만약 여가가 열등재이면, w의 상승은 노동공급을 증가시킨다.
④ w가 상승하는 경우 대체효과는 노동공급을 증가시킨다.
❺ 근로외소득이 증가하는 경우 대체효과는 노동공급을 증가시킨다.

> ① 한계대체율은 '접선의 기울기', 시간당 임금은 '예산제약선의 기울기'이므로 효용극대화 점에서 둘은 같다.
> ②·④ 시간당 임금의 상승으로 인한 소득효과는 노동공급을 감소시키지만, 대체효과는 노동공급을 증가시킨다.
> ③ 여가가 열등재인 경우에 시간당 임금의 상승은 소득효과와 대체효과 모두 노동공급을 증가시킨다.
> ⑤ 근로외소득이 증가하는 경우 소득효과만 발생하여 노동공급을 감소시킨다.

36 고용과 관련된 지표에 관한 설명으로 옳지 않은 것은?

① 경제활동인구란 15세 이상의 인구 중에서 취업자와 실업자를 합한 것이다.
② 15세 이상의 인구 중에서 취업할 의사가 없거나 일할 능력이 없는 사람은 비경제활동인구에 포함된다.
③ 군대 의무 복무자와 교도소 수감자는 경제활동 조사대상에서 제외된다.
④ 조사대상 기간 1주일 중 수입을 목적으로 1시간 이상 일을 한 사람은 취업자에 해당된다.
❺ 일정한 직장을 가지고 있으나 일시적인 질병 등으로 조사대상 기간에 일을 하지 못한 사람은 실업자로 분류된다.

> 일정한 직장을 가지고 있으나 일시적인 질병 등으로 조사대상 기간에 일을 하지 못한 사람은 <u>취업자로 분류</u>된다.

37 효율성임금(efficiency wage)이론에서 기업이 시장균형임금보다 높은 임금을 지급하는 이유로 옳지 않은 것은?

① 이직률이 낮아져 채용비용 및 교육훈련 비용이 절감되고 노동자의 생산성을 높게 유지할 수 있다.
② 생산성이 높은 노동자를 고용할 수 있어 평균적인 생산성을 높일 수 있다.
③ 노동자가 근무태만으로 해고될 경우 손실이 크기 때문에 근무태만을 줄여준다.
④ 노동자의 체력과 건강이 향상되어 생산성이 높아진다.
❺ 기업의 브랜드 이미지가 제고되어 매출이 증대되고 이윤이 증가한다.

> 기업의 브랜드 이미지 제고는 <u>효율성임금이론과 관련이 없다</u>.

핵심체크	효율성 임금모형
영양모형	실질임금수준이 높을수록 영양가 높은 식사를 할 수 있으므로 영양상태가 양호하게 유지될 수 있어 생산성이 높아진다.
태업방지모형	노동자들은 취직 후 근무를 태만히 하는 도덕적 해이가 나타나는데, 높은 임금을 지급하면 태업을 줄일 수 있다.
역선택모형	낮은 임금을 지급하면 우수한 노동자는 직장을 그만두고 생산성이 낮은 노동자만 남게 되는 역선택이 발생하는데, 높은 임금을 지급하면 평균생산성을 높게 유지할 수 있어 역선택을 방지할 수 있다.
이직모형	기업이 새로운 직원을 채용하고 교육시키는 데 많은 비용이 소요되므로, 높은 임금을 지급하면 이직비용을 줄일 수 있다.

38

☑ 확인
Check!

○
△
×

A국의 균제상태(steady state)에서의 실업률이 12%이고, 매 기간 실직률(취업자 중 실직하는 사람의 비율)이 3%일 때, 균제상태를 유지시키는 구직률(실업자 중 취업하는 사람의 비율)은?

① 5%
② 10%
③ 12%
④ 15%
❺ 22%

$$실업률 = \frac{실직률}{구직률 + 실직률} = \frac{0.03}{구직률 + 0.03} = 0.12$$

$$\therefore 구직률 = 0.22 = 22\%$$

39

☑ 확인
Check!

○
△
×

어느 산업의 노동공급곡선은 $L_S = 20 + 2w$ 이고, 노동수요곡선은 $L_D = 50 - 4w$ 이다. 정부가 최저임금을 6으로 설정할 때 발생하는 고용 감소와 실업자는?(단, L_S, L_D는 각각 노동공급 및 노동수요이며, w는 임금이다.)

① 2, 4
② 2, 6
③ 2, 8
❹ 4, 6
⑤ 4, 8

균형상태에서 임금과 고용량을 구하면
$L_S = L_D$
$20 + 2w = 50 - 4w$
$\therefore w = 5$, $L_S = L_D = 30$

최저임금을 6으로 설정 시 노동 수요량 및 노동 공급량
노동 수요량 $= 50 - (4 \times 6) = 26$
노동 공급량 $= 20 + (2 \times 6) = 32$

따라서 최저임금 설정으로 인한 고용 감소는 4(= 30 − 26)이고, 실업자는 6(= 32 − 26)이 된다.

40 실질임금의 경기순환성에 관한 설명으로 옳은 것은?

① 명목임금경직성 모형에서는 경기변동 요인이 총수요 충격일 때 실질임금이 경기순행적(pro-cyclical) 이다.

② 중첩임금계약(staggered wage contracts) 모형에서는 경기변동 요인이 총수요 충격일 때 실질임 금이 경기순행적이다.

③ 효율성임금이론은 실질임금의 경기순행성을 설명한다.

❹ 실물경기변동이론에 따르면 양(+)의 기술충격은 실질임금을 상승시킨다.

⑤ 실물경기변동이론에 따르면 노동공급곡선이 수평선인 경우 기술충격이 발생할 때 실질임금이 경기 순행적이다.

①·②·③ 명목임금에 경직성이 있는 경우 실질임금은 경기역행적이다.
④ 유리한 공급충격이 발생하면 생산함수는 상방으로 이동하게 되어 노동수요가 증가하고, 그에 따라 고용량 이 증가하고 임금도 상승한다.
⑤ 실물경기변동이론에 따르면 노동공급곡선이 수평선인 경우 기술충격이 발생할 때 실질임금은 변하지 않는다.

2023년 제32회 정답 및 해설

● 문제편 254p

● 정답 CHECK   ● 각 문항별로 이해도 CHECK

01	02	03	04	05	06	07	08	09	10	11	12	13	14	15	16	17	18	19	20	21	22	23	24	25
⑤	①	③	④	④	①	⑤	③	②	②	①	③	②	④	③	⑤	⑤	①	②	④	③	④	④	④	③

01 완전경쟁시장에 관한 설명으로 옳지 않은 것은?

① 개별기업의 최적산출량은 한계수입과 한계비용이 일치할 때 결정된다.

② 개별기업은 장기에 효율적인 생산 규모에서 생산하며 정상이윤만을 얻게 된다.

③ 개별기업이 단기에 손실을 보더라도 생산을 계속하는 이유는 고정비용의 일부를 회수할 수 있기 때문이다.

④ 단기균형과 장기균형에서 총잉여인 사회적 후생이 극대화된다.

❺ 생산요소의 가격이 변하지 않는 비용불변산업에서는 장기 시장공급곡선은 우상향한다.

생산요소의 가격이 변하지 않는 비용불변산업에서 수평의 장기 공급곡선을 갖는다.

02 독점기업 A의 생산함수는 $Q = \left[\min(4L, \ K)^{\frac{1}{2}}\right]$ 이고, 노동(L)의 가격은 16, 자본(K)의 가격은 4이다. 시장수요곡선이 $Q = 200 - 0.5P$일 때, 이윤을 극대화하는 생산량(Q)과 가격(P)은?(단, 고정비용은 0이다)

❶ $Q : 20, \quad P : 360$ ② $Q : 30, \quad P : 340$

③ $Q : 40, \quad P : 320$ ④ $Q : 50, \quad P : 300$

⑤ $Q : 60, \quad P : 280$

- 생산함수 $Q = \left[\min(4L, \ K)^{\frac{1}{2}}\right]$ 이므로 $Q = \sqrt{4L} = \sqrt{K}$
- 노동의 가격 16과 자본의 가격 4를 이용한 비용함수(C)는 $C = 16L + 4K$
- $Q = \sqrt{4L} = \sqrt{K}$ 을 비용함수에 대입하면 $C = 8Q^2$
- $MC = \dfrac{dC}{dQ} = 16Q$
- 시장수요곡선 $Q = 200 - 0.5P$를 P에 대하여 정리하면 $P = 400 - 2Q$
- $MR = 400 - 4Q$
- 이윤극대화 생산량은 $MR = MC$에서 이루어지므로 $400 - 4Q = 16Q$
  $\therefore \ Q = 20$
- $Q = 20$을 시장수요곡선에 대입하면 $P = 360$

03

수요의 가격탄력성에 관한 설명으로 옳은 것을 모두 고른 것은?(단, 시장수요곡선은 우하향하는 직선이다)

> ㄱ. 종량세를 부과하면, 수요의 가격탄력성이 공급의 가격탄력성보다 클수록 소비자의 부담은 작아지고 생산자의 부담은 커진다.
> ㄴ. 경쟁시장에 개별기업이 직면한 수요곡선은 완전탄력적이다.
> ㄷ. 독점기업의 총수입은 수요의 가격탄력성이 0일 때 극대화된다.

① ㄱ

② ㄷ

❸ ㄱ, ㄴ

④ ㄴ, ㄷ

⑤ ㄱ, ㄴ, ㄷ

> ㄱ. (○) 조세부과로 인한 가격상승에 신축적으로 대응하기 힘든 탄력성이 높은 쪽보다는 낮은 쪽의 조세부담이 더 크다. 따라서 수요의 가격탄력성이 공급의 가격탄력성보다 더 크다면 소비자보다는 생산자의 부담이 더 크다.
> ㄴ. (○) 개별기업은 자신의 생산능력 범위 내에서 생산량을 증가시켜도 시장가격이 변하지 않고 주어진 가격으로 원하는 만큼 판매가 가능하므로 개별기업이 인식하는 수요곡선은 수평선이 된다. 즉 완전탄력적이다.
> ㄷ. (✕) 독점시장의 총수입은 수요의 가격탄력성이 <u>1일 때</u> 극대화된다.

04

생산함수 $Q = A(aL^\rho + bK^\rho)^{\frac{v}{\rho}}$ 에 관한 설명으로 옳은 것을 모두 고른 것은?(단, $A > 0$, $a > 0$, $b > 0$, $\rho < 1$, $\rho \neq 0$, $v > 0$이고 A, a, b, ρ, v는 모두 상수이며, L은 노동, K는 자본이다)

> ㄱ. A가 클수록 한계기술대체율($MRTS_{L, K}$)이 커진다.
> ㄴ. v가 1보다 크면 규모의 수익체증(increasing returns to scale)이 된다.
> ㄷ. ρ가 클수록 대체탄력성이 크고 등량곡선이 직선에 가까워진다.
> ㄹ. a가 클수록 노동절약적 기술진보이다.

① ㄱ, ㄴ

② ㄱ, ㄷ

③ ㄱ, ㄹ

❹ ㄴ, ㄷ

⑤ ㄷ, ㄹ

> ㄱ. (✕) <u>A는 한계기술대체율에 영향을 주지 않는다.</u>
> - $MP_L = \dfrac{dQ}{dL} = \dfrac{v}{\rho} A(aL^\rho + bK^\rho)^{\frac{v}{\rho} - 1} \cdot a\rho L^{\rho-1}$
> - $MP_K = \dfrac{dQ}{dK} = \dfrac{v}{\rho} A(aL^\rho + bK^\rho)^{\frac{v}{\rho} - 1} \cdot b\rho K^{\rho-1}$
> $\therefore MRTS_{L, K} = \dfrac{MP_L}{MP_K} = \dfrac{a}{b}\left(\dfrac{L}{K}\right)^{\rho-1}$
> ㄴ. (○) v가 1보다 크면 노동과 자본 투입량 모두 t배 증가 시 생산량이 t배 이상 증가하게 되므로 규모의 수익체증이 됨을 알 수 있다.
> ㄷ. (○) ρ가 최대한 1에 가깝도록 커지면 한계기술대체율이 $\dfrac{a}{b}$로 근접해지고 등량곡선 또한 우하향 직선형태에 근접해진다. 등량곡선이 직선형태에 가까워지기에 대체탄력성은 커짐을 알 수 있다.
> ㄹ. (✕) a가 클수록 MP_L은 증가한다. 따라서 a가 클수록 <u>노동집약적 기술진보(자본절약적 기술진보)</u>이다.

05

원룸 임대시장의 공급곡선과 수요곡선은 각각 $Q_s = 20 + 4P$, $Q_d = 420 - 6P$이다. 정부는 원룸의 임대료(P)가 너무 높다고 판단하여 상한을 30으로 규정하였다. 원룸 부족현상을 피하기 위해 수요량(Q_d)에 따라 공급량(Q_s)이 일치되도록 할 경우, 정부가 원룸당 지원해야 할 보조금은?

① 10
② 15
③ 20
❹ 25
⑤ 30

임대료(P)가 30일 경우 수요량은 240, 공급량은 140으로 100만큼 초과수요가 발생한다.

초과수요를 해소하기 위해 보조금(S)을 지급하면 공급곡선이 원룸당 보조금 크기만큼 하방이동한다.

공급곡선 식을 P에 대하여 정리하면 $P = \frac{1}{4}Q - 5$이므로 원룸당 보조금(S) 만큼 지급하면 공급곡선 식은

$P = \frac{1}{4}Q - 5 - S$로 바뀌게 된다.

변경된 공급곡선 식을 Q에 대하여 정리하면 $Q = 4P + 20 + 4S$이다.

임대료(P)가 30일 때 공급량이 240이 되는 보조금을 구하기 위해 보조금 지급 이후 공급곡선 식에 대입하면

$240 = (4 \times 30) + 20 + 4S$로 $S = 25$가 된다.

따라서 원룸당 25의 보조금을 지급하면 가격상한으로 인한 초과수요를 해결할 수 있다.

06

효용을 극대화하는 갑(甲)의 효용함수는 $U = C \times L$, 시간당 임금은 2만원이고, 주당 40시간을 일하거나 여가를 사용할 수 있다. 한편 정부는 근로자 한 명당 주당 32만원의 보조금을 주지만 근로소득의 20%를 소득세로 징수하는 제도를 시행 중이다. 이때 갑(甲)의 주당 근로시간은?(단, C는 상품에 지출하는 금액, L은 여가시간이다)

❶ 10
② 24
③ 30
④ 36
⑤ 40

• 근무시간을 x라 할 경우 여가시간은 $40 - x$
• 상품에 지출하는 금액 : [32만원+{(2만원×x)×(1−0.2)}]

$U = C \times L = [32만원 + \{(2만원 \times x) \times (1 - 0.2)\}] \times (40 - x)$

$= -1.6만원x^2 + 32만원x + 1,280만원$

효용의 극댓값을 구하기 위해 U를 x에 대하여 미분한 후 0이 되는 x를 구하면

$\dfrac{dU}{dx} = -3.2만원x + 32만원 = 0$

$\therefore x = 10$

07 갑(甲)이 소유한 건물의 가치는 화재가 발생하지 않을 시 3,600, 화재발생 시 1,600이고, 건물의 화재발생확률은 0.5이다. 갑(甲)의 효용함수가 $U(W) = \sqrt{W}$일 때, 건물의 (ㄱ) 기대가치와 (ㄴ) 기대효용은?(단, W는 건물의 가치이다)

① ㄱ : 1,800,   ㄴ : 40
② ㄱ : 2,400,   ㄴ : 40
③ ㄱ : 2,400,   ㄴ : 50
④ ㄱ : 2,600,   ㄴ : 40
❺ ㄱ : 2,600,   ㄴ : 50

기대가치＝(3,600×0.5)＋(1,600×0.5)＝2,600
기대효용＝($\sqrt{3,600}$×0.5)＋($\sqrt{1,600}$×0.5)＝50

08 갑(甲) 기업의 생산함수가 $Q = AK^{0.5}L^{0.5}$일 때, 등량곡선과 등비용선에 관한 설명으로 옳지 않은 것은?(단, $A > 0$, K는 자본, L은 노동, MP_K는 자본의 한계생산, MP_L은 노동의 한계생산, r은 자본가격, w는 노동가격이다)

① 비용극소화가 되려면 한계기술대체율이 생산요소가격의 비율과 일치해야 한다.
② 한계기술대체율은 체감한다.
❸ $MP_K/r > MP_L/w$일 때, 비용극소화를 위해서는 노동을 늘리고 자본을 줄여야 한다.

　자본을 늘리고 노동을 줄여야 비용극소화를 위한 생산자균형에 도달하게 된다.

④ A가 커지면 등량곡선은 원점에 가까워진다.

　A가 클수록 생산을 위해 더 적은 노동과 자본이 필요하므로 등량곡선은 원점에 가까워진다.

⑤ 등량곡선과 등비용선이 접하는 점에서 비용극소화가 이루어진다.

핵심체크	비용극소화

최소 비용으로 생산하는 생산균형점에서 등량곡선과 등비용선이 접하므로 다음의 균형조건이 성립한다.
$$등량곡선의\ 기울기(MRTS_{L,\ K}) = 등비용선의\ 기울기\left(\frac{w}{r}\right)$$

핵심체크	한계기술대체율 체감의 법칙

동일한 생산량을 유지하면서 자본을 노동으로 대체해가면 한계기술대체율이 점점 감소하는 현상

09 생산요소 노동(L)과 자본(K) 사이의 대체탄력성(σ)에 관한 설명으로 옳은 것을 모두 고른 것은?

(단, r은 자본가격, w는 노동가격, $\sigma = \dfrac{\triangle(\frac{K}{L})/(\frac{K}{L})}{\triangle(\frac{w}{r})/(\frac{w}{r})}$ 이다)

> ㄱ. σ=0.5인 경우 노동의 상대가격 상승에 따라 노동소득의 상대적 비율이 더 커진다.
> ㄴ. σ=1인 경우 노동의 상대가격이 상승해도 자본소득의 상대적 비율에 아무런 변화가 없다.
> ㄷ. 콥-더글라스(Cobb-Douglas) 생산함수의 대체탄력성은 0이다.

① ㄱ   ❷ ㄱ, ㄴ
③ ㄱ, ㄷ   ④ ㄴ, ㄷ
⑤ ㄱ, ㄴ, ㄷ

ㄱ. (○) 대체탄력성(σ)가 1보다 작기에 노동의 상대가격 상승에 따라 노동소득의 상대적 비율은 더 커진다.
ㄴ. (○) 대체탄력성(σ)이 1인 경우에는 노동의 상대가격이 상승해도 자본소득의 상대적 비율에 영향을 주지 못한다.
ㄷ. (✕) 콥-더글라스(Cobb-Douglas) 생산함수의 대체탄력성은 1이다.

핵심체크 **생산함수와 대체탄력성**

구 분	레온티에프 생산함수	콥-더글라스 생산함수	선형생산함수
등량곡선	L자 형태	원점에 대하여 볼록한 곡선 (직각쌍곡선)	우하향의 직선
대체탄력성	대체탄력성(σ)=0	대체탄력성(σ)=1	대체탄력성(σ)=∞
특 징	• 등량곡선의 곡률이 클수록(=등량곡선이 L자에 가까울수록) 대체탄력성은 작아진다. • 등량곡선의 곡률이 작을수록(=등량곡선이 직선에 가까울수록) 대체탄력성은 커진다.		

핵심체크 **대체탄력성과 요소소득분배**

대체탄력성(σ)	임금이 하락할 경우	상대적인 노동소득분배비율
대체탄력성(σ)>1	임금하락률<노동투입증가율	증 가
대체탄력성(σ)=1	임금하락률=노동투입증가율	일 정
대체탄력성(σ)<1	임금하락률>노동투입증가율	하 락

10 꾸르노(Cournot) 복점모형에서 시장수요곡선이 $P = -2Q + 70$이고, 두 기업의 한계 비용은 10으로 동일하다. 내쉬(Nash)균형에서 두 기업 생산량의 합은?(단, P는 상품가격, Q는 총생산량이다)

① 15 ❷ 20
③ 25 ④ 30
⑤ 35

꾸르노 복점모형에서 두 기업의 비용조건이 동일하므로 각 기업은 완전경쟁의 $\frac{1}{3}$만큼씩 생산한다.

완전경쟁의 경우 생산량을 구해보면
$P = MC$
$-2Q + 70 = 10$
$\therefore Q = 30$

각 기업의 생산량은 $10 (= 30 \times \frac{1}{3})$

$\therefore$ 두 기업의 생산량의 합은 20

핵심체크 | **꾸르노 모형 생산량 구하는 공식**

꾸르노 모형에서 시장수요함수가 $P = a - bQ$, 기업1의 비용함수는 $MC_1 = c$, 기업2의 비용함수는 $MC_2 = d$인 경우 각 기업의 생산량은 다음과 같다.

• 기업1의 생산량 $= \dfrac{a - 2c + d}{3b}$

• 기업2의 생산량 $= \dfrac{a + c - 2d}{3b}$

---

11 폐쇄경제에서 투자의 이자율 탄력성이 0일 때, $IS - LM$모형을 이용한 중앙은행의 긴축통화정책 효과로 옳은 것은?(단, LM곡선은 우상향한다)

❶ 소득 불변

투자의 이자율 탄력성이 0이면 IS곡선은 수직선 형태로 긴축통화정책을 시행하여도 <u>소득에는 영향을 주지 않는다</u>.

② 이자율 하락
③ LM곡선 우측 이동
④ 이자율 불변
⑤ 소득 감소

12 아래와 같이 주어진 폐쇄경제를 가정할 경우, (ㄱ) 균형국민소득과 (ㄴ) 균형이자율은?(단, Y는 GDP, C는 소비, I는 투자, G는 정부지출, r은 이자율, T는 조세, $(M/P)^d$는 실질화폐요, M은 통화량, P는 물가이다)

• $Y = C + I + G$	• $C = 50 + 0.5(Y - T)$
• $I = 100 - 5r$	• $(M/P)^d = Y - 20r$
• $G = 100$	• $T = 100$
• $M = 400$	• $P = 4$

① ㄱ : 200, ㄴ : 5
② ㄱ : 300, ㄴ : 5
❸ ㄱ : 300, ㄴ : 10
④ ㄱ : 400, ㄴ : 15
⑤ ㄱ : 400, ㄴ : 20

- $Y = C + I + G = [50 + 0.5(Y - T)] + (100 - 5r) + 100$
  $\therefore Y = -10r + 400 \ (\because T = 100)$

- $\left(\dfrac{M}{P}\right)^d = Y - 20r = (-10r + 400) - 20r = -30r + 400$

- $\dfrac{M}{P} = \dfrac{400}{4} = 100$

위에서 구한 $\left(\dfrac{M}{P}\right)^d$과 $\dfrac{M}{P}$을 이용하여 균형이자율을 구해보면

$-30r + 400 = 100$

$\therefore r = 10$

균형이자율을 위에서 구한 Y에 대입하여 균형국민소득을 구해보면

$Y = -10r + 400 = -(10 \times 10) + 400$

$\therefore Y = 300$

13 변동환율제하에서 수입제한정책을 실시할 경우 나타나는 변화를 먼델-플레밍 모형을 이용하여 옳게 설명한 것을 모두 고른 것은?(단, 소규모 개방경제 하에서 국가 간 자본의 완전이동과 물가불변을 가정하고, IS곡선은 우하향하고, LM곡선은 수직선이다)

> ㄱ. IS곡선은 오른쪽 방향으로 이동한다.
> ㄴ. 자국통화가치는 하락한다.
> ㄷ. 소득수준은 불변이다.
> ㄹ. LM곡선은 왼쪽 방향으로 이동한다.

① ㄱ, ㄴ   ❷ ㄱ, ㄷ
③ ㄱ, ㄹ   ④ ㄴ, ㄷ
⑤ ㄷ, ㄹ

> ㄱ. (○) 순수출 증가로 IS곡선은 오른쪽으로 이동한다.
> ㄴ. (×) 순수출이 증가하게 되면 외화공급 증가로 <u>자국통화가치는 상승한다.</u>
> ㄷ. (○) LM곡선이 수직선이므로 수입제한정책은 소득에 영향을 주지 않는다.
> ㄹ. (×) LM곡선의 <u>변화는 없다.</u>

14 소비함수에 관한 설명으로 옳지 않은 것은?

① 케인즈에 따르면 현재소득이 소비를 결정하는 가장 중요한 결정요소이다.

> 케인즈는 소비가 현재의 처분가능소득에 의해 결정된다고 보았다.

② 항상소득가설에 의하면 야간작업에 의한 일시적 소득증가보다 승진에 의한 소득증가가 더 큰 소비의 변화를 초래한다.

> 항상소득가설에 의하면 소비는 임시소득보다는 항상소득에 의해 영향을 더 많이 받는다.

③ 평생소득가설에 의하면 연령계층에 따라 소비성향이 다를 수 있다.

> 평생소득가설은 나이에 따라 소비의 흐름이 다르다고 가정하였다.

❹ 확률보행가설은 소비자들이 장래소득에 관해 적응적 기대를 한다고 가정한다.

> 확률보행가설은 항상소득가설에 <u>합리적 기대</u>를 가정한 소비형태이다.

⑤ 케인즈는 평균소비성향이 소득 증가에 따라 감소한다고 가정한다.

> 케인즈의 절대소득가설의 소비함수는 소비축을 통과하므로 소득이 증가할수록 평균소비성향이 감소한다.

15 통화함수 $\dfrac{M}{P} = 0.4\left(\dfrac{Y}{i^{1/2}}\right)$ 이다. 화폐수량방정식을 이용하여 명목이자율(i)이 4일 때, 화폐의 유통속도는?(단, Y는 균형소득, M은 통화량, P는 물가이다)

① 2

② 4

❸ 5

④ 6

⑤ 8

$$\text{화폐의 유통속도} = \frac{PY}{M} = \frac{P}{M} \times Y = \frac{i^{\frac{1}{2}}}{0.4Y} \times Y = \frac{4^{\frac{1}{2}}}{0.4} = \frac{2}{0.4} = 5$$

16 아래 조건을 만족하는 경제에 관한 설명으로 옳지 않은 것은?(M은 통화량, V는 화폐유통속도, P는 물가수준, Y는 총생산이다)

- 인플레이션율과 총생산성장률 간 양(+)의 관계가 성립한다.
- 총생산성장률과 실업률 간 음(−)의 관계가 성립한다.
- $MV = PY$가 성립한다.
- 화폐유통속도는 일정하다.
- 현재 통화증가율은 10%이고, 인플레이션율은 6%이다.

① 오쿤의 법칙(OKun's law)이 성립한다.

오쿤의 법칙은 실업률과 경제성장률 간에 성립하는 역의 상관관계가 있음을 나타낸 것으로 총생산성장률과 실업률 간에 음(−)의 관계가 성립하므로 위 조건으로 오쿤의 법칙이 성립함을 알 수 있다.

② 필립스곡선은 우하향한다.

본 조건에서 인플레이션과 총생산성장률 간 양(+)의 상관관계를 가지고 총생산성장률과 실업률 간 음(−)의 상관관계를 가지므로 인플레이션과 실업률 간에는 음(−)의 상관관계를 가짐을 알 수 있다. 필립스 곡선은 인플레이션과 실업률 간의 역의 상관관계를 나타내는 곡선으로 일반적인 필립스 곡선은 우하향 형태를 나타낸다.

③ 명목 총생산성장률은 10%이다.

명목 총생산성장률＝통화증가율＋화폐유통속도증가율＝10%＋0%＝10%(∵ 화폐유통속도는 일정하므로 화폐유통속도증가율은 0%)

④ 총생산성장률은 4%이다.

총생산성장률＝통화증가율＋화폐유통속도증가율－인플레이션율＝10%＋0%－6%＝4%

❺ 통화증가율을 6%로 낮추어 인플레이션율이 4%로 인하되면 총생산은 감소한다.

총생산성장률이 감소하는 것이지 <u>총생산이 감소하는 것이 아니다.</u>

17 인플레이션의 비용이 아닌 것은?

① 화폐 보유액을 줄이는데 따르는 비용

> 인플레이션이 발생하면 화폐가치 하락으로 화폐 보유액이 감소한다.

② 가격을 자주 바꾸는 과정에서 발생하는 비용

> 인플레이션이 발생하면 재화가격을 조정하는 메뉴비용이 발생한다.

③ 경직적인 조세제도로 인한 세금 부담 비용

> 인플레이션으로 조세가 증가하게 되면 저축이 감소하는 문제가 발생한다.

④ 기대하지 못한 인플레이션에 의한 부(wealth)의 재분배

> 예상치 못하게 물가가 높아지면 채무자의 실질 부채는 감소하고, 저축자가 실질적으로 받는 금액은 감소한다.

❺ 상대가격이 유지되어 발생하는 자원배분 왜곡

> 상대가격이 유지되지 못해 <u>자원배분 왜곡의 문제가 발생</u>한다.

18 가격이 신축적인 폐쇄경제에서 조세와 재정지출을 각각 10 증가시킬 때, 국민소득 증가분은?(단, Y는 국민소득, C는 소비, I는 투자, G는 정부지출, T는 조세, r은 이자율, L은 노동, W은 임금, M은 통화량, V는 화폐유통속도, P는 물가, L^S는 노동공급, L^D는 노동수요이다)

> - $C = 10 + 0.8(Y - T)$
> - $G = 50$
> - $MV = PY$
> - $M = 100$
> - $L^S = 50 + 10(W/P)$
> - $L = L^S = L^D$
>
> - $I = 10 - 200r$
> - $T = 50$
> - $V = 1$
> - $Y = L$
> - $L^D = 150 - 10(W/P)$

❶ 0

② 10

③ 50

④ 100

⑤ 200

> - 조세 10 증가로 인한 국민소득 변화분 $= -\dfrac{1}{1-0.8} \times 10 = -50$
>
> - 재정지출 10 증가로 인한 국민소득 변화분 $= \dfrac{1}{1-0.8} \times 10 = 50$
>
> ∴ 조세 10 증가와 재정지출 10 증가로 인한 국민소득 변화분은 0

19 솔로우(R. Solow) 경제성장모형의 균제상태(steady-state)에 관한 설명으로 옳은 것을 모두 고른 것은?

> ㄱ. 저축률이 증가하면 1인당 자본량은 증가한다.
> ㄴ. 감가상각률이 증가하면, 자본의 황금률 수준(Golden rule level of capital)은 감소한다.
> ㄷ. 인구증가율이 증가하면, 자본의 황금률 수준은 증가한다.

① ㄱ   ❷ ㄱ, ㄴ
③ ㄱ, ㄷ   ④ ㄴ, ㄷ
⑤ ㄱ, ㄴ, ㄷ

ㄱ. (○) 저축을 통해 투자가 이루어지면 1인당 자본량은 증가한다.
ㄴ. (○) 자본의 황금률은 1인당 생산량에서 필요투자액을 차감한 것으로 감가상각률이 증가하면 필요투자액이 증가하게 되어 자본의 황금률 수준은 감소한다.
ㄷ. (✕) 인구증가율이 증가하면 필요투자액이 증가하여 자본의 황금률 수준은 <u>감소</u>한다.

20 소득-여가 선택모형에서 갑(甲)의 효용함수 $U = Y + 3L$, 예산선 $Y = w(24 - L)$이다. 이에 관한 설명으로 옳은 것은?(단, U는 효용, Y는 소득, L은 여가, w는 임금률이다)

① 한계대체율은 체감한다.

한계대체율은 <u>3으로 일정하다</u>.
$MU_Y = \dfrac{dU}{dY} = 1$, $MU_L = \dfrac{dU}{dL} = 3$,   ∴ 한계대체율 $= \dfrac{MU_L}{MU_Y} = 3$

② 임금률이 1이면 효용은 55이다.

임금률이 1이면 효용극대화 지점은 여가 24, 소득 0인 지점이 되므로 <u>효용은 72가 된다</u>.

③ 임금률이 1에서 2로 상승하면 근로시간은 증가한다.

임금률이 1에서 2로 상승하여도 근로시간은 <u>0으로 동일하다</u>(∵ 근로시간이 0일 경우 효용극대화).

❹ 임금률이 4에서 5로 상승하면 여가시간은 불변이다.

임금률이 4에서 5로 상승하여도 여가시간은 <u>0으로 동일하다</u>(∵ 여가시간이 0일 경우 효용극대화).

⑤ 임금률과 무관하게 예산선은 고정된다.

임금률에 따라 <u>예산선의 기울기는 변한다</u>.

21 A국의 15세 이상 생산가능인구는 200명이다. 실업률이 10%, 경제활동참가율이 60% 일 때, 취업자수는?

① 54명　　　　　　　　　　　② 100명
❸ 108명　　　　　　　　　　　④ 120명
⑤ 180명

- 경제활동인구 = 15세 이상의 생산가능인구 × 경제활동참가율
  　　　　　　 = 200명 × 60%
  　　　　　　 = 120명
- 실업률 = $\dfrac{\text{실업자수}}{\text{경제활동인구}} \times 100 = \dfrac{\text{실업자수}}{120\text{명}} \times 100 = 10\%$

  ∴ 실업자수 = 120명 × 10% = 12명
- 취업자수 = 경제활동인구 − 실업자수 = 120명 − 12명 = 108명

22 소득−여가 선택모형에서 효용극대화를 추구하는 갑(甲)은 임금률이 10일 때 a를 선택하였고, 이후 임금률이 8로 하락하자 b를 선택하였다. 이에 관한 설명으로 옳은 것은?(단, 여가는 정상재이다)

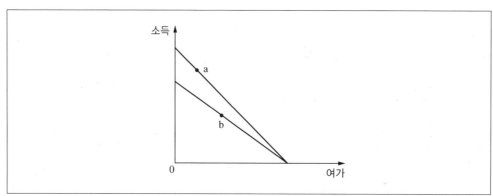

① 가격효과로 소득은 증가한다.
② 소득효과로 여가시간이 증가한다.
③ 가격효과로 노동시간은 증가한다.
❹ 대체효과로 노동시간이 감소한다.

①·②·③·④ 임금 하락으로 인한 여가의 상대적 가격이 하락하여 여가시간을 증가시키고자 하는 대체효과가 임금 하락으로 인한 실질소득의 감소로 노동시간을 증가시키고자 하는 소득효과보다 커 최종적으로 여가시간이 증가하게 된다.

⑤ 효용수준 변화는 알 수 없다.

갑의 효용은 감소하였다.

23 A국의 매 기간 동안 실직률(취업자 중 실직하는 사람의 비율)은 2%, 구직률(실직자 중 취업하는 사람의 비율)은 8%일 때, 균제상태(steady state)의 실업률은?

① 10%　　　　　　　　　　　② 12%

③ 16%　　　　　　　　　　　❹ 20%

$$\text{균제상태의 실업률} = \frac{\text{실직률}}{\text{실직률}+\text{구직률}} \times 100 = \frac{0.02}{0.02+0.08} \times 100 = 20\%$$

⑤ 25%

24 암묵적 계약이론(implicit contract theory)에 관한 설명으로 옳지 않은 것은?

① 실질임금이 단기에 노동수요 충격과 노동공급 충격에 민감하게 변화하지 않는 현상을 설명한다.

② 근로자와 사용자가 사전에 구체적인 업무를 명시하지 않고 불완전한 계약을 하는 이유를 설명한다.

③ 비대칭적 정보하에서 근로자가 상황 변화에 따른 임금 조정보다 안정적 임금을 선호하는 이유를 설명한다.

❹ 암묵적 계약은 자율적 강제성보다는 법적 강제성이 전제되어야 성립한다.

　　암묵적 계약은 법적 강제성보다는 자율적 강제성이 전제되어야 한다.

⑤ 암묵적 계약은 자유의사에 의한 고용원칙(the doctrine of employment-at-will) 하에서 더 효과적으로 집행될 수 있다.

> **핵심체크**　**암묵적 계약이론(묵시적 계약이론)**
>
> 노동자는 임금이 약간 낮아도 경기상황에 영향 없이 일정한 실질임금을 받기 원하고, 기업은 경기상황에 영향 없이 안정적인 고용관계를 유지하고자 하는 양측의 필요성에 의해 이루어진 암묵적 계약을 말한다.

25 일자리 탐색 모형(job search model)에 관한 설명으로 옳은 것은?

① 일자리 특성이 아니라 근로자의 특성에 따라 취업할 확률에 미치는 영향을 설명한다.

　　근무 여건과 조직 분위기 같은 일자리 특성은 취업에 영향을 준다.

② 일자리 탐색 모형은 채용기준에 적합한 근로자를 찾는 과정을 설명한다.

　　기업입장에서 적합한 근로자를 찾는 것이 아닌 근로자 입장에서 일할 기업을 구하는 과정을 설명한다.

❸ 유보임금(reservation wage)은 근로를 위해 받아들일 수 있는 최저 임금이다.

④ 유보임금이 증가하면 예상실업기간은 감소한다.

　　유보임금이 클수록 취업에 성공할 확률은 줄어들기에 예상실업기간은 증가한다.

⑤ 근로자는 탐색과정에서 희망하는 최고의 임금을 받게 된다.

　　시간이 지나면서 근로자의 원하는 임금은 점점 작아지게 되므로 최고의 임금을 받기 어렵다.

2022년 제31회 정답 및 해설

📍 문제편 263p

✅ 정답 CHECK

✅ 각 문항별로 이해도 CHECK

01	02	03	04	05	06	07	08	09	10	11	12	13	14	15	16	17	18	19	20	21	22	23	24	25
①	③	③	④	①	②	④	①	⑤	②	③	③	⑤	④	⑤	⑤	②	④	⑤	②	⑤	③	③	④	②

01

☑ 확인
Check!
○
△
✕

( )에 들어갈 내용으로 옳은 것은?(단, 두 재화의 수요곡선은 우하향하고 공급곡선은 우상향한다)

> X재의 가격이 상승할 때, X재와 대체 관계에 있는 Y재의 (ㄱ)곡선은 (ㄴ)으로 이동하고, 그 결과 Y재의 균형가격은 (ㄷ)한다.

❶ ㄱ : 수요, ㄴ : 우측, ㄷ : 상승

> X재 가격 상승 → X재 소비량 감소 → Y재 소비량 증가 → Y재 수요곡선 우측이동 → Y재 균형가격 상승

② ㄱ : 수요, ㄴ : 좌측, ㄷ : 상승
③ ㄱ : 수요, ㄴ : 좌측, ㄷ : 하락
④ ㄱ : 공급, ㄴ : 우측, ㄷ : 상승
⑤ ㄱ : 공급, ㄴ : 좌측, ㄷ : 하락

핵심체크	수요변화의 요인		

수요변화의 요인		수요변화	수요곡선이동
소득 증가	정상재	증 가	우측이동
	열등재	감 소	좌측이동
다른 재화의 가격 상승	대체재	증 가	우측이동
	보완재	감 소	좌측이동

02 다음 생산함수에서 규모에 대한 수확이 체증, 불변, 체감의 순으로 짝지은 것으로 옳은 것은?(단, q는 생산량, L은 노동, K는 자본이다)

ㄱ. $q=2L+3K$	ㄴ. $q=(2L+K)^{1/2}$
ㄷ. $q=2L \cdot K$	ㄹ. $q=L^{1/3}K^{2/3}$
ㅁ. $q=3L^{1/2}+3K$	

① ㄱ - ㄴ - ㄷ
② ㄴ - ㄹ - ㅁ
❸ ㄷ - ㄱ - ㄴ
④ ㄷ - ㄴ - ㅁ
⑤ ㅁ - ㄹ - ㄱ

모든 요소 투입량 t배 증가 시 다음과 같다.

ㄱ. $tq=2tL+3tK$
$q=2L+3K$
∴ 규모에 대한 수확 불변

ㄴ. $tq=(2tL+tK)^{1/2}$
$q=\dfrac{(2tL+tK)^{1/2}}{t}$
∴ 규모에 대한 수확 체감

ㄷ. $tq=2(tL) \cdot (tK)=2t^2LK$
$q=2tLK$
∴ 규모에 대한 수확 체증

ㄹ. $tq=(tL)^{1/3}(tK)^{2/3}=tL^{1/3}K^{2/3}$
$q=L^{1/3}K^{2/3}$
∴ 규모에 대한 수확 불변

ㅁ. $tq=3(tL)^{1/2}+3(tK)$
$q=3\left(\dfrac{L}{t}\right)^{1/2}+3K$
∴ 규모에 대한 수확 체감

핵심체크　**규모에 대한 수익**

• 규모에 대한 수익 체증 : 모든 요소 투입량 t배 증가 시 생산량이 t배보다 더 크게 증가하는 경우
• 규모에 대한 수익 불변 : 모든 요소 투입량 t배 증가 시 생산량이 t배 증가하는 경우
• 규모에 대한 수익 체감 : 모든 요소 투입량 t배 증가 시 생산량이 t배보다 더 작게 증가하는 경우

03 독점기업의 가격 전략에 관한 설명으로 옳은 것은?

① 소비자잉여를 유지하며 생산자의 이윤을 극대화한다.

> 소비자잉여는 <u>감소</u>하며 생산자의 이윤은 <u>증가</u>한다.

② 독점가격은 한계비용과 같다.

> 독점가격은 <u>한계비용보다 높은</u> 수준에서 설정된다.

❸ 가격차별을 하는 경우 단일 가격을 설정하는 것에 비해 사회적 후생은 증가한다.

④ 가격차별을 하는 경우 수요의 가격탄력성이 더 높은 소비자들에게 더 높은 가격을 부과한다.

> 가격차별을 하는 경우 수요의 가격탄력성이 더 높은 소비자에게 <u>더 낮은 가격</u>을 부과한다.

⑤ 이부가격제는 소비자들의 수요 행태가 다양할 때 가장 효과적이다.

> 소비자들의 수요 행태가 다양할 때 가장 효과적인 방법은 <u>제1급 가격차별</u>이다.

04 경쟁시장에서 A기업의 단기 총비용함수는 $C(q) = 50 + 10q + 2q^2$이고, 한계비용함수는 $MC(q) = 10 + 4q$이다. 시장가격이 $P = 30$일 때, A기업의 생산량(q)과 생산자잉여(PS)는?

① $q = 4$, $PS = 0$

② $q = 4$, $PS = 5$

③ $q = 5$, $PS = 0$

❹ $q = 5$, $PS = 50$

⑤ $q = 15$, $PS = 50$

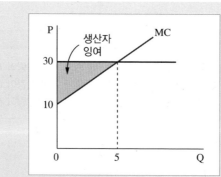

- $MC(q) = 10 + 4q = 30$

  $\therefore q = 5$

- 생산자잉여(PS) $= (30 - 10) \times 5 \times \dfrac{1}{2} = 50$

05

동일한 상품을 경쟁적으로 판매하고 있는 두 기업 A와 B는 이윤을 극대화하기 위해 광고 전략을 고려하고 있다. 다음은 두 기업이 전략을 동시에 선택할 경우 얻게 되는 보수행렬이다. 이에 관한 설명으로 옳은 것은?(단, A와 B는 전략을 동시에 선택하고 합리적으로 행동하며 본 게임은 1회만 행해진다. 괄호 안의 왼쪽 값은 A의 보수, 오른쪽 값은 B의 보수를 나타낸다)

		B	
		광고함	광고 안함
A	광고함	(6, 4)	(8, 3)
	광고 안함	(3, 8)	(10, 4)

❶ 내쉬균형의 보수조합은 (6, 4)이다.

> B는 광고할 경우의 보수가 광고를 하지 않을 경우보다 항상 크므로 B는 광고를 할 것이다. B가 광고를 할 경우 A 또한 광고를 할 경우의 보수가 광고를 하지 않을 경우보다 항상 크므로 내쉬균형의 보수조합은 둘 다 광고를 하는 (6, 4)이다.

② A의 우월전략은 광고함을 선택하는 것이다.

> A의 전략은 B의 광고 유무에 따라 변화하기 때문에 A의 우월전략은 존재하지 않는다.

③ B의 우월전략은 광고 안함을 선택하는 것이다.

> B는 A의 광고 유무에 상관없이 광고를 하는 전략이 보수가 더 크기 때문에 B의 우월전략은 광고함을 선택하는 것이다.

④ A와 B가 각각 우월전략을 선택할 때 내쉬균형에 도달한다.

> A의 전략은 B의 광고 유무에 따라 변화하기 때문에 A의 우월전략은 존재하지 않으므로 성립되지 않는다.

⑤ 내쉬균형은 파레토 효율적(Pareto efficient)이다.

> 내쉬균형의 보수조합은 (6, 4)에서 A가 광고를 하지 않을 경우 B의 보수가 증가하고 B가 광고를 하지 않을 경우 A의 보수가 증가하므로 내쉬균형은 파레토 효율적(Pareto efficient)이라 할 수 없다.

06 정부는 물가급등에 따른 소비자 부담을 줄여주기 위해 X재에 부과하는 물품세를 단위당 100원만큼 인하하였다. 이에 관한 설명으로 옳은 것은?(단, X의 수요곡선은 우하향하고 공급곡선은 우상향한다)

☑ 확인
Check!
○
△
✕

① 소비자의 부담은 100원만큼 줄어든다.

> 소비자의 부담이 100원만큼 줄어들기 위해서는 수요의 가격탄력성이 완전탄력적이어야 한다. 하지만 수요곡선이 우하향 형태로 수요의 가격탄력성이 완전탄력적이라 할 수 없으므로 소비자의 부담은 <u>100원보다 적게</u> 줄어든다.

❷ 조세 인하 혜택의 일정 부분은 생산자에게 귀착된다.

③ 조세 인하로 인해 X재 가격은 하락하지만, 소비량은 영향을 받지 않는다.

> 조세 인하로 인한 X재 가격 하락으로 <u>소비량은 증가</u>한다.

④ 조세 인하로 인해 후생손실이 늘어난다.

> 조세 인하로 인해 후생손실은 <u>감소</u>한다.

⑤ X재에 부과되는 물품세는 중립세여서 경제주체들에게 아무런 영향을 주지 않는다.

> 물품세는 <u>중립세가 아니다</u>.

핵심체크 | **중립세**

중립세는 민간부분의 의사결정에 영향을 미치지 않기 때문에 초과부담을 유발하지 않는 조세로, 현실에서 중립세에 가장 근접한 조세는 인두세라고 할 수 있으나 완벽한 중립세는 존재하지 않는다.

---

07 생산과정에서 탄소를 배출하는 X재에 탄소세를 부과하려고 한다. 이에 관한 설명으로 옳은 것을 모두 고른 것은?(단, X재의 수요곡선은 우하향하고 공급곡선은 우상향한다)

☑ 확인
Check!
○
△
✕

> ㄱ. 탄소세는 외부불경제를 해결하기 위한 조세이다.
> ㄴ. 탄소세를 부과하면 X재의 가격이 오를 것이다.
> ㄷ. 탄소세를 부과하면 자원배분의 효율성이 높아진다.
> ㄹ. X재의 주요사례로 태양광발전과 풍력발전을 들 수 있다.

① ㄱ, ㄴ   ② ㄴ, ㄹ
③ ㄷ, ㄹ   ❹ ㄱ, ㄴ, ㄷ
⑤ ㄴ, ㄷ, ㄹ

> ㄱ. (O) 탄소세는 다른 경제주체의 활동 결과 자기가 불리한 영향을 받는 외부불경제를 해결하기 위한 환경세의 일종이다.
> ㄴ. (O) 생산과정에서 탄소세 부과로 증가된 비용은 물품 가격 상승에 영향을 미쳐 X재의 가격이 오를 것이다.
> ㄷ. (O) 탄소세를 부과하면 각 기업은 오염물질 처리비용과 오염배출권 가격을 비교하여 오염물질 매각 또는 매입 여부를 결정하고, 오염물질 처리비용이 적은 기업은 오염물질배출권을 매각하여 사회적으로 적은 비용으로 오염물질을 줄이는 효과를 가져와 자원배분의 효율성이 높아지게 될 것이다.
> ㄹ. (✕) <u>태양광발전과 풍력발전은 친환경 발전으로 탄소세와 관련이 없다.</u>

핵심체크	탄소세(오염권배출제도)

• 방 식
 – 환경세의 일종으로 이산화탄소와 같은 오염물질을 방출할 경우 부과된다.
 – 각 기업은 정부가 설정한 오염배출량만큼 오염배출권을 발행하고 오염배출권을 가진 한도 내에서 오염물질을 배출할 수 있다.
 – 각 기업은 정부로부터 오염물질배출권을 구입할 수 있다.
 – 각 기업 간의 오염물질배출권의 자유로운 거래는 허용된다.
• 효 과
 – 각 기업은 오염물질 처리비용과 오염배출권 가격을 비교하여 오염물질 매각 또는 매입 여부를 결정한다.
 – 오염물질 처리비용이 적은 기업은 오염물질배출권을 매각할 것이므로 사회적으로 적은 비용으로 오염물질을 줄이는 효과를 가져온다.
 – 생산과정에서 탄소세 부과로 인해 증가된 비용은 물품 가격 상승에 영향을 미친다.

08 소득분배지표에 관한 설명으로 옳지 않은 것은?

☑ 확인
Check!
○
△
×

❶ 로렌츠곡선이 대각선에 접근할수록 지니계수는 커진다.

로렌츠곡선이 대각선에 접근할수록 지니계수는 작아진다

② 지니계수는 0과 1사이의 값을 가지며, 그 값이 작을수록 분배상태가 더 평등한 것으로 본다.

지니계수는 소득분배상태를 숫자로 표현하는 대표적인 측정방법으로, 0과 1사이의 값을 가지며, 값이 작을수록 평등한 분배상태를 나타낸다.

③ 로렌츠곡선은 인구의 누적비율과 소득의 누적비율을 각각 축으로 하여 계층별 소득분포를 표시한 곡선을 말한다.

로렌츠곡선은 계층별 소득분포자료에서 인구의 누적점유율과 소득의 누적점유율 사이의 대응관계를 그림으로 나타낸 것이다.

④ 십분위분배율이란 최하위 40% 소득계층의 소득점유율을 최상위 20% 소득계층의 소득점유율로 나눈 값을 말한다.

$$십분위분배율 = \frac{하위\ 40\%의\ 소득점유비율}{상위\ 20\%의\ 소득점유비율}\ (0 \leq P \leq 2)$$

⑤ 십분위분배율은 0과 2사이의 값을 가지며, 값이 클수록 더욱 평등한 분배상태를 의미한다.

십분위분배율은 0과 2사이의 값을 가지며, 그 값이 클수록 소득분배가 균등함을 의미한다.

100명의 주민이 살고 있는 아파트에 주민들이 안전을 우려하여 공동으로 아파트 입구에 CCTV를 설치하고자 한다. 설치된 CCTV의 서비스에 관한 설명으로 옳은 것을 모두 고른 것은?

ㄱ. CCTV 서비스는 주민들에게 공유자원이다.
ㄴ. CCTV 서비스는 주민들에게 사적재이다.
ㄷ. CCTV 서비스는 주민들에게 비배제성을 갖는다.
ㄹ. CCTV 서비스는 주민들에게 공공재이다.

---

① ㄱ

② ㄴ

③ ㄱ, ㄴ

④ ㄴ, ㄷ

❺ ㄷ, ㄹ

ㄱ. (×), ㄴ. (×) CCTV 서비스는 배제성과 경합성이 모두 없으므로 <u>공공재</u>이다.

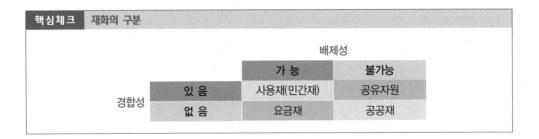

핵심체크	재화의 구분		
		배제성	
		가 능	불가능
경합성	있 음	사용재(민간재)	공유자원
	없 음	요금재	공공재

10 물가지수에 관한 설명으로 옳지 <u>않은</u> 것은?

① 우리나라의 소비자물가지수는 농촌지역의 물가 동향을 파악하는 지표로는 적합하지 않다.

> 소비자물가지수는 전체 도시소비자가 상품과 서비스품목을 구입할 때 지불하는 가격의 평균변동을 측정한 수치로 농촌지역의 물가 동향을 파악하는 지표로는 적합하지 않다.

❷ 우리나라의 소비자물가지수는 소비자가 소비하는 모든 상품과 서비스를 대상으로 측정되기 때문에 정부 물가관리의 주요 대상지표가 된다.

> 소비자물가지수는 소비자가 소비하는 모든 상품과 서비스를 대상으로 하는 것이 아닌 <u>일상생활을 영위하기 위해 구입하는 재화와 서비스를 대상으로 한다.</u>

③ GDP 디플레이터는 국내에서 생산된 상품만을 조사 대상으로 하기 때문에 수입상품의 가격동향을 반영하지 못한다.

> GDP 디플레이터는 수입품 가격은 제외되어 산출된다.

④ GDP 디플레이터는 명목국내총생산을 실질국내총생산으로 나눈 값으로 측정한다.

$$\text{GDP 디플레이터} = \frac{\text{명목GDP}}{\text{실질GDP}} \times 100$$

⑤ 우리나라의 생산자물가지수는 기업 간에 거래되는 일정 비율 이상의 비중을 갖는 원자재 및 자본재의 가격 변화를 반영한다.

> 소비자물가지수는 원자재 및 자본재 가격을 제외하지만 생산자물가지수는 원자재, 자본재 및 소비재를 포함한다.

11 A국과 B국이 자동차 1대와 옷 1벌을 생산하는 데 소요되는 노동의 양이 아래 표와 같다고 한다. 리카도의 비교 우위에 관한 설명으로 옳지 <u>않은</u> 것은?

구 분	A국	B국
자동차	10	6
옷	5	2

① A국은 자동차 생산에 비교 우위가 있다.

> A국이 B국보다 자동차 생산에 대한 기회비용이 작으므로 A국은 자동차 생산에 비교 우위가 있다.

② B국은 옷 생산에 비교 우위가 있다.

> B국이 A국보다 옷 생산에 대한 기회비용이 작으므로 B국은 옷 생산에 비교 우위가 있다.

❸ B국의 자동차 생산의 기회비용은 옷 2벌이다.

B국의 자동차 생산의 기회비용은 옷 3벌이다.

[기회비용]

구 분	A국	B국
자동차	$\dfrac{10}{5} = 2$	$\dfrac{6}{2} = 3$
옷	$\dfrac{5}{10} = 0.5$	$\dfrac{2}{6} \fallingdotseq 0.3$

④ B국은 옷 생산에 있어 A국에 비해 절대 우위에 있다.

B국이 A국보다 옷 생산에 필요한 노동량이 더 적으므로 B국은 옷 생산에 있어 A국에 비해 절대 우위에 있다.

⑤ A국은 자동차 생산에 특화하고, B국은 옷 생산에 특화하여 교역을 하는 것이 상호이익이다.

상호 간에 비교 우위가 있는 재화를 특화하여 교역하는 것이 A국, B국 모두 무역이익을 얻을 수 있으므로 A국은 자동차를, B국은 옷 생산을 특화하여 교역하는 것이 상호이익을 위해 유리하다.

12 2020년의 명목GDP는 2,000조원, 2021년의 명목GDP는 2,200조원이고, 2020년을 기준으로 하는 GDP 디플레이터는 2021년에 105였다. 2021년의 실질경제성장률은 약 얼마인가?

① 1.2%
② 2.4%
❸ 4.8%
④ 9.6%
⑤ 14.4%

$$2020년\ GDP\ 디플레이터 = \frac{2020년\ 명목GDP}{2020년\ 실질GDP} \times 100$$

$$= \frac{2,000조원}{2020년\ 실질GDP} \times 100 = 100$$

$$\therefore 2020년\ 실질GDP = 2,000조원$$

$$2021년\ GDP\ 디플레이터 = \frac{2021년\ 명목GDP}{2021년\ 실질GDP} \times 100$$

$$= \frac{2,200조원}{2021년\ 실질GDP} \times 100 = 105$$

$$\therefore 2021년\ 실질GDP \fallingdotseq 2,095조원$$

$$2021년의\ 실질경제성장률 = \frac{2021년\ 실질GDP - 2020년\ 실질GDP}{2020년\ 실질GDP} \times 100$$

$$= \frac{2,095조원 - 2,000조원}{2,000조원} \times 100 \fallingdotseq 4.8\%$$

13 장기 총공급곡선을 오른쪽으로 이동시키는 요인이 아닌 것은?

① 이민자의 증가로 노동인구 증가
② 물적 및 인적 자본의 증대
③ 기술진보로 인한 생산성 증대
④ 새로운 광물자원의 발견
❺ 자연실업률의 상승

> 장기는 가격변수가 신축적이므로 장기 총공급곡선은 노동, 자본, 생산기술 등 실물적 요인에 의해 움직인다. 따라서 실물적 요인이 아닌 자연실업률의 상승은 장기 총공급곡선의 이동 요인이 아니다.

14 인플레이션 비용과 관련이 없는 것은?

① 메뉴비용

> 물가가 상승하면 물가 상승에 맞추어 기업은 자신이 생산하는 제품의 가격을 조정하게 되는데, 가격 조정과 관련된 비용을 메뉴비용이라 한다.

② 누진소득세제하의 조세부담 증가

> 누진소득세제하에서 인플레이션으로 명목소득이 증가하면 이전보다 더 높은 세율을 적용받게 되어 조세부담이 증가한다.

③ 상대가격 변화에 따른 자원배분 왜곡

> 인플레이션이 발생하게 되면 재화의 상대가격이 상승하게 되어 수출이 감소하고 수입이 증가하는 현상이 발생한다.

❹ 자산 가치 평가 기준의 안정화

> 인플레이션이 발생하면 사람들은 금융자산보다 실물자산을 선호하게 된다. 따라서 <u>자산 가치의 평가 기준이 불안정</u>하게 된다.

⑤ 구두창비용

> 인플레이션이 발생하면 사람들은 화폐 보유를 줄이게 된다. 따라서 인플레이션 이전보다 금융기관에 방문하는 횟수가 증가하게 되어 거래비용이 더 많이 발생하는데, 이를 구두창비용이라 한다.

15 통화량 증가의 요인이 아닌 것은?

① 본원통화량 증가
② 은행의 지급준비율 인하
③ 통화승수 증가
④ 은행의 초과지급준비금 감소
❺ 중앙은행의 재할인율 인상

> 중앙은행이 재할인율을 인상하게 되면 통화량이 감소한다.

핵심체크 | 금융정책수단

• 공개시장 조작정책

국공채 매입 → 본원통화 ▲ → 통화량 ▲ → 이자율 ▼

국공채 매각 → 본원통화 ▼ → 통화량 ▼ → 이자율 ▲

• 재할인율 정책

재할인율 ▼ → 예금은행 차입 ▲ → 본원통화 ▲ → 통화량 ▲ → 이자율 ▼

재할인율 ▲ → 예금은행 차입 ▼ → 본원통화 ▼ → 통화량 ▼ → 이자율 ▲

• 지급준비율 정책

지급준비율 ▼ → 통화승수 ▲ → 통화량 ▲ → 이자율 ▼

지급준비율 ▲ → 통화승수 ▼ → 통화량 ▼ → 이자율 ▲

---

16 국민소득계정에 관한 설명으로 옳지 않은 것은?

① 국민총생산은 국내총생산과 국외순수취 요소소득의 합계이다.

> 국민총생산은 일정기간 동안 한 나라 국민에 의해 생산되는 모든 최종생산물의 시장가치를 말한다.
>
> 국민총생산(GNP) = GDP + (국외수취 요소소득 − 국외지급 요소소득)
>   = GDP + 국외순수취 요소소득

② 명목국내총생산은 생산량의 변화와 함께 가격 변화에도 영향을 받는다.

> 명목국내총생산은 당해 연도 생산물에 당해 연도 가격을 곱하여 계산한다.
>
> $$명목GDP = P_t \times Q_t$$

③ 국내총생산은 한 나라에서 일정기간 동안 생산된 최종 용도의 재화와 서비스의 시장가치 총합이다.

국내총생산은 일정한 기간 동안 한 국가 내에서 새로이 생산된 모든 최종 재화와 서비스의 시장가치로 측정되거나 또는 각 생산단계에서 발생한 부가가치의 합으로 측정된다.

④ 국내총생산은 한 나라에서 일정 기간 창출되는 부가가치의 총합이다.

국내총생산은 일정한 기간 동안 한 나라에서 각 생산단계에서 발생한 부가가치의 합으로 측정된다.

❺ 투자는 민간투자와 정부투자의 합계이며, 재고변동은 포함하지 않는다.

재고변동도 재고투자로 <u>투자에 포함</u>된다.

2024년

2023년

2022년

2021년

2020년

17

다음은 A국의 경제를 나타낸다. 완전고용의 GDP를 회복하기 위한 정부지출은?(단, Y는 GDP, C는 민간소비, I는 투자, G는 정부지출, T는 조세, Y_f는 완전고용하에서 GDP이다)

- $Y = C + I + G$
- $I = 300$
- $T = 100$
- $C = 100 + 0.5(Y - T)$
- $G = 100$
- $Y_f = 1,200$

① 100　　　　　　　　　　　　　❷ 150

③ 300　　　　　　　　　　　　　④ 350

⑤ 400

$Y = C + I + G$
$\quad = 100 + 0.5(Y - T) + 300 + G$
완전고용 시, 즉 $Y_f = 1,200$일 때의 정부지출(G)을 구해보면
$1,200 = 100 + 0.5(1,200 - 100) + 300 + G$
$\therefore G = 250$
$\therefore$ 완전고용을 회복하기 위한 정부지출 $= 250 - 100 = 150$

18

1년간 정기예금의 실질이자율이 5%, 인플레이션율이 3%이고, 이자소득세율이 20%일 때 세후 명목이자율은?

① 1.6%
② 4.8%
③ 5.0%
❹ 6.4%
⑤ 8.0%

> 세후 명목이자율 = (실질이자율 + 인플레이션율) × (1 − 세율)
> = (5% + 3%) × (1 − 0.2) = 6.4%

19

다음 표는 A국의 노동시장 현황을 나타내고 있다. 생산가능인구가 4,000명으로 일정할 때 2020년 대비 2021년의 노동시장 변화에 관한 설명으로 옳지 않은 것은?

구 분	2020년	2021년
취업자 수	1,100명	1,000명
비경제활동인구	2,000명	2,100명

① 경제활동참가율 감소

> 경제활동참가율 $= \dfrac{경제활동인구}{생산가능인구} \times 100 = \dfrac{생산가능인구 - 비경제활동인구}{생산가능인구} \times 100$
>
> 2020년 경제활동참가율 $= \dfrac{4,000 - 2,000}{4,000} \times 100 = 50\%$
>
> 2021년 경제활동참가율 $= \dfrac{4,000 - 2,100}{4,000} \times 100 = 47.5\%$
>
> ∴ 경제활동참가율 2.5% 감소

② 실업률 증가

> 실업률 $= \dfrac{실업자 수}{경제활동인구} \times 100 = \dfrac{(생산가능인구 - 비경제활동인구) - 취업자 수}{생산가능인구 - 비경제활동인구} \times 100$
>
> 2020년 실업률 $= \dfrac{(4,000 - 2,000) - 1,100}{4,000 - 2,000} \times 100 = 45\%$
>
> 2021년 실업률 $= \dfrac{(4,000 - 2,100) - 1,000}{4,000 - 2,100} \times 100 ≒ 47.4\%$
>
> ∴ 실업률은 약 2.4% 증가

③ 고용률 감소

$$\text{고용률} = \frac{\text{취업자 수}}{\text{생산가능인구}} \times 100$$

$$\text{2020년 고용률} = \frac{1,100}{4,000} \times 100 = 27.5\%$$

$$\text{2021년 고용률} = \frac{1,000}{4,000} \times 100 = 25\%$$

∴ 고용률은 2.5% 감소

④ 실업자 수 변화없음

실업자 수 = (생산가능인구 − 비경제활동인구) − 취업자 수
2020년 실업자 수 = (4,000 − 2,000) − 1,100 = 900(명)
2021년 실업자 수 = (4,000 − 2,100) − 1,000 = 900(명)
∴ 실업자 수는 변화없음

❺ 취업률 변화없음

$$\text{취업률} = \frac{\text{취업자 수}}{\text{경제활동인구}} \times 100 = \frac{\text{취업자 수}}{\text{생산가능인구} - \text{비경제활동인구}} \times 100$$

$$\text{2020년 취업률} = \frac{1,100}{4,000 - 2,000} \times 100 = 55\%$$

$$\text{2021년 취업률} = \frac{1,000}{4,000 - 2,100} \times 100 ≒ 52.6\%$$

∴ 취업률은 약 2.4% 감소

2024년 2023년 2022년 2021년 2020년

20

☑ 확인
Check!
○
△
✕

생산물시장과 노동시장이 완전경쟁일 때, A기업의 생산함수는 $Q = -4L^2 + 100L$이고 생산물가격은 50이다. 임금이 1,000에서 3,000으로 상승할 때 노동수요량의 변화는?(단, Q는 산출량, L은 노동시간이다)

① 변화없음   ❷ 5 감소
③ 5 증가   ④ 10 감소
⑤ 10 증가

생산물시장과 노동시장이 완전경쟁일 때

$$w = VMP_L = MP_L \times P$$

• 임금이 1,000일 경우의 노동수요량
  $1,000 = (-8L + 100) \times 50$
  ∴ $L = 10$
• 임금이 3,000일 경우의 노동수요량
  $3,000 = (-8L + 100) \times 50$
  ∴ $L = 5$
따라서 임금이 1,000에서 3,000으로 상승할 때, 노동수요량은 5 감소한다.

21 노동시장과 임금격차에 관한 설명으로 옳은 것은?

① 보상적 임금격차(compensating wage differential) 이론에 따르면, 모든 근로자가 위험선호자이기 때문에 고위험 직종의 임금이 높게 형성된다.

> 보상적 임금격차(compensating wage differential) 이론에 따르면, <u>일반적으로 근로자들이 위험회피자이기 때문에</u> 고위험 직종의 임금이 높게 형성된다.

② 동등보수(equal pay)의 원칙은 유사한 직종에 종사하는 노동자에게 동일한 임금을 지급함을 의미한다.

> 동등보수(equal pay)의 원칙은 <u>동일한 업무에 종사하는 사람</u>에게 동일한 임금이 지급되어야 한다는 원칙이다.

③ 유보임금률(reservation wage rate)은 동일 업무에 대해서 모든 노동자에게 동일하게 적용된다.

> 유보임금률(reservation wage rate)은 근로자가 근로 계약을 할 때 최소한 받아야 한다는 임금률로, <u>유보임금률 결정에는 과거의 임금, 연령, 자녀 유무 등이 관련된다.</u>

④ 이중노동시장 이론에 따르면, 1차노동시장과 2차노동시장 간의 이동 여부는 정부규제가 가장 큰 역할을 한다.

> 이중노동시장 이론에 따르면, 1차노동시장과 2차노동시장 간의 이동 여부는 정부규제보다 <u>근로여건, 임금 등이 더 큰 역할을 한다.</u>

❺ 숙련노동과 미숙련노동의 임금격차는 한계생산물가치의 차이에 영향을 받는다.

> 숙련노동자의 한계생산물가치가 미숙련노동자의 한계생산물가치보다 더 크기에 더 높은 임금을 받는다.

---

22 노동시장에서 노동에 대한 수요의 임금 탄력성을 작게 하는 요인을 모두 고른 것은?

> ㄱ. 노동과 다른 생산요소 간의 대체탄력성이 커진다.
> ㄴ. 총비용에서 차지하는 노동비용 비중이 커진다.
> ㄷ. 노동투입으로 생산되는 상품에 대한 신규 특허 적용에 따라 상품 수요의 가격탄력성이 작아진다.

① ㄱ ② ㄴ
❸ ㄷ ④ ㄱ, ㄷ
⑤ ㄴ, ㄷ

> ㄷ. 노동투입으로 생산되는 상품에 대한 신규 특허 적용에 따라 상품 수요의 가격탄력성이 작아지면 노동에 대한 수요의 임금 탄력성이 작아진다.

- 기업의 생산물 수요 탄력성이 클수록 노동에 대한 수요의 임금 탄력성이 커진다.
- 총생산비에 대한 노동비용 비중이 클수록 노동에 대한 수요의 임금 탄력성이 커진다.
- 재화 생산의 생산요소 대체 가능성이 클수록 노동에 대한 수요의 임금 탄력성이 커진다.
- 단기보다 장기에 노동에 대한 수요의 임금 탄력성이 커진다.
- 다른 요소 공급탄력성이 클수록 노동에 대한 수요의 임금 탄력성이 커진다.
- 다른 대체 요소가 많을수록 노동에 대한 수요의 임금 탄력성이 커진다.
- 노동 한계생산성을 느리게 체감할수록 노동에 대한 수요의 임금 탄력성이 커진다.

23

노동시장에서 경제적 지대(economic rent)와 전용수입(transfer earnings)에 관한 설명으로 옳은 것은?

① 공급이 고정되어 있는 노동에 대한 사용의 대가로 지불하는 금액은 전용수입에 해당한다.

> 공급이 고정되어 있는 노동에 대한 사용의 대가로 지불하는 금액은 <u>지대</u>이다.

② 노동공급곡선이 수평이면 지급한 보수 전액이 경제적 지대이다.

> 노동공급곡선이 수평이면 지급한 보수 전액이 <u>전용수입</u>이다.

❸ 노동을 현재의 고용상태로 유지하기 위해 지급해야 하는 최소한의 보수는 전용수입에 해당한다.

④ 경제적 지대의 비중이 높은 노동은 다른 요소로 대체하기가 더욱 수월하다.

> 경제적 지대의 비중이 높은 노동은 다른 요소로 대체하기가 더욱 <u>어렵다</u>.

⑤ 경제적 지대의 비중이 높은 노동의 경우 임금률이 상승할 때 노동 공급량이 쉽게 증가한다.

> 경제적 지대의 비중이 높은 노동의 경우 임금률이 상승해도 <u>노동 공급량이 쉽게 증가하지 않는다</u>.

24

실업에 관한 설명으로 옳은 것은?

① 구직단념자의 증가는 비경제활동인구의 감소를 초래하여 실업률을 상승시킨다.

> 구직단념자는 실망노동자로 <u>실업률 통계에 포함되지 않는다</u>.

② 비자발적 실업이 존재한다는 것은 노동시장에서 실제 임금수준이 균형임금보다 낮다는 것을 의미한다.

> 비자발적 실업이 존재한다는 것은 노동시장에서 실제 임금수준이 균형임금보다 <u>높다</u>는 것을 의미한다.

③ COVID-19 팬데믹 문제로 산업 활동이 둔화하여 발생하는 실업은 마찰적 실업에 해당한다.

> COVID-19 팬데믹 문제로 산업 활동이 둔화하여 발생하는 실업은 <u>경기적 실업</u>에 해당한다.

❹ 전기차 등 친환경차 생산 증대로 기존 내연기관 자동차 생산에 종사하는 노동자가 일자리를 잃는 경우 구조적 실업에 해당한다.

⑤ 해외 유아의 국내 유입이 증가하는 경우 실업률이 하락한다.

> 15세 이하의 유아 유입은 <u>실업률과 관련이 없다</u>.

25 효율임금이론에 관한 설명으로 옳은 것은?

① 효율임금이 노동시장의 균형임금과 동일하여 비자발적 실업이 발생하지 않는다.

> 효율임금은 노동시장의 균형임금보다 <u>높은 수준</u>으로 노동시장에서 비자발적 실업이 발생한다.

❷ 동일한 업무를 수행하지만 서로 다른 기업의 노동자 임금수준이 지속적으로 다른 경우는 효율임금이론으로 설명된다.

③ 효율임금이론은 노동자의 이동이 단기적으로 활발하여 균형임금이 효율적으로 결정되는 경우를 가정한다.

> 효율임금이론은 노동자의 이동이 단기적으로 <u>활발하지 않도록 하기 위해</u> 균형임금이 효율적으로 결정되는 경우를 가정한다.

④ 효율임금을 지급하는 경우 소득효과로 인하여 노동의 태만이 증가한다.

> 효율임금은 노동시장의 균형임금보다 높은 임금으로, 효율임금을 지급하면 <u>노동자의 태업을 줄일 수 있다.</u>

⑤ 효율임금을 지급하는 경우 생산성이 낮은 노동자만 남는 역선택 문제가 야기된다.

> 효율임금을 지급하면 <u>노동자의 평균생산성을 높게 유지할 수 있다.</u>

핵심체크	효율성임금 모형
영양모형	실질임금수준이 높을수록 영양가 높은 식사를 할 수 있으므로 영양상태가 양호하게 유지될 수 있어 생산성이 높아진다.
태업방지모형	노동자들은 취직 후 근무를 태만히 하는 도덕적 해이가 나타나는데, 높은 임금을 지급하면 태업을 줄일 수 있다.
역선택모형	낮은 임금을 지급하면 우수한 노동자는 직장을 그만두고 생산성이 낮은 노동자만 남게 되는 역선택이 발생하는데, 높은 임금을 지급하면 평균생산성을 높게 유지할 수 있어 역선택을 방지할 수 있다.
이직모형	기업이 새로운 직원을 채용하고 교육시키는 데 많은 비용이 소요되므로, 높은 임금을 지급하면 이직비용을 줄일 수 있다.

2021년 제30회 정답 및 해설

✔ 문제편 272p

✔ **정답 CHECK** ✔ **각 문항별로 이해도 CHECK**

01	02	03	04	05	06	07	08	09	10	11	12	13	14	15	16	17	18	19	20	21	22	23	24	25
①	②	③	①	④	⑤	⑤	③	④	②	③	③	⑤	③	③	①	④	⑤	⑤	②	①	④	③	⑤	①

01

☑ 확인
Check!
○
△
×

수요의 가격탄력성에 관한 설명으로 옳지 않은 것은?(단, Q는 수량, P는 가격이다)

❶ 상품가격이 변화할 때 상품수요가 얼마나 변하는가를 측정하는 척도이다.

> 수요의 가격탄력성은 <u>가격변화에 따른 수요량 변화의 정도</u>를 측정하는 지표이다.

② 수요곡선이 수직선이면 언제나 일정하다.

> 수요곡선이 수직선이면 수요의 가격탄력성은 항상 0이다.

③ 수요곡선이 $Q = 5/P$인 경우, 수요의 가격탄력성(절댓값)은 수요곡선상 모든 점에서 항상 1이다.

> 수요곡선이 직각쌍곡선의 형태일 때에는 수요의 가격탄력성은 수요곡선상 모든 점에서 항상 1이다.

④ 정상재인 경우 수요의 가격탄력성이 1보다 클 때 가격이 하락하면 기업의 총수입은 증가한다.

> 정상재인 경우 수요의 가격탄력성이 1보다 클 때 가격이 하락하면 총수입은 증가하고, 반대로 가격이 상승하면 총수입은 감소한다.

⑤ 사치재에 비하여 생활필수품은 수요의 가격탄력성이 작다.

> 생필품은 가격변화에 따른 수요량 변화가 사치재보다 작으므로, 수요의 가격탄력성이 상대적으로 작다.

핵심체크 **가격탄력성에 따른 총수입의 변화(정상재)**

가격탄력성의 크기	총수입	
	가격하락 시	가격상승 시
$0 < \varepsilon < 1$	감 소	증 가
$\varepsilon = 1$	불 변	불 변
$\varepsilon > 1$	증 가	감 소

02 시장실패에 관한 설명으로 옳은 것은?

① 순수공공재는 배제성은 없으나 경합성은 있다.

> 순수공공재는 배제성과 경합성 모두 없다.

❷ 상호 이익이 되는 거래를 방해할 경우 시장실패가 발생한다.

③ 시장실패의 존재는 정부개입의 필요조건이자 충분조건이다.

> 정부개입으로 인해 시장의 자유로운 의사결정을 교란시키고 자원배분이 왜곡될 우려가 있으므로, 시장실패의 존재는 정부개입의 필요조건일 뿐 충분조건은 아니다.

④ 완전경쟁시장은 자원배분의 효율성은 물론 분배의 공평성도 보장해 주는 시장이다.

> 완전경쟁시장은 자원배분의 효율성은 보장해 주지만, 공평성은 보장해 주지 않는다.

⑤ 긍정적 외부경제는 시장실패를 유발하지 않는다.

> 긍정적 외부효과에 대한 대가를 제대로 지불하지 않는다면 과소생산이나 과소소비가 나타난다.

03 기펜재(Giffen Goods)에 관한 설명으로 옳지 않은 것은?

① 가격이 하락하면 재화의 소비량은 감소한다.

② 소득효과가 대체효과보다 큰 재화이다.

❸ 가격상승 시 소득효과는 재화의 소비량을 감소시킨다.

> 열등재란 소득이 줄어들수록 수요가 증가하고, 소득이 늘어날수록 수요가 감소하는 재화를 말하는데, 기펜재란 열등재 중에서도 소득효과가 대체효과보다 커서 가격상승 시 수요가 오히려 증가하는 재화를 말한다.

④ 기펜재는 모두 열등재이지만 열등재가 모두 기펜재는 아니다.

⑤ 가격하락 시 대체효과는 재화의 소비량을 증가시킨다.

04 지니계수에 관한 설명으로 옳은 것을 모두 고른 것은?

ㄱ. 대표적인 소득분배 측정방법 중 하나이다.
ㄴ. 45도 대각선 아래의 삼각형 면적을 45도 대각선과 로렌츠곡선 사이에 만들어진 초승달 모양의 면적으로 나눈 비율이다.
ㄷ. -1과 1 사이의 값을 갖는다.
ㄹ. 계수의 값이 클수록 평등한 분배상태를 나타낸다.

❶ ㄱ
② ㄱ, ㄴ
③ ㄴ, ㄷ
④ ㄱ, ㄷ, ㄹ
⑤ ㄴ, ㄷ, ㄹ

ㄱ. (○) 지니계수는 소득분배상태를 숫자로 표현하는 대표적인 측정방법이다.
ㄴ. (✕) 지니계수는 45도 대각선과 로렌츠곡선 사이에 만들어진 초승달 모양의 면적을 45도 대각선 아래의 삼각형 면적으로 나눈 비율이다.
ㄷ. (✕) 지니계수는 0과 1 사이의 값을 갖는다.
ㄹ. (✕) 지니계수의 값이 작을수록 평등한 분배상태를 나타낸다.

05 완전경쟁시장에서 이윤극대화를 추구하는 개별기업에 관한 설명으로 옳은 것은?(단, 개별기업의 평균비용곡선은 U-자 형태로 동일하며, 생산요소시장도 완전경쟁이다)

① 한계수입곡선은 우하향하는 형태이다.

완전경쟁시장에서의 한계수입은 일정하기 때문에 한계수입곡선은 수평선의 형태를 갖는다.

② 이윤은 단기에도 항상 영(0)이다.

개별기업의 비용조건에 따라 초과이윤이 발생하거나 손실이 발생할 수도 있다.

③ 수요의 가격탄력성은 영(0)이다.

개별기업이 공급하는 상품은 서로 대체재이므로, 수요의 가격탄력성은 무한대(∞)이다.

❹ 단기에는 평균가변비용곡선의 최저점이 조업중단점이 된다.

가격이 평균가변비용보다 작을 경우에는 조업을 중단한다.

⑤ 이윤극대화 생산량에서 평균수입은 한계비용보다 크다.

이윤극대화 생산량은 평균수입과 한계비용이 동일한 경우에 달성된다.

06 완전경쟁시장에서 A기업의 단기 총비용함수가 $TC(Q) = 4Q^2 + 2Q + 10$이다. 재화의 시장가격이 42일 경우 극대화된 단기이윤은?(단, Q는 생산량, $Q > 0$이다)

① 10

② 42

③ 52

④ 84

❺ 90

> - $MC = \dfrac{dTC}{dQ} = 8Q + 2$
> - $P = MR = MC = 8Q + 2 = 42 \quad \therefore \ Q = 5$
> - $\pi = TR - TC = (5 \times 42) - [(4 \times 5^2) + (2 \times 5) + 10]$
> $\qquad = 210 - 120 = 90$

07 상품 A의 수요함수가 $Q = 4P^{-2}Y^{0.4}$일 때, 이에 관한 설명으로 옳은 것은?(단, Q는 수요량, P는 가격, Y는 소득이다)

① 가격이 상승하면, 총수입은 증가한다.

> 수요의 가격탄력성이 1보다 큰 경우에는 가격이 상승하면 총수입은 감소한다.

② 소득이 2% 감소하면, 수요량은 0.4% 감소한다.

> $\varepsilon_M = \dfrac{dQ}{dY} \times \dfrac{Y}{Q} = 1.6P^{-2}Y^{-0.6} \times \dfrac{Y}{4P^{-2}Y^{0.4}} = 0.4$이므로, 소득이 2% 감소하면 수요량은 0.8% 감소한다.

③ 소득탄력성의 부호는 음(−)이다.

> 소득탄력성의 부호는 양(+)이다.

④ 가격이 상승함에 따라 수요의 가격탄력성도 증가한다.

> 가격에 상관없이 수요의 가격탄력성은 2로 동일하다.

❺ 수요의 가격탄력성(절댓값)은 2이다.

> $\varepsilon = -\dfrac{dQ}{dP} \cdot \dfrac{P}{Q} = 8P^{-3}Y^{0.4} \times \dfrac{P}{4P^{-2}Y^{0.4}} = 2$

08 독점기업의 시장 수요와 공급에 관한 설명으로 옳지 않은 것은?(단, 시장수요곡선은 우하향한다)

① 독점기업은 시장의 유일한 공급자이기 때문에 수요곡선은 우하향한다.

> 독점기업이 추가적으로 더 많은 재화를 판매하기 위해서는 가격을 낮추어야 하므로, 수요곡선은 우하향하는 형태를 갖는다.

② 독점기업의 공급곡선은 존재하지 않는다.

> 독점기업은 이윤극대화를 위한 재화의 공급량과 가격을 원하는 대로 결정할 수 있기 때문에 공급곡선이 없다.

❸ 독점기업의 한계수입은 가격보다 항상 높다.

> 독적기업은 $MR > 0$인 경우에만 생산하므로, 수요의 가격탄력성(ε)이 1보다 작은 구간에서는 생산하지 않는다. 따라서 독점기업의 <u>한계수입은 가격보다 항상 낮다.</u>
>
> $$MR = P\left(1 - \frac{1}{\varepsilon}\right)$$

④ 한계수입과 한계비용이 일치하는 점에서 독점기업의 이윤이 극대화된다.

> 이윤극대화는 한계수입과 한계비용이 동일한 경우에 발생한다.

⑤ 독점기업의 한계수입곡선은 항상 수요곡선의 아래쪽에 위치한다.

핵심체크 **독점기업의 가격결정모형**

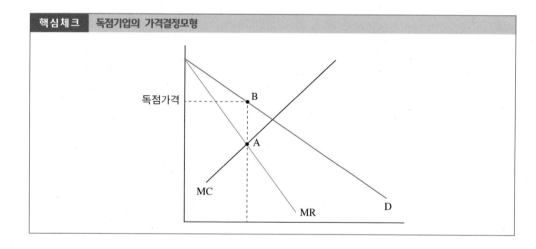

09 오염물질을 발생시키는 상품 A의 시장수요곡선은 $Q = 20 - P$이고, 사적 한계비용곡선과 사회적 한계비용곡선이 각각 $PMC = 6 + Q$, $SMC = 10 + Q$이다. 사회적 최적생산량을 달성하기 위하여 부과해야 하는 생산단위당 세금은?(단, Q는 생산량, P는 가격이고, 완전경쟁시장을 가정한다)

☑ 확인
Check!
○
△
✕

① 1.5
② 2
③ 3
❹ 4
⑤ 5

> 시장기구에 의한 생산량은 PMC와 시장수요곡선, 사회적 최적생산량은 SMC와 시장수요곡선이 일치하는 점에서 각각 결정되므로, 사회적 최적생산량을 달성하기 위해서는 <u>SMC와 동일한 생산량이 되도록 PMC를 4만큼 평행이동</u>시켜야 한다. 따라서 사회적 최적생산량을 달성하기 위해 부과해야 하는 생산단위당 세금은 4이다.

10 효용극대화를 추구하는 소비자 A의 효용함수가 $U = 4X^{1/2}Y^{1/2}$일 때, 이에 관한 설명으로 옳지 않은 것은?(단, A는 모든 소득을 X재와 Y재의 소비에 지출한다. P_X와 P_Y는 각각 X재와 Y재의 가격, MU_X와 MU_Y는 각각 X재와 Y재의 한계효용이다)

☑ 확인
Check!
○
△
✕

① X재와 Y재는 모두 정상재이다.

> X재의 소비가 증가할수록 X재의 한계효용이 감소하고, Y재의 소비가 증가할수록 Y재의 한계효용이 감소하므로, X재와 Y재 모두 정상재이다.

❷ $P_X = 2P_Y$일 때, 최적 소비조합점에서 $MU_X = 0.5MU_Y$를 충족한다.

> $\dfrac{MU_X}{P_X} = \dfrac{MU_Y}{P_Y}$ (한계효용균등의 법칙)
>
> • $MU_X = \dfrac{dU}{dX} = 2\sqrt{\dfrac{Y}{X}}$, $MU_Y = \dfrac{dU}{dY} = 2\sqrt{\dfrac{X}{Y}}$
>
> • $\dfrac{2\sqrt{\dfrac{Y}{X}}}{P_X} = \dfrac{2\sqrt{\dfrac{X}{Y}}}{P_Y} \rightarrow \dfrac{2\sqrt{\dfrac{Y}{X}}}{2P_Y} = \dfrac{2\sqrt{\dfrac{X}{Y}}}{P_Y} \rightarrow \sqrt{\dfrac{Y}{X}} = 2\sqrt{\dfrac{X}{Y}}$
>
> ∴ $\underline{Y = 2X}$
>
> • $MU_X = 2\sqrt{\dfrac{Y}{X}} = 2\sqrt{\dfrac{2X}{X}} = 2\sqrt{2}$, $MU_Y = 2\sqrt{\dfrac{X}{Y}} = 2\sqrt{\dfrac{X}{2X}} = \sqrt{2}$
>
> ∴ $\underline{MU_X = 2MU_Y}$

③ $P_X = 2P_Y$일 때, 최적 소비조합점은 $Y = 2X$의 관계식을 충족한다.

④ 한계대체율은 체감한다.

$$MRS_{XY} = \frac{MU_X}{MU_Y} = \frac{Y}{X}$$

X재의 소비를 한 단위 증가시키기 위해서 감소시켜야 하는 Y재가 감소하기 때문에 한계대체율은 체감함을 알 수 있다.

⑤ Y재 가격이 상승하여도 X재 소비는 불변이다.

콥–더글라스 효용함수의 경우 X재와 Y재 간의 교차탄력성은 0이므로, Y재의 가격변화는 X재의 소비에 영향을 미치지 않는다.

11

A국가의 총수요와 총공급곡선은 각각 $Y_d = -P + 5$, $Y_s = (P - P^e) + 6$이다. 여기서 P^e가 5일 때 (ㄱ) 균형국민소득과 (ㄴ) 균형물가수준은?(단, Y_d는 총수요, Y_s는 총공급, P는 실제물가수준, P^e는 예상물가수준이다)

① ㄱ : 1, ㄴ : 0 　　　　　　② ㄱ : 2, ㄴ : 1

❸ ㄱ : 3, ㄴ : 2 　　　　　　④ ㄱ : 4, ㄴ : 2

⑤ ㄱ : 5, ㄴ : 3

$Y_d = Y_s$
$-P + 5 = (P - 5) + 6$
$\therefore P = 2, \ Y_d = Y_s = 3$

12

균형국민소득은 $Y = C(Y - T) + G$이다. 정부가 민간분야에 대해 5,000억원의 조세삭감과 5,000억원의 지출증가를 별도로 실시할 경우, 조세삭감과 정부지출로 인한 균형국민소득의 변화(절댓값)를 옳게 설명한 것은?[단, Y : 균형국민소득, $C(Y - T)$: 소비함수, T : 조세, G : 정부지출, 0 < 한계소비성향(MPC) < 1이다]

① 조세삭감효과가 정부지출효과보다 크다.

② 조세삭감효과와 정부지출효과는 동일하다.

❸ 조세삭감효과가 정부지출효과보다 작다.

④ 조세승수는 $-1 / (1 - MPC)$이다.

⑤ 정부지출승수는 $MPC / (1 - MPC)$이다.

조세승수는 $-MPC / (1 - MPC)$이고, 정부지출승수는 $1 / (1 - MPC)$인데, 문제의 조건에 따라 MPC는 0과 1 사이의 값을 가지므로, 조세승수의 절댓값이 정부지출승수의 절댓값보다 작다고 할 수 있다.

13 솔로(R. Solow) 경제성장모형에서 1인당 생산함수는 $y = f(k) = 4K^{1/2}$이고, 저축률은 5%, 감가상각률은 2%, 그리고 인구증가율은 2%이다. 균제상태(Steady State)에서 1인당 자본량은?(단, y는 1인당 산출량, k는 1인당 자본량이다)

① 21

② 22

③ 23

④ 24

❺ 25

> 솔로모형의 기본방정식은 $sf(k) = (n+d)K$로, 여기서 s는 저축률, n은 인구증가율, d는 감가상각률이다. 문제의 조건을 위 기본방정식에 대입하면 다음과 같다.
>
> $$sf(k) = (n+d)K \rightarrow 0.05 \times 4K^{1/2} = (0.02 + 0.02) \times K$$
>
> 따라서 균제상태에서 1인당 자본량은 25이다.

14 먼델–플레밍모형을 이용하여 고정환율제하에서 정부지출을 감소시킬 경우 나타나는 변화로 옳은 것은?(단, 소규모 개방경제하에서 국가 간 자본의 완전이동과 물가불변을 가정하고, IS곡선은 우하향, LM곡선은 수직선이다)

① IS곡선은 오른쪽 방향으로 이동한다.

② LM곡선은 오른쪽 방향으로 이동한다.

❸ 통화량은 감소한다.

④ 고정환율수준 대비 자국의 통화가치는 일시적으로 상승한다.

⑤ 균형국민소득은 증가한다.

> • IS곡선 좌측으로 이동($IS_0 \rightarrow IS_1$)
> • 환율하락
> • 통화량 감소
> • LM곡선 좌측으로 이동($LM_0 \rightarrow LM_1$)
> • 환율상승(균형환율로 복귀)
> • 균형국민소득 감소

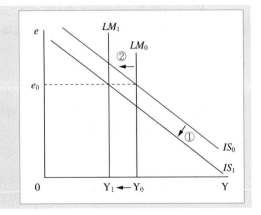

15 폐쇄경제하 총수요(AD)–총공급(AS)모형을 이용하여 정부지출 증가로 인한 변화에 관한 설명으로 옳지 않은 것을 모두 고른 것은?(단, AD곡선은 우하향, 단기 AS곡선은 우상향, 장기 AS곡선은 수직선이다)

> ㄱ. 단기에 균형소득수준은 증가한다.
> ㄴ. 장기에 균형소득수준은 증가한다.
> ㄷ. 장기에 고전파의 이분법이 적용되지 않는다.
> ㄹ. 장기 균형소득수준은 잠재산출량수준에서 결정된다.

① ㄱ, ㄴ
② ㄱ, ㄷ
❸ ㄴ, ㄷ
④ ㄴ, ㄹ
⑤ ㄱ, ㄴ, ㄹ

> ㄱ. (○), ㄴ. (✕), ㄹ. (○) 정부지출이 증가하면 단기적으로는 균형소득수준이 증가하지만, 장기에는 물가상승으로 인해 균형소득수준은 감소하게 되고, 결국 잠재산출량 수준으로 복귀한다.
> ㄷ. (✕) 고전학파의 이분법은 실질변수와 명목변수를 나누는 것으로, 장기에도 그 적용이 가능하다.

16 폐쇄경제 균형국민소득은 $Y = C + I + G$이고 다른 조건이 일정할 때, 재정적자가 대부자금시장에 미치는 효과로 옳은 것은?(단, 총투자곡선은 우하향, 총저축곡선은 우상향, Y : 균형국민소득, C : 소비, I : 투자, G : 정부지출이다)

❶ 대부자금공급량은 감소한다.

> 재정적자, 즉 정부지출 증가는 정부(공공)저축 감소로 이어지고, 정부저축 감소는 대부자금의 공급 감소로 이어지며, 이는 결국 이자율을 상승시킨다.

② 이자율은 하락한다.
③ 공공저축은 증가한다.
④ 저축곡선은 오른쪽 방향으로 이동한다.

> 정부저축 감소로 인해 저축곡선은 왼쪽 방향으로 이동한다.

⑤ 투자곡선은 왼쪽 방향으로 이동한다.

> 투자는 이자율의 감소함수로, 이자율 변화에 따른 투자곡선은 투자곡선 내에서 변동한다.

17

☑ 확인
Check!

○
△
✕

폐쇄경제하 중앙은행이 통화량을 감소시킬 때 나타나는 변화를 $IS-LM$모형을 이용하여 설명한 것으로 옳은 것을 모두 고른 것은?(단, IS곡선은 우하향, LM곡선은 우상향한다)

ㄱ. LM곡선은 오른쪽 방향으로 이동한다.

ㄴ. 이자율은 상승한다.

ㄷ. IS곡선은 왼쪽 방향으로 이동한다.

ㄹ. 구축효과로 소득은 감소한다.

---

① ㄱ, ㄴ　　　　　　　　　　② ㄱ, ㄷ

③ ㄱ, ㄹ　　　　　　　　　　❹ ㄴ, ㄹ

⑤ ㄴ, ㄷ, ㄹ

> 폐쇄경제하에서 중앙은행이 통화량을 감소하면 LM곡선은 <u>좌측으로 이동</u>하고, LM곡선의 이동으로 인해 <u>이자율이 상승</u>하며, 이자율 상승은 투자를 위축시키는 <u>구축효과를 유발</u>한다.

18

☑ 확인
Check!

○
△
✕

A국가는 경제활동인구가 1,000만명이고, 매 기간 동안 실직률(취업자 중 실직하는 사람의 비율)과 구직률(실직자 중 취업하는 사람의 비율)은 각각 2%와 18%이다. 균제상태(Steady State)의 실업자수는?

① 25만명　　　　　　　　　　② 40만명

③ 50만명　　　　　　　　　　④ 75만명

❺ 100만명

> • 균형실업률 $= \dfrac{\text{실직률}}{\text{실직률 + 구직률}} = \dfrac{0.02}{0.02 + 0.18} = 0.1$
>
> • 균제상태의 실업자수 $= 1{,}000$만명 $\times\, 0.1 = 100$만명

19 경제학파별 이론에 관한 설명으로 옳은 것을 모두 고른 것은?

> ㄱ. 고전학파는 화폐의 중립성을 주장한다.
> ㄴ. 실물경기변동이론은 임금과 가격의 신축성을 전제한다.
> ㄷ. 케인즈학파는 경기침체의 원인이 총공급의 부족에 있다고 주장한다.
> ㄹ. 가격의 경직성을 설명하는 메뉴비용(Menu Cost)이론은 새케인즈학파(New Keynesian)의
>   주장이다.

① ㄱ, ㄴ 　　　　　　　　　　　② ㄱ, ㄹ
③ ㄴ, ㄷ 　　　　　　　　　　　④ ㄴ, ㄹ
❺ ㄱ, ㄴ, ㄹ

> ㄱ. (○) 고전학파에 의하면 통화량 변화는 명목변수에 영향을 미칠 뿐 실질변수에는 그 영향을 미치지 않는
>   데, 이처럼 실질변수가 통화량 변화와 무관함을 화폐의 중립성이라 한다.
> ㄴ. (○) 실물경기변동이론은 단기적으로 모든 가격은 신축적임을 전제하고, 경기변동은 화폐적 요인이 아닌
>   임금, 물가 및 가격과 같은 실물적 요인에 의해 발생한다고 주장하였다.
> ㄷ. (✕), ㄹ. (○) 케인즈학파는 경기침체의 원인이 유효수요의 부족에 있다고 주장하였고, 새케인즈학파는
>   가격의 경직성을 설명하는 메뉴비용이론을 주장하였다.

20 소득–여가선택모형에서 효용극대화를 추구하는 개인의 노동공급의사결정에 관한 설명으로 옳지 않은

것은?[단, 여가(L)와 소득(Y)은 효용을 주는 재화이며, 한계대체율($MRS = \left| \dfrac{\triangle Y}{\triangle X} \right|$)은 체감한다]

① 여가가 정상재인 경우 복권당첨은 근로시간의 감소를 초래한다.

> 복권당첨으로 인한 소득증가는 여가증가로 이어진다.

❷ 여가가 열등재라면 노동공급곡선은 우하향한다.

> 여가가 열등재인 경우에는 임금상승으로 인한 대체효과와 소득효과 모두 노동공급을 증가시키므로, 노동공급
> 곡선은 반드시 우상향의 형태가 된다.

③ 임금률이 한계대체율보다 크다면 효용극대화를 위해 근로시간을 늘려야 한다.

> 임금률이 한계대체율보다 크다는 것은, 임금의 단위당 한계효용이 여가의 단위당 한계효용보다 크다는 의미이
> 므로, 효용극대화를 위해서는 근로시간을 늘려야 한다.

④ 개인 간 선호의 차이는 무차별곡선의 모양 차이로 나타난다.

> 여가와 소득에 따른 개인 간 선호 차이로 인해 무차별곡선의 모양은 개인마다 다르게 나타난다.

⑤ 시장임금이 유보임금(Reservation Wage)보다 낮다면 노동을 제공하지 않는다.

21 2021년 현재 우리나라 통계청의 고용통계작성기준에 관한 설명으로 옳지 않은 것은?(단, 만 15세 이상 인구를 대상으로 한다)

❶ 아버지가 수입을 위해 운영하는 편의점에서 조사대상주간에 무상으로 주당 20시간 근로한 자녀는 비경제활동인구로 분류된다.

> 아버지가 수입을 위해 운영하는 편의점에서 조사대상주간에 무상으로 주당 20시간 근로한 자녀는 <u>경제활동인구</u>로 분류된다.

② 다른 조건이 같을 때, 실업자가 구직활동을 포기하면 경제활동참가율은 하락한다.

> 실업자 중 구직활동을 포기한 실망노동자는 비경제활동인구로 분류되어 경제활동참가율은 하락하게 된다.

③ 질병으로 입원하여 근로가 불가능한 상태에서 구직활동을 하는 경우에는 실업자로 분류되지 않는다.

> 통계청에서 정의하고 있는 실업자란 조사대상주간을 포함한 지난 4주간 적극적으로 일자리를 찾아보았으며, 일이 주어졌을 경우 즉시 일할 수 있는 여건이 구비된 사람으로, 질병으로 입원하여 근로가 불가능한 상태의 사람은 즉각 일할 수 있는 여건이 구비된 사람에 해당하지 않으므로, 실업자로 분류되지 않는다.

④ 대학생이 수입을 목적으로 조사대상주간에 주당 1시간 이상 아르바이트를 하는 경우 취업자로 분류된다.

> 대학생이 수입을 목적으로 조사대상주간에 주당 1시간 이상 아르바이트를 하는 경우, 그 아르바이트로써 수입이 발생했기 때문에 취업자로 분류된다.

⑤ 실업률은 경제활동인구 대비 실업자수의 비율이다.

> $$실업률 = \frac{실업자수}{경제활동인구} \times 100 = \frac{실업자수}{취업자수 + 실업자수} \times 100$$

22 이윤극대화를 추구하는 완전경쟁기업의 단기 노동수요에 관한 설명으로 옳은 것은?(단, 단기 총생산곡선의 형태는 원점으로부터 고용량 증가에 따라 체증하다가 체감하며, 노동시장은 완전경쟁이다)

☑ 확인
Check!
○
△
×

① 노동의 평균생산이 증가하고 있는 구간에서 노동의 한계생산은 노동의 평균생산보다 작다.

> 노동의 평균생산이 증가하고 있는 구간에서 노동의 한계생산은 노동의 평균생산보다 크다.

② 노동의 한계생산이 최대가 되는 점에서 노동의 한계생산과 노동의 평균생산은 같다.

> 노동의 평균생산이 최대가 되는 점에서 노동의 한계생산과 노동의 평균생산은 같다.

③ 완전경쟁기업은 이윤극대화를 위해 자신의 노동의 한계생산가치와 동일한 수준으로 임금을 결정해야 한다.

> 생산요소시장이 완전경쟁일 경우에 개별기업은 주어진 임금으로 원하는 만큼의 고용이 가능하므로, 한계요소비용과 임금이 일치한다.

❹ 노동의 평균생산이 감소하고 있는 구간에서 노동의 한계생산은 감소한다.

⑤ 단기 노동수요곡선은 노동의 평균생산가치곡선과 같다.

> 완전경쟁기업의 단기 노동수요곡선은 노동의 한계생산가치곡선과 같고, 이는 우하향한다.

2024년
2023년
2022년
2021년
2020년

핵심체크 총생산 · 한계생산 · 평균생산

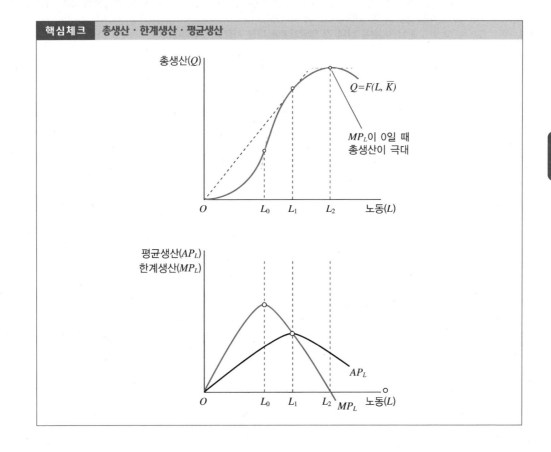

23 노동시장에서의 차별에 관한 설명으로 옳은 것을 모두 고른 것은?

☑ 확인
Check!
○
△
✕

> ㄱ. 제품시장과 요소시장이 완전경쟁이라면 고용주의 선호(기호)차별은 정부개입 없이 기업 간 경쟁에 의해 사라지게 된다.
> ㄴ. 통계적 차별은 개인적인 편견이 존재하지 않더라도 발생한다.
> ㄷ. 통계적 차별은 개인이 속한 집단의 평균적 생산성을 기초로 개인의 생산성을 예측하는 데서 발생한다.
> ㄹ. 동등가치론(Comparable Worth)은 차별시정을 위해 공정한 취업의 기회를 주장한다.

① ㄱ, ㄹ ② ㄴ, ㄷ
❸ ㄱ, ㄴ, ㄷ ④ ㄴ, ㄷ, ㄹ
⑤ ㄱ, ㄴ, ㄷ, ㄹ

ㄱ. (○) 생산요소시장이 완전경쟁일 경우에 개별기업은 주어진 임금으로 원하는 만큼의 고용이 가능하므로, 고용주의 선호차별은 사라지게 된다.

ㄴ. (○) 통계적 차별이란 사용자가 근로자에 대한 이해가 부족하여 잘못된 정보를 바탕으로 근로자 간 임금 격차를 발생시키는 것으로, 사회적으로 내재된 편견에 의해서 발생할 수도 있다.

ㄷ. (○) 통계적 차별은 개인이 속한 집단의 평균적 생산성을 기초로 개인의 생산성을 예측하는 과정에서 이를 완전히 예측하지 못할 때 나타난다.

ㄹ. (✕) 동등가치론은 <u>남녀 간 임금차별에 대한 시정</u>을 주장한다.

24 노동시장에서 수요독점자인 A기업의 생산함수는 $Q = 2L + 100$이다. 생산물시장은 완전경쟁이고, 생산물가격은 100이다. 노동공급곡선이 $W = 10L$인 경우 다음을 구하시오(단, Q는 산출량, L은 노동투입량, W는 임금이며, 기업은 모든 근로자에게 동일한 임금을 지급한다)

> ㄱ. A기업의 이윤극대화 임금
> ㄴ. 노동시장의 수요독점에 따른 사회후생감소분(절댓값)의 크기

① ㄱ : 50, ㄴ : 100 ② ㄱ : 50, ㄴ : 200
③ ㄱ : 100, ㄴ : 300 ④ ㄱ : 100, ㄴ : 400
❺ ㄱ : 100, ㄴ : 500

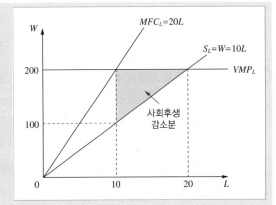

- $MP_L = \dfrac{dQ}{dL} = 2$
- $VMP_L = MP_L \times P = 2 \times 100 = 200$
- $TFC_L = W \times L = 10L^2$
- $MFC_L = \dfrac{dTFC_L}{dL} = 20L$

ㄱ. 이윤극대화 노동투입량은 $MFC_L = VMP_L$인 10이므로, 이윤극대화 임금은 노동투입량 10일 때의 노동공급곡선값인 100이다.
ㄴ. 노동시장의 수요독점에 따른 사회후생감소분은 수요독점으로 인한 노동투입량감소분과 임금감소분을 나타내는 빗금 친 영역의 삼각형 면적인 $100 \times 10 \times (1/2) = 500$이다.

25 노동시장에서 노동수요와 노동공급곡선은 각각 $L_d = -W + 70$, $L_s = 2W - 20$이다. 정부가 최저임금을 $W = 40$으로 결정하여 시행하는 경우 고용량은?(단, L_d는 노동수요량, L_s는 노동공급량, W는 노동 1단위당 임금이다)

❶ 30 ② 40
③ 50 ④ 60
⑤ 70

최저임금 40에서의 노동수요량은 $L_d = -40 + 70 = 30$이므로, 고용량은 30이다.

2020년 제29회 정답 및 해설

문제편 281p

정답 CHECK

각 문항별로 이해도 CHECK

01	02	03	04	05	06	07	08	09	10	11	12	13	14	15	16	17	18	19	20	21	22	23	24	25
③	⑤	①	③	①	④	④	③	⑤	④	③	①	③	①	⑤	②	③	④	②	①	④	②	⑤	⑤	④

01

경쟁시장에서 기업의 비용곡선에 관한 설명으로 옳지 않은 것은?

☑ 확인
Check!
○
△
✕

① 생산이 증가함에 따라 한계비용이 증가한다면, 이는 한계생산물이 체감하기 때문이다.
② 생산이 증가함에 따라 평균가변비용이 증가한다면, 이는 한계생산물이 체감하기 때문이다.
❸ 한계비용이 평균총비용보다 클 때는 평균총비용이 하락한다.

　　한계비용이 평균총비용보다 클 때는 평균총비용이 <u>상승</u>한다.

④ 한계비용곡선은 평균총비용곡선의 최저점을 통과한다.
⑤ U자 모양의 평균총비용곡선 최저점의 산출량을 효율적 생산량이라고 한다.

핵심체크	비용곡선

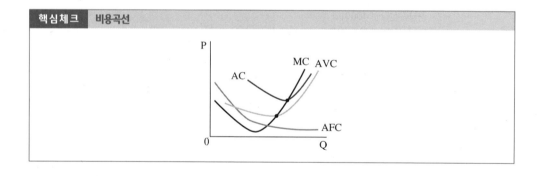

02 A기업은 완전경쟁시장에서 이윤을 극대화하는 생산량 1,000개를 생산하고 전량 판매하고 있다. 이때 한계비용은 10원, 평균가변비용은 9원, 평균고정비용은 2원이다. 이에 관한 설명으로 옳지 않은 것은?

① 총수입은 10,000원이다.

> 총수입 = 가격 × 판매량 = 10 × 1,000 = <u>10,000원</u>

② 총비용은 11,000원이다.

> 총비용 = (평균가변비용 + 평균고정비용) × 판매량 = (9 + 2) × 1,000 = <u>11,000원</u>

③ 상품 개당 가격은 10원이다.

> <u>완전경쟁시장의 상품가격은 한계비용과 동일</u>하다. 따라서 상품가격 = 한계비용 = <u>10원</u>

④ 총가변비용은 9,000원이다.

> 총가변비용 = 평균가변비용 × 판매량 = 9 × 1,000 = <u>9,000원</u>

❺ 단기에서는 조업을 중단해야 한다.

> 상품가격(10원)이 평균가변비용(9원)보다 크므로, <u>단기에서 조업을 중단하지 않는다</u>.

03 효율적 시장가설(Efficient Market Hypothesis)에 관한 설명으로 옳은 것을 모두 고른 것은?

> ㄱ. 주식가격은 매 시점마다 모든 관련 정보를 반영한다.
> ㄴ. 주식가격은 랜덤워크(Random Walk)를 따른다.
> ㄷ. 미래 주식가격의 변화에 대한 체계적인 예측이 가능하다.
> ㄹ. 주식가격의 예측이 가능해도 가격조정은 이루어지지 않는다.

❶ ㄱ, ㄴ   ② ㄱ, ㄷ
③ ㄴ, ㄷ   ④ ㄴ, ㄹ
⑤ ㄷ, ㄹ

> ㄱ. (O) 효율적 시장가설에 따르면 모든 정보가 가격형성에 즉각적으로 반영되어 장기적으로는 시장수익률을 넘어설 수 없다.
> ㄴ. (O) 주가에는 모든 정보가 반영되어 있어 미래 주가는 임의(Random)대로 움직인다.
> ㄷ. (×) 합리적 기대에 따른 가격변동으로 인해 미래 주식가격 변화에 대한 <u>체계적인 예측이 어렵다</u>.
> ㄹ. (×) 정보변화에 따른 <u>가격변화가 즉각적으로 이루어진다</u>.

04 공공재에 관한 설명으로 옳은 것을 모두 고른 것은?

> ㄱ. 공공재의 공급을 시장에 맡길 경우 무임승차자의 문제로 인해 공급부족이 야기될 수 있다.
> ㄴ. 코즈정리(Coase Theorem)에 따르면 일정한 조건하에서 이해당사자의 자발적 협상에 의해 외부성의 문제가 해결될 수 있다.
> ㄷ. 배제불가능성이란 한 사람이 공공재를 소비한다고 하여 다른 사람이 소비할 수 있는 기회가 줄어들지 않음을 의미한다.

① ㄱ
② ㄴ
❸ ㄱ, ㄴ
④ ㄴ, ㄷ
⑤ ㄱ, ㄴ, ㄷ

ㄷ. (×) 지문은 비경합성에 대한 설명이다. 배제불가능성이란 <u>비용을 부담하지 않은 소비자일지라도 공공재의 소비로부터 배제할 수 없음을 의미</u>한다.

05 독점기업의 가격차별에 관한 설명으로 옳지 않은 것은?

❶ 가격차별을 하는 경우의 생산량은 순수독점의 경우보다 더 작아진다.

가격차별을 하는 경우의 생산량은 순수독점의 경우와 <u>같거나 더 커진다.</u>

② 가격차별을 하는 독점기업은 가격탄력성이 더 작은 시장에서의 가격을 상대적으로 더 높게 책정한다.

지문은 3급 가격차별에 대한 설명으로, 3급 가격차별을 하는 독점기업은 <u>가격탄력성이 큰 시장보다 작은 시장에서의 가격을 상대적으로 높게</u> 책정한다.

③ 가격차별은 소득재분배효과를 가져올 수 있다.

가격차별로 인해 더 높은 가격을 치르면 <u>소비자잉여가 생산자이윤으로 재분배되는 현상이</u> 발생한다.

④ 소비자의 재판매가 가능하다면 가격차별이 유지되기 어렵다.

3급 가격차별이 가능하기 위해서는 <u>소비자의 재판매가 허용되어서는 안 된다.</u>

⑤ 완전가격차별의 사회적 후생은 순수독점의 경우보다 크다.

완전가격차별의 사회적 후생은 <u>완전경쟁일 경우와 동일하다.</u>

핵심체크 **가격차별의 분류**

• **1급 가격차별** : 완전가격차별이라고도 하며, 소비자가 지불할 용의가 있는 최대 금액을 설정하는 방식으로, 생산량은 완전경쟁의 경우와 동일하다.
• **2급 가격차별** : 재화구입량에 따라 다른 가격을 설정하는 방식으로, 생산량은 순수독점의 경우보다 크다.
• **3급 가격차별** : 수요의 가격탄력성에 따라 시장을 구분한 후 각 시장마다 다른 가격을 설정하는 방식으로, 가격탄력성이 클수록 가격은 낮아진다.

06 국제무역의 효과로 옳지 않은 것은?

① 사회적 후생의 증가

국제무역은 <u>사회적 총잉여를 증가시킨다.</u>

② 보다 다양한 소비기회의 제공

국제무역으로 인해 소비자는 국내생산자의 상품뿐만 아니라 <u>국외생산자의 상품까지 소비할</u> 수 있다.

③ 규모의 경제를 누릴 수 있는 기회 발생

<u>가격우위를 점하고 있는 생산자가 더 많이 생산할</u> 수 있게 되므로, 규모의 경제를 누릴 수 있다.

❹ 수입으로 인한 동일제품 국내생산자의 후생 증가

<u>동일제품의 수입으로 인해 국내생산자의 판매량이 줄어들게 되므로,</u> 국내생산자의 후생은 <u>감소한다.</u>

⑤ 경쟁의 촉진으로 국내 독과점시장의 시장실패 교정 가능

<u>해외시장과의 경쟁을 통해 국내 독과점시장의</u> 시장실패를 교정할 수 있다.

07 독점기업 A의 수요곡선, 총비용곡선이 다음과 같을 때, 독점이윤 극대화 시 사중손실(Deadweight Loss)은?(단, P는 가격, Q는 수량이다)

- 수요곡선 : $P = -Q + 20$
- 총비용곡선 : $TC = 2Q + 10$

① 99/2 　　　　　　　　　　② 94/2
③ 88/2 　　　　　　　　　　❹ 81/2
⑤ 77/2

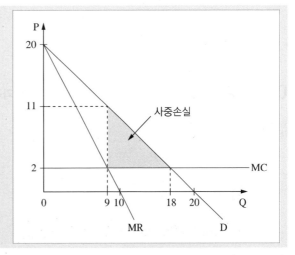

- $P = -Q + 20$
- $MR = -2Q + 20$ (∵ 독점기업)
- $TC = 2Q + 10$
- $MC = 2$

∴ 사중손실 = (9 × 9) / 2 = 81/2

08 양의 효용을 주는 X재와 Y재가 있을 때, 소비자의 최적선택에 관한 설명으로 옳은 것은?

① 소비자의 효용극대화를 위해서는 두 재화의 시장가격비율이 1보다 커야 한다.

   소비자의 효용극대화를 위해서는 두 재화의 시장가격비율이 <u>동일해야</u> 한다.

② X재 1원당 한계효용이 Y재 1원당 한계효용보다 클 때 소비자의 효용은 극대화된다.

   X재 1원당 한계효용과 Y재 1원당 한계효용이 <u>동일해야</u> 소비자의 효용이 극대화된다.

❸ 가격소비곡선은 다른 조건이 일정하고 한 상품의 가격만 변할 때, 소비자의 최적선택점이 변화하는 것을 보여 준다.

④ 예산제약이란 소비할 수 있는 상품의 양이 소비자의 예산범위를 넘을 수 있음을 의미한다.

   소비자는 <u>예산제약의 범위를 넘어서 소비할 수</u> 없다.

⑤ 예산선의 기울기는 한 재화의 한계효용을 의미한다.

   예산선의 기울기는 <u>X재와 Y재의 교환율</u>이다.

핵심체크 | **가격소비곡선**

• 개념 : 재화가격의 변화에 따른 소비자균형점들을 연결한 선
• 가격소비곡선모형
  – 수요의 가격탄력성이 1보다 작을 경우 : 우상향
  – 수요의 가격탄력성이 1일 경우 : 수평선
  – 수요의 가격탄력성이 1보다 클 경우 : 우하향

---

09 X재의 공급함수가 $Q = P - 6$일 때, 공급의 가격탄력성은?(단, Q는 공급량, P는 가격이다)

① $(P - 6) / P$
② $(P + 6) / P$
③ $(-P + 6) / P$
④ $P / (P + 6)$
❺ $P / (P - 6)$

   공급의 가격탄력성 $= \dfrac{dQ}{dP} \cdot \dfrac{P}{Q} = \dfrac{P}{(P-6)}$

10 소비자 선택에 관한 설명으로 옳지 <u>않은</u> 것은?(단, 대체효과와 소득효과의 비교는 절댓값으로 한다)

① 정상재의 경우, 대체효과가 소득효과보다 크면 가격상승에 따라 수요량은 감소한다.
② 정상재의 경우, 대체효과가 소득효과보다 작으면 가격상승에 따라 수요량은 감소한다.
③ 열등재의 경우, 대체효과가 소득효과보다 크면 가격상승에 따라 수요량은 감소한다.
❹ 열등재의 경우, 대체효과가 소득효과보다 작으면 가격상승에 따라 수요량은 감소한다.

> 열등재의 경우, 대체효과가 소득효과보다 작으면 가격상승에 따라 수요량은 증가한다.

⑤ 기펜재의 경우, 대체효과가 소득효과보다 작기 때문에 수요의 법칙을 따르지 않는다.

11 벤담(J. Bentham)의 공리주의를 표현한 사회후생함수는?(단, 이 경제에는 갑, 을만 존재하며, W는 사회 전체의 후생, U는 갑의 효용, V는 을의 효용이다)

① $W = \max(U, V)$

> 최상층우대 또는 엘리트우대 사회후생함수

② $W = \min(U, V)$

> 롤스의 사회후생함수

❸ $W = U + V$

> 벤담의 공리주의 사회후생함수

④ $W = U \times V$

> 평등주의 사회후생함수

⑤ $W = U / V$

12 총수요-총공급모형에서 통화정책과 재정정책에 관한 설명으로 옳은 것은?(단, 폐쇄경제를 가정한다)

❶ 통화정책은 이자율의 변화를 통해 국민소득에 영향을 미친다.

> 통화량이 증가하면 이자율의 하락으로 인해 민간투자가 증가하므로, 국민소득이 증가한다.

② 유동성함정에 빠진 경우 확장적 통화정책은 총수요를 증가시킨다.

> 유동성함정에 빠진 경우 확장적 통화정책은 총수요에 영향을 주지 않는다.

③ 화폐의 중립성에 따르면, 통화량을 늘려도 명목임금은 변하지 않는다.

> 화폐의 중립성에 따르면, 통화량 증가 시 명목임금에는 영향을 주지만, 실질임금에는 영향을 주지 않는다.

④ 구축효과란 정부지출 증가가 소비지출 감소를 초래한다는 것을 의미한다.

> 정부지출의 증가로 인해 총수요가 증가하면, 이자율이 상승하여 민간투자가 감소하게 되는데, 이를 구축효과
> 라 한다.

⑤ 확장적 재정정책 및 통화정책은 모두 경기팽창효과가 있으며, 국민소득의 각 구성요소에 동일한
영향을 미친다.

> 확장적 재정정책은 이자율이 상승하므로 구축효과가 발생하지만, 확장적 통화정책은 이자율이 하락하므로
> 구축효과가 발생하지 않는다.

13 거시경제지표에 관한 설명으로 옳지 않은 것은?

① 국내총생산은 영토를 기준으로, 국민총생산은 국민을 기준으로 계산한다.
② 국내총생산 삼면등가의 법칙은 폐쇄경제에서 생산, 지출, 분배 국민소득이 항등관계에 있다는 것
이다.
❸ 국내총생산은 특정 시점에 한 나라 안에서 생산된 부가가치의 합이다.

> 국내총생산은 일정 기간 동안 한 나라 안에서 생산된 모든 최종생산물의 시장가치의 합이다.

④ 국민총생산은 국내총생산과 대외순수취 요소소득의 합이다.
⑤ 국내총소득은 국내총생산과 교역조건 변화에 따른 실질무역손익의 합이다.

14 소비이론에 관한 설명으로 옳지 않은 것은?

❶ 항상소득이론에서 일시소득의 한계소비성향은 항상소득의 한계소비성향보다 크다.

> 항상소득이론에 의하면 일시소득이 증가하더라도 소비의 증가가 나타나지 않으므로, 일시소득의 한계소비성
> 향은 항상소득의 한계소비성향보다 작다.

② 생애주기이론에서 소비는 미래 소득의 영향을 받는다.
③ 절대소득가설에서는 현재 처분가능소득의 절대적 크기가 소비의 가장 중요한 결정요인이다.
④ 처분가능소득의 한계소비성향과 한계저축성향의 합은 1이다.
⑤ 절대소득가설이 항상소득이론보다 한시적 소득세 감면의 소비진작효과를 더 크게 평가한다.

15 중앙은행의 화폐공급에 관한 설명으로 옳은 것은?

① 예금창조기능은 중앙은행의 독점적 기능이다.

예금창조기능은 중앙은행뿐만 아니라 정부나 민간 등 다양한 요소의 영향을 받는다.

② 본원통화는 현금과 은행의 예금을 합친 것이다.

본원통화는 현금과 지급준비금을 합친 것이다.

③ 중앙은행이 민간에 국채를 매각하면 통화량이 증가한다.

중앙은행이 민간에 국채를 매각하면 통화량이 감소하고, 민간으로부터 국채를 매입하면 통화량이 증가한다.

④ 중앙은행이 재할인율을 인하한다고 발표하면 기업은 경기과열을 억제하겠다는 신호로 받아들인다.

중앙은행이 재할인율을 인하한다고 발표하면 기업은 경기침체를 해소하겠다는 신호로 받아들여야 한다.

❺ 법정지급준비율은 통화승수에 영향을 미친다.

통화승수 $= \dfrac{1}{c + z(1-c)}$

여기서, c : 현금통화비율, z : 지급준비율 $=$ 법정지급준비율 $+$ 초과지급준비율

16 물가지수에 관한 설명으로 옳지 않은 것은?

① 소비자물가지수는 재화의 품질변화를 반영하는 데 한계가 있다.

소비자물가지수 작성 시 모든 재화의 품질변화를 반영하려고 노력하지만, 이는 실질적으로 매우 어렵다.

❷ GDP디플레이터는 실질GDP를 명목GDP로 나눈 수치이다.

GDP디플레이터는 명목GDP를 실질GDP로 나눈 수치이다.

③ 소비자물가지수는 재화의 상대가격 변화에 따른 생계비의 변화를 과대평가한다.

소비자물가지수는 기준연도의 거래량을 고정하여 계산하는 라스파이레스방식($L_P = \dfrac{\sum P_t \cdot Q_0}{\sum P_0 \cdot Q_0}$)을 활용하므로, 물가상승에 따른 거래량 감소를 반영하지 못해 생계비의 변화를 과대평가한다.

④ 소비자물가지수는 재화선택의 폭이 증가함에 따른 화폐가치의 상승효과를 측정할 수 없다.

신제품의 증가로 인해 재화선택의 폭이 증가하더라도, 소비자물가지수가 갱신되기 전까지는 그 신제품이 소비자물가지수 대상품목에 포함되지 않으므로, 화폐가치의 상승효과를 측정할 수 없다.

⑤ 소비자물가지수는 GDP디플레이터와 달리 해외에서 수입되는 재화의 가격변화도 반영할 수 있다.

수입되는 재화의 가격을 제외하고 계산하는 GDP디플레이터와는 달리, 소비자물가지수는 계산 시 수입품의 가격을 포함한다.

17 단기총공급곡선이 우상향하는 이유로 옳지 않은 것은?

① 명목임금이 일반적인 물가상승에 따라 변동하지 못한 경우

② 수요의 변화에 따라 수시로 가격을 변경하는 것이 어려운 경우

❸ 화폐의 중립성이 성립하여, 통화량 증가에 따라 물가가 상승하는 경우

> 화폐의 중립성이 성립한다고 가정하면, 통화량 증가는 물가만 상승시킬 뿐 산출량에는 영향을 주지 못하므로, 단기총공급곡선은 수직선의 형태를 띤다.

④ 일반적인 물가상승을 자신이 생산하는 재화의 상대가격 상승으로 착각하는 경우

⑤ 메뉴비용이 발생하는 것과 같이 즉각적인 가격조정을 저해하는 요인이 있는 경우

18 A국의 소비지출(C), 투자지출(I), 정부지출(G), 순수출(X_n), 조세징수액(T)이 다음과 같을 때, 이에 관한 설명으로 옳은 것은?(단, Y는 국민소득이고, 물가, 금리 등 가격변수는 고정되어 있으며, 수요가 존재하면 공급은 언제나 이루어진다고 가정한다)

- $C = 300 + 0.8(Y - T)$
- G : 500
- T : 500
- I : 300
- X_n : 400

① 균형국민소득은 4,000이다.

> $Y = C + I + G + X_n = 300 + 0.8(Y - 500) + 300 + 500 + 400$ ∴ $Y = \underline{5,500}$

② 정부지출이 10 증가하는 경우 균형국민소득은 30 증가한다.

> 정부지출승수는 5[$1/(1 - c) = 1/(1 - 0.8)$]이므로, 정부지출이 10 증가하면 균형국민소득은 50 증가한다.

③ 조세징수액이 10 감소하는 경우 균형국민소득은 30 증가한다.

> 조세승수는 −4[$-c/(1 - c) = -0.8/(1 - 0.8)$]이므로, 조세징수액이 10 감소하면 균형국민소득은 40 증가한다.

❹ 정부지출과 조세징수액을 각각 100씩 증가시키면 균형국민소득은 100 증가한다.

> 정부지출승수와 조세승수의 합은 1이므로, 정부지출과 조세징수액을 각각 100씩 증가시키면 균형국민소득은 100 증가한다.

⑤ 정부지출승수는 투자승수보다 크다.

> 정부지출승수(5)와 투자승수[$1/(1 - c) = 1/(1 - 0.8) = 5$]는 같다.

19 인플레이션에 관한 설명으로 옳은 것은?

① 예상치 못한 인플레이션이 발생하면 채권자가 이득을 보고 채무자가 손해를 보게 된다.

> 예상치 못한 인플레이션이 발생하면 화폐가치가 하락하여 채무자는 이득을, 채권자는 손해를 보게 된다.

❷ 피셔(I. Fisher)가설에 따르면 예상된 인플레이션의 사회적 비용은 미미하다.

③ 예상치 못한 인플레이션은 금전거래에서 장기계약보다 단기계약을 더 회피하도록 만든다.

> 예상치 못한 인플레이션은 미래의 불확실성을 야기하므로, 장기계약을 회피하도록 만든다.

④ 경기호황 속에 물가가 상승하는 현상을 스태그플레이션이라고 한다.

> 스태그플레이션이란 경기불황 속에 물가가 상승하는 현상을 말한다.

⑤ 인플레이션조세는 정부가 화폐공급량을 줄여 재정수입을 얻는 것을 의미한다.

> 인플레이션조세란 정부가 화폐공급량을 증가시키면서 발생한 인플레이션이 화폐의 가치를 하락시켜 세금처럼 작용하는 현상을 말한다.

20 실업에 관한 설명으로 옳지 않은 것은?

❶ 실업보험은 마찰적 실업을 감소시켜 자연실업률을 하락시키는 경향이 있다.

> 실업보험은 마찰적 실업을 증가시켜 자연실업률을 상승시키는 경향이 있다.

② 경기변동 때문에 발생하는 실업을 경기적 실업이라 한다.

③ 효율성임금이론(Efficiency Wage Theory)에 따르면 높은 임금책정으로 생산성을 높이려는 사용자의 시도가 실업을 야기할 수 있다.

④ 내부자-외부자가설(Insider-outsider Hypothesis)에 따르면 내부자가 임금을 높게 유지하려는 경우 실업이 발생할 수 있다.

⑤ 최저임금제도는 구조적 실업을 야기할 수 있다.

21 노동시장에서 수요독점자인 A기업의 생산함수는 $Q = 4L + 100$이다. 생산물시장은 완전경쟁이고 생산물가격은 200이다. 노동공급곡선이 $w = 5L$인 경우, 이윤극대화가 달성되는 노동의 한계요소비용과 한계수입생산을 순서대로 옳게 나열한 것은?(단, Q는 산출량, L은 노동투입량, w는 임금이다)

① 400, 400
② 400, 600
③ 600, 800
❹ 800, 800
⑤ 900, 900

> A기업의 생산함수 $Q = 4L + 100$을 L에 대하여 미분하면 $MP_L = 4$이고, 생산물시장이 완전경쟁이므로 생산물가격 = 한계수익(MR) = 한계비용(MC) = 200이다.
> ∴ 노동의 한계요소비용 = $MP_L \times MC = 4 \times 200 = 800$
> 한계수입생산 = $MP_L \times MR = 4 \times 200 = 800$

22 소득–여가선택모형에서 효용극대화를 추구하는 개인의 노동공급의사결정에 관한 설명으로 옳지 않은 것은?(단, 대체효과와 소득효과의 비교는 절댓값으로 한다)

① 소득과 여가가 정상재인 경우, 임금률 상승 시 대체효과가 소득효과보다 크면 노동공급은 증가한다.

❷ 소득과 여가가 정상재인 경우, 임금률 하락 시 소득효과가 대체효과보다 크면 노동공급은 감소한다.

> 소득과 여가가 정상재인 경우, 임금률 하락 시 소득효과가 대체효과보다 크면 노동공급은 **증가한다.**

③ 소득과 여가가 정상재인 경우, 임금률 하락 시 대체효과는 노동공급감소요인이다.

④ 소득과 여가가 정상재인 경우, 임금률 상승 시 소득효과는 노동공급감소요인이다.

⑤ 소득은 정상재이지만 여가가 열등재인 경우, 임금률 상승은 노동공급을 증가시킨다.

핵심체크 **소득과 여가가 정상재인 경우의 노동공급곡선**

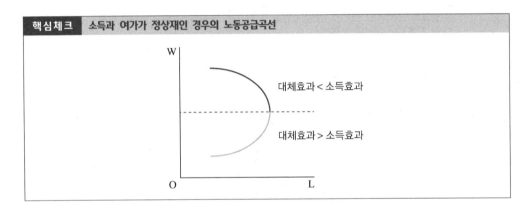

23 B국의 총생산함수는 $Y = AK^{\alpha}L^{(1-\alpha)}$ 이다. 생산요소들이 한계생산물만큼 보상을 받는 경우, 자본소득에 대한 노동소득의 비율은?(단, Y는 생산량, A는 총요소생산성, $0 < \alpha < 1$, K는 자본량, L은 노동량이다)

① α 　　　　　② $1 - \alpha$

③ $\dfrac{\alpha}{Y}$ 　　　　　④ $\dfrac{1-\alpha}{Y}$

❺ $\dfrac{1-\alpha}{\alpha}$

> • 자본소득분배비율 $= \dfrac{MP_K \cdot K}{Y} = \dfrac{\alpha AK^{(\alpha-1)}L^{(1-\alpha)} \cdot K}{AK^{\alpha}L^{(1-\alpha)}} = \alpha$
>
> • 노동소득분배비율 $= \dfrac{MP_L \cdot L}{Y} = \dfrac{(1-\alpha)AK^{\alpha}L^{-\alpha} \cdot L}{AK^{\alpha}L^{(1-\alpha)}} = 1-\alpha$
>
> $\therefore$ 자본소득에 대한 노동소득의 비율 $= \dfrac{\text{노동소득분배비율}}{\text{자본소득분배비율}} = \dfrac{1-\alpha}{\alpha}$

24 노동시장에서의 임금격차에 관한 설명으로 옳지 않은 것은?

확인
Check!
○
△
×

① 임금격차는 인적자본의 차이에 따라 발생할 수 있다.

② 임금격차는 작업조건이 다르면 발생할 수 있다.

③ 임금격차는 각 개인의 능력과 노력 정도의 차이에 따라 발생할 수 있다.

④ 임금격차는 노동시장에 대한 정보가 완전해도 발생할 수 있다.

❺ 임금격차는 차별이 없으면 발생하지 않는다.

> 임금격차는 차별이 아닌 <u>개인별 차이로 인해 발생</u>하는데, 개인별 차이에는 인적자본, 작업조건, 능력 및 노력 등이 있다.

25 총인구 200명, 15세 이상 인구 100명, 비경제활동인구 20명, 실업자 40명인 A국이 있다. A국의 경제활동참가율(%), 고용률(%), 실업률(%)을 순서대로 옳게 나열한 것은?(단, 우리나라의 고용통계 작성방식에 따른다)

확인
Check!
○
△
×

① 40, 20, 40

② 40, 50, 20

③ 80, 20, 20

❹ 80, 40, 50

⑤ 80, 50, 20

> - 경제활동참가율 $= \dfrac{\text{경제활동인구}}{\text{15세 이상 인구}} \times 100 = \dfrac{100-20}{100} \times 100 = 80\%$
>
> - 고용률 $= \dfrac{\text{취업자수}}{\text{15세 이상 인구}} \times 100 = \dfrac{100-20-40}{100} \times 100 = 40\%$
>
> - 실업률 $= \dfrac{\text{실업자수}}{\text{경제활동인구}} \times 100 = \dfrac{40}{100-20} \times 100 = 50\%$

2024년
2023년
2022년
2021년
2020년

가장 빠른 지름길은
지름길을 찾지 않는 것이다.

- 다산 정약용 -

PART 06

경영학개론

01 2024년 제33회 정답 및 해설

02 2023년 제32회 정답 및 해설

03 2022년 제31회 정답 및 해설

04 2021년 제30회 정답 및 해설

05 2020년 제29회 정답 및 해설

2024년 제33회 정답 및 해설

✔ 문제편 291p

✔ 정답 CHECK   ✔ 각 문항별로 이해도 CHECK

01	02	03	04	05	06	07	08	09	10	11	12	13	14	15	16	17	18	19	20
⑤	③	⑤	②	③	③	⑤	②	①	③	①	①	③	⑤	③	④	④	⑤	③	②
21	22	23	24	25	26	27	28	29	30	31	32	33	34	35	36	37	38	39	40
③	④	⑤	④	②	①	②	④	②	②	①	⑤	①	④	②	④	④	④	①	③

01

☑확인
Check!
○
△
✕

테일러(F. W. Taylor)의 과학적 관리법에 제시된 원칙으로 옳은 것을 모두 고른 것은?

> ㄱ. 작업방식의 과학적 연구
> ㄴ. 과학적 선발 및 훈련
> ㄷ. 관리자와 작업자들 간의 협력
> ㄹ. 관리활동의 분업

① ㄱ, ㄴ
② ㄷ, ㄹ
③ ㄱ, ㄴ, ㄷ
④ ㄴ, ㄷ, ㄹ
❺ ㄱ, ㄴ, ㄷ, ㄹ

모두 옳은 지문이다.

핵심체크 　테일러(F. W. Taylor)의 과학적 관리법 원칙

- 차별 성과급제
- 기능식 직장제도
- 시간연구와 동작연구
- 기획부제도의 설치
- 작업지시표 제도
- 과학적 선발·훈련·배치
- 노사 간의 조화로운 협력

02 카츠(R. L. Katz)가 제시한 경영자의 기술에 관한 설명으로 옳은 것을 모두 고른 것은?

☑ 확인
Check!
○
△
×

> ㄱ. 전문적 기술은 자신의 업무를 정확히 파악하고 능숙하게 처리하는 능력을 말한다.
> ㄴ. 인간적 기술은 다른 조직구성원과 원만한 인간관계를 유지하는 능력을 말한다.
> ㄷ. 개념적 기술은 조직의 현황이나 현안을 파악하여 세부적으로 처리하는 실무적 능력을 말한다.

① ㄱ
② ㄴ
❸ ㄱ, ㄴ
④ ㄱ, ㄷ
⑤ ㄱ, ㄴ, ㄷ

ㄷ – 전문적 기술에 대한 설명이다.

핵심체크

전문적 기술	• 관리자가 특정분야의 업무를 감독, 수행하는 데 필요한 지식, 방법 및 기구, 설비 등을 사용할 수 있는 능력 • 이 기술은 경험, 교육 훈련 등을 통해 습득되어지며 일선관리자에게 주로 요구되는 기술 부분
인간적 기술	• 관리자가 구성원에 대한 효과적인 지도성을 발휘하고 동기를 부여 • 다른 사람들과 함께 일할 수 있는 능력으로 모든 계층의 관리자에게 공통적으로 요구되는 기술
개념적 기술	• 분석적 사고 능력으로서 조직 전체를 이해하고 조직 내에서 구성원들의 활동을 조직하여 전체 상황에 맞도록 진행해 나가는 능력 • 비정형적 의사결정이 중심적 역할인 최고관리자에게 가장 필요한 부분

2024년

2023년

2022년

2021년

2020년

03 기업 외부의 개인이나 그룹과 접촉하여 외부환경에 관한 중요한 정보를 얻는 활동은?

① 광 고

아이디어, 제품, 및 서비스의 비대면적 촉진활동

② 예측활동

데이터 및 정보를 이용하여 향후 결과 및 추세를 예측하는 활동

③ 공중관계(PR)

긍정적인 제품 홍보 기사를 개발하고 좋은 기업이미지를 구축하고 비호의적인 소문을 제거함으로서 다양한 공중들과 우호적인 관계를 구축하는 활동

④ 활동영역 변경

조직의 활동영역을 확대 또는 변경하는 것(예 다각화, 철수)

❺ 경계연결(boundary spanning)

조직의 경계를 넘어서 외부지식에 접근하여 중요한 정보를 얻는 활동

04 조직의 목표를 달성하기 위하여 조직구성원들이 담당해야 할 역할 구조를 설정하는 관리과정의 단계는?

① 계 획

미래를 살펴보고 행동계획을 작성

❷ 조직화

착수를 위한 인적·물적 구조를 구축

③ 지 휘

직원들 간의 활동을 유지·관리

④ 조 정

모든 행동과 노력을 결집시키고 통합하여 조화를 이루는 활동

⑤ 통 제

규칙과 명령에 따라 일어나는 현상을 관찰

05 캐롤(B. A. Carroll)이 주장한 기업의 사회적 책임 중 책임성격이 의무성 보다 자발성에 기초하는 것을 모두 고른 것은?

> ㄱ. 경제적 책임
> ㄴ. 법적 책임
> ㄷ. 윤리적 책임
> ㄹ. 자선적 책임

① ㄱ, ㄴ
② ㄴ, ㄷ
❸ ㄷ, ㄹ

자발성에 기초한 기업의 사회적 책임은 윤리적 책임과 자선적 책임이다.

④ ㄱ, ㄴ, ㄹ
⑤ ㄴ, ㄷ, ㄹ

핵심체크	캐롤의 기업의 사회적 책임
경제적 책임	기업이 사회적으로 필요한 서비스를 판매하고 수익성을 창출하는 책임
법적 책임	기업의 운영이 공정한 규칙 속에서 이루어져야 할 책임
윤리적 책임	기업의 처벌이나 강제가 따르는 법적 책임과 달리 어떤 사안이나 사건과 관련되는 일의 도덕적 자발성에 의한 책임
자선적 책임	기업이 자발적으로 사회적 도움이 필요한 곳에 봉사를 수행해야 할 책임

06 포터(M. Porter)의 산업구조분석 모형에 관한 설명으로 옳지 않은 것은?

① 산업 내 경쟁이 심할수록 산업의 수익률은 낮아진다.
② 새로운 경쟁자에 대한 진입장벽이 낮을수록 해당 산업의 경쟁이 심하다.
❸ 산업 내 대체재가 많을수록 기업의 수익이 많이 창출된다.

> 산업 내 대체재가 많을수록 높은 가격을 받을 가능성 낮아져 <u>기업의 수익은 감소</u>한다.

④ 구매자의 교섭력은 소비자들이 기업의 제품을 선택하거나 다른 제품을 구매할 수 있는 힘을 의미한다.
⑤ 공급자의 교섭력을 결정하는 요인으로는 공급자의 집중도, 공급물량, 공급자 판매품의 중요도 등이 있다.

핵심체크	포터(Michael Porter)의 5가지 경쟁요인
신규업체 진출 위협	신규진입 기업들이 시장에 보다 안정적으로 진입하기 위해서는 진입장벽을 넘어야 한다.
공급업체 협상력	원자재 공급업체의 영향력이 크면 수익성이 낮아진다. 예 OPEC – 산유국의 교섭력을 높이려는 카르텔
동종기업 간 경쟁	• 경쟁이 치열할수록 수익성은 떨어진다. • 경쟁은 기업 간 제품 차별화가 없고 퇴각 장벽이 높은 경우 치열해진다.
고객 협상력	• 구매자의 영향력이 크면 수익성이 낮아진다. • 대량구매나 구매자의 수익성이 낮으면 강력한 교섭력을 가진다. 　예 엘리베이터 제조업체와 건설업체
대체재 출현 위협	대체재가 많을수록 높은 가격을 받을 수 있는 가능성이 낮아진다.

07 효과적인 의사소통을 방해하는 요인 중 발신자와 관련된 요인이 아닌 것은?

① 의사소통 기술의 부족
② 준거체계의 차이
③ 의사소통 목적의 결여
④ 신뢰성의 부족
❺ 정보의 과부하

> 상황에 의한 장애요인에 해당한다.

송신자(발신자)에 의한 장애요인	수신자에 의한 장애요인	상황에 의한 장애요인	매체에 장애요인
• 목적의식 부족 • 커뮤니케이션 스킬 부족 • 타인에 대한 민감성 부족 • 준거체계의 차이 • 발신자의 신뢰성 부족	• 불신과 선입견 • 선택적 경청 • 반응피드백의 부족 • 평가적 경향	• 어의상의 문제 • 정보의 과부하(과중) • 시간적 압박 • 지위의 차이 • 조직의 분위기	• 부적절한 매체 선택 • 통신장비의 결함

08 변혁적 리더십의 구성요소 중 다음 내용에 해당하는 것은?

☑ 확인
Check!
○
△
✕

○ 높은 기대치를 전달하고, 노력에 집중할 수 있도록 상징을 사용
○ 미래에 대한 매력적인 비전 제시, 업무의 의미감 부여, 낙관주의와 열정을 표출

① 예외에 의한 관리

하급자의 성과가 계획된 수준에 도달하지 못했을 때 리더가 개입하는 것을 말한다.

❷ 영감적 동기부여

조직 구성원들에게 제시한 비전, 목표, 미션을 달성할 수 있도록 지속적으로 조직 구성원들을 고무시키는 것을 말한다.

③ 지적 자극

조직 구성원들의 혁신성과 창의성을 일깨우고, 새로운 시각과 방법을 통해 문제에 접근하고 업무를 수행할 수 있도록 자극하는 것을 말한다.

④ 이상적 영향력

리더가 조직 구성원들에게 롤모델로서 강력한 영향력을 미치는 것을 말한다.

⑤ 개인화된 배려

조직 구성원들의 욕구(성장, 배움, 발전의 욕구)에 개인적인 관심을 기울이고, 자기계발의 기회 및 환경을 조성하는 것을 말한다.

09 다음 특성에 부합하는 직무평가 방법으로 옳은 것은?

○ 비계량적 평가
○ 직무 전체를 포괄적으로 평가
○ 직무와 직무를 상호 비교하여 평가

❶ 서열법

> 조건에 해당하는 직무평가 방법은 서열법이다.

② 등급법
③ 점수법
④ 분류법
⑤ 요소비교법

핵심체크	직무평가 방법	
비계량	서열법	직무를 전체적으로 평가하여 중요도에 의해 직위를 서열화하는 방식
	분류법	서열법보다는 세련된 방식으로 직무를 전체적으로 평가하지만 등급분류기준을 정한 등급기준표에 따라 등급을 결정하는 방식
계 량	점수법	가장 많이 사용되는 방식으로 직위요소에 대한 총점을 구한 후 등급기준표에 따라 배치하는 방법
	요소비교법	가장 늦게 고안된 방식으로 관찰 가능한 직무와 기준 직무를 비교하는 방식

10 기업이 종업원에게 지급하는 임금의 계산 및 지불 방법에 해당하는 것은?

① 임금수준

> 국가, 산업, 직업, 기업 따위의 일정한 범위에 속하는 노동자의 평균적인 임금

② 임금체계

> 임금이 결정 또는 조정되는 기준과 방식

❸ 임금형태

> 임금의 산정 및 지급방법

④ 임금구조

> 산업 간 · 지역 간 · 기업 간 · 직종 간 · 남녀 간 · 연령 간에 따라 임금에 격차가 나타나는 임금분포를 총괄적으로 나타낸 노동경제학상의 개념

⑤ 임금결정

> 임금의 결정

11 고과자가 평가방법을 잘 이해하지 못하거나 피고과자들 간의 차이를 인식하지 못하는 무능력에서 발생할 수 있는 인사고과의 오류는?

❶ 중심화 경향

> 평정자가 모든 피평정자들에게 대부분 중간 수준의 점수를 주는 심리적 경향

② 논리적 오류

> 고과 요소 간에 상관관계가 있을 때 하나를 통하여 다른 하나를 미루어 짐작하는 오류

③ 현혹효과

> 한 평가요소가 평가자의 판단에 연쇄적으로 영향을 주는 오류

④ 상동적 태도

> 선입견이나 고정관념에 의한 오류

⑤ 근접오차

> 인사고과표상에 근접되어 있는 평가요소의 평가 결과 혹은 특정평가 시간 내에서의 평정요소 간의 평정결과가 비슷한 경향

12 산업별 노동조합 또는 교섭권을 위임받은 상급단체와 개별 기업의 사용자 간에 이루어지는 단체교섭 유형은?

❶ 대각선 교섭

> 기업별 노동조합으로 구성된 산업별 노동조합과 개별사용자와의 교섭

② 통일적 교섭

> 전국적 또는 지역적 노동조합과 지역적인 사용자 단체의 교섭

③ 기업별 교섭

> 특정기업과 그 기업의 근로자로 구성된 노동조합의 교섭

④ 공동교섭

> 산업별 노동조합과 그 지부가 공동으로 사용자와 교섭

⑤ 집단교섭

> 집단화된 몇 개의 기업별 조합과 사용자측의 집단과의 교섭

13 외부 모집과 비교한 내부 모집의 장점을 모두 고른 것은?

ㄱ. 승진기회 확대로 종업원 동기 부여
ㄴ. 지원자에 대한 평가의 정확성 확보
ㄷ. 인력수요에 대한 양적 충족 가능

① ㄱ
② ㄴ
❸ ㄱ, ㄴ
④ ㄴ, ㄷ
⑤ ㄱ, ㄴ, ㄷ

ㄱ. 내부모집 장점
ㄴ. 내부모집 장점
ㄷ. 외부모집 장점

핵심체크	내부모집 · 외부모집 장단점	

구 분	내부모집	외부모집
장 점	• 승진기회 확대로 종업원의 동기부여 상승 • 능력이 충분히 검증된 인재 채용 가능 • 신속한 충원 및 충원비용 감소	• 인재 선택 폭 확대 • 외부인력이 조직에 유입되어 조직 분위기 쇄신 가능 • 자격을 가춘 자가 채용되어 교육훈련비 감소
단 점	• 구성원이 자기사람을 심는 등 조직 폐쇄성 강화 • 인재 선택 폭 감소 • 자신의 능력을 넘는 범위까지 승진하여 조직이 무능력한 인재들로 구성되는 피터의 원리 발생	• 내부인력 승진 기회 감소로 종업원의 동기부여 감소하게 되어 이직률 상승 등 조직 분위기에 부정적 영향 발생 • 경력자 채용으로 높은 급여 발생(인건비 상승) • 시간비용 및 충원비용 소요

14 다음과 같은 장점을 지닌 조직구조는?

> ○ 관리 비용을 절감할 수 있음
> ○ 작은 기업들도 전 세계의 자원과 전문적인 인력을 활용할 수 있음
> ○ 창업 초기에 공장이나 설비 등의 막대한 투자없이도 사업이 가능

① 사업별 조직구조

　사업별 조직구조의 장점은 성과책임 분명, 기능 간 조정 우수 등이 있다.

② 프로세스 조직구조

　프로세스 조직구조의 장점은 신속한 고객 요구의 대응, 고객 대응력 강화, 책임과 권한의 명확화 등이 있다.

③ 매트릭스 조직구조

　매트릭스 조직구조는 조직자원 활용의 효율성을 제고할 수 있다는 장점이 있다.

④ 지역별 조직구조

　지역별 조직구조는 지역별로 책임이 이양되어 지역에 맞는 맞춤 전략을 세울 수 있다는 장점이 있다.

❺ 네트워크 조직구조

　해당 조건은 네트워크 조직구조의 장점이다.

핵심체크	네트워크 조직구조의 장점
조직의 개방화	네트워크 조직을 구성하면서 네트워크 공급자나 고객을 선정하고 이들과 연계 고리를 관리하며 이를 위해 의사소통 시스템을 개발・운영하는 능력이 배양되기 때문에 기업환경에 민감하게 반응할 수 있는 열린 조직으로의 관리능력을 배양할 수 있다.
조직의 슬림화	기업의 핵심 역량만을 내부에 보유하고 나머지 활동은 외부적으로 네트워크화시키고 또 수평적으로 통합화함으로써 조직의 슬림화를 기할 수 있다.
조직의 횡적통합화 능력 배양	과거에 발생했던 부서 간 장벽이 없이 수평적 연계 고리를 매끄럽게 연결할 수 있는 능력으로 시장변화에 발 빠른 대응이 가능하고 비용을 크게 줄일 수 있다.

15 페로우(C. Perrow)의 기술분류 유형 중 과업다양성과 분석가능성이 모두 낮은 유형은?

① 일상적 기술
② 비일상적 기술
❸ 장인기술

> 페로우(C. Perrow)의 기술분류 유형 중 과업다양성과 분석가능성이 모두 낮은 유형은 장인기술이다.

④ 공학기술
⑤ 중개기술

핵심체크 페로우(Perrow)의 기술분류와 조직구조

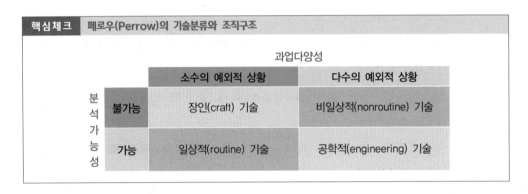

분석가능성	과업다양성	
	소수의 예외적 상황	다수의 예외적 상황
불가능	장인(craft) 기술	비일상적(nonroutine) 기술
가능	일상적(routine) 기술	공학적(engineering) 기술

16 마일즈(R. Miles)와 스노우(C. Snow)의 전략 유형 중 유연성이 높고 분권화된 학습지향 조직구조로 설계하는 것이 적합한 전략은?

① 반응형 전략
② 저원가 전략
③ 분석형 전략
❹ 공격형 전략

> 마일즈(R. Miles)와 스노우(C. Snow)의 전략 유형 중 유연성이 높고 분권화된 학습지향 조직구조로 설계하는 것이 적합한 전략은 공격형 전략이다.

⑤ 방어형 전략

핵심체크 마일즈(R. Miles)와 스노우(C. Snow)의 전략분류

전략	목표	환경	구조적 특징	전반적 조직구조
방어형	안정성과 효율성	안정적 환경	• 높은 수준의 통제 • 높은 분업화, 높은 공식화, 높은 집권화	기계적
분석형	안정성과 유연성	변화하는 환경	• 중간 정도의 집권화 • 현재 사업에 대해서는 높은 통제 • 신사업에 대해서는 느슨한 통제	중 간
탐색형 (공격형)	유연성	역동적 환경	• 느슨한 구조 • 낮은 분업화, 낮은 공식화, 낮은 집권화	유기적

〈출처〉 Stephen P. Robbins, Organization Theory, 3rd ed., 1990

17 핵심자기평가(core self-evaluation)가 높은 사람들은 자신을 가능성 있고, 능력 있고, 가치있는 사람으로 평가한다. 핵심자기평가의 구성요소를 모두 고른 것은?

☑ 확인
Check!
○
△
×

> ㄱ. 자존감 ㄴ. 관계성
> ㄷ. 통제위치 ㄹ. 일반화된 자기효능감
> ㅁ. 정서적 안정성

① ㄱ, ㄴ, ㄷ
② ㄱ, ㄴ, ㅁ
③ ㄱ, ㄴ, ㄹ, ㅁ
❹ ㄱ, ㄷ, ㄹ, ㅁ

> 사람들이 자신의 가치, 역량, 능력에 대해 내리는 기본적인 평가에 대한 구성요소는 자아존중감(자존감), 일반화된 자기효능감, 내재적 통제위치, 신경증, 정서적 안정성이다.

⑤ ㄴ, ㄷ, ㄹ, ㅁ

핵심체크 핵심자기평가 정의 및 구성요소

사용된 정의	구성요소
사람들이 자신의 가치, 역량, 능력에 대해 내리는 기본적인 평가	자아존중감(자존감), 일반화된 자기효능감, 내재적 통제위치, 신경증, 정서적 안정성
미래의 특정 상황에서 추가적인 행동적 활동과 노력을 통해 태도나 성과에 긍정적 영향을 미치는 개념	자아존중감(자존감), 자기효능감 or 일반화된 자기효능감, 내재적 통제위치, 정서적 안정성
자존감, 자기효능감, 낮은 신경증, 내부 자기통제로서 개인의 가치, 효과성, 능력에 대한 기본적인 평가	자아존중감(자존감), 자기효능감, 낮은 신경증, 내부 자기통제
개인이 업무 달성을 위해 기울인 노력에 대한 자기평가	자아존중감(자존감), 일반화된 자기효능감, 내재적 통제위치, 정서적 안정성

18 킬만(T. Kilmann)의 갈등관리 유형 중 목적달성을 위해 비협조적으로 자기 관심사만을 만족시키려는 유형은?

☑ 확인
Check!
○
△
✕

① 협력형
② 수용형
③ 회피형
④ 타협형
❺ 경쟁형

> 킬만(T. Kilmann)의 갈등관리 유형 중 목적달성을 위해 비협조적으로 자기 관심사만을 만족시키려는 유형은 경쟁형이다.

핵심체크 갈등상황 발생 시 개인성향에 따른 다섯 가지 대처 유형

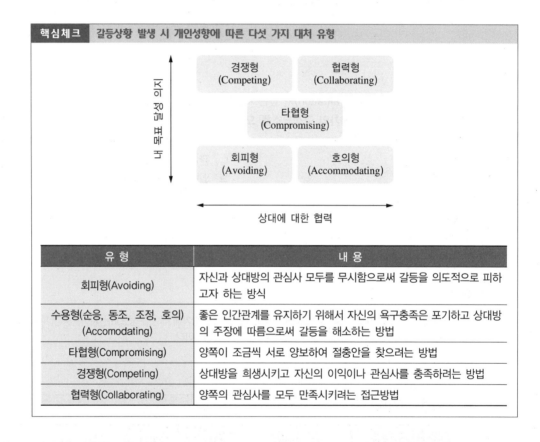

유 형	내 용
회피형(Avoiding)	자신과 상대방의 관심사 모두를 무시함으로써 갈등을 의도적으로 피하고자 하는 방식
수용형(순응, 동조, 조정, 호의) (Accomodating)	좋은 인간관계를 유지하기 위해서 자신의 욕구충족은 포기하고 상대방의 주장에 따름으로써 갈등을 해소하는 방법
타협형(Compromising)	양쪽이 조금씩 서로 양보하여 절충안을 찾으려는 방법
경쟁형(Competing)	상대방을 희생시키고 자신의 이익이나 관심사를 충족하려는 방법
협력형(Collaborating)	양쪽의 관심사를 모두 만족시키려는 접근방법

19 효과적인 시장세분화가 되기 위한 조건으로 옳지 않은 것은?

① 세분화를 위해 사용되는 변수들이 측정가능해야 한다.

② 세분시장에 속하는 고객들에게 효과적이고 효율적으로 접근할 수 있어야 한다.

❸ 세분시장 내 고객들과 기업의 적합성은 가능한 낮아야 한다.

> 세분시장 내 고객들과 기업의 적합성은 가능한 <u>높아야 한다.</u>

④ 같은 세분시장에 속한 고객들끼리는 최대한 비슷해야 하고 서로 다른 세분시장에 속한 고객들 간에는 이질성이 있어야 한다.

⑤ 세분시장의 규모는 마케팅활동으로 이익이 날 수 있을 정도로 충분히 커야 한다.

핵심체크	시장세분화 요건

구 분	개 념
측정 가능성	마케터는 각 세분시장에 속하는 구성원을 확인하고, 세분화 근거에 따라 그 규모나 구매력 등의 크기를 측정할 수 있어야 한다.
유지 가능성	각 세분시장은 별도의 마케팅 노력을 할애 받을 만큼 규모가 크고 수익성이 높아야 한다.
접근 가능성	마케터는 각 세분시장에 기업이 상이한 마케팅 노력을 효과적으로 집중시킬 수 있어야 한다.
실행 가능성	마케터는 각 세분시장에 적합한 마케팅믹스를 실제로 개발할 수 있는 능력과 자원을 가지고 있어야 한다.
내부적 동질성과 외부적 이질성	특정한 마케팅믹스에 대한 반응이나 세분화 근거에 있어서 같은 세분시장의 구성원은 동질성을 보여야 하고, 다른 세분시장의 구성원과는 이질성을 보여야 한다.

20 다음에서 설명하는 제품수명주기의 단계는?

> ○ 고객의 신제품수용이 늘어나 생산량이 급속히 증가하면서 단위당 제품원가, 유통비용, 촉진비용이 하락한다.
> ○ 지속적인 판매량 증대로 이익이 빠르게 늘어난다.

① 도입기

도입기는 신제품이 출시된 단계로 소비자는 기존 제품에 익숙하기 때문에 신제품에 대해 저항성이 있어 매출은 완만하게 증가한다.

❷ 성장기

성장기는 신제품에 대해 소비자들이 인지하기 시작하고 고객만족을 이끌어 내면서 판매가 급속하게 증가하는 단계이다.

③ 성숙기

성숙기는 가장 높은 매출을 실현하는 단계로 다수의 경쟁자가 출현하여 어느 시점부터는 매출이 감소하게 된다.

④ 정체기

정체기는 제품수명주기에 해당하는 단계가 아니다.

⑤ 쇠퇴기

쇠퇴기는 시장수요 포화, 신기술과 대체재의 출현, 고객요구 변화 등으로 매출과 이익이 줄어든다.

핵심체크	제품수명주기

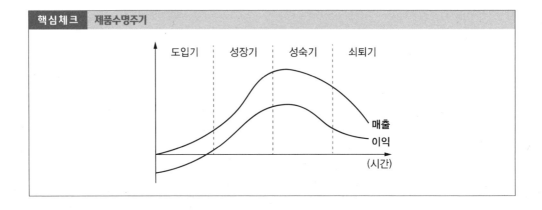

21 **4P 중 가격에 관한 설명으로 옳지 않은 것은?**

① 가격은 다른 마케팅믹스 요소들과 달리 상대적으로 쉽게 변경할 수 있다.
② 구매자가 가격이 비싼지 싼지를 판단하는 기준으로 삼는 가격을 준거가격이라 한다.
❸ 구매자가 어떤 상품에 대해 지불할 용의가 있는 최저가격을 유보가격이라 한다.

> 유보가격은 소비자가 지불할 수 있는 <u>최고가격</u>을 말한다.

④ 가격변화를 느끼게 만드는 최소의 가격변화 폭을 JND(just noticeable difference)라 한다.
⑤ 구매자들이 가격이 높은 상품일수록 품질도 높다고 믿는 것을 가격–품질 연상이라 한다.

22 **판매촉진의 수단 중 소비자들의 구입가격을 인하시키는 효과를 갖는 가격수단의 유형을 모두 고른 것은?**

> ㄱ. 할인쿠폰
> ㄴ. 샘 플
> ㄷ. 보상판매
> ㄹ. 보너스팩

① ㄱ, ㄴ
② ㄷ, ㄹ
③ ㄱ, ㄴ, ㄷ
❹ ㄱ, ㄷ, ㄹ

> 판매촉진의 수단 중 소비자들의 구입가격을 인하시키는 효과가 있는 가격 수단 유형은 <u>할인쿠폰, 리베이트, 조기구매, 보너스팩, 보상판매, 세일</u> 등이 있으며, 비가격수단 유형으로는 샘플, 사은품, 현상경품 등이 있다.

⑤ ㄱ, ㄴ, ㄷ, ㄹ

23 **브랜드에 관한 설명으로 옳지 않은 것은?**

① 브랜드는 제품이나 서비스와 관련된 이름, 상징, 혹은 기호로서 그것에 대해 구매자가 심리적인 의미를 부여하는 것이다.
② 브랜드 자산은 소비자가 브랜드에 부여하는 가치, 즉 브랜드가 창출하는 부가가치를 말한다.
③ 켈러(J. Keller)에 따르면, 브랜드 자산의 원천은 브랜드의 인지도와 브랜드의 이미지이다.
④ 브랜드 이미지는 긍정적이고 독특하며 강력해야 한다.
❺ 브랜드 개발은 창의적인 광고를 통해 관련 이미지를 만들어내는 것이다.

> 브랜드란 경쟁자와 구별하고 식별하기 위한 이름, 언어, 심볼 및 디자인 등 총체인 것을 말하므로, 브랜드 개발이 창의적 광고를 통해 관련 이미지를 만들어 내는 것이라고 할 수는 없다.

24 금년 초에 5,000원의 배당(= d_0)을 지급한 A기업의 배당은 매년 영원히 5%로 일정하게 성장할 것으로 예상된다. 요구수익률이 10%일 경우 이 주식의 현재가치는?

① 50,000원

② 52,500원

③ 100,000원

❹ 105,000원

> 연금액 = 배당액 × (1 + 성장률) = 5,000원 × (1 + 0.05) = 5,250원
>
> 영구연금 현재가치 = $\dfrac{연금액}{요구수익률 - 성장률}$ = $\dfrac{5,250원}{0.1 - 0.05}$ = 105,000원

⑤ 110,000원

25 자본시장선(CML)과 증권시장선(SML)에 관한 설명으로 옳지 않은 것은?

① 증권시장선 보다 아래에 위치하는 주식은 주가가 과대평가 된 주식이다.

❷ 자본시장선은 개별위험자산의 기대수익률과 체계적 위험(베타) 간의 선형관계를 설명한다.

> 자본시장선은 효율적인 포트폴리오에서만 성립한 것으로 효율적이지 않은 포트폴리오까지 포함한 개별위험자산의 기대수익률과 체계적 위험(베타) 간의 선형관계를 설명하는 것은 증권시장선이다.

③ 자본시장선 상에는 비체계적 위험을 가진 포트폴리오가 놓이지 않는다.

④ 동일한 체계적 위험(베타)을 가지고 있는 자산이면 증권시장선 상에서 동일한 위치에 놓인다.

⑤ 균형상태에서 모든 위험자산의 체계적 위험(베타) 대비 초과수익률(기대수익률$[E(r_i)]$ - 무위험수익률$[r_f]$)이 동일하다.

26 투자안의 경제성 분석방법에 관한 설명으로 옳은 것은?

❶ 투자형 현금흐름의 투자안에서 내부수익률은 투자수익률을 의미한다.

② 화폐의 시간가치를 고려하는 분석방법은 순현재가치법이 유일하다.

> 화폐의 시간가치를 고려하는 분석방법은 순현재가치법, 내부수익률법, 수익성 지수법 등이 있다.

③ 순현재가치법에서는 가치가산의 원칙이 성립하지 않는다.

> 순현재가치법에서는 가치가산의 원칙이 성립한다.

④ 내부수익률법에서는 재투자수익률을 자본비용으로 가정한다.

> 내부수익률법에서는 재투자수익률을 내부수익률로 가정한다.

⑤ 수익성지수법은 순현재가치법과 항상 동일한 투자선택의 의사결정을 한다.

> 현금유출이 없는 투자안에서 사용할 수 없는 수익성지수법은 순현재가치법과 항상 동일한 투자선택의 의사결정을 하는 것은 아니다.

27 총자산순이익률(ROA)이 20%, 매출액순이익률이 8%일 때 총자산회전율은?

① 2
❷ 2.5
③ 3
④ 3.5
⑤ 4

$$총자산순이익률 = \frac{순이익}{총자산} = 20\% = 0.2, \quad \therefore 총자산 = \frac{순이익}{0.2} = 5 \times 순이익$$

$$매출액순이익률 = \frac{순이익}{매출액} = 8\% = 0.08, \quad \therefore 매출액 = \frac{순이익}{0.08} = 12.5 \times 순이익$$

$$총자산회전율 = \frac{매출액}{총자산} = \frac{12.5 \times 순이익}{5 \times 순이익} = 2.5$$

28 다음 채권의 듀레이션은?(단, 소수점 셋째 자리에서 반올림한다.)

○ 액면가액 1,000원
○ 액면이자율 연 10%, 매년 말 이자지급
○ 만기 2년
○ 만기수익률 연 12%

① 1.75년
② 1.83년
③ 1.87년
❹ 1.91년
⑤ 2.00년

$$1차년도\ 현금유입액\ 현재가치 = \frac{100}{1.12} = 89.286$$

$$2차년도\ 현금유입액\ 현재가치 = \frac{1,100}{1.12^2} = 876.913$$

$$채권의\ 듀레이션 = \frac{(89.286 \times 1) + (876.913 \times 2)}{89.286 + 876.913} = \frac{1,843.112}{966.199} \fallingdotseq 1.91(년)$$

29 가치분석/가치공학분석에서 사용하는 브레인스토밍(brainstorming)의 주제로 옳지 않은 것은?

① 불필요한 제품의 특성은 없는가?

❷ 추가되어야 할 공정은 없는가?

> 가치분석(VA)과 가치공학분석(VE)은 고객의 요구를 충족시키면서 원가 절감과 제품과 서비스 향상을 추구하는 것을 말하는데 공정과정이 추가되면 원가가 증가하게 되어 주제와는 맞지 않는다.

③ 무게를 줄일 수는 없는가?

④ 두 개 이상의 부품을 하나로 결합할 수 없는가?

⑤ 제거되어야 할 비표준화된 부품은 없는가?

30 최근 5개월간의 실제 제품의 수요에 대한 데이터가 주어져 있다고 할 때, 3개월 가중이동평균법을 적용하여 계산된 5월의 예측 수요 값은?(단, 가중치는 0.6, 0.2, 0.2이다.)

구 분	1월	2월	3월	4월	5월
실제 수요(개)	680만	820만	720만	540만	590만

① 606만개

❷ 632만개

> 가중이동평균법을 적용한 5월의 예측 수요 값
> = (820만개 × 0.2) + (720만개 × 0.2) + (540만개 × 0.6) = 632만개

③ 658만개

④ 744만개

⑤ 766만개

31 공급사슬관리의 효율성을 측정하는 지표로 옳은 것은?

❶ 재고회전율

> 공급사슬관리의 효율성을 측정하는 지표로 재고 관련 지표와 재무지표가 있다. 재고 관련 지표로는 평균 총 재고가치, 재고공급일수, 재고회전율 등이 있으며, 재무지표로는 자산회전율, 현금회수기간이 있다.

② 원자재투입량

③ 최종고객주문량

④ 수요통제

⑤ 채찍효과

핵심체크	채찍효과
정 의	고객의 수요가 상부단계 방향으로 전달될수록 각 단계별 수요의 변동성이 증가하는 현상
발생원인	공급망에 있어서 수요의 작은 변동이 제조업체에 전달될 때 확대되어 제조업자에게는 수요의 변동이 매우 불확실하게 보이게 된다. 이와 같이 정보가 왜곡되어 공급 측에 재고가 쌓이면 고객에 대한 서비스 수준도 저하된다. 또한 생산계획이 차질을 빚고, 수송의 비효율과 같은 악영향도 발생되며, 배치(Batch)식 주문으로 인하여 필요 이상의 기간이 소요되는 등의 문제가 발생된다.
대응방안	채찍효과를 막기 위해서는 정보를 공유하며, 배치식 주문을 없애야 하고, 가격정책의 안정화와 철저한 판매예측을 거친 뒤 공급하는 방안이 필요하다.

32 준비비용이 일정하다고 가정하는 경제적 주문량(EOQ)과는 달리 준비비용을 최대한 줄이고자 하는 시스템은?

☑ 확인
Check!
○
△
✕

① 유연생산시스템(FMS)

유연생산시스템(FMS)은 다양한 종류를 소량생산하게 하는 시스템이다.

② 자재소요관리시스템(MRP)

자재소요관리시스템(MRP)은 자재소요량계획으로서 생산수량과 일정을 토대로 자재가 투입되는 시점 및 양을 관리하기 위한 시스템이다.

③ 컴퓨터통합생산시스템(CIM)

컴퓨터통합생산시스템(CIM)은 제조부터 판매까지 연결되는 정보 흐름의 과정을 정보시스템으로 통합한 종합적인 생산관리 시스템이다.

④ ABC 재고관리시스템

ABC 재고관리 시스템은 재고품목을 연간 사용금액에 따라 3가지로 구분하여 관리한다.

❺ 적시생산시스템(JIT)

적시생산시스템(JIT)은 필요한 시기에 필요한 양만큼 생산해내는 경영방식으로 준비비용을 최대한 줄이고자 하는 시스템이다.

핵심체크	ABC 재고관리
개 념	재고품목을 연간 사용금액에 따라 A등급, B등급, C등급으로 나눈다.
A등급	상위 15% 정도, 연간 사용금액이 가장 큰 항목, 아주 엄격한 재고 통제
B등급	35% 정도, 연간 사용금액이 중간인 항목, 중간 정도의 재고 통제
C등급	50% 정도, 연간 사용금액이 작은 항목, 느슨한 재고 통제

33 기업에서 생산목표상의 경쟁우선순위에 해당하지 않는 것은?

❶ 기 술

> 기업에서 생산목표상의 경쟁우선순위에는 <u>원가, 품질, 시간, 유연성</u>이 있다. 따라서 기술은 기업에서 생산목표상의 경쟁우선순위에 해당하지 않는다.

② 품 질

③ 원 가

④ 시 간

⑤ 유연성

34 품질문제와 관련하여 발생하는 외부 실패비용에 해당하지 않는 것은?

① 고객불만 비용

② 보증 비용

③ 반품 비용

❹ 스크랩 비용

> 스크랩 비용은 폐기비용으로 <u>내부 실패비용</u>이다.

⑤ 제조물책임 비용

핵심체크	품질비용의 추정
평가비용	명세서의 적합 여부를 경정하기 위한 테스트 및 검사활동에 따른 직·간접비용이 포함된다. 예 수입검사, 공정검사, 제품검사, 기술테스트, 상품테스트, 작업자의 점검, 개발 단계별 평가, 품질검사, 입고부품 품질확인 등
예방비용	제품이나 서비스의 불량을 막기 위해서 의도된 모든 활동과 관련된 것을 말한다. 예 품질교육 및 훈련, 품질공학, 품질검사, 공급업자의 능력조사, 공정능력 분석 등
내부 실패비용	제품 출하나 서비스 전달 이전에 발견된 결점에서 발생한다. 예 폐기물(폐기비용), 손상된 제품, 재작업, 실패분석, 재검사, 재시험, 비가동시간, 등급제품의 기회비용 등
외부 실패비용	제품 출하나 서비스 전달 이후에 발견된 결점에서 발생한다. 예 품질보증비용, 고객불만의 조정, 반품, 결함상품의 회수, 제품배상책임, 고객불만조사, 품질보증을 위한 현장검사, 시험 및 보증수리와 관련된 인건비 및 교통비 등

35 회계거래 분개 시 차변에 기록해야 하는 것은?

① 선수금의 증가

> 선수금의 증가는 부채의 증가로 대변에 기록한다.

❷ 미수수익의 증가

> 회계거래 분개 시 자산의 증가, 부채의 감소, 자본의 감소, 비용의 발생은 차변에 기록한다. 따라서 미수수익의 증가는 자산의 증가로 차변에 기록한다.

③ 매출의 발생

> 매출의 발생은 수익의 증가로 대변에 기록한다.

④ 미지급비용의 증가

> 미지급비용의 증가는 부채의 증가로 대변에 기록한다.

⑤ 매입채무의 증가

> 매입채무의 증가는 부채의 증가로 대변에 기록한다.

36 재무비율에 관한 설명으로 옳지 않은 것은?

① 자산이용의 효율성을 분석하는 것은 활동성비율이다.
② 이자보상비율은 채권자에게 지급해야 할 고정비용인 이자비용의 안전도를 나타낸다.
③ 유동비율은 유동자산을 유동부채로 나눈 것이다.
❹ 자기자본순이익률(ROE)은 주주 및 채권자의 관점에서 본 수익성비율이다.

> 자기자본순이익률(ROE)은 채권자가 아닌 주주의 관점에서 본 수익성비율이다.

⑤ 재무비율분석 시 기업 간 회계방법의 차이가 있음을 고려해야 한다.

37 유형자산의 감가상각에 관한 설명으로 옳은 것은?

① 감가상각누계액은 내용연수 동안 비용처리 할 감가상각비의 총액이다.

> 감가상각누계액은 매년 발생한 감가상각비를 누적한 금액이다. 내용연수 동안 비용처리 할 감가상각비의 총액은 <u>감가상각대상금액</u>이다.

② 정액법과 정률법에서는 감가대상금액을 기초로 감가상각비를 산정한다.

> <u>정액법</u>은 감가대상금액을 기초로 감가상각비를 산정하지만, <u>정률법</u>은 장부금액(= 취득원가 − 감가상각누계액)을 기초로 감가상각비를 산정한다.

③ 정률법은 내용연수 후반부로 갈수록 감가상각비를 많이 인식한다.

> 정률법은 <u>내용연수 초반</u>에 감가상각비를 많이 인식한다.

❹ 회계적 관점에서 감가상각은 자산의 평가과정이라기 보다 원가배분과정이라고 할 수 있다.

> 유형자산의 취득시점부터 처분시점까지 자산의 가치는 등락하는데 이를 신뢰성 있게 측정하기는 어렵고 감가상각을 가치의 감소 과정이 아닌 원가배분과정으로 보는 것이 취득원가주의와 수익비용대응의 원칙에 보다 충실하기 때문에 회계적 관점에서는 <u>감가상각을 원가배분과정으로</u> 본다.

⑤ 모든 유형자산은 시간이 경과함에 따라 가치가 감소하므로 가치의 감소를 인식하기 위해 감가상각한다.

> <u>감가상각대상자산에 해당하지 않는 토지가</u> 존재한다.

38 유형자산의 취득원가에 포함되는 것은?

☑ 확인
Check!

○

△

✕

① 파손된 유리와 소모품의 대체
② 마모된 자산의 원상복구
③ 건물 취득 후 가입한 보험에 대한 보험료
❹ 유형자산 취득 시 발생한 운반비

> 유형자산의 취득원가는 취득금액과 사용가능한 상태에 이르기까지의 부대비용의 합으로 <u>유형자산 취득 시 발생한 운반비는 유형자산 취득원가에 포함</u>된다.

⑤ 건물의 도색

유형자산의 원가 구성

① 관세 및 환급불가능한 취득 관련 세금을 가산하고 매입할인과 리베이트 등을 차감한 구입원가

② 경영진이 의도하는 방식으로 자산을 가동하는 데 필요한 장소와 상태에 이르게 하는 데 직접 관련되는 원가
  ㉠ 유형자산의 매입 또는 건설과 직접적으로 관련되어 발생한 종업원 급여
  ㉡ 설치장소 준비원가
  ㉢ 최초의 운송 및 취급 관련 원가
  ㉣ 설치원가 및 조립원가
  ㉤ 유형자산이 정상적으로 작동하는지 여부를 시험하는 과정에서 발생하는 원가[단, 시험과정에서 생산된 재화(장비의 시험과정에서 생산된 시제품 등)의 순매각금액은 당해 원가에서 차감]
  ㉥ 전문가에게 지급하는 수수료

③ 자산을 해체, 제거하거나 부지를 복구하는 데 소요될 것으로 최초에 추정되는 원가

유형자산의 원가가 아닌 예

① 새로운 시설을 개설하는 데 소요되는 원가

② 새로운 상품과 서비스를 소개하는 데 소요되는 원가
  [예] 광고 및 판촉활동과 관련된 원가

③ 새로운 지역에서 또는 새로운 고객층을 대상으로 영업을 하는 데 소요되는 원가
  [예] 직원 교육훈련비

④ 관리 및 기타 일반간접원가

39 다음에서 설명하는 것은?

> ○ 데이터 소스에서 가까운 네트워크 말단의 서버들에서 일부 데이터 처리를 수행한다.
> ○ 클라우드 컴퓨팅 시스템을 최적화하는 방법이다.

❶ 엣지 컴퓨팅

> 엣지 컴퓨팅은 클라우드 컴퓨팅과 반대되는 개념으로, 인터넷이 아닌 로컬 장치([예] 스마트폰, 태블릿, IoT 장치 등)에서 데이터를 처리하는 기술이다. 이를 통해 데이터 처리 및 분석이 인터넷 대역폭을 절약하고, 응답시간을 단축하여 네트워크 대역폭 혼잡을 완화할 수 있다.

② 그리드 컴퓨팅

> 그리드 컴퓨팅은 지리적으로 분산된 네트워크 환경에서 수많은 컴퓨터와 저장장치, 데이터베이스 시스템 등과 같은 자원들을 고속 네트워크로 연결하여 그 자원을 공유할 수 있도록 하는 방식이다.

③ 클라이언트/서버 컴퓨팅

> 클라이언트/서버 컴퓨팅은 정보가 인터넷상의 서버에 영구적으로 저장되고, 데스크톱·태블릿컴퓨터·노트북·넷북·스마트폰 등의 IT 기기 등과 같은 클라이언트에는 일시적으로 보관되는 컴퓨터 환경이다.

④ 온디멘드 컴퓨팅

> 클라우드 컴퓨팅 개념인 온디멘드 컴퓨팅은 외부 서비스 공급자가 데이터를 관리하는 방식이다.

⑤ 엔터프라이즈 컴퓨팅

> 엔터프라이즈 컴퓨팅은 기업이 인터넷을 통해 가상화된 IT 리소스에 접속할 수 있는 종량제 컴퓨팅 모델이다.

40 비정형 텍스트 데이터의 가치와 의미를 찾아내는 빅데이터 분석기법은?

☑ 확인
Check!
○
△
✕

① 에쓰노그라피(ethnography) 분석

> 에쓰노그라피(ethnography) 분석은 사람과 문화를 연구하는 과학의 한 분야로 유저 리서치에서는 일상생활에서 사람 혹은 그룹이 어떻게 생활하는지 연구하는데 사용되며 자연적인 반응과 비언어적인 반응 그리고 예상하지 못한 시나리오들을 포착해 내는 방법이다.

② 포커스그룹(focus group) 인터뷰

> 포커스그룹(focus group) 인터뷰는 숙달된 진행자가 6~12명 규모의 참여자와 함께 밀도 있게 진행하는 소규모 논의 방식으로 '현재' 일어나고 있는 특정 주제에 대한 의견을 교환하거나, '미래' 전략 도출을 위해서 사용한다.

❸ 텍스트마이닝

> 텍스트마이닝은 비정형 텍스트를 정형화하여 의미 있는 패턴과 새로운 인사이트를 찾아내는 프로세스이다.

④ 군집 분석

> 군집분석은 동질적인 집단인 군집을 분류하는 분석방법이다.

⑤ 소셜네트워크 분석

> 소셜네트워크 분석은 '구성원 간 관계'의 관점에서 이들 관계의 패턴, 의미 있는 시사점 등의 구조를 도출하며 다양한 사회적 현상을 설명하는 것이다.

2023년 제32회 정답 및 해설

✅ 문제편 304p

✅ 정답 CHECK   ✅ 각 문항별로 이해도 CHECK

01	02	03	04	05	06	07	08	09	10	11	12	13	14	15	16	17	18	19	20	21	22	23	24	25
⑤	④	④	①	③	②	⑤	④	③	①	①	⑤	③	②	④	②	④	①	③	③	②	③	①	②	③

01 다음 특성에 모두 해당되는 기업의 형태는?

☑ 확인
Check!
○
△
×

- 대규모 자본 조달이 용이하다.
- 출자자들은 유한책임을 진다.
- 전문경영인을 고용하여 소유와 경영의 분리가 가능하다.
- 자본의 증권화를 통해 소유권 이전이 용이하다.

① 개인기업

　개인이 운영하는 회사

② 합명회사

　회사 채무를 직접적으로 연대하여 무한책임을 지는 2인 이상 사원으로 구성된 회사

③ 합자회사

　회사채권자에 대해 직접적으로 연대하여 무한책임을 지는 1인 이상의 사원과 직접적으로 연대하여 유한책임을 지는 1인 이상의 사원으로 구성된 이원적 회사

④ 유한회사

　간접적으로 유한책임을 지는 1인 이상의 사원으로 구성된 회사

❺ 주식회사

　지문은 주식회사에 대한 설명이다.

핵심체크　주식회사의 특징

- 유한책임제도 : 자신이 출자한 한도 내에서만 회사 자본 위험에 책임을 진다.
- 자본의 증권화 : 경영자는 영구적으로 자본이 고정되기를 원하고 투자자는 언제든 자본을 매매하기를 원하는 욕구 모두 충족이 가능하다.

- 소유와 경영의 분리 : 주식회사는 자본의 증권화로 주식의 분산이 많이 이루어져 소액주주들은 현실적으로 의사결정 권한을 행사하는데 어려움이 있다.
- 대규모 자본조달 : 다수의 출자자로부터 대규모 자본조달이 용이하다.

02 다음 BCG 매트릭스의 4가지 영역 중, 시장성장률이 높은(고성장) 영역과 상대적 시장점유율이 높은(고점유) 영역이 옳게 짝지어진 것은?

☑ 확인
Check!
○
△
×

> ㄱ. 현금젖소(cash cow)
> ㄴ. 별(star)
> ㄷ. 물음표(question mark)
> ㄹ. 개(dog)

	고성장	고점유
①	ㄱ, ㄴ	ㄴ, ㄷ
②	ㄱ, ㄴ	ㄴ, ㄹ
③	ㄱ, ㄹ	ㄱ, ㄴ
❹	ㄴ, ㄷ	ㄱ, ㄴ
⑤	ㄴ, ㄷ	ㄱ, ㄷ

시장성장률이 높은 영역은 별(star)과 물음표(question mark)이고, 상대적 시장점유율이 높은 영역은 현금젖소(cash cow)와 별(star)이다.

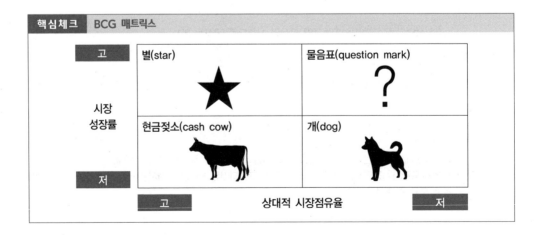

핵심체크 | BCG 매트릭스

03 경영환경을 일반환경과 과업환경으로 구분할 때, 기업에게 직접적인 영향을 주는 과업환경에 해당하는 것은?

① 정치적 환경
② 경제적 환경
③ 기술적 환경
❹ 경쟁자
⑤ 사회문화적 환경

①, ②, ③, ⑤는 일반환경이고, ④만 과업환경이다.

핵심체크 **기업환경(경영환경)**

조직의 의사결정이나 투입요소의 변환과정에 영향을 미치는 정도에 따라 기업의 외부환경이 '일반환경(간접환경)'과 '과업환경'으로 구분된다.

1. 일반환경(간접환경)
   • 개념 : 사회 모든 조직단위에 간접적으로 영향을 미치는 환경
   • 종 류
     − 경제적 환경 : 산업구조 변화, 물가수준 변화, 환율변동, 원유가격 변동, 국제자본이동 등
     − 정치적 환경 : 특허법, 정부보조 정책, 공정거래법 개정, 환경보호 관련법규 등
     − 사회문화적 환경 : 성별, 연령, 소득수준, 소비구조, 저출산 등
     − 자원환경 : 노동시장, 주식, 금융시장, 부동산 등
     − 기술적 환경 : 정보기술의 발전, 컴퓨팅 기술발전 등

2. 과업환경
   • 개념 : 조직이 목표를 달성하는데 직접적으로 영향을 미치는 환경
   • 종 류
     − 산업부문 : 경쟁기업 출현, 산업의 규모, 관련 산업 등
     − 원재료 부문 : 공급업체, 제조업체, 서비스 업체 등
     − 시장 부문 : 제품 및 서비스의 고객, 소비자, 잠재적 사용자 등

04 민츠버그(H. Mintzberg)의 5가지 조직유형에 해당하지 않는 것은?

확인
Check!
○
△
✕

❶ 매트릭스 조직
② 기계적 관료제
③ 전문적 관료제
④ 애드호크라시
⑤ 사업부제 조직

> 민츠버그(H. Mintzberg)의 조직유형은 <u>단순구조, 기계적 관료제, 전문적 관료제, 사업부제 조직, 애드호크라시</u>이다.

핵심체크 **민츠버그(H. Mintzberg)의 조직유형**

- 단순구조 : 전략상층부와 업무핵심층으로만 구성되어 있는 조직으로서, 사업의 초기단계에서 많이 나타나는 형태이다(가장 단순하며, 의사소통이 원활함).
- 기계적 관료제 : 기업규모가 어느 정도 대규모화됨에 따라 점차 그 기능에 따라 조직을 구성하게 되고, 테크노스트럭쳐와 지원 스탭이 구분되어 업무 핵심층에 대한 정보와 조언, 지원을 담당하는 형태이다.
- 전문적 관료제 : 기능에 따라 조직이 형성된 것은 기계적 관료제의 특성과 같지만 여기서는 업무핵심층이 주로 전문직들이라는 것이 특징이다(병원이라든지, 대학 등으로 의사나 교수 등이 핵심 업무층을 담당).
- 사업부제 조직 : 기능조직이 점차 대규모화됨에 따라 제품이나 지역, 고객 등을 대상으로 조직을 분할하고, 이를 독립채산제로 운영하는 방법으로, 기능조직과 같은 형태를 취하고 있으며, 회사내 회사라고 볼 수 있다.
- 애드호크라시 : 임시조직 또는 특별조직이라고 할 수 있으며, 평상시에는 조직이 일정한 형태로 움직이다가 특별한 일이나 사건이 발생하면 그것을 담당할 수 있도록 조직을 재빨리 구성하여 업무 처리가 이루어지는 형태이다. 업무처리가 완성되면 나머지 부문은 다시 사라지고 원래의 형태로 되돌아가는 조직으로 변화에 대한 적응성이 높은 것이 특징이다(예 재해대책본부).

05 퀸과 카메론(R. Quinn & K. Cameron)이 제시한 조직수명주기 단계의 순서로 옳은 것은?

확인
Check!
○
△
✕

ㄱ. 창업 단계
ㄴ. 공식화 단계
ㄷ. 집단공동체 단계
ㄹ. 정교화 단계

① ㄱ → ㄴ → ㄷ → ㄹ
② ㄱ → ㄴ → ㄹ → ㄷ
❸ ㄱ → ㄷ → ㄴ → ㄹ
④ ㄱ → ㄷ → ㄹ → ㄴ
⑤ ㄱ → ㄹ → ㄴ → ㄷ

> 퀸(Quinn)과 카메론(Cameron)이 제시한 조직수명주기 모형의 각 단계는 <u>창업 단계 – 집단공동체 단계 – 공식화 단계 – 정교화 단계</u>이다.

06

켈리(H. Kelley)의 귀인이론에서 행동의 원인을 내적 또는 외적으로 판단하는데 활용하는 것을 모두 고른 것은?

ㄱ. 특이성(distinctiveness)
ㄴ. 형평성(equity)
ㄷ. 일관성(consistency)
ㄹ. 합의성(consensus)
ㅁ. 관계성(relationship)

① ㄱ, ㄴ, ㄷ
❷ ㄱ, ㄷ, ㄹ
③ ㄱ, ㄹ, ㅁ
④ ㄴ, ㄷ, ㅁ
⑤ ㄴ, ㄹ, ㅁ

> 켈리(H. Kelly)의 귀인이론에서는 행동의 원인을 <u>특이성(distinctiveness), 합의성(consensus), 일관성(consistency)</u>으로 구분하여 파악한다. 켈리(H. Kelley)의 귀인모형에 따르면 특이성과 합의성이 낮고 일관성이 높은 경우에는 내적 귀인을 하게 되고, 특이성과 합의성이 높고 일관성이 낮은 경우에는 외적 귀인을 하게 된다.

07

집단사고(groupthink)의 증상에 해당하지 않는 것은?

① 자신의 집단은 잘못된 의사결정을 하지 않는다는 환상
② 의사결정이 만장일치로 이루어져야 한다는 환상
③ 반대의견을 스스로 자제하려는 자기검열
④ 외부집단에 대한 부정적인 상동적 태도
❺ 개방적인 분위기를 형성해야 한다는 압력

> 집단사고(groupthink)는 집단 내부적으로 응집력이 높은 경우에 발생하는 현상으로, 집단 내부적으로 결정한 대안 외의 다른 대안을 받아들이지 않아 <u>개방적 분위기를 형성하지 못한다.</u>

08

성격의 Big 5 모형에 해당하지 않는 것은?

① 정서적 안정성
② 성실성
③ 친화성
❹ 모험선호성
⑤ 개방성

> Costa와 McCrae(1992)는 결합요인분석을 통해 CPI, MBTI, MMPI 등의 인성검사에 공통적인 5요인을 발견하고, 사람들은 공통적으로 5개의 성격인 <u>불안정성(N ; Neuroticism) 혹은 정서적 안정성(emotional stability), 외향성(E ; Extraversion), 개방성(O ; Openness to Experience, Culture, Intellect), 수용성(친화성)(A ; Agreeableness), 성실성(C ; Conscientiousness)</u>이 존재한다고 주장했다.

09 피들러(F. Fiedler)의 상황적합 리더십이론에 관한 설명으로 옳지 않은 것은?

① LPC 척도는 가장 선호하지 않는 동료작업자를 평가하는 것이다.
② LPC 점수를 이용하여 리더십 유형을 파악한다.
❸ 상황요인 3가지는 리더-부하관계, 과업구조, 부하의 성숙도이다.
④ 상황의 호의성이 중간 정도인 경우에는 관계지향적 리더십이 효과적이다.
⑤ 상황의 호의성이 좋은 경우에는 과업지향적 리더십이 효과적이다.

> 피들러의 상황적응적 모형은 두 가지 유형의 리더십 과업중심과 인간관계중심을 <u>리더-구성원 관계, 과업구조,</u>
> <u>직위권력</u>과 결부하였다.

10 직무특성모형에서 중요심리상태의 하나인 의미충만(meaningfulness)에 영향을 미치는 핵심직무차원을 모두 고른 것은?

> ㄱ. 기술다양성
> ㄴ. 과업정체성
> ㄷ. 과업중요성
> ㄹ. 자율성
> ㅁ. 피드백

❶ ㄱ, ㄴ, ㄷ   ② ㄱ, ㄴ, ㅁ
③ ㄱ, ㄹ, ㅁ   ④ ㄴ, ㄷ, ㄹ
⑤ ㄷ, ㄹ, ㅁ

> 의미충만에 영향을 미치는 핵심직무차원은 기술다양성, 과업정체성, 과업중요성이다.

핵심체크 | 핵심직무특성

직무특성	정 의	직무수행자의 심리상태
기술다양성	직무 수행에 요구되는 기술의 종류	직무에 대해 느끼게 되는 <u>의미성</u>
과업정체성(직무정체성)	직무 내용의 완결성	
과업중요성(직무중요성)	직무가 조직 내외 타인의 삶과 일에 영향을 미치는 정도	
자율성	개인이 본인 직무에 느끼는 책임감	책임감
피드백	직무 수행 결과에 대한 지식	성과에 대한 지식

11 기업 경영에서 마케팅 개념(marketing concept)이 발전해 온 순서로 옳은 것은?

❶ 생산 개념 → 제품 개념 → 판매 개념 → 마케팅 개념
② 생산 개념 → 판매 개념 → 제품 개념 → 마케팅 개념
③ 제품 개념 → 생산 개념 → 판매 개념 → 마케팅 개념
④ 제품 개념 → 판매 개념 → 생산 개념 → 마케팅 개념
⑤ 판매 개념 → 제품 개념 → 생산 개념 → 마케팅 개념

> 마케팅 개념의 발전 단계는 생산 개념 → 제품 개념 → 판매 개념 → 마케팅 개념 → 사회 지향적 개념이다.

핵심체크 | 마케팅 개념의 발전 단계

1. 생산 개념
   - 생산지향성 시대는 무엇보다도 저렴한 제품을 선호한다는 가정에서 출발함. 즉, 소비자는 제품 이용 가능성과 저가격에만 관심이 있다고 할 수 있음. 그러므로 기업의 입장에서는 대량생산과 유통을 통해 낮은 제품원가를 실현하는 것이 목적이 됨
   - 제품의 수요에 비해서 공급이 부족하여 고객들이 제품구매에 어려움을 느끼기 때문에 고객들의 주된 관심이 '지불할 수 있는 가격으로 그 제품을 구매하는 것'일 때 나타나는 이념
2. 제품 개념
   - 소비자들이 가장 우수한 품질이나 효용을 제공하는 제품을 선호한다는 개념
   - 제품 지향적 기업은 다른 것보다도 보다 나은 양질의 제품을 생산하고 이를 개선하는데 노력을 기울임
3. 판매 개념
   - 기업이 소비자로 하여금 경쟁회사 제품보다는 자사제품을 더 많은 양을 구매하도록 설득하여야 하며, 이를 위하여 이용 가능한 모든 효과적인 판매활동과 촉진도구를 활용하여야 한다고 보는 개념
   - 생산능력의 증대로 제품공급의 과잉상태가 나타나게 되며, 고압적인 마케팅 방식에 의존하여 광고, 유통 등에 많은 관심, 소비자의 욕구보다는 판매방식이나 판매자 시장에 관심을 가짐
3. 마케팅 개념
   - 고객중심적인 마케팅 관리이념으로서, 고객욕구를 파악하고 이에 부합되는 제품을 생산하여 고객욕구를 충족시키는데 초점을 둠
   - 고객지향 : 소비자들의 욕구를 기업 관점이 아닌 소비자의 관점에서 정의하는 것(소비자의 욕구를 소비자 스스로가 기꺼이 지불할 수 있는 가격에 충족시키는 것)
   - 전사적 노력 : 기업의 각 부서 중에서 직접적으로 소비자를 상대하는 부문은 마케팅 부서이나 고객중심의 개념으로 비추어 보면 기업내 전 부서의 공통된 노력이 요구됨. 즉, 기업의 전 부서 모두가 고객지향적일 때 올바른 고객욕구의 충족이 이루어질 수 있음
   - 고객만족을 통한 이익의 실현 : 마케팅 개념은 기업 목적 지향적이어야 하며, 적정한 이익의 실현은 기업 목적달성을 위한 필수불가결한 요소임. 이러한 이익은 결국 고객만족 노력에 대한 결과이며, 동시에 기업이 이익만을 추구할 경우에는 이러한 목적은 실현될 수 없음을 의미함
4. 사회 지향적 개념
   - 기업의 이윤을 창출할 수 있는 범위 안에서 타사에 비해 효율적으로 소비자의 욕구를 충족시키도록 노력하는데 있어서는 마케팅 개념과 일치
   - 사회 지향적 마케팅은 단기적인 소비자의 욕구충족이 장기적으로는 소비자는 물론 사회의 복지와 상충됨에 따라서 기업은 마케팅활동의 결과가 소비자는 물론 사회 전체에 어떤 영향을 미치게 될 것인가에 대한 관심을 가져야 하며, 부정적 영향을 미치는 마케팅활동을 가급적 자제하여야 한다는 사고에서 등장한 개념임(고객만족, 기업의 이익에 더불어서 사회 전체의 복지를 요구하는 개념)

12 광고(advertising)와 홍보(publicity)에 관한 설명으로 옳지 않은 것은?

① 광고는 홍보와 달리 매체 비용을 지불한다.

> 광고는 진행을 위해 비용을 지불하며 수익에 목표를 둔다.

② 홍보는 일반적으로 광고보다 신뢰성이 높다.

> 광고는 비용만 지불하면 언제든지 할 수 있기에 신뢰도가 낮은 반면에 홍보는 주로 언론을 통해 노출되기 때문에 신뢰도가 높다.

③ 광고는 일반적으로 홍보보다 기업이 통제할 수 있는 영역이 많다.

> 홍보를 통해 보도되는 내용은 기업이 작성한 내용에서 필터링을 거쳐 객관적 사실만 보도되는 반면에 광고는 기업이 직접 문구, 내용 및 디자인을 선택할 수 있다.

④ 홍보는 언론의 기사나 뉴스 형태로 많이 이루어진다.

> 홍보는 주로 언론을 통해 노출되기 때문에 신뢰도가 높고 기사나 뉴스 형태로 많이 이루어진다.

❺ 홍보의 세부 유형으로 PR(Public Relations)이 있다.

> PR(Public Relations)의 커뮤니케이션 방법으로 홍보가 사용된다.

13 로저스(E. Rogers)의 혁신에 대한 수용자 유형이 아닌 것은?

① 혁신자(innovators)
② 조기수용자(early adopters)
❸ 후기수용자(late adopters)
④ 조기다수자(early majority)
⑤ 후기다수자(late majority)

> 로저스(E. Rogers)의 혁신에 대한 수용자 유형은 혁신자(Innovators), 조기수용자(Early Adopters), 조기다수자(Early Majority), 후기다수자(Late Majority), 최후수용자(Laggards)이다.

14 (주)한국의 매출 및 매출채권 자료가 다음과 같을 때, 매출채권의 평균회수기간은?(단, 1년은 360일로 가정한다)

매출액	기초매출채권	기말매출채권
₩3,000,000	150,000	100,000

① 10일 ❷ 15일
③ 18일 ④ 20일
⑤ 24일

> $$평균회수기간 = \frac{평균\ 매출채권}{1일\ 매출액} = \frac{(150,000+100,000)/2}{3,000,000/360} = 15(일)$$

15 적대적 M&A의 방어전략 중 다음에서 설명하는 것은?

> 피인수기업의 기존 주주에게 일정조건이 충족되면 상당히 할인된 가격으로 주식을 매입할 수 있는 권리를 부여함으로써, 적대적 M&A를 시도하려는 세력에게 손실을 가하고자 한다.

① 백기사(white knight)

백기사(white knight)는 적대적 M&A에 맞서는 방어전략으로 우호적인 제3의 백기사에게 기업을 넘겨줌으로써 적대적 인수기업에게 인수실패를 맛보게 하고 향후 재반환 가능성을 높이는 방법을 말한다.

② 그린메일(green mail)

그린메일(green mail)은 특정 기업의 일정 지분을 시장에서 사들인 뒤 경영권을 쥔 대주주를 협박하여, 비싼 값에 주식을 되파는 방법을 말한다.

③ 황금낙하산(golden parachute)

황금낙하산(golden parachute)은 적대적 M&A에 맞서는 방어전략으로 기업 인수로 인해 기존 경영진이 퇴사할 경우에 퇴직금 외 거액의 추가보상을 요구하는 방법을 말한다.

❹ 독약조항(poison pill)

독약조항(poison pill)은 적대적 M&A에 맞서는 방어전략으로 적대적 M&A 시도가 있을 때 주주에게 싼값에 회사 주식을 팔거나 비싼값으로 주식을 회사에 되팔 수 있는 권리 등을 주는 방법을 말한다.

⑤ 왕관보석(crown jewel)

왕관보석(crown jewel)은 적대적 M&A에 맞서는 방어전략으로 기업의 가장 중요한 자산을 매각하는 방법을 말한다.

16 (주)한국은 다음과 같은 조건의 사채(액면금액 ₩1,000,000, 액면이자율 8%, 만기 5년, 이자는 매년 말 지급)를 발행하였다. 시장이자율이 10%일 경우, 사채의 발행금액은?(단, 사채발행비는 없으며, 현가계수는 주어진 자료를 이용한다)

기간(년)	단일금액 ₩1의 현가계수		정상연금 ₩1의 현가계수	
	8%	10%	8%	10%
5	0.68	0.62	3.99	3.79

① ₩896,800 ❷ ₩923,200
③ ₩939,800 ④ ₩983,200
⑤ ₩999,200

> 사채의 발행금액=(₩1,000,000×0.08×3.79)+(₩1,000,000×0.62)
> =₩923,200

17 제품설계 기법에 관한 설명으로 옳은 것은?

① 동시공학은 부품이나 중간 조립품의 호환성과 공용화를 높여서 생산원가를 절감하는 기법이다.

> 동시공학(concurrent engineering)은 <u>제품개발 초기부터 관련부서가 모두 개발과정에 참여하는 것</u>을 말한다.

② 모듈러설계는 불필요한 원가요인을 발굴하여 제거함으로써 제품의 가치를 높이는 기법이다.

> 모듈러설계(modular design)는 <u>제품구성요소를 표준화시켜 생산원가를 낮추며 다양한 제품을 만들어 제품차별화를 이루려는 방법</u>을 말한다.

③ 가치공학은 신제품 출시과정을 병렬적으로 진행하여 신제품 출시기간을 단축하는 기법이다.

> 가치공학(Value Engineering)은 <u>고객의 요구를 충족시키면서 원가절감과 제품의 성능향상을 이루는 것</u>이다.

❹ 품질기능전개는 소비자의 요구사항을 체계적으로 제품의 기술적 설계에 반영하는 과정이다.

> 품질기능전개(QFD)는 고객의 요구사항을 제품이나 서비스의 설계명세에 반영하는 방법을 말한다.

⑤ 가치분석은 제품이나 공정을 처음부터 환경변화의 영향을 덜 받도록 설계하는 것이다.

> 가치분석(VA)은 <u>기능적 요구조건을 충족시키는 범위 내에서 불필요하게 원가를 유발하는 요소를 제거하고자 하는 체계적인 방법</u>을 말한다.

18 최종소비자의 수요변동 정보가 전달되는 과정에서 지연이나 왜곡현상이 발생하여 재고부족 또는 과잉 문제가 발생하고 공급사슬 상류로 갈수록 수요변동이 증폭되는 현상은?

❶ 채찍 효과

> 채찍 효과는 고객의 수요가 상부단계 방향으로 전달될수록 각 단계별 수요의 변동성이 증가하는 현상을 말한다.

② 포지셔닝 효과

> 포지셔닝은 하나의 제품이나 서비스, 혹은 회사를 소비자들의 인식 속에 특정한 이미지로 자리 잡게 하는 일 또는 전략을 말한다.

③ 리스크 풀링 효과

> 리스크 풀링 효과는 여러 지역의 수요를 하나로 통합했을 때 수요 변동성이 감소하는 효과를 말한다.

④ 크로스 도킹 효과

> 크로스 도킹(Cross Docking)은 생산 이후 물류 센터로 입고되는 상품들을 물류센터에 보관해 두는 것이 아니라 분류 및 재포장 작업 등의 과정을 거친 후 다시 배송하는 물류 시스템을 말하는데, 물류센터를 보관 창고가 아닌 잠시 거치는 중개 기지의 역할로 이용하는 것으로 임대료, 물류비용 절감 및 인력 단축의 효과를 가짐으로써 생산성 향상 등의 효과를 가진다.

⑤ 레버리지 효과

> 레버리지 효과란 차입금 등 타인 자본을 지렛대로 삼아 자기자본이익률을 높이는 것으로 지렛대 효과라 하기도 한다.

19 다음 중 도요타 생산시스템에서 정의한 7가지 낭비유형에 해당하는 것을 모두 고른 것은?

> ㄱ. 과잉생산에 의한 낭비
> ㄴ. 대기시간으로 인한 낭비
> ㄷ. 재고로 인한 낭비
> ㄹ. 작업자 재교육으로 인한 낭비

① ㄱ, ㄴ
② ㄷ, ㄹ
❸ ㄱ, ㄴ, ㄷ
④ ㄴ, ㄷ, ㄹ
⑤ ㄱ, ㄴ, ㄷ, ㄹ

> 도요타 생산시스템에서 정의한 7가지 낭비유형은 불량의 낭비, 재고의 낭비, 과잉생산의 낭비, 가공의 낭비, 동작의 낭비, 운반의 낭비, 대기의 낭비이다.

20 다음의 수요예측기법 중 시계열(time series) 예측기법에 해당하는 것을 모두 고른 것은?

> ㄱ. 이동평균법
> ㄴ. 지수평활법
> ㄷ. 델파이 기법

① ㄱ
② ㄴ
❸ ㄱ, ㄴ
④ ㄴ, ㄷ
⑤ ㄱ, ㄴ, ㄷ

> 델파이 기법은 정성적 예측기법이다.

핵심체크 **수요예측 방법의 종류와 예**

- 정성적 예측기법 : 시장조사법, 델파이 기법, 패널조사법, 판매원추정법(판매원의견종합법), 경영자판단법, 소비자조사법 등
- 인과형 예측기법 : 회귀분석, 선형계획, 모의실험(시뮬레이션), 투입 – 산출모형, 의사결정나무분석법, 이론지도작성 등
- 시계열 예측기법 : 단순이동평균법, 가중이동평균법, 지수평활법(지수가중치법), 최소자승법, 시계열분석법, 검은줄기법 등

21 거래의 결합관계가 비용의 발생과 부채의 증가에 해당하는 것은?(단, 거래금액은 고려하지 않는다)

① 외상으로 구입한 업무용 컴퓨터를 현금으로 결제하였다.

> 외상 구입 컴퓨터 결제 : 부채 감소, 현금 결제 : 자산 감소

❷ 종업원 급여가 발생하였으나 아직 지급하지 않았다.

> 종업원 급여 발생 : 비용 발생, 종업원 급여 미지급 : 부채 증가

③ 대여금에 대한 이자를 현금으로 수령하지 못하였으나 결산기말에 인식하였다.

> 대여금 이자 : 수익 발생, 이자 수령 : 자산 증가

④ 거래처에서 영업용 상품을 외상으로 구입하였다.

> 상품 외상 구입 : 부채 증가, 상품 구입 : 자산 증가

⑤ 은행으로부터 빌린 차입금을 상환하였다.

> 차입금 상환 : 부채 감소, 자산 감소

---

22 도소매업을 영위하는 (주)한국의 재고 관련 자료가 다음과 같을 때, 매출이익은?

총매출액	₩10,000	총매입액	₩7,000
매출환입액	50	매입에누리액	80
기초재고액	200	매입운임액	20
기말재고액	250		

① ₩2,980 ② ₩3,030
❸ ₩3,060 ④ ₩3,080
⑤ ₩3,110

> • 매출원가＝기초재고액＋(총매입액＋매입운임액－매입에누리)－기말재고액
>   ＝₩200＋(₩7,000＋₩20－₩80)－₩250
>   ＝₩6,890
> • 매출이익(매출순이익)＝(총매출액－매출환입액)－매출원가
>   ＝(₩10,000－₩50)－₩6,890
>   ＝₩3,060

---

23 현행 K-IFRS에 의한 재무제표에 해당하지 않는 것은?

❶ 재무상태변동표 ② 포괄손익계산서
③ 자본변동표 ④ 현금흐름표
⑤ 주석

> 재무제표의 종류는 재무상태표, 포괄손익계산서, 현금흐름표, 자본변동표, 주석이다.

24

☑ 확인
Check!

○

△

✕

일반 사용자의 컴퓨터 시스템 접근을 차단한 후, 접근을 허용하는 조건으로 대가를 요구하는 악성코드는?

① 스니핑(sniffing)

> 스니핑(sniffing)은 네트워크 주변을 지나다니는 패킷을 엿보면서 계정(ID)과 패스워드를 알아내기 위한 행위를 말한다.

❷ 랜섬웨어(ransomware)

> 랜섬웨어(ransomware)는 사용자의 컴퓨터를 조정하거나 성가신 팝업 메시지들을 띄워서 컴퓨터시스템을 악성코드로 감염시켜 사용자의 돈을 갈취하는 악성 프로그램을 말한다.

③ 스팸웨어(spamware)

> 스팸웨어(spamware)는 스팸 발송자가 스팸 발송을 위해 특별히 고안한 소프트웨어 유틸리티를 말한다.

④ 피싱(phishing)

> 피싱(phishing)은 금융기관 등으로부터 개인정보를 불법적으로 알아내 이를 이용하는 사기수법을 말한다.

⑤ 파밍(pharming)

> 파밍(pharming)은 사용자가 올바른 웹페이지 주소를 입력해도 가짜 웹페이지로 보내는 피싱기법을 말한다.

25

☑ 확인
Check!

○

△

✕

다음에서 설명하는 기술발전의 법칙은?

> • 1965년 미국 반도체회사의 연구개발 책임자가 주장하였다.
> • 마이크로프로세서의 성능은 18개월마다 2배씩 향상된다.

① 길더의 법칙

> 길더의 법칙은 광섬유의 대역폭은 12개월마다 3배씩 증가한다는 법칙이다.

② 메칼프의 법칙

> 메칼프의 법칙은 네트워크의 가치는 네트워크에 참여하는 구성원 수의 제곱에 비례한다는 법칙이다.

❸ 무어의 법칙

> 무어의 법칙은 반도체 집적회로의 성능이 18개월(or 24개월)마다 2배로 증가한다는 법칙이다.

④ 롱테일 법칙

> 롱테일 법칙은 주목받지 못하는 다수가 핵심적인 소수보다 더 큰 가치를 창출하는 현상으로 인터넷 비즈니스에서 성공한 기업들이 20%의 히트상품보다 80%의 틈새상품을 통해 더 많은 매출을 창출하는 것을 말한다.

⑤ 파레토 법칙

> 파레토 법칙은 전체 결과의 80%는 전체 인원의 20%에 기인한다는 법칙이다.

2022년 제31회 정답 및 해설

● 문제편 313p

● 정답 CHECK　　　　　　　　　　　　　　● 각 문항별로 이해도 CHECK

01	02	03	04	05	06	07	08	09	10	11	12	13	14	15	16	17	18	19	20	21	22	23	24	25
①	②	③	⑤	⑤	④	④	④	④	④	①	⑤	②	②	②	④	⑤	②	④	①	③	⑤	③	⑤	③

01

☑ 확인
Check!
○
△
×

프랜차이즈(franchise)에 관한 설명으로 옳지 않은 것은?

❶ 가맹점은 운영측면에서 개인점포에 비해 자율성이 높다.

　가맹점은 <u>가맹점만의 경영방식으로 운영하지 못하고 본사에서 정한 경영방식에 의해 운영되어야</u> 한다.

② 가맹본부의 사업확장이 용이하다.

　가맹본부는 가맹점이 늘어나면 자기자본 없이도 무한 확장이 가능하다.

③ 가맹점은 인지도가 있는 브랜드와 상품으로 사업을 시작할 수 있다.

　가맹점은 본사의 상표, 상호, 로고, 생산과 판매의 노하우 등을 공급하므로 본사 브랜드의 인지도가 높으면 상대적으로 노력이 덜 드는 장점이 있다.

④ 가맹점은 가맹본부로부터 경영지도와 지원을 받을 수 있다.

　가맹점은 소액의 자본으로 본사의 노하우를 배워 쉽게 점포를 운영할 수 있다.

⑤ 가맹점은 프랜차이즈 비용이 부담이 될 수 있다.

　가맹점에는 본사의 운영간섭, 의무적 구매량 등이 존재하고 매출 로열티 등으로 수익률이 저하되는 등의 단점도 존재한다.

02 앤소프(H. I. Ansoff)의 제품 – 시장 확장전략 중 기존제품으로 기존시장의 점유율을 확대해 가는 전략은?

① 원가우위 전략
❷ 시장침투 전략

> 시장침투 전략은 기존제품으로 기존시장의 점유율을 확대해 가는 전략이다.

③ 시장개발 전략
④ 제품개발 전략
⑤ 다각화 전략

핵심체크	제품/시장 확장 메트릭스	

구 분	기존제품	신제품
기존시장	시장침투 전략	제품개발 전략
신시장	시장개발 전략	다각화 전략

03 포터(M. Porter)의 산업구조분석 모형에서, 소비자 관점의 사용용도가 유사한 다른 제품을 고려하는 경쟁분석의 요소는?

① 산업내 기존 경쟁업체 간 경쟁
② 잠재적 경쟁자의 진입 가능성
❸ 대체재의 위협

> 사용용도가 유사한 다른 제품, 즉 대체재를 고려하는 경쟁분석의 요소는 대체재의 위협이다.

④ 공급자의 교섭력
⑤ 구매자의 교섭력

핵심체크	포터(Michael Porter)의 5가지 경쟁요인
잠재적 경쟁자의 진입 가능성	신규진입 기업들이 시장에 더욱 안정적으로 진입하기 위해서는 진입장벽을 넘어야 한다.
공급자의 교섭력	원자재 공급업체의 영향력이 크면 수익성이 낮아진다. 예 OPEC-산유국의 교섭력을 높이려는 카르텔
산업 내 기존 경쟁업체 간 경쟁	• 경쟁이 치열할수록 수익성은 떨어진다. • 경쟁은 기업 간 제품 차별화가 없고 퇴각 장벽이 높은 경우 치열해진다.
구매자의 교섭력	• 구매자의 영향력이 크면 수익성이 낮아진다. • 대량 구매나 구매자의 수익성이 낮으면 강력한 교섭력을 가진다. 예 엘리베이터 제조업체와 건설업체
대체재의 위협	대체재가 많을수록 높은 가격을 받을 수 있는 가능성이 작아진다.

04 직무스트레스에 관한 설명으로 옳지 않은 것은?

① 직무스트레스의 잠재적 원인으로는 환경요인, 조직적 요인, 개인적 요인이 존재한다.
② 직무스트레스 원인과 경험된 스트레스 간에 조정변수가 존재한다.
③ 사회적 지지는 직무스트레스의 조정변수이다.
④ 직무스트레스 결과로는 생리적 증상, 심리적 증상, 행동적 증상이 있다.
❺ 직무스트레스와 직무성과 간의 관계는 U자형으로 나타난다.

> 적정 수준의 직무스트레스는 성과와 업무의 성취감을 높여주지만 과도한 직무스트레스는 직무성과에 악영향을 준다. 따라서 직무스트레스와 직무성과 간의 관계는 <u>역U자형</u>으로 나타난다.

05 메이요(E. Mayo)의 호손실험 중 배선작업 실험에 관한 설명으로 옳지 않은 것은?

① 작업자를 둘러싸고 있는 사회적 요인들이 작업능률에 미치는 영향을 파악하였다.
② 생산현장에서 비공식조직을 확인하였다.
③ 비공식조직이 작업능률에 영향을 미치는 것을 발견하였다.
④ 관찰연구를 통해 진행되었다.
❺ 경제적 욕구의 중요성을 재확인하였다.

> 호손실험은 원래 노동자의 생산성이 임금, 작업시간, 노동환경 등 물적 요인과 인적 요인에 영향을 받는다고 가설을 설정하고 실험을 시작하였다. 그러나 실험의 결과는 초기에 생각한 물적 요인이나 인적 요인보다는 <u>상사·동료와의 관계, 집단 내 분위기, 비공식집단 등 인간관계에 큰 영향을 받는 것</u>으로 확인되었다.

06 조직설계의 상황변수에 해당하는 것을 모두 고른 것은?

ㄱ. 복잡성	ㄴ. 전략
ㄷ. 공식화	ㄹ. 기술
ㅁ. 규모	

① ㄱ, ㄴ, ㄷ　　　　　　　② ㄱ, ㄴ, ㄹ
③ ㄱ, ㄷ, ㅁ　　　　　　　❹ ㄴ, ㄹ, ㅁ
⑤ ㄷ, ㄹ, ㅁ

> • 조직설계의 상황변수 : <u>전략, 기술, 규모, 환경</u> 등
> • 조직설계의 기본변수 : 복잡성, 공식화, 집권화, 분권화

07 맥그리거(D. McGregor)의 XY이론 중 Y이론에 관한 설명으로 옳은 것을 모두 고른 것은?

> ㄱ. 동기부여는 생리적 욕구나 안전욕구 단계에서만 가능하다.
> ㄴ. 작업조건이 잘 갖추어지면 일은 놀이와 같이 자연스러운 것이다.
> ㄷ. 대부분의 사람들은 엄격하게 통제되어야 하고 조직목표를 달성하기 위해서는 강제되어야 한다.
> ㄹ. 사람은 적절하게 동기부여가 되면 자율적이고 창의적으로 업무를 수행한다.

① ㄱ, ㄴ   ② ㄱ, ㄷ
③ ㄴ, ㄷ   ❹ ㄴ, ㄹ
⑤ ㄷ, ㄹ

> ㄱ. (✕) 동기부여는 생리적 욕구나 안전욕구 단계에서만 가능하다. – X이론
> ㄴ. (○) 작업조건이 잘 갖추어지면 일은 놀이와 같이 자연스러운 것이다. – Y이론
> ㄷ. (✕) 대부분의 사람들은 엄격하게 통제되어야 하고 조직목표를 달성하기 위해서는 강제되어야 한다.
>   – X이론
> ㄹ. (○) 사람은 적절하게 동기부여가 되면 자율적이고 창의적으로 업무를 수행한다. – Y이론

핵심체크   맥그리거의 X · Y이론

X이론	Y이론
• 일을 싫어하고 일하려 하지 않는다. • 야망이 없고 책임지지 않으려 하며 명령받길 좋아한다. • 조직 문제 해결에 창의력을 발휘하지 못한다. • 안전을 원하고 변동을 싫어한다. • 금전적 보상과 같은 외재적 요인에 반응한다.	• 일을 싫어하지 않는다. • 자율적이며 자기 규제적이다. • 조직 문제 해결에 창의력을 발휘한다. • 이기적이기보다는 타인을 위해 행동한다. • 금전적 보상보다는 존경심이나 자기실현 욕구에 반응한다.

08 다음에서 설명하는 조직이론은?

> • 조직형태는 환경에 의하여 선택되거나 도태될 수 있다.
> • 기존 대규모 조직들은 급격한 환경변화에 적응하기 어려워 공룡신세가 되기 쉽다.
> • 변화과정은 변이(variation), 선택(selection), 보존(retention)의 단계를 거친다.

① 자원의존 이론

> 자원의존 이론은 조직이 생존하기 위해서는 환경으로부터 전략적으로 자원을 획득하고 적극적으로 환경에 대처해야 한다는 이론이다.

② 제도화 이론

> 제도화 이론은 조직의 생존을 위해 이해관계자들로부터 정당성을 얻는 것이 중요하며, 조직들이 서로 모방하기 때문에 동일 산업 내의 조직형태 및 경영관행 등이 유사성을 보인다는 이론이다.

③ 학습조직 이론

학습조직 이론은 기업은 조직원이 학습할 수 있도록 환경을 제공하고 그 학습결과에 따라 지속적으로 조직을 변화시킨다는 이론이다.

❹ 조직군 생태학 이론

조직군 생태학 이론은 환경에 따른 조직들의 형태와 그 존재 및 소멸 이유를 설명하는 이론이다.

⑤ 거래비용 이론

거래비용 이론은 기업의 조직이나 형태는 기업의 거래비용을 절약하는 방향으로 결정된다는 이론이다.

09 직무분석에 관한 설명으로 옳은 것은?

① 직무의 내용을 체계적으로 정리하여 직무명세서를 작성한다.

직무의 내용을 체계적으로 정리하여 <u>직무기술서</u>를 작성한다.

② 직무수행자에게 요구되는 자격요건을 정리하여 직무기술서를 작성한다.

직무수행자에게 요구되는 자격요건을 정리하여 <u>직무명세서</u>를 작성한다.

③ 직무분석과 인력확보를 연계하는 것은 타당하지 않다.

직무분석과 인력확보를 연계하는 것은 <u>타당하다</u>.

❹ 직무분석은 작업장의 안전사고 예방에 도움이 된다.

⑤ 직무분석은 직무평가 결과를 토대로 실시한다.

<u>직무평가</u>는 <u>직무분석</u> 결과를 토대로 실시한다.

핵심체크	직무분석, 직무기술서, 직무명세서 및 직무평가
직무분석	직무의 성격·내용에 연관되는 각종 정보를 수집, 분석, 종합하는 활동으로, 기업조직이 요구하는 일의 내용들을 정리·분석하는 과정
직무기술서	종업원의 직무분석 결과를 토대로 직무수행과 관련된 각종 과업 및 직무행동 등을 일정한 양식에 따라 기술한 문서
직무명세서	직무분석의 결과를 토대로 특정한 목적의 관리절차를 구체화하는 데 있어 편리하도록 정리하는 것으로, 각 직무수행에 필요한 종업원들의 행동이나 기능·능력·지식 등을 일정한 양식에 기록한 문서
직무평가	기업조직에서 각 직무의 숙련·노력·책임·작업조건 등을 분석 및 평가하여 다른 직무와 비교한 직무의 상대적 가치를 정하는 체계적인 방법

10 스캔론 플랜(Scanlon Plan)에 관한 설명으로 옳지 않은 것은?

❶ 기업이 창출한 부가가치를 기준으로 성과급을 산정한다.

> 스캔론 플랜은 판매가치(매출액)를 기준으로 성과급을 산정하는 방식이다. 부가가치를 기준으로 성과급을
> 산정하는 방식은 럭커 플랜이다.

② 집단성과급제도이다.
③ 생산제품의 판매가치와 인건비의 관계에서 배분액을 결정한다.
④ 실제인건비가 표준인건비보다 적을 때 그 차액을 보너스로 배분한다.
⑤ 산출된 보너스액 중 일정액을 적립한 후 종업원분과 회사분으로 배분한다.

11 기존 브랜드명을 새로운 제품범주의 신제품에 사용하는 것은?

① 공동 브랜딩(co-branding)

> 공동 브랜딩이란 이미 소비자에게 강력한 이미지로 인식되는 있는 두 개 이상의 브랜드를 서로 합쳐 사용하는
> 것을 말한다. 적은 비용으로 더 많은 판매를 이루어 내고 자사 제품의 브랜드 가치를 높이기 위해 사용하는
> 방식이다.

② 복수 브랜딩(multi-branding)

> 복수 브랜딩이란 동일한 제품 범주 안에서 서로 다른 특성을 가진 다양한 브랜드 제품을 도입하는 것을 말한다.

③ 신규 브랜드(new brand)

> 신규 브랜드는 기존 브랜드명 파워가 약해지거나 새로운 제품 범주를 도입할 때 사용하는 방식이다.

④ 라인 확장(line extension)

> 라인 확장이란 새로운 컬러, 크기, 재료, 모양의 신제품에 대해 기존 브랜드명을 함께 사용하는 것을 말한다.

❺ 브랜드 확장(brand extension)

> 브랜드 확장이란 기존에 잘 구축된 브랜드명을 새로운 제품 카테고리나 동일 카테고리 내 신제품이 나올 경우
> 그대로 사용하는 것을 말한다.

핵심체크 브랜드 개발

		제품범주	
		기 존	신 규
브랜드 이름	기 존	라인 확장	브랜드 확장
	신 규	복수 브랜드	신규 브랜드

12 제품의 기본가격을 조정하여 세분시장별로 가격을 달리하는 가격결정이 아닌 것은?

☑ 확인
Check!

○

△

×

① 고객집단 가격결정

> 고객집단에 따라 다른 가격을 책정하는 방식으로, 예를 들어 버스요금을 성인과 청소년으로 구분하는 것이 있다.

❷ 묶음제품 가격결정

> 두 가지 또는 그 이상의 제품 및 서비스 등을 결합해서 하나의 특별한 가격으로 판매하는 방식의 마케팅 전략이며, 제품이나 서비스의 마케팅 등에서 종종 활용하는 기법으로 세분시장별로 가격을 결정하는 방식이 아니다.

③ 제품형태 가격결정

> 제품형태에 따라 다른 가격을 책정하는 방식으로, 예를 들어 evian의 생수와 미스트의 가격차이 등을 들 수 있다.

④ 입지 가격결정

> 입지에 따라 가격을 다르게 책정하는 방식으로, 예를 들어 영화 관람에 있어 좌석의 위치에 따라 가격을 다르게 책정하는 것 등이 있다.

⑤ 시간 가격결정

> 시즌이나 월별 혹은 주말이나 주중에 따라 가격을 다르게 책정하는 방식으로, 예를 들어 스키장의 성수기와 비수기의 가격 차이 등을 들 수 있다.

핵심체크

제품의 기본가격을 조정하여 세분시장별로 가격을 달리하는 가격결정은 가격차별 또는 탄력가격전략이다. 가격차별 또는 탄력가격전략을 사용할 때 여러 가지 기준으로 시장을 구분하는데, 대표적으로 고객집단, 제품형태, 입지, 시간 등이 있다.

13 새로운 마케팅 기회를 확보하기 위해 동일한 유통경로 단계에 있는 둘 이상의 기업이 제휴하는 시스템은?

① 혁신 마케팅시스템
❷ 수평적 마케팅시스템

> 동일한 경로단계에 있는 두 개 이상의 기업이 대등한 입장에서 자원과 프로그램을 결합하여 일종의 연맹체를 구성하고 공생·공영하는 시스템이다.

③ 계약형 수직적 마케팅시스템
④ 관리형 수직적 마케팅시스템
⑤ 기업형 수직적 마케팅시스템

핵심체크	수직적 마케팅시스템의 유형
관리형 수직적 마케팅시스템	경로구성원들의 마케팅활동이 소유권이나 계약에 의하지 않으면서 어느 한 경로구성원의 규모, 파워 또는 경영지원에 의해 조정되는 경로유형으로, 수직적 마케팅시스템 중에서 통합 또는 통제의 정도가 가장 낮다.
계약형 수직적 마케팅시스템	경로구성원들이 각자가 수행해야 할 마케팅기능들을 계약에 의해 합의함으로써 공식적 경로관계를 형성하는 경로조직으로, 수직적 마케팅시스템 중 가장 일반적인 형태이다.
기업형 수직적 마케팅시스템	상품의 판매에 있어서 유통경로가 서로 다른 수준에 있는 구성원들(공급업자, 제조업자, 유통업자)을 통합해 하나의 기업조직을 이루는 형태로, 소유권의 정도와 통제력이 강한 유형에 해당한다.

14 증권시장선(SML)에 관한 설명으로 옳은 것을 모두 고른 것은?

> ㄱ. 개별주식의 기대수익률과 체계적 위험 간의 선형관계를 나타낸다.
> ㄴ. 효율적 포트폴리오에 한정하여 균형가격을 산출할 수 있다.
> ㄷ. 증권시장선보다 상단에 위치하는 주식은 주가가 과소평가된 주식이다.
> ㄹ. 증권시장선은 위험자산만을 고려할 경우 효율적 투자기회선이다.

① ㄱ, ㄴ   ❷ ㄱ, ㄷ
③ ㄱ, ㄹ   ④ ㄴ, ㄷ
⑤ ㄷ, ㄹ

> ㄴ. (✕) 자본시장선은 효율적인 포트폴리오에서만 성립한다. 반면 증권시장선은 효율적이지 않은 포트폴리오까지 포함하여 기대수익률과 위험(표준편차) 간의 관계를 나타낸다.
> ㄹ. (✕) 증권시장선은 위험자산만을 고려할 경우 효율적 투자기회선이 되지 못한다.

15 재무상태표의 자산 항목에 해당하지 않는 것은?

☑ 확인
Check!
○
△
✕

① 미수금   ② 단기대여금
③ 선급금   ❹ 이익준비금
⑤ 선급비용

> 이익준비금은 이익잉여금으로 <u>자본 항목</u>에 해당한다.

핵심체크 | 자산의 분류

분류		항목
유동 자산	당좌자산	현금 및 현금성자산(보통예금), 단기금융상품, 단기대여금, 매출채권, 미수금, 선급금, 선급비용 등
	재고자산	상품, 제품, 반제품, 재공품, 원재료, 미착품, 소모품 등
비유동 자산	투자자산	장기금융상품(정기예금), 매도가능증권, 만기보유증권, 장기대여금, 투자부동산 등
	유형자산	토지, 건물, 구축물, 기계장치, 건설 중인 자산, 차량운반구, 선박, 비품, 공기구 등
	무형자산	영업권, 산업재산권(특허권, 상표권, 디자인권 등), 광업권, 개발비, 라이선스 등
	기타 비유동자산	임차보증금, 전세권, 이연법인세자산, 장기미수금, 장기선급금 등

16 투자안의 경제성 평가 방법에 관한 설명으로 옳은 것은?

☑ 확인
Check!
○
△
✕

① 회계적이익률법의 회계적이익률은 연평균 영업이익을 연평균 매출액으로 나누어 산출한다.

> 회계적이익률은 <u>연평균 순이익을 연평균 투자액으로 나눈 것</u>을 말하는데, 회계적이익률이 높으면 높을수록 양호하다고 판단한다.

② 회수기간법은 회수기간 이후의 현금흐름을 고려한다.

> <u>기업에서 투자액을 회수하는 데 있어 소요되는 기간</u>을 의미하며, 특히 불확실성이 많은 상황에 이러한 방식이 적용된다. 회수기간이 짧으면 짧을수록 유리하다고 판단한다.

③ 순현재가치법은 재투자수익률을 내부수익률로 가정한다.

> 투자안의 위험도에 상응하는 적정 할인율을 활용해서 계산한 현금유입 현가에서 현금유출 현가를 제한 값이다.

④ 내부수익률법에서 개별투자안의 경우 내부수익률이 0보다 크면 경제성이 있다.

> 현금유입 및 유출의 현가를 동일하게 해주는 할인율이므로, 이러한 방식에서는 순현재가치가 0이 되는 할인율을 찾는다.

❺ 수익성지수법에서 개별투자안의 경우 수익성지수가 1보다 크면 경제성이 있다.

> 수익성 지수법이란 현금유입의 현재가치를 현금유출의 현재가치로 나누어서 나온 수익성 지수를 통해 의사결정을 하는 방법으로, 수익성지수가 1보다 커야 경제성이 있다.

17 A주식에 대한 분산은 0.06이고, B주식에 대한 분산은 0.08이다. A주식의 수익률과 B주식의 수익률 간의 상관계수가 0인 경우, 총 투자자금 중 A주식과 B주식에 절반씩 투자한 포트폴리오의 분산은?

① 0.025
❷ 0.035
③ 0.045
④ 0.055
⑤ 0.065

$$Var(R_P) = w_A^2 \sigma_A^2 + w_B^2 \sigma_B^2 + 2w_A w_B \sigma_{AB}$$
$$= (0.5^2 \times 0.06) + (0.5^2 \times 0.08) = 0.035$$

18 경제적 주문량(EOQ)에 관한 설명으로 옳지 않은 것은?

① 연간 재고유지비용과 연간 주문비용의 합이 최소화되는 주문량을 결정하는 것이다.
② 연간 재고유지비용과 연간 주문비용이 같아지는 지점에서 결정된다.
③ 연간 주문비용이 감소하면 경제적 주문량이 감소한다.
❹ 연간 재고유지비용이 감소하면 경제적 주문량이 감소한다.

　　연간 재고유지비용이 감소하면 경제적 주문량이 증가한다.

⑤ 연간 수요량이 증가하면 경제적 주문량이 증가한다.

핵심체크 **경제적 주문량모형(EOQ ; Economic Order Quantity)**

재고유지비용인 자본비용과 보유재고유지비용의 합을 최소화 시키는 1회 주문량을 결정하는 것을 말한다.

핵심체크 **경제적 주문량의 결정**

• EOQ = $\sqrt{\dfrac{2DS}{H}}$

　(D : 연간 수요량, S : 로트당 주문비용 또는 가동준비용, H : 단위당 연간 재고유지비용)

• 최적 주문횟수 = $\dfrac{\text{연간 수요량}}{\text{EOQ}}$

• 연간 총비용 = 연간 재고유지비용 + 연간 주문비용
• 연간 재고유지비용 = 평균재고량 × 단위당 연간 재고유지비용
• 연간 주문비용 = 연간 주문횟수 × 1회 주문비용

19 생산 프로세스에서 낭비를 제거하여 부가가치를 극대화하기 위한 것은?

❶ 린(lean) 생산

> 린 생산(lean production)은 생산과정 내 낭비를 제거하여 제조방법의 합리화를 추구하는 것을 말한다.

② 자재소요계획(MRP)

> 자재소요계획(Material Requirements Planning)이란 종속수요품목의 재고관리를 위해 컴퓨터를 활용하여 필요한 품목을 필요한 때에 필요한 양만큼 조달하는 관리기법을 말한다.

③ 장인생산(craft production)

> 장인생산(craft production)은 고도로 숙련된 작업자가 고객의 요구조건에 따라 단순하고 범용적인 도구를 사용하여 제품을 생산하는 방식을 말한다.

④ 대량고객화(mass customization)

> 대량고객화(mass customization)는 맞춤화된 상품과 서비스를 대량생산을 통해 비용을 낮춰 경쟁력을 창출하는 새로운 생산과 마케팅 방식을 말한다.

⑤ 오프쇼오링(off-shoring)

> 오프쇼오링(off-shoring)은 경영 활동의 일부를 국내 기업에 맡기는 아웃소싱의 범위가 해외의 저비용 이점을 활용하기 위해 해외로 확대된 것을 말한다.

20 (주)한국의 4개월간 제품 실제 수요량과 예측치가 다음과 같다고 할 때, 평균절대오차(MAD)는?

월(t)	실제 수요량(D_t)	예측치(F_t)
1월	200개	225개
2월	240개	220개
3월	300개	285개
4월	270개	290개

① 2.5   ② 10

❸ 20   ④ 412.5

⑤ 1650

> 오차 = 실제 수요량 − 예측치
>
> 1월의 오차 = 200 − 225 = −25
> 2월의 오차 = 240 − 220 = 20
> 3월의 오차 = 300 − 285 = 15
> 4월의 오차 = 270 − 290 = −20
>
> ∴ 평균절대오차 = $\dfrac{|(-25)| + (20) + (15) + |(-20)|}{4} = 20$

21 서비스 품질평가에 사용되는 SERVQUAL 모형의 서비스 차원이 아닌 것은?

① 유형성(tangibles) ② 신뢰성(reliability)

③ 반응성(responsiveness) ④ 공감성(empathy)

❺ 소멸성(perishability)

> SERVQUAL 모형의 서비스품질을 측정하는 5가지 차원은 <u>신뢰성, 확신성, 유형성, 공감성, 대응성(반응성)</u>이다.

22 다음의 주어진 〈자료〉를 이용하여 산출한 기말자본액은?

〈자료〉
- 기초자산 : 380,000원
- 기초부채 : 180,000원
- 당기 중 유상증자 : 80,000원
- 당기 중 현금배당 : 40,000원
- 당기순이익 : 100,000원

① 260,000원 ② 300,000원

❸ 340,000원 ④ 380,000원

⑤ 420,000원

> - 기초자본 = 기초자산 − 기초부채 = 380,000원 − 180,000원 = 200,000원
> - 기말자본 = 기초자본 + 유상증자 + 당기순이익 − 현금배당
>   = 200,000원 + 80,000원 + 100,000원 − 40,000원
>   = 340,000원

23 회계거래 분개에 관한 설명으로 옳은 것은?

① 매입채무의 증가는 차변에 기록한다.

> 매입채무의 증가는 <u>대변</u>에 기록한다.

② 장기대여금의 증가는 대변에 기록한다.

> 장기대여금의 증가는 <u>차변</u>에 기록한다.

❸ 자본금의 감소는 차변에 기록한다.

④ 임대료 수익의 발생은 차변에 기록한다.

> 임대료 수익의 발생은 <u>대변</u>에 기록한다.

⑤ 급여의 지급은 대변에 기록한다.

> 급여의 지급은 <u>차변</u>에 기록한다.

핵심체크	차변 VS 대변	
차 변		**대 변**
자산의 증가		자산의 감소
부채의 감소		부채의 증가
자본의 감소		자본의 증가
비용의 발생		수익의 발생

24

컴퓨터, 저장장치, 애플리케이션, 서비스 등과 같은 컴퓨팅 자원의 공유된 풀(pool)을 인터넷으로 접근할 수 있게 해주는 것은?

① 클라이언트/서버 컴퓨팅(client/server computing)

> 클라이언트/서버 컴퓨팅(client/server computing)은 계산, 프린터, 통신 등의 자원을 각각의 서버를 공유하여 그룹 전체의 업무를 분산처리하는 분산협동처리(distributed cooperative processing)의 한 형태이다.

② 엔터프라이즈 컴퓨팅(enterprise computing)

> 엔터프라이즈 컴퓨팅(enterprise computing)은 공동의 목적을 이루기 위해 컴퓨터를 활용하는 것을 말한다.

③ 온프레미스 컴퓨팅(on-premise computing)

> 온프레미스 컴퓨팅(on-premise computing)은 소프트웨어 등 솔루션을 클라우드 같이 원격 환경이 아닌 자체적으로 보유한 전산실 서버에 직접 설치해 운영하는 방식을 말한다.

④ 그린 컴퓨팅(green computing)

> 그린 컴퓨팅(green computing)은 컴퓨팅에 이용되는 에너지를 절약하자는 운동으로, 컴퓨터 자체의 구동뿐 아니라 컴퓨터의 냉각과 주변기기의 운용에 소요되는 전력을 줄이기 위해 새로운 CPU의 설계, 대체에너지 사용 등의 다양한 방안이 제시되고 있다.

❺ 클라우드 컴퓨팅(cloud computing)

> 클라우드 컴퓨팅(cloud computing)은 컴퓨터를 활용하는 작업에 필요한 다양한 요소들을 인터넷 상의 서비스를 통해 다양한 종류의 컴퓨터 단말 장치로 제공하는 것을 말한다.

25 특정기업의 이메일로 위장한 메일을 불특정 다수에게 발송하여 권한 없이 데이터를 획득하는 방식은?

① 파밍(pharming)

파밍(pharming)은 사용자가 올바른 웹페이지 주소를 입력해도 가짜 웹페이지로 보내는 피싱기법을 말한다.

② 스니핑(sniffing)

스니핑(sniffing)은 네트워크 주변을 지나다니는 패킷을 엿보면서 계정(ID)과 패스워드를 알아내기 위한 행위를 말한다.

❸ 피싱(phishing)

피싱(phishing)은 금융기관 등으로부터 개인정보를 불법적으로 알아내 이를 이용하는 사기수법으로, 특정기업의 이메일로 위장한 메일을 불특정 다수에게 발송하여 권한 없이 데이터를 획득하는 방식을 말한다.

④ 서비스 거부 공격(denial-of-service attack)

서비스 거부 공격(denial-of-service attack)은 네트워크 붕괴를 목적으로 다수의 잘못된 통신이나 서비스 요청을 특정 네트워크 또는 웹 서버에 보내는 방식을 말한다.

⑤ 웜(worm)

웜(worm)은 일반적인 컴퓨터 바이러스와는 달리 자체적으로 실행되면서 다른 컴퓨터에 전파할 수 있는 프로그램을 말한다.

2024년
2023년
2022년
2021년
2020년

2022년 제31회 정답 및 해설 **589**

2021년 제30회 정답 및 해설

✅ 문제편 322p

✅ **정답 CHECK**　　　　　　　　　　　　　　　　　✅ **각 문항별로 이해도 CHECK**

01	02	03	04	05	06	07	08	09	10	11	12	13	14	15	16	17	18	19	20	21	22	23	24	25
④	④	①	①	③	③	①	⑤	①	③	③	⑤	⑤	②	①	③	①	②	②	③	④	⑤	②	②	④

01

페욜(H. Fayol)의 일반적 관리원칙에 해당하지 않는 것은?

☑ 확인
Check!
○
△
✕

① 지휘의 통일성
② 직무의 분업화
③ 보상의 공정성
❹ 조직의 분권화
⑤ 권한과 책임의 일치

> 페욜은 경영활동을 기술활동, 상업활동, 재무활동, 보호활동, 회계활동, 관리활동으로 구분하였고, 이 중 관리
> 활동에 필요한 5가지 관리요소로서 계획 · 조직 · 지휘 · 조정 · 통제를 제시하였으며, 이를 바탕으로 경영활동
> 을 수행하는 데 필요한 14가지의 관리일반원칙을 세웠는데, 여기서 강조한 것은 조직의 분권화가 아닌 집권화
> 이다.

핵심체크　페욜의 관리일반원칙	
• 분업화 · 전문화	• 집권화
• 권한과 책임	• 계층화
• 규 율	• 질서 · 순서
• 명령일원화	• 공정성
• 지휘일원화	• 고용보장
• 조직목표 우선	• 자율권 부여
• 적절한 보상	• 협동심 고취

02 다음의 특성에 해당되는 기업집중형태는?

> • 주식소유, 금융적 방법 등에 의한 결합
> • 외형상으로 독립성이 유지되지만 실질적으로는 종속관계
> • 모회사와 자회사형태로 존재

① 카르텔(Cartel)

동종·유사업종의 기업들이 법적·경제적 독립성을 유지한 채 협정을 통해 수평적으로 결합하는 기업집중형태이다.

② 콤비나트(Combinat)

유사업종의 기업들이 재료나 기술의 활용을 목적으로 근접지역에서 대등한 관계로 결합하는 수평적 기업집중형태로, 콤비나트의 결과 대규모 공업단지가 형성되는데, 우리나라에서는 주로 화학산업에서 많이 나타난다.

③ 트러스트(Trust)

기업합동이라고도 하며, 동일한 사업부문에서 자본의 결합을 축으로 한 독점적 기업집중형태로, 주목적인 시장독점을 위해 결합과정에서 각 기업이 독립성을 상실하므로 카르텔보다 결합력이 강하고, 콘체른보다 시장에 미치는 영향이 크다. 우리나라의 '재벌'은 트러스트에 해당한다.

❹ 콘체른(Concern)

법률적으로 독립하고 있는 몇 개의 기업이 출자 등의 자본적 연휴를 기초로 하는 지배·종속관계하에 결합된 기업집중형태로, 모회사와 자회사의 형태로 존재하고, 경제적·법률적 독립성이 유지되는 동종업종 간 연합체인 카르텔과 달리, 법률적 독립성만이 유지되는 이종업종 간 연합체라는 점이 특징이다.

⑤ 디베스티처(Divestiture)

기업의 구조조정과정에서 경영성과가 부진한 생산부문을 타사에 매각함으로써 기업의 채산성을 개선하고 경쟁력을 강화하는 기업집중형태로, 기업 전체를 타사에 매각하는 흡수합병과는 다르다는 점에 유의하여야 한다.

03 GE/맥킨지매트릭스(GE/McKinsey Matrix)에서 전략적 사업부를 분류하기 위한 두 기준은?

❶ 산업매력도 – 사업단위 위치(경쟁력)
② 시장성장률 – 시장점유율
③ 산업매력도 – 시장성장률
④ 사업단위 위치(경쟁력) – 시장점유율
⑤ 시장점유율 – 가격경쟁력

기업의 포트폴리오를 평가함에 있어 BCG매트릭스는 시장성장률과 상대적 시장점유율을 고려하는 반면, GE/맥킨지매트릭스는 보다 다양한 요소를 감안하여 시장매력도(산업매력도)와 사업단위 경쟁력(사업단위 위치 또는 사업강점)을 고려한다.

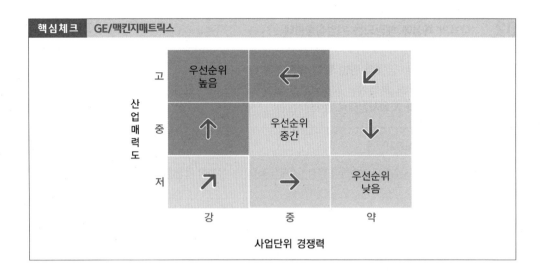

04 캐롤(B.A. Carrol)의 피라미드모형에서 제시된 기업의 사회적 책임의 단계로 옳은 것은?

☑ 확인
Check!
○
△
×

❶ 경제적 책임 → 법적 책임 → 윤리적 책임 → 자선적 책임
② 경제적 책임 → 윤리적 책임 → 법적 책임 → 자선적 책임
③ 경제적 책임 → 자선적 책임 → 윤리적 책임 → 법적 책임
④ 경제적 책임 → 법적 책임 → 자선적 책임 → 윤리적 책임
⑤ 경제적 책임 → 윤리적 책임 → 자선적 책임 → 법적 책임

> 캐롤은 기업의 사회적 책임을 4가지로 분류하였는데, 제1책임인 경제적 책임을 가장 하위단계에 배치시키고, 그 위로 법적 책임, 윤리적 책임, 자선적 책임을 쌓아 피라미드구조로 나타내었다. 다만, 피라미드구조라 하여 각 단계의 책임들 간에 우선순위가 있는 것은 아니고, 4가지 책임 모두를 동시에 충족하여야 한다고 주장하였다.

핵심체크   **캐롤의 피라미드모형**

- 경제적 책임 : 기업의 가장 기본적인 책임으로, 사회가 요구하는 제품이나 서비스를 생산·제공함으로써 지속적으로 이윤을 창출하여야 하는 책임
- 법적 책임 : 경제적 책임과 더불어 기업이 반드시 준수하여야 하는 책임으로, 이윤창출과정에서 사회가 제시한 법적 요구사항을 충족시켜야 하는 책임
- 윤리적 책임 : 필수적 책임은 아니지만, 사회의 구성원으로서 법으로 규정하지 못하는 도덕적 기준을 준수하여야 하는 책임
- 자선적 책임 : 기업의 선택에 맡겨진 책임으로, 경제적·법적·윤리적 책임을 모두 준수하고 사회에 공헌하여야 하는 책임

05 허츠버그(F. Herzberg)의 2요인이론에서 위생요인에 해당하는 것은?

① 성취감
② 도전감
❸ 임 금
④ 성장가능성
⑤ 직무내용

> 허츠버그의 요인이론은 종업원들의 직무만족도를 증감시키는 요인을 동기요인과 위생요인 2가지로 구분하
> 였는데, 동기요인에는 직무의 질·내용, 성취, 도전, 인정, 성장가능성 및 책임소재 등이 있고, 위생요인에는
> 회사의 정책 및 관리방침, 임금, 직위, 작업조건, 다른 종업원들과의 관계 등이 있다.

핵심체크 · 허츠버그의 2요인이론

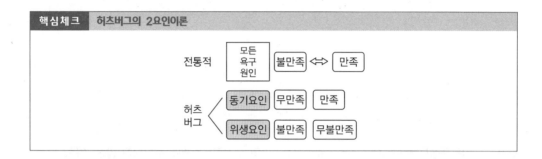

06 인사평가의 분배적 오류에 해당하는 것은?

① 후광효과

> 하나의 특징적인 인상이 피고과자의 전체를 좌우하는 오류

② 상동적 태도

> 피고과자가 속한 집단의 특성에 근거하여 그를 판단하는 경향 또는 오류로, 일종의 고정관념

❸ 관대화 경향

> 분배적 오류란 평가자가 평가측정을 한 후 그 결과에 따라 다수의 피평가자에게 점수를 부여할 때 각 점수
> 의 분포가 특정 방향으로 쏠리는 현상으로, 중심화 경향, 관대화 경향 및 가혹화 경향 등이 대표적이다.

④ 대비오류

> 한 사람에 대한 평가가 다른 사람의 평가에 영향을 주는 오류

⑤ 확증편향

> 자신의 신념과 일치하는 정보만을 받아들이는 경향으로, 고과자가 평가매뉴얼을 따르지 않고 자신만의 기준에
> 따른 질문과 판단을 하는 오류

07 전통적 직무설계와 관련 없는 것은?

① 분 업   ② 과학적 관리

③ 전문화   ④ 표준화

❺ 직무순환

> 아담스미스의 분업과 이를 기초로 한 테일러의 과학적 관리는 작업과정을 표준화시켜 노동효율성의 제고를 강조한 직무전문화를 추구하였는데, 이는 가장 대표적인 전통적 직무설계로서 많은 문제점을 야기하였고, 이를 보완하기 위해 직무순환이나 직무확대와 같은 과도기적 직무설계가 등장하였다.

08 직무특성모형(Job Characteristics Model)의 핵심직무차원에 포함되지 않는 것은?

❶ 성장욕구강도(Growth Need Strength)

② 과업정체성(Task Identity)

③ 과업중요성(Task Significance)

④ 자율성(Autonomy)

⑤ 피드백(Feedback)

> 해크만과 올드햄의 직무특성이론은 다섯 가지 핵심직무차원(기술다양성·과업정체성·과업중요성·자율성·피드백), 세 가지 심리상태 및 네 가지 성과로 구성되어 있는데, 성장욕구강도는 핵심직무차원과 심리상태, 심리상태와 성과 사이에서 조절변수의 역할을 한다.

09 마키아벨리즘(Machiavellism)에 관한 설명으로 옳지 않은 것은?

① 마키아벨리즘은 자신의 이익을 위해 타인을 이용하고 조작하려는 성향이다.

② 마키아벨리즘이 높은 사람은 감정적 거리를 잘 유지한다.

❸ 마키아벨리즘이 높은 사람은 남을 잘 설득하며 자신도 잘 설득된다.

> 마키아벨리즘이 높은 사람은 잘 설득되지 않으며, 오히려 자신의 목적을 위해 타인을 설득하려 한다.

④ 마키아벨리즘이 높은 사람은 최소한의 규정과 재량권이 있을 때 높은 성과를 보이는 경향이 있다.

⑤ 마키아벨리즘이 높은 사람은 목적이 수단을 정당화시킬 수 있다고 믿는 경향이 있다.

10 조직으로부터 나오는 권력을 모두 고른 것은?

ㄱ. 보상적 권력	ㄴ. 전문적 권력
ㄷ. 합법적 권력	ㄹ. 준거적 권력
ㅁ. 강제적 권력	

① ㄱ, ㄴ, ㄷ
② ㄱ, ㄴ, ㄹ
❸ ㄱ, ㄷ, ㅁ
④ ㄴ, ㄹ, ㅁ
⑤ ㄷ, ㄹ, ㅁ

핵심체크 권력의 분류

공식적 권력			개인적 권력	
강제적 권력	보상적 권력	합법적 권력	준거적 권력	전문적 권력
처벌·위협에 기반한 권력	보상·자원에 기반한 권력	공식적 지위에 기반한 권력	개인의 매력에 기반한 권력	전문기술·지식에 기반한 권력

11 교육참가자들이 소규모 집단을 구성하여 팀워크로 경영상의 실제 문제를 해결하도록 하여 문제해결과정에 대한 성찰을 통해 학습하게 하는 교육방식은?

① Team Learning

팀학습이란 팀기반학습(Team Based Learning)이라고도 하며, 특정 과제나 문제의 해결을 위해 소수 인원으로 팀을 구성하고, 자유로운 의사소통을 통해 아이디어를 발표·공유함으로써 주어진 목적을 달성토록 하는 교육훈련방식을 말한다.

② Organizational Learning

조직학습이란 한 구성원의 개인차원의 학습결과를 다른 구성원과 공유함으로써 조직차원으로 승화시키는 교육훈련방식을 말한다.

③ Problem Based Learning

문제중심학습이란 구성원들 스스로가 경영상 발생할 수 있는 가상의 실제적 문제(Authentic Problem)를 해결하는 방법을 찾도록 하는 교육훈련방식으로, 행동학습과 유사하나 문제의 실제성과 학습의 지향점에서 그 차이점을 발견할 수 있다.

④ Blended Learning

혼합학습이란 오프라인교육에서 실시할 수 없는 교육훈련은 온라인교육으로 실시하고, 그 학습결과를 오프라인작업에 적용하는 교육훈련방식을 말한다.

❺ Action Learning

행동학습이란 퍼실리테이터의 주도하에 경영상의 실제 문제(Real Issues)를 해결하는 방법을 구성원들이 터득하도록 하는 교육훈련방식으로, 해당 문제에 대한 대응력을 기를 수 있지만, 그 문제가 발생하지 않는 경우에는 학습결과가 무용지물이 될 수 있다는 단점이 있다.

※ 퍼실리테이터 : 교육훈련과정을 개발·시행하는 데 관여하는 촉진자이자, 회의나 워크숍을 성공적으로 이끌어가는 전문가

12 브랜드(Brand)요소를 모두 고른 것은?

ㄱ. 징글(Jingle)	ㄴ. 캐릭터(Character)
ㄷ. 슬로건(Slogan)	ㄹ. 심벌(Symbol)

① ㄱ, ㄴ 　　　　　　　　　　　② ㄷ, ㄹ

③ ㄱ, ㄴ, ㄷ　　　　　　　　　　④ ㄴ, ㄷ, ㄹ

❺ ㄱ, ㄴ, ㄷ, ㄹ

> 브랜드는 기업의 제품·서비스를 경쟁업체의 제품·서비스와 구별하기 위해 사용하는 기호·문자·도형 등의 일정한 표지로, 브랜드를 구성하는 요소에는 브랜드네임, 컬러, 서체, 로고·심벌, 징글, 슬로건, 캐릭터, 패키지디자인 및 디스플레이 등이 있다.

13 선매품(Shopping Goods)에 관한 설명으로 옳은 것은?

① 소비자가 필요하다고 느낄 때 수시로 구매하는 경향을 보인다.

> 편의품에 대한 설명으로, 일상에서 빈번하게 최소한의 노력으로 가장 인접해 있는 점포에서 구매하려는 제품을 말한다.

❷ 소비자는 가격, 품질, 스타일 등 다양한 정보를 수집하여 신중하게 비교하는 경향을 보인다.

> 선매품에 대한 설명으로, 여러 점포를 방문하거나 다양한 제품들의 가격, 품질, 스타일 등에 대한 적합성을 비교하여 최선의 선택으로 결정하려는 제품을 말한다.

③ 소비자는 잘 알지 못하거나 알고 있어도 능동적으로 구매하려 하지 않는다.

> 미탐색품에 대한 설명으로, 소비자가 제품의 존재를 알지 못하거나 알고 있더라도 노력하여 구매하고자 하지 않는 제품을 말한다.

④ 일상생활에서 빈번히 구매하는 저관여제품들이 많다.

> 편의품에 대한 설명이다.

⑤ 독특한 특징을 지니거나 브랜드차별성을 지니는 제품들이 많다.

> 전문품에 대한 설명으로, 특정 브랜드에 대한 고객충성도가 높고, 제품마다 고유한 특성을 지니고 있어 브랜드마다 차이가 크며, 구매 시 많은 시간과 노력을 필요로 하는 제품을 말한다.

14 다음 설명에 해당하는 의사결정기법은?

- 자유롭게 아이디어를 제시할 수 있다.
- 타인이 제시한 아이디어에 대해 비판은 금지된다.
- 아이디어의 질보다 양을 강조한다.

❶ 브레인스토밍(Brainstorming)

> 의견의 수가 많아질수록 좋은 의견이 나올 확률이 증가할 것이라는 전제하에 집단의 구성원들이 최대한 많은 의견을 제시할 수 있도록 각 의견에 대한 즉각적 판단·비판은 자제한다.

② 명목집단법(Nominal Group Technique)

> 명목상의 집단을 구성하되 서로 간의 의사소통을 극도로 제한하고 구성원들에게 자신들의 의견을 신중히 생각·정리할 시간을 준 후 각 의견에 대해 토론·평가하여 투표로써 최종안을 결정한다.

③ 델파이법(Delphi Technique)

> 전문가들로 이루어진 익명의 비공개 위원회를 구성하되 그들을 한데 모으지 않고, 서신이나 전자우편으로 각자의 의견을 수렴하여 이를 종합·비교·분석하는데, 모두의 의견이 일치될 때까지 그 과정을 되풀이하여 최종안을 유도한다.

④ 지명반론자법(Devil's Advocacy)

> 집단을 둘로 나누거나 집단 내에서 반론자 역할을 할 사람을 선택하고, 집단이 제시한 의견에 대해 다른 한 집단 또는 반론자가 반론하면, 그 반론에 기해 의견을 수정·보완하는 일련의 과정을 거쳐 최종안을 도출한다.

⑤ 프리모텀법(Premortem)

> 어떠한 결정이 이미 잘못되었다는 가정하에 그 원인을 분석하고 수정·보완함으로써 의사결정의 성공률을 높인다.

15 서비스의 특성으로 옳지 않은 것은?

① 무형성   ② 비분리성
❸ 반응성   ④ 소멸성
⑤ 변동성(이질성)

> 서비스는 무형성, 비분리성(동시성), 이질성(변동성) 및 소멸성이라는 특성을 가진다.

핵심체크 | 서비스의 특성

- 무형성 : 서비스는 실체가 없다.
- 비분리성(동시성) : 서비스의 생산과 소비는 동시에 발생한다.
- 이질성(변동성) : 동일한 서비스일지라도 그 내용과 질은 생산자와 소비자에 따라 달리 나타난다.
- 소멸성 : 소비되지 않은 서비스는 재고로서 보관할 수 없다.

16

증권시장선(SML)과 자본시장선(CML)에 관한 설명으로 옳지 않은 것은?

❶ 증권시장선의 기울기는 표준편차로 측정된 위험 1단위에 대한 균형가격을 의미한다.

> 증권시장선은 기대수익률과 체계적 위험(표준편차) 간의 균형관계를 나타내는데, 증권시장선의 기울기는 시장포트폴리오에 대한 위험프리미엄을 의미한다.

② 증권시장선 아래에 위치한 자산은 과대평가된 자산이다.

> 증권시장선 위쪽에 위치하는 주식은 과소평가된 주식이고, 아래쪽에 위치하는 주식은 과대평가된 주식이다.

③ 자본시장선은 효율적 자산의 기대수익률과 표준편차의 선형관계를 나타낸다.

> 자본시장선은 기대수익률과 총위험(표준편차) 간의 선형관계를 나타낸다.

④ 자본시장선에 위치한 위험자산은 무위험자산과 시장포트폴리오의 결합으로 구성된 자산이다.

> 자본시장선은 새로운 투자기회를 창출하기 위해 위험자산뿐만 아니라, 무위험자산까지 고려하여 투자할 경우의 효율적 투자기회선으로, 자본시장선에 위치한 위험자산은 무위험자산과 시장포트폴리오의 결합으로 구성된다.

⑤ 자본시장선에 위치한 위험자산과 시장포트폴리오의 상관계수는 1이다.

> 무위험자산의 수익률은 상수이므로, 자본시장선에 위치한 위험자산과 시장포트폴리오 간의 상관계수는 항상 +1이다.

17

K사는 A, B, C 세 투자안을 검토하고 있다. 모든 투자안의 내용연수는 1년으로 동일하며, 투자안의 자본비용은 10%이다. 투자액은 투자실행 시 일시에 지출되며 모든 현금흐름은 기간 말에 발생한다. 투자안의 투자액과 순현재가치(NPV)가 다음과 같은 경우 내부수익률(IRR)이 높은 순서대로 나열한 것은?

투자안	A	B	C
투자액	100억원	200억원	250억원
순현재가치	20억원	30억원	40억원

① A, B, C
❷ A, C, B
③ B, A, C
④ C, A, B
⑤ C, B, A

> 내부수익률은 미래 현금유입의 현재가치와 현금유출의 현재가치, 즉 수익과 투자액을 일치시켜 투자안의 순현재가치를 0으로 만드는 할인율인데, 문제에서 주어진 조건은 수익이 아닌 순현재가치이므로, 순현재가치법을 이용해 수익을 구하면 다음과 같다.
>
> $$순현재가치 = \frac{수익}{1 + 자본비용} - 투자액 \rightarrow 수익 = (순현재가치 + 투자액) \times (1 + 자본비용)$$
>
> • 투자안 A의 수익 = (20억원 + 100억원) × 1.1 = 132억원
> • 투자안 B의 수익 = (30억원 + 200억원) × 1.1 = 253억원
> • 투자안 C의 수익 = (40억원 + 250억원) × 1.1 = 319억원

각 투자안의 수익과 투자액을 이용해 내부수익률법으로 내부수익률(IRR)을 구하면 다음과 같다.

$$투자액 - \frac{수익}{1 + IRR} = 0 \rightarrow IRR = \frac{수익}{투자액} - 1$$

- 투자안 A의 IRR = $\frac{132억원}{100억원} - 1 = 0.320 = 32.0\%$

- 투자안 B의 IRR = $\frac{253억원}{200억원} - 1 = 0.265 = 26.5\%$

- 투자안 C의 IRR = $\frac{319억원}{250억원} - 1 = 0.276 = 27.6\%$

따라서 내부수익률이 높은 투자안을 순서대로 나열하면 A, C, B이다.

18 주식 A와 B의 기대수익률은 각각 10%, 20%이다. 총투자자금 중 40%를 주식 A에, 60%를 주식 B에 투자하여 구성한 포트폴리오 P의 기대수익률은?

① 15%　　　　　　　　　　　　　❷ 16%

③ 17%　　　　　　　　　　　　　④ 18%

⑤ 19%

포트폴리오의 기대수익률 $= \sum$ (각 자산의 구성비율 × 각 자산의 기대수익률)

$$= (0.4 \times 0.1) + (0.6 \times 0.2)$$

$$= 0.16 = 16\%$$

※ 구성비율 = 각 자산에의 투자자금 / 총투자자금

19 올해 말($t = 1$)에 예상되는 A사 보통주의 주당 배당금은 1,000원이며, 이후 배당금은 매년 10%씩 영구히 증가할 것으로 기대된다. 현재($t = 0$) A사 보통주의 주가(내재가치)가 10,000원이라고 할 경우 이 주식의 자본비용은?

① 10%　　　　　　　　　　　　　② 15%

❸ 20%　　　　　　　　　　　　　④ 25%

⑤ 30%

고든의 항상성장모형에 따르면, 주당 현재가치 $= \dfrac{주당 배당금}{요구수익률 - 배당금성장률}$ 이므로,

$$요구수익률 = \frac{주당 배당금}{주당 현재가치} + 배당금성장률 = \frac{1,000}{10,000} + 0.1 = 0.2 = 20\%$$

요구수익률, 즉 주식의 자본비용은 20%이다.

20 식스시그마의 성공적 수행을 위한 5단계 활동으로 옳은 순서는?

① 계획 → 분석 → 측정 → 개선 → 평가
② 계획 → 분석 → 측정 → 평가 → 개선
③ 계획 → 측정 → 평가 → 통제 → 개선
❹ 정의 → 측정 → 분석 → 개선 → 통제
⑤ 정의 → 측정 → 평가 → 통제 → 개선

> DMAIC는 식스시그마를 수행하기 위한 가장 일반적인 방법론으로, 정의(Define) → 측정(Measure) → 분석(Analyze) → 개선(Improve) → 통제(Control)로 구성되는데, 기존 프로세스의 개선·재설계나 신규 프로세스의 설계 모두에 다양하게 적용 가능하다.

21 급여계산, 고객주문처리, 재고관리 등 일상적이고 반복적인 과업을 주로 수행하는 정보시스템은?

① EIS

> 임원정보시스템(EIS ; Executive Information System)은 고위관리자의 전략적 의사결정을 지원하는 시스템으로, 그 의사결정에 필요한 정보를 제공하는 데 집중한다.

② DSS

> 의사결정지원시스템(DSS ; Decision Support System)은 주로 중간관리자의 비일상적 의사결정을 지원하는 시스템으로, 예측할 수 없이 빠르게 변화하는 문제의 해결을 돕는다.

③ ES

> 전문가시스템(ES ; Expert System)은 전문가의 지식이나 경험 등을 컴퓨터에 축적하여 전문가와 동일하거나 그 이상의 문제해결능력을 갖춘 시스템으로, 전문지식 이용에 편의를 제공한다.

④ SIS

> 전략정보시스템(SIS ; Strategic Information System)은 기존의 경영정보시스템에 통신망을 연결하여 정보기술을 기업전략으로 활용하는 시스템으로, 기업이 경쟁우위를 확보하는 데 필요한 다양한 정보를 제공한다.

❺ TPS

> 거래처리시스템(TPS ; Transactional Processing System)은 일선종업원의 일상 업무처리를 지원하는 시스템으로, 입고·출고, 판매, 재고, 급여 및 인사기록 관리 등을 처리한다.

22

유형자산에 해당하는 항목을 모두 고른 것은?

ㄱ. 특허권	ㄴ. 건 물
ㄷ. 비 품	ㄹ. 라이선스

① ㄱ, ㄴ   ❷ ㄴ, ㄷ
③ ㄱ, ㄴ, ㄷ   ④ ㄴ, ㄷ, ㄹ
⑤ ㄱ, ㄴ, ㄷ, ㄹ

> 유형자산에 해당하는 항목은 건물과 비품이다. 특허권과 라이선스는 무형자산에 해당한다.

핵심체크 | 자산의 분류

분류		항목
유동자산	당좌자산	현금 및 현금성자산(보통예금), 단기금융상품, 매출채권, 미수금, 선급금, 선급비용 등
	재고자산	상품, 제품, 반제품, 재공품, 원재료, 미착품, 소모품 등
비유동자산	투자자산	장기금융상품(정기예금), 매도가능증권, 만기보유증권, 장기대여금, 투자부동산 등
	유형자산	토지, 건물, 구축물, 기계장치, 건설 중인 자산, 차량운반구, 선박, 비품, 공기구 등
	무형자산	영업권, 산업재산권(특허권, 상표권, 디자인권 등), 광업권, 개발비, 라이선스 등
	기타 비유동자산	임차보증금, 전세권, 이연법인세자산, 장기미수금, 장기선급금 등

23

공장을 신축하고자 1억원의 토지를 현금으로 취득한 거래가 재무제표 요소에 미치는 영향은?

① 자본의 감소, 자산의 감소
❷ 자산의 증가, 자산의 감소
③ 자산의 증가, 자본의 증가
④ 자산의 증가, 부채의 증가
⑤ 비용의 증가, 자산의 감소

> 1억원이라는 당좌자산이 지출되었으므로 자산이 감소하나, 동일한 가격의 토지라는 유형자산이 유입되었으므로 자산은 다시 증가하고, 자산의 변동이 없으므로 부채와 자본의 변동 또한 없다고 볼 수 있다.

24 재무상태표의 부채에 해당하지 않는 것은?

① 매입채무

❷ 선급비용

③ 선수금

④ 사 채

⑤ 예수금

> 매입채무, 선수금 및 예수금은 유동부채, 사채는 비유동부채에 해당하고, 선급비용은 자산에 해당한다.

핵심체크	선급금과 선급비용

- 선급금 : 미래 일정 기간 안에 완료될 목적을 위해 미리 지급하는 금액으로, 주로 원재료 구입, 공사의 계약금이나 착수금 등을 말한다. 예를 들어, 사탕을 만들기 위해 설탕을 10만원어치 구입하고 그 밀가루를 3일 뒤에 받기로 한 경우, 선급금 지급 시 10만원이 지출되었으나 이는 밀가루로 대체될 것이므로 재무상태표상 자산으로 처리하고, 3일 뒤에 밀가루를 받으면 그 금액은 포괄손익계산서상 비용으로 처리한다.
- 선급비용 : 미래 일정 기간 동안 유지될 목적을 위해 미리 지급하는 금액으로, 주로 임차료 및 보험료 등을 말한다. 예를 들어, 사탕을 만들기 위해 한 건물을 1년 동안 임차하기로 하고 9월 1일 그 대가로 120만원을 미리 지급한 경우, 선급비용 지급 시 120만원이 지출되었으나 그 목적이 유지되고 있으므로 재무상태표상 자산으로 처리하고, 이후 12월 31일 결산 시 4개월 동안의 임차료에 해당하는 40만원은 포괄손익계산서상 비용으로, 나머지 60만원은 여전히 그 목적이 유지되고 있으므로 재무상태표상 자산으로 처리한다.

---

25 공급자에서 기업 내 변환과정과 유통망을 거쳐 최종고객에 이르기까지 자재, 제품, 서비스 및 정보의 흐름을 전체 시스템관점에서 설계하고 관리하는 것은?

① EOQ

> 경제적 주문량(Economic Order Quantity)이란 주문비용과 단위당 재고유지비용의 합계가 최소가 되는 최적의 주문량을 말한다.

② MRP

> 자재소요계획(Material Requirements Planning)이란 종속수요품목의 재고관리를 위해 컴퓨터를 활용하여 필요한 품목을 필요한 때에 필요한 양만큼 조달하는 관리기법을 말한다.

③ TQM

> 전사적 품질경영(Total Quality Management)이란 제품·서비스뿐만 아니라 기업의 업무 또한 관리대상에 포함시킴으로써 구성원 모두가 품질향상을 위해 노력하도록 하는 관리기법을 말한다.

❹ SCM

> 공급사슬관리(Supply Chain Management)란 자재조달, 제품·서비스의 생산·유통·판매 등 공급자로부터 생산자 그리고 고객까지 상호 연결된 일련의 흐름인 공급사슬을 관리함으로써 공급과 수요를 통합하여 조달시간 단축, 재고·유통비용 삭감 및 고객요구에 대한 빠른 대응 등을 실현하는 관리기법을 말한다.

⑤ FMS

> 유연생산시스템(Flexible Manufacturing System)이란 컴퓨터와 로봇, 셀(Cell)형 제조방식을 이용하여 동일한 생산라인에서 상이한 제품을 다양하게 생산할 수 있고, 생산량 또한 유연하게 조절할 수 있는 고도로 자동화된 관리기법을 말한다.

2020년 제29회 정답 및 해설

● 문제편 330p

● 정답 CHECK ● 각 문항별로 이해도 CHECK

01	02	03	04	05	06	07	08	09	10	11	12	13	14	15	16	17	18	19	20	21	22	23	24	25
③	④	①	③	①	③	②	③	①	⑤	①	④	②	②	⑤	②	③	⑤	④	④	⑤	⑤	④	①	③

01

페로(C. Perrow)가 제시한 기술분류기준으로 옳은 것을 모두 고른 것은?

☑ 확인
Check!
○
△
✕

ㄱ. 기술복잡성   ㄴ. 과업다양성
ㄷ. 상호의존성   ㄹ. 과업정체성
ㅁ. 문제분석가능성

① ㄱ, ㄴ   ② ㄴ, ㄹ
❸ ㄴ, ㅁ   ④ ㄷ, ㅁ
⑤ ㄱ, ㄷ, ㄹ

> 페로는 <u>과업다양성과 문제분석가능성이라는 2가지 차원을 기준으로 기술을 분류</u>하였는데, 이는 장인기술과 공학기술, 일상기술과 비일상기술 등 4가지이다.

핵심체크 페로의 기술분류와 조직구조

		과업다양성	
		소수의 예외적 상황	다수의 예외적 상황
문제분석 가능성	불가능	장인(Craft)기술	비일상(Non-routine)기술
	가 능	일상(Routine)기술	공학(Engineering)기술

02 (주)한국은 정부의 대규모 사업에 참여하면서 다수 기업과 공동출자를 하고자 한다. 이 전략유형에 해당하는 것은?

① 우회전략(Turnaround Strategy)

> 우회전략이란 경쟁기업이 존재하는 시장에 참여하여 직접적으로 그 기업과 대결하기보다는, 경쟁기업이 존재하지 않는 시장을 확보하는 전략을 말한다.

② 집중전략(Concentration Strategy)

> 집중전략이란 기업의 자원이 한정·제약되어 있는 경우, 전체 세분시장 중에서 특정 세분시장을 목표시장으로 삼아 집중적으로 공략하는 전략을 말한다.

③ 프랜차이징(Franchising)

> 프랜차이징이란 음식점이나 커피숍 등 서비스업종에서 많이 사용하는 전략으로, 모기업의 상표, 제품 및 이미지 등을 사용하는 가맹점이 수익의 일정 부분을 사용료 명목으로 모기업에 제공하는 계약을 말한다.

❹ 컨소시엄(Consortium)

> 컨소시엄이란 공동의 목적을 위해 다수의 기업 또는 단체가 공동으로 자원을 투입하는 전략을 말한다.

⑤ 포획전략(Captive Strategy)

> 포획전략이란 경쟁기업이 한곳에 집중하지 못하도록 여러 곳에 투자하여 그 기업의 자원집중도를 약화시키는 전략을 말한다.

03 매트릭스조직의 장점에 해당하지 않는 것은?

❶ 구성원들 간 갈등해결 용이

> 매트릭스조직은 기능부서와 사업부서 간에 갈등이 발생할 가능성이 높다.

② 환경불확실성에 신속한 대응

③ 인적자원의 유연한 활용

④ 제품다양성 확보

⑤ 구성원들의 역량향상기회 제공

04 사용자가 노동조합의 정당한 활동을 방해하는 것은?

① 태 업

> 사보타주라고도 하며, 근로자 측이 자신들의 요구사항을 관철하기 위해 표면적으로만 노동을 제공할 뿐 집단적으로 작업능률을 저하시키는 행위로, 노동쟁의 중 하나이다.

② 단체교섭

> 노동조합이 사용자 또는 사용자단체와 임금, 근로시간, 복지, 해고 기타 대우 등에 관해 단결력을 배경으로 교섭하는 행위이다.

❸ 부당노동행위

> 정당한 노동조합활동을 이유로 불이익취급을 하거나 노동조합활동에 사용자가 지배·개입하는 등, 근로자의 노동3권(단결권·단체교섭권·단체행동권)을 침해하는 사용자의 행위이다.

④ 노동쟁의

> 노동조합과 사용자 또는 사용자단체 간에 임금, 근로시간, 복지, 해고 기타 대우 등 근로조건의 결정에 관한 주장의 불일치로 인해 발생한 분쟁상태이다.

⑤ 준법투쟁

> 근로자 측이 자신들의 요구사항을 관철하기 위해 법령이나 단체협약·취업규칙 등의 내용을 평소보다 엄격하게 준수함으로써 작업능률을 저하시키는 행위로, 노동쟁의 중 하나이다.

05 하우스(R. House)가 제시한 경로-목표이론의 리더십 유형에 해당하지 않는 것은?

❶ 권한위임적 리더십

> 권한위임적 리더십은 경로-목표이론의 리더십 유형에 해당하지 않는다.

② 지시적 리더십
③ 지원적 리더십
④ 성취지향적 리더십
⑤ 참가적 리더십

핵심체크 경로-목표이론의 리더십 유형

유 형	내 용
지시형 리더십	부하들을 통제·조정
지원형(지지형) 리더십	부하의 욕구와 복지를 생각하여 작업환경의 부정적 측면 최소화
참여형 리더십	의사결정 시 부하들의 의견 반영
성취지향형 리더십	부하들이 도전적 목표를 수립하고, 높은 성과를 달성하도록 요구

06 구성원들 간 의사소통이 강력한 특정 리더에게 집중되는 유형은?

① 원 형
② Y자형
❸ 수레바퀴형

> 수레바퀴형은 리더를 중심으로 정보가 집중되어 <u>구성원들 사이에 정보공유가 되지 않는</u> 단점이 있다.

④ 사슬형
⑤ 전체연결형

핵심체크	커뮤니케이션네트워크의 유형	
구 분	**내 용**	**형 태**
연쇄형 (사슬형·선형)	• 공식적 계통과 수직적 경로를 통한 의사전달 • 권한체계가 명확한 공식적인 조직에서 발생 • 사슬이 길어질수록 왜곡가능성 증가	리더
Y형	• 리더는 없지만, 집단을 대표하는 인물이 있는 조직에서 발생 • 단순한 문제해결의 정확도는 비교적 높음	조정역
수레바퀴형 (바퀴형·윤형)	• 리더가 있는 조직에서 발생 • 리더에게 정보가 집중 • 구성원들 사이에 정보공유가 되지 않음	리더
원 형	지위의 차이가 없는 상황에서 특정 문제해결을 위해 모인 조직에서 발생	
완전연결형 (개방형·성형)	• 이상적인 커뮤니케이션형태 • 자유로운 의사소통을 통해 창의적인 아이디어 산출가능성 증가	

07
기업의 사회적 책임 중에서 제1의 책임에 해당하는 것은?

① 법적 책임
❷ 경제적 책임

> 캐롤(Carroll)은 자신의 피라미드모형을 통해 기업의 사회적 책임을 <u>경제적 책임</u>, 법적 책임, 윤리적 책임, 자선적 책임 순으로 배열하였다.

③ 윤리적 책임
④ 자선적 책임
⑤ 환경적 책임

08
파스칼(R. Pascale)과 피터스(T. Peters)의 조직문화 7S 중 다른 요소들을 연결시켜 주는 핵심적인 요소는?

① 전략(Strategy)
② 관리기술(Skill)
❸ 공유가치(Shared Value)

> 조직문화 7S의 각 요소는 <u>공유가치, 전략, 관리기술, 조직구조, 관리시스템, 구성원 및 스타일</u>로, 이 중 <u>공유가 치는 다른 요소들을 연결시켜 주는 핵심적인 역할</u>을 한다.

④ 관리시스템(System)
⑤ 구성원(Staff)

핵심체크 **파스칼과 피터스의 조직문화 7S**

- <u>공유가치(Shared Value)</u> : 구성원이 공유하는 가치관으로, 다른 조직문화의 구성요소들을 연결시켜 주고, 조직문화 형성에 가장 중요한 영향을 미치는 요소
- <u>전략(Strategy)</u> : 변화하는 시장환경 속에서 기업이 적응하여 능력을 발휘할 수 있도록 장기적인 목적과 계획을 세우고, 이를 달성하기 위한 자원을 분배하는 과정
- <u>관리기술(Skill)</u> : 전략을 실행시키는 경영기술·기법 등의 요소
- <u>조직구조(Structure)</u> : 전략을 실행하기 위한 틀로, 조직구조나 직무설계, 조직 간 커뮤니케이션수준 등의 요소
- <u>관리시스템(System)</u> : 의사결정의 일관성을 유지하기 위한 틀로, 지원시스템이나 경영관리시스템, 목표설정시 스템 등의 요소
- <u>구성원(Staff)</u> : 기업에서 성과를 창출하는 인력자원으로, 개인별 능력이나 전문성, 욕구, 지각, 태도 등의 요소
- 스타일(Style) : 구성원들을 이끌어 가는 경영자의 관리스타일, 변화대응력 및 참여도 등의 요소

09 브룸(V. Vroom)이 제시한 기대이론의 작동순서로 올바른 것은?

❶ 기대감 → 수단성 → 유의성

> 브룸은 개인에게 동기부여(Motivation)를 하기 위해서는 그 개인이 바라는 최종목표와 그 목표를 달성하기 위한 수단들 사이를 강력하게 연결시켜야 하고, 이를 위해 기대감(Expectancy)·수단성(Instrumentality)·유의성(Valence)의 3요소가 순서대로 작동해야 한다고 주장하였다.

② 기대감 → 유의성 → 수단성
③ 수단성 → 유의성 → 기대감
④ 유의성 → 수단성 → 기대감
⑤ 유의성 → 기대감 → 수단성

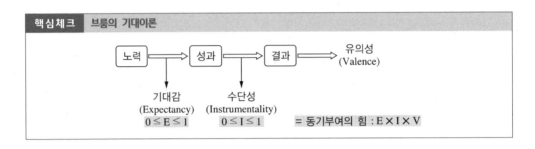

핵심체크 | 브룸의 기대이론

노력 → 성과 → 결과 → 유의성(Valence)

기대감(Expectancy) $0 \leq E \leq 1$ 수단성(Instrumentality) $0 \leq I \leq 1$ = 동기부여의 힘 : $E \times I \times V$

10 MBO에서 목표설정 시 SMART원칙으로 옳지 않은 것은?

① 구체적(Specific)이어야 한다.
② 측정 가능(Measurable)하여야 한다.
③ 조직목표와의 일치성(Aligned with Organizational Goals)이 있어야 한다.
④ 현실적이며 결과지향적(Realistic and Result-oriented)이어야 한다.
❺ 훈련 가능(Trainable)하여야 한다.

> SMART원칙의 'T'는 시간제약성(Time-bound) 또는 시의적절성(Timely)을 의미한다.

11 (주)한국은 10,000원에 상당하는 두루마리 화장지 가격을 9,990원으로 책정하였다. 이러한 가격결정 방법은?

❶ 단수가격

> 단수가격은 <u>상품의 가격을 미세하게 조정하여 단수를 붙임으로써 소비자의 심리적 부담을 줄이는</u> 가격결정방 법이다.

② 명성가격

> 명성가격(긍지가격)은 <u>상품의 가격을 품질의 지표로 삼는 구매자를 대상으로 특정 상품에 매우 높은 가격을 설정하는</u> 가격결정방법이다.

③ 층화가격

> 층화가격은 가격의 차이가 클수록 상품에 대한 구매자의 인식이 강화된다는 전제하에 <u>선정된 상품계열의 가격 을 단계적으로 설정하는</u> 가격결정방법이다.

④ 촉진가격

> 촉진가격은 <u>정상적인 가격보다 낮게 설정하여 고객을 유인하는</u> 가격결정방법이다.

⑤ 관습가격

> 관습가격은 <u>오랜 기간 동안 고정된 가격으로 판매된 껌이나 담배와 같은 특정 상품의</u> 가격결정방법이다.

12 마약퇴치운동과 같이 불건전한 수요를 파괴시키는 데 활용되는 마케팅은?

① 동시화마케팅(Synchro Marketing)

> 동시화마케팅은 <u>계절적·시간적 요인 등으로 인해 규칙적이지 않은 수요를 평준화</u>하기 위한 마케팅이다.

② 재마케팅(Remarketing)

> 재마케팅은 <u>수요가 지속적으로 감소하는 상태에서 고객들의 관심을 유발</u>하기 위한 마케팅이다.

③ 디마케팅(Demarketing)

> 디마케팅은 <u>수요가 공급을 초과하거나 기업의 입장에서 해가 되는 수요가 존재하는 경우, 의도적으로 그 수요 를 일시적 혹은 영구히 감소시키는</u> 마케팅이다.

❹ 대항마케팅(Counter Marketing)

> 대항마케팅은 <u>불건전하거나 지나친 수요를 억제·소멸시키기 위한</u> 마케팅이다.

⑤ 터보마케팅(Turbo Marketing)

> 터보마케팅은 <u>더 나은 제품을 더 낮은 가격으로 더 빨리 제공함으로써 시간적 우위를 통해 경쟁력을 확보하는</u> 마케팅이다.

13 마케팅전략에 관한 설명으로 옳은 것은?

① 마케팅비용을 절감하기 위해 차별화마케팅전략을 도입한다.

> 표적시장 선정을 위한 차별화전략이란 두 개 이상의 세분시장을 표적시장으로 삼고, 세분시장마다 각기 다른 독특한 제품을 제공하는 마케팅전략으로, 차별화마케팅전략 도입 시 마케팅비용은 오히려 상승하므로, 주로 자원이 풍부한 기업에서 사용한다.

❷ 제품전문화전략은 표적시장 선정전략의 일종이다.

> 표적시장 선정전략에는 선별적 전문화, 시장전문화, 제품전문화, 전체 시장 확보 및 특정 세분시장 집중 등이 있다.

③ 포지셔닝은 전체 시장을 목표로 하는 마케팅전략이다.

> 포지셔닝은 특정 목표시장에서의 경쟁우위를 달성하기 위한 마케팅전략이다.

④ 제품의 확장속성이란 판매자가 제공하거나 구매자가 추구하는 본질적 편익을 말한다.

> 제품의 확장속성이란 경쟁자가 제공하는 편익과 구별되는 차별화특성을 말한다.

⑤ 시장세분화 전제조건으로서의 실질성이란 세분시장의 구매력 등이 측정 가능해야 함을 의미한다.

> 시장세분화 전제조건으로서의 실질성이란 세분시장이 상당한 이익을 기대할 수 있을 정도의 규모여야 함을 의미한다.

핵심체크 | **시장세분화의 전제조건**

- 측정가능성(Measurability) : 세분시장의 구매력 등이 측정 가능해야 한다.
- 규모적정성(Substantiality) : 세분시장이 상당한 이익을 기대할 수 있을 정도의 규모여야 한다(실질성).
- 접근가능성(Accessibility) : 소비자들이 세분시장에 접근할 수 있는 방법을 알아야 한다.
- 실행가능성(Action Ability) : 세분시장별로 효과적인 마케팅전략이 개발·실행 가능해야 한다.
- 차별가능성(Differentiability) : 세분시장 내에서는 동질적이어야 하고, 세분시장 간에는 이질적이어야 한다.

14 포터(M. Porter)의 가치사슬(Value Chain)모델에서 주요활동(Primary Activities)에 해당하는 것은?

① 인적자원관리
❷ 서비스
③ 기술개발
④ 기획 · 재무
⑤ 법률자문

> 서비스는 본원적 활동(주요활동)에 해당한다.

핵심체크 **가치사슬모델**

포터는 가치사슬모델을 통해 가치창출활동을 본원적 활동(Primary Activities)과 지원활동(Support Activities)으로 구분하였다.
• 본원적 활동(주요활동) : 입고, 운영, 출고, 마케팅 · 판매, 서비스 등
• 지원활동(보조활동) : 인프라(법, 기획 · 재무, 회계, 품질관리 등), 인적자원관리, 기술개발, 조달 등

15 경영정보시스템 용어에 관한 설명으로 옳지 않은 것은?

① 비즈니스프로세스 리엔지니어링(Business Process Reengineering)은 새로운 방식으로 최대한의 이득을 얻기 위해 기존의 비즈니스프로세스를 변경하는 것이다.

> 비즈니스프로세스 리엔지니어링은 기능별 조직의 한계를 넘어 고객요구를 충족시킬 수 있다는 관점에서 원점부터 재검토하여 프로세스를 중심으로 업무를 재편하는 탑다운방식의 경영기법으로, 업적을 비약적으로 향상시킬 수 있다.

② 비즈니스 인텔리전스(Business Intelligence)는 사용자가 정보에 기반하여 보다 나은 비즈니스의 사결정을 돕기 위한 응용프로그램, 기술 및 데이터 분석 등을 포함하는 시스템이다.

> 비즈니스 인텔리전스는 기업의 데이터를 수집 · 정리 · 분석하고 이를 활용하여 효율적인 의사결정을 할 수 있도록 지원하는 시스템으로, 의사결정지원시스템보다 광범위한 범주의 기술이다.

③ 의사결정지원시스템(Decision Support System)은 컴퓨터를 이용하여 의사결정자가 효과적인 의사결정을 할 수 있도록 지원하는 시스템이다.

> 의사결정지원시스템은 기업이 당면한 여러 가지 문제를 해결하기 위해 복수의 대안을 개발 · 비교하여 최적의 의사결정을 할 수 있도록 지원하는 시스템으로, 대체로 비즈니스 인텔리전스의 한 요소로 인식되는 경향이 있다.

④ 위키스(Wikis)는 사용자들이 웹페이지 내용을 쉽게 추가 · 편집할 수 있는 웹사이트의 일종이다.

> 위키스의 어원은 하와이어로서 '빨리'를 의미하는 wiki로, 일반적으로 웹상 모든 사람에게 문서의 편집권한을 부여한 웹사이트를 의미하며, 주로 웹사전으로 많이 사용되고 있다.

❺ 자율컴퓨팅(Autonomous Computing)은 지리적으로 분산된 네트워크환경에서 수많은 컴퓨터와 데이터베이스 등을 고속네트워크로 연결하여 공유할 수 있도록 한다.

> 지문은 그리드컴퓨팅에 대한 설명이다. 자율컴퓨팅이란 컴퓨터시스템이 스스로의 상태를 인식하여 인간의 관여 없이 혹은 최소한의 관여만으로 보호, 재구성, 자원의 재할당 및 복구 등의 작업을 자율적으로 처리하는 집합적 행동을 말한다.

16 품질의 산포가 우연원인에 의한 것인지, 이상원인에 의한 것인지를 밝혀 주는 역할을 하며, 제조공정의 상태를 파악하기 위해 공정관리에 이용되는 것은?

① 파레토도

이탈리아의 경제학자 파레토가 발표한 소득곡선에 관한 지수법칙을 바탕으로, 현장에서 문제시되는 불량, 결점, 고장 및 사고 등의 데이터를 원인별로 분류·집계하여 크기순으로 나열하고, 막대그래프와 꺾은 선 그래프로 표현한 도표이다.

❷ 관리도

관리도(Control Chart)는 생산제품의 품질이 규격에 적합한지를 지속적으로 검토하여 이상원인에 의한 공정 상 변화를 발견하는 통계학적 품질관리도구로, 하나의 중심선과 두 개의 관리한계선(관리상한성·관리하한선)으로 구성되어 있는데, 관리한계선 내에서의 변동은 우연원인에 의한 우연변동으로서 공정이 관리되고 있음을 나타내고, 관리한계선을 벗어난 변동은 이상원인에 의한 이상변동으로서 공정이 관리되고 있지 않음을 나타낸다.

③ 산포도

변산도라고도 하며, 변량이 흩어져 있는 정도를 나타낸 값이다.

④ 특성요인도

생선뼈 모양을 하고 있어 생선뼈그림(Fishbone Diagram)이라고도 하며, 현장에서 발생하는 문제들의 결과(특성)와 원인(요인)의 관계를 체계적으로 도식화한 도표이다.

⑤ 히스토그램

비교할 양이나 수치의 분포를 구간을 나누어 막대그래프로 표현한 도표이다.

17 (주)한국의 연도별 제품판매량은 다음과 같다. 과거 3년간의 데이터를 바탕으로 단순이동평균법을 적용하였을 때 2020년도의 수요예측량은?

연 도	2014	2015	2016	2017	2018	2019
판매량(개)	2,260	2,090	2,110	2,150	2,310	2,410

① 2,270

② 2,280

❸ 2,290

④ 2,300

⑤ 2,310

> 단순이동평균법은 시계열자료를 이용한 예측기법으로, 계절적 변동이 반영되지 않은 시계열에 급속한 증가·감소가 없고 우연변동만이 작용하는 경우의 수요예측에 주로 사용된다. 데이터를 바탕으로 단순이동평균법을 적용하면 다음과 같다.
>
> $$수요예측량 = \frac{과거\ 3년간의\ 판매량\ 합}{3} = \frac{2,150 + 2,310 + 2,410}{3} = 2,290(개)$$
>
> 따라서 (주)한국의 2020년도의 수요예측량은 2,290개이다.

18 선물거래에 관한 설명으로 옳지 않은 것은?

① 조직화된 공식시장에서 거래가 이루어진다.

② 다수의 불특정 참가자가 자유롭게 시장에 참여한다.

③ 거래대상, 거래단위 등의 거래조건이 표준화되어 있다.

④ 계약의 이행을 보증하려는 제도적 장치로 일일정산, 증거금 등이 있다.

❺ 반대매매를 통한 중도청산이 어려워 만기일에 실물의 인수·인도가 이루어진다.

> 지문은 선도거래에 대한 설명이다. 선도거래는 계약이 체결되는 시점은 현재지만, 결제는 장래 일정 시점에 이루어지고, 가격변동에 따른 위험을 회피하기 위한 거래방식임은 선물거래와 동일하나, 거래의 장소, 시간, 방법 및 규칙 등이 자유롭고, 만기이행이 원칙이기에 중도청산이 어려우며, 현물로 인수·인도된다는 점에서 차이가 있다.

핵심체크 선물거래

> 선물거래는 거래조건이 표준화되어 있는 특정 상품을 미리 정한 가격(선물가격)으로 미래 일정 시점에 인도·인수할 것을 약속하는 거래형태로, 공인된 거래소에서 불특정다수의 참가자에 의해 경쟁매매방식으로 진행되고, 청산소(결제소)에 의해 일일정산이 이루어지며, 그 청산소에서 계약이행을 보증해주므로 계약불이행의 위험이 없을 뿐만 아니라, 시장상황의 변화에 따라 자유로운 중도청산이 가능하다.

19 다음에서 설명하는 투자안의 경제적 평가방법은?

> • 투자안으로부터 예상되는 미래 기대현금 유입액의 현재가치와 기대현금 유출액의 현재가치를 일치시키는 할인율을 구한다.
> • 산출된 할인율, 즉 투자수익률을 최소한의 요구수익률인 자본비용 또는 기회비용과 비교하여 투자안의 채택 여부를 결정한다.

① 순현가법

순현재가치는 투자안의 위험도에 상응하는 할인율을 반영하여 계산한 현금유입의 현재가치에서 현금유출의 현재가치를 제한 값으로, 순현재가치법은 순현재가치를 0과 비교하여 투자를 결정한다.

② 수익성지수법

수익성지수는 현금유입의 현재가치를 현금유출의 현재가치로 나눈 값으로, 수익성지수법은 수익성지수를 1과 비교하여 투자를 결정한다.

③ 회수기간법

회수기간은 투자액을 회수하는 데에 소요되는 기간으로, 회수기간법은 회수기간의 장단을 기준으로 투자를 결정하는데, 회수기간이 짧을수록 미래 현금흐름에 대한 불확실성을 줄일 수 있다.

❹ 내부수익률법

내부수익률은 미래 현금유입의 현재가치와 현금유출의 현재가치를 일치시켜 투자안의 순현재가치를 0으로 만드는 할인율로, 내부수익률법은 내부수익률을 투자안의 자본비용과 비교하여 투자를 결정한다.

⑤ 평균회계이익률법

평균회계이익률 또는 회계적 이익률은 연평균순이익을 연평균투자액으로 나눈 값으로, 평균회계이익률법은 평균회계이익률을 목표이익률과 비교하여 투자를 결정한다.

20 (주)한국의 총자산이 40억원, 비유동자산이 25억원, 유동부채가 10억원인 경우 유동비율은?

① 50%   ② 70%
③ 100%   ❹ 150%
⑤ 200%

> 유동비율은 유동부채에 대한 유동자산의 비율로, 문제의 조건을 유동비율의 공식에 대입하면 다음과 같다.
>
> $$유동비율 = \frac{유동자산}{유동부채} \times 100 = \frac{40억원 - 25억원}{10억원} \times 100 = 1.5 \times 100 = 150\%$$
>
> 따라서 (주)한국의 유동비율은 150%이다.

21 자본항목의 분류가 다른 것은?

① 주식할인발행차금   ② 감자차손
③ 자기주식   ④ 미교부주식배당금
❺ 자기주식처분이익

자기주식처분이익은 자본잉여금에 해당한다.

핵심체크   자본의 종류

분류	계정
자본금	보통주자본금 · 우선주자본금
자본잉여금	주식발행초과금, 감자차익, 자기주식처분이익 등
자본조정	• 가산항목 : 미교부주식배당금, 주식매수선택권, 출자전환채무 등 • 차감항목 : 자기주식, 자기주식처분손실, 주식할인발행차금, 감자차손, 배당건설이자 등
기타 포괄손익누계액	매도가능증권 평가손익, 해외사업 환산손익, 위험회피파생상품 평가손익, 재평가잉여금 등
이익잉여금	일반(법정적립금 · 임의적립금), 미처분이익잉여금(미처리결손금)

22 부채에 관한 설명으로 옳지 않은 것은?

① 매입채무는 일반적인 상거래에서 발생한 외상매입금과 지급어음을 말한다.
② 예수금은 거래처나 종업원을 대신하여 납부기관에 납부할 때 소멸하는 부채이다.
③ 미지급금은 비유동자산의 취득 등 일반적인 상거래 이외에서 발생한 채무를 말한다.
④ 장기차입금의 상환기일이 결산일로부터 1년 이내에 도래하는 경우 유동성장기차입금으로 대체하고 유동부채로 분류한다.
❺ 매입채무, 차입금, 선수금, 사채 등은 금융부채에 속한다.

선수금은 재화나 용역을 인도받기로 계약하고 미리 지급하는 금액으로, 계약한 재화나 용역을 인도받으면 제공대가로 대체되므로, 금융부채에 속하지 않는다.

핵심체크   부채의 분류

분류	계정
유동부채	만기가 1년 이내인 부채로, 단기금융부채(매입채무, 단기차입금, 미지급금 등), 미지급비용, 미지급법인세, 선수금, 선수수익, 예수금 등
비유동부채	만기가 1년 이후인 부채로, 사채, 장기금융부채(장기매입채무, 장기차입금, 장기미지급금 등), 퇴직급여충당부채, 이연법인세부채, 임대보증금 등

23 재무상태표와 관련되는 것을 모두 고른 것은?

확인 Check!
○
△
×

ㄱ. 수익·비용대응의 원칙   ㄴ. 일정 시점의 재무상태
ㄷ. 유동성배열법   ㄹ. 일정 기간의 경영성과
ㅁ. 자산, 부채 및 자본

① ㄱ, ㄴ   ② ㄱ, ㄹ
③ ㄴ, ㄷ, ㄹ   ❹ ㄴ, ㄷ, ㅁ
⑤ ㄷ, ㄹ, ㅁ

> 재무제표는 기업의 재무상태, 경영성과 및 현금흐름·자본의 변동을 일정한 형식에 맞추어 작성한 회계보고서로서 재무상태를 표시하는 재무상태표, 경영성과를 표시하는 포괄손익계산서, 각각 현금흐름의 변동과 자본의 변동을 표시하는 현금흐름표 및 자본변동표로 구성된다. <u>수익·비용대응의 원칙과 일정 기간의 경영성과는 포괄손익계산서와 관련되는</u> 것이다.

핵심체크 | 재무제표

- 재무상태표 : 대차대조표라고도 하며, 기업의 일정 시점의 재무상태를 나타내는 재무제표로, 차변엔 자산, 대변엔 부채와 자본을 기입하고, 기업회계기준인 유동성배열법을 원칙으로 작성한다.
- 포괄손익계산서 : 기업의 일정 기간 동안의 성과를 나타내는 재무제표로, 그 기간 동안 발생한 수익과 이에 대응하는 비용을 정리하여 작성한다.

24 전자(상)거래의 유형에 관한 설명으로 옳은 것은?

확인 Check!
○
△
×

❶ B2E는 기업과 직원 간 전자(상)거래를 말한다.

B2E(Business-to-Employee) : 기업 – 직원

② B2C는 소비자와 소비자 간 전자(상)거래를 말한다.

B2C(Business-to-Customer) : 기업 – 소비자

③ B2B는 기업 내 전자(상)거래를 말한다.

B2B(Business-to-Business) : 기업 – 기업

④ C2C는 기업과 소비자 간 전자(상)거래를 말한다.

C2C(Customer-to-Customer) : 소비자 – 소비자

⑤ C2G는 기업 간 전자(상)거래를 말한다.

C2G(Customer-to-Government) : 소비자 – 정부

25 기업이 미래 의사결정 및 예측을 위하여 보유하고 있는 고객, 거래, 상품 등의 데이터와 각종 외부데이터를 분석하여 숨겨진 패턴이나 규칙을 발견하는 것은?

☑ 확인
Check!
○
△
✕

① 데이터관리(Data Management)

> 데이터관리는 <u>데이터를 안전하고 효율적·경제적으로 수집, 보관 및 사용하는 활동</u>이다.

② 데이터무결성(Data Integrity)

> 데이터무결성은 <u>데이터베이스에 저장된 데이터값과 그 데이터값이 표현하는 실제값이 일치하는 정도</u>이다.

❸ 데이터마이닝(Data Mining)

> 데이터마이닝은 <u>기업의 경영과정에서 발생한 대규모 데이터에 담긴 변수들 간에 존재하는 패턴과 규칙을 발견하여 가치 있는 정보를 추출하는 기술</u>로, 비즈니스 인텔리전스 애플리케이션의 하나이다.

④ 데이터정제(Data Cleaning)

> 데이터정제는 <u>수집한 데이터의 결측치나 이상치들을 다른 값으로 대체하거나 제거하는 데이터분석의 전처리작업</u>이다.

⑤ 데이터마트(Data Mart)

> 데이터마트는 <u>전사적으로 구축된 데이터웨어하우스를 특정 주제나 부서별 사용자와 연결시켜 주는 소규모데이터웨어하우스</u>이다.

핵심체크　**데이터웨어하우스(Data Warehouse)**

데이터웨어하우스는 사용자의 의사결정을 지원하기 위해 기간시스템의 데이터베이스에 축적된 데이터들을 추출·변환·요약하여 일원적으로 관리·제공하는 데이터베이스이다.

2024년　2023년　2022년　2021년　2020년

모든 일에 있어서, 시간이 부족하지 않을까를 걱정하지 말고,
다만 내가 마음을 바쳐 최선을 다할 수 있을지, 그것을 걱정하라.

– 정조 –

판례색인

PART 01 노동법 Ⅰ

[대법원]

대판 1987.6.9. 85다카2473	38
대판 1988.12.13. 87다카2803[전합]	43
대판 1990.9.25. 90누2727	36, 74, 104
대판 1991.4.9. 90다16245	100
대판 1991.7.26. 90다카11636	95
대판 1992.4.24. 91다17931	96
대판 1992.12.22. 91다45165	61, 100
대판 1993.5.14. 93다1893	100
대판 1994.12.13. 93누23275	6, 96
대판 1996.10.15. 95다53188	46
대판 1997.1.21. 95다24821	94
대판 1997.12.26. 97다17575	8
대판 1999.2.9. 97다56235	96
대판 2002.4.23. 2000다50701	36
대판 2002.5.28. 2001두10455	63, 96
대판 2002.7.9. 2000두9373	7
대판 2002.7.9. 2001다29452	7
대판 2003.6.10. 2001두3136	6
대판 2003.11.13. 2003두4119	80
대판 2003.12.18. 2002다2843[전합]	16
대판 2005.6.9. 2002다70822	8
대판 2007.5.31. 2007두1460	6
대판 2007.6.1. 2005다5812	8
대판 2007.9.6. 2005두8788	64
대판 2007.10.26. 2005도9218	4
대판 2008.2.29. 2007다85997	46
대판 2009.5.28. 2009두2238	46
대판 2010.5.20. 2007다90760[전합]	43
대판 2010.9.30. 2010다41089	8
대판 2011.6.9. 2010다50236	79
대판 2012.3.29. 2011다101308	43
대판 2012.7.5. 2009두16763	96
대판 2013.5.9. 2012다64833	64
대판 2013.12.18. 2012다89399[전합]	62, 78, 96
대판 2013.12.26. 2011다4629	83
대판 2014.2.27. 2011다109531	74
대판 2014.3.13. 2011다95519	83
대판 2014.11.27. 2011다41420	64, 96
대판 2015.5.28. 2012두25873	80
대판 2015.11.27. 2015두48136	65, 94
대판 2017.5.17. 2014다232296	44, 95
대판 2017.12.22. 2013다25194	5
대판 2018.6.19. 2013다85523	47
대판 2018.6.28. 2016다48297	83
대판 2018.7.12. 2018다21821	44
대판 2018.10.12. 2015두36157	2
대판 2019.3.14. 2015두46321	3
대판 2019.11.14. 2018다200709	61
대판 2019.11.28. 2017두57318	6
대판 2019.11.28. 2019다261084	43
대판 2020.6.25. 2016두56042	63
대판 2020.11.5. 2018두54705	8
대판 2020.11.16. 2016다13437	7
대판 2021.8.19. 2018다270876	5
대판 2022.4.14. 2019두55859	5
대판 2022.9.29. 2018다301527	16
대판 2022.10.14. 2022다245518	16, 46
대판 2023.5.11. 2017다35588[전합]	15
대판 2023.9.21. 2016다255941[전합]	3
대판 2023.9.21. 2022다286755	6
대판 2023.11.16. 2019두59349	5
대판 2023.11.30. 2019두53952	20

PART 02 노동법 II

[대법원]

대판 1990.5.15. 90도357   113
대판 1990.10.12. 90도1431   155, 177
대판 1991.1.25. 90누4952   198
대판 1991.7.26. 91누2557   159
대판 1991.8.13. 91도1324   190
대판 1992.1.21. 91누5204   177
대판 1992.5.12. 91다34523   193
대판 1992.9.1. 92누7733   172
대판 1993.2.9. 92다27102   190
대판 1993.4.27. 91누12257   201
대판 1993.7.13. 92다45735   173
대판 1995.2.28. 94다15363   150
대판 1997.7.8. 96누6431   211
대판 1998.2.27. 97다43567   148
대판 1999.4.27. 99두202   159
대판 2000.9.29. 99다67536   173
대판 2000.10.13. 99도4812   177
대판 2001.10.25. 99도4837[전합]   157, 193
대판 2002.2.22. 2000다65086   148
대판 2002.7.26. 2001두5361   192
대판 2003.6.13. 2003두1097   190
대판 2003.12.11. 2001도3429   187
대판 2003.12.26. 2003두8906   187, 207
대판 2004.1.29. 2001다5142   120, 150
대판 2006.9.8. 2006도388   198, 211
대판 2007.12.28. 2007도5204   175, 177
대판 2009.6.23. 2007두12859   193
대판 2010.1.28. 2007다76566   175
대판 2010.6.10. 2009도12180   175

대판 2011.5.26. 2011다1842   168, 187
대판 2014.8.26. 2012두6063   148
대판 2015.6.25. 2007두4995[전합]   201
대판 2016.2.19. 2012다96120[전합]   192
대판 2016.4.15. 2013두11789   113
대판 2017.4.7. 2013다101425   175, 191, 209
대판 2017.10.31. 2016두36956   125
대판 2018.1.24. 2014다203045   147
대판 2018.2.13. 2014다33604   177
대판 2018.5.15. 2018두33050   198, 211
대판 2018.7.26. 2016다205908   148, 182, 187, 189
대판 2018.8.30. 2017다218642   152
대판 2018.9.13. 2017두40655   124
대판 2018.10.12. 2015두38092   185
대판 2018.11.29. 2018두41532   189, 190
대판 2018.12.27. 2017두37031   198, 211
대판 2019.4.25. 2017두33510   122
대판 2019.10.31. 2017두37772   188, 189
대판 2020.1.16. 2019다223129   188
대판 2020.9.3. 2016두32992[전합]   147
대판 2020.10.29. 2019다262582   169
대판 2021.2.25. 2017다51610   147

[헌법재판소]

헌재 1998.2.27. 94헌바13   113, 165
헌재 2005.11.24. 2002헌바95   113, 150, 165
헌재 2009.10.29. 2007헌마1359   165
헌재 2011.12.29. 2010헌바385   208
헌재 2018.5.31. 2012헌바90, 헌법불합치   211

판례색인

PART 03 민 법

[대법원]

대결 1972.5.15. 72마401		242
대결 1980.3.21. 80마77		300
대결 1998.10.28. 98마1817	282,	324
대결 2000.11.2. 2000마3530		219
대결 2007.11.30. 2005마1130		290
대결 2009.11.19. 2008마699[전합]	220,	300
대결 2012.7.16. 2009마461		241
대판 1963.11.21. 63다634		269
대판 1964.12.29. 64다804		236
대판 1966.6.21. 66다530		283
대판 1968.1.23. 67다2440		236
대판 1969.12.30. 69다1873		326
대판 1970.2.24. 69다1410	246, 294,	315
대판 1970.9.29. 70다466		303
대판 1976.4.13. 75다1100		240
대판 1976.10.29. 76다1623		241
대판 1980.3.11. 80다78		295
대판 1980.4.8. 79다2036	281,	322
대판 1980.5.13. 78다1790		288
대판 1980.9.30. 80도1874		282
대판 1981.3.24. 80다1888		304
대판 1981.4.14. 80다2314		306
대판 1981.6.23. 80다3221		328
대판 1981.11.10. 80다2475		225
대판 1982.1.26. 81다카549	285,	306
대판 1982.9.28. 82다카499		218
대판 1984.4.10. 83다카1328		326
대판 1984.9.11. 83다카2288		293
대판 1985.3.12. 84다카2093		292
대판 1985.9.10. 84다카1532		233
대판 1987.6.23. 86다카1411		328

대판 1987.7.7. 86다카1004		228
대판 1987.10.28. 87다카1185		298
대판 1987.12.22. 87다카2337	224,	288
대판 1988.4.25. 87다카1380		308
대판 1988.11.22. 87다카1836	241, 291,	309
대판 1989.5.9. 87다카2407		259
대판 1989.7.11. 88다카20866		333
대판 1990.5.8. 89다카29129		332
대판 1990.11.9. 90다카22513		233
대판 1991.1.29. 89다카1114		267
대판 1991.3.12. 90다2147[전합]		330
대판 1991.3.22. 90다9797		318
대판 1991.3.27. 90다19930		245
대판 1991.4.12. 90다9407		269
대판 1991.5.14. 91다2779		219
대판 1991.12.24. 90다12243[전합]		265
대판 1992.4.10. 91다43138		247
대판 1992.4.14. 91다26850		322
대판 1992.5.12. 91다2151		315
대판 1992.5.12. 91다3062		234
대판 1992.6.23. 91다33070[전합]		339
대판 1992.7.14. 92다527		236
대판 1992.10.23. 92다29337		326
대판 1992.10.27. 91다483		236
대판 1992.12.24. 92다25120		227
대판 1993.3.26. 92다32876		269
대판 1993.4.13. 92다24950		282
대판 1993.4.23. 92다41719		233
대판 1993.5.25. 93다296		328
대판 1993.7.16. 92다41528	231,	325
대판 1993.7.27. 92다52795		299
대판 1993.8.24. 93다24445		274
대판 1993.9.10. 93다20283	244,	274
대판 1993.10.12. 93다19924		327
대판 1993.11.12. 93다34589		276

대판 1993.11.12. 93다36882	297
대판 1993.12.10. 93다42399	219
대판 1994.2.8. 93다13605	298
대판 1994.3.11. 93다55289	231
대판 1994.4.29. 93다35551	240
대판 1994.6.24. 94다10900	261, 300, 327
대판 1994.8.12. 92다41559	294
대판 1994.8.12. 93다52808	243
대판 1994.9.27. 94다20617	286
대판 1994.11.11. 94다22446	311
대판 1994.11.25. 94다35930	295
대판 1994.12.22. 94다24985	263
대판 1995.3.24. 94다44620	225
대판 1995.6.30. 94다23920	331
대판 1995.6.30. 94다54269	268
대판 1995.8.25. 94다35886	267, 329
대판 1995.10.13. 94다57800	235
대판 1996.1.26. 94다30690	230
대판 1996.6.11. 95다12798	251
대판 1996.7.30. 95다7932	333
대판 1996.7.30. 95다16011	247
대판 1996.8.23. 94다38199	285
대판 1996.9.10. 96다18182	325
대판 1996.9.20. 96다25302	267
대판 1996.10.11. 95다1460	227
대판 1996.10.25. 96다23825	265
대판 1996.11.12. 96다34061	279
대판 1996.12.10. 96다32881	256
대판 1997.3.25. 96다51271	230, 262
대판 1997.5.23. 95다51908	270
대판 1997.6.27. 97다9369	232
대판 1997.7.8. 97다12273	305
대판 1997.8.22. 97다13023	225, 260
대판 1997.8.26. 97다6063	260
대판 1997.10.10. 97다26326	254
대판 1997.11.11. 97다36965	232
대판 1997.12.12. 95다38240	264, 286, 307
대판 1997.12.12. 97누13962	325
대판 1998.1.23. 96다41496	262
대판 1998.2.27. 97다50985	226, 260, 284, 303, 324
대판 1998.3.13. 95다48599	270
대판 1998.3.13. 97다6919	319
대판 1998.3.13. 97다54604	245
대판 1998.3.27. 97다36996	265
대판 1998.3.27. 97다48982	285
대판 1998.5.29. 97다55317	228, 263
대판 1998.6.12. 97다53762	228
대판 1998.8.21. 97다13702	339
대판 1998.9.4. 98다17909	226
대판 1998.11.10. 98다42141	330
대판 1998.11.13. 97다58453	256
대판 1998.11.27. 98다7421	231
대판 1999.2.23. 98다60828	227
대판 1999.3.18. 98다32175[전합]	329
대판 1999.4.27. 98다56690	270
대판 1999.6.17. 98다40459[전합]	232, 265
대판 1999.7.9. 97다58767	250
대판 1999.7.9. 98다9045	281, 302
대판 1999.8.24. 99다23468	238
대판 1999.9.7. 99다14877	272
대판 1999.9.7. 99다30534	327
대판 1999.9.17. 98도2036	297
대판 1999.11.26. 99다23093	240
대판 2000.1.18. 98다18506	320
대판 2000.2.11. 99다47297	339
대판 2000.2.11. 99다56833	261, 326
대판 2000.2.25. 97다30066	245
대판 2000.4.11. 99다51685	272
대판 2000.5.12. 2000다12259	260

판례색인

대판 2000.6.9. 2000다9123   256
대판 2000.6.9. 2000다15371   251
대판 2000.7.6. 99다51258   226
대판 2000.8.22. 2000다29028   331
대판 2000.9.8. 99다36525   295
대판 2000.10.13. 99다18725   222
대판 2000.11.24. 99다12437   322
대판 2000.11.24. 2000다38718   314
대판 2001.2.9. 2000다61398   338
대판 2001.7.10. 2001다3764   260, 271
대판 2001.7.27. 99다56734   278
대판 2001.12.11. 2000다13948   338
대판 2001.12.27. 2000다73049   290
대판 2001.12.28. 2000다27749   324
대판 2002.1.25. 2001다30285   294
대판 2002.1.25. 2001다52506   249, 278
대판 2002.4.9. 99다47396   244
대판 2002.4.12. 2001다82545   251
대판 2002.4.26. 2001다59033   309
대판 2002.5.10. 2000다37296   251
대판 2002.9.10. 2002다21509   240, 333
대판 2002.9.24. 2002다36228   242
대판 2002.10.22. 2002다38927   261, 300, 326
대판 2002.11.8. 99다58136   296, 320
대판 2002.12.10. 2001다58443   263
대판 2002.12.27. 2000다47361   231, 314, 325
대판 2003.4.11. 2001다53059   244
대판 2003.4.25. 2002다11458   274
대판 2003.7.22. 2002다64780   220, 301, 323
대판 2003.7.25. 2002다27088   220
대판 2003.8.22. 2003다12717   272
대판 2003.10.9. 2001다24655   298, 339
대판 2003.11.14. 2001다32687   301
대판 2003.11.27. 2003다41722   277
대판 2003.12.12. 2003다40286   238

대판 2004.1.27. 2001다24891   337
대판 2004.2.27. 2003다51675   250
대판 2004.3.18. 2001다82507[전합]   233
대판 2004.4.23. 2004다8210   249, 258, 303
대판 2004.4.27. 2003다37891   242, 293
대판 2004.5.28. 2003다70041   284, 303
대판 2004.8.20. 2001다70337   337
대판 2004.8.30. 2004다21923   270
대판 2004.9.3. 2002다37405   246
대판 2005.4.29. 2004두14090   325
대판 2005.5.12. 2005다6228   225
대판 2005.5.13. 2004다71881   279
대판 2005.5.27. 2004다43824   302
대판 2005.10.7. 2005다38546   235
대판 2005.11.10. 2003다66066   332
대판 2005.11.10. 2005다41818   224, 288
대판 2006.1.12. 2005두9873   250
대판 2006.3.10. 2002다1321   303
대판 2006.4.20. 2004다37775[전합]   323
대판 2006.6.29. 2004다5822   308
대판 2006.7.28. 2004다54633   318
대판 2006.10.12. 2004재다818   334
대판 2006.10.26. 2006다29020   219, 302
대판 2006.12.7. 2006다41457   326
대판 2007.1.25. 2006다68940   329
대판 2007.3.29. 2004다31302   279
대판 2007.5.10. 2006다82700   290
대판 2007.6.1. 2005다5812   243
대판 2007.6.14. 2005다5140   319
대판 2007.6.14. 2005다32999   298
대판 2007.8.23. 2006다62942   266
대판 2007.9.20. 2005다63337   235
대판 2007.11.16. 2005다71659   280, 321
대판 2007.11.29. 2007다54849   237, 270
대판 2007.12.27. 2006다9408   233

대판 2007.12.27. 2007다17062   220
대판 2008.1.18. 2005다34711   323
대판 2008.1.31. 2007다74713   228
대판 2008.2.1. 2007다8914   331
대판 2008.2.28. 2005다60369   331
대판 2008.3.13. 2007다73611   275
대판 2008.3.27. 2006다70929   267
대판 2008.5.8. 2007다36933   258, 282, 302
대판 2008.6.26. 2008다22481   316
대판 2008.9.11. 2008다15278   260
대판 2008.11.13. 2006다1442   332
대판 2008.11.20. 2007다27670[전합]   258
대판 2009.1.15. 2008다58367   277
대판 2009.2.12. 2006다23312   323
대판 2009.2.12. 2008다71926   274
대판 2009.3.26. 2007다63102   332
대판 2009.4.23. 2009다1313   278
대판 2009.9.24. 2009다39530   288
대판 2009.12.24. 2007다64556   304
대판 2010.1.28. 2009다24187   271
대판 2010.2.11. 2009다83650   300
대판 2010.2.25. 2009다83797   313
대판 2010.3.25. 2009다41465   233
대판 2010.5.13. 2010다8310   241
대판 2010.7.15. 2009다50308   264, 307, 327
대판 2010.8.26. 2008다42416   221, 287
대판 2010.9.16. 2008다97218[전합]   243
대판 2010.10.14. 2010다44248   328
대판 2010.10.14. 2010다47438   318
대판 2010.12.9. 2009다59237   330
대판 2011.3.10. 2007다17482   280
대판 2011.4.28. 2008다15438
               220, 259, 281, 301, 323
대판 2011.6.9. 2011다29307   308
대판 2011.6.30. 2011다8614   221, 333

대판 2011.7.14. 2011다21143   339
대판 2011.7.28. 2009다100418   277, 297, 338
대판 2011.8.18. 2011다30871   262
대판 2011.8.25. 2008다47367   304
대판 2011.10.13. 2010다80930   269
대판 2011.12.8. 2011다55542   238
대판 2012.1.26. 2009다76546   219, 302, 324
대판 2012.3.29. 2011다106136   290
대판 2012.4.26. 2010다8709   255
대판 2012.8.17. 2012다30892   316
대판 2012.12.13. 2011다69770   338
대판 2012.12.27. 2012다60954   313
대판 2013.2.15. 2012다48855   239
대판 2013.2.15. 2012다49292   226
대판 2013.2.15. 2012다87089   282
대판 2013.4.11. 2012다118525   314
대판 2013.4.26. 2011다50509   315, 330
대판 2013.4.26. 2013다1952   284
대판 2013.5.23. 2010다102816   319
대판 2013.6.13. 2012다40332   220
대판 2013.6.27. 2011다17106   254
대판 2013.6.28. 2011다83110   333
대판 2013.7.25. 2011다7628   318
대판 2013.7.25. 2013다27015   283
대판 2013.8.22. 2013다30882   254
대판 2013.9.13. 2011다56033 246, 291, 294, 309
대판 2013.9.26. 2011다53683[전합]   261
대판 2013.9.26. 2012다43539   254, 317
대판 2013.11.28. 2011다41741   259
대판 2014.2.27. 2013다213038   228
대판 2014.4.10. 2012다29557   235
대판 2014.8.20. 2012다97420   242
대판 2014.11.27. 2013다49794   301
대판 2014.12.11. 2013다14569   272
대판 2014.12.18. 2011다50233[전합]   239

판례색인

대판 2015.2.12. 2014다41223	303	
대판 2015.3.20. 2013다88829	279	
대판 2015.4.23. 2011다63383	337	
대판 2015.4.23. 2013다9383	301	
대판 2015.4.23. 2013다92873	235	
대판 2015.4.23. 2013다211834	316	
대판 2015.8.27. 2013다81224	318	
대판 2015.9.10. 2010두1385	305	
대판 2015.11.17. 2012다2743	237	
대판 2015.12.23. 2013다81019	295	
대판 2016.3.24. 2015다11281	264	
대판 2016.6.9. 2014다64752	242	
대판 2016.6.10. 2014다200763	313	
대판 2016.8.29. 2015다236547	269	
대판 2016.9.28. 2014다221517	331	
대판 2016.10.27. 2014다211978	329	
대판 2017.4.7. 2014다234827	283	
대판 2017.4.27. 2016다271226	316	
대판 2017.5.30. 2016다275402	330	
대판 2017.5.30. 2017다201422	300	
대판 2017.6.29. 2017다213838	263	
대판 2017.7.11. 2016다52265	289, 313	
대판 2017.8.18. 2014다87595	303	
대판 2017.8.18. 2017다228762	313	
대판 2017.10.26. 2017다242867	243	
대판 2017.11.14. 2015다10929	244	
대판 2017.12.22. 2013다25194	227	
대판 2018.1.24. 2015다69990	319, 337	
대판 2018.2.13. 2017다275447	311	
대판 2018.3.22. 2012다74236[전합]	312	
대판 2018.4.10. 2016다252898	334	
대판 2018.5.15. 2016다211620	222	
대판 2018.6.28. 2016다221368	221, 266	
대판 2018.6.28. 2018다210775	306	
대판 2018.7.12. 2015다36167	309	
대판 2018.7.12. 2015다249147	255	
대판 2018.7.12. 2018다204992	315	
대판 2018.7.24. 2018다220574	284	
대판 2018.9.13. 2015다78703	226, 320, 336	
대판 2018.9.13. 2015다209347	293	
대판 2018.11.29. 2015다19827	251, 308	
대판 2018.11.29. 2017다247190	275, 320	
대판 2018.12.13. 2015다72385	275	
대판 2018.12.27. 2016다274270	247	
대판 2019.3.14. 2018다255648	222	
대판 2019.5.30. 2017다53265	322	
대판 2019.8.14. 2019다216435	312	
대판 2019.11.14. 2016다227694	253	
대판 2020.1.30. 2019다280375	226	
대판 2020.3.26. 2018다221867	288	
대판 2020.4.9. 2017다20371	274	
대판 2020.5.14. 2019도16228	283	
대판 2020.6.11. 2020다201156	311	
대판 2021.1.28. 2019다207141	239	
대판 2021.3.11. 2019다208472	316	
대판 2021.4.8. 2020다284496	307	
대판 2021.5.7. 2018다259213	221	
대판 2021.12.30. 2018다268538	284	
대판 2022.1.27. 2018다259565	294	
대판 2022.3.17. 2021다287515	221	
대판 2023.6.1. 2023다209045	253	
대판 2024.1.4. 2023다263537	219	

2025 시대에듀 EBS 공인노무사 1차 5개년 기출문제해설

개정12판1쇄 발행	2024년 07월 30일(인쇄 2024년 06월 26일)
초 판 발 행	2013년 05월 10일(인쇄 2013년 03월 27일)
발 행 인	박영일
책 임 편 집	이해욱
저 자	EBS 교수진
편 집 진 행	안효상 · 이재성 · 김민지
표 지 디 자 인	박종우
편 집 디 자 인	표미영 · 하한우
발 행 처	(주)시대고시기획
출 판 등 록	제10-1521호
주 소	서울시 마포구 큰우물로 75 [도화동 538 성지 B/D] 9F
전 화	1600-3600
팩 스	02-701-8823
홈 페 이 지	www.sdedu.co.kr
I S B N	979-11-383-7305-0(13360)
정 가	33,000원

공인노무사 연습용 마킹표

연 도		과 목	
시 간		회 독	

문 번	CHECK	문 번	CHECK
1	① ② ③ ④ ⑤	21	① ② ③ ④ ⑤
2	① ② ③ ④ ⑤	22	① ② ③ ④ ⑤
3	① ② ③ ④ ⑤	23	① ② ③ ④ ⑤
4	① ② ③ ④ ⑤	24	① ② ③ ④ ⑤
5	① ② ③ ④ ⑤	25	① ② ③ ④ ⑤
6	① ② ③ ④ ⑤	26	① ② ③ ④ ⑤
7	① ② ③ ④ ⑤	27	① ② ③ ④ ⑤
8	① ② ③ ④ ⑤	28	① ② ③ ④ ⑤
9	① ② ③ ④ ⑤	29	① ② ③ ④ ⑤
10	① ② ③ ④ ⑤	30	① ② ③ ④ ⑤
11	① ② ③ ④ ⑤	31	① ② ③ ④ ⑤
12	① ② ③ ④ ⑤	32	① ② ③ ④ ⑤
13	① ② ③ ④ ⑤	33	① ② ③ ④ ⑤
14	① ② ③ ④ ⑤	34	① ② ③ ④ ⑤
15	① ② ③ ④ ⑤	35	① ② ③ ④ ⑤
16	① ② ③ ④ ⑤	36	① ② ③ ④ ⑤
17	① ② ③ ④ ⑤	37	① ② ③ ④ ⑤
18	① ② ③ ④ ⑤	38	① ② ③ ④ ⑤
19	① ② ③ ④ ⑤	39	① ② ③ ④ ⑤
20	① ② ③ ④ ⑤	40	① ② ③ ④ ⑤
정 답		오 답	
점 수			

MEMO

공인노무사 연습용 마킹표

연 도		과 목	
시 간		회 독	

문 번	CHECK	문 번	CHECK
1	① ② ③ ④ ⑤	21	① ② ③ ④ ⑤
2	① ② ③ ④ ⑤	22	① ② ③ ④ ⑤
3	① ② ③ ④ ⑤	23	① ② ③ ④ ⑤
4	① ② ③ ④ ⑤	24	① ② ③ ④ ⑤
5	① ② ③ ④ ⑤	25	① ② ③ ④ ⑤
6	① ② ③ ④ ⑤	26	① ② ③ ④ ⑤
7	① ② ③ ④ ⑤	27	① ② ③ ④ ⑤
8	① ② ③ ④ ⑤	28	① ② ③ ④ ⑤
9	① ② ③ ④ ⑤	29	① ② ③ ④ ⑤
10	① ② ③ ④ ⑤	30	① ② ③ ④ ⑤
11	① ② ③ ④ ⑤	31	① ② ③ ④ ⑤
12	① ② ③ ④ ⑤	32	① ② ③ ④ ⑤
13	① ② ③ ④ ⑤	33	① ② ③ ④ ⑤
14	① ② ③ ④ ⑤	34	① ② ③ ④ ⑤
15	① ② ③ ④ ⑤	35	① ② ③ ④ ⑤
16	① ② ③ ④ ⑤	36	① ② ③ ④ ⑤
17	① ② ③ ④ ⑤	37	① ② ③ ④ ⑤
18	① ② ③ ④ ⑤	38	① ② ③ ④ ⑤
19	① ② ③ ④ ⑤	39	① ② ③ ④ ⑤
20	① ② ③ ④ ⑤	40	① ② ③ ④ ⑤
정 답		오 답	
점 수			

MEMO

공인노무사 연습용 마킹표

연 도		과 목	
시 간		회 독	
문 번	CHECK	문 번	CHECK
1	① ② ③ ④ ⑤	21	① ② ③ ④ ⑤
2	① ② ③ ④ ⑤	22	① ② ③ ④ ⑤
3	① ② ③ ④ ⑤	23	① ② ③ ④ ⑤
4	① ② ③ ④ ⑤	24	① ② ③ ④ ⑤
5	① ② ③ ④ ⑤	25	① ② ③ ④ ⑤
6	① ② ③ ④ ⑤	26	① ② ③ ④ ⑤
7	① ② ③ ④ ⑤	27	① ② ③ ④ ⑤
8	① ② ③ ④ ⑤	28	① ② ③ ④ ⑤
9	① ② ③ ④ ⑤	29	① ② ③ ④ ⑤
10	① ② ③ ④ ⑤	30	① ② ③ ④ ⑤
11	① ② ③ ④ ⑤	31	① ② ③ ④ ⑤
12	① ② ③ ④ ⑤	32	① ② ③ ④ ⑤
13	① ② ③ ④ ⑤	33	① ② ③ ④ ⑤
14	① ② ③ ④ ⑤	34	① ② ③ ④ ⑤
15	① ② ③ ④ ⑤	35	① ② ③ ④ ⑤
16	① ② ③ ④ ⑤	36	① ② ③ ④ ⑤
17	① ② ③ ④ ⑤	37	① ② ③ ④ ⑤
18	① ② ③ ④ ⑤	38	① ② ③ ④ ⑤
19	① ② ③ ④ ⑤	39	① ② ③ ④ ⑤
20	① ② ③ ④ ⑤	40	① ② ③ ④ ⑤
정 답		오 답	
점 수			

MEMO

공인노무사 연습용 마킹표

연 도		과 목	
시 간		회 독	
문 번	CHECK	문 번	CHECK
1	① ② ③ ④ ⑤	21	① ② ③ ④ ⑤
2	① ② ③ ④ ⑤	22	① ② ③ ④ ⑤
3	① ② ③ ④ ⑤	23	① ② ③ ④ ⑤
4	① ② ③ ④ ⑤	24	① ② ③ ④ ⑤
5	① ② ③ ④ ⑤	25	① ② ③ ④ ⑤
6	① ② ③ ④ ⑤	26	① ② ③ ④ ⑤
7	① ② ③ ④ ⑤	27	① ② ③ ④ ⑤
8	① ② ③ ④ ⑤	28	① ② ③ ④ ⑤
9	① ② ③ ④ ⑤	29	① ② ③ ④ ⑤
10	① ② ③ ④ ⑤	30	① ② ③ ④ ⑤
11	① ② ③ ④ ⑤	31	① ② ③ ④ ⑤
12	① ② ③ ④ ⑤	32	① ② ③ ④ ⑤
13	① ② ③ ④ ⑤	33	① ② ③ ④ ⑤
14	① ② ③ ④ ⑤	34	① ② ③ ④ ⑤
15	① ② ③ ④ ⑤	35	① ② ③ ④ ⑤
16	① ② ③ ④ ⑤	36	① ② ③ ④ ⑤
17	① ② ③ ④ ⑤	37	① ② ③ ④ ⑤
18	① ② ③ ④ ⑤	38	① ② ③ ④ ⑤
19	① ② ③ ④ ⑤	39	① ② ③ ④ ⑤
20	① ② ③ ④ ⑤	40	① ② ③ ④ ⑤
정 답		오 답	
점 수			

MEMO

공인노무사 연습용 마킹표

연 도		과 목	
시 간		회 독	
문 번	CHECK	문 번	CHECK
1	① ② ③ ④ ⑤	21	① ② ③ ④ ⑤
2	① ② ③ ④ ⑤	22	① ② ③ ④ ⑤
3	① ② ③ ④ ⑤	23	① ② ③ ④ ⑤
4	① ② ③ ④ ⑤	24	① ② ③ ④ ⑤
5	① ② ③ ④ ⑤	25	① ② ③ ④ ⑤
6	① ② ③ ④ ⑤	26	① ② ③ ④ ⑤
7	① ② ③ ④ ⑤	27	① ② ③ ④ ⑤
8	① ② ③ ④ ⑤	28	① ② ③ ④ ⑤
9	① ② ③ ④ ⑤	29	① ② ③ ④ ⑤
10	① ② ③ ④ ⑤	30	① ② ③ ④ ⑤
11	① ② ③ ④ ⑤	31	① ② ③ ④ ⑤
12	① ② ③ ④ ⑤	32	① ② ③ ④ ⑤
13	① ② ③ ④ ⑤	33	① ② ③ ④ ⑤
14	① ② ③ ④ ⑤	34	① ② ③ ④ ⑤
15	① ② ③ ④ ⑤	35	① ② ③ ④ ⑤
16	① ② ③ ④ ⑤	36	① ② ③ ④ ⑤
17	① ② ③ ④ ⑤	37	① ② ③ ④ ⑤
18	① ② ③ ④ ⑤	38	① ② ③ ④ ⑤
19	① ② ③ ④ ⑤	39	① ② ③ ④ ⑤
20	① ② ③ ④ ⑤	40	① ② ③ ④ ⑤
정 답		오 답	
점 수			

MEMO

공인노무사 연습용 마킹표

연 도		과 목	
시 간		회 독	
문 번	CHECK	문 번	CHECK
1	① ② ③ ④ ⑤	21	① ② ③ ④ ⑤
2	① ② ③ ④ ⑤	22	① ② ③ ④ ⑤
3	① ② ③ ④ ⑤	23	① ② ③ ④ ⑤
4	① ② ③ ④ ⑤	24	① ② ③ ④ ⑤
5	① ② ③ ④ ⑤	25	① ② ③ ④ ⑤
6	① ② ③ ④ ⑤	26	① ② ③ ④ ⑤
7	① ② ③ ④ ⑤	27	① ② ③ ④ ⑤
8	① ② ③ ④ ⑤	28	① ② ③ ④ ⑤
9	① ② ③ ④ ⑤	29	① ② ③ ④ ⑤
10	① ② ③ ④ ⑤	30	① ② ③ ④ ⑤
11	① ② ③ ④ ⑤	31	① ② ③ ④ ⑤
12	① ② ③ ④ ⑤	32	① ② ③ ④ ⑤
13	① ② ③ ④ ⑤	33	① ② ③ ④ ⑤
14	① ② ③ ④ ⑤	34	① ② ③ ④ ⑤
15	① ② ③ ④ ⑤	35	① ② ③ ④ ⑤
16	① ② ③ ④ ⑤	36	① ② ③ ④ ⑤
17	① ② ③ ④ ⑤	37	① ② ③ ④ ⑤
18	① ② ③ ④ ⑤	38	① ② ③ ④ ⑤
19	① ② ③ ④ ⑤	39	① ② ③ ④ ⑤
20	① ② ③ ④ ⑤	40	① ② ③ ④ ⑤
정 답		오 답	
점 수			

MEMO

공인노무사 연습용 마킹표

연 도		과 목	
시 간		회 독	
문 번	CHECK	문 번	CHECK
1	① ② ③ ④ ⑤	21	① ② ③ ④ ⑤
2	① ② ③ ④ ⑤	22	① ② ③ ④ ⑤
3	① ② ③ ④ ⑤	23	① ② ③ ④ ⑤
4	① ② ③ ④ ⑤	24	① ② ③ ④ ⑤
5	① ② ③ ④ ⑤	25	① ② ③ ④ ⑤
6	① ② ③ ④ ⑤	26	① ② ③ ④ ⑤
7	① ② ③ ④ ⑤	27	① ② ③ ④ ⑤
8	① ② ③ ④ ⑤	28	① ② ③ ④ ⑤
9	① ② ③ ④ ⑤	29	① ② ③ ④ ⑤
10	① ② ③ ④ ⑤	30	① ② ③ ④ ⑤
11	① ② ③ ④ ⑤	31	① ② ③ ④ ⑤
12	① ② ③ ④ ⑤	32	① ② ③ ④ ⑤
13	① ② ③ ④ ⑤	33	① ② ③ ④ ⑤
14	① ② ③ ④ ⑤	34	① ② ③ ④ ⑤
15	① ② ③ ④ ⑤	35	① ② ③ ④ ⑤
16	① ② ③ ④ ⑤	36	① ② ③ ④ ⑤
17	① ② ③ ④ ⑤	37	① ② ③ ④ ⑤
18	① ② ③ ④ ⑤	38	① ② ③ ④ ⑤
19	① ② ③ ④ ⑤	39	① ② ③ ④ ⑤
20	① ② ③ ④ ⑤	40	① ② ③ ④ ⑤
정 답		오 답	
점 수			

MEMO

공인노무사 연습용 마킹표

연 도		과 목	
시 간		회 독	
문 번	CHECK	문 번	CHECK
1	① ② ③ ④ ⑤	21	① ② ③ ④ ⑤
2	① ② ③ ④ ⑤	22	① ② ③ ④ ⑤
3	① ② ③ ④ ⑤	23	① ② ③ ④ ⑤
4	① ② ③ ④ ⑤	24	① ② ③ ④ ⑤
5	① ② ③ ④ ⑤	25	① ② ③ ④ ⑤
6	① ② ③ ④ ⑤	26	① ② ③ ④ ⑤
7	① ② ③ ④ ⑤	27	① ② ③ ④ ⑤
8	① ② ③ ④ ⑤	28	① ② ③ ④ ⑤
9	① ② ③ ④ ⑤	29	① ② ③ ④ ⑤
10	① ② ③ ④ ⑤	30	① ② ③ ④ ⑤
11	① ② ③ ④ ⑤	31	① ② ③ ④ ⑤
12	① ② ③ ④ ⑤	32	① ② ③ ④ ⑤
13	① ② ③ ④ ⑤	33	① ② ③ ④ ⑤
14	① ② ③ ④ ⑤	34	① ② ③ ④ ⑤
15	① ② ③ ④ ⑤	35	① ② ③ ④ ⑤
16	① ② ③ ④ ⑤	36	① ② ③ ④ ⑤
17	① ② ③ ④ ⑤	37	① ② ③ ④ ⑤
18	① ② ③ ④ ⑤	38	① ② ③ ④ ⑤
19	① ② ③ ④ ⑤	39	① ② ③ ④ ⑤
20	① ② ③ ④ ⑤	40	① ② ③ ④ ⑤
정 답		오 답	
점 수			

MEMO

공인노무사 연습용 마킹표

연 도		과 목	
시 간		회 독	
문 번	CHECK	문 번	CHECK
1	① ② ③ ④ ⑤	21	① ② ③ ④ ⑤
2	① ② ③ ④ ⑤	22	① ② ③ ④ ⑤
3	① ② ③ ④ ⑤	23	① ② ③ ④ ⑤
4	① ② ③ ④ ⑤	24	① ② ③ ④ ⑤
5	① ② ③ ④ ⑤	25	① ② ③ ④ ⑤
6	① ② ③ ④ ⑤	26	① ② ③ ④ ⑤
7	① ② ③ ④ ⑤	27	① ② ③ ④ ⑤
8	① ② ③ ④ ⑤	28	① ② ③ ④ ⑤
9	① ② ③ ④ ⑤	29	① ② ③ ④ ⑤
10	① ② ③ ④ ⑤	30	① ② ③ ④ ⑤
11	① ② ③ ④ ⑤	31	① ② ③ ④ ⑤
12	① ② ③ ④ ⑤	32	① ② ③ ④ ⑤
13	① ② ③ ④ ⑤	33	① ② ③ ④ ⑤
14	① ② ③ ④ ⑤	34	① ② ③ ④ ⑤
15	① ② ③ ④ ⑤	35	① ② ③ ④ ⑤
16	① ② ③ ④ ⑤	36	① ② ③ ④ ⑤
17	① ② ③ ④ ⑤	37	① ② ③ ④ ⑤
18	① ② ③ ④ ⑤	38	① ② ③ ④ ⑤
19	① ② ③ ④ ⑤	39	① ② ③ ④ ⑤
20	① ② ③ ④ ⑤	40	① ② ③ ④ ⑤
정 답		오 답	
점 수			

MEMO

공인노무사 연습용 마킹표

연 도		과 목	
시 간		회 독	
문 번	CHECK	문 번	CHECK
1	① ② ③ ④ ⑤	21	① ② ③ ④ ⑤
2	① ② ③ ④ ⑤	22	① ② ③ ④ ⑤
3	① ② ③ ④ ⑤	23	① ② ③ ④ ⑤
4	① ② ③ ④ ⑤	24	① ② ③ ④ ⑤
5	① ② ③ ④ ⑤	25	① ② ③ ④ ⑤
6	① ② ③ ④ ⑤	26	① ② ③ ④ ⑤
7	① ② ③ ④ ⑤	27	① ② ③ ④ ⑤
8	① ② ③ ④ ⑤	28	① ② ③ ④ ⑤
9	① ② ③ ④ ⑤	29	① ② ③ ④ ⑤
10	① ② ③ ④ ⑤	30	① ② ③ ④ ⑤
11	① ② ③ ④ ⑤	31	① ② ③ ④ ⑤
12	① ② ③ ④ ⑤	32	① ② ③ ④ ⑤
13	① ② ③ ④ ⑤	33	① ② ③ ④ ⑤
14	① ② ③ ④ ⑤	34	① ② ③ ④ ⑤
15	① ② ③ ④ ⑤	35	① ② ③ ④ ⑤
16	① ② ③ ④ ⑤	36	① ② ③ ④ ⑤
17	① ② ③ ④ ⑤	37	① ② ③ ④ ⑤
18	① ② ③ ④ ⑤	38	① ② ③ ④ ⑤
19	① ② ③ ④ ⑤	39	① ② ③ ④ ⑤
20	① ② ③ ④ ⑤	40	① ② ③ ④ ⑤
정 답		오 답	
점 수			

MEMO

공인노무사 연습용 마킹표

연 도			과 목		
시 간			회 독		
문 번	CHECK		문 번	CHECK	
1	① ② ③ ④ ⑤		21	① ② ③ ④ ⑤	
2	① ② ③ ④ ⑤		22	① ② ③ ④ ⑤	
3	① ② ③ ④ ⑤		23	① ② ③ ④ ⑤	
4	① ② ③ ④ ⑤		24	① ② ③ ④ ⑤	
5	① ② ③ ④ ⑤		25	① ② ③ ④ ⑤	
6	① ② ③ ④ ⑤		26	① ② ③ ④ ⑤	
7	① ② ③ ④ ⑤		27	① ② ③ ④ ⑤	
8	① ② ③ ④ ⑤		28	① ② ③ ④ ⑤	
9	① ② ③ ④ ⑤		29	① ② ③ ④ ⑤	
10	① ② ③ ④ ⑤		30	① ② ③ ④ ⑤	
11	① ② ③ ④ ⑤		31	① ② ③ ④ ⑤	
12	① ② ③ ④ ⑤		32	① ② ③ ④ ⑤	
13	① ② ③ ④ ⑤		33	① ② ③ ④ ⑤	
14	① ② ③ ④ ⑤		34	① ② ③ ④ ⑤	
15	① ② ③ ④ ⑤		35	① ② ③ ④ ⑤	
16	① ② ③ ④ ⑤		36	① ② ③ ④ ⑤	
17	① ② ③ ④ ⑤		37	① ② ③ ④ ⑤	
18	① ② ③ ④ ⑤		38	① ② ③ ④ ⑤	
19	① ② ③ ④ ⑤		39	① ② ③ ④ ⑤	
20	① ② ③ ④ ⑤		40	① ② ③ ④ ⑤	
정 답			오 답		
점 수					

MEMO

공인노무사 연습용 마킹표

연 도			과 목		
시 간			회 독		
문 번	CHECK		문 번	CHECK	
1	① ② ③ ④ ⑤		21	① ② ③ ④ ⑤	
2	① ② ③ ④ ⑤		22	① ② ③ ④ ⑤	
3	① ② ③ ④ ⑤		23	① ② ③ ④ ⑤	
4	① ② ③ ④ ⑤		24	① ② ③ ④ ⑤	
5	① ② ③ ④ ⑤		25	① ② ③ ④ ⑤	
6	① ② ③ ④ ⑤		26	① ② ③ ④ ⑤	
7	① ② ③ ④ ⑤		27	① ② ③ ④ ⑤	
8	① ② ③ ④ ⑤		28	① ② ③ ④ ⑤	
9	① ② ③ ④ ⑤		29	① ② ③ ④ ⑤	
10	① ② ③ ④ ⑤		30	① ② ③ ④ ⑤	
11	① ② ③ ④ ⑤		31	① ② ③ ④ ⑤	
12	① ② ③ ④ ⑤		32	① ② ③ ④ ⑤	
13	① ② ③ ④ ⑤		33	① ② ③ ④ ⑤	
14	① ② ③ ④ ⑤		34	① ② ③ ④ ⑤	
15	① ② ③ ④ ⑤		35	① ② ③ ④ ⑤	
16	① ② ③ ④ ⑤		36	① ② ③ ④ ⑤	
17	① ② ③ ④ ⑤		37	① ② ③ ④ ⑤	
18	① ② ③ ④ ⑤		38	① ② ③ ④ ⑤	
19	① ② ③ ④ ⑤		39	① ② ③ ④ ⑤	
20	① ② ③ ④ ⑤		40	① ② ③ ④ ⑤	
정 답			오 답		
점 수					

MEMO

공인노무사 연습용 마킹표

연 도		과 목	
시 간		회 독	

문 번	CHECK	문 번	CHECK
1	① ② ③ ④ ⑤	21	① ② ③ ④ ⑤
2	① ② ③ ④ ⑤	22	① ② ③ ④ ⑤
3	① ② ③ ④ ⑤	23	① ② ③ ④ ⑤
4	① ② ③ ④ ⑤	24	① ② ③ ④ ⑤
5	① ② ③ ④ ⑤	25	① ② ③ ④ ⑤
6	① ② ③ ④ ⑤	26	① ② ③ ④ ⑤
7	① ② ③ ④ ⑤	27	① ② ③ ④ ⑤
8	① ② ③ ④ ⑤	28	① ② ③ ④ ⑤
9	① ② ③ ④ ⑤	29	① ② ③ ④ ⑤
10	① ② ③ ④ ⑤	30	① ② ③ ④ ⑤
11	① ② ③ ④ ⑤	31	① ② ③ ④ ⑤
12	① ② ③ ④ ⑤	32	① ② ③ ④ ⑤
13	① ② ③ ④ ⑤	33	① ② ③ ④ ⑤
14	① ② ③ ④ ⑤	34	① ② ③ ④ ⑤
15	① ② ③ ④ ⑤	35	① ② ③ ④ ⑤
16	① ② ③ ④ ⑤	36	① ② ③ ④ ⑤
17	① ② ③ ④ ⑤	37	① ② ③ ④ ⑤
18	① ② ③ ④ ⑤	38	① ② ③ ④ ⑤
19	① ② ③ ④ ⑤	39	① ② ③ ④ ⑤
20	① ② ③ ④ ⑤	40	① ② ③ ④ ⑤
정 답		오 답	
점 수			

MEMO

공인노무사 연습용 마킹표

연 도		과 목	
시 간		회 독	

문 번	CHECK	문 번	CHECK
1	① ② ③ ④ ⑤	21	① ② ③ ④ ⑤
2	① ② ③ ④ ⑤	22	① ② ③ ④ ⑤
3	① ② ③ ④ ⑤	23	① ② ③ ④ ⑤
4	① ② ③ ④ ⑤	24	① ② ③ ④ ⑤
5	① ② ③ ④ ⑤	25	① ② ③ ④ ⑤
6	① ② ③ ④ ⑤	26	① ② ③ ④ ⑤
7	① ② ③ ④ ⑤	27	① ② ③ ④ ⑤
8	① ② ③ ④ ⑤	28	① ② ③ ④ ⑤
9	① ② ③ ④ ⑤	29	① ② ③ ④ ⑤
10	① ② ③ ④ ⑤	30	① ② ③ ④ ⑤
11	① ② ③ ④ ⑤	31	① ② ③ ④ ⑤
12	① ② ③ ④ ⑤	32	① ② ③ ④ ⑤
13	① ② ③ ④ ⑤	33	① ② ③ ④ ⑤
14	① ② ③ ④ ⑤	34	① ② ③ ④ ⑤
15	① ② ③ ④ ⑤	35	① ② ③ ④ ⑤
16	① ② ③ ④ ⑤	36	① ② ③ ④ ⑤
17	① ② ③ ④ ⑤	37	① ② ③ ④ ⑤
18	① ② ③ ④ ⑤	38	① ② ③ ④ ⑤
19	① ② ③ ④ ⑤	39	① ② ③ ④ ⑤
20	① ② ③ ④ ⑤	40	① ② ③ ④ ⑤
정 답		오 답	
점 수			

MEMO

공인노무사 연습용 마킹표

연 도			과 목		
시 간			회 독		
문 번	CHECK		문 번	CHECK	
1	① ② ③ ④ ⑤		21	① ② ③ ④ ⑤	
2	① ② ③ ④ ⑤		22	① ② ③ ④ ⑤	
3	① ② ③ ④ ⑤		23	① ② ③ ④ ⑤	
4	① ② ③ ④ ⑤		24	① ② ③ ④ ⑤	
5	① ② ③ ④ ⑤		25	① ② ③ ④ ⑤	
6	① ② ③ ④ ⑤		26	① ② ③ ④ ⑤	
7	① ② ③ ④ ⑤		27	① ② ③ ④ ⑤	
8	① ② ③ ④ ⑤		28	① ② ③ ④ ⑤	
9	① ② ③ ④ ⑤		29	① ② ③ ④ ⑤	
10	① ② ③ ④ ⑤		30	① ② ③ ④ ⑤	
11	① ② ③ ④ ⑤		31	① ② ③ ④ ⑤	
12	① ② ③ ④ ⑤		32	① ② ③ ④ ⑤	
13	① ② ③ ④ ⑤		33	① ② ③ ④ ⑤	
14	① ② ③ ④ ⑤		34	① ② ③ ④ ⑤	
15	① ② ③ ④ ⑤		35	① ② ③ ④ ⑤	
16	① ② ③ ④ ⑤		36	① ② ③ ④ ⑤	
17	① ② ③ ④ ⑤		37	① ② ③ ④ ⑤	
18	① ② ③ ④ ⑤		38	① ② ③ ④ ⑤	
19	① ② ③ ④ ⑤		39	① ② ③ ④ ⑤	
20	① ② ③ ④ ⑤		40	① ② ③ ④ ⑤	
정 답			오 답		
점 수					

MEMO

공인노무사 연습용 마킹표

연 도			과 목		
시 간			회 독		
문 번	CHECK		문 번	CHECK	
1	① ② ③ ④ ⑤		21	① ② ③ ④ ⑤	
2	① ② ③ ④ ⑤		22	① ② ③ ④ ⑤	
3	① ② ③ ④ ⑤		23	① ② ③ ④ ⑤	
4	① ② ③ ④ ⑤		24	① ② ③ ④ ⑤	
5	① ② ③ ④ ⑤		25	① ② ③ ④ ⑤	
6	① ② ③ ④ ⑤		26	① ② ③ ④ ⑤	
7	① ② ③ ④ ⑤		27	① ② ③ ④ ⑤	
8	① ② ③ ④ ⑤		28	① ② ③ ④ ⑤	
9	① ② ③ ④ ⑤		29	① ② ③ ④ ⑤	
10	① ② ③ ④ ⑤		30	① ② ③ ④ ⑤	
11	① ② ③ ④ ⑤		31	① ② ③ ④ ⑤	
12	① ② ③ ④ ⑤		32	① ② ③ ④ ⑤	
13	① ② ③ ④ ⑤		33	① ② ③ ④ ⑤	
14	① ② ③ ④ ⑤		34	① ② ③ ④ ⑤	
15	① ② ③ ④ ⑤		35	① ② ③ ④ ⑤	
16	① ② ③ ④ ⑤		36	① ② ③ ④ ⑤	
17	① ② ③ ④ ⑤		37	① ② ③ ④ ⑤	
18	① ② ③ ④ ⑤		38	① ② ③ ④ ⑤	
19	① ② ③ ④ ⑤		39	① ② ③ ④ ⑤	
20	① ② ③ ④ ⑤		40	① ② ③ ④ ⑤	
정 답			오 답		
점 수					

MEMO

공인노무사 연습용 마킹표

연 도		과 목	
시 간		회 독	
문 번	CHECK	문 번	CHECK
1	① ② ③ ④ ⑤	21	① ② ③ ④ ⑤
2	① ② ③ ④ ⑤	22	① ② ③ ④ ⑤
3	① ② ③ ④ ⑤	23	① ② ③ ④ ⑤
4	① ② ③ ④ ⑤	24	① ② ③ ④ ⑤
5	① ② ③ ④ ⑤	25	① ② ③ ④ ⑤
6	① ② ③ ④ ⑤	26	① ② ③ ④ ⑤
7	① ② ③ ④ ⑤	27	① ② ③ ④ ⑤
8	① ② ③ ④ ⑤	28	① ② ③ ④ ⑤
9	① ② ③ ④ ⑤	29	① ② ③ ④ ⑤
10	① ② ③ ④ ⑤	30	① ② ③ ④ ⑤
11	① ② ③ ④ ⑤	31	① ② ③ ④ ⑤
12	① ② ③ ④ ⑤	32	① ② ③ ④ ⑤
13	① ② ③ ④ ⑤	33	① ② ③ ④ ⑤
14	① ② ③ ④ ⑤	34	① ② ③ ④ ⑤
15	① ② ③ ④ ⑤	35	① ② ③ ④ ⑤
16	① ② ③ ④ ⑤	36	① ② ③ ④ ⑤
17	① ② ③ ④ ⑤	37	① ② ③ ④ ⑤
18	① ② ③ ④ ⑤	38	① ② ③ ④ ⑤
19	① ② ③ ④ ⑤	39	① ② ③ ④ ⑤
20	① ② ③ ④ ⑤	40	① ② ③ ④ ⑤
정 답		오 답	
점 수			

MEMO

공인노무사 연습용 마킹표

연 도		과 목	
시 간		회 독	
문 번	CHECK	문 번	CHECK
1	① ② ③ ④ ⑤	21	① ② ③ ④ ⑤
2	① ② ③ ④ ⑤	22	① ② ③ ④ ⑤
3	① ② ③ ④ ⑤	23	① ② ③ ④ ⑤
4	① ② ③ ④ ⑤	24	① ② ③ ④ ⑤
5	① ② ③ ④ ⑤	25	① ② ③ ④ ⑤
6	① ② ③ ④ ⑤	26	① ② ③ ④ ⑤
7	① ② ③ ④ ⑤	27	① ② ③ ④ ⑤
8	① ② ③ ④ ⑤	28	① ② ③ ④ ⑤
9	① ② ③ ④ ⑤	29	① ② ③ ④ ⑤
10	① ② ③ ④ ⑤	30	① ② ③ ④ ⑤
11	① ② ③ ④ ⑤	31	① ② ③ ④ ⑤
12	① ② ③ ④ ⑤	32	① ② ③ ④ ⑤
13	① ② ③ ④ ⑤	33	① ② ③ ④ ⑤
14	① ② ③ ④ ⑤	34	① ② ③ ④ ⑤
15	① ② ③ ④ ⑤	35	① ② ③ ④ ⑤
16	① ② ③ ④ ⑤	36	① ② ③ ④ ⑤
17	① ② ③ ④ ⑤	37	① ② ③ ④ ⑤
18	① ② ③ ④ ⑤	38	① ② ③ ④ ⑤
19	① ② ③ ④ ⑤	39	① ② ③ ④ ⑤
20	① ② ③ ④ ⑤	40	① ② ③ ④ ⑤
정 답		오 답	
점 수			

MEMO

공인노무사 연습용 마킹표

연 도			과 목		
시 간			회 독		
문 번	CHECK		문 번	CHECK	
1	① ② ③ ④ ⑤		21	① ② ③ ④ ⑤	
2	① ② ③ ④ ⑤		22	① ② ③ ④ ⑤	
3	① ② ③ ④ ⑤		23	① ② ③ ④ ⑤	
4	① ② ③ ④ ⑤		24	① ② ③ ④ ⑤	
5	① ② ③ ④ ⑤		25	① ② ③ ④ ⑤	
6	① ② ③ ④ ⑤		26	① ② ③ ④ ⑤	
7	① ② ③ ④ ⑤		27	① ② ③ ④ ⑤	
8	① ② ③ ④ ⑤		28	① ② ③ ④ ⑤	
9	① ② ③ ④ ⑤		29	① ② ③ ④ ⑤	
10	① ② ③ ④ ⑤		30	① ② ③ ④ ⑤	
11	① ② ③ ④ ⑤		31	① ② ③ ④ ⑤	
12	① ② ③ ④ ⑤		32	① ② ③ ④ ⑤	
13	① ② ③ ④ ⑤		33	① ② ③ ④ ⑤	
14	① ② ③ ④ ⑤		34	① ② ③ ④ ⑤	
15	① ② ③ ④ ⑤		35	① ② ③ ④ ⑤	
16	① ② ③ ④ ⑤		36	① ② ③ ④ ⑤	
17	① ② ③ ④ ⑤		37	① ② ③ ④ ⑤	
18	① ② ③ ④ ⑤		38	① ② ③ ④ ⑤	
19	① ② ③ ④ ⑤		39	① ② ③ ④ ⑤	
20	① ② ③ ④ ⑤		40	① ② ③ ④ ⑤	
정 답			오 답		
점 수					

MEMO

공인노무사 연습용 마킹표

연 도			과 목		
시 간			회 독		
문 번	CHECK		문 번	CHECK	
1	① ② ③ ④ ⑤		21	① ② ③ ④ ⑤	
2	① ② ③ ④ ⑤		22	① ② ③ ④ ⑤	
3	① ② ③ ④ ⑤		23	① ② ③ ④ ⑤	
4	① ② ③ ④ ⑤		24	① ② ③ ④ ⑤	
5	① ② ③ ④ ⑤		25	① ② ③ ④ ⑤	
6	① ② ③ ④ ⑤		26	① ② ③ ④ ⑤	
7	① ② ③ ④ ⑤		27	① ② ③ ④ ⑤	
8	① ② ③ ④ ⑤		28	① ② ③ ④ ⑤	
9	① ② ③ ④ ⑤		29	① ② ③ ④ ⑤	
10	① ② ③ ④ ⑤		30	① ② ③ ④ ⑤	
11	① ② ③ ④ ⑤		31	① ② ③ ④ ⑤	
12	① ② ③ ④ ⑤		32	① ② ③ ④ ⑤	
13	① ② ③ ④ ⑤		33	① ② ③ ④ ⑤	
14	① ② ③ ④ ⑤		34	① ② ③ ④ ⑤	
15	① ② ③ ④ ⑤		35	① ② ③ ④ ⑤	
16	① ② ③ ④ ⑤		36	① ② ③ ④ ⑤	
17	① ② ③ ④ ⑤		37	① ② ③ ④ ⑤	
18	① ② ③ ④ ⑤		38	① ② ③ ④ ⑤	
19	① ② ③ ④ ⑤		39	① ② ③ ④ ⑤	
20	① ② ③ ④ ⑤		40	① ② ③ ④ ⑤	
정 답			오 답		
점 수					

MEMO

공인노무사 연습용 마킹표

연 도		과 목	
시 간		회 독	
문 번	CHECK	문 번	CHECK
1	① ② ③ ④ ⑤	21	① ② ③ ④ ⑤
2	① ② ③ ④ ⑤	22	① ② ③ ④ ⑤
3	① ② ③ ④ ⑤	23	① ② ③ ④ ⑤
4	① ② ③ ④ ⑤	24	① ② ③ ④ ⑤
5	① ② ③ ④ ⑤	25	① ② ③ ④ ⑤
6	① ② ③ ④ ⑤	26	① ② ③ ④ ⑤
7	① ② ③ ④ ⑤	27	① ② ③ ④ ⑤
8	① ② ③ ④ ⑤	28	① ② ③ ④ ⑤
9	① ② ③ ④ ⑤	29	① ② ③ ④ ⑤
10	① ② ③ ④ ⑤	30	① ② ③ ④ ⑤
11	① ② ③ ④ ⑤	31	① ② ③ ④ ⑤
12	① ② ③ ④ ⑤	32	① ② ③ ④ ⑤
13	① ② ③ ④ ⑤	33	① ② ③ ④ ⑤
14	① ② ③ ④ ⑤	34	① ② ③ ④ ⑤
15	① ② ③ ④ ⑤	35	① ② ③ ④ ⑤
16	① ② ③ ④ ⑤	36	① ② ③ ④ ⑤
17	① ② ③ ④ ⑤	37	① ② ③ ④ ⑤
18	① ② ③ ④ ⑤	38	① ② ③ ④ ⑤
19	① ② ③ ④ ⑤	39	① ② ③ ④ ⑤
20	① ② ③ ④ ⑤	40	① ② ③ ④ ⑤
정 답		오 답	
점 수			

MEMO

공인노무사 연습용 마킹표

연 도		과 목	
시 간		회 독	
문 번	CHECK	문 번	CHECK
1	① ② ③ ④ ⑤	21	① ② ③ ④ ⑤
2	① ② ③ ④ ⑤	22	① ② ③ ④ ⑤
3	① ② ③ ④ ⑤	23	① ② ③ ④ ⑤
4	① ② ③ ④ ⑤	24	① ② ③ ④ ⑤
5	① ② ③ ④ ⑤	25	① ② ③ ④ ⑤
6	① ② ③ ④ ⑤	26	① ② ③ ④ ⑤
7	① ② ③ ④ ⑤	27	① ② ③ ④ ⑤
8	① ② ③ ④ ⑤	28	① ② ③ ④ ⑤
9	① ② ③ ④ ⑤	29	① ② ③ ④ ⑤
10	① ② ③ ④ ⑤	30	① ② ③ ④ ⑤
11	① ② ③ ④ ⑤	31	① ② ③ ④ ⑤
12	① ② ③ ④ ⑤	32	① ② ③ ④ ⑤
13	① ② ③ ④ ⑤	33	① ② ③ ④ ⑤
14	① ② ③ ④ ⑤	34	① ② ③ ④ ⑤
15	① ② ③ ④ ⑤	35	① ② ③ ④ ⑤
16	① ② ③ ④ ⑤	36	① ② ③ ④ ⑤
17	① ② ③ ④ ⑤	37	① ② ③ ④ ⑤
18	① ② ③ ④ ⑤	38	① ② ③ ④ ⑤
19	① ② ③ ④ ⑤	39	① ② ③ ④ ⑤
20	① ② ③ ④ ⑤	40	① ② ③ ④ ⑤
정 답		오 답	
점 수			

MEMO

공인노무사 연습용 마킹표

연 도		과 목	
시 간		회 독	
문 번	CHECK	문 번	CHECK
1	① ② ③ ④ ⑤	21	① ② ③ ④ ⑤
2	① ② ③ ④ ⑤	22	① ② ③ ④ ⑤
3	① ② ③ ④ ⑤	23	① ② ③ ④ ⑤
4	① ② ③ ④ ⑤	24	① ② ③ ④ ⑤
5	① ② ③ ④ ⑤	25	① ② ③ ④ ⑤
6	① ② ③ ④ ⑤	26	① ② ③ ④ ⑤
7	① ② ③ ④ ⑤	27	① ② ③ ④ ⑤
8	① ② ③ ④ ⑤	28	① ② ③ ④ ⑤
9	① ② ③ ④ ⑤	29	① ② ③ ④ ⑤
10	① ② ③ ④ ⑤	30	① ② ③ ④ ⑤
11	① ② ③ ④ ⑤	31	① ② ③ ④ ⑤
12	① ② ③ ④ ⑤	32	① ② ③ ④ ⑤
13	① ② ③ ④ ⑤	33	① ② ③ ④ ⑤
14	① ② ③ ④ ⑤	34	① ② ③ ④ ⑤
15	① ② ③ ④ ⑤	35	① ② ③ ④ ⑤
16	① ② ③ ④ ⑤	36	① ② ③ ④ ⑤
17	① ② ③ ④ ⑤	37	① ② ③ ④ ⑤
18	① ② ③ ④ ⑤	38	① ② ③ ④ ⑤
19	① ② ③ ④ ⑤	39	① ② ③ ④ ⑤
20	① ② ③ ④ ⑤	40	① ② ③ ④ ⑤
정 답		오 답	
점 수			

MEMO

공인노무사 연습용 마킹표

연 도		과 목	
시 간		회 독	
문 번	CHECK	문 번	CHECK
1	① ② ③ ④ ⑤	21	① ② ③ ④ ⑤
2	① ② ③ ④ ⑤	22	① ② ③ ④ ⑤
3	① ② ③ ④ ⑤	23	① ② ③ ④ ⑤
4	① ② ③ ④ ⑤	24	① ② ③ ④ ⑤
5	① ② ③ ④ ⑤	25	① ② ③ ④ ⑤
6	① ② ③ ④ ⑤	26	① ② ③ ④ ⑤
7	① ② ③ ④ ⑤	27	① ② ③ ④ ⑤
8	① ② ③ ④ ⑤	28	① ② ③ ④ ⑤
9	① ② ③ ④ ⑤	29	① ② ③ ④ ⑤
10	① ② ③ ④ ⑤	30	① ② ③ ④ ⑤
11	① ② ③ ④ ⑤	31	① ② ③ ④ ⑤
12	① ② ③ ④ ⑤	32	① ② ③ ④ ⑤
13	① ② ③ ④ ⑤	33	① ② ③ ④ ⑤
14	① ② ③ ④ ⑤	34	① ② ③ ④ ⑤
15	① ② ③ ④ ⑤	35	① ② ③ ④ ⑤
16	① ② ③ ④ ⑤	36	① ② ③ ④ ⑤
17	① ② ③ ④ ⑤	37	① ② ③ ④ ⑤
18	① ② ③ ④ ⑤	38	① ② ③ ④ ⑤
19	① ② ③ ④ ⑤	39	① ② ③ ④ ⑤
20	① ② ③ ④ ⑤	40	① ② ③ ④ ⑤
정 답		오 답	
점 수			

MEMO

개정법령 관련 대처법을
소개합니다!

도서만이 전부가 아니다! 시험 관련 정보 확인법!
법령이 자주 바뀌는 과목의 경우, 도서출간 이후에 아래와 같은 방법으로
변경된 부분을 업데이트 · 수정하고 있습니다.

01 정오표

도서출간 이후 발견된 오류는 그 즉시 해당 내용을 확인한 후
수정하여 정오표 게시판에 업로드합니다.

※ 시대에듀 : 홈 ≫ 학습자료실 ≫ 정오표

02 추록(최신 개정법령)

도서출간 이후 법령개정으로 인한 수정사항은 도서의 구성에
맞게 정리하여 도서업데이트 게시판에 업로드합니다.

※ 시대에듀 : 홈 ≫ 학습자료실 ≫ 도서업데이트

시대에듀 www.sdedu.co.kr

공인노무사시험
합격을 꿈꾸는 수험생들에게...

기출문제집

- 최신 기출문제와 상세한 첨삭해설
- 최신 개정법령 및 관련 판례 완벽반영

기본서

- 최신 개정법령을 반영한 핵심이론+
  실전대비문제
- 온라인 동영상강의용 교재

한권으로 끝내기

- 단기간 반복학습을 위한 최적의 구성
- 단 한 권으로 1차시험 전 과목 대비

공인노무사라는 꿈을 향해 도전하는 수험생 여러분에게
정성을 다해 만든 최고의 수험서를 선사합니다.

2차시험

1차시험

1차시험

핵지총

- 10개년 핵심 기출지문 총망라
- 최신 개정법령 및 관련 판례
  완벽반영

객관식 문제집

- 빈출핵심요약+기출문제해설
  +중요판례정리

기본서

- 최신 개정법령을 반영한 주요논점
- Chapter별 최신 기출문제와 예시답안
- 온라인 동영상강의용 교재

관계법령집

- 노동법 Ⅰ · Ⅱ 최신 개정법령 완벽반영
- 암기용 셀로판지로 무한 반복학습

※ 각 도서의 세부구성 및 이미지는 변동될 수 있습니다.

EBS
교육방송

공인노무사
동영상강의

합격을 위한 동반자, EBS 동영상강의와 함께하세요!

수강회원들을 위한 특별한 혜택

❶ G-TELP 특강

1차시험 필수 영어과목은 지텔프 특강으로 대비!

❷ 기출해설 특강

최종 학습 마무리, 실전대비를 위한 기출분석!

❸ 모바일강의

스마트폰 스트리밍서비스 무제한 수강 가능!

❹ 1:1 맞춤학습 Q&A

온라인 피드백서비스로 빠른 답변 제공!